U0462954

明史与建文帝文化研究
——中国明史学会第十九届年会论文集

（上册）

中国明史学会　宁德市蕉城区人民政府　编

北京燕山出版社

图书在版编目（CIP）数据

明史与建文帝文化研究：中国明史学会第十九届年会论文集 / 中国明史学会，宁德市蕉城区人民政府编. —北京：北京燕山出版社，2023.11

ISBN 978-7-5402-6805-3

Ⅰ.①明… Ⅱ.①中… ②宁… Ⅲ.①中国历史—明代—文集 Ⅳ.① K248.07-53

中国国家版本馆 CIP 数据核字（2023）第 004255 号

明史与建文帝文化研究：中国明史学会第十九届年会论文集

编　　者：中国明史学会，宁德市蕉城区人民政府
责任编辑：吴蕴豪　梁　萌
封面设计：王　鹏
印　　刷：北京富诚彩色印刷有限公司
出版发行：北京燕山出版社有限公司
社　　址：北京市西城区椿树街道琉璃厂西街 20 号
邮　　编：100052
电话传真：86-10-65240430（总编室）
成品尺寸：889mm × 1194mm　1/16
字　　数：1130 千字
印　　张：48.25
版　　次：2023 年 11 月第 1 版
印　　次：2023 年 11 月第 1 次印刷
书　　号：ISBN 978-7-5402-6805-3
定　　价：228.00 元（上下册）

明史与建文帝文化研究
——中国明史学会第十九届年会论文集

编委会

序

陈支平

中国明史学会第十九届年会（明史与建文帝文化研究）于2020年12月在福建省宁德市蕉城区举行，共有一百五十余位学者和地方文化工作者参加会议，提交文章约百篇。这里精选的六十九篇论文，便是此次会议的主要成果结集。

近些年来，关于明代建文帝文化研究，在中国南方的一些地方兴起了不小的热潮。从历史学的角度来审视，历史学的功能在于求真求实。在中国南方出现这么多有关建文帝出逃的遗迹和传说，其中有某些虚构的成分是可以想见的，而这些虚构的成分引起明史研究者的质疑，也是理所当然的事情。但是如果我们从民俗学、人类学的角度来思考这一问题，这些有关建文帝出逃的包含虚构成分的故事，或许还是很值得我们认真思考和深入探讨的。

无论是湖南各地的关于建文帝出逃隐居的传说，或是福建省宁德市一带的建文帝文化遗迹，其主体部分，都不是现今临时创造出来的，而是已经在当地民间传说了数百年之久。我们知道，每当某种民间传说流传了数百年之久，这种传说势必深深地融入当地的风俗习尚之中，成为地方文化的一个组成部分。而民间传说一旦成为地方文化的一个组成部分，即使是以求真求实为己任的历史学者们，也是应该予以诚恳的对待，怀有敬畏的思考。正因为如此，我们中国明史学会的同仁们，也乐意接受中国南方一些地方包括福建省宁德市蕉城区人民政府的邀请，积极参与到当地的这一地方文化的讨论之中，并且贡献我们专业上的各种知识。

从我个人的角度来思考，明代前期建文帝因为“靖难之役”之故，其皇位被其叔父朱棣所取代，建文帝本人也“不知所终”。《明史》等正史典籍的这一记载，无疑为中国南方一些地方的民间传说提供了想象的空间。按照传统的伦理道德思维考虑，朱棣发动“靖难之役”，是一种政治和道德上的叛乱行为。建文帝虽然失败了、失踪了，但是在传统伦理道德观的影响下，他却给庙堂之外的民间，留下了同情。大概正是这种基于传统伦理道德观的民间同情，在中国南方产生了诸多的建文帝出逃并且隐居当地的悲情传说和是非难辨的遗迹。随着时间的推移以及风俗习尚的传承，这种有关建文帝隐居当地的传说和遗迹，因其较为符合中国传统的伦理道德观念，也就自然而然地演变成为当地文化的一个组成部分。而在当今我们国家大力倡导继承和弘扬中国传统文化、实现地方文化振兴的大好时光里，福建省宁德市蕉城区人民政府适时与中国明史学会联合起来，举办此次中国明史学会第十九届年会（明史与建文帝文化研究），无疑具有相当积极的社会意义与学术意义。

这次年会不仅仅围绕着建文帝相关文化问题展开了多方面的讨论，同时也为明史领域其他学术问题的深入研究提供了良好的活动平台。在这本近百万字的会议论文集中，我们可以看到论文的研究范围涉及明代政治、经济、社会、文化以及科举、医疗等等的各个层面，论文所论及的内容，都在不同程度上对以往的研究成果有所推进，从而扎扎实实地推进了中国明代历史的学术研究。为此，我谨向具体举办此次会议的福建省宁德市政协、中共蕉城区委员会、蕉城区人民政府，以及蕉城区社会各界，致以衷心的感谢！并且祝愿当地的文史工作者和文史爱好者们，继续努力，为弘扬中国传统优秀文化和振兴当地文化，做出更为美好的成绩！

2022 年 12 月 31 日

陈支平于厦门大学国学研究院

目 录

开展建文帝研究的文化意义

陈支平

近年来，我国不少地方掀起了研究明代建文帝的热潮，福建省宁德市是其中较为突出的建文帝研究中心之一。不少学者认为，现今各地兴起的建文帝研究，大多缺乏过硬的文献记录和史料传续，所谓的建文帝隐居地及其遗迹，处于疑似之间，因此没有历史学的学术价值。实事求是地说，这部分学者的观点，从纯粹的历史学学术意义上讲，无可厚非。但是如果我们透过并且跨越历史学求真求实的学术原则来审视这一问题，那么近年来所兴起的建文帝研究的热潮，其所存在的文化意义，则又是我们所不可忽视的。

一　不同历史时空的道德价值观变迁

历史学研究的基本原则，除了在于对以往历史事件和人物的求真求实之外，归根结底，还是需要历史学家对于以往历史事件和人物的客观评价。然而要对历史上的事件和人物进行客观评价，这就需要秉持一定的道德价值观作为尺度，从而对历史上的事件和人物做出符合时代道德价值观标准的评价。

现在的问题是，我们应该如何把握所谓的“道德价值观”标准尺度呢？毫无疑问，所谓的“道德价值观”是随着时代的推移而变迁的。从夏、商、周三代以迄明清近代时期，我们传统的道德价值观并不是一成不变的。特别是到了近现代以来，随着商业化社会的加剧和国际化的推进，有些所谓的传统道德价值观发生了深刻的变化，这就使得我们今天来评价中国历史上的历史事件和人物，往往处于进退维谷的尴尬境地。

《水浒传》是中国古典四大名著之一，其中关于武大郎、武松、潘金莲、西门庆的情节，是大家所熟知的。数百年来，人们一直以潘金莲和西门庆的淫乱为不齿，同时也为武松杀死潘金莲、西门庆而为兄长报仇的悲愤行为叫好。数百年来人们对于潘金莲、西门庆的不齿和对武大郎、武松的同情，毫无疑问是根据中国传统文化中强调女子“三从四德”的道德价值观的评判标准而得出的社会基本共识。然而到了现代，这种传统文化的道德价值观已经不被一部分人所接受，于是大概二十年前吧，有地方戏剧对《水浒传》中潘金莲、西门庆的评价进行了颠覆性的改造。认为潘金莲嫁给武大郎，是封建社会强加给潘金莲的非人性婚姻，是对潘金莲人性的摧残，而潘金莲与西门庆的“勾搭成奸”，正是他们追求自由恋爱的结晶，是爱情的真正体现。武松残忍地杀害了潘金莲和西门庆，反映了武松作为一位封建卫道士的残暴行径。

同样的潘金莲和西门庆的故事情节，在传统文化道德价值观和现当代人性爱情价值观的各自评判之下，居然产生如此之大的反差。这让我们很难分清究竟谁错谁对，因为各个时代的道德价值观，不是一成不变的，而是随着历史时空的推移而不断变迁。

或许可以说，《水浒传》中潘金莲和西门庆的评判标准变迁，只是小说家的游戏之作。但是我们现在所面临的社会大转型和文化大变迁，势必对于历史学的研究产生某种程度的冲击作用。例如，在我读小学和中学的时候，讲授历史课程的老师，给我们讲授了许多诸如岳飞、文天祥、史可法等民族英雄的历史故事，使我们从小就培养了敬畏和向往这些民族英雄的文化心理。但是近年以来，由于强调了中华民族文化多元一体的评判标准，有一部分学者认为既然中国历史上的各个民族和国家，都是中华兄弟民族的一分子，那么这些兄弟民族与国家之间的战争，就只能算是"兄弟不和""家内斗"。而岳飞、文天祥、史可法等赫赫有名的"民族英雄"，他们所面对的"敌人"，都是兄弟民族，因而他们也都不能算是"中华民族"的民族英雄，顶多只能算是宋朝和明朝的没落朝廷的"英雄"。

如此一来，在新的道德价值观的评判之下，中国历史上所能称得起为"民族英雄"的人物就寥寥无几了。前些年，记得有历史学者撰写出版了明清之际历史人物《洪承畴传》，这是一部从现代中华民族多民族国家的视野来重新评判洪承畴这一历史人物的学术著作，全书提出了不少新的学术观点，特别是对于洪承畴促成清王朝这一多民族国家的形成所做出的重要贡献，予以了充分的肯定。而这一新的评判观点的提出，显然是与现当代以来中华民族多元一体的文化道德价值观紧密相连的。其实，关于洪承畴的历史评价，自明清以来就有多次反复。洪承畴走过了两个朝代，历经过七位君王。崇祯帝为他殉节的谣传"痛哭遥祭"，皇太极亲手为他披上自己的貂裘，顺治帝对他"信之独真，任之独专，用之独久"，康熙帝却对他"大功不赏"。百年之后的乾隆更是将他视为"贰臣"而加以贬斥……洪承畴究竟是"镇压农民起义的刽子手"，还是明朝最倚重的干城之器？是大明王朝的掘墓人还是开清第一功勋？是遗泽咸知的夙望贤臣，还是大节有亏的汉奸贼子？这都是四百年来不同时代、不同阶层对于洪承畴这一历史人物的不同评价，并且差异甚大。究其原因，还是在于不同时代、不同阶层所依据的道德价值观的不同所致。

我们在进行高校历史教学的时候，同样也会遇到类似的问题。例如关于历史上的一些人物评价，秦始皇、隋炀帝等在传统文化道德价值观的认知中，往往被人们视为暴君，施行暴政，残害人民。但是我们在与学生们进行课堂讨论和学术互动时，有的学生提出了这样的问题：秦始皇、隋炀帝虽然说是古代的暴君，但是幸亏有了这些暴君，我们现在才有诸如长城、运河、兵马俑这样傲视世界的文化遗产，才能依托这些文化遗产而开展旅游事业、发展经济。从这样的角度来思考，中国历史上的暴君、暴政，恰恰为中国的文化传承留下了辉煌的业绩，而反观中国历史上的那些所谓明君、良臣，在位时不敢劳民伤财，建构不多，无法给后世留下什么壮观的东西，因而也无法在中国的文化发展史上做出比较突出的贡献。学生们的这些提问，似乎不无道理，但是让老师们很难作答。其中的差异之处，依然是关于道德价值观的不同认知问题。

二 道德价值观的认定应该放到历史当时的时空中去思考

评判中国历史上人物和事件的道德价值观标准具有如大的地差异，那么我们应该持有一个什么样的学术立场？换言之，我们每当需要研究某一个历史人物或历史事件时，我们应该依据哪一种道德价值观来衡量呢？

马克思唯物史观告诉我们，研究历史必须把研究的对象放到其原来的历史时代、历史背景之中去考察，才能得出符合历史事实的结论。恩格斯在《反杜林论》中谈到政治经济学本质上是一门历史的科学时指出："人们在生产和交换时所处的条件，各个国家各不相同，而在每一个国家里，各个世代又各不相同。因此，政治经济学不可能对一切国家和一切历史时代都是一样的。从弓和箭，从石刀和仅仅是例外地出现的野蛮人的交换往来，到上千马力的蒸汽机，到机械织机、铁路和英格兰银行，有一段很大的距离。火地岛的居民没有达到进行大规模生产和世界贸易的程度，也没有达到出现票据投机或交易所破产的程度。谁要想把火地岛的政治经济学和现代英国的政治经济学置于同一规律之下，那么，除了最陈腐的老生常谈以外，他显然不能揭示任何东西。"[①] 正因为如此，恩格斯认为所谓的资本主义社会的"经济规律"，仅仅是适应于资本主义社会的经济规律，而不能滥用于资本主义社会之外的历史阶段，他说："在我们看来，所谓'经济规律'并不是永恒的自然规律，而是既会产生又会消失的历史性规律。而现代政治经济学大全，只要是由经济学家真正客观地编纂出来的，对我们来说不过是现代资产阶级社会所赖以存在的规律和条件的汇总，一句话，是这个社会的生产条件和交换条件的抽象的描述和概括。因此，在我们看来，任何一个规律只要是表现纯粹资产阶级关系的，都不是先于现代资产阶级社会而存在的。"[②]

马克思在谈到物质生产和精神生产之间的联系时，同样强调了从一定的历史形式来考察的重要性。他说："要研究精神生产和物质生产之间的联系，首先必须把这种物质生产本身不是当作一般范畴来考察，而是从一定的历史的形式来考察。例如，与资本主义生产方式相适应的精神生产，就和与中世纪生产方式相适应的精神生产不同。如果物质生产本身不从它的特殊的历史的形式来看，那就不可能理解与它相适应的精神生产的特征以及这两种生产的相互作用，从而也就不能超出庸俗的见解。"[③]

列宁在一系列的论述中，也反复强调了研究历史必须放在一定历史范围之内进行考察的重要性。他在《论民族自决权》中指出："在分析任何一个社会问题时，马克思主义理论的绝对要求，就是要把问题提到一定的历史范围之内。此外，如果谈到某一国家（例如，谈到这个国家的民族纲领），那就要估计到在同一历史时代这个国家不同于其他各国的具体特点。"[④] 列宁还指出："马克思主义要求我们一定要历史地来考察斗争形式的问题。脱离历史的具体环境来谈这个问题，就是不懂得辩证唯物主义的起码常识。在经济演进的各个不同时期，由于政治、民族文化、风俗习惯等条件

---

① 引自《马克思恩格斯全集》第9卷，北京，人民出版社，2009年，第153—154页。

② 恩格斯：《恩格斯致弗里德里希·阿尔伯特·朗格》（1865年3月29日），摘自《马克思恩格斯全集》第10卷，第225页。

③ 马克思：《剩余价值理论》（1861年8月—1863年7月），摘自《马克思恩格斯全集》第26卷第1册，第296页。

④ 列宁：《列宁全集》第25卷，北京，人民出版社，1998年，第229页。

各不相同，也就有各种不同的斗争形式提到首位，成为主要的斗争形式，而各种次要的附带的斗争形式，也就随之发生变化。不详细考察某个运动在它的某一发展阶段的具体环境，要想对一定的斗争手段问题作肯定或否定的回答，就等于完全抛弃了马克思主义的立脚点。”①

我们从上引的马克思、恩格斯、列宁的论述中，就不难了解到，无论是研究社会的、经济的、精神的、军事的任何历史问题，都必须把这些问题放到它们原来的历史时空中去考察，从当时所处的历史时空中寻求它们的正确答案，否则，都将是“庸俗的见解”，都不是符合马克思主义历史唯物主义的基本原则。

重温了马克思主义唯物史观的这一基本原则之后，我们就不难对于上述的当今历史学研究中的困惑问题，进行清晰肯定而又有说服力的思辨。无论是秦始皇、隋炀帝、汉高祖，还是岳飞、文天祥、史可法、洪承畴、林则徐甚至潘金莲，我们都应该把他们各自放到他们所处的历史时空中去考察，运用他们所处的历史时空所盛行的道德价值观来评判他们。应该十分慎重而不是草率地运用我们今天的道德价值观去衡量古人的历史功过与历史地位。只要坚持了马克思主义唯物史观的这一原则，我们就依然可以认定岳飞、文天祥、史可法、林则徐等为中华民族的民族英雄，我们也可以由此认为秦始皇、隋炀帝等在执政时期确实存在不少的暴政，而不必以当今的道德价值观来予以别出心裁的颠覆评价。

当然，各个历史时代的道德价值观确实也存在某些违反人性、阻碍社会进步的糟粕内容。对于历史上的传统文化特别是糟粕文化，我们必须理性地予以批判，采取马克思主义唯物史观所主张的“扬弃”的手段来对待它们。但是如果我们一味地坚持以当今的道德价值观来评判历史上的事件与人物，那么只能混淆历史的正邪是非界限，把历史学研究引入不可知论的深渊。从这样的认识出发，我们对于封建社会中某些违反人性的道德价值观，例如提倡“饿死事小、失节事大”、欣赏女人缠足等的社会文化，应予摒弃，但是我们对于那些深受封建礼教毒害的烈女、贞女、节妇等，还是应当深怀敬意。

三 建文帝研究的文化意义

当我们明白了如何运用各个不同时期的道德价值观来研究分析各个不同的历史事件与人物的这一学术原则之后，回过头来审视近年来兴起的关于明代建文帝的学术研究，我们就不难发现这一研究所蕴含的文化意义。

从传统文化的道德价值观来评判明代前期的“靖难之役”，明成祖朱棣以叔父藩王的身份，起兵夺得侄儿明惠帝朱允炆的帝位，这无疑就是谋反篡夺，是不符合当时的道德价值观的。因此自明成祖夺得帝位之后的四五百年间，许多士大夫和知识分子一直对明成祖朱棣的篡位行为予以谴责。就连清代官修的《明史》一书中，撰修者对朱棣的这一行径，也是严词批评：“革除之际，倒行逆施，惭德亦曷可掩哉！”② 而对失去帝位的明惠帝朱允炆则普遍怀有同情之心。《明史·恭闵帝·赞》

① 列宁：《游击战争》（1906 年 9 月 30 日），摘自《列宁专题文集：论马克思主义》，第 100 页。

② ［清］张廷玉等：《明史》卷七《成祖三·赞》，北京，中华书局，1974 年，第 105 页。

曰："惠帝天资仁厚。践阼之初，亲贤好学，召用方孝孺等。典章制度，锐意复古。尝因病晏朝，尹昌隆进谏，即深自引咎，宣其疏于中外。又除军卫单丁，减苏、松重赋，皆惠民之大者。乃革命而后，纪年复称洪武，嗣是子孙臣庶以纪载为嫌，草野传疑，不无讹谬。更越圣朝，得经论定，尊名壹惠，君德用彰，懿哉。"①

在这样的道德价值观评判之下，明惠帝朱允炆与明成祖朱棣的民间形象，形成了高下立判的两极反差。尤其是明惠帝朱允炆在朱棣率兵攻进南京都城的时候，生死不明，所谓"都城陷。宫中火起，帝不知所终。燕王遣中使出帝后尸于火中，越八日壬申葬之"②。明惠帝朱允炆的这种悲惨遭遇，更是引起了民间的普遍同情。于是从明成祖永乐年间开始，各地便已开始出现了不少关于明惠帝朱允炆出走行踪的传说。《明史》记云："或云帝由地道出亡。正统五年（1440），有僧自云南至广西，诡称建文皇帝。思恩知府岑瑛闻于朝。按问，乃钧州人杨行祥，年已九十余，下狱，阅四月死。同谋僧十二人，皆戍辽东。自后滇、黔、巴、蜀间，相传有帝为僧时往来迹。"③这些民间的传说，弄得心虚的明成祖朱棣疑神疑鬼，四处搜寻，甚至郑和下西洋重要的原因之一，也是为了寻找明惠帝朱允炆的下落，《明史·郑和传》云："成祖疑惠帝亡海外，欲踪迹之。……永乐三年六月，命和及其侪王景弘等通使西洋。"④

自明代永乐年间以来，全国各地之所以出现了如此之多的关于明惠帝朱允炆出走行踪的传说，究其成因，大致有二。一是从当时的道德价值观来评判，民间普遍存在同情明惠帝朱允炆的文化心理；二是明惠帝当朝时的一部分臣属，对于明惠帝的不得善终，心怀不平。从"忠君"的道德价值观出发，依然久久怀念故主，甚至在自己的私家范围内，留下一些难以为外人觉察的怀念设施。在这两种因素的交集下，明惠帝朱允炆的出走行踪遗迹就不能不较为长久地在民间流传下来。

从当时的传统文化"忠孝仁义"道德价值观来衡量，明代永乐年间以来所出现的关于明惠帝朱允炆行踪遗迹的传说，都是值得肯定的。当然，如果我们运用现在的道德价值观来考察全国各地所出现的明惠帝朱允炆行踪遗迹传说的这一历史现象，则或许感到有些可笑和缺乏历史学的学术意义。但是正如我们在前面反复引证马克思、恩格斯、列宁等经典作家的论述所言，我们今天讨论明惠帝朱允炆的行踪遗迹传说，运用现在的道德价值观来衡量显然是不合适的，我们只能以当时的道德价值观来审视这一问题。那么，我们今天来讨论明代惠帝朱允炆的行踪遗迹传说问题，它所蕴含的文化意义就相当的明显了。

近年来，我们的党和国家对于继承和弘扬中华优秀传统文化高度重视，习近平总书记在许多场合都对继承和弘扬中华优秀传统文化作出了重要指示。关于明惠帝朱允炆行踪遗迹传说的现象在当时的道德价值观氛围之下是值得肯定的，即使是在我们现代的文化氛围中，也基本上不存在什么负面的影响。既然如此，我们又何尝不可把明惠帝朱允炆行踪遗迹传说的文化现象作为地方文化建设的一项内容呢？我想，福建省宁德市地方政府和广大民众上下一心，努力把这一地方的有关明惠帝

---

① ［清］张廷玉等：《明史》卷四《恭闵帝》，第66页。
② ［清］张廷玉等：《明史》卷四《恭闵帝》，第66页。
③ ［清］张廷玉等：《明史》卷四《恭闵帝》，第66页。
④ ［清］张廷玉等：《明史》卷三〇四《宦官一》，第7766—7767页。

朱允炆行踪遗迹传说作为一项文化事业来建设，善加整理维护，广为宣传。从目前所搜集到的建文帝史料以及相关的研究成果看，与其他地方的关于建文帝的史料搜集和研究的程度相比，宁德市的地方文史工作者无论是在研究的广度还是深度等方面，都领先了一大步。因此我认为，宁德市关于建文帝的史料搜集和研究成果，在一定程度上推进了明代历史研究领域的拓展与进步。更为重要的是，宁德市的这一文史举措，无疑又是响应党和国家关于继承和弘扬中华优秀传统文化、大力振兴地方文化的一个具体举措，我们应予充分的肯定！

（作者陈支平，厦门大学国学研究院）

徐学聚《国朝典汇》载建文帝史事刍议

原瑞琴

作为明成祖嫡系君主所控制的《明实录》，在对待被明成祖推翻的建文帝的年号及历史上，存在明显的排斥态度和掩盖倾向[①]。后来，随着皇权的松弛和士风的变化，由个别吏臣纂修的史籍，开始改变以往掩盖建文帝历史的做法，在伦理价值与政治利益上表现出一定的差异。徐学聚的《国朝典汇》就是其中的一个代表。

一

徐学聚，字敬舆，号石楼，浙江金华府兰溪县人[②]，生卒年不详，大致生活在嘉靖、隆庆、万历年间。徐学聚为万历十一年（1583）进士，一生为官，官至都察院右佥都御史；其勤于著述，据称"生平著述不下数十余种"[③]，可考者有《国朝典汇》《历朝珰鉴》《监司守令宝鉴》《抚闽疏草》《公移》《嘉靖东南平倭通录》等六部。其中以《国朝典汇》和《历朝铛鉴》最为有名，皆被收入《四库全书总目》[④]。而《国朝典汇》"纂辑最劳，经济备见"[⑤]，可谓徐学聚史著的代表作。

《国朝典汇》是明代都察院右佥都御史徐学聚万历年间巡抚福建地方时所作的一部明朝当代典制体史书，全书二百卷，一卷为一目，分类编载了自明太祖开国至隆庆年间（个别门类涉及万历年间事）二百余年朝廷内外典章故实，它不仅全面地保存了明代典制的重要资料，而且在一定程度上可补充其他明史文献典制记载之缺略，是一部具有很高可据性的明代典章制度专史。

尤其可贵的是，关于建文帝史事，该书专门列有"靖难"一卷，内容包括靖难之役后有关建文帝的踪迹记述及建文帝朝野死难诸臣168人事略，并以按语形式为"陈性善""彭与明""刘伯完""王资"等逊国诸臣列传。也正基于此，《国朝典汇》有其独特的史学地位，其中所载建文帝史事，对于建文帝史事和史迹研究具有重要而独特的史料价值。

从体例来看，虽然《国朝典汇》不像《汉书》《后汉书》《三国志》等正史沿袭《史记》的本纪、列传的记事方式，明显地标出纪、表、志、列传，但《国朝典汇》并不乏纪传体之特性。如卷

---

① 见谢国安：《试论〈明实录〉对建文帝的态度及其变化》，《北京联合大学学报（人文社会科学版）》2010年第3期。

② 《浙江通志》卷一六一《人物一·名臣四·金华府》，《影印文渊阁四库全书》第523册，中国台北，台湾商务印书馆，1986年，第330页。

③ ［明］徐与参：《国朝典汇·凡例》，［明］徐学聚：《国朝典汇》，北京，书目文献出版社，1996年，第18页。

④ ［清］永瑢、纪昀：《四库全书总目提要》，海南，海南出版社，1999年，第438—439页。

⑤ ［明］徐与参：《国朝典汇·凡例》，［明］徐学聚：《国朝典汇》，北京，书目文献出版社，1996年，第18页。

一《开国》，虽未标注“太祖本纪”“世家”，但实际上却记载了太祖开国的史实、诸侯开国承家的事迹。卷二《靖难》记述建文帝朝野死难诸臣事略，虽未标注类传之名，但是按其内容性质以类相从，编在一起，用按语的形式为逊国诸臣列传。如该卷记载：“礼部侍郎陈性善、大理寺丞彭与明、钦天监副刘伯完、指挥王资等五十人皆被执。既而，燕兵纵性善、与明、伯完、资皆归，性善死之。”[①]

徐学聚对于史事之歧说异闻采取科学考信原则，一般不是简单地宗奉《明实录》所载的官方说法，而取酌情备录异说以存参的客观态度，所以使得《国朝典汇》保存了许多不见或少见于其他明史文献的珍贵资料，在一定程度上它可以弥补其他明史文献典制记载之缺略。

其关于“靖难”中建文帝的下落，就详细列举了民间盛传之种种佚闻。例如卷二《靖难》载：

燕王无他故，今诛之，又欲诛李景隆，不果。诸内臣哗言，不如逊位去。上弗听，欲自杀。程济告以祝发出亡，可免难。从之。

或曰：上方急时，一宫人捧太祖遗箧至，曰：“曩受命，婴大难，则发。发得杨应能度牒及髡缁，济日数也，可奈何。”立召主录僧溥洽为上剃发，从水关出。须臾，宫中火发，传言上崩。济从上出，每遇险几不能脱，济辄以术脱去，相从数十年。天下皆不知其生也。

或曰：帝发火宫中即削发为僧，入蜀。未几入滇，常往来广西、贵州诸寺中。天顺中，出自滇南，呼寺僧曰：“我建文皇帝也。”寺僧大惧，白官府送至藩堂，南面趺坐，称原姓名，曰：“胡濙名访张儠傝，实为我。”众闻之悚然。闻于朝，乘传之京师，有司皆以王礼见。比至入，居大内，寿终，葬西山，不封不树。

一云：帝逊去。文皇疑匿于僧溥洽所。永乐乙酉，以他事禁锢之。命给事中胡濙以访张儠傝为名，又遣太监郑和等下西洋，遍物色之，不可得。正统七年，有僧出自田州土官所，至广西藩司，自称建文皇帝，曰：“我自蜀历滇游方至此，今老矣，欲归骸骨故乡。”官司奏上，驿送赴京，号为老佛。……于是迎入大内。卒，葬西山。觐人黄玉润督学广西，亲见其趺坐藩堂。长身巨鼻，声如洪钟。[②]

同在《国朝典汇》卷二《靖难》又记载：

文皇即位，（严震直）复为工部尚书，使安南，密嘱访建文帝，遇于云南，道中相对而哭。帝曰：“何以处我？”对曰：“帝从便。臣自有处。”夜缢邮亭死。或曰：见帝悲怆，吞金而死。[③]

所有这些，不仅充分显示出徐学聚不尽信《明实录》所谓“自焚”的倾向，反映了当时舆论对此问题的基本认识，而且也为后人研究建文帝保存了丰富的史料。

---

① ［明］徐学聚：《国朝典汇》卷二《靖难》，北京，书目文献出版社，1996 年，第 73 页。
② ［明］徐学聚：《国朝典汇》卷二《靖难》，北京，书目文献出版社，1996 年，第 77—78 页。
③ ［明］徐学聚：《国朝典汇》卷二《靖难》，北京，书目文献出版社，1996 年，第 92 页。

二

徐学聚，万历十一年（1583）进士[①]，初任浮梁知县，继调吉安府、吉水县知县。万历十七年（1589）十月，考选为礼科给事中。万历十九年（1591）二月改外，任湖广按察使司佥事。万历二十一年（1593）十二月，升江西布政使司左参议，管粮都饷。万历二十三年（1595）六月，升山东按察使司副使，提督学政。万历二十六年（1598）七月，升本省布政使司参政，继升河南按察使司按察使，因山东地方“乞留”，未赴。万历二十九年（1601）四月，擢为福建布政使司右布政使，继改左布政使。万历三十二年（1604），擢为都察院右佥都御史，巡抚福建地方。万历三十六年（1608），徐学聚回里。为官共二十五年。徐学聚出身于一个书香门第和仕宦之家，其祖父徐袍，字仲章，号白谷，出宿儒章懋之门，湛深经术，尤邃于《易》，早岁即领乡荐，名著一方，远近来从学者至数百计，多知名士。其父徐用光，字成孚，号益庵，嘉靖三十二年（1553）进士，历官工部主事、员外郎、郎中，以廉能谨饬闻，著有《徐工部诗集》[②]。由于徐学聚的吏仕经历和家学背景，影响了他在编辑《国朝典汇》时表现出守旧法古、遵奉正统史观。

对于建文帝前后君王及朝代更迭的问题上，徐学聚的正统思想表现得尤为突出。如书中将《宪章类编》中的“革除建文”均改为“建文”，肯定了建文帝作为一代君王的“正统”地位。但对其被“革除”的记载，书中又说：“侄允炆以幼冲之资，嗣守大业，秉心不孝，更改章宪，戕害诸王，放黜师保，崇信奸回，大兴土木，天变于上而不畏，地震于下而不惧，灾延承天而文己过，飞蝗蔽天而不修德，益乃委政宦官，淫佚无度，祸机四发。”[③]用允炆“不修德”而引起“天变”“地震”来说明朱棣上台的合理性，从另一个视角诠释并贯彻了君权神授及正统思想。

三

《国朝典汇》中，徐学聚对《明实录》故意讳而不说的很多重要史实，敢于毫不掩饰地秉笔直书。

如成祖即位后，改建文纪年为洪武三十二年、洪武三十三年、洪武三十四年、洪武三十五年，不修实录，以表明自己是直接继承朱元璋正统帝位的。对此，徐学聚的态度是明确反对的。

《国朝典汇》不仅直书“建文”年号，还把这几年史事都力图按历史本来面目如实记载。他认为，建文虽被革除，但“有一代之君，则有一代君临之位号”。徐学聚在《国朝典汇》卷二《靖难》中还写道：

> 作史者纪其行事，以昭当年之实录。乃建文年号之革除，人心终有疑而未安者。夫太祖在位实惟三十一年，而三十二年以后，安得尚蒙洪武之号。建文既已负扆临朝、薄海内外奉正朔

① ［明］张朝瑞：《皇明贡举考》卷九，《续修四库全书》第828册，上海，上海古籍出版社，2002年，第541页。

② （雍正）《浙江通志》卷一九〇《人物九》，《景印文渊阁四库全书》，中国台北，台湾商务印书馆，1986年，第267页。

③ ［明］徐学聚：《国朝典汇》卷四《登极迎立》，北京，书目文献出版社，1996年，第131页。

矣，一旦革而除之，何以信万世？说者谓一时归命，诸臣避嫌曲讳。非出文皇本心。臣惟是前代更朝易位非一见矣，即余分闰位，犹得存其年，而俾后世有所考。建文继绪，孰不知君之有孙，特以辅佐非人，致发难启衅，旋知天命有属处，逊位而出亡，可谓达天不昧时者，顾令名号泯泯乎。此其于理似有未顺者。原所以革除，不过欲使后人不复知有建文耳。今历二百年，朝野靡不知有建文，俾今日之闻已不可涂，何况后世。窃意天下万世自有耳目，稗官野史各有记载，而欲以建文之纪年，作洪武之虚号，得乎？此其于理似亦有难掩者。且天下者，……成祖、建文均统承也。太祖以天下挈而授之，建文所以昭立嫡之大义。建文委天下旋而归之，成祖所以彰拨乱之弘功。太祖亦何所择于若子若孙哉！以太祖之所亲授而革除之，无乃非贻谋之意，或亦非成祖善继之心乎！此其于情亦容有未惬者。①

徐学聚在此文中是引用礼部尚书范谦的奏章来表明对恢复建文朝的合法地位的态度。

书中有关这方面的内容还有很多。如：卷九《后妃》亦云：

建文君虽已灭，曾临御四年，当命史官修其实录，仍用建文年号。②

字里行间均透露出他对建文帝遭遇的同情和对朱棣的不满。徐学聚在书中称明成祖朱棣为“燕王”，又详叙御史大夫景清被朱棣残杀经过：“上大怒，命抉其齿，且抉且骂，顷之含血近前直喷御衣。上愈怒，剥其皮，草椟之，械系长安门示百官而碎磔其骨肉。……诏赤其族，尽掘其先墓，焚夷焉。又籍其乡，转相攀染，谓之瓜蔓抄，村里为墟。”③借以谴责朱棣对建文帝忠臣迫害的残酷，以历史的观点看待明成祖革除建文年号、不修实录之行径。

另外，《国朝典汇》还保存了许多不见或少见于其他明史文献的珍贵资料，在一定程度上它又可补其他明史文献典制记载之缺略。例如关于“靖难”中建文帝的下落，徐学聚在编辑是书时采取科学考信原则，敢于直书，不是简单地宗奉《明实录》所载的官方说法，而取酌情备录异说以存参的客观态度，详细列举民间盛传之种种轶闻，既充分显示出不尽信《明实录》所谓“自焚”的倾向，反映了当时舆论对此问题的基本认识，又为后人研究建文帝提供了珍贵的文献资料。

（作者原瑞琴，河南师范大学历史文化学院）

① ［明］徐学聚：《国朝典汇》卷二《靖难》，北京，书目文献出版社，1996年，第98页。
② ［明］徐学聚：《国朝典汇》卷九《后妃》，北京，书目文献出版社，1996年，第197页。
③ ［明］徐学聚：《国朝典汇》卷二《靖难》，北京，书目文献出版社，1996年，第95页。

湘潭三何家族明初溯源再考兼论建文帝踪迹研究

何歌劲

湖南湘潭有以易俗河银塘为出处的三个何氏家族，即银塘四甲何氏、银塘五甲何氏、锦石何氏，皆发端于明初，今已遍布湘潭县境内约一半区域。此三个家族在明永乐年间总共才十来个人，系共处一宅的大家庭。锦石何氏最先由银塘走出，来到邑内碧泉定居。而银塘四甲何氏、银塘五甲何氏在银塘本地的分族则迟至明嘉靖年间。所谓四甲、五甲的分野，是以家族成员较集中居住之地的位置而定名的。三支何氏有着不同的血缘来源，这在以血缘为家族纽带的时代，是这个明初大家庭必然要走向分裂的根本原因。这三支何姓的源头，分别联系着明初的重要历史事件与历史人物，但在族谱与口头传承中又布下了重重迷雾，因而对这三个家族始祖人物进行探索，从而揭示出他们之间的联系与因果，这对于弄清与之相关的历史事件真相，乃至对于明史研究都是有益的。

一

在湖南省湘潭县城关易俗河镇银塘村有一口大约两三百亩的大水塘叫银塘，自明嘉靖以来为历修县志所记载，系地方名胜。银塘的地名，即是在湘江支流涓水就要流入湘江的数千米处，以一川河水将以银塘为依托的上万亩冲积平原及边缘低山丘陵囊括进来的区域的称呼。

图 1　湘潭易俗河银塘姊妹桥

在银塘的水系中，有一条弯弯曲曲的水坝，即湖湘一带这样称呼的溪流，自丘陵处来水，穿过平原，流入涓水。在靠近涓水的银塘地域北偏西位置，水坝上建有一座由三条麻石组成的一座石板桥，被当地人称为“姊妹桥”（图 1）。

连接桥两头的人行石板便道，是古代居民通往河埠，下江坐船的主要通道。这个区域今天的交通已为更加通畅的快速公路与村组公路所替代，故石板路已经消亡，姊妹桥也已成为极少有人行走的故桥而冷落地存在于田野的稻菽之中。即使到了今天，上了年纪的人仍然熟悉这座桥的来历。他们一如自己的祖先那样述说着一个古老的传说，说的是这里何氏最早的先祖“姊妹开亲”的故事。在湘潭方言中，“姊妹”是“兄弟姐妹”或“兄妹”的简称与代称。姊妹结婚并非两位女性的同性恋，在中国古代是没有同性恋一说的。姊妹成婚还是一男一女，只是二人除了有夫妻的名分，还会有父母之下的兄弟姐妹身份。他们说，何氏的先祖逃离血海，在涵洞里躲过，来到银塘居住下来，后来两姊妹结婚，便传下了何氏后人，也就有了姊妹桥这座桥。至于这个故事发生在何氏中的哪个家族，哪个年代，叫什么名字，具体的细节，就无人能道说其详了。

我们的探索工作就从寻找“开亲”的两姊妹开始。我们寻找到银塘四甲何氏观房于清咸丰二年壬子岁（1852）所修清璧堂《银塘四甲何氏支谱》，其卷一载有祖祠地山川形势区域图——《祠脉图》（图 2）。图中“姊妹桥”的位置，被标作“姊弟硚”。其实这里的“姊弟”与“姊妹”等义，在“兄弟姊妹”的特定范畴里，所有用字的意义皆可互训，即只有大小之分，而无男女之别。这是目前发现的银塘四甲何氏现存最早的家谱，此后各谱都载有此图，只为翻刻重印。在这方区域中出现的地名很少，却重笔记下了这座桥，可见姊妹桥对于这个家族的重要意义。

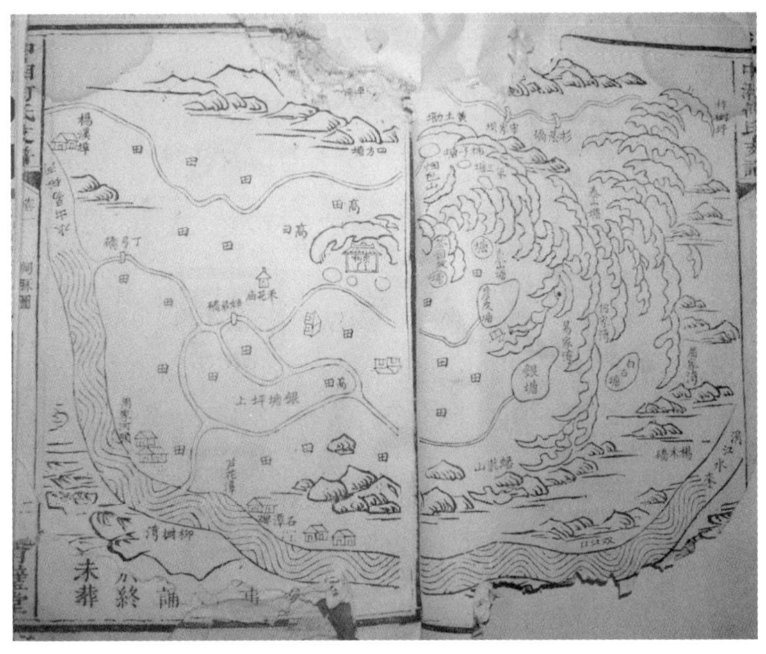

图 2　湘潭银塘四甲何氏祠脉图

接着，我们发现了一个奇特的现象：这个家族在明永乐年间的一位女性享受了特殊的待遇，她被破例地记载在族谱中。在湖湘一带，几乎所有族谱在明代都不记载自己姓氏家族女性的信息，在族谱中出现的女性只有嫁入本家族的外姓媳妇。至于族谱中出现“生女”几个，某女“适”某姓，这都是自清朝才开始有的现象。上述何氏三谱也是如此，你从族谱中看不到明代任何本家族女性的信息。也就是说，在明代，家族某一个成年男性，与他的妻妾到底生了几个女儿，哪个女儿又嫁给了哪姓人，这是一点都查找不到的。唯一的例外也就出现在上述清咸丰二年（1852）所修观房《银塘四甲何氏支谱》中：

二派　道明子　惠　明洪武十七年甲子二月十九午时生，明成化八年壬辰八月初十午时没，寿八十九。葬祔父冢左下一丈，向同，有碑、图。

妣唐　洪武十八年乙丑四月初六子时生，明天顺五年辛巳九月十五亥时没，寿七十七。……生子志高、志荣；女归朱何。①

“归”当然是“于归”之意。“女归朱何”，这可是此三家何姓族谱中在整个明代唯一出现的何姓女性。按照族谱书写惯例，如果女儿只有一个，便称“女归某”“女适某”；如果女儿有两个以上，便称“女长归某、次归某、三归某”。如何来理解“女归朱何”？是一个女儿先后“归朱何”，还是两个女儿分别“归朱”“归何”，或者还有别的含义？咸丰二年壬子岁之后，四甲何氏再修家谱，修谱人遇到了这个问题，但他们将惠公女儿的婚配状况做了两种解读。

仁房于清咸丰十一年辛酉岁（1861）所修绳武堂《银塘四甲何氏支谱》之唐氏齿录条内载：

生志高、志荣，女适朱适和。②

“适”是往的意思，故《礼记・内则》说“以适父母舅姑之所”，即旧称女子出嫁。这里明确用了两个“适”字。显然是指一个女儿嫁给了朱姓人，一个女儿嫁给了和姓人。值得注意的是，清璧堂谱中的“何”在绳武堂谱中变成了“和”。到了民国十八年（1929），两房合修继述堂《湘潭银塘四甲何氏支谱》时，唐氏齿录条同样的内容则记载为：

生子志高　志荣；生女相朱　相和。③

这里的“相”，即“相夫教子”中的“相”意，即扶助、内助之意。当然这同样是在表达女子出嫁的意思。这里依然沿袭着两个女儿分别嫁给朱姓人与和姓人的理解。

至此，“姊妹桥”传说中的女主角找到了，她应该就是银塘四甲何氏第二代何惠嫁给何姓人的那位女儿。至于是否还有嫁给朱姓的女儿，暂置不论。

我们在湘潭锦石何氏族谱中找到了银塘“姊妹桥”的男主角。

---

① ［清］《中湘何氏支谱》卷二《一派至七派齿录》，咸丰壬子清璧堂刊。
② ［清］《中湘银塘四甲何氏支谱》卷二《一派至七派齿录》，咸丰辛酉绳武堂刊。
③ ［清］《湘潭银塘四甲何氏支谱》卷十《一代至十代齿录》，民国十八年继述堂刊。

本来，在锦石何氏家族中，依口口相传六百年，散布在各地的相当多的老人都知道，锦石何氏始祖逃离血海，到了银塘，娶了银塘何氏女，后来迁到碧泉一带，后裔在锦石建立宗祠，故称湘潭锦石何氏。

《湘潭锦石何氏七修族谱》所载旧序最早是在乾隆三十八年（1773）的三修谱序中道出了本族始祖原姓朱，以及娶妻何氏的历史：

> 吾始祖汝川公，本江西临川人也，原姓朱，前永乐间游于潭，有何公某，奇其为人，以女妻之，后遂家于斯焉。[①]

在《湘潭锦石何氏七修族谱》的齿录卷中也给出了更多关于始祖的信息：

> 始祖：必华，字汝川，江西抚州府临川县人。原朱姓也。明永乐二年来湘潭，遂从而家焉。明洪武十七年甲子六月初三酉时生。天顺八年甲申四月十二子时没，年八十一岁。葬十一都六甲楠木塘狮形山，子山午向，有传，有图，有墓田三亩、庄屋一栋。
>
> 妣何：明建文二年庚辰正月二十子时生，成化九年癸巳八月十四寅时没，年七十四。葬十二都二甲银塘祠后辅形山，祔父何惠公墓下右侧，卯山酉向，有碑，有图。有扦清，有朱判。[②]

这两个何姓人结婚，为"姊妹开亲"找到了依据。如果我们将事情追溯到明永乐二年（1404），则何惠公此女当时年龄为五岁。依谱上之记载，何必华年龄比惠公女大十六岁。看来他们当时是居住在一起的，自此即以姊妹相称，直到结婚成家后双双迁居碧泉。

上述何必华齿录明确记载"原朱姓也"，这就揭示了姊妹桥的谜底。何必华与何母何氏二人虽共处何氏之家，自小即以兄妹相称，但在血脉上并无联系。何必华实不姓何，而是姓朱。他们的结婚实际上既不违背血缘禁忌，也不违背家常伦理。这时我们也才明白，四甲何氏咸丰二年刊清璧堂支谱所载惠公女"适朱何"，表述的女儿与女婿各只有一人，意即惠公女嫁给了一个实际上是朱姓而改姓为何的一个人。而这个人就是湘潭锦石何氏的始祖何必华。因而，在《银塘四甲何氏族谱》中唯一被记载的第二代何惠公的这个女儿，也就顺理成章地成为了湘潭锦石何氏始祖母。

上述信息中还有一点值得注意，始祖母何母何氏去世后并未与始祖合葬，而是罕见地葬回了娘家的祖山，即十二都二甲银塘祠后辅形山，祔葬于父亲何惠的墓下右侧。辅形山即虎形山，这是银塘四甲何氏后来所修宗祠所在的山体，位于紧靠银塘的北侧。民间历来有"嫁出去的女儿，泼出去的水"这种说法。一个女人死后葬回来，当时间远去，其中的传奇渐渐不为族人所知晓时，矛盾便来了。女占娘山，锦石何氏的后人要回来祭始祖母，那是侵占了银塘四甲何氏的土地所有权，首先是阻拦，然后是冲突，最后是打官司。这就有了齿录条中的"有朱判"的记载。

---

① ［清］何嗣点：《清乾隆三十八年十派孙嗣点三修谱序》，《湘潭锦石何氏七修族谱》卷一《旧序》，民国十八年敦本堂刊，第8页。

② ［明］《湘潭锦石何氏七修族谱》卷六《始祖派下齿录》，民国十八年敦本堂刊。

我们在《湘潭锦石何氏七修族谱》中见到了这份朱判。朱判附有原告锦石何氏何志扬、何南杰等于光绪十三年（1887）十月二十二日状告银塘四甲何氏何敬堂等的状帖《具禀为拂诈阻匿号恳断全事》，大意是锦石何氏始祖母葬于银塘四甲何氏何惠公所管山，清初惠裔将该业售郭，郭匿坟碑。至道光年间，银塘四甲何氏赎回田山，以庄改祠。锦石何氏始祖母坟重得祭祀。事起突然，前年银塘四甲何氏悄匿锦石何氏始祖母坟碑，阻止祭扫，请求讯断。

本次受理此诉讼，官方还缴验了道光十三年（1833）六月十五日银塘四甲何氏与锦石何氏所订立的“扦清”，因锦石何氏始祖何必华字汝川，故文中川裔即指锦石何氏后裔：

> 缘我二世祖惠生女一，适朱何汝川，明成化九年没葬我惠公自管十二都二甲银塘辅形山惠公墓下右侧……其川裔始祖母坟，念系我三世姑祖母坟，不忍终没，会商族众，扦交川裔祭扫，只有堆罗，并无丈禁。日后川裔不得藉坟进葬占山，惠裔亦不得阻挠祭扫。今欲有凭，立此清交字与求祭扫字，钳合较收为据。①

朱判则为署湘潭县事吕汝钧于光绪十三年十月二十二日所作判词，大意为调查得知锦石何氏始祖母系银塘四甲何氏二世祖惠公之女。在断明双方所有争执之后，作出了如下判决：

> 兹经集讯，调阅何南杰等谱据，伊始祖母何氏实系葬于该处。阅其道光年间扦坟字据，并讯之当日在场之老民何桂升，据供扦字确系当日所立，该处之坟确系何南杰等始祖母，并非何德名之祖母。及阅何敬堂所呈观、仁二房谱据，均载惠公女适朱何，惟仁房谱中将“何”字改为“和”字，并将唐氏葬坟之辅形山镌改，显系改谱罩占。查此坟代久年湮，应以道光年间扦坟字据及在场书名之何桂升供词为凭断。令此坟仍归何南杰等祭扫。何南杰等相离窎远，饬令捐银一百两，置田数亩，充入何敬堂等公祠。缘何南杰等之始祖母，即何敬堂等之祖姑。木本水源，仍然一脉，嗣后务须敦睦。何南杰等坟，无丈禁，只有堆罗，不得以坟占山，何敬堂亦不得阻其祭扫。饬令差保即日回乡，将何敬堂新竖唐氏之碑掘去，仍立何氏之碑，以杜后衅。将来何南杰等如修其始祖母何氏之坟，饬令将其外祖惠公之坟一并修理，永不忘本。何敬堂惩责以警。两造具结完案。②

这个判决充满了喜剧味道，判词的留存也为姊妹桥做出了更丰富的诠释。

湘潭锦石何氏始祖何必华，原姓朱，他就是姊妹桥的男主角。

二

锦石何氏族谱记载，其始祖是生活在明洪武、永乐年间。《中湘何氏七修族谱》所载旧序记载：

① ［清］《扦清字》，载《湘潭锦石何氏七修族谱》卷一八，民国十八年敦本堂刊。

② ［清］吕汝钧：《朱判》，载《湘潭锦石何氏七修族谱》卷一八，民国十八年敦本堂刊，第 2 页。

余始祖汝川公，本抚州府临川人也。明永乐二年来潭，后家于碧泉。生如海、配两二公，俱卓卓不群。此碧泉何氏所由始也。①

吾族汝川公，于明永乐二年由豫章来潭，即奉为不迁之祖。越清乾隆庚辰，族先辈建祠于锦石之阳，因号为锦石何氏。其在以上，有曰碧泉何氏者，则以始祖汝川公家于碧泉而得之也。②

前面说过，湘潭何氏始祖本姓朱，那是如何改为何姓的呢？上海图书馆藏《中湘何氏六修族谱》亦是湘潭锦石何氏家谱，其中所载清雍正年间二修谱旧墨序记载：

何氏之谱，谱何氏之族也。余鼻祖汝川公，寄迹潭邑，此谱所自始也。曷以谱不纪汝川公前也？亲尽也，姓别也。曷言乎亲尽也？亲尽乃服尽也。曷言乎姓别也？汝川公由江西来潭，原何姓也，厥后家于碧泉。③

在明代与清朝早期，锦石何氏尚未在谱牒中透露出自身的朱姓，直到乾隆三十八年三修才第一次在序言中言明原本为朱姓。此清雍正二修谱所载墨序系由何导浤成于明崇祯十六年，其原文“原何姓也”，是指何必华由江西来潭，原于何姓。这里显然在说有一个何姓人给予了何必华巨大的帮助，但也已经在暗示本族原本并非何姓了。七修族谱转载何导浤此序时，对“原何姓也”作了“原本何姓”而未作“原于何姓”的解读，以为“何氏原本何姓”说了等于没说，是笔误，故改成了事实上的“原朱姓也”。这个改动恰好改错了。因为何导浤序成于明末，当时的社会条件还没有到可以公开锦石何氏本为朱姓的时候，故“原何姓也”是一种言在此而意在彼的对“姓别也”的隐晦表达。那么这个给予何必华巨大帮助的何姓人物是谁呢？他显然不是“来潭”过程结束时到达目的地的土著何氏银塘四甲何氏的人物，而是过程开始时那一位引导锦石何氏始祖“来潭”的人物，亦即同时由外间迁来并将要融入银塘何氏的银塘五甲何氏的先祖。那么这个护送者具体又是谁呢？

清乾隆二十一年丙子岁（1756）刊吕正音纂《湘潭县志》第十九卷《人物·宦绩》中载有《何福传》：

《府志》：明洪武时以智勇进于冯诚、刘真辈，后先树绩，授都指挥；累功至左军都督、前将军；继事建文，加甘肃总兵。靖难兵起，与平安列阵淝河，福独当一面，北军为之夺气。成祖御宇，谓福才堪驭远，封宁远侯。子孙居湘之银塘，至今有聚族而居者。

原来银塘何氏的先祖竟是在明史上名声赫赫的宁远侯何福。那么这位何福果真是掩护何必华

① ［清］何嗣绶：《清雍正十一年十派孙嗣绶二修序》，载《湘潭锦石何氏七修族谱》卷一《旧序》，民国十八年敦本堂刊。

② ［民国］何昺光：《十六世孙昺光七修叙》，载《湘潭锦石何氏七修族谱》卷一《新序》，民国十八年敦本堂刊。

③ ［明］何导浤：《明崇正癸未二修墨牒序》，载《中湘何氏六修族谱》卷首《旧序》，上海图书馆藏清光绪辛丑岁敦本堂刊。

的关键人物吗？我们找到了民国二十二年（1933）癸酉夏五月刊八修敦本堂《湘潭银塘何氏族谱》。其世系齿录卷中关于何福有着这样的记载：

孟八子 福：官明。历阶都指挥、左军都督、前将军、甘肃总兵，封宁远侯。洪武二年己酉十一月十三日巳时生，永乐八年庚寅八月二十日辰时没。葬祔父左，坤向，有传。行谊详《明史》、省府县志。[①]

这样的记载是明确的，湘潭银塘五甲何氏的先祖中就有这位在明初威名显赫的宁远侯何福。可是这则记载靠得住吗？接着我们很快发现了矛盾：

一派祖 孟八：字肇盛，以子福官，明赠如其爵。元至正二年壬午八月初一日未时生，明洪武三十年丁丑十二月初一日酉时没。[②]

公讳孟八，字肇盛。先世自江南居邑之银塘，世业诗书，至公益穷经致用，性谨厚而饶有英略。元末群盗延保起衡山、文奇起茶陵，四出屠掠村邑。公率乡勇自卫，近所居数十里，无敢犯。时赵康、王汝砺先后来治湘，防皆倚以为重。公方锐志澄清，以二子皆奋于时，长子功业尤日显，遂不复出而终老于银塘。[③]

《明史》上明确记载何福是凤阳人，那何福怎么可能先世就自江南移居湘潭银塘呢？他的父亲果然是叫何孟八（肇盛）的这个人吗？

使我们更为不解的是，散置于八修《湘潭银塘何氏族谱》中的下列记载，难以令人置信：

族自北宋占籍银塘，以迄元季，其间世系无征，谱亡故也。[④]

虞祖，籍金陵。宋熙宁二年官衡郡太守，卜迁湘潭，筑银塘居焉。十四传九疏祖生懿祖，懿祖生孟八祖，谱屡经兵燹，世系无考。遵初修自孟八祖始，非略也，祖其可知也。[⑤]

即自金陵来潭者，亦以屡经兵燹，世次无闻焉。及至肇盛君，当元明易代之际，率乡人御寇，保卫一村，乃克绍先烈，以世其家，始可得而述也。然明鼎定后，奉户部给牒勘合，迁潭日久，犹仍江南络丝班匠籍，盖不忘所自，用昭来许耳。四传至源通祖，隐德尤多，子姓益

① ［民国］《世系表》，何衢纂修：《湘潭银塘何氏族谱》卷一，民国二十二年夏五月敦本堂刊。
② ［民国］《世系表》，何衢纂修：《湘潭银塘何氏族谱》卷一，民国二十二年夏五月敦本堂刊。
③ ［明］何人位：《孟八公传》，载何衢纂修：《湘潭银塘何氏族谱》卷二八《传》，民国二十二年夏五月敦本堂刊。
④ ［清］何隆图：《二修序》，载何衢纂修：《湘潭银塘何氏族谱》卷三五，民国二十二年夏五月敦本堂刊。
⑤ ［清］何隆图：《二修凡例》，载何衢纂修：《湘潭银塘何氏族谱》卷三五，《前修凡例》，民国二十二年夏五月敦本堂刊。

藩，秀士朴农，皆茂本培元，实遗之泽。[①]

如果这些说法属实，那么这个何福只是同名者，而并非宁远侯何福。这些上溯世系怎么也过不了正史之关。如果银塘何氏一族自北宋即移居湘潭，而何福又确是这一家族里的人物，那么《明史》中的记载，何福一定是湘潭人而不是凤阳人了。又如果何孟八（肇盛）果然是何福之父，那他在洪武三十年（1397）去世，正值何福隆显时，那何福回乡守制，以及“以子福官，明赠如其爵”，则一定是轰动湘潭的大事，可为什么只有到了清乾隆朝才有何福有后裔居银塘的信息传出呢？

要么此何福是假，要么就是此谱中何福之前的溯源皆是假，二者必居其一。

此后，我经过若干年的苦苦考证，最终有了结果。银塘五甲何氏的始祖实际上就是宁远侯何福，为了掩饰其人在湘潭的存在，何氏后裔在修纂族谱时，或者更早些当何福来到银塘时，他们在何福头上加进了一位虚拟的或者是借用了别家何氏名肇盛字孟八的这个人物，将他移植为何福之父。何福成了银塘何氏第二代的人物，这样做，始祖由他人顶着，何福隐于第二代祖中，他就不会有着第一代祖那样显目。而为了让这个说法天衣无缝，甚至将本家族最先移居湘潭的始迁祖拉扯到宋朝的衡郡太守何虞。

再精心设计的谎言也总会在同一族谱中，或者在与之对照的环境中找到破绽。

五甲何氏八修谱《湘潭银塘何氏族谱》中所载清人何元蔚《环祠邱垅记》中说：

族土著银塘祖墓，率皆距初祖不里许，蔼然若依膝下。[②]

在这里出身于五甲何氏的作者对四甲何氏使用了“土著”的称谓，这就明确了五甲何氏自身的客籍身份。而在《湘潭银塘四甲何氏支谱·卷一·四修凡例》中更明确地昭示：

我族世居银塘，署名曰银塘何氏，系里居也；后因有异宗之同姓居处其间，故标以四甲，别同姓也。[③]

在银塘四甲何氏看来，五甲何氏人员就是晚来者。其实，一开始银塘就只有银塘何氏的一个表述存在。自从分出两族后，也还是这种单一的称呼。首先是土著何氏觉得这样会造成混淆，故主动将本支在族谱中署名为银塘四甲何氏，以示与客籍银塘何氏相区别。为了对应，客籍的银塘何氏就被在口头上称为了银塘五甲何氏。但是，银塘五甲何氏从来也没有在族谱中使用过五甲这个词。也许银塘五甲何氏后来发展成了银塘一带最大的何氏家族，他们有理由使用这个大称谓，他们不屑于用偏义来定义自己的家族。四甲何氏的上述说明再明确不过了，世居与后迁，土著与客籍，这就是

---

① ［明］何人位：《初修序》，载何衢纂修：《湘潭银塘何氏族谱》卷三五，民国二十二年夏五月敦本堂刊。

② ［清］何元蔚：《环祠邱垅记》，载何衢纂修：《湘潭银塘何氏族谱》卷三十《艺文略·杂记》，民国二十二年夏五月敦本堂刊，第67页。

③ ［民国］《凡例》，《湘潭银塘四甲何氏支谱》卷首，民国十八年继述堂刊。

四甲何氏与五甲何氏的分野。这只能说明五甲何氏迁来银塘晚于四甲何氏，最早也只能是在明前期。这不仅是四甲何氏在说，连五甲何氏自己也在说，如果五甲何氏果真是宋代即迁移来潭，那是不可能这样说的。

我们还注意到，银塘五甲何氏九世孙何人位所撰四世祖《源通公传》称：

天性肫挚，间岁必坍南京解运舟，往修先世茔域，数十年无少懈。[①]

前引资料说自始迁湘潭祖何虞“十九传至源通祖，今谱四世祖也”，如若此说属实，此支何氏自宋代何虞起即世代居潭，则何源通隔年即去南京上坟奉祀的先人当为二十代以上之远祖。这样的说法能使人相信吗？要知道，这与中国传统礼制的五服之祭，即祭祀一般自本人起上数五代之内的做法是不符的。何况，据有关资料，明洪武十七年（1384）朝廷始下诏允许庶民祀上三代祖。因而对二十代以上之远祖，何源通是不被允许也是不可能常年远道奉祀而数十年坚持不懈的。但他实实在在地常去南京祭祖，那么只有一种解释，就是他祭祀的当是自己的近祖而非远祖。这一资料有力地反证了谱中关于其远祖宋代迁湘潭记载的不实。

长沙原大贤都（今北山镇）民国二年（1913）庐江堂刊何泽濬纂《长沙何氏族谱》与民国十五年（1926）赐策堂刊何基焯、何廷望纂修江苏《晋陵何墅何氏续修家乘》，民国二十二年（1933）刊何琳纂修江苏《峙玗何氏家乘》等资料的发现，为我们的分析画上了句号。上述家族是我们可以参照的没有争议的何福家族。

原来何福祖籍江苏常州武进卜弋桥，属晋陵何墅何氏大家族。何福之曾祖何文灿（字子宿）走出常州，曾任今凤阳一带的元军统制官，其祖父何继达与父亲何观当亦先后在凤阳地带为官。其父何观在朱元璋起事后投入明军，曾任通州卫指挥使，洪武四年（1371）回归常州原籍，后复承担押运粮草任务，在北方病逝，葬于通州张家湾。何福实生于元至正八年（1348），继父之业，历经洪武、建文、永乐三朝，逐渐成长为著名将帅，并被成祖封为宁远侯；复于永乐八年获罪，家人以其缢死假报朝廷，实潜隐湖南湘潭银塘，其子孙散居湘潭、湘阴、长沙等处[②]。

长沙谱清乾隆五十年（1785），十三派孙宗润（字受涵，号竹溪）所撰本支族谱初修原叙称：

余承先严以竟其事，不惟受氏之始未及，并不敢自宋元而溯汉唐，第以明朝水木相承确有可据之福公为始迁祖，自安徽凤阳县徙荆楚，考其隶籍，则居湘潭之银塘。公生子三，长魁一，次魁四，季魁六。魁六之后仍银塘旧居。魁一之后，徙湘阴七都。惟魁四之后，迁徙无考。或传魁四之后徙湘乡，又传徙浏阳、醴陵，但旧籍无考。信以传信者，亦疑以传疑者也。兹以星沙一支，散处东西，虽多未至数千，少亦未减数百，其可考者，自湘潭之福祖生魁一，魁一生翱，翱生在位，在位生显成，显成生仁俊，仁俊由湘阴迁长邑。俊生楠、桐、栋。桐早

① ［清］何人位：《源通公传》，载何衢纂修：《湘潭银塘何氏族谱》卷二八《列传》，民国二十二年夏五月敦本堂刊。

② 参阅何歌劲《晋陵何墅何氏家乘所载洪武、建文敕书的发现以及明宁远侯何福家世考》，载中国明史学会《明史研究》第十三辑，合肥，黄山书社，2013年6月。

没，楠、栋之后历十余派于兹，因按宗以收之，订派以合之。[①]

长沙大贤都何氏从未与湘潭银塘五甲何氏有过交流与交集，直到今天依然如此。他们分隔已经六百年了。长沙大贤都何氏所载何福及其下代的资料，与湘潭银塘五甲何氏所载之资料如合符契，此谱言明何福就是始祖，“自安徽凤阳县徙荆楚”。

《湘潭银塘何氏八修族谱》关于何源通就解送粮赋船之便常去南京维修先世坟茔的说法，其中所提到的南京只是一个大的区域的概念，其具体定位则仍然是一个谜。《晋陵何墅何氏续修家乘》的出现，则准确地告诉了我们这个地方就是常州武进卜弋桥。今天，我们回过头再来看一看银塘谱中所载何福的玄孙何思仁的传记，便会恍然大悟。该文为武林钟世贤所撰：

何先生，讳思仁。余二十年前于余乡岳王墓，见有题云：“尽室逃归主和戎，小朝廷莫辨奸忠，施全当日刺果中，五国城定还两宫，无何慈圣未南渡，三字狱成敌不惧。呜呼！鄂王心事千载知，赵家天下一人误。”嗣又见有题毛公山云：“捧檄欢慈帏，母亡遂不出。得失山上云，喜惧山中日。寸草心迟迟，春晖逝何疾。劬劳同此哀，登眺心衔恤。”皆旁镌先生名，并著籍潭州。墨迹剥蚀，每求其人而不得。及司铎来潭，访知先生居家孝友，志行高洁，盖不第以诗传也。既先生嫡孙廷柏丐为之传，因索读全稿，知余乡二诗乃远谒祖墓时作也。其余皆自道性情，所得有在山巅水涯外者。其咏昭山云“云屯野戍洲兴马，水涨长江石啸猴”、苏仙岭云“橘井流芳承菽水，古来忠孝即神仙”，读此可窥见一斑矣。[②]

钟世贤，浙江临安（今杭州）人，嘉靖年间任湘潭教谕，曾主纂嘉靖三十二年（1553）刊本《湘潭县志》（北京图书馆藏）。何思仁，天顺八年甲申（1464）四月初七日生，正德九年甲戌（1514）七月十四日没。这则传记记载了何思仁“谒祖墓”途经杭州的事实，而由湘潭去常州武进，最便捷的便是途经杭州，然后沿运河北上，卜弋桥就在武进境内的运河畔，由杭州往南京必经此地。《晋陵何墅何氏续修家乘》记载何福之高祖以上若干代均葬武进何墅，何福之母黄氏葬武进卜弋桥。何福之后裔，间岁即回归祖居地以谒祖墓，历数代而不衰，其主要之指向地，一定是常州武进。

至此，当剔除掉银塘五甲何氏族谱中人为地附加上的不真实的文字之后，应可肯定，明宁远侯何福就是湘潭银塘五甲何氏的始迁祖。

三

翻开银塘五甲何氏族谱，发现了这样一个现象：何福下数五代，每代只留一人居银塘（图三）。

族谱关于前七代徙居记载：谱上所说第一代何孟八存疑不计，自何福起，经魁六、源通、富、

① ［清］何受涵：《初修原叙》，载何泽濬纂：《长沙何氏五修族谱》卷首，民国二年癸丑庐江堂刊。

② ［明］钟世贤：《思仁公传》，载何衢纂修：《湘潭银塘何氏族谱》卷二八《列传》，民国二十二年夏五月敦本堂刊。

思仁，到嵩止，不独居银塘者代为一人，且凡外出者均很快断了联系，子孙不再入此谱。直到第八代，何嵩所生三个儿子廷柏、廷椿、廷梅均留在了银塘，才改变了这个现象（图 3）。银塘五甲何氏当于永乐年间迁来湘潭，这是上限；考察下述两代人员的生活年代，何嵩（1497—1552），何廷柏（1534—1586），这是下限。自此可知，自 15 世纪初叶至 16 世纪中期，银塘五甲何氏代为一户的状况维持了长达近一个半世纪。

《湘潭银塘何氏族谱》所载何承鑫《创建大本堂记》直接点明了这一鲜有的特殊现象：

> 何氏隶籍银塘，有明中叶犹支分即远徙，至宗岳祖乃咸定居，遂开族焉。[①]

崇岳即何嵩的字。这说明了什么呢？笔者以为，除了出于有人守土、有人立功的传统家族观念使然，恐怕更大的可能还是在早期不想把家族发展得太大，以免引起外界的注意而暴露了何福家族的身份。这种在家族记载中，对何福之后的削减做法，与对何福之前的无端附加的做法，其动机与效果都是一致的。

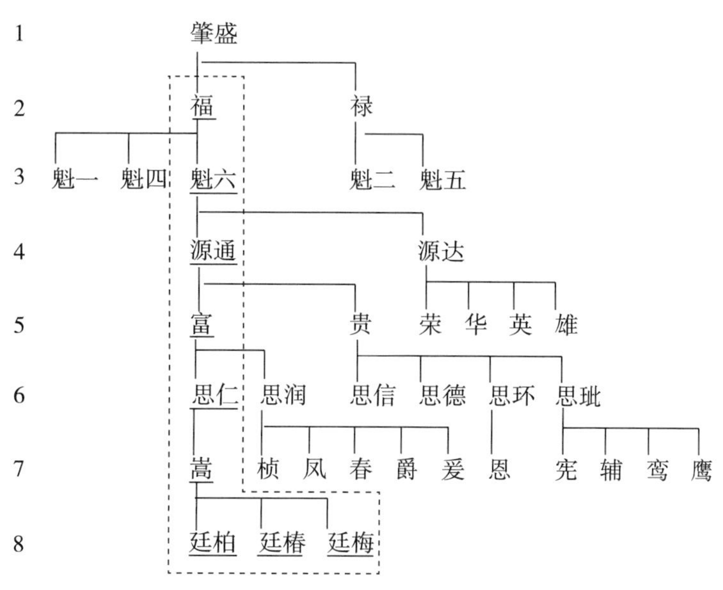

图 3 湘潭银塘五甲何氏前代迁移表

（虚线框内为留居银塘者，其余为外迁者）

这样代为夫妻二人的小家庭连续六代，给予了将何福家族融入银塘土著何氏家族中的很大方便。所以在长达一百五十年的时间里，一个银塘何氏家族就包含了这里的一切何姓。

这三支何姓中一直流传着何氏先祖中的一桩奇事，就是为了争夺银塘的归属，不知道是当事者自行决定，还是闹到官府里由“葫芦官”断了一个“葫芦案”，总之，在后来分野的银塘四甲何氏与五甲何氏之间进行了一场划船比赛，用相类于民间端午节盛行的龙舟竞渡方式，根据输赢来定夺银塘的家族所有权。这显然发生在银塘何氏公开分族的时候。

---

① ［清］何承鑫：《创建大本堂记》，载何衢纂修：《湘潭银塘何氏族谱》卷三〇《艺文略·杂记》，民国二十二年夏五月敦本堂刊，第 73 页。

这条规则的天平显然偏袒了真正的土著何氏银塘四甲何氏家族，因为他们的人口外迁相对较少，人丁更加繁盛。到了决胜负的那一天，后来的五甲何氏竟然突出奇招，以女性出赛。这些乡村大户豪族的闺阁们，想来其中还加入了雇工中的壮实民女，在当时堪称封闭的社会里，极其罕见地以特殊的方式崭露头角了。四甲何氏的男赛手们先是哂笑，这批毛丫头哪里会是自己的对手！他们以为不待比赛，银塘当早已进入自家囊中了，便首先有了几分轻敌。哪里料得到，就在比赛令即将发出的时候，这些妇女们突然齐刷刷地脱下上衣，一时之间，对手们目光都集中到了她们的身上。他们心神不定，很快乱了阵脚，哪里还有统一动作？而女子们在岸上人山人海的欢呼声中，齐刷刷地挥动双桨，越战越勇，终于夺得了胜利。自此，银塘就归于何福后人这支客籍何氏银塘五甲何氏家族名下了。这是一个充满着诗意般浪漫色彩的传奇，它使本来可以演变成悲剧的生活有了喜剧式的结局。这两个家族一点也没有伤和气，此后至今，又演绎了四百多年的和睦交谊。这场银塘争夺赛的传说，在数百年里一直在银塘五甲何氏、银塘四甲何氏与锦石何氏家族里世代传诵，笔者在进行三何家族溯源的过程中，曾经多少次地听到过分布在各地从无交集的三姓老人讲述着这同一传奇故事。这场划船竞赛完全真实地发生在银塘里。

《银塘五甲何氏八修族谱》中载有清乾隆三十九年（1774）季冬《四修银塘碑记》，开篇即说：

> 银塘，吾族世业也。始迁祖经营成之，四世祖重金浚之，七世祖并赋归祠，重世业也。①

这里所说“赋归”，即指划船赛以定银塘归属事，主事者就是第七世，实则为何福下第六世的何嵩。

这种种情况说明，明嘉靖年之前，银塘只有一个何氏，锦石何氏早已离开，而四甲何氏、五甲何氏并未分野。再倒推到明永乐年间，这三个何氏家族则是共处一个大家庭。而且，离开了银塘，直到今天，外界几乎没有人知道银塘何氏有四甲与五甲之分。即使笔者也是深入银塘调查时才知道这里有两个何氏。

如此紧密联系的三个何氏家族，充分说明了在早期他们完全是一个命运共同体。因此，要对锦石何氏始祖进行探讨，同样离不开对银塘五甲何氏及其实际上的始迁祖何福的探讨。

敦本堂八修《湘潭银塘何氏族谱》中列有《何福传》，虽然几乎是全文抄自《明史》，但对文尾最后几句作了重要的改动：

> 及从征，群臣有言其怏怏有怨言者。师还，都御史陈瑛复劾之。福惧，引疾告终于家。②

特别是文后低格加书：

---

① ［清］何世禀：《四修银塘碑记》，载何衢纂修：民国二十二年夏五月敦本堂刊《湘潭银塘何氏族谱》卷三〇《艺文略·杂记》第63页。

② ［清］《福公传（节录明史）》，载何衢纂修：《湘潭银塘何氏族谱》卷二八《列传》，民国二十二年夏五月敦本堂刊。

闻之先世相传，公智深勇沉，几莫能测。从北征还，成祖惑于谗，怒不可解。公阳告终于家，遂得释，而实归隐银塘，当时竟迄无知者。[①]

原来何福遇陈瑛劾告时并未如《明史》所载自缢而死，而是假报死讯，潜来了湘潭银塘隐居！《明史·志第七·功臣世表二》中记载：

宁远侯　何福　永乐七年九月庚午北征功封，禄千石。明年八月以罪自杀，除。

何福在永乐七年还受到朱棣如此信任，封侯赏禄，可为什么隔了不到一年，竟只能一死了之了呢？何福是身经百战的大将，什么风雨没见过，他人的一般参劾我看是不会造成他走自尽之路的。在永乐朝何福地位已经巩固，仍只得一死了之，可见其罪之大。从成祖发怒的程度看，不难猜想是何福家有人失踪引起了告密人的怀疑，进而向成祖进谗言的。

据《明太宗实录》载，何福的外甥女徐氏于永乐二年（1404）四月初四被成祖封为其第三子赵王朱高燧的王妃，但在何福夺爵之后即被废去。《明太宗实录》卷一一四记载：

永乐九年三月乙亥……敕高燧曰："徐妃既无子，又素诳诞不悛，可令闲居，善养之终其身。将别选名家女为汝之妃。"徐本何福之甥，其初有过也，以福故，优容之。福死，徐不悛改，遂有是命。[②]

《长沙何氏族谱》所载《福公传》，最末一段也留下了一个有意义的细节：

初，帝以福有才略，委寄甚重，宠任逾诸将。福亦善引嫌，有事未尝专决。后以有请辄行，群臣忌而劾之，因自愤缢。成祖闻之，叹曰："朕早知势众必谗，戒之久矣。"悯之，以荫生世其子孙。[③]

据前引清乾隆刊《湘潭县志》记载，何福有"子孙袭指挥"。据长沙谱上述记载，则是明成祖在闻听何福"自杀"的信息后，由开始的震怒转而产生了几分怜悯，于是，虽然还是废掉了其世袭的侯爵，并且将其外甥女徐氏废去赵王妃的妃位，但还是留了一点后路，让何福的后裔承袭了指挥之职。

湘潭银塘五甲何氏与长沙大贤都何氏两套族谱《福公传》里所留下的，明成祖在听到何福死亡报称前后的两个表现细节，这是所有正史与地方志中没有的记载，纯粹来自何福的家传，也就强有力地说明了这两个家族确为宁远侯何福家族。

---

① ［清］《福公传（节录明史）》，载何衢纂修：《湘潭银塘何氏族谱》卷二八《列传》，民国二十二年夏五月敦本堂刊。

② 《明太宗实录》卷一一四，永乐九年三月乙亥，北京，中华书局，2016 年，第 1454 页。

③ ［清］《福祖传（本明史）》，载庐江堂《长沙何氏族谱旧谱摘抄》（2007 年 12 月电脑录入印制本），第 39 页。

何福潜来银塘，显然是明永乐八年（1410）八月以后的事，那在永乐二年锦石何氏先祖朱姓人由江西迁来湘潭时到底是由银塘五甲何氏的哪个人护送来的呢?

其实这在《银塘五甲何氏八修族谱》中也给出了答案。谱中齿录条载：何福之弟何禄先来银塘，然后“徙湘阴”，何禄之子魁二、魁五“均随徙湘阴”。[①] 显然护送何必华一同来到湘潭的，就是何禄以及何魁二、何魁五、何魁六。

最近我们又发现了湘潭乌石吴氏家族族谱，记载何福手下的一位将军，四川籍的吴朝南，竟也于永乐二年隐居到了湘潭：

> 始祖讳朝南，字正阳，广东提督军门也。原籍四川成都府华阳县丁字堡，中明洪武二十一年戊辰武榜举人，考选侍卫。洪武三十年丁丑，缅蛮刀干孟之变，都督何福逾高梁公山，直捣南甸，回击景罕寨贼，凭高坚守，粮尽。公随总镇沐春接应有功，升广东提督军门。建文四年六月间，李景隆金川门事，寻兵部尚书齐泰就戮，坐当诛者数百人，公遂敛迹归乡。永乐二年甲申，徙蜀来潭，隐居乌石，卒葬于斯，我族自此昉焉。[②]

> 始祖，朝南，字正阳。原籍四川成都府华阳县丁字堡。中明洪武戊辰科武魁，考选侍卫，升广东提督军门。明洪武三年庚戌三月十一日午时生。明永乐二年徙居乌石。明宣德七年壬子八月十三日戌时殁，葬上十七都四甲乌石峰蜈蚣山，午山子向。有碑、墓、图、传。子一。[③]

明朝洪武年间，不知是否开展过武举考选，但洪武二十二年（1389）朱元璋确有习武事令。或许是在这种氛围下吴朝南通过比武考察而被录用。“考选侍卫”，看来吴朝南也在亲军卫服务过。值得注意的是，吴朝南是永乐二年（1404）来到湘潭，这正与锦石何氏始祖何必华移居湘潭的时间相合。吴朝南是四川成都人，他在建文四年（1402）六月后已经隐迹回到了四川，他在湘潭除了有他的上司何福的家属，再无其他关系，显然他于永乐二年“徙蜀来潭”，就是随同何禄一行前来护送何必华的。也就是说，吴朝南将军来湘潭，是奉了何福的指示的。吴谱的出现，也就坐实了银塘五甲何氏迁湘的时间同样是永乐二年。

四

银塘四甲何氏族谱明代记载的本族唯一女性，嫁给了一个本来姓朱后来改姓何且有较大年龄差距的锦石何氏始祖何必华，这本身已经佐证了何必华的非凡身份。而永乐二年由江西护送何必华来湘潭银塘的，竟是明初三朝大将何福的弟弟何禄与几位子侄，现在又出现了何福的一位曾任广东提督的部属吴朝南将军；而且宁远侯何福于永乐八年（1410）突遭杀身之祸，不得不隐身潜逃而由家

---

① ［清］《世系表》，载［民国］何衢纂修：《湘潭银塘何氏族谱》卷一，民国二十二年夏五月敦本堂刊。

② ［清］吴政临：《军门公考》，《湘潭乌石吴氏四修族谱》卷七《传赞》，民国三十一年壬午刊。

③ ［明］《始祖朝南公派下齿录》，《湘潭乌石吴氏四修族谱》卷九，民国三十一年壬午刊。

人谎称自杀，由此造成这个家族废侯废妃。那锦石何氏始祖何必华究竟是什么人物？他怎么有这么大的能量可以调动如此重大资源，且使他们不顾破侯灭族之险而前赴后继呢？

湘潭锦石何氏这个大家族在内部有一个流传了六百年的说法，他们是明太祖朱元璋后裔，遭遇血海之灾，由涵洞躲出，来到湖南湘潭，娶银塘何氏女为妻。而《湘潭锦石何氏七修族谱》在民国十八年（1929）纂修时就将这个家传说法定格成了木雕文字：

> 又据族先辈相传有云，吾族本明太祖朱元璋苗裔，因避建文之难，改姓何氏。今考汝川公来潭之年，适与建文遭难时相合，此说亦非无因，姑并存之，俾后世探源索本有以知其所自出云。①

> 我祖汝川公，原姓朱，乃明太祖朱元璋苗裔，因燕王篡位，屠戮宗藩，故从妻改姓何氏。……藩幼随父读，尝闻称道先世事甚详，心窃识之。②

> 内父姓何氏，讳世唤，字镜心，本明太祖朱元璋之苗裔，建文逊位，改姓何氏。③

锦石何氏第七次纂修族谱时，封建王朝制度完全退出历史舞台，于是谱中才公开地有了如此明晰的说法。

如果这个说法属实，在朱姓傲为国姓之时，却有朱姓而不能姓，而且他还是太祖朱元璋的后裔，对照当时的历史条件，只有在靖难之役中败落了的建文帝朱允炆符合这个条件。

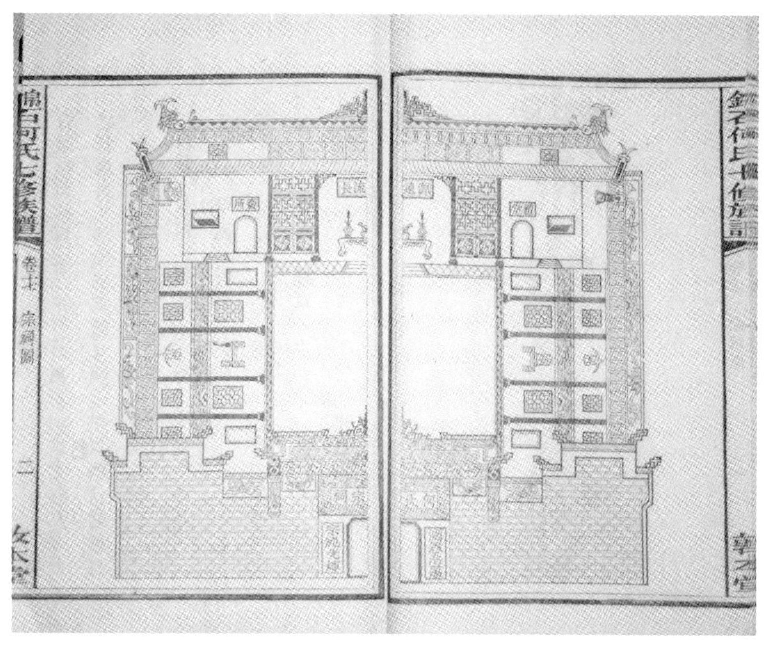

图 4　湘潭锦石何氏宗祠图

① ［民国］何昺光：《七修叙》，《湘潭锦石何氏七修族谱》卷一《新序》，民国十八年敦本堂刊。
② ［民国］何维藩：《七修叙》，《湘潭锦石何氏七修族谱》卷一《新序》，民国十八年敦本堂刊。
③ ［民国］张俊选：《镜心公夫妇合传》，《湘潭锦石何氏七修族谱》卷三，民国十八年敦本堂刊。

《湘潭锦石何氏七修族谱》第十七卷所载宗祠图（图 4）上赫然地标示了这样一副大门联：

国恩浩荡；宗祀光燀。

这副对联显然成于清乾隆二十五年（1760）初建祠时。它以“国宗”冠顶，乃国之宗族之意，隐寓着何族为帝系身份。“宗祀光燀”是崇祀始祖的表述。把“光燀”与“允炆”对应考察，结果发现：联中末字，既没有用以“光”为偏旁的“辉”字，也没有用以“日”为偏旁的“晖”字，用的是生僻的以“火”为偏旁的“燀”字，显然是特有所指。允炆一辈的名字后一个字都带“火”偏旁。而且，“光”与“允”，下部皆为同一部首“儿”字。因而，“光燀”与“允炆”双双有半字相同。不难看出，这副对联用心良苦地透露锦石何氏的始祖就是朱允炆。

如果孤证不立，则还有内证，锦石何氏始祖母的齿录栏里还记载：生纹渊、纹广。

朱元璋赐给东宫的命名派字前五个是“允文遵祖训”。建文帝朱允炆在宫中所生二子分别名之文奎、文圭，以“文”字为派名。这里何必华（汝川）在民间所生的后代以“纹”字为派名，不过是在“文”字边加了曲折的绞丝旁，显然为曲笔，正是“文”字派的曲折表达。可以肯定，第二代传人共有一个“文”字字派。这种辈分的对应也说明了锦石何氏始祖是建文帝。

有了湘潭锦石何氏家族族谱的内证，又有了何福、吴朝南将军的出现，以及湘潭银塘四甲何氏何惠之女（锦石何氏始祖母何氏）在本家族谱中加以记载的旷代待遇等外证，我们应该是可以初步认可何必华即建文帝朱允炆的结论了。

图 5　龙潭泉坝湾宋氏祠堂图

这时，我们查阅光绪刊《湘潭县志·山水篇》时，又发现了关于建文帝踪迹的一条直接记载：

俗云，明建文君为僧留止岳冲，又作若冲，皆无证义。[①]

此句应释义为“俗云，明建文君为僧，留止岳冲。岳冲，又作若冲，皆无证义”。即：“无证义”者，非指建文帝事无证义，而是地名中的“岳”与“若”无法求证其初义。另外，光绪刊《湘潭县志》对民间传说的记载，不是说建文帝流落到岳冲“为僧”，而是说建文帝为僧时流落到了民间，在岳冲曾经“留止”。

这个记载是对何必华实为建文帝说法的极大支撑。因为岳冲离何必华的住家碧泉只有数千米。岳冲完全是碧泉居住者最易到达的活动范围。而且，我们还可以去探索建文帝为何要到岳冲来的原因。如果何必华是下野了的建文帝，那他留止岳冲是找谁呢？很快，我们找到了线索。就在岳冲里，有一个凤阳迁湘宋氏的支祠，而且这家宋氏正是在锦衣卫任过军职的湘潭昭山宋氏家族。

在岳冲所属的龙潭泉坝湾，昭山宋氏石潭房房祖的最早迁入地，后裔们建起了泉坝湾祠堂，这是专门为湘潭昭山宋氏石潭房支祖宋玉林（字福道、玉三郎）所建的祠堂，实际上就是石潭房的房祠。在石潭房民国三十年五凤堂刊《湘潭昭山宋氏七修族谱》中，列有泉坝湾祠堂图（图5）。

其《龙潭泉坝湾祠堂记》称：

我始迁屯祖福道公，讳玉林，明初来潭，终明之世，未曾建祠。迄至有清乾隆间，迎春桥、石潭、昭山三大房，合建宗祠于昭山之麓，崇祀太始祖，虽三房屯祖亦奉祀于其间，然我石潭房深以未为福道祖建立专祠，岁奉烝尝，以修祀事为憾。几经先辈叠次倡议，未克成功。延至今岁辛巳七修家谱，我荣章、诲华两房子孙仍以宜为福道公建立专祠，提议佥表赞成。于是遂将今涟南乡原十一都一甲岳冲龙潭泉坝湾房屋修建祠堂，崇祀福道公，岁修祀事，以妥先灵而永垂勿替，则即遵循程朱建祠家祭之意而即所以尊祖敬宗收族者也。[②]

图6　岳冲龙潭叠福湾宋氏祠堂图

① ［清］王闿运主纂：《湘潭县志》卷第四之二《山水》，光绪十五年刊，第46页。

② ［民国］《龙潭泉坝湾祠堂记》，《湘潭昭山宋氏七修族谱》卷一，民国三十年五凤堂（石潭房）刊。

宋氏家谱载："玉三郎居江右，继迁南，屯湘乡斗阁楼，子孙繁衍，星居潭邑之石潭官田、龙潭、叠福湾、宋家垅，易俗河包爷殿等处。"（清光绪八年何汝封《五修族谱序》）这其中的官田、龙潭、叠福湾都在岳冲之内。宋氏后来还在叠福湾为第二代支祖建起了祠堂（图6）：

于是公择当日屯迁之龙潭叠福湾为荣章公建专祠，奉公神主于正寝之中，迁公茔墓于祠后山之内。由是屯于斯，墓于斯，聚族而居者亦于斯，则家庙之告成，岂子若孙之踊跃有以至此哉？①

祠堂所在地，一般就是迁入祖最初居住地。岳冲龙潭之泉坝湾、叠福湾，当然还包括官田，这应该是留止岳冲的建文帝经常出入的地方。

湘潭昭山宋氏，其先祖来自安徽凤阳，追随朱元璋征战来到湖南。始迁祖兄弟三人本皆在锦衣等卫任职，却于洪武二十二年（1389）转移到了长沙卫屯田。

旧谱载宋氏源流，南宋以上不可得而考。自大五郎四传至千五郎，名字俱轶，以次第行。今据玉尔公落屯昭山，尊为一世祖。推之文学为前一世，递推至大五郎为前七世，列为一表，如江流千里，沱潜别出，岷山是宗。其间或断或续，有典可稽。第自玉尔公兄弟，于明初俱以武功显，屯田长属，后皆隶籍湘潭。清乾隆丁未，子孙合建总祠于昭山之麓。②

关于宋文学及其三个儿子玉一郎、玉三郎、玉四郎的从军史，宋氏族谱中之《玉尔公传》有更多的表述：

公讳玺，字玉尔，称玉四郎，以次第行。先世江南人，自宋以上不可考……明祖起兵江淮，公兄弟仗剑从之，进取金川有功。适湖南九溪蛮事起，奉调出军，所向克捷。论功，兄玉一郎授锦衣卫正千户；玉三郎授通判；公授锦衣卫指挥使。洪武二十二年奉诏屯田。玉一郎屯湘潭迎春桥；玉三郎屯湘乡斗阁楼，后徙湘潭岳冲官田；公屯湘阴罗州石子洞，旋屯湘潭昭山，建文二年卒，年九十一，葬石子洞，泐石表墓。子三：德兴、时祥、玖彬。德兴袭指挥使，调镇河南。永乐二年卜太夫人因子袭官，迁居长沙，置德胜、通货二门内宅第，旋辟湘潭油草塘、白竹营及长沙回龙铺等处产业，谱载"长卫屯粮六十有零"是也。③

玉四郎系建文二年（1400）去世，谱称享寿九十一岁，按虚岁计龄的惯例，则推知其当出生于元武宗至大二年（1309）。这样他就会比朱元璋（天历元年即1328年生）大十九岁。这个结果

① 《湘潭昭山宋氏七修族谱》卷一《龙潭叠福湾祠堂记》，民国三十年五凤堂（石潭房）刊。

② ［清］七修《湘潭昭山宋氏鹏绅公裔家谱》,《同源分派表说明》，民国二十二年（1933）刊。

③ ［清］七修《湘潭昭山宋氏鹏绅公裔家谱》,《玉尔公传》，民国二十二年（1933）刊。

很有问题。其夫人卜氏，明永乐二年（1404）因子荫袭指挥而迁居长沙，永乐十一年（1413）寿终。庶室杨氏，永乐十八年（1420）寿终。其长子德兴，字志宽，洪武五年二月十八日（1372年3月23日）巳时生，天顺六年八月二十六日（1462年9月19日）未时没；配吴氏，洪武六年正月初十日（1373年2月2日）辰时生，景泰二年四月十九日（1451年5月19日）申时没。无论是从玉四郎本人在三兄弟中居末来看，还是从他们兄弟的经历来看，还是从玉四郎与其长子的年龄差距来看，玉四郎的这个寿龄是靠不住的。其实，玉四郎传中有句“谱载‘长卫屯粮六十有零’是也”，这明显地是引用了“江右”祖谱的说法，显然说的就是年龄。既然宋氏最初屯田是在洪武二十二年（1389），其时“六十有零”，那么他应当出生在元天历元年（1328）左右，也就是说他与朱元璋基本属于同龄人。他的长子出生时，他44岁。而宋谱在表述屯田时，使用了两个概念，一个是“落业”，一个是兄弟“分屯”，分屯肯定是在永乐二年。如果“六十有零”是分屯时的表述，则玉四郎的出生时间还能后推到元至正三年（1343）前后。

在作了上述分析之后，我们可以看出，玉一郎宋玉甫、玉四郎宋玉尔皆任锦衣卫职，显然是在洪武十五年（1382）锦衣卫设立之时或稍后。在他们调入锦衣卫之前，他们所在的卫所不是长沙卫就应该是南京的其他亲军卫。族谱的记载很简单，一般只会留下最后与最高的职务而不会将履历全录。值得注意的是，无论是宋玉甫的锦衣卫副千户，还是宋玉尔的锦衣卫指挥使，他们的职位都没有在锦衣卫本卫进行世袭，而是到了落屯地的卫所。湘潭宋氏不是升职外调，而是平职外调屯田，估计给予他们的优惠就是在屯田田产的赐予上。玉四郎去世在建文二年，其长子德兴袭职在永乐二年。这个长达四年的时间间隔还属正常；何况其间涉及了建文与永乐的朝代变换。关于宋德兴的职务，只记载了“调镇河南”，这显然指的是最后的职务。当永乐二年时，他担任的应是长沙卫指挥使，这从他的母亲在这一年在长沙得到安置便可确认。宋玉尔曾是锦衣卫指挥使，去世后由其长子宋德兴袭长沙卫指挥使是完全有资格的。

宋德兴的母亲于永乐二年搬到长沙，肯定是随德兴在长沙卫任指挥使的调动一起进行的。而德兴的二伯宋玉林（福道）曾任过通判之职，这房宋氏后来从先屯驻的湘乡斗阁楼搬迁到了湘潭县岳冲的官田、龙潭一带。

有了这些信息，思路豁然开朗。明永乐二年有过锦衣卫指挥使家庭背景，且为凤阳人出身的宋德兴，新任了长沙卫指挥使。正是他执行何福等的幕后策划与部署，将那个原姓朱的何姓人安排到了湘潭银塘。十多年后，当这位何必华成婚并迁入碧泉隐居时，宋德兴有堂兄弟居住在了岳冲。如果何必华是建文帝，那何必华到这里来访可以信赖的宋氏老乡不是再自然与合理不过了吗？于是，“明建文君为僧留止岳冲”这个民间一直流传到清光绪年间的传说，就有了落脚的依托。应该说，如果真的有建文帝到岳冲来，那首选肯定是移居到了这里的凤阳籍宋家。而就在附近的碧泉又出现了朱元璋苗裔的何必华，那这个传说岂不是从旁证角度支持了湘潭锦石何氏始祖的真实身份就是下野了的明建文帝的可能性？

五

至此，我们发现了一个重要的时间点，那就是永乐二年，这是湘潭乃至全国一个值得注意的人口迁移现象。这种大规模的人口迁移又主要是伴随着军屯人员的迁移而来。摆在这个时间点上，我很快悟到，这是新取得政权者的一种和平化解政敌的人口流动安置方式。

我们终于在湘潭云湖桥罗氏的族谱中找到了有说服力的根据。

湘潭云湖罗氏族谱载有清朝时所撰《原修通谱源流考》，其中有如下文字：

> 能永生庭秀，字秀叔，徙十二图炯村；配周氏，生五子。长曰居仁，字成远；次曰居义，字谓远；三曰居礼，字谊远；四曰居智，字议远；五曰居信，字明远。义、智二祖寓湖广公安沙市姜石滩，会明太祖高皇帝破武昌，兄弟仗剑从之，屡立战功。智祖累官至中书省中书右丞，而义祖止以开国勋为骁骑卫百户，子孙世袭。兄弟既贵显，遂定居南京应天即今之江宁府；金川大驿桥侧，其故居也。义生珏，建文元年（1399）袭父职，靖难师起，公以羽林亲军，目击时事，居常浩叹。永乐二年（1404），上虑建文时军官不无内怀不平者，从谋臣之议，谕骁骑卫官弁自愿耕种者，不拘顷亩任其开垦，子粒自收，官府不许比较，借以覃恩，优其俸禄，散置天下各郡邑，设卫以统之。于是珏祖偕智祖子云，始从江南移屯湘潭之三十九都，今改七都之云湖，食子粒米九十余石，隶茶陵卫右所五下，是为云湖始迁之祖。云祖分屯五十八都，今改九都之石洲，是为石洲始迁之祖。国朝康熙二十八年（1689）裁卫，其左、右所俱归入县治。①

永乐二年，是明成祖朱棣夺取政权一年半之后，他已经有精力来解决身边戍卫部队的忠诚问题，而且是必须要解决的问题。因为原来京卫与亲军的架构与成员都是建文帝留下的班底，其中直接反对朱棣的已在战争和接管政权时解决了。但对付那些口服心不服或者心存怨恨的人就是一个棘手的问题。他们没有明显的反对行为，你不能处置他们。但是卧榻之侧，总得高度防备。最好的办法便是大换班，除了确能信赖的留下外，其余的是走得越多越好，走得越远越好。要这些人走，你还得客客气气，那就是覃恩的办法。最直接的就是把朱元璋已经建立起来的屯田制用到极致，以肥田美地使京城里的卫戍人员心甘情愿地远去。

宋德兴是永乐二年当上长沙卫指挥使的，在这一年从京城派到长沙卫来的，还有一个刘答海。长沙卫前所设于湘潭易俗河，湘潭水竹湾刘氏家族之始祖就是永乐二年（1404）始任前所最高军政长官的刘答海。清光绪刊湘潭水竹湾传经堂《刘氏六修族谱》载有明初将军刘答海像。《中国历代名人图像细览》也载有这帧图像并人物简传：

> 刘答海，字南湖，河间府兴济县人。明代武职官吏。洪武初随中山王徐达征讨，屡立战

---

① ［清］《罗氏瓛房五修房谱》卷五《原修通谱源流考》，民国十八年刊湘潭云湖思本堂。

功，授銮仪卫镇抚，迁指挥使，封昭毅将军。永乐二年以军功奉调长沙卫前所，屯驻湘潭，遂家水竹湾，是为湘潭水竹湾刘氏始祖。答海四子，长曰政，分驻七十七都上营三洲坝。[①]

而该族谱人物齿录则有更具体的记载：

第一派始迁初祖　答海　字南湖。入邑乘。有传、容。官銮仪卫镇抚，加升指挥使。明封昭毅大将军。北京河涧府兴济县人。元至正四年甲申十月十五辰时生，明宣德十年乙卯二月初一辰时卒。享寿九十有二。[②]

刘答海所任职务之级别，可考之于《明史》关于职官之记载。明初，置帐前总制亲军都指挥使司，后改置金吾侍卫亲军都护府，又置各卫亲军指挥使司，“镇抚、百户，正六品”。[③] 置拱卫司，后改拱卫指挥使司，洪武三年（1370），改为亲军都尉府，管左、右、中、前、后五卫军士，而设仪鸾司隶属其下。“四年，定仪鸾司为正五品，设大使一人，副使二人。十五年，罢仪鸾司，改置锦衣卫，秩从三品。”[④]

据上述史料，可知刘氏谱中关于刘答海曾任过的銮仪卫镇抚，当为仪鸾司（锦衣卫前身）之镇抚，应为正六品。又查《明史·志第四十八·职官一》：散官“正三品，初授昭勇将军，升授昭毅将军，加授昭武将军”，故昭毅将军刘答海调长沙卫前所任指挥使职时为正三品。县志载易俗河存有刘答海驻军三个营垒的遗址，则刘答海是以指挥使职离开卫治而兼领前千户所的。

刘答海由仪鸾司镇抚加升指挥使，而洪武十五年罢仪鸾司，改置锦衣卫，则刘答海所任指挥使为锦衣卫指挥使无疑。刘答海生于元至正四年十月十五日（1344 年 11 月 20 日），其去世在明宣德十年二月初一日（1435 年 2 月 28 日），享年九十一岁。永乐二年时刘答海六十岁。他调到长沙卫，没有在卫本部任指挥职，而只是在前所以指挥使职领千户所，这是高职低用，显然有其年龄趋老的因素；而更主要的是，这里可给他一个优厚的屯田安排。他不但自己有个富庶安定的归宿，还可以把自己的子女将来退返安置停当。这正是覃恩的体现。

刘答海驻屯于湘潭，其家族遂定居与发展于此。我们还注意到谱中的记载，刘答海四个儿子在此时与之后还分别任着京卫经历、忠武校尉、京所镇抚、京卫云骑卫。

这种覃恩安置，恰好也给忠于建文帝的将领提供了掩护建文帝的机会。何福银塘居所与长沙卫前所皆位于今湘潭县城关易俗河镇近郊，两地相隔不过数千米。显然，何福之弟何禄以及何魁二、何魁五、何魁六他们一行正是在宋德兴的部署下，直接由刘答海经手安排在了银塘这个他的身边的处所。

我们还注意到，在岳冲的冲头有一座山，在光绪十五年（1889）刊《湘潭县志》的县域地图图

① 《中国历代名人图像细览》，见“中国历代名人图像数据库”，http：//www.360doc.com/content/15/0908/21/14093996_497780127.shtml。

② 《中湘水竹湾刘氏七修族谱》卷三十二《列传》，民国三年传经堂刊。

③ ［清］张廷玉等：《明史》卷七六《职官五》，北京，中华书局，1974 年，第 1861 页。

④ ［清］张廷玉等：《明史》卷七六《职官五》，北京，中华书局，1974 年，第 1862 页。

版里被写作“留君山”，结合着那句“建文君为僧留止岳冲”的民间传说来看，这座山实实在在是为纪念建文帝而命名。称建文君而不称建文帝，这是以前明史书写中的一种书法，因为他是一个下野而又消失且被明成祖取缔了称号的帝王君主，称帝已不合适，称君则似为中性。

湘潭县档案馆藏有民国三十二年（1943）4月12日乌石乡乡长石柱臣向县长文某报送该乡名胜古迹调查表的报告，所附调查表有如下内容：

> 留君山　一座　明朝中叶　乌石乡第二保　该山系庵产，归许姓轮管。相传政德南巡在此留宿，故名。建有庵宇，塑佛奉祀。
>
> 乌石峰　一座　清朝初年　乌石乡第十二保　公民轮流保管。明末有参政官易华，为清兵所逼，义不屈，率部驻此，清兵不能胜，后因六月六日俗有划船之举，易部以此为乐，清兵乘之，遂破并殉焉。土人思之，为建庙山顶，矗立云霄，香烟至今不替云。

对这个资料，我们可以作出如下分析：其一，留君山在当地被视为名胜古迹；其二，这是为纪念一位皇帝而命名的；其三，但这位皇帝不是明中期的正德而是明前期的建文。为什么这样说呢？也有四条理由：1. 正德皇帝没有到过湘潭；2. 建庵宇塑佛奉祀的对象，如果说是正德讲不通，如果说是建文与史相顺；3. 岳冲水出留君山，而“明建文君为僧，留止岳冲”正是这一带早已有之的传说；4. 石乡长采录自民间而上报县府的资料本身存在不严谨处。例如，易华本为陈友谅部之参政，系元末明初人，这里却错为明末清初人，虽然所述事实与史志记载基本相符，但时间却差错了一个朝代，而且将攻破其寨并杀死其人的明军错为清军。因此，到了民国时期，在老百姓口中，将建文君错传为正德皇帝的可能性是很大的。据此，我认为，位于今湘潭县乌石乡岳冲境内的留君山，正是因纪念建文帝而命名的。该山原有庵庙中的佛像，就是为纪念与奉祀建文帝而塑造的。

留君山上的庙宇至今犹存，并且一直叫作“留君庵”。庙为改革开放后重建。

图 7 《留君庵图》

正如民国档案所称，留君庵为许姓轮管。我们终于查到了位于岳冲的许姓族谱，题名《泉塘许氏六修族谱》，其中有始迁湘潭岳冲泉塘的先祖许彦华的介绍：

潮用次子　彦华　一名钊，字锦安，别号泉良。明永乐年间由宁邑长冲，分居潭邑泉塘冲泉塘井，是为泉塘鼻祖。生没未详。葬本冲右侧花形山，向戌　碑。子四。

配杜氏　□□之女。生没未详。葬泉塘冲右韦驮庵左侧。向乾　碑。（庵今废）生子念理、念章、念荣、念禄。[①]

而在同族的宁乡《许氏绅公四修支谱》中，居然有“彦华原任安徽凤阳府知府，在任身故”[②]的记载。

就在泉塘谱中还存有《留君庵图》（图 7）与《留君庵图说》：

右图留君庵，在上十七都二甲留君峰下，丑山未向。自昌山发脉，由白石峰至黄泥坳遂分两支。并行数里，左起马岭，右起留君，两山耸峙，上出重霄，南连乌石，北及清涟。长江虹贯，罗城星列，而泉塘冲居乎其中。我先人卜居此地，建立庵宇，制田拾亩，招僧供佛，永为许氏香火。庵后大围山内叠葬祖茔，罄竹难纪。迄今三百余年，修葺庵宇不知几费经营矣。世守勿替，我先人之遗迹，得于登眺时寻之，故足示后人以不忘也。谨绘其图于右。

谨按：

九派祖世能，字庭试，同男凤仪字云间，于前明万历三十八年重建留君庵，铸钟为记，详载县志。迨清咸丰年间，捐归敦本堂，至清光绪年间，并立有售契、重修前栋碑记。[③]

掌握了上述资料，我们可以进行梳理了。湘潭泉塘许氏始迁祖许彦华是明永乐年间迁入岳冲泉塘的，他在永乐年间担任凤阳府知府。由这个家族后裔来建立纪念建文帝的留君庵就变得很好理解了。原来建文帝留止岳冲，不仅是到岳冲宋家来，还要到与凤阳有着密切关系的许家来啊。泉塘冲是属于岳冲内的一条子冲，在湘乡许氏谱中，将岳冲记为药冲。许家是掌握建文帝真相的家族，也是在岳冲与留止于这里的建文君有着来往交情的家族。故他们的后人采用建立庵庙，将建文帝奉为“佛”，以这样的特殊方式来纪念建文帝。建文帝确实曾为过僧，隐居民间后虽然不为僧了，但将他拟之于佛，以此来祭祀与礼拜是很恰当的。我们从谱上民国时期《留君庵图》的配置来看，中厅菩萨为“目前南海”观世音，左为“关圣殿”祀关羽，右为“佛殿”显然是祀建文君了。原守护僧人曾道及在 1965 年拆毁原“留君庵”之前，那尊佛像下一直安置着一块上书“皇帝万岁万岁万万岁”的神主牌。此庵山门上题：“许氏家庙”，门联：“三湘胜地；千古名山”。前门上题“留君庵”，门联：“同登彼岸；普渡慈航”。如此用意良苦，藏而不露，心有灵犀。普通百姓，但求礼佛；个中之

① ［清］《泉塘许氏六修族谱》卷一《源流世系考》，民国丙寅年湘潭敦本堂刊。
② ［清］《许氏绅公四修支谱》卷首《开派至五派世系注》，民国宁乡长冲崇本堂刊。
③ ［民国］《泉塘许氏六修族谱》卷一《留君庵图》，民国丙寅年湘潭敦本堂刊，第 6 页。

人，一点自明。尤其重要的是，许家将始祖这番贡献，视作应代代相传的功业，故立家庙以纪念。

上文还特别提到，此庵是由许氏九派祖世能独家于明万历三十八年（1610）重建。那它始建于何时，图中说“我先人卜居此地，建立庵宇，制田拾亩，招僧供佛，永为许氏香火”，则肯定是明朝永乐年以后的事。此庵到了清咸丰年间正式捐归泉塘许氏家族公管，并在清光绪年间重修了前栋。

值得特别注意的是“于前明万历三十八年重建留君庵，铸钟为记，详载县志”。此重建庵宇记文，被铸造在新造钟上，可惜此钟已毁失。尤其值得注意的是，此记文竟详载于县志上。万历四十三年（1615）刊《湘潭县志》主修为知县包鸿逵，纂修为湘潭籍居籍京官李腾芳。李腾芳做过贵州安顺州知州，后来做了礼部尚书。是他发现了明镇远侯顾成的传奇家世，在县志中写入《顾成传》，第一次在湘潭公开了顾成的湘潭籍身份。笔者认为，顾成家族实际上也介入了对建文帝家族的保护，因非本文考证的必要部分，限于篇幅，存而不论。[①] 所可怪者，万历刊《湘潭县志》为湘潭第三修县志，全卷不过数万字，居然将《重修留君庵记》这一并不显赫的私家庵宇记文收进县志中。如此看来，李腾芳是真正知晓建文帝真相的人，只是囿于身份与当时的政治环境，他没有将此事公诸于世。虽然如此，他将此文收入县志，间接地传达了他的态度，也透露出他掌握了建文君为僧留止岳冲的有关情况。可惜万历刊《湘潭县志》如今已佚失，即使收集本邑文献可称丰富的清嘉庆刊《湘潭县志》亦剔除了此庵文。后来的纂志者没有看出留君庵记文中的深义，瞧不起这篇私家小庙的短文，没有人再提起，以至我们今天已不能再读到。

六

留君庵为湘潭岳冲泉塘许氏家庙，这里实际上是曾经立有建文帝塑像（佛像）以祭祀建文帝的专庙，不过它是在特殊的朝代以特殊的方式出现。湘潭诸许氏中最直接地参与对建文帝的保护，当然是任过凤阳知府的许彦华。但当我们对这个家族进行深入探索时，其中隐藏着的更大秘密随之显现出来。

原来，在湘潭及其周边地带，曾经存在过一个自元朝迁入湘潭姜畲今名姜畲的许氏家族，正是这个家族成了直接保护建文帝潜隐湘潭的最重要的家族。此许家祖上“自河南徙建业，后复侨寓于江西吉安府吉水县南之梨花村”。这个家族的祖先之一，是宋代辅佐高宗南度的忠简公许景衡，许景衡次子许彣孙袭父职家居临安（杭州），不久避寇侨寓江西吉水县梨花村。彣孙生子应。许应生子七：君弼、君极、君位、君授、君治、君辅、君亮。正是这许氏七子，在元成宗元贞元年（1295）奉拨屯田，一同来到了湘潭姜畲落籍。《中湘许氏族谱》称：

> 元初，吉郡大饥，居民离散，七公亦环顾而起，挈家至楚。维时三湘人民稀少，遂卜宅于潭之江畲，旋及旁邑，田庐相望数百里。七公子孙做井田遗意，计亩分耕，收时十输一于公

① 可参阅何歌劲《明镇远侯顾氏世家考》，安顺学院《首届明代屯堡国际学术研讨会论文汇编》（会议印刷本），2018 年 8 月。

仓，以应差徭征赋，供祭祀膳养，贮有余以给不足，故时有七井许氏之称。其井之名，有龙泉、黄泥、泉塘、枣子、平潭、宝花、桂花之别，今犹可考也。[①]

文中之江畲，今写作姜畲，或姜畬。湘潭姜畲及其周边地带，至今仍分布着的若干许氏家族，皆来源于此，故以湘潭姜畲许氏总称这些许氏家族完全是题中应有之义。

元末明初，天下纷扰。从姜畲许氏最先走出去的一位十岁男孩许瑗，后来成为一代名人，这是姜畲许氏加入乱中起军的朱元璋阵营之始。

弼生安，安生瑗、琛。瑗赘乐平王氏，仕明太祖守太平，殉城死节。[②]

许瑗是湘潭姜畲许氏第三代人，其祖父为始迁姜畲的七兄弟中的长兄许弼，其父亲是许弼的独子许安。显然，许瑗在姜畲出生并在这里成长为少年。没有想到，十岁的许瑗一次前往江西的省祖墓与探亲之旅，便改变了他的人生轨迹。

瑗，字景蘧。父安，字和均；子二，瑗其长子也。祖君弼，始自吴迁潭。十岁从叔祖君极还吴省墓，便道过祖姨（一作姑）家，表叔王纯思奇之，赘以女，留焉，遂为乐平儒士。元至正中两举于乡，皆第一，会试不第，放浪吴越间，每醉辄大言自负。太祖克婺州，遂走谒于宁越。曰："方今元祚垂尽，四方鼎沸，夫有雄略者乃可驭雄才，有奇识者乃能知奇士。阁下欲扫僭乱，平定天下，非收揽英雄难与成功。"太祖曰："今四方纷扰，民用涂炭。予用英雄有如饥渴。方广揽群议，博收众策，共成康济之功。"瑗曰："如此，天下不难定也。"太祖喜，即授博士，留帷幄。未几，以太平股肱郡，命瑗为知府。明年闰五月，陈友谅率舟师犯太平，围其城。守将花云迎战，三日贼不得入。会矢尽，贼以巨舟乘涨迫城西南隅尾，与城平，士卒缘之上。城中乏食几日，士不能战，瑗抗不屈，死之，祀忠臣祠。[③]

这个简历已经把许瑗的人生经历与主要贡献都介绍了。乐平本来就是高阳许氏传承之地。许瑗在乐平长大。严格地讲，许瑗是一位儒生。他从小便受到了良好的儒家教育，家族、家庭、本人对其人生的设计就是走中国传统的文人出仕之路。他在元末的科举道路上有成功也有失利。而这时，正是天下动荡、群雄并起的时代。这已经不是按部就班出仕的时候了。士为知己者用，许瑗和他的一批志同道合的朋友挺身而出。他们把目光聚集到了一代豪杰朱元璋身上。文中的"宁越"，指浙江金华。元至正十三年（1353），在这里设婺州路；后来明置中书分省，改为宁越府。许瑗就是在这里投奔了朱元璋。

① ［清］无名氏《原渊源序》第 2 页，清光绪丁酉年镌太岳堂梓《中湘许氏六修族谱》，卷三。
② ［清］无名氏《原渊源序》第 2 页，清光绪丁酉年镌太岳堂梓《中湘许氏六修族谱》，卷三。
③ ［清］无名氏《原渊实纪》第 12 页，清光绪丁酉年镌太岳堂梓《中湘许氏六修族谱》，卷三。

（己亥春正月庚申）上在宁越，时儒士许瑗、王冕来见。上问以时务，各应对称旨，乃留瑗等置幕府，以冕为咨议参军……命宁越知府王宗显开郡学，延儒士叶仪、宋濂为五经师，戴良为学正，吴沈、徐原等为训导。时丧乱之余，学校久废，至是始闻弦诵之声，无不忻悦。①

己亥春正月庚申为元顺帝至正十九年正月二十四日（1359 年 2 月 24 日），这一天，许瑗与王冕同时在金华求见朱元璋，立即受到重视，被幕府录用，授为博士。这一天同在金华被授职的儒士，还有叶仪、宋濂、戴良、吴沈、徐原等。

在许氏家谱的记载中，记录了朱元璋与许瑗之间的问答。这段问答，同样收在《明太祖实录》卷八的“庚子”“闰五月丙辰朔”条目对许瑗身世的补述里。补述记载许瑗“字栗夫”，并说“上喜，因留帷幄中参预谋议，以太平乃建康股肱之郡，遂命瑗为知府”②。这就是说，许瑗在被朱元璋录用不久，又被朱元璋授予太平府知府。太平府府治在今安徽当涂县，辖区大致在今马鞍山市与芜湖一带。太平这座城市，与集庆（南京）共处于长江南岸，是长江通道集庆（南京）西南面的屏障，是后来朱元璋根据地里有着都城地位的集庆（南京）的靠山，是举足轻重的战略要地。

（庚子）闰五月丙辰朔，陈友谅率舟师攻太平，守将枢密院判花云与朱文逊等以兵三千拒战，文逊死之。友谅攻城三日不得入，乃引巨舟泊城西南，士卒缘舟尾攀堞而登城，遂陷。云被执，缚急，怒骂曰：“贼奴！尔缚吾，吾主必灭尔，斫尔为鲙也。”遂奋跃大呼而起，缚皆绝，夺守者刀连斫五六人。贼怒，缚云于舟樯，丛射之。云至死骂贼不绝口。院判王鼎、知府许瑗俱为友谅所执，亦抗骂不屈，皆死之。③

太平之战，使朱元璋损失了好几位英勇的战将与忠臣。朱元璋为表彰忠臣烈士，在即吴王位时，追封花云为东丘郡侯、许瑗为高阳郡侯，王鼎为太原郡侯；并在太平立忠臣祠，祀花云、王鼎、许瑗，亲定其典，命有司岁时祭享。

朱元璋曾追封许瑗为大中大夫、轻车都尉，朱元璋赐许瑗的侯爵文曰：“允文允武，功盖当时。锡兹侯爵，世世守之。”朱元璋还专门为许瑗题写了祭文：“惟卿超群之才，致远之器。守我太平，政出平易。逆贼蚁侵，殊死坚闭。义旗赫张，妖氛潜避。粮竭兵疲，我援未至。骂贼杀身，克全忠义。锡以侯爵，庙食百世。卿灵有知，九泉光贲。”洪武元年（1368），明太祖敕命在江西乐平洺口建许氏高阳侯祠，洪武四年秋竣工，匾额曰：“忠义孝文”，对联曰：“高名早见无双许，阳气先生第一祠”。明太祖钦命新科状元江西临川人吴伯宗前往乐平县洺口村宣谕④。

许瑗加入朱元璋军，并在太平牺牲，这给湘潭姜畲许氏带来了更大的激励，也铺就了此支许氏人才投奔朱元璋阵营的道路。特别是朱元璋十分看重忠烈家族，也给了特殊的起用政策。首先，便

---

① ［明］《明太祖实录》卷七，己亥年春正月庚申，第 79—80 页。
② ［明］《明太祖实录》卷八，庚子年闰五月丙辰，第 98 页。
③ ［明］《明太祖实录》卷八，庚子年五月丁亥，第 95 页。
④ 参见许有林《明朝开国元勋高阳郡侯许瑗传略》，网络文章，https://www.sohu.com/a/276253226_617755。

是许瑗的亲弟弟许琛应召入伍。《中湘许氏六修族谱》为许琛写下了这样的传记：

按《明纪》及旧牒，公讳琛，字符寿，真童其筮仕策名也。公兄弟有二，公其次也。兄瑗为乐平儒士，仕太祖为太平郡守。公尝慨然曰："兄既如此，吾岂无为。"人皆奇之。兄殉节，太祖遣使召公佐戎复仇。公遂护驾，率师与沐英等破陈友谅于鄱阳湖，转战皆捷，歼厥渠魁。太祖即位，追封瑗公为高阳侯，封公为宁南伯；遣公随黔南王沐英出镇云南。永乐纪元，召公入觐，奉诏屯驻湘南防堵，世袭长卫指挥。时刘答海屯营其东，相与犄角。公卒葬所屯上游，后人因以姓称之曰许家营，今十二都七甲是也。[①]

许琛参军，是朱元璋遣使征召而来，来即在朱元璋身边护驾。在沐英部参与了鄱阳湖大战。朱元璋即位后，因功被封为宁南伯。长期出镇云南，显然为沐英、沐春与何福所部。永乐二年，永乐皇帝朱棣召其回京觐见，即奉诏屯粮，任其为长沙卫世袭指挥使，派遣驻扎于湘南。这里湘南的概念，即指湘潭湘江南岸。许琛屯粮之处被称为许家营，查湘潭县光绪刊地图，许家营正在今易俗河镇湘江南岸。

琛仕太祖有功，封宁南伯，世袭指挥，奉诏屯驻湘南，今许家营是。[②]

许家营位于湘潭县易俗河飞羊铺与金霞山之间，在邯郸港狮子坝边。此处营地为长沙卫指挥使的屯营所在。卫指挥使，是屯卫指挥使、指挥同知、指挥佥事的统称。目前我所掌握的，永乐二年长沙卫有指挥使称号的为宋德兴、许琛、刘答海，其中宋德兴后来调任河南归德卫指挥使，刘答海后人世袭长沙卫前所千户。宋德兴的屯营在昭山，刘答海屯营就在许家营旁边东向不远的湘潭县易俗河水竹湾。显然，长沙卫在永乐二年的正指挥使是宋德兴，他当时年富力强；而宁南伯许琛则已年老，或以指挥使正职居第二，或任卫指挥同知。许琛投军前，家住湘潭县姜畲。三十多年后因屯粮而派到长沙卫，回驻湘潭，这或许是许琛自己选择的目的地。

永乐二年，朱棣为进行政治势力洗牌而以屯田方式对军方人员实施大批移动安置，许氏因政治上倾向于建文帝，也就合理地利用了这次安土重迁的机会。

按我族虽自吴西，其发源实由于中州也。所可惜者，明时谱牒不复上溯，以故七井支派之所由分，其余不甚清晰。或曰：文皇转国，于建文诸臣动兴夷族大刑，先人惩之，深以为虑，故尔时频相往来而谱均各叙。[③]

这几句话有着特别重大的意义。自太平府知府许瑗殉节赠封高阳侯，湘潭姜畲许氏许多族人从

① ［清］无名氏《元寿公传》第 1 页，清光绪丁酉年镌太岳堂梓《中湘许氏六修族谱》，卷二十二。
② ［清］无名氏《原渊源序》第 2 页，清光绪丁酉年镌太岳堂梓《中湘许氏六修族谱》，卷三。
③ ［清］无名氏《原渊源序》第 2 页，清光绪丁酉年镌太岳堂梓《中湘许氏六修族谱》，卷三。

此进入创国的朱元璋阵营，以至后来出现了以军功受封宁南伯、世袭长沙卫指挥使许琛以及在永乐帝身边任“行营参谋”、之后世袭长沙卫指挥使的许旭等一批将领与谋臣。应该说这个家族在明代享有殊荣，理应会有更强势的攀联与结族。可是，我们后来所看到的却是非常零散的宗支材料，七兄弟共同的父亲本应成为共祖却失去了一切记载，一同来到姜畲的兄弟不再被提起，各自烟消云散。这是什么原因？原来是“文皇转国，于建文诸臣动兴夷族大刑，先人惩之，深以为虑，故尔时频相往来而谱均各叙”。“文皇”指的是明朝第三任皇帝，即明太祖朱元璋第四子永乐皇帝朱棣；“转国”指的是朱棣通过“靖难之役”与“金川门之变”，推翻由皇太孙朱允炆接太祖班的第二任皇帝建文帝位，因而建立起自己的“永乐”朝廷。在这个“转国”的过程中，朱棣对不服自己夺取天下的政敌施行了十分残忍的族诛政策。这短短的话语里隐藏着极其重要与值得深思的信息。我们至少可以作出这样几个层次的解读：1. 许家将自家归入“建文诸臣”之列；2. 当时许氏七兄弟宗支“频相往来”所商议与实行的事项，一定是对建文帝有利而对朱棣不利的事，特别是在建文四年至永乐二年以及此后二十年这关键的时段内；3. 许氏七兄弟大家族做了最坏的准备：如果许氏所做事情败露，那可能就要面临“夷族”的灭顶之灾；4. 如果出现最坏的局面，当事者家庭必定被夷灭，而如何减少损失呢，那就是尽量不牵扯到七兄弟中的其他兄弟，也就是改变亦即缩小家族宗支的构成。5. 事情如果败露，本人家庭及其自己高祖以下的直系亲人都将被杀，这是无可奈何的事，那如何避免波及旁系的大规模屠杀呢？从当时当事者的年龄层次来看，他们属于七兄弟中的第三代，也就是说，姜畲七兄弟的所有后裔都会包含在“族诛”的范围内。如果将七兄弟各自的兄弟关系隐瞒下来，他们分别设置父亲与祖父，则除犯事者家庭外，七兄弟中的其余家庭宗支就可以逃过一劫了。于是，这七兄弟的名字都进行了改写，他们分别被编制了各自的家谱，分别属于不同高祖下的宗支。亦因为如此，本来名正言顺应该产生的湘潭姜畲许氏这一名称并没有产生，亲生七兄弟“计亩分耕，收时十输一于公仓，以应差徭征赋，供祭祀膳养，贮有余以给不足”的紧密大家庭竟各散“五方神”，并对祖源做了真假的诸多表述。从这个家族如此重大的变迁中，我们完全可以推测，在靖难之役的历史事变前后，许氏家族为保护建文帝付出了重大代价。我们有理由推测，许琛以宁南伯、长沙卫指挥使的身份，在永乐二年与同任长沙卫指挥使的宋德兴以及同样有着指挥使身份来到了长沙卫湘潭前所屯营的刘答海，在何福的幕后安排下，加上专程而来的吴朝南将军等一起，完成了护卫建文帝潜藏湘潭之举。

七

湘潭姜畲许氏家族与建文帝的联系渊源，甚至可以追溯到许瑗担任太平府知府的时候。提到这个话题，还得从明朝第一位太子朱标的出生说起。

（乙未九月）丁亥，皇长子生，孝慈皇后出也。[①]

① ［明］《明太祖实录》卷三，乙未年九月丁亥，第37页。

兴宗孝康皇帝标，太祖长子也。母高皇后。元至正十五年生于太平陈迪家。太祖为吴王，立为王世子，从宋濂受经。[①]

朱标是朱元璋长子。明《天潢玉牒》载朱元璋前五子皆为马皇后生，今历史学家已考订皆非马皇后生。朱标出生的日子，是元顺帝至正十五年（岁次乙未）九月初五日，亦即公元1355年10月10日。他在洪武二十五年（1392）病逝，其子朱允炆于洪武三十一年（1398）在太祖朱元璋驾崩后即位，尊父亲朱标为孝康皇帝，设庙号兴宗。

朱标出生时，正是朱元璋打天下的时候。元顺帝至正十五年六月初二日丙辰（1355年7月11日），朱元璋攻克太平，次日丁巳即改元朝太平路为太平府。而就在三个月之后，这一年的九月初五日，朱标出生在太平陈迪家。又过了不到五年，至正二十年庚子岁闰五月初一日（1360年6月14日），陈友谅军攻太平，第四天破城，守将与治官皆殉职。这里就出现了一个问题，当太平城陷的时候，四岁半的朱标在哪里，如果他随父转战另当别论，如果他还生活在太平，那他是如何逃避这场灾难的呢？我们知道太平守将花荣殉难后，其幼小的儿子有着在保姆保护下的艰难经历。一年之后，这个小孩才被人送到朱元璋军营而躲过劫难。不难想见，当许瑗担任太平府知府时，一定会与家在太平的陈迪有交往，如果那时朱标还居住在太平，许瑗一定会给予朱标以照顾。许瑗殉职后，继其事业的许琛以及其他许氏家族成员与陈迪建立友好的关系完全是顺理成章的事。

关于陈迪在太平，《明太祖实录》亦有记载：

（六月丙辰）上曰："成大事者不规小利，此去太平甚近，舍此不取将奚为？"于是诸军皆听命。乃令军中皆食，食已即率众自观渡向太平桥，直趋城下。元平章完者不花、万户万钧、达鲁花赤普里罕忽里闭城拒守。上纵兵急攻，遂拔之。完者不花与佥事张旭等弃城走，执其万户纳哈出。太平路总管靳义出东门赴水死，上闻之曰"义士也"，具棺敛葬之。耆儒李习、陶安等率父老出城迎上。安见上状貌，谓习等曰："龙姿凤质，非常人也。我辈今有主矣。"上之发采石也，先令李善长为《戒戢军士榜》，比入城即张之。及拔城，士卒欲剽掠，见榜揭通衢，皆愕然不敢动。有一卒违令，即斩以徇，城中肃然。富民陈迪献金帛，即以分给诸将士。[②]

这是发生在元至正十五年乙未岁（1355）六月初二丙辰的事，太平城里这位向朱元璋进献金帛的富民陈迪，肯定是接纳朱元璋眷属在家出生明世子（后来的太子）朱标的陈迪。

现在我们再来认识《明史》里的陈迪，据载：

陈迪，字景道，宣城人。祖宥贤，明初，从征有功，世抚州守御百户，因家焉。迪倜傥有志操。辟府学训导，为郡草《贺万寿表》。太祖异之。久之，以通经荐，历官侍讲。出为山东

① ［清］张廷玉等：《明史》卷一一五，《列传第三·兴宗孝康皇帝孝康皇后》，北京，中华书局，1974年，第3547页。

② ［明］《明太祖实录》卷三，乙未年夏四月壬寅，第32—33页。

左参政，多惠政。丁内艰。起复，除云南右布政使。普定、曲靖、乌撒、乌蒙诸蛮煽乱，迪率士兵击破之，赐金币。建文初，征为礼部尚书。时更修制度，沿革损益，迪议为多。会以水旱诏百官集议，迪请清刑狱，招流民，凡二十余事，皆从之。寻加太子少保。李景隆等数战败，迪陈大计。命督运军储。已，闻变，趋赴京师。①

这位陈迪是宋末宣城太守陈明中之八世孙，陈迪曾祖父陈巨卿，元朝时为江州路总管，祖父陈宥贤、父亲陈仲康元末参加朱元璋义军，为抚州守御千户所世袭百户。别看百户只管 120 名军士，按人头数相等于现在的连长，但那时的千户、百户都是军政合一的职务，百户是正六品，比七品知县官阶还要高。

陈迪学术渊深，倜傥有志操，洪武初，被举荐任宁国府学训导。又以熟悉经义召试，洪武八年（1375）成进士，授翰林院编修。洪武二十四年（1391）八月，任山东布政司左参政。任内捕蝗弭盗，绰有政声。洪武二十八年（1395）二月，升云南右布政。当时普定、曲靖、乌撒、乌蒙等处苗民作乱，陈迪率士兵击破之，献俘于朝，有白金彩币之赐。陈迪是朱元璋的顾命大臣，是朱元璋临死前从云南召回来辅佐朱允炆治理天下的。建文帝将其升任礼部尚书，授特进荣禄大夫，官居从一品。陈迪不负众望，接连出招为建文帝出谋划策。朱允炆一一采纳，并提升他为太子少保（正一品）。

建文四年（1402），朱棣攻进南京城，建文帝失踪。当燕王朱棣攻破南京时，陈迪奉建文帝之命在外督运军需粮草，不在京城。但当他听说京城沦陷的消息后，急忙赶回来。到京城后，他也没有为自己投靠新主子做打算，而是“文约 25 人，以死抗之”，写了一个《赴难之约》，发给了 25 位同僚。此文被抄存了下来：

噫嘻！大事去矣，吾辈份当死。大事之去，吾辈罪当死。不随大事同去，生犹死。人皆有死，曷惜乎家。当以此身报高皇，当以此身守嗣圣，以清魂归颢穹，以浊魄付蝼蚁，使天下知有臣，万世知有君。所不如约者，誓不与之见于地下。②

燕王即帝位，召迪责问，抗声不屈。命与子凤山、丹山等六人磔于市。既死，人于衣带中得诗及《五噫歌》，辞意悲烈。苍头侯来保拾其遗骸归葬。妻管缢死。幼子珠生五月，乳母潜置沟中，得免。八岁，为怨家所讦。成祖宥其死，戍抚宁。寻徙登州，为蓬莱人。洪熙初，赦还乡，给田产。成化中，宁国知府涂观建祠祀迪。弘治间，裔孙鼎举进士，仕至应天府尹，刚鲠有声。③

---

① ［清］张廷玉等：《明史》卷一四一，《列传第二十九·陈迪》，第 4025—4026 页。

② 铁路冰夫：《一个闯关东家族的历史记忆（一）朱元璋钦点的顾命大臣》；载“博文·铁路冰夫·新浪博客”，http: //blog.sina.com.cn/s/blog_4bbd84510102ywnu.html。

③ ［清］张廷玉等：《明史》卷一四一《列传第二十九·陈迪》，第 4026 页。

就在陈迪就戮于东市的同时，夫人管氏也与儿媳众家眷被“赐缢死”，即勒令上吊而死。陈迪被灭了三族，杀了四十多人，宗族亲戚一百八十人被流放（见《中国通史》）。

当我们今天回过头来了解这段悲壮的血泪史时，会猛然醒悟：那个在朱元璋打太平时提供支持的太平富民陈迪，与建文帝失败时在京城英勇殉难的宣城籍礼部尚书陈迪是一个人吗？不是《明太祖实录》而是清朝乾隆年间编写的《明史》，将太子朱标特意点出其出生于太平陈迪家，有理由相信，这两处陈迪当为同一人。《明史》述陈迪为宣城人，或是以其祖上任宣城太守为据；何况，太平地域曾为宣城管辖，即使移居也并非难事。

由于有着与太子朱标如此深远的渊源关系，莫非建文帝的逃逸就是直接由陈迪安排？陈迪在事变时本来不在京城，他完全可以隐身不出。但是如果他直接参与或安排了建文帝的逃逸，那为了不暴露这一重大秘密，他就完全有必要回到朝廷，不使他的失踪成为追索的方向。他毅然地以必死的决心坦然面对“诛三族”，在其忠臣赴死的义举背后，显然还背负了掩护建文帝的重大责任。

退一步讲，这是两个不同的陈迪，也不会影响到他们各自之于建文帝踪迹的意义。第一个陈迪，肯定会因为许瑗的关系而结识湘潭姜畲许氏的许琛，并通过其而与朱标、朱允炆建立特殊的感情关系。第二个陈迪，是建文朝的高官，他是实实在在地为了建文帝而被诛了“三族（代）”的忠烈人物。他又是一个与云南关联着的官员，陈迪在洪武末年一直担任云南右布政使。显然，陈迪与何福、许琛、吴朝南皆为同僚。

另外，对于何必华于永乐二年来湘潭，是来自江西抚州临川，我久久未能找到缘由所在。待到礼部尚书陈迪这个人物的出现，其背后的真相便昭然若揭了。原来，陈迪虽然是安徽宣城人，但“祖宥贤，明初从征有功，世抚州守御百户，因家焉”。即陈迪自祖父陈宥贤、父亲陈仲康皆为世袭百户，家住抚州，而抚州的州治正在临川！急乱之中，何福、陈迪等安排建文帝逃出南京城皇宫，辗转之间被送到江西抚州临川临时安置，这是显见的逻辑。为了不使临川成为朱棣追查的目标，在外的陈迪必须回到朝廷。陈迪一家殉难后，临川总不是建文帝的久留之地。永乐二年，全国卫所大调动，转移的机会来了。由云南军中调任长沙卫指挥使的湘潭人许琛，也就是在太平府献身的高阳侯许瑗的弟弟，便与曾经有着锦衣卫指挥使背景的宋德兴、刘答海等一道，共同完成了建文帝朱允炆改名何必华潜隐于湘潭民间之惊天地、泣鬼神的义举。

八

考证到此，我们今天已掌握的情况，何必华居于湘潭县地域的中心碧泉一带，在他的外围，至少还有昭山宋氏、银塘何氏（含四甲何氏与五甲何氏）、易俗河水竹湾刘氏、迎春桥宋氏（昭山宋氏分支）、乌石吴氏与岳冲宋氏（昭山宋氏分支），以及包含了泉塘许氏、中湘许氏在内的姜畲许氏等若干个家族环绕着。外围与近居拱卫，一有风吹草动，便会快速做出反应。这些忠诚者的大义付出，终于保守了六百年的秘密，保证了实为建文帝的何必华及其家族的世世代代的安全。这些人的付出还牺牲了本家族的功名世禄，并且时时处于被杀头灭族的危险之中。六百年后，先贤与先烈们的壮举，仍令我们感念不已。

本文开始于湘潭县易俗河银塘“姊妹桥”的传说，结束于乌石镇岳冲留君庵的来历探查，围绕与银塘相关的银塘四甲何氏家族、银塘五甲何氏家族、锦石何氏家族在永乐年间所发生的史事进行考证，引证出乌石吴氏、昭山宋氏、水竹湾刘氏、泉冲许氏、中湘许氏等家族与之相关的人与事，从而得出结论：明建文四年六月，南京发生金川门之变，燕王朱棣以“靖难之役”攻下京城，建文帝朱允炆在一帮忠臣的护卫下，化装成和尚出逃；主要得陈迪之助，辗转潜隐在江西抚州临川；而陈迪在事发后，为掩护建文帝踪迹不被暴露，毅然返回京城就戮。永乐二年，大将何福通过长沙卫指挥官宋德兴、许琛、刘答海等的安排，并由其家人何禄与将军吴朝南等参与，护送流落于江西临川的建文帝朱允炆来到湘潭县易俗河银塘落籍，并改名何必华。后来，何必华与银塘土著何氏银塘四甲何氏何惠之女成婚，移居县内碧泉，遂开出锦石何氏家族。宁远侯何福与建文帝逃逸有关事泄，被迫由家人谎称自杀身亡，实际潜来湘潭隐居，遂开出银塘五甲何氏家族。此结论说明，建文帝逃亡，完全是靠一批军事将领与大臣对他的绝对忠诚与大义付出，才保证了安全，并使这一经历六百年的历史之谜滴水不漏，直到本世纪初才得到披露。

论文到此本已完成，我个人的探讨基本结束，但鉴于建文帝踪迹研究的特殊性，它的表述还远没有达到可以作出使各方面都信服的结论的时候。据此，本文特设此节以探讨继续进行建文帝踪迹深入研究的现实需要与方法问题。

建文帝踪迹研究的历史，六百年以来，众说纷纭，莫衷一是。严格地说，几乎缺乏可以依托的史料，只能算是传说与猜想。建文帝踪迹研究的现状，则是一大批说法经自然淘汰，已经不为人相信，只是谈资；近代以来经一些学者的努力，在若干基本问题上达成了初步共识，例如，建文帝确曾为僧，逃离出了宫城。近一二十年以来，新说不断涌现，考其动因，或由于某传说触发，或由于某文字解读，然最大的推动力，在于建文帝踪迹课题有可能成为这个地方文化旅游开发的支点，在潜在的巨大经济利益诱惑下，学术逃遁，只剩下了对先入为主结论的演绎与宣传。我们所看到的，台面上是记者与社会人士在奔波与呐喊，而严肃的史学家与史学工作者，相当多避之唯恐不及。因为一个荒诞的结论可能毁掉一个学术人一生的名节；而历史学者去与一些社会乱象对抗，则又会弄得自己左右不是人，于是许多人觉得完全没有必要卷进来，以致懒得对此置喙一词。

今天是中国明史学会在讨论建文帝踪迹的学术问题，应该按照学术规范来进行。我觉得逃遁与随和都是不对的，有这样几点值得注意：

第一，要把建文帝踪迹研究与建文帝文化活动区别开来。

建文帝文化活动是当今很火的一种文化形式，应该尊重其存在，支持其存在；同时也可以将建文帝研究纳入建文帝文化活动中。但是二者应是有区别的。在建文帝活动中，相当大一部分是热心的地方在开发文化旅游。适应文化旅游的规律，其中允许有虚拟的做法。望文生义，借题发挥，无中生有，节外生枝，移花接木，虽然不应提倡，但也不必一棍子打死，它的存在即是客观存在，不能不承认它的存在。但是在建文帝研究中，必须遵循历史研究的原则与方法。

第二，要打破学术神秘化观点。

不要以为建文帝踪迹研究是神秘得不得了的事情。其实，纯学术研究的对错，就是检验论据、论证与论点是否站得住脚。形式逻辑是很好的工具。在建文帝踪迹研究的说法中，违反形式逻辑的现象十分突出。有了这种认识，只要是从事历史研究的，都有资格对建文帝踪迹研究的各种成果进行品评，不能让建文帝研究成为少数研究者的专利，也不能让一些完全违背学术原则的建文帝邪说充斥学术论坛。

第三，要开展积极的学术批评。

对现在已经出现在台面上的关于建文帝踪迹的观点，要按照学术规范来进行学术评判。中国明史学会要倡议历史学者与历史工作者对这些说法主动发表学术批评；中国明史学会要呼吁建文帝研究、明早期政治研究等方面的学者关注这一课题，大胆介入；中国明史学会应组织小型的真正具有学术水平的关于建文帝踪迹成果的审读与批评会议，形成明确的学术观点，这些观点可以接受反批评。

第四，积极引进新的方法与手段进行综合研究。

当今世界的科技正在以惊人的速度日新月异地改变着世界与学术。历史问题的研究，同样不能局守书面学术的三亩自耕地。应该放开视野，引进各种行之有效的新的研究方法与手段。在历史事件与历史人物的研究中，考古与生命科学中的人类遗传基因研究具有强大的生命力。中国明史学会要敢于开历史先河，或者说敢于跟进学术综合研究的开先河者。

具体地说，关于考古问题。考古界有一个成文与不成文的规定，不主动进行考古发掘，只有当某种遗存遭到破坏，或者因为建设而即将遇到事实上的破坏时，才能被动地或主动地进行考古发掘。这一条还好理解。但还有一条，也就是当某种学术研究成为必要时，也可经过批准给予主动发掘。但这条原则很难动用，因为考古审批部门很难确定什么是有必要。考古的手段能不能用于建文帝踪迹研究？我认为有可能。如果中国明史学会组织专题研究，如果确定某种遗存可以进行考古，那么以中国明史学会形成高级别的考古建议或报告，其被主管文物考古的部门采纳的可能性是很大的。我不认为最保守的不动遗存的想法是最正确的。一般不要动，但必须要动的经过批准应该能动。因为遗存的最大意义在于它其中所挟带的历史信息，这种信息原封不动地保存，当然比披露于世的保存要好。但这也不是一个永远的过程。其中的历史信息也还是会随着时间的推移而不断消失。如果在今天发掘或许还能捕捉到某些珍贵的信息；如果让其再保存几百年到上千年，则本来在今天可能得到的信息或许就消失了。

关于基因检测问题。这已经是成熟的技术，并有了成功的案例。用于建文帝踪迹研究也一定是会有效的，那些只相信纯学术，而不相信生命科学是落伍的。如果将基因检测引入建文帝踪迹研究中，其方式与步骤是：先对朱元璋所传下来的尽可能多支的后裔进行科学抽样检测，最终形成朱元璋直系男性遗传基因数据，这将作为建文帝踪迹研究的基础与比对数据。然后，将经过学术评审通过了的对象纳入基因对比检测中来。当然他们的检测结果还要进行各种可能的分析。大体是：如果学术通过了的对象，在基因检测中比对成功，则基本可以认定；如果学术通过了的对象，在基因检测中比对不成功，而其他比对成功的案例尚不存在，则仍有深化研究与检验的必要。因为，在历史上还有可能，某人的所有子嗣不一定全出于一人；无论在哪一代都有出现没有公开的义子的可能。而这些是可以与文史研究相结合去解决的。

不过，在基因检测中，在对现代人类进行抽样检测的同时，还必须有古 DNA 检测的配合，才是牢靠的。也就是说，只有将建文帝本人的DNA与其生父也就是太子朱标的DNA进行比对才最有说服力。好在朱标所在的东陵还在南京，其地下部分从未真正被破坏过，他的骸骨应该还在。如果与之比对的对象遗骨还在，这就是科学比对最扎实的基础。不过，有点可悲，要想在世界文化遗产中去动土基本不可能。但是，我们也不要绝望。我们这一代人做不到，我们的后人完全有可能做得到。比如，科技发展到某一天，不需要打开坟墓，即可通过某种仪器探测出其中骸骨的DNA来。不要以为这是天方夜谭，回顾一下近十多年来科技进步的步伐，我们有理由乐观。我书写在此，立此存照。

而且对帝王家族基因进行检测研究，还会收获到许多意想不到的副产品，比如朱元璋是回族吗？其先祖是来自韩国吗？这些问题很容易通过基因检测形成推不翻的结论。

对于我提出的明建文帝朱允炆改名何必华落籍湘潭的学术观点，我有着充分的自信。我认为，在目前关于建文帝踪迹的种种说法中，只有我的说法涉及了当时一大批军方人物，诸多的旁证材料互相勾连，丝丝入扣。这些材料与结论是经得起形式逻辑的检验的。换一种说法，我认为，如果何必华不是明建文帝才是不可思议的。我非常诚恳地欢迎与接受考古探测与家族基因检测，并以完全科学的态度接受任何一种结果。准确的学术研究与准确的生命科学研究并行不悖，二者必然相辅相成。我们只能用学术研究去解释基因检测结果，而不是去冲突结果。同时，正像学术研究的初衷一样，我们的目的是追求真相，而不是去追求某种希望得到的结论。所有真相都是历史，历史是不能任人涂抹的。如果说得更明白一点，我认为，基因检测的任何一种结果，都会记载着某种历史真相，我们循此前进，一定会在学术上还原承载在何必华与建文帝一身而二任事件上的所有历史真相。

（作者何歌劲，湖南省湘潭市文联）

明代的建文问题

——从南明政权的几篇诏疏说起

蔡少辉

崇祯十七年（1644）三月十九日，大顺军攻破北京城，崇祯于煤山自缢。五月，福王朱由崧被凤阳总督马士英等人拥立为监国，旋于南京即帝位，改次年为弘光，是为南明弘光政权。抵达南京后，弘光帝首谒孝陵，祭告祖宗。礼毕，“即问懿文太子陵园，驻瞻良久”[①]，诸臣莫不额手称庆。弘光此举开创了靖难已降两百余年间皇帝亲谒懿文太子陵寝的先例，也唤起了士大夫意图恢复建文帝地位的希望。

六月，太仆寺少卿万元吉上疏请修《建文实录》、复其尊称，并还懿文追尊故号、谥靖难诸臣。疏曰：

> 臣闻惟圣达孝，补先人之遗事，始称丕承；群臣协忠，录已往之幽芳，政为作则。仰惟我皇上大公为怀，善继人志，前者恭谒孝陵，审视几筵，俨对羹墙，徐问懿文园林所在，亲为展拜。臣随诸臣后，莫不手额。斯举实为三百年来未有之盛事也。先臣杨守陈尝议修《建文实录》，有云：“国可废，史不可废。”卓哉两语，可称要言不烦。弘治中，布衣缪恭伏阙上书，请复建文时故号，爵其后裔奉祀。时系恭狱，以闻于上，敬皇帝诏勿罪。夫灭曲直不载，不若直陈往事，而示之以无可增加也；削庙号不隆，不若引景帝故事，还懿文当日追尊故号，祀之寝园而配以建文君也。二事并系大典，惟我皇上运际中兴，卓识旷怀，同符开辟，伏乞敕下廷臣，广集众议：建文实录作何开局纂修，懿文故号祀典作何厘正？若此举告成，在天列宗之灵，必加阴骘，千秋万世之下，传为美谈，孝莫大焉。抑臣更有请者。靖难死事诸臣，历蒙恩诏褒录，乃谥荫诸典，尚缺有待。美逊国之君臣何厚，愧此时之节义多亏。良由高皇帝开天立极，首褒余阙而斥危素，风励备至。靖难以后，正气渐就损削，故酿今日猃猾卖国之徒，屈膝拜伪、腼颜见人也。请将靖难死事诸臣，及北京各直省殉难诸臣，敕下诸司，细加采录，酌与谥荫庙祀。[②]

疏文称弘光帝谒孝陵并懿文太子陵实乃“三百年未有之盛事”，而成此盛事之前提系“我皇上

---

① ［明］文震亨：《登极实录》，载［明］冯梦龙编：《甲申纪事》卷一，上海，上海古籍出版社，1993年，第21页。

② ［清］李天根著，仓修良、魏德良校点：《爝火录》卷四，杭州，浙江古籍出版社，1986年，第231—232页。

大公为怀，善继人志”。又称“惟圣达孝，补先人之遗事，始称丕承”①。前后两番言论一方面阿谀了皇帝，另一方面也强加道德枷锁于弘光帝身上，使得“补先人之遗事”成为弘光帝即位之初的首要任务。

弘光帝同意了万元吉的请求。七月初三，弘光帝先后颁布多封追谥诏书：追福先王等谥号、定崇祯帝后谥号、复懿文太子帝后谥号、定建文帝后谥号，并改景泰帝后谥号。

《恭上福先王等尊谥并开示覃恩事宜》诏曰：

> 顾一本懿亲，既尊隆于敢上；布先朝遗典，岂无待于后人！因思建文君嗣统四年、景皇帝御宇七载，既已君临有日，岂容庙号独遗！敬礼祖宗之心，复正烝尝之位。除另有诏谕颁行外，所有覃恩合行事宜，开示于后：一、建文年号，至今未复；朕甚恻焉！其令史臣填补《实录》，仍议追上皇帝谥号及皇帝谥号如礼。景皇帝庙号尚虚、累朝未有议及者，典礼阙然；其速会拟追上景庙谥号及皇后谥号如礼。一、追谥靖难忠臣方孝孺等，仍录其子孙，酌与优恤。②

又，《上建文景帝谥诏》曰：

> 孝莫大于成先志，礼莫大于顺人心。故列圣旧章虽非后人所能变，而累朝缺典实惟继体之善承。恭惟我懿文皇太子，开国元良，高皇冢嗣，夙着朝三之孝，未终与九之龄；建文君温文成性，恺悌因心，位仅正于四年，德实隆乎三让……溯三朝之令，猷皆百王之圣轨，惟奕世拘牵乎祖制，遂徽称久废乎宗祊。然建文崩逝之年，成祖业命葬以天子之礼……屡议追崇，累代因循未果。今历年滋久，寰宇之歌思愈深，而显号弗彰，祖宗之怨恫奚慰？特于七月初三日祗告天地、宗庙、社稷，上懿文皇太子尊谥曰“兴宗孝康皇帝”，懿文太子妃号谥曰“孝康皇后”；恭上建文君尊谥曰“嗣天章道诚懿渊恭觐文扬武克仁笃孝让皇帝”，庙号“惠宗”，建文后号谥曰“孝愍温贞哲睿肃烈襄天弼圣让皇后”……其革除死事诸臣精忠贯日，苦节可风，分别重轻，并与恤谥。於戏！旷仪既举，先德斯昭。三百年郁勃之人心，从兹丕畅；十五朝未竟之遗志，自此发皇。敢言继述之光，益显祖宗之大。布告天下，咸使闻知。③

弘光帝明白追崇懿文太子、建文帝、景泰帝等人虽属“成先志”“顺人心”之举，但在“奕世拘牵乎祖制”的明代，此等变列圣旧章行为并非易事。于是，他标榜自己所作既响应了黎庶之歌思，又宽慰了祖宗之怨恫，将自己包装成笃孝循礼的圣人，进而为追崇三人争取道德支持。同时，他也援引成祖、英宗、仁宗、宪宗等人优待建文、景泰之先例，称自己所作为“善承”，在表明自

① ［清］李天根著，仓修良、魏德良校点：《爝火录》卷四，第231页。

② 《南明安宗诏：恭上福先王等尊谥并开示覃恩事宜》，载杨亮功等主编：《琉球历代宝案选录》，中国台北，开明书店，1975年，第79—80页。

③ ［明］管绍宁：《赐诚堂文集》卷一〇，《四库未收书辑刊》6辑26册，北京，北京出版社，2000年，第222—223页。又见《南明安总诏：恭上懿文太子及建文帝等尊谥》，载杨亮功等主编：《琉球历代宝案选录》，第83—84页；［明］李清撰，黄俶成点校：《南渡录》卷二，南京，江苏古籍出版社，1999年，第166—167页。以上诸书文字略有不同。

己继承正统的同时，也公开表露了朝廷对建文帝、靖难之变的态度。

末了，诏书言及靖难死事诸臣优恤问题，以期收拾人心、鼓舞士气。然而追谥诸臣一事却因“人远事湮”，未能及时开展。后，工科都给事中李清、礼科都给事中沈胤培、礼部侍郎管绍宁相继题请。七月丙申，弘光帝命“速议开国、靖难及正德、天启惨死诸臣谥”[①]。九月庚子，追谥建文诸臣，并于南京立庙祭祀。此间，夺胡广谥、予陈瑛恶谥[②]。此后，又多有诸臣请求、朝廷追谥之举[③]。十一月，追赠建文亲属：允熥为吴悼王、允熞为衡愍王、允熙为徐哀王、文奎为恭愍太子、文圭为原怀王[④]。因追谥过滥，朝廷于当年十二月庚申停止了赠谥行为。当时有请复建文年号者，弘光帝亦允之。自此，建文朝历史得到明廷确认。

弘光元年（1645）二月甲子，命修建文、崇祯两朝实录[⑤]。三月乙巳，因太庙未建，奉先殿又不设位，于是祭惠宗、孝愍皇后及太子于宗陵[⑥]。这是靖难之役两百余年后首次也是唯一一次祭祀建文帝。五月，南京陷落，弘光政权覆灭。同年，朱聿键于福州登基，建立南明隆武政权。次年二月，隆武帝认为靖难之变导致明朝国祚渐衰，下命礼臣追复建文年号，并建方孝孺祠，于阶下设姚广孝跪像[⑦]。可惜，此举并未能挽救隆武岌岌可危的政权。八月，隆武政权覆亡。随后，朱明江山渐失，南明政权再无力挽狂澜的能力和决心，褒建文君臣以砺士风收人心的行为便不曾再提过。

纵观弘光、隆武两朝，君臣为了确认政权的正统性、表明自己正统之主的身份，在追复建文年号、追谥建文君臣等承认建文朝历史的行为上做了不少努力。这些努力不仅是基于现实的考虑，也是他们对这段历史抱持的态度。经由这些举动，我们可以清楚地看到朱明历朝君臣对靖难一事态度的演变。

一　从“靖难革除”到“靖难是而革除过”

南明政权恢复建文帝号、追谥建文君臣亲属谥号等行为，标志着明廷正式解除了延续二三百年的政治禁忌。明代历朝解除建文禁制的过程，并非一帆风顺。成祖靖难即位后，展开了一系列合法化政权的举动，焚毁建文史料，篡改《太祖实录》，丑诋建文君臣，并革除建文年号，将建文元年至四年改为洪武三十二至三十五年。太宗去世后，对建文朝君臣的态度有所放松。仁宗即位后，放归部分建文臣子遗族。仁宣期间，政治氛围有所缓解，原本严禁的建文朝臣诗文重见天日，甚至出现了纪念活动。天顺年间，英宗再次上台后下令释放建文帝之子与兄弟遗属，又将官方的宽宥范围扩及建文帝本人的亲族。这对后世要求修建文实录、恢复建文年号和建文君臣名分的舆论，以及私人修建文朝史的努力，起了很大的激励作用[⑧]。弘治初，詹事杨守陈在史馆曾尝试奏请修建文朝史，

① ［明］李清撰，黄俶成点校：《南渡录》卷二，第 194 页。
② ［明］李清撰，黄俶成点校：《南渡录》卷二，第 247—249 页。
③ ［明］管绍宁：《赐诚堂文集》卷八，第 210—212 页。
④ ［明］李清撰，黄俶成点校：《南渡录》卷三，第 273 页。
⑤ ［明］李清撰，黄俶成点校：《南渡录》卷五，第 346 页。
⑥ ［明］李清撰，黄俶成点校：《南渡录》卷六，第 384 页。
⑦ ［清］李天根著，仓修良、魏德良校点：《爝火录》卷一四，第 624 页。
⑧ 牛建强：《试论明代建文帝历史冤案的反正过程——以明中后期建文朝史籍纂修为视角》，《史学月刊》1996 年第 2 期。

其言："古人谓'国可灭，史不可灭'……太宗靖内难，其后史臣不纪建文君事，遂使建文数年朝廷政事及当时忠于所事者皆湮没不传。及今采辑，尚可补国史之缺。"后以病不果[①]。此后，士人和民间开始私自修纂建文史[②]。因上述书籍的出现，民间对建文君臣的正面记忆逐步上升，万历年间的士人开始客观地评论靖难和建文朝。

朱鹭认为建文帝的主要过错是变祖法、削亲藩，前朝史书将建文惠政删去"是小乃大伤高皇帝传位之明，而俾建文抱冤诟千载下莫昭雪也"[③]，进而提出了"靖难是而革除过"的看法。他认为革除之过主要有二，一是革除建文年号有悖史学传统。"古未有君天下而不得称年者。"成祖革除建文年号，代以洪武续年，是"孙蒙祖号，死乱生年，失无大于此者"。而且君天下者皆有纪年，即使暴虐无德如桀、纣这样的易代亡国之君都有纪年，是以位可革而年不可革[④]。二是革除妨害了靖难合法性。靖难起于建文君臣改祖制、削亲藩的不孝不亲之行，靖难成功后成祖革除建文年号，追废建文天子之位，这一行为"是异姓仇雠相克之所为，而安在其为骨肉之不幸哉！且何以解靖难也？"[⑤]

朝中大臣也意识到革除之事的不妥之处，提出了"文皇帝本心"说，即革除建文年号并非成祖本意，而是受殉难诸臣抗争过于激烈和靖难诸臣怂恿所致。钦叔阳即认为成祖顺天靖难，而殉国诸臣却矢死抗之，殉难愈是节烈愈加深成祖的疑虑和愤怒，是以"至于革除纪年，亦势或激之"[⑥]。焦竑也认为，"唯是诸臣殉义过激，至干严谴，有革除年号议，要非成祖本心"[⑦]。进而将革除之罪归于永乐朝臣，"是时靖难诸臣必有挟浅薄之见、肆残刻之说以从臾其间者"，而"革除之举必非文皇意，即有之，必遗恨于在天之灵耳。"[⑧]

当士人们意识到革除为过后，士大夫越发致力于褒扬建文殉臣、恢复建文地位。万历二十三年（1595），礼科给事中杨天明、御史牛应元先后上疏奏请恢复建文年号。万历皇帝最终同意在新修国史中保留建文年号，附建文事迹于太祖本纪之末。万历末期，神宗对恢复建文地位之事不再上心。天启以后虽有旌表建文殉臣之举，但多属万历朝措施的延伸。到了南明弘光、隆武两朝才真正恢复了建文地位，使建文君臣彻底摆脱政治禁忌。

虽然南明恢复了建文地位，但从《上建文景帝谥诏》及褒崇方孝孺等措施仍然可以看出此时君臣对建文帝的态度仍属暧昧，他们将追复建文视为成祖遗泽，弘光帝、隆武帝所作仅是克绍箕裘。又将革除之过归结于永乐朝臣，称此非成祖本心。这种"靖难是而革除过"的态度默认靖难无过，其本源仍是为了维护成祖统治的正统性。在此前提下，明廷所作恢复建文君臣名分的举动，都仅仅是为了维护统治而做出的让步，而非真正解决矛盾。

---

① ［明］何乔新：《嘉议大夫吏部右侍郎兼詹事府丞谥文懿杨公守陈墓志铭》，载焦竑辑：《国朝献征录》卷二六，《续修四库全书》史部第526册，上海，上海古籍出版社，1995年，第334页。

② 牛建强：《明代中后期建文朝史籍纂修考述》，《史学史研究》1996年第2期。

③ ［明］朱鹭：《建文书法拟本引》，载氏著《建文书法拟》，《续修四库全书》史部第433册，上海，上海古籍出版社，1995年，第4页。

④ ［明］朱鹭：《建文书法拟》，《续修四库全书》史部第433册，第33页。

⑤ ［明］朱鹭：《建文书法拟》，《续修四库全书》史部第433册，第80页。

⑥ ［明］钦叔阳：《序》，载［明］朱鹭：《建文书法拟》，《续修四库全书》史部第433册，第3页。

⑦ ［明］焦竑：《序》，载［明］朱鹭：《建文书法拟》，《续修四库全书》史部第433册，第81页。

⑧ ［明］朱鹭：《建文书法拟》，《续修四库全书》史部第433册，第80—81页。

二　建文逊国之说

在《上建文景帝谥诏》中，弘光朝君臣称建文“位仅四年，德实隆乎三让”，于是定建文帝谥号为“嗣天章道诚懿渊恭觐文扬武克仁笃孝让皇帝”。所谓“三让”即泰伯三让王位之事，孔子曾称此为“至德”。此处称建文帝为“让皇帝”，言其逊国行为堪与泰伯之德相颉颃，目的在于弥合建文与成祖的本属对立关系，美化成祖皇位的正统性。

关于建文帝之死，《奉天靖难记》《太宗实录》都称其自焚于宫中，如《奉天靖难记》载：“诸王及文武群臣父老人等皆来朝，允炆欲出迎，左右悉散，惟内使数人而已。乃叹曰：‘何面目复相见耶？’遂阖宫自焚。上见宫中烟起，急遣中使往救，至已死矣。出其尸于火中，上叹曰：‘小子无知，乃至此乎？’”[①] 成祖即位后，修改《太祖实录》、烧毁建文朝史料，在建构维护自身政权叙事的同时，也消除人们脑海中与建文朝相关记忆，使得民间对此事的认识不一。

然而，上述诸说皆是野史传说，早期的官方记载并未有此说法。朱棣的诏书记载：“侄允炆以幼冲之资嗣守大业，秉心不孝，更改宪章，戕害诸王，放黜师保，崇信奸回，大兴土木，天变于上而不畏，地震于下而不惧，灾延承天而文其过，煌飞蔽天而不修德，益乃委政宦官，淫泆无度……朕惟高皇帝嫡子，祖有明训：朝无政臣，内有奸恶，王得兴兵讨之。朕遵奉条章，举兵以清君侧之恶，盖出于不得已也……朕于是驻师畿甸，索其奸回，希周公辅成王之谊，而乃不究朕怀，阖宫自焚，以自绝于宗社。天地所不庇，鬼神所不容。”[②] 在成祖诏书中，建文帝是一个荒淫失德的昏君，而成祖则以太祖嫡长子、皇明祖训为由奉天靖难，清君侧之恶，合理化兴兵靖难的动机。可以看出，成祖为了夺取皇位，对建文帝形象大加诋毁，进而美化自己，将自己塑造成天命所归的正统王位继承人。这样的描述在《奉天靖难记》《太宗实录》中屡见不鲜。正是有了这些言辞，才使得永乐取而代之成为必然。因而此时官方的言论，并未有建文逊国而去的说法。

但民间关于建文帝出亡的传说在此之后却喷薄而出，更因正统年间爆发的杨行祥假冒案而进一步深入人心。正德年间便出现了建文逊国之说。黄佐《革除遗事》首次提到建文帝“以逊去”，开启了逊国说的先河[③]，而后《革朝志》载有“帝逊”“帝逊亡”的字眼，郑晓更著有《建文逊国记》《逊国臣记》，表明逊国之说被广泛接纳。逊国之说的主要核心是建文帝自知不如朱棣，金川门破后趁火逃离，让位于朱棣。如《革除遗事》记载：“建文君之生也顶颅颇偏，高皇帝知其必不终。尝匣以髡缁之具，戒之曰：‘必婴大难，乃发。’至此是遂为僧，以逃去。”[④] 该传说以太宗知建文帝必不得终为核心观点，为逊国说埋下伏笔。又朱鹭《建文书法拟》载建文帝立太子一事，称：“群臣请立太子，诏曰：‘有天下者共天下，朕功未报于先王，泽未加于百姓，而急于立嗣，嗣必以子是重，朕不德也，其勿言！’又请曰：‘立嗣必子，所由来久矣，早慰天下望，幸甚。’诏曰：‘尧舜夏禹皆黄帝之后，更相授受，本出一家，其事可万世通行者。朕诸叔济济多贤，实秉德以陪。朕诸母

① 王崇武：《奉天靖难记注》卷四，上海，商务印书馆，1948 年，第 208 页。

② 《皇明诏制》卷二，《四库全书存目丛书》史部第 57 册，济南，齐鲁书社，1996 年，第 506 页。

③ 吴德义：《明代建文史学研究》，南开大学博士学位论文，2007 年，第 74 页。

④ ［明］黄佐：《革除遗事》卷一，载［明］袁褧编：《金声玉振集》甲部，明嘉靖袁氏嘉趣堂刊本。

弟，具有淳德，克襄理道。傥数年之后，幸而神人和协，朕于诸叔诸弟中择其出类者嗣位，庶于官天下之中，不失家天下之意，着为例，世世守之。'"[①] 由是观之，民间进一步发展了"建文逊国"的故事，将之塑造成为明君。

逊国之说与早期官方言辞有着极大不同，逊国之说将不再丑诋建文帝，而是将他塑造成一个不得善终的可怜人或是有自知之明的贤人。经由史官们的春秋笔法，建文帝的逊国成为成祖政权合法性的托词[②]。另外，从诋毁建文帝到为之塑造正面形象，进而生成"建文逊国"的说法，此间的转变亦与明廷意图借此说调和成祖和建文帝的关系："无逊国之说调和，则若非成祖有篡位之嫌，即是建文愚弱、错信近臣。逊国之说一出，则成祖与建文种种可能的过失疵议尽去，道德人格高度遽升，成为一禅让美事中的两大主角。此说让成祖与建文在重构的历史想象中，各取得一个正当而互不冲突的位置。""建文逊国之说免除了成祖篡位之嫌，建文意在逊国，出亡流离道途，最后得全身而归，则更是国朝之幸，两全之事。"[③]

到了南明，弘光朝君臣追谥建文帝为"让皇帝"，不仅是逊国之说根深蒂固，更有作为成祖后人的弘光帝为了维护政权合法性做出的政治考虑。

三　靖难与国家元气

万元吉上弘光帝的疏文中将社会风气之萎靡不振归结为永乐朝的整肃："羡逊国之君臣何厚，愧此时之节义多亏。良由高皇帝开天立极，首褒余阙而斥危素，风励备至。靖难以后，正气渐就损削，故酿今日狯猾卖国之徒，屈膝拜伪、腼颜见人也。"这种观点早在万历年间便已出现。如万历二年（1574）严从简曾言："建文时节义之士相踵，视死如归。至正统、景泰间，未五十年也。土木之难，未闻皎然死节如所谓南朝李侍郎者，岂亦建文末年摧抑太过，而士气不无少措邪！"[④] 刘宗周于万历四十一年（1613）十月所上《修正学以淑人心以培国家元气疏》，亦将明代节义之衰归之靖难："至正统之世，上下恬熙，号称治平。然识者以为经筵徒侈文具，国家未必无意外之事。未几，果有'土木之变'。当是时，距文庙不数十年。揆厥所由，'靖难之役'一籍奸党，而贤人、君子诛夷略尽；三杨徒以容悦，养成王振之乱。"[⑤] 明末，孙奇逢亦言："忆逊国时，文皇以叔代侄，势成于相激，而一时靖节之臣，死者死，遁者遁，不下数百人。逆闯犯顺，至尊龙驭，祸惨于黄巢，而殉义之臣不及逊国一二，岂前此尽忠良，而后此尽顽冥与？盖有所以作之也。"[⑥] 甚至民间相传，建文君臣未得到公允对待，积怨丛生而祸乱人间：有传李自成为建文后人，崇祯失国乃建文复仇也。有传齐泰、黄子澄"积怨已久，一朝下降，不为巨寇，必为叛臣"，甲申之变皆建文故忠所为[⑦]。

---

① ［明］朱鹭：《建文书法拟》，《续修四库全书》史部第433册，第36页。
② 毛佩琦：《序》，载何歌劲：《建文帝之谜》，长沙，湖南人民出版社，2006年，第11页。
③ 刘琼云：《帝王还魂：明代建文帝流亡叙事的衍异》，《新史学》2012年第4期。
④ ［明］严从简撰，余思黎点校：《殊域周咨录》卷一八，北京，中华书局，1993年，第577页。
⑤ ［明］刘宗周著，丁晓强点校：《刘宗周全集》第4册《文编上》，杭州，浙江古籍出版社，2012年，第15—16页。
⑥ ［清］孙奇逢：《夏峰先生集》卷四，《四库禁毁书丛刊》集部第118册，北京，北京出版社，1998年，第100页。
⑦ ［明］李清撰，顾思点校：《三垣笔记》，北京，中华书局，1982年，第245页。

谈及土木之变、甲申之变时，明代士人常将国家气运不振归结为靖难整肃过厉，这种行为一方面转移了矛盾，将问题归咎于过往，美化当权者；另一方面也反映了成祖整肃建文君臣时手段过厉的事实，表达他们的痛心之余也渴望建文君臣得还以公道，以期重振士风，进而挽救社会危机。弘光帝即位后，万元吉便请速褒靖难死事诸臣及甲申之变殉节臣子，"以作忠义之气"。而弘光帝的追谥诏书亦直言褒崇靖难死节之臣可使三百年郁勃之人心得以通畅，"其革除死事诸臣精忠贯日，苦节可风，分别重轻，并与恤谥。於戏！旷仪既举，先德斯昭。三百年郁勃之人心，从兹丕畅；十五朝未竟之遗志，自此发皇。"

除此之外，将士风不振归结为靖难所致亦暴露了他们对明初政局的想象。孙奇逢、万元吉等人将靖难臣子之忠贞气节视为洪武留给后世宝贵的政治遗产，"我朝养士非不厚，革除之际，忠臣义士，一时之盛，足见我太祖培育人才之恩德"[①]等言论无不反映了这种观点。事实上，洪武朝整饬吏治的规定、手段层出不穷。以明初四大案为契机，朱元璋诛杀了数万人。胡蓝之狱更铲除了不少文臣武将，造成靖难之时朝中无人可用，不得不起用老将耿炳文。因而所谓"况值国运初开，未经斫丧"等语皆是虚妄，是一种美好的幻想。这种想象自有其土壤：成祖整肃过厉，招致社会反感。时人则因建文逊国，美化其人其事，将之奉为神圣。顾起元记父老之言，称："建文四年之中……一时士大夫崇尚礼义，百姓乐利而重犯罪，家给人足，外户不阖……及燕师至日，哭声震天，而诸臣或死或遁，几空朝署。"[②]由此可见，后人对靖难前的太平治世的怀念，尽管这种怀念和想象过于夸张。

更为重要的是，强调靖难削弱国家元气的说辞大多与褒崇靖难死节臣子的请求同时出现，时人希望还建文君臣公道以复国家元气，提振士风，进而挽救社会危机。偏安一隅、急于正名的隆武朝建靖难谋臣姚广孝像跪于方孝孺祠之前的荒唐举动也正是基于此目的。

只不过，一味地将国家元气衰败归结为靖难，并要求褒崇靖难死节诸臣以励士风，并不能挽狂澜于既倒，扶大厦之将倾。弘光、隆武两朝追复建文朝君臣名分成为了朱明政权最后的微光。

四　结论

经过明廷历代文人士大夫的努力，建文君臣的历史地位在弘光、隆武两朝时得到恢复。但从弘光追复建文君臣的诏书以及此前历朝褒崇建文殉臣的举动可以看出：这都是明廷以维护统治合法性为出发点而采取的政治措施，并没有直视问题所在——就靖难正义性进行讨论。最终，这一问题只能留待异族统治的清王朝进行定论[③]。

（作者蔡少辉，厦门大学人文学院历史系博士研究生）

① ［明］懒道人：《剿闯小史》，转引自王崇武：《明靖难史事考证稿》，中国台北，"中研院"历史语言研究所，1992年，第40页。

② ［明］顾起元撰，孔一校点：《客座赘语》卷一，上海，上海古籍出版社，2012年，第19页。

③ 参见闫瑞：《清修〈明史〉"靖难"书写之嬗变》，《西南大学学报（社会科学版）》2020年第2期。

建文帝逃亡及其入黔史迹新探

何先龙

明初建文帝下落是一大疑案。以《明实录》等国史为主要线索，参照相关方志野史，可基本确定建文帝逃亡的历史事实。建文帝逃亡贵州的有利条件：明初贵州交通不便，易于隐蔽；贵州有一批跟朱元璋一道起家并经建文帝一手提拔的将士；主政贵州的军政流官土官多宽厚仁爱同情建文。建文帝贵州史迹具有三大特点：一是万历贵州巡抚郭子章列入《黔记·帝王事纪》，康熙、乾隆《贵州通志》，道光《贵阳府志》，民国《贵州通志》及有关府县志等皆有记述，一脉相传；二是崇祯贵州巡按胡平运专建白云山潜龙阁奉祀并亲撰碑记；三是有嘉庆时所立明代随亡太监墓碑及灵永寺碑等相印证，均属全国罕见。

一　建文帝逃亡史实之认定

明初靖难之役后建文帝下落是明代一大疑案，从永乐到明末不断有人提及甚至上疏请求恢复历史真相。

首先，《明实录》等国史对建文年号及其逃亡的逐步认可。自正统到明末有大臣至少十次上疏请求恢复建文年号。《明史》：张皇后"正统七年（1442）十月崩。当大渐，召（杨）士奇、（杨）溥入，命中官问国家尚有何大事未办者。士奇举三事，一谓建庶人虽亡，当修《实录》……"[①]祝允明《野记》、查继佐《罪惟录》、顾栋高《与明史馆纂修吴子瑞书》、谈迁《国榷》等也载其事。弘治初岐府右长史郑宗载上《请复建文年号疏》："自太祖以后成祖以前，其间君临天下者，不有建文君在乎……臣尝征往牒，当建文君遁后，成祖入宫误认帝尸，葬以天子之礼，致祭甚哀。夫既葬以天子之礼，则必飨以天子之祭，既飨以天子之祭，则必尊以天子之号，编以天子之年……惟英宗七年张太皇太后召内阁诸臣问以朝廷何大事未办，时阁臣杨士奇对以建文之号宜复、孝孺之禁宜开。太后颔之，未及行而崩。"[②]《明孝宗实录》卷一四九：弘治十二年（1499）四月乙巳，致仕礼部主事杨循吉奏："臣闻洪武后有建文君，乃太祖高皇帝嫡孙，躬受神器，称帝建号者三年；其后天命归于太宗文皇帝，遂兴征讨之，师入正大统，削建文位号；今百余年未蒙显复……伏望皇上裁以

① ［清］张廷玉等：《明史》卷一一三《后妃一·仁宗诚孝张皇后》，北京，中华书局，1974年，第3513页。

② （雍正）《湖广通志》卷九一《艺文·疏》；载《景印文渊阁四库全书》第五三四册《史部二九二·地理类》，中国台北，台湾商务印书馆，1986年，第375—376页。

大谊，仍复建文君尊号……”。[①] 万历至明末要求恢复建文年号的呼声日益高涨。《明神宗实录》卷三〇：万历二年（1574）十月“戊午，上御文华殿讲读。上从容与辅臣语及建文皇帝事，因问曰：‘闻建文当时逃免，果否？’辅臣张居正对言：‘国史不载此事，但先朝故老相传言，建文当靖难师入城即削发披缁从间道走出，后云游四方，人无知者。至正统间，忽于云南邮壁上题诗一首，有“流落江南数十秋”之句。有一御史觉其有异，召而问之。老僧坐地不跪，曰：吾欲归骨故国。乃验知为建文也。御史以闻，遂驿召来京，入宫验之，良是。是年已七八十矣。后莫知其所终。’上因命居正诵其诗之全章，慨然兴叹，又命书写进览。居正退而录其诗以进。因奏：‘此亡国之事，失位之辞，但可为戒，不足观也。’”卷一九五：万历十六年（1588）二月丁丑，“国子监司业王祖嫡奏修缺典以隆继述谓：……国史野史上下并传世，往往信野史而疑国史，若谓国事多讳，不若求之野耳。夫年既革除，事必散逸。今纪建文者无虑数十家，谬无相承，至有不忍读者逞其雌黄，遂淆朱紫，岂细故也哉！不可（革除）四……”卷一九六：万历十六年三月“壬辰，大学士申时行奏礼部复司业王祖嫡请复建文年号、改正景皇帝实录。窃惟建文年号因成祖靖难之日诏今年仍以洪武三十五年为纪，其建文年号相传以为革除。及考靖难事迹亦称少主，称元年二年三年四年，则是未尝革除也……上谕：景皇帝位号已复，实录候纂修改正，建文年号仍已之”。卷二八九：万历二十三年（1595）九月乙酉，“礼科给事中杨天民请改正革除建文年号……奏上，诏以建文事迹附太祖高皇帝之末，而存其年号。”[②]《明熹宗实录》卷二九：天启二年（1622）十二月庚寅，“南京户科给事中欧阳调律奏：‘建文皇帝乃太祖高皇帝嫡长孙也，继统则正，享国亦久，宽厚仁明，无败度败礼之失，叔侄相承，又非改玉改步之变；而始终年号不著，庙祀不举……成祖时已鉴死事诸臣之忠，渐宽禁令……故臣谓国史另编建文五年，以昭统系，无俟再计，而庙祀不容不议……’上以事情关系大典，着礼部会同九卿科道官看议来说。”卷四〇：天启四年（1624）三月“辛巳，南京户科给事中欧阳调律调《建文君编年庙祀》言：‘……夫建文太子庙貌宛然，岁九祭。而建文生为帝王，殁无谥号，既不得入祔太庙，又不得别享一祠；封墓莫识，魂魄安依？二祖列宗必有不安，至编年一事，成祖诏中原无降削位号之说，前此祗属承讹，今即列建文年号于永乐之前，亦有嫌忌，而强附之洪武后，统系不明，乞敕廷议，毅然举行，成一代之美。’不许。”[③]《崇祯实录》：崇祯十五年（1642）冬十月戊午，“驸马都尉巩永图请追尊建文君谥号。下廷臣议之，不果行。”[④] 弘光时终于恢复建文年号，谥庙号惠宗。《弘光实录钞》：崇祯十七年（1644）七月己丑，“追上建文君谥曰：嗣天章道诚懿渊功观文扬武克仁笃孝让皇帝，庙号惠宗。”[⑤]《明史》对建文出逃模棱两可：建文四年（1402）六月乙丑，燕兵犯金川门，“都城陷。宫中火起，帝不知所终……或云帝由地道出亡……自后滇、黔、巴、蜀间，相传有帝为僧时往来迹。”[⑥] 对此，孟森教授考曰：“近日故宫发现乾

① 《明孝宗实录》卷一四九，弘治十二年四月乙巳，中国台北，“中研院”历史语言研究所，1962年，第2630—2631页。按，本文所引明代各朝实录，均为同一单位校印本。

② 《明神宗实录》卷三〇，万历二年十月庚午；卷一九六，万历十六年二月丁丑；卷一九六，万历十六年三月壬辰；卷二八九，万历二十三年九月乙酉，第728、3673—3678、3693—3694、5354—5358页。

③ 《明熹宗实录》卷二九，天启二年十月庚寅，（梁本）卷四〇，天启四年三月辛巳，1962年，第1484—1485、2313页。

④ 《明实录附录》之二《崇祯实录》卷一五，崇祯十五年十月戊午，第448—449页。

⑤ ［清］黄宗羲：《弘光实录钞》一，载《台湾文献史料丛刊》第3辑第50册；中国台北，大通书局，1984年，第21—22页。

⑥ ［清］张廷玉等：《明史》卷四《本纪第四 · 恭闵帝二》，北京，中华书局，1974年，第66页。

隆四十二年重修《明史本纪》刻本，以前但于《乾隆朝东华录》中见四十二年五月丁丑谕旨：'所有《明史本纪》，并着英廉、程景伊、梁国治、和珅、刘墉等将原本逐一考核添修。'并未见添修之本，岂料宫中竟有其书。《建文纪末》云：'棣遣中使出后尸于火，诡云帝尸。越八日壬申，用学士王景言，备礼葬之。'"[①] 可见，按明代正史，从正统年间开始争论恢复建文年号及其出逃等，直到明朝灭亡后崇祯十七年（1644）最终确定恢复建文年号，承认建文出逃，祀庙号惠宗。

其次，万历到清代地方志对建文出逃的记述逐步增多，特别是贵州方志最早记述了建文遗迹。万历《黔记》作为地方志最早记述建文遗迹：万历元年（1573），郧阳巡抚黔人孙应鳌上疏："……'建文诸臣，委质致身，志节甚伟。陛下深为恤录，真厚幸矣。但建文君未沾旷绝之典，亟复位号，量拟谥法，恐诸臣有知，更且不能安受地下……建文君在位凡四年，尽以革除。举其事，缀附洪武，名实紊淆，轨迹惑贰，何以补国家信史之缺？'疏奏留中，举朝目为昌言。"[②] 卷三二专列《帝王事纪·建文君》并记载建文帝白云山遗迹，开地方志最早记述建文遗迹之先河。崇祯《贵州名胜志》、康乾及民国《贵州通志》、道光《贵阳府志》等与《黔记》所载大同小异，足见万历以后贵州方志对建文遗迹的记载一脉相传，在全国独树一帜。清代云南方志对建文遗迹也有记述。康熙初冯苏《滇考》记载了建文帝在武定的行踪，康熙《武定府志》所载略同，加载康熙初武定府知府顾岱《建文从亡十一先生记》并附录《致身录》部分内容："父老又言：初至滇，寓城中五华寺，自言与沐将军有旧，寺僧报沐（晟），沐至寺密语，移时，使人送至武定府。语虽无据，然以永乐时法网之密，而帝得保全于滇，不可谓无默护者也。沐黔宁（沐英）本传言，懿文太子（朱标）卒，王哭泣过度，卒陨其生，似以讳赐死事。然黔宁本高帝养子，于懿文谊同昆弟，死而哀恸，亦情理之可信者。故建文万里奔赴，（沐）春与（沐）晟既不挟之以开衅，亦不卖之以邀宠，慎密庇佑，以全其生，于凝脂束湿之世，洵非长者不能也。"[③] 乾隆时沈彤《书吴江县志改刊史仲彬传后》肯定建文出逃：史氏后人"其呈词据明纪纲目，惠帝不知所终语，以为出亡显然，从亡自真。岂知出亡虽有征而从亡终无据。"[④] 此外，《徐霞客游记》，咸丰《安顺府志》及民国《开阳县志》、《息烽县志》、《清镇县志》等方志中也多有建文遗迹记载。

最后，自永乐开始出现建文野史，到万历后逐步增多，清代更加丰富。最早记述建文出逃的是见过建文帝的亲历者云南李浩和张继白，分别著有《三迤随笔》和《叶榆稗史》，为目前已发现关于建文逃亡的最早史料，嘉靖时李浩裔孙李以恒也有追述。《三迤随笔·德胜驿留程济诗》："水月道人程济，洪武旧臣，崇儒好道，高帝山托扶皇孙，允炆登基二年，与当今叔侄之争。炆落发为僧，出水门，于朝真观遇程济、王升二道人。时与叶希贤、杨应能、史彬五臣，着装三道三僧，于次年至滇。炆有恩于沐家，与沐晟有交情，并有密诏。晟誓为死臣，匿帝于狮子龙潭寺凹。事为

① 孟森：《明清史讲义》第二编《各论》第三章《靖难》第五节《靖难两疑案之定论》，北京，中华书局，1981年，第108页。

② ［明］郭子章：《黔记》卷四五《乡贤列传二·理学》，载《北京图书馆古籍珍本丛刊》第43册，北京，书目文献出版社，1998年，第860页。

③ ［清］冯苏：《建文帝遁迹狮山记》，载康熙《武定府志》卷四下，《续修四库全书》第715册，上海，上海古籍出版社，1996年，第150页。

④ 转引自谭其骧主编：《清人文集地理类汇编》第2册，杭州，浙江人民出版社，1990年，第331页。

马三保（郑和）父知，而告密至京。永乐派卫士与胡濙入滇缉帝。晟知，星夜派人往狮子龙泽告之。帝与应能、应贤，己为应文，皆执无依高僧度牒弟子。滇人皆知无依长老，又号大云法师，为无极师兄，曾三入南京为高帝讲经……炆等三人逃出狮山，夜走姚州小道，七月至德胜驿。至余家，隐于后书楼三日。报信大云师，会于无为寺达果法师处。”李浩五代孙李以恒《应文高僧潜隐南中轶事》：“余祖李浩，少年从戎，随西平侯沐英共保高帝……洪武十五年，平滇得大理，袭德胜驿千户……家祖属定远军，沐将军与太子朱标，本结义兄弟。家祖与标善，皇孙允炆自幼相识。高帝崩，炆立，建文叔侄之争，终至靖难。建文出走，于永乐元年（1403）正月抵滇。见沐晟、沐昂于书室，求苟安之地。沐晟三次与父沐春入京，与炆交往密。见帝已祝发，释门弟子，始心落。知已更法名应文，随行有应能、应贤二僧，皆心腹随臣。余祖时在西平侯府沐老夫人身边，禀告滇西杂事……嘉靖二十四年（1545），余重抄《长生录》，始知建文始末，特摘记之。”张继白《应文和尚》：“明永乐元年，余与兰雪道人寓居达果栖霞楼。冬至，围炉夜话。沈万三至，其随三僧一道，示沐晟修书。知僧即应能、应贤、应文，道者为程济，为靖难出走云南，皆京官。称应文为师……居士观沐晟书，知僧即建文帝，以词回敬……时叶榆人杂。张玄素至，携应文至浪穹观音山薜萝崖畔观音箐侧，建兰若寺……其师大云禅师，大云本南中第一僧。洪武二十五年（1392）与玄素入京参洪武，暗扶皇孙。并制铁箧，内置三僧衣、度牒。建文靖难出走，皆依其计而走云南……永乐帝崩，而事渐平。正统入京而未返，不知所终。”书末附记《李氏家族藏书散轶经过》摘录李氏家族世系，明初到嘉靖时除第二代正统李钰妻孙琴之父孙藩外，其余李氏母系家族多有史迹，始祖李浩妻王桂仙之父德胜关驿丞王义（《土官底簿》有载），第三代李天昊妻段琼华祖母段僧奴为大理平章段功之女（杨慎《滇载记》有载），第四代正德李翔妻方绍蓉之祖方政（《明英宗实录》正统四年都督方政同沐昂征麓川），第五代李清元妻王丽霞为赵州知州王惠姑母（万历《赵州志》嘉靖间知州王惠修水硙桥）等都有史料佐证[①]。《土官底簿》：“德胜关驿丞：王义，大理府太和县僰人……（洪武）十六年总兵官札充河尾驿丞，后改德胜关驿丞。”[②] 万历《赵州志》：嘉靖“李以恒，升秦府纪善。”[③] 乾隆《腾越州志》：“李以恒，字道立，赵州贡生。万历二年（1574）任。”[④] 可见，李浩《三迤随笔》提到的叶榆七子，大理总管段隆之子段文即达果和尚、杨黼（万历《贵州通志》、《明史》和康熙《大理府志》有传），无极和尚（景泰《云南图经志书》、天启《滇志》、康熙《大理府志》和《大清一统志》皆载明太祖御赐诗予之），段宝姬即段僧奴（杨慎《滇载记》、万历《云南通志》作段羌奴，并皆载其有诗集传世），杨道安（大理现仍存有其景泰元年所撰《三灵庙碑记》），张玄素即张三丰（《明史》有传），都是真实历史人物。因此，李浩、张继白所记建文逃亡云南的史实是基本可信的。

正德时有张芹《备遗录》、何孟春《续备遗录》、姜清《姜氏秘史》、郁衮《革朝遗忠录》、黄佐《革除遗事》等记述建文朝臣的野史，特别是宋端仪《立斋闲录》首次为建文随亡诸臣列传，但对建文帝本身仍噤若寒蝉，甚至有民间提及建文帝事论死的。壬午（洪武）三十五年（建文四年）八

① ［明］李浩：《三迤随笔》；［明］玉笛山人：《淮城夜语》；［明］张继白：《叶榆稗史》，载大理州文联编《大理古佚书钞》，昆明，云南人民出版社，2002 年，第 182—183、313—316、476—477、525 页。

② ［明］《土官底簿》卷上《云南・德胜关驿丞》，上海，商务印书馆，1935 年，第 14—15 页。

③ 大理州文化局点校：（万历）《赵州志》卷二《学校志・庠贡》，大理，大理白族自治州文化局翻印，1983 年，第 58 页。

④ ［清］屠述濂修，张志芳点校：（乾隆）《腾越州志》卷七《职官・校官》，昆明，云南美术出版社，2007 年，第 119 页。

月，“以黄彦清为国子博士（靖难时以私谥建文死）。”[①] 到嘉靖时野史开始提及建文，黄佐《革除遗事》：“或曰建文君之生也，顶颅颇偏，高皇帝知其必不终，尝匣以髡缁之具。戒之曰：必婴大难，乃发此。至是遂为僧以逃去。”[②] 万历时建文野史逐步增多，其中朱鹭《建文书法拟》首次专列《建文皇帝纪》是一个重大突破，但直到明朝灭亡后弘光朝廷才真正全面恢复建文年号、庙号、谥号等。明清建文野史中，以万历《致身录》和乾隆《明史纪事本末》影响最大，但争议也很大。1991年，南京建邺路进行拓宽改造工程时意外发现明初所建下水道，一头连着明故宫，另一头与秦淮河相通，以巨型条石砌成宽约 1.5 米、高近 2 米的方形甬道，足以让人通行，成为建文帝出逃的一个旁证。根据上述诸多史料、研究成果与考古成果相互印证，可以基本确定建文帝出逃的历史事实。

二　贵州建文帝史迹

（一）建文帝逃亡贵州的有利条件

首先，明初贵州交通不便，易于隐蔽。据《寰宇通志》和现存明代《贵州通志》，明初贵州只有向东的湘黔驿道、向西的滇黔驿道，向北的川黔驿道和西北的水西驿道四条驿道，以及东北至四川遵义、南到广西的两条大道，其余大部分地方只有崎岖的羊肠小道或根本没有道路，非常易于隐蔽。其次，明初贵州各卫所屯堡建文旧臣众多。据不完全统计，仅建文帝住过的威清卫（今清镇）就有建文帝亲自提拔的赵达等二十多个将士家族，据万历《贵州通志》等不完全统计，明初随朱元璋起家奉命世袭驻守贵州的将士还有贵州卫梁氏等二十个家族，其中建文四年（1402）姚整因功从正八品小旗超拔为正三品卫指挥使，王贵立功从小旗超拔为正四品卫指挥佥事；平坝卫有李兴，建文二年（1400）因功升副千户。[③] 此外贵州其他卫所也多洪武、建文旧臣。再次，明初贵州主政的军政流官、土官大都宽厚仁慈，同情建文帝。第一，宣德正统时贵州副总兵吴亮和政使易节都宽宏大量，同情建文帝。《明英宗实录》卷四：宣德十年（1435）四月癸亥，“升都指挥同知吴亮为行在右军都督府都督佥事，充湖广、贵州副总兵。以（萧）授年老，故以亮副之。”卷四九：正统三年（1438）十二月丁巳，升“四川成都府知府易节为贵州左布政使”。卷六八：正统五年（1440）六月“丁酉，命行在右军都督佥事吴亮佩征蛮副将军印充副总兵镇守湖广、贵州”。卷一四七：正统十一年（1446）十一月癸巳，吴“亮，滁州来安县人，初为青州护卫副千户，永乐元年升旗手卫指挥佥事……正统初升都督佥事，充副总兵佩征南副将军印，镇守贵州……性宽简，喜文学，至老手不释卷”。卷二六一：景泰六年（1455）十二月庚午，易“节，江西万载县人，……宣德乙卯擢四川成都知府，有善政。寻升今官（贵州左布政使），颇著声绩”[④]。乾隆《贵州通志》：布政使易节“宽宏有度，抚字辛劳，一时治行翕然，称长者，民不忍欺焉”[⑤]。可见，吴亮可能在建文时期从百户升副

① ［明］卢上铭：《辟雍纪事》，《四库全书存目丛书》史部第 271 册，济南，齐鲁书社，1996 年，第 246 页。

② ［明］黄佐：《革除遗事节本》卷一《革除君纪·述君纪第一·建文君》，北京，中华书局，1991 年，第 5—6 页。

③ （万历）《贵州通志》卷三《贵州卫·贵州前卫》，北京，书目文献出版社，1991 年，第 88—90 页。

④ 《明英宗实录》卷四，宣德十年四月癸亥；卷四九，正统三年十二月丁巳；卷六八，正统五年六月丁酉；卷一四七，正统十一年十一月癸巳；卷二六一，景泰六年十二月庚午，第 91、941—942、1320、2901—2902、5590 页。

⑤ （乾隆）《贵州通志》卷一九《秩官·名宦》，中国台北，京华书局，1968 年，第 384 页。

千户，受过建文帝恩惠，布政使易节也宽政爱民，都同情建文帝。第二，明初贵州建省时无首府，省治为贵州宣慰司，当时主政的宣慰使宋斌文治武略，仁慈爱民，很受朱棣重视。《明太祖实录》：洪武二十三年（1390）五月己酉，“播州、贵州宣慰司及所属宣抚司各遣子来朝并请入太学……特允其请。”[①] 贵阳市乌当区出土的《大明故怀远将军轻车都尉贵州宣慰使司宣慰使宋公墓志铭》：“岁壬午（1402），大宗正位南京。公先朝，上遣中使迎劳采石，既召见御帷，因屏侍近，留口条奏边状……公为政四十五年（1399—1443），奉职惟谨，享贡有常。”洪武二十三年（1390）贵州宣慰使是宋斌之父宋诚，宋诚派到南京太学学习的正是宋斌，宋斌可能见过皇太孙朱允炆，主政以文治为主，深得朱棣信任，对建文帝十分同情。第三，白云山所在金筑安抚司金氏土司与明朝关系密切。明初洪武、建文、永乐、正统诸帝高度信任金氏，金镛正统初几次入贡后可能了解到一些关于建文帝的信息，在建文帝流亡白云山时暗助其建寺居住。据《明实录》：洪武八年（1375）升金筑长官司为安抚司，密定升任安抚使；洪武三十五年（建文四年，1402）金筑安抚密定之子得垛来朝；永乐五年（1407）、十二年（1414）金筑安抚司先后遣人贡马；正统三年（1438）八月改贵州金筑安抚司等俱隶贵州布政司，改木瓜等四长官司隶金筑安抚司，增置金筑安抚司流官同知一员；正统四年三月命贵州金筑安抚司故安抚金得珠子镛袭职；正统五年、六年、八年，金筑安抚司遣使朝贡不断。[②] 可见，明初金筑密定归附后洪武八年（1375）升安抚使；建文四年（1402）密定子得垛（得珠）袭职入朝，永乐时得珠两次入朝；正统三年改直隶贵州布政司并加辖三长官司，同时设流官宣抚同知一员，却查不到谁任过金筑流官宣抚同知，次年得珠子金镛袭职后到正统八年四次入朝。因此，明初中央对金筑金氏高度信任，甚至设了流官宣抚同知也未派员赴任。

（二）建文帝贵州史迹

1. 息烽“日月盟誓碑”

位于息烽县鹿窝乡三友村西望山北麓九龙岗毗卢寺遗址附近。民国贵州史家任可澄《西望山昆卢寺访碑记》：民国二十年（1931）八月，“翌晨，乃群趋碑所，则巨石枕垄畔中，泐‘万古丛林’四字，字径三寸许。额字二，右‘日’左‘月’，外作圆形。后一行曰：‘永乐五年正月盟誓’……永乐五年，正老佛微行西南时也。当时逊国，靖难幽光，表忠诸记，野乘流传，勿虑数十……矧宫中火起，史本传疑，故永乐元二三年间，郑和、侯显等，中使四出，遍于海外……然邵远平《后记》有‘癸巳（1413）夏，行至金筑，渡马岭遇盗’之语，盖周行西南，宁能不一至黔，特一宿名溪，三诗锲石，则出后人附会，如道家之言黄帝耳。然则，是碑所言，安知非从亡诸人，秘密集会于兹土，共矢衔石移山之志，故为指天誓日之词，又姑以‘万古丛林’云云，逃侦者之目。观碑首‘日’‘月’合为‘明’字，所以志也。或谓苟出诸臣，当如靖节之绝笔义熙，胡复以永乐为纪……黔方是时山川榛莽，虑无能为此者。遂出史仲彬、程济诸贤，未可知也。”[③] 南京人受累于建文帝逃离南京后，一部分逃到黑羊箐（今贵阳），“会聚于中曹司……因虑族寡而受欺凌，于息烽将三十六

① 《明太祖实录》卷二〇二，洪武二十三年五月，第3025页。
② 转引自贵州民族研究所辑：《明实录贵州资料辑录》，贵阳，贵州人民出版社，1983年，第12、115、148、262页。
③ （民国）《贵州通志》卷二《金石志》，载《西南考古文献》第5卷，兰州，兰州大学出版社，2003年，第300—302页。

姓合为赵、谢二姓。”[①]“据《掩印寻帝记》所载，明代初年毕节卫左千户所百户指挥赵德安，闻建文逊国，即掩印弃职逃寻惠帝，连带部属戚族成为罪人，受到残害。有的潜匿东川各地，部分流离贵阳、清镇，与普定、养龙不同扈寻建文帝的臣民相遇，会于贵阳的中曹司聚议。永乐五年（1407）正月初五日，在今息烽县九庄区鹿窝乡昆卢寺前森林里结盟，将三十六姓合为赵、谢二姓，以便团结一致，共御外侮。赵谢即明姓，三十六姓为暗姓。”[②]据史料和族谱，息烽盟誓的三十六姓中，杨、赵、王、蔡、郭、周等都有追随建文帝的旧臣。息烽“日月盟誓碑”乃追随建文帝的诸姓所为，与建文帝密切相关。

2. 长顺白云山

第一，白云山明初名螺拥山，以万寿寺、白云庵等古寺著名。《大明一统志》：“螺拥山（在安抚司南三十里，山高五里，状如拥螺，上有深湖，水碧如蓝，四时不涸）。”“万寿寺（在安抚司南）。”[③]《寰宇通志》所载同。弘治《贵州图经新志》：“螺拥山，在金筑安抚司东二十里，山高五里，状如拥螺，上有深湖，水碧如蓝，四时不涸。每天欲曙，鸟兽皆集而饮之，滂有僧居，曰大圣庵。”“白云庵，在金筑安抚司东三十里。妙峰庵在金筑安抚司白云庵后。”[④]嘉靖和万历《贵州通志》、万历《黔记》所载略同。乾隆《贵州通志》和《嘉庆重修一统志》都有广顺州东万寿寺有明建文帝遗像及螺拥寺世传建文帝后至此题诗于壁之载。可见，建文帝最初逃亡到金筑安抚司螺拥山时先寓居万寿寺或白云庵，后来才新建了大圣庵。第二，万历贵州巡抚郭子章派员调查后认可了建文帝白云山遗迹。《黔记》：“建文君自逊国后即祝发为僧，之蜀，未几，入滇，常往来广西、贵州诸寺中。一日至贵州金筑长官司罗永庵，尝题诗壁间；已，由贵州之粤。天顺中，出自粤西。呼寺僧曰：我建文皇帝也。寺僧大惧，白宫府，迎至藩堂。南面趺足坐地，自称朱允炆。曰：胡濙名访张邋遢，实为我。众皆竦然，闻于朝，乘传之京师。有司皆以王礼见，比至，入居大内。以寿终，葬西山，不封不树。玭衣生曰：《吾学编》《雌伏亭丛记》俱载帝在金筑长官司罗永庵题诗壁间。予入黔，令定番州守王应昌访其庵，在罗荣寨五里许有白云庵，即帝避难处也。岂误荣为永、误寨为庵邪？庵畔一井，周匝可二尺许，深半之，传帝所浚……庵后有洞亦曰白云，外窄中广，可坐可卧，有台可置灯，又有隙通天，光明内彻，乃帝修炼所。庵左右有杉数章，大者数围，小者合抱，皆帝手植。前临龙潜、金刚二寺，万山朝拱，俨然居高临卑。帝潜此数十年，岂无意哉！又尝经宿威清卫，为刘氏书《玩易（略）堂》，御墨犹存，刘即今指挥世爵祖也。在宇内黔为僻，在黔罗荣为僻，终永乐之世不能物色之，以此。”定番州“罗永寺，在金筑司，又名螺涌。建文君曾潜于此”[⑤]。清初谈迁《国榷》所载相同。第三，崇祯贵州巡按胡平运新建建文帝阁肯定白云山建文遗

① 贵州省地方志办编：《贵州省志·民族志》第九编《白族》第一章《民族源流》第一节《族源迁徙》，贵阳，贵州民族出版社，2001年，第682页。

② 邹渊：《贵州少数民族习惯法调查与研究》第十章《贵州白族习惯法》第二节《社会组织习惯法与民生行事习惯法》，北京，中央民族大学出版社，2014年，第456页。

③ ［明］李贤等纂修：《大明一统志》卷八十八《贵州·金筑安抚司》，西安，三秦出版社，1990年，第1359页。

④ （弘治）《贵州图经新志》卷八《程番府·山川·寺观》，载《中国地方志集成·贵州府县志辑》第1册，成都，巴蜀书社，2006年，第88、91页。

⑤ ［明］郭子章：《黔记》卷三二《帝王事记·建文君》，卷五五《方外传二·寺观》，载《北京图书馆古籍珍本丛刊》第43册，北京，书目文献出版社，1998年，第660—661、940页。

迹。《烈皇小识》：崇祯八年（1635）胡平运任贵州巡按。《建文帝阁碑记》："白云山庵，不知何时始昉也。世传为建文先帝潜龙遁迹之所，理或然耳。时帝望白云而至止，故号曰白云也……故庵堂罗诸佛，居帝于侧。非不知帝，土人不知礼也，然而非体也。余至，恻然者久之。谓众僧曰：'帝为此庵开山之主，宜独居一室，以长香火。'而众僧若未解所谓。余循览庵之右侧，有流米洞在焉。流米洞者，俗传帝修行时，米从石隙中出，以供帝膳。其说盖荒唐不经，或欲神其事耳。洞之前不甚宽广，而旷览前峰，则回迤拱护，奇态百出。且俯瞰平地，若出其上。造物倘有意乎？于是冁（chǎn，笑貌）然喜曰：'是可居帝矣！'乃谋之广顺州守柏君（柏福兆，山东临清举人，崇祯三年任广顺知州）、定广都阃蔡君，选期经始，鸠工集材。凡五阅月而成焉。绘图示余，余展而观：阁不甚宏，限以地，虽小而可观也。稍避洞而左，不欲掩洞而蔽明也。不掩洞，不忘帝所自也。视庵稍偏而高，不居正而能尊也。阁二层，居帝于上，示贵也。道出其左，示人不敢亵也……阁始于崇祯丙子（1636）季春，成于斯岁仲秋。"①第四，《徐霞客游记》对白云山建文史迹记载颇详：广顺即金筑安抚司：戊寅（1638）四月十五日，"从坞中东向北二里，得石磴北崖上，遂北向而登。半里，转而西，半里，又折而北，皆密树深丛，石级迤逦曲折连绵。有巨杉二株，夹立磴旁，大合三人抱，西一株为火伤其顶，乃建文君所手植也。再折而西半里，为白云寺，则建文君所开山也；前后架阁两重……有泉一坎，在后阁前楹下，是为跪勺泉，下北通阁下石窍，不盈不涸，取者必伏而勺，故名曰跪，乃神龙所供建文君者，中通龙潭，时有双金鲤出没云。由阁西再北上半里，为流米洞；洞悬山顶危崖间，其门南向，深仅丈余，后有石龛，可傍为榻；其右有小穴，为米所从出，流以供帝者，而今无矣；左有峡高迸，而上透明窗，中架横板。犹云建文帝所遗者，皆神其迹者所托也。洞前凭临诸峰，翠浪千层，环拥回伏，远近皆出足下。洞左构阁，祀建文帝遗像，乃巡方使胡平运所建，前瞰遥山，右翼米洞而不掩洞门，其后即山之绝顶……是日下午，抵白云庵，主僧自然供餐后，即导余登潜龙阁，憩流米洞……（十七日）白云山初名螺拥山，以建文君望白云而登，为开山之祖，遂以白云名之。《一统志》有螺拥之名，谓山形如螺拥，而不载建文遗迹，时犹讳言之也。土人讹其名为罗勇，今山下有罗勇寨。"②第五，崇祯《贵州名胜志》所载与万历《黔记》略同。第六，清代民国贵州方志对建文白云山史迹多有记载。康熙《贵州通志》："白云洞（在广顺州东三十里白云山涧中，一隙通天光明。建文君避迹时处其中）。流米洞（在白云山罗永庵后岩畔，世传明建文君隐此，有米自洞流出供朝夕，及帝去，痴僧嫌其孔小，凿而大之，米遂绝）。跪井（在罗永庵前，明建文君隐此。山高无水，传有龙神为之涌泉，恒雨不溢，恒旸不涸……）。一宿洞（在广顺州从仁里，明建文帝入白云山时经此一宿，至今无蚊）。"③乾隆、民国《贵州通志》，道光《贵阳府志》等所载大同小异。道光《广顺州志》除载胡平运《建文帝阁碑记》外，还载录周钟瑄《白云山序》云："以金筑安抚司金镛建庙于山，肖像以祀。施六庄以为藩卫，租丰课免。"金琦《白云山序》先节录《致身录》后云："金筑安抚司镛始为之扩庙两重，蠲庄田六所充其赋……

① 贵阳市地方志办点校，（道光）《贵阳府志》余编七《文征七·记二》，贵阳，贵州人民出版社，2005年，第1775页。

② ［明］徐宏祖：《徐霞客游记·黔游日记一》，上海，国学整理社，1936年，第208—210页。

③ （康熙）《贵州通志》卷二十六《古迹·贵阳府》，载《西南稀见方志文献》第39卷，兰州，兰州大学出版社，2003年，第442页。

肖像而祀焉。洎万历九年设州后，崇祯间复得按院胡公讳平运、州牧平州柏公讳福兆接续增辉。”[①]此外还载有建文帝题诗四首及胡平运等文人雅士咏建文遗迹诗文20余首（篇）。第七，野史笔记对建文白云山史迹记载不少。[②]《吾学编》：建文君“后至贵州金竺（金筑）长官司罗永庵，尝题诗壁间”，并录建文题诗两首。[③]“建文帝之老而还京也。《广西通志》，正统五年帝在思恩州，自言于知州岑英，转闻巡按御史，奏驿送赴京。尝留题四诗于横州南门寿佛寺。贵州通志则以所题四诗乃在金筑长官司罗永庵，与郑晓吾学编同。余意当以贵州志为正。”[④]《蜀都杂钞》：“贵州金竺长官司有僧寺曰罗勇庵。有一僧题二诗于壁间曰……人知为建文君，僧遂避去。其诗至今留庵中。卫方伯正夫传其事。”[⑤]“杨应祥，均州白沙里人。正统时为僧，居贵州金竺长官司罗勇庵。建文逊国后尝至庵题诗壁间。”[⑥]

3. 清镇玩略堂及观山湖区灵永寺

贵州清镇明代为威清卫治所，地处滇黔驿道上，建文帝之所以敢冒风险到威清卫，是因为其提拔的旧臣众多，并与文韬武略的副千户刘达家族关系密切。威清卫：“刘世爵（指挥佥事），一辈刘福。二辈刘达。三辈刘广，旧选簿查有永乐十七年，刘广，旧名百家奴，年十六岁，系威清卫指挥佥事刘达广（广疑当作之）次男。父原系本卫中所世袭副千户，革除（建文）年间升前职。”[⑦]此外，该档案还载有明初建文帝一手提拔的威清卫指挥同知魏国和王尚仁，指挥佥事苏松，正千户秦国柱、蒋汝贤、贾梁和郇绍芳，副千户涂忠保、周文祕、夏寅、王誉和陈凤翔，卫镇抚强仕勋和所镇抚魏俊，百户柳芳、杨志、席诚、戴冠、季子荣、董俞俊、刘贵和张民望等22个世袭武官家族[⑧]。弘治《贵州图经新志》：“玩略堂，在卫城中。千户刘（达）建。主事易贵诗：‘将军华构欲何如，大启轩窗看武书。纸上编排鱼丽阵，胸中商略虎贲车。六韬究彻无玄秘，三略研穷善卷舒。会见边庭崇艳用，堂同麟阁耀荃虚。’”[⑨]万历《贵州通志》：威清卫指挥佥事：“刘福，直隶定远县人。吴元年授百户。洪武二十年升副千户。永乐二年男达升指挥佥事调本卫。沿世爵袭。”[⑩]嘉靖、万历《贵州通志》，万历《黔记》，崇祯《贵州名胜志》，民国《续修安顺府志》和《清镇县志》等均载有建文帝为刘氏题玩略堂；唯《嘉庆重修一统志》载玩略堂为玩易堂之误，其实不然，按明初贵州诗人易贵所题《玩略堂诗》，刘达是玩文韬武略的将军，并非玩易经，正因为刘达文韬武略，喜读书，

---

① （道光）《广顺州志》卷十一《艺文》，载《中国地方志集成·贵州府县志辑》第27册，成都，巴蜀书社，2006年，第468、469—471、481—494页。

② ［清］文秉：《烈皇小识》卷四《崇祯八年》，上海，神州国光社，1951年，第100页。

③ ［明］郑晓：《吾学编·逊国记》，浙江海盐，明万历二十七年（1599）郑心材重刻本，第43页。

④ ［明］张萱：《疑耀》卷四《建文还京》，北京，中华书局，1985年，第69页。

⑤ ［明］陆深：《蜀都杂抄》，北京，中华书局，1985年，第8—9页。

⑥ （民国）《禹县志》卷二七《二氏传》，载《中国方志丛书·华北地方第459号》，中国台北，成文出版社，1976年，第2201页。

⑦ 中国第一历史档案馆、辽宁省档案馆编：《中国明朝档案总汇》第60册《五军都督府所属卫所·贵州都司·威清卫》，南宁，广西师范大学出版社，2001年，第126页。

⑧ 中国第一历史档案馆、辽宁省档案馆编：《中国明朝档案总汇》第60册《五军都督府所属卫所·贵州都司·威清卫》第127—174页。

⑨ （弘治）《贵州图经新志》卷一三《威清卫·宫室》，载《中国地方志集成·贵州府县志辑》第1册，成都，巴蜀书社，2006年，第144页。

⑩ （万历）《贵州通志》卷五《威清卫·职官》，北京，书目文献出版社，1991年，第118页。

才获得建文帝亲近，建文帝才冒险到威清卫并亲自为其题写玩略堂匾。此外，建文帝遁迹威清卫还有灵永寺碑文佐证。贵阳市观山湖区百花湖乡（2011 年从清镇市划入观山湖区）灵永寺现存嘉庆二十二年（1817）重建碑文有"皇太孙建文帝避难此间，始肇锡以嘉名曰墨石"。百花湖地处偏僻，不在滇黔驿道上，可见明初建文帝到威清卫时并未从滇黔驿道走，而是走的偏僻小道。

4. 平坝高峰山

明初《高峰山田土碑序》："盖闻高峰山者，乃洪武祖年自然禅师创业。此山初开，范宇丛林，山周十里许。该僧家祖治地也。后有产业，自然得买罗姓之业，更名石塘庄……洪武三年冬月初三日，本山住持僧自然及两序大众立。"[①] 乾隆《贵州通志》：安平县"高峰山，在城东二十里。昔有僧自然栖息于此，手植柏树千株，飘然而去"。"龙凤山，在城南五里，峰回四合，秀水双湾，僧自然登巅览胜，拂一袈裟于地，谓可为众僧禅定之所，后因建寺焉。""玉龙洞，在城东十里界首铺，群峰峭壁；中一洞玲珑奇巧，有一石平坦如床，上蟠石龙鳞爪生动，相传明建文帝曾憩息其中，经旬始去。"[②] 民国四年（1915）《高峰永定十方丛林碑记》："高峰山者，有明建文皇栖真之所也。"民国《平坝县志》："（高峰山）在城东三十里……有面壁岩高三十丈，镌'西来面壁'四字……相明建文帝曾游于此。""（皇井）在沙作塘，相传明建文帝过此渴甚，掬泉饮之，后因以为井。今饮者必跪取方得，故名。""太监坟，在东乡太监陇。相传为建文帝从龙某大臣之坟，因派太监督工封土，故名；一说即埋太监者。"[③] 中国文物网 2007 年 7 月刊发《平坝发现一座太监墓，疑与建文帝逃亡平坝有关》："这座太监墓位于平坝县马场镇佳林村，整座墓为椭圆形，表面全部是土，墓前有一石碑，石碑顶部写有'名列青史'四个阴刻大字，正中刻着'有明从亡太监之墓'，右侧为'大清嘉庆十三年立'，左侧为'本陇越姓三月立'。"1998 年 8 月 28 日，《联合日报》在第一版刊载《刘乐一：寻觅建文帝踪迹》：1997 年 6 月 21 日，刘乐一又在高峰山的高峰寺内，借助主持觉锐的帮助，找到了几处新的为明史专家所不知的佐证。其一是"寺内斋堂的地下有一处藏身洞"，在洞底发现了一块刻有"秀峰肇建文迹，尘知空般若门"的方石。"方石后边是一块明万历时所刻制的石碑，读碑文方知高峰寺建于洪武七年，开山僧是秀峰大师，他于永乐四年七月收留过建文帝。'秀峰肇建文迹，尘知空般若门'是秀锋圆寂前作为见证手书此石。"其二是"觉锐师傅还出示了更为重要的凭证。高峰寺内原藏有一幅'大明皇帝建文帝遗像'，由文革撤寺之前最后一位住持范清掌管……可惜范清已去世多年，现在谁也不知这幅画下落何处。现任主持觉锐在寺中方丈室内找到了范清在贵阳翻拍的照片，画面上的建文帝已是垂暮之年，以僧人面貌出现，高坐在靠椅上抚琴，这与明末野史上记载的建文帝出逃时曾剃发为僧，后以僧人面貌踪游各地之说十分吻合"。其三是"在高峰寺南面的崖壁上，书有无款的'西来面壁'四字被朱色漆红，刻字之下不知何人刻有'建文皇帝坐禅处'七字"[④]。

---

① 张新民等整理：《贵阳高峰了尘和尚事迹・幻戏类》卷九，成都，巴蜀书社，2000 年，第 736、795 页。

② （乾隆）《贵州通志》卷五《山川・安平县》，中国台北，京华书局，1968 年，第 81 页。

③ （民国）《平坝县志》第一册《地理志》第二节《天然之部・山景》，第六册《杂稽志》第二《建筑物类》；载《中国地方志集成・贵州府县志辑》第 45 册，成都，巴蜀书社，2006 年，第 51、56、287 页。

④ 刘德增主编：《历史疑案的最新线索》，济南，山东人民出版社，2000 年，第 147—148 页。

5. 安顺、贵阳及长顺其他建文遗迹

乾隆《贵州通志》：安顺府“飞虹山，在城东五里，悬岩怪树，相传明建文帝往来滇黔，常游其上”[①]。《黔南识略》：安顺府“飞虹山，在城东五里，悬崖怪树，传为明惠帝楼托之所。”安平县“高峰山在城东二十里，传明惠帝曾游于此，下有观音洞……玉龙洞，在城北十里，洞内有石如床，上蟠石龙，鳞爪生动，传明惠帝曾憩此”[②]。厂石《重修飞虹山云龙寺记》：“东郊五里许，有山名曰飞虹。相传明建文帝到此遁迹所也……僧曰：后有观音阁。余复再进，但见竹影扶疏，苔青石蹬。不数武，见一石穴，上有‘圣迹’二字。内有碑曰‘卧龙处’，始悟文皇敷坐所也，不胜惕然。”[③]道光《贵阳府志》：贵筑县“茶饭寨（今朱昌镇茶饭村），原名仡佬，俗传因供建文茶饭，今更名”。贵筑县“城南之山，曰高峰山（山西为安平，南为镇宁，东北则贵筑、清镇也。有九十九陇，陇各分门，中陇则百石嶙峋，层岩壁峙，有天界禅院，登者由大陇寻高陇而上，路险仄，山半有凉厅，旁有岩幡，曲如龙而上，其上石壁上镌有‘玉屏’二字。过天王庙，有清泉极清洌，寺中有赤松，高可十丈，赤松上人自滇携来植此。寺后有洗心池，再上有岩，上镌有‘西来面壁’四字，相传建文遁迹之所，嘉靖时，有自然安和尚栖焉）。”广顺州城东之山，“曰天台山，去城三十里，相传有黑白鹿往来其上，有方广寺，建文帝遁迹之所……（城西之山）曰饿士坡，在茶烟寨，去城二十五里，相传永乐时，建文从人往来邑中，后闻建文北去，遂不食而死，土人瘗之此山，故名焉……州境之水，曰一宿河，在从仁里，相传建文入白云山宿此，故名……曰跪井，在白云山，相传建文帝栖此时，山高无水，殿前忽涌泉水，时有双鲤出没焉，取水必跪始得，故名。”青岩司“朝阳寺，在青岩场，万历间建，相传明建文帝栖止处，乾隆、嘉庆间皆重修”。谷上里“白衣庵，在干沟场东里许，相传建文帝遁迹住此，至今犹像祀之”。广顺州“回龙寺，在归德里翁贡。相传建文帝至此，土人建寺捐田留住，帝手植二杉树于庙门外，即往白云山。后人知寺为帝始寓之所，爱惜两树，至今大十围”[④]。可见，建文帝在安顺，贵阳市乌当区朱昌镇茶饭村和金华镇翁贡村、花溪区青岩镇朝阳寺，安顺市平坝区天龙镇天台山等地也有活动遗迹。

（作者何先龙，贵州省开阳县文化和旅游局）

① （乾隆）《贵州通志》卷五《山川·安平县》，中国台北，京华书局，1968 年，第 79 页。

② ［清］爱必达：《黔南识略》卷四《安顺府》，卷六《清镇县·安平县》，中国台北，成文出版社，1968 年，第 51、52 页。

③ ［民国］任可澄等纂修：《续修安顺府志辑稿》第八章《艺文志》八《厂石禅师》，贵阳，贵州人民出版社，2012 年，第 1238 页。

④ 贵阳市方志办点校：（道光）《贵阳府志》卷二六《疆里图记第一之三·贵筑县西隅里》，卷三三《山水附记第三·贵筑县·广顺州》，卷三六《祠宇附记第六·贵筑县》，贵阳，贵州人民出版社，2005 年，第 622、712、718、754、758、759 页。

郑和访支提山与建文帝下落关系考

林东杰

福建省宁德市蕉城区霍童镇西南有山名支提，山上有座华严寺，世称支提寺，乃是971年吴越王钱俶命杭州灵隐寺了悟清耸禅师创建，历宋元明三朝四度敕建，五次分别赐额“大华严”“雍熙”“政和万寿”“华藏”“华藏万寿”[①]。民间传说，永乐五年（1407），郑和接受永乐帝朱棣密旨，表面上以徐皇后遗愿为名送千尊天冠菩萨像到支提寺，实际是安抚被软禁在该寺的建文帝。这个传说包含了三个关键问题：建文帝并未自焚而是出亡、建文帝被软禁于支提山、郑和肩负安抚建文帝秘密使命。以下逐一梳理。

一　建文帝应是出亡

靖难之役中南京城破之时，建文帝是自焚而死，还是“逊国”出亡了？六百余年来，众说纷纭，莫衷一是，因为史料记载歧出。《明实录》上记载道：

（四年六月）乙丑，上至金川门。时诸王分守京城门，谷王橞守金川门，橞登城望，上遂按兵而入城中。军民皆具香花夹道迎拜……时诸王及文武群臣父老人等皆来朝，建文君欲出迎，左右悉散，惟内侍数人而已，乃叹曰：“我何面目相见耶。”遂阖宫自焚。上望见宫中烟起，急遣中使往救，至已不及。中使出其尸于火中，还白上。上哭曰：“果然若是痴骇耶！吾来为扶翼尔为善，尔竟不亮而遽至此乎！”时有执方孝孺来献者，上指宫中烟焰谓孝孺曰：“此皆汝辈所为，汝罪何逃？”孝孺叩头祈哀，上顾左右曰：“勿令遽死。”遂收之。[②]

（洪武三十五年夏六月辛未）追封故右军都督府左都督徐增寿为武阳侯，赐谥忠愍，敕有司治丧葬……上之举义，增寿最效勤诚，有发其事于朝，遂囚之。上入金川门，建文君将自焚，命捽至，杀之君顺门庑下……[③]

壬申，备礼葬建文君，遣官致祭，辍朝三日。[④]

---

① 袁冰凌编著：《支提山华严寺志》第一章《绪论》，福州，福建人民出版社，2013年，第1页。

② 《明太宗实录》卷九下，洪武三十五年六月乙丑，中国台北，“中研院”历史语言研究所1962年校勘影印本，第129—131页。

③ 《明太宗实录》卷九下，洪武三十五年六月辛未，第137页。

④ 《明太宗实录》卷九下，洪武三十五年六月壬申，第138页。

从这些记载可以得知：靖难之军在乙丑日进南京金川门时，建文帝在杀了背叛自己的徐增寿后，自焚。朱棣望见皇宫起火，急忙派中使去救，可惜去晚了，只从火中找出了建文帝的尸体。过了八天即壬申日，朱棣礼葬建文帝，并为此辍朝三日。这些记载都明确说明建文帝自焚而死。

这里有一点可疑，既然入城当日已经找到建文帝尸体，似乎应该尽快安葬建文帝，因为只有建文帝死了，朱棣才能名正言顺登上帝位，正如孟森先生揭示的“葬时稍用天子仪仗，以震都人耳目，为绝天下人望之计，与其出尸于火，意正一贯，不必甚以为难信也”①。意即不管建文帝到底生死如何，他的结果只能是“死亡”被葬。既然如此，南京附近应该有建文帝陵墓，但据明末人谈迁的记载：“金陵故老，无能指建文帝葬处”②，事情越发蹊跷了。

永乐帝即位不久，有人诬告建文帝隐藏在浦江义门郑氏一家。于是，永乐帝“遣使廉之”，因为没找到建文帝，于是“乃斩诬者”③。按理说，如果建文帝已经安葬了，那么朝廷收到建文帝出亡郑家的消息，直接处置就是了，还特意派人调查，看来就连永乐帝自己也不确信建文帝已经“自焚而死”。

到了《明史》记载建文帝在南京城破之时的去向，再不像《明实录》那样言之凿凿地说“自焚而死”，颇有“春秋笔法”味道：

> 乙丑，燕兵犯金川门，左都督徐增寿谋内应，伏诛。谷王橞及李景隆叛，纳燕兵，都城陷。宫中火起，帝不知所终。燕王遣中使出帝后尸于火中，越八日壬申葬之。或云帝由地道出亡。正统五年，有僧自云南至广西，诡称建文皇帝。思恩知府岑瑛闻于朝。按问，乃均州人杨行祥，年已九十余，下狱，阅四月死。同谋僧十二人，皆戍辽东。自后滇、黔、巴、蜀间，相传有帝为僧时往来迹。④

正史以上记载与《明实录》所记两点不同：其一，壬申日安葬的是建文帝皇后；其二，建文帝不知所终。这样一来，也比较能解释为何明代“金陵故老”无人知道建文帝下葬地方。综上，加以建文帝并无实录⑤、永乐帝在位不但篡改建文帝在位时的历史且销毁史料⑥，故在没有确切证据之前，笔者赞同建文帝并未自焚而是出亡的观点⑦。

---

① 孟森：《明清史论著集刊》，北京，中华书局，2006 年，第 2 页。

② ［明］谈迁著，张宗祥校点：《国榷》卷一二“惠宗建文四年”，北京，中华书局，1958 年，第 852 页。

③ ［明］吕毖：《明朝小史》卷四《永乐纪 · 孝友堂》，《四库禁毁书丛刊》史部第 19 册，北京，北京出版社，2000 年，第 533—534 页。

④ ［清］张廷玉等：《明史》卷四《恭闵帝本纪》，北京，中华书局，1974 年，第 66 页。

⑤ 郭培贵：《建文帝有实录吗》，《殷都学刊》2000 年第 4 期。

⑥ 参见杨永康：《朱棣篡史述论》，《社会科学战线》2014 年第 11 期。

⑦ 参见孟森：《明清史论著集刊》，北京，中华书局，2006 年，第 1—11 页；商传：《永乐皇帝朱棣》，长春，长春出版社，2010 年，第 107—113 页；晁中辰：《建文帝“逊国”新证》，《安徽史学》1995 年第 1 期。

二 建文帝可能为僧

建文帝出南京城的具体经过，现存文献的描写太过夸张，难以为信。然而，一些文献记载建文帝后来出家为僧，还是具有一定说服力的。史书上写：

（姚广孝）十六年三月入觐，年八十有四矣，病甚，不能朝，仍居庆寿寺。车驾临视者再，语甚欢，赐以金唾壶。问所欲言，广孝曰："僧溥洽系久，愿赦之。"溥洽者，建文帝主录僧也。初，帝入南京，有言建文帝为僧遁去，溥洽知状，或言匿溥洽所。帝乃以他事禁溥洽。而命给事中胡濙等遍物色建文帝，久之不可得。溥洽坐系十余年。至是，帝以广孝言，即命出之。①

这段材料再次证明当初永乐帝安葬的并不是建文帝，还提到永乐帝派胡濙寻找建文帝。胡濙确实花了十几年寻访天下，但是否是找建文帝，后文将会提及，在此略而不谈。至于上文提到，有人告发溥洽帮助出家为僧的建文帝出亡，永乐帝就以其他理由囚禁了溥洽十多年。在这件事上，至少有两则材料可以证明。杨士奇《僧录司右善世南洲法师塔铭》记载道：

……溥洽，字南洲……永乐四年，诏修天禧等浮图。落成之日，车驾临幸，命公庆赞。祥光烨煜，万众聚观，天颜愉怿。时有仕觉义者，忌师之宠，构词间之，左迁右觉义……衍公既进位太子少师，赐名广孝，其晚岁于师尤厚。有疾，将化前一日，太宗皇帝亲临视之，问所欲言，独举师为对，不及他事……②

另李贽《续藏书》上说："太监吴亮，建文中中官，建文焚宫逊去，文皇疑匿僧溥洽所。永乐四年，以他事禁锢溥洽……"③两则材料的记录者都是明代人，杨士奇在建文帝时出仕、且深受永乐帝宠信，有他的记载更加可以相信永乐帝囚禁了溥洽十多年，但他或许出于忌讳，所以没细说永乐帝囚禁溥洽的原因。

到了万历二年（1574），当时的皇帝在一次讲读时主动提起建文皇帝，并询问"闻建文当时逃免，果否"；张居正答曰"国史不载此事。但先朝故老相传言，建文当靖难师入城即削发披缁从间道走出，后云游四方，人无知者"④。据此可知，建文帝出亡为僧的说法在明朝已经广为传播了。

建文帝在明代很长一段时间是个禁忌话题，到了万历年间，由于神宗皇帝即位伊始，即多次态度鲜明地褒表建文朝死节诸臣和抚恤这些人幸存的后裔，这个局面才有了一个根本性变化⑤。巧合的是，没落的华严寺也正是在万历年间得以重振。

---

① ［清］张廷玉等：《明史》卷一四五《姚广孝传》，第4081页。

② ［明］杨士奇著，刘伯涵、朱海点校：《东里文集》，北京，中华书局，1998年，第374—375页。

③ ［明］李贽：《续藏书》卷七《太监吴公》，《四库全书存目丛书》史部第24册，济南，齐鲁书社，1996年，第521页。

④ 《明神宗实录》卷三〇，万历二年十月戊午，第728—729页。

⑤ 牛建强：《试论明代建文帝历史冤案的反正过程——以明中后期建文朝史籍纂修为视角》，《史学月刊》1996年第2期。

万历元年（1573），时年六十五岁的大迁禅师奉李太后之命南下重建华严寺。大迁禅师和乃师翠峰禅师与朝廷特别是宫廷有密切联系，因此华严寺获得许多赏赐。万历十八年（1590）和万历二十年（1592），李太后与明神宗在赐给《永乐北藏》、新刊《续大藏经》之外，还赐有敕谕亭一座，内敕书一封；敕谕碑一座，御藏碑一座；四大部经《华严经》、《宝积经》、《般若经》、《涅槃经》各十二部；金带黄凉伞一把，龙凤旗二副，幢幡十二首，金冠十二顶，龙棍一副，“华藏寺”龙匾一副，凤锦棹帏十二幅，经盖十二只，经袱十二幅，凤锦条紫衣十二领，褊衫十二领，随藏法器全备。此外，李太后宝象四轴，太后御书《法华经》一部及“大、法、宝、藏、阁、唵、嘛、咪、叭、咪、吽”十一个大字，泥金《法华经》、《梁皇忏》各十二部，丹青倚槛观音、鱼篮观音、文殊、普贤各一幅等[①]。

由于当时福建地方官“擅自做主”的原因，新刊《续大藏经》和《永乐北藏》没有送到支提山，而是留在了福州开元寺。因此，万历二十六年（1598）正月，住持华严寺的明启禅师与送李太后赐千叶宝莲毗卢佛像来寺的中官张文一同往京谢恩，在京待了一年多时间，返山时不但获得“华藏万寿”赐额等物，且重新获得一部《永乐北藏》带回[②]。

华严寺地理位置较偏，距北京十分遥远，但得到朝廷许多赏赐，且在万历十八年（1590）、崇祯九年（1636）都有皇帝替僧来山，这两位是历史上不多见的且有名号可靠的皇帝替僧[③]。稍作猜想，或许某位前人把支提山有“代皇帝出家”之僧人说成有僧人是“皇帝出家”，一传十，十传百，以至于三人成虎。

三　建文帝隐居支提山传说

关于建文帝被软禁在支提山的提法，除了上文揭示的原因外，另一件不得不提的事情，就是永乐五年（1407）郑和曾经奉旨护送千尊铁铸天冠菩萨像到此[④]，而明清以来长期传说着郑和借下西洋之名暗中寻找建文帝下落。

李贽《续藏书》上有言：“建文焚宫逊去……永乐四年……命胡给事中濙以访张邋遢为名，遣太监郑和等下西洋，遍物色之，不得……”[⑤]。沈德符《万历野获编》一书，在重申上述说法的同时，还多了派使者往西域寻找建文帝下落的说法，其《使西域之赏》一文云：“文皇初平内难，即使给事中胡濙以访仙为名，潜行人间，又遣内臣郑和等将兵航海使东南诸夷，最后则中使李达、吏部郎陈诚使西域……文皇初以逊国伏戎为虑，以故轺车四出，几于上穷碧落下黄泉矣。”[⑥]《明史》上记载：“成祖疑惠帝亡海外，欲踪迹之……永乐三年六月，命和及其侪王景弘等通使西洋”[⑦]；“（永乐）

---

① 袁冰凌编著：《支提山华严寺志》第一章《绪论》，第24—27页。

② 袁冰凌编著：《支提山华严寺志》第一章《绪论》，第29页。

③ 袁冰凌编著：《支提山华严寺志》第一章《绪论》，第31页。

④ 参见袁冰凌编著：《支提山华严寺志》第一章《绪论》，第18—21页。

⑤ ［明］李贽：《续藏书》卷七《太监吴公》，第521页。

⑥ ［明］沈德符著，杨万里校点：《万历野获编》卷三〇《外国·使西域之赏》，上海，上海古籍出版社，2012年，第656页。

⑦ ［清］张廷玉等：《明史》卷三〇四《郑和传》，第7766—7767页。

五年，遣濙颁御制诸书，并访仙人张邋遢，遍行天下州郡乡邑，隐察建文帝安在……二十一年还朝，驰谒帝于宣府，帝已就寝，闻濙至，急起召入，濙悉以所闻对，漏下四鼓乃出。先濙未至，传言建文帝蹈海去，帝分遣内臣郑和数辈，浮海下西洋，至是疑始释云云。”① 这些文献，言之凿凿地认为，郑和下西洋实际是为了寻找建文帝；胡濙寻访仙人张邋遢，同样也是为了寻找建文帝。

关于郑和、胡濙寻找建文帝的说法，明人也有持否定态度的，如吴朴《龙飞纪略》写道：“胡忠安公巡访异人，久处湖广，当时有内臣郑和者，亦赍诏浮海，遍诣南海暹罗诸国，故老相传亦以采宝及访异人为名，俱在丁亥之岁。於戏！我成祖应天顺人，以宁兆庶，严父爱兄，无所不至，岂有命使四出以访异人之事哉？闾阎无知，私相讹传，而李贤为国家大臣，作濙碑铭，亦以是为言，真不知大义者也。但碑文相传广而且远，主人习读致疑，其费说词，是以臣不得已采李贤所铭胡濙行事于先，乃以臣鄙见断之于后。异人为谁？是以懿文太子之子，所谓皇太孙也。”② 当下的一些明史专家经过严密考证，也认为郑和和胡濙寻找建文帝下落的传闻缺乏足够证据，③ 但现存史料没有直接证据可以完全否定郑和和胡濙寻找建文帝下落的提法，以至今天这个提法依然有不少人相信。

当下有人认为永乐五年郑和到支提山就是为了安抚出家为僧的建文帝，此说法如果成立，可疑点有二：其一，既然永乐五年已经知道建文帝的下落并将其软禁了，当年也就不用派胡濙去寻访建文帝了；其二，郑和下西洋的船队几乎每次远航都在闽江口集结，停留时间短则两三月、长则十月之久，④ 这样的时间足够郑和在出航前到支提山见建文帝，但据现存史料记载可知，郑和到支提山仅此一次。如果按钱谦益阐发的“文皇帝心事”与“让皇帝至德”，这两个疑点好像也说得通，钱文曰：

> ……何言乎文皇帝之心事也？壬午以还，天位大定，文皇帝苟有分毫利天下之心，国难方新，遗种未殄，必翦灭此而后即安。张天网以罗之，顿八纮以掩之，闭口捕舌，遁将何所？以文皇帝之神圣，明知孺子之不焚也，明知亡人之在外也，明知其朝于黔而夕于楚也，胡濙之访张邋遢，舍人而求诸仙，迂其词以宽之也。郑和之下西洋，舍近而求诸远，广其途以安之也。药灯之诅咒，剃染之藉手，彼髡之罪，百倍方、黄，以荣国榻前一语，改参夷而典僧录，其释然于溥洽，昭示于中外者，所以慰藉少帝之心，而畀之以终老也……
>
> 何言乎让皇帝之至德也？金川之师，祸深喋血，让皇帝苟有分毫不忘天下之心，凭仗祖德，依倚民怀，散亡可以收合，蛮夷可以煽动，卫世子之焚台，卫太子之诣阙，谁能非之？谁能之基？让皇帝明知大命之不可干也，明知大位之不可再也。明知本支百世之不可倾动也，以神州赤县为孤竹之封，以休发坏衣为采药之遁。耄逊遐荒，自比退耕于野；头陀乞食，岂曰糊口四方？由是而内治外攘，逾沙轶漠，高皇帝之基业安，四祖之统绪安，三百年之天地人鬼，

① ［清］张廷玉等：《明史》卷一六九《胡濙传》，第4534—4535页。

② 转引自吴德义：《明成祖遣臣寻找建文帝下落诸说之由来》，《史学月刊》2010年第5期。

③ 参见范金民：《郑和下西洋动因初探》，《南京大学学报（哲学社会科学版）》1984年第4期；张显清：《也谈郑和远航的动因——纪念郑和远航600周年》，《明史研究》第1辑，2005年；万明：《郑和下西洋终止相关史实考辨》，《暨南学报（哲学社会科学版）》2005年第6期；张兆裕：《明永乐年间胡濙行迹考述》，《明史研究》第10辑，2007年。

④ 傅朗：《福建与郑和下西洋的船只》，《东南学术》2006年第1期。

罔不大安，宁非让皇帝之所诒乎？让皇帝之至德，媲诸泰伯，其难易尤相倍……[①]

上文所说，归纳起来就是：永乐皇帝知道建文帝出亡为僧，故意大张旗鼓地去寻找，做出不知道建文帝下落的样子，是为了让建文帝安心终老；建文帝在南京城破之后，大有机会卷土重来夺回帝位，但为了天下苍生和祖宗基业，甘愿让位。钱谦益“一家之言”若是成立，上述疑点也就解释得通了。

行文至此，已将郑和访支提山与建文帝下落关系略作一番考论。靖难之役中南京城破时，永乐帝安葬的不是建文帝，但建文帝出亡的一些具体细节的厘清，有待更多史料和证据的发现。宁德支提山华严寺千尊天冠菩萨像、《永乐北藏》、千叶宝莲毗卢佛像等许多珍贵文物，历经千百年岁月沧桑得以存世，十分难得，更该善加保护。

（作者林东杰，集美大学马克思主义学院）

① ［清］钱谦益：《有学集》卷一四《建文年谱序》，载第五册，上海，上海古籍出版社，2003年，第683—684页。

明代对建文帝的评价

孟兆鑫

建文帝是明代历史上一个十分敏感的人物，明人对他的评价关乎建文朝合法性以及建文君臣的历史定位等问题，具有重要意义。学界之前对此问题进行了一定的研究，但主要集中于历朝对建文统治合法性的态度[①]，而较少关注明代对建文帝本人的评价。本文希望通过梳理明人对建文帝的评价，来探讨明代对建文朝历史的看法。

一　批判与诋毁：永乐至洪熙年间对建文帝的评价

明成祖以武力夺取了侄子建文帝的皇位，在传统的政治文化看来，他的皇位缺少正当性。因此，明成祖为了证明自己的统治正当性，采取了一系列措施，其中重要一点就是消解和抹杀建文朝历史。只有抹黑建文帝，消解其统治合法性与合理性，“靖难之役”才能被看作是藩王维护明王朝统治的正当行为。

明成祖对建文帝进行了十分恶劣的评价。洪武三十五年（1402），祭天的祝文就说：“允炆嗣登大位，崇信奸回，委政近侍，改更祖宪，戕害诸王，祸机之发，将及于臣，臣不得已，举兵清君侧之恶，以为万姓请命。”[②]成祖君臣直呼建文帝名讳，不承认建文年号，并列出了建文帝的三个罪状，分别是任用奸臣近侍，更改祖宗成法，戕害各诸侯王。这三点构成成祖时期批评建文帝的核心内容。次年正月，成祖再次下诏：“允炆无道，不孝不君不耻不仁不畏不义，灭绝天理，败坏人伦，恣其狂狠，悖祖灭亲，即位三年，骨肉几尽。”[③]在诏书中以近乎辱骂的语言来评价建文帝，用了“灭天理”“败人伦”等极端的词语，将建文帝塑造成一个完全不符合儒家伦理道德的人，更遑论合格的一国之君。此后，明成祖也多次在诏书中批评建文帝[④]。

成书于宣德年间的《明太宗实录》更具体地罗列了建文帝的罪状：

---

① 谢贵安：《试论〈明实录〉对建文帝的态度及其变化》，《北京联合大学学报》2010年第3期；吴德义：《政局变迁与历史叙事：明代建文史编撰研究》，北京，中国社会科学出版社，2013年；李见喜：《明建文帝帝王身份的恢复》，《第十六届明史国际学术研讨会暨建文帝国际学术研讨会论文集》，北京，九州出版社，2015年。

② 《明太宗实录》卷一〇上，洪武三十五年七月壬午，中国台北，“中研院”历史语言研究所1962年校勘影印本，第143页。

③ ［明］孔贞运：《皇明诏制》卷二，《四库全书存目丛书》史部第57册，济南，齐鲁书社，1997年，第513页。

④ 如永乐元年四月，群臣请立太子，成祖在诏书中批评建文帝不孝，见［明］孔贞运：《皇明诏制》卷二，《四库全书存目丛书》史部第57册，第514页。再如永乐三年封懿文太子第四子为瓯宁王的诏书中，也批评建文帝“幼冲嗣立，昏愚自暴，颠覆旧章，崇信奸回，戕害骨肉”，见［明］孔贞运：《皇明诏制》卷二，《四库全书存目丛书》史部第57册，第516页。

> 简宗庙之礼，兴土木之役。遣官者四出，选女子充后宫，媚悦妇人。嬖幸者恣其所好，穷奢极侈，亵衣皆饰珠绣，荒淫酒色，昼夜无度。临朝之际，精神昏眩，百官奏事，唯唯而已。宫中起大觉殿于内，置轮藏而敬礼桑门，出公主与尼为徒。倚信阉竖，与决大事，进退大臣，参掌兵马，皆得专之，凌辱衣冠，虐害良善，纪纲坏乱，嗟怨盈路。灾异叠见，恬不自省，新宫初成，妖怪数出，起而索之，寂无所有，亦不介意。于是太阳无光，星辰紊度，彗扫军门，荧惑守心，飞蝗蔽天，山崩地震，水旱疾疫，在在有之。文华殿、承天门及武库相继灾，君臣之间恬嬉自如。①

由于成祖毁坏了建文朝史籍，我们无法确定这些记载是否符合实际，但一些批评明显有失偏颇。大多数皇帝继位后都要“选女子充后宫”，其目的是繁衍皇室子嗣，接续大统，不仅为皇帝的私家之事，更关系到王朝命脉，并非只是荒淫的代表。至于“临朝之际，精神昏眩，百官奏事，唯唯而已”，应与实际不符。建文帝在位期间，在政治上多有作为，包括变更官制、减轻赋税等，甚至改变宫门名、殿门名以复古制，就连成祖在谈到建文帝时也说：“只如群臣散官一事，前代沿袭行之已久，何关利害，亦欲改易。且陵土未干，何以纷纷为此。”②而非懒于政事、不思进取之人。

成祖君臣还编造建文帝矫遗诏嗣位。在永乐时期成书的《奉天靖难记》中，对建文君臣大加诋毁，说道：“允炆矫遗诏嗣位，忘哀作乐，用巫觋以桃茢祓除宫禁，以琉水遍洒殿壁，烧诸秽物以辟鬼神。梓宫发引，与弟允熥各仗剑立宫门，指斥梓宫曰：‘今复能言否？复能督责我否？’言讫皆笑，略无戚容。”③这段评论只说允炆矫遗诏嗣位，但未说如何矫诏，而是将重点放在表现建文帝不孝上，偷梁换柱之间，给人建文帝皇位来路不正的印象。

中国古代的天人感应理论认为皇帝统治的合法性来源于天。在永乐君臣的笔下，建文帝“灭绝天理”“灾异叠见而不自省”，是不尊天意的行为。而皇位从祖宗处继承而来，建文帝不讲孝悌，不敬祖宗，还“更改祖宪”，因此来位不正。“敬天法祖”这一统治者必须要遵从的标准，建文帝完全没有达到，那便不是一个具有合法性的君主了。而且他任用奸佞、近侍，坏乱纪纲，统治也缺乏合理性。没有合法性与合理性，便是可以被征伐的暴君，明成祖以靖难之役夺位便具有正当性。这就是批判，甚至诋毁建文帝的原因所在。

建文之臣对建文帝的评价完全不同。方孝孺在给好友的诗序中写道：“皇上嗣登天位，念习俗之陋，贪诈者之多，以为昔者治之以法，而犯者滋众，岂非教化有未至欤？乃蠲逋租，赦死刑，选擢良吏，以治海内，除民之所患苦，而与之以所欢。”认为建文帝注重教化，蠲赋减刑，任用人才，“不愧三代贤主”④。在《省躬殿铭》的序言中也写道：“皇上嗣大宝位，清心恭己，喜怒不形。轻徭减赋，赏罚以类。举措得宜，行之期年。万姓悦服，群生欣豫，薄海内外，薰为太和。上犹谦让，

① 《明太宗实录》卷一，洪武三十一年五月乙酉，第7—8页。

② 《明太宗实录》卷一〇下，洪武三十五年七月辛丑，第167页。

③ ［明］不注撰者：《奉天靖难记》卷一，《四库全书存目丛书》史部第45册，济南，齐鲁书社，1997年，第425页。

④ ［明］方孝孺：《方孝孺集》卷一四《送徐思勉之山东按察司佥事诗序》，杭州，浙江古籍出版社，2013年，第521页。

弗自以为德。旦暮亲政，勤励靡遑。”[①] 虽然方孝孺的立场偏向于建文帝，可能有一些溢美之词，但这些称赞主要以重视教化、轻徭减赋为主，是对太祖时期严苛政策的一个扭转与调和，符合建文君臣的政治取向，有一定的可信度。

仁宗、宣宗在位时期，虽仍要维护成祖权威和自己统治的合法性，但面对同辈，甚至是长辈的建文帝，直呼其名不符合孝悌观念，因此根据年号称其为建文君，虽不承认其统治地位，但语气已大有缓和，除上引《明太宗实录》外，也很少对其人进行直接批评，而是认为建文帝“蔽于奸回不悟”[②]，这是对成祖“清君侧”“复祖制”夺位旗号的肯定和坚持。

二　标榜道德：明中期对建文帝的评价

明英宗天顺元年（1457），朝廷释放了建文帝的次子“建庶人”，建文一朝的政治禁忌再度被淡化，开始出现为建文帝平反的声音。前礼部主事杨循吉上奏说：“建文君乃太祖高皇帝嫡孙，躬受神器，称帝建号者三年。”要求“复建文君尊号”[③]。此项建议虽未被采纳，但朝廷已不再刻意批评建文帝，而民间对建文君臣越来越关注，态度也转为赞赏。

嘉靖初期的进士张时彻认为建文君：“仁柔恭俭，非失德之主也。”[④] 夸赞了建文帝的道德。另一位嘉靖时人陈汝锜也有同样评价：“建文君恭俭宽仁，为守成令主。靖难师起，仍诏军中毋得指戈燕王，使朕有杀叔父之名。”[⑤] 事情的真假虽然难辨，但可以看出陈氏对建文帝仁德的肯定。明中期著名史家郑晓在论建文帝时，写道：“余好问先达建文时事，皆为余言建文君宽仁慈厚，少好文章、礼乐，不喜任律法，操切人比。”[⑥] 三人给予了建文帝相似的评价，且主要是宽仁、恭俭、慈厚等道德层面的赞扬。

明代中叶对建文帝评价转向，应有以下几点原因。首先，时过境迁，成祖一系统治地位稳固，不需要着力批评建文帝以彰显成祖夺位的正当性。建文朝禁忌逐渐被打破，以士大夫为主导的民间舆论才能倒向建文君臣。其次，永乐君臣销毁建文朝史料，对建文帝及靖难死节诸臣大加诋毁，引起了人们的普遍质疑和不满。正德时，任南京都察院御史的张芹撰写《备遗录》，在自序中表达了自己的写作目的：“《备遗录》者，录诸先生忠于所事，而以死殉之者也。夫诸先正之死，烈矣。于今才百余年，而其遗事已落于无传。”[⑦] 政治高压放松后，士人难免对建文帝产生同情，因此给予肯定的评价。

---

① ［明］方孝孺：《方孝孺集》卷七《省躬殿铭》，第 250 页。

② ［明］郑端仪：《立斋闲录》卷三《大明神圣功德之碑》，《续修四库全书》子部第 1167 册，上海，上海古籍出版社，2002 年，第 595 页。

③ 《明孝宗实录》卷一四九，弘治十二年四月乙巳，第 2630—2631 页。

④ ［明］张时彻：《芝园集》外集卷二三，《四库全书存目丛书》集部第 82 册，济南，齐鲁书社，1997 年，第 807 页。

⑤ ［明］陈汝锜：《甘露园短书》卷一〇《建文君》，《四库全书存目丛书》子部第 87 册，济南，齐鲁书社，1997 年，第 133 页。

⑥ ［明］郑晓：《吾学编·建文逊国纪》，《北京图书馆古籍珍本丛刊》第 12 册，北京，书目文献出版社，1990 年，第 92—93 页。

⑦ 《四部丛刊初编》第 3355 册，北京，中华书局，1985 年，第 1 页。

最后，民间对伏节死义之臣的赞扬直接影响人们对建文帝的评价。明代崇尚节气，而忠于建文帝的这些官员，尤其是自杀的官员成为忠节的代表。早在宣德年间，时任兵部尚书兼华盖殿大学士的杨士奇就为靖难时自杀殉国的周是修作传，赞扬他“孝友忠信”①。在杨士奇的榜样作用下，靖难时期自杀、被处死的建文臣子开始被人们关注，其亲友后代纷纷以作传、修墓、出版文集等方式加以纪念。地方上为了弘扬乡人义举，宣扬忠义精神，也常常设祠祭祀。如建文时期的礼部尚书陈迪，在成化年间，就有“郡人祀诸乡贤祠”。正德年间，“郡守复于迪故居立祠祀之”②。到了嘉靖时期，“验封郎中李默谪判宁国，复置祠祀。郡人私谥曰‘靖’”③。这一系列对建文死节诸臣的纪念活动，大大提高了人们对建文时期的好感。在忠节之臣的衬托下，建文帝也被看作仁德之君。

明中期私家修史盛行，部分史家发现建文史缺失是史学编撰的一大缺憾，纷纷撰修相关史书。随着建文史事的不断发掘，人们逐渐认识到成祖在靖难过程中的残暴。王鏊记录了有关景清的故事：“文皇渡江，驻金川门，百官出迎，皆拜伏，清独植立，骂不已。上责之曰：‘勿谓吾为天子，即为亲王，若敢尔？其罪云何。’清应曰：‘若今日尚得为亲王耶？’乃命左右抉其齿，且抉且骂。顷之，近前若有所启，则含血直沁上衣。遂醢之，夷其九族。久之，上昼寝，梦清入，绕殿追之，曰：‘清犹能为厉耶？’命籍其乡，转相攀染至数百千人，谓之瓜蔓抄，其村今为墟焉。”④虽然这类记载不一定可信，但反映出当时人们已经形成对成祖残暴的认知。两相对比之下，建文帝的仁柔获得广泛称赞。

明中期对建文帝在道德上的赞扬居于主流，但社会舆论的过度肯定也引起了一些争议，如朱睦㮮在《革除逸史》的序言中阐述了自己编撰本书的原因：“仁宣以后，山林之士稍稍出逸文，谈往事，于是有撰《靖难录》者，有撰《革除录》者。余尝观二录，其辞或抑或扬，俱失太过。”⑤可见，一些史家希望从更客观的角度去认识建文朝历史。另外，人们对建文帝覆亡的原因也进行了一些思考，在这样的史观指导下，从嘉靖后期开始，对建文帝的评价出现了新的变化。

三　嘉靖以后对建文帝统治策略的批判

嘉靖中期以后，对建文帝仁柔的道德评价虽仍是主流，如谭希思《明大政纂要》认为：“建文君以高祖嫡孙缵承大统，即位之初，尊贤养老有诏，垦田兴学有诏，又遣大臣巡视天下，以察良剔蠹，所以督化理而阜民生者，敦敦恳至，诚宽仁大度，足为继世之贤君也。”⑥但一些有识之士开始分析建文帝失国的原因，综合来看，主要有两点。

第一，频繁变更祖制成法，导致混乱。嘉靖中后期成书的《龙飞纪略》记载洪武至建文朝史

① ［明］杨士奇：《东里文集》卷二二《周是修传》，北京，中华书局，1998年，第31页。
② ［明］黄佐：《革除遗事》卷三《陈迪》，《四库全书存目丛书》史部第47册，济南，齐鲁书社，1997年，第266页。
③ ［明］郑晓：《吾学编·逊国臣纪》卷一《陈迪》，《北京图书馆古籍珍本丛刊》第12册，第510页。
④ ［明］王鏊：《震泽纪闻》卷上，《续修四库全书》第1167册，上海，上海古籍出版社，2002年，第473页。
⑤ ［明］朱睦㮮：《革除逸史》，《景印文渊阁四库全书》第410册，中国台北，台湾商务印书馆，1986年，第530页。
⑥ ［明］谭希思：《明大政纂要》，中国台北，文海出版社，1984年，第731页。

事，评价建文帝说："皇帝立未逾年，变乱成法，改官制，变都御史为御史大夫，侍郎为侍中。"①嘉靖二十六年（1547）进士王樵也认为："建文君无守成之材，当时用事诸臣，无相天下之器，纵无成祖为之敌，天下必乱。何也？承太祖开创之后，不以安养元元为事，乃屑屑以更改制度为先，此何异于王莽乎。"②长于书画的明人朱鹭在评论建文帝革冗员省州县政策时说道："抚世驭民，代有机局，绍洪武后，而不知安静，以需至治，是失局也。建文上志切养民，而所为多戾，四年之间，今日省州，明日省县。今日并卫，明日并所。今日更官制，明日更勋阶。宫门、殿门名题日新，虽以干戈倥偬，日不暇给，而曾不少休，一何扰也。"同样认为建文失误在于变革法度。但同时又补充："然在后世，民残于多牧，禄縻于冗员，重以中官出使，道路绎骚，则汰官、省邑二事，固亦有足采者，未可谓建文时政毕竟非也。"③肯定了政策的合理性。

以上的这些对建文帝失国原因的分析都围绕变乱成法展开，作为明王朝的第二代国君，频繁更改法度必定导致社会混乱、统治不稳，因此这一批评是有道理的。但同时，这一观点能够在嘉万时期提出，与当时的政治生态有关。嘉靖、隆庆、万历三朝，是明代政治变革的重要时期④，新政策与祖制产生碰撞，引起士人的普遍反对，"祖宗成法不可变"的观念有所加强。客观来看，这一时期自上而下的政治变革大多失败，与士人反对变更祖制有很大关系。这一思路延续到对建文帝的评价上，便是对其变法的否定。

第二，建文帝性格仁柔，用人不当，驭臣不严。张居正认为"建文误用齐黄诸人，踵衰宋之陋习，日取高皇帝约束纷更之，亦秦之扶苏也。建文不早自败，亦必亡国。"⑤张居正将建文帝比作扶苏，认为他改变太祖时期确立的严苛法度，导致失败。张居正的评价与其治国方略有关，他采取实用主义的态度和严苛的法度治理国家，全面推行"一条鞭法"并实行严格的"考成法"，因此对建文帝仁柔的性格特点及不切实际的变革评价很低。注重经世致用的陈子龙评价更加全面：

> （建文君）志存儒雅，性本仁柔。薄税蠲租，时下汉初之诏，更名定制，颇好周官之书。天下以为太平，朝廷亦无失德。惟是资非英器，外急威强，轻与儒生，内断几事。属名藩之填抚，帝制国中。又诸父之尊严，势侔京室。而诸臣徒有冯敬之悍，曾无贾谊之谋。⑥

在对建文帝的道德进行肯定之后，批评了他的治国之道，认为他性格过于着急，轻信没有能力的儒生，而且身边的官员有勇无谋。

这一时期对建文帝的评价更加全面，不只是道德方面的标榜，而且对其统治策略进行了批判性分析。明中后期，社会危机加重，士人的忧患意识大大增强，经世致用的思潮兴起，使得人们关注

---

① ［明］吴朴：《龙飞纪略》卷八，《四库全书存目丛书》史部第9册，济南，齐鲁书社，1997年，第672页。

② ［明］王樵：《方麓集》卷一五，《景印文渊阁四库全书》第1285册，中国台北，台湾商务印书馆，1986年，第392页。

③ ［明］朱鹭：《建文书法拟》前编，《原国立北平图书馆甲库善本丛书》第197册，北京，国家图书馆出版社，2013年，第109页。

④ 参见田澍《正德十六年——"大礼议"与嘉隆万改革》，北京，人民出版社，2013年。

⑤ ［明］张居正：《张太岳集》卷一八，上海，上海古籍出版社，1984年，第212页。

⑥ ［明］陈子龙：《安雅堂稿》卷八《拟诏复建文纪号廷臣谢表》，中国台北，伟文图书出版有限公司，1977年，第516—517页。

到建文帝失败的原因，试图从历史经验中汲取教训。

但随着内忧外患的加剧，明王朝统治江河日下，面对强大的满族入侵和国内的农民起义，君臣显得力不从心。大力宣扬忠义精神成为抵御危机的一个重要方式，而建文死节诸臣最能代表明代的忠义精神，因此对他们的赞扬达到顶峰，出现了一系列宣扬建文死节诸臣忠义的作品，如周镳的《逊国忠纪》，钱士升的《皇明表忠纪》等[①]。但宣扬忠义精神并不能挽救国家，明朝最终灭亡。

四 结语

明代对建文帝的评价经历了较大的变化。明成祖为了确立统治的正当性，对建文帝大加诋毁，将其塑造为逆天背祖、没有仁义礼智信的人，以否定其统治合法性。明中期，随着对建文朝历史的弛禁，在多种原因的促成下，民间对建文帝德性的称赞成为主流。嘉靖以后，一些重视经世致用的有识之士开始分析建文帝失败的原因，对建文帝的统治策略和性格弱点进行了讨论，进一步深化了对建文帝的认识。

建文朝相关史料被成祖销毁，建文史事本有可能湮没于历史长河之中，只留下成祖对其尖锐的批评，但事实上，建文帝备受明人关注。究其原因，主要有两点。一是建文帝的伏节死义诸臣众多，其亲友、师徒的声音不可能被完全掩盖，而明代所重视的“忠节”精神成为拨乱反正的突破口。随着这些忠义之士大受赞誉，其主建文帝也被看作有德行之人。这种自下而上、由臣及君的舆论走向是对建文帝评价较高的直接原因。二是史家的责任感。弘治初年，史官杨守陈上疏道：“古人谓：‘国可灭，史不可灭。’我太祖定天下，即命儒臣撰元史。太宗靖内难，其后史臣不纪建文君事，遂使建文数年朝廷政事及当时忠于所事者皆湮没不传，及今采辑，尚可补国史之缺。”[②]这一建议在当时虽未被采纳，却成为后世官僚建议修建文史的重要依据。而民间的史家更是积极行动，整理了大量建文朝史料，建文朝历史也越来越为人所熟知。在这两方面因素的推动下，建文帝被塑造成仁德之君，人们对其逊国之事充满同情，这一观念也影响至今。

（作者孟兆鑫，厦门大学哲学系）

① 参见吴德义《政局变迁与历史叙事：明代建文史编撰研究》，第243—257页。

② ［明］何乔新：《椒邱文集》卷三〇《嘉议大夫吏部右侍郎兼詹事府丞谥文懿杨公墓志铭》，《景印文渊阁四库全书》第1249册，中国台北，台湾商务印书馆，1986年，第463页。

蜀献王与建文帝

胡开全

明代建文朝的主旋律是“靖难之役”，主角是建文帝朱允炆（1377—1402）和燕王朱棣（1360—1424）。建文朝初期，由于朱允炆是“侄儿皇帝”身份，第一代藩王的境况发生了大逆转，从之前被朱元璋寄予“藩屏社稷”厚望的中坚力量，变成威胁皇权的祸根。率先被建文帝以种种理由“削藩”的，就有周王、代王、湘王、齐王、岷王。除朱棣打出“靖难”旗帜奋起反抗外，其他藩王更多是在战战兢兢中观望。由于建文朝的文献被朱棣上台后大量篡改和销毁，其间的细节已经很难再复原。论述中仅见宋立杰撰《微妙的平衡：论蜀献王朱椿与明成祖的关系》，其中尚有许多值得商榷之处。笔者根据新近从日本找回的蜀献王朱椿（1370—1423）所撰《献园睿制集》，特别是里面保留了朱椿与兄长们交往的信件，加之朱椿曾聘请建文朝的重臣方孝孺入蜀任“世子傅”四年，蜀中还迎接了仅三部之一的《初刻南藏》，虽然没有直接涉及建文朝的材料，但从前后的变化，可以勾勒出建文朝前后藩王们心态的变迁。并从蜀献王前后的表现，推断建文帝入蜀避难的传说是站不住脚的。

一　蜀献王在建文朝从兄弟中脱颖而出

蜀献王朱椿是明太祖朱元璋（1328—1398）的第十一个儿子，母亲郭惠妃，是第二批受封藩王中的领衔之人。朱椿留下的《献园睿制集》记录了大量其与其他皇子们的交往信件以及诗文。按照明朝《皇明祖训》中的“嫡长继承”和“兄终弟及”制度安排，朱椿的十位兄长都是其需要尊重的有优先继承权的“家长”，除太子朱标（1355—1392）外，还与秦愍王朱樉（1356—1395）、晋恭王朱棡（1358—1398）、周定王朱橚（1361—1425）特别交好，但与燕王朱棣的交往记载缺失。朱椿曾游历过长江边的楚昭王朱桢（1364—1424）处和潭王朱梓（1369—1390）处，以及北方的周、晋、秦三府。与齐恭王朱榑（1364—1428）有礼物来往，祭过鲁荒王朱檀（1370—1390）。唯赵王朱杞（1369—1370）早逝，没有交集。从《献园睿制集》所载书信和祭文的内容看，朱椿与兄长们的交往大致可以分为三类：一是关系特别好，受到对方很多照顾，对其嘱托也是有求必应；二是藩国之间求购或交换地方特产，如楠木床、药物等；三是交换或赠送书籍等礼物。这里仅叙述朱椿的十位兄长，尤其是其中手握兵权的塞王，其与弟弟们的交往因与本文主旨无关，不在此赘述。

朱标作为太子，对众兄弟多有关爱，且处事公允，有仁爱之心，在藩王中威信颇高。蓝玉为常遇春的妻弟，而常遇春是太子朱标的岳父，所以蓝玉同时是太子妃舅父和朱椿的岳父。其在去“中都阅武”（1385—1388）之时，朱标也曾远送[①]。后在凤阳期间，朱椿以弟弟兼臣子的身份给朱标写了大量表笺，其中这段比较有代表性，“敬惟东朝主鬯，德盛位尊，惇叙彝伦，下抚冲稚。白粲出太仓之粟，宝楮分内帑之金，建茗吴盐，荣颁腆贶。某心怀报称，永固藩维，亿万斯年，乂安宗社。”朱标私下馈赠礼物，让朱椿很是感动。由于蜀王府迟迟未能完工，在凤阳住了三年后，朱椿又回京城住了两年（1388—1389），期间与朱标及朱允炆多有交集。朱标于洪武二十五年（1392）去世后，谥“懿文太子”。接着秦愍王朱樉过世，朱椿感叹“眷予兄弟之间，自懿文而次，惟吾兄最长，壬申之夏，懿文薨逝，甫及三载而今春，不幸吾兄复弃诸弟，其悲痛之情又为何如耶?”[②]“元良（太子）继体兮，兄次而长，夙夜谨度兮，式刑四方。”[③]晋恭王朱棡也于洪武三十一年（1398）先于朱元璋过世。随着最有实力的三位兄长相继过世，朱椿对皇嫡孙兼侄儿朱允炆继位是认可并有心理准备的。

从文集看，朱椿与秦愍王朱樉关系最好。朱椿写给朱樉的信，以及祭文各五封（篇），涉及方方面面。朱椿跟第二任秦王朱尚炳（1380—1412）回忆，早在“中都阅武”期间，朱樉就开始关照他，“忆昨权驻中都，尝荷先兄友于之爱，往还甚厚。之国以来，伦谊弥笃，聘问之礼，蔼乎其情。”[④]之后来往更加密切，“之国以来，伦谊弥笃，聘问之礼，蔼乎其情。”[⑤]朱樉除了一般性的财物馈赠以外，还送了四千头种羊，“令往秦府赶孳生羊四千只，恩至渥也。用是特差千户孙荣等诣大藩请拨，诚以此处地土所生山羊为多，望拨北羊之可以孳生者，依数发至，则他日用之不乏，皆吾兄之赐也，其敢忘耶?”[⑥]关心蜀府的收入，“闻命之初，遣人亲诣贵竹，葺庐舍以安其居止，辟土田以积其糇粮，凡百为备，不烦吾兄之过虑也，其详来使自能言之。”[⑦]朱樉甚至在蜀世子出生不久就谈及婚配问题。二人除在京城见面外，朱椿还借洪武二十六年（1393）进京朝觐之机[⑧]，有意从北方绕道返回蜀中，中途游历周、晋、秦三藩国，其中对与朱樉之会记载最多。“予自京还，道出大藩，吾兄命驾而迎，出郭而饯，友爱之情，溢于辞色之表，欣感何限。”[⑨]“信宿之会，远送于郊，眷眷不已，情谊之厚，中心藏之，而未尝忘也。”[⑩]后来祭秦王妃时还提到，“癸酉之春，朝于京师，奉命而旋，载驰载驱，历周及晋，达于大府，命驾出郊，慰我心苦，式燕且喜，其乐怡怡”[⑪]。出于对朱樉的感激，凡是秦府要的东西，无不尽力收集，并一再谦称能力有限，东西不够好，“以织锦之匠非曩时之高手，而神骏之马、犀利之刀又非土地之所产，今于厩枥之间、库藏之内择其可者而献

① ［明］朱椿：《中都留别》中有“储兄驾远送，百官拜道傍”。胡开全主编：《明蜀王文集五种》（一）《献园睿制集》卷一三，成都，巴蜀书社，2018年，第368—369页。

② ［明］朱椿：《祭兄秦愍王五》之四，《献园睿制集》卷八，第223—224页。

③ ［明］朱椿：《祭兄秦愍王五》之二，《献园睿制集》卷八，第223页。

④ ［明］朱椿：《致贤侄秦王》，《献园睿制集》卷四，第147页。

⑤ ［明］朱椿：《致贤侄秦王》，《献园睿制集》卷四，第147页。

⑥ ［明］朱椿：《与秦府书》，《献园睿制集》卷四，第121—122页。

⑦ ［明］朱椿：《复秦府书四》之四，《献园睿制集》卷四，第124—125页。

⑧ 参见《明太祖实录》卷二二五，洪武二十六年二月乙酉，“蜀王椿来朝”，中国台北，“中研院”历史语言研究所1962年影印本，第3296页。

⑨ ［明］朱椿：《祭兄秦愍王五》之四，《献园睿制集》卷八，第223—224页。

⑩ ［明］朱椿：《复秦府书四》之二，《献园睿制集》卷四，第122—123页。

⑪ ［明］朱椿：《祭兄秦愍王嫂愍烈王妃》，《献园睿制集》卷八，第224—225页。

焉"[①]。正是发觉名声在外的"蜀锦"品质不高，才有下文提及向楚府要纺织高手的请求。同时，这种藩府之间种羊和技术工匠的交换，客观上也起到了促进地方经济发展的作用。

朱椿与驻守北方要塞的三哥晋恭王朱棡也联系颇多。洪武二十三年（1390）后四月，朱椿之国的第一年，给朱棡写了一封贺信，"昨闻吾兄钦承父皇威命，北讨遗孽，第以山川悠远，不获祖饯为慊。近得书，知大军于四月初十日至拏温海子，驻扎伪官太尉乃尔不花、丞相、知院等相率归。欻闻之不胜喜跃，夫不战而屈人兵，虽父皇高策之所致，亦吾兄慰抚之有方也。"[②]信中的乃儿不花是元朝太尉，《明史》载其在洪武二十三年（1390）被燕王朱棣收服，从此归顺明朝。此处，朱椿应该也写信给了当时的燕王朱棣，可惜文集之中可能因为避讳，与朱棣的交往完全不见。但另外又有一疑点，即《献园睿制集》卷十六中有一句"华联棣萼辉相映"[③]，未避讳，很是奇怪。这里保留了晋王的部分功劳，当为正史作有益的补充。朱棡喜欢蜀中所出楠木，派人"华以厚礼"，要求帮忙做一张床，紧接着颍国公傅友德（？—1394）也要求给其女婿晋世子再打一张床。朱椿对此竭尽所能，"所用之床，材木已具，早晚完备，专当令人送至，幸毋谓其迟迟也。间吾侄婚期在迩，颍国公令人将抵此，欲造床一张，今已扑斫，待其人至，始附去，乞知之。"[④]洪武二十六年（1393），朱椿借朝京返程之机，游历三府，其中最远的就是晋府，可见关系不一般。可惜朱棡于洪武三十一年（1398）先于朱元璋过世，《献园睿制集》还载有祭文一则。

朱椿于洪武二十六年（1393）游历周府后，第二年五哥朱橚就来索要"良马鹁鸽"，而这两样恰好并非蜀中特产，朱椿操办起来颇为费神。"此间之马皆番商博易茶布者，非有西北名骥之比，岂足以充大藩内厩之列哉？至于鹁鸽之奇特者，又非土地所产，不足以备燕闲之娱也。搜罗弥月，仅得其可者，虽非追风之逸足，抟霄之异翮，聊以塞尊命之万一尔。"[⑤]朱橚并非玩物丧志之人，其曾被短期迁往云南，路过蜀府时与朱椿还曾见面，后来组织编著有《救荒本草》《保生余录》《袖珍方》和《普济方》等作品，对我国西南边陲医药事业的发展做出了巨大贡献。

长江航道是朱椿从蜀中往返京城使用最多的路径，沿途免不了与沿岸诸府过往甚密。长江沿岸是富庶之地，文化繁荣、能工巧匠众多，以贤能著称的朱椿多有所求。如跟楚昭王朱桢索要织工，"（楚国）工师献技，凡所制作，至精至好，诸藩之所取法者也……专望吾兄推其有余，周其未足，则五色眩耀，充然于筐篚之间，而波及于蜀者，皆楚之余也。则其和乐且孺之情，不啻捐金指廪，交游之好，谨当对扬王休，使四方闻之以为美谈，顾不伟欤？"[⑥]从后世的结果看，朱椿的这个请求得到满足，蜀中丝织业颇为发展，不仅让蜀锦盛况得到部分重现，还可以向皇帝献彩币[⑦]。跟潭王朱

---

① ［明］朱椿：《复秦府书四》之三，《献园睿制集》卷四，第123—124页。

② ［明］朱椿：《与晋府书》一，《献园睿制集》卷四，第125—126页。

③ ［明］朱椿："予与代邸别甚久，思念甚深。且闻其腰带十围，而有蚌珠之喜，犹未得亲聆其啼，看其慨叹何如。兹郭斌之回，用赋律诗一首，录寄左右，致予友爱之意云耳"，《献园睿制集》卷一六。

④ ［明］朱椿：《与晋府书》二，《献园睿制集》卷四，第126—127页。

⑤ ［明］朱椿：《与周府书》，《献园睿制集》卷四，第127页。

⑥ ［明］朱椿：《与楚府书》，《献园睿制集》卷四，第127—129页。

⑦ "上之幸宣大也，蜀府使人有见之者，归以告王，王遣指挥姜杰具疏问安，兼献彩币，上嘉其诚意，赐书褒答之。"参见《明武宗实录》卷一七四，正德十四年五月丙申，中国台北，"中研院"历史语言研究所1962年影印本，第3361页。

梓因为年龄相仿，“记年少时气味之相与，出处之相亲，文学之相切磨，未尝朝夕离。”[①]朱椿之国时，朱梓就派人主动示好，并馈赠大量物品。朱椿也不客气，大胆地提出“凡图籍书史有可以教我者，毋惜示下”[②]。本来还准备帮忙造船，大概到成都后发现此处造船业尚可，又告之“而造舟之请则可辍也”。这种以意气相投为基础的密切往来，因为朱梓很快被废而没能继续下去。

朱椿与同在齐鲁大地上的齐王朱榑和鲁王朱檀交往的记载不多，仅见洪武二十七年（1394）三月朱椿应朱榑之请，为其“送药品若干”[③]。而朱檀于洪武二十三年（1390）过世，虽无交往细节的陈述，但留下四篇祭文[④]，仅次于秦王，可以想见兄弟之情甚笃。

综上所述，朱椿与兄长们的交往记录，是在明朝礼制框架内的。朱椿对岁数越大的越是敬畏，因为他们被安排在北方边疆，拥有军政大权和雄厚的经济实力，同时按照“兄终弟及”的规制还有继位的优先权。朱椿与他们礼尚往来，在发展地方经济和享用生活用品上相互取长补短，对各藩府的生活和地方经济作有益的补充。随着太子朱标、二哥朱樉、三哥朱棡、八哥朱梓、九哥朱杞和十哥朱檀先于父皇朱元璋过世。四哥朱棣凭借其身份、卓越的领导才能、强大的经济实力，以及带兵打仗的辉煌战绩，成为皇室成员中最有权势的“家长”，这种综合实力为其他藩王望尘莫及。建文帝登基后，实行“削藩”政策，先将朱椿有各种罪责的五哥朱橚、六哥朱桢、七哥朱榑，以及十二弟朱柏，或关押、或削减护卫。在建文朝，由于诸位兄长各自的境况，使得还不满三十岁的朱椿很意外地脱颖而出，成为明朝第一代藩王中影响力仅次于朱棣的存在。其弟弟们虽然也不乏有谋逆之心，奈何综合实力有限，不可能有太大的作为。

二　蜀献王聘方孝孺入蜀

朱椿是一位很有头脑的藩王，十五岁出阁后，虽然由于蜀王府没有建成而暂时无法之国。但如其在写与秦王兄的信中所言，到凤阳开府后，就陆续派人入蜀圈占良田沃土，为长久经营封地打下坚实的经济基础。因蜀国所在位置具有较为重要的政治和军事地位，朝廷对蜀王自然也尤为看重，给予其极大的权力。与其他边塞藩王的不同之处在于朱椿在重视经济和边防的同时，还特别重视文教，标志性事件就是聘请方孝孺入蜀。

方孝孺（1357—1402）是明初大儒，是被朱元璋称作“开国文臣之首”的宋濂（1310—1381）最看重的弟子，但其仕途比较坎坷。《明史·方孝孺传》有，“方孝孺，字希直，一字希古，宁海人。洪武十五年，以吴沉、揭枢荐，召见。太祖喜其举止端整，谓皇太子曰：‘此庄士，当老其才。’礼遣还。后为仇家所连，逮至京。太祖见其名，释之。二十五年，又以荐召至。太祖曰：‘今非用孝孺时。’除汉中教授，日与诸生讲学不倦。蜀献王闻其贤，聘为世子师。每见陈说道德，王尊以殊礼，名其读书之庐曰‘正学’。”方孝孺作为朱元璋钦定留给继任者的“后备干部”，在建文

---

① ［明］朱椿：《与潭府书二》之二，《献园睿制集》卷四，第131—132页。

② ［明］朱椿：《与潭府书二》之二，《献园睿制集》卷四，第131—132页。

③ ［明］朱椿：《与齐府书》，《献园睿制集》卷四，第129页。

④ ［明］朱椿：《祭兄鲁王四》，《献园睿制集》卷八，第218—220页。

帝召其入京任职之前，其在蜀中有几年比较愉快的任职经历。

朱椿以爱好文史、喜欢结交文人著称，曾被朱元璋称作“蜀秀才”。蜀府官员描述其长期“前后左右皆文行礼法之士，朝夕相与讲明”[①]。朱椿之国两三年后[②]，身边就聚集了一批水平较高的文人群体。为此，他还颇为得意地命人作画描绘，并作《设醴图序》记录，“暇日命戈绘而为图，以自勉焉。其横经劝讲者，左长史长沙陈南宾也；授简摛词者，贵州教授芒文缜也；兀坐校书者，纪善潞郡张安伯也；诵蓼义之诗者，奉祠太原胡端甫也；倦书而隐几者，典宝陵川和景曾也；临池染翰者，进士舒城祝渊也。若夫铺张盛美，不忘规谏。”这种聚集理学通达之士讲经论道的场景，也成为献王家法之一，被后世许多蜀王所延续。画中的领军人物是业已年迈的陈南宾（1319—1398），但“贵州教授芒文缜”很快被才情卓越的汉中教授方孝孺取代。明朝四川唯一的状元杨慎（1488—1559）认为藩府官僚多平庸之人，朱椿享有文名，跟宋濂师徒关系密切，即“自其未之分封日，则宋景濂为之傅；及其就邸，则方孝孺授其书”。朱椿在皇宫受训时，即使用宋濂为皇子们编写的教材。蜀府开府后，获知“宋公殁后，门生故吏多散在四方，天台方某亦荐之朝，仕于汉中”。于是先后将宋濂的弟子方孝孺、王绅（1360—1400）、郑楷以及宋濂的儿子宋璲（1344—1380）等召至蜀府效力。其中郑楷晚年在蜀府被保荐左长史致仕，而方孝孺和王绅由于能力出众，都于洪武三十一年（1398）被召入京为建文帝所用。

方孝孺于洪武二十七年（1394）受聘入蜀，此时蜀王世子朱悦燫（1388—1409）尚且年幼。但方孝孺非常投入，见到世子后，立即根据其资质制订详细的教学计划。他先作《九箴》，其序有：“臣以迂陋，过承睿知。兹者考文，还自京师，敬奉教令，侍世子殿下讲学，伏观世子殿下天性高明，学业超卓，顾臣何能有裨万一。窃惟古人忠爱乎君者，必有箴戒之辞。臣无似，敢取圣贤之意，作箴九首以献。讲读之暇，倘赐览观，或可为懋德之一助，臣不任惶恐之至。”[③]《九箴》具体包括《敬天》《守训》《本孝》《正学》《推仁》《谨礼》《崇俭》《无逸》《虑远》。从诗名即可知其思路正统且层次分明。之后为了获得朱椿对其教学计划的支持，又作《侍世子奉献蜀王十首》，其序有：“臣谬以疏庸，获侍世子殿下砚席。切睹歧嶷之姿，英伟之识，度越于人万万，诚宗社之庆。欲述鄙言，陈民事、人情、物理之概，少孝忠恳，以广聪明，恨未果为。先作绝句十首以进，伏惟益懋典学，以副下情，不胜至愿。”[④]朱悦燫当时年幼，后来又过世较早且无文集遗存，导致无法得知其本人对“方先生”的看法。但从《献园睿制集》看，朱椿是非常首肯并大力支持的，还给其布置了许多非教学任务。实际上方孝孺这位“世子傅”主要是跟朱椿本人交流。清朝钱谦益编《列朝诗集》，在朱椿名下收录了《送希直先生还汉中》《赐方教授诗（三首）》《送胡志高赴汉中兼柬方希直》《读基命录》等在国内传世。与之相比，《献园睿制集》收录更加丰富，在上述几首的基础上，

---

① ［明］杨子荣：《〈献园睿制集〉后序》，《献园睿制集》，第483—488页。

② 此时间推断是以《献园睿制集》《明太祖实录》《方孝孺年谱》为据，陈南宾在洪武二十二年被朝廷任命为蜀府长史，但任左长史是在洪武二十五年七月之后，到洪武二十八年九月之前。而芒文缜任贵州教授是在洪武二十六年，方孝孺入蜀是洪武二十七年，并为蜀府服务了三年。

③ ［明］方孝孺：《九箴》，［明］方孝孺著、徐光大点校：《逊志斋集》卷一，宁波，宁波出版社，2000年1月第二版，第33页。

④ ［明］方孝孺：《侍世子奉献蜀王十首》，［明］方孝孺著、徐光大点校：《逊志斋集》卷二四，第847页。

总共不下十六处[①]，大大丰富了蜀献王与方孝孺之间的交往细节，从中可以窥知双方的相互影响。

《方正学先生年谱》对方孝孺入蜀三年是这样记载的[②]："洪武二十七年甲戌，先生年三十八，蜀献王闻先生贤，聘为世子师，尊以殊礼，不名先生。每见蜀王，必以仁义道德之言陈于前，王喜甚，恒曰'方先生，古之贤者也'。"朱椿与方孝孺相处的第一年非常愉快，待其回汉中履职时，写信以寄相思之情。"予以眇躬，藩卫宗社之重，亦必慎柬贤良，以备顾问。尔懿文清节，有东汉之风，尚志立言，为当代之重，秘阁阅书，燕闲赐对，经帷进读，道德坐论。矧乃郡庠之责，学课之繁，别既数月，良非得已，忠言嘉谋，予所饥渴，竭乃心力，副予眷待，遣书指不多及。"

"洪武二十八年乙亥，先生年三十九，自汉中又抵蜀，蜀王颜其读书之庐曰'正学'。蜀王从先生请，恤宋太史遗孤有加，《帝王基命录》成。"关于"正学"，朱椿记载为"希直以文行著于时，予爱之、重之，尝赐其号曰'正学'，盖以表其学之正也"。关于《帝王基命录》，朱椿有《读基命录》，"武皇称汲黯，近古社稷臣。卓乎天地间，百世有余芬。宋公廊庙姿，志虑殊精纯。由来慕前烈，愿学在斯人。虽处江湖远，拟欲践臣邻。苟非尧舜道，肯向黼扆陈。尝笑贾太傅，前席对鬼神。著述累万言，所言皆归仁。为君观此书，四海属经纶。为臣观此书，有术能致君。圣贤友多闻，我亦忝嘉宾。持此以赠我，读之至夜分。抚卷再三叹，良可媲典坟。"朱椿自然知道方孝孺志向高远，曾写诗安慰，"四十虽闻不动心，平生富贵岂能淫。屡蒙论荐来天禄，自负文章入翰林。"

方孝孺在与献王交往的过程中，也是非常愉快的，如《赐汉中教授二首》中第二首明显对比其在蜀和回秦的情景大有不同："昨日出都门，今朝少一人。才华怀吉士，燕乐忆嘉宾。乘驷欢游蜀，驱车懒入秦。新春有良会，重与细论文。"

"洪武三十年丁丑，先生年四十一，往蜀作《蜀道易序》《蜀鉴》及《蜀汉本末》《仕学规范》，皆承王命也。"因为"孝孺工文章，醇深雄迈，每一篇出，海内争相传诵"[③]，成为"献园以诗书礼乐化一方"政策的中坚力量。但除作文赋诗外，方孝孺对蜀献王还有更实质性的影响。例如在重庆称大夏皇帝的元末义军首领明玉珍，方孝孺非常欣赏他在施行减免赋税、奖励耕织、多次开科取士、重视提拔人才的政策。评价说："夏主幸致躬行俭约，兴文教，辟异端，薄税敛，一方咸赖小康焉。历年虽不永，民至今感叹焉，不能文词，间尽其贤也。"[④]这正是希望激励朱椿父子以史为鉴，为明朝在四川巴蜀之地的政策提供许多正面影响。方孝孺入蜀讲学、写文章、树立正学之风，大大提升了四川的文教水平，并与陈南宾相得益彰。二人在蜀府共事了三年，曾被朝廷选中一同做地方会考的主考官，"二十九年，四川乡试（陈南宾）应聘与汉中府学教授方希直同为主考官，所取皆名士，论者皆称焉"[⑤]。这二人对蜀中影响甚大，在蜀府也形成了一个文化繁盛的小高潮。

朱椿对方孝孺充满感激之情，在《赐方教授像赞》中，对方孝孺也极尽赞美：

---

① 这一方面是数量巨大，丰富了二人之间的交往，另一方面，在朝廷没有正式为方孝孺正名之前，蜀藩王府保留这些材料，还是承担了一定的风险，为了避讳，在目录和正文中，凡是涉及方孝孺时，将其"方"字全部写作"万"字。

② [清]孙熹:《方正学先生年谱》"年三十八""年三十九""年四十一"，《北京图书馆藏珍本年谱丛刊》第37册，北京，北京出版社，1999年，第436—437页。

③ [清]张廷玉等:《明史》卷一四一《方孝孺传》，北京，中华书局，1974年，第4020页。

④ [明]杨学可:《明氏实录》，《续修四库全书》第350册，济南，齐鲁书社，1996年，第631页。

⑤ [清]汪森:《粤西文载》卷六九，《人物・陈南宾》，《景印文渊阁四库全书》第1467册，中国台北，台湾商务印书馆，1996年，第184—185页。

绿鬓红颜、金精玉粹，聘束帛于山林，应纶言于殿陛。

身游乎蓬岛方壶之间，道溯乎伊洛洙泗之滥。潜溪之后，学名闻九重。

玄英之云孙，华间奕世。是所谓孝于父母，友于兄弟者也。

宋濂死后，先是葬在夔州莲花峰下，从方孝孺之请，朱椿善待宋濂的后人，并妥善处理其身后事。“越三十三年，永乐癸巳十二月二十七日，蜀献王迁成都之华阳安养乡。又七十二年，成化乙巳十二月十三日，蜀惠王改葬锦城迎晖门外”①。当时“蜀献王殿下念公旧学，特给路费，赐葬具……复赐祭田，以供祀事”②。在此基础上，历任蜀王都着力经营位于成都静居寺的宋濂祠，后来又增修方孝孺祠，经过以第七任蜀王朱申鑿为代表的几代蜀王经营，逐渐成为一时名胜。从东门来往的人很容易看到并乐意参观，蜀王往成都东山祭扫先王墓园时也时常顺道拜谒③。其他出差到成都的官员，还要专门慕名来参观。如王樵（1521—1599）《使蜀记》就有相关记载。杨慎受邀编撰《全蜀艺文志》，就是在静居寺花了28天完成的。对于这个祠堂的总体情况，王士祯（1634—1711）是这样记载的：“过桥至静居寺，气象疏豁。入山门为明王殿，次弥勒佛、次大雄殿，皆有画壁。最后藏经阁。西出为文殊殿，即宋（濂）、方（孝孺）二公祠，有宋文宪公（濂）像。殿后文宪墓，高如连阜，其上修竹万竿，扶疏栉比，无一枝横斜附丽。”④冯任（生卒年不详，万历三十五年进士，天启年间在成都主政）的诗《谒宋景濂先生墓》，彭华（1432—1496）的《潜溪宋先生迁葬记》《复修翰林学士承旨宋先生墓记》，彭端吾（生卒年不详，万历进士）的《祭宋学士文》，张时彻（1500—1577）的《祭宋景濂文》和《祭方孝孺文》，任渊的《正学方先生祠堂记》等，这处由蜀府新造的“景点”，俨然成为明代成都一处文化地标式建筑。

方孝孺入蜀，还有一些隐含的东西。一方面是朱椿有拉拢未来朝廷重臣的意图，另一方面方孝孺也想实践一些理念。方孝孺在《深虑一》中论说藩封，其大意云：秦惩周之灭亡，“变封建而为郡县”，以为可以长久，不久汉高祖以匹夫而亡秦；汉惩秦之孤立，大封庶孽为诸侯，七国之乱随即发生。汉武帝、宣帝削藩，以为可以无事，卒为王莽所篡……“盖智可以谋人而不可以谋天”，治国之道，不可“肆其私谋诡计，而惟积至诚，用大德，以结乎天心”。如果“欲以区区之智笼络当世之务而必后世之无危亡，此理之所必无者也”⑤。结合“深虑”其他各篇内容可见，他所说的“天心”，就是民生民意。他认为以公天下之心而行仁政才能长久，其他思虑无论如何周详，都不足以保证不会失去政权。这里显然包含对朱元璋以分封子弟来确保家天下长久之策的批评。可见方孝孺后来协助建文帝削藩，是在入蜀之前就有一些基本政治理念为基础，并非仅出于应对诸王强

① ［清］谈迁：《枣林杂俎》，北京：中华书局，2006年，第23页。

② ［明］潘璋：《大明翰林学士承旨潜溪先生改葬墓志》，转引自成都文物考古研究所刘雨茂、荣远大编著《成都出土历代墓铭券文图录综释》，北京，文物出版社，2012年，第1183页。

③ ［明］朱申鑿：《余谒东景山》诗序中有：余谒东景山（现考古确认在成都东门成龙大道卓锦城附近），兄王寝园，过诣宋潜溪之祠（在成都东门静居寺路附近），胡开全主编《明蜀王文集五种》（三）《惠园睿制集》卷六，第314—315页。

④ ［清］王士祯：《秦蜀驿程记》，转引自吴世先主编《成都城区街名通览》，成都，成都出版社，1992年，第294页。

⑤ ［明］方孝孺：《逊志斋集》卷二《深虑一》，第61—62页。

横的现实挑战。但这无法掩盖朱椿与方孝孺二人互相欣赏、惺惺相惜的相处过程。而且随着方孝孺和长史陈南宾的离任，以及建文和永乐两朝推行削藩禁藩的政策，从《献园睿制集》可以看出，朱椿后期的心理趋于消极和谨小慎微。建文朝是明朝第一代藩王地位和心态发生巨变的时期，有野心勃勃的、有安分贤能的、有穷奢极欲的、有罔顾国法的。从实际效果看，蜀献王当属"安分贤能"一类。

三 建文朝在蜀中的遗迹

由于朱棣对建文朝的文献资料刻意破坏，建文朝在蜀中的遗迹非常稀少。其中实物有大部头的《初刻献藏》和新近发掘的"蜀世子宝"。另外有几则记载比较模糊的文献史料，以及建文帝逃到崇州古寺的传说。

王绅于洪武三十一年（1398）入京就职时，专门写了一篇《辞蜀府书》，此文有"阙"，应该是其关于建文帝的内容被删除了，但提醒蜀献王保持之前履行藩职状态的内容还在。即"臣又见殿下遵奉朝命，常若不及。爱君忧国，形于宵旰。礼法之所囿者，跬步不行，心虑之所及者，竭力不惮。至于问安候寝之使，络绎于道；祈天祝寿之祷，靡间晨昏。此忠孝之所为致也"[①]。面对父皇和侄儿皇帝，朱椿的态度肯定不一样，类似劝诫只是文人的一厢情愿。

蜀府将礼敬密教、优待番僧作为安抚边境的另一个重点。朱椿认为"我西土杂居羌戎，勇悍善斗，虽死不厌，惟僧可化，是我蜀人奉之为甚"[②]。其中优待常乐寺法仁的方法是经典之一。僧人法仁元末兵乱走西藏，皈依大宝法王为徒。洪武初年驻锡崇州常乐寺，藏人多来拜谒，这对于稳定边疆，以及进行茶马交易都有很大影响。于是"蜀藩过江，闻风敬信"[③]，然后是一系列优抚政策，如捐资修建寺庙，上奏朝廷后，先得朱元璋赐法仁号"悟空禅师"，建文元年（1399）朝廷又将仅有三部的《初刻南藏》之一赐予该寺。这是明代刻造的3个官版中的最初版本，又名《洪武南藏》。明洪武五年（1372）敕令于京师应天府（今南京）蒋山寺开始点校，至洪武三十一年（1398）刻完。全藏678函，千字文编次天字至鱼字，1600部，7000多卷，总重达三吨以上。因其他两套遭火焚毁，这成为保留下来的唯一印本，并迟至1934年才在四川省崇庆县上古寺中被发现，已略有残缺，并杂有部分补抄本和坊刻本在内。《初刻南藏》卷八《古尊宿语录》有一处被人挖去二字，所剩文字为"大明□□改元己卯春，佛心天子重刻大藏经板，诸宗有关传道之书，制许收入。"明初的己卯年正是建文元年（1399），由此推测挖去的二字当为"建文"。永乐朝销毁有关建文帝的种种资料，由此可知甚至包括寺庙和佛经。同时，这也是传说建文帝隐匿于此的因由。

建文帝削藩的目的在于保证皇权不受威胁，齐、周、楚、湘等藩王相继或被关押或被削减护

---

① ［明］王绅：《辞蜀府书》，《继志斋集》卷九，《景印文渊阁四库全书》第1234册，中国台北，台湾商务印书馆，1986年，第782页。

② ［明］朱椿：《大慈寺题名记》，《献园睿制集》卷一二，第342—344页。

③ ［明］释丈雪撰：《常乐寺记》，《光严寺藏经楼记》，载龙显昭主编《巴蜀佛教碑文集成》，成都，巴蜀书社，2004年，第534—537页。

卫，但没有对朱椿动手，反而将有不法事的代王送往蜀府，冀图朱椿以德化之[①]。这一方面是朱椿自身安分贤能，另一方面就是方孝孺鼎力推荐。到万历朝修正史时，官方核心讨论点就是要给建文景泰二帝平反。于是文人开始对前朝之事多有褒贬，其中就涉及传闻方孝孺曾向建文帝提出一个策略，“今天下惟蜀王不背朝廷，其地四塞。令决一死战，不利则收士幸蜀，万一可图也。”[②]但这是后朝人所写，不一定符合史实。

当“靖难之役”开始后，藩王们人人自危，朱椿自然也不例外。朱允炆是君上，表面占据地盘、财力、人才、军队的主导地位；朱棣是家长，力量相对弱小，却作殊死一搏。朱椿肯定是不愿意被削藩的，但现实是建文帝如果顺利解决掉朱棣，下一个对象肯定是他自己。因此对建文帝有怨气，要其完全做到“不背朝廷”实在太理想化。但同时，朱椿并不会从一开始就看好朱棣，藩王要对付朝廷，实力差距实在太大。因此，面对皇族中拥有最高身份的两人发生争斗，朱椿与众多藩王勋贵一样，只能视其为“内斗”，而不是颠覆社稷的战争，不好选边，也不会主动选边，唯有等待最终的结果出现。建文帝在“亲亲之谊”快变成众叛亲离之际，对按兵不动的藩王中最有影响力的蜀献王也不敢再步步紧逼。

四　结语：宗室最贤仅谥“献”

建文四年（1402）六月，“靖难之役”大局已定，朱棣入主皇宫，建文帝则不知去向。同年九月，朱椿率先入朝，宣示最有影响力的藩王对朱棣夺位的支持，同时也撇清可能保护收容建文帝的猜疑。永乐帝投桃报李，赐敕称赞朱椿“天性仁孝，聪明博学，声闻昭著，军民怀服”[③]。而同期来朝的周王、秦王、肃王、辽王等诸王都没有获得此种之称赞。蜀献王的嫡子朱悦燫于永乐元年（1403）“正月癸巳受册宝封为蜀世子”[④]，四川彭山江口古战场新近发掘出土由四块拼合的那枚16斤重、含金量达95%的“蜀世子宝”，显示册封之宝被依先前最高规格[⑤]制作。紧接着永乐元年夏四月戊午，“蜀世子悦燫来朝”[⑥]，即进京觐见。永乐帝又是“嘉其纯雅，论勉进学，赐白金彩币加厚”。这些表面的褒奖和赏赐，并不能掩盖其对朱椿的怀疑和监管。永乐帝为蜀世子赐婚[⑦]，然后派胡濙入川对建文帝进行搜寻，赐“火者二十人”等，都可以看作是朝廷对蜀府的人员渗透和监视。在这种局势下，朱椿唯有做出坚定支持永乐帝的姿态，积极主动地销毁与建文帝、与燕王朱棣的相关

---

① ［明］王圻：《续文献通考》卷一九五《封建考·皇明同姓下》，《续修四库全书》第765册，上海，上海古籍出版社，2002年，第661页。

② ［清］谈迁：《国榷》卷一二，惠宗建文四年六月庚申，北京，中华书局，1958年，第836页。

③ 《明太宗实录》卷一二下，洪武三十五年九月丁酉，第219页。

④ 《故蜀悼庄世子圹志》，此处笔者有另外一种推测，册封世子应该在十岁左右进行，即蜀世子有可能在建文朝已经册封，但永乐朝为了消除掉建文朝的痕迹，令各府将建文朝的金册追回，重新换为永乐朝的金册。

⑤ 《明太祖实录》卷二〇四，洪武二十三年九月戊午，“诏礼部铸秦、晋、今上及周世子金宝各一，每宝用黄金十五斤”，第3058页。按梁方仲先生的研究，明朝一斤合596.82克，蜀世子宝原重应该17斤多，缺少的重量当为在被张献忠部队砍成四块时产生部分碎屑并遗失了。

⑥ 《明太宗实录》卷一九，永乐元年四月戊午，第341页。

⑦ 《故蜀悼庄世子圹志》，成都文物考古研究院、刘雨茂、荣远大编著：《成都出土历代墓铭券文图录综释》附录二十，北京，文物出版社，2012年，第1178页。

资料。《初刻南藏》中被挖去的“建文”二字，应该也是蜀府所为。这些都还不够，朱椿又于永乐十四年（1416）揭发谷王谋反案，这个案件中涉及的谷王朱橞（1379—1428）是朱椿的同胞弟弟，其甚至还靠编造建文帝的假消息来诱惑从蜀府畏罪逃到谷府的三儿子崇宁王朱悦燇，这更加证明建文帝入蜀的传说子虚乌有。朱椿很清楚朱橞完全没有造反的实力，即便真正起兵，也会很快被镇压。但朱椿这种大义灭亲的效忠之举，还是被永乐帝称赞为“贤弟此心，周公忠存王室之心也”而有口皆碑。

永乐二十一年（1423），朱椿过世，永乐帝辍视朝七日，这在所有蜀王中是最长的，其他藩王仅楚王相同。之前蜀世子朱悦燫过世，永乐帝辍视朝三日，已经是仪同普通藩王。朱椿最终获得永乐帝的评论是“盖宗室为最贤”。谥号“献”，意为“聪明睿哲”。在这里，“最贤”和“献”是有矛盾的。明代郭良翰撰《明谥纪汇编》卷十载，朝廷藩王谥号从“成、宣、端、定、昭、献、宪、肃、庄、恭、敬、简、靖、僖、和、顺、惠、安、穆、懿、思、康、隐、悼、哀、愍、殇、戾、荒、厉”三十个字中选择一个字，根据其生平事迹与品德修养，评定褒贬，给予一个寓含善意评价、带有评判性质的称号，同一个字针对不同的藩王，有时又有不同的解释。蜀献王作为蜀府的开创者及藩王中最负盛名者，其后辈蜀王的谥号更高，如“成（第九任）、端（第十一任）、定（第五任）、昭（第八任）”。虽然各个时代有各自评价的标准，但谥号“献”，实际代表朝廷对其政治投机的一种认定，其诚意却是被否定的。朱元璋过世后，藩王藩屏社稷的意图也随之瓦解，朱椿只剩下明哲保身的立场，真心拥护最终的掌权者。换作建文帝成为“靖难之役”的成功者，蜀献王之号，大致也不会有太大的变化。

（作者胡开全，成都市龙泉驿区档案馆）

从闽东建文帝部属看建文帝出亡闽东的可能性

刘桂生

黄子澄作为与建文帝关系极为密切的人物，南京城破后，推测其计划往闽浙沿海方向逃亡，佐证了建文帝出亡东南说。郑洽、洁庵禅师等与建文帝出亡有着密切关联的人或定居于宁德，或长期在宁德附近活动，佐证了建文帝流亡宁德说。永乐帝在权力稳固之后，对闽东地区采取的加强军事控制、派遣中官周觉成常驻宁德、郑和与胡濙巡视福建、周新巡按福建等，都表明其在加强对这一地区的监控与军事控制。

一　从黄子澄的逃亡路线推测建文帝的逃亡方向

应重视对黄子澄逃亡路线的研究。黄子澄、齐泰、方孝孺是建文朝权力中枢的三大核心人物，“金川门事变”发生时，方孝孺在南京城内，迅速被抓；齐泰在广德被捕；黄子澄则先是前往苏州联络姚善，后又到嘉兴找杨任，在嘉兴被捕，如果不是有人告密而被抓捕，似乎还有进一步逃亡的打算。以往对建文帝出逃的研究，除研究建文帝本人外，多集中在建文帝的从亡大臣上，忽略了对逃亡过程中被捕大臣的分析。黄子澄作为帝师、建文朝的权力核心之一，和建文帝的关系极为密切，姑且不论水平的高低，建文帝在许多重要决策上都采纳了黄子澄的建议；而且黄子澄在外逃亡的距离是建文朝三位核心大臣中最远的；同时，相比于建文帝从亡大臣的一些史料，黄子澄逃亡路线相关史料的可信度也更高。因此，对黄子澄逃亡路线进行研究，有利于为建文帝的逃亡路线做更好的推断。

姚善与黄子澄的分歧与默契。南京城破之时，黄子澄并不在南京，逃亡至姚善处，两人有过一次对话，“时子澄匿善所，约共航海起兵。善谢曰：‘公朝臣，当行收兵图兴复。善守土，与城存亡耳。’子澄去”[①]。姚善不同意的是黄子澄要自己放弃经营多年的苏州而去“航海起兵”，而并未不认同“航海起兵”“收兵图兴复”，相反，姚善也认为黄子澄应当“收兵图兴复”。但是眼下，对姚善而言，守住苏州更重要。苏州是江南重镇，同时也是一座坚城，在元末的战争中，张士诚据苏州固守，朱元璋集中主力围城十月方破，足见苏州城防之坚固；加上建文帝让姚善“兼督苏、松、常、镇、嘉兴五府兵勤王”[②]，此时苏州姚善手上应当是聚集了一定兵力的。宋元之际，远在福州的南宋

① ［清］张廷玉等：《明史》卷一四二，北京，国家图书馆出版社，2014 年，第 1539 页。

② ［清］张廷玉等：《明史》卷一四二，第 1539 页。

小朝廷召李庭芝率兵勤王，结果李庭芝刚率兵马出城，坚城扬州即被叛徒出卖，兵士逃散，南宋没能得到李庭芝的援兵，却失去了江北的坚城；明清之交，李自成轻易放弃经营成熟的襄阳等府，复成流寇。此时，姚善如果放弃了苏州府而随黄子澄去募兵，无异于舍本逐末。苏州别后，姚善与黄子澄二人应形成了一定的默契，由姚善负责守住苏州等地区，而黄子澄则负责“航海起兵”。

黄子澄的“海上起兵”并非是到海外借兵。由于黄子澄在削藩过程中形成的昏聩形象，加上《明史·黄子澄传》中的“欲与善航海乞兵，善不可”[①]使一些学者认为，黄子澄是想到海外借兵，如“黄子澄只好又折回苏州，到姚善那儿去，秘密地住下了，并与姚善商议，一起出海向人借兵”[②]。但是，首先，当时的朝鲜、日本等国自身国力尚且不足；其次，当时的远洋运输能力较差，远海航行的难度较大，以这些国家的国力，要大规模地运输兵力和战争物资，是很不现实的；最后，这些国家并没有援助建文帝的内在动力，如朝鲜，“由于靖难之役建文帝方面屡屡失败，使得建文帝政权在朝鲜王朝的威望逐渐降低，而在建文帝执政后期，朝鲜王朝干脆放弃了对建文帝至诚的态度，拒绝支援建文帝政权战马用于对燕王作战”[③]。因此，乞兵海外的可行性极低。黄子澄尽管在一些重要决策上犯了错，但也不至于昏聩到想去海外借兵。姚善的“不可”指的是姚善本人不可弃苏州而“航海起兵”，对于黄子澄的“航海起兵”，姚善是持支持态度的。姚善行事稳重，为政苏州，“吴中大治”[④]，曾在南京城破之前劝建文帝召回黄子澄，“子澄才足捍难，不宜弃闲远以快敌人”[⑤]，如果黄子澄有这等不切实际的想法，姚善应当会及时劝止。然而姚善并没有劝止，反而认同黄子澄的做法，“当行收兵图兴复”，说明黄子澄的“航海起兵”并非是前往不切实际的海外诸国，而且黄子澄的“收兵”方向也是姚善所认可的。

黄子澄的“航海起兵”方向应是钱塘江以南的闽浙沿海地区。在当时，尽管有陆路可行，但对当时南京、苏州地区的人来说，要前往这些地区，走陆路迂远难行，走海路则方便得多。尤其是福建地区，陆路并不通畅，但是海上交通则颇为便利，甚至有所谓“闽在海中”的说法。黄子澄离开苏州后，往东南方向行进，到达嘉兴后找杨任，在嘉兴被捕。此时，黄子澄明显是往东南沿海方向行进，如能顺利出海，其下一步目标应该是航海前往福建、浙江的沿海地区征集兵马。

二　建文帝在闽东地区的部属与支持力量

自建文帝失国以来，关于建文帝流亡地点众说纷纭。近年来，建文帝流亡宁德说不断引起关注，闽东地区不断发掘出来的资料显示，建文帝流亡部属曾在这一地区活动，也侧面印证了这一看法。

建文帝的逃亡过程，大致可以分为两段，第一段是南京陷落之初，尚有恢复之机的时期。在这一时期，建文帝虽然失去了都城南京，但朱棣尚未控制全国，淮安、济南、凤阳、苏州、辽东等地

① ［清］张廷玉等:《明史》卷一四一，第1528页。
② 马渭源:《大明帝国·建文帝卷下》，南京，东南大学出版社，2014年，第348页。
③ 崔坚:《试论建文帝时期明朝与朝鲜的关系》，延边，延边大学硕士学位论文，2010年，第29页。
④ ［清］张廷玉等:《明史》卷一四二，第1538页。
⑤ ［清］张廷玉等:《明史》卷一四一，第1528页。

都还有忠于建文帝的部属在坚守。因此，这一时期的主题是复辟。此时，建文帝流亡君臣们如果想复辟成功，其逃亡方向应当和黄子澄的逃亡路线相似。黄子澄的逃亡路线是先前往苏州，后往嘉兴，而建文帝的逃亡路线比较公认的是出南京后先到吴江，吴江位于苏州城南，恰恰处于苏州和嘉兴之间的位置。到达吴江后，其下一步的去向则众说纷纭。本人认为，参考黄子澄"航海起兵"的计划路线，如果建文帝顺利逃出，其下一步的行动方向有较大的可能性是前往钱塘江以南的闽浙沿海地区。

南宋末年，元兵南下占领首都临安后，南宋残余势力逃到福州才得以获得喘息之机；南明时期，南京失守后，各地藩王纷纷宣布监国，但大多昙花一现，只有身在福州的唐王朱聿键才得以顺利监国称帝，并获得各省的承认。"金川门之变"后，建文帝君臣所面临的局面和南宋、南明时期面临的局面类似，此时如果能顺利逃到福州等地，则可以通过海路与两淮、山东乃至辽东地区保持联系；在面对北军的进攻时，不仅有山川之险，更有浙江、江西等地作为屏障和缓冲地带；同时，朱棣所率领的军队多为骑兵，擅长平原作战，水上作战非其所长，福建、浙江一代的军队则擅长水上作战。

建文帝在福建地区的统治基础十分牢固。"建文新政时期或以前的朝廷中枢中许多高官都与福建有着一定的关联。"[①] 文臣集团是建文朝的核心支持力量，"靖难军"进入南京后，除少数文臣向朱棣投诚外，其余大部或誓死抵抗，或弃官远遁：

> 如果我们将朱棣前后两次开列的"奸党"名录人数合起来算的话，总计被指认为"奸党"的人数为 58 人。在这 58 人当中文臣学士占了 95% 以上，难怪有人说"靖难之役"是文人学士集团与军人武夫集团之间的一场政治较量与斗争。[②]

而福建地区自宋代以来，社会经济发展迅速，科举日益发达，文臣数量在各省之中位居前列。另外，《明神宗实录》卷一五九记载：

> 万历十三年三月壬辰，释革除年坐忠臣方孝孺等谪戍者，浙江七百一十三人，江西三百七十一人，福建二百四十四人，四川四十一人，广东三十四人。[③]

由此可见，大量福建籍的文臣对建文帝持支持的态度，建文帝如果前往福建一带避难，容易得到当地士人的同情与广泛支持。

因此，在这一阶段，为了更好地进行反攻、与朱棣势力相抗衡，建文帝的逃亡方向可能与黄子澄的计划相类似，即前往福州等闽浙沿海地区。

第二段是永乐稳固权力之后，恢复无望的隐居时期。朱棣进入南京后，肃清建文帝的文官集

① 马渭源：《大明帝国系列 6·破解大明第一谜案》，南京，东南大学出版社，2014 年，第 205 页。
② 马渭源：《大明帝国：从南京到北京·文弱的书生皇帝朱允炆卷》，南京，东南大学出版社，2009 年，第 257 页。
③ 转引自马渭源：《大明帝国系列 6·破解大明第一谜案》，第 210 页。

团，建立起忠于自己的文官集团，对外招降建文帝残余军队，击灭铁铉等抵抗势力，残酷迫害、株连建文帝的部属，调换各省的军事及政治长官，将军事权力牢牢掌握在自己手中。建文帝此时已复国无望。因此，在这一阶段，建文帝及其流亡大臣的主题是隐居避世，普遍认为，建文帝在这一时期出家做了和尚。

近年来，在宁德等地发掘的资料表明，郑洽等建文帝部属曾逃亡到福州福宁地区，并在该地定居；同时，长期在闽东地区活动的洁庵禅师也与建文帝有着密切的联系。

郑岐村郑氏归宗与郑洽流亡宁德。郑洽为追随建文帝流亡的大臣之一，同时也是浦江郑义门家族中人。朱棣攻下南京后罗列"奸党"名单，对忠于建文帝的臣子及其家族实行的残暴行为，无疑让在外流亡的建文帝君臣加强了警惕。在保护家人这一块，有的流亡大臣选择举家迁徙，如在谈迁的《国榷》中，从亡大臣之一的廖平便将家族迁徙到了汉中，"鉴于风声日紧，廖氏为了躲避朝廷的追杀，举族迁徙汉中；而廖平自己则隐匿到会稽一带，充当卖柴翁"[①]。而浦江郑家是个大家族，人口众多，且距离南京较近，处于永乐朝廷监视之下，难以举家迁徙，为了家族的安全，郑洽在当时必须隐姓埋名，极力掩饰自己的行踪。郑洽的行踪一度成谜。宁德郑岐村郑氏、浦江郑义门及蒙自郑营村等通过比对族谱、生辰八字、文化特征等，最终确定宁德郑岐村的始迁祖郑岐与浦江郑义门的郑洽为同一人[②]：

> 经过福建宁德郑岐村四上浙江浦江，郑义门文史研究会两下福建宁德查考比对，福建省宁德市郑岐村郑岐被确认为浙江省浦江县郑义门八世祖郑洽。……明史专家商传教授调研郑岐村郑洽认祖归宗郑义门之事后认为，建文遗臣郑洽在宁德的出现实际上支持了建文帝出亡东南说。可以说，这是建文帝出亡宁德的另一重要佐证。[③]

宁德周斌的影响。祖籍宁德洋中镇的周斌曾担任建宁教授一职，曾在国子监任职，又辅佐过齐王太子，名臣杨荣是其得意门生，后以丁内忧回到家乡。这么一位在教育上有突出成就的人，在当时追求科举的热潮下，回到家乡后，应当也会发挥一下余热，在家乡教授一些学生，至少是教授过家族子弟。周斌"以质直见重""约度明信""辅翼开陈，一以正道"，不仅教授一些知识，还教授儒家的礼义道德。建文帝失国后，在福建漳州地区，便有过老师不顾自身安危带领学生哭祭建文帝的案例：

> 漳州教授陈思贤闻靖难诏至，率诸生伍性原、陈应宗、林珏、邹君默、曾廷瑞、吕贤，即明伦堂，为建文皇帝哭临如礼，郡人惧而执之送京师。[④]

---

① 马渭源：《大明帝国：从南京到北京・文弱的书生皇帝朱允炆卷》，第 322 页。

② 参见孙绍旭：《明建文帝出亡宁德考》，《史林》2016 年第 6 期。

③ 孙绍旭：《明建文帝出亡宁德考》，《史林》2016 年第 6 期。

④ ［清］刘廷銮：《建文逊国之际月表》，《金陵全书》乙编史料类 9，南京，南京出版社，2013 年，第 576 页。

因此，在建文帝逃亡过程中，如果逃亡到此地，周斌在宁德的弟子、族人们无疑是乐于提供帮助和庇护的。

洋中镇钟洋村余氏祠堂对联与余六府传说。在宁德一带的民间传说中，余六府是一名武将，后因占山为王，对抗朝廷，被官府卧底暗杀。据钟洋余姓家谱的记载，余家第 18 世的余玱和第 19 世的余瑄均为洪武朝官员，而余六府作为余氏第 17 世中年龄最小的子孙，很可能也是洪武乃至建文朝的官员。余姓祠堂的对联“接武龙墀台谏勋名香御墨，恢猷翰苑书门第焕文章”，落款“眷弟周斌拜书”[①]。周斌原籍洋中镇洋中村，其丁忧回乡已是在洪武末年，周斌作此对联的时间应当也是在洪武末年。若族谱所载与周斌对联均成立，则可推测余六府或其他身为朝廷官员的余氏族人在洪武末年仍活跃于洋中镇一带。建文帝失国在数年之后，周斌虽已故去，但是身为朝廷官员的余六府或其他余氏族人此时可能仍然活跃在洋中镇一带，因此，建文帝如流亡至此，应当是能提供相当的帮助的。

闽东地区流传的“皇帝妃子”或为建文帝妃子。长期以来，闽东地区都流传着“皇帝妃子”的故事。分别记载在闽东各县的民间故事集成中，但是关于这位“皇帝妃子”的籍贯等，各地的说法并不一致。经过宁德建文帝下落问题研究小组的不断努力，2019 年 6 月在当地的族谱中找到了相关的记载：

> 一个偶然的机遇，让我们的研究小组成员陈永霄、陈丽斌看到了一本修于清道光年间的《陈氏家谱》，……蕉城区洋中镇东山村《陈山下里厝谱》是一本陈姓人的支谱，是一位陈姓农民群众保存下来的，其真实性比较可靠。该家谱中赫然记载着这么一段文字：陈姓六世陈岊（音 jié），洪武末任京官时，“挚一女闺名凤春，入宫为皇太孙侧妃”。[②]

慌乱之中，皇帝很有可能带着身边的其他人如妃子等一起出逃。根据这段族谱资料，如果陈凤春确为建文帝妃子，则将为建文帝流亡宁德提供一大佐证。

洁庵禅师与建文帝出亡闽东。作为与建文帝出亡传闻有着密切关系的洁庵禅师，前人已做过较多的研究，取得了许多有意义的突破。明崇祯版《泉州开元寺志》载：

> 释正映，号洁庵，抚州金溪人。姓洪氏。幼入安仁、三峰为沙弥。洪武十九年，试经得度，谒灵谷谦。[③]

洪武三十一年（1398），洁庵禅师被朱元璋任命为泉州开元寺住持，成行前曾与朱元璋有过对话；永乐元年（1403），赴京朝拜后回福州，任雪峰寺住持，永乐十六年（1418）前往北京，洪熙元年（1425）到南京任灵谷寺住持，宣德元年（1426）擢僧录司左讲经，正统四年（1439）圆寂。

---

① 参见余根诚、余新汉、陈言雕：《建文朝武将余六府身世之谜探秘》（未刊稿）。
② 王道亨：《皇太孙朱允炆侧妃陈凤春身世之谜探秘》（未刊稿）。
③ 转引自王小琳：《雪峰寺第六十七代主持洁庵禅师身世之谜探秘》（未刊稿）。

值得注意的是，洁庵禅师不仅自幼在宁德的安仁、三峰两座寺庙出家为僧，后拜为师的南京灵谷寺道谦牧庵禅师，也为福鼎市人[①]。另外，身负踪迹建文使命的胡濙在出巡福建期间曾登览雪峰寺，从其撰写的《雪峰崇圣禅寺碑文记》来看，胡濙对洁庵禅师有相当的了解。在胡濙撰写的碑文中，有几个疑点，第一，“在记述洁庵禅师的传略时，一是有意隐去了洁庵禅师在福建宁德（今蕉城）安仁寺、三峰寺出家的情节，而说他‘受具足戒于杭之昭庆寺’”[②]，第二，胡濙说洁庵禅师离开雪峰寺的原因是“年已衰迈，欲归老灵谷”，但实际上，洁庵禅师当时并未“归老灵谷”，而是前往北京，而且，自永乐十六年离开雪峰寺一直到正统四年，仍然在北京与南京之间活跃了二十一年的时间，“年已衰迈”似乎并不是洁庵禅师离开雪峰寺的真实原因。种种迹象表明，洁庵禅师与闽东地区的佛寺有着密切的联系，而胡濙等人则试图抹去这一段历史，并在永乐十六年调洁庵禅师入京，切断其与福建地区的联系。

三　永乐帝对闽东等地所采取的监控措施

朱棣作为成熟的政治家，在进入南京后，首先做的便是散布建文帝已死的消息，从而瓦解其文臣武将的抵抗意志，随后，罗列“奸党”名单，对内迅速肃清忠于建文帝的文官集团，并通过招降、开永乐朝科举等方式建立起忠于自己的文官集团，对外招降建文帝残余军队，击灭铁铉等坚持抵抗的势力，残酷迫害、株连建文帝的部属，调换各省的军事及政治长官，并通过数次征讨蒙元、派遣郑和下西洋等将军事权力牢牢掌握在自己手中。在忠于建文帝的势力被肃清、永乐帝牢牢掌控权力的情况下，即使建文帝重新出现，也难以对永乐帝的权力地位构成实质性的威胁。

因此，即使发现了建文帝的踪迹，只需对其加以监控、加强周边地区的军事控制即可。作为建文帝有可能藏匿的闽东地区，永乐帝进行了一些军事、人事等方面的部署。

永乐初对闽东地区军事控制的加强。关于这一段史实，孙绍旭在《明建文帝出亡宁德考》一文中论述得十分清楚：

> 明初在闽东的西部、南部、东部形成三面合围之势，即东部即福宁县驻扎屯田军和在沿海建立烽燧驻扎水军，在西部即古田县西部驻扎屯田军，在南部即宁德一、二都和古田南部驻扎屯田军队，从而形成一个三面包围的闽东军事格局。在这一格局的内部通过建立福宁县、古田县、宁德县、福安县等县级行政机构，在要害之处建立巡检司、关隘，并在闽东大地上建立了行走于古官道之上传递信息的铺递，从而形成一个有点、有线、有面，且点中有重点，线有主线，面有实面的东、西、南厚实，县治行政中心坚实，险要地带特置巡检的网络。……闽东军事力量的加强应在永乐时期。[③]

① 参见王小琳：《雪峰寺第六十七代主持洁庵禅师身世之谜探秘》（未刊稿）。
② 王小琳：《雪峰寺第六十七代主持洁庵禅师身世之谜探秘》（未刊稿）。
③ 孙绍旭：《明建文帝出亡宁德考》，《史林》2016 年第 6 期。

值得关注的是永乐初这个时间点，建文四年（1402）六月朱棣攻下南京，在其后数月之内迅速打击、瓦解建文帝的文官集团和军事力量，其权力基础已相当牢固。此时，即使建文帝流亡君臣复出，也难以撼动朱棣的权力基础。且建文帝君臣从南京出发，长途跋涉，又是秘密行动，即使有护卫军队随从，也只能维持较小的规模。如果发现了建文帝的踪迹，只需派一些军队在附近加强监控即可，贸然采取大规模的军事行动进行围剿，等于向世人宣示了建文帝的存在，反而得不偿失，永乐帝对闽东地区的军事部署，正符合这一特征。

派遣太监周觉成等人长期驻守宁德宝丰银矿。周觉成等驻守宝丰银矿，客观上加强了对宁德及周边地区的监控：

> 据《周墩区志》记载，洪武十九年（1386）邑民何安请得重开宝丰银场，岁纳银三十六两。永乐元年（1403），命中官、御史各一员监督输课。……与蒋御史一起来的监银税中官是谁呢，他与奉旨鼎建支提的太监周觉成应该是同一人。迄今可资查考的资料显示，永乐初年在闽东监矿的太监只有一位，就是周觉成。而且他也留在闽东很久，宣德五年（1430）七月卒于当地。[①]

宝丰银场岁纳银仅三十六两，却让“中官”周觉成一直驻守在当地直到逝世，中途并未让其他太监进行替换，不免让人猜想其借监督宝丰银场之名，肩负着其他的使命。周觉成是永乐元年派出的太监，意味着他应该是在建文朝就已在宫中当太监，可能亲眼见过建文帝，识得建文帝的样貌。皇帝平时久居宫中，除了朝会等时机见大臣们以外，平时生活起居见的最多的便是宫中的太监、宫女，而建文朝以后进宫的太监则对建文帝无缘得见。因此，派遣周觉成常驻闽东地区，其一可以加强对宁德地区的监督，其二如果见到流亡的建文帝，周觉成也可以辨识。

搜查浦江郑家，威慑在外逃亡的郑洽等人。浦江郑家是建文帝从亡大臣郑洽所在的家族，浦江郑家与朱元璋、朱允炆的关系一直很密切：

> “靖难”成功以后，有人告发说，建文帝逃到了浙江浦江去了，藏在郑家……朱棣立即派了人前往浦江郑家进行搜查。……朱棣派的那些人在检查了五个大柜之后，发现竟然全是书，觉得没劲，也就没有继续往下搜查了。[②]

郑洽是追随建文帝流亡的大臣之一，即使郑洽隐姓埋名难以掌握其踪迹，对浦江郑家进行搜查，结合朱棣对方孝孺、黄子澄等人祸及家人的残酷迫害，也足以对在外逃亡的郑洽等人起到一定的威慑作用。

遣郑和、胡濙等寻访福建。郑和与胡濙是永乐帝派出寻访建文帝的两个最重要的人物，福建位于东南沿海，是郑和下西洋的重要补给基地，郑和对建文帝在福建地区的寻访自不用说。《明

① 袁冰凌：《支提山华严寺志》，福州，福建人民出版社，2013 年，第 17—18 页。
② 马渭源：《大明帝国：从南京到北京·文弱的书生皇帝朱允炆卷》，第 337 页。

史・胡濙传》载，“惠帝之崩于火，或言遁去，诸旧臣多从者，帝疑之。五年遣濙察建文帝安在，濙以故在外最久，至十四年乃还……十七年复出，巡江浙湖湘诸府，二十一年还朝”[①]。虽然《明史・胡濙传》只提到胡濙出使江浙湖湘诸省，但是从永乐五年到永乐十四年，加上永乐十七年到二十一年，在外出巡长达十三年的时间，怎么会仅仅出巡江浙湖湘诸省呢？所谓“江浙湖湘诸省”应当是胡濙出巡的部分省份，而绝非仅出巡了此数省。胡濙到过福建有较为可靠的依据，“他曾在福建武夷山留下的诗篇为后人收辑在《武夷山志》里”[②]，在徐𤊹所纂《雪峰志》中，也收录了胡濙所撰写的《雪峰崇圣寺碑文记》，其中有“永乐十七年冬，予奉使闽粤，登览雪峰之盛……师姓洪氏，名正映，号洁庵”[③]之语，明确表明胡濙不仅曾出巡福建，更是探访过传闻和建文帝流亡有关的雪峰寺。

遣周新巡抚福建。永乐元年，朱棣命周新巡按福建，《明史・周新传》记载：

> 周新，南海人，初名志新，字日新。成祖常独呼新，遂名，因以志新字。洪武中，以诸生贡入太学，授大理寺评事，以善决狱称。成祖即位改监察御史，敢言，多所弹劾，贵戚震惧，目为冷面寒铁，京师中至以其名怖小儿，辄皆奔匿。巡按福建，奏请都司卫所不得凌府州县，府卫官相见均礼，武人为之戢。[④]

从以上文字可以知道，周新是一个酷吏形象，以至于“贵戚震惧”；朱棣与周新的关系还不错，在“靖难之役”成功后，周新得到了永乐帝进一步的重用，这样一个人对永乐帝的忠诚度应当是非常高的；到福建后，“府卫官相见均礼，武人为之戢”，说明周新在福建的权力较大，甚至对福建的卫所官兵也有一定的影响力。同时，“周新在官场上进行纪检和检查工作的主要省份是福建、北平、云南（有的说他没去云南就任就被改任了）和浙江，除了北平以外，其他三省是永乐年间盛传建文帝出亡地区”[⑤]。以上种种表明，周新巡按福建或许与建文帝的下落有一定的关系。

四　结论

黄子澄作为与建文帝关系极为密切的人物，南京城破后，推测其计划往闽浙沿海方向逃亡，佐证了建文帝出亡东南说。近年来在宁德地区挖掘的材料表明，郑洽、洁庵禅师等与建文帝关系密切的人物或定居于宁德，或长期在宁德附近活动。永乐帝在权力稳固之后，对闽东地区的军事与人事安排，表明其在加强对这一地区的监控与军事控制。但关于建文帝流亡闽东的说法目前一手证据不足，尚需进一步的证据支撑。

（作者刘桂生，厦门大学人文学院历史系）

① ［清］张廷玉等：《明史》卷一六九，第 1755 页。
② 马渭源：《大明帝国系列 6・破解大明第一谜案》，南京，东南大学出版社，2014 年，第 163 页。
③ 转引自王小琳：《雪峰寺第六十七代主持洁庵禅师身世之谜探秘》（未刊稿）。
④ ［清］张廷玉等：《明史》卷一六一，第 1683 页。
⑤ 马渭源：《大明帝国系列 6・破解大明第一谜案》，第 159 页。

明代私人著述中的建文帝去向蠡测

张金林

一 引言

明建文元年（1399），明太祖第四子朱棣以“清君侧”的名义发动了篡夺帝位的战争，史称“靖难之役”。经过四年的激战，朱棣终于在建文四年（1402）攻入南京，推翻了其侄建文帝朱允炆的统治，成功夺得帝位，建立自己的统治，并于次年改元永乐。朱棣夺得帝位之后并没有引起全国性的动乱，社会形势总体上仍然较为稳定，然而在一片“形势大好”之外，始终有一个棘手的问题没有解决，这就是建文帝的结局问题。明初建文帝的下落因而也成为明史乃至整个中国历史上最有名的谜案之一。

作为被叔父推翻的当朝皇帝，建文帝的去向在当时即引起了世人的关注，在后世也成为人们重要的谈资。在日积月累的论说之下，有关建文帝的记述、传说、民间故事汗牛充栋，不胜枚举，而在建文帝的所有论说中，人们最为关注的无疑是其在“靖难之役”后的下落问题。自明代至今，无数人对此进行了讲述，近代以来历史学界亦对此有所研究[①]，然而迄今为止尚无公认可靠的结论。应该说，“靖难之役”后建文帝的去向仍然是一大谜案。因此，本文将依据明代私人文集、笔记、野史中有关建文帝和“靖难之役”的书写，再次考索“靖难之役”之后建文帝的去向。由于目前尚未发现任何可靠的关于建文帝的直接记载，本文的工作只是推测性质的。

二 永乐朝官方对建文朝史事的书写

朱棣是以“清君侧”的名义起兵的，其得位之不正几乎是当时人人皆知而不敢言的事实。因此成功篡夺帝位之后，为树立自己的权威，粉饰其夺位之合法性，巩固其新夺之帝位，朱棣采取了一系列措施，例如迁都北京，清洗洪武朝和建文朝旧臣，严厉镇压反对派，等等。而在建文朝史事的书写方面，朱棣也是不遗余力，想尽一切办法抹杀建文朝历史，重新书写有利于自己的历史。

首先，抹黑建文帝君臣。《奉天靖难记》卷一载，“允炆矫遗诏嗣位……悉更太祖成法，注意诸

---

① 较有代表性的研究可参见吴德义：《明成祖遣臣寻找建文帝下落诸说之由来》，《史学月刊》2010 年第 5 期；全伟：《明建文帝去向的历史语境研究》，《四川民族学院学报》2010 年第 2 期；丁修真：《士人交往、地方家族与建文传说——以〈致身录〉的出现为中心》，《史林》2011 年第 3 期；胡丹：《“神奇其说”：建文传说的神秘性探析》，《福建师范大学学报（哲学社会科学版）》2016 年第 4 期等。

王，遂成不轨之谋矣。”[①] 朱棣诬称建文帝乃矫遗诏继位，其帝位是以不正当手段得来的，继位之后又不守太祖旧制，实属大逆不道。朱棣又把建文帝描述成一副昏聩淫逸的昏君模样，如《奉天靖难记》卷二载，“时诸王坐废，允炆日益骄纵，焚太祖高皇帝、孝慈高皇后御容，拆毁后宫，掘地五尺，大兴土木，怨嗟盈路，淫佚放恣，靡所不为。……又作奇技淫巧，媚悦妇人，穷奢极侈，暴殄天物，甚至亵衣皆饰以珠玉锦绣”[②]。对于辅佐建文帝的旧臣，朱棣也一概加以否定，视之为“奸臣”，如《奉天靖难记》载，“时有执方孝孺来献，上指烟焰处谓方孝孺曰：‘今日使幼君自焚者，皆汝辈所为也，汝死有余辜。’方孝孺稽首祈哀乞怜，遂命收之”[③]，把正直刚烈的方孝孺描绘成贪生怕死的可怜小人。

其次，清除建文朝史料。明成祖朱棣非常清楚其帝位得之不正，非常恐惧其篡位的历史流传后世，遭受后世的唾骂，因此在即位之后便迫不及待销毁建文朝的史料。建文四年（1402）七月，朱棣“得群臣建文时所上谋策，悉命焚之”。同年朱棣即位诏云：“建文年间上书陈言有干犯之词者，悉皆勿论。所出一应榜文条例，并皆除毁。”[④] 凡建文朝的档案材料和典章条例一律毁去。另外，诸臣文字亦加以除灭。“永乐中，藏孝孺文者罪至死。”[⑤]“文皇帝入继大统，党禁严迫，凡系诸臣手迹即零星片札，悉投水火中，惟恐告讦搜捕之踵及，故其事十无一存，赖有好义之士私识而秘藏之”[⑥]。永乐三年（1405），“杀庶吉士章朴，朴坐事与序班杨善用圭误，家藏有方孝孺诗文，善借观之，遂密以闻。上怒，逮朴，戮于市。是时诏天下有收藏孝孺诗文者，罪皆至死，故朴及之”[⑦]。在朱棣的强力清除之下，建文朝的史料已所剩无几。对此明人有清楚的认识，如晚明陈继儒云：“当时执笔者顾怵焉，遂欲以一时之谄心，抹杀千古。诸凡可悲可泣之事，悉辍而不录”[⑧]，指出当时修史之人由于害怕永乐帝的声威，也由于谄媚之故，许多“靖难之役”中可歌可泣的人物事迹都删减不录。

再次，重新书写建文朝的历史。堵住悠悠众口的最好方式莫过于重新书写历史，用新的历史去代替旧的历史。在这方面永乐朝最明显的举措莫过于撰写《奉天靖难记》，对起兵篡位进行辩解，重修《明太祖实录》，从源头上对洪武朝历史进行重新书写。这两部书最终奠定了后人（尤其是明朝）关于建文朝的基本认识，明代后来官方的书写基本上延续了两书的基本态度，细节纵然或有不同，然总体基调无大改变。

《奉天靖难记》四卷，不著撰人，专纪朱棣起兵至即位之事。据王崇武考证，该书最晚不超过永乐十六年（1418）[⑨]。该书严重歪曲建文朝史实已是明清时人公认，如四库馆臣云：“其于懿文太子

---

① 王崇武：《奉天靖难记注》，上海，商务印书馆，1948年，第16页。
② 王崇武：《奉天靖难记注》，第20—21页。
③ 王崇武：《奉天靖难记注》，第16页。
④ 《明太宗实录》卷一〇上，洪武三十五年七月壬午，中国台北，“中研院”历史语言研究所校印本，1962年，第146页。
⑤ ［清］张廷玉等：《明史》卷一四一《方孝孺传》，北京，中华书局，1974年，第4020页。
⑥ ［明］屠叔方：《建文朝野汇编序》，［明］屠叔方辑：《建文朝野汇编》，《四库全书存目丛书》史部第51册，济南，齐鲁书社，1996年，第2页。
⑦ ［清］夏燮：《明通鉴》卷一四，北京，中华书局，1959年，第106页。
⑧ ［明］陈继儒：《建文朝野汇编序》，［明］屠叔方辑：《建文朝野汇编》，《四库全书存目丛书》史部第51册，第5页。
⑨ 王崇武：《奉天靖难记注·序》，第1页。

及惠帝，皆诬以罪恶，及其丑诋。于王师皆斥为贼。故黄虞稷《千顷堂书目》称其语多诬伪，殊不可信。按建文元年十一月，成祖战胜白沟河，上惠帝书，并移檄天下，军中仓卒，语多可笑。姜氏《秘史》所载，最得其真。是书于《上惠帝书》颇有删润，而《移檄》则置之不录。则其文饰概可见矣。”[①] 该书对明代官方建文朝史书写影响很大，其所确立的若干书写原则为后来的官方史著所遵循，例如不用建文年号，而以洪武年号称之；不承认建文帝的皇帝身份，直呼“允炆”“幼冲”“幼主”等；称建文朝官军为贼，视齐泰、黄子澄等一大批建文旧臣为“奸臣”；等等。该书总体上是污化、黑化建文帝，美化朱棣，为其篡位开脱，该书确立的书写原则长时间主导着明代建文朝历史的编撰，为永乐以后历代明朝廷所遵循[②]。

实录是指后来者修撰的专纪前任皇帝统治时期大事的编年体史书，相较于其他史料，其真实性相对较高，然而《明太祖实录》在中国古代帝王实录中却别具一格，其原因在于《明太祖实录》共经历过三次修撰。如郑晓所云，“太祖实录三修，建文君即位初修，王景充总裁。靖难后再修，总裁解缙。缙得罪后三修，总裁杨士奇。”[③]《明太祖实录》的初修时间是建文元年（1399）春正月，三年（1401）十二月修成，是为初修。朱棣起兵攻占南京后，这部《明太祖实录》遭到焚毁，从此再未见任何蛛丝马迹。朱棣即位后，立即责成以李景隆、茹常、解缙为班底的修撰班子重修《太祖实录》，是为二修。迨至永乐九年（1411），朱棣对重修本不满意，命姚广孝、夏原吉、杨荣、杨士奇等再一次重修，是为三修。三修历时漫长，朱棣感到很满意，“批阅良久，嘉奖再四，曰：‘庶几少副朕心’”[④]，因而成为定本。

为何《明太祖实录》两次重修？顾炎武一针见血地指出，“《太祖实录》凡三修……然而再修、三修所不同者，大抵为靖难一事”[⑤]，笔者认为顾炎武的判断大体是准确的。事实上，稍早的钱谦益曾对重修本《明太祖实录》的作伪之处已有揭示。钱谦益认为，就与建文朝史事有关部分而言：首先，凡有利于建文帝的材料一律不载；其次，宣扬朱棣嫡出，生时有异象，为其夺位当皇帝增加合法性依据；再次，伪造敕文，塑造一种明太祖对朱棣寄予厚望的形象；最后，伪造明太祖有传位朱棣之意[⑥]。总之一切都是为其篡位辩护。

以上是永乐朝官方重新书写建文朝历史的两个明显事例。在永乐朝官方的一番描述之下，建文帝成了淫佚悖逆、任用非人的无道昏君，其帝位也不再具有任何合法性。在这样的铺垫之下，朱棣发起“靖难之役”，篡夺帝位也就显得理所应当了。很明显，这样的历史是非常可疑的。因此关于建文朝的一切史事，我们都须十分谨慎，本文所欲探讨的“靖难之役”后建文帝的行踪问题便是如此。

---

① ［清］永瑢等：《四库全书总目》卷五〇二，北京，中华书局，1965 年，第 475—476 页。
② 吴德义：《政局变迁与历史叙事：明代建文史编撰研究》，北京，中国社会科学出版社，2013 年，第 29—30 页。
③ ［明］郑晓：《今言》卷一，《续修四库全书》史部第 425 册，上海，上海古籍出版社，1995 年，第 286 页。
④ 《明太宗实录》卷二〇〇，永乐十六年五月庚戌，第 2018 页。
⑤ ［清］顾炎武：《答汤荆山岘》，《亭林文集》卷三，《续修四库全书》集部第 1402 册，第 95 页。
⑥ 吴德义：《政局变迁与历史叙事：明代建文史编撰研究》，第 37—40 页。

三 明代私人著述中的建文帝行踪

在诸多关于建文朝的史事中，朱棣起兵攻占南京后建文帝的去向是人们最为关注的问题之一。事实上，这也是当时人最为关心的问题之一，对于篡位的朱棣而言，就更是如此。朱棣在建文帝无重大过错的情况下篡位实属大逆不道之举，不管史书如何改写，其得帝位之不正乃天下共识，因此建文帝的去向始终是朱棣的心头大患。

如上文所述，朱棣即位后大肆除灭建文朝档案、改写《明太祖实录》、禁绝建文朝诸臣文集。因此当时有关建文朝史事，即便不是没有，也是寥寥无几，想要从这里寻找建文帝行踪的蛛丝马迹，怕是相当不易。揆诸常理，建文帝所居本在常人难以涉足的皇城深宫，在朱棣攻入皇宫的混战时刻，多数外廷诸臣是不知道身处宫廷禁地的建文帝的详情的，最有可能知道，甚至亲眼目睹建文帝结局或去向的应是宫女、太监、近臣等人。可是他们要么被杀，要么被流遣，总之不可能有声音发出来，基本上不太可能有真实可靠的文字“实录”存留下来。故此我们只能据后世的材料略作推测。当然，为了断绝建文朝旧臣以及天下臣民的思旧之心，无论事实上建文帝是何种结局，在朱棣那里，建文帝都必须在“靖难之役”中死去。因此，在《奉天靖难记》中，建文帝便是焚死的结局。“允炆欲出迎，左右悉散，惟内使数人而已，乃叹曰：‘何面目复相见耶？’遂阖宫自焚。上见宫中烟起，急遣中使往救，至已死矣。出其尸于火中，上叹曰：‘小子无知，乃至此乎？’”[①] 由于永乐朝大肆焚毁建文朝史料，建文朝史事在永乐朝乃至更长一段时间内成为人们言谈书写的禁忌，明成祖在位时，在高压的氛围下，人们不敢书写建文朝史事，这导致直接记录建文朝的当朝史料和永乐朝史料匮乏，以《奉天靖难记》为代表的永乐朝官修史书一开始在建文朝史书写中占据了主导的地位。

然而在一片混战之中，人们又未在公开场合目睹建文帝的结局，殊难令人完全相信建文帝在战争中死去，建文帝的去向反倒给人们留下了大量遐想的空间。随着时间的推移，政治气氛日渐宽松，个别人士逐渐提出修撰建文朝的史事，而当初劫后幸存的诸臣文集也有了重见天日的机会，关于其在“靖难之役”中并未死去的传闻日益增多，并逐渐成为明人的主流看法。

明代最早记载建文朝事的书籍当属成化时袁杞山所撰《主德篇》，这部书具有很高的史料价值，惜乎没有留存下来[②]。宋端仪著《立斋闲录》是目前可见涉及建文朝史事的最早作品，但该书没有记载建文帝的去向[③]。据目前可知，最早记载“靖难之役”后建文帝下落的，是明中期祝允明（1461—1527）的《野记》，“建庶人国破时削发披缁骑而逸”[④]，谓南京被燕王朱棣攻陷后建文帝并未死亡，而是逃出，至于逃往何地，并未言明。祝允明此条本自何处，抑或是其新创之说，今已难详考。此条记载相当简略，在显示出建文帝下落的言说中尚属初期阶段。不仅如此，《野记》还记载了建文帝出亡的四种可能情形：“闻之故老言……建庶人国破时，削发披缁骑而逸。其后在湖、湘间某寺

① 王崇武：《奉天靖难记注》，第208页。

② 吴德义：《政局变迁与历史叙事：明代建文史编撰研究》，第66—67页。

③ ［明］宋端仪：《立斋闲录》，《续修四库全书》子部第1167册，第535—635页。

④ ［明］祝允明：《野记》卷二，《四库全书存目丛书》子部第240册，第22页。

中（或云武当山），至正统时，八十余矣”，认为建文帝在朱棣攻破京城时削发穿僧衣而逃，逃至湖湘间，至正统年间尚在人世；“或曰庶人削发乘马，自朝阳门出，至河南居某寺，寺僧亦不之知”，认为建文帝逃亡至河南某寺；“或又云在沐黔公府后，乃沐为奏还，非也”，认为建文帝逃亡至云南沐王府，但祝允明否定了这种观点；“或曰其出由地道”[①]，认为建文帝出逃时是从地道逃出的。四种说法各不相同，显示了建文帝出亡传说尚未形成某种独尊的模式，而显示出丰富性和歧杂性。《野记》声称建文帝留有逸诗一首：“今世传逸诗一篇，曰：‘寥落东西四十秋，而今霜雪已盈头。乾坤有恨家何在？江汉无情水自流。长乐宫中云气散，朝元阁上雨声愁。新蒲细柳年年绿，野老吞声哭未休。’”[②]这首诗很可能是伪托之作，但透露出建文帝出亡后流落东西的可能。

此后，有关建文帝出亡的记述便越来越多，越传越广，而这些记载开始按照传说故事的演变规律，逐渐丰满起来，神奇色彩也越发浓厚。随着建文帝出亡传说不断发酵，人们也不断对之进行再创作。迨至正德和嘉靖年间，建文帝出亡传说开始变得颇为流行，并开始具有一定的故事情节。黄瑜《双槐岁钞》载：“父老相传，懿文皇太子生皇孙建文，顶颅颇偏，高庙抚之曰：‘半边月儿。’知必不终。”这在建文帝的结局之外增补了某种预言性质的东西，暗示了建文帝不幸的命运早有预告，甚至暗示了“靖难之役”发生的必然性[③]。许相卿《革朝志》在黄瑜的基础上再加以演绎：“相传，帝之生也，顶颅少颇，高皇知其必不终，尝匮髡缁具遗之戒，曰：‘必婴大难可发。’至是为僧逊去。”[④]这里的说法充满了神秘色彩，谓明太祖具有未卜先知的能力，知皇太孙朱允炆位将不终，便预先准备了逃亡所用的“髡缁之具”。为何明人会认为他是借助于僧人的工具出亡的呢？从民间故事传说的角度看，黄瑜和黄佐二人记载的建文帝出亡故事堪称建文帝出亡故事的母题，后来的许多记述都以此为基础，而有所细化或改变。如无名氏撰《建文皇帝遗迹》就把明太祖告诫建文帝的情节更加细化了，也更加戏剧化了。“初，太祖临崩，治命密敕一封柜，召太孙曰：‘此柜不可妄启，汝若遇难时，速启视之，即无害也。’至是，靖难师将逼，启视其柜，见一刀、一度牒，上有敕曰：‘汝欲生，可将此牒投往它处为僧，后宫某处有密地可通。汝其不然，将刃自尽。’于是少帝竟削发以逃，天下之人实皆不知其生也”[⑤]，把建文帝出亡的来龙去脉描绘得绘声绘色，故事性极强。

作为建文帝出亡传说的自然发展，明成祖寻访建文帝的故事也应运而生。明中期王鏊（1450—1524）《震泽纪闻》称“然或传（建文帝）实自火逃出……故（永乐帝）遣胡濙巡行天下，以访张仙为名，实为建文也，终莫知之”[⑥]，认为明成祖派遣胡濙巡行天下的主要目的乃是寻访建文帝的下落。王鏊此说很可能是根据李贤的说法稍加加工的。明吏部尚书兼华盖殿大学士李贤为胡濙所写神道铭有云：“丁亥，上察近侍中惟公忠实可托，遂命公巡游天下，以访异人为名，实察人心向背”[⑦]，

① ［明］祝允明：《野记》卷二，《四库全书存目丛书》子部第240册，第23页。

② ［明］祝允明：《野记》卷二，《四库全书存目丛书》子部第240册，第23页。

③ ［明］黄瑜：《双槐岁钞》卷二，《四库全书存目丛书》子部第239册，第448页。

④ ［明］许相卿：《革朝志》卷一，《四库全书存目丛书》史部第47册，第161页。

⑤ 不著撰人：《建文皇帝遗迹》，邓士龙《国朝典故》本，《原国立北平图书馆甲库善本丛书》第562册，北京，国家图书馆出版社，2013年，第56页。

⑥ ［明］王鏊：《震泽纪闻》卷上，《续修四库全书》子部第1167册，第471页。

⑦ ［明］李贤：《礼部尚书致仕赠太保谥忠安胡公濙神道碑铭》，载［明］焦竑编：《国朝献征录》卷三〇三，中国台北，学生书局，1965年影印本，第1364页。

此处云胡濙以寻访“异人”为名巡游天下，所谓“实察天下向背”难以确指，但也不排除寻找建文帝的可能。

迨至嘉靖时期，又出现郑和下西洋是为寻访建文帝一说。郑晓《逊国臣事抄·吴亮传》云：“命胡给事中濙以访张邋遢为名，又遣太监郑和等下西洋，遍物色不可得”[①]。其《今言》亦称：“成祖西洋之舟发，不亦劳乎？郑和之泛海与胡濙之颁书也，国有大疑焉尔！”[②]这些说法影响很大，后亦为清修《明史》所继承。如《明史·胡濙传》称：“惠帝之崩于火，或言遁去，诸旧臣多从者，帝疑之。（永乐）五年，遣濙颁御制诸书，并访仙人张邋遢，遍行天下州郡乡邑，隐察建文帝安在……二十一年还朝，驰谒帝于宣府，帝已就寝，闻濙至，急起召入，濙悉以所闻对，漏下四鼓乃出。先濙未至，传言建文帝蹈海去，帝分遣内臣郑和数辈，浮海下西洋，至是疑始释云云”[③]，此处明确表示建文帝在“靖难之役”中并未死去，而是不知所终。《明史·郑和传》亦云：“成祖疑惠帝亡海外，欲踪迹之……永乐三年六月，命和及其侪王景弘等通使西洋。”[④]郑和下西洋乃实有其事，而且声势浩大，天下皆知，建文帝出亡说的神秘加上郑和下西洋的轰动，其所引发的效应是可以想见的。这种说法一经出现就几乎席卷了人们的头脑，至今不衰。

明中期许相卿（1479—1557）编《革朝志》是建文朝纪传体史。该书的记载有矛盾之处，其云明太祖遗建文帝以髡缁之具，建文帝在“靖难之役”中遂逃去，正统末自滇南归京师禁中，是采出亡之说。可是该书又称“帝阖宫自焚，六月十三日也”，是则认为建文帝在“靖难之役”中遭焚死[⑤]。这种诸说并存的方式固然显示了作者的谨慎，但也显示了作者对于建文帝的下落并无把握。陈建《皇明通纪集要》采建文出亡之说，云“（建文帝）剃发从水关出宫中，火烈甚，传言上崩而实遁去”[⑥]。高岱《鸿猷录》也采纳出亡之说，谓成祖攻入京师后，“建文君左右惟数人，欲出迎，复叹曰：‘我何面目相见？’遂尽闭诸后妃宫内，纵火焚其宫，惟挈三子变服出走，仓卒复弃三子宫门，被执寘师中。”“时内外皆不知建文君出走。”[⑦]可见，建文帝出亡之说越来越得到人们的认可，出亡之说日渐成为主流的说法。

郑晓《建文逊国记》也记录了建文帝的两种结局，一为“诸内臣哗言不如逊色去。须臾，宫中火起，传言帝崩，成祖为发丧治葬”，云建文帝在“靖难之役”中死去；二为“或曰帝发火宫中，即削发为僧，入蜀，或曰去蜀，未几入滇南，往来广西、贵州诸寺中”[⑧]，则建文帝在“靖难之役”中并未死去，而是出亡西南。郑晓《逊国臣记》记载了“靖难之役”后诸臣从建文帝出亡的故事，如“（程济）立召僧为建文君落发，济从之出，每遇险几不能脱，济以术脱去，相从数十年。后随建文君至南京，人尚识济。至京，莫知所终”[⑨]。是书在建文帝出亡传说中增加了臣子相从的情节，

---

① ［明］郑晓：《逊国臣事抄》卷八《吴亮传》，《四库全书存目丛书》史部第55册，第57页。
② ［明］郑晓：《今言》卷一，《续修四库全书》史部第425册，第286页。
③ ［清］张廷玉等：《明史》卷一六九《胡濙传》，第4535页。
④ ［清］张廷玉等：《明史》卷三〇四《郑和传》，第7766—7767页。
⑤ ［明］许相卿：《革朝志》卷一〇《李景隆传》，《四库全书存目丛书》史部第47册，第212页。
⑥ ［明］陈建：《皇明通纪集要》卷一二，《四库禁毁书丛刊》史部第34册，北京，北京出版社，1998年，第155页。
⑦ ［明］高岱：《鸿猷录》卷八，《四库全书存目丛书》史部第19册，第106页。
⑧ ［明］郑晓：《建文逊国记》，载郑晓：《吾学编》，《续修四库全书》史部第424册，第219页。
⑨ ［明］郑晓：《逊国臣记》卷五《程济传》，载郑晓：《吾学编》，《续修四库全书》史部第425册，第8页。

可谓开诸臣追随建文帝出亡之先河，为后世史家所效仿。

除此之外，明代还有许多私家著述都提到了建文史，例如不著撰人编《革除编年》、黄佐《革除遗事》、姜清《姜氏秘史》、郁衮《革朝遗忠录》、薛应旂《宪章录》、朱睦㮮《革除逸史》、雷礼《皇明大政记》、邓元锡《皇明书》等，皆云建文帝乃出亡，故事情节大同小异[①]。由此，建文帝出亡之说成为明代私家著述的主流。限于篇幅，此处不再列举。而范围更为广泛的地方性传说关于建文帝的出亡乃至整个建文帝的故事就更多，情节也更加离奇丰富，限于主题，本文不再加以论述。对这众多的传说加以审视，我们不难发现以下几点是非常值得注意的：第一，与寺庙、僧人、佛物等佛教因素有关的传说特别多。在建文帝出亡的传说中，明太祖早年的寺庙经历得到了强调，出亡过程中的打扮乃是僧人的装束，携带的器具乃是佛家之物。第二，建文帝装扮成僧人出亡的说法成为主流之说。为何寺僧之说后来能够从众多的传说中脱颖而出，笔者认为有传说演变的规律，也有社会文化情境的原因，但是同样基本的，是这个传说可能离真实的历史更为接近——虽然我们永远无法到达历史的真相。传说虽然不是真实的历史，但是未必没有一定的历史真实性。因而建文帝流落到寺庙的可能性是相对比较高的。第三，建文帝出亡东南的言说最多。泛览明代私家著述中关于建文帝出亡去处的记载，绝大多数去向乃是东南和西南。据此推测，虽不能说建文帝的具体去向为何处，但大致可以推断其往东南方向，而当时海禁甚严，去往海外的可能性并不大。

四　建文帝出亡福建宁德的蠡测

宁德位于福建省东北，东临东海，与台湾省隔海相望，西邻南平，南接省会福州市，北与浙江相邻。今天这里已是我国东南地区沟通台湾、岭南，以及日本、朝鲜半岛、东南亚的海上要道之一，与国内外经济文化交流频繁。然而当我们把目光放回到明清时期，可能就会发现情况并不如此。明清时期这里仍然是中国东南荒凉的沿海地区，经济并不发达。在国内国际贸易并不兴盛的明代初年，与扮演中心角色的江南相比，这里仍然属于偏僻贫穷的东南海疆。

支提山华严寺，世称支提寺，位于宁德市霍童镇西南的支提山上，是一所历史悠久的佛教寺院。据《支提山华严寺志》记载，支提寺始建于五代时期，后来历经多次焚毁与重建，可谓命途多舛。客观地说，与福建地区著名的佛教寺院如福州开元寺、泉州开元寺、厦门南普陀寺等相比，支提寺的知名度并无出类拔萃的优势。然而就是在这里，却出现了不寻常的历史痕迹，流传着不寻常的历史故事，这不能不使人感到惊奇。随着挖掘的深入，人们逐渐发现支提山华严寺的特别之处。

据《支提山华严寺志》记载，永乐五年（1407），朝廷曾敕命太监周觉成重建支提大殿[②]。“胡元末，寺毁废。皇朝永乐初遣中使周觉成鼎建，敕名华严寺，立田十六顷四十余亩，斋众祝圣”（何乔远《闽书》卷六）。更为引人注意的，是徐皇后敕赐铁铸天冠菩萨千尊，由郑和船队送往支提寺供奉。为何徐皇后赐这么多铁铸菩萨于此地，其目的是什么？徐皇后远在京城，为何舍弃更熟悉更近的两京乃至江南的寺院不赠，反而恩赐千里迢迢之外的支提寺？当我们发现赐铁铸菩萨并不是徐

① 吴德义：《政局变迁与历史叙事：明代建文帝文史编撰研究》，第100—125、160—170页。

② 袁冰凌编著：《支提山华严寺志》，福州，福建人民出版社，2013年，第17—18页。

皇后广施天下寺庙之后，徐皇后的这一举动无论如何是不寻常的。考支提寺历史，在元末明初时期，支提寺与明朝之建立并无深刻的渊源，也未见任何明初功臣宿将或者什么重要人物与这里有何渊源。

由此看来，支提寺似有不寻常的故事，而且这个故事与明宗室密不可分。然而考诸历史，在整个明代，支提寺乃至整个宁德并无显赫的历史人物与事迹。明太祖逐鹿天下的主战场并不在这里，轰轰烈烈的开国战争也不是在这里上演的，与长江中下游和华北平原随处可见明初事迹不同的是，这里在元明鼎革之际的天下大乱中显得特别平静。因此，可能的情形就是支提寺乃至宁德曾有某位明朝廷不愿明言、但又确实重要的人物曾与这里有过渊源。上文已经论述，建文帝是有可能出亡到东南的，再结合支提山的历史遗迹和“靖难之役”后明皇室的诸多举动，我们也许可以推测，建文帝之出亡宁德的可能性是不能断然加以排除的[①]。

五 结语

综上所述，笔者以明人文集、笔记、野史等私家著述为中心，对明初“靖难之役”后建文帝的去向进行了进一步猜测。明代私家著述大多认为建文帝在“靖难之役”中并未死去，而是出亡，至于出亡的方向，则以东南方向居多。在出亡的整个过程中，又与佛教事物有着密不可分的关系。联系宁德支提寺的重要遗迹与“靖难之役”后明代朝廷的一系列默默无闻的举动，我们认为，建文帝出亡福建宁德的可能性是存在的，建文帝与支提寺发生某种渊源也是有可能的。不过以上结论纯属推测性质的，尚须更强有力的证据来加以佐证。

王培军曾有“训诂须通人情”的说法[②]，笔者借用其说，认为考证亦须通人情，整个历史研究亦须通人情。在文字史料缺乏的情况下，我们需要根据生活常理和人之常情进行一定的推理。这种方法看起来虽然与“无征不信”的治史原则有所偏离，但是实际上仍然是需要的，也是有合理性的。毕竟不论何时何地，人的生活逻辑是有共通之处的。

（作者张金林，厦门大学历史系）

① 学界曾有人提出过建文帝出亡到福建宁德的论述，孙绍旭曾主要从物质文化的角度得出了建文帝出亡到宁德的结论，笔者认为孙氏的意见是值得重视的，但还需进一步论证，参见孙绍旭：《明建文帝出亡福建宁德考》，《史林》2016年第3期。

② 王培军：《训诂须通人情》，《上海书评》2019年6月22日。

云锦袈裟与“建文帝出亡宁德说”

吴晓非

关于“靖难之役”后建文帝朱允炆出亡的下落，诸多专家学者众说纷纭。随着相关史料的不断发掘，学者从地方志、明人笔记、摩崖石刻、考古发掘以及民间传说和历史民俗等资料入手，试图找出破解这一大明第一奇案的证据。目前，学界关于明清以来有关建文帝出亡的地点共有 15 种说法，涉及云南、贵州、重庆、四川、两广、湖广、福建、浙江、安徽、江西、江苏、陕西、青海、甘肃等 14 个省份和海外一说①。此外，据马渭源先生详细统计，出亡的具体地点又可进一步细分为 62 种说法，其中佐证材料源于民间传说者 31 种，源于民间传说、考证、前人书籍者 15 种，源于明史和地方志者 5 种，源于族谱者 1 种，源于其他材料者 10 种②。

近年来，建文帝出亡福建宁德说受到较多人的关注。诸多学者从近年来宁德的考古及研究新发现入手，并进行了细密的考证。如宁德新发现的云锦袈裟、上金贝古墓以及郑岐村郑洽认祖归宗和明朝初年对宁德地区的军事控制等几方面③。作为一代帝王，建文帝的出亡行踪必定在历史上留下痕迹，本文选取云锦袈裟作为研究对象，结合学术界目前的研究成果展开论述，以期进一步厘清建文帝出亡的真相。

一　关于支提寺云锦袈裟的误解

2010 年，福建宁德支提寺发现一袭精美的云锦袈裟。这件袈裟无论从质地、图饰、主题配饰方面，还是从编织材料、织造技术来看，都尽显高贵，遂引起了普遍关注。商传先生认为，明代初期皇家从未有过赐袈裟给寺庙的习惯，对袈裟的来源表示疑问。南京的云锦研究专家张洪宝先生认为：“这件袈裟应是明永乐之前制作的，很可能就是建文帝携带出宫的那件东西。”张先生肯定了这件袈裟的崇高规格，但也未确定这件袈裟的来源。而学者张小妹便认定支提寺这件五爪金龙袈裟即是许多明史资料中所记载的，朱元璋放在铁匣之中，后来被朱允炆携带出宫的那件袈裟。福建宁德支提寺云锦袈裟的制作材料用金量十分丰富，其精美程度甚至丝毫不逊色于明定陵出土的万历皇帝

① 孙绍旭：《明建文帝出亡宁德考》，《史林》2016 年第 6 期。

② 马渭源：《大明帝国 6：破解大明第一迷案》，南京，东南大学出版社，2014 年，第 62—67 页。

③ 参见郑自海：《从宁德支提寺云锦袈裟和闭嘴龙纹饰看明初皇家礼制》，《东方收藏》2010 年第 5 期；徐仲杰：《南京云锦史》，南京，江苏科学技术出版社，1985 年；王振墉：《福建宁德上金鄗沧海墓考》，《福建文博》2009 年第 1 期；浦江白麟溪郑义门《郑氏宗谱》卷一〇，崇祯年间；宁德地区地方志编纂委员会编：《宁德地区志》，北京，方志出版社，1998 年；孙绍旭：《明建文帝出亡宁德考》，《史林》2016 年第 6 期。

的龙袍和明初靖难第一功臣姚广孝的紫衣袈裟，故有学者凭此认为，支提寺的云锦袈裟应是明初宫廷御用珍品，其主人应是明初宫廷之主[①]。尚不讨论此袈裟是否为宫廷之物，在宁德支提寺发现如此珍贵的云锦袈裟，足以断定历史上福建宁德支提寺中曾存在过一位得道高僧或知名禅师，以至于之后明代的几位帝王对支提寺“偏爱”有加。在支提寺发现这一袭珍贵的袈裟，足以见得明代此处曾有一位非常重要的僧人，但并不能确定这个人就是建文帝，因为明清朝廷赐禅师、高僧金襕、紫衣等高规格袈裟的情况屡见不鲜。

明朝建立初期，便有过为禅师、高僧赐予袈裟的事例。据《抱冲斋诗集》记载：“武陵寺北魏元熙年建，明太祖赐碧峰禅师金襕袈裟尚存”[②]。可见，明太祖朱元璋曾赐予武陵寺的碧峰禅师一袭金襕袈裟。武陵寺，在今陕西省永寿县境内武陵山上，据《敕修陕西通志》记载，“武陵山，一名翠屏山，在城外西南，昔在城内，上有武陵寺。山形如屏，亦名翠屏山。后魏平阳王熙建，有浮图”[③]。碧峰禅师何许人也？其本姓石氏，号为碧峰，生于乾州永寿县，“年六岁依云寂温法师为弟子”，“洪武戊申，大明皇帝即位于建业，明年己酉，燕都平。又明年庚戌，诏禅师至南京。夏五月，见上于奉天殿。且曰：朕闻师名久”[④]。碧峰禅师是永寿县人，且武陵寺即在永寿县城外西南处，而在明初，太祖皇帝诏见碧峰禅师于奉天殿。综上可知，《抱冲斋诗集》中所记载的“明太祖赐碧峰禅师金襕袈裟”应为属实。

明中晚期之后皇家赐袈裟给寺庙的高僧禅师逐渐增多，到了清代仍然一定程度上保存了这一习惯。清世祖顺治皇帝曾赐予本孚法师紫袈裟一袭。据《震泽县志》记载，“本孚，字楚蕡，出家崇义寺，道白之法弟也。少有智慧，不乐赴应，本师戒月甚异之。年十七，归木陈，豁然顿悟，应对如流。顺治十六年，诏迎宏觉国师敷坐问道时，随师同谒世祖者四大弟子，本孚其一也。在京月余，御赐紫袈裟一袭，帑银五百两，敕建绍兴云门禅寺，康熙八年圆寂。”[⑤]顺治皇帝在向国师问道时，便赐予其弟子本孚法师一袭紫袈裟及五百两库银，可见帝王对得道高僧的敬重。

再如，清高宗乾隆皇帝曾赐予阿育山寺高僧持荃法师紫袈裟、龙缎袍等诸多高贵的宫廷御制珍品。《明州阿育王山志》详细记载了这一事件的经过：

> 乾隆十六年春，皇帝南巡至浙。三月初五日，臣僧持荃于六和塔道左恭迎圣驾，龙颜大悦。即日内，大臣传旨召至行宫，申刻，恩赐紫袈裟一顶，内造龙缎袍一袭，宫绸两轴，彩缎二端，御茶六瓶，宫制绣袋一对。本年六月十七日，宁波府知府臣胡邦祐恭赍御书心经墨宝到山，奉旨赐阿育王寺，臣僧持荃即阙谢恩。乾隆十九年夏月，臣僧持荃恭纪。乾隆二十二年，今上翠华重幸。二月二十七日，臣僧持荃同浙省名山住持僧众在拱辰桥外恭迎圣驾，即随驾进

① 郑自海：《从宁德支提寺云锦袈裟和闭嘴龙纹饰看明初皇家礼制》，《东方收藏》2010年第5期。

② ［清］斌良《抱冲斋诗集》卷一四《青海纪行集二》，《清代诗文集汇编》第554册，上海，上海古籍出版社，2010年，第597页。

③ ［清］沈青崖：《敕修陕西通志》卷一三，西安，三秦出版社，2014年。

④ ［明］葛寅亮，何孝荣点校，《金陵梵刹志》卷三九，天津，天津人民出版社，2007年，第579页。

⑤ ［清］陈和志《（乾隆）震泽县志》卷二三《人物十一》，《中国方志丛书·华中地方·第20号》，中国台北，成文出版社，1970年，第880页。

城，二十八日午刻同各山住持僧众到外行宫恭请圣安，天颜大喜，荷□独唤阿育王寺臣僧名，随即趋前，奏应当赐荷包一对，初四日辰刻，内大臣奉旨传臣僧持荃至，宫门赐东莞香一盒，龙缎官绸八匹，绣袋一对，谢恩后即日酉刻，忠勇公傅奉旨传臣僧持荃至宫门，特恩赐紫尝即恩。初六日仍于拱辰桥外送驾回銮，赐紫沙门。持荃恭纪承恩。[①]

乾隆皇帝不仅赐予持荃高僧紫衣袈裟，更是将龙饰锦袍以及龙纹官制绸缎、绣袋这一象征皇家规制的宫廷珍品赏赐于高僧，可见皇帝对于得道高僧极高的敬重，待遇丝毫不亚于其他皇室成员。

综上可知，明清时期帝王为表达对得道高僧、禅师的尊敬，常常赐予其皇室规格、宫廷御制的云锦袈裟。袈裟作为出家人的法衣，其高贵的程度亦可在很大程度上展示受赐予者身份的高低。由此可见，明清宫廷赐予禅师、高僧宫廷御制袈裟的情况屡见不鲜，有龙纹装饰的缎袍也可作为宫廷的恩典。

二　明代宫廷对支提山寺庙的恩典

明永乐五年（1407），钦差中使周觉成奉旨敕修支提寺大殿，并赐田十六顷四十余亩，“皇朝永乐初遣中使周觉成鼎建，敕名华严寺，立田十六顷四十余亩”[②]。之后仁孝徐皇后命工匠铸造千尊铁铸天冠圣像赐予支提寺。又诏无碍禅师为住持，赐紫衣袈裟一袭。千尊铁铸天冠圣像颇为罕见，可见支提寺对徐皇后有重要意义。徐皇后（1362—1407）是明初开国功臣徐达长女，洪武九年（1376）册封为燕王妃，洪武十三年（1380）随燕王就藩北平。建文四年（1402）燕王于南京即皇位，十一月册封为皇后，病故于永乐五年（1407）七月[③]。可见，永乐年间，远在福建宁德的支提寺便受到明成祖朱棣与徐皇后的恩宠，不仅敕修大殿，而且赐天冠圣像和紫衣袈裟。但据记载，支提寺在明初并未与朝廷有何渊源，也非著名庙宇，成祖和徐皇后对其的重视颇有可疑之处。据《明史》记载，“燕兵犯金川门，左都督徐增寿谋内应，伏诛。”[④]徐增寿乃明初大将徐达之子，也就是徐皇后的兄弟，徐皇后如此重视支提寺，其原因可能为建文帝曾流落至此地。

万历年间，支提寺又受到各方的关注。万历元年（1573），僧人大迁奉旨来到支提山。据支提山华严寺《宗谱》记载，“慈圣母陈、李二娘娘请（大迁）入内宫，拜为国师，赐金冠、紫衣，留内宫供养半载，将重建支提一事，细诉一番。”之后，“慈圣母传旨慰谕，圣上敕赐金銮驾，钦差太监张文斋送钱粮等项，取木司、土司匠人，起建大雄宝殿、天王殿、钟鼓楼、伽蓝殿、祖师殿、方丈禅堂、香积厨房、斋堂等处”[⑤]。大迁奉旨来重建华严寺，再加上当地官员与乡绅的资助，到万历

① ［明］郭子章《明州阿育王山志略》卷一五，《四库全书存目丛书》史部第230册，济南，齐鲁书社，1996年，第607—608页。

② ［明］何乔远：《闽书》卷三一《方域志》，厦门大学历史系古籍整理研究所《闽书》校点组校点，福州，福建人民出版社，1994年，第764页。

③ 袁冰凌编著：《支提山华严寺志》，福州，福建人民出版社，2013年，第17页。

④ ［清］张廷玉：《明史》卷四《惠帝本纪》，北京，中华书局，1974年，第66页。

⑤ 《宗谱》“重建支提华藏万寿禅寺合山源流法派宗谱集要”条下。

八年（1580），华严寺重建已初具规模。之后，万历十八年（1590）和万历二十年（1592）李太后与神宗皇帝两次敕赐经书、珍品于华严寺，据《支提山华严寺志》记载，除了《永乐北藏》《续大藏经》《全藏经》还有四大部经《华严经》《宝积经》《般若经》《涅槃经》各十二部等经书，其中《永乐北藏》由明成祖敕令雕印，只能是官方印刷，极为珍贵。除了经书，还有金带黄凉伞一把、龙凤旗二幅、金冠十二顶、龙棍一副……凤锦十二幅、凤锦条紫衣十二领、随藏法器全备[①]。要知道，在明代能够使用龙凤图案装饰的，必定是身份极其高贵的人。而细数这些御赐品，除了经书，不乏“金銮驾”“金冠”“凤锦紫衣”等配饰，更能彰显出皇室对支提山华严寺的重视。

巧合的是，万历皇帝对建文下落也颇为关注，据记载，“万历二年，上从容与辅臣语及建文皇帝事因。问曰：闻建文当时逃免，果否？辅臣张居正对言：国史不载此事，但先朝故老相传言，建文当靖难师入城，即削发披缁，从间道走出，后云游四方，人无知者”[②]，而且在位期间，还恢复了建文帝的年号，这是明代对建文朝态度的一大转变。万历皇帝对支提山华严寺的特殊感情，或许与此有关。

三 结语

无论是宁德地区近年新发现的云锦袈裟，抑或是陈皇后、李太后分别赐予支提寺的紫衣袈裟，以及永乐皇帝与万历皇帝对支提山寺庙格外重视，都说明支提山寺庙有不同寻常之处。但作为福建邻海地区的一个普通寺庙，历史上也未出现高僧大德，皇室对其的关注令人费解。从另一个角度来看，建文帝有着王室血统，又是成祖的亲侄子，如果建文逃到福建沿海地区，将其控制于此，出家为僧是最好的处置方法，既不会对统治造成威胁，也不会背上篡位杀侄的骂名，并结合永乐时期对此地军事部署的加强，综上所述，“建文帝携近臣出亡至福建宁德地区出家为僧”的说法具有一定的可能性。

（作者吴晓非，厦门大学历史系）

① 袁冰凌编著：《支提山华严寺志》，福州，福建人民出版社，2013年，第26页。

② 《明神宗实录》卷三〇，万历二年十月戊午，中国台北，“中研院”历史语言研究所校勘影印本，1962年，第728页。

从支提重兴考察建文帝出亡宁德的可能性

陈　曦

近年来，宁德建文帝研究小组对宁德地区建文帝相关史迹进行了大量考证，认为建文帝的出亡地点很可能是在福建宁德地区[①]。研究小组通过调查发现，明永乐年间闽东地区有几十座临济宗所属的寺庙被烧毁、几千名临济宗僧侣被悉数惨杀，并推断其背后的真实原因是明成祖为了摧毁建文帝的社会基础——临济宗佛教徒，消灭建文帝留在金邶寺与支提寺周边寺庙的影响与踪迹。毁寺杀僧这一历史事件直接导致了明中叶中国佛教（主要是禅宗主流临济宗）突然走向衰微[②]。至明神宗年间，朝廷对佛教再度扶持。当时地处宁德的支提寺原本已是“僧散寺废”，由于慈圣李太后遣大迁禅师南下重建，以及之后多次给予优待和关注，亦得以重兴。联系当时万历朝廷为建文死难诸臣平反、神宗下诏恢复建文年号的史实，大迁禅师重兴支提寺是否可以作为建文帝出亡宁德的佐证，有待进一步辨析。

一　慈圣崇佛动机与大迁入闽

明朝宫廷向来有着崇佛的传统，既注重在思想文化层面上对佛教加以扶持和推崇，以发挥其社会教化功用，同时也为皇帝树立“明君”形象，强化政治统治的合法性。唯独嘉靖年间由于明世宗崇奉道教，而对佛教有所排斥。至明末穆宗贬斥道教，使宫廷再度回归崇佛的路线[③]。明神宗时期慈圣皇太后在推动佛教的复兴方面可谓是不遗余力，主要表现为推动全国范围大规模的佛寺修建活动、与僧人相往来、推动《大藏经》的出版与颁施、对名山佛寺进行颁赐与布施[④]。究其原因，与慈圣当时所处的政治格局密切相关。从慈圣太后的出身来看，她并非出自书香门第而是出身于平民百姓家庭，最初在宫中又为宫人身份，地位寒微。在神宗登基时，她需要守护年幼的皇帝，努力在朝野党争中立于不败之地，周遭的政治环境对她来说极为不利。此时的慈圣太后亟须借助佛教来神化自己，以维护皇权和巩固自己的太后之位。万历登基初，慈圣太后施铸皇姑寺大钟，开启了她以皇家旨意崇佛的一系列举动[⑤]。《帝京景物略》中记载了一则慈圣太后梦中得菩萨授《九莲经》

① 见孙绍旭：《明建文帝出亡宁德考》，《史林》2016 年第 6 期；王道亨：《建文帝出亡福建宁德考暨宁德市建文帝踪迹探索研究综述》，《宁德方志》2018 年第 1 期。

② 见王道亨：《明中叶中国佛教的突然衰微原因分析》，2010 年 6 月。

③ 杜常顺：《明朝宫廷与佛教关系研究》，暨南大学博士论文，2005 年。

④ 聂福荣：《万历朝慈圣李太后崇佛考论》，吉林大学博士论文，2007 年。

⑤ 王启元：《慈圣皇太后、〈九莲经〉与万历佛教》，《佛学研究》2014 年第 1 期。

的故事：

> 后殿奉九莲菩萨，七宝冠帔，坐一金凤，九首。太后梦中，菩萨数现，授太后经，曰九莲经，觉而记忆，无所遗忘，乃入经大藏，乃审厥像，范金祀之。寺有僧自言，梦或告曰：太后，菩萨后身也。[①]

神化自身形象，是慈圣太后扶持佛教的第一步。随着佛教的复兴，“九莲菩萨”的形象也逐渐在各地流传开来，在明末的诸多佛教典籍中多有记载。与这一形象相对应的，是“感应说”的出现。如明末闽中名士陈鸣鹤所撰的《支提寺始末记》中便载录慈圣皇太后因梦感召，寻觅大迁禅师入宫的传说：

> 万历元年，慈圣宣文明肃皇太后，夜梦一僧人前导，有山名支提，顾盼间有千天冠示现，及觉异之，遂敕燕都踪迹。会圜慧禅师于吉祥寺中，使携之复命，后命图形以进，状肖梦中，召见之日，赐金冠一顶，紫衣一袭，敕命来闽，入山建寺。[②]

宁德支提的重兴因慈圣太后受到梦境感召而获得了初步的“合法性”。然而单从慈圣太后遣大迁入闽重兴支提这一事件来看，是否与建文帝行踪有关，尚缺乏明显的指向性证据。慈圣太后对自身宗教形象的塑造，以及自神宗登基后便开始推动的复兴佛教运动，主要还是与其政治意图有关。

二　重兴支提与建文帝平反

从万历十年（1582）神宗亲政到万历四十二年（1614）慈圣太后辞世的三十余年间，慈圣太后多数时候都对朝局保持缄默，一心崇佛[③]。慈圣太后的崇佛直接影响了神宗皇帝以及后宫，万历年间由皇家参与营造的寺院数量和投入都相当庞大。正是在此期间，支提寺不仅得以重建，还得到了朝廷的多次敕赐，得以大幅振兴。据支提寺《宗谱》所载，万历十八年（1590）和二十年（1592）李太后与神宗两次所赐除《全藏》外，还有敕谕亭一座，内敕书一封；敕谕碑一座，御藏碑一座；四大部经《华严经》、《宝积经》、《般若经》、《涅槃经》各十二部；金带黄凉伞一把，龙凤旗二副，幢幡十二首，金冠十二顶，龙棍一副，“华藏寺”龙匾一副，凤锦棹帏十二幅，经盖十二只，经袱十二幅，凤锦条紫衣十二领，褊衫十二领，随藏法器全备。此外，李太后宝象四轴，太后御书《法华经》一部及“大、法、宝、藏、阁、唵、嘛、咪、叭、咪、件”十一个大字，泥金《法华经》、《梁皇忏》各十二部，丹青倚槛观音、鱼篮观音、文殊、普贤各一幅，等等[④]。

---

① ［明］刘侗，于奕正：《帝京景物略》卷五《慈寿寺》，明崇祯刻本。

② 袁冰凌：《支提山华严寺志》，福州，福建人民出版社，2013 年，第 134—135 页。

③ 褚若千：《析明孝定皇太后对神宗的影响》，复旦大学博士论文，2010 年。

④ 袁冰凌：《支提山华严寺志》，福州，福建人民出版社，2013 年，第 26—27 页。

近些年来“建文帝出亡宁德说”得到热议。如若建文帝当年果真是出亡至宁德，时过境迁，神宗与慈圣皇太后对于宁德一带佛教寺庙的敕赐，是否也正表明了朝廷对于建文帝的态度？

明神宗即位后，出于维护纲常的考虑，官员们纷纷积极上书请求恢复建文帝的正统地位。“从弘治初年杨守陈请修建文实录，到万历二十三年（1595）范谦等请复建文年号、立建文本纪，请求恢复建文帝地位的言论经过一百多年，特别是经过万历时期二十多年的发展，已形成一股巨大的舆论压力，使朝廷态度发生了重大转变。”① 明神宗同意恢复建文年号，诏曰：“以建文事迹附太祖高皇帝之末，而存其年号。”② 这代表对建文帝的历史正统地位的承认。此外，神宗也下诏开展了一系列赦免建文诸臣、外亲的运动。《明实录》中有载：“革除被罪诸臣，除齐泰、黄子澄外，其方孝孺等连及罪累者，俱令查勘豁免。”③ 神宗对于建文帝的平反，既是出于政治的考量，也可能是受到其生母慈圣皇太后的影响。据《闽书》记载：

> 万历元年，吉祥寺僧大迁云游至。是夜，见天冠放大毫光，奇之。遂鸠财重建田，亦稍复。二十七年，孝定太后铸鋈金毗卢古佛，遣张中使赍镇其寺，赐大迁千紫衣，三制中，使其焚香和南，祈祷天灯，期以复命。居三日，内夜有灯荧荧，从化成林东而下寺众，遥集奏大法鼓迓之。须臾复变为三良，久乃没。次夜，复大放无量百灯，错落木末如画中，使罗拜加额大喜，归报。④

联系上文，慈圣皇太后于万历元年（1573）便对地处偏远之地的宁德支提寺如此重视，还有意塑造了一个僧人托梦的故事，可能皇家对于建文帝的去向早就心知肚明。慈圣亲身推动支提寺重兴，多次予以敕赐，与同一时期朝廷对建文帝的平反不谋而合。或许慈圣希望借此举动表明对建文帝的态度，为神宗赢得建文支持者的顺服，以巩固江山社稷。但同时，这也可能只是一种时间上的巧合，尚未出现强有力的证据。

三　大迁被扣留福州与晚明闽东地方治理

大迁禅师入闽后，以其高深的佛学造诣和修持道行赢得了当时宁德众多士绅的认可。然而在万历十八年（1590），慈圣皇太后赐支提寺《藏经》，大迁禅师一行前往福州时被时任福建巡抚的赵参鲁所扣留。起因在《明实录》万历十九年（1591）中有所记载：

> 福建所属建安、瓯宁、政和、浦城诸铁矿旧已禁开。其宝丰、遂应二银坑邻近有支提寺，奸宄易藏。僧大迁等称奉赐《藏经》，将铜物旗仗等件贮住。又海上有番僧，欲效香山故事，

---

① 李见喜：《明建文帝正统地位恢复研究》，华中师范大学博士论文，2016 年。
② 《明神宗实录》卷二八九，万历二十三年九月乙酉，北京，中华书局，2016 年，第 5358 页。
③ 《明神宗实录》卷一四七，万历十二年二月己巳，第 2728 页。
④ ［明］何乔远：《闽书》卷三一《方域志》，明崇祯刻本。

乞内地建寺。抚臣曹参鲁请将支提寺僧移入省城寺中，并申矿禁。其海上勾番者，分别首从照私通日本，禁例重治贩广商船，许至高州，部复从之。[①]

同卷又载礼部题：

异端之害，惟佛为甚，缘此辈有白莲、明宗、白云诸教，易以惑世生乱，故禁宜严。近福建有僧，妄称钦差，欲重建支提寺，以觊银坑之利。又有番僧亦乞内地造寺，为通番之计……上命严逐重治之。[②]

从这两则史料可以看出晚明闽东地区地方治理的主要问题。一方面是闽东一带长期以来因采银而产生的社会矛盾比较突出。在明代，白银是福建输出价值最高的商品。银矿大多由私人承包，政府督办[③]。宁德宝丰银矿是明代六大官办银矿之一。景泰四年（1453），为避免聚众武装盗采，朝廷任用镇守福建太监戴细保为福建银场提督，后因贪腐被巡按监察御史倪敬弹劾[④]。之后该地区因采银而起的官场贪腐仍未断绝，矿脉日渐衰微的同时百姓还需承受繁重的银课，使得官民矛盾进一步激化。正统年间宝丰银场一带多次出现聚众盗采银矿事件，正统十三年（1448）还爆发过长达五年之久的闽浙矿工起义[⑤]。在这样的背景之下，地方官员对于在银矿附近修建寺庙必然十分警觉。如果说担心有"奸宄"藏匿于支提寺中倒有几分合理性，但觉得寺庙的兴建会收拢周边土地，进而侵占银坑，则过分夸大了。纵观明代寺院的土地扩张情况，事实上并未出现过严重危害国家经济的现象。反而国家随时一道政令就可以改变某个寺庙的土地占有数量，甚至多数时候还因为赋税过重，而使得寺院无力承担而破产[⑥]。万历《福宁州志》中记载了宁德县"寺田租"的征收情况：

寺租起于嘉靖四十二年，兵食不足，乃以寺田什六充饷，什四给僧。充饷者每亩征银二钱，饷得一钱二分，而以八分输纳粮差。本州之饷共银五百一十五两七钱九分有奇。

当时宁德县寺院的寺田收入要有六成作为寺租上缴，对于寺院来说，负担不可谓不重，要维持好寺院经济的经营颇有难度。大迁初入闽时，为赎回寺田，也曾作出一番辛苦努力。嘉靖进士王应钟所题《支提山华藏寺复田碑记》有所记载：

支提华藏万寿寺，肇自唐宋。昔有钦赐常住苗田四千余亩，于正德间罹钟奎之诬，寺毁僧散，田浸民间。万历改元，燕京吉祥寺大迁和尚奉敕入山，重兴古刹。观察邹公善以寺既成，

① 《明神宗实录》卷二三四，万历十九年闰三月丁卯，第4332、4333页。
② 《明神宗实录》卷二三四，万历十九年闰三月己丑，第4351页。
③ 徐晓望：《16—17世纪环台湾海峡区域市场研究》，厦门大学博士论文，2003年。
④ 《明英宗实录》卷二三六，景泰四年十二月丙午，第5152页。
⑤ 苏文菁主编：《闽商发展史（宁德卷）》，厦门，厦门大学出版社，2017年。
⑥ 周上群：《明代寺院土地占有研究》，《宗教学研究》2017年第1期。

匪田曷食，于是发帑赎回原田二百亩。越五年，大中丞桂东刘公复赎回若干亩，以为岁赡之需。居无何，禅关日辟，僧徒日盛，亡论住山焚修之众，即十方参禅之僧，与夫游人羁客，日不下千余指。曩所赎回之田，计其岁收仅足十之二三。幸遇大方伯会稽陶公，乃与右方伯江陵师公、廉访洪都张公、大参丽水吕公、桐乡冯公、余姚张公、金宪钱塘金公、西蜀熊公、州守仁和高公、县尹奉新徐公，上下协议，各捐俸赎回五百余亩，以供常住矣。然是田系经丈量，加亩载米，别于民产，正供之外，优行例免。规画既定，以垂永久。由是支提始克不乏于食。①

可见支提寺重兴时，为了赎回寺产，主要仰赖当地士绅的捐俸。但之后也仍要励精图治，劳苦耕作，方能解决僧侣的饮食之需。如果支提寺可以通过私自开采银矿获得高额收益，又何须如此辛苦呢？曹参鲁又将佛教与朝廷严禁的白莲、明宗、白云诸教相提并论，虽看似与当时佛教整体宗风不振、世俗化严重等问题有关，但主要是由于嘉靖二十四年（1545）白莲教叛乱给明廷官员留下了深刻的教训，使他们对宗教发展采取相当谨慎的态度。

另外，曹参鲁同时表达出对番僧利用建寺行通番之计的忧虑，这与当时闽东沿海的海氛不济有关。万历《福宁州志》中记载：

至渔洋则去州亦二十里，而近倭奴之来也，不乘南风则乘北风。然南风则入吴越为最便，北风则入闽为最便。②

福宁州的地理位置决定了它是倭寇最易乘北风入闽的入口，而番僧以建寺之名勾结倭寇入侵沿海的事件时有发生，的确容易将大迁入闽重兴支提寺与其联系起来。这说明晚明闽东沿海因倭寇之患而推行海禁政策，使官员在对外交往方面采取十分保守的态度，甚至牵连了寺院的僧人。

总之，由大迁被扣留福州这一事件我们可以看到，晚明闽东地区的社会矛盾较为突出，内忧与外患杂糅，地方官员因此将佛教寺院看作是地方社会的不稳定因素，而予以多方限制。这与建文帝是否出亡宁德并无直接联系。

四　结论

从万历元年（1573）大迁被召入宫并受慈圣太后敕命重兴支提来看，因梦感召的传说故事有着浓厚的政治意味，主要是慈圣太后通过推行佛教稳定社稷的做法之一；而明神宗下诏同意直书建文年号，同一时期神宗和太后又多次敕赐支提寺匾额、紫衣、金冠、玉杖以及经书等物品，大力扶持佛教在全国的发展，或可作为皇家对建文帝成为僧人、隐匿闽东这一去向的默认，但也可能只是一种时间上的巧合，缺少强有力的证据；最后，大迁禅师在重兴支提寺过程中受到当地官员的刁难和

① 袁冰凌：《支提山华严寺志》，福州，福建人民出版社，2013年，第135页。

② （万历）《福宁州志》卷五，《日本藏中国罕见地方志丛刊》，北京，书目文献出版社，1990年，第82页。

怀疑，反映出晚明福建官员对于地方佛教势力膨胀的警惕，以及海禁政策对闽东地区地方治理的影响，与建文帝是否出亡宁德并无直接联系。因此，从宁德支提寺重兴这一事件来看，未必能够作为建文帝出亡宁德的证据。如需证明，还应挖掘更多详尽的史料佐证。

（作者陈曦，闽南师范大学闽南文化研究院）

明建文帝下落“福建”质疑

张永钦

史学界认为，“靖难之役”后建文帝的去向是明史第一谜案，所以《明史》就载录建文帝的三个去向：“乙丑，燕兵犯金川门，左都督徐增寿谋内应，伏诛。谷王橞及李景隆叛，纳燕兵，都城陷。宫中火起，帝不知所终。燕王遣中使出帝后尸于火中，越八日壬申葬之。或云帝由地道出亡。”① 而造成这一谜案的形成究其主要原因是，明成祖为了肯定自己继父为王的合法化，一方面采取销毁档案资料、禁止树碑等“去建文帝化”措施，企图抹去世上留存的建文帝符号；另一方面则肆意篡改历史，再三修改《明太祖实录》，授意编造诬蔑建文君臣、美化永乐政权的《奉天靖难记》等，这导致了“此事国史无考”②，造成后世难以了解和认识这段历史的真相。所以明末史学家钱谦益谈起建文帝逊国时事，则遗憾有言其原因：“一则曰《实录》无征也，二则曰传闻异辞也，三则曰伪史杂出也。”③

一　建文帝的“不知所终”

600多年来，建文帝历史悬谜始终困扰着人们，建文帝逊国之际，到底最后结果是如何呢？正史多记载为“阖宫自焚”说，《明太宗实录》载“建文君欲出迎，左右悉散，惟内侍数人而已。乃叹曰：‘我何面目相见耶？’遂阖宫自焚。上（明成祖朱棣）望见宫中烟起，急遣中使往救，至已不及……上哭曰：‘果然若是痴騃耶，吾来，为扶翼尔为善，尔竟不亮，而遽至此乎？’……壬申，备礼葬建文君，遣官致祭，辍朝三日”④。然而地方志、野史较为认同“焚宫变服遁去”说，“壬午建文四年六月十三日。帝纵火焚宫，变服遁去”⑤。又有“及‘靖难’兵入，建文君开箧而视，则袈裟一，伽黎一，剃刀一，度牒一，曰：‘此刘伯温教我也。’遂为僧而遁。……再有及懿文薨，太孙立，乃授钥匣，戒以临难乃启。比得披剃之具及杨应能度牒，出走无知者”⑥。可以说，地方志、野史却与

①［清］张廷玉等：《明史》卷四，《本纪第四·恭闵惠帝》，北京，中华书局，1974年，第66页。

②［明］沈德符：《万历野获编》卷一《列朝》，“建文君出亡”，《历代史料笔记丛刊·元明史料笔记》，北京，中华书局，1959年，第9页。

③［清］钱谦益：《有学集》，《建文年谱序》，《清代诗文集汇编（三）》，上海，上海古籍出版社，2010年，第204页。

④《明太宗实录》卷九下，明太宗四年六月乙丑，中国台北，“中研院”历史语言研究所1962年校勘影印本，第130—138页。

⑤［明］幻轮编：《释鉴稽古略续集（三）》《建文皇帝》，“壬午建文四年六月十三日”，《续修四库全书》第1288册，上海，上海古籍出版社，2002年，第31页。

⑥［明］蒋一葵：《尧山堂外纪》卷七八，《国朝》，《续修四库全书》第1195册，上海，上海古籍出版社，2002年，第3—4页。

正史记载互相矛盾，无疑给它蒙上一层神秘的历史面纱，疑窦重重。

时至今日，历史学家们仍然各执一词，互相责诘，难以定论。不过，多数学者认为建文帝在“靖难之役”中并未自焚，而是偕近臣出逃，但出亡地点却是众说纷纭。据孙绍旭学者统计，海内外先后出现 62 个地方报告发现了出亡后的建文帝的遗踪[①]。为此，笔者查阅古籍，寻找有关建文帝的蛛丝马迹。相传，建文帝在南方及西南亦游亦隐，东躲西藏于各处大山古寺中，传闻广西、湖南、贵州、云南、江苏、福建等地都有他的踪迹。当然，在众多说法中，最为可信的当属广西说，但是其落脚点也有多种说法，比如：建文帝削发为僧，一路南逃，最终在寿佛寺落脚[②]，“建文帝以靖难兵至去为僧，初太祖遗帝一小箧云：有急视此，及启视但度牒而已。帝遂披剃。由湘湖入蜀，至云南去闽，又游广西，居寿佛寺十五年”[③]。这一说也在《高僧传·释应能》中提到：“释应能伪姓杨氏，实建文君也……启太祖遗箧视之，得杨应能度牒、剃刀、袈裟、缁服。遂削发自御沟出遁，云游四方。自湖湘入蜀，云南复闽入广西横州南门寿佛寺。居十五年，升座演法归者甚众，所至成大法席，人不知是帝也。复往南宁居一萧寺。”[④]又或太平寺说，“昔建文帝尝潜吾寺宿陆，因载入史余。一云：建文帝更姓杨应能走，僧拂思恩州，知州岑瑛执解京有供状在宦官秦某家，其手迹也。供状云：皇亲朱允炆年六十四岁，耳聋疾，系太祖高皇帝长皇孙”[⑤]。此外，还有南宁永淳县说，“四日抵南宁府……岸上有寺，相传明建文帝流寓于此”[⑥]。除了广西说外，也有最后逃亡至贵州罗永山白云庵说，“建文帝既削发被缁，执杨应能度牒，云游四方，自湖湘入蜀。朝廷疑之，命给事中胡濙等以访张邋遢为名，遍物色之，不可得。遂自蜀入云南，复游闽，最后入广西，尝遇贵州罗永山白云庵中”[⑦]。还有云南永嘉寺说，“成祖永乐元年春正月十三日，建文帝至云南永嘉寺。初，帝期从亡臣以三月复至廖平家，至是，留永嘉寺，颇安适，将以明年游天台，而诸臣以帝旧约，俱集于襄阳廖平家。适冯□自云南来，传帝命止之，令诸臣无烦往来，各散去”[⑧]。也有浙江净慈寺说，“永乐间，建文帝隐遁于此，寺中有其遗像，状貌魁伟，迥异常人”[⑨]。也有建文帝由吴兴到钱塘，遁栖东明山东明寺的历史记载，并留下御像，“祖因众集无以容，乃拓基营缮，遂成大丛林，赐额东明……东明寺在余不溪之西山中，建文帝逊位南游，曾驻锡三年，今御像在焉”[⑩]。可见，各家学者众说纷纭，莫衷一是，真相或许永远成谜。

600 年前的那场宫中大火，让建文帝出逃成为谜团。而明成祖朱棣为了夺帝位更加“合法”，推行“去建文帝化”，下令销毁建文时期的一切文档资料，终究造成了“建文逊国”史料无可寻的

---

① 孙绍旭：《明建文出亡宁德考》，《史林》2016 年第 6 期。

② 寿佛寺始建于唐会昌六年（846）。当时，有两位僧人云游至此，见山势雄奇，便结茅为庵，住持修炼，定名龙兴寺。到南宋绍兴年间（1131—1162），更名寿佛寺。因建文帝在此焚修之故，寿佛寺后来易名“应天寺”。应者，接受也。“应天寺”就是“接受天子之寺”。现在我们所看到的应天寺是 2013 年重建的。

③ ［清］释瀞挺：《学佛考训》，《大藏经补编》第 21 册，北京，文物出版社，2013 年，第 459 页。

④ ［明］如惺：《大明高僧传》，《续修四库全书》第 1285 册，第 226—227 页。

⑤ ［清］查继佐：《罪惟录》卷三二上，《列朝逸传》，“建文逸记”，《续修四库全书》第 322 册，第 8 页。

⑥ ［清］蔡廷兰：《海南杂著》，《台湾文献丛刊·042》，中国台湾，台湾银行经济研究室，1959 年，第 25 页。

⑦ ［明］蒋一葵：《尧山堂外纪》卷七八《国朝》，《续修四库全书》第 1195 册，第 3—4 页。

⑧ ［清］谷应泰：《明史纪事本末》卷一七《建文逊国》，北京，中华书局，1977 年，第 281 页。

⑨ ［明］张岱撰，马兴荣点校：《西湖梦寻》卷四《净慈寺》，北京，中华书局，2007 年，第 190 页。

⑩ ［清］释纪荫编纂：《宗统编年》卷二八《禅宗全书·史传部（二十三）》，中国台北，文殊出版社，1988 年，第 530 页。

局面。正如钱谦益在《有学集·建文年谱序》提到：“谦益往待罪史局三十余年，网罗编摩罔敢失坠。独于逊国时事，伤心扪泪，绌书染翰，促数阁笔。”他落泪有三个原因：“一则曰《实录》无征也，二则曰传闻异辞也，三则曰伪史杂出也。”[①] 也就是说，因为《实录》无征，国史资料中对曾经执政四年的建文一朝的正面记录没有留下只言片语，因此传闻异辞太多，无法统一口径，众说纷纭，真假难辨，正如《明史恭闵帝本纪》记道：“宫中火起，帝不知所终”，遂留下了这么个历史疑案。怪不得清初著名学者王鸿绪在《明史稿》中说：“明代野史之失实，无有入建文逊国一事。”[②] 谜案成谜，也许有彻底破解的那一天。

二　建文帝下落福建之说

在众多的建文帝出逃说中，笔者较为关注的是“福建说”。专家学者认为，在南京攻破之时，建文帝曾想自杀，但在其亲信的说服下，削发为僧，从地道逃出了皇宫，隐姓埋名，浪迹江湖。为此，朱棣把建文帝的主录僧溥洽抓起来关进监狱长达十余年，逼他供出建文帝下落，并派户科都给事中胡濙遍行郡、乡、邑长达16年，名义上是访仙人张三丰，实际上是察访建文帝。

《明史考证》：宫中阴沟，直通土城之外，高丈二，阔八尺，足行一人一马，备临祸潜出，可谓深思熟虑矣。

《明史·姚广孝传》：初，帝入南京，有言建文帝为僧遁去，溥洽知状，或言匿溥洽所。帝乃以他事禁溥洽。而命给事中胡濙等遍物色建文帝，久之不可得。溥洽坐系十余年。至是，帝以广孝言，即命出之。广孝顿首谢。[③]

《明史·胡濙传》载：惠帝之崩于火，或言遁去，诸旧臣多从者，帝疑之。五年遣濙颁御制诸书，并访仙人张邋遢，遍行天下州郡乡邑，隐察建文帝安在。濙以故在外最久，至十四年乃还。

《张三丰全集》：户科给事中胡濙，旧与三丰相识。成祖慕三丰高风，至是命胡濙求之，遍巡天下，兼察建文帝所在。去十年，始还。[④]

《万历野获编》：少帝自地道出也，踪迹甚秘，以故文皇帝遣胡濙托访张三丰为名，实疑其匿他方起事。至遣太监郑和浮海，遍历诸国，而终不得影响。则天位虽不终，而自全之智有足多者。当时，倘令故臣随行，必立见败露。近日此中乃有刻《致身录》[⑤] 者，谓其先世曾为建文功臣，因侍从潜遁为僧，假称师徒，遍历海内，且幸其家数度。[⑥]

---

① ［清］钱谦益：《有学集》卷一四《建文年谱序》，《清代诗文集汇编（三）》，上海，上海古籍出版社，2010年，第204页。

② ［清］王鸿绪纂：《明史稿（一）》《本纪第四·建文帝》，敬慎堂刊本，中国台北，文海出版社，1962年，第24—27页。

③ ［清］张廷玉：《明史》卷一四五《列传第三十三·姚广孝》，第4081页。

④ ［明］张君宝撰，［清］李西月重编：《张三丰先生全集》卷八《隐镜编年》，北京，华夏出版社，2017年，第358页。

⑤ 据传，《致身录》为史仲彬所著。史仲彬和程济都是随同建文帝出亡的官员，《明史纪事本末》载建文帝为逃脱追捕，三幸史仲彬之第。参见［清］谷应泰：《明史纪事本末》卷一七《建文逊国》，第281页。

⑥ ［明］沈德符：《万历野获编》卷一《列朝》，“建文君出亡”，《历代史料笔记丛刊·元明史料笔记》，第9页。

民间传言中，在许多地方都有建文帝的踪迹与传说。有的说建文帝先逃到云贵地区，后来又辗转到了南洋一带，直到现在，云南大理仍有人以惠帝（建文帝）为鼻祖。也有现代学者认为，当年建文帝潜逃后，曾藏于福建闽侯雪峰寺，接着隐匿于宁德支提华严寺内，《明史纪事本末》卷十七载："成祖永乐元年春正月十三日，建文帝至云南永嘉寺……仁宗洪熙元年春正月，建文帝谒大士于潮音洞。五月，自闽、粤还山，止程济从。"又"仁宗洪熙元年（1425）春正月，建文帝在潮音洞拜谒大士。五月，从闽返回鹤庆庵。仅令程济一人随行"[①]。另据《尧山堂外纪》载："遂自蜀入云南，复游闽，最后入广西，尝遇贵州罗永山白云庵中。"[②] 在《学佛考训》也有载："由湘湖入蜀，至云南去闽，又游广西，居寿佛寺十五年。"[③] 这些记载均载建文帝出亡入闽一事。虽然说法各异，但都说明建文帝君臣确实到过福建，而出逃福建的具体地点也是众口嚣嚣，莫衷一是。

一说避遁泉州开元寺。有学者认为建文帝先出逃至泉州开元寺，后从泉州港乘阿拉伯商船出逃海外[④]。有学者根据泉州塘市《柯氏宗谱》卷中"历朝国号明纪"记载："建文，元年己卯至壬午四年，避遁而去。"这句话是在明永乐二年重新修订时加进去的，和"靖难之役"仅仅相隔一年。仔细查看《柯氏宗谱》，我们发现参与修编的柯氏九世孙明经（学衔，类似于进士）柯益、平乐府教授徐演、罗浮教授陈奎和泉州府训导（官名，相当于现代泉州教育局局长）钱俊等四人，皆为当地学者兼官员，造假的可能性确实极小。另外，该族谱中《清源旧事流墨篇》称："明靖难之变，建文出亡事即为传疑，我柯氏旧家谱载，族叔祖世隆公为江宁府句容县尉，以匿建文君，其家歼焉！亲属仅奉其下体归葬……为建忠勇祠祀之……。"[⑤] 这说的是族叔祖因窝藏建文帝而遭当局镇压。据此，有学者提出建文帝及其伴同近臣在开元寺找到有关系的住持当了一段时间和尚，以便伺机逃亡海外。1979 年 6 月 22 日《印度尼西亚日报》刊文《历史的迷梦》，介绍苏门答腊有一个华人村，姓洪，只讲汉语不讲当地语，且在建文登基日（农历五月十六日）举行活动，隆重祭祀皇爷[⑥]。

二说藏匿闽侯雪峰寺。南京大学学者潘群据清康熙年间刊《罪惟录·建文逸记》，认为福建闽侯雪峰寺是建文帝逃难隐居的最重要地点之一。郑和研究会郑宽涛等亦持此观点。潘群通过对福建闽侯雪峰寺的细致考察，结合《罪惟录》与清代《江宁县志》等史料分析，提出"建文帝曾藏身雪峰寺并与郑和谋面"的推断。《罪惟录·建文逸记》载："建文帝携一子至浦江郑氏家，后又纳一妾，生四子……走住福州雷峰寺[⑦]。三保下洋过之，泣拜于地，为之摩足，帝微嘱三保举事，泣对不能，别去。"[⑧] 再通过研究《雪峰山志》历代住持的事迹，认为明永乐时期住持雪峰寺的洁庵禅师安排隐匿了建文帝，而永乐十七年（1419）胡濙也为追查建文帝下落来到雪峰寺，还留下碑刻。

---

① ［清］谷应泰：《明史纪事本末》卷一七《建文逊国》，第 281 页。

② ［明］蒋一葵：《尧山堂外纪》卷七八《国朝》，《续修四库全书》第 1195 册，第 3—4 页。

③ ［清］释瀞挺：《学佛考训》卷六《大藏经补编》第二十一册，第 459 页。

④ 施存龙：《建文帝从泉州港乘阿拉伯船逃亡海外真实性考析》，《南通航运职业技术学院学报》2019 年第 3 期。

⑤ 何歌劲：《建文帝之谜》，长沙，湖南人民出版社，2006 年，第 158—159 页。

⑥ 向阳鸣：《"建文帝去哪儿"——史学界关于建文帝出亡行踪论述纪要》，《第十六届明史国际学术研讨会暨建文帝国际学术研讨会论文集》，北京，九州出版社，2017 年。

⑦ 福州雷峰寺当为"雪峰寺"。

⑧ ［明］查继佐：《罪惟录》卷三二上，《列朝逸传》，"建文逸记"，《续修四库全书》第 322 册，第 8 页。

三说福建宁德上金贝村说。福建宁德市方志办学者王道亨等提出，建文帝出亡福建宁德，并最终葬在宁德之上金贝村。他们先后整理提出30多条线索，其依据既有相关史籍，又有家谱、笔记、传说等，也有一定的实物为佐证。其史料主要来源于明谈迁著《国榷》，明徐𤊹著《雪峰山志》，明释元贤著《开元寺志》，清查继佐著《罪惟录》，清张廷玉著《明史》，清谷应泰著《明史纪事本末》，以及宁德市内各县地方志书与口碑资料。实物则有郑和第三次下西洋回来朝山时赠送给雪峰寺的陶塔基座与明代支提山木刻全图（内记载郑和到过支提寺）。还有周觉成护送至宁德支提寺的永乐帝亲书的“支提山华藏禅寺”赐匾，柘荣县黄柏乡天星寺后山的周觉成墓葬（明代），以及支提寺珍藏的一批明初与明中叶的珍贵文物。其中一件龙袍袈裟，专家证实为明代原物，并认为该袈裟不可能是明万历皇帝赐给支提寺的那件袈裟，而是朱元璋制作留给朱允炆并被携带出宫的那件龙袍袈裟。最为引人注意的是宁德上金贝古墓。考古勘探表明，该古墓从规制、格局、构件以及构件纹饰等各个方面均体现了皇陵的特点。从规制上看，它沿袭了明孝陵的宝顶、明楼制的特点，只是宝顶被舍利塔所替代，体现了明代皇家陵墓的典型特征①。

可以说，一条宫墙暗道，引出诸多出亡踪迹。而且《明史纪事本末》确实记载，建文帝并未自焚，而是在大臣的保护下由密道逃出南京，逊国为僧，云游四方。学者根据地方志、遗迹、遗址等资料考证，加之于福建各地区，留有很多有关建文帝的遗址和传说，更使得世人迷惑重重。

三　建文帝下落福建的说法疑点甚多

关于建文帝出逃的资料，我们已经很难在正史中找到，见诸者多为私家修的野史，以及笔记小说之类，而且越早越少，越晚越多、越具体、越详细，因此有些人认为这些材料靠不住，是后人的杜撰，不足信。为此，笔者经反复阅读相关论述并查证了有关史料后，对“福建说”的可信度产生了若干怀疑。

一是建文帝曾隐匿于泉州开元寺，试图从泉州乘阿拉伯商船逃往海外多为误传。事实上，泉州港在元末连续二十年的天灾人祸，泉州被大破坏，阿拉伯人被杀被逐被仇视，此后阿拉伯商船已绝迹，不可能有阿拉伯商船到港给建文帝乘坐。而且明初从洪武到建文、永乐三代，泉州不仅厉行对本国海禁，对外国官方朝贡船也有严格限制，没有给阿拉伯发过勘合。而柯氏族叔窝藏过建文帝一说，更不足以轻易信以为事实。“建文，元年己卯至壬午四年，避遁而去”这句话虽是在明永乐二年重新修订《柯氏宗谱》时加入，但是族谱中记载族叔窝藏过建文帝一事却为晚清道光年间人士，距永乐二年事已过几百年，岂能轻信？更何况，永乐初，在高压恐怖的严查下，这种受牵连的冤假错案是不会少的。而建文帝在开元寺为僧，伺机逃往海外一说也没有铁证。据《泉州府志》有关记载，明初开元寺地处泉州的市中心，到了明朝中后期，泉州开元寺开始没落，曾有军队驻扎在寺里，而且士兵们还在此冶炼兵器。此外，明朝泉州港已不如从前繁华，建文帝为什么非要从泉州外逃？《开元寺志》中并未发现与此事有关的记载，就连《杰出航海家郑和》中提到的明永乐元年间

① 向阳鸣：《“建文帝去哪儿”——史学界关于建文帝出亡行踪论述纪要》，《第十六届明史国际学术研讨会暨建文帝国际学术研讨会论文集》，北京，九州出版社，2017年。

的开元寺住持念海和尚，也没有找到其相关记载[①]。

二是雪峰寺正映洁庵禅师不可能成为建文帝的保护人。有学者认为真正藏匿建文帝的人是福州闽侯雪峰寺的第六十七代住持正映洁庵禅师。笔者认为，这种说法有待商榷。洁庵正映禅师，抚州金溪洪氏子，幼入安仁三峰为沙弥，洪武十九年试经得度。洪武中，奉诏掌京师天界寺，床帏不设，寒嘉一衲。上闻而嘉之，移命掌泉州开元寺，开元旧名莲华寺[②]。永乐元年，入京朝请归至福州诸山，推主雪峰，重造佛殿及三门两廊堂[③]。永乐二年（1404），奉诏主雪峰崇圣寺[④]。洪熙元年得旨住持灵谷。宣德元年擢僧录司左讲经[⑤]。正统四年（1439）冬，端坐而化，赐葬沧波门外，建院于其上，赐名"宝善寺"[⑥]，有语录若干卷，名《古镜三昧》。从洁庵禅师的一生事迹来看，他不可能冒着极大风险去保护其恩主的"头号政敌"。而且洁庵禅师在永乐皇帝执政期间，多次深受朱棣厚恩，又深知严查建文帝足迹，怎么可能心怀贰志、"以身试法"，冒着生命危险去秘密保护朱允炆呢?

三是郑和与建文帝在雪峰寺谋面一说史料依据不足，有些说法站不住脚。有专家认为为了寻找建文帝的下落，公元 1045 年，明成祖派遣郑和率领船队出使西洋。专家结合《罪惟录》与清代《江宁县志》等史料分析，提出"建文帝曾藏身雪峰寺并与郑和谋面"的推断。然而我们细致对比两者资料，《江宁县志》只是提到："三宝太监郑和墓，在牛首山西麓。永乐中命下西洋，有奇功，密知建文踪迹，回朝皆奏不闻，史称其有隐忠云"[⑦]，并未谈及是否有见到建文帝。事实上，郑和确实是到过雪峰寺，但是据明徐𤊹撰中的"纪创立"云："永乐九年辛卯镇守太监冯让舍财，住持洁庵禅师重创佛殿、法堂、山门诸处，闽中诸大刹，雪峰首称……殿前瓦塔二座永乐中三宝太监自西洋携来置此。"可见，郑和只是携两塔而来，至于郑和为何专门携来两座瓦塔塔基，由于史料不足，就不得而知了。

四是宁德上金贝古墓为建文帝陵，缺乏有力证据。有部分专家结合宁德当地建文帝传说及发现的五爪金龙袈裟等物证，对比古墓与明帝陵朝向一致，石雕形制、年代（火龙珠雕刻，该标志是明代佛教中标志性的器物构造），大胆推断此墓为建文帝陵墓。该墓起码被盗三次，墓室空空，没有发现墓碑等有关墓主人身份的文字，只发现落款为"御赐金佛日圆明大师第三代沧海珠禅师之塔"字样的石刻。福建省文物局组织相关专家对 19 字做出解释：前九个字指的是宋末元初高僧印简。印简，字海云，居住大都，是忽必烈的老师之一，印简圆寂后，忽必烈御赐他为佛日圆明大师。这在《续灯存稿》《五灯全书》《补续高僧传》及《南宋元明禅林宝林》等史籍中，可以找到相关记载。而后十个字是代表墓主人"沧海珠禅师"，他是元代国师印简的第三代传人，"珠"是他的别名

① 施存龙：《建文帝从泉州港乘阿拉伯船逃亡海外真实性考析》，《南通航运职业技术学院学报》2019 年第 3 期。

② ［明］释明河：《补续高僧传》，《续修四库全书》第 1283 册，第 8 页。又有载："洪武三十一年，僧正映奉旨来住持。及陛辞，帝勉以清心洁己。"

③ ［明］徐𤊹：《雪峰志》，"明泉州开元寺沙门释正映传"，《大藏经补编》第 24 册，第 612 页。

④ 《新纂大日本续藏经》第 69 册，《雪峰义存禅师语录（真觉禅师语录）》。

⑤ ［民国］喻谦著：《新续高僧传》，《大藏经补编》第 27 册，第 386—387 页。

⑥ ［清］释德铠：《灵谷禅林志》卷八《高僧》，光绪十二年重刻本。

⑦ ［清］佟世燕修：（康熙）《江宁县志》卷五《建置志下・陵墓》，清康熙二十二年刻本。

法号[①]。因此，如果仅凭石构件造型来推测墓主人身份，没有确凿的碑刻、文字记载等实物，缺乏吻合建文帝身份的有力证据，而将墓主人身份认定为南京逃亡的建文帝有失妥当。

总而言之，我们已经很难从正史中找到关于建文帝出逃的资料，目前所见的史料多出自于野史、民间传说等。官方材料固然应当重视，但不能迷信，其间出差错也是常有。由于官方修史，编撰人囿于官方观念及本人阅读范围和经历范围，许多重要的史实都未能入史，或被做了歪曲的描述。而私家修史，撰写笔记小说，以及编纂地方志，多是其人其地记其事，不少鲜为人知的事情被他们记载下来，其翔实完备远非正史可比，因此，很有史料价值。如果说正史多从宏观角度描写历史，那这些笔记小说、野史方志却从微观角度描写历史，因此二者相辅相成，互为补充。然而建文帝出逃福建，神秘云游，行动谨慎小心，常因可能暴露而仓促转移，可以说，正史不可能做出确切记载。但是，野史中所记载又多伴有个人的主观因素的推断，需我们认真考证。只能说，建文帝下落系中国历史之谜，虽时隔近六百年，但严格说这个谜至今仍未最后破释，得出为史学界一致认同的定论。

（作者张永钦，闽南师范大学历史地理学院）

① 李刚：《福建文物局称宁德古墓并非明朝建文帝之墓》，http：//www.jiaodong.net/news/system/2009/10/02/010648626.shtml，2020年10月9日。

建文帝行踪诸说刍议

胡娇阳

“靖难之役”后，建文帝的行踪成为了600年来的明史第一谜案，至今仍为史学界众说纷纭。现将历史上建文帝的行踪诸说如阖宫自焚说、剃发出亡说、下西洋说、有僧归来说等分析如下：

一 建文帝行踪诸说及评述

（一）阖宫自焚说

《明史》中有这样一段关于建文帝下落的记载：“谷王橞及李景隆叛，纳燕兵，都城陷。宫中火起，帝不知所终。燕王遣中使出帝后尸于火中，越八日壬申葬之。”[①]《明太宗实录》也有关于建文帝下落的记载：“上望见宫中烟起，急遣中使往救。至已不及，中使出其尸于火中，还白上。上哭曰：果然若是痴骙耶。吾来，为扶翼尔为善，尔竟不亮，而遽至此乎！”而后，朱棣备礼葬建文君，“发哀，命有司治丧如仪，遣官致祭”[②]。

由此可发现，首先，“宫中火起”，中使出的是“帝尸”还是“帝后尸”，已经自相矛盾。其次，由《明太宗实录》中对明成祖朱棣哭泣的描述，可见朱棣本人对于修史的干预甚多，以致太宗实录修撰的都如此失实。再次，朱棣以礼安葬了建文帝，那么自然是天子之礼。而天子之礼非常隆重，皇陵自然会在南京的明孝陵中，但是，朱棣并没有以天子之礼待之，南京的明孝陵里也并没有建文帝的陵寝，朱棣定不会因为不认可建文帝而不以天子之礼葬建文帝，因为这与被篡改的《明实录》中塑造的形象相违背。所以，根据史书中记载的诸多自相矛盾之处，可见，建文帝自焚后葬身于宫中，此说法疑点颇多，但也不是完全没有可信之处。

个人认为自焚说的唯一合理之处就在于，如果建文帝离开了南京，必是要效仿唐玄宗遭逢“安史之乱”，被迫离开长安城后，以正式官宣招讨朱棣，毕竟朱棣是以下犯上，名不正言不顺，建文帝乃明太祖朱元璋钦定皇位继承人，在当时的大明天下里，建文帝理应号召天下讨伐朱棣，但是，“靖难之役”后关于建文帝讨伐朱棣的任何史料均未记载。或许建文帝最后确实留在宫中，在李景隆打开金川门迎接燕军时，建文帝无法承受近臣背叛带给自己的耻辱感，悲愤交集才走到堂堂一国之君，九五至尊，以阖宫自焚来昭告天下真正的君主被迫身亡的一步。

---

① ［清］张廷玉：《明史》卷四《本纪第四·恭闵帝》，北京，中华书局，1974年，第66页。

② 《明太宗实录》卷九下，永乐四年六月乙丑，第130页。

然而，自焚说仍然是疑点多于可信之处。先从宫中之火谈起，此火为谁所放尚有待商榷，传国玉玺流落何方亦是无人能知，在燕军进入皇宫后，“时有执方孝孺来献者，上指宫中烟，谓孝孺曰，此皆汝辈所为，汝罪何逃，孝孺叩头祈哀”[①]。方孝孺作为誓死效忠建文帝的臣子，“靖难之役”期间为建文帝出谋划策，建文帝若真是已自焚而亡，方孝孺只是叩头祈哀，此反应着实太过平静，这不免让人怀疑，也为下文的建文帝去向其他诸说埋下伏笔。

（二）剃发出亡说

据《明史》载：“或云帝由地道而亡。”[②] 多数人更采纳建文帝并未自焚，而是由地道出亡，至于建文帝出亡何处，说法不一。

谷应泰《明史纪事本末》载：

> 建文四年夏六月乙丑，帝知金川门失守，长吁，东西走，欲自杀。翰林院编修程济曰：“不如出亡。”少监王钺跪进曰：“昔高帝升遐时，有遗箧，曰：‘临大难，当发。’谨收藏奉先殿之左。”群臣齐言：“急出之！”俄而舁一红箧至，四围俱固以铁，二锁亦灌铁。帝见而大恸，急命举火焚大内，皇后马氏赴火死。程济碎箧，得度牒三张，一名应文，一名应能，一名应贤。袈裟、帽、鞋、剃刀俱备，白金十锭。朱书箧内：“应文从鬼门出，余从水关御沟而行，薄暮，会于神乐观之西房。”帝曰：“数也！”程济为帝祝发。吴王教授杨应能愿祝发随亡，监察御史叶希贤毅然曰：“臣名贤，应贤无疑。”亦祝发。各易衣披牒。在殿凡五六十人，痛哭仆地，俱矢随亡，帝曰：“多人不能无生得失，有等任事著名，势必穷诘；有等妻子在任，心必萦系，宜各从便。”御史曾凤韶曰：“愿即以死报陛下！”帝麾诸臣，大恸，引去若干人。九人从帝至鬼门，而一舟舣岸，为神乐观道士王升，见帝，叩头称万岁，曰：“臣固知陛下之来也。畴昔高皇帝见梦，令臣至此耳！”乃乘舟至太平门，升导至观，已薄暮矣。俄而杨应能、叶希贤等十三人同至。[③]

之后建文帝就带着这批人在湖南、湖北、云南、四川、广西、福建到处云游。此作为民间掌故传说，只能听听而已，不足为信。但建文帝削发为僧出逃，却在诸多史料中得到印证。

《明史》中记载：（永乐）十六年三月入觐，年八十有四矣。病甚，不能朝，仍居庆寿寺。车驾临视者再，语甚欢，赐以金唾壶，问所欲言。广孝曰：“僧溥洽系久，愿赦之。”溥洽者，建文帝主录僧也。初，帝入南京，有言建文帝为僧遁去，溥洽知状，或言匿溥洽所。帝乃以他事禁溥洽，而命给事中胡濙等遍物色建文帝。久之不可得。溥洽坐系十余年，至是，帝以广孝言，即命出之。[④]

姚广孝为溥洽求情这段话，为后世认可建文帝为僧出亡提供了证据。明朝万历年间沈德符的

---

① 《明太宗实录》卷九下，永乐四年六月乙丑，第 131 页。
② ［清］张廷玉：《明史》卷四《本纪第四·恭闵帝》，第 66 页。
③ ［清］谷应泰：《明史纪事本末》卷十七，《丛书集成新编》，中国台北，新文丰出版公司，1985 年，第 40 页。
④ ［清］张廷玉：《明史》卷一四五《列传第三十三·姚广孝》，第 4081 页。

《万历野获编》中记载："少帝自地道出也，踪迹甚秘，以故文皇帝遣胡濙托访张三丰为名，实疑其匿他方起事。"[①]明成祖派胡濙以寻访张三丰为名寻找建文帝，在《明史·胡濙传》中亦得到了印证。"惠帝之崩于火，或言遁去，诸旧臣多从者，帝疑之。五年遣濙遍行天下州郡乡邑，隐察建文帝安在。二十一年还朝，驰谒帝于宣府。帝已就寝，闻濙至，急起召入。濙悉以所闻对，漏下四鼓乃出。先濙未至，传言建文帝蹈海去，帝分遣内臣郑和数辈浮海下西洋，至是疑始释。"[②]

可见，明成祖朱棣对建文帝及其太子朱文奎的踪迹始终心怀芥蒂，以致在永乐二十一年（1423）胡濙半夜来报，朱棣虽已就寝，仍然"急起召入"，具体汇报什么内容，并没有记载下来，但是说朱棣"疑始释"，说明关于朱棣心中最无法释怀的疑问得到了解答。综上可见，建文帝为僧出亡说较令人信服。

（三）下西洋说

"成祖疑惠帝亡海外，欲踪迹之；且欲耀兵异域，示中国富强。"[③]所以，便有了建文帝出逃南洋的说法。然而，笔者认为，派郑和七次下西洋，只为寻找建文帝，此说法不通，且不说如此大阵仗出南洋耗费人力物力，即使建文帝在南洋，也早已打草惊蛇。笔者以为明成祖之所以有下南洋之举，或许夹杂着寻找建文帝的理由在内，但是这应该不是主要目的。从《明实录》中，我们可以看到大量朱棣登基后，对外交流的举措，或许，这与其本人长期驻扎边塞的经历有关系，以至于他本人有这种与周边藩属国交流的意识，且其为篡位登基，既需要耀兵扬威展示其治理下的明朝富有强盛，也需要得到周边诸藩属国的认同。《明太宗实录》载："遣中官郑和等赍敕往谕西洋诸国，并赐诸国王金织文绮彩绢各有差。"[④]于是，便有了大明朝的"厚往薄来"的朝贡贸易。明成祖曾经给西洋各国有一个诏书，这个诏书有以下这么几句话："朕奉天命，君主天下，一体上帝之心，施恩布德。凡覆载之内，日月所照、霜露所濡之处，其人民老少，皆欲使之遂其生业，不至失所。"[⑤]这表达了明成祖认为自己身为天子，对于天下应广施大爱的世界观。所谓"溥天之下莫非王土"，明成祖希望通过郑和下西洋将自己的治世之道播于天下，让天下人臣服于自己建立的明王朝。《明史》中记载，明成祖在晚年时已是"威德遐被，四方宾服，受命而入贡者迨三十国"，"幅员之广，远迈汉唐"[⑥]。可见，明朝的朝贡贸易在一定程度上达到了明成祖朱棣的政治目的。

（四）有僧归来说

关于建文帝为僧数十载，年近古稀后思归故土之说，在《明英宗实录》和《明史》中均有记载。

明英宗正统五年（1440），"有僧年九十余，自云南至广西，云：'我建文帝也。张天师言我

---

① ［明］沈德符：《万历野获编》卷一《列朝建文君出亡》，《中国野史集成》第38册，成都，巴蜀书社，2000年，第8页。

② ［清］张廷玉：《明史》卷一六九《列传第五十七·胡濙》，第4534—4535页。

③ ［清］张廷玉：《明史》卷三百四《列传第一百九十二·郑和》，北京，中华书局，1974年，第7766页。

④ 《明太宗实录》卷四三，永乐三年六月己卯，第685页。

⑤ 参见《毛佩琦说"明"》，《郑和下西洋六百年祭》上，央视国际，2005年7月12日。

⑥ ［清］张廷玉：《明史》卷七《本纪第七·成祖三》，第105页。

四十年苦，今数满，宜还国。’谒思恩自言。岑瑛送之京师。会官鞫之。其姓名为杨应祥，钧州人，洪武十七年度为僧，游两京、云、贵、以至广西。上命锢之锦衣卫而死。同谋僧十二人俱戍边。”①《明史·恭闵帝纪》载：“或云帝由地道出亡。正统五年。有僧自云南至广西，诡称建文皇帝。思恩知府岑瑛闻于朝。按问，乃钧州人杨行祥，年已九十余，下狱，阅四月死。同谋僧十二人，皆戍辽东。自后滇、黔、巴、蜀间，相传有帝为僧时往来迹。”②

明英宗时期的这位不知是叫杨应祥还是叫杨行祥的僧人，自称自己是建文帝，但是其年龄已90岁，与建文帝实际年龄不符合，后被锢之于锦衣卫处死，同谋的僧人十二人被发配戍边。笔者认为，此事件肯定并非杜撰，但是此僧人年事已高，90岁的和尚是出于什么目的会去妄称自己是建文帝？实在是匪夷所思。但是，此消息不胫而走，于是便有了之后关于建文帝为僧后归来的各种记载。

《明史纪事本末》载：

> 而帝适有南归之思，白其实，御史密以闻。阉吴亮老矣，逮事帝，乃令探之。建文帝见亮，辄曰：“汝非吴亮耶？”亮曰：“非也。”建文帝曰：“吾昔御便殿，汝尚食，食子鹅，弃片肉于地，汝手执壶，据地狗餂之，乃云非是耶？”亮伏地哭。建文帝左趾有黑子，摩视之，持其踵，复哭不能仰视，退而自经。于是迎建文帝入西内，程济闻之，叹曰：“今日方终臣职矣。”往云南焚庵，散其徒。帝既入宫，宫中人皆呼为老佛，以寿终；葬西山，不封不树。③

不仅《明史纪事本末》中详细记载了建文帝归来后与老太监吴亮的对质，就连明神宗时期的张居正也有了建文帝欲归骨故土的说法。《万历野获编》载：“甲戌年（万历二年，1574）今上（明神宗朱翊钧）御日讲，问辅臣以建文君出亡事，张居正对曰：‘此事国史无考，但相传正统间，于云南邮壁题诗，有流落江湖数十秋之句。一御使异而询之，自信建文帝，欲归骨故土。遂驿召入宫养之。时年已七八十，后不知所终。’盖江陵（张居正）亦不曾记忆《英录》中有此事也。”④

明末清初的查继佐所著《罪惟录》，列举了关于建文帝行踪的23种说法，其中否定了建文帝为僧出逃后再归来的说法。“正统五年，遂有僧自云南至广西，称建文天子，事泄，逮京师会审。供云：‘俗姓名杨行祥。’然则所为杨应能者，行祥所借也。行祥以洪武十七年度为僧，簿对确，毙狱，本末燎然。”⑤可见，杨行祥假借“应祥”之名妄称自己是建文帝的闹剧却有实事，连查继佐也怀疑其中的原因，“行祥敢于冒引，实本前疑”，但是建文帝最终是否为僧归来，他也持否定态度。“或云葬西山，不封不树。何不考帝礼葬原处，与皇后合兆，为恪遵太宗初制之洽于礼？”所以，建文帝归来之说有待商榷。

---

① 《明英宗实录》卷七十三，正统五年十一月丁巳，第1419页。
② ［清］张廷玉：《明史》卷四《本纪第四·恭闵帝》，北京，中华书局，1974年，第66页。
③ ［清］谷应泰：《明史纪事本末》卷十七，第47页。
④ ［明］沈德符：《万历野获编》卷一《列朝建文君出亡》，《中国野史集成》第38册，成都，巴蜀书社，2000年，第8页。
⑤ ［明］查继佐：《罪惟录》卷二《惠宗帝纪》，《续修四库全书》第321册，上海，上海古籍出版社，2002年，第61页。

二 关于建文帝行踪诸说的几点思考

（一）建文帝行踪诸说产生于其不同的历史背景

《明实录》的修撰是为明成祖朱棣证明其继承大统的合理性服务的，所以，在明成祖至明神宗之间，关于建文帝的行踪不敢妄议。而《明史》是清王朝编修的，目的是质疑明成祖朱棣一脉的明王朝的合理性，清代明治天下乃顺应天命。在《明史》中常见其对建文帝的同情，认为明成祖朱棣是“乘建文孱弱，长驱内向，奄有四海”[①]。基于以上两点原因，就能理解为何《明实录》与《明史》关于建文帝去向记载有所矛盾。在“靖难之役”事件当时的历史背景下，阖宫自焚说，昭告了建文帝不知所踪，主动逊国，而明成祖朱棣顺理成章是皇位的合法继承人。至万历年间，政治环境稍有宽松，才产生了民间通过各种方式悼念建文忠臣，以建文帝出亡诸说来缅怀不知所踪的皇帝，也有官员提出修建文史、复建文年号，这便有了关于建文帝去向的各种说法。

（二）建文帝出亡诸说构成其遁迹出亡的完整历史叙事，都有存在的合理性和可能性

鉴于《明英宗实录》中的记载和明神宗时张居正所言，可见建文帝为僧出亡说更有可能性，至于到底出亡到何地，江苏、浙江、四川、贵州、云南、福建等地的地方志和野史中均可发现建文帝遁迹的记载，似乎每一处地点所提供的史料都有可信度。我们不妨换一个角度看待，将建文帝出亡的各地绘制成一个踪迹图稿，似乎可以更鲜活地体现那个时代真实的历史，将故事转变为史事，这其中的每一个环节都无法缺失，都有其存在价值。

（三）从明至清关于建文帝的行踪诸说的演变是建文帝正统地位逐步恢复的过程

“靖难之役”后，明成祖朱棣为塑造自身统承明太祖的正统形象，隐去建文年号、建文帝谥庙和不修实录，“革除”了建文帝正统地位。随着明朝中期的政治环境松动，民间此消彼长的建文帝行踪开始逐渐出现在野史中，直至明神宗为护纲常，恢复建文年号，部分恢复了建文帝正统地位。明朝后期至南明时期，先有官员以东林党与阉党对抗为契机，提出补建文谥庙、赠谥建文诸臣来彰显忠义，后有南明弘光帝为笼络人心、昭示正统修建文实录，都是为建文帝的正统地位逐步恢复奠定基础。直至清朝为宣誓示清接明统，纂修《明史》，为建文帝追谥“恭闵惠皇帝”，完全恢复了建文帝的正统地位。这完整的恢复过程，是一个跨越明清两代的漫长过程，是在当朝朝廷与民间人士之间的不断互动中得以实现的。

三 新时代背景下研究建文帝踪迹的意义与价值

“靖难之役”至今已600年，朱棣一脉的明王朝对建文帝的去向始终是有闻必报，直至取而代之的清王朝，也对建文帝的去向孜孜不倦，那么，在现如今的新时代里，为什么还有如此高涨的热

---

① ［清］张廷玉：《明史》卷七《本纪第七·成祖三》，第105页。

情，不遗余力地研究建文帝的行踪呢？不得不说，这是饶有志趣去探讨的。笔者认为，近百年来我们在不同的历史时空里，价值观、世界观并非一成不变，以至于不同时代里对事件的道德价值评判标准发生了变迁，那么，这就要求我们在当今时代下研究建文帝的行踪，不仅应在超越历史时空的环境中重新审视，更应悉知该项研究对于现当代环境的意义与价值。

（一）重新正视“尊尊”“亲亲”的周礼秩序

当今时代，我们仍然研究建文帝的踪迹，有助于帮助当代年轻人重新正视“尊尊”“亲亲”的周礼秩序，有力抨击现如今所谓的伪“民主与公正”下的无礼制秩序感的社会现象，唤醒人们心中的“忠孝节义”的道德价值观。

众所周知，“靖难之役”事变当时，明成祖朱棣以礼葬建文帝，但是并没有给予谥号。所谓盖棺定论，终明一朝，却没有给予建文帝一个名分，而建文帝的谥号竟然是由取而代之的清王朝给予追认的，这真是历史的讽刺，也是对明成祖提倡的“尊尊”“亲亲”祖训的讽刺。《清实录》载：

> 辛未。命议谥明建文帝。谕。易名以谥。古之制也。自周公定位谥法。后世帝王。未有无谥者。明建文为太祖之嫡孙。缵承大统。在位四年。固俨然天下共主矣。及成祖既立。有其天下。并去其年号。而史官所书，则仍称为建文元年二年三年四年。此国之所赖有信史也。然不系之以谥。而称曰建文皇帝。此俗称，非史体也。传之后世，殊为阙典。考之太祖有元之天下，而谥元主为顺帝。我世祖章皇帝代明之天下，而谥明主为愍皇帝，虽更姓改物之君。尚且追谥，而无所嫌忌，况当其世者乎。宏治以来。如杨循吉诸人。屡以为请，迄寝不行。皆以后世子孙席有成祖之业。故不敢变乱旧章。而不虑其贻议来世也。我国家谥崇祯而不谥建文者，以明史未竣。非当时所急，今史书既成，若不及此追谥。良为遗憾。著大学士九卿会议。确拟具奏。候朕亲加以裁定。①

清王朝为明朝不知所踪的皇帝议谥，虽然有安抚天下、笼络人心的政治目的，但此举确实应为世人所赞叹。不仅体现清王朝的大度作为，也反讽了明成祖朱棣对于建文帝的不妥当处理。“尊尊”“亲亲”就是以忠君王与小宗服从大宗为基本原则出发的宗法等级制度，在当时的历史时空中，朱棣取代建文帝，此为篡位行为，是为世人所诟病的，连《明史》中亦予以批判，“革除之际，倒行逆施，惭德亦曷可掩哉！”② 所谓“以史为鉴”，历史就是明镜台，观历史事件，并非保守的复古，而是让今天的我们有所思考，对自身言行予以道德价值观的约束。

（二）超越历史时空的传统文化的迭新

我们既然将“靖难之役”放在了当时的历史时空中，并对其道德价值予以了正确的评判，不难发现，在现代研究建文帝的踪迹，对于当下我国传统文化有着层出迭新的作用。固然，传统文化中

① 《清高宗实录》卷二〇，乾隆元年六月辛未，《清实录》第9册，北京，中华书局，1985年，第494页。
② ［清］张廷玉：《明史》卷七《本纪第七·成祖三》，第105页。

有其封建旧制里腐朽落后的糟粕，但我们应该去粗取精，将超越历史时空下的优秀传统文化赋予新的生命。例如，本着“清君侧”名义实为造反夺位的朱棣，对于建文帝的生母胞弟、亲生幼子的处置方式与其在《明实录》中塑造的只为擒奸臣的忠君爱国的形象自相矛盾。

> 太后吕氏，故懿文太子追崇兴宗康皇帝之继配也。太子娶开平主常遇春女为妃，先薨，以太常卿吕本女为继。建文帝即位，追尊常氏为懿敬孝康皇后，吕为皇太后。及文皇兵入，召后至，告以不得已举兵之意，后出宫复故号为太子妃。……惟少子允熙，先封徐王，改封敷惠王，随母吕太妃居懿文陵园。永乐四年，火起于邸中暴卒，追谥哀简。盖以吕后生，不欲显诛之也。经吕后遂不知所终……然吕后竟无讳日可考，亦无谥号追赠。①

> 惠帝少子文圭。年二岁，成祖入，幽之中都广安宫，号为建庶人。英宗复辟，怜庶人无罪久系，欲释之，左右或以为不可。帝曰：“有天命者，任自为之。”大学士李贤赞曰：“此尧、舜之心也。”遂请于太后，命内臣牛玉往出之。听居凤阳，婚娶出入使自便。与阍者二十人，婢妾十余人，给使令。文圭孩提被幽，至是年五十七矣。未几卒。②

吕太后在靖难后，其太后名号被废黜，改称皇嫂懿文太子妃，随后又与幼子允熙被迁往明东陵为懿文太子朱标守陵。而后，幼子允熙在府邸被大火烧死，吕太后不知所踪，没有记录下死亡的时间，所谓“无讳日”，不禁令人感叹明成祖所谓“清君侧”以“法周公辅成王”之名，实属掩人耳目。建文帝长子朱文奎不知所踪，幼子朱文圭的命运更是令人唏嘘。靖难时，少子文圭年仅两岁，被软禁在广安宫，称为“建庶人”，一生被囚，不会说话，不辨牛马，不识男女，明英宗以尧舜之心将其释放，很快便去世。明史中的这两段记载尽显后世的同情怜惜之感。

仁爱精神是儒家文化的重要特色，具有超越时空的魅力和价值。《论语》载：“樊迟问仁，子曰：‘爱人。’”孟子说：“仁者爱人。”在封建社会里的一国之君尚且言行都受儒家道德观的约束，后世可以予以评判，在当今法治社会里，我们更不能忘却道德约束体系的重要性，在法表儒里的社会里心怀仁爱之心，用爱人之心去对待他人，这也是构建和谐社会的重要力量。

（三）服务地方文化建设的机遇

600 年来，关于建文帝的踪迹始终是谜，永乐皇帝一脉下的明王朝尚且无法证实的史事，清王朝时期说法越来越多，时至今日，可能是更加扑朔迷离，理不清且理还乱了。我们不妨换个角度看待问题，当今关于建文帝的踪迹研究，结合了现代化的科学考古考证，用史书记载予以佐证，不仅具有历史研究的意义，又能将历史研究转化为文化现象研究，这对于地方文化的建设也是一种机遇。

近年来，关于建文帝最后的落处是众说纷纭，全国各地涌现了许多关于建文帝的遗迹。例如，

① ［明］沈德符：《万历野获编》卷三《宫闱故后无讳日》，第 50—51 页。

② ［清］张廷玉：《明史》卷一一八《列传第六·诸王三》，北京，中华书局，1974 年，第 3615 页。

云南省楚雄州武定县狮山上，有一座名为正续禅寺的寺庙。在寺庙的大柱子上有一副楹联，上联是“僧为帝帝亦为僧，数十载衣钵相传，正觉信然皇觉旧”，下联为“叔负侄侄不负叔，八百里芒鞋徒步，狮山更比燕山高”。于是，正续禅寺被认为是建文帝最后的落脚地，该禅寺所在的狮子山，也成为了云南省重点文物保护单位。再如，宁德霍童支提寺云锦袈裟的出现，以及在距离支提寺不远的上金贝古墓的发掘，认定了建文帝最终出亡宁德，而且，在对比和研究关于建文帝的史料，以及对于上金贝古墓的文物考证上，宁德市的地方文史工作者无疑比其他地方关于建文帝的研究深度和广度上更为领先。以上这些关于建文帝的踪迹的探究对于当地的文化建设都具有积极的意义，我们都应当予以肯定。

（作者胡娇阳，闽南师范大学闽南文化研究院）

论明代吏部尚书的年龄构成

郭培贵　罗国澄

洪武十三年（1380）废中书省后，吏部尚书直接向皇帝负责，“掌百官之贤否黜陟”[①]，名臣蹇义、王翱、王恕、杨一清、高拱、孙丕扬等都曾主掌过吏部事务，对明代政治与社会产生了重大影响。探讨吏部尚书的年龄构成，对于评估明代铨政的运作水平及政局的稳定性，以及推动吏部尚书群体研究的深入，都具有重要意义。学界迄今仅有两篇硕士学位论文研究了明代吏部尚书的任期问题[②]，但尚未见研究明代吏部尚书年龄构成的专门成果，本文拟对此进行探讨，以期促进该研究的深入并求教于方家。

一　明代吏部尚书年龄构成的总体特点及其成因

考察明代吏部尚书群体年龄构成的总体特点及其成因，就必须首先明确以下两个问题：一是该群体的内涵，也即本文所论“吏部尚书”是指洪武十三年至崇祯十七年（1644）在明朝京师以吏部尚书正常任职（以下均称“真”吏部尚书）、试职或以他职兼职、署职和“署部事”等形式的“实掌吏部尚书事”者。二是该群体的规模，经笔者依据相关史籍并参照今人研究成果逐一考证，确知该群体共有121人[③]；相关文献对其“中进士年龄”“始掌吏部事年龄”和“任职时间”有明确记载者，分别为88人、92人和114人，分别占进士出身者总数的87.13%、“掌吏部事者”总数的76.03%和94.21%，当可反映明代吏部尚书群体的一般年龄构成状况，相关统计结果如表1所示。

---

① 《明神宗实录》卷三〇三，万历二十四年十月己巳，中国台北，“中研院”历史语言研究所1962年影印本，第5676页。

② 详见廖义刚：《明代洪武时期吏部尚书研究》，西北师范大学硕士学位论文，2011年，第28页；闫福新《明代吏部尚书研究》，山东师范大学硕士学位论文，2017年，第192页。

③ 其中，以吏部尚书正常任职者85人、试职者1人，以他官兼职者1人、署职者1人、署部事者32人。

表 1 明代吏部尚书中进士、掌吏部事平均年龄与平均任职时间统计[①]

可考人数及平均中进士年龄		可考人数及平均掌吏部事年龄		可考人数及平均任职年限	
88 人	29.16 岁	92 人	62.77 岁	114 人	2.32 年

资料来源:《明代登科录汇编》,学生书局 1969 年影印本;《天一阁藏明代科举录选刊·登科录》,宁波出版社 2006 年影印本;历朝《明实录》,"中研院"历史语言研究所 1962 年校印本;[明]徐学聚《国朝典汇》,北京大学出版社 1993 年影印本;[明]雷礼《国朝列卿纪》,明万历徐鉴刻本;[明]朱元璋《逆臣录》,北京大学出版社 1991 年点校本;[明]王世贞《弇山堂别集》,《景印文渊阁四库全书》第 409—410 册;[清]谈迁《国榷》,中华书局 1958 年校补本;[清]张廷玉《明史》,中华书局 1974 年本;多洛肯《明代浙江进士研究》,上海古籍出版社 2004 年版;以及部分明人文集、地方志中的相应记载。为使结果尽量接近实年,首先采用神道碑铭、墓志铭的记载,《明实录》和《明史》相关列传次之,《登科录》《进士履历便览》再次之,为节省篇幅,此处仅以统计结果呈现。

由表 1 可知,明代吏部尚书在年龄构成上呈现出以下总体特点:

(一)中进士年龄普遍较小

明代 83.47% 的吏部尚书为进士出身,中进士年龄平均为 29.16 岁,较一般进士平均中式年龄小 5.27 岁,比地位更高的阁臣和品级相当的礼部尚书的平均中式年龄也要年轻 1 岁多[②]。具体到各年龄段,26—30 岁间中进士者占比最高,为 30.68%;31—35 岁间中进士者占比居次,为 29.55%;21—25 岁间中进士者占比排名第三,为 23.86%[③]。这源于其较强的科举竞争实力,特别是出众的文化素养,明代科举高度公平,竞争异常激烈[④],吏部尚书多在 30 岁前金榜题名,可见其属于进士群体中科举竞争能力优异的佼佼者。

(二)始掌吏部事年龄普遍较大

吏部尚书平均在 62.77 岁始掌部事,比礼部尚书大了 6.42 岁,也比阁臣平均入阁年龄大了 7.73 岁。吏部尚书中进士年龄普遍较小,而始掌部事的平均年龄反而更大,显示其平均仕履历练时间较长。各年龄段中,56—60 岁间就职者占比最高,为 25%;66—70 岁年龄段占比居次,为 20.65%;71—75 岁年龄段占比为 18.48%,61—65 岁年龄段占比则为 14.13%,位列第三、第四;排名第五的 51—55 岁年龄段占比为 10.87%[⑤]。

① 有关"官年"问题,笔者统计明代进士"洪武四年至嘉靖三十五年间平均少报 0.44 岁,嘉靖四十一年至隆庆五年间平均少报 1.82 岁,万历五年至明末平均少报居然达到 5.78 岁",详见郭培贵:《明代解元考中进士的比例、年龄与空间分布》,《清华大学学报(哲学社会科学版)》2012 年第 5 期。本文统计明代吏部尚书年龄仅有"官年"记载而无其他材料印证者共 21 人,笔者根据其"官年",再增加相应少报年龄,以求结果尽量接近实年,下文各项统计均照此处理,不再特别注出。

② 据今人研究,明代进士平均中进士实际年龄为 34.43 岁,阁臣平均中进士年龄为 30.4 岁,礼部尚书为 30.25 岁;阁臣的平均入阁年龄、在阁时间分别为 55.04 岁、5.24 年,礼部尚书的平均始掌部事年龄与任职时间分别为 56.35 岁、2.33 年,详见郭培贵:《中国科举制度通史·明代卷》,上海,上海人民出版社,2017 年,第 167 页;时亮、郭培贵:《明代阁臣群体的构成特点及其成因和影响——以阁臣的地域及户类分布、中进士及入阁年龄和在阁时间为中心》,《北方论丛》2015 年第 3 期;陈延轩:《明代礼部尚书群体研究》,福建师范大学博士学位论文,2017 年,下文遇有涉及不再注释。

③ 其余的 20 岁以下中式者与 36 岁以上中式者,占比分别为 4.55% 和 11.36%。

④ 明中叶后各省、直"科考"的平均录取率大致在 10%;乡试录取率,明初在 10% 上下,成化、弘治间定为 5.9%,嘉靖末年又降为 3.3%,实际录取率则更低于此。会试录取率自洪武至万历平均为 8.6%。永乐二年后,庶吉士考试平均录取率为 8.55%,详见郭培贵:《明代科举各级考试的规模及其录取率》,《史学月刊》2006 年第 12 期。

⑤ 其余的 36—40 岁、41—45 岁、46—50 岁及 76—80 岁任职者,占比则分别为 1.09%、1.09%、5.43%、3.26%。

吏部尚书通常年过花甲始掌部事，主要是由吏部的独特职能和地位决定的。吏部尚书“视五部为特重”①，非资深望重者不能服众，皇帝也需对其进行长期的观察考验，了解任职者各方面品质能力，方能判断其是否适合担任此职。而执掌铨选的职能也对其胸怀格局、综合能力和从政经验具有较高要求，胜任此职者，不仅需要有大局意识和秉公办事的素养，而且需要对中央和地方各职官的职能特点和铨选规则了如指掌，并有识人之明，才可能做到铨选得宜、令人信服，进而维护政局稳定，而这些能力都需要经历长期多样的行政历练才可能具备。相比而言，礼部尚书则清贵务虚，“并未真正处在明代权力斗争的中心”②，其改任吏部亦被视为升迁，在迁转序列中位置较低，任职要求自然较低。吏部尚书平均任职年龄大于权位更重的阁臣，则是因吏部尚书在制度上是明代地位最尊的行政官员，在铨选的实际能力上要高于阁臣，需要更长期的仕履历练。此外，科名差异也有一定影响，在始掌吏部事年龄可知的吏部尚书中，95.65% 为进士出身，其中有 3/4 是二甲、三甲进士，且其平均任职年龄随其科名层级下降而呈递增趋势③；而在任职年龄可知的阁臣与礼部尚书中，却以一甲进士及庶吉士出身者为主，占比分别达到 79.54% 与 80.12%④；由此可知，吏部尚书的科名层级总体较低，再加明中后期铨选日益重视出身资格，“取之有序，进之有等”⑤，作为吏部尚书主体的二甲、三甲进士出身者，自然需要更长时间的拼搏磨砺才能担任此职，故吏部尚书始掌部事的年龄偏高也就顺理成章。

（三）在任时间短促

明代吏部尚书平均在任时间仅 2.32 年，短于礼部尚书和阁臣。若将其任职时间按长度分层，则在任 1 年以下者占比最高，达 42.98%；在任 1—2 年者占比居次，为 25.44%；在任 2—5（含 5 年）年者占比排名第三，为 21.93%；在任 5—10 年者占比位列第四，为 5.26%。总的来说，任职时间在 5 年及以下者占比达 90.35%，仅有 5 人任职时间超过 10 年⑥。若按明代“三年初考、六年再考、九年通考”的考满时限衡量，则 78.94% 的“掌吏部事者”未及初考便已离任；达到初考时间者只有 14.91%；完成再考、通考者仅有 7 人，占比 5.78%，若以完成再考为久任标准，终明一朝仅有 7 人可称久任。

吏部尚书罕能久任，根源就在于其执掌铨政。此职一方面便于广结人脉，久任则有结党坐大的可能，故易受皇帝猜忌；另一方面，铨选又关系到每个官员的“核心利益”，故即使铨选公允，也不免会受到某些失意官员的嫉恨报复，明代 40.5% 的“掌吏部事者”都遭到弹劾，其中不少人受到处罚、罢职甚至身死，就说明了这一点。明中、后期各派政治势力间矛盾尖锐，往往试图干预铨

---

① ［清］张廷玉等：《明史》卷七二《职官志一》，北京，中华书局，1974 年，第 1734 页。

② 陈延轩：《明代礼部尚书群体研究》，福建师范大学博士学位论文，2017 年，第 103 页。

③ 经笔者统计，一甲进士出身者 4 人，平均中式年龄为 29.75 岁，平均始掌部事年龄为 54 岁，庶吉士出身者 18 人，各为 28.38 岁和 59.6 岁；二甲进士出身者 25 人，分别为 28.9 岁和 63.38 岁；三甲进士出身者 41 人，分别为 29.61 岁和 64.78 岁。

④ 详见时亮、郭培贵：《明代阁臣群体的构成特点及其成因和影响——以阁臣的地域及户类分布、中进士及入阁年龄和在阁时间为中心》，《北方论丛》2015 年第 3 期；陈延轩：《明代礼部尚书群体研究》，福建师范大学博士学位论文，2017 年。

⑤ 《明孝宗实录》卷四六，弘治三年十二月戊辰，第 93 页。

⑥ 任职 10 年以上者的占比为 4.39%。

衡、培植私人，在任者更成众矢之的，正德时刘瑾“欲迁刘宇吏部，急罢（许）进”[①]。此外，偏大的就职年龄，加之政务繁重，也对其健康状况产生一定影响，仅因老、病而卒于任上者就有 11 人，如万历时赵焕便“以勤瘁卒于京师”[②]。

（四）“真”吏部尚书始掌部事年龄较大，在任更久

在各任职形式的“掌吏部事者”中，“真”吏部尚书始掌部事的平均年龄最大，平均在任时间也最长。这主要是由其任职的正式性造成的：“真”吏部尚书权责地位最尊，选授最为郑重，对任职者德望、能力和行政经验要求也就最高，这自然需要经过长期多样的磨砺锻炼方能满足要求，据笔者统计，“真”吏部尚书在始掌吏部前平均要经历近 35 年的仕履磨砺[③]。正是经历了如此长期的历练和考验，才使其在品格、能力和声望等方面都更适合担任此职，故其平均在任时间长于“掌吏部事者”平均任职时间近半年[④]。其他任职形式的“掌吏部事者”则具有明显的过渡性，以“署部事者”为例，本就是为了在尚书之位虚悬期间暂时维持吏部运作，“可暂而不可久，可以举行常事，而不可以担当大事”[⑤]，天然缺乏久任的空间，且 75% 的署部事者本职为侍郎、给事中等官，与吏部尚书相差甚远，其任职要求相对较低，经历的锻炼磨砺较少，年纪通常更轻，自然很难长期担当铨政大任。

二　明代不同时段吏部尚书的年龄构成特点及其成因

深入探讨明代吏部尚书的年龄构成，有必要动态考察不同时段吏部尚书年龄构成的变化趋势及其成因，本文参考学界通行分期，以 90 年为一时段，将明代划分为三个阶段，即洪武十三年至天顺为明前期（1380—1464）、成化至隆庆为明中期（1465—1572）、万历至崇祯为明后期（1573—1644），各时段相关统计结果如表 2 所示。

表 2　明代各时段吏部尚书中进士、掌吏部事的平均年龄与平均任职时间统计

各时段	可考中进士年龄人数及其平均中进士年龄		可考始“掌吏部事”年龄的人数及其始“掌吏部事”平均年龄		可考任职时间人数及其平均任职时间	
明前期	5 人	30.8 岁	9 人	62.33 岁	21 人	4.46 年
明中期	46 人	27.89 岁	46 人	60.47 岁	46 人	2.22 年
明后期	37 人	30.53 岁	37 人	65.72 岁	47 人	1.47 年

资料来源同表 1。

---

① 《明武宗实录》卷四一，正德三年八月癸酉，第 955 页。

② 《明神宗实录》卷五八八，万历四十七年十一月辛巳，第 11252 页。

③ 据笔者统计，“真”吏部尚书平均中进士年龄为 28.7 岁，始掌部事平均年龄为 63.62 岁；而署部事者则分别为 30.55 岁和 60.66 岁。

④ 据笔者统计，“真”吏部尚书平均在任时间为 2.9 年；“掌吏部事”平均任职时间则为 2.32 年。

⑤ 《明神宗实录》卷三〇三，万历二十四年十月己巳，第 5676 页。

由表 2 可知，明代不同时段吏部尚书的年龄构成呈现出以下变化趋势：

（一）明后期相比中期中进士年龄明显上升

明前期吏部尚书中进士平均年龄为 30.8 岁，中期降至 27.89 岁，后期则增至 30.53 岁。具体到各年龄段，明前期 31—35 岁中式者占 40%，21—25 岁、26—30 岁、36—40 岁中式者各占 20%；明中期 21—30 岁中进士者占比升至 69.57%，30 岁以上中进士者占比降至 26.08%；明后期 21—30 岁中进士者占比降至 37.84%，30 岁以上中进士者占比升至 56.76%[①]。明前期进士出身的吏部尚书仅 5 人，其平均中式年龄易受偶然因素影响；明中期、后期吏部尚书全为进士出身，更能反映中进士年龄的实际变化趋势，总体上吏部尚书中进士平均年龄逐渐增大，与科举竞争日益激烈导致进士平均中式年龄渐增的趋势一致。

（二）明后期“始掌吏部事”年龄增大

明前期吏部尚书的平均“始掌吏部事”年龄为 62.33 岁，中期降至 60.47 岁，后期骤增至 65.72 岁。具体到各年龄段，明前期 56—60 岁、66—70 岁间就职者占比均为 33.33%，36—40 岁、61—65 岁、71—75 岁间就职者均占 11.11%；明中期，60 岁以上任职者占 54.35%[②]，不再有 40 岁以下的就职者，并首次出现了 75 岁以上就职者；明后期，41—65 岁间就职者占比下降了 21.98%，66 岁以上就职者占比达到 56.76%，呈现出明显的大龄化倾向。

吏部尚书“始掌吏部事”年龄渐增是综合因素作用的结果：明前期，吏部尚书多由皇帝“特简”，选任缺乏规范，既有王翱等年过七旬者，也有蹇义于不惑之年便执掌吏部者；但随着文官铨选的逐渐规范化，逐渐形成了对任职者德望、资历、经验的极高要求，“始掌吏部事”年龄的增长正反映了这一趋势；同时明后期科举竞争日益激烈，平均中进士年龄增大，“始掌吏部事”年龄也水涨船高，而官僚队伍的不断膨胀，一方面造成要职稀缺，竞争愈加激烈；另一方面铨政更加繁重，提高了对吏部尚书行政能力的要求，这些都使得官员需要更长时间的行政历练和资源积累才能执掌吏部。

（三）明中后期在任时间缩短

明前期吏部尚书平均任职时间为 4.46 年，中期减至 2.22 年，后期更降到 1.47 年。具体来说，明前期，任职时间在 1 年以下者占比最高，为 38.10%，1—2 年者占比居次，为 23.8%，排名第三是在任 2—5 年及 10 年以上者，占比皆为 19.05%，久任者数量位居各时段之首，但都集中在永乐元年（1403）后，洪武朝 13 人平均在任时间仅 1.13 年。明中期，在任 1 年以下者占比仍位居首位，为 34.78%，在任 10 年以上者仅 1 人；明后期，在任 1 年以下者占比升至前所未有的 53.19%，

---

① 明中期 20 岁以下考中进士者的占比为 4.36%，明后期则为 5.4%。

② 明中期在 41—60 岁（不含 60）间任职者，占比为 46.65%。

无人在任 10 年以上[①]，更迭速度达到了顶峰。

明代各时段吏部尚书在职时间的缩短，与其个人状况、吏部尚书的特殊地位及政治局势的变化密切相关。开国伊始，太祖忌惮臣下专擅，尚书更迭极快，如洪武十三年，吏部尚书"偰斯，正月任，二月改礼部；洪彝，正月任，寻免；刘崧，四月，礼部侍郎署，五月致仕"[②]；任免就如走马灯，自然缩短了在职时间；建文以后君臣相得，政局趋稳，吏部尚书多能久任，如建文四年（1402）九月，蹇义为吏部尚书，一直到宣德十年（1435）正月卒于任上，任职达 32 年之多；王直自正统八年（1443）正月为吏部尚书，一直到天顺元年（1457）正月致仕，任职 14 年整[③]。由此自然提高了明前期吏部尚书的平均在任时间。而明中后期吏部尚书更迭速度加快的原因，则主要有以下几点：其一，整个文官群体任职由"久任"变为"速迁"，成为不可撼动的变化趋势[④]，吏部尚书任职不可能不受其影响。其二，任职者整体素质下降，官场风气日趋败坏。如正德初年，刘瑾专权，"变乱旧格，贿赂肆行"[⑤]，焦芳任吏部尚书仅半年，就因"附瑾入内阁"[⑥]；刘宇也因附瑾而升吏部尚书，任职仅十月也入阁；张彩附瑾为吏部尚书一年多，即因瑾倒台而下狱受诛。其三，就职年龄普遍增大也使其难以应对繁重的政务和复杂的政治环境，而不能久任其职。其四，皇帝猜忌、朝堂政争等外在因素也造成吏部尚书任期日渐短促，如崇祯朝吏部尚书平均在任时间就仅有 1.29 年。

三　明代吏部尚书年龄构成特点的影响

明代吏部尚书年龄构成状况既是综合因素作用的结果，也对明代政治产生了深远影响，具体可概括为三个方面：

吏部尚书的总体素养与吏部作为"六部之首"的位置相称。吏部尚书主管铨政，而"铨衡之司，黜陟用舍，所系尤重"[⑦]，"非德足以格君正国，才足以察理辨物者，莫宜为之"[⑧]，较大的任职年龄既是因为主持铨务须有丰富的从政经验和人生阅历，也是"天官"高位要求与之相称的威望资历的必然结果，王直、王翱、王恕、马文升、孙丕扬等吏部名臣，任职时均已年过花甲甚至古稀之龄，宦海沉浮数十年，或历官多任，经行政、司法、监察、军事等多方面的职务锻炼，或久在中枢观摩、参与大政，至任职时普遍已锻炼出了良好的大局观，谙熟内外文官职掌和铨选规范，具备观人识才的眼光，其出身、干才、德望、资历都足以服众，如王恕任职前已"历官凡十六转，任事几四十年，或入陪庙堂，或出巡方岳"[⑨]，身负天下之望，正与吏部尚书七卿之长的崇高地位相称。

---

① 明中期在任 1—2 年（包括 2 年）、2—5 年（包括 5 年）、5—10 年及 10 年以上者的占比分别为 26.09%、30.44%、6.52%、2.17%；明后期在任 1—2 年（包括 2 年）、2—5 年（包括 5 年）、5—10 年者的占比分别为 25.54%、14.89%、6.38%。

② ［清］张廷玉：《明史》卷一一一《七卿年表一》，第 3396 页。

③ 详见［清］张廷玉：《明史》卷一一一《七卿年表一》，第 3404—3423 页。

④ 郭培贵：《明代学校科举与任官制度研究》，北京，中国大百科全书出版社，第 500 页。

⑤ ［清］张廷玉：《明史》卷三六〇《张彩传》，第 7841 页。

⑥ ［清］张廷玉：《明史》卷一八一《谢迁传》，第 4819 页。

⑦ ［明］柯暹：《东冈集》卷三，《四库全书存目丛书》本，第 523 页。

⑧ ［明］王恕：《王端毅奏议》，《景印文渊阁四库全书》第 427 册，中国台北，台湾商务印书馆，1986 年，第 455 页。

⑨ ［明］王恕：《王端毅奏议》，《景印文渊阁四库全书》本，第 579 页。

吏部尚书总体上履行了铨选职能。明代吏部尚书基本上都饱经考验锻炼，能履行好其铨选职能，杜请托，抑幸进，选任贤才，罢黜不肖，调和人事，稳定政局，推动文官群体吐故纳新，维护正常铨选秩序，如辅佐英宗、景帝两代帝王的吏部尚书王翱，在任期间“严考察，公铨注，抑奔竞，杜请寄，一时任使并称得人”①，明中后期士风渐颓、奔竞日盛，但吏部尚书中仍不乏清廉干练之士，如万历朝的陆光祖，“老成周慎，熟于掌故，藻鉴精明”②，能“负人伦之鉴，秉坚定之力，乃能不爽于品题，不摇于群议”③，纵是政局纷乱的天启年间，也有周嘉谟整肃铨政，唯才是任，使乱政党人“渐自引去，中朝为清”④。明代铨政之所以能始终维持一定程度的正常运作，整体上为明廷统治起到积极作用，相当程度上应归功于这些廉洁自持又极富干才的吏部贤臣。

吏部尚书不断推动了铨选制度的发展和完善。吏部尚书久经宦海历练，自然也对铨制不足与官场时弊洞若观火，任职后通常会积极向皇帝建言献策，推动明代文官铨选制度的发展完善，此类例子不胜枚举，如在文官考核方面，成化末年李裕认为“人材质不同，偏执类酷，迟钝类软。乞立‘才力不及’一途，以寓爱惜人才之意”⑤，推动了“考察”八法的成型；隆庆朝大学士高拱兼署吏部尚书时，认为部分边远州县员缺若待双月“急选”，不免乏人废事，提出今后吏部遇有此类官缺，则以“起送起复、裁革二项府佐官员到部者”⑥即行除补，以保证边地州县政府的正常运转；万历朝孙丕扬创立“掣签法”，则令明代文官铨选在形式公平上达到了历史顶峰，清廷承袭此制的同时，盛赞其“悉本于至公，洵为典铨不易之良规矣”⑦。而其他官员进言凡有论及铨政，皇帝亦多命吏部尚书斟酌覆奏，其意见同样具有重要影响，这使得吏部尚书能够充分发挥其能力、经验优势，全面参与到明代文官铨选制度发展进程中，兴利除弊，革新铨政，不断巩固明王朝的统治。

四 结语

从上述对明代吏部尚书群体年龄构成特点及其成因和影响的探讨中，笔者认为有三个方面尤其值得注意，具体如下：

明代吏部尚书的地位和职务决定了其始掌部事的年龄区间。自明初废除丞相后，以吏部为首的六部直属皇帝，吏部尚书既在制度上是明代地位最高的行政官员，又在客观上要求只有具备十分丰富的从政经验和卓越能力的人，才有可能胜任这一职务；这就决定了吏部尚书理应比其他五部尚书具备更为全面丰富的仕宦经历，因只有如此，才可能达到以上条件。而我们实际考察明代吏部尚书群体的仕宦经历，绝大部分吏部尚书也确实都经历了从基层到高层、主管过多种政务的为官履历，这不仅使其谙熟国家不同层级官僚机构的运行和实务操作，而且了解官场的各种规则利弊，积累了

① ［明］焦竑:《国朝献征录》卷二四《吏部一·吏部尚书王翱传》,《明代传记丛刊》第2册，中国台北，明文书局，1991年，第145页。

② ［明］焦竑:《国朝献征录》卷二五《吏部二·陆庄简公光祖传》,《明代传记丛刊》第2册，第234页。

③ ［明］焦竑:《国朝献征录》卷二五《吏部二·陆庄简公光祖传》,《明代传记丛刊》第2册，第234页。

④ ［清］张廷玉等:《明史》卷二四一《周嘉谟传》，第6259页。

⑤ ［清］张廷玉等:《明史》卷一六〇《李裕传》，第4370页。

⑥ ［明］高拱:《高文襄公文集十五种》卷九《议处府佐官疏》,《明别集丛刊》第二辑第90册，第92页。

⑦ ［清］曹仁虎等:《钦定续通志》卷一四一《选举略》,《景印文渊阁四库全书》第394册，第308页。

丰富的经验，增长了见识和能力；这自然需要一个漫长甚至曲折的过程，由此也就造成了任职者始掌部事的年龄通常都至花甲之年的状况。

明代吏部尚书虽为“七卿”之首，但出自一甲进士者只有4位，仅占其总数的3.3%，且皆为“署部事”，而二甲、三甲进士则构成了吏部尚书群体的主体，其中又以三甲进士最多，占进士出身吏部尚书总数的56.44%。这一“反差”，固然与明代一甲、二甲、三甲进士分别占进士总数的1.09%、26.31%、72.6%塔型分层结构有关，但主要还是由于明代统治者在选任吏部尚书时，既重出身，但更重能力和威望的考量造成的。一甲进士固然功名最高、文化素养出众，但其以翰林起家，仕途清贵，专精文翰，往往因仕履单一而造成理政能力的不足，而相比之下，二甲、三甲进士多以州官、县官起家，从基层起步，一步步升至“天官”尊位，在长期、激烈的竞争中锻炼磨砺出了强大的综合素质，积累了丰富的实践经验和威望、人脉，又熟知官场规则，对实际官僚机构的运作也有系统认识。可见明王朝选任吏部尚书虽重出身，但不唯出身，在同样具备进士功名的前提下，更加看重政务能力、德望等条件。

明代吏部尚书任期短暂，则应主要是由皇帝在进行吏部尚书任免决策时通常优先考虑有利于统治集团内部各派势力的平衡尤其是政局的稳定引起的，而尚书人选的施政能力是否最为适合该职务的需要则往往退居考量的次要地位，在党争日益激烈的明后期尤其如此；这就自然造成了称职者未必能够久任的局面。这种在吏部尚书任免中过分追求平衡和稳定政局的取向，实际上导致了明王朝铨选质量和统治效能的下降，成为加速明王朝灭亡的重要原因。

（作者郭培贵、罗国澄，福建师范大学社会历史学院）

祖制重现：世宗勤政与嘉靖朝政治文化

——以嘉靖朝宦官政治为中心

王　剑

在关于明代宦官政治的研究中，“内臣之势，惟嘉靖朝少杀”的现象引起不少学者的关注。[①] 嘉靖朝宦官政治所呈之态，明人及后世学者多将原因归结于“世宗驭内侍最严”。“世宗驭内侍最严”固然可以解释“内臣之势，惟嘉靖朝少杀”的表面现象，但与嘉靖朝宦官政治的发展及众多高级宦官权势之大、地位之高的事实并不相符，也不能很好地解释为什么嘉靖朝的宦官没有像明代其他时期那样发挥特别的作用。嘉靖朝宦官在政治上的无为，固然与世宗皇帝驭内最严有关，但更重要的是因为世宗在决策和理政上勤于上朝、亲批章奏，依凭自己的意志亲批阁票，使得宦官在政治上远离了中枢决策的体制。如果说明代其他时期宦官能在政治上发挥重大作用，是因为通过司礼监代为批红而实现了体制上参与的话，那么嘉靖朝宦官在政治上不能有所作为，恰恰是因为世宗皇帝在决策体制上回归祖制，而使得宦官在体制上的参政权被收回了。世宗在中枢决策中的作用和理政方式的特点，是对明代内阁政治产生之初皇权理政典型形态的重现。嘉靖朝宦官政治文化，实际上只是世宗的皇权表达所呈现出政治生态的一个表现而已，它与世宗对朝政的绝对专制、世宗与内阁首辅间相互依赖的政治关系、内阁首辅与宦官间固有关系的松弛，共同构成嘉靖朝复杂的政治生态。

一　被误读的嘉靖朝宦官政治

相较于明代其他时期，世宗嘉靖皇帝对前朝宦官为祸之认识以及对本朝宦官的限制与打击，是较为突出的。数其著者，当为即位之初通过即位诏革除正德朝为祸甚烈的宦官，以及召回驻外的镇

---

① 林延清：《论明世宗打击和裁抑宦官》，《史学集刊》1994年第4期。程念祺：《“票拟”与内阁的权力扩张》，《历史教学问题》2012年第5期。齐畅：《麦福与明代嘉靖朝政局》，《明史研究》，2013年。侯鑫忠：《明世宗抑制宦官措施述论》，《天水师范学院学报》2013年第2期。也有研究生学位论文涉及，如吕晓斌的硕士学位论文《嘉靖朝宦官研究》。

守太监并停废这一行之百年的镇守太监制度[①]。如果说，世宗初年，朝廷通过大行皇帝的遗诏和新君即位诏打击宦官、实现革故鼎新的作用常为史家忽视的话，那么，世宗嘉靖初政，在张璁等人力促下对相沿百余年镇守太监的裁撤，则在一定程度上对后人认知世宗的宦官政策起到了掩盖作用。

明代官方文献及后世史家论及嘉靖朝宦官之政多会只言及此两方面。止步于这种表象，而对世宗之于宦官的态度缺少深入解读，实是对嘉靖朝宦官政治实况的误读。

世宗初政，严厉打击前朝宦官，明代的官方文献给予很高的评价。《明实录》曾引时任内阁首辅杨廷和的疏言："陛下嗣登大宝一月以来，用人无不当，行政无不宜，群小远斥，积弊一清，天下闻之，皆忻忻然有太平之望。"[②]尽管杨廷和盛赞世宗皇帝清除旧朝宦官之盛举，有为自己张功描红之嫌[③]，但清除宦官如果得不到新君世宗皇帝的支持，的确再有诸多朝官的合请也恐难奏效。世宗死后，官方的盖棺定论再次对世宗打击宦官给予高度评价："正德之末，政在权幸，盗贼蜂起，海内骚动。上方龙潜藩邸，深鉴其弊，及入践大统，乃赫然发命诛除巨奸，革去镇守内臣，清汰冗滥，诸凡弊政以次尽罢，海内欣欣若更生焉。"[④]世宗即位之初和去世以后，实录文献在述及宦官政治时都只及"诛除巨奸"和"革去镇守内臣"两事而不及其他方面，可见在官方的记忆里，世宗所谓驭内臣最严，也主要指这两个方面。

相比之下，后世私家史者对此却有着更加丰富的记述。素称"博稽典故，披集旧闻"的时人尹守衡记："上（指世宗——引者注）自楚藩习见毅皇任中官之过，及入嗣帝位，御此辈甚严，有罪挞之至死，陈尸示戒。先是中官散布诸边守备无余地，于是裁划殆尽，给役省殿，视先朝什之一二。"[⑤]很显然，尹守衡提供了"世宗驭内臣最严"更多的细节。时人陈师对此亦有高度评价："世宗继统，独持乾纲，收削中官，事权不一，百僚安职。独革除镇守，犹福庇天下生灵甚巨，天生中兴圣人，岂偶然哉"[⑥]。王世贞指出世宗皇帝打击宦官以后，出现了"国朝文武大臣见王振而跪者十之五，见汪直而跪者十之三，见刘瑾而跪者十之八，嘉靖以来此事殆绝"的局面[⑦]，称道之意，溢于言表。时人李乐指出："世宗皇帝继统，年龄虽少，英断夙成，待此辈（宦官）不少假借，又得张公孚敬以正佐之，尽革各省镇守内臣，司礼监不得干预奏章……盖自汉唐宋元以来，宦官敛戢，士

---

① 关于世宗打击宦官的方式，学界已有不少研究。通过即位诏来实现革故鼎新的有张哲郎：《从明代皇帝之即位诏及遗诏论明代政权之转移》（上、下），载于"台湾政治大学历史学报"1997年5月号及1998年5月号。毛佩琦：《明朝的改元更化》，收录于《第八届明史国际学术讨论会论文集》，长沙，湖南人民出版社，2001年，第175—180页。马静：《一道非同寻常的"即位诏"——明世宗"即位诏"与嘉靖初期改革》，《西南大学学报》2007年第5期。赵轶峰：《明中期皇帝的即位诏——从景泰到嘉靖》，《古代文明》2013年第1期。关于革除镇守太监的研究，有林延清：《嘉靖皇帝裁革镇守太监》，《文史杂志》1994年；方志远：《明代的镇守中官制度》，《文史》第40辑，1995年；田澍：《嘉靖前期革除镇守中官司述论——兼与方志远先生商榷》，《文史》第49辑，1999年。胡丹：《明代"九边"镇守内官考论》，《中国边疆史地研究》2009年第2期。以上成果已较充分地对世宗打击宦官情况进行了研究，本文对此问题不再深入展开。

② 《明世宗实录》卷三，正德十六年六月辛巳，中国台北，"中研院"历史语言研究所，1962年，第115页。

③ ［清］张廷玉等：《明史》卷一九〇《杨廷和传》记"正德中蠹政厘抉且尽。所裁汰锦衣卫诸卫，内监局旗校工役为数十四万八千七百，减漕粮百五十三万二千余石，其中贵、义子、传升、乞升一切恩幸得官者大半皆斥去"。很显然又将此时裁汰宦官之绩记在杨廷和的名下了。

④ 《明世宗实录》卷五六六，嘉靖四十五年十二月壬寅，第9066页。

⑤ ［明］尹守衡：《明史窃》卷二六《宦官》，《续修四库全书》第317册，上海，上海古籍出版社，2002年，第71页。

⑥ ［明］陈师：《禅寄笔谈》卷一〇，《四库全书存目丛书》子部第103册，济南，齐鲁书社，1996年，第713—714页。

⑦ ［明］王世贞：《觚不觚录》，北京，中华书局，1985年，第11页。

气得伸，国体尊严，主威隆重，未有如今日者，诚千载一时哉”[①]。称赞世宗皇帝在严厉驭内臣的同时还提及了“司礼监不得干预奏章”。类似李乐提及世宗皇帝限制司礼监干预奏章的还有时人范守己，他将世宗皇帝“革藩镇之诸阉，废畿甸之皇庄，夺外戚之世封，抑司礼之柄用”视为是世宗的“四伟烈”[②]。

正是这些官私史家的记述与评论，世宗驭内臣最严似乎成了明代嘉靖朝宦官政治的标签。更有甚者，到了清代学者赵翼，将此说推向极致“世宗驭内侍最严，四十余年间未尝任以事，故嘉靖中内官最敛戢”[③]。很显然，赵翼“四十余年间未尝任以事”的说法不是事实，这种夸大的说法，似乎是对《明史》所言“世宗习见正德时宦侍之祸，即位后御近侍甚严……又尽撤天下镇守内臣及典京营仓场者，终四十余年不复设，故内臣之势，惟嘉靖朝少杀云”[④]中“终四十余年不复设”的误读，是把世宗朝四十余年不再设镇守内臣混同于“四十余年间未尝任以事”了。

事实上，世宗皇帝对宦官之政并非“未尝任以事”，而是在不同时期仍大行宦官之政，甚有超出前代皇帝对宦官的信任与恩宠者。《明世宗实录》中有大量记载，虽或出于为尊者讳缘故，《明世宗实录》对宦官为政没有完全收录，但作为当时人的王世贞在《弇山堂别集》之《中官考》中却有集中的较为详尽的记录。现综合两文献，对世宗朝宦官之政进行概述。

“嘉靖之始，不远殷鉴，悉诛斥其渠首，而又采辅臣之密赞，与言路之指摘，次第收革诸镇监军，朝野为之吐气，边腹为之回色”[⑤]。的确，嘉靖初政，承初政之新风及杨廷和等旧臣之辅佐与诸部或科道之坚持，世宗在对待新旧朝宦官之奏请方面，多能严辞拒绝。在嘉靖四年（1525）之前，宦官之奏请十之八九都会被世宗拒绝，只有六宗事的奏请为世宗皇帝准允，分别是元年（1522）六月神宫监太监刘杲奏请天寿山等空地栽种果菜，以备四时供献；元年七月太监杨闳奏请“陵户、坟户全复其丁”；元年十二月御马监太监阎洪奏请顺天府各州县寄养马内如数处补；二年（1523）四月阎洪再请外豹房永安庄地；二年十一月东厂太监芮景贤劾给事中刘最、长芦巡盐御史黄国用违例；三年（1524）二月御用监太监刁永、潘杰为织造匠人乞恩等六事。值得注意的是，此时世宗准允之六事恐不足为怪，此六事多为宦官所管分内之事，与外廷事务关联不大，其中，芮景贤劾朝官之违例还有为皇帝张耳目之意，因此，世宗准允之六事，恐不能消解世宗皇帝这个时期对宦官之政严格限制的积极作用。同时，朝官对违法乱纪宦官的弹劾却大多得到世宗皇帝的支持，诸多坏乱法度的宦官受到相应的惩处。尤其是嘉靖元年底，针对新君即位“辄以内臣奏请，事从中决，部臣执奏不听，其他下司礼监处分者甚多”的情况，大理寺卿郑岳提出了批评，并建议：“自今内官内使等有犯，悉听部院问拟，发本寺审录，则可以昭圣朝平明之治。”[⑥]世宗得报有旨。

但是，在嘉靖四年以后的十多年时间里，宦官之奏请和朝官对宦官的弹劾结果出现了相反情况。在《弇山堂别集》中可统计的宦官直接奏请30次及相关事项中，世宗皇帝准允的就高达21

① ［明］李乐：《见闻杂记》，上海，上海古籍出版社，1986年，第986—987页。
② ［清］谈迁：《国榷》卷六四，世宗嘉靖四十五年，北京，中华书局，1985年，第4038页。
③ ［清］赵翼：《廿二史札记》卷三五，《明代宦官》，上海，上海古籍出版社，2011年，第509页。
④ ［清］张廷玉等：《明史》卷三〇四《宦官传一》，北京，中华书局，1974年，第7795页。
⑤ ［明］王世贞：《弇山堂别集》卷九〇《中官考一》，北京，中华书局，1985年，第1720页。
⑥ 《明世宗实录》卷二〇，嘉靖元年十一月辛未，第600页。

次，占 70%，而因诸部反对不为世宗准允的仅 9 次，占 30%。尽管这些内臣奏请的内容仍多为宦官所管分内之事，但也表明世宗皇帝对宦官是越发信任了，世宗朝的宦官之政是大行其道的。与此成正相关的是，朝臣对宦官不法弹劾结果之不尽如人意。嘉靖四年正月以后，朝臣对宦官之弹劾有效的统计次数是 27 次，其中弹劾事由得到世宗赞同并对涉事宦官课以惩处的有 15 次，占 56%，弹劾事由没有得到世宗支持而纵容犯事宦官的 12 次，占 44%①。虽然朝官们有过半的弹劾得到了世宗皇帝的赞同，但有一个时间节点必须要提出来，那就是在这些得到世宗支持的弹劾中，有近半是发生在张璁致仕的嘉靖十四年（1535）前。也就是说，张璁自“大礼议”后得世宗之信任，以及张璁对宦官之政的厌恶与打压，对世宗朝前期宦官之政的影响是很大的。所以王世贞称赞张璁说：“公在而中涓之力绌，至于今，垂五十年，士夫得以行其志于朝，而黔首得以安寝于里者，谁之力欤？由此言之，罗峰相业，谁可与并？”②

然而，还有《明世宗实录》和王世贞未及者。如明代诸多文献都提及的世宗朝最为信任且得势较久的几个大珰阎洪、黄锦、麦福等，他们地位之高、权势之炽、影响之大，在有明一代的大珰权宦中也有一席之地，他们实是世宗朝宦官之政的代表。他们或位高权重，如麦福历御用监太监、御马监太监，后“以营建被宠，荣以司礼而兼东厂”，大学士徐阶说以司礼而兼东厂是“累朝以来，未有兼其任者，兼之自公始”③，黄锦亦累迁至司礼兼总督东厂。司礼兼东厂，实是明代异制。明人沈德符曾对此评价说：“司礼掌印，首珰最尊，其权视首揆，东厂次之，最雄紧，但不得兼掌印。每奏事，即首珰亦退避，以俟奏毕，盖机密不使他人得闻也，历朝皆遵守之。至嘉靖戊申、己酉间，始命司礼掌印太监麦福兼理东厂。至癸丑而黄锦又继之，自此内廷事体一变矣”④。他们或被异于常制委以重务，如嘉靖十八年（1539 年）明世宗南巡龙飞之地承天府，御马监太监麦福遂与宣城伯卫錞、遂安伯陈鏸、大学士顾鼎臣、兵部尚书张瓒等共同被委命参赞机务，辅佐太子监国。或因世宗皇帝的宠信而被赐予银印，允许他们密疏言事，如“赐司礼太监张佐银记四，曰‘集谋补德’，曰‘端忠诚慎’，曰‘辅忠’，曰‘励忠’。麦福银记一，曰‘公勤端慎’。”⑤明代皇帝给朝臣赐银印许密疏言事者并不少见⑥，但给宦官赐银印许密疏言事实是异常之制。

不过，这些宦官大珰权势再大，确因世宗的严驭及世宗在政治上对他们没有产生依赖，即便是“张佐、黄锦掌司礼兼督东厂二十余年，鲍忠前后在司礼亦三十年，年近九十而终”⑦也未产生过

---

① 根据［明］王世贞：《弇山堂别集》卷九九至一〇〇，《中官考十》《中官考十一》，第 1875—1900 页中的有效记载统计。

② 陈登原：《国史旧闻》，北京，中华书局，2000 年，第 278 页。

③［明］焦竑：《国朝献征录》卷一一七《寺人·司礼监太监掌监事兼督东厂麦公福墓志》，《续修四库全书》第 531 册，上海，上海古籍出版社，2002 年，第 599 页。

④［明］沈德符：《万历野获编》卷六《内监》，北京，中华书局，2004 年，第 168 页。

⑤［明］王世贞：《弇山堂别集》卷九〇《中官考一》，第 1728 页。

⑥［明］黄佐：《翰林记》卷一六，"赐图书"条载：仁宗即位后，赐蹇义、杨士奇、杨荣、金幼孜“绳愆纠谬”图书，谕之曰：“卿等皆国家旧臣，又事朕于春宫，练达老成，今朕嗣位，军国之务重，须卿等协心赞辅。凡政事有阙，或群臣言之而朕未从，或卿等言之朕有不从，悉用此密疏以闻，其毋惮于再三言之。君臣之间，尽诚相与，庶几朝廷无阙政，民无失所，而朕与卿等皆不负祖宗付托之重。”世宗皇帝也曾给阁臣杨一清赐银印许密疏言事：“朕思朝廷政事，体类甚多，其有紧关重事，必须谋及左右信臣，以匡不逮。今除军国重务文移，朕与卿等共理外，或有封对文书，必须验封识以防出入。今以银图书二枚，凡有讲学政事问于卿者，以‘耆德忠正’印封；若或朝政有差，忠言未纳，用舍倒置，诸凡利于小民，关于朕德及政事之缺者，以‘绳愆纠违’印封。皆以密疏来闻，庶得征验其真，亦朕免于过差矣。”（［明］杨一清：《杨一清集》宸翰录，《卷首》《赐银章敕》。）

⑦［明］王世贞：《弇山堂别集》卷四，《中官寿考久任》，第 76—77 页。

恶的影响，如阎洪，世宗多宽纵于他，“洪所欲行，多取中旨”，言官多次连章论劾，“然洪无甚大过得见容”。黄锦为世宗钟爱，不离左右最久，“视厂务，持大体而已，诸缇骑亦不敢生事”①。麦福，“见褒美于上者如此，又累朝诸中贵所未有也”②。所以，后世史家对此亦有中肯评说。如王世贞说世宗晚年任用宦官：“虽晚节不无所向狗，然不至如累季之弊。”③清人修《明史》时也说“张佐、鲍忠、麦福、黄锦辈，虽由兴邸旧人掌司礼监，督东厂，然皆谨饬不敢大肆”④。晚清人王颂蔚也不认同“内臣之势，惟嘉靖朝少杀”，他说：“‘故内臣之势惟嘉靖朝少杀云’，改‘故嘉靖朝虽内臣权势尚在，然其害视他时差减云’”。⑤奈何史家关于嘉靖时期宦官之政的评说没有引起当代学者的深入思考呢！

二 世宗勤政与理政方式

清人赵翼在《陔余丛考》中有“有明中叶天子不见群臣”的说法，当代学人陈登原先生在《国史旧闻》中也有“明中叶后君臣隔阂”的说法，学界通常将明中叶以后诸帝疏于临朝等同于皇帝怠政。然而，“所谓怠于临朝并非不理朝政的同义语”⑥，明人张居正有言：“君者，主令者也；臣者，行君之令而致之民者也。君不主令则无威，臣不行君之令而致之民则无法，斯大乱之道也。”⑦因此，皇权的体现与表达是最高决策，而非具体事务的执行与推行，皇帝勤政与否也应看皇权参与决策的方式和程度，而非表现为事务官的角色。所谓皇帝“事必躬亲”和“垂拱而治”都是指在决策层面上的。

世宗皇帝以小宗入继大统，继位方式在明代诸帝中最为特殊，且他为小宗时没有受过作为储君的行政历练。即位之初，已有前朝内阁首辅杨廷和通过武宗遗诏和新君即位诏实现了新旧朝代交替时的革故鼎新，在草新君即位诏中的内容安排、新君入京进宫仪、居何宫殿、母妃蒋氏进京入宫仪等方面，世宗与杨廷和等朝臣的矛盾在表明皇权不彰的同时，也预示着接下来“大礼议”发生的必然。这多少为新君的理政方式和决策能力提供了挑战。

世宗即位，皇权不彰，朝政虽被杨廷和等旧臣把持，但世宗皇帝政治上的主心骨并不是内阁首辅杨廷和，而是从龙的原王府长史袁宗皋，理政方式也以勤于上朝和亲批章奏为主。

上朝即朝会、御朝或视朝，是指皇帝与朝臣当廷议政的仪式和内容，是文武臣僚得见天颜少有的机会，也是传统意义上朝臣们对皇帝勤政最经常且显见的要求，对于一般文武臣僚的认知，不能

① ［明］尹守衡：《明史窃》卷二六《宦官》，第71页。

② ［明］焦竑：《国朝献征录》卷一七〇《寺人·司礼监太监掌监事兼督东厂麦公福墓志》、卷一一七《寺人·司礼监太监掌监事兼督东厂麦公福墓志》，第599页。

③ ［明］王世贞：《弇山堂别集》卷九〇《中官考一》，第1720页。

④ ［清］张廷玉等：《明史》卷三〇四《宦官传一》，第7795页。

⑤ ［清］王颂蔚：《明史考证捃逸》卷三五，《续修四库全书》第294册，上海，上海古籍出版社，2002年，第387页。

⑥ 樊树志：《晚明史》，上海，复旦大学出版社，2003年，第631页。笔者也曾在多篇文章中指出世宗皇帝的政理方式不同于明代中后期的其他皇帝，见拙文：《密疏与嘉靖皇帝的理政方式》，《学习与探索》2007年第5期；《密疏的非常制参与与嘉靖朝政治》，《学习与探索》2011年第5期。

⑦ ［明］张居正：《张居正奏疏集》，上海，华东师范大学出版社，2014年校注本，第130页。

朝会或皇帝少朝会，则很容易被视为是皇帝怠政，并给该皇帝贴上怠政的标签。明制的朝会有大朝和常朝之分，大朝只在每年正旦、冬至和皇帝万寿节时举行，这几次朝会，皇帝主要是祭祀或接受百官朝贺，不理政务，仪式的意义更为突出。朝会中处理日常朝政的是常朝，当然常朝中的朔、望日朝会，也是礼节性朝会，朝会时“百官公服朝参，而不引见奏事”①。明初诸帝都能很好地坚持常朝，给朝野及史家留下了勤政的深刻记忆。但英宗皇帝以九岁孩童继位，当然没有能力当廷和朝臣们议论朝政，不过朝纲宸断、政从君出的形式绝不能动摇，于是杨士奇、杨荣、杨溥遂创立权宜之制：“每一早朝，止许言事八件。前一日先以副封诣阁下，豫以各事处分陈上，遇奏，止依所陈传旨而已”。三杨因创权制的本意，是想等英宗皇帝长大后再行正常的君臣共议国是的朝会，不想“英宗既壮，三臣继卒，无人敢言复祖宗之旧者，迄今遂为定制”②。即便如此，早朝止许言事八件的传统也没有得到很好的执行。到了宪宗成化后期，宪宗皇帝就准允“盛暑祁寒，朝官侍卫人等难于久立，今后每岁自五月至七月、十一月至次年正月，止奏五事”③，《明史》则直接记为“诏盛暑祁寒，廷臣所奏，毋得过五事”④。就连号称勤政、被视为中兴之主的孝宗皇帝，“每日早朝不过数刻，而起鼓或至日高，宫中奏事止得一次”⑤。

世宗即位，一改武宗当政时的怠政、荒政，勤于朝会，与朝臣们共议大政。嘉靖初年对于前朝弊政，甚至明朝立国以来一百多年弊政的革除，几乎都是世宗和朝臣们商议后做出的。时人称赞世宗皇帝“英睿神武，日亲机务，延接公卿”⑥，当事者大学士杨一清曾奏请世宗注意圣躬，切勿过劳：“今陛下常于昧爽以前视朝，或设烛以登宝座，虽大风寒无间。是固励精图治之心，第圣躬得无过劳乎？”⑦夏言也曾说世宗“励精图治，视朝临政，鲜有暇日”⑧。世宗勤于朝会，一直延续到嘉靖十七年（1538）内皇坛修成金箓大斋，延请天师张彦頨助修长生术为止，世宗方不复视朝，史载“自戊戌（十七年）以后上不复视朝，辅弼大臣，皆希得进见”⑨。

不过，世宗虽勤于朝会，鲜有暇日，在议政的形式上做得很足，但它并不是世宗理政最主要的方式。其一，世宗上朝也只是沿袭日理章奏八件的旧制，甚或不足八件，当时就有给事中章侨对此进行批评：“臣下得接清光，不过早朝顷刻间耳”⑩。其二嘉靖前期朝廷上下讨论最多的是为其父争礼的“大礼议”，议礼两派少有在朝堂相争的情况；而以杨一清、张璁等议礼派上台后开展的一系列改革，又多是两位首辅直接推动的，再说，国家大政又哪是在朝堂上群臣集聚你争我吵吵出来的，相反，越是事关重大的机密重务，都是少数人密谋出来的。因此，世宗勤于朝会，应该是作为藩王入继大统后亲政的新气象，而近百年的“早朝止许言事八件”的传统，导致相较于世宗皇帝其他理

① ［明］于慎行：《谷山笔尘》卷一《制典上》，《续修四库全书》第1128册，上海，上海古籍出版社，2002年，第702页。
② ［明］王锜：《寓圃杂记》卷一，《早朝奏事》，北京，中华书局，1997年，第5页。
③ 《明宪宗实录》卷二六七，成化二十一年六月癸未，中国台北，“中研院”历史语言研究所，1962年，第4514页。
④ ［清］张廷玉：《明史》卷一四《宪宗本纪》，第179页。
⑤ 《明孝宗实录》卷一九〇，弘治十五年八月己巳，中国台北，“中研院”历史语言研究所，1962年，第3528页。
⑥ ［明］陈全之：《辍耕述》卷三，《续修四库全书》第1125册，上海，上海古籍出版社，2002年，第283页。
⑦ ［明］徐学聚：《国朝典汇》卷一〇九《朝仪》，北京，书目文献出版社，1996年，第1393页。
⑧ ［明］徐学聚：《国朝典汇》卷一〇九《朝仪》，第1393页。
⑨ 《明世宗实录》卷四九〇，嘉靖三十九年十一月丙戌，1962年，第8161页。
⑩ 《明世宗实录》卷二四，嘉靖二年三月癸亥，第695页。

政方式，朝会议政决策的效果不彰是显见的，所以章侨言其“奉天门奏事，徒为观听之具”。即便如此，在公开的朝会上，宦官自然是没有发挥其政治作用的机会的。

既然朝会在明代很快流为具文，那么，世宗皇帝理政的主要方式也就自然是亲批章奏了。为学界所忽视的是，世宗亲批章奏经历了从直接批答章奏到批答阁票的转变，但不变的是世宗对朝章的批答可能是明代皇帝中最为勤勉的一个。

世宗以藩王身份入继大位，之前没有经过皇储应有的处理政务的历练，也可能是杨廷和等前朝旧臣在议礼上的不合作，让他对这些旧臣产生不信任，世宗即位之初在处理朝臣奏章时就采取了亲自批答的方式。皇帝亲批朝章，是明代内阁制产生以后就少有的理政方式，因而一时间有不少朝臣不能适应和习惯世宗的这种理政方式，以为是中旨内降，纷纷提出批评。嘉靖元年正月，清宁宫小房火，御史程启充借此批评“迩者旨由中出而内阁不知”，并臆测如此为政将会“大臣疏远，股肱有痿痹之患；司礼之权重于宰相，枢机之地委之宦官”[①]；给事中郑一鹏说：“自陛下即位，大臣宣召有几？张锐、魏彬之狱，献帝追崇之议，未尝召廷和等面谕。所拟旨，内多更定。”[②]更有甚者，世宗亲批朝臣章奏未下内阁票拟，被给事中直接驳回，如二年二月，世宗亲批都察院差御史巡盐事，刑科给事中黄臣当即以违制驳回[③]。此后世宗又多有亲批章奏之举，结果也被言官邓继曾视为“渐疏大臣，政率内决”引起了批评[④]，理由竟然是世宗内决的理政方式和“祖宗以来，凡有批答，必付内阁拟进者”的传统不一样，邓继曾甚至将世宗之理政与荒唐的武宗相比：“正德之世，盖极弊矣，尚未有如今日之可骇可叹者”。批评者“可骇可叹者”何？理由竟然是冠冕堂皇的“左右群小，目不知书，身未经事，乘隙招权，弄笔取宠，故言出无稽，一至于此。陛下不与大臣共政，而倚信群小，臣恐大器之不安也。”将世宗皇帝内决之政归咎群小，实际并非如此。一来世宗初政，并没有对其身边的群小怎样地信任，没有将决策权委之左右；二来世宗皇帝更多的是在初政之时自己亲自处理章奏，而不是借助内阁之票拟，即批评者所反对的那样，没有“付内阁拟进”。因而世宗不得不申明：“章奏朕皆亲揽，付内阁票拟，一遵累朝政事。张佐侍朕敬慎不欺”[⑤]。对世宗之亲批章奏，反对者并非是个别的，当时像给事中张达、韩楷、郑一鹏，御史林有孚、马明衡、季本等皆通过论救批评者邓继曾而表达了他们的态度。

这些言官反对世宗亲批章奏，除了自觉维护自永乐以来的内阁体制，为杨廷和等阁臣因世宗亲批章奏而可能被疏远张目外，也确实担心世宗倚信群小，再次形成武宗时的政治生态。可能是世宗最为信任的袁宗皋很快去世，朝中再无亲信之人可以依赖，也可能是世宗不谙朝政不熟旧制，在大礼议后，“上方总揽乾纲，益明习治体”[⑥]。世宗更加明习治体的“治体”者何？考察大礼议后，朝廷上下并没有体制上的改革，特别是杨一清、张璁等人进入内阁后，世宗很快改变了亲理章奏的方式而依靠内阁理政了，因此所谓世宗明习治体的“治体”应是他和以前的诸帝一样倚重内阁了，这一

① ［清］张廷玉：《明史》卷二六〇《程启充传》，第 5434 页。
② ［清］张廷玉：《明史》卷二六〇《郑一鹏传》，第 5437 页。
③ 《明世宗实录》卷二三，嘉靖二年二月丙戌，第 660 页。
④ ［清］张廷玉：《明史》卷二七〇《邓继曾传》，第 5462 页。
⑤ 《明世宗实录》卷一一三，嘉靖二年五月壬午，第 758 页。
⑥ ［明］茅元仪：《嘉靖大政类编》，《续修四库全书》第 433 册，上海，上海古籍出版社，2002 年，第 710 页。

点，当事者杨一清也说，到嘉靖六年（1527），“政务归于内阁，裁断出于宸衷”[①]。至此，世宗的理政，从刚入继大位时的亲批章奏转向对内阁票拟的亲批了。

宸衷独断，亲批阁票是世宗理政的最主要方式，且一直持续到世宗末年，即便在他久居西苑修长生不老之时也是如此。不过，除了当事阁臣外，世宗亲批阁票的理政方式在当时是不为他人了解的，只是世宗去世以后，他亲批阁票，甚至“顾阅章疏无虚日”[②]的理政方式才被后人知之。隆庆后期，高拱和张居正互讦，尚宝司卿刘奋庸曾言：“先帝（指世宗——引者注）英明果断，恩威莫测，……凡庶府建白，阁臣票拟，特留清览，时出独断。”[③]尽管这是刘奋庸借此攻击高拱专擅，却从侧面说明了世宗对朝廷章奏的处理，无论是“庶府建白”，还是“阁臣票拟”，都是亲览而独断的。万历四年，张居正为教育年幼的神宗，将世宗亲批的朝章和阁票给神宗皇帝研习，以锻炼神宗的为政能力：“先该臣等面奏，以皇上圣龄日长，乞留神政务，省览章奏，暇时间取皇祖世宗皇帝所亲批旧本览阅，以为裁决庶务之法，已荷圣明嘉纳。兹臣等恭查阁中所藏皇祖亲笔圣谕六十三道，御制四十四道，圣旨并票帖共七十道，又于纂修馆中，拣得嘉靖十年起至二十年止亲批奏、题本共六十五本，进上睿览。恭惟我世祖天纵聪明，继统之后，二十年间励精图治，孜孜问学，其英谟睿断，诚有非前代帝王所能及者。伏望皇上万几之暇，特加省阅，则致理之方，不外于法祖而得之矣。”[④]万历中的内阁大学士王锡爵指出，即使世宗皇帝不行朝会，但遇到“边庭警报，大吏升除，与夫稽古考文、祈年忧旱等事，（世宗）手批或一日而数下，口宣或一人而数及。”[⑤]大学士沈鲤甚至将世宗亲批阁票与临朝称制的作用进行比附，以强调世宗亲批阁票：“祖宗朝面决政事，至世宗末年，深居静摄，始不面决，乃其时臣下之所禀承，无不振举者。夫章奏即政事，停章奏是停政事也，缓章奏是缓政事也。皇祖深居大内，而章奏批答，疾如风雨，遇有大事，又每于西苑如阁部文武大臣面赐商榷，故其时庶政修明，人心震肃，亦自与临朝称制者不殊”[⑥]。这些说法，无不明言世宗皇帝对阁票的亲自批答是如此勤勉，而不是借司礼监宦官之手去代为批红。

决策权是皇权表达的最重要也是最高的形式和内容，在世宗皇帝亲理朝政的几十年间，无论是勤于朝会，还是亲批章奏，抑或是亲批阁票，都有效地撇开了宦官的参与机务。勤于朝会，是君臣于朝堂当堂议论国是，宦官根本是无缘参加的；亲批章奏，是世宗皇帝直接处理章奏，甚至撇开了朝臣或阁臣，批答的结果表现为中旨，但此中旨和皇帝依靠内阁票拟时不听阁票而径自定夺的中旨还略有不同；亲批阁票，是世宗和内阁阁臣间的协作，是基于内阁的票拟而表现为宸衷独断，也无须宦官代为批红。加之世宗皇帝广泛施行密疏政治，更使皇帝避开了一切外在干扰而实现君权独

---

① ［明］杨一清：《杨一清集》卷一八《为献愚忠以答圣眷事》，北京，中华书局，2001年，第694页。

② ［明］张岱：《石匮书》卷二一一《宦官列传》，《续修四库全书》史部第318—320册，上海，上海古籍出版社，2002年，第241页。

③ ［清］谈迁：《国榷》卷六七，隆庆六年三年戊申，第4181页。

④ ［明］张居正：《张居正奏疏集》，第343页。

⑤ ［明］王锡爵：《王文肃公全集》卷三《请视朝建储疏》，《四库全书存目丛书》集部第135—136册，济南，齐鲁书社，1996年，第70页。

⑥ 《明神宗实录》卷三八九，万历三十一年十月甲申，中国台北，“中研院”历史语言研究所，1962年，第7316—7317页。

断[①]，遑论宦官的参与？因此，世宗皇帝亲理国是是“内臣之势，惟嘉靖朝少杀”的根本原因。

三 皇权表达的弹性：回归祖制的政治文化

从体制上看，嘉靖朝的内阁、六部、宦官衙门，甚至言路体系的格局并没有异乎于前的变化，王朝参与决策的体制因素也没有变化，但世宗自成风格的理政方式，却不经意地使得嘉靖朝宦官的政治作用和地位没有了彰显的机会，也就是史家常说的“内臣之势，惟嘉靖朝少杀”。其实，宦官政治不彰，只是一个显著的现象，易于为史家所察知，而世宗皇帝与首辅的关系，首辅与权宦关系的微妙变化却是隐象，显象和隐象的叠加才共同构成了嘉靖朝复杂的政治特征。这一切都和世宗皇帝理政方式的变化直接关联，体现了皇权表达具有很强的弹性，其本质是对祖制的间接回归。

世宗一朝，历时 45 年，是明代皇帝在位时间中第二长的。尽管世宗皇帝的理政方式历经了勤于朝会、亲批朝章和亲批阁票三个过程，但从性质上说，勤于朝会和亲批朝章应属同一性质，都是皇权表达能有效地实现专制却决策效率低下的理政方式，而亲批阁票（非由宦官代为批红），则是乾纲独断、皇权表达时集权与效率高度统一的方式。这两类性质不同的理政方式，正好和内阁制产生前后，太祖的理政方式和永宣时期成祖、宣宗与内阁协作的理政方式相一致。

表面上看，世宗勤于朝会及亲批章奏和明太祖的理政方式是不可同日而语的。太祖一生极为勤政，朝会不辍，并佐以召对、朝讲、宴游或延访，洪武十三年（1380）废除丞相后，朝廷上事无巨细都由皇帝决策，伴随着废相的体制变革与决策权集中的机制形成，与唐宋以来君主专制的发展趋势一致，并基于对旧元体制反动的明代皇权专制体制基本形成了。但朱元璋勤于朝会的理政方式却没有也无法通过体制化的形式确定下来，这既为后世嗣君在朝会上的弹性执行提供了可能，也为以后内阁制的产生提供了制度空间，而且太祖朱元璋的理政方式还有一个无法克服的矛盾，即皇帝决策权高度集中与皇权决策低效的窘境。如前文所述，世宗继位后也勤于朝会，但此时的朝会早已不是太祖时期的朝会，此时的朝会止许言事八件且早成具文，无法和太祖时朝会君臣论证相提并论，而亲批章奏既面临着世宗为政经验不足、故事不熟的问题，还面临着朝官以为是中旨的批评。不过，从本质上看，他们的理政方式都能有效地表达出乾纲独断的皇权，同时也巧妙地回避了宦官在体制上参与朝政。

世宗皇帝的亲批阁票也是如此。明代皇帝亲批阁票之事，多发生在内阁创制之初至英宗初年杨士奇等因创权制之间。永乐时内阁初创，太宗拣解缙等七人入阁参与机务，甚至“立于御榻之左以备顾问”，“并朝夕左右”，对各衙门所上章奏的处理也是“随事纳忠”，他们帮助皇帝“平允章奏”的方式应和洪武年间的殿阁学士差不多，其间，太宗皇帝对阁臣们“平允章奏”时所拟意见也是亲批而非假他人之手，所以黄佐在《翰林记》中才说：“永乐、洪熙二朝，每召内阁造膝密议，人不

① 关于世宗皇帝大行密疏政治的影响，尤其是对世宗皇帝理政方式的影响，笔者有多篇文章讨论，如《密疏与嘉靖皇帝的理政方式》，载《学习与探索》2007 年第 5 期；《密疏政治：明世宗理政方式的新特点》，载《西北师大学报》2008 年第 2 期；《密疏的非常制参与与嘉靖朝政治》，载《学习与探索》2011 年第 5 期。

得与闻，虽倚毗之意甚专，然批答出自御笔，未尝委之他人也。”[①] 由此可见，永乐、洪熙年间，除君臣共议之外，对朝臣章奏完整的处理过程是内阁提议，皇帝亲批。宣宗继位，皇位四传且天下承平日久，宣宗对朝政的热情早远不如其父祖，故有“宣宗内柄无大小，悉下大学士杨士奇等参可否”[②]，“杨士奇辈及尚书兼詹事蹇义、夏原吉于凡中外章奏，许用小票墨书，贴各疏面以进，谓之条旨，中易红批出”[③]。至此，内阁拟票、皇帝亲自朱批，成为内阁制形成以后中枢决策的典型形态。可以想见，如果没有英宗以冲龄即位，杨士奇辈创立早朝止许言事八件的权宜之制，皇帝亲批阁票而不假司礼监宦官之手也不会改变。是为明代内阁制下皇帝理政方式的新常制。世宗初政之时亲批章奏，多遭朝臣批评，唯恐“辅臣失参赞之职，近习起干政之渐，将来蔽塞圣聪”[④]，在“大礼议”初步结束以后，世宗与内阁的关系为之一变，尤其是杨一清、张璁相继入主内阁以后，世宗的理政方式也随之改变：“政务归于内阁，裁断出于宸衷，近臣非惟不能与力，亦且不敢与闻”[⑤]。正是由于世宗亲批阁票，方有宦官等“近臣非惟不能与力，亦且不敢与闻”，形成“于近习靡所假借……中贵人廪廪奉法，非复如向日辀张”的局面[⑥]。

因此，我们认为，世宗初政时勤于朝会和亲批章奏，并非要夺内阁处理章奏之权，应看作世宗在处理朝章上对洪武勤政祖制的回归，而后来世宗亲批阁票不假宦官之手，则是回归内阁初创时太宗、仁宗和宣宗理政的常制。尽管无论是洪武祖制、永宣的常制，还是早朝止许言事八件的三杨权制，相较于嘉靖时期都历时较远，但世宗朝皇权表达的自然回归，使得皇权表达呈现出一定的弹性。

明代自正统初年三杨权制成为定制以后，中枢决策体制也基本形成定制，即皇权本质上而非形式上的高度专制，代之以：内阁以票拟的形式参与决策但不能独立决策，司礼监以代为批红的形式参与决策但不能真正决策，六科以发抄的形式参与决策完成决策程序。此四者关系，皇权绝对独立，而内阁票拟、司礼批红和六科发抄，承接完成中枢决策的整个过程。整个过程的核心是内阁票拟是否意合君主旨趣，因此，阁票的作用直接受皇权表达的限制，甚至皇帝亲批阁票时，司礼监以及六科都可能被忽视（当然六科可能会将其视为中旨而批评）。这种已成定制的决策体制，历时英宗、宪宗、孝宗和武宗等朝百年之久，至嘉靖朝，早已成为朝野共同遵守的传统与习惯，可以想见，世宗一反传统的勤政，不仅限制了嘉靖朝宦官参政并产生了相应的影响，也影响着参与中枢决策的其他因素。

既然内阁在中枢决策体制中发挥着至关重要的作用，那么，世宗皇帝与内阁的关系也就最为紧要。内阁政治发展到嘉靖时，内阁中的首辅与次辅、群辅关系早已发生了很大的改变，“初在内阁，不以首次轻重，弘、正以后居首者始秉笔，地望与次相悬绝矣”[⑦]。因此，世宗与内阁的关系，实际也

① ［明］黄佐：《翰林记》卷二《传旨条旨》，《影印文渊阁四库全书》，中国台北，台湾商务印书馆，1986 年，第 874 页。
② ［清］张廷玉：《明史》卷七二《职官志序》，第 1729 页。
③ ［明］黄佐：《翰林记》卷二《传旨条旨》，《影印文渊阁四库全书》，中国台北，台湾商务印书馆，1986 年，第 874 页。
④ 《明世宗实录》卷一〇，嘉靖元年正月己巳，第 381 页。
⑤ ［明］杨一清：《杨一清集》卷一八《为献愚忠以答圣眷事》，第 694 页。
⑥ ［明］茅元仪：《嘉靖大政类编》，第 710 页。
⑦ ［明］王世贞：《弇山堂别集》卷四五《内阁辅臣年表》，第 849 页。

就演变成世宗与首辅的关系了。世宗一朝，任首辅大学士的共有 12 人，他们是杨廷和、蒋冕、毛纪、费宏、杨一清、张璁、方献夫、李时、夏言、翟銮、严嵩和徐阶，其中杨廷和、蒋冕、毛纪和费宏在大礼议上和世宗意见不合（费宏较为温和），虽为首辅，但和世宗的关系不甚和谐，且此间世宗为政也主要以勤于朝会和亲批章奏为主，在决策上对内阁特别是首辅的依赖度并不高。自杨一清以后，直到末年的徐阶，世宗和首辅的关系都非常密切，彼此的依赖程度也高，这在明代其他时期是少见的。个中缘由，后人解释为“自嘉靖以来，人主罕与群臣廷决，事之可否，悉取裁于票拟，内阁始以代言之任，凌尚书出其上”①。其实，这和我们的解释是一致的，即世宗这时的理政方式是亲批阁票，既然“悉取裁于票拟”，当然他也就更加依赖首辅了，相应的，这些首辅也都极力迎合并维系着和世宗皇帝的亲密关系，这样也可以解释为何嘉靖年间首辅之间彼此倾轧了。这是嘉靖朝世宗皇帝与阁臣间的政治生态。

与此相关的，构成嘉靖朝政治生态的还有首辅与宦官的关系。关于明代的朝臣与宦官的关系，孟心史先生有一高论：“历代宦官与士大夫为对立，士大夫决不与宦官为缘。明代则士大夫之大有作为者，亦往往有宦官为之助而始有以自见。逮其后为他一阉及彼阉之党所持，往往于正人君子亦加以附阉之罪名而无可辨。”② 此论也被学界奉为圭臬。不过，心史先生所言的情形，应是和三杨权制确立以后明代大多数时期的情况一致的，不大符合嘉靖年间的首辅们与宦官的关系实况。其中的原因仍是体制上的，即世宗亲批阁票以后，再也不需要假司礼监太监之手代为批红了，司礼监的太监因而没有机会参与中枢决策，从体制上说，阁票既然无须经宦官之手批红，首辅又何必冒着结交阉宦之恶名而和宦官眉来眼去呢。至于何良俊所说的嘉靖朝的几位首辅与宦官的关系：“昔日张先生进朝，我们多要打个弓，盖言罗峰也（张璁——引者注）。后至夏（言）先生，我们只平着眼儿看哩。今严（嵩）先生与我们拱拱手，方始进去。盖屡变屡下矣。”③ 这正说明严嵩较之张璁、夏言要阴柔得多，而不是严嵩为了政治上的需要而有意结交宦官。

四　简短的结论

嘉靖朝是明代中叶最重要的历史时期，过去学术界在讨论明代中叶的政治时，多将整个中叶视为一个不变的连续的整体。事实上，嘉靖朝的政治特征是明显不同于前后两个历史时期的，自成一体，形成了独特的政治生态，即，世宗皇帝以小宗入继大统后，其理政方式以勤于朝会、亲批章奏、亲批阁票等形式实现了对朝政的绝对控制，进而在决策机制上改变了中枢决策参与者的角色和地位，使得世宗皇帝与内阁首辅间的政治关系更加紧密，彼此依赖；收回了宦官代为批红参与中枢决策的机会，使得嘉靖朝的宦官政治不彰显；同时也间接地改变了内阁首辅与宦官间固有的关系。而世宗的理政方式并非独创，只是对洪武时期太祖的理政方式和内阁初创时期成祖和宣宗理政方式的回归。

---

① ［明］孙承泽《山书》卷七《论中官阁部》，杭州，浙江古籍出版社，1989 年，第 166 页。

② 孟森：《明清史讲义》，北京，中华书局，1981 年，第 4 页。

③ ［明］何良俊：《四友斋丛说》卷八《史四》，北京，中华书局，1997 年，第 74 页。

如果认为“内臣之势，惟嘉靖朝少杀”是对嘉靖朝宦官政治描述的全部，那么这实是对嘉靖朝宦官政治的误读；如果认为嘉靖朝宦官政治不彰是因为“世宗驭内侍最严”，那么这实是对世宗皇帝理政方式回归祖制及由此产生的复杂政治生态缺少认知。

（作者王剑，南京师范大学社会发展学院）

“犹当警备于心”：明太祖对藩王的钳制措施及其成效探析

吴德义　陈　昊

明太祖朱元璋建国后，附会周制，分封诸子，这是中华帝国晚期影响最大的一次分封制复辟。此举间接导致靖难之役爆发，也为明朝的衰亡在经济层面埋下了伏笔。目前，关于明代藩王的方方面面已有诸多研究成果问世[①]，但明太祖为防止藩王势力坐大所采取的各项措施及其成效似尚未引起学界广泛注意。管见所及，仅有陈学霖、谭家齐等先生在解读《纪非录》《太祖皇帝钦录》中诸王不法行为时稍加讨论，并未全面深入论及[②]。笔者以为研讨这一问题对于认识明初政局及分封制度等方面具有一定价值，故在检阅目力所及明代相关史料及已有研究成果的基础上，对该问题进行较为全面深入的探讨。如有不妥之处，祈请方家教正。

一　洪武时期的藩王分封

1368年，朱元璋在应天府（今南京）即皇帝位，定国号大明，建元洪武。开国伊始，明朝江山并不稳固，四周尚临劲敌。故元遗兵控制北方草原，纳哈出盘踞辽东，王保保屡寇西北；西南地区明夏政权、梁王政权割据川滇；东南地区张士诚、方国珍残部及倭寇威胁海疆安全。为此，朱元璋一面推进南征北战，意图将其逐一击破；另一面则立纲陈纪，积极地改革政治制度，藩王分封正是明初改革创制的一项重要内容。

分封制度由来已久，周、汉、晋等王朝均在不同程度上推行。朱元璋开国后，力图扫清胡元旧俗，复兴传统华夏文化，作为华夏文化代表的周制自然成为其标榜对象，分封制正是周制中最为重要的一环。他在洪武二年（1369）编写《祖训录》时，便厘定封建诸王及设置官署之制度。洪武三

---

① 因成果较多，笔者只胪列相关代表性研究。如张显清：《明代亲藩由盛到衰的历史演变》，《社会科学战线》1987年第2期；张德信：《明代诸王与明代社会政治》，《聊城师范学院学报（哲学社会科学版）》1989年第3期；勾利军、汪润元：《明初分封藩王的原因与历史作用》，《河南师范大学学报（哲学社会科学版）》1989年第3期；赵现海：《明初分封制度渊源新探》，《中国史研究》2010年第2期；梁曼容：《明代藩王研究》，博士学位论文，东北师范大学历史文化学院，2016年；周文琦：《明代王府护卫研究》，硕士学位论文，陕西师范大学历史文化学院，2016年。专著方面则有张明富：《天潢贵胄的心智结构：明代宗室群体心态、知识状况及信仰研究》，北京，人民出版社，2019年等。

② 谭家齐：《从〈太祖皇帝钦录〉看明太祖修订〈祖训录〉的原因》，《中国文化研究所学报》2004年第44期；陈学霖：《明太祖〈纪非录〉书后：秦周齐潭鲁代靖江诸王罪行叙录》，《中国文化研究所学报》2005年第45期；陈学霖：《明太祖对皇子的处置——秦王朱樉罪行与明初政治》，收入氏著《明初的人物、史事与传说》，北京，北京大学出版社，2010年，第58—96页。

年（1370），更是将封建诸王事告于太庙。在他看来，分封制度是保证国家长治久安的根本，所谓"先王封建，所以庇民。周行之而久远，秦废之而速亡，汉晋以来莫不皆然。其间治乱不齐，特顾施为何如耳。要之为长久之计，莫过于此"①。坦率地说，他标榜封建是"庇民"之举，不无自夸成分。究其实际目的，一是为推天恩于子侄辈，以示亲昵，《明太祖实录》便有"上推亲亲之恩，大封同姓"②的表述。朱元璋历经十余年战争从元末群雄中脱颖而出，得登大宝之位，他认为朱氏家族理当因此受益，类似先例在中国古史中比比皆是。二是通过众建藩王以巩固帝室，所谓"天下之大，必建藩屏。上卫国家，下安生民"③，"天子有子，其嫡长者守邦以嗣大统。诸子各有茅土之封，藩屏王室，以安万姓"④。不过需要指出的是，分封藩王最初的目的，应和以藩王取代功臣集团无过多联系。分封藩王是朱元璋稽古定制的一项既定举措，无论是否清洗功臣集团，这一政策均势在必行。而洪武初年，朱元璋与功臣之间的矛盾尚未达沸点，仍仰赖其南征北战、巩固政权，还没有发展到将其全面清洗、以诸子代之的地步。伴随明朝形势逐渐稳定、朱元璋对功臣集团猜忌日益加深，既定的分封藩王之策便客观上起到了取代功臣集团的作用。

朱元璋是一位儿女成行的帝王，仅皇子便有 26 名。其中，太子朱标将继承帝位，无须参与分封，赵王朱杞（1369—1371）、皇子朱楠（1393）皆早殇而亡，故受封并预定之藩的皇子有 23 人。此外，朱元璋侄孙守谦，也于洪武三年被封为靖江王。这 24 人先后在洪武三年、十一年、二十四年行册封礼，其中 18 位在洪武年间之国就藩。朱元璋对他们抱有藩屏帝室的巨大期许，故给予极重隆礼与较大权力。明人王世贞曾指出，诸王"其冕服则九旒九章，车旗服饰仅下天子一等。靖江岁禄虽薄，冕服亦次，而设官置卫，宗庙社稷，俨若亲王。天子之臣，贵重至太师、丞相、公侯，不得与讲分礼，伏而拜谒，可谓隆崇之极矣"⑤。诸藩六世孙以下皆承袭奉国中尉，永不脱离皇籍，"其生也请名，其长也请婚，禄之终身，丧葬予费，亲亲之谊笃矣。考二百余年之间，宗姓实繁，贤愚杂出"⑥。除上述一般性隆礼外，明初诸王还享有一定行政权、人事权、法律权及军事权。洪武三十年（1397），朱元璋曾因四川榷茶之事命蜀王朱椿告谕布政司、都司官员"严为防禁，无致失利"⑦，此即为藩王的行政权力。藩王也可任命一部分王府官员，并可裁判其生死，此即为人事权与法律权。在上述各权力之外，更为凸显的是军事权。军事权一则体现在藩王拥有一支可供指挥的护卫部队。朱元璋于洪武五年（1372）春正月定制，"每王府设三护卫，卫设左、右、前、后、中五所，所千户二人、百户十人，又设围子手二所，每所千户一人"⑧。但是每位藩王护卫的兵力并不恒定，"护卫甲士少者三千人，多者至万九千人"⑨。二则体现在藩王获得皇帝授权后，可以统军征伐。洪武中后期的战争多次以藩王挂帅，元勋宿将为副帅辅弼进行。如洪武十八年（1385），思州洞蛮

① 《明太祖实录》卷五一，洪武三年四月辛酉，北京，中华书局，2016 年，第 999 页。
② 《明太祖实录》卷一六，乙巳年正月甲申，第 218 页。
③ 《明太祖实录》卷五一，洪武三年四月辛酉，第 999 页。
④ 《明太祖实录》卷一〇三，洪武九年正月甲子，第 1732 页。
⑤ ［明］王世贞著，魏连科点校：《弇山堂别集》卷三二《同姓诸王表》，北京，中华书局，1985 年，第 562 页。
⑥ ［清］张廷玉等：《明史》卷一一六《诸王一》，北京，中华书局，1974 年，第 3557 页。
⑦ 《明太祖实录》卷二五一，洪武三十年三月癸亥，第 3630 页。
⑧ 《明太祖实录》卷七一，洪武五年春正月壬子，第 1313 页。
⑨ ［清］张廷玉等：《明史》卷一一六《诸王一》，第 3557 页。

作乱，楚王朱桢挂帅征讨，信国公汤和、江夏侯周德兴二人佐之[①]。再如洪武二十三年（1390），讨故元丞相咬住、太尉乃儿不花、知院阿鲁帖木儿之役，命晋王朱棡挂帅山西，定远侯王弼佐之；命燕王朱棣挂帅北平，颍国公傅友德、南雄侯赵庸、怀远侯曹兴、全宁侯孙恪佐之[②]；三月，朱棣奏捷，生擒乃儿不花等，“悉收其部落及马驼牛羊而还”[③]。朱元璋大喜，称赞“清沙漠者，燕王也。朕无北顾之忧矣”[④]。可见，在洪武后期，已然成长起来的藩王的确为藩屏帝室起到了巨大作用，其中，晋、燕二王功绩尤为卓著。

然而作为拥有巨大特权的藩王集团，虽然部分人确实在某些方面作出了一定贡献，但更多的人却是腐化堕落、跋扈嚣张，为害一方，应该说，这一面才是明初藩王的主要面孔。如秦王朱樉生活奢靡，热衷口腹之欲，曾因饮食不合胃口，数次对庖厨大打出手，惹得朱元璋钦命发来“尔将操膳者视以寻常，是不可也。若频加捶楚，不测之祸，恐生于此”的旨意[⑤]。此外，他也颇沉溺于女色，甚至沉溺到荒唐的地步，曾“差陈婆同火者吴泰又去苏杭等府，要似纸上画的一般模样女子买来。本人无处寻买，二次差人催取，将火者吴泰剜了膝盖，将陈婆就于杭州打死”[⑥]。从来索求美女均是见色取之，秦王竟异想天开地按图索骥，在真实世界中寻找并不存在的画中人，其荒唐可见一斑。此外，擅杀军民士庶也是藩王一大恶行，其昭彰者为齐王朱榑。《纪非录》载，他听信指挥郗庸奸言，曾一次无辜杀戮指挥，千户、百户，校尉及其家人482名[⑦]。除此之外，藩王的恶行可谓罄竹难书，俱载于《太祖皇帝钦录》《纪非录》之中[⑧]。

二　明太祖对藩王的钳制措施

如前所述，诸王虽然掌握较大权力，其资质却是良莠不齐。佼佼者自然起到藩屏帝室的作用，但败德者无疑会影响各地军民对朝廷的态度，更辜负了皇帝对他们的期许，使之颇受打击。不过，朱元璋对此并非一无准备。作为一个精明且雄略的开国君主，他在对后代帝王的教导中尤其强调“虽亲信如骨肉，朝夕相见，犹当警备于心，宁有备而无用”[⑨]。故在藩王问题上，朱元璋也采取了诸多钳制措施。这些措施大致有两个内容：一是针对藩王为非作歹，残暴害民，多以劝谕的形式进行疏导；二是针对分封制本身有可能形成的对皇权的潜在威胁，对此多施以实际限制加以制约。

朱元璋是一位极热衷于说教的帝王，其说教的对象有功臣、宗室，乃至一般军民。洪武时期的

① 《明太祖实录》卷一七二，洪武十八年四月丙辰，第2634页。

② 《明太祖实录》卷一九九，洪武二十三年正月丁卯，第2981—2982页。

③ 《明太祖实录》卷二〇〇，洪武二十三年三月癸巳，第3005页。

④ 《明太祖实录》卷二〇一，洪武二十三年闰四月癸亥朔，第2010页。

⑤ ［明］朱元璋：《太祖皇帝钦录》，中国明史学会主编：《明太祖与凤阳》，合肥，黄山书社，2011年，第677页。

⑥ ［明］朱元璋：《御制纪非录·秦王》，中国明史学会主编：《明太祖与凤阳》，第703页。

⑦ ［明］朱元璋：《御制纪非录·齐王》，中国明史学会主编：《明太祖与凤阳》，第705页。

⑧ 关于秦王等的败德恶行，陈学霖有专文加以讨论。请参见陈学霖：《明太祖〈纪非录〉书后：秦周齐潭鲁代靖江诸王罪行叙录》，《中国文化研究所学报》2005年第45期、《明太祖对皇子的处置——秦王朱樉罪行与明初政治》（收入氏著《明初的人物、史事与传说》，北京，北京大学出版社，2010年）等文。

⑨ ［明］朱元璋：《祖训录·箴戒》《皇明祖训·祖训首章》，毛佩琦、张德信主编：《洪武御制全书》，合肥，黄山书社，1995年，第365、391页。

《大诰》四编、圣谕六言、教民榜文、申明亭、木铎老人都是因此而被后人广泛知晓的事物。对于亲藩，他也极尽说教之能事，其劝谕措施有以下数端：

其一，亲身劝谕藩王并对屡教不改者加以惩戒。朱元璋对藩王的劝谕事无巨细，这体现出对藩王管控的严格与细致，甚至展现出作为父亲的某种唠叨。诸藩的败德行为极为庞杂，大致可分为以下几类：一是藩政运营方面。主要是不修国政，政事萎靡，此外还有远贤亲小、招纳宾客、阻碍公文传递、擅立衙门、擅用地方官府印信等。二是私生活方面，表现为听信女宠、生活奢靡、荒淫好色、迷信丹药等。三是欺压官民方面，表现为巧取豪夺、擅杀军民，甚至连王府的长史及吏员也动辄羞辱。对于上述败德行为，朱元璋多利用御旨或当面进行切责，在平素对谈中也多次要求诸王明德修行。如秦王之国后"不居寝室，止宿歇门下"，荒唐无人主之状，朱元璋敕旨中责骂此举"非人所为，禽兽也"[①]。又如洪武二十四年（1391）面谕太子、诸王要将元顺帝"偷惰荒淫，天厌人离，遂至丧灭"的教训引以为戒，需"克勤克慎，他日庶可永保基业"[②]。又如洪武三十一年（1398），周、楚、齐三王于凤阳演武，朱元璋"闻齐轻薄生焉，惨酷萌焉，又违长者之言，特召回责之"[③]。此外，朱元璋常举不法藩王劣迹，俾使他王知警。洪武十二年（1379），敕谕周王时表示靖江王朱守谦"蹈其父恶，冥顽不遵教训，拒谏饰非"，已降为庶民惩戒之，命周王务必听从新任王府武相董勋辅佐，做到"从长为善"[④]。洪武二十年（1387）二月，又因周、齐、潭、鲁四王怙恶不悛，朱元璋将其不法行为写入敕旨，敕谕诸王知道，以祈"爱惜性命的自保护作善，挽回天意。不然，祸不可逃"[⑤]。当然，仅仅劝谕、告诫是无法保证藩王能够遵守礼法的。对于违法诸王，朱元璋也采取一定惩治措施，如前述靖江王朱守谦，可谓怙恶不改，朱元璋先是将其两度安置于凤阳反省，未见实效后便将其召至京师，鞭笞禁锢，不久后朱守谦便神秘死亡[⑥]。此外，洪武二十三年（1390）曾曝出秦王肆意凌辱民女，乃至"僭造龙衣、龙床"的丑闻[⑦]。朱元璋在下诏切责的同时，将其召至京师预备严惩，幸由太子朱标讲情，秦王才被放回封国。

其二，命王府官教导、规训藩王日常行为，使之成为贤王。朱元璋十分注重对诸子的培养，曾不遗余力完善王府机构。洪武初年，已设立王相府、参军府等机构来辅导藩王。后来王府机构经不断调整，长史司左、右长史成为最高长官，史称"长史掌王府之政令，辅相规讽以匡王失，率府僚各供乃事，而总其庶务焉"[⑧]。初期，左右相、左右长史由勋戚、地方行政长官担任或兼任，后多以新晋臣子专任。其知名者一般为德高望重、行为纯善的儒生，如文原吉、桂彦良等，均属于"心淳而不欺，守固而不变。其为人也善，其为学也笃"[⑨]的耆儒，对藩王的职责是"匡其德义，明其善

---

① ［明］朱元璋：《太祖皇帝钦录》，中国明史学会主编：《明太祖与凤阳》，第 677 页。
② 《明太祖实录》卷二〇八，洪武二十四年三月辛丑，第 3097 页。
③ ［明］朱元璋：《太祖皇帝钦录》，中国明史学会主编：《明太祖与凤阳》，第 677 页。
④ ［明］朱元璋：《太祖皇帝钦录》，中国明史学会主编：《明太祖与凤阳》，第 678 页。
⑤ ［明］朱元璋：《太祖皇帝钦录》，中国明史学会主编：《明太祖与凤阳》，第 680 页。
⑥ 《明太祖实录》卷二一五，洪武二十五年正月辛亥，第 3174—3176 页。
⑦ ［明］俞本原著，李新峰笺证：《纪事录笺证》卷下，洪武二十三年庚午，北京，中华书局，2015 年，第 455 页。
⑧ ［清］张廷玉等：《明史》卷七五《职官四》，第 1837 页。
⑨ 《明太祖实录》卷一一七，洪武十一年三月己丑，第 1918 页。

恶，使知趋正而不流于邪”①。朱元璋还命王府官员编纂前代可供借鉴之史事以增广自身智识，从而更好地导王向善。如在洪武六年（1373）任命文原吉为秦府右相国、朱复为燕府参军时，敕命二人“汝等宜尽心所事，取鉴于古。何者为善，何者为不善。采摭古人，仕为王臣。孰能以正辅导，孰为不能。编次成集，朝夕览观。遇有所行，则择其善而去其不善，务引王于当道”②。王府官员也在教导诸王时尽心尽力，如晋王府右傅桂彦良即认为“辅导之职，莫先于格心”，曾编纂《心图》献于晋王③。不过，王府官员虽承担教导重任，但朱元璋并没有将过多权力授予他们，所谓“凡王府之事，专以《祖训录》为规，毋作聪明。务欲安静，毋出位以干有司。惟导王以从正道，以此而行，则王佐之材足矣”④。除王府官员的日常教导外，他还曾专门派遣翰林院官在藩王府讲解经书。洪武十七年（1384），任命儒生饶仲恭、张庸为翰林院尚书博士，旋即“命仲恭于潭王府说书、庸于鲁王府说书”⑤。

其三，为诸藩编纂劝诫类书籍。训诫史学是明初史学最显著特点之一。朱元璋对天下臣民都敕撰有不同形式的训诫书籍，这是其制御天下的一种权术。自然，其期待甚深、地位超隆的藩王也是被训诫的对象，相关钦敕著作至少包含以下数部，见表1。

表1　明太祖训诫藩王著作表

书名	编纂者	成书时间	内容	对象
《（宗藩）昭鉴录》	陶凯、张筹、文原吉、王僎、李叔允、朱复、蒋子杰	洪武六年三月癸卯	采摭汉唐以来藩王善恶可为劝诫者为书	宗室藩王
《臣戒录》	翰林儒臣	洪武十三年六月甲申	历代诸侯王、宗戚、宦官之属悖逆不道者，凡二百十二人	包括藩王在内中外臣工
《纪非录》	朱元璋	洪武二十年至二十八年间不断增辑	古今藩王为恶不法事	宗室藩王
《永鉴录》	儒臣	洪武二十六年十二月	历代宗室诸王为恶悖逆者	宗室藩王
《昭鉴录简略》	文原吉	洪武六年至二十一年间	载历代藩王善恶事迹，条列为“善为可法”“先恶后善”“恶为可戒”三类	秦王朱樉

资料来源：《明太祖实录》《明代敕撰书考》。

上述训诫书籍列举了古今藩王之善恶行径，其目的是以此为龟镜，引导诸藩“戒心为善”⑥，法其可法，戒其可戒。那么，朱元璋所认为的藩王“恶行”是什么呢？除了在训诫书籍中批评诸子的

① 《明太祖实录》卷五一，洪武三年四月丙寅，第1002页。
② 《明太祖实录》卷八五，洪武六年九月己酉，第1511—1512页。
③ 《明太祖实录》卷一八七，洪武二十年十二月甲寅，第2804页。
④ 《明太祖实录》卷一一七，洪武十一年三月己丑，第1918—1919页。
⑤ 《明太祖实录》卷一六二，洪武十七年六月己丑，第2520页。
⑥ ［明］朱元璋：《昭鉴录序》，毛佩琦、张德信主编：《洪武御制全书》，合肥，黄山书社，1995年，第298页。

不德行为外，笔者以为，其眼中的恶行更在于谋逆，这一点可从《御制纪非录》看出。在这一文献中，他条列历代藩王为恶者66人。其中，叛逆自杀者12人、叛逆被诛者16人、专权乱政被诛者2人、谋叛贬死者1人、杀人幽死者1人、废为庶人因循绝灭者9人、贬爵削地者12人、罪恶昭著宥罪复国者13人。相对于目无王法、鱼肉百姓，更引起朱元璋警觉的其实是藩王潜在的谋反可能。此外，这些训诫书籍的文体也值得玩味。现国家图书馆藏《昭鉴录》第五卷残本之文体为典雅的文言体①。不过，今传之《纪非录》《昭鉴录简略》均为白话文体，近于俚俗。《昭鉴录简略》一书题为"文原吉等辑"，每页十行二十二字，国家图书馆藏抄本②。文原吉时为秦府右相，此书似因前撰《昭鉴录》文体典雅、不够简明，故文原吉删繁就简、择其大概并以白话为书，俾秦王易览。这反映出秦王的文化素质似不甚高，恰与他荒诞无稽的形象贴合。

朱元璋既重点关注藩王可能的谋逆之行，便自然深明劝谕不可能从根本上解决问题。因此，他也注重对诸王采取实际的限制措施，以将其谋逆的可能性、危害性降到最低。《祖训录》初编成于洪武六年（1373），《皇明祖训》编成于洪武二十八年（1395），两书前后的编订也体现出了对诸王限制的加强，张德信先生指出其变化有进一步告诫诸王安分守己、限制亲王对王府官的"任满黜陟"权、限制诸王军事权等③。具体而言，朱元璋对藩王的实际限制措施包含以下数端：

第一，限制藩王部分人身自由。诸藩朝觐不得一齐到京，"务要一王来朝，还国无虞，信报别王，方许来朝"④。藩王及其嗣子"或出远方，或守其国，或在京城"，凡有宣召，需得朝廷御宝文书及金符方得"启程诣阙"⑤。上述原则在《祖训录》及《皇明祖训》中反复得到确认。而且就已有史实来看，这些规定绝非一纸空文。洪武二十二年（1389）十二月，朱元璋获知周王朱橚擅自离开封国前往凤阳。不久便下令将周王贬往云南，命豫王居其旧府、周王长子有燉监国，二十四年（1391）底方才命周王复国。⑥以此项措施为嚆矢，后世藩王逐渐沦落到"出城省墓，请而后许，二王不得相见"⑦的地步。在限制藩王行动自由的同时，也对其对外接触加以限制。这一限制首先体现在明王朝内部之中。诸王被严禁结纳宾客。广招门客自古以来便是对中央集权的潜在威胁，如西汉淮南王刘安"养士数千，高才者八人"⑧，曾"阴结宾客，拊循百姓，为畔逆事"⑨。朱元璋或忧心此问题，便在两部祖训中一再强调"凡王国内，除额设诸执事外，并不许延揽交结奔竞佞巧知（智）

---

① ［明］陶凯、张筹：《昭鉴录》，明初（1368—1424）刻本，中国国家图书馆藏本。

② ［明］文原吉等辑：《昭鉴录简略》，明（1369—1644）抄本，中国国家图书馆藏本。

③ 张德信：《〈祖训录〉与〈皇明祖训〉比较研究》，陈怀仁、夏玉润主编：《洪武六百年祭》，海口，南方出版社，2001年，第102页。

④ ［明］朱元璋：《皇明祖训·礼仪》，毛佩琦、张德信主编：《洪武御制全书》，第396页。需要指出该规定至少包含两个目的：其一是防范后世无道君主或奸臣迫害藩王，使其不至于被一网打尽；其二是防止藩王之间私下交流，合谋作乱。

⑤ ［明］朱元璋：《皇明祖训·法律》，毛佩琦、张德信主编：《洪武御制全书》，第399—400页。

⑥ 《明太祖实录》卷一九八，洪武二十二年十二月甲辰，第2972页；《明太祖实录》卷一九九，洪武二十三年正月乙丑朔，第2981页；《明太祖实录》卷二一四，洪武二十四年十二月庚午，第3263页。值得注意的是，《明太祖实录》对周王凤阳之行的目的语焉不详，从朱元璋惩处的力度来看，此事非同小可。有学者怀疑周王岳丈冯胜曾因洪武二十年北征中有过失而被命就第凤阳，周王此行或是私谒冯胜，不过均属猜想，尚无实据。参见刘长江：《傅友德、冯胜之死因再探》，《淮阴师专学报》1997年第2期。此外，亦有学者怀疑周王因遭减赐而擅居凤阳。参见［明］俞本原著，李新峰笺证：《纪事录笺证》卷下，洪武二十二年己巳，第452页注释二。

⑦ ［清］张廷玉等：《明史》卷一二〇《诸王五》，第3659页。

⑧ ［汉］司马迁：《史记》卷一一八《淮南衡山列传》，北京，中华书局，1982年标点本，第3082页。

⑨ ［汉］司马迁：《史记》卷一一八《淮南衡山列传》，第3082页。

谋之士，亦不许接受上书陈言者。如有此等之人，王虽容之，朝廷必正之以法。然不可使王惊疑。或有知（智）谋之士，献于朝廷，勿留”[①]。此外，对外交往亦不被朝廷允许。洪武二十二年至二十八年间，先后发生数起藩王与朝鲜（高丽）暗中往来的政治事件，其中一部分被朱元璋知晓，引起了巨大的外交风波。天高皇帝远，虽然藩王日常生活中不免存在越过政治红线的行为，但是这种行为一旦被朝廷知晓，便会马上被喝止。

第二，回收诸王一度享有的王国内部分人事权与法律权。在《祖训录》中，朱元璋曾将除长史、镇守、护卫指挥外官吏的任命权悉皆授予藩王，由其在所属地境内择选人才任命之。这种任命不必经由地方行政系统逐级关白于朝廷，只差人御前奏闻即可。但是诸王折辱王府官吏、擅杀属地百姓的恶行最终迫使朱元璋大幅回收了这一权力，仅为其保留任命武官之权。最初，王府内文武官吏与军兵的生杀予夺均“从王区处”，朝廷不加干涉[②]。但是这种信任也很快被打破，生杀大权亦被朝廷收回，甚至明令藩王不得肆意凌辱守正规谏之士。这些措施使得“藩王的司法及用人权大被削减，回归朝廷管制”[③]。对上述权力的重新厘定均完整地体现在《皇明祖训》中。

第三，禁止藩王逾制营建宫榭。起初，《祖训录》并无藩王不得兴建离宫别榭的明文规定，这便为藩王逾制埋下了隐患。秦王朱樉趁此漏洞，肆意大兴土木，营造宫室。赤贫出身的朱元璋不能容忍这一奢靡无度的行为，在《纪非录》中重点斥责了秦王的罪愆。最终，在《皇明祖训》中将藩王兴建离宫别榭设作禁令，“凡诸王宫室，并不许有离宫、别殿及台榭游玩去处”[④]，即便朝廷嗣君也不得随意营建以上玩物丧志之所。正如陈学霖先生指出，该措施显然是诸王累累违训后的一种补救[⑤]。

第四，对皇室间的礼仪与尊卑秩序重新加以厘定。洪武二十五年（1392），皇太子朱标病逝，朱元璋随即立其长子朱允炆为储君。这一变故打乱了朱元璋预想的政治架构。待其身殁之后，新君要面临的不是兄弟辈而是叔侄辈的藩王，《祖训录》所厘定的天子与亲王的兄弟礼随之必然打破。更为重要的是，诸藩在享受尊于皇帝辈分的同时，还存在某些实权，显与尊君之道北辕适楚。为此，必然对皇帝与藩王间的礼仪与尊卑秩序施加调整。此前，藩王只需对皇帝行五拜礼即可，甚至对其是否叩头也无明文规定。而《皇明祖训》则明确规定诸王须“叙君臣礼，行五拜三叩头”[⑥]。在行家人礼时，亲王纵然为长，但“君臣之分不可不谨”，天子行拜礼而不叩头。总的来看，在礼仪与尊卑秩序上，《皇明祖训》的要求要远过于《祖训录》，其背后正是为了彰显天子之位尊、诸王之位卑[⑦]。

第五，也是最为重要的一点，便是在军事层面对诸藩加以限制。朱元璋赋予藩王最重要的权力是军事权力，对于一个提剑打天下的雄主，自然深知军事权力的重要性。因此，他也采取措施防控

---

① ［明］朱元璋：《皇明祖训·法律》，毛佩琦、张德信主编：《洪武御制全书》，第 401 页。
② ［明］朱元璋：《祖训录·法律》，毛佩琦、张德信主编：《洪武御制全书》，第 373 页。
③ 陈学霖：《明太祖对皇子的处置——秦王朱樉罪行与明初政治》，收入氏著《明初的人物、史事与传说》，第 95 页。
④ ［明］朱元璋：《皇明祖训·营缮》，毛佩琦、张德信主编：《洪武御制全书》，第 409 页。
⑤ 陈学霖：《明太祖对皇子的处置——秦王朱樉罪行与明初政治》，收入氏著《明初的人物、史事与传说》，第 94 页。
⑥ ［明］朱元璋：《皇明祖训·礼仪》，毛佩琦、张德信主编：《洪武御制全书》，第 397 页。
⑦ 陈学霖：《明太祖对皇子的处置——秦王朱樉罪行与明初政治》，收入氏著《明初的人物、史事与传说》，第 93 页。

藩王在军事上对皇权形成威胁。第一，控制藩王掌兵规模，调节其与地方军事机构的关系以互相监督。藩王军队规模仅限三护卫，兵力最多者仅有军士一万九千。除居于险要之地的藩王在有警情况下可暂时调遣守镇兵外，其余守镇兵均不可由藩王擅自调动①。朱元璋曾指示右军都督府曰：“王府置护卫，又设都司，正为彼此防闲。都司乃朝廷方面，凡奉敕调兵，不启王知，不得辄行。有王令旨而无朝命，亦不擅发。”②在赏赉方面，藩王只可随意赏赐护卫，守镇兵“不许王擅施私恩”③。这些措施意在保持藩王与地方都司卫所的距离，使之互相牵制，防范任何一方的不轨行为。第二，藩王挂帅出征时，军中机务消息需保证为朝廷掌控。出征众将虽听从藩王指令，但同时需要将机务“一奏朝廷，一启王知，永著于令”④。其目的自然在于保证朝廷能够切实地了解并掌控军队。第三，也是重中之重，诸王起兵勤王需得皇帝密诏。如若“朝无正臣，内有奸佞”，诸藩须训兵待命于国内，待天子密诏传来，方得起兵勤王。平乱之后，收兵于营，诸王朝天子而还。若遣将征讨，将领亦如是，且在京不得超过五日⑤。总而言之，密诏为重中之重，如无密诏，藩王不可私自起兵。此项措施在太祖以后的明朝史上产生了重要影响。燕王靖难之役所打的“清君侧”旗号即没有建文皇帝密诏，其行为没有得到天下的广泛支持，反倒坐实谋逆的实状。崇祯九年（1636），清兵入关，京师戒严。唐王朱聿键倡议勤王，因未得密诏反落“诏切责，勒还国。事定，下部议，废为庶人，幽之凤阳”⑥的悲惨下场。可见，如若没有遵循祖制得到密诏，即便藩王真心以身许国，慷慨赴国难，也不会得到应有的嘉奖，反而会惹祸上身。

三 钳制藩王措施的效果

开国之初，明王朝百废待兴，朱元璋立纲陈纪，意图制定“万事大法”保证江山永固。分封诸子、藩屏帝室是其重要战略之一，制约藩王并使之成为维护君权的工具更是其中重点。那么，朱元璋对藩王的钳制措施到底发挥出多大作用呢?

对于这一问题，不妨从两个角度考虑。其一是藩王的胡作非为，荼毒百姓，这一类行为对皇室的威信自然是一种打击，但对皇权威胁较小。其二是藩王可能出现的谋反之迹，这类行为直接威胁到了皇权。评价其钳制藩王措施的成效，需从此两点着眼。

朱元璋对藩王胡作为非、荼毒百姓的钳制无疑是失败的，其劝谕措施起到的效果极为有限，顽劣诸子也大多屡教不改。如前文所述之靖江王朱守谦的结局便印证了其劝谕的失败。即便是朱元璋自身，也察觉到了劝谕措施的乏力。洪武二十二年（1389），鲁王朱檀因过度服食丹药而亡。朱元璋在谥册中回顾鲁王“之国以来，昵比匪人，怠于政事。屡尝屈法伸恩，冀省厥咎。乃复不知爱身

① ［明］朱元璋：《皇明祖训・兵卫》，毛佩琦、张德信主编：《洪武御制全书》，第408页。
② 《明太祖实录》卷二二一，洪武二十五年九月戊申，第3237页。
③ ［明］朱元璋：《皇明祖训・兵卫》，毛佩琦、张德信主编：《洪武御制全书》，第408页。
④ 《明太祖实录》卷二二六，洪武二十六年三月丙辰，第3305页。
⑤ ［明］朱元璋：《皇明祖训・法律》，毛佩琦、张德信主编：《洪武御制全书》，第401页。
⑥ ［清］张廷玉等：《明史》卷一一八《诸王三》，第3608页。

之道，以致夭折”，将其谥曰“荒”①。洪武二十八年（1395），秦王朱樉去世。朱元璋在其谥册中哀痛地表示：“朕自即位以来，列土分茅，封建诸子。尔以年长者首封于秦，期在永保禄位，藩屏帝室。夫何不良于德，竟殒厥身。乌乎！哀痛者父子之至情，追谥者天下之公议。义之所在，朕何敢私。兹特谥尔曰：‘愍’。”②秦王生前，怙恶不悛，屡次不将朱元璋的劝告放在心上。据《太祖皇帝钦录》记载，朱元璋在写给秦王的祝文中，更是气愤地表示其“昵比小人，荒淫酒色，肆虐境内，贻怒于天。屡尝教责，终不省悟，致殒厥身。尔虽死矣，余辜显然”，且在祝文中痛陈其在藩时曾犯下的28条恶状③。以上种种，可以证明其劝谕措施并不能从根本上改变诸王怙恶不悛的局面。

笔者以为，朱元璋以劝谕手段来规范藩王日常行为，作用必然有限。比起立纲陈纪、加以实际限制，这一手段显然缺乏强制力约束。他寄希望于用话语、行为来引导藩王去恶从善，但是如果没有严格的制度限定，这些措施显然是苍白无力的。再者，爱子之心人皆有之，朱元璋亦不例外。面对违法藩王，他虽多次痛加责骂，甚至将周、齐、潭、鲁四王斥为“泼东西”，发狠要“一日着内官召回宫来凌迟了”④，但他从未对不法藩王处以极刑，最严厉的措施不过是召来面责、禁锢而已。况且，他在《祖训录》中早已立下规条：

> 凡亲王有过，重者，遣内使监官宣召。如三次不至，再遣流官，同监官召之至京。天子亲谕以所作之非，果有实迹，以王所差在京者及内使监官，陪留十日。其十日之间，五见天子，然后发放。虽有大罪，亦不加刑。重则降为庶人，轻则当因来朝面谕其非，或遣官谕以祸福，使之自新。⑤

这一规条实际上是赐予藩王们“免死金牌”，即无论藩王多么劣迹昭彰，哪怕举兵谋反，也罪不至死。普通的欺压百姓、擅杀良民，自然不是大罪。此外，朱元璋也有不少口是心非之处。如他曾经要求藩王行节俭之道，但《太祖皇帝钦录》便记载他多次赐予诸王羊只。据谭家齐统计，仅秦王府在洪武二十八年（1395）以前便已拥有超过15万头羊，足可想见羊只赐予给明朝财政带来的冲击⑥。当然，这是朱元璋意图让藩王自给自足、减轻朝廷经济负担的做法。可是，为了达到这个目的，赏赐如此巨额的羊只是否有必要呢？不难看出，朱元璋至少将爱子之私心藏于国家行为之中。以上种种，充分表明了朱元璋的劝谕手段是极其脆弱的，它对改善藩王行为所起到的作用是有限的。

既然朱元璋对藩王胡作非为的劝谕作用有限，那么，他对藩王采取的实际限制措施有没有起到作用呢？对于这一问题应该一分为二地看待。首先，对其所采取的实际限制措施的评价是无法回避靖难之役的。笔者以为靖难之役及其结果是由多种因素造成的，但其核心因素便是封建诸王之制。

---

① 《明太祖实录》卷一九八，洪武二十二年十二月庚戌，第2974—2975页。
② 《明太祖实录》卷二三七，洪武二十八年三月癸丑，第3462页。
③ ［明］朱元璋：《太祖皇帝钦录》，中国明史学会主编：《明太祖与凤阳》，第689—691页。
④ ［明］朱元璋：《太祖皇帝钦录》，中国明史学会主编：《明太祖与凤阳》，第680页。
⑤ ［明］朱元璋：《祖训录·法律》，毛佩琦、张德信主编：《洪武御制全书》，第373—374页。
⑥ 谭家齐：《从〈太祖皇帝钦录〉看明太祖修订〈祖训录〉的原因》，《中国文化研究所学报》2004年第44期。

应该说，朱元璋所定分封之制本身即存在着先天缺陷。历史一再证明，分封制是与加强中央集权背道而驰的，随着皇帝与藩王代际更迭，分封制所产生的离心趋向与势力将会越来越强，这是裂土分封不可避免的一种结局。换句话说，即便没有燕王叛乱，也会有其他藩王叛乱；即便开国之初没有藩王叛乱，也难保日后没有藩王叛乱，汉王之乱、安化王之乱、宁王之乱便是明证。这是朱元璋复辟分封制度不可避免的后果，无论其采取何种方式都不能圆满彻底地加以解决。除了本身漏洞外，朱元璋的一些举措更是加强了藩王的势力，其最重要者莫过于藩王典兵，如晋、燕、楚等藩王皆有统军作战的经历。尤其是镇守于北部边境的晋、燕二王，他们的作战对象均为实力强劲的北元残寇，屡次出征恰恰为他们积累了不少实战经验。这些实战经验一则助长了其自身的跋扈之气，二则不可避免地诱发其斗胆谋篡大位的野心。此外，由于朱元璋对藩王已是隆礼至极，而藩王屡立战功更是推尊了其自身的地位。这些因素综合作用在一起，无疑会加强藩王对于最高权力的觊觎，最终酿成靖难之役、江山易主的悲剧。从这一点看，朱元璋对藩王进行实际限制的措施并不能使江山永固，恰恰害苦了其钦定的接班人朱允炆。靖难之役的爆发，在一定程度上说是有其历史的必然性的。

不过，应该承认的是朱元璋并非庸主，他能够在群雄逐鹿中夺得天下并熟谙历朝治乱兴衰之由，自然也明白若必采用分封制，用何种手段可以最大程度地限制藩王觊觎大位之心。他更是清醒地认识到军事权是钳制藩王的关键所在，因此，其费尽心思针对藩王的军事权所采取的种种限制措施也确实发挥了一定作用。

首先，藩王并不能够完全地控制护卫部队。从现有史实看，在侦知燕王心存逆谋后，建文朝廷迅速对北平布政司一带的护卫及卫所兵进行了调动，当时"（洪武三十二年三月，即建文元年三月——作者注）允炆以都督宋忠调沿边各卫马步官军三万屯开平，王府精壮悉选调隶忠麾下，王府胡骑指挥观童等悉召入京，调北平永清左卫官军于彰德，以都督徐凯练兵于临清，以都督耿瓛练兵于山海，张昺布置于外，谢贵窥伺于内"①。不仅如此，燕王谋反起兵时，仅有手下八百士卒攻夺北平九门，其兵力可谓捉襟见肘。由此可以发现，尽管护卫是燕王的亲信势力，但是这支军队仍然是可以被朝廷调动的。这说明藩王节制护卫的军事权是由朝廷授予的，护卫并非仅唯藩王马首是瞻，朝廷仍旧拥有王府护卫的最终调动权。

其次，各藩王所掌握的兵力也远不足和朝廷抗衡。藩王三护卫最多不过一万九千人，而据《明太祖实录》洪武二十五年（1392）底明朝一共"计内、外武官并兵马总数：在京武官二千七百四十七员、军二十万六千二百八十人、马四千七百五十一匹。在外武官万三千七百四十二员、军九十九万二千一百人、马四万三百二十九匹"②。即便以十八位就封藩王均拥有最多两万护卫计算，藩王军至多三十六万，而朝廷军却有八十多万，其实力远超藩王军。同时，三十六万军队形成较大威胁的前提是所有藩王一同造反，不过，就靖难之役已发生的事实看，这种情况并未发生。当然，对皇权来讲，哪怕一个不受掌控的军兵也是威胁。

---

① 《奉天靖难记注》卷一，洪武三十二年三月，选自王崇武：《明本纪校注、奉天靖难记注、明靖难史事考证稿合集》，中国台北，台联国风出版社，1975年，第194页。

② 《明太祖实录》卷二二三，洪武二十五年闰十二月丙午，第3270—3271页。

总之，朱元璋对藩王的实际限制，尤其是对其军事权的限制，确实发挥过一定作用。公正地说，靖难之役的确暴露了朱元璋分封策略的失当以及其对藩王钳制措施中存在的问题，但同时需要注意的是，皇太子及秦、晋二王过早去世，建文帝仁柔寡断及燕王朱棣蓄谋已久、具备超凡勇略等因素，也是引发靖难之役、导致江山易主的重要原因。

四 余 论

明初朱元璋分封诸子，具有朱家天下子孙共享富贵和藩屏皇室的双重目的。但朱元璋毕竟是一位深谋远虑的帝王，他为了规范诸子的行为，在劝谕诸王勿胡作非为与实际限制藩王权力两方面煞费苦心。然而，其劝谕藩王为善去恶的措施终究归于失败，靖江、秦、鲁等王怙恶不悛、屡教不改。一方面是因为劝谕本身缺乏强制力，另一方面朱元璋对诸子的偏爱也是重要因素。而分封制本身与大一统中央集权相背反的特性及他在采取实际限制藩王措施方面的不足，成为靖难之役的重要诱因。但靖难之役的发生是多方面因素共同作用的结果，如果仅以靖难之役的结局完全否定朱元璋限制藩王权力的努力，未免流于简单。应辩证地分析其钳制藩王的一系列措施的成效，而不宜笼统地加以否定。客观地说，他对诸王权力的限制仍取得了一定成效。从《祖训录》到《皇明祖训》，其对藩王的限制日益加强，在朱元璋设置的种种限制下，诸王权力大幅削减。不但没有掌握行政权、司法权，即便是在军事权层面，藩王亦无权擅自调动地方都司卫所兵，即便是王府护卫也不完全是藩王的私人武装，朝廷仍然能够加以调动，这从朱棣谋反初期仅有八百兵力的窘局便可以看出。后来朱棣军力得以壮大，这是与他设计夺取宁王及朵颜三卫军队有莫大关系。

靖难之役的成功似乎展现出明初藩王异常强大的图景，但其实力仍距汉、晋藩王相差甚远，遑论西汉初几乎独立的异姓诸侯，即便是西汉稍后取而代之的同姓诸侯王亦享有极大军事权、行政权、经济特权等，这是七国敢于叛乱的重要因素。史载“吴有豫章郡铜山，（刘）濞则招致天下亡命者盗铸钱，煮海水为盐，以故无赋，国用富饶”[①]。七国叛乱之时，“吴王悉其士卒，下令国中曰：‘寡人年六十二，身自将。少子年十四，亦为士卒先。诸年上与寡人同，下与少子等，皆发。’二十余万人。南使闽、东越，闽、东越亦发兵从”[②]。可见，西汉初诸侯王具有广泛的权力，具备强大的动员能力，这是明朝藩王远远不及的，从朱棣在北平起兵时，北平布政司等地方政府并未追随即可见之。西晋开国之时，因士族势力强盛，晋武帝同样为巩固帝室行分封之制。史载诸王“邑二万户为大国，置上中下三军，兵五千人；邑万户为次国，置上军下军，兵三千人；五千户为小国，置一军，兵千五百人。王不之国，官于京师”[③]。虽然藩国军队最多只有五千人，但藩王仍旧享有其他至为重要的权力。他们不仅能“初专方任”，担任地方最高行政、军事长官，更有甚者，可以在中央担任要职。齐王司马攸曾在西晋开国之初总统军事之权，据称其“抚宁内外，莫不景附焉”[④]。武帝

① ［汉］司马迁：《史记》卷一〇六《吴王濞列传》，第2822页。
② ［汉］班固：《汉书》卷三五《荆燕吴传第五·吴王刘濞》，北京，中华书局，1962年标点本，第1906页。
③ ［唐］房玄龄等：《晋书》卷一四《地理上·总叙》，北京，中华书局，1974年标点本，第414—415页。
④ ［唐］房玄龄等：《晋书》卷三八《齐王攸》，第1131页。

死后，汝南王司马亮更是与外戚杨骏共掌夹辅王室之权。尽管这一措施确实对抗衡高门大族产生了一定作用，但同时也造成了同室操戈、骨肉相残的惨烈局面。惠帝时期，藩王与其他势力围绕中央政权的博弈日趋激烈，复杂的政治斗争最终酿成八王之乱，埋下了西晋灭亡的种子。正如唐代史官所论，“西晋之政乱朝危，虽由时主，然而煽其风，速其祸者，咎在八王”[①]。本来意欲作为皇权藩屏的宗王，恰恰耗尽了西晋的国力。这不得不说是藩王干政所带来的恶果。反观明朝，宗室诸王既无权治理地方，也不能与地方智谋之士交往，更不可参与朝政、把持朝廷，他们的权力亦距西晋王室远甚。

总之，明朝藩王既没有一支能与中央抗衡的军队，又被禁止参与地方治理与管理中央朝政。从永乐朝开始，深明藩王权重危害的朱棣陆续通过塞王内徙、削夺护卫、翦除军事指挥权等措施大力削弱藩王。虽然仍享受优厚的政治、经济待遇，但藩王逐渐开始转变为腐朽没落的皇权寄生阶级。尽管此后又爆发汉王之乱、安化王之乱、宁王之乱，但这些叛乱几乎旋兴踵灭，并未动摇明王朝的根本统治。这与朱元璋在封藩之初的制度安排及采取的钳制藩王的实际措施有着重要关系。当然，面对秦以后实行郡县制的浩荡历史潮流，朱元璋采取分封制本身便是棋错一着，无论采取如何周详的防范措施也无法改变其根本失误。其分封制度，尤其是宗室世代相递、不出皇族的策略对明朝的发展产生了恶劣影响。嘉靖四十一年（1562），御史林润上书痛陈宗藩问题是“天下之事极蔽而大可虑者”，“天下财赋岁供京师粮四百万石，而各处王府禄米凡八百五十三万石”[②]。藩王宗支日繁，但却对国家政治几乎没有任何贡献，完全沦为皇权寄生阶级，供养他们的巨额财政负担更是导致明朝走向衰败的重要原因。因之，尽管朱元璋事为之防、曲为之制，但是封藩政策本身的弊端无论如何修补也无济于事。从这一点来讲，明太祖的定制反而成为了明朝灭亡的助力剂。

（作者吴德义，天津师范大学历史文化学院、明清史研究中心；陈昊，天津师范大学历史文化学院）

① ［唐］房玄龄等:《晋书》卷五九《列传第二十九》，第1590页。
② 《明世宗实录》卷五一四，嘉靖四十一年十月乙亥，第8448页。

明仁、宣时期官员问责

蔡明伦

官员问责制虽起源于西方，但责任追究在中国古代是客观存在的，并具古代中国特色，只是与近现代西方意义上的追责有所差别[①]。“明主治吏不治民”[②]，历代王朝澄清吏治惩治腐败，以图国家长治久安。故纵观中国历史长河，对失职、违法及犯罪官吏的惩处问责是国家政治生态中的一部分。学界对中国古代官员问责的研究，与之直接和间接相关的研究，多聚焦于行政管理、吏治、监察、法律制度等方面，对中国古代官员问责和惩处的专题研究成果则很稀少[③]。就明代官员问责[④]而言，仁、宣时期与众不同。随着太祖、成祖两个雄猜嗜杀帝王的故去，至仁、宣时期，较洪武、永乐时期征战讨伐大为减少，在官员问责方面一改先前的罗织杀戮，问责重点主要针对官员的违法不职和犯罪行为。明前期官员问责情形为之一变，呈现出新的状貌。学界对仁、宣时期历史的研究，多从人物传记、惩贪、地方治理、政治生态环境等方面阐释“仁宣之治”出现的原因，对与官员问责有关的吏治研究也比较宽泛[⑤]。本文拟从责任视角切入，揭示仁、宣时期官员问责的独特性及其与“仁宣之治”的关联性，以求教于方家。

一　仁、宣时期官员问责情形

仁、宣时期官员问责，重点在于惩治犯罪和违法不职行为，锐意澄清吏治。根据对《明实录》

---

① 肖建新：《宋代行政责任追究制度研究的基本问题》，河北大学博士学位论文，2007 年，第 2 页。

② 《韩非子》卷十四《外储说右下第三十五》，上海，上海古籍出版社，1996 年，第 192 页。

③ 参见王占魁：《中国古代的官员问责》，《行政管理改革》2012 年第 6 期；刘晓满：《中国封建社会的行政问责机制》，《郑州大学学报（哲学社会科学版）》2012 年第 1 期；张明富：《中国古代官吏惩戒制度述论》，《探索》2003 年第 6 期；陈骏程：《宋代官员惩治研究》，暨南大学博士学位论文，2006 年；肖建新：《宋代行政责任追究制度研究的基本问题》，河北大学博士学位论文，2007 年；艾永明：《官员问责：秦律的规范及其评析》，《华东政法大学学报》2012 年第 3 期；郝黎：《唐代官吏惩治研究》，厦门大学博士学位论文，2004 年；邢琳：《宋代县级官员问责制》，《中州学刊》2014 年第 7 期；柏桦：《明代州县官吏惩处规制刍议》，《明史研究》1994 年第四辑；孟姝芳：《乾隆朝官员处分研究》，呼和浩特，内蒙古大学出版社，2009 年；陈一容：《清代官员问责制度》，《光明日报》2008 年 11 月 16 日等。

④ 真正意义上的官员问责制，是指对政府及其官员的一切行为和后果都追究责任的制度。由于中国古代并无现代意义上的政府问责，故本文所称官员问责，泛指对官员（主要是文官）的不作为、违反政纪、法纪、纲常、伦理等方面的过失和罪行进行责任追究和惩处。

⑤ 参见赵中男：《宣德皇帝大传》，沈阳，辽宁教育出版社，1994 年；朱子彦：《明代“仁宣之治”述论》，《史学集刊》1985 年第 3 期；郭厚安：《论仁宣之治》，《西北师大学报（社会科学版）》1992 年第 2 期；赵毅，刘国辉：《略论明初“三杨”权势与“仁宣之治”》，《东北师大学报（哲学社会科学版）》1997 年第 1 期；高春平：《顾佐惩贪与仁宣之治》，《晋阳学刊》1998 年第 6 期；尹选波：《明朝仁宣之治与地方治理结构调整》，《江汉论坛》2009 年第 9 期；李小林、李俊颖：《明宣宗时期政治生态环境述论——以部院大臣为中心》，《南开学报（哲学社会科学版）》2018 年第 4 期；等等。

和《明史》等史料的梳理，仁、宣时期官员被问责，主要有以下情形。

第一，谋反、谋叛。宣德元年（1426）八月，汉王朱高煦谋反，但很快被平定。宣德元年九月，朱高煦逆党王斌、朱恒等凡六十余人皆伏诛。其中除乐安知州朱恒、长史钱巽、教授钱常等为文官外，其余多为武官。长史李默亦为朱高煦逆党，但因为尝谏诤，免死，谪口外为民[①]。其后，诛朱高煦逆党山东都指挥使靳荣、山西都指挥张杰等，其余相继就诛者六百四十余人[②]，亦多为武官。

第二，结党。刑部尚书兼太子宾客金纯数从朝贵饮，有交结近侍官员之嫌，为言官所劾，致仕[③]。汉中同知王聚擅勾属官，张宴置酒邀请教授张迪及所属知县毕昇等共同荐己，保奏其为本府知府，悉罪之[④]。

第三，擅权。一是擅权谋取超标待遇。如少保兼行在工部尚书吴中私以官木砖瓦遗太监杨庆作私第，甚弘壮，下狱，罢其少保职，仍罚尚书俸一年[⑤]。兵部右侍郎曹本督税粮浙江，挟势骄蹇，惟务便己，降为山西布政司右参政[⑥]。二是事应奏不奏，出使不复命。如监察御史王珣核查甘肃各卫粮储欺弊，还京后却匿而不奏，下狱[⑦]。

第四，渎职。明代问责范围中，官员渎职的情形是最为广泛的，有办事违误、实政不修、懒政怠政、擅离职守、承办逾期、司法渎职等项，且每一项之下又有若干具体的渎职表现。仁、宣时期，官员因渎职而被问责的名目和人次也是最多的。一是办事违误。具体情形有：使用印信有误。如行在工科给事中陈祥坐窃书掌科给事中薛广姓名，用印发文书，事觉，谪煮盐[⑧]。尚宝司卿葛贞等，少卿袁忠彻等，司丞蒋先等擅改铜牌，罚役以赎[⑨]。照刷文卷有误。如御史高举照刷四川三司卷牍敷衍迟滞，正其罪[⑩]。贻误军机。如王通等论弃交阯罪，下狱论死[⑪]。刑部右侍郎樊敬、右副都御史胡廙督两广粮饷，赴交阯给军，闻贼势猖獗，畏缩不进，为都察院所劾，下狱[⑫]。二是实政不修。如通政使李嘉、户科给事中艾广奏对不实，降谪交阯[⑬]。举劾有失。御史谢瑶荐贤奏牍误书姓，黜为知县[⑭]。疏于律令。御史何新、郭钦不谙法律，均黜为知县[⑮]。御史吕杲、张恺不谙刑名，被黜为推官[⑯]。三是懒政怠政。如按察司副使张岳以瞌睡得名；佥事高性质庸常，且善避事，皆黜降[⑰]。

---

① 《明宣宗实录》卷二一，宣德元年九月己亥，中国台北，“中研院”历史语言研究所1962年校勘影印本，第552页。
② 《明宣宗实录》卷二一，宣德元年九月庚子，第553页。
③ ［清］张廷玉等：《明史》卷一五七《金纯传》，北京，中华书局，1974年，第4288页。
④ 《明宣宗实录》卷八四，宣德六年十一月辛卯，第1957页。
⑤ 《明宣宗实录》卷四四，宣德三年六月己亥，第1084页。
⑥ 《明宣宗实录》卷五五，宣德四年六月辛丑，第1324页。
⑦ 《明宣宗实录》卷六，洪熙元年闰七月巳未，第169页。
⑧ 《明宣宗实录》卷六四，宣德五年三月丁卯，第1522页。
⑨ 《明宣宗实录》卷九五，宣德七年九月乙亥，第2157页。
⑩ 《明宣宗实录》卷七九，宣德六年五月辛未，第1829—1830页。
⑪ ［清］张廷玉等：《明史》卷九《宣宗本纪》，第119页。
⑫ 《明宣宗实录》卷四二，宣德三年闰四月癸卯，第1038页。
⑬ 《明仁宗实录》卷八上，洪熙元年三月壬午，中国台北，“中研院”历史语言研究所1962年校勘影印本，第255页。
⑭ 《明宣宗实录》卷一五，宣德元年三月辛酉，第417页。
⑮ 《明宣宗实录》卷一九，宣德元年七月辛亥，第508页。
⑯ 《明宣宗实录》卷四二，宣德三年闰四月壬寅，第1036页。
⑰ 《明宣宗实录》卷三，洪熙元年七月癸酉，第76—77页。

户部郎中陈懋等十四人懒惰不治事，如例降黜[①]。御史张昇、李光学怠于职务，黜为芜湖、兴化知县[②]。岳州知府、同知、通判等或使酒贪虐，或怠废政事，皆降黜[③]。四是擅离职守。如御史陈细嬉游于外久不供职，罚役降用[④]。兵部郎中杨威、刑部郎中胡珏、主事郑述、朱勤、户部主事汪润等耽溺酒色，旷废职务，久不朝参，枷项以徇[⑤]。御史何善巡按广东，乘驿枉道还家，罢为民[⑥]。五是承办逾期。如刑科给事中刘荩稽缓奏牍，降谪交阯[⑦]。典史郑彦宗不理职事，尝委催粮草，二年之上不回，任事亦不完，降黜[⑧]。六是司法渎职。具体表现为：出入人罪。如御史孙纯、刑部广东清吏司主事王镇以监决重囚，误斩首为凌迟，罚役以赎[⑨]。左副都御史陈勉、左佥都御史李浚等坐失出死罪，下狱[⑩]。四川按察使康郁失出有罪人，罚俸三月[⑪]。御史张循理纵死囚，下狱，病死狱中[⑫]。御史刘谦、严烜理狱不谨，失系囚，罚役赎罪[⑬]。请托枉法。如御史姚兼善巡按江西，受人请托，纵放有罪，谪山东煮盐[⑭]。礼科给事中章云、马俊受私嘱不举，谪发交阯，充吏终身[⑮]。挟私枉法。如御史王琏巡按辽东，召人告讦，多所诬枉，又多挟私，谪边卫充吏[⑯]。滥用酷刑。如乐清县知县徐文朴贪酒，以酷刑杖杀无罪之人，命刑部罪之如律[⑰]。

第五，犯赃罪。一是监守自盗。监察御史张珪在处州监办银课，盗官银七十两，罢为民[⑱]。陕西左布政使周璟造私居，侵用官砖石，改为云南右布政使，仍罚俸一年[⑲]。二是枉法受财。湖广布政司右参政李清坐受赇，谪戍边[⑳]。云南道监察御史霍莘受赂，黜为庆云县知县[㉑]。武英殿待诏边文进受金荐举徇私，罢为民[㉒]。三是贪污。邠州知州李芳等二十余人以贪浊考，黜咸宁县丞[㉓]。郎中黄玘等四十二人贪污，发戍边卫[㉔]。四是坐赃。山西布政使司左参政陈瓒以赃罪，谪戍边[㉕]。浙

① 《明宣宗实录》卷六二，宣德五年正月庚午，第 1472—1473 页。
② 《明宣宗实录》卷六四，宣德五年三月丙寅，第 1518 页。
③ 《明宣宗实录》卷三，洪熙元年七月戊寅，第 89 页。
④ 《明宣宗实录》卷九一，宣德七年六月癸卯，第 2080 页。
⑤ 《明宣宗实录》卷四三，宣德三年五月戊辰，第 1052 页。
⑥ 《明宣宗实录》卷四七，宣德三年十月癸卯，第 1162 页。
⑦ 《明仁宗实录》卷八上，洪熙元年三月壬午，第 255 页。
⑧ 《明宣宗实录》卷六二，宣德五年正月丁卯，第 1467 页。
⑨ 《明宣宗实录》卷九一，宣德七年六月乙巳，第 2083 页。
⑩ 《明宣宗实录》卷四六，宣德三年八月癸未，第 1118 页。
⑪ 《明宣宗实录》卷一一二，宣德九年八月丁巳，第 2516 页。
⑫ 《明宣宗实录》卷四八，宣德三年十一月丁卯，第 1171—1172 页。
⑬ 《明宣宗实录》卷七七，宣德六年三月戊寅，第 1795 页。
⑭ 《明宣宗实录》卷六五，宣德五年四月戊戌，第 1547 页。
⑮ 《明宣宗实录》卷二二，宣德元年十一月丙申，第 594—595 页。
⑯ 《明宣宗实录》卷六八，宣德五年七月丙寅，第 1609 页。
⑰ 《明宣宗实录》卷八三，宣德六年九月乙亥，第 1917 页。
⑱ 《明宣宗实录》卷八，洪熙元年八月甲申，第 209 页。
⑲ 《明宣宗实录》卷一〇三，宣德八年六月戊辰，第 2311 页。
⑳ 《明仁宗实录》卷八下，洪熙元年三月丁酉，第 272 页。
㉑ 《明宣宗实录》卷四六，宣德三年八月乙未，第 1128 页。
㉒ 《明宣宗实录》卷二三，宣德元年十二月辛巳，第 618 页。
㉓ 《明宣宗实录》卷八，洪熙元年八月丙申，第 223 页。
㉔ 《明宣宗实录》卷六二，宣德五年正月丙寅，第 1463 页。
㉕ 《明仁宗实录》卷一下，永乐二十二年八月癸亥，第 29 页。

江布政司参议王和、袁昱，陕西按察司佥事韩善等皆坐赃罪，罢为民[①]。

第六，不胜职任。仁、宣时期因不称职被问责的官员人数也比较多。户部郎中周砥等四十六人，御史萧全等六人，刑部郎中徐昕等九人，考察分别不谙文理、不达政体、才力不及，如例降黜[②]。兵部给事中刘穆、刘秉等十三人以职事不谨，俱黜为县丞[③]。布政司参议庄谦才、按察司佥事张善皆以庸懦不称降黜[④]。广东按察使刘子辅、山西按察副使张斌、山东按察副使杨俊三人非风宪才，降为知府[⑤]。兵科都给事中高泽、工科都给事中吴彝以不善敷奏，黜为知县[⑥]。监察御史钟量、游奎分别因狠戾、柔懦而黜为知县[⑦]。

第七，诈伪。主要表现为诈病避事，如北京行部右侍郎裴琏往视山陵，当陪祀长陵，却诈疾不行，降为四川涪州知州[⑧]。刑部交阯司郎中胡珏、兵部车驾司郎中杨威等十三人，伪疾家居，不理职务，均黜降外任[⑨]。

第八，失德违礼。一是失德，主要表现为官员私生活方面。如工部右侍郎伏伯安与通州驿丞美妾私通，黜为荆门州知州[⑩]。御史赵伦巡按湖广，收买人口，又与乐妇通奸，谪戍辽东[⑪]。户部浙江司郎中萧翔、刑部陕西司郎中金忠等常挟妓私饮，不谨礼度，均黜降外任[⑫]。工部主事谢孚以淫秽得罪，降广东连山县典史[⑬]。二是违礼。如刑部主事李顺等大祀天地，已承誓戒，皆不出宿，命都察院治之[⑭]。礼部右侍郎兼太仆寺卿郭敦大行丧不斋宿，降太仆卿[⑮]。御史冯泰居亲丧设宴召客，令优人陈杂剧为乐，黜为民[⑯]。刑科给事中陈杰奏事失仪，黜为湖广荆门州判官[⑰]。此外，还有官员之间斗殴骂詈，如大理寺寺丞杨复与大理寺卿徐初相乖迕，于午门前忿詈，各讦私过，喧诟不已。下锦衣卫狱，后黜为广西按察司佥事[⑱]。

第九，以言事被责。除了上述官员因自身各种违法不职行为而遭问责的情形，仁、宣时期还有部分官员因言事触怒皇帝而遭问责的。洪熙元年（1425），翰林侍读李时勉上疏言事，“仁宗怒甚，召至便殿，对不屈。命武士扑以金瓜，胁折者三，曳出几死”[⑲]。宣德时，天下承平，宣宗颇事游猎玩好。御史陈祚驰疏劝勤圣学。宣宗大怒，下陈祚狱，逮其家人十余口，隔别禁系者五年，其父竟

① 《明宣宗实录》卷二，洪熙元年六月乙卯，第 38 页。
② 《明宣宗实录》卷五一，宣德四年二月壬寅，第 1233—1234 页。
③ 《明仁宗实录》卷一下，永乐二十二年八月甲子，第 30—31 页。
④ 《明宣宗实录》卷三，洪熙元年七月戊寅，第 89 页。
⑤ 《明宣宗实录》卷七，洪熙元年八月己巳，第 185 页。
⑥ 《明宣宗实录》卷二八，宣德二年五月乙卯，第 739 页。
⑦ 《明宣宗实录》卷五六，宣德四年七月壬申，第 1345—1346 页。
⑧ 《明宣宗实录》卷一二，洪熙元年十二月辛卯，第 339 页。
⑨ 《明宣宗实录》卷五九，宣德四年十一月己酉，第 1414 页。
⑩ 《明仁宗实录》卷一下，永乐二十二年八月庚申，第 27 页。
⑪ 《明宣宗实录》卷四七，宣德三年九月丙午，第 1163 页。
⑫ 《明宣宗实录》卷五九，宣德四年十一月己酉，第 1414—1415 页。
⑬ 《明宣宗实录》卷八五，宣德六年十二月庚戌，第 1973 页。
⑭ 《明宣宗实录》卷二四，宣德二年正月壬寅，第 631 页。
⑮ ［清］张廷玉等:《明史》卷一五七《郭敦传》，第 4290 页。
⑯ 《明宣宗实录》卷九，洪熙元年九月庚戌，第 234 页。
⑰ 《明宣宗实录》卷二四，宣德二年正月乙卯，第 645 页。
⑱ 《明宣宗实录》卷九六，宣德七年十月庚寅，第 2163—2164 页。
⑲ ［清］张廷玉等:《明史》卷一六三《李时勉传》，第 4422 页。

瘐死[①]。刑部主事郭循谏言拓西内皇城修离宫，逮入面诘之。郭循抗辩不屈，亦下狱[②]。南京大理丞张宗琏坐奏事忤旨，谪常州同知[③]。

第十，遭受倾轧攻讦。洪熙时，大理寺卿虞谦应诏上言七事，皆切中时务。但有人攻击他，“言其奏事不密，市恩于外者。帝怒，降少卿”[④]。宣德初年，左副都御史夏迪因矜己傲物，临事琐细，其属不能堪，御史何楚莫等“尤恶之，故率众顷之”，劾其受武进县民白金，又杖杀粮长朱辉等。宣宗命行在都察院鞫之。“时议谓白金事实诬，法司惧朋比罪及，卒莫与辨。发充驿夫，愤恨死”[⑤]。宣德时，会宁知府郭完为奸人所讦，被逮，赖里老伏阙讼冤得还[⑥]。另外，还有官员因家人违法而被问责的，如监察御史张聚坐家人以银交易，黜为松江府推官[⑦]。

二 仁、宣时期官员问责的特点

通过梳理仁、宣时期官员问责的诸种情形，洪熙、宣德朝官员问责具有与前朝颇不相同的鲜明特点。

（一）问责范围广泛

仁、宣时期官员问责的范围非常广泛，几乎涵盖所有官员违反政纪、法纪、纲常、伦理等方面的过失和罪行。涉及有过和无为的一切官员，不仅针对贪官佞臣，也针对庸官懒官。从宏观方面而言，明代官员问责的范围，法令明确规定的有谋反、谋叛、结党、擅权、渎职、犯赃罪、诈伪及失德违礼等类型，每一类型又细分为很多条目。仁、宣时期都可以检索到各种类型被问责官员的案例。另外，除了上述法令明确规定的问责范围，仁、宣时期还有一些官员因触怒皇帝、得罪权贵及官员之间攻讦而被问责的。可见，仁、宣时期官员问责法网严密，范围非常广泛，问责几乎无处不在。而且在问责时效上，仁、宣时期官员问责不仅着眼当下，还可溯及既往，以及延至身后，使得官员的整个政治生涯都覆盖在问责范围之内。

（二）问责多适当，问责对象多为有问题官员

纵览史料所载仁、宣时期的问责史料，基本上都是官员因为各种犯罪及违法不职行为而被问责。在前文所归纳的十多种问责事由中，官员渎职、不称职和犯赃罪是主流，占据了绝大部分的问责比例。这反映了仁、宣时期将整顿和澄清吏治作为问责重点，对问题官员的问责基本公允适当。虽然有部分官员因为皇帝动怒及被他人攻讦诬陷，被责失当冤屈，但绝大部分官员被问责都是罪有

① ［清］张廷玉等：《明史》卷一六二《陈祚传》，第4401页。
② ［清］张廷玉等：《明史》卷一六二《陈祚附郭循传》，第4402页。
③ ［清］张廷玉等：《明史》卷二八一《循吏·张宗琏传》，第7201页。
④ ［清］张廷玉等：《明史》卷一五〇《虞谦传》，第4168页。
⑤ 《明宣宗实录》卷六，洪熙元年闰七月壬戌，第172页。
⑥ ［清］张廷玉等：《明史》卷二八一《循吏·郭完传》，第7200页。
⑦ 《明宣宗实录》卷五九，宣德四年十一月辛亥，第1416页。

应得，罪当其罚。

（三）刑杀减少，惩处力度较轻

仁、宣时明朝进入承平时期，政局总体平稳，社会震荡较少。这一时期比较大的政治事件，是宣德初年的朱高煦谋反。抱着“新即位，小人尚有怀二心者，亦当有以慑服之”①的态度，宣宗亲自督师平叛，并诛杀了一批朱高煦逆党。但在总体上，宣宗对惩治谋反的态度还是比较克制，没有扩大打击面。在抓获朱高煦之初，宣宗谕户部尚书夏原吉曰：“今高煦就擒，与之同谋者数人罪不可赦，其余军民被胁从者一切不问”②。此虽为团结宗室、稳定人心之策，但在处理朱高煦逆党的过程中，宣宗主要诛杀的是一些同谋首恶的武将，其他人则予宽宥。这种比较宽容的问责态度，与洪武、永乐时期大肆株连已截然不同。

对于官员其他犯罪和违法乱纪行为的问责，仅有少部分被诛戮，且都是罪大恶极者。如南京御史严暟受赇曲法，纵肆不检，淫荡无度，谪为吏于辽东。但严暟不受役，潜逃至京，仍造词胁取财物，实在劣迹斑斑，最终戮于市③。监察御史赵俨因滥用酷刑，枉法残民，斩于市④。这些官员罪有应得，其被问责大快人心，且足以警示他人。对一般违法犯罪的问责，仁、宣时期除了加重对赃罪处罚力度，其他犯罪违法的处理，多依照法令行事，基本上是降职、罢黜为民等，鲜有前朝特别是洪武时期酷滥的法外用刑情况。仁、宣时期虽然刑杀少，但却达到了“用法轻，而贪墨之风亦不甚恣”⑤的效果。

三　仁、宣时期问责之风转变的原因

仁、宣时期的官员问责风气，一改洪武、永乐时期的大肆杀戮、广为株连，官场笼罩着恐怖气氛的做法，而是据实问责，问责事项主要针对官场痼疾，澄清吏治，整体问责氛围较前朝大为宽缓。这种问责风气的转变，既是明初政局变动、时代所需的结果，也跟问责主体中皇帝审慎明察的问责态度、善于用人、官员得力及君臣关系融洽密切相关。

第一，政局变动，朝廷工作重心转移，澄清吏治成为仁、宣时期为政的重点。洪武、永乐时期，政治气氛紧张，刑法上法网严密，用刑严酷，军事和经济上朝廷征伐、用度过多，一些矛盾不断积累，需要加以调整缓和。仁宗即位后，“罢西洋宝船、迤西市马及云南、交阯采办”⑥，开始收缩战线，并“宥建文诸臣外亲全家戍边者，留一人，余悉放还”⑦，解决历史遗留问题，减少冤滥。宣德时期，征战讨伐虽然仍在继续，但在对待交阯问题上，宣宗有意收缩，“以全一方民命，亦以休

① 《明宣宗实录》卷二〇，宣德元年八月壬戌，第 524 页。
② 《明宣宗实录》卷二〇，宣德元年八月癸未，第 541 页。
③ 《明宣宗实录》卷七〇，宣德五年九月辛亥，第 1646—1647 页。
④ 《明宣宗实录》卷七六，宣德六年二月癸亥，第 1778—1779 页。
⑤ ［清］张廷玉等：《明史》卷九四《刑法志二》，第 2322 页。
⑥ ［清］张廷玉等：《明史》卷八《仁宗本纪》，第 108 页。
⑦ ［清］张廷玉等：《明史》卷八《仁宗本纪》，第 110 页。

息中土之人”[①]，于宣德六年（1431）六月“遣使诏黎利权署安南国事”[②]。对于一些扰民求利的做法，宣宗也加以制止，如宣德三年（1428），锦衣指挥钟法保请采珠东莞，宣宗认为此乃扰民求利之举，下之狱[③]。仁、宣时期，朝廷工作的重点，已不再是太祖和成祖时期基于巩固新生政权和维护即位合法性的生存需要，而是在稳住阵脚之后，如何清洁肌体、复苏民气等朝廷守成和发展方面的问题。因而，在对外关系战略收缩的同时，仁宗和宣宗以澄清吏治为抓手，以此来化解矛盾，稳定社会。

仁、宣时期朝政治理重心的转移，并非刻意为之。实际上，仁、宣时期的吏治确实存在不少问题，亟待处理。首先，官员特别是基层州县官员，选用多非其人。地方官员直接跟百姓打交道，其为官素养和治理关乎朝廷安稳。但明初官员很多是吏典出身，由于“初用之时，失于慎选”[④]，导致“所任多以吏员，虽循资格出身，而其人素非良善，廉洁者少，贪鄙者多，生民被害，政事疏违”[⑤]，因而考察时多“阘茸不称”[⑥]。而且，仁、宣时官员冗滥现象开始严重，亟须加强问责，裁汰额外之员，罢黜鄙猥无知、贪虐之徒，如此“则官可得人，治有其效”[⑦]。其次，官员贪污现象反弹。洪武朝重典惩贪，官员贪污现象有所收敛，但并没绝迹，朝杀暮犯的情况依然存在，令明太祖头疼。至仁、宣时期，由于“仕者之禄不足而冗食之员甚众”[⑧]，俸禄以钞折米，官员微薄的俸禄进一步减少，对官员的生活和用度产生影响，难以持廉守法，“盖官员居任，或家口众多，用度不足，是以廉耻不顾，害及军民，取利肥家以图饱暖”[⑨]，导致官员贪污受贿现象反弹。再次，宣德时期的仕风有所变化。随着太祖、成祖两个雄猜嗜杀帝王的故去，宣德时官员生活不再似洪武、永乐时期刻板紧张，而是有所放纵。明初文武官之家不得挟妓饮宴，但到宣德初年，“臣僚宴乐，以奢相尚，歌妓满前”[⑩]。宣宗对此很不满，“近闻大小官私家饮酒，辄命妓歌唱，沉酣终日，怠废政事。甚者留宿，败礼坏俗”[⑪]。整肃赃污，端正风纪，势在必行。

仁、宣时期的问责虽总体上比较宽缓，但在澄清吏治方面却比较严厉，主要表现在三个层面。一是严赃罪之问责。宣宗反贪决心明确坚定，视贪官污吏“为百姓蟊贼，虽贵近有犯必罚，伤败风化者，必置诸法，虽亲不原，曰不去此不能为治”[⑫]。第一天上朝，宣宗就旗帜鲜明反贪，对贪官遇赦不免。浙江布政司参议王和、陕西按察司佥事韩善等皆坐赃罪，遇赦，吏部以还职意见上奏。宣宗不同意，“士大夫当务廉耻，古人不饮盗泉，盖恶其名。三人者皆贪污，岂可复任方面！悉罢为民。”[⑬]浙江布政使孙隽、河南左参议王徵俱犯罪，经赦例应复职，但所犯者赃罪。宣宗曰：“犯赃污

① 《明宣宗实录》卷一六，宣德元年四月丙寅，第421页。
② ［清］张廷玉等：《明史》卷九《宣宗本纪》，第122页。
③ ［清］张廷玉等：《明史》卷九《宣宗本纪》，第119页。
④ 《明宣宗实录》卷九，洪熙元年九月庚戌，第233页。
⑤ 《明宣宗实录》卷六，洪熙元年闰七月癸亥，第175页。
⑥ 《明宣宗实录》卷九，洪熙元年九月庚戌，第233页。
⑦ 《明宣宗实录》卷六，洪熙元年闰七月癸亥，第175页。
⑧ 《明仁宗实录》卷四上，永乐二十二年十一月甲戌，第133页。
⑨ 《明宣宗实录》卷六，洪熙元年闰七月癸亥，第175页。
⑩ ［清］张廷玉等：《明史》卷一五一《刘观传》，第4185页。
⑪ 《明宣宗实录》卷五七，宣德四年八月丙申，第1366页。
⑫ 《明宣宗实录》卷一一五，宣德十年正月丁酉，第2600页。
⑬ 《明宣宗实录》卷二，洪熙元年六月乙卯，第38页。

丧廉耻矣，虽经赦宥，岂可复居民上！”[①] 皆罢为民。为了不让犯赃罪官员有翻身机会，宣宗还调整律例，加重对赃罪处罚力度，命法司“文职官有犯赃罪者，俱依律科断”[②]。此外，宣宗还注重宣传引导，告诫臣子勿贪赃误身。宣德元年，通政秦川往湖广督运饷受赃，宣宗以此案例苦口婆心告谕群臣曰：“身命为重，财贿为轻，此乃以至重博至轻，况赃物法当入官，于己何益。太祖皇帝尝言：‘守俸如泉井，井虽不满，日汲不竭’。川俸亦不薄，若清廉公正，尽忠为国，岂不长享富贵。今至此罪岂可容。古人云：‘祸福无不自己求之’。凡在官者，当以此人为戒”[③]。

二是严风宪之问责。风宪官乃朝廷耳目之寄，“纠举邪慝，伸理冤抑”，是负责问责的重要力量，“比之庶官，所系甚重”[④]。但是仁、宣时期风宪官存在种种积弊，一些御史“或溺私情而卖公法，或假公法以报私忿，鞫讯之际，任情煅炼，深文罗织”[⑤]。队伍的不纯，导致不少风宪官“或道理不明，操行不立；或法律不通，行移不谙；或逞小才以张威福，或搜细过以陷良善。甚至假其权位，贪图贿赂，以致是非倒置，冤抑无伸，而风纪之道遂至废弛”[⑥]。为清除这些积弊，终宣德朝，风宪官违法特别是犯赃罪，皆不少贷。宣德三年，监察御史高昭犯赃罪应死，然逢恩例，行在刑部奏当运砖赎罪复职。宣宗曰：“犯赃岂可复任风宪，其罢为民”[⑦]。宣德四年（1429），江西按察司佥事高第贪赃，吏部言其经赦例，应改调。宣宗气愤地说：“为风宪尚受赃，使居他职，岂不尤甚！罢为民。”[⑧] 终宣德一朝，这样的例子还有很多。

三是严贪暴、奸邪小人之问责。贪暴之徒与清平盛世不符，故宣宗对此类官员问责也不含糊。宣德二年，荆门知州米珩因公事殴人至死，于律应徒，从之[⑨]。宣德六年（1431），监察御史赵俨往河南清理军伍，杖死里长老人九人，宣宗认为“此酷吏也，视人命如草芥，命斩于市”[⑩]。参议陈羽至宁化县，用大杖击死无罪人，并逼取死者之家财物。宣宗以其贪暴，稔恶不悛，令巡按御史鞫治如律[⑪]。对于奸佞小人，难以礼制约束，须以刑问责。宣德三年，行在兵部郎中杨威、户部主事汪润等耽溺酒色，旷废职务，又不朝参。法司奏罪，当杖降秩三等。宣宗曰：“礼以待君子，刑以治小人，彼既放荡无廉耻，岂可复以礼待！”命枷项以徇[⑫]。永乐时，成祖往往利用陈瑛等贪酷奸佞之徒罗织问责以打击政敌，宣德年间加强对此类小人的问责，扭转了前朝问责过程中用法深刻之弊。

第二，皇帝仁恕宽厚，问责态度慎重明察。明代诸帝中，仁宗、宣宗仁恕宽厚之名颇著。仁宗“性甚仁恕”，在位虽不到一年，“仁恩该洽”[⑬]。用刑冤滥、法外用刑、广为株连、奸佞刻深，此乃洪武、永乐时期问责的常态。仁宗即位后，着力改变这种局面，大力纠偏，平反冤狱。对于前朝用刑

---

① 《明宣宗实录》卷二，洪熙元年六月癸亥，第 52 页。
② 《明宣宗实录》卷五五，宣德四年六月甲午，第 1316 页。
③ 《明宣宗实录》卷一三，宣德元年正月甲寅，第 357 页。
④ 《明英宗实录》卷五，宣德十年五月癸酉，中国台北，“中研院”历史语言研究所 1962 年校勘影印本，第 97—98 页。
⑤ 《明宣宗实录》卷四八，宣德三年十一月丁巳，第 1168 页。
⑥ 《明英宗实录》卷五，宣德十年五月癸酉，第 98 页。
⑦ 《明宣宗实录》卷四六，宣德三年八月辛卯，第 1125 页。
⑧ 《明宣宗实录》卷五七，宣德四年八月壬寅，第 1371 页。
⑨ 《明宣宗实录》卷二七，宣德二年四月乙酉，第 721—722 页。
⑩ 《明宣宗实录》卷七六，宣德六年二月癸亥，第 1778—1779 页。
⑪ 《明宣宗实录》卷八四，宣德六年十一月丙戌，第 1954 页。
⑫ 《明宣宗实录》卷四三，宣德三年五月戊辰，第 1052 页。
⑬ ［清］张廷玉等：《明史》卷九四《刑法志二》，第 2320—2321 页。

所致冤滥，仁宗深表同情，认为“刑者所以禁暴止邪，导民于善，非务诛杀也。吏或深文傅会，以致冤滥，朕深悯之”①。对于法外酷刑，须依律科决。“夫五刑之条，莫甚大辟之施，身首异处，斯已极矣。自今有犯死罪律该凌迟者，依律科决。其余死罪，止于斩绞。法并勿傅会，昧情失实，以致冤滥”②。对于连坐，规定“除谋反及大逆者，余犯止坐本身，毋一切用连坐法”③。对于奸佞锻炼罗织，仁宗认为是导致问责不当的重要原因，“古之盛世，采听民言，用资戒儆。今奸人往往摭拾，诬为诽谤，法吏刻深，锻炼成狱。刑之不中，民则无措”④。仁宗尝谕刑部尚书金纯：“法司近尚罗织，言者辄以诽谤得罪，甚无谓。自今告诽谤者勿论。”⑤对于官员谏言，“仁宗性宽大，容直言”，如大理少卿弋谦骨鲠，直陈时政，帝多采纳而不罪⑥。

宣宗为人“仁恕，不嗜杀”⑦，“法司奏刑名，常垂宽宥”⑧，继承仁宗做法，亦多惠政。首先是恤刑。对于刑辟，宣宗自认为“曷尝敢毫发过差”⑨，曾与群臣论古代肉刑，认为“若概用肉刑，受伤者必多矣”⑩。而如果用刑慎重，“盖能敬慎用刑不致枉滥，则仁恩洽浃，足以培固国本，福祚岂不灵长？”⑪宣德二年（1427），宣宗著《帝训》五十五篇，其中一篇为《恤刑》。其次，宣宗对一般的问责比较仁义。对于不称职官员的问责，宣宗认为降职幅度不宜过大，要退人以礼。吏部奏监察御史考山西按察司佥事张萃不称职，例降边远杂职。宣宗曰：“退人以礼，彼尝为方面官矣，遽降杂职太过，可令为县正。不称则如前降之”⑫。对于官员奏本失误等方面的小过，宣宗也比较宽容，认为无关大体，不予追究。如宣德元年，六科奏各衙门所上奏本各有错误，不谨，皆当问罪。宣宗表示“差错小失，非关大体，悉不问”⑬。宣宗在问责中还注意考虑官员难处，予以宽限。宣德二年，河南按察司奏河南税粮逋久不足，曾限令布政司及州县官吏半年内完成收缴，但迄今已逾半年尚未完，请求加以问责。宣宗指示，“税粮不完，盖由民力艰难，再限半年责完”⑭。再次，宣宗在减轻刑杀的同时，还注重教化。宣宗曾对礼部尚书胡濙等说：“唐虞成周刑措不用，朕每以此自期”，希望胡濙等“宜申明教化，礼让兴行，风俗淳美，庶几有成”⑮。

除了性格仁恕，皇帝问责慎重明察，也是仁、宣时期问责公允适当的重要原因。在人治环境下，皇帝作为问责处罚的最终裁决者，其情绪和态度往往是决定问责公允恰当与否的关键。皇帝若情绪失控，因怒而责，问责的结果多会失当。明代各朝皇帝都有以怒问责的情况，世宗和神宗尤

---

① ［清］张廷玉等：《明史》卷八《仁宗本纪》，第 111 页。
② 《明仁宗实录》卷八下，洪熙元年三月己丑，第 259 页。
③ ［清］张廷玉等：《明史》卷九四《刑法志二》，第 2321 页。
④ ［清］张廷玉等：《明史》卷八《仁宗本纪》，第 111 页。
⑤ ［清］张廷玉等：《明史》卷一五七《金纯传》，第 4288 页。
⑥ ［清］张廷玉等：《明史》卷一六四《弋谦传》，第 4439 页。
⑦ 《明宣宗实录》卷二八，宣德二年五月丙午，第 735 页。
⑧ 《明宣宗实录》卷一一五，宣德十年正月丁酉，第 2600 页。
⑨ 《明宣宗实录》卷二七，宣德二年四月乙酉，第 722 页。
⑩ ［清］张廷玉等：《明史》卷九四《刑法志二》，第 2321 页。
⑪ ［明］余继登：《典故纪闻》卷九，第 154 页。
⑫ 《明宣宗实录》卷七，洪熙元年八月庚午，第 186 页。
⑬ 《明宣宗实录》卷二三，宣德元年十二月甲申，第 619 页。
⑭ 《明宣宗实录》卷二四，宣德二年正月丙午，第 637 页。
⑮ 《明宣宗实录》卷二四，宣德二年正月丁未，第 638 页。

然，仁宗、宣宗也不例外，只是程度和频率的差别。但相对而言，仁、宣时期皇帝的问责态度总体上比较审慎，并在问责的监督上希望大臣勇于纠正自己问责中的过失。仁宗即位初，就对刑部尚书金纯、都御史刘观说："卿等皆国大臣，如朕处法失中，须更执奏，朕不难从善也。"[①]并通过制度建设约束自己的情绪，减少问责冤滥的发生。仁宗曾下诏，"若朕一时过于嫉恶，律外用籍没及凌迟之刑者，法司再三执奏，三奏不允至五，五奏不允，同三公及大臣执奏，必允乃已，永为定制"[②]，在问责程序上加强执奏次数，以谨慎的态度问责。宣宗用刑也很慎重，"犯罪者必审录无冤，然后罪之，未尝以喜怒为轻重，隆寒盛暑必先敕所司，决遣系囚或罚输作赎罪，盖从轻典者多"[③]。碰到有司多次执奏要求问责时，宣宗往往提醒，"与其杀不辜，宁失不经。彼能因事改过，即为良善，若怙终不悛，终亦不免"，表示要效法唐太宗，"古帝王用刑不可不慎"[④]。

仁、宣时期问责慎重明察还表现在问责时实事求是，多方查证，据实而责，不捕风捉影，以确保问责适当，"推究情实，庶不枉滥"[⑤]，让被责官员心服口服。仁宗曾谕刑部："有罪不可不诛，无罪不可滥诛，必得其实耳。"[⑥]宣宗也曾告谕三司，"刑法非致理之本，然有罪不治，无以惩恶，必得实情，则施刑者无愧，受刑者不怨，卿等最宜详慎"[⑦]。问责主体中皇帝容易情绪用事，其他主体如长官考察属官，也会存在因好恶而责的情况。为防止这种情况发生，宣宗谕行在都察院臣曰："方面大臣，不可辄信一人之言而加之罪，其召至，从实讯之"[⑧]。宣德二年，吏部奏云南布政使曾坚等所报共八十二人，皆庸懦懒怠不称职，请黜之。宣宗很慎重，认为不能完全以上级官员所报来定惩罚，而是强调重审，确保问责适当，以让官员服气，"人才智不齐，其上官好恶，或未必皆当。古人言：'众好恶必察'，宜取至京重审之，果不称，黜之，其心亦服"[⑨]。要保证问责公允，还须兼听、不偏信，坚持查核事实真相。宣宗在听纳方面，兼听审慎，"审于听言，有言涉刻薄，正色斥之。或言臣下过失，必详察之"[⑩]。宣德八年（1433），广南府知府魏文昭奏云南左布政使殷序不法事，宣宗令殷序自陈，其实皆魏文昭所诬。宣宗说："未必皆诬，但方面大臣不可以一人之言遽加以罪"[⑪]。另外，注意区分、识别官员类型，分辨明察官员是非，是考察问责官员的必备环节。仁宗即位初，遣监察御史汤溁等十四人分巡天下，考察官吏。针对官员才器不同、类型各异，"有专为脂常谄媚而政事不理殃及于民者，有沉静笃实不善逢迎而为政简易民悦服之者，有虐于用刑巧于取索而能集事者，有廉洁无私谨谨自守而政务不举者"，仁宗叮嘱巡按御史，考察过程中"当明白具实以闻，无惑于小人，无屈于势要，无私于亲故，询之于众，断之以公"[⑫]，以公正无私的态度明辨是非，确

① ［清］张廷玉等：《明史》卷九四《刑法志二》，第 2320 页。

② ［清］张廷玉等：《明史》卷九四《刑法志二》，第 2321 页。

③ 《明宣宗实录》卷二八，宣德二年五月丙午，第 735 页。

④ 《明宣宗实录》卷二八，宣德二年五月丙午，第 735 页。

⑤ 《明宣宗实录》卷一九，宣德元年七月乙巳，第 505 页。

⑥ 《明仁宗实录》卷五上，永乐二十二年十二月丁未，第 162 页。

⑦ 《明宣宗实录》卷四，洪熙元年七月乙未，第 121 页。

⑧ 《明宣宗实录》卷七，洪熙元年八月庚午，第 187 页。

⑨ 《明宣宗实录》卷二四，宣德二年正月辛亥，第 641 页。

⑩ 《明宣宗实录》卷一一五，宣德十年正月丁酉，第 2600 页。

⑪ 《明宣宗实录》卷九八，宣德八年正月癸酉，第 2210 页。

⑫ 《明仁宗实录》卷四上，永乐二十二年十一月癸未，第 143 页。

保考察无误。仁、宣时期这种谨慎求实的问责态度，相较于晚明时期仅据考语而定官员黜陟的做法，确实要客观、公正得多。

第三，皇帝知人善任，大臣得人，官员清正。皇帝掌握最终问责大权，但政府运行和政策实施，尚需依靠官僚。“顾天下之广，庶务之系，岂一人所克独理。亦唯赖文武群臣相与协德，共图康济”[①]。仁、宣时期问责效果好，很大程度归因于皇帝知晓官僚队伍现状，善于用人，大臣得人，一大批清正廉洁官员涌现，政令得行。

仁宗在位虽短暂，不到一年，但“用人行政，善不胜书”[②]。即位之初，仁宗深知“为国以得贤为重事，君以进贤为忠”，对贤人君子甚为倚重，表达了自己“矧属亮阴之际，尤切倚毗之心”[③]的急切心情。针对官僚队伍中“廉贪杂处，贤否无别”的现状，秉公赏罚，据实进退，“有功必赏，有罪必罚，贤者必进，不肖者必退”[④]，以此至公之典选用值得信赖的官员。就问责而言，问责主体的素质会影响问责的公允，特别是刑官，“刑狱系人死生”[⑤]，直接关乎官员命运。永乐朝不少刑官在朝代更替之后，“有以贪贿败者，有以深刻败者，盖颠倒是非，民苦冤抑”[⑥]，其败固然是咎由自取，但当初简用这些官员的人，也难辞其咎。仁宗汲取前朝用人教训，在选用刑官标准上，坚持“刑官必择廉明公正谨厚之士，无俾憸人得肆枉滥”[⑦]。宣宗继承仁宗用人思想和做法，爱惜人才，慎重选用，官员“非有大过，常保全之。慎于用人，廷臣有阙，博咨于众而后授之。方岳郡守不轻付畀，必命群臣会举，著于令甲数诏天下求贤。廷臣有不举贤，屡敕督责，亲作官箴以励百司。”[⑧]

在皇帝的慧眼识珠和信任重用下，仁、宣时期名臣辈出。杨士奇、杨荣、杨溥“三杨”辅政，“士奇有学行，荣有才识，溥有雅操，皆人所不及”[⑨]。三人历事多朝，德望相亚，“均能原本儒术，通达事几，协力相资，靖共匪懈”[⑩]，以致“天下清平，朝无失政”[⑪]。因此，“明称贤相，必首三杨”[⑫]。另外，蹇义“善谋”，夏原吉“尤持大体，有古大臣风烈”[⑬]，二人“通达政体，谙练章程”，在仁、宣时期“委寄优隆，同德协心，匡翼令主。用使吏治修明，民风和乐，成绩懋著，蔚为宗臣”[⑭]。这些大臣在推荐正直官员担任问责大员，以及劝解皇帝、疏救问责不当官员等方面，颇有作为，为营造仁、宣朝公平的问责环境尽力。如宣德元年，杨士奇推荐王翱为御史。当时官吏有罪，不问重轻，都允许运砖还职。王翱认为这不利于震慑贪官，“请犯赃吏但许赎罪，不得复官，以惩

---

① 《明仁宗实录》卷四上，永乐二十二年十一月甲戌，第132页。
② ［清］张廷玉等:《明史》卷八《仁宗本纪》，第112页。
③ 《明仁宗实录》卷四上，永乐二十二年十一月甲戌，第132页。
④ 《明仁宗实录》卷四上，永乐二十二年十一月甲戌，第133页。
⑤ 《明仁宗实录》卷八上，洪熙元年三月辛巳，第255页。
⑥ 《明仁宗实录》卷八上，洪熙元年三月辛巳，第255页。
⑦ 《明仁宗实录》卷八上，洪熙元年三月辛巳，第255页。
⑧ 《明宣宗实录》卷一一五，宣德十年正月丁酉，第2599—2600页。
⑨ ［清］张廷玉等:《明史》卷一四八《杨溥传》，第4144页。
⑩ ［清］张廷玉等:《明史》卷一四八，“赞”，第4145页。
⑪ ［清］张廷玉等:《明史》卷一四八《杨溥传》，第4143页。
⑫ ［清］张廷玉等:《明史》卷一四八，“赞”，第4145页。
⑬ ［清］张廷玉等:《明史》卷一四九《夏原吉传》，第4155页。
⑭ ［清］张廷玉等:《明史》卷一四九，“赞”，第4156页。

贪黩”[①]，被宣宗采纳，开宣德朝严赃罪问责之先河。宣德三年，都御史刘观以贪被黜，大学士杨士奇、杨荣乃极力推荐通政使顾佐，说他“公廉有威，历官并著风采”[②]，宣宗大喜，立擢右都御史，赐敕奖勉，而顾佐不负所望，在澄清吏治方面雷厉风行，政绩颇著。仁宗监国时，憾御史舒仲成，即位后本欲罪之，但经杨士奇劝解，即罢弗治[③]。有人报告大理卿虞谦言事不密，仁宗怒，降一官。“士奇为白其罔，得复秩”[④]。杨荣也善于申救忤旨得罪的官员，“遇人触帝怒致不测，往往以微言导帝意，辄得解”[⑤]。问责易得罪人，官员公正执法，仇怨必多。一些正直官员因大臣的申救而保全，减少了因问责不当造成的损失。

仁、宣时期用人恰当，使得官员问责主体的素质得到保证，涌现了一大批清正廉洁的官员，朝廷的问责政策在具体实施过程中得以贯彻落实。仁宗一改永乐时崇尚罗织的做法，刑部尚书金纯谨遵仁宗告谕，用刑“亦务宽大，每诫属吏不得妄榷击人。故当纯时，狱无瘐死者”[⑥]。御史顾佐“刚直不挠，吏民畏服，人比之包孝肃”。杨士奇等推荐其担任右都御史后，宣宗命其考察罢黜诸御史不称职者，乃“奏黜严皑、杨居正等二十人，谪辽东各卫为吏，降八人，罢三人”。任职期间“纠黜贪纵，朝纲肃然”[⑦]。南京左副都御史邵玘，宣德年间“奏黜御史不职者十三人，简黜诸司庸懦不肖者八十余人，风纪大振”[⑧]。御史轩輗宣德时按福建，“剔蠹锄奸，风采甚峻”，其“清操闻天下，与耿九畴齐名，语廉吏必曰轩、耿”[⑨]。在君臣的共同努力下，“仁、宣之际，惩吏道贪墨，登进公廉刚正之士”，“风纪为之一清”[⑩]。

第四，君臣关系融洽，官员之间协作，行政效率高。仁、宣时期，明君贤臣相得益彰，君主信任臣僚，臣子忠君尽职，君臣关系融洽。官员之间能以大局为重，和衷共济，很少倾陷党争。首先，君臣关系方面，大体能够以诚相待，君主能虚心听纳谏言。仁宗即位，赐给大学士杨士奇、杨荣、金幼孜“绳愆纠缪”[⑪]银章，得密封言事，并认为“君臣之间，尽诚相与，庶几朝无阙政”[⑫]。宣宗“敬礼大臣，每谯见从容咨访，必使尽其意”[⑬]。大臣有所论奏，宣宗都虚怀听纳。宣德年间，君主励精图治，“士奇等同心辅佐，海内号为治平”[⑭]。其次，君主信任臣子，对官员既用之，则信之。宣宗曾对侍臣曰：“君臣一体，犹元首之有股肱。以为贤人君子而用之，则当信任之。古之帝王推赤心置人腹，中人乐为用。若既用而复疑，上下之情不通，恶在其为一体也。”[⑮]这种信任尤其体

① ［清］张廷玉等：《明史》卷一七七《王翱传》，第 4699 页。
② ［清］张廷玉等：《明史》卷一五八《顾佐传》，第 4311 页。
③ ［清］张廷玉等：《明史》卷一四八《杨士奇传》，第 4133—4134 页。
④ ［清］张廷玉等：《明史》卷一四八《杨士奇传》，第 4134 页。
⑤ ［清］张廷玉等：《明史》卷一四八《杨荣传》，第 4141 页。
⑥ ［清］张廷玉等：《明史》卷一五七《金纯传》，第 4288 页。
⑦ ［清］张廷玉等：《明史》卷一五八《顾佐传》，第 4311 页。
⑧ ［清］张廷玉等：《明史》卷一五八《邵玘传》，第 4313 页。
⑨ ［清］张廷玉等：《明史》卷一五八《轩輗传》，第 4325 页。
⑩ ［清］张廷玉等：《明史》卷一五八，“赞”，第 4326 页。
⑪ ［清］张廷玉等：《明史》卷一四八《杨士奇传》，第 4133 页。
⑫ ［明］余继登：《典故纪闻》卷八，第 140 页。
⑬ 《明宣宗实录》卷一一五，宣德十年正月丁酉，第 2600 页。
⑭ ［清］张廷玉等：《明史》卷一四八《杨士奇传》，第 4136 页。
⑮ 《明宣宗实录》卷一一五，宣德十年正月丁酉，第 2600 页。

现在君主不受奸佞小人的谗陷和挑拨。作为兼听审慎之君，宣宗对谈及官员过失的言论非常小心，“或言臣下过失，必详察之。言实而非大过，置不问；言之不实，轻则疏斥言者，重则严治以惩”[①]，以确保忠正官员免受冤屈，解除其后顾之忧，创造尽心尽职氛围。言官作为问责主体，惩奸肃贪，很容易得罪人，遭打击报复的概率很大。宣德年间，右都御史顾佐大刀阔斧，有奸吏奏其受隶金，私遣归。宣宗悄悄从杨士奇那里证实所奏非实，因怒诉者曰：“朕方用佐，小人敢诬之，必下法司治！”后来又有人告顾佐不理冤诉。宣宗说：“此必重囚教之。”命法司会鞫，果然是千户臧清杀无罪三人当死，却使人诬陷顾佐。宣宗认为“不诛清，则佐法不行”，乃磔臧清于市[②]。御史李骥巡视仓场，军士高祥盗仓粟，李骥执而鞫之。高祥父妾上诉，说高祥与张贵等同盗，而李骥受张贵等贿故独罪高祥。刑部侍郎施礼遂论李骥死罪。李骥不服，上章自辩，宣宗说：“御史既擒盗，安肯纳贿！”命偕都察院再讯，果然查明李骥是冤枉的。宣宗乃切责施礼，而复李骥官[③]。仁宣时期君臣关系的融洽，还体现在君主听纳得体，知错就改。洪熙时，大理少卿弋谦以言事得罪。杨士奇曰：“谦应诏陈言，若加之罪，则群臣自此结舌矣。”仁宗立刻进弋谦副都御史，而下敕引过[④]。大理寺卿虞谦历事三朝，有大臣体。有人告他奏事不密，市恩于外，仁宗怒而降为少卿。杨士奇具白其诬，仁宗说：“吾亦悔之。”遂命复职[⑤]。这种君臣之间的融洽关系，相较洪武、永乐“时京官每旦入朝，必与妻子诀，及暮无事，则相庆以为又活一日”[⑥]，官员人人自危，君臣关系紧张的局面已不可同日而语。

仁、宣时期，由于官员素质较高，官场风气很正，“士大夫多以廉节自重”，“澹嗜欲，耻营竞”[⑦]。大臣之间无嫌隙，鲜有因私利、政见不合等原因而构陷打击的情况发生，不似晚明时期那样以门户私利相争。宣德时，有一段时间内阁中只有杨士奇、杨荣、杨溥三人。杨荣疏阔果毅，遇事敢为，但颇通馈遗，边将岁时致良马。宣宗对此有所了解，曾以此事问杨士奇。杨士奇没有落井下石，反而力言：“荣晓畅边务，臣等不及，不宜以小眚介意。”宣宗笑着说：“荣尝短卿及原吉，卿乃为之地耶？”杨士奇曰：“愿陛下以曲容臣者容荣。”宣宗意乃解，没有重惩杨荣。后来这事传到杨荣那里，杨荣觉得愧对杨士奇，二人相得甚欢[⑧]。宣德时，鲁穆为福建佥事，“持宪甚严，不避强御”，大学士杨荣的一个家人犯罪，鲁穆“置之于法，略不少贷”。杨荣得知此事后，并没有因私废公怪罪鲁穆，反而认为他贤能，立即推荐其为佥都御史[⑨]。问责法令能否贯彻落实，重在执行。仁、宣时期融洽、协作的谋事氛围，减少了内耗带来的行政效率低下，促进了官员问责等政务的顺利推行，从而保证了洪熙、宣德朝官员问责的效果。

---

① 《明宣宗实录》卷一一五，宣德十年正月丁酉，第 2600 页。
② ［清］张廷玉等：《明史》卷一五八《顾佐传》，第 4312 页。
③ ［清］张廷玉等：《明史》卷二八一《循吏 · 李骥传》，第 7202 页。
④ ［清］张廷玉等：《明史》卷一四八《杨士奇传》，第 4134 页。
⑤ ［清］张廷玉等：《明史》卷一五〇《虞谦传》，第 4168 页。
⑥ ［清］赵翼著，王树民校正：《廿二史札记校正》卷三二《明祖晚年去严刑》，北京，中华书局，1984 年，第 484 页。
⑦ ［清］张廷玉等：《明史》卷一五八，“赞”，第 4326 页。
⑧ ［清］张廷玉等：《明史》卷一四八《杨士奇传》，第 4136 页。
⑨ ［明］何良俊：《四友斋丛说》卷七《史三》，北京，中华书局，1959 年，第 59 页。

四　结论

虽然在明代专制体制下，不可能出现现代意义上的官员问责，但仁、宣时期仍不失为明代历史上官员问责效果最好的一个时期。“仁、宣之际，国势初张，纲纪修立，淳朴未漓”[①]。仁宗和宣宗为政仁恕，以严惩赃罪、慎重明察的问责态度澄清吏治，所用得人，官员清正廉洁，务实敬业，“吏称其职，政得其平，纲纪修明”[②]。官员问责达到的效果，给予明朝兴旺发展的动力，使得明初在经历五十多年的严酷紧张氛围后，“下逮仁、宣，抚循休息，民人安乐，吏治澄清者百余年”[③]，呈现出“民气渐舒，蒸然有治平之象”[④]。明初的问责风气从严猛、失当到宽和、允当，是造成“仁宣之治”出现的一个要因。这种局面在明代历史上独树一帜。“英宗以后，仁、宣之政衰”[⑤]，除弘治时期问责情形与仁、宣时期相似外，其他各朝，不是皇帝怠政疏纵、宦官专权滥罚，就是奸佞排陷谗构、廷臣结党争斗，讫乎晚明，愈演愈烈，官员问责已然变形，背离初衷，而明朝的国运也是江河日下。

（作者蔡明伦，湖北师范大学历史文化学院）

① ［清］张廷玉等:《明史》卷一五《孝宗本纪》，第 196 页。
② ［清］张廷玉等:《明史》卷九《宣宗本纪》，第 125 页。
③ ［清］张廷玉等:《明史》卷二八一《循吏传》，第 7185 页。
④ ［清］张廷玉等:《明史》卷九《宣宗本纪》，第 126 页。
⑤ ［清］张廷玉等:《明史》卷九四《刑法志二》，第 2322 页。

论永乐到宣德年间开国功臣家族命运的变化

——从新政权合法性巩固的角度研究

朱忠文

经过靖难之役，明成祖从侄子建文帝手里夺取了政权，随之而来的就是新政权的合法性的问题。而如何处置与明太祖和建文帝关系密切的开国功臣家族，与此问题密切相关。因此，巩固新政权的合法性成为了明成祖祖孙三代君主处置开国功臣家族的指导思想，后者的命运由此也发生了变化。目前学界对于永乐至宣德年间开国功臣家族的命运研究甚少[①]，笔者旨在以新政权合法性的巩固入手，通过研究这一时期君主与开国功臣家族的互动，来展示后者命运的变化。

一　新政权中的开国功臣家族

"合法性"是一个政治学概念，它"不仅仅是指政治权力的产生与行使合乎法律规定，而且是指政治权力必须得到公民的认同"[②]。从这个角度来看，明成祖的新政权是毫无合法性的，因为只有身为皇太孙即位的建文帝的政权具有独一无二的法律上的合理性。虽然明成祖强制采用各种手段来抹杀建文帝的存在，但是这种强制性命令的有效性实在有限：

> 秀才蔡某，指挥白某，争坟地讼于刑部……指挥执洪武三十五年红契为据。何公曰："洪武三十五年，乃建文年也。岂有民间先知有革除之事。实写洪武年者，乃伪契无疑。"指挥方服。[③]

这个笑话充分说明，明成祖通过强制命令的办法来维护自身合法性的努力基本上是徒劳的。在这种情况下，他的新政权很难得到认同。明成祖对齐泰、黄子澄、方孝孺等人大开杀戒，这种杀戮本身虽然可以使人产生由于恐惧导致的服从，但也不可能实现新政权的合法化。正如马克斯·韦伯

---

① 如顾诚先生曾对靖难之役前后的耿炳文家族和沐晟家族的命运进行过研究，其中对明成祖对待沐晟家族的政策进行了介绍，晁中辰先生曾经对靖难之役前后李景隆的情况进行过研究，其中涉及明成祖对李景隆的政策。参见顾诚：《靖难之役和耿炳文、沐晟家族》，《北京师范大学学报（社会科学版）》1992 年第 5 期，晁中辰：《李景隆与"建文逊国"》，《山东大学学报（哲社版）》1993 年第 3 期。

② 孙关宏、胡雨春、任军锋主编：《政治学概论》，上海，复旦大学出版社，2003 年，第 54 页。

③ ［明］周晖：《金陵琐事》卷三《洪武三十五年》，南京，南京出版社，2007 年，第 110 页。

所说："任何统治要巩固它的持久存在，都要唤起对合法性的信仰。"[①] 这不仅关系到明成祖的地位，更会影响到其子孙后代政权的地位。刘基之子刘璟就点出了这种严峻的形势：

> 成祖即位，召（刘）璟，称疾不至。逮入京，犹称殿下。且云："殿下百世后，逃不得一'篡'字。"[②]

而开国功臣家族乃是由明太祖一手提拔和建立起来的。虽然"胡惟庸案"和"蓝玉党案"使之遭到了重创，但仍有一些家族被明太祖有意保留。郑克晟先生曾认为，由于建文帝的政策倾向于江南地主集团，因此在靖难之役中没有得到淮西地主集团的支持[③]。实际上，作为淮西地主集团的重要组成部分，绝大部分剩下的开国功臣家族成员都积极投入了捍卫建文政权的战斗：

> 靖难兵未起时，中朝已有备。江阴侯吴高兵十万屯辽东……长兴侯耿炳文又统兵三十万至真定。[④]
>
> （建文帝）命（徐辉祖）帅师援山东，败燕兵于齐眉山。燕人大惧。[⑤]
>
> （建文元年九月）戊寅，（李）景隆兵次河间。[⑥]
>
> 及燕师日逼，惠帝命（梅）殷充总兵官，镇守淮安，悉心防御，号令严明。[⑦]

靖难之役中，耿炳文[⑧]、瞿能、俞通渊等人兵败身死。而在战后，如何处置余下的开国功臣家族成为了摆在明成祖面前的一道难题。他们绝大部分是建文帝的拥护者，如果不对他们予以处置，就意味着明成祖师出无名，这对新政权的合法性无疑会构成威胁。因此有些开国功臣家族成员遭到了杀戮：

> （燕）王即帝位，（梅）殷尚拥兵淮上，帝迫公主啮血为书役殷。殷得书恸哭，乃还京……明年（永乐三年）冬十月殷入朝，前军都督佥事谭深、锦衣卫指挥赵曦挤殷笪桥下，溺死，以殷自投水闻。都督同知许成发其事。帝怒，命法司治深、曦罪，斩之，籍其家……寻官殷二子，顺昌为中府都督同知，景福为旗手卫指挥使。[⑨]

---

① ［德］马克斯·韦伯（Max Weber）著，林荣远译：《经济与社会》（上卷），北京，商务印书馆，1997 年，第 239 页。

② ［清］张廷玉等：《明史》卷一二八《刘璟传》，北京，中华书局 1972 年标校本，第 3784 页。

③ 郑克晟：《明代政争探源》，北京，故宫出版社，2014 年，第 75—76 页。

④ ［明］郑晓：《今言》卷一，北京，中华书局，1984 年，第 13 页。

⑤ 《明史》卷一二五《徐辉祖传》，第 3731 页。

⑥ 《明史》卷四《恭闵帝本纪》，第 62 页。

⑦ 《明史》卷一二一《梅殷传》，第 3663 页。

⑧ 关于耿炳文的结局，有两种说法，第一种认为死于真定，第二种说法认为在靖难之役后被朱棣陷害而死。顾诚先生经过考证，同意第一种观点，参见顾诚：《靖难之役和耿炳文、沐晟家族》，《北京师范大学学报（社会科学版）》1992 年第 5 期。笔者同意顾诚先生的看法。

⑨ 《明史》卷一二一《梅殷传》，第 3663—3664 页。

此外，德庆侯廖永忠之孙廖镛“建文时与议兵事，宿卫殿廷。与弟铭皆尝受学于方孝孺。孝孺死，镛、铭收其遗骸，葬聚宝门外山上。甫毕，亦见收，论死。弟钺及从父指挥佥事升俱戍边”①。“镛母，东瓯王长女也，并铭女送浣衣局”②。廖永忠家族以及与之联姻的汤和家族都遭到了牵连。

不过，即便是杀戮，明成祖也显得不那么理直气壮。处死梅殷，既不敢罗织罪名，也不敢公开处决，只能采用暗杀的办法，最后还不得不厚待梅殷的后代。而处置德庆侯和东瓯王家族，不得不借用方孝孺案将其株连。

这种情况与开国功臣家族的特殊地位密切相关。他们代表的是明太祖的权威，如果对他们采取彻底消灭的办法，这就意味着与明太祖的连续性的切割。在宗法制度占统治地位的传统社会，这将非常不利于新政权合法性的确立。在处置刘璟时，明成祖的这一心理暴露无遗：

（刘璟）下狱，自经死。法官希旨，缘坐其家。成祖以基故，不许。③

虽然刘基的死与明太祖有脱不开的干系，但是他毕竟是明太祖加封的诚意伯，而且在死后他的地位并没有被明太祖否定，甚至他的子孙依然在做官，并受到明太祖的夸奖④。况且刘璟的言行，从维护明太祖这一权威的角度来看，完全没有过错。所以说，刘基在这里已经不再代表刘基本身，而代表的是明太祖这一权威，刘璟家族得以幸免也缘于此。

一味地压迫并不能解决问题，这迫使明成祖思考新的办法。他首先对开国功臣家族予以抚慰：

（建文四年冬十月丙辰）享太庙毕，遣官祭功臣于鸡鸣山庙。先是礼部侍郎宋礼言：“功臣自有庙，请罢太庙配享，但于本庙祭之。”上曰：“先帝所定配享不可罢。”又曰：“此皆佐命开国之臣，既自有庙，俟太庙享毕，亦别遣官即其庙祭之，于义可也。”著为令。⑤

（建文四年十二月辛亥）上谕礼部臣曰：“公侯年老者，皆历事皇考，多效劳勤。今筋力既衰，日与群臣并入朝参观。其步趋之艰，朕所不忍。自今令朝朔望，其见任事者，不在此例。”⑥

而在抚慰的同时，明成祖也不失时机地强化自己对明太祖的权威的继承，从而希望得到开国功臣家族对于自身合法化的认同：

（建文四年十二月壬子）敕谕功臣曰：“古人君以武功定天下者，必赖将臣之力，厥后往往不能保全。何哉？处高位者易骄纵，犯刑法者多怙终。人君代天理物，岂容私其间哉？所以罚

---

① 《明史》卷一二九《廖镛传》，第 3806 页。

② ［明］焦竑编：《献征录》卷一六五《都督廖镛传附廖铭》，上海，上海书店出版社，1987 年，第 4739 页。

③ 《明史》卷一二八《刘璟传》，第 3784 页。

④ 《明史》卷一二八《刘基传》，第 3782 页，第 3783—3784 页。

⑤ 《明太宗实录》卷一三，洪武三十五年十月丙辰，中国台北，“中研院”历史语言研究所 1962 年校勘影印本，1962 年，第 231 页。

⑥ 《明太宗实录》卷一五，洪武三十五年十二月辛亥，第 269—270 页。

加焉必也。高皇帝立法垂宪，欲世世行守，功臣有犯，罚戒再三。戒之不改，乃按诛之。至亲至旧，不敢曲原。志人君子，莫不谓高皇帝英明果断。上畏天命，下畏民情也。尔诸功臣昔受高皇帝厚恩，今事朕。朕欲尔等悠久共富贵，若复骄纵怙终，不问则违高皇帝成法，问而寘诸法，必谓朕寡恩，今录高皇帝戒敕，申明布告。尚永遵之，尔之不遵，后悔无及。”①

与此同时，开国功臣家族成员在靖难之役前后的表现并不完全一致，这为明成祖及其子孙解决这一问题提供了契机。在双方的互动中，开国功臣家族成员的命运发生了不同的变化。

二 从打压到拉拢：以徐辉祖及其后人的命运为例

靖难之役使魏国公家族产生了巨大的分裂。其中，徐辉祖从一开始就坚决站在建文帝这一边：

文皇帝为燕王时，入临称疾，不拜。王属尊而功高，有武略，拥强兵，朝议惮之。会王归，而留次子高阳王待命于邸。欲藉公为耳目。公谢绝之。②

这段记载真实与否尚且不论，但这至少表明了徐辉祖对建文帝的忠诚。笔者认为，这与徐辉祖的地位有直接关系。魏国公徐达位列开国功臣之首，功勋卓著，深受明太祖恩宠。如果说魏国公家族乃是开国功臣家族的旗帜的话，那么身为徐达长子的第二代魏国公徐辉祖，可以说不仅肩负了魏国公家族的道德使命，更代表了整个开国功臣家族的形象，这些恐怕不能不对徐辉祖的抉择产生影响。因此徐辉祖对作为国家正统的建文帝的忠诚，绝不是一般人所能比的。靖难之役后，他对明成祖仍然采取了不合作的态度：

成祖入京师，（徐）辉祖独守父祠弗迎。于是下吏命供罪状，惟书其父开国勋及券中免死语。成祖大怒，削爵幽之私第。③

徐辉祖这一招非常巧妙。无论是徐达的祠堂，还是他的功勋及特权，都是明太祖予以魏国公家族的荣耀，是他对魏国公家族地位的肯定。在这种情况下，如果明成祖胆敢冒犯徐辉祖，就是对明太祖的不尊重，徐辉祖也因此保住了性命。

徐辉祖郁郁而死后，魏国公家族的嫡系支脉也陷入中衰的状态。但是，魏国公家族得自于明太祖的权威并不会因此而消失。只要明成祖想要确立自身的合法性，就不可能彻底剥夺魏国公家族的爵位与特权。而中国传统社会又有“善善及子孙，恶恶止于身”的传统。于是在徐辉祖死后：

---

① ［清］谈迁：《国榷》卷一二，北京，中华书局，1958 年，第 889 页。

② ［明］张萱：《西园闻见录》卷一九，《明代传记丛刊》第 118 册，中国台北，明文书局，1991 年，第 234—235 页。

③ 《明史》卷一二五《徐辉祖传》，第 3731 页。

（永乐五年秋七月辛巳）命中山武宁王徐达长孙钦袭封魏国公。洪武中，王之嫡长子辉祖袭封魏国公，上初即位，辉祖以罪免归第，卒。至是，上念王开国元勋不可无继，特命钦袭封禄米，仍王之旧，岁给五千石。钦，上所赐名云。[①]

此条记载跟《明功臣袭封底簿》的记载基本一致[②]。值得注意的有两点：第一，提到徐钦的时候，并没有直接说他是徐辉祖的长子，而特地强调他是徐达的长孙。而提到恢复其爵位的缘由时，也说是念在徐达的功劳，就连禄米都是仍徐达之旧。毫无疑问，明成祖是在借助徐达的权威来与明太祖的权威建立联系，从而增强自己政权的合法性。

第二，“徐钦”这个名字是由明成祖钦赐的。其实对功臣子弟钦赐名字这种事情，明太祖就已经做过。比如徐辉祖的本名就是由“允恭”改过来的[③]，而曹国公李文忠的三个儿子李景隆、李增枝和李芳英都是由明太祖赐名[④]。姓名作为人的符号，是身份的一种重要象征。明成祖对徐钦赐名，而且是“钦”这样带有浓厚皇帝气息的字眼，其用心很明确，就是希望能够借此使魏国公嫡脉家族对自己的新政权产生归属和依赖感，从而支持新政权，巩固新政权的合法性。

当然，仅仅予以恩赐是绝对不够的。明成祖还有更长远的考虑：

（永乐九年三月壬午）六科给事中曹润等劾奏：“五军都督府掌府事、成国公朱勇、魏国公徐钦、定国公徐景昌、永康侯徐忠、右都督郭义监试袭职武官，纵家僮夺其弓槊，法司奉旨追捕，勇等蔽不与……请正其罪。”上曰：“朝廷何尝不务保全功臣？若此者，果朝廷无故罪之乎？抑其所自取乎？命锦衣卫悉捕其仆付法司，勇等姑宥其罪。”又曰：“徐钦未谙政务，令归务学，长智识以奉宗祀，庶免作过自累。”[⑤]

明成祖的那句“令归务学”，预示了他对魏国公嫡脉家族下一步将要采取的计划。对开国武将家族好文的倡导，从明太祖时期就开始了。而从徐钦的表现来看，他本人此时似乎还没有达到这个要求，品行仍然不高。明成祖的计划，就是要加强对魏国公嫡脉家族的教育，可以借此灌输其忠于新政权的思想，其用心不可谓不深远。

不过，魏国公嫡脉对新政权的反感，短期内是不可能被彻底扭转的。而明成祖也不可能彻底放弃自己的强硬政策。因此才会有魏国公嫡脉的又一次劫难：

（永乐十九年春正月壬辰）魏国公徐钦自南京来朝，遽辞归，上谓吏部臣曰：“中山王功在社稷，为国元勋，钦嗣爵位，宜笃前烈。往者不知奉法，辜朕委任，故令读书以广闻见。今复不

---

① 《明太宗实录》卷六九，永乐五年七月辛巳，第 979 页。注：“第”，原作“弟”，疑误。
② 明史部编：《明功臣袭封底簿》卷三，《明代传记丛刊》第 55 册，第 374 页。
③ 《明太祖实录》卷一九八，洪武二十二年十一月丁巳，第 2975 页。
④ 《明史》卷一二六《李文忠传》，第 3746 页。
⑤ 《明太宗实录》卷一一四，永乐九年三月壬午，第 1458 页。

俟命，汲汲图归，此岂有立志？可罢为民，俾归凤阳守先茔，用顿挫之，庶几将来不坠其家。”[①]

在这里，明成祖仍然借用徐达的权威作为立论的根基，而“故令读书以广闻见”这句话，又一次吐露出自己的用心。应该说，明成祖的政策取得了一定的成效。明仁宗即位时，徐钦主动来朝，明仁宗也顺水推舟恢复了他的爵位。不久后徐钦去世，“上悼惜之，赐祭赙赠，命有司具棺敛，给驿舟，归其丧”[②]。双方的关系进一步缓和。而在此后，明仁宗与明宣宗延续了明成祖的政策：

> （洪熙元年三月辛未）命故魏国公徐钦子长孙袭封魏国公，赐名显宗……命魏国公徐显宗从学国子监，令太子少傅杨荣送之入监，曰：“尔往谕司业：比开国元勋之后，欲其家与国同义，其子孙必能奉法循理，务孝与忠，乃克保之。显宗孤子，其加意教训，使长成有立，不失禄位，庶称国家待功臣之道。”遂赐司业贝泰钞币。[③]
>
> （洪熙元年冬十月丙子）命行在吏部尚书蹇义择文学儒者，往教魏国公徐显宗义。言有教谕阎颜，考绩当升府教授，可用往教。上曰：“勋戚家有教官，此祖宗所定……中山王开国元勋，其家尤须择老成有文学者。皇考在御，惓惓督魏国公学，其令颜日与讲论，俾知仁义忠孝之道。”[④]

从“显宗”这个赐名来看，仁宗仍然在借助徐达这一权威。而与明成祖在读书受教上的倡导性行为相比，仁宗和宣宗在这个问题上就更为主动。前者将徐显宗送去了国子监，并让杨荣督导，而后者命令蹇义为徐显宗选拔老师进行教导。以杨荣和蹇义的地位，可见宣宗对此事的重视。而宣宗的一席话，则无疑将自己与父皇这样做的目的坦露无遗，这与明成祖的用心可谓是一脉相承。

三代君主的努力最终也取得了积极的成效：

> （正统元年春正月辛巳）以初即位改元，遣公、侯、驸马、伯、侍郎、都御史、通政使、给事中等官、魏国公徐显宗等二十七人祭告祖陵、皇陵、孝陵及晋恭王历代帝王陵寝，并先师孔子、岳、镇、海、渎等神。[⑤]

这是在靖难之役后，魏国公第一次被派去代表国家从事礼仪活动，而且恰逢新皇帝登基这样一个重要的时刻。这无疑传达了这样的讯息：新政权已经认同了魏国公嫡脉的国家合法性，双方关系开始实现正常化。

---

① 《明太宗实录》卷二三三，永乐十九年正月壬辰，第2256页。注：“辜”原作“孤”，疑误。
② 《明仁宗实录》卷四，永乐二十二年十一月庚子，第155页。
③ 《明仁宗实录》卷八，洪熙元年三月辛未，第253页，第255—256页。注：“入”原作“八”，“比”原作“北”，皆疑误。
④ 《明宣宗实录》卷一〇，洪熙元年十月丙子，第268页。
⑤ 《明英宗实录》卷一三，正统元年正月辛巳，第234页。

三　从拉拢到打压：以曹国公李景隆为例

曹国公李景隆对待明成祖的态度前后不一。建文帝即位后不久，延续了明太祖对李景隆的恩宠，不仅对他“加秩禄有差”[①]，还曾亲笔写下“体尔祖祢，忠孝不忘”相赐[②]。而李景隆也曾在削藩运动中为建文帝立下过汗马功劳，并在靖难之役中统兵出征。但是由于李景隆指挥不当，建文军接连失利，导致燕兵步步逼近。朝野对他的指责也不绝于耳，方孝孺、齐泰甚至要求建文帝诛之以谢天下。在这种情况下，李景隆的政治立场发生了改变，并在燕兵兵临城下之际开门投降[③]。

虽说李景隆在最后时刻立下大功，可他毕竟曾长期地与明成祖对抗，并与方孝孺来往密切[④]，甚至他出任建文军主帅都很可能是方孝孺推荐的结果[⑤]。如果明成祖真要对他进行打压的话，不仅合乎情理，而且易如反掌。但是，刚刚夺取政权的明成祖并没有这么做：

> 燕王即帝位，授景隆奉天辅运推诚宣力武臣、特进光禄大夫、左柱国，增岁禄千石。[⑥]

明成祖不仅对李景隆加官进爵，还曾委任他处理一些实际政务：

> （建文四年秋七月甲申）大理寺言：“本寺原设左右二寺……后因二寺所设评事多寡不等，所治事烦简不均，将二寺评事均分六员……今吏部仍照旧制铨注，于事劳逸不均。”命会同曹国公李景隆、兵部尚书茹瑺等议之。景隆等奏以为均设评事繁简适宜。上从之。[⑦]
>
> （建文四年冬十月）己未修《太祖高皇帝实录》，敕太子太师、曹国公李景隆……庚申谕修实录官曰：“……今已命太子太师、曹国公李景隆为监修……”[⑧]
>
> （永乐元年六月己卯）上命礼部会议靖江府辅国将军品级、礼仪，本部官同太子太师、曹国公李景隆，顺昌伯王佐，吏部尚书蹇义等校会。[⑨]

而李景隆在这一时期也颇为主动：

> （建文四年秋七月戊戌）以山东抚民主簿周观政为江西按察佥事，前海盐典史国用为山东按察佥事。建文中，二人并为御史，被黜。至是，曹国公李景隆荐之，遂有是命。[⑩]

---

① ［清］谈迁：《国榷》卷一一，第795页。

② ［明］吕毖：《明朝小史》卷三《八字》，《四库禁毁书丛刊》史部第19册，北京，北京出版社，2000年，第499页。

③ 《明史》卷一二六《李景隆传》，第3747页。晁中辰先生认为，李景隆在靖难之役中始终采取首鼠两端的态度，这也是他为何屡吃败仗的重要原因。参见晁中辰：《李景隆与“建文逊国”》，《山东大学学报（哲社版）》1993年第3期。

④ ［明］焦竑编：《献征录》卷五《曹国公岐阳武靖王李文忠神道碑附李景隆传》，第182页。

⑤ ［清］谈迁：《国榷》卷一一，第807页。

⑥ 《明史》卷一二六《李景隆传》，第3747页。

⑦ 《明太宗实录》卷一〇，洪武三十五年七月甲申，第155页。

⑧ 《明太宗实录》卷一三，洪武三十五年十月，第233—235页。

⑨ 《明太宗实录》卷二一，永乐元年六月己卯，第394页。

⑩ 《明太宗实录》卷一〇，洪武三十五年七月戊戌，第165页。

（建文四年八月癸亥）晋王济熺来朝，赐书谕曰……时曹国公李景隆数言其过，上虽不信，而济熺闻之内怀忧畏，故慰安之。景隆，昭德王济熿妃父云。[①]

（永乐元年五月乙未）先是，上诏文武群臣，谕曰："朕即位以来，体皇考之心，存至公之道，故于用人无间新旧。比见有经黥刺者复用于朝，礼有非宜。尔文武群臣，其议以闻。"至是，太子太师、曹国公李景隆等议曰："臣等先奉诏书，以建文中升调授官，悉仍见职不动。今奉圣旨，臣等再议，得洪武中有犯党逆并黥刺，而为建文所举用者，俱罢职发原配。所有不曾犯罪，而为奸臣齐、黄等荐举任用者，俱发为民。"[②]

由上述材料可知，李景隆不仅利用自己的地位来影响人事安排，还干预外藩事宜，并对国家的方针政策提出自己的意见，与新政权之间似乎已经形成了正常的互动关系。这种局面之所以出现，笔者认为这与李景隆的特殊身份有关。李景隆既是开国功臣家族重要成员，又是明太祖的皇亲，早在洪武晚期就已经承担重任，可以说是直接代表了明太祖的权威。在新政权刚刚建立的情况下，得到李景隆的支持无疑对于新政权的合法性具有非常重要的意义。

其中最能体现这种合法性的行为，莫过于让李景隆担任重修《明太祖实录》的监修。明朝历代实录的监修官都是勋戚，负责政治把关，但从总体上看象征意义大于实际意义[③]。而重修《明太祖实录》乃是巩固新政权合法性的重要举措，而让李景隆担当此任无疑是个不错的选择。

不过，对于新政权的合法性而言，李景隆的存在也是一把双刃剑：

（明成祖即位后）朝廷有大事，景隆犹以班首主议，诸功臣咸不平。[④]

根据语境，这里的"诸功臣"指的应该是靖难功臣集团。他们表示不满，固然有嫉妒的原因，但也从侧面反映出一个问题：李景隆毕竟曾经是建文朝的重臣，如果肯定了他在新政权中的地位，又该如何评价靖难之役本身？换言之，只要李景隆在朝，建文朝的阴影就难以消散，这对于新政权的合法性将是个巨大的威胁。这直接决定了明成祖与李景隆之间的和谐关系不可能持续。果然，在局势初步稳定之后，李景隆的命运急转直下：

（永乐二年秋七月甲寅）刑部尚书郑赐等劾奏太子太师、曹国公李景隆包藏祸心，不守臣节，隐匿亡命……乞置景隆于法。上曰："勿问。"令送所匿于官。[⑤]

（永乐二年秋七月乙卯）左军都督府掌府事、太子太傅、成国公朱能，吏部尚书兼詹事府蹇义及文武百官劾奏太子太师、曹国公李景隆及其弟增技阴养逋逃蒋阿演辈，谋为不轨，俱有显状，乞正国典。上曰："景隆国家勋戚大臣，宁遽有此？恐小人不循礼法，假托其名尔。其

① 《明太宗实录》卷一一，洪武三十五年八月癸亥，第181页。
② 《明太宗实录》卷二〇，永乐元年五月乙未，第369—370页。
③ 谢贵安：《明实录研究》，武汉，湖北人民出版社，2003年，第115页。
④ 《明史》卷一二六《李景隆传》，第3747页。
⑤ 《明太宗实录》卷三三，永乐二年七月甲寅，第577页。

逮蒋阿演辈鞫之。”[①]

（永乐二年秋七月丙辰）六科都给事中张信等劾奏太子太师、曹国公李景隆心怀怨望，密造奸谋，招纳逋逃，图为不轨。条列其罪，请置于法。上曰：“朕自处置之。”遂敕景隆曰：“自古勋戚始终保全，必君臣两得其道。尔朕姑之孙，少相亲爱，共享富贵，实同此心。比者不烦以政，盖欲遂尔。尔不体此，心怀怏怏，交构不靖，潜谋日彰。朕念至亲，略而不究。尔乃恃恩益恣，招诱无赖，藏匿逋逃。人发其奸，证验显著，尚伪言强辩，不知惭惧，论情据法，岂可宽贷？重念姑氏之亲，但去勋号，绝朝请，其以曹国公爵归第，以奉曹国长公主之祀，宜杜门省愆，易虑为善，庶称朕保全之意。钦哉。”[②]

短短三天内，李景隆居然遭到如此多人的弹劾，罪名如此之大，并最终遭到如此严厉地惩罚，笔者认为这应该是明成祖的有意安排。而这道敕书有两点值得注意之处：首先，敕书中提到“比者不烦以政，盖欲遂尔”，这很可能是明成祖为自己冷落李景隆进行的狡辩。根据《明实录》的记载，此时距离上一次李景隆参与政务的时间，已经间隔了一年零一个月。明成祖这句话可以说是欲盖弥彰，反而证明这次他对李景隆的打击是蓄谋已久的。

其次，明成祖在此多次提到李景隆“姑氏之亲”的身份，最终还让他“奉曹国长公主之祀”，这无疑是在强调明太祖的权威。直到这时他还不忘借此来强化自己的合法性。而在李景隆之母毕氏于永乐七年（1409）去世之后，明成祖仍然派人祭祀并处理丧葬事务。[③]笔者认为这是由于毕氏作为开国功臣李文忠的妻子，她与曹国长公主一样都是明太祖的代表，明成祖当然不能错过这样一个强化合法性的机会。

不过李景隆带给新政权合法性的影响也不是能够轻易消除的，对此明成祖也丝毫不敢懈怠：

（永乐九年冬十月乙巳）命重修《太祖高皇帝实录》。上即位之初，命曹国公李景隆等监修。而景隆等心术不正，又成于急促，未极精详……至是命太子少师姚广孝、户部尚书夏原吉为监修官。[④]

此番重修《明太祖实录》固然有进一步篡改历史真相的目的。而此处记载对李景隆特加贬斥，并将这次的监修换成了靖难功臣代表人物姚广孝。因此笔者认为，此次重修的另一个重要目的就是抵消掉李景隆的影响力，大力提升靖难功臣集团的地位，从而维护新政权的合法性。

就这样，在明成祖建立新政权合法性的过程中，李景隆的命运起起伏伏，最终被扔进了历史的角落，曹国公家族也陷入了中衰的境地。

---

① 《明太宗实录》卷三三，永乐二年七月乙卯，第577—578页。

② 《明太宗实录》卷三三，永乐二年七月丙辰，第578页。注：“比者不烦以政，盖欲遂尔”原无“尔”字，疑脱。

③ 《明太宗实录》卷一〇一，永乐八年二月壬寅，第1314页。新出土的毕氏圹志也证明了此事，根据它的记载，毕氏去世于永乐七年。参见邵磊：《南京出土明初勋贵及其家族成员墓志考》，《文献》（季刊）2010年第3期。

④ 《明太宗实录》卷一二〇，永乐九年十月乙巳，第1516—1517页。

四 大力拉拢：以武定侯郭英为例

对于明成祖建立的新政权来说，如果能够越过建文帝而直接从明太祖那里获取权威来巩固自己的合法性，实在是再好不过的选择。就开国功臣家族而言，这就意味着其中必须有人没有受到建文帝的重用，这样才能保证他不会因为沾染了建文帝的权威而影响新政权的合法性。而武定侯郭英恰恰符合这个条件：

> 建文时，（郭英）从耿炳文、李景隆用兵，老矣，听指挥而已。①

纵观史书，郭英虽然在靖难之役中参与过一些军事行动，但却一直没有受到重用。朱国祯的这条记载认为这是因为郭英年事已高，笔者不赞同这一说法。同样是资历丰富的老将，为什么耿炳文可以被派去指挥大军冲锋陷阵，郭英却不可以？由于史料的缺乏，其中的原因已经不能详知，笔者只能从侧面进行分析与推测。靖难之役期间：

> （李）景隆贵公子，不知兵，惟自尊大，诸宿将多怏怏不为用。②

“诸宿将”应该包括郭英，可这只能解释李景隆出任建文军主帅之后的情况，却无法解释此前他为何也没能受到重用。笔者认为，这有可能与建文帝的个人好恶有关。在建文年间，武定侯家族基本上没有受到什么褒奖，这与魏国公、曹国公等开国功臣家族受到的恩宠形成了鲜明的对比。而郭英的长子、身为明太祖驸马的郭镇早在建文元年（1399）就病逝了③，这使得武定侯家族更没有机会在靖难之役期间有所作为。不过，“塞翁失马，焉知非福”。武定侯家族在建文一朝受到的冷遇，却为其在新政权受到重视赢得了契机：

> （永乐元年二月甲子）武定侯郭英卒……太祖末年旧人在者，独英及长兴侯耿炳文，特见倚重。英居家善事亲，闲暇喜观书。年六十七卒，上辍视朝三日，赐祭赙恤甚厚。④

郭英去世，对于急需资源来巩固合法性的新政权来说，实乃千载难逢的机会。这条记载应该是根据郭英去世时的官方文件改写而成的，其中有两个重要特点：第一，强调郭英是“太祖末年旧人在者”，借郭英与明太祖的权威挂上关系；第二，对郭英予以充分肯定，然后通过辍朝等方式来表达新政权对武定侯家族的重视，从而提升自身的合法性。以此为契机，明成祖和明仁宗对于武定侯家族的成员大加笼络：

---

① ［明］朱国祯：《皇明开国臣传》，《明代传记丛刊》第25册，第387页。
② 《明史》卷一二六《李景隆传》，第3746页。
③ ［明］焦竑编：《献征录》卷四《驸马都尉郭公圹志》，第130页。
④ 《明太宗实录》卷一七，永乐元年二月甲子，第308—309页。注：“甲”原作“申”，疑误。

（永乐三年十一月甲午）册营国威襄公郭英女为郢王练妃。[①]

（永乐九年三月庚午）府军卫千户郭琮为旗手卫指挥佥事，舍人郭玹为锦衣卫指挥佥事。琮、玹皆故武定侯郭英孙，时英二女孙，长为皇太子庶妃，次女汉王庶妃。琮、玹以亲，俱食禄不任事。[②]

（永乐二十二年九月壬午）擢故营国公郭英子钫为旗手卫指挥使，仍命世袭。[③]

（永乐二十二年冬十月戊申）擢营国公郭英孙璒为勋卫。[④]

（永乐二十二年十月甲寅）（升）青州中护卫指挥佥事郭玹为左军都督府都督同知……玹，故武定侯、追封营国公英之孙，贵妃兄也。[⑤]

（永乐二十二年十月丁巳）擢散骑舍人萧让为中都留守司正留守，故营国公郭英子鉴为副留守，二人皆皇亲，让署皇陵祠祭署最久云。[⑥]

（永乐二十二年十月辛未）擢故营国公郭英子镛为中军都督府右都督。[⑦]

这些笼络手段对于双方来说是互利共赢的。对武定侯家族而言，皇亲地位的强化和职位的获得可以带来现实中的利益。而对于新政权而言，与武定侯家族结成密不可分的同盟，能够充分吸收明太祖的权威为己所用，对于自身合法性具有重大意义。

而明宣宗对武定侯家族的举措又产生了变化：

（宣德二年四月癸未）命武定侯郭玹署宗人府事。[⑧]

（宣德三年九月癸丑）敕驸马都尉西宁侯宋瑛、武定侯郭玹、丰城侯李贤、都督冀杰曰："今虏寇犯边，朕亲征之。特命尔等率领在营官军，暂驻遵化，须纪律严明，昼夜详慎，纤毫不可怠忽，诸事同议停当。而行军士有故违号令、侵扰百姓及盗劫者，悉斩以殉。告人得实，量给赏赉。俟别有敕，尔等移营前进。"[⑨]

（宣德四年正月丁卯）上以武臣扈从平胡有劳，加赐赉……武定侯郭玹……钞二百锭、彩币二表里[⑩]

（宣德四年十月己未）以明日冬至节，遣武定侯郭玹祭长陵、献陵。[⑪]

（宣德六年十月丙午）敕行在五府、六部、都察院："……朕暂巡近郊……仍命武定侯郭

---

① 《明太宗实录》卷四八，永乐三年十一月甲午，第729页。

② 《明太宗实录》卷一一四，永乐九年三月庚午，第1451页。注："英"原作"瑛"，疑误。

③ 《明仁宗实录》卷二，永乐二十二年九月壬午，第76页。

④ 《明仁宗实录》卷三，永乐二十二年十月戊申，第92页。

⑤ 《明仁宗实录》卷三，永乐二十二年十月甲寅，第112页。

⑥ 《明仁宗实录》卷三，永乐二十二年十月丁巳，第113—114页。注："都"原作"郎"，"营"原作"荣"，疑误。

⑦ 《明仁宗实录》卷三，永乐二十二年十月辛未，第130页。

⑧ 《明宣宗实录》卷二七，宣德二年四月癸未，第720页。

⑨ 《明宣宗实录》卷四七，宣德三年九月癸丑，第1140页。

⑩ 《明宣宗实录》卷五〇，宣德四年正月丁卯，第1204—1205页。

⑪ 《明宣宗实录》卷五九，宣德四年十月己未，第1419页。

> 玹、都督张昇、尚书郭琎、都御史顾佐等守京城，遇急务具奏。”①
>
> （宣德七年冬十月戊辰）命武定侯郭玹、刑科给事中陈枢为正、副使，持节封宁王权第五子盘莫为信丰王。②
>
> （宣德九年九月庚辰）上将率师巡边，命武定侯郭玹、西宁侯宋瑛、广平侯袁祯、都督张昇、李英掌行在五军都督府事。③

如果说明成祖和明仁宗的举措仅限于拉拢关系、给予官爵的话，那么明宣宗的举措则是让武定侯掌握实际事务。这一时期，武定侯郭玹不仅被委任处理皇族事务，还在皇帝离京时承担留守重任。这说明武定侯家族已经得到了新政权的充分肯定。而在这种良性互动中，新政权的合法性无疑进一步得到了巩固。

五 煞费苦心：定国公家族的诞生

靖难之役后，开国功臣家族中最大的另类就是由徐达次子徐增寿的后裔所组成的定国公家族。这个家族虽然是明成祖创造出来的靖难新贵，但却由于脱胎于魏国公家族，因此与开国功臣家族又存在千丝万缕的联系，可以说名副其实地具有两头蛇的特点。而其诞生过程，也与新政权的合法性问题密切相关。

耐人寻味的是，定国公家族的诞生在一开始遭到了明成祖的徐皇后的反对：

> 上喜后弟增寿素归诚于上，义兵之兴，阴有翊戴功，为建文君所害。上悼惜不已，将追命之爵，以语后。后力言不可，上曰：“后欲为汉明德耶？顾今非以外戚故封之。”竟追定国公，而命其子景昌袭爵，命下，乃以告后。后谢曰：“此上之大德，然非妾之志也。”上曰：“爵命非有功不与。朕方以至公治天下，岂有私意哉？后继今勿复有言。”后曰：“上命已行，妾何言？顾稚子未有知，惟上赐之师教，庶几上不辱大恩，下不累先人。”上曰：“后言良是。”命礼部择师教之。④

明成祖的意思很明白，封赠徐增寿并不是出于推恩外戚的原因，而是为了维护新政权的合法性，属于“公事”。而身为徐增寿姐姐的徐皇后不仅不高兴，还表示反对，而且自始至终她都没说出反对的真正原因。她最后的话似乎暗示说是因为担心徐景昌缺乏教养。可是封赠徐增寿的依据是他本人立下的功劳，就算徐景昌缺乏教养，也不应该影响对徐增寿的封赠。抛开这一点不谈，即便徐景昌真的缺乏教养，需要皇帝派遣师傅教导，可这与他承袭爵位本身并不矛盾。所以，徐景昌缺

---

① 《明宣宗实录》卷八四，宣德六年十月丙午，第 1935 页。
② 《明宣宗实录》卷九六，宣德七年十月戊辰，第 2178 页。
③ 《明宣宗实录》卷一一二，宣德九年九月庚辰，第 2531 页。
④ 《明太宗实录》卷六九，永乐五年七月乙卯，第 968—969 页。注：“追”原作“迨”，疑误。

乏教养并不构成徐皇后反对封赠徐增寿的原因。

要想弄清楚这个原因，就不得不对徐皇后的生活环境和心理状态进行一番分析。徐皇后乃是徐达长女，出于巩固明太祖与魏国公家族关系的目的成了燕王妃。这样的出身，使得她的心理应该受到魏国公家族所赋予的正统性的影响。笔者认为，这种正统性的影响，使得徐皇后在内心深处并不肯定弟弟徐增寿背叛建文帝的行为，甚至很可能因为联想到徐辉祖的忠贞而产生一种羞耻感。正因为此，她才会反对明成祖对徐增寿进行封赠。

甚至对于明成祖起兵造反，徐皇后都很有可能在内心深处是不支持的。只可惜在当时的政治环境下，徐皇后的真实想法不可能在史书中保留，相反，她大力支持明成祖靖难的事迹却被保留，并广为流传[①]。但是通过零星的记载还是能从侧面佐证历史的真相：

> 王即帝位，册为皇后。言："南北每年战斗，兵民疲敝，宜与休息。"又言："当世贤才皆高皇帝所遗，陛下不宜以新旧间。"又言："帝尧施仁自亲始。"帝辄嘉纳焉。[②]

结合当时的政治环境，笔者认为徐皇后此番话充满了弦外之音：第一句话表面上没有道德上的是非评说，但是靖难之役毫无疑问是由明成祖发动的，所以这句话实际上带有对明成祖给百姓带来灾难的隐隐的忏悔之情；第二句话尤为重要，徐皇后专门拿出明太祖的权威作为依据，表面上是让明成祖对大臣们一视同仁，实际上是希望以此劝谏明成祖停止迫害建文朝臣；而第三句话则很有可能是以亲情为武器，劝说明成祖不要再迫害身为皇亲的反对派徐辉祖等人。

虽然徐皇后如此反对，但是明成祖还是坚持了自己的意见。其实这也是明成祖的无奈之举，因为如果不从官方的角度对徐增寿的行为予以充分肯定，新政权就将面临来路不正的质疑，合法性就将受到巨大的影响。不过在封赠定国公家族的时候，明成祖颇费了一番心思：

> （建文四年六月辛未）追封故右军都督府左都督徐增寿为武阳侯，赐谥忠愍，敕有司治丧葬……命永乐二年五月，赠钦承父业推诚守正武臣、特进荣禄大夫、右柱国，进爵为定国公。[③]
>
> （永乐二年夏六月）是月，命徐景昌袭父爵为钦承祖业推诚效义武臣、特进荣禄大夫、右柱国、定国公，岁禄二千五百石，子孙世袭，赐诰券。[④]
>
> 功臣则给铁券，封号四等：佐太祖定天下者，曰开国辅运推诚；从成祖起兵，曰奉天靖难推诚；余曰奉天翊运推诚，曰奉天翊卫推诚。武臣曰宣力武臣，文臣曰守正文臣。[⑤]
>
> 永春侯王宁，尚太祖女怀庆公主。建文中以通燕下狱。成祖入立，封奉天翊运推诚效义武

① "靖难兵起，王袭大宁，李景隆乘间进围北平。时仁宗以世子居守，凡部分备御，多禀命于后。景隆攻城急，城中兵少，后激劝将校士民妻，皆授甲登陴拒守，城卒以全。"参见《明史》卷一一三《仁孝徐皇后传》，第3510页。

② 《明史》卷一一三《仁孝徐皇后传》，第3510页。

③ 《明太宗实录》卷九，永乐四年六月辛未，第137—138页。

④ 《明太宗实录》卷三二，永乐二年六月己亥，第574页。

⑤ 《明史》卷七六《职官志五》，第1855页。

臣，禄千石，世袭。[1]

王宁在靖难之役期间暗地里为燕王服务，而他的封号也正好符合靖难功臣集团的特点。可是与他情况类似的徐增寿，其封号却与靖难功臣集团和开国功臣家族的特点均不相符，乍一看可谓不伦不类。但是仔细琢磨却不难发现，其中“钦承父业”的字样，明显地是拿徐达的权威来作为徐增寿爵位的依据。换言之，明成祖希望通过这个封号向世人传达这样的讯息：徐增寿被封赠并不是因为他参与靖难有功，而是父亲徐达恩荫的结果。而徐景昌的封号中带有“钦承祖业”字样，却没有用“钦承父业”的字样。这一事实，则无疑提供了最有说服力的佐证。

就这样，明成祖既通过封赠定国公家族这一事实维护了新政权的合法性，又通过玩文字游戏的办法巧妙地避开了靖难之役的是非问题，并与徐达所代表的明太祖的权威建立了联系，同时还巧妙地掩盖了自己的心虚。

六　结论

合法性的建立对于新政权的重要性毋庸置疑。而通过明成祖发动叛乱建立起来的新政权不符合法理，因此也就很难得到世人的普遍支持，故而从一开始就面临缺乏合法性的尴尬境地。而在永乐、洪熙和宣德三朝，这种合法性的缺失所带来的冲击很可能给立足未稳的新政权带来巨大的冲击，所以明成祖、明仁宗和明宣宗都不得不努力解决自身政权合法性的问题。

而对于强调尊祖敬宗观念的中国人来说，祖先的权威是可以拿来作为自身合法性的可靠依据。明成祖虽然不是合法的继承人，但是他毕竟是明太祖的儿子，这就使得他和他的继承人们可以合理地借用他的权威来作为自己合法性的保证。而开国功臣在明朝建立的过程中立下了汗马功劳，他们为家族争取到的荣誉和褒奖也是明太祖的合法性的象征。这就决定了明成祖及其子孙不敢对开国功臣家族一味地予以压迫，而只能通过对他们采取多种措施，充分从他们那里吸收明太祖的权威，来作为新政权合法性的有效依据。

不过，合法性的建立还有一个重要方面，就是对新政权的建立过程的肯定。与一般意义上通过武力或者禅让实现的彻底的改朝换代不同，明成祖是以宗亲的身份从内部篡夺了政权，这就使得他建立合法性的两个方面发生了严重的紧张关系。一旦处理不好，将极大地损害新政权的合法性。正因如此，李景隆才会在刚开始获得明成祖的重奖和重用之后，很快就遭到了打压。而徐增寿的后人在遭到仁孝徐皇后竭力反对的情况下，仍然获得了公爵，成为明朝勋臣中的新贵。

明成祖祖孙三代君主之所以能够比较成功地解决新政权合法性的问题，最重要的原因在于他们能够根据各个家族的不同情况对症下药。对于忠诚于建文帝的魏国公嫡系家族，就通过肯定徐达的方式获得其代表的合法性，继而通过对新继任的魏国公加强教育和引导，来获得他们对于新政权的认同与支持。对于在靖难之役中首鼠两端的曹国公家族，就在利用完其所代表的合法性之后，再毅

---

① 《明史》卷一〇六《功臣世表二》，第3147—3148页。

然将其抛弃，从而扫清建文政权对于新政权合法性的威胁。对于在靖难之役中几乎保持中立的武定侯家族，就对其大力拉拢，通过联姻、授官等办法获得他们的支持，并通过厚葬郭英的办法来获取其所代表的合法性。而对于立下大功的徐增寿的后人，则通过褒奖徐达的名义，使得徐增寿在靖难之役中的表现得到嘉奖，从而巩固新政权的合法性。而各个开国功臣家族的命运，也由此发生了变化。

（作者朱忠文，江西师范大学历史文化与旅游学院）

［本文为江西省社会科学规划项目“明代开国功臣家族研究”（18WT59）的阶段性成果］

从丘濬看嘉靖“大礼议”事件

吴　锐

关于嘉靖“大礼议”事件，学术界从不同角度进行了深入研究，成果斐然。嘉靖“大礼议”事件当时争论的焦点，也是当今研究者争论的焦点——如何理解出自儒家经典的“为人后”，特别是作为独子又是长子的朱厚熜有没有义务入继给大宗。

在宗法社会里，严格区分大宗和小宗。大宗好比树干，小宗好比树枝。假如有两兄弟（不一定是亲生兄弟），哥哥没有儿子，兄弟有两个儿子，把其中一个儿子过继给哥哥，大家都觉得很正常。但是，如果哥哥没有儿子，兄弟只有一个儿子，这个儿子有没有义务过继给哥哥？古代就有争论。特别是当这个哥哥是皇帝的时候，问题又不同了。

明孝宗（1470—1505）在位18年，死后由长子继位，就是武宗。正德十六年（1521）三月，武宗突然病故，无子。内阁大学士杨廷和定策禁中，请示孝宗的张皇后，建议从湖北迎立藩王朱厚熜，得到这位皇太后的应允。朱厚熜的父亲兴献王是孝宗的堂弟，已经去世。从辈分上讲，朱厚熜是武宗的堂弟。内阁的思路是：朱厚熜由小宗旁统过继给大宗孝宗当儿子。既然当上了孝宗的儿子，堂兄武宗已死，没有继承人竞争，朱厚熜就能当上皇帝。因此，内阁要求朱厚熜称呼孝宗为皇考，张皇后为圣母，自己的亲生父母只能称作本生父母。由于朱厚熜是独苗，他过继之后不能让兴献王一支香火断绝，内阁安排益王的儿子朱厚炫过继到兴献王名下。内阁的思路可图示如下（图1，斜线表示继嗣）[①]：

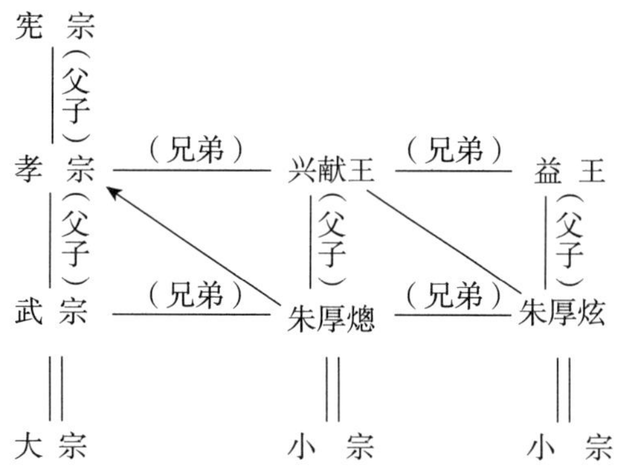

图1　内阁安排朱厚熜入嗣大宗

① 拙作《论“大礼议”的核心问题及其影响》，《明史研究》第十三辑，2013年。

但是朱厚熜一心想提高其亲生父亲兴献王的地位，不愿认孝宗为父亲。此时他的母亲还健在。无名小辈张璁（后来被朱厚熜赐名“孚敬”）从宦官的渠道揣摩到朱厚熜不愿继嗣，遂上书称皇帝继承的是皇统而不是继嗣，皇上应该尊崇自己的亲生父母，称呼孝宗为“皇伯考”，嘉靖如获至宝，张璁从此平步青云，“大礼议”争端因此而生。皇位继承是国家大事，不是一般的礼仪，因此叫“大礼”。据嘉靖官修《明伦大典》张璁序，卷入大礼之争的达七百余人、上奏章三百余道。附和张璁的只有七人，即桂萼、方献夫、霍韬、黄绾、黄宗明、席书、熊浃。本文称他们为“议礼派”。相应地，本文称杨廷和等人为“卫礼派”。“卫礼派”在人数上占绝大多数。

在明朝以博学著称的丘濬去世于嘉靖“大礼议”事件发生前27年，他的门人蒋冕卷入了斗争的旋涡。丘濬对“为人后”的评论，恰恰有助于理解嘉靖“大礼议”事件。

一　批判胡元，恢复儒家名教

丘濬（1421—1495），字仲深，号深庵、琼山，别号琼台。祖籍福建晋江，琼山下田村（今海南省海口市琼山区金花村）人。幼孤，母李氏教之读书，过目成诵。家贫无书，尝走数百里借书。

在丘濬的青年时代，明朝发生了一件惊天动地的大事，那就是土木堡之变。土木堡遗址位于河北省怀来县境内土木村中，从北京出著名的八达岭长城就是土木堡，是一块平地。正统十四年（1449），明朝二十万精锐在土木堡被蒙古瓦剌部（即漠西蒙古，也称卫拉特蒙古）歼灭，五十二名大臣死于混战中，明英宗被俘。于谦等大臣私立英宗弟郕王为帝，当瓦剌首领也先送英宗回京时，于谦亲自守城，拒绝接纳。英宗复辟之后，为了报复，诛杀以于谦为首的众多权臣，导致明朝在土木堡之变后再次政治动荡，加剧了内耗。从此明朝人士痛骂“胡元”成风，也可以看作是精神胜利法，也启发丘濬后来写《世史正纲》。

景泰五年（1454）进士，丘濬被选入翰林院，参与编纂《寰宇通志》。书成后，被授翰林院编修。英宗复辟之后，有意隐没此书，致使流传后世极少。抗日战争时期郑振铎编入玄览堂丛书续集。《大明一统志》和朱元璋修《元史》一样，匆匆上马，急促收工，实为阉割《寰宇通志》而成。

天顺八年（1464），宪宗即位，任丘濬为经筵讲官。次年升侍讲，受命编纂《英宗实录》。成化三年（1467），被擢为侍讲学士，受命续编《续通鉴纲目》。成化十三年（1477）书成后，升为翰林院学士、国子祭酒。成化十六年（1480），升为礼部侍郎。

南宋真德秀（1178—1235）《大学衍义》一书，在元、明享有盛誉。丘濬认为该书在治国平天下方面尚有欠缺，撰成《大学衍义补》160卷，篇幅很大，相当于一部治国、修身的百科全书，影响及于朝鲜。成书时恰值孝宗皇帝即位，《大学衍义补》奏上，深得孝宗嘉许，赏以金币，命以刊行。丘濬被擢为礼部尚书。不久参与编修《宪宗实录》，任副总裁，弘治四年（1491）书成，被加封太子太保。不久，兼任文渊阁大学士，参与朝廷机务。弘治七年（1494），被加封少保兼太子太保，后又迁户部尚书，武英殿大学士。弘治八年（1495）卒，年七十六。赠太傅，谥文庄。正德中，以巡按御史言赐祠于乡，曰“景贤”。《明史》卷一八一有传。

丘濬一生勤苦好学，史载“性嗜学，既老，右目失明，犹披览不辍”。儒家一贯蔑视商业，丘濬则重视经济，特别是白银的重要性，在中国历史上罕见。

丘濬墓园坐落于海口市海秀乡水头村旁，是全国重点文物保护单位。

《世史正纲》三十二卷，写于宪宗成化（1465—1487）年间，至孝宗弘治元年（1488）由门人费訚（1436—1493）刊行。该书始于秦始皇二十六年（公元前221）统一天下，止于洪武元年（1368）明朝开国。真德秀极为推崇朱熹，丘濬也是如此，认为朱熹《资治通鉴纲目》是“史中之经”，因此，仿效《资治通鉴纲目》写成《世史正纲》。他自己说，“世”即所谓天下。有天下就有华夷。该书秉承传统的夷夏之辨，褒华贬夷，特别是对前代蒙古国。《世史正纲》可以看作是丘濬对胡元的谴责和诅咒。

成化十五年（1479）春二月，61岁的国子祭酒、礼部侍郎为他刚刚完成的《世史正纲》写序，自述写此书的宏纲大旨有三个：严华夷之分，立君臣之义，原父子之心。华夷之分的界限在疆域，君臣之义其体统在朝廷，父子之心其传序在世及。

丘濬认为，以夷狄之人为中国之主，是天地翻覆也，是手足倒置也。作为明朝人，他证实，中国人沾染蒙古习俗，十室而八九[①]。他感叹道：鞑靼远在朔漠不毛之地，衣皮而不布帛，茹肉而不菽粟，无宫室之居，无彝伦之理，和禽兽差不多。一旦恣其狼虎之毒，戕我中国之主，据我帝王所自立之地，统我华夏衣冠礼仪之民，彼自称曰皇帝，吾亦从而皇帝之，生其时者，在其陷阱之中，刀锯之下，固无如之何也已矣。后世之史臣，又背吾孔子之家法，而忘我圣人《春秋》之大戒，世道之责将焉赖哉[②]？

丘濬对革除胡元风俗极为上心，甚至主张动用刑罚。他说，伏惟我圣祖（朱元璋）承元人斁败彝伦之后，所谓大乱之世也。当是之时，蒙古以夷狄之人，为中国之主，天地于是乎易置，华夷于是乎混淆，自有天地之以来所未有也。三纲五常之道，诗书礼乐之教，一切坠地。彼其同类固无足责。而我中国之人，或者是帝王之苗裔，或者是圣贤之子孙，或者是前代之臣子，一旦舍我衣冠，服其毡毛，染其腥膻之化，习其无伦之俗，甚至为之腹心股肱耳目爪牙，以为吾中国之害。受其爵禄，为之辅翼向导，感其煦妪之恩，日新月盛，口其语言，家其伦类，沦肤入髓，只知有胡人，而不知有吾中国帝王正统之传、纲常伦理之懿，子承其父，孙袭其祖，习知其故，以为当然，盖已百年矣。是真所谓大乱之世，难以新国待之。苟不痛绝其源，加之以重典，何以洗涤其腥膻臭秽，而复还我中国之纲常伦理也哉[③]。

丘濬认为，自从胡元入中国，五伦丧尽，特别是男女一伦。我朝承其后，痛加禁革，今元之弊政污习固已泛扫无余矣，然犹不免有一之尚存者，那就是男女之无别。丘濬举例：闾阎之下、贫下之家，内外尚无限隔。乃至男女同炕而寝，夫妇以名相呼，翁妇嫂叔之不相回避，继父继母之子女相为婚配。诸如此类者，尚或有之。丘濬建议由国家出面痛加禁约，一洗戎夷之余秽，以昭盛代之文明，毋使片翳寸颣以为大朝之玷。

---

① ［明］丘濬:《世史正纲》卷三二，载洪寿祥主编，周伟民等点校:《丘濬集》第七册，海口，海南出版社，2006年，第3292页。

② ［明］丘濬:《世史正纲》卷三二，第3245页。

③ ［明］丘濬:《世史正纲》卷三二，第3245页。

二　丘濬论“为人后”本义

作为儒家的信徒，丘濬对历史上一切违背儒家礼制的行为做出严厉的谴责，当然也包括皇帝继位这样的国家大事。

公元前 74 年，汉武帝的儿子昭帝去世，没有子嗣。霍光是汉武帝指定的托孤大臣，大权在握。他先迎立昌邑王刘贺继位，不满意，废了，又迎立武帝曾孙刘询，就是宣帝。

《汉书》卷八《宣帝本纪》记载霍光的奏议：“礼，人道亲亲故尊祖，尊祖故敬宗。大宗毋嗣，择支子孙贤者为嗣。孝武皇帝曾孙病已，有诏掖庭养视，至今年十八，师受《诗》《论语》《孝经》，操行节俭，慈仁爱人，可以嗣孝昭皇帝后，奉承祖宗，子万姓。”

“嗣……后”也就是《仪礼》“为人后”的意思，通俗地说，就是过继给别人当儿子。

汉武帝本来有自己的太子，叫卫太子，在巫蛊之祸中自杀。刘询是卫太子的孙子，刚出生不久就作为“反革命家属”收入监牢，沦为平民。假如没有政治风波，卫太子会顺利继位，他这一系就是大宗。现在继承武帝之位的是昭帝，昭帝一系变为大宗，卫太子一系变为小宗，因此霍光视为支子。

元康元年（公元前 65 年），宣帝追尊其生父悼考为皇考，立寝庙，丘濬认为这是乱伦失礼的行为。因为没有儿子的人立兄弟之子以为后长，为之后者为之子也。我既然以他为子，那么他就以我为父。他的亲生父亲如果是我的兄长，他只能称为伯父。他的亲生父亲如果是我的弟弟，他只能称为叔父。“所谓天地之大义，生人之大伦，不可得而变易者也。”宣帝继承的是昭帝之统，同时又推尊自己的亲生父亲为皇考，有见于生身之恩不可忘，无见于继统之义不可贰，是违背礼制的。丘濬警告说：后世自旁支入继正统者，往往拿宣帝追尊悼考作为依据，甚至有的名为大儒，也不以为非，丘濬认为是错误的。他引用程颐（1033—1107）的话：“揆量事体，别立殊称，若曰皇伯叔父、某国大王，而使用其子孙袭爵奉祀，则于大统无嫌贰之失，而于所生亦极尊崇之道。”丘濬认为程颐的话可以示法万世[①]。丘濬的意思是说，凡是旁支入继正统的，已经属于大宗那边的人了，就不能再称呼自己的生父为皇考。拿宣帝说，他的皇考只能是昭帝。朱厚熜之所以能当上皇帝，恰恰也是内阁根据程颐讨论濮王即位的议论，通俗地讲，就是朱厚熜由小宗旁统过继给大宗孝宗当儿子。

宣帝还不错，死后有太子继位，是为元帝，以多才多艺著称。元帝也有太子继位，是为成帝，以善修容仪著称。

成帝就麻烦了，没有儿子。丘濬认为，人君没有继嗣，就该安排亲王之继次者奉藩京师，等到皇嗣出生之后，才将继次者放回封国，这是万世根本之虑。丘濬举成帝的例子。成帝因为没有儿子，当共王来朝，成帝将他留在京师，做继位的准备，可是遭到奸臣的干扰，共王被赶回封国。丘濬提醒说，后世人主未有继嗣者，都应该学习成帝，而不能惑于邪臣之言，这是宗社之大幸[②]。

成帝只好在世之时找了个侄子过继，这个侄子叫刘欣。他是定陶王刘康的儿子。刘康早死，年仅三岁的独子刘欣继承了定陶王的爵位。绥和二年（公元前 7 年），成帝一死，刘欣即位，是为哀

① ［明］丘濬：《世史正纲》卷五，载洪寿祥主编，周伟民等点校：《丘濬集》第六册，第 2614—2615 页。

② ［明］丘濬：《世史正纲》卷六，第 2631—2632 页。

帝。他也想效法宣帝为生父立庙的事，在京师为生父定陶共皇立庙，还想把“定陶共皇”中的“定陶”两个字拿掉，提高乃父的地位，遭到师丹的强烈反对，理由是“为人后者为之子”，“陛下既继体先帝，持重大宗，承宗庙天地社稷之祀”，就不能再抬高定陶这边。哀帝一意孤行，追尊生父定陶恭王刘康为恭皇帝，在京师立庙，序昭穆，把生父列入皇帝宗庙系统，享受和其他先帝同等待遇。先尊祖母傅氏为帝太太后，后来改称皇太太后。元寿元年（公元前2年），傅氏驾崩，与元帝合葬在渭陵。

丘濬指出，这是后世以妾母合葬大君之始。丘濬继续提出严厉的批评，他说：“为大宗后，以承正统，非但继父也，亦继母也。”哀帝为成帝后，而祖元帝，则元后其祖母也。尊无二上，则所当合葬于元帝者，元后也。更何况元后无恙，而傅氏先亡，即攘其宅兆而有之[①]。

丘濬的批评是正确的。

首先，哀帝违背了为人后要忠于大宗的义务。

其次，元帝又没与傅氏结过婚，合葬在一起真是不伦不类。

元寿二年（公元前1年），哀帝驾崩，王莽重新掌权，就发掘傅太后、丁太后的陵墓，把她们扒出来重新按照定陶恭王母、妾的身份改葬，并毁恭皇帝庙。

大宗、小宗之义，明朝人多知晓。黄宗羲《明儒学案》卷四十五《诸儒学案上三》记有黄润玉，字孟清，号南山，浙江鄞县人。他指出：

> 古者诸侯之别子之子孙，嫡派为大宗，庶子为小宗，小宗绝不为立后，惟大宗绝则以支子立后，盖大宗是尊者之统，不可绝也。今制，大宗绝立后，小宗绝不立后，庶民不知朝廷之制，凡庶子绝皆令过继，只是争取财产耳。

丘濬引用了这段话，并再次强调“为人后者为之子”。即使平民百姓的继嗣，也应该遵守血缘关系的远近。还说“正支绝嗣而以旁支入继者，既袭之后即将其名系于所后正支之下以承大宗，而以其次弟承所生父母以为小宗”[②]。

“为人后”出自儒家五经之一的《仪礼·丧服》。“为人后”者为所后之人服斩衰三年丧，正是儿子的身份。《公羊传·成公十五年》有“为人后者，为之子也”的明文。甘露二年（公元前51年），汉宣帝亲自召集儒生开会讨论，记录为《书议奏》《礼议奏》《春秋议奏》《论语议奏》《五经杂议》，早已亡佚。幸亏几条关于丧服的争议还保存在唐朝杜佑（735—812）《通典》一书中。这次会议特别讨论了嫡子可不可以后大宗的争议。经宣帝裁决，同意戴圣的意见，即嫡子可以后大宗。换句话说，即使小宗只有独苗，也要义不容辞地入继给大宗。小宗灭绝无所谓，必须保护大宗永不倒。

儒学在两汉已经成为国教，《三国志》卷三《魏书·明帝本纪》载魏明帝在太和三年（229）发布诏书，明白指出支子入继大宗之后，应当履行为人后的义务，维护大宗的正统。

---

① ［明］丘濬：《世史正纲》卷六，载洪寿祥主编，周伟民等点校《丘濬集》第六册，第2639页。
② ［明］丘濬：《大学衍义补》卷五二《家乡之礼》（中），明弘治刻本。

三 假如丘濬遇到朱厚熜

丘濬《世史正纲》和《大学衍义补》都刊行于孝宗朝，恰恰嘉靖“大礼议”事件与孝宗有直接的关系。

从以上丘濬的论述足以判断，假如丘濬生在嘉靖朝，他势必坚持小宗有后大宗的义务，反对嘉靖推尊其亲生父母，肯定会站在卫礼派一边。

嘉靖本人信奉道教，给死去的道士加谥号，前无古人。道士祭祀天地神明的祝词，郑重地用朱笔写在青藤纸上，叫“青词”或“青辞”。后来成为一种文体。嘉靖特别喜欢擅长写“青词”的人。嘉靖朝 14 个辅臣中，就有 9 个是通过撰写青词起家。包括支持朱厚熜议礼的夏言，最有名的就是严嵩。慈溪人袁炜以撰玄文让嘉靖满意，飞黄腾达。前后恩赐，廷中鲜有其比。相反，工部侍郎程文德笃学修行，称为儒者。嘉靖命撰玄文，不称旨；程文德又上疏劝嘉靖享受安静和平之福，嘉靖大怒，令削籍，程文德死的时候贫无以殓。

嘉靖朝有大臣拍马屁，准备论证朱姓是颛顼的后代，但实在找不出证据。好歹姓朱的有个大名人朱熹，而且离明代还比较近。朱熹在标榜恢复中国、尊崇道学的南宋并不得志，反倒是异族建立的元朝把他捧起来的。就国家层面来说，嘉靖还是不敢将个人喜欢的道教尊为国教。嘉靖元年（1522）就下诏尊崇程朱理学，几次任命朱熹的后裔为五经博士。霍韬因议礼受到宠幸，但反对嘉靖变更郊祀之礼，特别是皇后出郊亲蚕，坏了闺门之法，乱了男女大防。霍韬因此被同僚举报“污《周礼》，背程朱”，嘉靖也大怒，命锦衣卫将霍韬械送都察院[①]。可见程朱理学的正统地位。

与此形成对比的是，王阳明有平叛、剿匪之功，为明朝维稳做出了很大贡献。给事中周延对王阳明评价高，嘉靖批评他党附狂率，周延被谪补外职。以议礼得到嘉靖赏识的桂萼，举报王阳明违背朱熹格物致知之说。嘉靖干脆痛斥王阳明“放任自肆，诋毁先儒，用诈任情，坏人心术，近年士子邪说皆其倡导”[②]。至少对外来说，嘉靖无疑是以儒学为正统的，特别是程朱理学。但涉及私亲，他就视礼制为刍狗，不惜与全国的儒生决一死战。

儒者最初以相礼为营生，和今天的司仪差不多，礼学是儒家的核心。嘉靖随心所欲改变儒家祭祀礼制，也是不尊重儒家的表现。

四 丘濬门人蒋冕与老师的立场一致

丘濬虽然没有看到嘉靖“大礼议”一幕，但是他的门人蒋冕亲临其事，捍卫儒家“为人后”教义，反对嘉靖推尊生父，见《明史》卷一九〇《蒋冕传》。武宗死后，蒋冕与杨廷和诛杀太监江彬，拥立朱厚熜，立下大功。他在嘉靖三年三月专门上《后大宗疏》，朱厚熜满口答应，表示自己要后大宗，也就是要站在孝宗一边，但很快证明这是朱厚熜耍赖。蒋冕提醒朱厚熜：“陛下嗣承丕基，固因伦序素定。然非圣母昭圣皇太后懿旨与武宗皇帝遗诏，则将无所受命。”蒋冕暗示朱厚熜别想

① ［明］沈朝阳：《皇明嘉隆两朝闻见记》，屈万里主编：《明代史籍汇刊》，中国台北，学生书局，1969 年，第 287 页。

② ［明］沈朝阳：《皇明嘉隆两朝闻见记》，第 259 页。

在大宗、小宗两边都占便宜：

> 今既受命于武宗，自当为武宗之后。特兄弟之名不容紊，故但兄武宗，考孝宗，母昭圣。而于孝庙、武庙皆称嗣皇帝，称臣，称御名，以示继统承祀之义。今乃欲为本生父母立庙奉先殿侧，臣虽至愚，断断知其不可。自古人君嗣位谓之承祧践阼，皆指宗祀而言。《礼》为人后者惟大宗，以大宗尊之统也，亦主宗庙祭祀而言。自汉至今，未有为本生父母立庙大内者。汉宣帝为叔祖昭帝后，止立所生父庙于葬所。光武中兴，本非承统平帝，而止立四亲庙于章陵。宋英宗父濮安懿王，亦止即园立庙。陛下先年有旨，立庙安陆，与前代适同，得其当矣。岂可既奉大宗之祀，又兼奉小宗之祀？①

朱厚熜不悦，迫使蒋冕辞职，蒋冕接替杨廷和做首辅仅仅两个月。

其实反对朱厚熜推尊其亲生父母，绝非蒋冕一个人的私见。给事中安磐也指出：“兴，藩国也，不可加于帝号之上。献，谥法也，不可加于生存之母。本生、所后，势不俱尊。大义私恩，自有轻重。”② 安磐的意思是说，朱厚熜的父亲按等级来说只是一个藩王而已，只能称呼他为“兴献王”，不能称呼他为“兴献帝”。“本生”指的就是朱厚熜亲生父母一方，属于“私恩”；“所后”指的就是孝宗一方，属于“大义”。二者不能平起平坐。

接替蒋冕的毛纪也因反对朱厚熜，只干了三个月就辞职了。毛纪在辞呈中说：“迩者大礼之议，平台召对，司礼传谕，不知其几似乎商确矣，而皆断自圣心，不蒙允纳。何可否之有？至于笞罚廷臣，动至数百，乃祖宗来所未有者，亦皆出自中旨，臣等不得与闻。”③ 这等于说嘉靖皇帝一直在一意孤行。《明史》编纂者这样写道：“自（石）珤及杨廷和、蒋冕、毛纪以强谏罢政，迄嘉靖季，密勿大臣无进逆耳之言者矣。”④ 也就是说，嘉靖皇帝亲自把反对者都赶走了。家喻户晓的海瑞罢官的故事，也发生在嘉靖朝。

蒋冕铮铮铁骨，无愧于乃师丘濬。《明史》这样评论他：“论者谓有古大臣风”；又说他“固执为人后之说”⑤。坚持为人后之说不仅是丘濬、蒋冕的立场，也是儒家大经——《礼》经的本义。

五　朝鲜对上国的批评

明朝对四夷以上国自居，朝鲜也以“小中华”自居，都认为自己是礼仪之邦，所以才是文明之国。以至于清人入关，朝鲜不愿承认，认为清人是野蛮人。

明朝“大礼议”一开始，朝鲜就注意搜集情报，做到了及时和准确，朝鲜中宗（1506—1544）还多次与大臣商讨“大礼议”事态的发展，大臣认为嘉靖皇帝毫无节制地抬高自己的亲生父母，是

① ［清］张廷玉等撰：《明史》卷一九〇《蒋冕传》，北京，中华书局，1974年，第5044—5045页。
② ［清］张廷玉等撰：《明史》卷一九二《安磐传》，第5091页。
③ ［清］张廷玉等撰：《明史》卷一九〇《毛纪传》，第5046页。
④ ［清］张廷玉等撰：《明史》卷一九〇《石珤传》，第5049页。
⑤ ［清］张廷玉等撰：《明史》卷一九〇《蒋冕传》，第5045、5044页。

根本违反儒家礼制的错误做法。此后，孝宗十年（1659）己亥礼讼、显宗十五年（1674）甲寅礼讼，简直就是明朝“大礼议”事件的翻版，引起激烈的党争。此后的朝鲜儒者，仍然在不停地评论明朝“大礼议”事件，如一代大儒丁若镛（1762—1836）。

（作者吴锐，中国社会科学院古代史研究所）

阁部升替：明代景泰朝中枢辅政格局之变

张　鑫

与前代相比，明王朝的中枢系统自朱元璋“废丞相、罢中书”而后发生了巨大的变化：朝廷中枢决策和执行层级之间陡然出现了权力真空；加之，皇帝“亲躬庶务”“日理万机”的不可持续性，导致统治阶级上层各政治群体为了争夺中枢辅政的主导地位而缔结起复杂的竞争与合作关系[①]。对此，长期以来，学界相关探究更多的是聚焦于内阁与司礼监在中枢辅政体系中的权力博弈，已有学者提出了“监阁共理体制”的观点[②]。其实，与监阁关系相比，内阁与部院（主要是六部）之间也存在着交互升替、彼此竞合，甚至对立对抗的动态关系，其复杂程度不遑多让。但目前学界多数论著对此往往将内阁与六部之间很多内置性、机制性、结构性的矛盾简单概括为争权夺利，未能“将体制的规定与人的活动和事件的过程有机地结合起来”，只是将相对孤立的例证串联，再予以泛泛的宏观论述，缺乏更为微观系统的考辨及“动态式的研究成果”[③]。

以景泰朝为例，短短数年就先后经历了郕王登基、景帝易储、英宗复辟等三次皇室帝系的转移，实为历代王朝所罕见。因此，在帝系更迭的作用下，这一时期的中枢辅政格局也随之发生重大变动。有学者认为，以于谦为代表的六部取代了内阁、司礼监，占据了当时中枢辅政的主导地位，成为“景泰一朝真正的决策机关”[④]；也有学者认为，与“三杨”内阁相比，景泰朝内阁的权威不仅没有被削弱，反而得到了进一步提高[⑤]；还有学者对景泰一朝中枢辅政群体进行了分层分类的介绍和辨析，认为“景泰朝辅政群体内部关系复杂，辅政地位差别大”[⑥]。这些观点无疑都深刻反映出了景泰朝中枢辅政格局中阶段性的关键变化，但也仅是相对片面、静态的部分现象，有待进一步细致厘

---

① 代表性研究成果有张治安：《明代政治制度研究》，中国台北，联经出版事业公司，1992 年；杜婉言、方志远：《中国政治制度通史・明代卷》，北京，人民出版社，1996 年；张显清、林金树等：《明代政治史》，桂林，广西师范大学出版社，2003 年；唐克军：《不平衡的治理——明代政府运行研究》，武汉，武汉出版社，2004 年；方志远：《明代国家权力结构及运行机制》，北京，科学出版社，2008 年等。

② 代表性研究成果有李天佑：《明代的内阁内监与君主专制》，《历史教学》1981 年第 1 期；郭厚安：《略论仁宣时期中枢权力结构的变化》，《明史研究》（第二辑），合肥，黄山书社，1992 年；谢景芳：《假皇帝与代管家——朱元璋废相后的明代阁权之争及其批判》，《齐鲁学刊》1996 年第 2 期；刘晓东：《监阁共理与相权游移——明代监阁体制探赜》，《东北师大学报》1998 年第 4 期；等等。

③ 田澍：《八十年代以来明代政治中枢模式研究述评》，《政治学研究》2005 年第 1 期；孙熙隆也认为，明代内阁研究“流于客观考述，短于理性分析；多整体描述，少阶段性论述”，《徘徊与思考：中国近三十年来明代内阁研究评述》，《中国史研究动态》2014 年第 2 期。

④ 王思怀：《于谦之死与景泰年间中央权力的再分配》，《北方论丛》2006 年第 3 期。

⑤ 余劲东：《阁臣更替与景泰内阁政治地位变迁》，《长江大学学报（社会科学版）》2019 年第 3 期。

⑥ 邵世臻：《明景泰朝辅政群体探析》，《故宫博物院院刊》2019 年第 6 期。

清当时内阁、内监、六部在朝局中此消彼长、交互升替、动态博弈的全过程。故笔者不揣浅陋，试以析之。

一 “景帝登基”前后的中枢辅政格局

正统十四年（1449）八月，明英宗朱祁镇因土木堡惨败被瓦剌部俘虏，随行的文武重臣多数战殁。这一剧变直接引发了明王朝的皇权危机，朝廷中枢几乎陷入瘫痪，统治秩序被严重冲击，“国势危殆，人心汹涌”。危机关头时任兵部左侍郎的于谦挺身而出，力排“南迁”之议、支持严惩王振余党。同时，于谦又联合群臣极力拥护郕王朱祁钰登基，迅速稳定了政局。这一非常之举，不仅力挽明王朝于既倒，也深刻改变了当时的中枢辅政格局：尽管内阁、司礼监依然发挥着部分辅政功能，但在这个阶段，以于谦为首的六部已转变为最主要的中枢辅政力量。

（一）于谦中枢辅政地位的奠定

土木堡事变当月，于谦升任兵部尚书。他不仅当朝怒斥了建议“南迁”的徐珵（徐有贞），坚定了朝廷上下固守京师抗敌的信心，并且联合群臣上奏孙太后：“国有长君，社稷之福。请定大计，以奠宗社”[①]，推戴监国的郕王朱祁钰即皇帝位，是为明景帝（代宗）。十月，景帝及时启动了战时中枢辅政体制，敕令于谦“提督各营兵马”抵御瓦剌的入侵，全面领导京师保卫战。此后，于谦“请遣官募义勇，集民夫，更漕卒，练营兵，以备征调，传檄边镇近省，并授方略，遏敌勤王”[②]，并亲率石亨、范广等大将在京师城下阻击来犯之敌。

十一月，瓦剌部暂退关外，京师解严，但立足未稳的明景帝继续维持了对于谦的信赖礼遇，一方面提升其政治待遇，加封为少保，品秩跃居当朝文臣之首。四朝元老礼部尚书胡濙、吏部尚书王直也仅为太子太傅、太子太保，朝仪礼制均居于谦之次。王直更坦言：“今日事起仓促，赖公以定，虽百王直将焉用之！”[③]从此，王直“自以不如兵部尚书于谦，每事推下之，以老臣雍容镇率而已”[④]，顺势将六部之首的领袖地位拱手相让。其后，与瓦剌议和、英宗还朝等军政大事，都由于谦参与定谳。

另一方面，景帝授予于谦军政大权，统御京师兵马、主持京营改编，“凡各营号令进退赏罚皆由公出，平日议论断制，宿将敛伏”[⑤]。同时，景帝对朝廷重要的人事任命，也广泛听取于谦的意见建议，从京营主将、边关总兵、封疆大吏，到部院郎佐、外派中官的选任罢黜多从之，“用人多密访于少保于谦”[⑥]。迄至景泰五年（1454）三月，十三道监察御史李琮等弹劾于谦“素恃权蒙蔽”，对

---

① ［明］李贤等：《明英宗实录》卷一八一，正统十四年八月丙子条，北京，中华书局，2016年，第3533—3534页。

② ［清］林时对：《荷牐丛谈》卷一《于忠肃功在社稷》，扬州，江苏广陵古籍刻印社，1990年，第87页。

③ ［明］于冕：《先肃愍公行状》，［明］于谦：《于谦集》附录二，杭州，浙江古籍出版社，2016年，第673页。

④ ［清］万斯同：《明史》卷二一四《王直传》，《续修四库全书》史部第327册，上海，上海古籍出版社，2002年，第643页。

⑤ ［明］于冕：《先肃愍公行状》，［明］于谦：《于谦集》附录二，第679页。

⑥ ［明］尹直：《謇斋琐缀录三》，［明］邓士龙辑：《国朝典故》卷五五，北京，北京大学出版社，1993年，第1275页。

同乡兵部郎中吴宁、项文曜等人，“俱擅荐之布居要职”[①]。同年十一月，吏科都给事中林聪在弹劾吏部考功司主事吴成时，又提及其“以进士托同乡兵部尚书于谦，保除武库主事。今以起复初至，而考功之缺甫及五日，遽得除补”[②]。这两次弹劾印证了于谦在景泰朝举荐用人上有着持续影响力。

景泰元年（1450）六月，礼部奏请景帝准允瓦剌部奉还上皇朱祁镇。但急于独享皇权的景帝不愿真心迎回英宗，所以在朝议时与王直、胡濙等部院大臣发生较大分歧：

> 礼部会奏：“敌请遣使迎复，当从。”明日，上（明景帝）立文华殿门内，请公侯以下、各堂上官、各科道官、印官曰：“朝廷因通和坏事，欲与敌绝。而卿等累以为言，何谓？”吏部王公首对云云。大意以为必乞遣使，勿使有他日之悔。王色稍不怡，曰：“当时大位是卿等要我为之，非出朕心。”少保于公继有对，盖以为大位已定，孰敢有议，但欲答使，尽礼纾边急耳，辞畅而意婉。上意始释，曰：“从汝，从汝。”言已，即退。[③]

最终上皇迎还之事，因于谦“大位已定，孰敢有议”一语而定，景帝不得不勉强同意。至此，于谦以拥立、抗敌、迎还之功俨然景泰立朝的“社稷臣”，六部开始以于谦为核心，与内阁、司礼监分庭抗礼，崛起成景泰初年最主要的辅政群体，拟于向明初“不置丞相，仿古六卿制，以政归六部”[④]体制的回归。对此，连当时的敌对势力瓦剌部也有所察觉。当明廷遣礼部侍郎王复与瓦剌议和时，其首领也先直接点名：“尔等小官，急令王直、胡濙、于谦、石亨来”[⑤]，而只字未涉时任内阁辅臣的陈循、高谷等人。明末林时对甚至认为：“景帝监国，专任于忠肃，虽职掌中枢（特指兵部），实参密勿，政府如同疣赘”[⑥]。观点虽然不免过激，但却真实反映了当时朝局的新变化。

至于在明英宗正统后期中枢辅政系统中曾占据主导地位的司礼监，也因王振集团在土木堡的败亡而受到重挫。[⑦]其他如，锦衣卫指挥使马顺当廷被群臣殴打致死，太监郭敬、内官陈玙、内使唐童、钦天监彭德清等被“籍没家”，“以皆王振党也”[⑧]。对王振党羽的清洗，无疑给留守京师的司礼监太监金英、兴安等辈以巨大的警醒。出于对皇权天然的依附，他们不得不迅速倒向尚在监国的郕王朱祁钰，暗中串联积极拥护其登基称帝，并极力配合临危受命的于谦，在中枢辅政的“外围”发挥策应之功。比如，正值固守京师而群情惶惶之际，金英就坚定地支持于谦，反对迁都：“此时当竭力固守，召勤王之师于四方，足以捍虏，有以迁都为言者，上必诛之无赦！”[⑨]后又有人居心叵测，挑拨君臣关系：“（景）帝任（于）谦太过”，兴安则针锋相对反驳言：“为国分忧如于公者，

---

① ［明］李贤等：《明英宗实录》卷二四一，景泰五年五月丙辰条，第5244—5245页。

② ［明］李贤等：《明英宗实录》卷二四七，景泰五年十一月庚申条，第5354页。

③ ［明］叶盛：《水东日记》卷一《会奏遣使迎复》，北京，中华书局，1980年，第8—9页。

④ ［清］夏燮：《明通鉴》卷七，洪武十三年正月癸卯条，北京，中华书局，1959年，第380页。

⑤ ［清］谷应泰：《明史纪事本末》卷三三《景帝登基守御》，北京，中华书局，1997年，第482页。

⑥ ［清］林时对：《荷牐丛谈》卷二《十六朝纶扉秉政纪》，第110页。

⑦ 吴缉华：《明仁宣时内阁制度之变与宦官僭越相权之祸》，《“中研院”历史语言研究所集刊论文类编·历史编·明清卷》第2册，北京，中华书局，2009年，第1659—1682页。

⑧ ［明］李贤等：《明英宗实录》卷一八一，正统十四年八月乙亥条，第3533页。

⑨ ［明］佚名：《金英传》，［明］焦竑辑：《国朝献征录》卷一一七《寺人》，《续修四库全书》史部第531册，上海，上海古籍出版社，2002年，第584页。

宁有二人!”① 均有力地引导了朝野舆论对于谦战时辅政的信心和支持。

（二）内阁中枢辅政地位的沉浮

于谦在中枢辅政体系中的超然崛起，除了他个人公忠体国、文武兼备等主观因素之外，也与当时朝廷面临兵凶战危之局、内阁被意外冲击等客观条件有关。“三杨”故去后，内阁辅臣中唯曹鼐“识达政体、才智出人”“议大事多决于（曹）鼐”②，但已于土木堡事变中不幸罹难。其他阁辅则马愉早卒、苗衷老迈、张益战殁，留守京师的陈循虽“习熟时事，刚果能断”③，但与同僚高谷个性迥异、政见不合，事多龃龉，结果造成了内阁在土木堡事变之后集体“失语”。未能仿仁宣时期中枢“三杨”故事，团结一致力挽狂澜，登高一呼主持朝局，只能随附于谦等六部主官的意见，渐而暂时丧失了中枢辅政的主要地位。景泰元年（1450）三月，明景帝的藩邸旧臣俞纲被提拔重用为兵部右侍郎，并选调入阁办事，但“（俞）纲具疏辞，愿理兵事”④，景帝无奈只得“从之”。俞纲成为首位不经翰林院而入阁的辅臣，也创下了在阁仅三天的最短纪录，兵部与内阁在当朝政治地位的高低由此可窥一斑。

但必须客观地指出，此时内阁最核心的职责“点检题奏，票拟批答，以平允庶政”⑤ 并没有被取代或削弱。北京保卫战期间，内阁辅臣陈循“奏请敕各边精骑入卫京师，又发榜文招谕回达以疑其（也先）心”⑥，而“奏请敕”“发榜文”显然是继续发挥了内阁的基本职责，有力地保障了于谦战时总指挥职能的全面施展。尽管于谦在朝中的地位已经举足轻重，但仅作为兵部尚书，他是无法逾越本职和朝廷规制，直接参与国家日常政务处理和重大诏令发布的。即便是在战时，于谦仍亟需内阁提供政令的调度和政策的配合，后人有云：“非（陈）循居中调度，破赏格、一号令，即大司马（于谦）何繇遽行其志?”⑦ 不久，商辂、彭时、江渊等人又先后被增补入阁，参与机务，“是时居内阁者，咸未明而入，抵暮而出，勤劳爱戴，比他日为甚”⑧，内阁的基本运转得以迅速恢复。

景泰元年（1450）九月，陈循在给景帝上疏中称：

> 臣待罪翰林，职掌制敕，凡六部、都察院等衙门奏奉圣旨，请写制敕，撰述册（文）祭（文）并拟封谥、圣旨、榜文等项手本，乞令各衙门今后俱从堂上官佥书用印，方许送院。又，臣今后移文于各衙门堂上，臣宜佥书。于各司属，止令孔目佥名。臣惟判案用印，庶于事体为当。⑨

---

① ［清］张廷玉等:《明史》卷三〇四《宦官一·金英传》，北京，中华书局，1974 年，第 7770 页。

② ［明］雷礼:《国朝列卿记》卷一〇，周骏富辑:《明代传记丛刊》第 32 册，中国台北，明文书局，1991 年，第 551—552、554 页。

③ ［明］王世贞:《大学士陈公循传》，［明］焦竑辑:《国朝献征录》卷一三《内阁二》，《续修四库全书》史部第 525 册，第 415 页。

④ ［明］李贤等:《明英宗实录》卷一九〇，景泰元年三月甲子条，第 3919 页。

⑤ ［清］张廷玉等:《明史》卷七二《职官志一》，第 1732 页。

⑥ ［明］雷礼:《国朝列卿记》卷一〇，周骏富辑:《明代传记丛刊》第 32 册，第 558 页。

⑦ ［明］黄景昉:《国史唯疑》卷三，《续修四库全书》史部第 432 册，上海，上海古籍出版社，2002 年，第 43 页。

⑧ ［明］彭时:《彭文宪公笔记》，［明］邓士龙辑:《国朝典故》卷七二，第 1585 页。

⑨ ［明］李贤等:《明英宗实录》卷一九六，景泰元年九月庚戌条，第 4154 页。

作为当时内阁最资深的“首脑”，陈循在奏疏中除了强调自身专掌朝廷制敕的职权，要求部院与辅臣之间彼此行文均须主官“签书用印”以示“事体为当”之外，刻意地回避了作为机制名的“内阁”或作为体制名的“文渊阁”，而是自称“待罪翰林”；将“翰林院”推到台前，并放置与六部、都察院对等行文的地位。这表明在当时的政治环境中，内阁或文渊阁尚且只是一处办公场所，并非朝廷正式独立的行政机构，因此阁辅在处理或协调中枢政务时不得不假借“制度母体”之名，以求“师出有名”“政有所本”。时隔一年，到了景泰二年（1451）九月，其又奏称：

> 内阁系掌制诰、机密重务衙门，近侍之职，莫先于此。永乐初年，本阁官员凡遇圣上视朝，立在金台东，锦衣卫在西，后因不便移下贴御道，东西对立已为定例。近日因雨。各衙门官俱上奉天门奏事。五府官虽品高皆立西檐柱外，独六卿序立东檐柱内，遂使内阁官无地可立，此系朝仪不可不辨。
>
> 又，臣等叨蒙圣上擢任同知经筵事，会讲之日班或列于六卿之下，恐识者笑玷辱此职自臣等不才始也。又，每午朝进近御榻奏事，臣所奏多系制诏、机密重务，理不宜在五府六部奏杂事后。[①]

这份奏疏开篇已经公开指认内阁乃“掌制诰、机密重务衙门”，并且强调“近侍之职，莫先于此”，请景帝提升内阁辅臣在朝会、经筵和奏事过程中的位次，以示尊崇。景帝深以为然，遂下诏：“常朝，内阁学士与锦衣卫官东西对立；经筵日，同知经筵官序于尚书都御史上；午朝，翰林院（内阁）先奏事。”[②] 同年十二月，陈循、高谷正式分别出任文渊阁、东阁大学士，完成了内阁在朝廷运行中“名实相符”的闭合。两份奏疏前后对比来看，可以发现内阁在土木堡事变、明景帝登基、北京保卫战等一系列重大事件中经历了“错位”“失声”之后，凭借强大的制度惯性和职能优势，经自我校正，又焕发出政治活力，并朝着制度化迈进了一大步。

二 “景泰易储”后的中枢辅政格局

景泰三年（1452），为进一步巩固皇权，明景帝在彻底封锁软禁“太上皇”朱祁镇之后，开始积极谋划废除侄子朱见深的太子之位，改立自己独子朱见济为皇太子。“易储”作为景泰一朝重大的政治事件直接牵动了中枢权力版图的消长变化[③]。作为皇帝“心腹”，内廷宦官不仅为“易储”出谋划策于后廷，更颐指气使于前朝，一扫王振伏诛以后宦官势力被整肃被压抑的局面，重回朝廷中枢辅政的关键位置。内阁辅臣们为了邀荣固宠，赢得皇帝垂青，逐步向权宦靠拢，在“易储”过程中极力迎合明景帝。这使得内阁在皇权扶持下，政治势力大增，并实现了运行体制机制的重要突

---

① ［明］李贤等：《明英宗实录》卷二〇八，景泰二年九月丙申条，第4465—4466页。

② ［明］李贤等：《明英宗实录》卷二〇八，景泰二年九月丙申条，第4466页。

③ 关于明景帝更易储君的详细过程及朝野各方表现，请参阅任建敏：《“父有天下传之子”：景泰三年易储之议及其政治影响》，《中国文化研究所学报》2016年第62期。

破，“及景泰易储之后，虽天子亦借内阁以为己用”①。在此背景下，部分朝臣为了争取入阁获得更大权力，不惜依附宦官，进一步巩固了明代中枢辅政中的“监阁双轨模式”。同时，鉴于国家军事危险趋缓、治理渐入承平，明景帝调整了战时中枢辅政的格局，通过增设尚书协理兵部、分割京营统制权等手段，有意识有步骤地对于谦的权威进行抑制。

（一）宦官势力的复出

诚如上文所提及的，为尽快填补王振遗留下的权力真空，以金英、兴安为首的留守太监，迅速倒向了监国郕王。他们奔走于宫廷内外，联络于皇室群臣之间，最终与于谦等朝臣合力促使孙太后下诏，“其命郕王即皇帝位，礼部具仪择日以闻”②。须知，孙太后方于正统十四年（1449）八月二十二日册立英宗庶长子朱见深为皇太子，同月二十九日又下诏册立朱祁钰为皇帝，在短短的七天内王朝统绪能够发生如此逆转，除了以于谦为首的外朝官僚集团的据理力争外，内廷宦官势力的深度介入亦不容小觑。这也是金英、兴安等英宗正统时期的权宦能够继续获得景帝的信任，重返中枢政治舞台，而未一蹶不振的根本原因。

在同样事关王朝统绪的“景泰易储”过程中，宦官势力的作用影响有了更显著的发挥和增强。据时人陆容记述，明景帝在正式易储之前，曾试探司礼监太监金英的意见而未果：

> 景皇帝既即位，意欲易储。一日语（金）英曰：“七月初二日东宫生日也。”英叩头云：“东宫生日是十一月初二日。”上为之默然。盖上所言者，谓怀献（朱见济）；英所言者，谓今上（朱见深）也。③

这条记载把君臣二人关于“易储”的分歧和“对弈”描摹得活灵活现，尽管颇有可疑之处④，但却被诸多史籍广为传载。笔者揣测，时人之所以附会并广为传播这样一条不尽真实的信息，恰恰是为了反映出宦官势力在中枢辅政格局中“得天独厚”的优势：其一，对王振及其余党的清洗，并未从根本上阻碍宦官参与中枢辅政的体制惯性；其二，与其他辅政群体相比，身处内廷的宦官，更易于获得皇帝信任、更易于接触到核心机密；其三，重回中枢辅政的宦官势力，对皇帝、朝局仍保持着较强的影响力。

基于此，就不难理解宦官势力为何能够在“景泰易储”过程中扮演关键角色，并继续在朝廷中

---

① ［清］孙承泽：《春明梦余录》卷二三《文渊典故》，北京，北京古籍出版社，2018 年，第 337 页。

② ［明］李贤等：《明英宗实录》卷一八一，正统十四年八月丙子条，第 3534 页。

③ ［明］陆容：《菽园杂记》卷一，北京，中华书局，1985 年，第 4 页。

④ 记载存疑之处：1. 该记载是此事的最早出处，但与朱见济的生日不合。根据《实录》记载：“礼部奏：六月十三日皇后千秋节，二月二十日皇太子千秋节，请乞预移文各王，并天下文武五品衙门，令其依期遣官奉笺庆贺”，可见朱见济的生日是“二月二十日”，并非记载中的“七月初二日”，请参见：《明英宗实录》卷 216，景泰三年五月戊戌条，第 4656 页。2. 与金英的任期不符。早在景泰元年十一月，金英便已被左都御史陈镒论劾为纵奴为恶、卖官鬻爵，明景帝顾念旧情免其死罪罚以禁锢，“终景帝世废不用，独任（兴）安”，请参见［清］张廷玉：《明史》卷三〇四《宦官一·金英传》，第 7770 页。以常情度之，明景帝面对即位初期朝局未稳、人心浮动、政务丛脞等现状，应当不至于早在景泰元年十一月之前就酝酿“易储”，故清修《明史》不载此事。

发挥巨大作用，巩固司礼监与内阁的合作关系。首先，景帝潜邸心腹宦官王诚、舒良建议皇帝“先赐大学士陈循、高谷百金，侍郎江渊、王一宁、萧镃、学士商辂半之”，以近乎贿赂的方式争取内阁群辅对更易储君的理解与支持[①]。当群臣会议“易储”，面对于谦、王直、胡濙等六部九卿沉默以对、消极抵抗时，司礼太监兴安甚至不惜咆哮朝堂，指斥群臣：“此事今不可已，不肯者不用佥名，尚何迟疑之有?!”[②]以公开恫吓的方式强逼廷臣通过了易储的动议。宦官势力利用一暗一明、一软一硬的“高明”手段，推动实现了明皇室帝系的再次“迁移”，攫回了在中枢辅政体系中的关键话语权。以至于此后内阁遴选阁僚，也有了他们幕后运作的身影。景泰二年（1451）十二月，礼部左侍郎兼翰林学士王一宁奉命入内阁预机务，“以中官王诚辈尝受业焉，报其私恩也”[③]；左都御史王文也因“与中官王诚结为兄弟，谋入阁”[④]，并得偿所愿。“二王”入阁皆援引了内监势力的支持，严重劣化了明代内阁政治生态，开启了宦官直接干涉内阁人事的先河，发展到明代中后期更是愈演愈烈：“今之（内阁）大臣，其未进也，非夤缘内臣则不得进；其既进也，非依凭内臣则不得安”[⑤]，使双方形成了某种意义上的“共生关系”，有利于“双轨辅政模式”的不断巩固。

（二）内阁体制的扩张

如果把对陈循等阁辅的“经济贿赂”视为明景帝推动内阁支持易储的唯一手段，显然低估了景帝的政治智慧和“帝王心术”。早在景泰二年（1451）十二月，景帝便为内阁辅臣中最资深的陈循、高谷加“少保”衔，品秩与“社稷臣”于谦同为从一品。考之以史，自永乐至正统，文臣实授一品者仅十人而已，而内阁辅臣只有四人（黄淮、杨士奇、杨荣、杨溥）[⑥]。景帝此时提拔陈、高二人，隐然已有要加快平衡阁部之间权势差距的用意[⑦]。内阁辅臣们亦不负景帝所望，在景泰三年（1452）四月朝议易储时，力赞“父有天下，传之子。三代享用长久，皆用此道”[⑧]。当吏部尚书王直对易储仍面有难色时，陈循“濡笔属而强之，乃署，竟易皇太子”[⑨]。

1. 内阁地位的提升。易储成功后，景帝随即配置了东宫僚属，内阁辅臣陈循、高谷加“太子太傅”衔，江渊、王一宁、萧镃加“太子少师”衔，商辂升任兵部左侍郎兼左春坊大学士，并“俱兼支二俸”[⑩]。换言之，此时的内阁辅臣几乎均被明景帝提拔为一品、二品大员，其政治地位得以显著攀升，成为朝中品秩最高的辅政群体。此外，与六部堂官相比，内阁辅臣之间不仅交织起地缘、学缘、事缘的紧密关系，更有了集聚精英的趋势[⑪]。而景帝也正是通过对内阁群辅政治经济地位的整体

① ［清］万斯同：《明史》卷一五四《怀献太子见济传》，《续修四库全书》史部第 328 册，第 183 页。

② ［明］李贤等：《明英宗实录》卷二一五，景泰三年夏四月乙酉条，第 4632 页。

③ ［明］李贤等：《明英宗实录》卷二一八，景泰三年秋七月壬寅条，第 4705 页。

④ ［明］陈建：《皇明通纪》卷一一，北京，中华书局，2008 年，第 725 页。

⑤ ［明］刘吉等：《明宪宗实录》卷二六〇，成化二十一年春正月己丑条，第 4402 页。

⑥ ［明］李贤等：《明英宗实录》卷二一一，景泰二年十二月壬辰条，第 4554 页。

⑦ 官至少师者：蹇义、杨士奇、杨荣、吴中，官至少保者：黄淮、夏原吉、黄福、杨溥，官至太子太师者仅郭资，官至太子太保者仅吕震。

⑧ ［清］谈迁：《国榷》卷三〇，景泰三年四月乙酉条，北京，中华书局，1958 年，第 1925 页。

⑨ ［清］万斯同：《明史》卷二一四《王直传》，《续修四库全书》史部第 327 册，第 644 页。

⑩ ［明］李贤等：《明英宗实录》卷二一五，景泰三年四月乙丑条，第 4634—4635、4637 页。

⑪ 景泰朝内阁辅臣关系分析请参阅余劲东：《阁臣更替与景泰内阁政治地位变迁》，《长江大学学报（社会科学版）》2019 年第 42 卷第 3 期。

提升，在促成易储顺利完成的同时，也在外朝成功培植起了能够较好贯彻自己权力意志，且内部相对统一的执政团队。

景泰三年（1452）七月，阁辅王一宁因病卒于任，王文以左都御史晋吏部尚书增补入阁，参与机要，开创了二品大员入阁的先例。这与景泰元年（1450）俞纲自请调离内阁形成了强烈反差，表现出了内阁易储前后的地位变化：“明朝重冢宰（吏部尚书）。景泰以前，内阁未有兼吏部尚书者。吏部尚书入阁，自王文始。于时陈循则户部尚书，高谷则工部尚书。体统尊于三公，而内阁之望益隆。”①

如果说，易储前陈循能够奏准大幅提升内阁在朝会、经筵和奏事的班次，主要是得益于内阁在明代中枢决策体系中渐居上游的职能优势，正如他自己所指出的：“所奏多系制诏、机密重务，理不宜在五府六部奏杂事后。”②那么，易储后陈循逐步掌控内阁，推动内阁在体制机制上实现重要突破，显然应归功于他通过在“易储”事件中坚持贯彻君主意志及较高的个人政治能力，赢得了明景帝的赏识与重用。

2.内阁“首辅”的雏形。陈循，字德遵，江西泰和人，永乐十三年（1415）殿试第一得中状元；正统九年（1444）入阁，天顺元年（1457）被贬斥，在阁近13年。他在景泰朝内阁中资历最深、个性最强，其“久任词垣，深知先朝典故，应酬挥笔立就”③，更兼在“易储”事件中“主笔草奏，跪而从事”④，深得帝心，遂以“掌机务，典册制命皆出其手”⑤。同为内阁辅臣的高谷，不满陈循擅宠专断，图谋增补阁僚，以为己助。孰料增补入阁的王文“深服芳洲（陈循）之识量，而甚不足高（谷）之狭隘”⑥，反倒与陈循政见契合，让高谷“自生一敌”。自食其果的高谷只得连章请辞阁职，无奈诉苦：“况翰林内阁，凡百公务，大学士陈循足以干办，臣但素餐”⑦。高谷虽被景帝温旨慰留，但陈循独掌内阁，“谬当内相之首”⑧已成不争事实。

学界通常将天顺年间李贤“掌文渊阁事”作为明代内阁首辅的起始，史称：“终天顺之世，（李）贤为首辅，吕原、彭时协恭佐之”⑨。其实早在景泰年间“内阁首辅”的雏形便有迹可“循”。景泰七年（1456）七月，陈循奏请本人回避吏部考选儒士任各地教官，景帝批复道：“朕任卿掌内阁事，凡制诰命令等文，但撰述进呈，无不信行。况考试儒士最为小事，勿避嫌疑。今后内阁大小事务，悉照旧行，不必推让。”⑩景帝的批示是对陈循主持内阁以来政绩的高度肯定，其中“任卿掌内阁事”可谓明代“内阁首辅”的先声，此后天顺朝的徐有贞、李贤“掌文渊阁事”乃至嘉靖朝的

① ［清］龙文彬：《明会要》卷二九《职官一・宰辅》，北京，中华书局，1998年，第467页。
② ［明］李贤等：《明英宗实录》卷二〇八，景泰二年九月丙申条，第4466页。
③ ［明］雷礼：《国朝列卿记》卷一〇，周骏富辑：《明代传记丛刊》第32册，第560页。
④ ［清］查继佐：《罪惟录》卷七《代宗景皇帝纪》，杭州，浙江古籍出版社，1986年，第128页。
⑤ ［明］雷礼：《国朝列卿记》卷一〇，周骏富辑：《明代传记丛刊》第32册，第560页。
⑥ ［明］尹直：《謇斋琐缀录一》，［明］邓士龙辑：《国朝典故》卷五三，第1255页。
⑦ ［明］李贤等：《明英宗实录》卷二一八，景泰三年秋七月癸卯条，第4706页。
⑧ ［明］叶盛：《劾陈循疏》，王有立辑：《中华文史丛书》之二《御选明臣奏议》卷三，中国台北，华文书局，1968年，第190页。
⑨ ［清］万斯同：《明史》卷二二四《李贤传》，《续修四库全书》史部第328册，第79页。
⑩ ［明］李贤等：《明英宗实录》卷二六八，景泰七年七月丙申条，第5692页。

“始有相与首”[①]皆可溯源于此；而“凡制诰命令等文，但撰述进呈，无不信行”亦可以作为后世内阁首辅“专应对”“主票拟”的起点。

3. 对部院选任的介入。以景泰朝为界，此前的内阁尚无干涉部院主官选任的明显形迹，此后便开始利用各种方式插手重要部门的人事安排。比如，陈循在北京保卫战之后，就举荐罗通“理都察院事仍兼参赞军务”，其后又推荐其“协赞提督操练”，用以钳制于谦的京营兵权。自景泰二年（1451）七月始，景帝以年高望重为由，任命由内阁推荐的何文渊、王翱先后担任吏部尚书，协助王直处理部务；自景泰三年（1452）五月始，又以任重多病为由，任命仪铭、石璞先后担任兵部尚书，协助于谦处理部务，形成了明代制度史上极为诟病的“一部两尚书”的特殊现象。景泰六年（1455）初，在内阁“每为同官所抑”的辅臣江渊欲赴兵部协理部务。陈循、王文等人假意支持，暗地里却密令商辂以“石兵江工”拟奏，结果工部尚书石璞得以调任兵部尚书，而江渊则补授为工部尚书，大失所望。可见，内阁对部院的深度介入已经足以动摇其主官的选任，在朝局中俨然有“后来居上”的趋势。

4. 内阁僚属的扩充。为了不违反明太祖朱元璋“以后嗣君毋得议置丞相”[②]的祖训，明成祖朱棣在创设内阁时就明确规定：“不置官署、不得专制诸司。诸司奏事，亦不得相关白”[③]，严防内阁“丞相化”。但在明代皇帝个人政治能力和专权意识逐渐弱化，而国家政治经济事务又日趋繁复的背景下，内阁开始突破重重制约，扩充僚属，扩大规制。自宣德初年，朝廷选派“能书者”入值内廷“西制敕房”，又设“东诰敕房”辅助翰林院诸学士缮写各类诏书谕旨。但此时的制敕房、诰敕房均不从属于内阁[④]。景帝即位后，因“机务繁重，而内阁制诰两中书舍人以书办供事朝夕”[⑤]，选派了大量中书舍人入阁办差。到了景泰三年（1452）易储后“诰敕房、制敕房俱设中书舍人”[⑥]。从此，以两房中书舍人为主体的内阁书办开始成为阁辅们的主要助手，承担起内阁日常机要工作，“两房遂属之中书，称阁臣属吏”“专随辅臣出入，一切条旨答揭，俱得预闻，揆地亦间寄以耳目”[⑦]。据《明会典》记载：

> 凡内阁所掌制敕、诏旨、诰命、册表、宝文、玉牒、讲章、碑额及题奏、揭帖等一应机密文书，各王府敕符底簿，制敕房书办。凡文官诰敕及翻译敕书并四夷来文揭帖、兵部记功勘合底簿等项，诰敕房书办。凡驾诣郊坛或巡狩行幸、亲征，内阁官扈从，制敕房随行。书办遇有敕旨，即时撰写。[⑧]

---

① ［明］张萱：《西园闻见录》卷二六《宰相上》，周骏富辑：《明代传记丛刊·综录类》第118册，中国台北，明文书局，1991年，第828页。

② ［清］夏燮：《明通鉴》卷七，洪武十三年正月癸卯条，第381页。

③ ［清］张廷玉等：《明史》卷七二《职官志一》，第1734页。

④ ［明］尹直：《謇斋琐缀录一》，［明］邓士龙辑：《国朝典故》卷五五，第1248页。

⑤ ［明］王圻：《续文献通考》卷八六《职官考》，转引自龙文彬：《明会要》卷三九《职官十一》，第681页。

⑥ ［清］张廷玉等：《明史》卷七二《职官志一》，第1734页。

⑦ ［明］沈德符：《万历野获编》卷九《两殿两房中书》，北京，中华书局，1959年，第247—248页。

⑧ ［明］申时行等：《明会典》卷二二一《翰林院》，北京，中华书局，1989年，第1097页。

由此可见，两房中书舍人不仅协助阁辅处理政务机要，而且分工明确细致，极大地提升了内阁的政治效能：其一，让内阁辅臣能够摆脱常规诏令和日常事务的处理，专掌“票拟”，进而巩固“辅佐朝廷、裁决政务”①的核心职权；其二，僚属的常态化配备，“即古之宰相属也”②，有利于内阁在体制上与五府、六部及内廷诸监相抗礼，跨越“不置官署”的障碍，向制度化稳步推进。

5.“专制诸司”的萌发。随着政治地位的提升，僚属规制的扩充，景泰朝内阁加快了集权的步伐，试图对“不得专制诸司”“诸司奏事，亦不得相关白”等限制实施“突围”。景泰三年（1452）十二月，十三道御史练纲等弹劾吏部推举不公，特奏请令朝廷三品以上大臣在举荐用人时，必须将相关信息“一封进司礼监便御览，一送翰林院（内阁）备顾问”，使举荐者与被举荐者形成“一损俱损、一荣俱荣”的联保关系。这份联合奏疏的意义还在于，为实现诸司奏事须提前向内阁“相关白”而投石问路。但景帝此时未敢轻易违背“祖制”，所以未置可否。翌年（1453）五月，巡按山东监察御史顾暟又奏：

> 朝廷设立六部分理庶政，又置馆阁文臣以备顾问者，盖俾协心参议，上陈可否而后行也。今六部各官或偏执己见……臣愿自今各部常事俱径行。若吏部推选内外重臣，法司发落矜疑重囚，户部整理边储，兵部选将用兵，俱令会同内阁大臣计议可否、具奏行之。③

明确提出六部要务应“会同内阁大臣计议可否、具奏行之”，意图让内阁在中枢决策的体制机制上全面压制六部，但遭到了以于谦为首的部院大臣的坚决抵制：“国家重务俱用奏请处分，此祖宗成法”“臣等但知遵祖宪，重君命，其他非所敢从”。景帝对此也明确表态：“不可擅自更改”④。这两道奏疏在当时虽均未获批施行，但内阁在景泰朝中枢决策体制中的优势地位已经逐步显现。景泰六年（1455）正月，兵部奏请奖励“独石杀贼”，但内阁持不同意见，径直改签了兵部拟定的敕书，时人谓之“盖维时阁老以权臣自任”⑤。可见，内阁辅臣们，尤其是“首辅”在不断通过各种方式自拟“相体”，摄取“相权”，以期填补被废中书省的权力空缺。

（三）于谦影响的消沉

与北京保卫战中所展示出的成竹在胸、指挥若定不同，在众多史籍里很难发现于谦在“景泰易储”事件中的明确表态，通览其奏疏和文集也未见只言片语。对此，“多数学者认为于谦内心不赞成易储，只是迫于易储中内阁、吏部、礼部等关键衙门都赞成，故只能从众支持”⑥。其实，在景帝日益专断、内阁不断扩张的背景下，于谦的影响力早已经下降，无法再领袖群臣，更无法劝止景帝，所以只能选择“失语”而“从众”。有记载显示，兵部观政进士杨集曾向本部主官于谦上书谏

---

① ［明］余继登：《典故纪闻》卷一六，北京，中华书局，1981年，第290页。
② ［明］沈德符：《万历野获编》卷九《两殿两房中书》，第248页。
③ ［明］李贤等：《明英宗实录》卷二二九，景泰四年五月丁卯条，第5005页。
④ ［明］李贤等：《明英宗实录》卷二二九，景泰四年五月丁卯条，第5006页。
⑤ ［明］叶盛：《水东日记》卷三《敕词与部奏违异》，第52页。
⑥ 洪国强：《论于谦与景帝君臣关系的变动及其对土木之变后京营领导体制重建的影响》，《明史研究论丛》第12辑。

言，反对易储："公等国家柱石，乃恋宫僚之赏而不思所以善后乎？"① 于谦不置一词，反将书信转交给阁辅王文，王文对杨集的谏言不以为然，却佩服他的勇气，将其"提拔"为安州知州，变相逐出京师。对下属劝谏的无动于衷、下属被处置后的无可奈何，皆可洞察出于谦权势威望的今不如昔："公当己巳之变（即土木之变），犹可以伊尹之志专断行之，而当景帝元、二年之后，有不可以周公之于成王责之望之者"②。

于谦逐步失去中枢辅政的核心影响力，起始于他在迎还英宗一事上与景帝的不一致，激化于更易储君时的不主动。景泰五年（1454），于谦为上疏复立沂王获罪的钟同、章纶求情，引起景帝的"怫然不悦"，只得"竦惧而出"，加剧了彼此之间的隔阂③。诚如明人王世贞所分析的："景帝之信（于）谦，谓其能御圉，非有布衣腹心素……夫人主以私爱欲易太子，虽留侯不能得之汉高，而（于）谦能得之景帝乎哉？"④ 由于在易储一事上大失君心，于谦权位被进一步削弱。

其一，降低其政治待遇。易储后不久，景帝即命新任的东宫兼官立班以衙门为次，于是少保、太子太傅、兵部尚书于谦由文班第一位降至第四位，在王直、胡濙、陈循之后。此外，于谦从未获得过景帝钦赐的银章，无密疏奏事之权，故而无法与景帝建立更加持久紧密深入的联系，很快就被排除在朝廷最核心的决策圈之外⑤。其二，增设兵部尚书。易储后潜邸旧臣仪铭由南京礼部尚书调任兵部协理尚书，仪铭去世后石璞续任，名为协理部务实为分解部权，时称"一部两尚书""名位冗滥，人情怅然不平"⑥；侍郎王伟也"在兵部尝扬于谦短"⑦。其三，分割京营兵权。景泰三年（1452）十二月，于谦奏请改编京营，景帝则批示要求新成立的十团营"俱听太监刘永诚、（曹）吉祥，及（于）谦、（石）亨等约束调遣"⑧，将京营兵马的统制权剖分为宦官、文官及武官三方共掌，又命由阁辅陈循极力举荐的副都御史罗通"参赞军务"，强化对于谦军事指挥权的监督。罗通"而每事牴牾"，以至于于谦多次请解兵权："臣才职疏浅，既掌部事，又总兵权，委难负荷。今副都御史罗通已召至京，乞令提督训练军马，臣专理部事。"⑨ 因此，易储之后的于谦已经不再占据中枢辅政的核心位置，"独其所司专于兵政，其他一切大小之事各有攸主，有不尽如公所愿者"⑩。这也是于谦在此后景帝病危、英宗夺门等关键时刻依然难见踪影，最终身首异处，而内阁诸臣却能持续发挥重要作用的根本原因。

---

① ［明］陈建：《皇明通纪》卷一六，北京，中华书局，2008年，第732页。

② ［清］王嗣槐：《桂山堂文选》卷四《于太傅论五》，《四库未收书辑刊》第七辑第27册，北京，北京出版社，1997年，第263页。

③ ［明］于继先：《先忠肃公年谱》，［明］于谦：《于谦集》附录二，第707页。

④ ［清］谈迁：《国榷》卷三二，英宗天顺元年正月丁亥条，第2024页。

⑤ ［明］沈德符：《万历野获编》卷一《赐图记》，第16页。

⑥ ［明］雷礼：《国朝列卿纪》卷四七，第434页。

⑦ ［明］刘吉等：《明宪宗实录》卷六六，成化五年夏四月丙寅条，第1330页。

⑧ ［明］李贤等：《明英宗实录》卷二二四，景泰三年十二月癸巳条，第4857页。

⑨ ［明］李贤等：《明英宗实录》卷二一一，景泰二年十二月丙子条，第4541页。

⑩ ［明］于冕：《先肃愍公行状》，［明］于谦：《于谦集》附录二，第682页。

三 结论

明代中枢辅政体制的构成与运行，一直是学界持续关注并探讨的重点，其中包括对明代内阁功能地位、权力属性、发展历程等方面的研究辨析。比如，有学者尝试将明代的内阁政治演进划分为不同的历史阶段[①]。此举固然有助于推动明代的内阁政治研究，但各类阶段分期的判定依然时间过长、跨度较大，内部权力关系的分布错综复杂难以详述，而且对分期之间的过渡衔接也无法予以充分的观照，亟须进一步细分并聚焦更为具体明确的历史阶段，展开更为系统深入的“细部”研究。故而，分析景泰朝中枢辅政格局之变的样本意义，也正在于此。

要言之，以于谦为代表的六部因在维持王朝统治、化解皇权危机过程中发挥过巨大作用，而一度占据了中枢辅政的主导地位。但内阁、司礼监凭借在明代中枢辅政体制中固有的身份和职能优势，以及在“易储”事件中的突出表现，使得各自政治地位在中枢辅政体系中再度超越六部，并在皇权的统摄和加持下，进一步巩固了自洪熙、宣德两朝以来逐步形成的“监阁双轨辅政”的中枢集权模式。

尤须指出的是，景泰朝内阁尽管处于明代内阁发展过程中的波动期，阁辅成员的资历、能力、品行，以及在朝的权势、地位都较逊于仁、宣时期的“三杨”内阁。然而，放诸整个明代内阁政治发展的历史进程中来看，本届内阁的政治意义却不亚于“三杨”内阁：内阁群辅的政治经济地位得到了整体提高，阁辅之间权力地位的分化亦初见端倪，内阁运行的体制机制得到了不断的拓展和完善。崇祯朝内阁大学士黄景昉在对前辈陈循的评价中曾不无遗憾地指出：“阁中规制至陈芳洲（循）始备，如奏定常朝与锦衣卫官对立御座旁，经筵立尚书、都御史之上，午朝翰林院官先奏事，皆创自陈（循）。使陈（循）无易储、讼试二事，居然杰品”[②]。恰恰是因为在易储过程中深得帝心，才成就了陈循的政治功业。毫无疑问，在以皇权为中心的国家治理中，中国传统社会的士大夫只有充分贯彻皇帝的权力意志，才能获取辅政或执政的机遇与平台，“擎天保驾”的部臣于谦、“易储有功”的阁臣陈循如此，此后“夺门复辟”的阁臣徐有贞、武臣石亨、内臣曹吉祥亦皆如此。这些变化或线索为明代中后期，尤其是嘉靖以后内阁的权力集中、地位崇高、“权相”频出等现象，提供了制度框架和政治基础。

（作者张鑫，安徽师范大学马克思主义学院）

---

① 王天有将明代内阁的发展历程划分为五个阶段：洪武、建文时期属于“萌发期”，永乐时期为“创立期”，洪熙、宣德、正统初年为“发展期”，嘉靖至万历初年为“鼎盛期”，万历中后期及泰昌、天启、崇祯三朝为“衰落期”（《明代国家机构研究》，北京，北京大学出版社，1992 年，第 36—44 页）。此外，谭天星认为，应把永乐内阁形成以后的时期分为五个阶段：仁宣时期为“初步发展阶段”，正统至弘治时期为“发展变化阶段”，正德时期为“受挫阶段”，嘉靖至万历十年为“鼎盛阶段”，万历后期至崇祯时期为“衰落阶段”（《明代内阁政治研究》，北京，中国社会科学出版社，1996 年）。张宪博则认为，洪武至正统七年为“内阁职能的基本确立和制度的完备”时期；正统七年十月至正德十六年为“内阁地位下降和职能的萎缩”时期；正德十六年三月至万历十年为“内阁权力的膨胀与对皇权依附性的加强”时期；万历十年直至明亡为“内阁制度的衰落”时期（《明代政治史》，桂林，广西师范大学出版社，2003 年）。以上论断，均未对景泰一朝中枢辅政体制及内阁政治的变化过渡，予以适当的关注和描述。

② ［明］黄景昉：《国史唯疑》卷三，《续修四库全书》史部第 432 册，第 43 页。

明朝的政治现象：官无封建而吏有封建

王雪华

所谓“官无封建而吏有封建”，自宋至明几百年间，官绅士子都在言说此事。指官为流官，有任期制和回避制的约束，而官署中的吏胥却既是本土的，又在实际上世代相承，久踞衙署，如同固守某地的封邦一般，权势熏炙，造成了政治的败坏。此一批评意见，自南宋政论家叶适首开其端，其后顾炎武、黄宗羲对此均有反省，顾炎武甚至说：“百官者虚名，而柄国者吏胥而已”。因此，明朝是否存在“吏有封建”的事实，这一现象究竟表现如何，它是否造成了明代政治的衰敝，确有值得深究之处。对此，学术界已有较多研究[①]，但与其作为官署基层公务人员的实际功能和影响相比，这一研究远不充分，故本文再加探究，以就教于方家。

一

所谓“封建”，其意指封土建国、分立诸侯、贵族世袭等。自秦汉实行君主集权后，领主经济转为地主经济，贵族政治为官僚政治取代，而在官僚政治推行的皇权时代后期，明朝竟然还有吏胥的“封建”现象，在地缘、血缘、世袭、颇具实力等方面呈现出“封建”的样貌，于是引起广大官员和士人的批评。早在南宋，学者陆九渊即对吏胥在地方衙署盘根错节、为害政事有所抨击，揭示其“为蠹日久，凡邑之苛征横敛，类以供其贿谢囊橐。与上府之胥吏缔交合党，为不可拔之势……今日为民之蠹者吏也，民之困穷甚矣，而吏日以横”，直指吏为民之蠹。又说如果官员站在百姓立场，以民为心，必定是约束吏胥而宽解民力，但是若以自身利益为考量，明哲保身，则“必首以办财赋为大务，必假缺乏之说以朘削民，科条方略，必受成于吏，以吏为师，与吏为伍，甚者服役于吏”[②]。象山先生对吏胥牢不可破的势力、倚衙署为窟穴的习惯以及官员的不同处理方法都有所揭示。其后，南宋学者叶适亦云：“其簿书期会，（官员）一切惟胥吏之听。而吏人根固窟穴，权势熏炙，滥恩横赐，自占优比，渡江之后，文字散逸，旧法往例，尽用省记，轻重予夺，惟意所出……故今世号为‘公人世界’，又以为‘官无封建而吏有封建’者，皆指实而言也。”[③]更是表明建国伊始即解

① 学术界对明代吏胥的相关研究主要有：缪全吉：《明代胥吏》，中国台北，嘉新水泥公司文化基金会，1969 年；赵世瑜：《吏与中国传统社会》，杭州，浙江人民出版社，1994 年；祝总斌：《试论我国古代吏胥的特殊作用和官吏制衡机制》，《国学研究》第五卷，北京，北京大学出版社，1998 年；颜广文：《明代官制与吏制比较研究》，载关文发、颜广文《明代政治制度研究》，北京，中国社会科学出版社，1995 年。

② ［宋］陆九渊：《陆九渊集》卷七《与陈倅》，北京，中华书局，1980 年，第 99 页。

③ ［宋］叶适：《叶适集》之《水心别集》卷一四《外稿 · 吏胥》，北京，中华书局，1961 年，第 809 页。

决了“官无封建”的宋王朝，却出现“公人世界”即吏胥当道的倾向，于是叶适提出“官无封建而吏有封建”的批评意见，可知宋代吏胥盘踞衙门已成一种倾向。

继宋之后，明代的“吏有封建”现象并无消减，在地缘、血缘、世袭和吏胥的实力等几个方面均有体现。

一是存在地缘关系。明朝对官员的管理，有较为严格的回避制度，以免形成裙带关系和地方势力，包括籍贯回避、亲属回避、科举回避等措施。还有一些颇为特殊的回避条例，洪武朝即规定户部官员不得用江浙苏松人[①]，其原因是该地为朝廷赋税重地，朝廷唯恐江浙苏松人从中做奸。与此同时，还规定凡户部吏，“奏准不许用江浙苏松人”[②]。对于江浙苏松人不得任户部官这一禁令，在有明一朝得到了较好遵守。但是，禁止该地域人在户部任吏胥，则至明代中期被彻底打破。神宗朝官员谢肇淛言：

> 即如户部一曹，不许苏松及浙江江右人为官吏，以其地赋税多，恐飞诡为奸也。然弊孔蠹窦，皆由胥役，官吏迁转不常，何知之有？今户部十三司胥算皆吴、越人也。察秋毫而不见其睫，可乎？祖制既难遽违，而积弊又难顿更，故当其事者默默耳。[③]

为了避免出自苏松江浙的官员在赋税征收上为害，朝廷严禁该地域的人在户部为官，但是，貌似严苛的规定还是难以完全执行，如同人有明察秋毫的眼力，却无法看见自己的睫毛一样，户部十三司的书吏仍为吴越人，而主管者也并未明确加以反对，都默许其存在。神宗朝举人沈德符也说“户部胥吏，尽浙东巨奸”[④]。

不仅户部吏胥多浙东人，京城其他官署中也聚集了不少浙东吏胥。神宗时期地理学家王士性言：“绍兴、金华二郡，人多壮游在外……其儇巧敏捷者，入都为胥办，自九卿至闲曹细局，无非越人。”[⑤]“越”指绍兴一府八县。沈德符也说：“（京官）一入衙门，则前后左右皆绍兴人，坐堂皇者如傀儡在牵丝之手，提东则东，提西则西。”[⑥]即便是在铨衡重地的吏部，也多浙东吏胥。万历四十年（1612），吏部文选司主事董应举上疏条陈铨政九事，其中就指吏部书办多浙人：

> 吏部当该书办，独浙人为之，或仍本贯，或冒北籍，俱以农民私相引授，胶固盘结，牢不可破。于是本部堂二月有条禁冒籍吏役之疏，欲令四司当该皆拣两考实历，不许私引，已得旨矣。而是月即有稽勋司侍亲科当该吴应祥私引扬王庭、验封司实拨科革出当该徐继仕私引潘鹤龄。[⑦]

---

① （万历）《大明会典》卷五《选官》，明万历内府刻本。
② （万历）《大明会典》卷八《吏役参拨》，明万历内府刻本。
③ ［明］谢肇淛：《五杂俎》卷一五《事部三》，上海，上海书店出版社，2009年，第298页。
④ ［明］沈德符：《万历野获编》补遗卷三《历法·算学》，北京，中华书局，1959年，第889页。
⑤ ［明］王士性：《广志绎》卷四，北京，中华书局，1981年，第71页。
⑥ ［明］沈德符：《万历野获编》卷二四《京师名实相违》，第610页。
⑦ ［明］董应举：《崇相集》卷一《条陈政事疏》，明崇祯刻本。

其时，吏部的当值书吏都是浙江人，他们为延续地域小集团的利益，便在同乡间私自袭替，暗中接受了并不合乎条件的继任者的顶首银两，这类事情竟是“牢不可破”，可知浙江籍吏胥在京城衙门经营已久，已形成地缘优势。

明代后期京城各衙署之所以多浙东人，应与绍兴一带地少人多、精于计算、师徒相传等因素有关。据清人昭梿的看法，此事与明代万历时期的大学士朱赓颇有关系，在朱赓执政时，“各部署书吏，尽用绍兴人，事由执政，莫不由彼滥觞，以至于今，未能已也”[①]。朱赓是绍兴府山阴县人，昭梿认为，在朱赓主政的万历中期，京师官署多用绍兴书吏，此习俗遂沿袭至清代。《萧山县志稿》也记载，万历时期绍兴人多奔走京师，他们“图为幕宾，为掾房，为仓场，为库务、巡、驿、尉、簿之属，岁以千计”[②]，可见此时绍兴人到京师谋生者众多，其就职范围颇广。晚明文学家冯梦龙在其小说《醒世恒言》中也有关于绍兴人的描写：“绍兴地方，惯做一项生意：凡有钱能干的，便到京中买个三考吏名色，钻谋好地方选一个佐贰官出来，俗名唤作‘飞过海’……所以天下衙官，大半都出绍兴。”[③]一些表演技艺中，也有浙江书吏的身影，沈德符就描写过所亲见的“京师绝艺”，一个盲瞽艺人口技出众，能以一人兼数人，在表现京城的一场民事纠纷时，以不同的乡音区别办案人员，反复辩诘，种种酷肖，其中掌案书是用浙江口音，即指为浙江人[④]。这些文艺作品也都反映出明代京城吏胥多浙人的现象。

明代后期的京师衙门除多用绍兴人为吏胥外，也有同一官署的书吏被某省同乡垄断的情形，对此，嘉靖朝吏部尚书许赞批评说：“人之常情，孰不庇其乡里，孰不庇其亲戚。党与多则弊端滋，耳目广则关节易。若使一司之吏，尽用一省之人，或六七人，或十余人，自然有坏事体。”[⑤]在中央各衙门书吏任用中，旧吏将缺位卖予同乡、亲属，以致一个部门中全用一省之书吏，乡党之间自然更便于联络感情，相互庇佑。由此也可知并非只有绍兴籍书吏盘踞衙门的情况，看来明朝后期京城衙署中的书吏确有“封建”之象。

二是具有血缘关系。明朝的吏员充役，以三年为一考，考满三次计九年可获得出身，有任官资格，未出职者则需离役，不得留任。但是实际上他们在吏职的承替中逐渐形成了一种掌控力量，变成血缘性的顶替，吏职往往在父子、兄弟、子侄、姻亲之间承袭，已成为各级官署中的一种普遍现象。万历年间，吏科署理给事中张延登上疏，认为吏部铨选之官应久于其任，不应频繁迁转，原因在于“吏胥之窟穴其中者，皆长子孙，亲戚相传，云仍世守”，以“席不暖、突不黔之官，御子孙相传世守之吏”，“安得不受侮于吏哉”[⑥]。从该奏疏中可见明代京师即便是吏部这样的要害部门，所用吏胥也是子弟承继，多有血缘或姻亲关系。

三是世代相承。明朝中期以后，官署中的吏胥不仅存在血缘关系，更有世袭的倾向。明清之

① ［清］昭梿：《啸亭续录》卷五《明末风俗》，北京，中华书局，1980年，第512页。
② 《萧山县志稿》卷二八《琐闻》，民国二十四年（1935）刻本。
③ ［明］冯梦龙：《醒世恒言》卷三六《蔡瑞虹忍辱报仇》，武汉，长江出版社，2006年，第1132页。
④ ［明］沈德符：《万历野获编》卷二四《李近楼琵琶》，第626页。
⑤ ［明］许赞：《正国典明选法以便遵守疏》，陈子龙：《明经世文编》卷一三七，北京，中华书局，1962年影印本，第1371页。
⑥ 《明神宗实录》卷五八四，万历四十七年七月己亥，中国台北，“中研院”历史语言研究所，1962年校印本，第11162页。

际著名史家顾炎武指出，明代州县的一大弊政在于“吏胥窟穴其中，父以是传之子，兄以是传之弟”①。如同前揭神宗朝给事中张延登的奏疏中，一再指明吏胥“亲戚相传，云仍世守”“子孙相传世守之吏”。直到天启朝，礼部官员郑以伟仍在批评此一现象，他形容司官被视如不断变动的传舍，而“吏书乃世袭也者”②。

要世守其职，需获得吏胥的实缺，于是又有一种“顶头银”出现。即求充者要交纳一笔钱，也称“替头钱”，求旧吏或其他说合之人活动于官府，方能获得实职。在京城各衙门，“顶头银两渐至数百两”③，“京师权要之吏，顶首皆数千金，父传之子，兄传之弟”④。万历朝礼部尚书冯琦言：“今上自府部，下至州县，未有一衙门无吏胥，未有一衙门无顶首。顶首之吏，几数千辈。”⑤崇祯朝吏部的顶首银已达万两，“在吏部者，其顶首以万计，各部院以千计，各司郡以百计。夫此辈如第在官取值耳，何不以其赀买田产，为富人，而必为此者？以其本朝入而利夕倍也。臣观京都之胥，起层台，筑别馆，后房妇女数十。而在郡县者，履丝曳缟，意气腆膴。合天下此辈，盖不知几万万矣，其为民害，岂可以亿计哉？”⑥吏胥之所以要世守其职，通过私下交顶首银而使吏职在亲戚乡里间传承，全在于官场中存在着巨大的利益。

四是颇具权势。吏胥虽非官员，但却是“庶人之在官者”，由于其服务于官署，自然也拥有一定的权力。由于官员在行政事务上极大地依赖于吏胥，于是吏胥“视官长犹木偶”⑦，对待官长“如傀儡在牵丝之手，提东则东，提西则西”⑧，“甚者把持官长”⑨，“官失操柄，政由吏胥”⑩。故顾炎武说：“百官者虚名，而柄国者吏胥。”⑪明朝初年苏州府还发生过官员被吏胥欺压之事，“其姑苏之郡吏员、皂隶，自设开衙以来，陷害官长者多矣”，终于有部分官员大胆出手管理不法吏胥，受到皇帝称赞，诏曰：“今闻知府王观、同知曹恒、经历王旷，将猾吏钱英当厅棰死，治下之方，甚得其当。如此则政行令止，奸人且远，境内肃清，良民瞻仰”⑫。可知苏州府的吏胥向来权势逼人，此等现象引起皇帝的重视。“又有黄州府吏诬陷同知安贞，按察司按贞如律，上特降敕，原而释之，曰此风一长，则诸司无官矣。”⑬太祖认为吏胥告官之风绝不可长。

明朝对待官员的任用，有亲属回避、籍贯回避等一系列规定，凡有祖孙、父子、伯叔、兄弟之关系者，不得在有统属关系的衙署供职，官阶低者需回避，另需回避本籍，不得官本省，以保证官员履职的公正性。而在吏胥的任用中却存在严重的地缘、血缘关系，难以更革，如同黄宗羲所言，吏胥“父传之子，兄传之弟，其一人丽于法后而继一人焉，则其子若弟也，不然，则其传衣钵者

---

① ［清］顾炎武：《亭林文集》卷一《郡县论九篇》，《亭林诗文集》，北京，中华书局，1959 年，第 16 页。
② 《明熹宗实录》卷三一，天启三年二月乙酉，中国台北，“中研院”历史语言研究所 1962 年校印本，第 1594 页。
③ ［明］许赞：《正国典明选法以便遵守疏》，陈子龙：《明经世文编》卷一三七，第 1371 页。
④ ［清］黄宗羲：《明夷待访录·胥吏》，沈善洪主编《黄宗羲全集》第一册，杭州，浙江古籍出版社，1985 年，第 43 页。
⑤ ［明］冯琦：《宗伯集》卷四九《为遵奉明旨查革积弊疏》，明万历刻本。
⑥ ［明］吴应箕：《楼山堂集》卷九《策·养民财》，清粤雅堂丛书本。
⑦ ［明］沈德符：《万历野获编》补遗卷三《历法·算学》，第 889 页。
⑧ ［明］沈德符：《万历野获编》卷二四《京师名实相违》，第 610 页。
⑨ ［明］朱国桢：《涌幢小品》卷一一《禁人试》，上海，上海古籍出版社，2012 年，第 210 页。
⑩ ［明］顾清《松江府志》卷二四《宦迹下》，正德七年刊本。
⑪ ［清］顾炎武著，陈垣校注：《日知录校注》卷八《吏胥》，合肥，安徽大学出版社，2007 年，第 470 页。
⑫ ［明］佚名：《皇明诏令》卷三《太祖高皇帝下·褒赐苏州府官僚敕》，明刻增修本。
⑬ ［明］尹守衡：《皇明史窃》卷一百《王观传》，明崇祯刻本。

也。是以今天下无封建之国，有封建之吏”[①]。这种存在于吏胥任用中的“封建”现象，破坏了吏职任用中的公平性，造成吏胥盘踞衙门，自然受到当时舆论的普遍批评。

二

明朝的吏胥在地缘、血缘、世袭等方面拥有较为特殊的权力，形成了与官员的严格管理截然不同的局面，吏胥在事实上有掌控官府基层各项事务运行的倾向。对此，除揭示这一现象外，更多地要探寻造成该现象的原因。

第一，于科层制度而言，文牍繁复，只能依赖专业化的吏胥，于是给吏胥盘踞衙门以可能。

文法的复杂有其合理的一面，“天下之事，无有巨细，皆资案牍以行焉”[②]，官僚制度一日也不能离开法例文案。由于每个衙门的例案都堆积如山，令官员无从下手，而胥吏因久于其职，精通文案，只有书吏才能检出可以比照的律例。但是，“少不经心，则奸伪随至”[③]。谢肇淛曾言：“从来仕宦法网之密无如本朝者，上自宰辅，下至驿递、巡宰，莫不以虚文相应酬。而京官犹可，外吏则愈甚矣。大抵官不留意政事，一切付之胥曹，而胥曹之所奉行者，不过以往之旧牍、历年之成规，不敢分毫逾越。”[④]为说明这一问题的荒唐之处，谢肇淛还举例：“寇莱公为相，用人多不以例，曰：‘若用例则胥吏足矣，何名宰相？’此格言也。”[⑤]文牍太繁，法网过密，造成从上至下，拘例循资，应付塞责，既失去了设官之本义，也给吏胥把持公务造成机会。

第二，于官员而言，因官不勤政，官不久任，则事不在官，政由吏胥。

洪武朝就已初现官员不能亲自理事的现象，“为官任事者，略不究心，施行事务，仍由吏谋”，“临政之时，袖手高坐”[⑥]，为太祖所批评。又有五军都督府首领官掾吏陈仔等，“自到任以来，并不亲笔起稿。凡有书写，多令典吏、囚人起稿立意，然后押字施行。及至事理参差，朕乃驳问，其各首领官惟皇皇瞠目四视，凡奏目内事，惟知大意，本末幽微，莫能解分”[⑦]。个别官员依靠典吏甚至囚徒办理文案，自己对公务则一片茫然。

官员有任期，官不久任，又回避本籍，也造成他们难以熟知当地的政情和民风。正德十年（1515）给事中黄重即谓：“迩来法制屡变，天下司、府、州、县官员，到任未久，往往升擢其间又因别项事故，去住不常……旧者去而新者代，送旧迎新，费出小民，缘绝簿书，弊生奸吏，其害有不可胜言者。”[⑧]嘉靖朝何良俊有言：

> 初至地方，必一二年后，庶乎民风土俗可以周知。今守令迁转不及三年，则是方知得地方

---

① ［清］黄宗羲：《明夷待访录·胥吏》，沈善洪主编《黄宗羲全集》第一册，第43页。

② ［明］汪天锡：《官箴集要》卷上《驭下篇·吏曹》，明嘉靖十四年刊本。

③ ［明］汪天锡：《官箴集要》卷上《驭下篇·吏曹》，明嘉靖十四年刊本。

④ ［明］谢肇淛：《五杂俎》卷一四《事部二》，第278页。

⑤ ［明］谢肇淛：《五杂俎》卷一四《事部二》，第283页。

⑥ ［明］朱元璋：《大诰·胡元制治第三》，钱伯城等主编《全明文》第一册，上海，上海古籍出版社，1992年，第588页。

⑦ ［明］朱元璋：《大诰续编·用囚书办文案第二十八》，钱伯城等主编《全明文》第一册，第639页。

⑧ ［明］徐学聚：《国朝典汇》卷四九《吏部·久任》，明天启四年徐舆参刻本。

之事，已作去任之计矣。故虽极有志意之人，不复有政成之望，亦往往自沮。及至新任一人，复是不知地方之人。如此，则安望天下有善治哉！[①]

种种原因，造成官员不熟悉行政事务，缺少专业技能，而吏胥正是本地人，有专业分工，熟悉案牍，故官员只好依赖他们。明朝后期京师户部之所以有很多浙东胥吏，所谓“户部胥吏，尽浙东巨奸”，原因之一是他们“精于握算”，长于财务管理，而官员“算学不讲”[②]，所以被吏胥视为偶人。

在官与吏的相处中，嘉靖朝汪天锡在官箴书中告诫道：“吏佐官治事，其人不可缺，而其势最亲。惟其亲故，久而必至无所畏；惟其不可缺，故久而必至为奸，此当今之通病也。欲其有所畏，则莫若自严；欲其不为奸，则莫若详视其案也。所谓自严者非厉声色也，绝其馈遗而已矣。所谓详视其案者，非吹毛求疵也，理其纲领而已矣。”[③]万历朝张延登尝言：“吏常为主，官常为客。”当然，也有能统驭吏胥的官员，其典型之一是苏州知府况钟。与不善理事的官员不同，况钟善于惩治不法吏胥，打下马威，不被吏胥所把持。“比视事，佯若无能为，群吏抱牍环案前请判。钟左右顾问吏，所欲行止，辄听之。吏人人私相喜，咸谓太守愚不解事，而牍中窜穴，钟了了，密疏记之矣……于是立掷杀六人，尸诸衢，府史之主文积蠹一搜逐之，无遗类。”[④]况钟是宣德朝有名的刚直勤政的官员，岂能为不法吏胥所欺骗，然而况钟一类的能吏毕竟不多见。

第三，于吏胥而言，其录用时要求较低，部分吏胥素质欠佳。

明代吏员的选用，起初为佥充农吏，有一定的录用标准，需身家清白可靠，年三十以下，能书写。吏员掌文案簿籍之事，因而必须具备一定的文字书写能力，但要求并不太高。随着求充吏职人数的增多，明中期以后佥充吏员改为纳银投充，补缺时又需花费巨额的“顶头银”。纳银即可充吏及“顶头银”现象，反映出吏员的录用标准越来越低，几付阙如。显然，与科举出身的官员相比，吏胥的文化程度较低，文化素养欠佳，其为害的成本也随之降低，更容易发生把持官府、舞文弄法之事。

第四，于制度设计而言，没有给予吏胥必要的升迁出路。

明初因是用人之际，尚能不拘一格，较多地任用吏胥为官，“国初用人，固不论流品，前有苏守王兴宗者，为皂隶，太祖以其老成不贪也，使知金华。”[⑤]除王兴宗任苏州知府外，洪武朝有不少吏员做到六部尚书、佥都御史、大理寺卿等高位。永乐时期，成祖认为：“古者用人，虽不专一途，然御史朝廷耳目之寄，须用有学术、识达治体者，安可用吏？”[⑥]他将出身吏员的4名御史黜为序班，又令今后御史不得用吏[⑦]。此举使吏员仕途受到极大限制，由御史而升至二品大员的道路被阻

① ［明］何良俊：《四友斋丛说》卷一三《史九》，《历代笔记小说大观》本，上海，上海古籍出版社，2012年，第78—79页。

② ［明］沈德符：《万历野获编》补遗卷三《历法·算学》，第889页。

③ ［明］汪天锡：《官箴集要》卷上《驭下篇·吏曹》，明嘉靖十四年刊本。

④ ［明］尹守衡：《皇明史窃》卷一百《况钟传》，明崇祯刻本。

⑤ ［明］尹守衡：《皇明史窃》卷一百《况钟、黄辂传论》，明崇祯刻本。

⑥ 《明太宗实录》卷九三，永乐七年六月丁卯，第1239页。

⑦ 《明太宗实录》卷一一一，永乐八年十二月癸丑，第1422页。

断，也令官、吏轩轾。英宗朝又规定，吏员不得任知府[①]。自此，吏员内不能任御史，外不得至知府，内外出路均加以阻断。且一旦习吏，也就几乎等于宣告与科举无缘，被禁止参加考试，造成明代吏员难以通显，其中的佼佼者也莫不如此。

明代中叶大学士丘濬言："文臣入仕之途非一端，其大者有三。进士也，监生也，吏员也。吏员资格，其崇者止于七品，用之为佐贰幕职、监当筦库之职，非有保荐者，不得为州郡正员……近年以来，吏员需选者，人多缺少，计其资次，乃有老死不能得一官者。"[②]可知吏员难以得到一个官缺，即便得到一官半职，也无法升迁到高位，吏员、监生之类出身者的升迁之途淹滞。谢肇淛言："宣、正以前，尚参用诸途，吏员荐辟，皆得取位卿相。近来即乡荐登九列者，亦绝无而仅有矣。"[③]亦指吏员难以升迁至高官。明末文学家茅元仪言："本朝试法科罢，所谓文无害者，唯吏员一途，而二百年显者寡矣。一甲三人及吉士，皆不除州县，二三甲之隽，亦竟授京朝官。崇儒贱法，更倍于宋矣，而吏治益不如宋。关系治否，岂繇此耶?"[④]科举成绩优异者，不会任为州县官，而吏员即便出职为官，受制于出身，仍难以显达。正是缘于在吏员迁转中存在的非公平、不合理的游戏规则，他们的血缘和地缘意识、抱团行为才愈演愈烈。

在分析了"吏有封建"现象出现的原因之后，解开自宋迄明延续了几百年的这一"死结"就成为可能。

一是应简省文牍。明朝士大夫中有不少人明确看到，吏胥所倚靠的正是朝廷的例案及官府的文檄，提议应简省文牍。如同谢肇淛所言，官场法网之密，无如今日，迫使上下无不以虚文相应付。顾炎武认为，"文法除而吏事简矣"[⑤]。王夫之言："奸吏……莫畏于法之简。法简而民之遵之者易见，其违之者亦易见，上之察之也亦易矣……无所用其授受之密传"[⑥]，一旦文法简洁，便于掌握，就无需吏胥密传私授，而为其所制。当然，由于吏胥拥有佐官理民之责，在简省文牍之后，仍然会保有部分权力。只要拥有权力，就有权力的异化；只要存在公共权力，就会有偏离权力预设目标、以权谋私的腐败行为产生，吏胥之害仍不能免除，这就需要防止权力的失控和滥用。

二是虽有吏胥盘踞之害，但官场的主导群体实为官员，之所以出现事不在官、政由吏为的局面，是与官不勤政、官不习事有关的。明代政治家、思想家高攀龙言："天下之治，端本澄源，必自上而率下。"[⑦]山西巡抚吕坤也认为："吏治无良，未有不自大吏始者"，他进一步说："我洁己而后责人之廉，我爱民而后责人之薄，我秉公而后责人之私，我勤政而后责人之慢。以有诸己者非人，止多众口耳，势必不行。以藏身不恕也而遂恕人，同为民贼耳，法必不贷。"[⑧]谢肇淛对此深有感触，他认为官员上任之初，似乎都有一番宏愿，于是发布各种禁令以整饬风气，但实则是吏胥和下官抄袭旧文以欺骗长官，长官也是假意振作以欺骗百姓。至于那些禁令，如禁止馈送、禁止迎送、禁止

① [清]张廷玉等：《明史》卷一六〇《罗绮传》，北京，中华书局，1974年，第4666页。
② [明]丘濬：《大学衍义补》卷一〇《正百官·公铨选之法》，清文渊阁四库全书本。
③ [明]谢肇淛：《五杂组》卷一五《事部三》，第316页。
④ [明]茅元仪：《暇老斋杂记》卷一八，清光绪李文田家钞本。
⑤ [清]顾炎武：《亭林文集》卷一《郡县论九篇》，《亭林诗文集》，第16页。
⑥ [清]王夫之：《读通鉴论》卷一七《梁武帝九》，北京，中华书局，1975年，第484—485页。
⑦ [明]高攀龙：《高子遗书》卷七《申严宪约责成州县疏》，清文渊阁四库全书补配清文津阁四库全书本。
⑧ [明]吕坤：《实政录》卷一《明职·督抚之职》，明万历二十六年刻本。

参谒、禁止奢靡等等，禁者自禁，犯者照犯，朝令而夕改。如此局面，上司当然无法表率下级，下级也无从命令百姓。“至于文移之往来，岁时之申报，词讼之招详，官评之册揭，纷沓重积，徒为鼠蠹、薪炬之资，而劳民伤财不知纪极。噫！弊也久矣”[①]。如谢氏所揭示，官场积弊实已深重。因此，“吏有封建”只是“官场病”中无数疾患的一种。在官僚机制中，官员是权力的主导者，吏胥害政，除责在官和吏之外，其背后又有机制的问题。

三是应提高吏胥的任职要求。宋人叶适早已关注于此，他提出以“新进士及任子之应仕者更迭为之”[②]，当吏胥满三考即九年后，可出职任州县官，其中才能超常者可不等考满即任职州县。叶适认为此举有三个好处，一是士人通常爱惜名声，畏法崇义，以进士为吏胥能使贪贿受财、营私舞弊的现象大为减少，还可使新进士对行政事务有所见习，日后任官，则熟练政事；二是以新进士轮流在各官署任职，可免除现有吏胥盘踞衙门之患，也无保引私名之弊，所谓“封建”之势即可去除；三是可消化掉待缺的进士人等，稍减冗官的压力。明初国子监祭酒宋讷也主张“以儒饰吏”，“天下亦岂有舍儒而可以为吏者！儒道与天地并，扶天经，立人纪，自古有天下者，曷尝一日无所待于儒乎？”[③] 清初著名史家黄宗羲针对明代的情形，也主张“胥吏皆用士人”。他说：“欲除簿书期会吏胥之害，则用士人”，“六部院寺之吏，请以进士之观政者为之，次及任子，次及国学之应仕者……郡县之吏，各设六曹，请以弟子员之当廪食者充之。”其任职期满后，根据政绩升职，部院之吏，“满调则出官州县，或历部院属官，不能者落职”；行省郡县之吏，“满调则升之国学，或即补六部院寺之吏，不能者终身不听出仕。”[④] 然后，便可裁去府衙门属下的经历、照磨、知事，以及县衙门的县丞、主簿、典史等属官。顾炎武亦有《通经为吏》专篇，举历史上课吏习读的事例、舆论对此的认知及明中叶以后对吏胥的轻视，他也认同通经为吏的做法，“昔之为吏者，皆曾执经问业之徒，心术正而名节修，其舞文以害政者寡矣”[⑤]，即执经问业之人，更能正心术，重名节，为害官府的事情自然会减少。

提出类似观点的还有明清之际的文人侯方域。侯方域认为，吏胥应选而后用，“学而后入，材而后试，其贤能略与其官长等，非乡里所举者，则不得当也。故其途不杂，其数不可多设，其人亦自爱惜，勉厉于功名之路，有士君子之风。”[⑥] 他主张以少数贤能者为吏，因为这样的人会爱惜名声，为自己将来的仕途留有余地，相对而言就使吏胥队伍的素质维持在一定的水准上。侯氏与黄宗羲观点的区别在于，黄宗羲主张以科举士子为吏，侯方域的要求则要低一些，学而后入，材而后试，乡选里举即可。二人观点的可取之处是，都认为吏胥的任用应由考选而来，而不应像现实生活中那样对初级吏胥的录用缺乏严格考核。但显然，此点并非最重要的条件，因为若论贪腐受贿的程度，有权势的官员更甚，而官员在整体上其文化程度远高于吏胥。

针对明代吏胥的“封建”现象，黄宗羲、顾炎武、侯方域等学者都主张以士人为吏，更进一步

① ［明］谢肇淛：《五杂俎》卷一四《事部二》，第 278 页。
② ［宋］叶适：《叶适集》之《水心别集》卷十四《外稿 · 吏胥》，第 809 页。
③ ［明］宋讷：《西隐集》卷六《送田文起序》，清文渊阁四库全书本。
④ ［清］黄宗羲：《明夷待访录 · 胥吏》，沈善洪主编《黄宗羲全集》第一册，第 43 页。
⑤ ［清］顾炎武著，陈垣校注：《日知录校注》卷一七《通经为吏》，第 987 页。
⑥ ［清］侯方域《额吏胥》，［清］贺长龄、魏源等编：《清经世文编》卷二四，北京，中华书局，1992 年，第 609 页。

地则要稳定吏胥队伍，给予其升职的机会，其思路确有可取之处。其实，现代社会的公务人员就是从受过高等教育的人群中考选而来。

以士子或是贤者为吏就能有效地杜绝吏弊吗？王夫之的认识有所不同，他认为整顿吏治的关键在于简省文牍，而不主张一定以士人充任低级官员，更无论以士人充吏。“简为法而无启以乱源，人可为令史也，奚必士哉？”[①] 简法才是制吏之本，以士人充下级官员只是治其末。只要文法繁多，各级衙门就不能缺少吏胥，吏胥便“如尸蚘之在腹，杀之攻之，而相续者不息”[②]，吏胥所畏者，莫过于法之简。船山所言，更接近事物的真谛。

四是给予其合理的上升通道。既然朝廷对吏胥付之以职权，且往往官员不能谙熟文法，而吏胥反而熟知，如果不给予其上升通道，其受财鬻狱、根固窟穴就可想而知了。早在唐代吏部尚书刘晏即指出：“士有爵禄，则名重于利；吏无荣进，则利重于名”[③]，可视为不刊之论。清代著名学者钱大昕分析说：“元时士人皆乐为吏，而吏亦知自重。自士大夫之于吏，以奴隶使之，盗贼待之，而吏遂无所用。”[④] 前人所论，可谓洞中肯綮。不给予吏胥升职机会，也就直接扼杀了吏胥的进取之心。

综上，在古代社会后期所出现的“吏有封建”现象，其实是那个时代官僚制度的一种痼疾，不过是换一种方式，以身处下层的吏胥权重且世守其职的形式呈现出来。当这种现象过于密集、出现频率较高时，拥有一定话语权的士大夫们就起而抨击吏胥这一不入官员法眼的人群，作为他们批评时弊的靶子。官僚制本应整合吏胥，将这样一支专业人员纳入官员体系，使其成为基层事务人员，打通其上升通道，然而变革实难。这种病症之所以始终伴随着宋、明王朝，几百年间难以得到缓解，其根尚在体制，以致成为古代社会后期官僚机制中难以治愈的“流行病”。

（作者王雪华，武汉大学历史学院）

---

① ［清］王夫之：《读通鉴论》卷一七《梁武帝九》，北京，中华书局，1975年，第485页。

② ［清］王夫之：《读通鉴论》卷一七《梁武帝九》，第484页。

③ ［宋］欧阳修等：《新唐书》卷一四九《刘晏传》，北京，中华书局，1975年，第4759页。

④ 见清人孙同康：《各省宜建翘材馆议》，陈忠倚：《清经世文三编》卷二〇《治体八·培才》，清光绪石印本。

论明代中期对西南土司朝贡的整顿

朱皓轩

明代是西南土司朝贡最为繁盛的时期。在相当长的一段时期内，朝贡承担着土司与明朝的交流作用，同时也是明朝管控西南土司的重要措施，于双方影响甚大。然而明代中期，明朝突然开始对西南土司的朝贡进行了旷日持久的整顿，部分学者对该问题给予了一定关注①，但是学界对明代中期整顿西南土司朝贡的具体措施及过程、整顿原因与影响似乎缺乏系统、完整的梳理与讨论，本文拟对以上问题进行探讨。

一　正统至正德时期对西南土司朝贡的初步整顿

明代前期，在积极政策的支持下，大量西南土司遣人朝贡，然而随之带来的经济负担逐渐增重。在明宣宗驾崩当年的三月，行在礼部尚书胡濙等上奏："比奉敕旨，节一切冗费，以安养军民，今四夷使臣，动以百数，沿途疲于供给，宜敕诸路总兵官，并都、布、按三司，继今审其来者，量遣正、副使，从人一二十人赴京，余悉留彼处，如例给待，庶免往复供送之费。"②朝贡期间贡使的沿途与在京供给均由明朝政府承担，然而藩属国、周边少数民族贡使的持续增加势必成为明廷沉重的经济负担，因此胡濙等人限制贡使人数的请求得到了明英宗的批准。正统元年（1436）正月，明英宗进一步申明"帝王之待夷狄，来者不拒可也，何必招抚？"③这表明明英宗一改明前期积极的招抚政策，转而采取较为保守的民族政策，在此背景下，明朝政府整顿西南土司朝贡的序幕由此拉开。

（一）贡品运输方式的调整

明前期西南各家土司往往遣人携带大量"方物"赴京进行朝贡，因此贡物均由土司一方组织运输，然而明中期贡物的重要组成部分贡马的运输方式出现颇为明显的转变。正统九年（1444）正月，贵州都指挥同知张锐等奏："本处接连夷境，征调缺马。请将四川、贵州土官袭替进贡马匹，给与旗军领养骑操，以备征调。其东川、芒部、乌蒙、乌撒、永宁宣抚司等处马匹，给与附近赤

---

① 如王承尧、罗午关注到嘉靖时期，明朝政府开始控制土司的贡使人数（《土家族土司简史》，北京，中央民族大学出版社，1991年，第104页）；田玉隆、田泽、胡冬梅也关注到嘉靖时期，明朝开始限制土司的朝贡活动（《贵州土司史》，贵阳，贵州人民出版社，2006年）；张万东则关注到明代渝东南各处土司朝贡"前期相对频密，后期逐渐减少"的特点。

② 《明英宗实录》卷三，宣德十年三月丁酉条，上海，上海书店出版社，2015年，第78页。

③ 《明英宗实录》卷一三，正统元年正月庚寅条，第243页。

水、永宁、乌撒、毕节、普安、安南、普市七卫所。播州、贵州二宣慰司思南等府。金筑安抚、贵竹等处长官司马匹，给与兴隆等一十三卫所，实为军民两便。”[①] 正统十四年（1449），四川布政使侯轨奏：“所进马与方物，上等者，送京；粗恶之物，贮彼官库；中下小马，给彼边境官军，具数以闻，用给酬赉。”[②] 据此记载可知，至迟至正统时期，贡品中品质较差的物品已经交由地方存储；而品质颇佳者则继续押运京师。原本朝贡贡品均需押运至京师，而此处马匹则就近给卫所操练，这实际上是西南土司朝贡的较大转变。弘治时期情况又有所转变，弘治五年（1492）八月，据吏科给事中叶绅、刑部郎中顾源自广西勘事回言军民利病十事，其中一条言“广西土官衙门例，三年一次赴京进马。后兵部奏准，止送本布政司交收，以待边用。及取用之日，瘦损倒失，十无一二存者，徒费无益。乞准每马折银十二两，解赴本司交纳，如遇用马，支价收买”。[③] 如此西南土司的贡马经历了押运赴京到就近给卫所操练，再到折纳成银两上缴的三个变化过程，表明明朝开始有规划地使用朝贡物品，并尽力将贡马使用价值发挥到最大化。当然，并不是明中期所有马匹均就近给卫所操练或“折纳”成银上缴，其中相当一部分依旧由土司押运至京师进行朝贡。

（二）对逾期朝贡的整顿

逾期朝贡，即土司超过明朝规定的时间抵达京师朝贡。土司的朝觐与朝贺性朝贡均需要在规定时间内抵达京师，然而西南地区离京师距离遥远，路途中常有各种因素阻碍。在宣德时期已有土司逾期至者[④]。总体而言，明前期土司逾期抵达京师朝贡的现象并不多见。正统时期开始，逾期朝贡的现象开始增多。正统元年六月，礼部官员奏：“广西柳州卫百户戴铭、忠州土官舍人黄笋等，赍捧圣节、冬至庆贺表文，后期而至，请治其罪。”然“上皆宥之”[⑤]。正统七年（1442）万寿圣节，乌撒朝贡上表逾期，“部议宜究，诏以远人宥之”，但是此次明廷规定：“嗣后，朝贡过期及表笺不至者，朝廷率以土官，多从宽贷，应赏者给其半。”[⑥] 尽管此次明朝政府规定此后朝贡逾期至者，赏赐减半，但从记载来看并未严格执行。两年后即正统九年（1444）十二月，广西利州等衙门“进万寿圣节并冬至表，逾期方至”。明廷依旧以其为远人，姑宥之了事[⑦]。景泰、天顺时期依旧保持对西南土司逾期朝贡的高包容度[⑧]。

成化、弘治时期，明朝开始部分执行减少逾期朝贡土司的赏赐。成化之前明朝政府很少惩罚朝贡逾期的土司，尽管也制定了逾期赏赐减半的规定，但始终未严格执行，然而成化时期出现了减少逾期朝贡土司赏赐的记载，如成化五年（1469）闰二月，广西镇安府龙州，并上石思州土官[⑨]；次

---

① 《明英宗实录》卷一一二，正统九年正月己卯条，第2264页。
② ［明］俞汝楫：《礼部志稿》，《景印文渊阁四库全书》史部第355册，中国台北，台湾商务印书馆，1986年，第621页。
③ 《明孝宗实录》卷六六，弘治五年八月戊申条，第1264页。
④ 如宣德元年二月之永顺土司，《明宣宗实录》卷一四，宣德元年二月戊辰条，第374页。
⑤ 《明英宗实录》卷一八，正统元年六月戊戌条，第353页。
⑥ ［清］张廷玉等：《明史》卷三一一《四川土司一》，北京，中华书局，1974年，第8006页。
⑦ 《明英宗实录》卷一二四，正统九年十二月戊辰条，第2487页。
⑧ 如景泰三年八月，四川乌撒土司逾期朝贡，《明英宗实录》卷二一九，景泰三年八月壬午条，第4737页；天顺四年正月，广西茗盈州土官逾期朝贡等均未减少对其赏赐《明英宗实录》卷三一一，天顺四年正月戊子条，第6528页。
⑨ 《明宪宗实录》卷六四，成化五年闰二月辛未条，第1303页。

月，广西镇安府等衙门土司[①]；成化十七年（1504）四月，广西田州府土官知府岑溥、太平府万承州土官知州许瑢、四川芒部军民府署府事舍人陇慰等土司[②]；成化十七年五月，广西结安等州土官知州张伯通等土官[③]均因逾期朝贡，而赏赐减半。弘治时期减半者，如弘治三年（1490）五月，广西泗城等州，并上林长官司土官知州等遣官族岑铭等[④]；弘治五年五月，四川乌蒙军民府土官知府禄溥及乌撒军民府土官知府安得等[⑤]。弘治六年（1493）二月，广西太平府利州、田州府归德等州，并上林长官司、上林县等处各遣官族人等[⑥]。弘治十三年（1500）三月，四川乌撒军民府土官知府安得遣小土官沙也等[⑦]。

当然，明廷并未一刀切，减少所有逾期土司的赏赐，依旧全赏一部分逾期朝贡之土司。逾期未减赏赐之例，成化时期明朝开始严格执行减少逾期朝贡者之赏赐，但弘治时期宽宥的记载却又远超减赏，其例极多，具体情形如表1所示。

表1 《明孝宗实录》所见弘治时期西南土司逾期朝贡未减赏赐情况一览表

时间	土司	处理	资料来源
弘治元年九月乙亥	广西恩城州贺圣节，表过期始至，礼部请逮问其官吏	诏以土官特宥之	卷一八
弘治三年正月乙丑	云南丽江军民府等衙门官吏朝觐后期，礼部请治以罪	上以其土官宥之	卷三四
弘治三年六月壬午	广西泗城州官族头目岑铭等朝觐违限，吏部请治其罪	上以土官俱贷之	卷三九
弘治八年二月甲戌	广西上思州头目黄政赍弘治七年冬至节表笺过期始至，且不由本布政司类进，礼部请治其罪	上思州去京师道里辽远，进表笺过期，兼不由布政司类进，不为无罪，但念其远人，特宥之	卷九七
弘治九年正月丁酉	吏部言：天下朝觐官吏及土官头目人等到部违限者共六十二人，请俱逮治其罪	命宥之	卷一〇八
弘治十五年二月壬子	四川龙州宣抚司土官宣抚薛绍勋遣人来朝违限，绍勋自请罪	命宥之	卷一八四
弘治十八年二月癸亥	宥广东感恩、昌化二县，及湖广、广西、贵州、四川诸土官衙门二十四处之朝觐违限者	—	卷二二一

资料来源：《明孝宗实录》。

从上表内容来看，弘治时期西南土司逾期的现象颇为广泛，然而明朝均采取宽宥的态度。因此说成化、弘治两朝是处置逾期朝贡的摇摆期。

① 《明宪宗实录》卷六五，成化五年三月丁未条，第1317页。
② 《明宪宗实录》卷二一四，成化十七年四月乙丑条，第3726页。
③ 《明宪宗实录》卷二一五，成化十七年五月丙申条，第3737页。
④ 《明孝宗实录》卷三八，弘治三年五月己卯条，第815页。
⑤ 《明孝宗实录》卷六三，弘治五年五月壬申条，第1207页。
⑥ 《明孝宗实录》卷七二，弘治六年二月丁巳条，第1353页。
⑦ 《明孝宗实录》卷一六〇，弘治十三年三月癸亥条，第2870页。

正德时期，明朝政府开始严格执行对逾期朝贡土司的半赏措施。据笔者收集的材料来看，并未见宽宥的现象。如正德四年（1509）十一月，湖广散毛宣抚司，并五峰石宝、水尽源通塔坪等长官司土官各备方物遣人来贺万寿节，礼部言“俱后期而至，赏赐例裁其半”。该建议得到了明武宗的批准①。正德十年（1515）正月，广西思明府土官知府黄旸遣其族黄海等贡马朝觐，明朝“以过期，如例减赏之半”②。正德十一年（1516）八月，四川乌蒙军民府土官知府禄溥，差孟大成、罗尚玉来贡马，“以违限，减其赏之半如例”③。

自正统以来，西南土司逾期现象的出现除了距离遥远、道路险阻等原因外，是否还有其他因素？通过成化时期的四条记载，我们或许会发现一些端倪。首先是成化五年三月，礼部奏：“广西太平府龙英等州头目赵四武等，各奉表贺成化四年万寿圣节、冬至及今年正旦，俱过期，当治其罪。”土官头目赵四武在成化五年三月的朝贡名义居然是成化四年的“万寿圣节、冬至及今年正旦”，冬至与成化万寿节均在十一月、正旦为一月，该家土司竟逾期四五个月，且“一次多贡”均不合朝贡规定，然而明宪宗认为：“土官系边方衙门，姑宥之。”④成化六年（1470）正月，礼部又奏：“四川乌蒙军民等府，广西太平府茗盈州进成化三年至五年庆贺万寿圣节及冬至、正旦表笺，俱过期，宜置其官吏，并所遣头目人等于法”，此次四川、广西土司又以补贡的名义遣人赴京，在成化六年补成化三年至五年的万寿节、冬至、正旦，显然更不合朝贡惯例，但“上以土官衙门，俱宥之”⑤。同年二月，礼部官员再次上奏：“广西思明府上思州遣头目韦聪，赍捧庆贺成化四年至六年万寿圣节并冬至、正旦表笺，俱不赴本布政司类进，事属违例，宜行广西巡按御史逮治韦聪及本州官吏。”明宪宗回复：“本州正官姑宥之，余如奏。”⑥成化二十年（1484）二月，四川乌撒军民府土官知府安伯关遣人贡马，乃十七年正旦该贡者。礼部言“过期已久，况今又及朝贡之期，所遣人亦过期不至，乞照例减赐钞币之半，仍请禁其迟误”，该请求得到了明宪宗的批准⑦。此次乌撒土司在成化二十年补成化十七年正旦之贡，必然违规，故明廷坚决减之半赏。由于西南路途险远，土司每次组织朝贡均需花费较大的人力、物力，但明朝对西南土司屡屡宽宥的态度使部分土官持续“投机取巧”，即数年朝贡一次，以补往日之贡。如此，一次朝贡便可获得数次之利，再者亦可减少遣人朝贡的次数。有鉴于此，正统以来明朝势必对此行为进行整顿，在正统至弘治时期，明朝还处在一半减半赏、一半宽宥的摇摆阶段，至正德时期明廷在正常情况下则开始严格执行减半赏的策略。

（三）免除部分土司的朝贡

自成化时期以来，明朝逐渐开始免除部分西南土司的朝贡活动。具体而言，成化时期免朝贡活动的现象并不多见，笔者仅见一例，成化十年（1474）九月，四川播州宣慰使杨辉奏准赴京朝贡，

---

①《明武宗实录》卷五七，正德四年十一月戊寅条，第1275页。
②《明武宗实录》卷一二〇，正德十年正月辛未条，第2416页。
③《明武宗实录》卷一四〇，正德十一年八月壬戌条，第2760页。
④《明宪宗实录》卷六五，成化五年三月庚戌条，第1321页。
⑤《明宪宗实录》卷七五，成化六年正月癸卯条，第1450页。
⑥《明宪宗实录》卷七六，成化六年二月戊辰条，第1464页。
⑦《明宪宗实录》卷二四九，成化二十年二月癸亥条，第4214页。

然而巡抚都御史夏埙等会议认为："播州地连诸夷，辉专守土，难以远离。"明宪宗回答："既巡抚官议留，不必朝贡。"[①] 由于播州宣慰司是西南地区首屈一指的大土司，其管控着数量众多的小土司，且其对周边势力较大的土司起到制衡的作用，因此在特殊情况下会免其朝贡活动。

弘治时期免除土司朝贡的记载相比前朝有所增多。其主要原因大多为西南地方发生动乱，需要土司坐镇地方安抚周边。如弘治五年三月，明廷以贵州都匀"苗贼"未靖，"免布、按二司正官，并府州县等官明年朝觐"，此为巡抚都御史之奏请也[②]。弘治十四年（1501）七月，明廷免云南五品以上土官明年朝觐，"以地方多事，从巡抚等官奏也"[③]。弘治十四年闰七月，免永顺、保靖两宣慰司土官明年朝觐，"以听调从征"，从巡抚等官请也[④]。又如弘治十七年（1504）十月，免云南元江、蒙化、丽江、镇沅四府土官知府明年朝觐，"以巡抚都御史陈金言地方未宁故也"[⑤]。

正德时期，明朝免除土司朝贡的规模进一步扩大，其详情如表 2 所示。

表 2 《明武宗实录》所见正德时期免除西南土司朝贡情况一览表

时间	免朝贡土司	缘由	资料来源
正德五年七月辛巳	免贵州铜仁、石阡、思南、思州四府，婺川、印江二县正官朝觐	时湖广镇箪等处苗贼为乱，铜仁等府县与之密迩故也	卷六五
正德八年七月壬辰	免广西镇安、思明、田州、庆远、寻州、南宁、太平等府所属，并思陵、都康、泗城、向武、奉议、龙利等三十三州土官来朝	以地方弗靖故也	卷一〇二
正德十一年四月己巳	免湖广荆州、岳州、辰州，四川重庆、叙州、马湖，贵州思南、铜仁八府正官来朝	以采运大木故也	卷一三六
正德十一年七月丁未	免广西镇安等三府，归顺等三十三州，上林等四县，永顺等四长官司正官来朝	皆以盗贼未宁也	卷一三九
正德十一年七月辛卯	免广西平乐等五府，宾州、思恩等九县正官，永安等八州，阳朔等三十四县正佐官来朝	以抚按官言地方多事故也	
正德十四年五月丙午	免湖广荆州、岳州、辰州，四川重庆、叙州、马湖，贵州思南、铜仁、镇远九府正官来朝	以方采营建大木故也	卷一七四

资料来源：《明武宗实录》。

尽管我们仅在《明武宗实录》中发现以上六处免除西南土司朝贡的记载，但从中我们可以发现明朝免除西南土司的范围颇为广泛，包括贵州、广西、湖广、四川在内的土司均有被免除朝贡的记载。明朝每一次免除朝贡土司的数量也较多，正德五年（1510）免除四府、二县；八年（1513）免除七府、三十三州；十一年（1516）四月免除八府，十一年七月有两次，第一次免除了三府、三十三州、四县、四长官司，第二次免除五府、八州、三十四县；十四年（1519）免除九府。应当

① 《明宪宗实录》卷一三三，成化十年九月戊寅条，第 2510 页。
② 《明孝宗实录》卷六一，弘治五年三月丁亥条，第 1185 页。
③ 《明孝宗实录》卷一七六，弘治十四年七月壬戌条，第 3221 页。
④ 《明孝宗实录》卷一七七，弘治十四年闰七月癸卯条，第 3262 页。
⑤ 《明孝宗实录》卷二一七，弘治十七年十月壬戌条，第 4080 页。

说明朝每一次免除土司朝贡的数量均颇为惊人，少者有四府、二县，多者竟多达数十州，尤其在正德十一年，明朝政府三次免除土司朝贡，无论是数量还是涵盖范围均为之最。明朝免除土司朝贡的原因主要有二，其一为西南地区动乱，需要土司稳定地方。其二为明朝有营建活动，需要土司采伐、运输“大木”，故免除其朝贡。在此两者的冲击下，朝贡活动持续“降温”。

（四）规范朝贡的赏赐标准

明朝对西南朝贡土司的赏赐主要分为针对贡使与贡品两种，贡品是土司通过朝贡活动获取赏赐的主要途径，制定严格的贡品赏赐标准很有必要。在永乐时期明廷制定了对贡使的赏赐标准，由于明初西南土司朝贡物品颇为混乱，明朝尚无办法制定统一标准，故只制定了对贡马的赏赐标准。然而明朝政府似乎调整过贡马价格，如永乐时期定“上马，每匹钞千贯；中马，每匹钞八百贯；下马，五百贯”①。后来又规定每匹贡马的回赐标准为“到京马匹，每匹赐钞一百锭”②。而其他贡品，经历数十年的发展后，明朝大体掌握了贡品的具体情况，因此弘治时期明朝制定了除贡马外其他贡品的赏赐标准，其情况如下。

> 凡折还货价：弘治间定各色纻丝，每匹折钞五百贯；各色绫子，每匹三百贯；各色纱，每匹三百贯；各色绢，每匹一百贯；青绒毯子，每匹六百贯；驼褐毯子，每匹六百贯；青花白瓷盘，每个五十贯；碗，每个三百贯；瓶，每个五百贯；酒海，每个一千五百贯；豆青瓷盘，每个一百五十贯；碗，每个一百贯；瓶，每个一百五十贯；麝香，每斤一千五百贯；樟脑，每斤一百贯；良姜，每斤二十五贯；大红，每斤三十贯；锅三尺阔面，每口一百五十贯。③

通过以上记载可知，弘治时期西南土司的贡物主要有三种，其一为纺织品，如纻丝、各色绫子、纱、绢、各种毯子等；其二为瓷器、容器，如青花白瓷盘、碗、瓶、酒海、豆青瓷盘等；其三为香料、中药等，如麝香、樟脑、良姜、大红等物。此次定价的很多贡品并不在内，如贵州土司常贡之物，黄蜡、茶芽、朱砂、水银等均未见记载。对各种贡品赏赐标准的明细化，更有利于明朝政府组织朝贡活动，其流程也更为顺捷，同时也使明朝更方便做好财政规划。从某些记载中我们可以看出明朝对各家土司朝贡物品的数量有明确规定，如成化五年（1469）正月，礼部发现，湖广容美宣抚司及五峰石宝长官司土官田保富等遣人进贡方物，“秤较不足”，猜测“盖其所遣之人侵盗”，因此建议“宜停其赏，以赎其罪。仍移文布政使司俾惩其后”④。由此从侧面可知，明朝政府对各家土司贡品内容的多寡均有确数。

除了以上所言种种整顿措施外，朝贡活动中出现其他情况明朝也有相应的处置措施，如正德八

① ［明］王圻：《续文献通考》卷一六五《兵考·马政》，《续修四库全书》集部第765册，上海，上海古籍出版社，2002年，第281、282页。

② ［明］申时行等：《大明会典》卷一一三《礼部七十一》，《续修四库全书》史部第791册，上海，上海古籍出版社，2002年，第142页。

③ ［明］申时行等：《大明会典》卷一一三《礼部七十一》，第146页。

④ 《明宪宗实录》卷六二，成化五年正月壬申条，第1267页。

年（1513）十月，四川容美宣抚司护印土官宣抚舍人田世爵差通事田广等贡马，明廷“以不由布政司起送违例也”，故减其赏之半[①]。即对违规朝贡也有相应措施。尽管正统以降，明朝政府采取了种种措施整顿西南土司的朝贡活动，然而现实的边疆状况使明朝政府又不能采取激进的措施彻底压制土司的朝贡活动，因此在整顿的同时明朝又有对土司朝贡活动采取宽容的措施，其主要体现在两点。一、继续向土司发放阴阳符，如成化十六年（1480），“云南大候州土官知州奉吉利法等，乞仍降阳文信符”。大候州“在云南极边，一万二千余里”，成化六年（1470）曾朝贡，但因其中断朝贡十五年，“又不具每年差发银两足否，以故止给与阴文符一面”，现遣人赴京朝贡并请求发放阳符，为方便“催办银两”与开展朝贡活动[②]。二、酌情准许土官补贡。成化二十二年（1486），礼部官员上奏言“长河西、鱼通、宁远等处宣慰司，以黎州大渡河寇发，连年不能进贡，至是来补三贡”，并建议“三贡方物，俱宜受之，以俯顺夷情，其各赏赐别当斟酌请给”；“既而拟奏正赏，并折衣绢通减四匹。各番复奏，乞加赏，有旨人加生、熟绢各一匹，今后令彼务依年数定例来贡，毋得违越”[③]。由于地方不宁，导致道路阻隔且土官忙于镇守地方，故长河西、鱼通、宁远等处连续三次未能遣人朝贡，至此遣人请求补贡，明朝君臣从安抚土司的角度予以批准，然而赏赐经过双方沟通相应减少些许。

整顿大背景下的温和行为，明朝尝试在整顿与安抚之间寻求治理的平衡点。明代中后期西南少数民族叛乱活动增多，而明朝卫所败坏，需要依靠土司兵平定地方，如果采取彻底限制朝贡活动的措施势必影响土司对明朝的积极态度，因此出现“补贡”数年前正旦、万寿节、冬至的行为均为明朝宽宥。因此正德皇帝在登基不久便言于礼部官员“今后四夷朝贡来京，凡筵宴、饮食俱宜丰洁，沿途廪饩驿传如例，应付以副朕柔远之意”[④]后，又严格执行减少逾期朝贡赏赐，此当为明朝整顿中的“松弛结合”。

二　嘉靖时期对西南土司朝贡的全面整顿

明世宗朱厚熜登帝位不久，在前朝整顿措施的基础上，开始对西南土司的朝贡活动进行全面整顿，《大明会典》中概括性地记载了嘉靖时期的整顿措施[⑤]。具体而言，嘉靖时期对西南土司朝贡活动的整顿主要集中在嘉靖元年（1522）、嘉靖七年（1528）两个时间段。嘉靖元年十一月，礼部条奏“议处土官朝觐五事”，分别为“定赏例”“革宿弊”“处进马”“明进收”“防欺伪”[⑥]。嘉靖七年八月，巡抚凤阳都御史唐龙上奏言湖广容美宣抚司、龙潭安抚司率领上千人的朝贡使团，所过甚为扰害地方，于是礼部申明朝贡相关定例[⑦]。通过以上三处以及其他相关史料的记载，可总结出嘉靖时期

① 《明武宗实录》卷一〇五，正德八年十月丙辰条，第 2159 页。

② ［明］俞汝楫等编撰，林尧俞等纂修：《礼部志稿》卷九〇《给土官阴阳符》，《景印文渊阁四库全书》史部第 355 册，中国台北，台湾商务印书馆，1986 年，第 627 页。

③ ［明］俞汝楫等编撰，林尧俞等纂修：《礼部志稿》卷九〇《酌处土官补贡》，第 629 页。

④ ［明］俞汝楫等编撰，林尧俞等纂修：《礼部志稿》卷五《优夷之训》，第 84 页。

⑤ ［明］申时行等：《大明会典》卷一〇八《礼部六十六・朝贡三》，第 104 页。

⑥ 《明世宗实录》卷二〇，嘉靖元年十一月戊申条，第 576 页。

⑦ 《明世宗实录》卷九一，嘉靖七年八月丁巳条，第 2094 页。

的整顿措施主要有以下几项。

(一)对朝贡频率与规模的整顿

西南大小土司有数百家之多，他们每三年便需朝觐一次，每逢万寿节、冬至、正旦亦均需朝贡，尽管在实际情况中并不是所有土司均按照规定的频率组织朝贡，但三三两两地开展，其规模便已相当庞大，因此说明前期西南土司朝贡的规模极大、频率极高。嘉靖时期开始着力减小朝贡规模、降低频率。

首先，限制低品秩土司的朝贡权，嘉靖元年定，“圣节止许各宣慰、宣抚、安抚官具方物差人赴京”①，即每年一次的万寿节只有高品秩土司才有朝贡资格。明朝在西南地区设置的宣慰司、宣抚司、安抚司总共只有几十家，以《明史·职官五》统计为例，明朝在相当长的一段时间内有“宣慰司者十一，为招讨司者一，为宣抚司者十，为安抚司者十九，为长官司者百七十有三”②。即有二百一十四家宣慰系统的土司，再加上数以百计的土巡检、土副巡检司，原本有资格参与万寿节朝贡的土司保守估计最低有数百家之多，而嘉靖整顿后，免除了长官司、土巡检、土副巡检万寿节的朝贡活动，一次便剥夺了数百家土司的朝贡资格，最终安抚司以上的土司仅有四十一家，大概仅有整顿前朝贡土司数量的零头。应当说该措施的整顿力度极大，影响也颇为深远。通过该措施，明朝一方面可以有效遏制之前土司补贡的现象，另一方面又减轻了自身的财政负担。而“其余佐贰官以下，及把事头目、护印舍人，止许朝觐年入贡”③，如前文所言，朝觐为三年一次，如此数以百计的小土司只能等待三年一次的朝觐，方可遣人朝贡，西南土司的朝贡频率得到有效限制。

在限制部分土司的朝贡资格后，嘉靖时期对各家土司朝贡使团的规模也进行了限制。明初并未对各家土司朝贡人数进行严格限制，正统以来的整顿也仅仅局限在对四川与西藏地区“番僧”贡使人数进行限制，而对其他地区土司的朝贡人数并未进行卓有成效的整顿。嘉靖时期开始对土司贡使人数进行限定，该时期明朝给予宣慰司、宣抚司等高品秩土司万寿节朝贡的特权，但是同时也规定“差人庆贺，每司不过三人”④。按此规定后，四十一家高品秩土司的朝贡贡使加起来最多也不过一百二十余人，朝贡规模相较之前有极大缩小。针对朝觐朝贡贡使人数，明朝政府也有限制，“三岁入觐之期，自土官以下，每司二人，大约连宣慰等司多不过百人，起送赴京者不过二十人，余皆存留本布政司听赏”⑤。除了对朝贺贡使有限定，明朝对朝觐的土司人数也进行严格限制，如此所有朝觐土司加起来朝贡人数也不过百余人，其余人员均留在布政司处等候明朝赏赐即可。

通过降低土司朝贡的频率、减少贡使人数等措施，明朝实现了对土司朝贡活动的管控。其一有利于减少朝贡的开支，“厚往薄来”是朝贡活动赏赐的重要原则，在明初通过朝贡活动实现对西南地区的羁縻统治，其政治维护成本显然远低于出兵作战，然而明中期朝贡对西南秩序维护的乏力，使其巨大的经济支出日趋惹眼，成为大明王朝一个沉重的经济负担。通过取消大部分低品秩土司的

---

① ［明］申时行等：《大明会典》卷一〇八《礼部六十六·朝贡三》，第104页。
② ［清］张廷玉等：《明史》卷七六《职官五》，北京，中华书局，1974年，第1875页。
③ ［明］申时行等：《大明会典》卷一〇八《礼部六十六·朝贡三》，第104页。
④ 《明世宗实录》卷九一，嘉靖七年八月丁巳条，第2094页。
⑤ 《明世宗实录》卷九一，嘉靖七年八月丁巳条，第2094页。

朝贺资格、减少朝贡贡使人数，使明朝免去极多的朝贡赏赐，同时限制赴京贡使人数还可减少明朝中央与地方接待费用，这些无疑有利于进一步减轻明朝的经济压力。其二有利于降低土司朝贡使团对沿途地方的扰乱，嘉靖元年明朝已经出台五条措施限制土司的朝贡活动，而正是因为嘉靖七年湖广容美宣抚司、龙潭安抚司组织数千人朝贡使团对沿途的扰乱，方促使嘉靖七年礼部再次申明元年的朝贡管控，并借机制定更为详细的管理政策。通过限制各家土司朝贡人数，其对沿途叨扰必然减少许多。

（二）对贡品运输方式的整顿

嘉靖时期，土司贡品的运输方式主要有三个方面的变化。

其一，土司押运贡品需“差官伴押到京”①，即地方官遣人随同土官一同运输贡品赴京。明前期，土司多为自行押运贡品至京，而嘉靖时期规定“腹外者，边官验放；腹里者，都、布二司起送”②，腹外者多为藩属国，其朝贡需经边官检查勘合、表文后，方可入境朝贡；腹里者，多为境内少数民族，如土司，需由所属布政司或都司遣人与土司共同完成贡品的运输，其中“惟湖广土人来往自由，止执本土官批文”③。明朝遣人随行的主要目的还是为约束土司使团沿途的扰乱地方行为，同时也起到引路、与主管朝贡衙门对接的作用。

其二，贡马折纳成银上缴的制度化。从弘治时期开始，明朝便开始着力发挥贡物的使用价值，如贡马上交方式的演变，初为实物上交至北京，后就近给附近卫所操练，最后“折纳”成银两交至所属布政司或都司④。嘉靖时期则有将之制度化的整顿趋向，“应付马匹，就彼变卖，银两贮库”⑤，在前代实际操作的经验下，嘉靖时期明确了贡马“折纳”上交的方式，因此如果土司仅仅上贡马匹，则无需遣人赴京朝贡，无形中改变了贡品的运输方式。

其三，贡品运输的简洁化。如果土司所贡之物为贡马外的其他物品，通过地方志的记载来看，其运输亦与明前期有所区别，据万历《铜仁府志》载：“本府额贡朱砂、水银、黄蜡，各县司不等。各县司每岁□□赴布政司请勘合解京，黄蜡进供用库，水银进十库，朱砂进承运库。”⑥明前期土司携带贡品首先进入会同馆，尔后户部与礼部遣人勘验贡品并记载在册，在朝见皇帝的礼仪中，明朝还设有专门摆放贡品的案台⑦。而据万历时期方志记载，铜仁府所属各家土司上贡物品显然直接与户部、内府各个库对接，免除了之前颇为烦琐的礼仪程序，土司则由“鸿胪寺既引见，上其奏”⑧，这一演变应当起始于嘉靖时期的整顿活动，由此看来朝贡活动的运输目的更为明确、简洁。

（三）对违规朝贡的整顿

明中期以来，西南土司违规朝贡的现象日趋泛滥，包括逾期朝贡、补贡，未经布政司、都司给

---

① ［明］申时行等：《大明会典》卷一〇八《礼部六十六·朝贡三》，第104页。

② 《明世宗实录》卷九一，嘉靖七年八月丁巳条，第2094页。

③ 《明世宗实录》卷九一，嘉靖七年八月丁巳条，第2094页。

④ 朱皓轩：《从“朝贡”到“土贡”：明清西南土司内地化的一个侧面》，《广西民族研究》2019年第6期。

⑤ ［明］申时行等：《大明会典》卷一〇八《礼部六十六·朝贡三》，第104页。

⑥ ［明］万士英撰，黄尚文点校：（万历）《铜仁府志》卷三《贡赋》，贵阳，贵州人民出版社，2021年，第345页。

⑦ 朱皓轩：《洪武、永乐时期藩属正旦朝贡管窥》，《知与行》2016年第6期。

⑧ 《明世宗实录》卷二〇，嘉靖元年十一月戊申条，第577页。

文起送等在内的违规现象层出不穷，彼时明朝为避免激化与土司关系，因此处置违规朝贡土司的态度摇摆，时而宽宥，时而减半赏。直至正德时期，明朝政府方达到宽宥少、减半赏多的局面。然而其他违例朝贡现象依旧横行于朝堂。嘉靖七年十二月，应天巡抚都御史陈祥上奏，“湖广忠孝安抚司把事田春等数十人称入贡，伪造关文，骚扰驿传”。兵部官员经过商议认为：“土夷违例入贡，所过横索，且有他虞，宜严其禁，自今请著为令。”① 由此促成《大明会典》中之“其不由本布政司起送，或斤重不足，差人过多，不待朝觐之年，擅自起贡，礼部不与进收，责谕遣回，赏赐应付，通行停止”②。即未经过当地布政司、都司给文批准而擅自遣人朝贡者，贡品重量不达标者，朝贡贡使人数超过明朝规定者，未在明朝规定的朝觐年份朝贡者，明廷不再接受其朝贡行为。即使该土司已经遣人至京，礼部也不得接受其朝贡，并遣回原处。从实际操作中来看，明朝制定以上措施后大多土司能够严格执行，如嘉靖二十六年，湖广腊壁峒等长官司入贡，“礼部验印文诈伪”，明世宗“诏革其赏，并下按臣勘问”③。该土司伪造上贡验印文，以此骗取赏赐，明朝发现后夺回赏赐之物，并遣人勘问其罪。

嘉靖二年（1523）明廷议准：“前数须及过限一月，俱属违例，止减半给赏。若违例多端者，不赏。”④ 从笔者收集到的史料来看，嘉靖时期基本严格执行了对逾期朝贡土司半赏的政策，如嘉靖元年八月，湖广东乡五路安抚司安抚覃龄遣土官吏目向杰等来朝贡香，“赐钞锭绢匹减半，以后期也”。⑤ 嘉靖十一年（1532）三月，四川、广西、湖广所属长官、宣抚等司土官各遣通事、把头人等贡马，明廷“以过期，减赏如例”⑥。嘉靖十一年四月，四川乌蒙军民府女土官实贤遣头目人等贡马，“以过期，减赏如例”⑦。嘉靖三十三年（1554）十月，四川乌蒙军民府差土官阿猡头目阿福等来朝贡马，“以过期，给半赏”⑧。史料中并未再见逾期朝贡土司被宽宥而获得全赏的记载，据此可知嘉靖时期明朝政府对逾期朝贡土司实行坚决整顿。

经过以上的整顿后，开始出现“贡物有秤盘检辨之详，人数有阻回、存留之异”⑨ 的局面，其朝贡为明朝却者，大多为朝贡违例。

（四）对朝贡赏赐的整顿

嘉靖时期对朝贡赏赐也进行了一系列的整顿，主要措施集中在以下三个方面。

第一，规定土司必须按照明朝规定的贡品包装方式进行上贡，具体为“降香、黄蜡、茶叶等物，要实重五十五斤为一杠。每杠，赏阔生绢二匹，照杠递加”⑩。明朝对贡品的规定细致入微，降香、黄

---

① ［明］徐学聚：《国朝典汇》，《四库全书存目丛书》史部第265册，济南，齐鲁书社，1996年，第716页。
② ［明］申时行等：《大明会典》卷一〇八《礼部六十六·朝贡三》，第104页。
③ ［清］张廷玉等：《明史》卷三一〇《湖广土司》，第7989页。
④ ［明］申时行等：《大明会典》卷一〇八《礼部六十六·朝贡三》，第104页。
⑤ 《明世宗实录》卷一七，嘉靖元年八月己亥条，第522页。
⑥ 《明世宗实录》卷一三六，嘉靖十一年三月庚午条，第3214页。
⑦ 《明世宗实录》卷一三七，嘉靖十一年四月辛丑条，第3230页。
⑧ 《明世宗实录》卷四一五，嘉靖三十三年十月辛卯条，第7219页。
⑨ 《明世宗实录》卷九一，嘉靖七年八月丁巳条，第2094页。
⑩ ［明］申时行等：《大明会典》卷一〇八《礼部六十六·朝贡三》，第104页。

蜡、茶叶等贡物必须足斤，以五十五斤为一杠，明朝按此规格进行相应赏赐，每杠赏赐阔生绢二匹。

第二，规定按照贡物的多寡，对土司进行赏赐。嘉靖元年的“定赏例”言：“进马四匹以上，及方物重者，赏钞币，以衙门品级高下为差。其进马一二匹及方物轻者，与杂职同赏。若通事、把事、头目人等，止以马匹、方物多寡为差。”① 此处并未明确为哪种赏赐，是针对贡品的赏赐？还是针对土官品秩高低的赏赐？前文已言，明朝规定了各种贡品的相应赏赐，故此处当为针对土官品秩的赏赐。明中期西南土司遣使多，而所携贡品数量有限，如遣使数十人，其“降香重不过七八斤”②，而明朝却要对朝贡土官进行丰厚的赏赐，有鉴于此，嘉靖时期规定按照贡品多寡针对土官品秩进行赏赐。其中，上贡马匹超过四匹及方物为重者，则继续按照土官相应品秩进行赏赐；而进一二匹及方物为轻者，仅按照杂职进行赏赐。通事、把事、头目人等低品秩土官，仅仅按照贡马、方物的多寡进行赏赐。经过此措施，明朝维持了对贡品的赏赐，同时减少了针对土司品秩高低的赏赐，从而减轻了明朝的经济负担。

第三，制定赏赐的折价标准，明朝自中期开始准许部分贡品“折纳”成银上交，但嘉靖时期，明朝政府又准许部分土司可将朝廷赏赐之物折价成银，携带回境。嘉靖六年议准，凡赐物折价，“女直夷人及番僧、番人，给赐彩缎，自愿折银者：织金，每匹折给银三两八钱；素者，三两五钱”③。该规定为针对西南与西北的土司地区，并未普及至所有土司地区，但起了一定的引导作用。赏赐物品为织金者，每匹可折银三两八钱；素者，每匹折银三两五钱。实际上，少数民族朝贡之“贡品”与“赏赐”均折价成银，发展到一定阶段时，具有程序上的重复性。土司上贡之物为银两，而获得的赏赐亦为银两，这种颇为矛盾的现象势必将为明朝调整，这也为清代取消土司朝贡回赐旧例奠定了基础。从这一角度来看，嘉靖时期明朝对西南土司朝贡活动的整顿并不是很彻底，为清代政府留下了最后的调整余地。

大体而言，嘉靖时期明朝对西南土司朝贡活动的整顿基本集中在以上四个大方面，当然该时期明朝还继续执行前朝的一些朝贡措施，如大规模免除部分土司的朝贡活动，且有扩大之势。以下为笔者检索《明世宗实录》中有关明朝减免土司朝贡活动的记载，情形如表 3 所示。

表 3 《明世宗实录》所见嘉靖时期减免西南土司朝贡一览表

时间	免朝贡土司	缘由	资料来源
嘉靖元年八月丁丑	免桂林、平乐、浔州、梧州、南宁五府，并所属州县正官朝觐	广西用兵	卷一七
嘉靖四年六月乙未	命广西思恩等府，陕西延宁等府所属正官俱免朝觐	以地方用兵	卷五二
嘉靖四年六月壬辰	免镇安等处土官男岑真宝等朝觐	以广西用兵	卷五二
嘉靖四年九月乙丑	免潮州、肇庆、高州、琼州所属州县正官朝觐	以广东盗警	卷五五
嘉靖五年正月乙巳	命东川军民府土官知府禄宽弟禄庆替职免其赴京	—	卷六〇

① 《明世宗实录》卷二〇，嘉靖元年十一月戊申条，第 577 页。
② 《明世宗实录》卷二〇，嘉靖元年十一月戊申条，第 577 页。
③ ［明］申时行等：《大明会典》卷一一三《礼部七十一》，第 144 页。

续表

时间	免朝贡土司	缘由	资料来源
嘉靖十三年八月丙申	诏免广东琼州、高州二府正官朝觐	以地方有警政也	卷一六六
嘉靖十九年七月丁巳	免铜仁等府属正官入觐	以贵州苗贼窃发	卷二三九
嘉靖二十二年七月丁未	免四川叙州、马湖、夔州三府及铜梁县，湖广荆州府，及澧、靖二州，贵州思州、铜仁、镇远、黎平、都匀五府各正官来朝	以采木	卷二七六
嘉靖二十二年七月戊辰	免广西所属镇安府等衙门土官岑真宝等来朝	以猺獞作乱	卷二七六
嘉靖二十七年十二月乙卯	诏广西向武州土官男黄仲金、那地州土官男罗廷凤、泗城州土官男岑施各就本处袭替，免赴京	以其尝听调有劳也	卷三四三
嘉靖二十八年三月甲午	诏免湖广之辰州、常德，贵州之铜仁、思南、石阡、思州、镇远，四川之重庆、夔州九府，及靖州、独山、麻哈三州各正官及所属州县正官来朝	以征剿苗夷	卷三四六
嘉靖二十八年九月甲戌	诏免广西太平、南宁、梧州、思恩各府正官来朝	以委勘安南及调兵征崖黎	卷三五二
嘉靖三十一年八月乙丑	以贵州思南、石阡等府番夷未靖，免正官来朝	番夷未靖	卷三八八
嘉靖三十一年九月乙巳	免桂林、南宁、思恩三府，及阳朔、荔浦等县正官入觐	广西猺乱	卷三八九
嘉靖三十四年八月癸酉	免贵州铜仁、石阡、思南、镇远、黎平、都匀六府，独山、麻合、镇宁、婺川、印江五州县，及凯里安抚司，龙泉等十四长官司正官朝觐	以灾伤	卷四二五
嘉靖三十七年闰七月丁酉	免贵州思州、思南、石阡、铜仁、黎平、镇远六府各州县正官入觐	以采木	卷四六二
嘉靖四十年八月乙酉	免贵州思南、都匀、镇远、安顺、镇宁、泗城、南丹等府州县各正官入觐	以土夷仇杀	卷五〇〇
嘉靖四十三年八月辛未	免都匀、镇远等府，安顺等州县正官入觐	以贵州征苗	卷五三七
嘉靖四十三年九月癸亥	免思明、镇安等府州司县正官入觐	以贵州徭乱	卷五三八

资料来源：《明世宗实录》。

通过上表统计可以发现，嘉靖时期明朝政府依旧大规模地免除西南部分土司的朝贡，其中贵州地区的土司被免除朝贡活动的次数最多，广西次之，四川、湖广又次之，云南依旧未见被免记录。从贵州土司被免朝贡次数远超其他地区来看，嘉靖时期贵州地区的局势最为混乱，明朝免除其朝贡原因多为“贵州征苗”“贵州徭乱”“番夷未靖”“土夷仇杀”，通过免除土司朝贡活动次数可判断该地区局势状况，动乱较多时减免则多，较为安定时则相应减少，地方动乱减免土司朝贡似乎已经成为朝堂中一种司空见惯的政治现象。同时从侧面可看出，嘉靖时期对西南地区局势的维持已经十分依赖土司势力。嘉靖时期，明朝两次以“采大木”的原因减免十余府正官的朝觐。除了命令土司“贡大木”外，明朝也数次命令地方官深入西南采大木。嘉靖时期，“三大殿”依次为大火焚毁，使明朝加强了对西南土司的经济攫取。除了地区动乱和“采大木”等原因外，嘉靖时期减免土司朝贡活动的原因比前朝增加了一条，即嘉靖三十四年（1555）八月，明廷“以灾伤，免贵州铜仁……等十四长官司正官朝觐”[①]。需要强调的是，铜仁等府的正官多为流官担任，对遭受灾害地区朝贡活动的减免可相应减轻沿途驿站与土民的负担。尽管明朝对土司的赏赐颇为丰厚，但实际获利者并不是广大土民而是少数民族高层，但贡品大多为土民所产之物，因此减少土司之朝贡亦可减轻土民的负担。

三　明代整顿西南土司朝贡的原因

明代中期极力整顿西南土司朝贡具有多方面原因，具体而言应当与朝贡管控西南土司作用的下降、明朝国家财政状况恶化，以及明代中期统治者的态度与政治修养缺失有关。

（一）朝贡经略作用的下降

明代前期，明太祖通过朝贡活动兵不血刃地将西南大部分土司纳入其统治之下，实现了国家的统一，使西南少数民族地区成为明代版图的重要组成部分。在完成全国统一后，明朝继续利用朝贡管控着土司的高层，如土司承袭需通过朝贡实现，土司有不法行为时明朝也以不奉职贡的名义出兵征讨。另外，明朝君臣还通过朝贡活动逐步建构了其统治的合法性。明初朝贡起到的政治功能颇为突出。然而明中期局势有所转变，首先是西南局势出现转变，正统以降，西南地区的民族矛盾、阶级矛盾不断激化，加上明朝民族政策出现反复、地方吏治败坏加速了西南地区的动乱，各种民族动乱、农民起义层出不穷，朝贡作为颇为温和的政治行为显然很难继续维持西南地区的稳定。

其次是明朝军队卫所的败坏，尽管明初朝贡是经略西南土司的重要措施，但是明朝在西南设置的军事卫所是推行朝贡的有力保障。明中后期，卫所制度败坏，弊病丛生，军士逃逸现象严重，据梁方仲先生统计，永乐时期广西有官兵121289名；而正统十年（1445），“广西官军每因瘴疠死亡逃窜，比之国初十无二三”[②]；成化五年（1469），“洪武、永乐间，兵戍广西至十五万，近逃亡物故十去其九”[③]；弘治五年，“洪武、永乐年间，广西官军至十二万，今止有万八千人，且官多庸懦，士多老弱，军政不修，兵威不振，无怪盗贼纵横，恣行劫掠”[④]。嘉靖二十五年（1546），“广西兵不满万，而贼有数万”[⑤]。明代中期卫所败坏程度由此可见，而朝贡活动开展的军事保障不断削弱，势必使朝贡的经略作用大打折扣。正是由于朝贡起到的边疆管控效果大打折扣，所以整顿、抑制朝贡便成为明朝的必然选择。

（二）财政危机的加剧

在开展朝贡中，有贡便有赏，明朝政府需要对朝贡土司进行赏赐，明太祖时期定下“厚往薄来”的赏赐原则，因此赏赐是明朝政府需要承担的经济支出。此外，土司在朝贡过程中的沿途及至

---

① 《明世宗实录》卷四二五，嘉靖三十四年八月癸酉条，第7359页。
② 《明英宗实录》卷一三一，正统十年七月辛巳条，第2604页。
③ 《明宪宗实录》卷七五，成化五年十二月甲子条，第1424页。
④ 《明孝宗实录》卷六六，弘治五年八月戊申条，第1261页。
⑤ ［明］徐日久：《五边典则》，《四库禁毁书丛刊》史部第26册，北京，北京出版社，1997年，第633页。

京食宿均由明廷承担。明代前期，相比调动军队讨伐西南土司带来的人力、物力支出，朝贡活动的支出显得微不足道，招抚少数民族首领朝贡显然能够以极小的经济代价换取和平的统一。

然而明代中后期，明廷的经济状况日益恶化，首先是明朝的财政支出日益加大。如明朝皇室的开支，主要表现在皇室人口不断增加，洪武时期宗室仅五十八人，而至嘉靖八年（1529），“宗室载属籍者八千二百三人”①，万历三十三年（1605）已有“玉牒宗支共计一十五万七千余位”②。明朝又采取豢养宗室的制度，以嘉靖时期山西晋王府为例，一年支禄便达到八十七万二千三百石③，宗室俸禄支出之重可见一斑。皇帝的开支也逐渐增多，明代中期的统治者大多骄奢淫逸，因此大婚花费、宫廷修建、陵寝工程等的支出日益增加。此外由于局势不稳，战争频繁，明朝军费供给也日益增多，均加重了明廷的经济负担。支出增多的同时，明朝的收入却并不乐观，土地兼并严重、地方官吏腐败等因素严重影响着明朝的财政收入。

明朝经济状况恶化的同时，西南土司归顺已久，朝贡的政治功能逐渐下降，但朝贡带来的经济负担却日趋显眼，整顿朝贡显然可以在一定程度上减轻明朝的经济负担。因此从经济的视角来看，明朝整顿西南土司的朝贡便也不难理解。

（三）明代中期统治者政治需求的减弱

从统治者的角度审视明代中期整顿西南土司朝贡的原因，有两个方面值得探讨，一方面为西南土司的朝贡对明朝统治者本身是否有直接的利益关系。明太祖以武功夺天下，明成祖以“靖难”夺天下，在传统观念中始终有“谋逆”的色彩萦绕其中，因此他们需要通过朝贡营造万邦来朝的氛围，满足自身为天下共主的政治需求。而明代中期的统治者类似的政治需求则降低许多，主要表现在朝贡建构统治合法性作用的下降。明代中期，明朝政府对西南土司的统治已经长达半个多世纪，西南地区成为明朝版图一部分已是不争的事实，因此明朝政府已经没有明初统治合法性推广的政治诉求。

另一方面，明代中期统治者自身管理国家的政治素养在下降。《明史·孝宗本纪》结尾言：“明有天下，传世十六，太祖、成祖而外，可称者，仁宗、宣宗、孝宗而已。”④即明朝帝王中仅明太祖、明成祖、明仁宗、明宣宗、明孝宗五位值得称道。正统至嘉靖时期，也仅有明孝宗为史家肯定，其他帝王的政治素养相对而言并不太高。用“晏安则易耽怠玩，富盛则渐启骄奢”⑤描绘明代中期的帝王并不过分。这一时期，宦官王振、曹吉祥、汪直、刘瑾先后弄权，明英宗酿成“土木堡之变”的历史危机，明景帝纠结于易储之事，明宪宗时期“西厂横恣，盗窃威柄，稔恶弄兵”⑥，明武宗“耽乐嬉游”⑦，明世宗时期“将疲于边，贼讧于内，而崇尚道教，享祀弗经，营建繁兴，府藏告匮”⑧。

---

① ［明］郑晓：《今言》卷四，北京，中华书局，1997年，第159页。

② 《明神宗实录》卷四九二，万历四十年二月丁丑条，第9261页。

③ ［明］陈子龙等编：《明经世文编》卷一〇三《梁端敏公奏议二·会议王禄军粮及内府收纳疏》，北京，中华书局，1962年影印本，第921页。

④ ［清］张廷玉等：《明史》卷一五《孝宗》，第196页。

⑤ ［清］张廷玉等：《明史》卷一五《孝宗》，第196页。

⑥ ［清］张廷玉等：《明史》卷一五《孝宗》，第196页。

⑦ ［清］张廷玉等：《明史》卷一六《武宗》，第213页。

⑧ ［清］张廷玉等：《明史》卷一八《世宗二》，第250页。

综上而言，明代中期统治者大多存在为后世弊病之处，没有较为长远的政治眼光，业务素养整体较低，再加上土司朝贡对其自身没有直接的利益关系，因此整顿高消耗的土司朝贡成为必然选择。

（四）“却贡献”政治风向的引领

此处所言之政治风向指的是明朝官员在朝堂中营造的一种价值取向，对朝贡活动最为直接的影响便是劝诫皇帝减少对奇珍异宝的过度追求。如商辂在成化十二年（1476）七月上奏言：“近来广西、云南等处有贡奇花异卉，珍禽奇兽，珍珠宝石，金银器物。盖此物非出于所贡之人，必取于民，取于民不足，又取于土官。夷人之家，本一物之进，必十倍其直，然后方至，暴横生灵，激变地方，莫此为甚。其至水路万里之遥，人夫转运，不胜其扰。”① 商辂从贡珍贵物品对土司地区的影响入手，指出部分上贡行为对地方造成极大纷扰，甚至激变地方，成为明朝边疆管控的隐患。

明孝宗是明代中期为数不多的较有作为的一位君主，“却珍奇”便是其主政期间一项颇为重要的与民休息政策②。朝中有较多官员上奏请求皇帝限制对珍奇物品的追求，如倪岳在《止夷贡疏》中言，他处所贡狮子“乃夷狄之野兽，非中国之所宜蓄。留之于内，既非殿庭之美观；置之于外，亦非军伍之可用。兼以喂饲之费，与夫锡赉之物，俱系内帑之财帛，百姓之供亿。”③ 韩文上《止进献疏》先夸赞天顺八年（1564）明帝下诏命“各处今后不许进贡鸟、兽、花木，及本处一应所产财物”，后引出朝鲜国两月之内三次上贡禽鸟之时劝解道：“虽小国效顺，然不应将此玩物频数来献。其意盖谓，朝廷所尚者珍禽奇兽，故团取频贡，希求厚赏。况以禽兽微物奔驰千里之远，劳民动众，彼此烦扰。”④ 在崇尚节俭、与民休息的大背景下，西南土司的朝贡活动亦受到一定影响，明朝统治者势必需要调整朝贡活动。当然“却贡献”与皇帝奢侈生活并不矛盾，西南土司朝贡属于国家的地方治理层面，整顿朝贡活动并不影响明代中期多数统治者的奢靡生活。

四　结语

明代中期对西南土司朝贡旷日持久的整顿影响颇为深远，一方面在明朝的整顿下，西南土司的朝贡规模不断缩小、频率持续走低、参与土司急剧减少，土司朝贡由此一改明初的繁盛局面，步入了持续收缩的阶段，直至晚明陷入衰微。另一方面，明廷对土司朝贡的整顿，也促使朝贡呈现出“土贡化”趋势，并至清代正式完成，这为清代在西南土司地区推行“改土归流”、加强对西南地区的统治奠定了坚实的制度基础。此外，明朝整顿西南朝贡并使之衰微，缩小了西南土司与传统中原地区之间的制度差别，为西南土司“内地化”与中华“多元一体”格局的形成作出了特有历史贡献。

（作者朱皓轩，南通大学文学院历史系）

① ［明］商辂：《商文毅疏稿·修德弥灾疏》，《文渊阁四库全书》集部第427册，第444页。
② ［清］谷应泰：《明史纪事本末》卷四二《弘治君臣》，北京，中华书局，2015年，第626页。
③ ［明］张瀚辑：《皇明疏议辑略》卷二四，《续修四库全书》集部第463册，上海，上海古籍出版社，2002年，第68页。
④ ［明］张瀚辑：《皇明疏议辑略》卷二四，第69页。

傲慢与偏见：南京教案与晚明涉外司法管辖权刍议

吕　杨

发生在万历四十四年（1616）的南京教案，其起因一般认为以南京礼部侍郎沈㴶率先发难，攻击南京天主教教士蛊惑邪说、妖言惑众为开端，继而南北两京官员纷纷响应，对天主教群起攻之，最终以天主教被认为是邪教，信徒被拘禁、遣散，西洋传教士被遣返出境而告一段落。南京教案是中国教案史上第一起案件，也是明代最激烈的一次中西文化冲突。

一　相关学术研究述评

由于南京教案是中国历史上第一起教案，是晚明中西文化冲突的重大事件，故关于南京教案的研究，海内外学界关注较多，主要集中于文化、宗教及晚明党争等领域。如陆敏珍先生认为天主教与中国传统文化的交流本身是一个长期碰撞的过程，反教则是这一过程的必然产物。"反教一直是中西文化冲突的明显表现"；"相对于明政府官僚们给传教士所立的罪名而言，传教士们所受到的迫害是极其轻微的；而中国内部反教与护教的官员，也没有因为其本身的立场、观点而危及地位"①。周志斌先生认为南京教案由沈㴶为代表的保守派官僚联合某些佛、道人士发动，具有文化排外性质，是东西方不同的文化价值观、晚明党争等因素综合作用的结果②。邹振环先生则认为，南京教案体现了"官绅一体化"的反教模式，是中国文化结构中的一种排异机制被激活的结果。士大夫的反天主教言论、禁教令发布等，都是文化排异机制的重要组成部分③。陈玉芳先生认为西洋教士入华是明政府处理对外关系时遭遇的一个新问题，中央和地方政府对待教士的主流态度是包容的，但以国家利益未被他们所考虑为前提，南京教案的爆发则凸显了明政府对西洋教士宽容的有限性④。

与上述学者的视角不同，谭树林先生则提出了"在西方殖民威胁下，传教士已普遍被士大夫看作是潜入中国的心腹大患。而基于这种'忠君爱国'的思想，这些'心腹之患'必须根除"，"在外敌入侵的忧患意识引导下，加之其他原因，一场旨在驱除传教士离开中国的南京教案便不可避免地

---

① 陆敏珍：《论明末反天主教运动》，《安徽史学》2000年第2期，第17页。

② 周志斌：《晚明"南京教案"探因》，《学海》2004年第2期。

③ 邹振环：《明末南京教案在中国教案史研究中的"范式"意义——以南京教案的反教与"破邪"模式为中心》，《学术研究》2008年第5期。

④ 陈玉芳：《明政府对入华西洋教士的态度和政策》，《古代文明》2014年第3期。

爆发了”的观点[①]。方金平先生认为南京教案是晚明涉外司法及宗教司法的重要案例，故从法制史角度，通过南京教案去考察晚明司法，借以阐述西方文化在传统中国传播时所面对的法律环境。他还提出“明律为外来文化的滋长留下一定的发展空间。明代怀柔远夷的法律传统令外来的传教士在‘化外人’的身份下，一旦违法亦较易得到轻判”，“反之，华人信徒却承受更大的风险和代价——钟明礼的遭遇已能说明一切。国人论及明清六百年，多轻易以简单几句‘闭关锁国’‘隔世排外’等等盖棺定论，然而自法律之角度可见，此种论调与事实恐怕相隔一段距离”的观点[②]。鉴于从文化冲突视角探讨南京教案的学术成果已是汗牛充栋，故本文拟以南京教案的司法管辖为视角，对晚明非法定机构涉外司法问题进行粗浅探析，抛砖引玉，以期加深学界对明代相关司法问题的解读。

二　西洋教士南京传教的影响

十六世纪，罗马天主教教廷派遣耶稣会士来华传教，由于中国传统文化的“排异机制”的作用，加之语言文字障碍，即使在广东沿海地区，欧洲传教士的传教活动也屡受挫折。万历前期，利玛窦来华后，采取了“入乡随俗”的文化适应的传教策略，自称“西儒”，暂时放弃穿欧洲传教士服装，改为儒家衣冠，通过结交中国士大夫和传播西方先进科学技术等手段，逐步获得上层人士的好感和认可，使天主教传播打开局面。

万历二十九年（1601）二月，利玛窦与庞迪峨在天津河御用监少监马堂的引荐下进京“朝贡”，试图以此形式获得神宗的认可，继而获得合法传教的资格。然而利玛窦进京依然引起轩然大波，由于士大夫对世界的认知局限，对于利玛窦所称的“大西洋国”一无所知。礼部官员认为“《会典》止有西洋国及西洋琐里国，而无大西洋，其真伪不可知”，对利玛窦身份表示怀疑。加之利玛窦已在中国居住二十年，远超“朝贡”时效，又无使臣身份，“与远方慕义特来献琛者不同，且其所贡天主、天主母图，既数不经，而随身行李有‘神仙骨’等物”。礼部官员认为“既称神仙，自能飞升，安得有骨？则唐韩愈所谓凶秽之余，不宜令入宫禁者也”。希望神宗按“暹罗国存留广东有进贡者赏例，仍重给所进行李价值，并照例给与利玛窦冠带回还，勿令潜住两京，与内监交往，以致别生枝节”[③]。由于利玛窦“几何数学、天官星历、测景日轨、兵器神铳靡不精晓”[④]，特别是以欧洲科学方法对历法的计算，远胜当时钦天监的士人，可能是神宗出于对利玛窦掌握自然科学知识的好奇心理，以及“怀柔远夷”政策使然，故对于礼部的建议，神宗以“不报”的形式，默许了利玛窦等留住京师。“上嘉其向化之诚，于之饩廪。玛窦死，复给以墓地”[⑤]。利玛窦的随行教士庞迪峨则一直留京，在钦天监负责历法测算等事务。

万历三十五年（1607），来自意大利的耶稣会士王丰肃主持南京教务，并于万历三十九年

---

① 谭树林、张伊玲：《晚明南京教案起因再探——以西方殖民活动为视角》，《江苏社会科学》2011年第5期，第213页。

② 方金平：《所谓“暗伤王化”：南京教案与晚明司法》，《北大法律评论》第2辑，2013年，第515页。

③《明神宗实录》卷三五六，万历二十九年二月庚午，上海，上海书店出版社，2015年，第6647—6648页。

④［明］张世伟：《张异度先生自广斋集》卷一二《登抚初阳孙公墓志铭》，《四库禁毁书丛刊》集部162册，北京，北京古籍出版社，1997年，第365页。

⑤《明神宗实录》卷五五二，万历四十四年十二月丙午，第10426页。

（1611）在南京洪武冈建成了南京第一座天主教教堂，并在教堂墙壁上镌刻："一六一一年五月三日，耶稣会诸神甫在中华古国之南京建筑之第一教堂"①。由于天主教"其徒日繁，踪迹亦复诡秘"②，加之利玛窦的继任者龙华民一改利玛窦"文化适应"风格，在传教过程中过于张扬，不仅公开批评中国佛、道二教，而且还指责儒家学说，引起了士大夫群体的强烈不满。王丰肃也改变了其低调传教的作风，不仅公开举行天主教各类宗教活动，而且"从其教者，每人与银三两"③，以入会给钱的形式，在社会底层发展信徒，"一时信从者甚众"，特别是其在洪武冈建造教堂后，又"造花园于孝陵卫寝殿前"④，更引发了两京士大夫的强烈不满。由于万历三十四年（1606）年底，南京发生了刘天绪邪教团伙试图借冬至日南都官员拜谒孝陵之机，阴谋夺取南京的未遂事件。此后，不仅是应天府城内，全国各地又接连发生了多起白莲教起事事件。王丰肃这种高调的传教方式，必然引起士大夫的警觉。对于晚明时期的士大夫而言，所谓正教，即是流传千余年的佛、道二教，其余无论是外来宗教，还是本土民间信仰，只要与佛、道教教义相悖、只要与儒家理念相左、只要被认定为对统治秩序稍有威胁，统治者即将其视为邪教，予以严厉打击。天主教的教义与佛、道二教完全不同，宗教仪式也迥异，在统治阶层眼中，天主教的活动，既不是民俗领域和商业领域的自发聚集，又不是佛、道二教正规宗教活动，那么这种打着宗教幌子的聚集活动与白莲教等秘密宗教聚集的性质并无二致，组织者和积极参加者都是心怀不轨的"犯罪预备"。

三　沈㴶发难与越权涉外司法

万历四十四年（1616）五月，南京礼部侍郎沈㴶率先发难，上疏参劾王丰肃。沈㴶在奏疏中列举了王丰肃四大罪状⑤：

（1）"僭伪称号"。沈㴶称王丰肃等"自称其国曰大西洋，自名其教曰天主教"，而中国"以国号曰大明，何彼夷亦曰大西"，"岂可为两大之辞以相抗乎"？大明皇帝称天子，而"彼夷诡称天主，若将驾轶其上者，然使愚民眩惑何所适从"？

（2）"妖言惑众"。沈㴶认为天主教"其说浸淫人心，即士君子亦信向之，况于闾左之民"，"闾左小民，每每受其簧鼓，乐从其教者，闻其广有赀财，量人而与，且曰天主之教如此济人，是以贪愚之徒，有所利而信之。此其胸怀叵测，尤为可恶"。

（3）"鼓吹邪说"。沈㴶认为欧洲教士所持的"窥天窥日之器"（即天文望远镜）虽然"精好"，但也不过是奇技淫巧而已，教士所掌握的科学知识属于"妖妄怪诞，所当深恶痛绝者"。他认为教士所持的天体运行理论"诞妄不经，惑世诬民甚矣"。

（4）"败坏伦常"。沈㴶指责教士"诳惑小民，辄曰祖宗不必祭祀，但尊奉天主，可以升天堂"，

---

① ［法］费赖之著，冯承钧译：《在华耶稣会士列传及书目》上册，北京，商务印书馆，1978年，第89页。

② 《明神宗实录》卷五五二，万历四十四年十二月丙午，第10426页。

③ ［明］沈㴶：《再参远夷疏》，见［明］徐昌治辑：《圣朝破邪集》卷一，《四库未收书辑刊》十辑第4册，北京，北京出版社，2000年，第330页。

④ 《明神宗实录》卷五五二，万历四十四年十二月丙午，第10426页。

⑤ ［明］沈㴶：《参远夷疏》，见［明］徐昌治辑：《圣朝破邪集》卷一，第327—329页。

"不祭祀祖先是教之不孝也"，"何物丑类造此矫诬？盖儒术之大贼，而圣世所必诛，尚可蚩蚩然驱天下而从其说乎"？

从沈㴶第一疏中罗列的传教士四大罪状来看，相当多的内容是其对同时期欧洲先进的科学知识一无所知所致，很多指责，荒诞不经，不仅文化自大，而且很大程度是盲目排外情绪使然。其罗织的罪名，多是捕风捉影，望文生义。尽管如此，由于当时士大夫认知水平所限，沈㴶的奏疏"识者韪其言"。因沈㴶其人"素乏时誉"①，故不排除其借打击天主教来博清誉，借以邀功请赏，以图上位的可能，但其奏疏中也包含了一些对于意识形态管控的内容，从社会管理的角度，值得探讨。例如沈㴶坚称传教士用"大西洋""天主"之名是有意抬高自己而矮化中国、皇帝，其目的就是吸引信徒，而百姓则望文生义，往往被"大""天"这样的词汇所吸引。沈㴶认为教士关于天体运行的科学理论是惑世愚民的"邪说"，完全是变乱成法，属不赦之罪。天主教以入会给钱的方式吸引信徒，很容易将大量底层人员吸收为信徒，而社会底层人员的认知能力更浅薄，非常容易被宗教控制和左右。特别是沈㴶将天主教比作白莲教，更是诛心之论。他又危言耸听，称"昔齐之田氏为公私二量，公量小而家量大，以家量贷民，以公量收之，以收民心，卒倾齐国，可为炯鉴。刘渊入太学，名士皆让其学识，然寇晋者刘渊也。王夷甫识石勒，张九龄阻安禄山，其言不行，竟为千古永恨"②。沈㴶认为春秋后期齐国田氏以放大收小的形式收买人心，最终陪臣执国命，将齐国取而代之；西晋刘渊入太学读书，广交名士，虽然以学识渊博而赢得口碑，但最终发动叛乱，灭亡西晋，成为五胡乱华的开端。他将自己反对天主教的行为标榜为西晋时王衍看穿石勒、唐时张九龄识破安禄山，认为如果神宗对天主教不闻不问，姑息养奸，天主教若羽翼丰满，将会动摇统治者地位，威胁统治。

由于沈㴶第一疏被留中，内阁首辅方从哲竟不待神宗批复，直接令沈㴶逮捕南京教士及骨干信徒。在京师的庞迪峨、熊三拔等教士，通过京师上层的关系得知南京可能会有打击教会的行动，派张寀、钟明礼去南京通知王丰肃做好应对③。这里需要说明的是，在明代制度设计中，南北礼部虽然拥有对社会意识形态、宗教事务的管理权，但并没有司法执行权。故七月十九日，接到邸报的沈㴶立即与南京东城巡城御史孙光裕协调，由孙光裕派兵马司抓捕教士和骨干信徒。此次抓捕，除了王丰肃外，还有在教堂中的教徒十三人，其中在抓捕过程中"有愚民手执小黄旗，自言愿为天主死者，幸而旋就拘获"，沈㴶以此为借口，认为"然亦可见事机之不可失，而处分之明旨不可后矣"，标榜除了教堂抓获的十三名教徒外，"更不株连一人，今小民洗涤门户，不复从邪"④。沈㴶不仅在为自己擅自行动辩解，而且危言耸听，利用教民护教行为来倒逼神宗认可自己的行动。

沈㴶既然不待神宗批准，即按照首辅方从哲的指使，"先斩后奏"，拘捕教士、信徒，查封教堂，那就必须在后面的审判上做足文章，来证明欧洲传教士确有不法行为，否则不仅难以自圆其说，更会因擅自行动，越权司法而遭到言官的参劾，很可能导致自己罢职丢官的严重后果。本案

① ［清］张廷玉：《明史》卷二一八《沈㴶传》，北京，中华书局，1974年，第5766页。

② ［明］沈㴶：《参远夷疏》，见［明］徐昌治辑：《圣朝破邪集》卷一，第329页。

③ ［明］南京礼部：《查验夷犯札》，见［明］徐昌治辑：《圣朝破邪集》卷一，第333页。

④ ［明］沈㴶：《再参远夷疏》，见［明］徐昌治辑：《圣朝破邪集》卷一，第331页。

当事人王丰肃等欧洲教士属于《大明律》中规定的“化外人”，虽然《大明律·名例律》中明确规定“化外人犯罪者，并依律拟断”，但《集解》又补充规定“化外人取招要云译问明白”。《问刑条例》作出的司法解释则是针对边疆少数民族军民，对于欧洲教士传教行为如何处理只字未提，完全是法律空白[①]。在明代的司法实践中，出于“怀柔远夷”的外交政策，对外国人量刑时，往往大事化小，大部分处理结果都是遣送出境。因此沈漼在第二疏中，先对神宗进行吹捧，认为之所以在京师的教士庞迪峨不敢“肆意妄为”是因为“京师为陛下日月照临之所，即使有神奸潜伏，犹或上惮于天威之严重，而下怵于举朝之公论，未敢显肆猖狂，公行鼓扇”。继而沈漼指出“南京则根本重地，高皇帝陵寝实在焉”，指责王丰肃为“神奸”，“公然潜住正阳门里，洪武冈之西起盖无梁殿，悬设胡像，诳诱愚民”。又称教士聚会频繁，每月至少搞六次宗教仪式，“每会少则五十人，多则二百人”。沈漼继续标榜自己明察秋毫，防患于未然之功，称“臣若不觉察，胡奴接踵于城闉，虎翼养成而莫问，一朝窃发，患岂及图？尤可恨者，城内住房既据洪武冈王地，而城外又有花园一所正在孝陵卫前。夫孝陵卫以卫陵寝，则高庙所从游衣冠也。龙蟠虎踞之乡，岂狐鼠纵横之地？狡夷伏藏于此，意欲何为乎”？又认为京师朝堂中广布教士耳目，“七月初才有邸报，而彼夷即七月初旬具揭，及至二十一日，已有番书订寄揭稿在王丰肃处矣”[②]。

沈漼在第三疏中，再次强调“左道惑众者必诛，夷不乱华而冒越关津者必禁”，并指控王丰肃“潜来南京，妄称天主教煽惑人民非一日矣”，称王丰肃等“借皇上一时柔远之仁，而潜藏其狐兔踪迹，勾连窥伺，日多一日，岂可置之不问耶”？沈漼强调自己初衷的正义性，称自己已询问过福建沿海知情人士，王丰肃根本不是大西洋国人，而是“佛狼机”人，“原名巴里狼当，先年同其党诈称行天主教，欺吕宋国主而夺其地，改号大西洋”，坚称“根本重地，必不可容一日不防者也”，并将教徒钟明礼、张案称为“细作”[③]。不难看出，沈漼在此疏中，已将王丰肃等教士上升到“间谍”的高度，教士的行为已经不仅仅是“冒越关津”、煽惑百姓、扰乱社会秩序那么简单，而是有谋反动机，已经达到危害国家安全的地步了。

沈漼随即组织南京礼部主客清吏司对拘捕的教士进行审讯。此案由南京礼部主客司“吴郎中会同司务厅张司务、祭祀司徐郎中、精膳司黄郎中、仪制司文主事、祭祀司徐主事会审”[④]。全部审判人员均为南京礼部官员，南京三法司竟无一人参与案件审理。这里存在一个问题，那就是礼部是否具备审判权或是预审权？根据《会典》《大明律》等政书中的规定，礼部对于外国人、宗教事务、祭祀民俗等，只有业务指导权，行政管理权有限，司法权更是微乎其微。南京礼部祠祭司曾制定南京《各寺僧规条例》，在“词讼”条中载“凡内外僧官，专一检束天下僧人恪守戒律清规，违者从本司惩治；若犯与军民相干者，从有司惩治”。“在京在外僧道衙门专一检束僧道，务要恪守戒律，阐扬教法，如有违犯清规、不守戒律及自相争讼者，听从究治，有司不许干预。若犯奸盗非为，但

---

① 《大明律》卷一《名例律》“化外人有犯”条，《续修四库全书》第862册，上海，上海古籍出版社，2002年，第410—411页。

② ［明］沈漼：《再参远夷疏》，见［明］徐昌治辑：《圣朝破邪集》卷一，第330页。

③ ［明］沈漼：《参远夷三疏》，见［明］徐昌治辑：《圣朝破邪集》卷一，第331—332页。按，“佛狼机”“巴里狼当”，原文即如此书写，此为古代士人有意贬低外国人的书写形式。

④ ［明］吴尔成：《会审王丰肃等犯一案并移咨》，见［明］徐昌治辑：《圣朝破邪集》卷一，第334页。

与军民相涉，在京礼部酌审，情重者送问”[①]。该条例的立法主体是南京礼部祠祭司，管辖范围主要是应天府城内外的寺院及宗教界人士。该条例明确指出了南京礼部的司法受理范围，即南京僧人内部纠纷、普通治安案件，由南京僧录司、南京礼部受理；涉及僧道与非宗教领域人士的案件，情节轻微者，可由南京礼部审理；情节严重者，要移送法定司法机构，南京礼部无权审理。由于天主教是西洋宗教，非僧非道，教士还是外国人，《大明律》对外国宗教、外国教士又无任何法律规定，本身就存在法律空白。即使将天主教教士比附为洋僧、洋道，那么按照沈漼等所言的教士行为，显然属于情节严重、社会影响巨大的“犯罪”行为。加之天主教的中国信徒，虽然几乎包含了南京各色人等，但却无一人是佛、道两教的人士。显而易见，南京礼部对天主教教士及其信徒根本没有司法管辖权。其实沈漼心知肚明南京礼部并无涉外司法管辖权和审判权，但他却在奏疏中先强调自己协调巡城御史抓捕教士、教民程序合法，再请求“皇上即下明旨，容臣等将王丰肃等依律处断”，“分别正罪”[②]。沈漼试图利用已经抓捕教士的既成事实，请神宗赋予其审判权，变越权为授权，变非法为合法。然而，神宗对沈漼的请求并未理睬，故沈漼对西洋教士的整个审判过程，从法理而言，应视为非法审判。

四 南京礼部锻炼成狱

沈漼按照方从哲的指示拘捕教士、查封教会，动用的是由南京巡城御史掌管的五城兵马司的武装力量，至少在形式上是符合当时法律规定。然而由清一色的礼部官员进行审讯，明显是越权司法的行为，但其后沈漼也并未因此行为受到参劾，究其原因，一方面是晚明时期，在司法实践中政刑不分，尤其是南京礼部，属于中央机构，其按照内阁首辅意见查封教会，一定程度上代表了中枢意志，其打击目标是外国教士和本国教民，而非体制内的利益集团，其行为既无威胁统治的目的，又未侵犯统治层的利益。另一方面是南京教案虽发生于党争炽热的万历后期，沈漼、方从哲虽然是浙党人士，但绝大多数东林党人因龙华民等教士对僧道儒等传统文化的批判，而对天主教持抵制和反对态度，对天主教认可、支持的东林党人微乎其微，仅徐光启、李之藻、杨廷筠寥寥数人，而非一边倒的支持。因此，南京教案的发生、处理，并不涉及晚明党争，中西文化冲突是发生南京教案的主因，至于“反殖民”“反间谍”“反侵略”之说，不过是晚明官员为打击异端思想，利用海上贸易小规模摩擦，而制造的危言耸听借口和今人结合当代社会环境，对古代问题作出过度解读的结论而已。

南京礼部列举欧洲教士的“罪行”，分别适用于《大明律·兵律·关津》的“私越冒度关津”“盘诘奸细”条；《礼律·祭祀》的“历代帝王陵寝”“亵渎神灵”“禁止师巫邪术”条；《刑律·盗贼》的“造妖书妖言”条。

对于“私越冒度关津”行为，《大明律》规定“凡无文引而私度关津者，杖八十；若关不由门、

① ［明］葛寅亮：《金陵梵刹志》卷五十二《各寺僧规条例》，南京，南京出版社，2013年，第610、611页。

② ［明］沈漼：《参远夷三疏》，见［明］徐昌治辑：《圣朝破邪集》卷一，第333页。

津不由渡而越度者，杖九十；若越度缘边关塞者，杖一百、徒三年”[①]。刑部官员雷梦麟对此条律文的解读是“无文引而乘人不觉，窃过关津，谓之私度”，“若关不由门，津不由渡，而别从间道者，谓之越度”。[②]南京礼部官员认为耶稣会士是“奉其会长格老的恶之命”来华，并非官方派遣，故其所持文引非法无效。会士长期滞留在“广州府香山县香山澳中”，因利玛窦需要进京贡献方物，故致信王丰肃，王丰肃接信后遂带“自鸣钟、玻璃镜等物前来”[③]。虽然王丰肃来南京可以勉强算作合法，但其由香山澳入境并无任何手续，属于典型的“关不由门、津不由渡”的私渡关津行为，即偷渡入境。沈漼在第三疏中指控王丰肃等是佛郎机人，怀不轨目的来华，有刺探情报的嫌疑。根据《大明律》的规定，“境外奸细入境内探听事情者，盘获到官，须要鞫问接引起谋之人，得实，皆斩”[④]。雷梦麟对此条律文的解读是“境外奸细，外国人也，入境打探消息，故谓之境外奸细。但境外奸细入境，或有接引之人”，“但接引起谋，踪迹暗昧，故须有实迹方坐”[⑤]。但沈漼只是道听途说而认为王丰肃等是佛郎机人，并未掌握王丰肃等人任何刺探情报的实据，无法对其量刑，故只能将怀疑体现在奏疏之中，却不能以此对教士定罪。

南京礼部官员认为对教士打击力度最大、杀伤力最强的条款，莫过于《礼律·祭祀》中“历代帝王陵寝”“亵渎神灵”“禁止师巫邪术”条和《刑律·盗贼》中“造妖书妖言”条。《大明律》规定：“历代帝王陵寝，及忠臣烈士、先圣先贤坟墓不许于上樵采、耕种，及牧放牛羊等畜。”“凡私家告天拜斗，焚烧异香，燃点天灯、七灯，亵渎神明者，杖八十……若僧道修斋设醮，而拜奏青词表文，及祈禳火灾者，同罪还俗……其寺观神庙住持及守门之人，不为禁止者，与同罪。”“凡师巫假降邪神，书符咒水，扶鸾祷圣，自号端公、太保、师婆、及妄称弥勒佛、白莲社、明尊教、白云宗等会，一应左道乱正之术，或隐藏图像，烧香集众，夜聚晓散，佯修善事，扇惑人民，为首者，绞；为从者，各杖一百，流三千里。若军民装扮神像，鸣锣击鼓，迎神赛会者，杖一百，罪坐为首之人。里长知而不首者，各笞四十。”“凡造谶纬、妖书、妖言及传用惑众者，皆斩。皆者，不分首从，一体科罪。余条言皆者，并准此。若私有妖书，隐藏不送官者，杖一百，徒三年。”[⑥]《问刑条例》进一步说明此类犯罪行为“各处官吏、军民、僧道人等来京妄称谙晓扶鸾祷圣、书符咒水，一切左道乱正邪术，扇惑人民为从者”，“内外问刑衙门遇有左道惑众志人，或烧香集徒，夜聚晓散为从者，及称为善友，求讨布施至十人以上，并军民人等不问来历，窝藏接引；或寺观住持容留，批剃冠簪，采探境内事情，及被诱军民舍与应禁铁器等项”[⑦]。

通过上述律条的规定，我们不难看出，沈漼反复强调教士在洪武冈建造教堂，孝陵卫寝殿前修建花园，目的是指控教士违反了“历代帝王陵寝”“亵渎神灵”条款的规定。沈漼认为在历代帝王的陵区樵苏尚且严禁，更何况在本朝太祖寝殿前擅自建造花园！教士甚至都有“谋大逆”和“大不

---

① 《大明律》卷一五《兵律三·关津》，“私越冒度关津”条，第521页。

② ［明］雷梦麟：《读律琐言》卷十五《兵律三·关津》，“私越冒度关津”条，北京，法律出版社，2000年，第269页。

③ ［明］吴尔成：《会审王丰肃等犯一案并移咨》，见［明］徐昌治辑：《圣朝破邪集》卷一，第334页。

④ 《大明律》卷十五《兵律三·关津》，“盘诘奸细”条，第522页。

⑤ ［明］雷梦麟：《读律琐言》卷一五《兵律三·关津》，“盘诘奸细”条，第273页。

⑥ 《大明律》卷一一《礼律一·祭祀》，“历代帝王陵寝”“亵渎神明”“禁止师巫邪术”条，第487—488页。《大明律》卷一八《刑律一·贼盗》，“造妖书妖言”条，第541页。

⑦ ［明］雷梦麟：《读律琐言》卷一八《刑律一·贼盗》，“造妖书妖言”条，第214页。

敬”的嫌疑。

至于“妖书”“邪术”“左道”之类的法律界定，因时代局限，则更为含糊。明律只规定了“自号端公、太保、师婆，及妄称弥勒佛、白莲社、明尊教、白云宗等会”的活动为邪教行为，将白莲教、明尊教、白云宗等定性为邪教组织，但对于天主教无任何法律规定，完全属于法律盲区，若依据律文根本无法对教士定罪，故只能采取“类推”“比附”的方式锻炼成狱。南京礼部审判人员强调教士“广集徒众”，聚集时采用“洒圣水、擦圣油，以剪字贴门户为记号，迫人尽去家堂之神，令人惟悬天主之像，假周济为招来入其教者，即与以银，记年庚为恐吓背其盟者”[①]的形式。这种说法，无疑是将天主教“洒圣水、擦圣油”的形式比附为白莲教的“书符咒水”；将“假周济”比附为邪教“佯修善事，扇惑人民”。沈潅认为教士私刻的天主教图书内容荒诞不经，“以西洋罪死之鬼为天主”，是典型的鼓吹“巫觋之邪术”[②]，教士的行为完全符合“禁止师巫邪术”和“造妖书妖言”的定罪标准，完全适用于死刑。沈潅将天主教比附为白莲教、将天主教经书定性为妖书的手段非常阴险。神宗时期，因为争国本事件而引发的“诅咒案”“妖书案”震惊朝野，白莲教在全国各地的起事层出不穷。统治者对妖书、邪教非常敏感，如果神宗认可了沈潅对天主教的定性，那么沈潅的越权司法行为很可能还是大功一件。

然而神宗则根本不相信教士存在谋反的动机和“间谍”的行为，即使在廷臣几乎一边倒地反对天主教的舆论压力下，神宗仍未对教士实施任何刑事处罚措施，只是下令将教士移送广东，由当地抚按官员将其遣送出境了事。这种处理结果，其实早在沈潅及南京礼部审判人员的意料之中，对他们而言，之所以刻意夸大教士的“罪行”，其目的是驱逐教士，取缔天主教，解散教会，而非置教士于死地。因为处死一两个教士并无意义，取缔天主教才是其最终目标。由于沈潅未等皇帝指示下达即擅自采取行动，抓捕教士、取缔教会，越权司法，甚至越权审判。故沈潅刻意夸大教士“罪行”，既能够彰显其“结果正义”，又可以更好地洗脱自己越权司法的违法行为。

钟明仁、钟明礼等中国籍骨干教徒则没有那么幸运，由南京礼部四司会审，报南京三法司核准，分别被处流放、遣返原籍等刑罚。这里需要说明的是，对于中国教民，南京礼部依然无权审理，前文所引南京《各寺僧规条例》中明文规定了南京礼部对宗教事务的司法管辖范围，即僧道与世俗发生纠纷的普通案件可由南京礼部审理，重大案件必须移交三法司审理。钟明仁等既非佛道二教教徒，又未与佛道二教相关人士发生纠纷，南京礼部无权审理，而且南京教案，无论如何定性，明显属于案情重大的涉外刑事案件，南京礼部根本无管辖权。南京礼部因为越权审理西洋教士而未被追究，故对于中国教民的审判，更加有恃无恐，依旧越权审判，甚至还直接对教民定罪量刑，其审判结果也仅是呈报南京三法司确认而已。令人奇怪的是，南京三法司竟然默认了南京礼部的审判结果，晚明时期司法秩序的混乱程度可见一斑。由于南京礼部越权司法和非法审判行为未受任何指责，故南京礼部对待天主教更加肆无忌惮，沈潅下令将南京天主教书籍毁版，将教会资产没收，又将教堂、花园等资产全部拆毁，南京教案至此告一段落。在南京教案的影响下，不久即发生了福建教案，天主教在华传播严重受挫，王丰肃等后来从澳门改名换姓再回内地传教，但信徒寥寥，步履

① ［明］吴尔成：《会审王丰肃等犯一案并移咨》，见［明］徐昌治辑：《圣朝破邪集》卷一，第 335 页。
② ［明］吴尔成：《会审王丰肃等犯一案并移咨》，见［明］徐昌治辑：《圣朝破邪集》卷一，第 336 页。

维艰，已不复往日风光，天主教在中国的传播直至鸦片战争前也未能恢复元气。

五　结语

南京教案的发生，主要原因是中西文化冲突。自西汉“独尊儒术”后，儒家思想成为中国古代的主流价值观。历代统治者基本都遵循儒家思想，儒家思想虽然“排他性”不强，但自上而下的信仰，使之融入各时代、各阶层人民的血液之中，将其视为中国传统文化的核心思想似亦不为过，佛教在中国传播，其教义需要不断融入儒家思想；即使是本土的道教，其教义仍需要不断与儒家文化结合。

由于中西文化背景迥异、人种不同等多方面原因，天主教作为欧洲宗教，对于明代的中国人而言，是一种非常陌生文的化，充满着神秘感。可能有学者会认为天主教唐代时即已传入中国，对于明代国人而言似不应该有陌生感。持此观点者，则忽略了文化传承的过程，唐代天主教称景教，其传播也仅限于长安周边，很难渗透到其他地区，“会昌法难”时，与佛教一同被禁，虽然佛教在唐武宗去世后弛禁，但天主教在中国却一蹶不振，元代时曾短时间流传，影响力也仅限于少数的蒙古贵族，直至明代时才算再次传入中国内地。体现唐代天主教文化的建筑物在唐武宗时期基本被摧毁殆尽，百不存一，只有书籍作为物质载体承载了少量天主教文化。至于口耳相传的唐代天主教非物质文化，由于其传播范围小，信徒少，且又遭政府厉禁，故无法传承。即使是饱读诗书的士人，也只是在零散的史料中获取简单的天主教文化常识，很难成系统掌握。因此，对于晚明统治阶层而言，天主教完全是陌生的宗教，通过利玛窦等被称为“西僧”“道人”的话语来看，在当时怀着“天朝”心态的统治阶层的眼中，欧洲传教士不过是来朝贡和“求法”的外国和尚、道人或西洋的江湖术士而已，不可能造成过大影响，故对其来华初期的传教活动，多数是采取默许的态度，听之任之。

欧洲教士进入中国后，特别是利玛窦主持中国教会后，为尽力消除民间对天主教的隔阂，在教士自身采取文化适应的同时，对教民采取了“双重标准”，即对待士大夫群体，向其传授和普及欧洲先进的科学理论和技术手段，使其通过对科学技术的向往，加深对西方文化，特别是天主教文化的了解，即使该群体不加入天主教，但只要是持同情和支持的态度，即能有利于天主教的传播。而对于社会底层群体，教士们利用其雄厚的财力，一反中国传统宗教由信徒布施、捐献的做法，而是采取为入会信徒发放钱财的手段吸引信徒。由于贫困教民基数大，且文化程度低，天主教思想易于灌输，特别是发放钱财吸收贫民入教的手段，对于普通教民具有极大的诱惑力，故使教徒迅速增多。教士之所以选择南京这样的大都市作为传教地，一方面是因为南京作为南方政治中心、经济中心，人口流动大、社会结构复杂，容易发展各阶层教徒，迅速传播教义。另一方面，南京是陪都，城市地位虽高，但不是真正意义的全国政治中心，权力中枢，很多在京师不易进行的事务，在南京一般通过折中、变通的手段大多能得以实施。

由于利玛窦的继任者一改利玛窦文化适应的传教模式，不仅行事高调，而且公开批判儒家为代表的传统文化和佛、道等传统宗教，不仅使一些原本同情天主教的士大夫转到了自己的对立面，而且引起了统治阶层的警觉。特别是由于时代局限，很多士大夫对天主教和欧洲文化存在严重的认识误区，而天主教“弥撒”形式与一些秘密宗教的仪式又有些类似，由于晚明时期白莲教等民间宗教的各类反政府武装斗争此起彼伏，使统治者疲于应付，特别是万历三十四年年底，在南京城内还发生了刘天绪利用无为教为幌子，召集信徒试图夺取南京的未遂政治事件，故士大夫将天主教比附为邪教，认为“使其处南中者，夜聚晓散，效白莲、无为之尤，则左道之诛，何可贷也”[①]。十七世纪中国沿海与欧洲殖民者冲突不断，天主教的传播更使士大夫警觉，称“此辈左道惑众，止于摇铎鼓簧，倡夷狄之道于中国，是书所称蛮夷猾夏者也。此其关系在世道人心，为祸险而迟，但其各省盘踞，果尔神出鬼没，透中国之情形于海外，是书所称寇贼奸宄者也，此其关系在庙谟国是，为祸隐而大开”[②]，认为教士有刺探情报的嫌疑，种种因素结合一起，正如邹振环先生所概括的那样，中国文化中的“排异机制”被激活，形成了官绅民一体化的反教模式，对天主教采取了集体抵制[③]。

以此次教案为契机，南京留守机构进行了一系列的意识形态管控措施，不仅严惩中国教徒，没收并拆毁教堂，又将传教士称为“狡夷”，将天主教定性为“邪教”，并“申严律令，解散其徒众”，利用自身掌控话语权的优势，以公告的形式批判天主教教义、宗教仪式，并强化法律宣传，以儆效尤[④]。虽然南京教案的审判是南京礼部的越权司法行为，但因得到统治者默认，南京礼部及相关当事人亦未遭参劾、未被追究，故其审判结果在法律意义上形成了新的判例，此后各地、各级理刑官员在处理类似的教案时，至少能够有章可循、有法可依。

（作者吕杨，常州大学周有光语言文化学院）

① 《明神宗实录》卷五四七，万历四十四年七月戊子，第10369页。

② 《明神宗实录》卷五五二，万历四十四年十二月丙午，第10426页。

③ 邹振环：《明末南京教案在中国教案史研究中的“范式”意义——以南京教案的反教与“破邪”模式为中心》，《学术研究》2008年第5期。

④ ［明］南京礼部：《拿获邪党告示》，见［明］徐昌治辑：《圣朝破邪集》卷一，第352—353页。

崇祯“钦定逆案”的背景

阳正伟

“钦定逆案”是崇祯帝对魏忠贤及其党羽（后文简称为魏党）进行惩处的政治事件，对崇祯一朝、南明弘光政权乃至清初的政治社会都有重要影响。史学界以往较注重对作为结果的“钦定逆案”本身进行考察，而相对忽视在它之前的逐步推进过程，即魏党究竟是如何一步步倒台的。本文将对这一问题加以探讨，以弥补已有研究之不足，并求教于方家。

一 “魏党”内部的“自相携贰”

天启七年（1627）八月，天启帝驾崩，信王朱由检登基，是为崇祯帝。魏党内部并非铁板一块，各种纷争早已有之，在失去天启帝这个靠山、崇祯帝态度尚不明朗的情况下，其矛盾便开始凸显。他们中的一些人竞相弹劾党魁崔呈秀，指望把魏党所犯罪责都归咎于他，以此求得自保和维持部分魏党成员继续把持政权的局面，这也使当时的局势趋于复杂。

崇祯帝登基后不久，魏党副都御使杨所修即以天启年间“夺情”一事，上疏“首言”魏党元魁兵部尚书崔呈秀，请求令其“回籍守制”①。杨所修这么做，看似是要维护儒家礼制，实际却是因为不满被授予南京通政使的职务，而且“见（魏）忠贤势将败”，于是“与（陈）尔翼及李蕃等谋以数年不法事尽归之崔呈秀，攻去之以自解。又以周应秋秉铨，贪声大著，议并去之，用孙杰代，仍留所修内台，然后纠合群力，共持残局。推所修先发，尔翼、蕃继之”。但是这几个魏党成员的谋划却被崔呈秀“侦知之”，他责骂李蕃、孙杰等人不念旧情、落井下石，并要挟孙杰，“必令尔翼出疏驳所修，差可恕耳”。后来陈尔翼也果然上疏说：“自所修有仰体圣孝疏，诸臣累累乞归，陛下已再四慰留，君臣上下自可相安无事”，又说：“传闻东林余孽遍布长安，欲为覆雨翻云事”，请求加以禁缉，圣旨表示认可②。一方面他试图挽回杨所修参劾崔呈秀带来的影响，仍留崔呈秀于朝堂；另一方面又对天启后期被排挤出政坛，利用崇祯登基之机积极活动的东林党人加以参劾。显露的裂痕似乎得到了弥合，魏党又转而共同压制东林党人。

但是此事并没有就此结束，继杨所修之后，魏党成员御史杨维垣也上疏参劾崔呈秀，并最终使

---

① ［清］汪楫：《崇祯长编》卷二，天启七年九月丁丑，北京，中华书局，2016年，第28—29页。

② ［清］汪楫：《崇祯长编》卷二，天启七年十月戊戌，第49—50页。

其“免归守制”[①]。此举看似是遵循礼制的做法，实际却是崔呈秀垮台的先声。同样，杨维垣此举也是魏党内部的小团伙所为，即是受了徐大化的指使，“以为翻身地”[②]。见崔呈秀已经保不住，陈尔翼马上就变卦了，并因此受到处分。户部员外郎王守履参劾他在上了前疏后，“即见皇上采纳忠谠，奸谋无用，乃复上圣治天新一疏，以反前疏而掩之顾左言他语”，奉旨“陈尔翼三疏矛盾，是非反覆，镌其秩”[③]。

杨所修、杨维垣的举动，起初确实起到了混淆视听的作用，“遂俨然以正人自负，而国是益淆”[④]。天启年间因“忤珰”即触忌魏忠贤而受迫害、崇祯初期得到平反释放的耿如杞，就称他们的举动“皆绝世风节”[⑤]。杨维垣更因此由“差河东巡盐”改为“留佐大计”[⑥]，参与朝廷次年举行的考察官员的重要事务。

崇祯帝登基之初，魏忠贤及其党羽仍然控制着政局，“忠贤党盛，莫发其奸”，即使皇帝在登基之初，也是“优礼客魏者，一如熹庙”[⑦]。东林党人则在天启后期已被排挤出政局，他们在新皇登基时虽然已有所行动，仍不可能对魏党发起有力的进攻。但是当时魏党内部却自己先乱了阵脚，一些成员开始“自相携贰”，这是魏党内部已有矛盾尖锐化的体现，也表明维系这个朋党存在的基础原本非常脆弱，一旦所依仗的天启帝死去，他们中的一些人就会为了个人利益而相互拆台。而杨所修、杨维垣等人弹劾崔呈秀，也必将进而牵连到魏忠贤乃至整个魏党，不久陆澄源、钱元悫、史躬盛、钱嘉徵等人相继参劾魏忠贤[⑧]，魏忠贤和客氏相继被惩处[⑨]。之后，不少魏党官员怀着不同目的，竞相揭举同党乃至举荐东林党人，直到其最后分崩离析。

二　东林党人复出受挫

如前所述，在崇祯帝登基之初的几个月里，魏党党魁客氏、魏忠贤、崔呈秀等人虽然已受到处分，魏党内部也开始离心，但他们仍然控制着政局，“当是时，魏珰虽诛，邪氛尚炽，其私人犹布九列，冀得阴阳反复，变乱是非”[⑩]。而东林党人则在天启末年受到魏忠贤及其党羽的排挤和迫害，崇祯登基之初已没有什么政治能量，因此在那段时间尚没有人敢为他们说话。相反他们仍然受到打

---

① 杨维垣参劾崔呈秀两疏，分见《崇祯长编》卷二，天启七年十月丁未、壬子，第 60—62、66—67 页。

② ［明］文秉：《先拨志始》卷下，上海，上海书店，1982 年，第 211—212 页。

③ ［清］汪楫：《崇祯长编》卷三，天启七年十一月壬申，第 110—111 页。

④ ［明］倪会鼎：《倪元璐年谱》卷一，北京，中华书局，1994 年，第 12 页。

⑤ ［清］汪楫：《崇祯长编》卷四，天启七年十二月己亥，第 168—169 页。

⑥ ［明］文秉：《烈皇小识》卷一，［清］留云居士辑：《明季稗史初编》卷一，上海，上海书店，1988 年，第 3 页。

⑦ ［明］文秉：《烈皇小识》卷一，第 2 页。

⑧ 四人之参疏，分见［清］汪辑：《崇祯长编》卷二，天启七年十月丙辰、戊午、壬戌、壬戌，第 72—76、78—80、86、86—89 页。

⑨ 天启七年十一月初，崇祯帝下令削去魏忠贤官职，贬往凤阳，之后又下令逮捕究治，魏忠贤在途经阜阳时闻讯自杀。同月崔呈秀畏罪自杀，客氏也在浣衣局被笞杀。之后三人之尸体还被戮尸、斩首。吴应箕：《两朝剥复录》卷六，《四库禁毁书丛刊》史部第 19 册，第 191 页。

⑩ ［明］邹漪：《启祯野乘二集》卷三《副使施公元徵》，《四库禁毁书丛刊》史部第 41 册，第 114 页。

压，如汪裕向朝廷报告刻成《三朝要典》，陈尔翼请求缉拿"东林余孽"被皇帝允准[①]，等等。这种状况直到天启七年十一月魏忠贤、崔呈秀被惩处后才开始有所转变。

当时崇祯帝敕谕部院，为天启时期遭到魏忠贤及其党羽迫害的官员平反昭雪，死者恢复名誉，生者起复。"魏忠贤、崔呈秀天刑已殛，臣民之愤稍舒，而诏狱游魂，犹然郁锢，含冤未伸。着部院并九卿科道，将已前斥害诸臣，从公酌议，采择官评。有非法禁毙，情最可悯者，应褒赠即与褒赠，应恤荫即与恤荫。其削夺牵连者，应复官即与复官，应起用即与起用，有身故捏赃难结，家属波累羁囚者，应开释即与开释，勿致久淹，伤朕好生之意！"[②]

同时又为已故太监王安复官、赐祭、建祠[③]。王安与东林党人有着密切的关系，他在万历末年东林党与政敌的争斗、"移宫"、泰昌及天启初期东林党人的起复等事件中，都支持了东林党。[④]这两件事情似乎都预示着，朝廷将要为东林党人平反昭雪。于是一批官员开始为东林党人鸣冤，如刘应遇为杨涟、高攀龙等人，曾昌旸为万爆等人，都得到圣旨的许可[⑤]。但是这种局面没有持续几天就被杨维垣打断了，他上疏请求："若乃孙（慎行）党、熊（廷弼）党、赵（南星）党及邹（元标）党，无复入之启事"，反对为这些结党的东林人士平反，结果也是"旨是之"[⑥]。这之后为东林党的平反活动降温，并出现反复。上述朝廷为王安平反后不久，他的兄弟就因为为其"乞赐恤录"被逐出北京城[⑦]。

杨维垣不仅上疏打断了为东林党人平反的进程，还利用参与崇祯元年（1628）正月大计的机会庇护魏党，继续阻遏东林党人的起复。这次大计完全由魏党操纵，"主计者吏部尚书房壮丽、左都御史曹思诚、考功郎中李宜培、吏科都给事中魏照乘、掌河南道印御史安伸，佐计者杨维垣也。是举也，为圣天子第一新政，宜将媚珰诸奸痛加扫除，顾壮丽等皆珰孽也，互为容隐，咸逃吏议，人心颇为不平云。"而阁臣中也有人与他们呼应，"新参萧山、晋江（分别指当时的阁臣来宗道和杨景辰，两人均于天启七年十二月入阁——笔者按）系彼同志，协力护持"[⑧]。大计对崇祯帝登基后仍投合魏忠贤或诋侮东林的官员"概置格外"，如江西巡抚杨邦宪、河南右参政周锵疏请为魏忠贤建祠并大肆称颂；四川右参政郭士望上疏痛诋东林党人左光斗，谀颂魏忠贤；江西副使李光春上疏诋斥旧辅叶向高等[⑨]，都没有受到惩处。同时大计极力阻遏东林党人的复起，"削籍诸臣，虽屡奉起用之旨，维垣一手握定，百方阻遏"，韩爌、文震孟等东林党人的起复，就是因为受到杨维垣等人的阻

---

① ［清］汪楫：《崇祯长编》卷二，天启七年九月乙丑，第 11 页；《崇祯长编》卷二，天启七年十月戊戌，第 49—50 页。按：《三朝要典》是天启后期魏党为打击东林党人，借天启皇帝的名义给东林党人定的铁案。始修于天启六年正月，六月成书，此时刻成。

② ［明］李逊之：《三朝野纪》卷四《崇祯朝纪事》，上海，上海书店，1982 年，第 133 页。

③ ［清］汪楫：《崇祯长编》卷三，天启七年十一月癸酉，第 115 页。

④ ［明］黄尊素：《黄忠端公文略》卷三《汪文言传》，《四库禁毁书丛刊》集部第 185 册，第 46 页；顾炎武：《顾亭林诗文集·熹庙谅阴记事》，北京，中华书局，1959 年，第 434、443 页；夏允彝：《幸存录》"门户杂志"条，留云居士辑：《明季稗史初编》卷一四，第 297—298 页。

⑤ ［清］汪楫：《崇祯长编》卷三，天启七年十一月甲戌，第 115—116、117 页。

⑥ ［清］汪楫：《崇祯长编》卷三，天启七年十一月乙亥，第 119 页。

⑦ ［清］汪楫：《崇祯长编》卷三，天启七年十一月壬辰，第 149—150 页。

⑧ ［明］文秉：《烈皇小识》卷一，第 3—4 页。

⑨ ［明］文秉：《烈皇小识》卷一，第 4 页。

挠而一再推延[①]。

三 "贤奸之辩"——"邪正之分得此而定"

前文已经谈到，崇祯帝登基之初，杨维垣等人力图"护持残局"，魏党得以继续把持政局，而东林的复归则受到阻挠。这种情状表明，对于东林党和魏党究竟孰忠孰奸、当如何看待的问题，皇帝和众多官员尚认识不清。上述崇祯帝在为东林平反一事上的反复，可以表明这一点。公论不明，邪正不分，局势的严峻性正是所谓"正邪消长之机"。在这种情况下，朝堂上围绕确定贤奸标准而展开的"贤奸之辩"便开始了。

这场论争的双方，魏党以杨维垣为主，而东林党则以翰林院侍讲倪元璐为主。双方的目的都是影响舆论，争取皇帝的支持，以维护己方的政治利益。在如何辨别贤奸的问题上，杨维垣主张以是否"通内"即结交宦官为标准，而反对以天启时期是否投附崔呈秀、魏忠贤为标准。"今之提衡君子、小人者，勿以门户为案，亦勿徒以崔魏为案，惟以有无通内为案"，"希王安之旨以号召天下者，岂得不谓之通内也"，"今之忠直，原不当以崔魏为对案，向之受抑于崔魏者，固为以燕伐燕，今欲取案于崔魏者，犹恐以病益病"[②]。概括其意，即"并指东林、崔魏为邪党"[③]，把都有通内之举的东林党和魏党，并称为"邪党"。

杨维垣身为魏党中人，反东林党自是必然，但同时也反自己的党派，看上去则颇令人费解。笔者认为，这应是为当时的局势所逼而不得不为。当时朝官竞相揭举魏忠贤及其党羽罪状，魏忠贤等党魁及许多曾与其有染者已纷纷落马。在这种局势下，想要继续保全所有魏党成员，是不明智的，也没有可能。而杨维垣以是否通内为标准，"并指东林、崔魏为邪党"，虽然势必损害一部分魏党中人的利益，但也仍然可能保全一部分人。因为天启后期曾有一些官员，先投附魏忠贤，后又因故被其疏离，他们与魏忠贤的种种时合时离的关系，在当时的混乱形势下，可能使他们蒙混过关。如石三畏在天启后期先是投附魏忠贤，后因误命优人饰演刘瑾醉酒，触怒魏忠贤而被削籍。崇祯初期其乃借"忤珰"之名起复[④]。此外，杨维垣提出这一标准还可能收到三个效果：其一，造成立言为公的假象。铲除朝中朋党的主张，易于博取皇帝和舆论的支持，同时也可以表明自己与朋党并无干系。其二，东林因为自身也曾有所谓通内之举，在揭举魏党时可能会有所顾忌，这无疑对魏党有利。其三，以东林为邪党的看法，如果被皇帝认同，那么东林复归政坛也必然受到影响。如此，魏党尚可以维持与东林相抗的势头，最终鹿死谁手，还有待一番角逐。由此也可见杨维垣之用心，在于尽量保全魏党，同时挟制东林。

而倪元璐则针锋相对地主张以天启时期是否投附崔魏为标准："杨维垣又以今日之曲直，不当以崔魏为对案，而臣以为正当以崔魏为对案也"，"夫品节试之于崔魏而定矣。故有东林之人为崔魏

---

① ［明］文秉：《烈皇小识》卷一，第5—6页。

② ［清］汪楫：《崇祯长编》卷三，天启七年十一月庚寅、卷五，崇祯元年正月壬午，第144—145、223页。

③ ［清］张廷玉等：《明史》卷三〇八《阮大铖传》，北京，中华书局，1974年，第7938页。

④ ［明］万斯同：《明史》卷三五四《石三畏传》，《续修四库全书》史部第330册，第292页。

所恨其抵触，畏其才望，而必欲杀之逐之者，此正人也。有攻东林之人，虽为崔魏所借而劲节不阿或远或逐者，亦正人也。以崔魏定邪正，譬之以镜别妍媸，维垣不取案于此而安取案乎？”倪元璐主张采用这一标准来判别贤奸，用意也非常明显，就是要反对魏党而拥护东林党。虽然他也指出：“有攻东林之人，虽为崔魏所借而劲节不阿，或远或逐者，亦正人也”，并且指斥东林党中李三才、王之寀等品节有亏之人，批评东林之不足：“其所宗主者，大都禀清挺之标，而或绳人过刻；树高明之帜，而或持论太深”[①]。但是总的来说，他是要为东林党人昭雪，为他们复归政坛扫清障碍。

当时休致在家的阮大铖也曾卷入这场争论，“大铖函两疏驰示维垣。其一专劾崔、魏。其一以七年合算为言，谓天启四年以后，乱政者忠贤，而翼以呈秀；四年以前，乱政者王安，而翼以东林。传语维垣，若时局大变，上劾崔、魏疏，脱未定，则上算疏”。杨维垣“得大铖疏，大喜，为投合算疏以自助。”[②] 如果这条材料可信[③]，则阮大铖真可谓是极尽官场投机之能事了。其“专劾崔魏”疏，是迎合当时朝堂上竞相揭举魏忠贤及其党羽罪状的形势，与倪元璐的主张相合；而“合算疏”将东林党和魏党并观，则与杨维垣“并指东林、崔魏为邪党”的意旨一致。摇摆两端、“阴阳闪烁”的奸猾品性展露无遗！只是他如此精心地筹谋，却托杨维垣代为上奏，虽曾嘱咐其根据朝堂形势的变化选择而上，“若时局大变，上劾崔、魏疏，脱未定，则上算疏”，但杨维垣正当论争之际，所以将“合算疏”投上以为自己之助。奉旨：“自神奸汪文言纳交王安，揽事纳贿，广报恩仇，遂开祸始，致奸恶魏忠贤承用其恶，益加毒惨。这本合算年来先后通内诸奸，俱有实迹，朕所鉴悉”[④]，对阮大铖“并指东林、崔魏为邪党”的提法表示认同。这应当是由于当时的内阁，仍由魏党成员控制之故。

但是这场“贤奸之辩”，由于崇祯帝的亲自干预，而使倪元璐一方最终得以逆转形势，获得胜利。倪元璐先后上两疏，“初疏入，平湖施凤来拟票，有‘持论未当’之旨，盖犹坚持珰局也。至再疏入，上亲览，心动，得奉俞旨，维垣辈毒网始无所施。人谓二疏实为廓清首功也”[⑤]。由此来看，上述为阮大铖“合算疏”拟旨的阁臣，可能也是施凤来。施对倪第一疏拟旨：“朕屡旨起废，务秉虚公，酌量议用，有何方隅未化，正气未伸。这所奏不当，各处书院不许倡言创复，以滋纷扰。王守履混乱朝仪，业经薄罚，岂容荐举市恩。”倪第二疏则得皇帝亲自拟旨：“朕揽人才，一秉虚公，诸臣亦宜消融意见，不得互相诋訾。至于宣重郁、集群议，惟在起废一节，已下所司，着铨臣的确具奏。”[⑥] 倪元璐的论争达到了预期目的，如吴应箕说：倪疏“词严义正，议者以为邪正之分得此而定”[⑦]。夏燮对此说得更为明确：“当是时，元凶（指魏忠贤、客氏等——笔者按）虽殛，其徒

---

① ［清］汪楫：《崇祯长编》卷五，第205页。

② ［清］张廷玉等：《明史》卷三〇八《阮大铖传》，北京，中华书局，1974年，第7937—7938页。

③ 与阮大铖同时的钱澄之《藏山阁文存》对阮大铖“合算疏”之事的记载，与《明史》相近，《明史》可能取材于它。［明］钱澄之：《藏山阁文存》卷六《皖髯事实》，《续修四库全书》集部第1400册，第645—646页。

④ 外史氏辑：《圣朝新政要略》卷八，《续修四库全书》史部第439册，第666页。

⑤ ［明］李逊之：《三朝野纪》卷六《崇祯朝纪事》，第142页。倪之两份奏疏，分见［清］汪楫：《崇祯长编》卷五，崇祯元年正月己巳、己丑，第205—209、245—252页。

⑥ ［明］金日升：《颂天胪笔》卷一五，《续修四库全书》史部第439册，第511、515页。

⑦ ［明］吴应箕：《两朝剥复录》卷六，《四库禁毁书丛刊》史部第19册，第191页。

党犹盛，无敢颂言东林者。自元璐疏出，清议渐明，而善类亦稍登进矣。”[①]之后杨维垣被罢去，魏党势力分崩离析，直至崇祯“钦定逆案”，两百多人被废锢，东林党人则逐渐复归政坛。而阮大铖的“合算疏”，也自然为逐渐复出掌权的东林党人所切齿。御史毛羽健对其予以参劾[②]，阁臣刘鸿训票旨：“阮大铖前后反复，阴阳闪烁，着冠带闲住去”[③]。阮大铖遂于崇祯元年五月被罢，二年三月“钦定逆案”，他也名列其中。

贤奸之辩后不久，倪元璐又于元年四月请求焚毁《三朝要典》。他指出官员们围绕“三案”的争端本各有是非，与魏忠贤及其党羽借三案打击政敌编纂《三朝要典》不同：“主梃击者力护东宫，争梃击者计安神祖；主红丸者仗义之言，争红丸者原心之论；主移宫者弭变于几先，争移宫者持平于事后。亦各有是，不可偏非。……总在逆珰未用之先，群小未升之日，虽甚水火，不害埙篪。”因此他主张：“其议（指围绕三案的争议——笔者按）不可不兼行，而其书（指《三朝要典》——笔者按）不可不速毁。”[④]此举受到翰林院侍讲孙之獬的反对，他入内阁哭求不要焚毁《三朝要典》，后来也因此名列逆案[⑤]。最终崇祯帝下旨焚毁了《三朝要典》这一套在东林党人头上的“紧箍咒”，为东林的复出进一步扫清了障碍。

四　崇祯帝进一步惩治“魏党”的措施

前文指出，崇祯帝登基之初，一些魏党成员为逃避罪责互相参劾，“一二宵小先附珰，珰败复劾附珰诸人，以冀解免者”[⑥]。另外，魏党中还有一部分人在天启后期先是投附魏忠贤，后来又由于各种原因被罢斥，“在天启时亦有附珰而遭斥者”[⑦]，在崇祯初期官员竞相揭举魏党罪状的情况下，他们又纷纷借此疏陈自身的“忤珰始末”。当时即有官员指出所谓“忤珰”存在不实之处：“逆珰初发难时，所处者尽皆君子，及其后珰意不测，有因媚得处者，又有人自应处，非关珰事者，一概蒙曰‘忤珰’”[⑧]。崇祯时期的大学士黄景昉也说：“天启末削夺诸臣，非必尽由门户，盖有为崔、魏所夙交，惊怪罹是者。……事后率自诩忤珰。”[⑨]甚至还有一些人转而向东林示好，“被参饰词又欲依附于君子之林”。如李鲁生天启年间曾诋毁杨涟等人，此时又请免杨涟等人之诬赃[⑩]。再如贾继春在天启后期曾极力诋斥杨涟，此时却又称赞他，并举荐韩爌、倪元璐等人，“以求容于清议”[⑪]。魏党成员的这些举动势必淆乱视听，使人难辨真伪。而且魏党中的一些人当时仍然控制政府的许多重要部门，对受到参劾的同党极力加以庇护，“时刑部尚书苏茂相、左都御史曹思诚、大理寺署事少卿姚士慎，

① ［清］夏燮：《明通鉴》卷八一，北京，中华书局，1959年，第3109页。
② 参疏内容见［明］李逊之：《三朝野纪》卷四《崇祯朝纪事》，第144页。
③ ［明］文秉：《烈皇小识》卷一，留云居士辑：《明季稗史初编》卷一，第8页。
④ ［清］汪楫：《崇祯长编》卷八，崇祯元年四月己未，第447—452页。
⑤ ［明］金日升：《颂天胪笔》卷一四，第500。
⑥ ［清］陈鼎：《东林列传》卷一八《刘鸿训传》，《文渊阁四库全书》史部第458册，第406页。
⑦ ［明］吴应箕：《两朝剥复录》卷一，第118页。
⑧ ［清］孙承泽：《山书》卷一“辅臣冢臣忠告”条，《续修四库全书》史部第367册，第18页。
⑨ ［明］黄景昉：《国史唯疑》卷一一，上海，上海古籍出版社，2002年，第341—342页。
⑩ ［清］孙承泽：《山书》卷一“湖广试录”条，第8页。
⑪ ［清］张廷玉等：《明史》卷三〇六《贾继春传》，第7872页。

皆与珰党者，香火情深，曲加护持”[①]。内阁对惩治魏党也不敢力为主持，“时国讨虽伸，而群氛未靖，在直者倡执中之说以相持”[②]。在这种情形下，“贤奸之辩”中倾向于东林的崇祯帝，为继续推进对魏党的惩治，主要采取了三项措施：

一是于元年四月“特下考选之令”，起用新的科道言官，意在让他们更广泛地揭举魏党的罪行。此举收效非常明显，科道官“咸以纠弹珰党为事，而朝端渐见清明矣”[③]。

二是重用阁臣刘鸿训，使其得以主持进一步惩治魏党的事务。刘鸿训天启时期因触忤魏忠贤被罢斥，于崇祯元年四月被召还朝，以其才干受到崇祯帝的赏识，“帝数召见廷臣。鸿训应对独敏，……帝初甚向之”。他一改内阁的疲软之态，对于进一步斥退魏党成员起了重要作用。“当是时，忠贤虽败，其党犹盛，言路新进者群起抨击之。诸执政尝与忠贤共事，不敢显为别白。鸿训至，毅然主持，斥杨维垣、李恒茂、杨所修、田景新、孙之獬、阮大铖、徐绍吉、张讷、李蕃、贾继春、霍维华等，人情大快。”另外，上述倪元璐请求焚毁《三朝要典》，也是由他票旨施行[④]。

三是于崇祯二年初进行“己巳京察”，为处理逆案提供依据。据受命处理逆案的首辅韩爌等人上疏所说：“臣等遵照前圣谕及钦定续款，通将在外红本，及部院开来各官，并昨南计附逆，奉旨候议”，可见“南计附逆”是他们处理逆案的主要依据之一。所谓“南计”是指这次京察中以南京官员主持的南察。吴应箕所著《两朝剥复录》记载这次京察的情况说：“王永光为北总宰，曹于汴总宪，沈惟炳掌吏科，蒋允仪为河南道。南道南冢宰缺，摄之者为户部尚书郑三俊，都察院陈于庭，署吏科者为典科钱允鲸，河南道则陈必谦也。二察以除逆党为主，北察王永光犹有所庇，然已尽之于南矣。”[⑤]“二察以除逆党为主，北察王永光犹有所庇，然已尽之于南矣”，南察参处“逆党”即魏忠贤党羽较为彻底，这当是韩爌等人以“南计附逆”作为定案主要依据的原因所在。

大致经过了以上四个阶段，崇祯帝即位后逐渐确立了扶东林而抑魏党的方针，到二年三月“钦定逆案”，将魏党两百多人进行惩处，实际已是水到渠成。

（作者阳正伟，昆明学院人文学院）

［基金项目：教育部人文社会科学研究青年基金项目“清代晚明史书写中的东林话语研究”（17XJC770003）］

① ［明］李逊之：《三朝野纪》卷四《崇祯朝纪事》，第 140 页。
② ［清］陈鼎：《东林列传》卷一八《刘鸿训传》，第 406 页。
③ ［明］文秉：《烈皇小识》卷一，第 3 页。
④ ［清］张廷玉等：《明史》卷二五一《刘鸿训传》，第 6482 页。
⑤ ［明］吴应箕：《两朝剥复录》卷六，《四库禁毁书丛刊》史部第 19 册，第 201—202 页。

明代庶吉士出身者在国家治理中的地位刍议

张婷婷

科举制度，自隋朝创设后即一直是中国历代王朝选拔官吏的主要手段。到了明代，为了更有效地选拔和培养高级文官人才，明太祖朱元璋又在科举制度的基础上创设了庶吉士制度。洪武十五年（1382），明太祖恢复了洪武六年（1373）废除的科举制度。洪武十八年（1385），殿试结束后明太祖先将新晋进士授官，之后又“以其未更事，欲优待之。俾之观政于诸司，给以所出身禄米，俟其谙练政体，然后擢任之。其在翰林院、承敕监等近侍衙门者，采《书经》‘庶常吉士’之义，俱称为庶吉士；其在六部及诸司者，仍称进士。”[①] 庶吉士制度由此正式创设。永乐三年（1405），庶吉士开始专属翰林。之后庶吉士制度逐渐发展和完善，形成了一套比较系统和规范化的考选、培养和授职程序：每科科举考试的殿试完成后，从二甲、三甲进士中再考选优秀者入翰林院进学，由皇帝选派专门的馆师对庶吉士进行教习和定期的学业考核。三年学成之后，根据成绩授予官职，“优者留翰林为编修、检讨，次者出为给事、御史”[②]，亦有少许授部属官和外官者。庶吉士制度成为明代培养高级文官的主要机制。

有明一代，庶吉士共考选 59 科，至少 1458 人[③]。作为从各科进士中再次优中选优的人才，大多数庶吉士本身已经具备比较出色的才识和秉性，之后又在翰林院接受了全方位的培养，所以成才率颇高，并且名臣辈出。他们在明代国家治理中占据着重要地位，并深刻影响了政治、经济、军事和文化等各方面的运行。本文即从文学侍从和经世治国两个方面入手，对其进行一番分析。

一　文学侍从

《明史·职官志》称：翰林“学士掌制诰、史册、文翰之事，以考议制度，详正文书，备天子顾问。凡经筵日讲，纂修实录、玉牒、史志诸书，编纂六曹章奏，皆奉敕而统承之”[④]。修撰、编

---

① 《明太祖实录》卷一七二，洪武十八年三月丙子，北京，中华书局，2016 年，第 2627 页。

② ［清］张廷玉：《明史》卷七〇《选举志二》，北京，中华书局，1974 年，第 1701 页。

③ 根据《明实录》《国榷》《旧京词林志》以及各种地方志和明人文集进行梳理，并参考郭培贵《明代各科庶吉士数量、姓名、甲第、地理分布及其特点考述》和台湾清华大学历史研究所王淳庆硕士论文《清华之选——明代庶吉士考选与教习馆课变迁考》附表“明代历科庶吉士与教习官一览表”进行统计，庶吉士总数为 1458 人。但因成化五年科之前各科庶吉士名单的史料还有待发掘，故明代实际庶吉士的人数应该多于 1458 人。此外，如洪武六年和七年进学者，永乐二年、四年、九年“下第举人”者以及其所谓有读书中秘之实而无其名者，崇祯七年、十年、十三年选馆员者，南明政权考选者，皆未列入统计范围。

④ ［清］张廷玉：《明史》卷七三《职官志二》，第 1786 页。

修、检讨等史官“掌修国史。凡天文、地理、宗潢、礼乐、兵刑诸大政，及诏敕、书檄，批答王言，皆籍而记之，以备实录。国家有纂修著作之书，则分掌考辑撰述之事。经筵充展卷官，乡试充考试官，会试充同考官，殿试充收卷官。凡记注起居，编纂六曹章奏，誊黄册封等咸充之”①。庶吉士散馆后，成绩优异者多留翰林院为编修、检讨，成为翰林官的主要来源。而且因为他们大多经过专业的诗文训练和培养，所以普遍拥有很高的文学才华，很多人的文章在为翰林官时便已蜚声朝堂。如景泰五年（1454）科庶吉士丘濬的文章“雄浑壮丽，四方求者沓至。至碑碣铭志序记词赋之作，流布远迩”②。嘉靖三十二年（1553）科庶吉士姜宝，“及其成进士，入读中秘书，晋史馆，诸应制酬物之作斐然矣”③。再如万历三十二年（1604）科庶吉士骆从宇入词林后，“橐笔侍从者二十有七年，其间馆试、代言、衡文、缉史，种种伟纂，业已传播海内”④。

之后，庶吉士出身者在担任翰林官以及升任的其他官职时，皆不断参与大量国家文翰工作，并在其中发挥着重要作用。试举两例：

（一）参与大型史籍的纂修工作

从永乐到天顺二年（1458）之前，翰林纂修一直是“诸色参用”⑤。景泰年间，大学士陈循等人“私其所举，以杂流冒铨，一时翰苑多委靡昏钝浮薄之流，吏部不敢别调”⑥。从而给翰林院的工作造成很大困扰。所以在天顺二年，大学士李贤借重修《寰宇通志》之机，奏定纂修专选进士。书成后改名《大明一统志》，与修人员⑦有：

总裁（3）：李贤、彭时、吕原

副总裁（3）：林文、刘定之、钱溥

纂修官（21）：**<u>万安</u>**、**<u>李泰</u>**、孙贤、**<u>刘珝</u>**、陈鉴、**<u>刘吉</u>**、**<u>童缘</u>**、黎淳、**<u>牛纶</u>**、王僎、**<u>戚澜</u>**、徐溥、**<u>李本</u>**、**<u>丘濬</u>**、**<u>彭华</u>**、**<u>尹直</u>**、徐琼、陈秉中、**<u>杨守陈</u>**、**<u>邢让</u>**、**<u>张业</u>**

与修人员共27人，庶吉士出身者（字体加粗并加下划线者）14人，所占比例为51.2%。

之后，庶吉士出身者在国家纂修工作中始终占据着重要地位。如弘治时期纂修《大明会典》，据《明孝宗实录》的记载，与修人员⑧如下：

---

① ［清］张廷玉：《明史》卷七三《职官志二》，第1786页。

② ［明］徐纮：《明名臣琬琰录附明名臣琬琰续录》卷二一《太学士文庄丘公墓志铭》，《文渊阁四库全书》第453册，上海，上海古籍出版社，1988年，第489页。

③ ［明］姜宝：《姜凤阿先生文集》卷首《姜凤阿先生文集序》，《四库全书存目丛书》集部127册，济南，齐鲁书社，1997年，第444页。

④ ［明］骆从宇：《澹然斋文集》卷首《澹然斋存稿叙》，《四库禁毁书丛刊补编》第66册，北京，北京出版社，2005年，第455页。

⑤ ［清］张廷玉：《明史》卷七十《选举志二》，第1701页。

⑥ ［明］王圻：《续文献通考》卷八六《职官考·翰林院》，明万历三十年松江府刻本。

⑦ ［明］李贤等：《大明一统志》卷首《奉敕修〈大明一统志〉官员职名》，西安，三秦出版社，1990年。各类书籍进行编纂时，除通常的总裁、副总裁、纂修官外，因事务繁杂程度不同还设有监修官、催纂官、誊录官和收掌一应文籍和稽校考对等。因监修官、催纂官皆不动笔，誊录官和收掌一应文籍也对纂修内容无文字修改权，故此处的与修人员，未将四者列入。下文亦依此例，不再一一标注和说明。

⑧ 《明孝宗实录》卷一二三（弘治十年三月戊申）、卷一二八（弘治十年八月壬申）、卷一五四（弘治十二年九月戊寅）、卷一九六（弘治十六年二月乙丑）、卷一九七（弘治十六年三月辛未），上海，上海古籍出版社，1983年，第2196、2271、2750、3627—3628、3633—3634页。

总裁（4）：徐溥、**刘健**、**李东阳**、谢迁

副总裁（8）：程敏政、王鏊、杨守阯、**李杰**、**焦芳**、**傅瀚**、**张元祯**、吴宽

纂修官（19）：**梁储**、王华、**刘机**、**江澜**、**武卫**、**张芮**、**杨廷和**、刘春、**杨时畅**、白钺、靳贵、毛澄、朱希周、**毛纪**（《实录》中原为毛继，笔者改）、**顾清**、**傅珪**、陈澜、夏赉、潘辰

参与纂修者共31人，庶吉士出身者（字体加粗并加下划线者）16人，比例同样超过50%。

到万历时期，重修《大明会典》，共27人参与纂修①，庶吉士出身者（字体加粗并加下划线者）21人，所占的比例为达到77.8%，具体名单为：

总裁（3）：申时行、**许国**、王锡爵

副总裁（7）：**沈鲤**、**沈一贯**、**朱赓**、**王弘诲**、**张位**、**于慎行**、**徐显卿**

纂修官（17）：**赵用贤**、**刘虞夔**、**刘元震**、孙继皋、**黄洪宪**、曾朝节、**刘楚先**、**张应元**、**陆可教**、**杨起元**、**杨德政**、**冯琦**、**庄履丰**、萧良有、王庭撰、**余继登**、**沈自邠**

实录的纂修亦是如此。据成化三年（1467）进呈的《明英宗实录》，其与修人员②包括：

总裁（2）：陈文、彭时

副总裁（2）：刘定之、**吴节**

纂修官（28）：柯潜、**万安**、**李泰**、孙贤、**刘珝**、黎淳、**童缘**、**刘宣**、**刘吉**、陈鉴、**丘濬**、**江朝宗**、**杨守陈**、王一夔、彭教、**彭华**、**尹直**、徐琼、陈秉中、李永通、郑环、**刘健**、**汪谐**、**张元祯**、吴钺、罗璟、**耿裕**、**周经**

稽考参对（7）：**李东阳**、**倪岳**、**谢铎**、**焦芳**、**陈音**、程敏政、**吴希贤**

参与纂修人员共39人，庶吉士出身者（字体加粗并加下划线者）23人，所占比例为59%。

万历初期纂修《明穆宗实录》，与修人员③如下：

总裁（2）：**张居正**、吕调阳

副总裁（5）：**王希烈**、丁士美、**汪镗**、申时行、王锡爵

纂修官（23）：范应期、**陈经邦**、**何洛文**、**许国**、罗万化、赵志皋、**王家屏**、**田一儁**、**陈于陛**、**徐显卿**、**李维桢**、**张位**、**韩世能**、**张一桂**、**于慎行**、**沈懋孝**、**李长春**、**林偕春**、**成宪**、**高启愚**、**沈一贯**、**习孔教**、**范谦**

参与纂修者共30人，庶吉士出身者（字体加粗并加下划线者）23人，占总人数的76.7%。

（二）担任馆师

明初，庶吉士并无专人教习，永乐三年（1405）春首批庶吉士进学时，由解缙总领其事。到宣德五年（1430）科，明宣宗"令学士王直为之师，尝提督教训，所作文字亦为开发改窜。"④教习制度正式创设，教习官通常被称为馆师。作为庶吉士这一高级文官后备人才的教习官，馆师必须具备

---

① ［明］申时行等：（万历）《明会典》卷首《奉敕重修〈大明会典〉官员职名》扬州，广陵书社，2007年，第27—28页。

② 《明英宗实录》卷首《修纂官》，上海，上海古籍出版社，1983年。

③ 《明穆宗实录》卷首《修纂官》，上海，上海古籍出版社，1983年。

④ 《明宣宗实录》卷六四，宣德五年三月己巳，上海，上海古籍出版社，1983年，第1524页。

非常强的素质、能力及丰富的时政经验，以便能够对庶吉士的学业进行指导和考核。换言之，馆师的总体文化素养必须“高于新选庶吉士并为其所信服，从而保障师资质量和教习秩序的正常运行”①。据《明会典》记载，每科庶吉士送翰林院读书后，由内阁“奏请学士以上等官二员教习”②。正德六年（1511），靳贵开始以吏部右侍郎兼翰林学士掌教习。“万历以后，掌教习者，专以吏、礼二部侍郎二人”③。同时亦有礼部尚书掌教习者。

无论是吏、礼二部侍郎还是礼部尚书，他们一般皆有翰林官的经历，而庶吉士则是翰林官的主要来源，所以庶吉士出身的馆师构成了馆师的主体。

表 1　明代翰林院馆师表

科次	馆师
宣德五年科	**王直**
宣德八年科	**王直**
正统元年科	**王直**、**王英**
正统十三年科	**习嘉言**、王一宁、赵恢、刘铉、**王振**
景泰五年科	彭时、刘俨
天顺四年科	刘定之、钱溥
天顺八年科	刘定之、柯潜
成化二年科	刘定之、柯潜
成化五年科	陈鉴、**丘濬**
成化十四年科	**王献**、谢一夔
成化二十三年科	**汪谐**、**傅瀚**
弘治六年科	**傅瀚**、**李东阳**
弘治九年科	张升、王鏊
弘治十五年科	**梁储**、王华
弘治十八年科	**张元祯**、**刘机**、白钺、李旻
正德三年科	**傅珪**
正德六年科	靳贵、**蒋冕**
正德十二年科	**毛纪**、**顾清**、**石珤**、**李逊学**
正德十六年科	刘春、刘龙
嘉靖五年科	**温仁和**、董玘

① 郭培贵、刘明鑫：《明代的庶吉士教习官》，《安徽师范大学学报（人文社会科学版）》2015 年第 3 期。

② 《明会典》卷二二一《翰林院》，北京，中华书局，1989 年，第 1097 页。

③ ［清］张廷玉：《明史》卷七三《职官二》，第 1788 页。

续表

科次	馆师
嘉靖十一年科	顾鼎臣
嘉靖十四年科	顾鼎臣、张邦奇
嘉靖二十年科	张潮
嘉靖二十六年科	张治、徐阶、欧阳德
嘉靖三十二年科	程文德、闵如霖
嘉靖四十四年科	高仪、陈以勤、秦鸣雷
隆庆二年科	殷士儋、赵贞吉、陆树声
隆庆五年科	高仪、吕调阳、张四维、马自强、丁士美
万历五年科	王希烈、王锡爵、汪镗
万历十一年科	陈经邦、周子义、王家屏、沈一贯
万历十四年科	朱赓、张位、王弘诲
万历十七年科	沈一贯、田一俊、韩世能
万历二十年科	罗万化、赵用贤、陈于陛、范谦
万历二十三年科	刘元震、刘楚先
万历二十六年科	刘元震、曾朝节
万历二十九年科	曾朝节、冯琦、敖文祯
万历三十二年科	周应宾、唐文献、杨道宾、黄汝良
万历三十五年科	萧云举、王图
万历四十一年科	顾秉谦、孙如游、刘楚先
万历四十七年科	韩爌、刘一燝、李腾芳、郑以伟、公鼐
天启二年科	顾秉谦、周如磐
天启五年科	丘士毅、李康先、杨景辰
崇祯元年科	叶灿、罗喻义、刘钟英、姜逢元
崇祯十六年科	雷跃龙、张维机

资料来源：《明实录》《国榷》《万历起居注》《科试考》。

据表1，有明一代，共有101人先后担任翰林馆师，庶吉士出身的有72位，比例高达71%。而且很多人在任期间兢兢业业，培养出了诸多人才。如弘治六年（1493）科庶吉士顾清，以詹事府少詹事兼翰林院学士担任正德十二年（1517）科馆师，“陶镕造就，一时出门下者若江右舒芬、南广伦以训、建康陈沂、贵溪汪佃、关中马汝骥”[①]，被称为一代雅流。再如嘉靖二十六年（1547）科庶吉士殷士儋，以掌詹事府事礼部尚书兼翰林院学士担任隆庆二年（1568）科馆师，他认为“朝廷抡天下士，储之禁苑，责以后效，士不通经博闻而以华词应世，与张空券何异？故日夜程督诸吉士，取古人文博丽者，命之成诵。其评驳文艺，惟责实学，不以空言为质。诸吉士各务强学稽古，以称塞师法”[②]。

此外，明代庶吉士后来以文学之名称世者亦是众多。如弘治九年（1496）科庶吉士王九思和弘治十五年科庶吉士王廷相，皆以诗文名列明代文学流派“前七子”之中；而万历十四年（1586）科的袁宗道和万历十七年（1589）科的黄辉，则是明后期公安派的代表人物。其他，如天顺八年（1464）科庶吉士李东阳“著有《怀麓堂前后续稿》百余卷，凡朝廷诏、册、谥、议诸大制作，多出其手。诗篇碑板，传播四裔”[③]。《明史》赞道：“自明兴以来，宰臣以文章领袖缙绅者，杨士奇后，东阳而已。[④]”正德十二年（1517）科庶吉士王廷陈才华横溢，“诗文重当世，一时才士鲜能过之”[⑤]。隆庆二年（1568）科庶吉士李维桢的文章“弘肆有才气，海内请求者无虚日，能屈曲以副其所望”[⑥]。崇祯四年（1631）科庶吉士张溥不仅被称赞“砥行博闻，所纂述经史，有功圣学”[⑦]，而且其“诗文敏捷。四方征索者，不起草，对客挥毫，俄顷立就，以故名高一时”[⑧]。

二 经世治国

万历五年（1577）科庶吉士冯梦祯在谈到庶吉士制度对于明代官员培养发挥的作用时，曾说：“名卿硕辅，繇此途出者十之八九。”[⑨]而事实的确如其所言。

（一）言官

在明代，言官是御史和给事中的合称，“御史为朝廷耳目，而给事中典章奏，得争是非于廷陛间，皆号称言路”[⑩]。而十三道监察御史及六科给事中作为基层言官，又被合称为科道。二者的品级虽然不高（分别是正七品和从七品），但是却身肩重任，职权广泛，构成了监察系统的主力。前者属都察院，“主察纠内外百司之官邪，或露章面劾，或封章奏劾。在内两京刷卷，巡视京营，监临乡、会试及武举，巡视光禄，巡视仓场，巡视内库、皇城、五城，轮值登闻鼓。在外巡按，清军，

---

① ［明］焦竑撰，顾思点校：《玉堂丛语》卷六《师友》，北京，中华书局，1981年，第196页。

② ［明］于慎行：《谷城山馆文集》卷二八《明故光禄大夫少保兼太子太保礼部尚书武英殿大学士赠太保谥文庄棠川殷公行状》，《四库全书存目丛书》集部148册，济南，齐鲁书社，1997年，第80页。

③ 《明武宗实录》卷一三九，正德十一年七月己亥，上海，上海古籍出版社，1983年，第2746页。

④ ［清］张廷玉：《明史》卷一八一《李东阳传》，第4824页。

⑤ ［清］张廷玉：《明史》卷二八六《王廷陈传》，第7360页。

⑥ ［清］张廷玉：《明史》卷二八八《李维桢传》，第7386页。

⑦ ［清］张廷玉：《明史》卷二八八《张溥传》，第7405页。

⑧ ［清］张廷玉：《明史》卷二八八《张溥传》，第7405页。

⑨ ［明］冯梦祯：《快雪堂集》卷二《刻历科词林馆课序》，《四库全书存目丛书》集部164册，济南，齐鲁书社，1997年，第60页。

⑩ ［清］张廷玉：《明史》卷一八〇《赞》，第4803页。

提督学校，巡盐，茶马，巡漕，巡关，攒运，印马，屯田。师行则监军纪功，各以其事专监察。而巡按则代天子巡狩，所按藩服大臣、府州县官诸考察，举劾尤专，大事奏裁，小事立断”①。后者则“掌侍从、规谏、补阙、拾遗、稽察六部百司之事。凡制敕宣行，大事覆奏，小事署而颁之；有失，封还执奏。凡内外所上章疏下，分类抄出，参署付部，驳正其违误”②。

明代庶吉士的授职，随着成化以后“不授中书”③，便主要集中在了翰林和科道二途。换言之，科道成为除翰林院外，庶吉士授职人数最多的部门。

表 2 明代庶吉士授职言官表

科次	庶吉士总人数	授职御史人数	授职给事中人数	授职言官总人数	言官授职比例
洪武十八年科	9	0	0	0	0%
洪武二十一年科	4	2	0	2	50%
建文二年科	1	0	0	0	0%
永乐二年科	127	9	11	20	15.75%
永乐四年科	34	5	0	5	14.71%
永乐七年科	12	1	0	1	8.33%
永乐十年科	21	2	1	3	14.26%
永乐十三年科	66	4	1	5	7.58%
永乐十六年科	56	7	1	8	14.29%
永乐十九年科	15	2	2	4	26.67%
永乐二十二年科	10	1	4	5	50%
宣德二年科	2	0	0	0	0%
宣德五年科	19	0	3	3	15.79%
宣德八年科	12	1	0	1	8.33%
正统元年科	16	0	3	3	18.75%
正统七年科	1	0	0	0	0%
正统十三年科	30	1	8	9	30%
景泰二年科	25	5	1	6	24%
景泰五年科	18	7	6	13	72.22%
天顺四年科	16	0	0	0	0%
天顺八年科	19	0	0	0	0%

① ［清］张廷玉：《明史》卷七三《职官志二》，第 1768 页。

② ［清］张廷玉：《明史》卷七四《职官志三》，第 1805 页。

③ ［明］黄佐：《翰林记》卷三《庶吉士铨法》，《文渊阁四库全书》第 596 册，上海，上海古籍出版社，1988 年，第 883 页。

续表

科次	庶吉士总人数	授职御史人数	授职给事中人数	授职言官总人数	言官授职比例
成化二年科	26	6	3	9	34.62%
成化五年科	18	11	1	12	66.67%
成化十四年科	28	4	8	12	42.85%
成化二十三年科	30	5	5	10	33.33%
弘治六年科	20	3	6	9	45%
弘治九年科	20	3	8	11	55%
弘治十五年科	20	1	8	9	45%
弘治十八年科	30	4	11	15	50%
正德三年科	5	0	0	0	0%
正德六年科	33	1	10	11	33.33%
正德十二年科	34	3	10	13	38.24%
正德十六年科	24	5	6	11	45.83%
嘉靖五年科	22	1	1	2	9.09%
嘉靖十一年科	21	2	3	5	23.81%
嘉靖十四年科	30	2	7	9	30%
嘉靖二十年科	33	7	8	15	45.45%
嘉靖二十六年科	28	7	8	15	53.57%
嘉靖三十二年科	28	4	7	11	39.29%
嘉靖四十四年科	28	8	6	14	50%
隆庆二年科	30	4	7	11	36.67%
隆庆五年科	30	5	8	13	43.33%
万历五年科	28	8	6	14	50%
万历十一年科	28	6	7	13	46.43%
万历十四年科	22	5	7	12	54.55%
万历十七年科	22	4	5	9	40.91%
万历二十年科	18	3	5	8	44.44%
万历二十三年科	18	3	2	5	27.78%
万历二十六年科	21	3	2	5	23.81%
万历二十九年科	21	4	5	9	42.86%

续表

科次	庶吉士总人数	授职御史人数	授职给事中人数	授职言官总人数	言官授职比例
万历三十二年科	23	3	3	6	26.09%
万历三十五年科	18	2	3	5	27.78%
万历四十一年科	23	2	3	5	21.74%
万历四十七年科	23	0	3	3	13.04%
天启二年科	36	2	4	6	16.67%
天启五年科	18	0	1	1	5.56%
崇祯元年科	30	4	6	10	33.33%
崇祯四年科	22	4	2	6	27.28%
崇祯十六年科	36	0	0	0	未授职
共计	1458	186	236	422	28.94%

资料来源：《明实录》《国榷》《弇山堂别集》《万历起居注》等，并辅以庶吉士所属各省、县的方志。

从表 2 可以看出，有明一代庶吉士授职科道的总比例接近 30%，59 科中有 28 科的授职科道比例超过 30%，有 9 科达到甚至超过 50%。他们构成了明代言官的生力军，并且在初入仕途时便充分履行职责，积极谏言封驳。如永乐二年（1404）科庶吉士罗亨信，散馆授为工科给事中，“出视浙江水灾，奏蠲三县租”[①]。再如成化二十三年（1487）科庶吉士屈伸，散馆授礼科给事中，弘治时“京师民讹言寇近边，兵部请榜谕”[②]。伸言：“若欲榜示中外，恐众愈惊疑，讹言益甚。虽曰禁之，实所以摇之。昔汉建始中，京师讹言大水，至诏吏民上城避水，王商以为不宜重惊百姓，顷之遂定。晋太元中，符坚大举入寇，都下震恐，诏谢玄等帅师拒之，玄授计于安处以镇静，卒致坚败走。今日讹言未必如汉之大水、坚之深入，不宜重摇人心，万一北虏闻之，非所以示威武也。”[③]事遂寝。万历五年（1577）科庶吉士王国散馆授御史，“出视畿辅屯田，清成国公朱允祯等所侵地九千六百余顷。”[④]后因张居正疏荐潘晟入阁，王国与同官潘士桢、魏允贞以及给事中张鼎思、王继光、孙玮、牛惟炳等皆抗言，潘晟“不得已，具疏辞”[⑤]。

当然，他们的建言亦会经常碰壁。如屈伸，明孝宗在“弘治九年诏度僧，礼部争不得。伸极陈三不可，不纳”[⑥]。再如嘉靖初，“‘大礼’议起，廷臣争者多得罪”[⑦]。庶吉士出身的给事中张翀、刘济、安磐等便因忤旨疏救而被廷杖遣戍。再如麻僖，万历三十五年（1607）科庶吉士，散馆授兵科

① ［清］张廷玉：《明史》卷一七二《罗亨信传》，第 4579 页。
② ［清］张廷玉：《明史》卷一八〇《屈伸传》，第 4799 页。
③ 《明孝宗实录》卷一二六，弘治十年六月辛卯，第 2246 页。
④ ［清］张廷玉：《明史》卷二三二《王国传》，第 6059 页。
⑤ 《明神宗实录》卷一二五，万历十年六月庚戌，第 2337 页。
⑥ ［清］张廷玉：《明史》卷一八〇《屈伸传》，第 4799 页。
⑦ ［清］张廷玉：《明史》卷一九二《刘济传》，第 5090 页。

给事中，万历四十年（1612）“疏陈纳谏诤、举枚卜、补大僚、登遗佚、速考选数事，不报”[①]。万历四十一年（1613）“请裁革镇守，设立总兵。不报”[②]。尽管如此，他们中的很多人仍然一直在监察系统坚守职责，“振风裁而耻缄默。自天子、大臣、左右近习无不指斥极言”[③]。如罗亨信在明仁宗即位后被擢为御史，“核通州仓储，巡按畿内，清军山西，皆有声”[④]。正统十年（1445）进右副都御史。屈伸屡迁兵科都给事中，在谏垣多年，“持议侃侃不挠”[⑤]。刘济亦是“在谏垣久，言论侃侃，多与权幸相枝柱，直声甚震，帝滋不能堪”[⑥]。

左右都御史是明代监察系统的最高官职，列七卿之位。据《明史·七卿年表》，庶吉士出身的左右都御史共有 5 人，分别为杨靖（洪武十八年科）、王翺（永乐十三年科）、张敷华（天顺八年科）、王廷相（弘治十五年科）、赵贞吉（嘉靖十四年科）。他们中有从入仕即为言官者，如王廷相，弘治十五年科庶吉士，授兵科给事中，后为御史。嘉靖二年（1523）以右副都御史巡抚四川，讨平芒部贼沙保，嘉靖十二年（1533）升为左都御史。其“掌内台最久，有威重”[⑦]。也有从其他职位迁转而来者，如张敷华，天顺八年（1464）科庶吉士，成化元年（1465）散馆时自愿到兵部任主事，十一年（1475）擢右副都御史，巡抚山西。“部内赋输大同，困于折价。敷华请太原以北可通车者仍输米，民便之。改抚陕西，制婚娶、丧葬之式，纳民于礼”[⑧]。十二年（1476）改右都御史，“总督漕运兼巡抚淮、扬诸府。高邮湖堤圮，浚深沟以杀水势。又筑宝应堤。民利赖焉”[⑨]。正德元年（1506）升为左都御史。

（二）阁臣和六部尚书

明太祖朱元璋在明初废宰相之职，后设大学士以备顾问。永乐年间，明成祖召解缙、胡广、杨荣等直文渊阁，阁臣开始参与机务。仁宗以后，“阁职渐崇”[⑩]，阁权亦益重，“嘉靖以后，朝次班列，俱列六部之上”[⑪]。换言之，阁臣行丞相之权。而礼部尚书“掌天下礼仪、祭祀、宴飨、贡举之政令”[⑫]。二者地位之尊崇，不言自明。天顺二年（1458）之后，“非进士不入翰林，非翰林不入内阁，南、北礼部尚书、侍郎及吏部右侍郎，非翰林不任”[⑬]。故翰林出身的官员成为明代高级文官的主要来源，而庶吉士作为除鼎甲三人外翰林官的最主要来源，他们充阁臣、掌礼部，对于国家大政方针有充分的话语权。

据《明史》的《宰辅年表》和《七卿年表》，明代阁臣和天顺以后礼部尚书的任职人员如下：

---

① ［清］张廷玉：《明史》卷二六四《麻僖传》，第 6828 页。
② 《明神宗实录》卷五〇四，万历四十一年正月乙酉，第 9587 页。
③ ［清］张廷玉：《明史》卷一八〇《赞》，第 4803 页。
④ ［清］张廷玉：《明史》卷一七二《罗亨信传》，第 4579 页。
⑤ ［清］张廷玉：《明史》卷一八〇《屈伸传》，第 4801 页。
⑥ ［清］张廷玉：《明史》卷一九二《刘济传》，第 5090 页。
⑦ ［清］张廷玉：《明史》卷一九四《王廷相传》，第 5156 页。
⑧ ［清］张廷玉：《明史》卷一八六《张敷华传》，第 4918 页。
⑨ ［清］张廷玉：《明史》卷一八六《张敷华传》，第 4919 页。
⑩ ［清］张廷玉：《明史》卷七二《职官志一》，第 1734 页。
⑪ ［清］张廷玉：《明史》卷七二《职官志一》，第 1734 页。
⑫ ［清］张廷玉：《明史》卷七二《职官志一》，第 1746 页。
⑬ ［清］张廷玉：《明史》卷七十《选举志二》，第 1702 页。

表 3　明代阁臣和礼部尚书表

入职时间	阁臣	礼部尚书
永乐	黄淮、胡广、杨荣、**解缙**、杨士奇、金幼孜、胡俨	
洪熙	杨溥、权谨	
宣德	张瑛、陈山	
正统	马愉、曹鼐、陈循、苗衷、**高谷**、**张益**、彭时、商辂	
景泰	俞纲、**江渊**、王一宁、**萧镃**、王文	
天顺	**徐有贞**、**许彬**、薛瑄、李贤、吕原、岳正、陈文	杨善、肖晅、石瑁、姚夔
成化	刘定之、**万安**、**刘珝**、**刘吉**、**彭华**、**尹直**、徐溥、**刘健**	邹干、张文质、周洪谟
弘治	**丘濬**、**李东阳**、谢迁	**耿裕**、**倪岳**、徐琼、**傅瀚**、张升
正德	**焦芳**、王鏊、**杨廷和**、刘宇、曹元、**梁储**、**刘忠**、费宏、靳贵、杨一清、**蒋冕**、**毛纪**、袁宗皋	**李杰**、**刘机**、周经、白钺、费宏、**傅珪**、刘春、**毛纪**、**李逊学**、毛澄
嘉靖	**石珤**、**贾咏**、**翟銮**、张璁、桂萼、**李时**、**方献夫**、夏言、顾鼎臣、**严嵩**、许赞、**张璧**、**张治**、**李本**、徐阶、袁炜、**严讷**、李春芳、**郭朴**、**高拱**	罗钦顺、**汪俊**、席书、**吴一鹏**、桂萼、**方献夫**、**李时**、夏言、**严嵩**、**张璧**、**费寀**、**孙承恩**、徐阶、欧阳德、**王用宾**、吴山、袁炜、**严讷**、李春芳、**董份**、**高拱**、**高仪**
隆庆	**陈以勤**、**张居正**、**赵贞吉**、**殷士儋**、**高仪**、吕调阳	**殷士儋**、潘晟、吕调阳、**陆树声**
万历	**张四维**、**马自强**、申时行、余有丁、**许国**、王锡爵、**王家屏**、赵志皋、**张位**、**陈于陛**、**沈一贯**、**沈鲤**、**朱赓**、**于慎行**、李廷机、**叶向高**、**方从哲**、吴道南、史继偕、**沈潅**	**万士和**、**马自强**、徐学谟、**陈经邦**、**沈鲤**、**朱赓**、**于慎行**、**李长春**、罗万化、**范谦**、**余继登**、**冯琦**、李廷机、杨道宾、吴道南、翁正春、孙慎行、**何宗彦**、**孙如游**
泰昌	**何宗彦**、**刘一燝**、**韩爌**、朱国祚、**孙如游**	
天启	孙承宗、**顾秉谦**、**朱国祯**、**朱延禧**、**魏广微**、**周如磐**、**黄立极**、**丁绍轼**、**冯铨**、施凤来、张瑞图、**李国榗**、**来宗道**、**杨景辰**、**周道登**、**钱龙锡**、**刘鸿训**、**李标**	**顾秉谦**、**盛以弘**、**林尧俞**、**薛三省**、**李思诚**、**来宗道**、**孟绍虞**
崇祯	**成基命**、周延儒、**何如宠**、**钱象坤**、**温体仁**、吴宗达、**郑以伟**、**徐光启**、钱士升、**王应熊**、**何吾驺**、文震孟、张至发、林焊、黄士俊、孔贞运、贺逢圣、**刘宇亮**、傅冠、薛国观、程国祥、杨嗣昌、**方逢年**、蔡国用、范复粹、**姚明恭**、**张四知**、魏炤乘、谢升、**陈演**、**蒋德璟**、**黄景昉**、吴甡、魏藻德、**李建泰**、方岳贡、范景文、**丘瑜**	**何如宠**、**李腾芳**、**黄汝良**、**李康先**、**黄士俊**、**姜逢元**、**林欲楫**、**倪元璐**、**王铎**

注：（1）入职时间为初次担任时间，多次担任者皆只记录初次时间；（2）字体加粗并加下划线者为庶吉士出身者。

如表 3 所示，明代到任的阁臣共 162 位，87 位为庶吉士出身，所占比例为 53.7%。从天顺元年（1457）到明亡，共有 83 人担任过礼部尚书，51 位为庶吉士出身，所占比例约为 61%。

同据《明史・七卿年表》，在吏部、户部、兵部、刑部、工部等五部尚书中，庶吉士出身者虽然数量不多，但是亦占据着重要地位。具体如下：

吏部尚书（14）：王直、王翱、尹旻、耿裕、王恕、焦芳、刘机、石珤、方献夫、李默、郭朴、严讷、高拱（以内阁兼署）、梁梦龙

户部尚书（4）：杨靖、郭资、周经、倪元璐

兵部尚书（6）：沈溍、丁汝夔、刘大夏、赵廷瑞、王邦瑞、梁梦龙

刑部尚书（3）：杨靖、韩继思、李觉斯

工部尚书（4）：沈溍、江渊、温仁和、冯从吾

而且，他们中的很多人，如李东阳、高拱、张居正、徐光启等，都对当时的朝政乃至明代历史进程产生了重要影响。李东阳，天顺八年科庶吉士，于弘治八年（1495）入文渊阁参与机务，与首辅刘健等“竭心献纳，时政阙失必尽言极谏”[①]。武宗即位后，宦官刘瑾得志乱政，他“随事弥缝，去太去甚”[②]，多所补救，保全了众多朝臣。高拱，嘉靖二十年（1541）科庶吉士，于嘉靖四十五年（1566）晋礼部尚书兼文渊阁大学士，隆庆三年（1569）兼吏部尚书。其“练习政体，负经济才，所建白皆可行。其在吏部，欲遍识人才，授诸司以籍，使署贤否，志爵里姓氏，月要而岁会之。仓卒举用，皆得其人”[③]。神宗即位后，其“以主上幼冲，惩中官专政，条奏请诎司礼权，还之内阁”[④]。张居正，嘉靖二十六年科庶吉士，于隆庆元年（1567）二月晋吏部左侍郎兼东阁大学士，四月升礼部尚书武英殿大学士。神宗初政时，其“起衰振隳”[⑤]，为政“以尊主权、课吏职、信赏罚、一号令为主。虽万里外，朝下而夕奉行”[⑥]。为了应对明王朝的财政危机，他改革赋税制度，于万历九年（1581）成功在全国范围内推行赋税合一的一条鞭法。徐光启，万历三十二年（1604）科庶吉士，崇祯三年（1630）以礼部左侍郎升礼部尚书，崇祯五年（1632）兼东阁大学士，参与机务。其从传教士利玛窦“学天文、历算、火器，尽其术。遂遍习兵机、屯田、盐策、水利诸书”[⑦]。他所著的《农政全书》被称为集中国古代农业科学之大成的巨作。其他，如其主持编修的《崇祯历书》、与西方传教士共同编译的《几何原本》和《泰西水法》等，则对西方先进科技和思想在中国的传播做出了重要贡献。

三　结语

庶吉士制度是明代高级文官的主要培养制度，为有明一代各级政府输送了大批有作为的高级文

① ［清］张廷玉：《明史》卷一八一《李东阳传》，第4822页。
② 《明武宗实录》卷一三九，正德十一年七月己亥，上海，上海古籍出版社，1983年，第2746页。
③ ［清］张廷玉：《明史》卷二一三《高拱传》，第5640页。
④ ［清］张廷玉：《明史》卷二一三《高拱传》，第5642页。
⑤ ［清］张廷玉：《明史》卷二一三《赞》，第5653页。
⑥ ［清］张廷玉：《明史》卷二一三《张居正传》，第5645页。
⑦ ［清］张廷玉：《明史》卷二五一《徐光启传》，第6493页。

官人才，从而有效地保障了明代文官系统的正常、有序运转。虽然由于其培养存在着过多关注书本知识和诗文而忽视实践能力训练的弊端，在一定程度上导致了有些庶吉士出身的官员迂腐陈旧，无法真正有效地处理时政事务。如崇祯四年（1631），“内阁票拟疏中有‘何况’二字”[①]，庶吉士出身的阁臣郑以伟竟然误以为是人名，遭到了明思宗的诘问，庶吉士制度也因此被暂时废除。但是总体而言，庶吉士在整个明代国家的治理中占据的地位是非常重要且不可忽视的，大多数的翰林官、一半以上的阁臣和相当数量的六部尚书、科道官员等，皆是庶吉士出身。他们各司其职，切实履行职责，在政治、经济、军事、文化等各项国家事务中皆发挥了更为有效的积极作用，为明王朝二百多年政权的维持做出了重要贡献。

（作者张婷婷，山东师范大学历史文化学院）

① ［明］孙承泽：《春明梦余录》卷三二《翰林院·庶吉士》，《文渊阁四库全书》第868册，上海，上海古籍出版社，1988年，第420页。

明代福建省镇营兵制下海防建置探略

张汉青　肖立军

明初为防范陈友定、方国珍等残余势力及倭寇侵扰，朝廷于沿海设立卫所，组织防御。嘉靖末倭患猖獗，福建沿海地区省镇营兵制的海防建置得到发展。目前学界关于明代福建海防研究[①]，已多有成果，然就省镇营兵制角度进行探讨的专文还比较少，本文拟加尝试。

一　明初福建沿海都司卫所防御

明初福建沿海地区平定后，即开始设置卫所进行防御。洪武元年（1368）相继设立泉州、漳州等卫。关于省城福州地区的卫所设置时间，《明太祖实录》卷六〇记载，洪武四年（1371）正月"置福州卫指挥使司"[②]。（弘治）《八闽通志》卷四〇记载，洪武元年设福州卫[③]。

《明太祖实录》在洪武四年（1371）正月之前的洪武三年（1370）六月乙酉纪事中也提到了福州卫："倭夷寇山东，转掠温、台、明州傍海之民。遂寇福建沿海郡县，福州卫出军捕之"[④]。该书洪武二十三年（1390）八月甲子日下"张赫传"称："洪武元年授（张赫）福州卫指挥使"[⑤]。可见洪武四年以前，福州卫应已设立，其时间应在洪武元年。

明初福建的省级军事机构，初为福州都卫与建宁都卫。建宁都卫设于洪武四年正月[⑥]，但《明太祖实录》未载明福州都卫的设立时间。不过，根据《明太祖实录》所记相关事例，结合《皇明开国功臣录》中"张赫传"[⑦]的记载，透露出的线索似为：洪武元年张赫应任福州卫指挥副使，至洪武三

---

① 参见驻闽海军军事编纂室：《福建海防史》，厦门，厦门大学出版社，1990 年。卢建一：《闽台海防研究》，北京，方志出版社，2003 年。黄友泉：《制度与社会：明中后期福建沿海兵制演变研究》，厦门大学博士学位论文，2013 年。何孟兴：《闽海烽烟：明代福建海防之探索》，中国台北，兰台出版社，2015 年。姜天裁：《明代福建海疆防卫述略（上）、（下）》，《福建史志》2019 年第 1、2 期。林志森、杨为彬、洪婷婷：《论明代福建平海卫防区海防体系的层级特征》，《福州大学学报》2020 年第 2 期。其他有关明代福建海防的论著恕不一一胪列。

② 《明太祖实录》卷六〇，洪武四年正月庚寅，北京，中华书局，2016 年，第 1172 页。

③ （弘治）《八闽通志》卷四〇《公署・武职公署》，福建省地方志编纂委员会旧志整理组、福建省图书馆特藏部整理：《福建地方志丛刊》，福州，福建人民出版社，1990 年，第 844 页。

④ 《明太祖实录》卷五三，洪武三年六月乙酉，第 1056 页。

⑤ 《明太祖实录》卷二〇三，洪武二十三年八月甲子，第 3042 页。

⑥ 《明太祖实录》卷六〇，洪武四年正月甲午，第 1174 页。

⑦ "洪武元年，（张赫）升福州都卫指挥副使，诰授明威将军……三年十一月，升本卫指挥同知，授世袭，诰进怀远将军。四年正月，开设都指挥使司。"参见［明］黄金：《皇明开国功臣录》卷一四《张赫传》，《明代传记丛刊》第 23 册，中国台北，明文书局，1991 年，第 791—792 页。

年十一月，升任福州卫指挥同知。洪武四年正月，开设福州都卫。

洪武八年（1375）十月，福州都卫改为福建都司，增置福州左、右二卫，建宁都卫改为福建行都司，增置建宁左、右二卫。洪武二十六年（1393）颁行的《诸司职掌》提及福建都司下辖的卫所，包括“福州中卫、福州左卫、福州右卫、兴化卫、泉州卫、漳州卫、福宁卫、镇东卫、平海卫、永宁卫、镇海卫”等①，主要为沿海地区的海防卫所。

都司卫所之外，明初偶派功臣、贵戚临时备倭。洪武三年左右，派驸马都尉王恭（一说“王克恭”）为福建行省参政②。洪武三年六月，“泉州府惠安县民陈同作乱……驸马都尉王恭镇福建，闻贼势猖獗，遂自将精兵讨之”③。洪武十七年（1384）正月，“命信国公汤和巡视浙江、福建沿海城池，禁民入海捕鱼，以防倭故也”④。洪武二十年（1387）四月，江夏侯周德兴在福建“按籍抽兵，相视要害可为城守之处，具图以进。凡选丁壮万五千余人，筑城一十六，增置巡检司四十有五，分隶诸卫以为防御”⑤，福建海防建置大为改进。

永乐以后，明廷设立了一批专门负责福建沿海巡视防倭的文官、武将。

备倭都司官的设置。永乐十五年（1417）九月，“命都指挥谷祥、张翥往直隶府州及浙江、福建缘海巡捕海寇”⑥。永乐十九年（1421）正月，因谷祥“有罪下狱死”⑦，由张翥一人统管福建等省防倭事务。正统四年（1439）八月，“命提督备倭官浙江都司都指挥同知张翥提督福建，都指挥佥事吴凯提督浙江”⑧，正式设立专门负责福建一省的备倭都司官。正统五年（1440）正月，“升金山卫指挥同知王胜署福建都指挥佥事，提督备倭”⑨。正统八年（1443）六月，经整饬备倭侍郎焦宏提议，“福建备倭都指挥佥事贾忠、刘海宜令分管地方。自福宁至莆禧八卫所，属忠；自崇武至玄钟十卫所，属海；其总督备倭署都指挥佥事王胜，则令居中往来提督”⑩。可见福建沿海备倭武将设有数名，其中“总督（提督）备倭”综理全省沿海，“备倭”等官分管各自防区。至嘉靖三十九年（1560）五月，福建已设南、北、中三路分守参将，便裁革了备倭都司一职⑪。

巡海防倭文臣的设置。正统八年正月，“命浙江整饬备倭户部右侍郎焦宏兼理福建备倭”⑫，专管浙、福两省防倭事务。同年七月，又派福建布政司右参政周礼协助焦宏，“严督巡捕，遇有倭寇设法擒剿”⑬。焦宏大约在正统八年十月前后还京，之后中央一度未派高级文臣。而负责管理福建海防

---

① ［明］官修：《诸司职掌》，《续修四库全书》史部第748册，上海，上海古籍出版社，1996年，第721页。

② 洪武二年十一月，以“王克恭为福建行省参政”；洪武三年正月，“以驸马都尉王恭为福建行省参政”。分别见《明太祖实录》卷四七，洪武二年十一月庚申，第933页；《明太祖实录》卷四八，洪武三年正月癸巳，第948页。《明太祖实录》中亦提到“驸马都尉王克恭”，二者疑为一人。

③ 《明太祖实录》卷五三，洪武三年六月乙酉，第1056页。

④ 《明太祖实录》卷一五九，洪武十七年正月壬戌，第2460页。

⑤ 《明太祖实录》卷一八一，洪武二十年四月戊子，第2735页。

⑥ 《明太宗实录》卷一九二，永乐十五年九月乙卯，第2025页。

⑦ 《明太宗实录》卷二三三，永乐十九年正月丁卯，第2248页。

⑧ 《明英宗实录》卷五八，正统四年八月戊戌，第1120页。

⑨ 《明英宗实录》卷六三，正统五年正月丙寅，第1209页。

⑩ 《明英宗实录》卷一〇五，正统八年六月乙亥，第2142页。

⑪ 《明世宗实录》卷四八四，嘉靖三十九年五月庚寅，第8086页。

⑫ 《明英宗实录》卷一〇〇，正统八年正月壬戌，第2013页。

⑬ 《明英宗实录》卷一〇六，正统八年七月癸酉，第2157页。

的布政、按察佐官一类文臣应保留了下来,《明实录》中对其称谓不一,分别有“提督海道”“巡督海道”“巡视海道”等[①]。据(弘治)《八闽通志》记载,福建布政司有提督海道一员,“或参政,或参议,皆奉敕专理”。此外,福建按察司亦有提督海道一员,“或副使,或佥事,皆奉敕专理”[②]。《明实录》至迟正统十四年(1449)六月纪事中提到“福建巡海按察佥事”(董应轸)上书言事[③]。

二 正统末至正德间福建镇守文、武、内臣的设置

正统末年至正德年间,明廷曾于福建短暂设立镇守武臣,镇守文臣、内臣则持续时间较长。

福建镇守文臣的设置。(弘治)《八闽通志》卷三〇《秩官》载,福建首任巡抚即为杨勉[④]。检阅《明实录》,永乐十九年(1421)四月,成祖令蹇义等二十六人巡行天下,其中“侍郎杨勉、给事中徐初往福建”[⑤]。可知其仅是短暂巡视地方,不同于后来负责一方军政事务的巡抚。正统元年(1436),吾绅似曾巡抚福建[⑥]。

正统末年至景泰年间,明廷派文臣镇守福建,负责当地军务。正统十四年(1449)四月,命“刑部右侍郎薛希琏镇守福建”[⑦]。景泰三年(1452)十二月,“调守福建尚书薛希琏于山东,镇守浙江尚书孙原贞于福建”[⑧]。景泰五年(1454)十一月至六年(1455)正月间,孙原贞调任浙江镇守文臣。景泰六年闰六月刑部尚书俞士悦请求于福建设立巡抚,但遭到景帝拒绝[⑨]。至嘉靖时期,福建省级文臣或称“巡抚”,或称“巡视”,但不常设。

福建镇守武臣的设置。正统末年,因爆发邓茂七起义,除征伐总兵官的设立外,福建也曾短暂设立镇守武臣。正统十四年四月,命崇信伯费钊镇守福建[⑩]。正统十四年(1449)十一月,“敕都督佥事范雄镇守福建,代崇信伯费钊还京”[⑪]。景泰二年(1451)正月,召镇守福建都督佥事范雄还京[⑫]。

福建镇守内臣的设置。福建镇守内臣的设立似始于正统末。《八闽通志》记载:内臣廖秀,“正统十四年以太监奉命监军讨贼,景泰元年敕留镇守”[⑬]。景泰二年(1451)五月,廖秀还京[⑭]。据《明实录》、(弘治)《八闽通志》、(崇祯)《闽书》等记载,之后任福建镇守内臣的有戴细保、来住、卢

① 分别见《明英宗实录》卷一三六,正统十年十二月庚申,第2707页。《明英宗实录》卷一八五,正统十四年十一月戊寅,第3667页。《明武宗实录》卷一三六,正德十一年五月庚戌,第2713页。《明英宗实录》卷一三六,正统十年十二月庚申,第2707页。

② (弘治)《八闽通志》卷二七《职员·文职》,第584页。

③ 《明英宗实录》卷一七九,正统十四年六月壬申,第3474页。

④ (弘治)《八闽通志》卷三〇《秩官·巡抚》,第618页。

⑤ 《明太宗实录》卷二三六,永乐十九年四月癸丑,第2270页。

⑥ 《明英宗实录》卷二二,正统元年九月辛酉,第450页。

⑦ 《明英宗实录》卷一七七,正统十四年四月庚申,第3414页。

⑧ 《明英宗实录》卷二二四,景泰三年十二月辛亥,第4878页。

⑨ 《明英宗实录》卷二五五,景泰六年闰六月丁卯,第5503—5504页。

⑩ 《明英宗实录》卷一七七,正统十四年四月庚申,第3414页。

⑪ 《明英宗实录》卷一八五,正统十四年十一月辛卯,第3686页。

⑫ 《明英宗实录》卷二〇〇,景泰二年正月丁未,第4248页。

⑬ (弘治)《八闽通志》卷三〇《秩官·镇守》,第618页。

⑭ 《明英宗实录》卷二〇四,景泰二年五月癸亥,第4379页。

永、冯让[①]、吴昱、卢胜、陈道、邓原、梁裕、崔安、杜甫、尚春等人。镇守内臣职权较广，除参与管理当地军政事务外，又专门负责“提督银场”“兼领市舶司事”[②]。嘉靖十年（1531）闰六月，裁革福建镇守内臣[③]。

总之，正统末年至景泰年间，因福建地方盗贼多发，明廷一度设立镇守文臣、武臣、内臣。镇守武臣设置时间极短。景泰后，镇守文臣（巡抚、巡视）也不常设。至嘉靖初年的大多数时间内，福建镇守内臣均有设立。地方有事之际，常出现镇守内臣会同巡按御史与三司官会议，或与三司等官一同处理的情况，镇守太监似为全省最高军政长官。

三　嘉隆万福建总副参游等抗倭营兵将领设置

嘉靖时期，倭寇肆虐，福建为东南沿海防倭重要阵地。负责福建防倭事务的文臣曾设有：提督军务兼巡抚（有时称“巡视”）浙江都御史（兼管福建海道）、总督浙直福建右军务都御史、巡按福建御史（兼纪功）、巡视海道副使、兵备副使等。

嘉靖中期以前，福建巡抚未能定设。由于倭患猖獗，福建沿海防务曾由浙江巡抚兼理。嘉靖二十六年（1547）七月，都御史朱纨出任“巡抚浙江兼管福建福、兴、建、宁、漳、泉等处海道”[④]。嘉靖三十一年（1552）七月，“改巡抚山东都察院右佥都御史王忬提督军务巡视浙江兼管福、兴、泉、漳地方”[⑤]。嘉靖三十四年（1555）二月，朱隆禧奏请“添设巡视福建都御史”，但遭到兵部拒绝[⑥]。嘉靖三十五年（1556）二月，总督杨宜称“近日福建备倭，浙江督臣遥制不便，请专设一巡抚都御史，即其地经略之”。兵部认为，“设巡抚事体未便，宜暂设巡视福、兴、泉、漳海道都御史，俟事宁议革”，并派章焕出任。然而“焕辞以权轻，乞假督抚衔得节制全省，调度兵食为便。部复请，更衔为巡视福建地方。议入，上竟寝前命，仍以巡视福建海道属浙江巡抚，留焕别用”[⑦]。设立福建省级防倭文臣的提议暂时搁置下来。嘉靖三十五年十二月，赵文华建议“改浙江都御史于福建，驻札漳州，巡历福兴诸郡，将沿海通番之民责之抚处”并获准[⑧]。次年正月，“改巡抚浙江都御史阮鹗于福建”[⑨]。此后，福建巡抚一职（嘉靖时期多冠以提督军务，应是重视其防倭职责）成为定设，其职掌“巡抚福建地方”，不仅限于沿海府州。

福建省镇营兵将领设置较晚，一度由巡抚统领数名分守参将。嘉靖三十一年七月，设分守福、兴、泉、漳等处参将，以汤克宽充任。当时福建沿海防务由浙江巡抚王忬兼理，汤克宽要听从其节

① （崇祯）《闽书》将之误记为“冯袭”。参见（崇祯）《闽书》卷四五《文莅志》，第93页。

② 分别见《明英宗实录》卷二二七，景泰四年三月戊寅，第4966页。《明英宗实录》卷二三六，景泰四年十二月丙午，第5152页。

③ 《明世宗实录》卷一二七，嘉靖十年闰六月乙丑，第3024页。

④ 《明世宗实录》卷三二五，嘉靖二十六年七月丁巳，第6019页。

⑤ 《明世宗实录》卷三八七，嘉靖三十一年七月壬寅，第6818页。

⑥ 《明世宗实录》卷四一九，嘉靖三十四年二月庚辰，第7270—7277页。

⑦ 《明世宗实录》卷四三二，嘉靖三十五年二月甲午，第7449—7450页。

⑧ 《明世宗实录》卷四四二，嘉靖三十五年十二月癸卯，第7463—7464页。

⑨ 《明世宗实录》卷四四三，嘉靖三十六年正月丁卯，第7571页。

制[①]。福建巡抚定设之后，其省镇营兵建置逐渐完善。嘉靖三十七年（1558）闰七月，福建巡抚王询划分福建防区：福兴为一路、漳泉为一路、省城为一路，各设分守参将一员[②]。因未设总兵，三路参将由巡抚统领。嘉靖三十九年五月，巡抚刘焘再次划定各路参将驻地："改参将谢恩为北路，驻福宁；侯熙为中路，驻兴化；赵文奎为南路，驻漳州"。此外，福建备倭都司官也改为巡抚标下游击[③]。

总兵。嘉靖末年，福建与相邻的广东、江西、浙江三省一度合设副总兵。嘉靖四十一年（1562）六月，"于江西兴宁、程乡、安远、武平四县间建设镇城。赐名曰伸威，改南赣参将俞大猷为协守南赣、汀、漳、惠、潮副总兵"[④]。伸威营副总兵主要负责闽、赣、粤三省交界。同年十一月，"改伸威营副总兵俞大猷为镇守福建总兵官，令其仍驻本营，兼辖全省"[⑤]。嘉靖四十二年（1563）十二月，"命分守浙江台金严参将戚继光充副总兵官分守福建"[⑥]，其信地为温州、处州、福州、兴化、福宁等府州[⑦]。嘉靖四十二年十月，经巡抚谭纶题请，"以戚继光充总兵官，镇守福、兴、漳、泉、延、建、邵武、福宁、金、温九郡一州。其三路参将悉改为守备，所辖信地，俱仍旧章"[⑧]。形成了福建总兵镇守本省三路与邻省交界的格局。

分守北路参将与中路参将。嘉靖四十二年十月，两路参将虽改为守备，但其驻地与防区均未变化。北路守备，"驻札福宁州，所统自福宁州起，至福州罗源县濂澳门止"；中路守备，"驻札兴化所，统自濂澳门起，至晋江县祥芝巡检司止"[⑨]。至万历二十年（1592），"改北路守备为北路参将"[⑩]。万历二十三年（1595），"复题改中路守备为游击将军（分守中路游击）"[⑪]。

分守南路参将。嘉靖四十一年五月，"改漳州南路参将为副总兵，以见任参将都指挥杨缙为之"[⑫]。同年十一月，"以镇守福建副总兵改为分守，听总兵节制"[⑬]。十二月，"罢副总兵杨缙回卫闲住"[⑭]。至嘉靖四十二年十月，南路参将改为守备。

后来，南路守备又升为参将。据（万历）《漳州府志》所开列历任参将，杨缙之后的李超"嘉靖四十四年以游击任"、王如龙"嘉靖四十五年任"[⑮]。检索相关史料，李超在嘉靖四十二年十月升任

① 《明世宗实录》卷三八七，嘉靖三十一年七月壬寅，第6818页。

② 《明世宗实录》卷四六二，嘉靖三十七年闰七月丁酉，第7804—7805页。

③ 《明世宗实录》卷四八四，嘉靖三十九年五月庚寅，第8085—8087页。

④ 《明世宗实录》卷五一〇，嘉靖四十一年六月癸丑，第8392页。

⑤ 《明世宗实录》卷五一五，嘉靖四十一年十一月己酉，第8468—8469页。

⑥ 《明世宗实录》卷五一六，嘉靖四十一年十二月甲寅，第8471页。

⑦ 关于戚继光所分守地方，相关文献记载不一。范中义先生经过考证，得出大致有温州、处州、福州、兴化、福宁等地。参见氏著:《戚继光传》，高扬文、陶琦主编:《戚继光研究丛书》，北京，中华书局，2003年，第175页。

⑧ ［明］谭纶:《谭襄敏奏议》卷一《倭寇暂宁条陈善后事宜以图治安疏》，《景印文渊阁四库全书》史部第429册，中国台北，台湾商务印书馆，1986年，第596页。

⑨ ［明］申时行等:（万历）《大明会典》卷一二七《兵部十·镇戍二·将领下》，《续修四库全书》史部第791册，上海，上海古籍出版社，1996年，第296页。

⑩ （万历）《福宁州志》卷五《兵戎志上》，《日本藏中国罕见地方志丛刊》，北京，书目文献出版社，1990年，第82页。

⑪ （崇祯）《闽书》卷四〇《捍圉志》，第2页。

⑫ 《明世宗实录》卷五〇九，嘉靖四十一年五月丁酉，第8385—8386页。

⑬ 《明世宗实录》卷五一五，嘉靖四十一年十一月己酉，第8469页。

⑭ 《明世宗实录》卷五一六，嘉靖四十一年十二月乙亥，第8478页。

⑮ （万历）《漳州府志》卷三《秩官志·将领附》，《中国史学丛书·明代方志选3》，中国台北，学生书局，1965年，第66页。

军门标下游击①。嘉靖四十四年三月戚继光等人确定福建春汛防守时，“以都司王如龙统兵三千二百守南路，听候海道周公监督。以参将李超统兵三千二百守北路，听建宁道黄公希宪监督”②。似乎李超所防守的区域在北路福宁州一带。（万历）《福宁州志》亦称，李超在嘉靖四十四年任“北路守备”③。隆庆二年四月，戚继光提议调南兵将领至蓟镇时称，“福之南路参将王如龙，署事参将李超”④。可见王如龙的确曾任南路参将，而李超是否任该职，尚待进一步考证。

综合上文，分守南路参将一职似应在嘉靖四十五年前后恢复。隆庆二年（1568）七月，张元勋“充福建分守南路参将”⑤。隆庆三年（1569）闰六月，“命分守福建南路参将张元勋为副总兵，管参将事”⑥，因而也有张元勋为“分守福建南路副总兵”⑦的记载。

嘉隆万时期，北、中、南三路将领虽有参将、守备、游击之更易，但三路防区的总体格局“一直保持到明末”⑧。

四　结语

综合上文，总结如下：

其一，明初福建海防事务主要由都司卫所负责，偶尔派功臣勋戚巡海防倭。永乐以后，逐渐设立了一批专职备倭的文臣武将，但只有巡海副使一职保留了下来。正统末至正德时期，因福建一带盗贼多发，明廷曾设立镇守武臣、文臣与内臣。前二者均不定设，镇守内臣后来在嘉靖初期被裁革。

其二，福建省镇营兵制主要形成于嘉靖末年，其文官将领的设置及防区的划分均稍晚于相邻的浙江省。明代福建省镇营兵制海防建置不断完善，在谭纶、汪道昆、戚继光、俞大猷等人的努力下，最终平息了倭乱。就福宁州宁德县而言，明嘉靖三十五年以前，当地比较太平。然嘉靖三十五年以后，宁德县屡遭倭乱，“城郭乡村为荒墟者将十年，古今一大变也”⑨。其间，明廷亦逐渐加强当地武备。嘉靖三十七年闰七月，“以福兴为一路，领以参将黎鹏举，驻福宁，水防自流江烽火门、俞山、小埕以至南日山”⑩。此后，宁德县一直为该参将（后为分守北路参将）防守信地。浙江抗倭局势稍稳后，明廷又从浙江调兵援闽。嘉靖四十一年二月，倭寇攻陷宁德，“巢于五都横屿深山穷谷，掳掠殆尽”⑪。七月，明廷令浙江参将戚继光率军入闽作战。八月初八，在当地部队的配合下，

---

① ［明］谭纶：《谭襄敏奏议》卷一《倭寇暂宁条陈善后事宜以图治安疏》，第 596 页。

② ［明］戚祚国：《戚少保年谱耆编》卷五，高扬文、陶琦主编：《戚继光研究丛书》，北京，中华书局，2003 年，第 149 页。

③ （万历）《福宁州志》卷六《兵戎志下》，《日本藏中国罕见地方志丛刊》，北京，书目文献出版社，1990 年，第 84 页。

④ ［明］戚祚国：《戚少保年谱耆编》卷七，高扬文、陶琦主编：《戚继光研究丛书》，第 149 页。

⑤ 《明穆宗实录》卷二二，隆庆二年七月甲戌，第 604 页。

⑥ 《明穆宗实录》卷三四，隆庆三年闰六月丙寅，第 885 页。

⑦ 《明穆宗实录》卷五五，隆庆五年三月壬申，1362 页。

⑧ 黄友泉：《制度与社会：明中后期福建沿海兵制演变研究》，厦门大学博士学位论文，2013 年，第 188 页。

⑨ （乾隆）《宁德县志》卷一〇《拾遗志》，福建省地方志编纂委员整理：《福建旧方志丛书》，厦门，厦门大学出版社，2012 年，第 609 页。

⑩ 《明世宗实录》卷四六二，嘉靖三十七年闰七月丁酉，第 7804 页。

⑪ （乾隆）《宁德县志》卷一〇《拾遗志》，第 609 页。

戚继光令军士以稻草覆盖泥滩，徒步攻上横屿，一举荡平岛上倭寇。随后，戚继光又相继消灭牛田、林墩等处倭寇。嘉靖四十二年二月，在浙兵班师休整后，“福建福宁倭寇自政和等县袭攻宁德，破之。趋罗源入海，转薄连江登岸，时宁德已四陷矣”[①]。十二月，在福建巡抚游震得的请求下，戚继光出任福建副总兵，分守浙闽交界。此后，宁德地区倭患渐息。

（作者张汉青、肖立军，天津师范大学历史文化学院）

［本文为天津市教学成果奖重点培育项目“强化育人、服务社会、注重实践——历史文博实践教学基地建设与教学实践”（项目号 PYGJ-021）的阶段性成果］

① 《明世宗实录》卷五一八，嘉靖四十二年二月戊寅，第 8502 页。

明代山东海防三营述论

赵树国

明朝建国前后，张士诚、方国珍等残余势力勾结倭寇，不断入侵中国沿海地区，“北自辽东，南抵闽、浙、东粤，滨海之区，无岁不被其害”①。在地处中国北部的环渤海地区，倭寇活动也非常频繁，如山东半岛东部的文登海域，倭寇即“不时徜徉波涛中”②，势焰甚为嚣张。永乐时期，明朝政府迁都北京，环渤海地区承担起拱卫京畿的重任，海防地位凸显出来。这一时期，倭寇仍对环渤海地区（主要是山东、辽东沿海）进行骚扰，且入侵规模不断增大。明朝政府为加强山东沿海海防兵力的协调、调度，以集中兵力剿灭倭寇，于永乐、宣德时期，陆续设立即墨、登州、文登三营，以加强山东沿海防御。本文主要考察了山东海防三营的设置时间、控御范围，以及职官设置、兵员来源等，并对海防三营设置对后世的影响等加以评述，以求教于方家。不当之处，敬请批评指正。

一　山东海防三营设置时间、控御范围

洪武年间，倭寇曾经多次入侵环渤海的山东、辽东地区，引起了朱元璋的警惕。为此，他做了诸多部署，如设置卫所、巡检司、派遣舟师巡海、厉行海禁、令海运将士剿倭等。但至永、宣时期，当地海防形势依然较为严峻，倭寇仍不时入侵山东、辽东濒海州县，有时甚至规模较大。如永乐四年（1406），倭寇入侵威海，“几无噍类”③；又如永乐七年（1409）七月初四，“倭贼入旅顺口，尽收天妃娘娘殿宝物，杀伤二万余人，掳掠一百五十余人，尽焚登州战舰而归”④，这一表述可能有夸张之处，不过从中仍能推测出此次倭寇入侵规模应该不小；再如永乐十七年（1419）六月，辽东总兵官刘江于望海埚设伏，取得胜利，“生获百十三人，斩首千余级”⑤，由此推断，此次倭寇入侵人数当在千人以上。面对倭寇入侵规模日益增大的形势，永、宣时期，明朝政府在山东陆续设立登州、文登、即墨三营，以加强对山东沿海兵力的协调、调度，集中优势兵力剿灭入侵的倭寇。

现将山东海防三营的设置时间、控御范围胪列如下：

---

① ［明］谷应泰：《明史纪事本末》卷五五《沿海倭乱》，北京，中华书局，1977 年，第 843 页。

② 崔学野：《宁海州文登县辛汪巡检司创立营寨记》，据张云涛《山东威海发现明初创寨碑》照片辨认而得，见《文物》1997 年第 9 期。

③ ［清］毕懋第原修，郭文大续修：（乾隆）《威海卫志》卷一《疆域・兵事》，《中国地方志集成・山东府县志辑》第 44 册，南京，凤凰出版社，2004 年，第 439 页。

④ 吴晗辑：《朝鲜李朝实录中的中国史料》上编卷三，北京，中华书局，1980 年，第 264 页。

⑤ 《明太宗实录》卷二一三，永乐十七年六月戊子，北京，中华书局，2016 年，第 2143 页。

（一）登州营：登州营位于登州备倭城内

1. 设置时间：关于登州营的设置时间，史书记载比较一致。据（道光）《重修蓬莱县志》记载："（永乐）七年，建登州营于备倭城内，给符验。"①

又据（光绪）《增修登州府志》记载："（永乐）七年，建登州营于备倭城内，给符验洪武四年调发卫所兵马造用金宝符及走马符牌，寻改为金符，有诏：调军，省府同覆奏纳，符用宝"②。

据此，则登州营设于永乐七年。

2. 控御范围：关于登州营设立的原因及其控御范围，郑若曾在《筹海图编》中有详细介绍，兹录于下：

> 登州营所以控北海之险也，登、莱二卫，并青州左卫俱隶焉。其策应地方，语所则有奇山、福山中前、王徐前诸所；语寨则有黄河口、刘家汪、解宋、芦徐、马停、皂河、马埠诸寨；语巡司则有杨家店、高山、孙夼镇、马亭镇、东良海口、柴胡、海仓、鱼儿铺、高家港诸司……其在海外则岛屿环抱，自东北崆峒、半洋，西抵长山、蓬莱、田横、沙门、鼍矶、三山、芙蓉、桑岛，错落盘踞，以为登州北门之护。过此而北，则辽阳矣。此天造地设之险也……故北海之滨既有府治，而设险者复建备倭城于新河海口，以为屏翰，且有本营之建焉。沿海兵防特重其责，非若他省但建水寨于岛屿，良有以也。夫岛屿既不设险，则海口所系匪轻。自营城以东，若抹直、石落湾子、刘家汪、平畅、芦洋寨诸处，自营城以西，若西王庄、西山、栾家、孙家海、洋山、后八角，城后芝罘、莒岛诸处，皆可通番舶矣。严外户以绥堂阃，其本营典守之责乎！③

由上可见，登州营的防御范围主要是山东半岛北部登州府、莱州府、青州府的部分区域，主要有三卫、三所、七寨、九巡检司。明朝政府设登州营的主要目的是防御来自东北部的敌人，加强山东半岛北部海域的海岛防御，以扼守山东半岛与辽东半岛之间的狭窄地带，防止敌人穿越此处，长驱直入，侵犯京畿地带。

（二）文登营：原在文登县城西门内，宣德十年（1435）移于县城东十里

1. 设置时间：关于文登营的设立时间，史书记载有些龃龉，主要有以下两种观点：

（1）宣德二年（1427）：据《大清一统志》卷一三七《登州府》记载："文登营：在文登县东十里。明宣德二年建，初在县西门内，十年迁此。有土城周三里，东、西、南三门，营当东面之险，

---

① ［清］王文涛：（道光）《重修蓬莱县志》卷四《武备·营制》，《中国地方志集成·山东府县志辑》第50册，南京，凤凰出版社，2004年，第54页。

② ［清］方汝翼等：（光绪）《增修登州府志》卷一二《军垒》，《中国地方志集成·山东府县志辑》第48册，南京，凤凰出版社，2004年，第126页。

③ ［明］郑若曾：《筹海图编》卷七，北京，中华书局，2007年，第455—456页。

今移县城中”；（光绪）《文登县志》卷一下《关隘》记载，与此相同。[①]

（2）宣德四年（1429）：据（光绪）《增修登州府志》卷十二《军垒》记载：“宣德四年，建文登营，原在文登县城内，十年，始于县东十里筑城”[②]；该书同卷《公所》记载：“文登营都司署：在本营内，明宣德四年建，原为把总署，后改为守备署，国朝顺治十八年改为副将署”[③]。

以上二者各执一词，且均未加详细说明，难以判断其是非。因此，在没有发掘出新的有说服力的证据前，只能笼统的说文登营设于宣德二年或四年。

2．控御范围：关于文登营设立的原因及其辖区，郑若曾在《筹海图编》中有详细介绍：

> 登莱乃泰山之余络，突入海中，文登县尤其东之尽处也。成山以东，若旱门滩、九峰、赤山、白峰头诸岛纵横，沙碛联络，海潮至此，冲击腾沸。议者谓倭船未敢猝达。然考之国初，倭寇成山，掳白峰寨、罗山寨，延大嵩、草岛嘴等处，海侧居民重罹其殃。倭果畏海，奚而有事哉？故文登县东北有文登营之设，所以控东海之险也。宁海、威海、成山、靖海四卫皆隶焉。其策应地方，语所则有宁峰（津）、海阳、金山、百尺崖、寻山诸所，语寨则有清泉、赤山等寨，语巡司则有辛汪、温泉镇、赤山寨诸司。逶而北，则应援乎登州；逶而南则应援乎即墨。三营鼎建，相为掎角，形胜调度，雄且密矣。有干城之寄者，其思国初成山之变，而警戒无虞也哉。[④]

由上可见，文登营的防御范围主要是胶东半岛东部登州府的部分区域，主要有四卫、五所、二寨、三巡检司。郑若曾认为该营之所以设于文登，主要是因为该地可“控东海之险”，于该地设营可以有效地抵御来自东边的敌人。不过，也有人并不同意其说法。据（光绪）《文登县志》记载：“明设三卫以备倭寇，三卫各处一隅，不相统属，宣德间建营，盖以地当三卫之中，南去靖海、东抵成山、北至威海，各相去百里内外。设把总为营官，多以指挥为之，盖以节制三卫，联络声援，非以其地当东面之险也，《一统志》误。”[⑤]笔者认为，上述两种说法实质上并非对立的，二者均有一定的道理。一方面，之所以在此设营，确实是文登地理位置重要，可以应对自东面海域入犯之敌；另一方面，设营于此也可以方便居中协调附近的几个卫所。

（三）即墨营：原在即墨县南七十里金家岭，宣德八年（1433）移于县北十里

1．设置时间：关于即墨营的设立时间，史书记载有所不同，主要有以下两种说法：

（1）永乐二年（1404）：据（乾隆）《莱州府志》记载：“即墨营：明永乐二年设，在县南七十

---

① 《大清一统志》卷一三七《登州府》，《景印文渊阁四库全书》第476册，第695页；［清］李祖年修，于霖逢纂：（光绪）《文登县志》卷一下《关隘》记载同，《中国地方志集成·山东府县志辑》第54册，南京，凤凰出版社，2004年，第30页。

② （光绪）《增修登州府志》卷一二《军垒》，第126页。

③ （光绪）《增修登州府志》卷一二《公所》，第133页。

④ ［明］郑若曾：《筹海图编》卷七，北京，中华书局，2007年，第456页。

⑤ （光绪）《文登县志》卷一下《关隘》，第30页。

里金家岭，宣德八年移县北十里。”[①]

据（同治）《即墨县志》记载：“永乐二年，设即墨营，在县南七十里金家岭，宣德八年移县北十里。”[②]

据周如砥撰《驳迁即墨营于胶州议》记载：“至永乐间，又立即墨等三营以分控二十四卫所。”[③]

以上史书，均认为即墨营设于永乐年间，且前二者明确确定为永乐二年。

（2）宣德四年（1429）：据蓝田撰《城即墨营记》记载：“即墨未有营也，有之自宣德己酉始，在县治之北十里。海滨诸卫之兵分番于京师，乃选步、骑之精者千有二百人、将领之才者二人，常屯于营，防御倭夷之出没，而贼盗之窃发者，亦责成之，营未有城也，有之自张文博始”[④]，宣德己酉为宣德四年。据此，则该营设于宣德四年。

该营究竟设于何时？由上文蓝田所说“即墨未有营也，有之自宣德己酉始，在县治之北十里”可见，显然他并不知晓该营原设于城南。由此推论，他对即墨营设于县南金家岭这段历史并不清楚，所以他所说的宣德己酉不能作为即墨营建立的时间。

所以，笔者认为，即墨营很可能设于永乐二年。

2. 设置原因及控御范围：即墨营位于即墨县境内，原设于城南七十里之金家岭，宣德八年移至县北十里。其设置原因及控御范围，据郑若曾《筹海图编》记载：

> 山东与直隶连壤。即墨县南望淮安、东海，所城左右相错，如咽喉关锁。迩年登、莱海警告宁，然淮阳屡被登劫。自淮达莱，片帆可至。犯淮者，犯莱之渐也。故即墨所系，较二营似尤为要，自大嵩、鳌山、灵山、安东一带南海之险，皆本营控御之责。其策应地方，语所则有雄崖、胶州、大山、浮山、夏河、石洞（石旧）诸所；语巡司，则有乳山、行邮、栲栳岛、逢（逄）猛、南龙湾、古镇、信阳、夹仓诸司。其海口，若唐家湾、大任、陈家湾、鹅儿、栲栳、天井湾、颜武、周疃、松林、仝家湾、青岛、徐家庄诸处，俱为冲要，堤防尤难。国初，倭寇鳌山，流毒甚惨，即本营所辖之地也。殷鉴不远，司封守者，其可以弗慎已乎？[⑤]

由上可见，该营的防御范围主要是位于山东半岛南部的青州府南部和莱州府南部诸州县，主要有四卫、六所、八巡检司。该营之所以设于即墨，是因为即墨沿海地理位置较为重要，处于登莱与南直隶之间，是南北海上交通的枢纽。同时，即墨营东北至文登营四百里，西南至安东卫四百里，“建营之地与所控制之卫所远近相均”[⑥]，在此设营，可以有效实现山东半岛南部区域内军事力量的协调调度。

---

① ［清］严有禧、张桐等纂修：（乾隆）《莱州府志》卷五《兵防》，《中国地方志集成·山东府县志辑》第44册，南京，凤凰出版社，2004年，第93页。

② ［清］林溥修、周翁横纂：（同治）《即墨县志》卷四《武备·营汛》，《中国地方志集成·山东府县志辑》第47册，南京，凤凰出版社，2004年，第68页。

③ （同治）《即墨县志》卷一〇《艺文·文类中》，周如砥《驳迁即墨营于胶州议》，第249页。

④ （同治）《即墨县志》卷一〇《艺文·文类上》，蓝田《城即墨营记》，第200页。

⑤ ［明］郑若曾：《筹海图编》卷七，北京，中华书局，2007年，第456—457页。

⑥ （同治）《即墨县志》卷一〇《艺文·文类中》，周如砥《驳迁即墨营于胶州议》，第249页。

应该说，山东海防三营的创设有其现实必要性。先是，在永、宣时期，倭寇对环渤海地区的入侵规模日益增大，山东沿海是环渤海海防的前沿阵地，因此，明朝政府为应对倭寇大举入侵、加强京畿地带海防，就非常有必要将山东沿海卫所的精锐军队集中起来、驻守于要害地区，以有效抗击来犯之敌。此外，山东海防三营的地理位置都非常重要，每营各控御一方海域，且与辖区内各卫所、巡检司大多距离适中，能较为灵活地协调、策应区域内的卫所和巡检司。这样，山东海防三营设立后，既能集中各营辖区内的精锐兵力以应对强敌，又能通过三营之间的相互配合，确保整个山东海疆的安定。同时，海防营还可以利用自己的区位优势，灵活策应辖区内遇到危险的各个卫所。

二　山东海防三营职官设置、兵力来源

山东海防三营是一种不同于卫所制度的新型军事组织体系。在这种体系下，海防营的职官设置、兵员来源等，均与传统的卫所制度有很大不同。不过，同样作为一种海防军事机构，山东海防三营又与当地沿海卫所保持了非常密切的联系，这从其职官、兵员的来源就可以明确看出。

（一）海防三营职官设置

永、宣时期，三大营守将均为把总，万历中期援朝御倭战争爆发后，有所变化。

1. 登州营：据（道光）《重修蓬莱县志》记载："设把总、指挥二员，团练京操军、中军管队官千、百户三十一员，旗军一千五百二十四名，马五百二十一匹。……正统间，调去京操马一百三十匹，余存营，立为马步三十队。"①

又据（光绪）《增修登州府志》卷十二《军垒》记载："设把总、指挥各一员，中军管队官千、百户三十一员，团练京操班军。"②

由上可见，一开始，登州营长官为把总、指挥。后来，至万历年间援朝御倭战争时期，登州成为山东海防重心，兵力云集，地位重要，与登州营时期已不可同日而语，详见后文③。

2. 文登营：据（光绪）《文登县志》卷一《关隘》记载："宣德间，设把总一员，中军等官二十三员，旗军一千一百四十名，原额马四百一十四匹，正统间调去京操马一百五匹，余存营，立为马、步二十二队。"④卷五《职官表一》记载："文登营职官：把总，宣德四年设，万历十九年（1591）裁，改设守备。考明把总，无品级、无定员，文登营把总多以指挥兼领，盖为备倭设也。"⑤

又据（光绪）《增修登州府志》卷十二《军垒》记载："设把总、指挥各一员，中军管队官千百

---

① （道光）《重修蓬莱县志》卷四《武备·营制》，第54页。

② （光绪）《增修登州府志》卷一二《军垒》，第126页。

③ 当时，登州地区兵力云集，已经成为海防重镇，并设有海防总兵官。不过，具体到登州营，其地位似乎并未明显提高。据郑汝璧《由庚堂集》卷二四《条议防海六事疏》中"如贼犯文登营界上，该营守备不待调即行统兵相机截杀，邻境即墨营守备领兵驰赴协剿，登州把总领兵移驻适中处所听候调遣策应"，可见当时即墨、文登二营均为守备，但是登州营仍为把总，《续修四库全书》本，上海，上海古籍出版社，2002年，第637页。

④ （光绪）《文登县志》卷一《关隘》，第30页。

⑤ （光绪）《文登县志》卷五《职官表一》，第102页。

户二十三员。”[①]

3．即墨营：据（乾隆）《莱州府志》记载：“设把总二员，万历二十一年（1593），因倭寇屡警，改设守备一员、中军一员、哨官四员”[②]。

由上可见，文登营和即墨营的长官在设置之初原为把总，到万历年间的援朝御倭战争时期改为守备，在级别上有所提升。

其实，山东海防三营的职官，如把总、守备等，与卫所制度下的职官，如指挥使、指挥同知、指挥佥事等不同，卫所官可以世袭，但是海防营的把总、守备却不可以世袭，而是一种流官制度。尽管二者有所不同，但又有着紧密的联系。（光绪）《文登县志》卷五《职官表一》中记载了明代文登营历任把总、守备的名字及其出任该职前的职务。本处兹以文登营为例，探讨一下该营把总、守备等职官的来源。

表 1　明代文登营职官状况一览表

职衔	姓名	任职时间	原任职衔	备注
把总（宣德四年设）	袁琮	不详	不详	
	王柱	不详	不详	
	王梦	不详	不详	
	李鉴	不详	不详	
	王雄	景泰间		文登营把总、捕倭明威将军、指挥佥事
	王恺	弘治间	威海卫指挥佥事	
	王瀛	正德间	正德间，袭宁海卫千户，调福山所，后升本卫指挥	后升山东都司领秋班，授护国大将军
	许文	正德间		
	刘平	正德间	威海卫指挥使	
	石守忠	嘉靖二十八年	成山卫指挥佥事	升至备倭都司
	袁贡	嘉靖间	武举，成山卫指挥佥事	
	刘绍远	嘉靖间		登州卫人
	商之霖	嘉靖间	靖海卫指挥使[③]	靖海卫人
	李桢	万历间	宁海卫指挥使	
	侯永沐	万历间	宁海卫指挥使	
	林起庸			

① （光绪）《增修登州府志》卷一二《军垒》，第 126 页。

② （乾隆）《莱州府志》卷五《兵防》，第 93 页；（同治）《即墨县志》卷四《武备・营汛》记载亦同，第 68 页。

③ （光绪）《文登县志》卷五《职官表一》：“靖海卫职官：指挥使：商之霖：祖尧卒，子朝臣先祖尧亡，以朝臣子之霖嗣，身授文登营把总印务，嗣祖尧职，富于财，卫人赖之”，第 103 页。

续表

职衔	姓名	任职时间	原任职衔	备注
守备（万历十九年设）	罗袍	万历十九年	莱州卫指挥	
	王建极	万历二十年	安东卫指挥同知	
	张楷	万历二十一年	武进士，济宁卫署指挥佥事	
	杨如松	万历二十三年	安东卫指挥佥事	
	裴虞度	万历二十四年	登州卫指挥同知	
	王家将	万历二十五年	安东卫指挥使	
	李茂实	万历三十二年	青州左卫指挥同知	
	戈定远	万历三十六年	临清卫指挥使	
	费惠	万历三十九年	济南卫指挥佥事	
	胡来贡	万历四十年	东昌卫指挥佥事	
	彭云翮	万历四十四年	莘县武进士	
	周鸿谟	万历四十八年	即墨武进士	
	房可宗	天启四年		益都人（以后无考）

注：本表据（光绪）《文登县志》卷五《职官表一》制作而成。

表 1 为不完全统计[①]，总共收录明代担任文登营把总、守备者 29 人，除去原任职衔不清者 9 人外，尚有 20 人可查。这 20 人中，来自山东沿海卫所者有 15 人，占比例的四分之三，其中威海卫 2 人，宁海卫 3 人，成山卫 2 人，安东卫 3 人，靖海卫、登州卫、莱州卫、青州左卫各 1 人，即墨县 1 人。由此可见，文登营的职官把总、守备之来源并无一定之规，绝大多数由临近沿海卫所的指挥使、指挥同知、指挥佥事等出任，也有少量山东内陆卫所职官及武进士等。从文登营的把总、守备多由山东沿海卫所官员担任来看，其海防特色还是比较明显的。

（二）海防三营兵员来源

对于海防三营的兵员来源，史书记载不多。明人蓝田在《城即墨营记》中说道："海滨诸卫之兵分番于京师，乃选步骑之精者千有二百人，将领之材者二人，常屯于营，防御倭夷之出没，而贼盗之窃发者，亦责成之。"[②] 又据（嘉靖）《宁海州志》记载："文登营，在文登县东北十里，宣德间置……马步旗军一千二百人，官取之诸卫所，军取之宁海、威海、成山、靖海四卫。"[③] 据此，则营

---

① 如据（光绪）《文登县志》卷五《职官表一》记载："靖海卫指挥佥事：连寿：（永乐）十五年调靖海卫（按：任指挥佥事），宣德五年调驻登州新海口防倭，后复分守文登营"，第 104 页。但此人却在《文登县志》卷五《职官表一》中没有出现，当为遗漏。

② （同治）《即墨县志》卷一〇《艺文·文类上》，蓝田《城即墨营记》，第 200 页。

③ ［清］王枢等：（嘉靖）《宁海州志》上《建置三·附》，《天一阁藏明代方志选刊续编》第 57 册，上海，上海书店，1990 年，第 766 页。

兵来源于周边各卫所，且这些兵员需常屯于营。

此外，《明宣宗实录》中曾记载了登州卫指挥佥事戚圭与都指挥卫青在沿海兵员设置上的不同意见，从中可见海防三营兵力之来源，兹录于下：

宣德八年（1433）二月甲辰，

> 登州卫指挥佥事戚圭言：初山东缘海设十卫、五千户所，以备倭寇。其马步军专治城池、器械，水军专治海运。后调赴京操备营造，军士已少，而都指挥卫青复聚各卫马、步水军于登州一处操备，遇夏分调以守文登、即墨诸处，及秋复聚。若倭寇登岸，守备空虚，无以御敌，且倭船肆掠无分冬夏，仓卒登岸而官军聚于一处，急难策应。请以原设捕倭马步水军各归卫所，如旧守备，且习海运，遇有警急互相应援，则刍粮免于虚费，军民两便。上曰：其言虽可取，亦当审而后行，命山东三司及巡按御史计议以闻。①

由上可见，身为登州卫指挥佥事的戚圭认为：明初在山东沿海地区分设十卫、五所，由各卫、所分别统领属下的马、步、水等各种兵员，以备倭寇。这样，一旦遭遇倭寇入侵，各卫、所便可凭借属下的军事力量迅速进行反击。永乐年间，班军制度开始实行，此后沿海卫所中的大量军队需要番上京师，留在卫所的可用兵员数额减少。后来，备倭都指挥卫青又将各卫所属下的马、步军队集中于登州训练，遇夏则分调文登、即墨等处，到秋天后再度集合于登州。这样便造成了沿海卫所兵力空虚的状况。据此可以推论：登州、文登、即墨三处所拥有的兵员当为由沿海卫所调拨而来。

又，宣德八年九月丙午，

> 巡按山东监察御史及都司、布政司、按察司奏：比者登州卫指挥戚圭言，山东之地缘海，洪武中置十卫、五所分守其地，今都指挥卫青以诸卫所官军三千八百人俱于登州备倭，而倭寇往来之地城寨空虚，乞调还各守其地，诏臣等计议，宜如圭言为便。都指挥卫青奏：昔奉太宗皇帝制谕，令统领备倭，不得分散势力，今其所议有乖前旨，兵部请仍令山东三司及巡按监察御史与青会议。既而，都指挥同知王真等奏，青原领捕倭马步官军通三千八百四十余人，除登州诸处往来操备外，每岁至夏分戍即墨等三处，令议官军宜令常于其地操备，更不聚于登州，如有警急互相应援，仍令青总督其事，所用粮草皆于旁近州县应纳官者给之，庶势力不分，军民两便，从之②。

由上可见，巡按山东监察御史与山东都司、布政司、按察司长官按照明宣宗的指示对此问题进行了讨论，讨论的结果是，赞同登州卫指挥戚圭的建议，将聚集于登州训练的“三千八百人”调还，以便各守其地。但是，对于这个讨论结果，备倭都司都指挥卫青却并不赞同，他坚持“统领备倭，不得分散势力”是明成祖的命令，现在将其分散、遣还各卫所，便是违背了明成祖的政策。

① 《明宣宗实录》卷九九，宣德八年二月甲辰，第2226—2227页。
② 《明宣宗实录》卷一〇六，宣德八年九月丙午，第2368—2369页。

在这种情况下，兵部便建议，巡按山东监察御史与山东都司、布政司、按察司长官与卫青再度会议讨论此事。不久后，都指挥同知王真等人又提出一个折中意见，他指出，以前由卫青总领的这三千八百四十余人，除去夏天短暂分成于登州、文登、即墨三处外，其他时间都是驻扎于登州的，这样确实是过于集中。可以将这些军士分拨于登州、文登、即墨三处长期驻守，而不是回归各卫所，然后由三处附近州县负责其粮草供应，这样的话便可收到“势力不分，军民两便”的效果，这个建议为明宣宗所采纳，于是便形成了明中后期山东沿海卫所海防将士分别驻守登州、文登、即墨三营的机制。

但是，究竟应该由哪些卫所拨付那些海防营呢？一开始，似乎并没有明确的规定，于是便出现了海防军事长官营私舞弊的事情。据《明英宗实录》记载：正统八年（1443）二月癸巳，

> 巡按山东监察御史郑观奏：登州营备倭官军八百六十名，俱青州等卫拨来，而登州官军却拨一百余名南去即墨营备倭。此盖总兵官李福贪贿作毙，乞将登州卫官军存留本卫备倭，将青州等卫官军退还，其沿海附近卫所官军拨与文登、即墨二营，带领家小随住备倭，不许更动以为久计。事下山东布、按二司，会巡按御史覆实言：登州、文登、即墨三营，官军三千九百二人，宜令各带家小随营住坐，月粮登州营就本府仓，文登、即墨营就文登、即墨县仓，全关米一石行粮俱住支计算，一年积出行粮二万八千余石，不特粮储省费亦且军不被害，奸弊可除。李福贪取灵山卫银三十两、大布一百疋，已为按察副使钟禄所劾奏，臣等以山东沿海地方南北二千余里，总兵镇守备倭诚为重任，今李福贪贿作毙，隳废军政，傥遇警急误事非小。上曰：兑换官军，兵部准行。①

由上可见，正统八年时，在总兵官李福的主持下，在登州营驻防的官军来自距离较远青州等卫，而与其同处一城的登州卫官军却被调往即墨营，这显然是非常不合适的。而出现这种情况，主要是由于总兵官李福“贪贿作毙”。因此，山东巡按郑观力主“其沿海附近卫所官军拨与文登、即墨二营，带领家小随住备倭，不许更动，以为久计”，主张将沿海卫所军队划归相应各营，然后军士带领家小随军，以便长久驻防，避免随意更改。这个建议在与山东布政司、按察司讨论后，形成了一个意见稿，即：登州、文登、即墨三营海防军士，各携带家小随营住坐，所需粮食就近支取。这样的话，山东海防三营的兵员来源逐渐固定化、长期化，如即墨营兵员，据周如砥《驳迁即墨营于胶州议》中说道：“此鳌、灵七卫所之军，所以驻于即墨营也。”②

此外，对于山东三大海防营中兵员的来源，山东沿海一些方志中也有反映。（乾隆）《威海卫志》记载了明代威海卫、百尺崖所的兵员状况，“威海卫：京操春戍七百八十四名，秋戍五百八十四名，捕倭军登州营一百二十六名，文登营一百五十九名，守城军七十五名，种屯军二百二十四名，守墩军二十四名，守堡军一十四名；百尺崖所：守城军三十五名，守墩军一十八

① 《明英宗实录》卷一〇一，正统八年二月癸巳，第 2037—2038 页。

② （同治）《即墨县志》卷一〇《文类中》，周如砥《驳迁即墨营于胶州议》，第 250 页。

名，守堡军六名”[①]；（民国）《牟平县志》记载了明代宁海卫的兵员状况，“宁海卫：京操春戍五百三十八名，秋戍一千一百二十七名，捕倭军登州营六十二名、文登营三百九十二名，守城军余一千二百一十名，种屯军余三百九十一名，守墩军余十八名、守堡军余二十四名；金山备御千户所……属宁海卫左所……守城军余二十八名，守墩军余十五名，守堡军余二名；清泉寨备御百户所：属宁海卫后所，守城军余一十五名，守墩军余六名，守堡军余二名”[②]。（民国）《莱阳县志》记载了大嵩卫、大山所的兵员状况，大嵩卫：“京操军春戍七百四十五名，秋戍七百四十六名，捕倭军即墨营二百四十六名，守城军余二百五十八名，屯田军余四百二十八名，守墩军余二十七名，守堡军余一十四名”，大山所：“守城军余六十二名，守墩军余六名”[③]。

由上可知，山东海防三营的兵员，主要是周边沿海卫所的捕倭军。明朝政府设立三大营的目的在于，将沿海卫所战斗力最强的捕倭军集中于一定的区域加强训练，一旦遇警可以互相策应。

（三）营、卫关系

由上文可见，就山东海防三营而言，其与沿海卫所有着较为密切的联系，沿海卫所是其职官、兵员的主要来源。不过，营、卫毕竟是不同的军事体制，二者关系有些微妙。在营、卫同住的地方，也会出现营官与卫所官出现矛盾的情况。据（光绪）《文登县志》记载：威海卫指挥佥事董遇时之子祚丰掌印，“整饬纪纲，与营将不协，辞避里口山”[④]。

对于山东海防三营与沿海卫所的关系，史书中有一些记载。郑若曾在《筹海图编》中记载：“登州营……登、莱二卫并青州左卫俱隶焉”“文登营……宁海、威海、成山、靖海四卫俱隶焉”[⑤]，认为沿海卫所隶属于海防三大营。此外，周如砥《驳迁即墨营于胶州议》指出：“永乐间又建即墨等三营，以分控二十四所”[⑥]，亦认为三营对沿海卫所有分控之权。又据（光绪）《文登县志》记载：“设把总为营官，多以指挥为之，盖以节制三卫，联络声援。”[⑦]显然，以上史书大致认为营官可以节制、控御相关卫所。

究竟营、卫之间有无统属关系？由上文可知，登州、文登、即墨三营与山东沿海卫所有着非常紧密的联系，三营的职官、兵员大多来源于附近卫所。但是，三营对于沿海各卫并无行政上的统属关系。这是因为，营、卫本是不同的军事组织体系，营制偏重于作战，严格来讲应属于战时体系，而卫所则偏重军政，属于平时体系，二者属于不同的类型，不存在谁统属谁的问题。不过，由于二者都是海防军事机构，辖区都在山东沿海，所以海防三营与沿海卫所的辖区又是重叠的，这样就出现了某营辖区内有某些卫所的现象。因此，笔者认为，以上史书所说的“俱隶焉”“分控”“节制”

---

① （乾隆）《威海卫志》卷二《建置·武备》，第442页。

② 宋宪章、于清泮修：（民国）《牟平县志》卷五《政治志·武备》，《中国地方志集成·山东府县志辑》第55册，南京，凤凰出版社，2004年，第220页。

③ 梁秉锟修，王王煦纂：（民国）《莱阳县志》卷二之一《内务·兵防》，《中国地方志集成·山东府县志辑》第53册，南京，凤凰出版社，2004年，第258页。

④ （光绪）《文登县志》卷七下《名宦二》，第161页。

⑤ ［明］郑若曾：《筹海图编》卷七，北京，中华书局，2007年，第455—456页。

⑥ （同治）《即墨县志》卷一〇《艺文·文类中》，周如砥《驳迁即墨营于胶州议》，第250页。

⑦ （光绪）《文登县志》卷一下《关隘》，第30页。

等词语，理解为沿海相关卫所的辖区为海防三营的辖区与策应范围似乎更确切。

三　山东海防三营战略地位及其对后世的影响

山东海防三营之设，顺应了当时的海防形势。永乐年间，明成祖迁都北京后，环渤海地区海防地位骤然凸显，山东半岛与辽东半岛合抱构成一个拱卫京畿的地理单元，海防地位明显提高。山东半岛作为拱卫京畿的重要一环，需要格外重视。与此同时，在永乐时期，倭寇对环渤海地区的入侵规模逐渐增大，甚至出现了永乐七年七月初四，“倭贼入旅顺口，尽收天妃娘娘殿宝物，杀伤二万余人，掳掠一百五十余人，尽焚登州战舰而归”[①]这样的状况。倭寇入侵规模日益增大，这样洪武时期那种为应对倭寇“倏忽而至”、劫掠一番后立即撤走的形势[②]而建立的以卫所、巡检司为单位分散的、各自为战的防御体制，显然就不能满足要求了，于是便出现了前文所述永、宣时期集中兵力于登州一处、由备倭都指挥使卫青率领的战时体制。

这种集中兵力于一处的作战体制，适应了当时倭寇入侵规模增大的形势需要，但是随着永乐十七年望海埚之战，将入侵倭寇“擒戮尽绝，生获百十三人、斩首千余级”[③]，使得倭寇元气大伤，“敛迹不敢大为寇”[④]这一局面的出现，再集中兵力于一处就显得不合适了。这是因为，山东海岸线非常绵长，若是将卫所精锐军力集中于登州一处，倘若遭遇小规模倭寇入侵，而沿海卫所兵力空虚，必然是要吃亏的。于是便出现了上文所述戚圭与卫青等人的争论，争论的结果是一个折中方案，那就是将屯驻于登州一处改为分别驻守登州、文登、即墨三处，可以就近防御，这样山东海防三营体制最终形成。

这三个海防营各控御一方海域，如登州营主要是防御来自山东半岛北面的威胁，“所以控北海之险也”，文登营主要防御来自山东半岛东面的威胁，“所以控东海之险也”。即墨营主要防御来自山东半岛南面的威胁，“南海之险，皆本营控御之责”。这样，海防三营各控御一方海域，遇事可以互相策应，以确保山东半岛的安全。诚如郑若曾所言：“登、莱二郡凸出于海，如人吐舌，东南北三面受敌，故设三营联络，每营当一面之寄”[⑤]，三营之设使得沿海兵力既相对集中又灵活机动。

应该说，这种局部性的海防协同作战体制，适应了较大规模战争的需要，为后来山东海防军事制度调整提供了借鉴。尤其是在万历中前期的援朝御倭战争中，山东海防官员在此基础上陆续添设其他兵营，加强对山东沿海的统筹防御，逐步建立起以“营”为防御单位、各“营”之间相互策应的海防机制。主要表现在以下几个方面：

1. 加强登州兵防：援朝御倭战争期间，日军侵入朝鲜，朝鲜形势骤然紧张。登州与朝鲜隔海相

---

① 吴晗辑：《朝鲜李朝实录中的中国史料》上编卷三，第264页。

② ［清］谷应泰在《明史纪事本末》卷五五《沿海倭乱》中记载了洪武六年（1373年）德庆侯廖永忠对倭寇的一番论述：“臣窃观倭夷窜伏海岛，因风之便，以肆侵略，来若奔狼，去若惊鸟”，可见洪武时期倭寇侵扰以突袭为主，北京，中华书局，1977年，第840页。

③ 《明太宗实录》卷二一三，永乐十七年六月戊子。

④ ［清］谷应泰：《明史纪事本末》卷五五《沿海倭乱》，北京，中华书局，1977年，第843页。

⑤ ［明］郑若曾：《筹海图编》卷七，北京，中华书局，2007年，第455页。

望，若遇顺风，倭寇很可能漂洋而至，即如清人徐绩所谓“明季倭犯朝鲜，登州外接重洋，距朝鲜不远，故御倭之制为特备”①。因此，为加强山东沿海防御，明朝政府着力建设登州镇。关于这一时期登州地区兵员状况，据（道光）《蓬莱县志》记载：

> 万历二十一年（1593），因倭寇朝鲜，调集南北水陆官兵防海，登遂为重镇，与诸边等。分为中、后二营，中营设把总一员、哨官二员，军四百名、家丁三名，马三匹，屯种长山岛。后营设把总一员，哨官四员，军六百八十六名，马三百六十二匹，屯种濒海荒地。分团操为二，团操左营仍以中军领之，设哨官五员，增兵六百四名，马一百六匹。团操右营，设把总一员、哨官五员，兵五百八十名，马一百六匹，设副总兵统领之。
>
> 二十五年（1597），设总兵署都督佥事。四十六年，加兼海运，凡济青濒海州县悉隶焉。
>
> 二十八年（1600），又增设团操中营，设把总一员、哨官四员，兵七百八十九名，马五匹。团操前营，设把总一员、哨官四员，兵七百二十六名。裁总兵，设副总兵。②

由上可见，自万历二十一年（1593）至万历二十八年（1600），朝廷对登州地区兵力做了很大调整，陆续添设六营，辖将官若干、军士三千七百八十五名。同时，在登州设立海防总兵，统领山东沿海兵马，登州成为山东海防重心。

2. 提高即墨营的地位：即墨营设于永乐二年，宣德八年移置县北，设把总二员。援朝御倭战争开始后，朝廷着意提高该营的地位。据（乾隆）《莱州府志》记载：

> 即墨营：万历二十一年，因倭寇屡警，改设守备一员、中军一员、哨官四员，兵丁九百十九名。③

援朝御倭战争时期，明朝政府之所以将把总改为守备，旨在提高该营的地位，以加强其控御能力。

3. 提高文登营的地位：文登营设于宣德初年，原为把总，这时地位提升。据（光绪）《增修登州府志》记载：

> （万历二十一年）改文登营为守备府，设守备一员、中军一员、哨官二员。④

又据（光绪）《文登县志》卷五《职官表一》记载：

---

① ［清］王尔植等：光绪《蓬莱县续志》卷三《艺文志上·记》，徐绩《蓬莱阁阅水操记》，《中国地方志集成·山东府县志辑》第50册，南京，凤凰出版社，2004年，第486页。

② （道光）《蓬莱县志》卷三《武备·营制》，第54页。

③ （乾隆）《莱州府志》卷五《兵防》，第93页。

④ （光绪）《增修登州府志》卷一二《军垒》，第127页。

> 文登营职官：把总，宣德四年设，万历十九年（1591）裁，改设守备。考明把总，无品级、无定员，文登营把总多以指挥兼领，盖为备倭设也。[①]

与即墨营一样，在援朝御倭战争期间，文登营的最高长官也由把总改为守备，显示了朝廷的重视。

4. 设莱州营：关于莱州营之创设，据（乾隆）《莱州府志》记载：

> 莱州营：在府城内。万历二十五年，以倭警创，设参将一员统领全营……设把总六员分掌六营，各有署一所，每营哨官五员，共三十员，各营房一所，马步兵三千名。二十六年（1598），以都司管参将事。二十九年（1601），以游击管参将事。三十年（1602）二月，知府龙文明以倭寇屡警，议请添水寨一营，在三山下，设把总一员、哨官二员，沙船十三只、唬船六只，水兵四百一十八名。
>
> 九月裁减营员，止存把总五员，哨官十二员，兵三千四百余名。[②]

由上可见，莱州营设于援朝御倭战争时期，规模比较大，由参将总领该营事务，共辖有水、陆七营，水陆官兵近四千人。

5. 设王徐营：关于王徐营之设，据（乾隆）《莱州府志》记载：

> 万历二十一年（1593），因倭警特设，守备一员、中军一员、哨官三员，兵五百名。
>
> 三十一年（1603）裁，并胶即营。[③]

王徐营设立后，“策应信地则莱州卫，本寨备御一所，马停寨、皁河、马埠、塘头四寨，马停镇，东良，柴葫，海仓，鱼儿铺，高家港六巡司等处”[④]，其策应范围东起莱州卫、西至高家港巡检司，可控御山东北部海疆。

6. 设潍县营：关于潍县营之设，据（乾隆）《莱州府志》记载：

> 潍县营：在潍县城内，万历二十五年因朝鲜及倭警，特设游击一员、中军守备一员、把总五员、哨官二十二员，兵三千名，以防北海，未几裁。[⑤]

潍县地近渤海内部，“海滨一带皆产盐地，地高水浅，海船不能入口，故有海无防”[⑥]，因地理

---

① （光绪）《文登县志》卷五《职官表一》，第102页。

② （乾隆）《莱州府志》卷五《兵防》，第93页。

③ （乾隆）《莱州府志》卷五《兵防》，第93页。

④ ［明］郑汝璧：《由庚堂集》卷二四《条议防海六事疏》，第635页。

⑤ （乾隆）《莱州府志》卷五《兵防》，第93页。

⑥ ［清］王诵芬等：（乾隆）《潍县志》卷一《山川·海》，《中国地方志集成·山东府县志辑》第40册，南京，凤凰出版社，2004年，第34页。

环境所限，其面临的海上威胁并不大。明朝政府设营于此，可见对于当时海防准备得非常充分和周密。

由上可见，在援朝御倭战争期间，明朝政府在海防三营的基础上陆续又设置了其他各营，在整个山东沿海按照营的编制建立起比较完备的军事辖区。

这种以营为防御单位的新型军事体制，成为当时山东海防官员排兵布阵时的主要依据。如面临日军侵入朝鲜、随时可能入犯这一危局，时任山东巡抚郑汝璧提出按照营制划分防御范围、各营各负其责的建议。郑汝璧指出山东海岸线漫长，长达二千余里，倘若不划定具体的防守范围，势必造成各防守军队互相推诿的局面，很容易贻误战机。为此，他主张按照山东的五大营分别划分辖区，以明确其各自职掌。他规定，即墨营："策应信地则安东、灵山、鳌山三卫，诸城、石旧、胶州、雄崖、夏河、浮山六所，夹仓、信阳、南龙湾、古镇、逢猛、栲栳岛六巡司等处"；文登营："策应信地则大嵩、靖海、成山三卫，大山、海阳、宁津、寻山四所，行村、乳山、赤山、温泉四巡司等处"；登州营："策应信地则威海、宁海、登州三卫，百尺、金山、奇山、福山四所，清泉、芦洋、解宋、刘家汪、黄河五寨，辛汪、高山、杨家店、孙夼四巡司等处"；王徐营："策应信地则莱州卫，本寨备御一所，马停寨、皁河、马埠、塘头四寨，马停镇，东良，柴葫，海仓，鱼儿铺，高家港六巡司等处"；滨州守备："策应信地则利津、沾化、海丰三县境内海口牡砺嘴、涸水望、大沙河、大沽河等处也"。同时，他还规定，一旦遇有倭警，德州守备需移驻武定州策应。这样，在山东沿海划分了五个战区。平日无事之时，这五个战区各自分守，一旦遇有战事，则需要相互策应、共同对敌。为此，郑汝璧详细安排了上述诸营之间相互策应的方略：

> 分画既定，人自为守。但海防久弛，法令未严，非题行遵守，日久将归怠玩。合无申饬守备卫所等官，如遇地方有警，塘报飞至，即各照分定信地统兵相机堵剿。如贼犯文登营界上，该营守备不待调即行统兵相机截杀，邻境即墨营守备领兵驰赴协剿，登州把总领兵移驻适中处所听候调遣策应。如即墨营界上有警，该营守备不待调即行领兵相机截杀，文登营守备领兵驰赴协剿，王徐寨守备领兵移驻适中处所听候调遣策应。如登州营界上有警，该营把总不待调即行领兵相机截杀，王徐寨守备领兵驰赴协剿，文登营守备移驻适中处所听候调遣策应。如王徐寨界上有警，该寨守备不待调即行领兵相机截杀，登州营把总领兵驰赴协剿，即墨营守备移驻适中处所听候调遣策应，仍一面飞报备倭副将统兵应援，其滨州守备如利津界上有警，不待调即行统兵相机截杀，德州守备领兵驰赴协剿，王徐寨守备移驻适中处所听候调遣策应，临清参将移驻德州，提兵督率滨、德二守备随机策援防剿。如或推诿迟留、玩寇贻祸，即处以军法。事后案课功罪，以地为准。其该管卫所官兵，有不听约束督遣、抗违凌上者，一体以军法从事。[①]

由上可见，郑汝璧对整个山东沿海的军事力量做了合理而周密的部署。他不但按照营划定了各自防区，做到了事有责成。同时，为了加强各营相互之间的策应、支援，实现了一定区域内的协同

① ［明］郑汝璧：《由庚堂集》卷二四《条议防海六事疏》，第635—637页。

作战，他还详细规定了一旦某一防区遇警，临近防区应当如何支援，并严令各营之间必须要相互策应，“如或推诿迟留、玩寇贻祸，即处以军法”。

由上可见，永、宣时期设立的山东海防三营，对后世山东海防制度变迁产生了很大的影响。援朝御倭战争期间，随着其他海防营的陆续设立，在山东沿海一种新的海防体系部署日臻完善。这种以“营”为防御单位的海防体制，整合了辖区内的战略资源，既侧重于辖区的整体防御，控御范围比原先相对孤立的卫所、巡检司要大得多。同时，山东沿海各个营之间还可以互相策应，这样就建立起一条辖区明确、策应灵活的海上防御线。

总体而言，山东海防三营的设立，既适应了当时的现实需要，又具有较为长远的历史意义。这是因为，三营之设顺应了永、宣时期的海防形势，既有利于集中兵力应对大规模的外敌入侵，而且由于三营地理位置适中，也便于三营之间及各营与周边卫所间实现战略配合。这种兵力集中、策应灵活的战时体制，弥补了明初卫所制度下卫所、巡检司各自为战、兵力分散的缺陷。明中期以后，随着卫所制度逐渐衰落，海防三营事实上已经成为山东沿海的主要海防力量。这种不同于卫所制的新型海防制度，与原先的卫所制度有着千丝万缕的联系，尤其是在职官、兵员来源与辖区上均与之不可分割。这样，海防三营就给耸峙于海滨的卫所、巡检司，提供了更为强大的纵深支持，成为其可靠的大后方①。显然，这种新型作战体制更为适合形势的需要。在援朝御倭战争期间，明朝政府按照营的编制在山东沿海各个区域派兵布防，并让各营在各负其责的基础上，注重相互之间的策应、配合。这样，在山东沿海一种新型的海防线最终形成。

（作者赵树国，山东师范大学历史文化学院）

［本文系作者主持的国家社科基金项目《明代海防体制与国家安全研究》（项目编号：21BZS065）的阶段性成果］

① 明代山东沿海卫所、巡检司的选址，多数直接面对大海。如靖海卫，据《明英宗实录》卷八五，正统六年十一月己酉条，靖海卫指挥谷昶上奏，“卫城数为海潮所败，欲徙之。事下，巡抚御史及三司，俱言不可徙，惟城南一面可退筑五十丈以远海”，可见靖海卫南墙为直接依海而建；（同治）《即墨县志》卷一〇《艺文·文类中》所收录周如砥《驳迁即墨营于胶州议》记载，“故其设为卫所，皆当要害可以泊舟之处，如胶州守御千户所，海潮抵其南门，鳌山卫海潮抵其东门是也”，第249页。

蕲黄红巾军与元末闽赣局势变动

郭玉刚

起事于蕲州、黄州地区的徐寿辉部一向被认为是与刘福通部并立的另一支红巾军，它的活动范围基本限于沿江区域及其以南诸地，尤其是在湖广、江西、江浙的江南三行省有活跃的表现，这就是陈高华认为更加适合称之为“南系香军”的原因①。朱元璋集团源出刘福通系的“北系香军”，因此明初记述徐寿辉的史料较少，学界的关注也历来不多。杨讷的《天完大汉红巾军史论》和《徐寿辉、陈友谅等事迹发覆——〈刘尚宾文集〉读后》②，迄为拓荒性的杰作，学界因之而略知蕲黄红巾军起事之大概。

灭元的朱元璋集团是从江南崛起的，明朝建立前夕除派出徐达、常遇春领导的引人瞩目的北伐军外，还派出了汤和、朱亮祖等领导的南征军，以进攻仍然效忠元朝的江南三行省的南部区域（按：下文简称南部区域）。巧合的是，朱元璋北伐前夕占领的区域，基本就是徐寿辉军进攻和意图占领的地区。例外仅只福建北部的邵武、延平、建宁、福州四路，徐寿辉系红巾军为侵占诸地三次侵入而未竟其功，朱元璋崛起江南后却对进占该区并不积极。

除时势变易和前车之鉴的心理因素外，核心区域的差异导致两军对福建的战略需求并不相同。徐寿辉系红巾军崛起蕲黄，即向东抢占江西，发动对江浙、福建的两路远征，其断绝江南粮饷供应以致元灭亡的战略是很清楚的。进攻江浙的是以饶、信为基地的项普略部；远征福建的则是抚州、建昌等路的王善、康寿四军，他们以活跃于龙兴路西南富州、瑞州等地的史普清为声援。

元军抵抗了蕲黄红巾军的三次福建远征，南部区域以此保留了对元朝的效忠，朱元璋也不无忌惮以致不敢轻易南侵。福建成为元朝守护南部区域的北方屏障，也是元廷残余统治在南方的主要依靠，至正二十三年（1363）在福州开设的江西福建行省即体现出这一意涵。地方“义军”在抵抗红巾军作战中颇宣其力，遂在战后渐次接管了地方实权，元廷在地方的统治日趋无力化。红巾军对辽东的入侵，带来了“豪强集团”把持地方的后果③，福建的情形与之类似，均是红巾军入侵带来“群雄纷争”后果的例证。原属江西行省的岭南区域，尽管未遭红巾军直接攻击，却也在元廷权威遭遇沉重打击后陷入“乡豪”遍地、大权旁落的局面④。

学界早已注意到地方势力在元末战争中的作用，史料中根据立场的不同而有“义军”或“盗

---

① 陈高华：《元末农民起义军名号小订》，收入氏著：《元史研究论稿》，北京，中华书局，1991 年，第 420—421 页。

② 收入杨讷著：《元史论集》，北京，国家图书馆出版社，2012 年。

③ 杜洪涛：《元明之际辽东的豪强集团与社会变迁》，《史林》2016 年第 1 期。

④ 刘志伟：《从乡豪历史到士人记忆——由黄佐〈自叙先世行状〉看明代地方势力的转变》，《历史研究》2006 年第 6 期。

贼”的称呼，学者从不同角度称之为“寨堡”“地主武装”“土豪”[①]。比较而言，“土豪”的称谓更为允当，它容纳了立场不同的势力，阐明了他们“保境安民”的共同性质，也能较好说明“群雄纷争”局面的出现，尤其是它蕴含了他们破坏元朝中央集权统治的共同历史后果。本文开掘方志、文集等新史料，结合《元史》等传统记载，以福建遭遇的三次入侵为核心，探讨蕲黄红巾军进攻东南的战况战略，力图对元末福建局势的变动、东南局势演变内在动力等问题提出见解，以就教于学界。

一　红巾军初次入闽的过程与影响

（一）江西红巾军的侵入与失败

福建遭遇红巾军入侵，始于至正十二年（1352）四月。在“建宁县贼”应必达的引导下，江西抚州路“宜黄贼”涂乙、涂佑及建昌路“新城贼”童远进占建宁、泰宁两县。四月癸亥（二十一日），他们以“摧富益贫”的口号吸引贫民入伍，随之攻占邵武路。江西红巾军东进，与蕲黄红巾军在江西的军事行动密切相关。至正十二年三月、闰三月间，邹普胜围攻龙兴路五十四日不克，周边诸路大批贫民群起响应，四月癸卯朔攻陷建昌路的“临川贼邓忠”[②]，进攻福建的“宜黄贼”“新城贼”“建宁县贼”，均是其例。

为防备江西红巾军入侵，邵武路元军加强了杉关要塞的守备，却在南边的建宁县方向失算了，“昭（邵）武独守杉关，而建宁县首祸应必达洎其党以私憾诱致江西首贼”。红巾军占领邵武继续招募扩编，“旬日间聚至数万”，兵分三路，向东两路分进顺昌县、将乐县，向南一路经泰宁县侵万安寨。时邵武路总管吴按摊不花奉命北援江浙，刚在家乡将乐县募得“义兵”三千人，遂率以歼灭来犯之敌，五月癸酉朔，他续进顺昌，“尽歼其首从贼数千”，收复县治，复檄延平、建安举兵会剿，终在七月癸巳（二十三日）收复邵武，杀童远及同党千余人。以此，吴按摊不花基本歼灭了来犯福建的江西红巾军，擒俘了涂佑、应必达、孔以立、张彦敏、侯玉等众多头目，随后他将诸人及童远、徐富等首级槛送宣慰司。此后，周边各县响应红巾军的势力成为吴按摊不花的新敌人，双方仍在邵武战斗不息。至正十三年（1353）正月乙酉（十六日），将乐大军来援，崇安、建阳诸军亦合，邵武的形势转趋平定，“东乡水路既通”，“疆土日靖，以底于宁焉”，二月，吴按摊不花奉宪府檄起兵东援福州[③]。

---

① “土豪”是笔者拟定的称呼，以指代史料中“义兵”“民兵”等，它是元末动乱后，地方力量组织起来的武装集团。他们往往在险要的地势上筑造城堡以利防守，王崇武在《明初之用兵与寨堡》(《“中央研究院”历史语言研究所集刊》第八本第三分）中将其称呼为“寨堡”；由于其组织者往往是富裕地主，解放后颇多学者将其称呼为“地主武装”，如陈高华《元末浙东地主与朱元璋》(《新建设》1963 年第 5 期）等；美国学者窦德士（John.W.Dardess）从这些军事力量是在中央集权崩溃的局面下出现的、其基本诉求是“保境安民”、是与中央集权相反的地方主义的，因而称之为“地方主义势力”(regionalism)(《征服者与儒士：晚元政治变革面面观》(*Conquerors and Confucians: aspects of political change in late Yüan China*)，纽约：哥伦比亚大学出版社，1973 年)。“土豪”即源出笔者对窦氏词汇的翻译，它包括忠于元朝的“义军”，也包括红巾农民军以外的“叛军”力量，如张士诚、方国珍等；但当红巾军失败后，这些“土豪”或者被并吞而消灭，或者成长为“群雄”。

② ［明］宋濂等撰：《元史》卷四二，北京，中华书局，1976 年，第 899 页。

③ （嘉靖)《邵武府志》卷二《城池》，《天一阁藏明代方志选刊》第 40 册，上海，上海古籍出版社，1964 年，第 75 页。

《延平府志》载，进攻将乐县的正是攻陷建昌路的“临川贼邓忠”[①]。《元史》载，“（四月）丙辰（十四日），江西‘宜黄贼’涂佑与邵武‘建宁贼’应必达等攻陷邵武路，总管吴按摊不花以兵讨之，千户魏淳以计擒涂佑、应必达，复其城”[②]。这里将红巾军攻陷邵武提前了几天，也就是说“临川贼邓忠”四月朔攻陷建昌后即马不停蹄东侵福建，“宜黄贼”“新城贼”均为其友军。“复其城”即七月二十三日收复邵武，千户魏淳擒斩涂佑、应必达、童远等人，入侵的江西红巾军遭严重打击。来会邵武的建安军队由建宁路同知彭庭坚率领：

> （至正）十一年，升同知建宁路总管府事，江西寇炽，庭坚率民兵克复建阳，又进兵平浦城，十二年，摄佥都元帅府事，与邵武路总管吴按摊不花夹攻邵武，庭坚设云梯火炮，昼夜攻击，寇遁，追斩渠凶董元帅、铁和尚、童昌，邵武悉平，总兵官江浙参政章嘉上功于朝，升同知福建道宣慰使司副都元帅，镇邵武，冬，寇陷建宁县；十三年，庭坚统建阳、崇安、浦城三县民兵次泰宁，寇惧请降，复建宁县，还师邵武，江浙行省檄庭坚节制建宁、邵武二郡诸军[③]。

“江西寇炽”及克复建阳、浦城，显即至正十二年四月攻陷邵武的红巾军，他们分兵北上建宁路，遭彭庭坚所败。彭庭坚接获吴按摊不花檄文，即率“义军”南下。其追斩的“董元帅、铁和尚、童昌”，亦当为江西红巾军头目，“童昌”与“童远”或即近亲同伙。收复邵武后，彭庭坚受命“镇邵武”，与吴按摊不花协同御敌。红巾军冬天西撤建宁县，表明江西红巾军七月兵败后建宁县红巾军即为进攻邵武的主力。至正十三年正月，彭庭坚率所部建阳、崇安、浦城“义兵”次泰宁，建宁县红巾军降附，邵武路日趋安宁，江浙行省命其以建宁、邵武二郡兵守备福建西境，吴按摊不花自归其节制。

彭庭坚南下邵武，建宁路红巾军继续东进松溪、政和。“红巾贼破松溪”，县人黄昌元以克复为己任，“乃出其资物往处之龙泉、青田募敢死士三百余人，还至榉廊（松溪县溪东乡榉榔），起集社甲民义又数百人，奋勇出奇”，仍难克敌众，西去浦城求援，“得徐德辉兵至”，仍不敌而城破。黄与潘伯正再往龙泉、青田招募壮勇，“得金十五义、吴祥一等五百余人，合元部民义徐员等兵，军声复振”，但仍难固守松溪，“会浙东追还金十五义等”，“潘伯正父子皆遇害”，“复建新二万户，复政和，贼帅王驴复据松溪”，黄与“二万户”部仍坚持斗争[④]。红巾军约于七月被迫东进福宁州，“是月，徐寿辉伪将王善、康寿四、江二蛮等陷福安、宁德等县”[⑤]。

福宁州尹王伯颜以“团结兵社”相应对，“先是福州路以红巾池细等为乱侵政和、松溪等县，下所部备寇，州尹王伯颜募壮士张子元、周显卿、袁礼文、周德辅等备团练”，是所谓“社兵之起”[⑥]。黄昌元在松溪对付的应即池细部，该部即徐寿辉红巾军在建宁路招附的“土豪”，池细转降

---

① （乾隆）《将乐县志》卷一六《灾祥志》，清乾隆三十年刻本。
② 《元史》卷四二，第 899 页。
③ 《元史》卷一九五，第 4419 页。
④ （嘉靖）《建宁府志》卷二一《杂记·黄昌元》，《天一阁藏明代方志丛刊》第 38 册，第 10 页。
⑤ 《元史》卷四二，第 901 页。
⑥ （万历）《福宁州志》卷一六，《日本藏中国罕见地方志丛刊》第 7 册，北京，书目文献出版社，1990 年，第 404 页。

于元被命为松溪主簿，但其父在政和山后、其兄在浦城南岸（浦城县石陂镇南岸村）仍从红巾军作战[①]，这是“土豪”在红巾军战争中采自由政治立场的佳例。

池细降元，王善率红巾军在穆洋（福安市穆阳镇）民康二的向导下东进福安县入福宁州境，“福安饥，外塘陈长鼻倡众沿乡强籴，因而行劫；穆洋始结社，康德甫与苏鼎一有隙，欲图德甫，德甫使其子康二往通红巾黄善（王善），得伪札数道，欲以授姻家廉什、陈预九，预九不从”，遂死之。王善八月寇福安县，摄县事赵执中求援于州，不报，九月城遂陷，江二蛮同其子江铁驴再陷宁德县。十一月，后溪（柘荣县）林永泰、许洋、郑宗凯等寇福安县，千户施瑞翊被杀，九日，王善复屯营县中，摄县事赵执中、主簿谭屠轮夕遁，城陷，王自称“新州道都元帅”，遂张榜募民，再次就地扩充红巾军。十三日，王善率兵两万进攻福宁州，州尹王伯颜兵溃，来宾县巡检州人阮宗泽率民兵战死于南屏（霞浦县沙江镇南屏村），十六日，王伯颜被执于雷坦，死之[②]。王善等七八月进入福安、宁德等地，受到各处“社兵”的激烈反抗，城池亦易手数次，直至十一月才在招募占领的福安、宁德民众从军后南陷福宁州，《元史》谓福宁、宁德失陷于七月明显不准确。

王伯颜至正十二年春转官福建转运盐使司副使，但因“邻境贼众势颇张”而留任，“其秋贼众自邵武间道迫福宁”，王氏募民兵一千五百余人以备御，十一月庚辰（十一日），王兼善（王善）率领的红巾军进驻杨梅岭（霞浦县盐田畲族乡），王伯颜及其子相兵败遭执死[③]，福宁州城陷，红巾军进而南逼福州城。

元军进驻罗源县以相阻遏，时任连江县宁善乡巡检刘浚组织数百“义兵”交其子健将之，“浃旬间，众至数万”，遂率以御敌，罗源兵破，红巾军分两道南攻福州，浚部拒之于辰山（连江县马鼻镇辰山村），俄闻福州陷，其众多散去，刘浚率部南撤至中麻（连江县浦口镇中麻村）与敌遭遇，父子被执，王善杀浚而舍健，健返家散赀结数百勇士诈降红巾军，乘夜“发火大噪”，战而胜之[④]。

红巾军突破罗源县，福建宣慰司遣福清州知事林泉生率部北上阻遏水道，“红巾寇连江，与长乐、福清接境，率府命公镇遏”，因其防守颇严，红巾军改取陆路经北岭破福州：

> 公立保伍，置屯栅，严守御之方。盐丁谋作乱，公夜取为首者七人缚之，众不敢动。长乐民私受贼官爵，约其至为内应，公遣人匿舟中，谍往来者，得其实，诛三十余人，贼骇曰：“林侯儒者，乃能军若此，不可犯也”，竟不敢由水道，而自北岭攻城[⑤]。

王善至正十三年正月初一开始围攻福州[⑥]，身历福州围城的李世安提及正月二十六日红巾军解围

---

① （嘉靖）《建宁府志》卷二一《杂记·黄昌元》，《天一阁藏明代方志丛刊》第38册，第10页。

② （万历）《福宁州志》卷一六，第404—405页。

③ ［明］陶宗仪：《南村辍耕录》卷一四《忠义》，北京，中华书局，1959年，第167—168页。又参见［元］陈高著，郑立于点校《陈高集》卷一三《王伯颜传》，杭州，浙江古籍出版社，2014年，第202—203页；又［明］王祎著，颜庆余点校：《王祎集》卷一五《福宁王尹赞并序》，杭州，浙江古籍出版社，2016年，第446—447页；又《元史》卷一九五，第4420—4421页。

④ 《元史》卷一九五，第4421—4422页。

⑤ ［元］吴海：《故翰林直学士奉议大夫知制诰同修国史林公行状》，李修生主编：《全元文》第54册，南京，凤凰出版社，2004年，第271页。

⑥ （万历）《福宁州志》卷一六，第405页。

北遁，“明年正月朔，寇逼郡城，是日与廉使许希文共守南门，董督备御，越二十六日，建邵分宪佥事郭继先率援兵南下，贼遂败溃宵遁”[①]。跟随郭兴祖南下的有建宁路同知陈君用部，“君用率兵往援，大败贼众，廉访佥事郭兴祖佩君明珠虎符，使权同知副都元帅”，再逾北岭追击至于连江，“阻水而阵”，战败而死[②]。郭兴祖还檄命泉州、兴化、漳州等南方郡县兵来援，如提举泉州市舶司项棣孙就率“义军”而来：

至正癸巳，福安、罗源、古田诸县奸民林君祥等啸众为变，招江西妖人数万围福州。闽海廉访使郭兴祖檄君集温陵、兴化二郡义兵为援。君部署有法，分数不紊，帅之渡江，与延平、建宁兵会。城中闻之，士气百倍，盗恐腹背受敌，中夜遁去[③]。

围攻福州的红巾军达数万人，福安、罗源、古田等地“土豪”颇有从红巾军南下来攻的。郭兴祖此时仍为廉访佥事，尚非廉访使，但已能组织救援福州的战事，元末东南红巾军战争中宪台官员确有主导权，这与南台御史大夫纳麟被授予“总兵官”的情势是相合的。延平、建宁兵皆出现在福州战场，而邵武路吴按摊不花部或跟随彭庭坚的建宁军而来。又有漳州漳新翼万户罗良率部北来，“福安贼康子政犯福州”，罗率千余人沿海道北上，以药弩射敌，红巾军溃散而北[④]。“福安贼”康子政或即引导王善进入福安县的康德甫部，卢琦曾提及“福宁州康伪元帅”，聚众数万，“投首复业”[⑤]，应指康子政在福州前线易帜，即红巾军福州兵败源于“土豪”临阵倒戈。

红巾军兵败北撤连江县，王善病死，其党江二蛮“殓而焚之”，江西红巾军入闽半年由此势衰。三月十七日，红巾军再陷福宁州，“州判张玄赞死之”，同知林德成南下莆田，“以图恢复”。五月，同知林德成团结义士董克明、张子文等部为“安宁社”，二十五日，率以北上恢复福宁州，“诛贼酋江二蛮于迎恩亭”，升拜州尹。六月二十一日，红巾残部卓仲溪、王野僧等再次攻陷福宁州，“空城一炬”。八月，袁安文以柘洋里（柘荣县）团结义兵为“泰安社”。林德成以莆田义兵“安宁社”之功为州尹，袁安文以本地义军团结“泰安社”，福宁州顿时陷于内外社兵敌视的状态。十二月，泰安社兵至福安县穆洋龙首桥杀红巾余贼陈六七，“大肆侵掠”，表明福宁州政府对“义军”已有失控的趋向：

先是，康寿四等见江二蛮败死，赴宣慰司告招安，司以寿四、陈六七为州同知摄福安县事，而黄正隆不平，复诣司控告，司许其讨贼，故泰安社先遣正隆以其意谕县，县民多不避

① ［元］李世安：《李世安题名》，《全元文》第54册第33页。

② 《元史》卷一九五，第4424页。

③ ［明］宋濂著，黄灵庚编辑点校：《宋濂全集》卷五九《元故延平路总管项君墓志铭》，北京，人民文学出版社，2014年，第1377页。

④ ［元］陈志方：《元右丞晋国罗公墓志铭》，《全元文》第51册，第455—456页。

⑤ ［元］卢琦：《谕寇文》，《全元文》第52册，第353页。《卢琦传》载，卢氏至正十二年迁永春县尹，“邻邑仙游盗发”，“琦因立马谕以祸福，众皆投刀槊”，与《谕寇文》中“家居惠安，与汝等即乡人也，近来宰永春，与汝等皆邻邑也”语契合，故此文即作于福州围城的至正十二三年之交，其所举例以数万众“投首复业”的康伪元帅应即康子政，至于康寿四之以福宁县降已在至正十三年五六月间，与仙游盗发于至正十二年不能相合，《元史》卷一九二，第4372页。

兵，至见被掠，怨正隆入骨[①]。

《元史》称康寿四以“徐寿辉伪将”与王善等进入福宁州，则他显为红巾军入闽将官，他于至正十三年五六月间向元投降，并被委福宁州同知，摄其举以归降的福安县事。此后，“土豪”仍有举旗红巾军而桀骜不驯者，六月二十一日再次陷城的卓仲溪及至正十四年（1354）二月焚掠的陈野翁[②]，即是其例。“泰安社”大约对康寿四部降附后所获优厚待遇心存不满而蓄意挑起事端，福宁州既受康部之降又不敢阻止袁安文行动，深受战乱之苦的民众愈形离心。总之，红巾军首次侵入福建尽管失败了，却严重破坏了元朝地方统治秩序，留下了“土豪”遍地而各怀鬼胎的危险局面。

（二）福宁州战后的“群雄纷争”

福安县内乱，招致了邻近“土豪”的觊觎。至正十四年正月初十，青田县“三魁贼（泰顺县三魁镇）”毛德祥等攻陷福宁县[③]，福宁州形势由此更趋混乱。二月，红巾余贼陈野翁、吴通甫焚掠各村，林文广集“义军”败之于杉洋（古田县杉洋镇），升为古田尹。四月，三魁贼郑长脚、张四三引众犯福安及福宁州，被泰安社、安宁社合力击败。十一月，二社令民间租税悉纳二社不以纳官[④]。至正十五年（1355）二月，廉访副使郭兴祖巡行福宁州，士人黄宽上书直言“二社之横”，“州之都五十有三，其贡献不入于官而入于社，其田产不散于民而归于社，政令不出于官而出于社”，其提出的应对之策，“一则分二社之权，二则抑武夫之暴，三则显忠良旌素节，四则抚穷独而慰死亡”[⑤]，不过纸上谈兵，权威扫地的政府已无力重整乱局。

政府失其权威，地方乱局加剧。至正十六年（1356），傅贵卿再起于官塘（福安市甘棠镇）并公开举起反旗。三魁贼乘机再次南掠，十一月，二社在合兵击败来犯之敌后随之北上反击，并取得胜利，“犁其庭”。至正十七年（1357）正月，随着福宁社会久乱难制，各乡都均结团社，为吞并田土而争斗。

福建行省虽于至正十六年正月已在福建成立，却对毗邻省治的福宁州乱局熟视无睹，直到至正十八年（1358）七月才顾及颁下征讨傅贵卿之命，足见其政府权威虚弱到何等程度。八月，州同知泰安社领袖袁天禄率兵深入，“焚其栅寨而退”；十九年（1359）二月，福建再派参政观音奴讨傅贵卿，败于官塘，二社来援，泉州路治中袁安文阵亡。福宁州因社兵暴横难以就绪，福安县尹张师道弃官去[⑥]。

福宁州陷于“群雄纷争”中，首先是红巾军攻陷州城及长时间在此活动导致民众彻底军事化而致“社兵大起”；其次是位居闽浙交界山区的地理位置，容易受到江浙行省的影响。至正十八年起，

---

① （万历）《福宁州志》卷一六，第405页。

② （万历）《福宁州志》卷一六，第405页。

③ “三魁贼”就是起事于三魁地区的青田寇盗吴德祥等部，因黄坛也在其活动核心又被称为“黄坛贼”，参拙作《石抹宜孙与元末处州局势变动》，未刊。

④ （万历）《福宁州志》卷一六，第405—406页。

⑤ （万历）《福宁州志》卷一四，第377页。

⑥ （万历）《福宁州志》卷一六，第406—407页。

朱元璋经徽州进入建德、婺州、处州等地，地理邻接的福宁州不免受到强烈震撼，“土豪”自然要调整政治态度。至正十九年，守备福宁州的元参政袁天禄与福清州同知张希伯，不约而同地遣使北上与朱元璋“结交”，就反映出“土豪”立场的易变性：

（至正二十年二月）庚申，元守福宁州福建行省参政袁天禄遣古田县尹林文广以书来纳款。初己亥岁，福建义兵万户赛甫丁阿里迷丁据泉州，陈友谅兵入杉关，攻陷邵武、汀州、延平诸郡县，群盗乘势窃发，闽地骚动，天禄辈知元国势不振，故遣文广来纳款。文广以其年六月由海道出温，为方国珉所邀留，至是脱身得达。时福清州同知张希伯亦遣其属张景仁、李世忠来请降，上皆厚赏之，遣还招谕①。

观塘傅贵卿之反、泉州“义兵”反叛，陈友谅再侵杉关，内忧外患叠加，“群盗乘势窃发，闽地骚动”。元军在随后抵抗陈友谅的两次入侵中取得胜利，挽回了福建行省的部分威望，由此保证了“土豪”继续效忠元朝，南方诸地也因之选择继续留在元军阵营。

二　江西内争以致陷没

福建遭遇的首次入侵来自抚州、建昌等地，陈友谅发动的两次东侵亦自龙兴路向东南进军，元廷为收拾江西局势也试图从建宁、邵武等地西北行进，经杉关通道连接的江西、福建两地，其局势变动可谓声气相通。

至正十二年初，蕲黄红巾军进攻江西，道童为江西平章政事，江州、南康失陷，会城龙兴路形势危急，“道童素不知兵事”，但在左丞章伯颜、郎中普颜不华等人的协助下不但击败了邹普胜的进攻，且在“义军”支援下抵制了史普清的进攻。《万历新修南昌府志》载：

史普清者称元帅，率蕲黄之众数百自奉新到新建，驱胁乡民据新塘（新建区流湖镇新塘村），复立寨。土寇喻谦可、屈祥、喻升、余玉等佐之，故家大族残灭几尽。邹（普胜）既败走，行省屡遣朱千户领兵讨之，竟不能克，义士夏益卿、熊君佐、程彦德等不敢入，惟驻生米（南昌市红谷滩区生米镇）章家渡以为郡城西障，时阿都赤招集义屯大塘岭（新建区大塘坪乡）以遏兴国、建昌往来之冲，以故西岸之红巾不得近城②。

蕲黄红巾邹普胜沿水路南下进攻龙兴，又有陆路两军从南北予以支援，史普清自靖安、奉新进攻西南，又有经兴国、建昌南下的一路进攻西北。邹普胜败走，西北一路随之北撤，史普清则据守新塘，“土豪”夏益卿屯驻生米与相对峙，阿都赤亦率义兵守备大塘防备西北面，龙兴路仅得维持

① ［明］姚广孝等修，黄彰健校勘：《明太祖实录》卷八，北京，中华书局，2016年，第92页。
② （万历）《新修南昌府志》卷二四，《日本藏中国罕见地方志丛刊》第5册，北京，书目文献出版社，1990年，第472页。

不坠，朝廷加道童以“大司徒开府”以酬其功[①]。史普清驻兵于龙兴路西南，南下进攻赣江上游的富州、临江、瑞州，又向东南方向扩展至抚州、建昌等路，福建因此遭遇了首次入侵。

至正十三年夏六月，江西行省左丞相亦怜真班率“北军”基本解决项普略饶、信红巾军后经进贤西来龙兴路救援，“癸巳夏丞相亦怜贞班、火你赤统北军自广信来，从进贤循至龙兴”[②]。《元史》载，至正十二年闰三月，“江西行省右丞火你赤与参知政事朵歹觧讨江西贼”[③]，则火你赤官右丞，至此跟随亦怜真班进军江西，再率部出龙兴路西南对付史普清。火你赤南进，又得“义军”之助，“左丞统北军及义兵自南昌复丰城（富州），复临江，复瑞州，转兵攻新建之新塘寨，史普清败走，率其党喻谦可等驱新塘之众仍据奉新为巢穴，数年之间剽掠，新建之境百里为墟”[④]，先进取富州、临江，再恢复瑞州，最后则击败史普清据守的新塘，这些区域显即响应史普清的侧翼，也即是说火你赤采取了先去羽翼再破中坚的对敌战略。史普清战败，西撤至奉新，与元军相周旋。

火你赤收复富州、临江在至正十三年十一月，“丁亥（二十四日），江西左丞火你赤以兵平富州、临江，遂引兵复瑞州”[⑤]。包希鲁载，火你赤平定富州、临江后江西左丞相亦怜真班薨，平章道童命火你赤继续收复瑞州[⑥]，并令其镇守富、瑞二州，“道童属火你赤平富、瑞二州，分镇其地”[⑦]。据《元史》，亦怜真班死于至正十四年（1354）八月，“所部为之丧气”[⑧]，则火你赤转受平章道童命收复瑞州必在其后。火你赤分镇富、瑞后，续率部平定上流袁州、吉安两路[⑨]，元廷升其为江西平章，以专领兵之任。至正十五年（1355）二月，元廷“命刑部尚书董铨等与江西行省平章政事火你赤专任征讨之务，便宜从事，遣使先降曲赦，谕以祸福，如能出降，释其本罪，执迷不悛，克日进讨”[⑩]，火你赤进官平章“专任征讨之务”，应即此时。

元廷以火你赤专兵征讨，当看重他接替亦怜真班而统率的“北军”。道童自蕲黄红巾军入侵以来依靠“义军”保持龙兴路不坠，却对西南近在咫尺的史普清无可奈何，固然有其乏兵可用的无奈，恐也是“素不知兵事”的性格缺陷使然，元廷因此将部分兵权转予平章火你赤掌握。当时有“江西右平章道童、左平章火你赤”的说法[⑪]，至正十六年九月，元廷设江州等处宣慰司都元帅府，“宣慰使都元帅廷授，佐贰僚属，命江西行省平章道童、火你赤承制署之”[⑫]，均为两人共掌兵权的写照。

与刑部尚书董铨同行南来协助火你赤的，又有抚州士人廉访使吴当，周霆震载“董铨、黄昭二

---

① 《元史》卷一四四，第 3442—3444 页。《顺帝本纪》载道童“加大司徒”在至正十五年正月甲辰，则与火你赤升江西平章同时，皆元廷在亦怜真班死后所作布局，《元史》卷四四，第 921 页。

② （万历）《新修南昌府志》卷二四，第 472 页；［元］包希鲁：《守城记》，《全元文》第 47 册，第 337 页。

③ 《元史》卷四二，第 898 页。

④ （万历）《新修南昌府志》卷二四，第 472 页。

⑤ 《元史》卷四三，第 912 页。

⑥ ［元］包希鲁：《守城记》，《全元文》第 47 册，第 337 页。

⑦ 《元史》卷一四四，第 3442—3444 页。

⑧ 《元史》卷一四五，第 3446 页。

⑨ ［元］包希鲁：《守城记》，《全元文》第 47 册，第 337 页。

⑩ 《元史》卷四四，第 923 页。

⑪ （万历）《新修南昌府志》卷一八，第 394 页。

⑫ 《元史》卷九二，第 2339 页。

尚书暨廉使吴公当奉诏平戎江西”[①]。《吴当传》载，“诏特授江西肃政廉访使，偕江西行省参政火你赤、兵部尚书黄昭招捕江西诸郡，便宜行事”[②]，吴当等显系协助火你赤“平戎江西”，元廷对他们的期待主要是利用他们士绅的身份回到江西组织“义军”，当然此时火你赤是以平章而享有“便宜行事”特权的，这里的“参政”应是错误的。吴当等南下，先在江浙组织“义军”，从福建走杉关返回江西，并在至正十六年止依次平定了建昌、抚州两路：

> （吴）当以朝廷兵力不给，既受命至江南，即召募民兵由浙入闽，至江西境建昌界，招安新城孙塔，擒殄李三，道路既通，乃进攻南丰，渠凶郑天瑞遁，郑原自刎死。十六年，调检校章迪率本部兵与黄昭夹攻抚州，剿杀首寇胡志学，进兵复崇仁、宜黄，于是建、抚两郡悉定。[③]

建昌、抚州两路向由江西参政朵歹戍守，朵歹与火你赤同于至正十二年闰三月受命到江西平叛。火你赤先跟随亦怜真班与项普略部作战于饶、信，次年才进入江西境，但朵歹则早已南下江西作战。至正十二年上半年邹普胜围攻龙兴路，朵歹即受道童派遣东下抚州、建昌，“与掾史章公妥因、抚州同知章公完者住定盱、抚”[④]。至正十二年闰三月，史普清所部的一支红巾军即从临江、富州东进抚州，受到达鲁花赤完者帖木儿、元帅章士谦的阻遏而未能陷城，但却将周边诸县焚荡一空，“宜黄、崇仁、乐安焚荡几尽，金溪之民被害尤惨”[⑤]，朵歹显即此时参与了抚州的守备。抚州诸县民乘时窃起，局势颇为动乱，“临川民胡志学、邓和，崇仁民杜四、熊三、刘世英等各署将校，攻劫不已”[⑥]，攻陷建昌的“临川贼邓忠”及入侵福建的红巾军均应此时“窃起”。建昌路遭攻击而城池屡陷，“据复不常”，直至吴当南来才在至正十六年转趋稳固，“右丞朵歹镇绥方定”[⑦]。

朵歹率兵在两路久战无功，故有至正十五年朝廷遣吴当等南下之命。至正十六年，吴当与元帅章士谦、达鲁花赤完者帖木儿等抚州官帅合兵，成功恢复了建昌、抚州两地的社会秩序，“十六年，（吴当）偕守御元帅章士谦、监郡完者帖木儿召募义兵，兵势复振，邻县悉降，唐以顺、黄春乘势诱杀胡志学于东塔山”[⑧]。

以朵歹、吴当等平定建昌、抚州功，至正十七年四月，元廷加江西平章火你赤为营国公，“封江西行省平章政事火你赤为营国公”[⑨]。随后，吴当、黄昭等西进龙兴路，参与火你赤与史普清下一阶段的战事，黄冲即跟随吴当参与了进攻奉新的战斗：

---

① ［元］周霆震：《石初集》卷二《送吴县丞赴江西省掾》，《丛书集成新编》第137册，中国台北，新文丰出版公司，1985年，第528页。
② 《元史》卷一八七，第4298—4299页。
③ 《元史》卷一八七，第4298—4299页。
④ ［元］包希鲁：《守城记》，《全元文》第47册，第337页。
⑤ （弘治）《抚州府志》卷二七，《天一阁藏明代方志选刊续编》第48册，上海，上海书店，1990年，第765页。
⑥ （弘治）《抚州府志》卷二七，第765—766页。
⑦ （正德）《建昌府志》卷一，《天一阁藏明代方志选刊》，第34册，上海，上海古籍书店，1966年，第3页。
⑧ （弘治）《抚州府志》卷二七，第766页。
⑨ 《元史》卷四五，第937页。

廉访使其当（吴当）奉诏招捕，即召（黄）冲收兵从征。冲曰："自群逆摧却省府，政治日懈，使君能布宣天子恩威，民可得也"。会火你赤攻奉新、靖安，冲独背城力战，而（火）你赤遂遁，其将疾冲不与己合，诱致议事，遂被害，论者惜之[①]。

火你赤遁走，则此次进攻史普清的战事应告失败，南昌"义军"领袖黄冲遭冤杀，反映出政府军与"义军"矛盾之严峻。火你赤、朵歹且对吴当、黄昭等"义军"领袖嫉恨有加，元廷下诏解二人兵柄。这一举动体现出元廷对江西士人及"土豪"的疑忌，江西前景转趋黯淡。果然，江西"土豪"纷纷转变立场，元廷在江西的统治迅速瓦解。《吴当传》载：

是时参知政事朵歹总兵抚、建，积年无功，因忌（吴）当屡捷，功在己上，又以为南人不宜总兵，则构为飞语，谓当与黄昭皆与寇通，有旨解二人兵柄，除当抚州路总管、昭临江路总管，并供亿平章火你赤军。火你赤杀当从事官范淳及章迪，将士皆愤怒不平，当谕之曰："上命不可违也"。而火你赤又上章言二人者难任牧民，寻有旨，当与昭皆罢总管除名。十八年，火你赤自瑞州还龙兴，当、昭皆随军不敢去。先是当与昭平贼功状自广东由海道未达京师，而朵歹、火你赤等公牍乃先至，故朝廷责当、昭皆左迁，及得当、昭功状，乃始知其诬，诏拜当中奉大夫、江西行省参知政事，昭湖广行省参知政事，命未下而陈友谅已陷江西诸郡，火你赤弃城遁[②]。

火你赤奏罢吴当等兵柄，又大肆冤杀"义军"领袖，迅速恶化了与江西地方社会势力的关系。至正十八年四月陈友谅率兵来攻龙兴路，"陈友谅由九江亲率水兵乘风一夕掩至，官军义兵势衰不敌，城遂破"[③]，趋于孤立的江西省臣火你赤等不免遁逃城陷，"四月甲申（十六日），陈友谅陷龙兴路，省臣道童、火你赤弃城遁"[④]。《道童传》载：

十八年夏四月，陈友谅复攻江西城，时火你赤已升平章政事加营国公行便宜事，任专兵柄，而素与道童不相能，且贪忍不得将士心，见城且陷，遂夜遁去，道童亦弃城退保抚州路，欲集诸县义兵以图克复，而势已不可为[⑤]。

即使火你赤性"贪忍"，数年来江西局势毕竟在他的支撑下而得维持；故其不得将士心，只是前一阶段激化与士绅矛盾带来的恶果。火你赤加营国公后，"任专兵柄"，已成江西元军总兵官，与道童的矛盾日趋尖锐，龙兴失陷与此不无关系。他们选为遁逃"巢穴"的抚州不再能够凭

① （万历）《新修南昌府志》卷一八，第 393 页。
② 《元史》卷一八七，第 4298—4299 页。
③ （万历）《新修南昌府志》卷二四，第 472 页。
④ 《元史》卷四五，第 942 页。
⑤ 《元史》卷一四四，第 3442—3444 页。

恃，“司徒道童、平章火你赤奔抚州，友谅兵乘胜追袭，执完者帖木儿，遂陷抚州”[①]，时在五月辛酉（二十四日），八月庚辰（十四日），陈友谅兵进陷建昌路[②]。

陈友谅积极争取“土豪”支持，至正十九年六月前后，陈氏在完成对抚州、建昌两地的稳固占领后确立了以邓克明、王溥分守两地的军事布局，“新淦寇邓克铭擒杀刘世英，据崇仁、乐安，安仁人王溥据金溪，友谅以克铭为右丞据抚州”[③]，建昌路则“令王溥守之”[④]。随着陈友谅对龙兴路占领的进一步巩固，“己亥秋与伪汉陈友谅兵战于建昌之麻潭（今九江市永修县虬津镇麻潭村），力不能胜，兄弟皆死之”[⑤]，道童、火你赤统治江西的时代结束了。

三　陈友谅围攻建宁与赣闽局势走向

（一）两次建宁围城

陈友谅崛起于江西，即沿蕲黄红巾军前辈足迹继续进攻，他派熊天瑞等率军南进吉安、赣州，又派邓克明、王溥等向东占领抚州、建昌路，进而进攻福建、江浙等地，迅速成长为南方一大力量。至正十八年（1358）五月壬寅（五日），龙兴路胡廷瑞帐下康泰、赵琮（祝宗）与抚州邓克明合兵进攻邵武路，止步杉关而未能如愿；十一月癸卯（九日），陈兵已攻陷汀州路[⑥]。《明太祖实录》载，至正二十一年（1361）十一月己未（十二日）邓克明以抚州路投降时上缴有元抚州、建昌、临江、汀州等四路官印，则邓氏应即进攻汀州的主力[⑦]。

至正十九年，邓克明等由建昌分三道犯闽[⑧]，十一月戊申（十九日），攻陷杉关[⑨]，攻击邵武路：

> 邵武分省参政魏公堑山据险，坚壁拒其前，光泽义士袁某保寨守固，完兵拟其后，贼不敢深入。省府羽檄，调兵讨击之。越明年正月，建朱万户宁以官军至，陈同知、李府判、贾府判、游县尹以民兵至，安坦参政以福州军及番兵至，章右丞、龚参政各以所部还因故垒，合官军民义几十万，军声大振。经略使颜公命建邵佥宪刘公持节往督之。贼大震恐，亦益征兵来助……二月晦，诸将励兵，分道进逼贼营，番兵战不利。既而贼纵马大至，我师小却，有溃者，樵民汹汹。佥宪公闻之，即出次水北，至溃卒，卒逾山而遁……夜衔枚疾走，至贼营，纵火鼓噪。贼震骇，营中扰乱，贼悉奔走出关去，光泽遂平。[⑩]

---

① （弘治）《抚州府志》卷二七，第766页。
② 《元史》卷四五，第943、944页。
③ （弘治）《抚州府志》卷二七，第766—767页。
④ （正德）《建昌府志》卷一，第3页。
⑤ （万历）《新修南昌府志》卷一八，第394页。
⑥ 《元史》卷四五，第943、945页。
⑦ 《明太祖实录》卷九，第122页。
⑧ ［元］贡师泰：《建安忠义之碑》，《贡师泰集》卷九，长春，吉林文史出版社，2010年，第373页。
⑨ 《元史》卷四五，第949页。
⑩ ［元］蒋易：《建阳学校上建邵分司刘侯中守诗序》，《全元文》第48册，第44页。

参政魏公即至正十二年跟随吴按摊不花与红巾军作战的邵武守御千户魏淳子魏留家奴，他以参政“分省邵武”，成为这次战事的总指挥。第一阶段的战事，魏参政以各路援兵、民义约十万取得胜利，时驻建宁路的经略使普颜不华遣廉访司佥事刘某来督战，至二三月之交将陈友谅军赶出杉关、平定光泽，但在陈部来援部队的攻击下形势急转直下，闰五月邵武失陷，魏本人“奔建宁”，参与了至正二十一年（1361）的建宁守卫[①]。普颜不华曾协助道童击败邹普胜成功守卫龙兴路，则元廷遣其为经略使而活跃在江浙南部与闽北地区，应即期待他完成恢复江西与守备福建的重任。

攻陷邵武的是康泰军，他与二月已袭破沙县攻取延平的邓克明南北呼应，准备进一步夺取吴克忠、吴按摊不花兄弟防守的将乐县，但遭挫败：

> 二十二年（按：应为二十年），洪寇邓克（按：邓克明）复袭破沙县，夺延平。康太（按：又作康泰）破杉关，悉据邵武，独畏将乐，与邓克期上下并进，夹攻之……贼争入，伏兵四起，击之尽歼，贼溃去[②]。

邓克明、康泰即陈友谅从建昌路“三道犯闽”的北面两路，另一路则是陈友定作战的汀州。将乐县挫折，两路军转而北上围攻建宁，元总管阮德柔升参政“分省建宁”以负责军事指挥，“尽披其属邑，建孤立，外援断绝，城中将帅相视，不能统一；是时经略使普颜不华在建宁，承制以总管阮公为福建行省参知政事，分省建宁，以总制诸将，攘斥寇盗；事闻总省，如经略使命”[③]。闰五月乙亥（二十日），邓克明围建宁，七月丙子（二十二日）元军复延平，戊寅（二十五日）建宁围解，历时六十四日，城内抗敌诸员有：

> 都事余元善、检校赵璋治文书以佐之，达鲁化赤般若帖木尔主馈饷，同知陈子琦、贾野驴、庄文善各率所部往来接战……福清州同知苏显忠等分门拒守。江西行枢密院副使明安与军政元帅吕天泽司炮石，江西佥宪察伋、揭汯、江东佥宪余观，询谋勉励，以奖士气。[④]

参与此战的除阮德柔等建宁官员外，有经略使普颜不华，省内来援的福清州同知苏显忠，江西行省的佥宪揭汯、江东佥宪余观、江西行枢密院副使明安等，建宁保卫战实为赣闽局势演变的关键。陈友谅取江西前夕，元廷再于至正十八年初派遣江西士人揭汯为使“诏谕江西”，企图再创吴当返乡平叛的奇迹：

> 十八年，奉诏谕江西，至七闽，会伪汉陈友谅陷江西不得往，改佥江西湖东道肃政廉访司

---

① （嘉靖）《建宁府志》卷六。

② ［元］蒋易：《送吴实斋（克忠）郎中赴福建省幕序》，《全元文》第48册，第96页。

③ ［元］蒋易：《送掾吏童处仁序》，《全元文》第48册，第97页。

④ ［元］贡师泰著，邱居里、赵文友校点：《贡师泰集》卷九《建安忠义之碑》，第373页。蒋易《铙歌鼓吹曲送颜经略（普颜不华）还朝》一文也认定这次建宁围城历时六十四日，但却提及“陷延平”在二月，建宁围城在六月，与贡师泰所述略有出入，另外他还提及邵武失陷在闰五月，《全元文》第48册，第40页。

事，加朝散大夫，治建宁。既而友谅兵寇杉关，下邵武，据延平，建宁受围，大军退保福州，城中吏民相继出奔，惟经略使普颜不花尚在……君愤曰："经略何为发此言？今盗贼围此城，正吾与经略致死时也，吾死将与此城俱，顾独走，欲安之乎？"……部散卒得千人，命建宁总管阮德柔将之……是时内外相持逾十旬……是日，福州援兵继至，贼败走，复延平等三州，获胜兵千余人，咸欲系狱论其叛逆罪，君曰："大盗未殄，胁从者可胜诛耶？"诛桀黠者数人，悉纵之耕[①]。

揭汯抵达建宁陈友谅已取龙兴路，遂就地以佥事开设江西湖东道肃政廉访司衙门，以图恢复。约略同时，自抚州、建昌撤至建宁的朵歹，又以福建行省右丞分省建宁，"福建行省右丞朵歹分省建宁"[②]，建宁围城俨为陈友谅与元江西残余势力角逐的新战场。邓克明进攻建宁之初，"平章政事阿鲁温沙等夜遁"[③]，右丞朵歹应随之"夜遁"，也或者他们率大军"退保福州"，揭汯以此劝告普颜不华坚守建宁，阮德柔因此取得"分省建宁"的参政名分。建宁围城的胜利，福州援兵起了关键作用，陈友谅军"计穷力尽，乃宵遁"，元军追北五十里，陈军"横尸载路，人马自相蹂躏，坠坑赴谷者不可胜计，得出关者死伤过半"，福建局势因之得以稳固，普颜不华欲反攻江西，适被朝旨返京[④]。"内外相持逾十旬"，显然系宋濂将第二次"建宁围城"的情形误写于此了。

至正二十一年三月，抚州邓克明复导龙兴路丞相胡廷瑞、康泰卷土重来，庚申（九日），攻陷邵武，五月辛未（二十一日），再次攻围建宁，福建行省平章普化帖木儿派平章完者帖木儿、左丞帖木列思往援，途中两人定计兵分两路：平章完者帖木儿率部与汀州陈友定会合于外，以帖木列思部入建宁，内外呼应以破敌军。八月壬辰（十四日），帖木列思以数十骑入城，九月陈友谅再遣骁将幸文才前来增援，乙卯（七日），陈军败走，丙辰（八日），元复建阳，戊午（十日），陈友定复邵武，阻断陈溃军归路，遮杀甚众，"余悉度关以遁"。此次建宁之战凡一百零八日，是陈友谅攻略福建的再次尝试，参政阮德柔防御于内，汀州参政陈友定周旋于外，进而奠定胜局，也奠定了两人在战后闽北的翘楚地位。建宁守城力量详情：

时参政阮德柔实总军事，且以其兵守平政门，参政魏留家奴以其兵守南门，贾野驴升元帅以其兵守朝天门，陈子琦升总管以其兵守临江门，申号令以严备御者，达鲁花赤蒋吉沙、同知天保，四万户如故，而益以唤住、董桓也。据要冲以为声援者，右丞章定，署参政郑旼、龚思永，行枢密院判官贾杞秃也。近以舟师次水南者，延平达鲁花赤赵唐兀歹也。留寓而筹策者，仍三佥事，更佐以江西经历葛元喆也。在告而分任其事者郎中郑潜、达鲁花赤般若帖木尔也。九月贼枭将辛某（引按：幸文才）复益兵来攻我，去城不五十步，连置营垒，势危甚……丙辰，贾野驴乘胜复建阳。戊午，陈友定复邵武，贼散走者辄遮杀之，余悉度关以遁[⑤]。

① ［明］宋濂著，黄灵庚编辑点校：《宋濂全集》卷五五《元故秘书少监揭君墓碑》，第1295—1296页。
② 《元史》卷九二，第2333页。
③ 《元史》卷一九六，第4429页。
④ ［元］蒋易：《铙歌鼓吹曲送颜经略（普颜不华）还朝》，《全元文》第48册第40页。
⑤ ［元］贡师泰著，邱居里、赵文友校点：《贡师泰集》卷九《建安忠义之碑》，第374页。

魏留家奴曾以参政分省邵武，他在这次建宁之战中的作用仅次于阮德柔。唤住、董桓、延平达鲁花赤赵唐兀歹等部来援，江西经历葛元喆的加入，均表明这次战事较前年有所扩大。周震霆提及，“邓克明率江西之党攻延平，江州八月破之日，邓亦大败奔还，失亡甚众”①，江州城破指八月庚寅（十二日）朱元璋攻取陈友谅都城九江，邓克明已兵溃逃归。九月陈氏遣往增援的“辛某”，即幸文才，《元史》载，至正十八年九月乙丑（二十九日），“友谅遣其将幸文才率兵围赣，使人胁之降”，由此攻取赣州②。《明太祖实录》载，至正二十年七月乙丑（十一日），“陈友谅守浮梁院判于光、左丞余椿与饶州幸同知有隙，出兵攻之，幸同知走光等，遂遣人以浮梁来降，命光等仍守其地，既而友谅遣其参政侯邦佐复攻陷浮梁，于光等败走，光独乘轻骑谒上于龙江”③，这个守备饶州的幸同知即幸文才，与参政侯邦佐驱于光、余椿后，即为陈友谅的饶州守将。

至正二十一年七八月间幸文才率兵东去支援建宁，胡廷瑞、康泰、邓克明很快败回江西。五六月间建昌路王溥弟王汉二及李明道进攻信州失败遭俘，朱元璋得悉陈友谅正全力围攻建宁，故于八月起兵西捣江州，陈友谅不得已弃城西迁武昌。朱元璋夺取江州，陈友谅自福建败回的诸路将帅络绎以降，八月戊申（三十日）饶州守将平章吴宏降，九月辛亥（三日）建昌守将王溥降，十一月己未（十二日）邓克明诈降破产只身西走临江，朱元璋取抚州路，十二月己亥（二十二日）江西丞相胡廷瑞率外甥康泰、部将祝宗降④。

建宁围城构成朱元璋与陈友谅竞逐江西的重要背景，陈友谅顷刻失去江西诸路的核心区域，后来鄱阳湖大战时他企图卷土重来但却功亏一篑。陈友谅失去染指福建的机会，朱元璋长期被张士诚牵制无力南下，福建局势演变的动力转为“土豪”与行省的博弈。

（二）江西福建行中书省

至正十八年揭汯奉命“诏谕江西”，却在建宁设置江西湖东道肃政廉访司，朵歹又以福建参政“分省建宁”，所率应即随其东来的江西残部，建宁由此成为江西行省寄治所在，至正二十年揭汯因功转官“江西行省郎中”⑤，显即就地转官。元廷另派宗正掌判忽都不花为江西行省右丞南下建宁，“以佐克复之任”，十月抵军中，“与平章沙公定出关计”，至正二十一年二月，“次延平”，陈友谅将邓克明“已入据邵武”，忽都不花遂向沙平章献合并江西、福建两省之议：

> 君谓平章曰：“陈友谅以荆襄剽狡之众，据有险要，而我欲以千百罢弱之卒制之，且弓矢、甲胄、扉屦、糇粮悉无所具，此无异驱群羊以逐虎狼也。夫江西、七闽，实为唇齿，其民逃避者散在诸郡，苟江西不可复，则七闽亦不能守。若并两省而一之，董之以重臣，资其有以给思

---

① ［元］周霆震：《延平龙剑歌》，《丛书集成新编》第137册，第534页。

② 《元史》卷一九五，第4413页；又卷四五，第945页。

③ 《明太祖实录》卷八，第108页。

④ 《明太祖实录》卷九，第114—124页。

⑤ ［明］宋濂著，黄灵庚点校：《宋濂全集》卷五五《元故秘书少监揭君墓碑》，第1296页。

归之士，庶其可济乎！”平章曰：“右丞议是。”乃条具其事，俾送之江浒[①]。

第一次建宁围城后，江西行省并未因普颜不华北归而中止“克复”，沙平章与忽都不花右丞率千余兵卒从建宁进驻延平，意图经杉关恢复江西，恰逢邓克明再陷邵武，两人遂酝酿奏准朝廷合并江西、福建两省。随着邓克明二度围攻建宁，沙平章再次回撤，江西行省郎中葛元喆参与了建宁战事，苏伯衡提及葛元喆战后自劾罢官的情形，“江东寄治于建宁，则以为无事可治，素餐莫甚焉，而投牒自劾”[②]，明确透露江西再次寄治于建宁。

第二次建宁围城战后，江西行省再次西进，寄治于延平路顺昌县。至正二十二年（1362）春自陈友谅陷龙兴即羁身江西的南台侍御史韩准脱身入闽，被转授江西参政，即赴任于顺昌县，“壬寅春，脱身入闽，朝廷嘉公，授江西省参政，江西无治所，寓顺昌，公志在收复，扶疾以往”[③]。

元廷同意了合并江西、福建行省案，平章陈友定幕士王翰即曾任“江西福建行省郎中”，后又被陈友定迁为潮州路总管，“以君威望素着，表授潮州路总管，兼督循、梅、惠州”，这当然是以这些区域原属江西行省已与福建行省合并为前提的[④]。也就是说，元末最后阶段陈友定是江西福建行省平章，其所辖区域除福建外还有原属江西行省的岭南区域，如分省广州的何真，也曾由江西行中书省左丞改官“江西福建行省左丞”[⑤]。

汤开建据《庐江郡何氏家记》谓邵宗愚至正二十三年（1363）八月攻陷广州，何真起兵恢复，遂升江西左丞；至正二十五年（1365）何真击败熊天瑞遣使北上，元顺帝改授为江西福建等处行中书省左丞[⑥]。《何氏家记》所载两事均延后一年，《元史》载邵宗愚攻陷广州在至正二十二年九月、十月间[⑦]，《明太祖实录》载熊天瑞南侵广州时在“甲辰春”[⑧]，则何真遣使及改官理应在至正二十四年。

朱右载，至正二十二年冬，赣州熊天瑞南侵韶州、英德，“广东震慑”，廉访司委彭思贯往“招谕”，熊不受并将彭扣押不遣，至正二十四年冬，“贼酋长熊率众来降闽省”，彭回到福州，受到平章燕只不花奖赏，次年正月返回广州[⑨]。彭北上赣州招谕，受广州派遣，显见两省尚未合并，熊天瑞终向“闽省”降附，彭也迁回福州南返广州，足见福州已设江西福建行省。以此，两省合并在彭思贯北上至何真迁官间，故以至正二十三年最为可能[⑩]。

两省合并契机，应于形势变动求之。至正二十一年二月，元廷新遣广东廉访使完者笃等抵达广州，久擅岭南的原廉访使八撒剌不花改官江南行台侍御史，八撒剌不花杀完者笃等公然兵据广州[⑪]。

---

① ［元］贡师泰著，邱居里、赵文友校点：《贡师泰集》卷六《送忽都不花右丞赴京师序》，第302页。

② ［明］苏伯衡著：《苏平仲集》卷一一《南阳葛先生私谥议》，《丛书集成新编》第67册，中国台北，新文丰出版公司，1985年，第537页。

③ ［元］吴海：《元故资政大夫江南诸道行御史台侍御史韩公权厝志》，《全元文》第54册，第273页。

④ ［元］吴海：《友石山人墓志铭》，《全元文》第54册，第278页。

⑤ ［明］宋濂著，黄灵庚编辑点校：《宋濂全集》卷五〇《惠州何氏先祠碑》，第1176页。

⑥ 汤开建：《元明之际广东政局演变与东莞何氏家族》，《中国史研究》2001年第1期。

⑦ 《元史》卷四六，第960页。

⑧ 《明太祖实录》卷一六，第214页。

⑨ ［明］朱右：《送彭思贯宪史北上序》，《全元文》第50册，第521页。

⑩ （道光）《广东通志》卷二七一《何真传》，将江西福建行省合并定于至正二十三年；《续修四库全书》史部第674册，上海，上海古籍出版社，2002年，第599页。

⑪ 《元史》卷四六，第955—956页。

随后，元廷再命朵列不花为江西平章进讨广州，至正二十二年九月、十月南海“土豪”邵宗愚率部杀八撒剌不花入据广州，应即响应朵列不花号召行事。惠州“土豪”何真随之亦纠集盟军抢占广州，表明广州的江西行省内讧的扩大化。赣州红巾军熊天瑞乘机南侵广东，至正二十四年春亲提大军南来，自然亦是借机渔利。

螳螂捕蝉，黄雀在后！至正二十四年（1364）四月甫攻取庐州，朱元璋即命大都督朱文正自南昌进攻尚受熊天瑞命的“土豪”邓志明，八月常遇春、邓愈率重兵来援，攻取新淦，即又南下吉安、赣州，开始了长达五个月的赣州围城，直至至正二十五年（1365）正月己巳（十日）才以熊天瑞出降而告终[①]。

显然至正二十四年冬熊天瑞的“降元”，不过困守孤城向福建元军乞援，彭思贯东去福州，即为此故，这当然也以江西福建行省之成立为前提，福州官员已具备调军西进赣州之职权。总之，福建已成元廷在南方统治的支柱，它是至正二十三年为对付熊天瑞南侵广东而成立的，又在至正二十四年冬被乞求协助熊天瑞防守赣州。我们不知道元军是否帮助了熊天瑞，但常遇春、陆仲亨等在接收熊天瑞辖境后即停止了进军，或许也担心福建元军经赣闽通道进扰江西后路。汤和南征军自水路进据福州，迪南“土豪”何真辈震恐之下请降恐后，也与陈友定等福建军队即为江西福建行省中最强势力的形势有关。

四 结语

徐寿辉集团被称为“南系香军”，他们在江南三行省的军事活动沉重打击了元朝在南方的统治。该部崛起于蕲黄地区，并以邻近的江汉、湖广、江西地区为核心而取得丰硕战果；至正十二、十三年之际他们还发动了令人瞩目的远征，其一是项普略以饶、信为基地经徽州对两浙展开的进攻，其二就是王善、康寿四等从抚州、建昌侵入闽北四路的军事行动。陈友谅崛起江西后，试图沿着先辈的足迹继续这两次远征，对福建的远征因两次建宁围城的失败而告终，对江浙的远征则因“龙湾之战”而与朱元璋陷入你死我活的恶斗，继之鄱阳湖大战的失败而葬送了身家性命。

红巾军对元朝地方统治的影响，首先表现在攻城略地，其次则是它所带来的“土豪”遍地，因而红巾军战争迅速演变成三方博弈。就南方三省而言，至正二十年红巾军日渐消歇，地方统治进入“土豪”主导的“群雄割据”时代。巧合的是，红巾军遗留的明玉珍、陈友谅、朱元璋及“降元”的张士诚均活跃在长江沿线尤其是江南三行省的北部区域，也就是说他们均是蕲黄红巾军反元事业的继承人。

这三行省的南部区域无一例外地还维持着对元廷的效忠，这是大都朝廷仍能维持相当时期的重要原因。元廷分别在至正十六年和至正二十三年新设福建行省和广西行省（其北境似直抵邓祖胜驻守的永州、衡州界）来加强在南方的统治，唯独将岭南区域与福建地区改组为江西福建行中书省，江南三行省变成了两省。究其原因，首先应该是岭南区域过于狭小，其次则体现出元廷对恢复江西

① 《明太祖实录》卷一五、一六，第199—213页。

版图仍抱幻想，只要一瞥地图就会发现江西的缺失相当于阻断了广西与福建联络的通道，换言之，如果不收回江西则广西、福建的版图就不能稳固而难以持久。元廷把克复江西的任务交予福建，福州遂成为江西福建行省的省治。

这些区域尽管仍效忠元廷，红巾军打击造成的官府权威沦丧，长时期防备入侵导致的地方军事化，“土豪”接管地方实权早非福建特例，“群雄割据”成为南方地区的普遍状况。元廷在南方的统治，早已仅剩苟存而难言恢复，福建被赋予的收复之责必定难以完成。军事上难以克复，元廷退而追求政治上的“招谕”而恢复江西。除招谕熊天瑞外，元廷对占据江西的陈友谅多次“招谕”，不惜以江都王相许。朱元璋抢占江西，在至正二十二年开始的“降元”事件中，元朝授予的官职也是“江西行省平章”，“招谕”使节张昶更是通过福建而抵达应天，元廷重视福建、江西地区的战略价值可谓史实昭彰。

（作者郭玉刚，山西师范大学历史与旅游文化学院）

“清沙漠者，燕王也”说质疑

——蜀献王朱椿《与晋府书》所见晋王朱棡北征事迹

杨永康

洪武二十三年（1390），朱元璋命晋王朱棡、燕王朱棣率师远征蒙古，北元丞相咬住、太尉乃儿不花、知院阿鲁帖木儿投降，明朝取得重大胜利。按照传统说法，朱棣在这次远征中发挥了决定性的作用，朱元璋得到捷报后称：“清沙漠者，燕王也。朕无北顾之忧矣。”对燕王朱棣给予极高评价，言语之中充满着赞赏之情[①]。笔者近来翻阅朱椿《献园睿制集》，发现一条关键史料——《与晋府书》，足以否定这种说法。这条史料证明，真正主导这次胜利的是晋王朱棡，而非燕王朱棣，朱元璋根本不可能说出那样的话。

一 《奉天靖难记》所述“燕王清沙漠”事迹

最早描述“燕王清沙漠”事迹的文献是永乐官修《奉天靖难记》。《奉天靖难记》大概成书于永乐三年（1405），主要记载朱棣起兵“靖难”直至登上皇位的历史。这是一部“革除”史观指导下的明代官修史书，主要目的在于建构朱棣起兵靖难、继承皇位的正义性和合法性，否定懿文太子朱标和建文帝朱允炆一系的正统性[②]。晋王朱棡是朱元璋的第三子，与太子朱标同为高后所生，关系亲近，自然成为诋毁的对象。

《奉天靖难记》这样描述朱棡的德行及所作所为：

> 时晋王闻太子失太祖意，私有储位之望，间语人曰：“异日大位，次当及我。”遂僭乘舆法物，藏于五台山。及事渐露，乃遣人纵火，并所藏室焚之。自此性益猜忌，荒淫无度，丑声日闻于外。又好弄兵，擅杀人。一日无事，以军马围村落，屠无罪二百余家，其惨酷尤甚。常饲恶犬，以啮人为乐，犬不啮人，即杀其犬。小儿为犬所啮，死者甚众。臣下无敢谏者，谏即挞杀之。太祖闻之怒，召晋王谴责之。晋王见太子，乞为解释，太子曰：“尔所为者，父皇焉得

---

① 多数学者认为此次北征的胜利主要归功于朱棣，显示了其突出的军事才能。参见商传：《永乐皇帝》，北京，北京出版社，1993年，第23—25页；晁中辰：《明成祖传》，北京，人民出版社，1993年，第31—33页；毛佩琦：《永乐皇帝大传》，沈阳，辽宁教育出版社，1994年，第40—45页；蔡石山：《永乐大帝——一个中国帝王的精神肖像》，北京，中华书局，2009年，第43页。

② 参见杨永康：《朱棣“革除”建文年号考——以孔尚任所藏〈燕王靖难札付〉为证》，《文史哲》2018年第5期。

知？此自燕王发之也。"晋王信其言，由是渐生嫌隙。时上亦来朝，会有疾，晋王数以言相侵，欲使上疾增剧，以快其意。又极诋上于太子前，太子遂诬上以飞语，谓上尝见龙，自言当有天下。上颇闻其语，惊曰："我谨事长兄，自度无所失，何得有是言？"深自辩析，太子怒不解。上日加忧畏，至疾益甚，遂扶疾归国。由是太子与晋王深相结，交构媒孽。晋王又厚结近戚，以为己声誉，日夜搜求上国中细故，专欲倾上，然卒无所得。[①]

《奉天靖难记》中晋王朱棡的形象，不仅僭越不法，荒淫无度，纵兵擅杀，而且与朱标联合起来陷害朱棣。这样的形象明显是有意丑化，并非历史事实，其大部分内容被宣德官修《明太宗实录》删掉。《奉天靖难记》就是在朱标、朱棡联合构陷朱棣的叙事框架下讲述"燕王清沙漠"的事迹：

洪武二十三年春，太祖命晋王率师西出，上率师北出，会期进师，同征胡寇乃儿不花。晋王素畏惧，出近塞，不敢进。上直抵迤都山，径薄虏营，获乃儿不花及其名王酋长男女数万口，羊马无算，橐驼数千。晋王忌上有功，先遣人报太子，言上不听己约束，劳师冒险。太子遂言于太祖，谓上劳师深入，未见其利，晋王全师而归，太祖闻之不乐。及捷报至，太祖大喜，曰："清沙漠者，燕王也，朕无北顾之忧矣。"太子复言于太祖曰："晋王虽不深入，然遥张声势，犄角胡寇，则其功亦不少矣，燕王难独以为功。"太祖不听。太子又诬上得虏马珍宝不以进，太祖由是益不信太子言。[②]

根据《奉天靖难记》的记载，朱元璋命晋王、燕王北征乃儿不花，晋王畏惧不敢进，燕王勇猛俘获无数，朱元璋闻捷报后亲口表彰朱棣："清沙漠者，燕王也，朕无北顾之忧矣。"不仅如此，朱棡因为嫉妒朱棣，与太子朱标联合起来诬陷朱棣，争夺北征功劳，朱元璋并不相信，反而对太子朱标失去了信任。《奉天靖难记》所载"燕王清沙漠"事迹略加润色之后，被《明太宗实录》继承下来成为官方的定说。

这样的说法显然是朱棣的一面之词，明显偏袒朱棣，倾向性太强，难以让人相信。王崇武曾怀疑说："今案燕王之捷，谅有一部分是实，惟晋王犄角之功，亦不可没。蒙兵游牧无定所，出塞能否遇敌，本无把握，成祖七次北征，不见虏而还之时正多，其可以此独坐晋王罪？"[③]又云："今案本书既谓晋忌燕功，先遣人报太子，言燕不听约束云云，则是燕仍受晋节制。"[④]由《奉天靖难记》的记载来看，燕王似乎受晋王节制。

此外还有一点值得注意，"晋王忌上有功，先遣人报太子"，再由太子报告给朱元璋，这样的报告程序透露了太子朱标也参与了这次北征。《太祖皇帝钦录》中保存有朱元璋给晋王的一道谕旨：

---

① 王崇武：《奉天靖难记注》卷一，北京，商务印书馆，1948年，第6—7页。
② 王崇武：《奉天靖难记注》卷一，第8—9页。
③ 王崇武：《奉天靖难记注》卷一，第10页。
④ 王崇武：《奉天靖难记注》卷一，第9页。

“洪武二十三年二月十日，山西原调出征马步官军，若不曾启程，休起。如今乃儿不花处走将人来说，去的远了。既远了，不必去赶。即目东宫出来，点视城池。应有官军，都在附近平野处迎接，要马多势大。”[①]结合前文所载“晋王忌上有功，先遣人报太子，言上不听己约束，劳师冒险”，可以推断，太子朱标在晋王、燕王出征的同时，曾经到山西巡检城池，作为北征的后盾。

二 《明太祖实录》所载“燕王清沙漠”事迹

《奉天靖难记》之后，永乐三修《明太祖实录》更为详细地记载了晋王、燕王此次北征的经过。永乐三修《明太祖实录》成书于永乐十六年（1418），此时朱棣皇位已稳固，对待朱允炆一系的立场相对缓和，为了取信后世，二修《明太祖实录》中原先过分丑诋诬蔑之词大部分被删削，朱棡在《明太祖实录》中的形象也大为改观。《明太祖实录》云：“王，上第三子，孝慈皇后所生。年十三岁受封，又七年而之国。聪明英锐，受学于翰林学士宋濂，学书于录事杜环。眉目修耸，美须髯，顾盼有威容，多智数。至是以疾薨，上哀恸，辍朝三日，赐谥，册曰：‘朕惟先王之典，生有名，殁有谥，所以彰其德表其行也。曩者，封建诸子，王尔于晋，为国藩屏，于兹有年。迩者，因疾永逝，特遵古典，赐谥曰恭。呜呼，谥法者，古今之公议，不可废也。尔其有知，服斯宠命。’”[②]《明太祖实录》说朱棡“聪明英锐”，“眉目修耸，顾盼有威容，多智数”，他去世后，朱元璋极为悲伤，为之辍朝三日，足见朱元璋对朱棡的宠爱。这样的描述无疑比《奉天靖难记》客观了许多。但《明太祖实录》依然保留了抬高朱棣，贬低朱棡的部分情节。“洪武二十六年三月甲戌，上闻晋王督兵于下水筑城，遣使责之曰：‘乃者上天垂象，征伐之事不可轻举。向命尔与燕王各统将校出塞，以振扬威武，御备胡寇。燕王深入虏庭，扫清沙漠，尔不及而还。今又无深谋远虑，即有筑城之役，则人受其害者多矣。自今军中调遣，必计出万全，毋徒劳军士。’”[③]按照这条材料记载，朱元璋对朱棡的不满主要在两件事上：其一，朱棣深入虏庭，扫清沙漠，朱棡无功而返；其二，朱棡不爱惜军士，有筑城劳军之举[④]。这条材料借朱元璋之口婉转地贬低了朱棡，抬高了朱棣。这种手法比赤裸裸地诋毁更容易让人相信，也更具欺骗性。

《明太祖实录》以编年体形式详细记载了朱棡、朱棣北征始末，完整再现了“燕王清沙漠”的具体细节，时间、地点、人物、情节叙述详备。根据《明太祖实录》的记载，洪武二十三年（1390）正月，朱元璋“以故元丞相咬住、太尉乃儿不花、知院阿鲁帖木儿等将为边患，诏晋王、今上各率师往征之。”[⑤]二月甲辰，遣使赍谕晋王、燕王曰：“询及来胡，言残胡甚少，骑者才五千

---

① 《太祖皇帝钦录》原件藏在台北故宫博物院，张德信先生曾予以标点刊布，见《太祖皇帝钦录及其发现与研究辑录——兼及〈御制纪非录〉》一文，收入《明清论丛》第六辑（北京，紫禁城出版社，2006年）。本文所引《太祖皇帝钦录》即依据张德信先生点校的《明清论丛》本，第83—110页。

② 《明太祖实录》卷二五六，洪武三十一年三月己未，中国台北，“中研院”历史语言研究所校勘本，1983年，第3704—3705页。

③ 《明太祖实录》卷二二六，洪武二十六年三月甲戌，第3309页。

④ 朱棡筑城劳军一事为虚构，参见杨永康：《明初晋王朱棡事迹辨正——兼及〈太祖皇帝钦录〉的史料价值》，《史学史研究》2015年第3期。

⑤ 《明太祖实录》卷一九九，洪武二十三年正月丁卯，第2981页。

人，共家属一万口马。称之，有急则十人皆一骑，趁水草长行。大军负戴且重，追袭甚劳。今降臣尝与彼同仕大官已使在彼，而晃忽儿又能辞说，由是其众二心，欲南向者多，北向者少。且将粮饷运至上都及口温，集于各程，然后再俟人来，知其所在，一举而中矣。"[①]三月乙丑，燕王率师出古北口，征虏前将军颍国公傅友德、左副将军南雄侯赵庸、右副将军怀远侯曹兴等各以所部从。三月癸巳，朱棣率师至迤都，故元太尉乃儿不花、丞相咬住忽哥赤、知院阿鲁帖木儿等皆降。紧接着《明太祖实录》不厌其烦地描述朱棣如何智勇双全地降伏乃儿不花："先是，王师既出古北口，今上临塞谕诸将曰：'吾与诸将军受命，提兵沙漠，扫清胡虏。今虏无城郭居止，其地空旷千里，行师必有耳目，不得其所，难以成功。'诸将皆诺，即发骑哨得虏迹，知乃儿不花等驻庐帐于迤都，遂进兵。适大雪，诸将欲止，今上曰：'天大雪，虏必不虞我至，宜乘雪速进。'遂抵迤都，隔一碛，虏不知也。乃先遣指挥观童径诣虏营，观童与乃儿不花有旧，至即相抱持而泣。仓卒之顷，我师以压虏营，虏众大惊，乃儿不花等上马走，观童谕以今上至，毋恐，乃尔不花等素闻今上威德，遂不去。观童引之来见，今上降辞色以待之，即赐之酒食令醉饱，慰谕遣还营，虏甚喜过望，遂无遁意。将至营，又复召来，如是者三。于是悉收其部落及马驼牛羊而还，遣人报捷京师。"[②]朱棣雪夜追击、推诚抚慰、智降乃儿不花的情节令人印象深刻，如临其境。述及晋王朱棡，只有一句："晋王出塞不见虏而还。"[③]与《奉天靖难记》朱棡"畏惧不敢进"的说法略有不同。闰四月癸亥朔，朱棣平乃儿不花捷奏至，朱元璋对群臣说："清沙漠者，燕王也。朕无北顾之忧矣。"[④]甲子，"诏户部遣使运钞一百万锭赐今上，今上悉以赉将士之有功者"[⑤]，因为晋王劳而无功，朱元璋对晋王无所赏赐。《明太祖实录》通过描写朱棡的劳而无功突出了朱棣的智勇双全，将《奉天靖难记》"燕王清沙漠"的说法形象化、具体化。另一方面，《明太祖实录》掩盖了朱标、朱棡与朱棣之间的矛盾，也隐没了朱棣受朱棡节制及朱标参与北征的史实。《明太祖实录》大体上继承了《奉天靖难记》的说法，但叙事也存在着一些差异。由于《明太祖实录》重要的国史地位，它所书写的"燕王清沙漠"事迹对后世产生了重要的影响，《明史》之《成祖本纪》《鞑靼传》即基本上采用了《明太祖实录》的说法。

三　蜀献王朱椿《与晋府书》所见晋王朱棡北征事迹

对于朱棣雪夜降伏乃儿不花的故事，大多数学者认为基本史实肯定存在，朱元璋对朱棣军事才能的表彰也是确定无疑的，虽然其中少不了一些溢美之词。后世史家讲述朱棣的军事才能，首要提及的必然是乃儿不花之降。然而，笔者近来发现的一条史料，彻底地粉碎了"燕王清沙漠"的谎言。

蜀献王朱椿《献园睿制集》卷四《与晋府书》云：

① 《明太祖实录》卷二〇〇，洪武二十三年二月甲辰，第2995—2996页。
② 《明太祖实录》卷二〇〇，洪武二十三年三月癸巳，第3004—3005页。
③ 《明太祖实录》卷二〇〇，洪武二十三年三月癸巳，第3005页。
④ 《明太祖实录》卷二〇一，洪武二十三年闰四月癸亥，第3010页。
⑤ 《明太祖实录》卷二〇一，洪武二十三年闰四月甲子，第3010页。

> 洪武二十三年后四月日书奉兄晋王殿下，昨闻吾兄钦承父皇威命，北讨遗孽，第以山川悠远，不获祖饯为慊。近得书，知大军于四月初十日至孥温海子驻扎，伪官太尉乃尔不花、丞相、知院等相率归款，闻之不胜喜悦，夫不战而屈人兵，虽父皇高策之所致，亦吾兄慰抚之有方也。用是特差百户霍杰奉书，代庆如至，望亲爱之情谅之，不宣。[①]

蜀献王朱椿，朱元璋第十一子，洪武十一年（1378）封，洪武二十三年（1390）就藩于成都。性孝友慈祥，博综典籍，容止都雅，太祖尝呼为"蜀秀才"。其诗文保存于《献园睿制集》，有成化三年（1467）刊印本[②]。集中收录了一些朱椿写给其他藩王的书信，反映了明初藩王之间的交往关系，颇具史料价值。其中《与晋府书》共有两篇，前一篇写于洪武二十三年（1390），后一篇不著日期，上文所引为第一篇。这篇《与晋府书》是第一手的材料，书写于洪武二十三年（1390）闰四月，远远早于经过系统篡改的《奉天靖难记》和三修《明太祖实录》，其真实性和史料价值毋庸置疑。

这篇书信的内容主要是朱椿向晋王朱棡道贺，祝贺他在北征中"不战而屈人之兵"，这封信明确指出，乃儿不花等人之所以归降是因为晋王抚慰有方，这种说法完全颠覆了"燕王清沙漠"的传统说法。根据《与晋府书》说法，朱棡大军于四月初十日到达"孥温海子"驻扎，乃儿不花等人在这一天归降。"孥温海子"，具体位置不详，待考。《明太祖实录》的说法是，三月三十日（癸巳），朱棣主动奔袭"迤都山"，劝降乃儿不花等人。"迤都山"，晁中辰先生认为在今内蒙古自治区苏尼特左旗以北，蒙古人民共和国益图附近[③]。两种文献所记录受降时间、地点、人物完全不同，显然有一方在说谎。考虑到永乐朝朱棣对国史的篡改，显然前者更可信，蜀献王朱椿的说法应该是依据朝廷的捷报。这条材料表明，看似真实可信的"燕王清沙漠"事迹只不过是朱棣为自己编造的美丽神话，《明太祖实录》采用移花接木的手段系统地篡改了洪武二十三年（1390）晋王、燕王北征史实，不仅将原本属于朱棡的功劳算到了朱棣头上，还诋毁朱棡无功而返。根据《明太祖实录》的记载，朱元璋在北征之后曾赏赐朱棣钞一百万锭以示奖励，对朱棡并无表示。这条材料显然也是伪造的，按照常理，朱棡立有大功，获得赏赐的应该是他。《明太祖实录》有条记载十分奇怪，洪武二十三年（1390）三月十四（丁丑），"诏遣使运钞一百万锭赐晋王"[④]。此时的晋王应该还在北征途中，尚未立功，怎么会平白无故获得了朱元璋的赏赐？于情理不合。如果从史官篡改历史的角度考虑，就可以找到合理的解释。既然已经捏造朱棡无功而返，自然不会有朱元璋的赏赐。史官把朱元璋赏赐朱棡的日期提前，这样一来，本来应该是庆功的赏赐被歪曲成朱元璋为了激励朱棡北征提前给予的赏赐，未功获赏最终却不见虏而返，更显朱棡之无能。为了矮化朱棡，史官们可谓处心积虑，但也留下蛛丝马迹。结合《与晋府书》来看，这条材料恰恰成为朱棡曾因功受赏的证据。综合《奉天靖

---

① ［明］朱椿：《献园睿制集》卷四，收入胡开全主编：《明蜀王文集》，成都，巴蜀书社，2018年，第125—126页。

② 此本收藏在日本东京国立公文书馆，收入红叶山文库，收藏者认为此本刊于成化二年，有误。是集《前序》作于成化二年，《后序》作于成化三年，故应为成化三年刊本。

③ 晁中辰：《明成祖传》，北京，人民出版社，2004年，第32页。

④ 《明太祖实录》卷二〇〇，洪武二十三年三月丁丑，第3003页。

难记》所载，可以判定，此次北征朱棡和朱棣分路夹击，互为掎角之势，最终迫使乃儿不花等人投降，毫无疑问朱棡、朱棣两路大军都发挥了重要作用，但朱棡所起的作用是决定性的。总之，《与晋府书》的记载不禁让人怀疑，朱元璋的原话是否为"清沙漠者，晋王也"。

《奉天靖难记》《明太祖实录》捏造"燕王清沙漠"故事的动机在于塑造燕王朱棣智勇双全的完美形象，突出朱元璋对燕王的喜爱。为了说明朱棣继位的合法性，《奉天靖难记》《明太祖实录》篡改史实，除了将朱棣捏造成高后所生之外，还伪造了朱元璋、马皇后最喜欢朱棣，曾三次欲传位于他的故事，打着太祖、高后的旗号为朱棣的篡夺行为找借口[①]。

> 今上初生，有云龙之祥，后甚异之。后尝梦微时携诸子在原野间，卒遇寇至，皆红巾，甚恐，适今上以马进，扶后上马，复跃马从，寇见今上，皆辟易遁去，后与诸子从容而还，遂觉，故独钟爱于今上焉。[②]
>
> 上御东角门，召廷臣谕之曰："朕老矣，太子不幸，遂至于此，命也。古云，国有长君，社稷之福。朕第四子，贤明仁厚，英武似朕，朕欲立为太子何如？"翰林学士刘三吾进曰："陛下言是，但置秦晋二王于何地？"上不及对，因大哭而罢。[③]
>
> 上崩于西宫。上素少疾，及疾作日，临朝决事不倦如平时，渐剧，乃焚香祝天曰："寿年久近，国祚短长，子孙贤否，惟简在帝心，为生民福。"即遣中使持符召今上还京，至淮安，用事者矫诏即还，上不之知也。疾亟，问左右曰："第四子来未？"言不及他。[④]

由此可见，"燕王清沙漠"的故事是与朱元璋曾三次欲传位于朱棣的故事相呼应的，主要目的在于突出朱元璋对燕王的喜爱，借朱元璋的旗号强化朱棣继统的合法性。事实上，明代官修史书都声称青年时期的朱棣智勇双全、威震大漠，但能够真正表现其军事才能的事迹仅此一例，"燕王清沙漠"情节在朱棣继统合法性建构过程中占有重要地位，显然经过史臣们精心安排。难怪朱棣看到三修《明太祖实录》后，嘉奖再四，说："庶几少副朕心。"[⑤]

《奉天靖难记》称晋王素畏惧不敢出塞，《明太祖实录》称晋王出塞不见虏而还，都在不同程度地贬低朱棡的军事才能，目的是成全朱棣的智勇，宣扬朱元璋最钟爱燕王。朱椿《与晋府书》揭露了降伏乃儿不花的是晋王，朱棡在这次行动中显示了非凡的军事才能。事实证明，洪武二十三年（1390）北征蒙古的胜利，为朱棡赢得了声望，从此之后朱元璋对朱棡更加倚重。在朱元璋心目中，晋王的分量要比燕王重，而不是相反。从晋府所编《太祖皇帝钦录》来看，晋王朱棡在洪武末年朱元璋确立的藩王守边体制中起到了举足轻重的作用[⑥]。洪武二十六年（1393），"蓝玉党案"爆发，在

---

① 详见杨永康：《朱棣篡史述论》，《社会科学战线》2014 年第 11 期。

② 《明太祖实录》卷一四七，洪武十五年八月丙戌，第 2316 页。

③ 《明太祖实录》卷二一七，洪武二十五年四月戊寅，第 3195 页。

④ 《明太祖实录》卷二五七，洪武三十一年闰五月乙酉，第 3717—3718 页。以上三条《明太祖实录》引文均脱胎于《奉天靖难记》，详见王崇武：《奉天靖难记注》卷一，亦可参考杨永康：《朱棣仿唐太宗——论永乐官修〈奉天靖难记〉对朱棣形象的塑造》，收入《第十六届明史国际学术研讨会暨建文帝国际学术研讨会》，北京，九州出版社，2017 年，第 811—822 页。

⑤ 《明太宗实录》卷二〇〇，永乐十六年五月庚戌，第 2081 页。

⑥ 参见杨永康：《明初晋王朱棡事迹辨正——兼及〈太祖皇帝钦录〉的史料价值》，《史学史研究》2015 年第 3 期。

抓捕蓝党过程中，朱棡发挥了重要作用。洪武二十八年（1395），秦王朱樉被下人毒死之后，晋王、燕王成为诸王之长，备受朱元璋器重。《太祖皇帝钦录》所载谕旨多处提及“晋燕二王督”的字眼，《明史》也说：“是时，帝念边防甚，且欲诸子习兵事，诸王封并塞居者皆预军务。而晋、燕二王，尤被重寄，数命将兵出塞及筑城屯田。大将如宋国公冯胜、颍国公傅友德皆受节制。又诏二王，军中事大者方以闻。”[①] 朱棡不仅是嫡出，而且比朱棣年长，晋王地位实在燕王之上，朱元璋对待朱棣并无特别之处。晋王为诸王之长，统领诸藩，总理机务，成为明朝防御蒙古入侵的重镇。朱元璋就军士调动、边塞布防、军事设施、屯田放牧、攻防战略诸事宜，对晋王作出很多重要指示，既有谆谆教导，又有严厉批评，器重爱护之情溢于言表[②]。

朱棡去世后，蜀献王朱椿的一篇祭文颇能反映出朱棡在时人心目中的形象，《祭兄晋王》云：“维洪武（二）三十一年岁次戊寅五月丁未朔初十日丙辰，致祭于兄晋王殿下之灵，曰：惟兄令德孝恭，英姿神武，封建晋国，臣庶归仁，友于之亲，如手如足，奄闻薨逝，伤痛曷胜？弟远守藩维，莫获奔赴，特遣成都中护卫指挥赵成，恭诣几筵，敬奉牲醴告祭，无任哀号追慕之至。兄其鉴知，上飨。”[③] 也正是因为朱棡“令德孝恭，英姿神武”，朱元璋对他十分器重，朱棣才不得不措意对其进行贬抑，以免自己的风头被朱棡盖过。也只有贬低朱棡，冒清沙漠之功，朱棣才能论证朱元璋欲传位于己的合理性。

总之，蜀献王朱椿《与晋府书》的相关内容可以证明，洪武二十三年（1390）接受乃儿不花等人投降，“不战而屈人之兵”的是朱棡，而非朱棣。“燕王清沙漠”的说法是朱棣的史臣们精心编造的谎言，目的在于塑造朱棣英勇神武、深受朱元璋喜爱的完美形象，强化其继统的合法性。“燕王清沙漠”的说法经过了明代官方两次建构，《奉天靖难记》反映了永乐初朱棣对建文一系势同水火的敌视态度，朱棣不但攘夺晋王之功，而且对朱棡采取了明显的丑诋立场，言辞激烈，却令人怀疑。《明太祖实录》则避免渲染兄弟争位的家丑，精心编造了“燕王清沙漠”的故事情节，对朱棡的贬低也相对隐蔽，更具欺骗性，更容易让人相信，对后世的影响也最大。晋王朱棡清沙漠的事实证明，太子朱标去世之后，朱元璋于诸子中最器重朱棡，根本不可能产生传位于朱棣的想法，朱元璋欲传位于朱棣的说法纯属官方捏造，目的是建构朱棣继统的正义性和合法性。

（作者杨永康，山西大学历史文化学院教授、博士生导师）

① ［清］张廷玉等：《明史》卷一一六《诸王一》，北京，中华书局，1974 年，第 3562 页。

② 参见《太祖皇帝钦录》洪武二十六年相关谕旨。

③ ［明］朱椿：《献园睿制集》卷八，第 225—226 页。

明初闽东的卫所屯田与“畲军”入迁

刘婷玉

明代在福建的军事建制主要分为福建都指挥使司和福建行都指挥使司[①]。福建都指挥使司辖福州左中右三卫、兴化卫、泉州卫、漳州卫、福宁卫、镇东卫、平海卫、永宁卫和镇海卫共十一卫，大都分布在福建沿海。福建行都指挥使司辖建宁左右卫、延平卫、邵武卫和汀州卫共五卫，还有直属行都指挥使司的将乐守御千户所和武平守御千户所，这些卫所大多分布于闽北、闽西山区，但这些卫所有为数不少的屯田是分布于闽东地区的，所以其作用也不能忽略。福建的两个都司共辖98个千户所，每个卫所都有军屯。据何乔远《闽书》的记载：

> 皇朝天下初定，以地方镇守为重。闽中诸卫，卫指挥约三十余员，卫各有左右中前后五所，千户百户大约百有余员。每所军丁千人，至殷伙矣。足兵之费，既难责赋于民，而郡遭兵乱之后，人户稀寡，地多闲旷，因拨军十之七守城，十之二往田所屯种，每军给田二十四亩或二十六亩，随远近肥瘠为差。[②]

明初军制，约每卫5600人，每千户所1200人，何乔远所言千余人太过模糊。周玉英先生认为《闽书》记载的除建宁左右卫的其他各卫所军数额105448人，若加上建宁左右卫的十一个千户所，则当有十二万人，和吴晗根据《明会典》推断的福建军兵原额“永乐后数量为125318人”基本相同[③]。何乔远认为福建“军、民、盐、匠、弓兵、铺兵、医七户中，军、民为重，军户又视民户几三之一，其丁口几半于民籍。夫军户何几民籍半也？盖国初患民籍不达，民三丁抽一丁充之，有犯罪者辄编入籍，至父兄不能相免也。”周玉英认为何乔远所言是“夸大之词”，以十二万的军数来算，

---

① 对于明代军屯卫所的研究，参见王崇武：《明初实行屯田的社会背景》，《华北日报史学周刊》1936年第100、101、102期。[日]清水泰次：《明代军屯之崩溃》，《食货》1936年4卷第10期。王毓铨：《明代的军屯》，北京，中华书局，1965年。李龙潜：《明代军屯制度的组织形式》，《历史教学》1962年第12期。顾诚：《明前期耕地数初探》，《中国社会科学》1986年第4期。曹树基：《对明代初年田土数的新认识兼论明初边卫所辖的民籍人口》，《历史研究》1996年第1期。有关明代军屯的研究数量众多，参见于志嘉：《明代军制史研究的回顾与展望》，《民国以来国史研究的回顾与展望研讨会论文集》，中国台北，台湾大学，1992年。张金奎：《二十年来明代军制研究回顾》，《中国史研究动态》2002年第10期。通过家族文书研究军屯卫所的历史社会影响，代表性的有罗香林：《中国族谱所见之明代卫所与民族迁移之关系》，于志嘉：《试论族谱中所见的明代军户》，《“中央研究院”历史语言研究所集刊》，1986年第57本第4分；《再论族谱中所见的明代军户——几个个案的研究》，《“中央研究院”历史语言研究所集刊》，1993年第63本第3分等。

② [明]何乔远：《闽书》卷四〇，明崇祯刻本。

③ 周玉英：《明代福建军屯及其败坏》，《明史研究》（第七辑），合肥，黄山书社，2001年。吴晗：《明代的军兵》，收入氏著：《读史札记》，北京，生活·读书·新知三联书店，1979年。

占洪武时福建815527户、3910806人的不到三十分之一。

但周先生此处错将军户数当作军户丁口总数来对待，十二万的军兵额数实际上相当于十二万军户，则占到福建洪武时户数的近七分之一，远不止三十分之一。至于何乔远估计的近三分之一，是来自于对周德兴在沿海抽丁建立卫所的记载，那么周德兴抽丁的地区是福、兴、漳、泉沿海四府，共抽得民壮“万五千人”。这意味着这万五千军户都是在福建都指挥使司下辖的沿海卫所，按照《闽书》记载福建都指挥使司所辖卫所的军兵原额为87404人，那么“万五千人”只占其中的17%，说明周德兴在洪武年间抽民户为军户的数额并不是其中最主要的部分。

明代军兵的来源主要有从征、归附、谪发、垛集等[①]。既然垛集只占到沿海卫所军户的约17%，那么其余八成多的军兵来源该是从征、归附、谪发。据弘治年间的兵部尚书胡世宁所言：“在昔充军之户，或由垛集，或由归附，未必皆有罪也”。则谪发的军数可知并不占其大宗。从征军主要是来自早期追随朱元璋的军队、靖难之役时支持朱棣的军队，这部分人在调往各卫所时大多是以军官身份赴任的，也就是在《武职选簿》中可以看到的千户、百户，大多来自外省。但军官数额毕竟有限，明时福建军兵最主要的组成部分，恐怕还是收编元代旧军的归附军。

如果说福建地区明初的军队最主要的军兵来源是收编元代旧军的归附者，那么其中很有可能会包含了“宋元畲军”的成分。宋元“畲军”的一部分成为了元代的汀漳屯田军，并在皇庆元年（1312）“调汀漳畲军代亳州等翼汉军于本处屯田”的命令下达后到达了福州乃至闽东地区，这就意味着这部分元代的屯军在明初很可能被吸纳进入了明初的军事卫所系统。而元代的“畲军”中，又有一部分是来自潮州陈懿的下属，那么这部分畲军是否也进入了汀漳屯田军系统，从而在元代就来到了闽东地区呢？目前还没有直接的史料可以证明，但可以通过明初闽东的军屯区域，与畲民族谱中记载的明前期分布区域进行对比以获得一些线索。

若暂不考虑在明中期设立的上杭千户所和永安千户所，那么可以看到明初卫所在福建的建立大致分成三个阶段。第一阶段是洪武元年（1368）建立的泉州卫、漳州卫、延平卫、邵武卫、兴化卫五个指挥使司，均是直接改故元的军事建制万户府而成。如漳州卫是改元新军万户府，延平卫是改元延平路总管府建，邵武卫是改元邵汀翼万户府建，兴化卫是改元兴化路总管府建等。第二阶段是洪武四年（1371）到洪武八年（1375）陆续建立的卫所，不限于沿海或内陆，却都是军事上的要害之地，如汀州卫，福州左、中、右卫，建宁左右卫。而在洪武二十年（1387）由江夏侯周德兴所兴建的一大批卫所，集中在福建沿海地区，是为明朝沿海备倭海防体系的组成部分，也是最为后人所关注的部分，屡屡为后世志书提及的“三丁抽一”即是在此时期。

辨明这三个卫所建立的层次，是为了以此推测明初福建军队的组成成分。最早期建立的漳州卫、延平卫、邵武卫和紧接其后建立的建宁左右卫，既然其组成不是后来周德兴的“三丁抽一”，那最有可能就是收编故元军队，则其中含有宋元畲军的成分几乎是可以肯定的。即使我们暂且不讨论资料不足的元代皇庆元年“调汀漳畲军代亳州等翼汉军于本处屯田”导致畲军已经有可能到达闽东的部分，明初这些卫所屯军所引起的人口由闽西向闽东的流动也足以为我们揭示畲民流向闽东的

① ［清］万斯同：《明史》卷一一八《志第九十二·兵卫十三》，《续修四库全书》第326册，上海，上海古籍出版社，第94页。

一种可能路径了。从下表可以看出，不只是福州左中右卫、镇东卫、福宁卫、定海千户所有大量屯田在闽东地区，本所在福建其他地区的建宁左右卫、邵武卫、延平卫、兴化卫也有数量不少的屯田是在闽东地区的，例如建宁左卫的二十一所屯田，除了一所在浦城县外，有十八所在福州府古田县，二所在福宁州宁德县。建宁右卫的屯田除一所在浦城县外，其余六所都在福州府罗源县。如果按照闽东地区的行政区划来表达明初的军屯分布，可以得到一个简化的表格如下。

表 1　闽东地区闽东军屯分布

区域	屯田
侯官县	福州左卫 左所屯五所，侯官县二都西禅铺起，至二十二都岭柄白沙止 延平卫：前千户所屯二所俱在福州府一在候官县；后千户所屯一所，在福州府候官县
长乐县	福州中卫：长乐县一所在二都姿岭等处 镇东卫：左所屯三所长乐县一所在永福里等处
闽县	福州中卫：左所屯四所俱在闽县南，嘉崇里吉祥洋起，至嘉登里刘崎止 右所屯四所，闽县一所，在瑞圣里埔头 延平卫：左千户所一，在福州府闽县
闽清县	福州左卫 右所屯五所俱在闽清县，升平坊渡口起至十都鱼坑止 中所屯五所闽清县三所，在十六都大樟起至二十一都林浦门止 延平卫：右千户所屯二所一在闽清县
永福县	福州左卫 中所永福县二所在一都大樟起至四都牛斜止 前所屯五所俱在永福县八都郑洋起至十二都鱼坑止 后所屯二所在□永福县十九都铁场起至二十四都□洋□ 中左所也五所俱在永福县二十五都界竹口起至三十都葛洋止 延平卫：右千户所屯在福州府，一在永福县，中千户所一在永福县
怀安县	福州右卫：左所屯五所俱在怀安，县二都杜坞洋起至十三都官口止 右所屯五所俱在怀安县，十五都前冲起至二十都下冲坑止 中所屯五所怀安县一所在三都上洋 延平卫：中千户所屯二所俱在福州府，一在怀安县，前千户所一在怀安县
古田县	福州右卫：古田县四所俱在五都，破寨乾起至十都前山止 前所屯五所俱在古田县，十二都起至四十四都赤妆止 后所屯五所古田县一所，在四十五都胭脂 建宁左卫：福州府古田县一十八所在一等都宝石等处
罗源县	福州右卫：罗源县四所，俱在二都小获起，至七都小桥止 中左所屯五所俱在罗源县，黄童里霍口起至灵济里官口止 建宁右卫：福州府罗源县六所，一所在招贤里，一册东洋，一所在招贤里，二册西洋，上二屯俱县东。一所在罗平里洪洋，一所在善化里，一册梨洋，上二屯俱县西。一所在新丰上里，西洋一所，在林洋里水沟。上二屯俱县西北

续表

区域	屯田
连江县	福州中卫：连江县二所，俱在永贵里，王孙至二十六都湾里止 中所屯四所，俱在连江县，集政里敦玻山起至贤义里桂林止 前所屯四所，俱在连江县，沱市起至仁贤里了然止 后所屯四所，俱在连江县，中鹄望杜塘起至仁贤里鲤溪止
福清县	镇东卫：左所福清县二所，俱在遵义里 右所屯三所，福清县二所，俱在平元里 中所屯三所，福清县二所，俱在灵得里起至新丰里止 前所屯三所，福清县二所，俱在修仁里 后所屯三所，福清县二所，俱在善福里 中左所屯三所，内福清县二所，俱在灵得里 兴化卫：右所屯福州府，福清县一所，在县西万安等里。中所屯三所，福清县二所，一在县西香田等里，一在县南临江等里。前所屯三所，福清县二所，一在县西清远等里，一在县北清宁等里。后所屯三所，福清县二所，一在县西清宁等里，一在县北□兴等里
宁德县	建宁左卫：福宁州宁德县二所，一所在县南，二都飞鸾渡 一所在县西，一都白鹤岭
福宁州	福宁卫：左所屯二所，俱在州一都，草坂底起至四都止。右所屯二所，俱在州五都大清化起，至六都大飞泉止。中所屯二所，俱在州二十都，大坪起至二十一都止。前所屯二所，俱在州二十一都，杉洋起至二十五六都崇儒上至。后所屯二所，俱在州四十四五都青皎起，至四十六都下铺止

为什么要不厌其烦地讨论明初闽东的军屯，是因在明初社会历史背景下，洪武、永乐年间的大量人口流动极有可能是由军屯造成的。闽西、闽北的卫所军前往闽东屯田，造成了明初福建境内最具规模的人口流动，而恰恰也于此时开始来到闽东的畲民先民是否也在其中，除了根据宋元畲军流向而进行的推测，很难找到确切的文本记载。但至少可以通过畲族族谱中留下的一些始迁地的历史碎片来进行进一步的证实。

最直接的例子是福鼎的西岐钟氏家族，据其族谱记载，“始祖钟舍子乃建宁右卫左所夏百户下军小旗，明永乐二年（1404）同总旗邵佛保带领六姓（郑、喻、丁、宣、易）拨来福宁店下（注：今福鼎店下镇）屯种”[①]。虽然以上《闽书》中所载建宁右卫的屯田是在罗源县，但（万历）《福宁州志》中关于福宁州（除宁德、福安以外）屯所的记载有八十八屯之多，并且标注为“并建宁、福宁二卫军屯种”，可知《闽书》记载脱漏甚多。明初的福宁州地区遍布军屯，至今仍然流传着各种关于明初屯军的家族传说，比如福鼎的“十八旗头”传说。据说有杨姓军官在永乐年间带领十八位官兵迁居二十四都管阳屯种，“行前，将一面军旗分剪 18 块，各执一块，以日后作为袍泽之见证。旗根由邵氏保管，根与块合并又是一面旗，故称‘十八旗头’”[②]。这样的民间家族传说资料，亦可以佐证当时福宁地区军屯分布之广泛。

家族传说中的具体姓氏组合现在于福鼎地区有各种不同的说法，但西岐钟氏家族族谱记载本家

① 缪品枚：《闽东畲族文化全书·谱牒祠堂卷》，北京，民族出版社，2009 年，第 150 页。

② 毛久益：《福鼎“十八旗头”的由来》，《福鼎文史》，2008 年。

族于此时来到福宁屯田大致可因此得到证实，在（嘉庆）《福鼎县志》中也有对“店下堡”的记载：“明嘉靖间喻朝保同邹、丁、郑、易、宣五姓建筑”[①]。

另一条可以佐证明初畲民来到闽东屯田的，是前文提到的福鼎牛埕下《冯翎郡雷氏族谱》的记载：“明洪武年间，住在福建福宁长沙西坑，地方安堵，叔侄百户人口。因造州城，人民拥杂，移居良善之地。”将这条资料放在明初军屯卫所建立的背景下，就不难发现这记载确非臆造，虽然《八闽通志》记载福宁卫指挥使司的设立是洪武二十年（1387）由周德兴完成，（崇祯）《闽书》也记为：

> 福宁州城在龙首山下。……皇朝洪武二年，海寇侵境，明年山寇郑龙、姚子美为乱，镇守驸马都尉王恭檄百户宁祥先后讨平之。又明年，始筑城周三里。二十年，复置卫，人众城小，江夏侯周德兴撤东城，拓广里许[②]。

但（万历）《福宁州志》却记有：

> 福宁卫指挥使司，正统志在县治东，今儒学左，旧资寿寺也。洪武十三年（1380），江夏侯周德兴为防倭设[③]。

同书中还收有明嘉靖年间福宁人周璞所作的《修城记》，更详尽地追溯福宁卫建立之初的情景：

> 州自为县时未城，城之者，洪武辛亥（1371）筑垣周三里。庚申（洪武十三年）置卫，人众城小，乃拓东城一里，独郭西民尚置城外，数厄寇患[④]。

周璞本身即是福宁人，所记自然可信度更高，由此可证畲民族谱中有关洪武十三年（1380）在福宁州的记录是可信的。而当时所建的正是福宁卫的卫所城，可推知当时在福宁州地区的畲民很有可能是因和卫所、屯田有关来到了闽东。我们进一步将畲民族谱中的明代初迁地地名与明初闽东的军屯区域范围进行对比，列表如表 2。

---

① ［清］谭抡：（嘉庆）《福鼎县志》卷一，清嘉庆十一年刊本。
② ［明］何乔远：《闽书》卷三七，明崇祯刻本。
③ ［明］殷之辂：（万历）《福宁州志》卷五，明万历四十四年刻本。
④ ［明］殷之辂：（万历）《福宁州志》卷一四《修城记》，明万历四十四年刻本。

表 2 畲民族谱初迁地与明初闽东军屯

县名	明初军屯区	畲民始迁地与居住区
罗源	福州右卫：罗源县四所 俱在二都小获起至七都小桥止 中左所屯五所 俱在罗源县黄童里霍口起至灵济里官口止 建宁右卫：福州府罗源县六所，一所在招贤里一册东洋，一所在招贤里二册西洋上二屯俱县东，一所在罗平里洪洋，一所在善化里一册梨洋上二屯俱县西，一所在新豊上里西洋，一所在林洋里水沟上二屯俱县西北	南郊与大涺头、 大坝头邱子山、 八井贝头里、 尖山大坪（大坪里及十七都晋安大坪村）、 黄重下牛栏坪、 重上里官坑、梧桐岔 十八都塔底、十八都苏坑境高南坑、 十八都应得铺庄梅溪里、 罗平里川山大陂头
连江	福州中卫：连江县二所俱在永贵里王孙至二十六都湾里止 中所屯四所，俱在连江县集政里敦玻山起至贤义里桂林止 前所屯四所，俱在连江县沱市起至仁贤里了然止 后所屯四所，俱在连江县中鹄望杜塘起至仁贤里鲤溪止	狮子岩、连江县清河里、 连江县安民里庵里坑、 保安里东窑乡、 太平里石蟠垅、 安定里三都醮垟半山、 中鹄里凤山石蟠垅、 岭头村（今连江县潘渡乡陀市村）
古田	福州右卫：古田县四所俱在五都破寨乾起至十都前山止 前所屯五所，俱在古田县十二都起至四十四都赤妆止 后所屯五所，古田县一所在四十五都胭脂 建宁左卫：福州府古田县一十八所在一等都宝石等处	古田县九都黄泥田畈水缸丘、 十八都小茶岭、南乡里秀山垌

虽然以上志书中所留下的军屯区域记载区域很模糊，而畲民族谱中所留下的诸多地名因年代久远而未必能够找到真实对应的地址，但仍然可以从中发现很多有用的历史线索。先以罗源县[①]为例，在畲民来到闽东的最初始的居住地中，南郊大涺头、八井贝头里是最为突出的记载。“南郊”首先提示出方位在罗源县治之南，现在仍可看到的罗源八井村实则为“拜井里”演化而来[②]。而福州右卫在明初的军屯区域为“二都小获起至七都小桥止”，正是明代罗源的拜井里地区。而畲民族谱中的黄重下、重上里的地名，正是军屯区域中所指的福州右卫中左所的“罗源县黄童（重）里”的区域，前文讨论过的福安廉岭雷氏畲民家族在明初“择居罗源县梧桐岔”的梧桐村地名正是属于黄重下，又有族人肇庆“任罗源中军副府”的记录，虽然具体官名难以确认其真实程度，但其与军队的关系，也正和这一区域为卫所军屯区域相合。

而连江县的情况也有相似处，所谓的“连江马鼻上岸”传说，正是因连江马鼻渡而产生，（万历）《福州府志》即有“马鼻渡，保安里东达福宁”[③]的官方渡口的记载。而族谱记载的畲民明初居住的中鹄里凤山石蟠垅、岭头村（今连江县潘渡乡陀市村）正是志书记载的福州中卫“前所屯四所，俱在连江县沱市起至仁贤里了然止；后所屯四所，俱在连江县中鹄望杜塘起至仁贤里鲤溪止”

① ［清］卢凤棽：（道光）《新修罗源县志》卷八，清道光十一年刻本。
② 石奕龙、张实主编，《畲族：福建罗源县八井村调查》，昆明，云南大学出版社，2005 年。
③ ［明］林燫：（万历）《福州府志》卷五，明万历二十四年刻本。

的区域范围内。古田县畲民早期居住点的八都、十九都，同样也在福州右卫屯田“五都破寨乾起至十都前山止”和“十二都起至四十四都赤妆止”的区域内。

至此可以做出这样的推断，畲民早期来到闽东的居住点，恰恰是在明初闽东地区的卫所军屯区域内。虽然如福安廉岭雷氏、福鼎西岐钟氏家族这样较为明确地记载了本家族与明初卫所军屯关系的族谱为数不多。这一方面是由于畲民族谱大多编纂于清代中晚期，对于家族早期的入迁记忆脱漏几尽。另一方面是明初虽然是畲民入迁闽东的最初契机，但总体来说迁入的畲民家族数量较少，现今畲民在闽东聚居地的形成是从明中期到有清一代数百年的持续入迁而形成的。

尽管正史资料有限，仍然可以为畲民在明初洪武、永乐年间由广东潮州地区入迁闽东提供一些可供进一步探索的推想。在元代大规模畲军记载渐次消失后，明初广东有关于潮州畲民的明确记录：（永乐五年）八月癸未，潮州卫总旗李华招谕斜人头目盘星剑等一百余户向化，和就率之来朝，赐赉有差[①]。十一月，广东畲蛮雷纹用等来朝。初，潮州卫卒谢辅言，海阳县凤凰山诸处畲蛮遁入山谷中，不供徭赋，乞与耆老陈晚往招之。于是，畲长雷纹用等凡四十九户，俱愿复业。至是，辅率纹用等来朝。命各赐钞三十锭，彩币一，表里纳绢衣一袭。赐辅、晚亦如之[②]。广东潮州凤凰山在近现代的畲民家族文本中被建构为祖居地，以上《明实录》永乐五年（1407）十一月有关潮州卫卒谢辅招抚凤凰山畲民的记载，是现在能够看到的唯一史志记录。而此处的“畲长雷纹用”正是出身畲族大姓雷姓，相较于前一条永乐五年八月诏谕盘星剑的记载，雷纹用更可能是后来迁徙到闽东地区的畲民先民。但这两条记录有一个值得特别注意的共同点，就是两次针对潮州畲民的招抚行为都是由潮州卫的军人所主动进行的，这就为畲民有可能在那一时期进入明初的军屯卫所系统提供了可能性。而当时为潮州卫所招抚的畲民是如何在明初到达了闽东地区，则很可能和明初沿海卫所的互调有关[③]。

（作者刘婷玉，厦门大学人文学院历史系）

① 《明太宗实录》卷七〇，永乐五年八月癸未，北京，中华书局，2016年，第981页。

② 《明太宗实录》卷七三，永乐五年十一月辛未，第1015—1016页。注：“凡四十九户”，《天下郡国利病书》记作“凡百四十九户”。[明]顾炎武：《天下郡国利病书》，上海，上海古籍出版社，2012年，册六，《广东备录下》，第3320页。

③ [明]何乔远：(崇祯)《闽书》卷四〇，明崇祯刻本。洪武二十年，遣江夏侯周德兴经略海上，防倭戍守。德兴刺福兴泉漳四郡民，三丁抽一以为军，于是有沿海军卫。卫所初定，民未习土，率潜离城戍。二十五年。互调其军于诸卫。故今海上卫军不从诸郡方言。尚操其祖音而离合相间焉，屯旗军者。

危机中的应对：嘉靖时期的边疆危机与兵部尚书杨博的边疆策略探析

黄群昂

杨博，字惟约，山西蒲州人，嘉靖八年（1529）进士，历任盩厔、长安知县，兵部武库主事、职方郎中，迁山东提学副使，转督粮参政。嘉靖二十五年（1546），超拜右佥都御史，巡抚甘肃，参与与北方蒙古的军事作战。杨博由于在边疆地区功勋卓著，寻进右都御史。嘉靖三十四年（1555）至嘉靖四十五年（1566）间杨博任兵部尚书。杨博担任兵部尚书期间，明朝军事正处于衰落的阶段，遇到空前的边疆危机。明代的边疆主要包括以京师为防御核心的九边防御体系与广大的东南海疆防御体系。作为明代中央最高的军事行政长官，兵部尚书对明代的军事格局演变具有重要影响[①]。兵部尚书杨博运用权力采取措施整顿国防，试图管控危机，防止明朝边疆军事局势的继续恶化。目前学术界尚无关于杨博的研究专文，本文以嘉靖时期的边疆危机为背景，对杨博的危机应对措施、成效、原因等方面进行探讨，希望能对深入研究明中后期的军事转型与边疆治理及理解兵部尚书与明代军事格局的演变间的关系提供一个新的切入点。

一　嘉靖时期的边疆危机

历经明朝一百余百年的历史发展，明代的军事力量至嘉靖时期趋于衰弱，包括京师在内边疆防御体系脆弱不堪，主要表现在：

（一）京军与边军军伍混乱

首先，军伍缺员。“明以武功定天下，革元旧制，自京师达于郡县，皆立卫所。外统之都司，内统于五军都督府，而上十二卫为天子亲军者不与焉”[②]。明代以卫所为基本的军事单位，地方各卫所设有编制，员额固定，各卫所抽调精锐兵力于中央，组成新的作战单位，称为京营。地方卫所军与京营军共同构成明王朝强大的军事武装力量。太祖、太宗时期由于征伐频繁，武人地位高，法制

① 明代的边疆范围十分广阔，包括东南、西南、九边等，但明中央朝廷最为重视的是九边和东南沿海，称为“南倭北虏”问题，尤其是“北虏”问题，尤为突出。明代兵部尚书与西南边疆问题将另外专文予以探讨。明代兵部的制度建设与兵部尚书的群体特征，可参看黄群昂：《明代兵部考论》，《河北师范大学学报》2018 年第 4 期、《明代兵部尚书群体的主要特征》，《历史档案》2019 年第 3 期。

② ［清］张廷玉等：《明史》卷八九《兵一》，北京，中华书局，1974 年，第 2175 页。

严厉，各卫所及京营都基本保持满额满编，仁、宣以后，以文治国，大兴文教，重文轻武，明代军士地位愈趋于卑贱，到嘉靖时期尤甚。这时期统治阶层利用特权肆意渔利，空占员额，军士占役权门，“军士多杂派，工作终岁，不得入操。虽名团营听征，实与田夫无异”，营造频繁，许多军士不堪压迫，纷纷逃亡，以致军伍空虚。而且官场上贪污成风，官吏上下其手，公然索贿，“军士替代，吏胥需索重贿，贫军不能办，老羸苟且应役，而精壮子弟不得收练”。富有的军士通过贿赂逃避操练，“富军惮营操征调，率贿将弁置老家数中”“贫者虽老疲，亦常操练”[①]。嘉靖六年（1527）十二月，“虏寇宣府，欲选京军征剿。团营额设十二万人，及选不满二三万，盖由强壮者占役权门，疲羸者挂名影射，夫户部粮册十二万，不阙一人，而点选兵册，仅仅若此，设有警变，何以备之？”[②]军额十不存一，缺员十分严重，严重影响了明军正常的军事防御，遇有战事望风而逃。嘉靖二十九年（1550），“虏大入京城下，上命兵部尚书丁汝夔理兵出战，核其人不及五六万，驱出城门皆洵涕不敢前”[③]。面对逃军滋多的现象，嘉靖朝的一些官员采取强行勾补的手段来弥补，但收效甚微。刘天和说“京营之兵，原额十二万，今逃故者四万有奇，猝难清补”[④]。为了保证将逃军勾补回其原军籍，统治阶级绞尽脑汁，严格户籍管理制度，企图仔细审核户籍，对冒替、虚冒等都给予严厉惩治，企图从规范军籍上着手，根除弊端“慎版籍造报。今欲概令接补，诚恐上下扶同，展转冒替，名在实亡，其弊益甚无已。宜从弘治十三年（1500）以后，选充军人例，止终身者验其考弱，愿替听以精壮亲丁顶补永远者，或在逃事故，限两月内，许本身及户丁自首，验明保收，有寄捏假附者，首发治罪，其正身逃者，行各清军官严限解补”[⑤]。可惜的是由于官僚制度的人浮于事及官僚特权的根深蒂固，官僚对军士的盘剥有增无减，军士逃亡的现象愈演愈烈，仅依靠严格户籍制度、采用勾补的手段，是难以使军士得到及时补充的，因而军士缺员的问题并未得到解决，徒费气力。

其次，士兵缺乏训练、战斗力弱。兵员的素质与战斗意志对于决定战争的胜负具有重要作用。明前期由于统治者的重视，军队的训练有条不紊地展开。其后承平日久，统治者耽于逸乐，兵备日渐废弛，至嘉靖时期士兵长期得不到训练，几至无精兵可战的地步。时人称：“无兵而议战，犹人无臂而格干将，乃今乌合者不张，征调者不戢，吾不知其可也”[⑥]，士兵的战斗素质低，使明朝的军队在与倭寇、蒙古军队的战斗中频频失利。例如，号称是明军精锐的京军已然无一战之力。“京军每年以十月朔颁给袢袄，袄取诸东南外解费官帑银，不知几十万”，“然诸军唯□柔臃肿厚絮，蹒跚无礼，至上马亦不能挥鞭而骛也”，颟顸臃肿，丑态百出。“京师每一军必数处隶籍，如五军、三营、乂刀、围子食粮领布，随营换易，临敌用师，不娴攻守、杀夺、救应、防拒之法”，遇到敌人，强壮的急于逃跑，老弱病残的只有坐而等死。军事训练如同儿戏，“唯遇警则呼名上城摆守，分信结营，或宿卫宫城防警夜禁。诸所云备御城中者，无出于此。然率潦草具文，敷衍如戏”，毫无成效。“如戊寅□犯入口，西安门结营，惜薪司前惟张一青布幕，四周有刀杖十数件，兵将不知在何

① ［清］张廷玉等：《明史》卷八九《兵一》，第 2179 页。

② ［明］张居正等：《明世宗实录》卷八三，嘉靖六年十二月壬子，中国台北，“中研院”1962 年校印本，第 1867—1868 页。

③ ［明］何乔远：《名山藏》卷五二《兵制记》，《续修四库全书》史部第 425 册，上海，上海古籍出版社，2003 年，第 459 页。

④ ［明］张居正等：《明世宗实录》卷二五七，嘉靖二十一年正月壬寅，第 5156 页。

⑤ ［明］张居正等：《明世宗实录》卷八七，嘉靖七年四月戊午，第 1976—1977 页。

⑥ ［明］黄道周：《广名将传》卷二〇，《戚继光》，《丛书集成初编》，上海，上海商务印书馆，1937 年，第 363 页。

处，萧萧瑟瑟，冷无人也”①，士兵缺乏训练，遇敌即溃，抱头鼠窜，军政之败坏令人触目惊心。控扼天下的京军尚且如此，地方军队更是怠于操练，虚文应付，毫无战斗力可言，难怪倭寇、蒙古军队能长驱直入，恣意杀掠，视明军如无物。

（二）边军待遇差，边疆地区兵变迭起

明代的士兵由朝廷每月按时发给月粮，“兵饷自出有司，额有编派，征有限期，岂有短少之理”。“奈吏胥贪利，将别项可缓钱粮贿本官，以火耗七折、八折、九折出放，重得厚利。而火急兵需，置之罔闻，而视兵卒为赘疣，将官请给如同”，朝廷给予士兵的月粮微薄，仅足糊口，然而上下盘剥，资粮所剩无几，“故而三军经年嗷嗷，怨气所激，又何怪其变也”，“或自粮饷久稽，畜忿致变”②。嘉靖时期，商品经济发达，通货膨胀率高，士兵的月粮有减无增，官僚竭力搜刮，士兵生存艰难，走投无路之下，操起兵戈，发动兵变拼死反抗。嘉靖元年（1522）正月，“陕西甘州等五卫军乱杀巡抚副都御史许铭”。兵变主要是由军事主管扣除军饷引起的：

> 铭性矜严，于隆无所假借，又多裁革其占役诸弊，隆心恨之，及散月粮，铭令给与时直，隆积有米麦不得冒厚利，益恨铭，因密令指挥杨淮嗾诸部卒诣铭，告增粮价，铭掠治为首者二人，隆欲借此陷铭，遂令诸部卒各备鲜明衣铠，具三日粮……不听者杀之。诘旦铭与隆及守备太监董文忠俱至公议府，隆阴使人约诸部卒，今日告必不听，众益纵恣，围绕不解，薄暮遂焚大门入扼，铭出，乱殴之死，焚其尸，毁铭所，居公署，尽掠其衣物，铭家属走匿，文忠所得免，诸卒复大掠城中，劫库释囚，迫胁文忠，以铭克粮激变，疏闻于朝。③

嘉靖三年（1524），“大同军乱，杀巡抚佥都御史张文锦，大同兵素悍，自江彬擅调后益恣肆。先是元年七月，以粮饷弗给，聚众鼓噪，欲为乱”。朝廷先是采取招抚手段笼络人心，试图息事宁人，士兵内心疑惧，欲意叛逃，“文锦管队官关山等廉得其首恶，欲捕之，诸卒恐，乃复纠集焚大同府，入行都司纵狱囚，攻围文锦，文锦闻变，逾墙走，匿宗室博阳王所。叛卒拥众围王，索之急。王惧，出文锦，遂杀之，亦裂其尸，闭诸城门，焚镇守总兵公署，出革任总兵朱振于狱，逼令为主”④，形势严峻，朝廷不得不发兵镇压。

辽东历来是抵御蒙古与女真的前沿地区，嘉靖以后却兵变频发，局势异常不稳。“巡抚辽东副都御史吕经以苛刻失众心，辽东诸卫所，每军一以余丁三供之，每马一给牧田五十亩，其来久矣。经檄行清革，每军给余丁一，余悉编入徭册，追牧马田，召佃征输，由是众益怨之”。嘉靖十四年（1535）九月，“经巡视辽阳，檄将吏并城筑围墙，及台将吏希经意，督役严急，诸军遂大噪”⑤。将领不体恤士卒，肆意鱼肉，剥削深重，激起二者之间的剧烈冲突，酿成事变。

---

① ［明］史玄：《旧京遗事》，《四库禁毁书丛刊》史部第33册，北京，北京出版社，1997年，第322页。

② ［明］陈仁锡：《无梦园初集》漫集二《纪边海》，《续修四库全书》第1381册，第260页。

③ ［明］黄凤翔：《嘉靖大政类编》之《甘州兵变》，《续修四库全书》史部第433册，第735页。

④ ［明］黄凤翔：《嘉靖大政类编》之《大同兵变》，第736页。

⑤ ［明］黄凤翔：《嘉靖大政类编》之《辽东兵变》，第743页。

甘州、大同、辽东等军事防御重镇战事频繁，底层士兵本身待遇差，又深受文武官僚克扣剥削，士兵不堪其辱，起而反抗，加剧了九边地区的军事动荡。除了九边经常发生兵变以外，兵变甚至波及到留都南京。“南京实我太祖开基之地，形势当东南之胜”[①]，既是明王朝的政治中心，又是防遏东南的军事重地。如此险要之地，又置于统治者的严密监控之下，竟兵变迭现。例如，嘉靖三十九年（1560），“南京兵变，殛杀黄侍郎懋官，悬其尸于大中桥牌坊上，大众喧哄，憾犹未释，自下攒射之”，事情的起因是“盖黄侍郎在户部，不知大体，但欲为朝廷节省。是岁南京适大疫，死者甚众，各卫支粮时，军士有死者，则报开粮，黄侍郎见各卫粮数内无开粮者，则怒责掌印指挥，曰：各卫死人，汝卫中独不死人耶？此语喧传于里巷中，又军士娶妻，收妻粮者，每一查勘，动经数月，故军士怨入骨髓”[②]，官僚毫无爱兵爱民之心，士卒积怨甚深，逼上绝路，拼死一搏。此起彼伏的兵变标志着明代军队蕴藏的官僚与士兵之间的内在矛盾冲突加剧，也预示着明政府对军事力量管控的疲弱，这加剧了明代的军事动荡。

（三）边帅缺乏

将领是士兵的统率者，其战略格局与战术能力对战争的胜败具有不容忽视的影响。“克敌在兵，而制兵在将，兵无节制，则将不任。将非其人则兵必败，是以两军之间，决死生成败之际，有精兵不如良将”[③]，嘉靖时期“南倭北虏”问题凸显，统治者对将帅之才的期盼更为热切。从体制上看，明代的武官选任主要方式是世袭制，功臣子弟仰仗祖上荫庇，无须拼战沙场，马革裹尸，即可坐享爵禄，悠游岁月。“昔人谓世胄为纨绔子弟，今参、游多以幸进，求其不为纨绔者，鲜矣”[④]，世袭武官大多游手好闲，不学无术，庸庸碌碌，而且沾染官场不良习气，攀附营求，唯利是图。“其后承平久，纨绔之子，至不能执殳，负国何如哉！[⑤]”嘉靖时期的世袭武官丧失其祖先的血气之勇，苟延残喘，焉望其有大将之才！为了弥补武官世袭制度的缺陷，选拔具有真才实学的军事人才，天顺八年（1464）武举开科，以后间一举行，至嘉靖隆重武举，但是其实际效果不容乐观。明人顾应祥对武举选将的效果表示怀疑，他认为“选将与校士不同”，二者分属不同的领域，相差悬绝，“若用之于腹里军政，则取其廉谨才华之美。至于边庭斩将搴旗之士，必须曾经战阵，谋勇素闻者始可以当之。古之名将，起于行伍居多，若徒以文义求之，虽读父书如赵括者，亦将安用？况今之所试论、策，皆下第生员所能者，纵使长于骑射，亦不过一人之敌耳，恐未足以知真将才也”[⑥]。除此之外，明代还有保举将材的选将方式，但是容易沦为依托门路和关系的路径。所以明代缺乏行之有效的军官选任机制，大多军官滥竽充数，毫无军事素养可言，戚继光、俞大猷之类的名将也是偶尔见之而已。“将非其人，兵虽众不足恃”[⑦]，将帅乏人的后果自然是军事上屡屡败北。

---

① ［明］孙懋：《孙毅庵奏议》卷上《严操备以固江防疏》，《景印文渊阁四库全书》第429册，中国台北，台湾商务印书馆，1986年，第313页。

② ［明］何良俊：《四友斋丛说》卷一二，《续修四库全书》集部第1125册，第97页。

③ ［明］沈国元：《皇明从信录》卷四，《续修四库全书》史部第355册，第58页。

④ ［明］张萱：《西园闻见录》卷六三《兵部十二·京营》，《续修四库全书》第1169册，第482页。

⑤ ［明］陶汝鼐：《荣木堂合集》文集卷五《卫制志序》，《四库禁毁书丛刊》集部第85册，第552页。

⑥ ［明］顾应祥：《静虚斋惜阴录》卷一一《杂论二》，《续修四库全书》第1122册，第501页。

⑦ ［明］陈子龙等：《皇明经世文编》卷一一九《杨石淙纶扉奏略·杨一清团营疏》，北京，中华书局，1962年，第1136页。

军队是维系国家安全稳定的基石，国之兴亡，系于其手。但至明嘉靖时期，军伍混乱，兵备废弛，武人地位愈趋卑下，领军文武官员贪污腐败盛行，军队不堪一战。历经百余年的发展，明朝的军事力量不可避免地走向衰败。

二　兵部尚书杨博的边疆整顿措施

面对嘉靖时期军事衰败的局面，杨博振衰起弊，竭力施展，采取一系列措施整顿军事，试图将军事危机控制在可控的范围内，并借此全面解除危机，实现强军的目标。观其大者，杨博主要采取的措施如下：

（一）慎选将领，循名责实

“夫将者，国之辅也。辅周则国必强，辅隙则国必弱”①，将帅指挥军事战斗的胜败情况对国家的兴衰存亡具有重要影响，所以历代兵家都重视选将、用将，杨博深谙此理，他深感良将难得，庸帅误国。“再照自有倭患以来，不苦于不战而苦于无可战之兵，不苦于无兵而苦于少知兵之将，即如山东民兵，非不骁健可用，但以将领非人，调度失策，遂至一败涂地，不可救药”②。“不知一方军政，系于一人之身，误用一人，贻害一方，所系诚非细故”，但“近年兵部推用将官，止凭总督、抚按等官荐剡，但各官中间摅实奏荐者固多，而一时咨访未周，以致司道府州，得以爱憎参于其间者”，选取武将基本上是依据地方总督、巡抚的推荐，主观性太强。“以后荐举将才，要见某人骁勇，曾在某处血战，某人练达，曾历某事有功，某人待廉而收士卒之望，某人知兵而为节制之师，考词明白，直书不得，仍拟四六牵合对偶，徒充观羡之具文。书到日，限一月以里作速回奏，果有忠义谋勇，文武兼资者，另作一等特本会荐，如或仍蹈夙弊，举错颠倒，听兵部并该科指名参治”③，摒弃虚文浮词，对所荐举的人选标准具体化，严行考察，提升制度的操作性与规范性，降低所荐非人的风险。

具体的选将、用将标准，孙子认为为将当具有“智、信、仁、勇、严”④等五种基本素质。《黄石公三略・上略》援引《军谶》“将能清，能净，能平，能整，能受谏，能听讼，能纳人，能采言，能知国俗，能图山川，能表险难，能制军权”⑤，古代的兵学家对将领的为人、军事知识与操控军权的能力提出全面的要求。但古代兵学家对理想将领的要求由于人才材质的差异，实际上难以全部达到，杨博从一将难求的现实出发，认为“今之将材，各有所长，固有善于攻击而不识一丁者，亦有富于韬钤而射不穿扎者，必须随材器使，方克有济，合无听兵部以后推举大小将领，务要悉心酌量，如领兵出战，则用勇将，如设险守垣，则用智将，长于吏事，则用为都司，未历边事，则处之

---

① ［春秋］孙武：《孙子・谋攻第三》，北京，中华书局，2006 年，第 4 页。

② ［明］杨博：《本兵疏议》卷一《覆监察御史徐敦奏责成浙直等处巡按御史监军纪功总督等官亟剿倭寇疏》，《续修四库全书》史部第 477 册，第 119 页。

③ ［明］杨博：《本兵疏议》卷一二《遵谕会官集计边务疏》，第 384 页。

④ ［春秋］孙武：《孙子・始计第一》，第 1 页。

⑤ 转引自赵国华《中国兵学史》，福州，福建人民出版社，2004 年，第 219 页。

兵备”[①]，主张选用将领不应吹毛求疵，而是扬长避短，不拘一格。不仅如此，杨博选用人才从不画地为牢，而是扩大选材范围，一以至公：

> 看得：总理江北等处盐法兼理九边屯田都察院右佥都御史庞尚鹏、巡按直隶监察御史陈于阶各奏称储养边材以图安攘实效事。臣等反复二疏，虑其大意，一则欲慎选边材，预养于未用之先。一则欲久任边臣，优处于有功之后，其议互发，其事相须，诚有资于用人图治之计。但兵家之指，非口说之难，而身亲阅历为难。则是储养边材，又推广新郑之疏，岂止当求之郎官？凡边境之守令正佐，皆宜预行抡选。边疆之务，固贵于下能任事，尤先于上能任人……催行两京堂上科道官及各总督、抚按官，各将所知堪任边方督抚、兵备、守令及异途中可作佐贰者，分别南北，不拘内外大小，不论亲故仇嫌，略其细疵浮议[②]。

在这种人才观的指导下，杨博确实为明廷选拔了如戚继光、谭纶、俞大猷等具有真才实学的军事将领，这些军事将领布列地方，巩固了明代的边防。

（二）精兵练兵

明代实行世兵制，军户子弟世世代代为兵，但世兵制的征兵方式具有封闭性的特点，很难保证代代相袭的军户子弟有从军的愿望与相应的职业化素养，仅靠强制的制度性措施是不合时宜的，其导致的结果必然是逃军的增多与军队战斗力的削弱。景泰年间兵部尚书于谦为了应对军事危机即已开始募兵，但范围不够广泛。杨博进一步广泛募兵，在边疆地区普遍推行募兵制。嘉靖三十七年（1558）七月十九日，为防倭寇突至南京，杨博“募广东新会、顺德民兵以备出战”，招募费用由国家提供，“所据募兵银两并坐名，选差司官事，宜相应通行，依拟合候命下，备行南京兵部，札行主事吴一澜带领草场银一万八千两前去广东，会同彼处抚按官着落兵备守巡等官叶心召募惯战民兵三千，每名各给衣装安家银六两，令其自备锋利器械，添差知兵守巡官一员作速监督经过地方照调兵事，例给与粮赏”[③]。除了招募“客兵”以外，主要方式是在各地招募乡兵，“请饬府州县官亟练土著民兵以省客兵之费”[④]，由各省财政负担招兵的费用，减少中央财政支出。其后募兵制逐渐成为征兵的主要方式，为练兵精兵提供可靠的兵源基础。

世兵制下的明朝军队冗员越来越多，能战之兵则越来越少，军队的运行效能大为降低。杨博主张“兵不贵于多而贵于精”。“臣惟兵无选锋曰北，蓟兵削弱，不惟全失掺练，至于简阅之法，向来通未举行，臣近日略加简选。大约合镇可得壮健万五千人”，“至于蓟保二镇参守之兵、一枝仅数百人、或千余人、马不过三五百匹、或六七百匹、有名无实多属文具”，尽当裁汰。“其调到客兵。虽称精健，中间亦有不可用者，且来路既远，疲弱为多，合无听臣等不分辽、陕、保定及山东、河南

① ［明］杨博：《本兵疏议》卷一二《遵谕会官集计边务疏》，第 384 页。
② ［明］陈子龙等：《皇明经世文编》卷二七七《覆都御史庞尚鹏等议储养边材疏》，第 2941 页。
③ ［明］杨博：《本兵疏议》卷二《覆南京兵部尚书张时彻等差官广东募兵疏》，第 151 页。
④ ［明］张居正等：《明世宗实录》卷四二二，嘉靖三十四年五月癸丑，第 7326 页。

之兵，逐一简选，分为上中下三等”，“上等者用为冲锋破敌，中等者随营截杀，下等者守城守墙，及分布军民堡寨。遇有零寇分掠，兼土兵相机剿杀”[①]，选用精壮士兵作为主力，老弱病残能裁则裁，无法裁汰的则用其担任守城的任务。

要达到精兵的效果，最为关键的是加强军事训练力度，所谓“兵不在增而在于练”[②]。通过系统的军事训练，提升士兵的军事理论知识、军事技能，培养士兵严格执行命令、严守军纪的职业观念。“今之用兵，大率有三，曰练，曰募，曰调”，三者之中，练兵是为根本，募兵与调兵相对而言只是权宜之计。“各将兵马严加操练，务致精强，遇有警报，相机堵截”[③]。只有将军事训练落到实处，才能产生良好的军事效果。明代遵循以文驭武的政治制度设计原则，文官领导、指挥、督察武将，兵部尚书主要是通过对地方总督、巡抚的领导来达成施政目标的，但具体的练兵事宜仍由武将完成。为了督促武将完成练兵任务，杨博采取了以下措施：首先，详定章程，按时操练。“内称各镇官军春夏秋三时多趋事修筑，乘暇操练，全在三冬”，“首春已经置立操簿，分发各镇总副、参、游、守、操，坐营等官，每日如法操练”，并详细拟定操练细则，“参详所拟操练之法，章程具在”[④]。具体操练的方法与原则是合操与分练并重，“合操而不分练，无以熟其技艺之能，分练而不合操，无以尽其营阵之变，二者并行，方克有济”，二者不可分离。但为了便于操作，“合操之日不必分练，分练之日，必合操”。“每月以初一、初八、十五、二十三四日为期”，定期演练，基本程序是“军士先期至教场，列队而坐，相去五尺，一炮起，二炮列营，三炮开操，照依旧规操毕，方演技艺，不拘火器弓矢，俱悬银牌为的”，其余二十六日，“中军止举炮三声，炮毕官军分入各营，听本管将官自行操练，大率弓矢火器，亦俱以银牌为的，中者给之。将官下若干人射打，中军、千总、把总、管队下若干人射打，预先分定，各另演放”[⑤]，进退行止，井然有序，从制度程序上规范训练。其次，严格执行，实行督抚官巡阅制，对训练达不到标准的予以重惩，强化督责力度。“但恐地方隔远，奉行未至，未免徒为文具”，“合无备行三镇抚镇兵备各道，督责各该大小将领，遵照军门置立操簿规矩，各将所统马步官军”，职责分明，分别技艺，“着实操演”，布置纪律，必须达到“士马精强，足恃战守”的标准。“督抚官仍不时巡阅”，对“中间若有玩愒因循，骄惰如故者，查照原议，按其伍队司营，俱以军法从事，干碍将领，从重参究，兵备各道，一并罚治”[⑥]。最后，严定期限，官职升降与练兵成效紧密结合。“将所管区分主兵，通行搜选，设法教练，仍将敕谕各另换给一道，备将选练主兵缘由，开载于内。一年之内，练有成效，不次擢用，因循不振，从重降罚”[⑦]。嘉靖时期兵骄将惰，强化士兵军事训练、严厉督责武将练兵并照此予以考核，对全面提高军队战斗力具有重要意义。

---

① ［明］陈子龙等:《皇明经世文编》卷二七五,《陈时弊度虏情以保万世治安疏》, 第 2899 页。
② ［明］雷礼:《国朝列卿纪》卷一一六,《续修四库全书》史部第 522 册, 第 22 页。
③ ［明］胡宗宪:《筹海图编》卷一一《慎募调》, 第 783 页。
④ ［明］杨博:《本兵疏议》卷二三《覆宣大总督尚书王崇古议修边政疏》, 第 651 页。
⑤ ［明］陈子龙等:《皇明经世文编》卷二七六《会议京营戎政核实十事疏》, 第 2920 页。
⑥ ［明］杨博:《本兵疏议》卷二三《覆宣大总督尚书王崇古议修边政疏》, 第 652 页。
⑦ ［明］陈子龙等:《皇明经世文编》卷二七六《奉旨条上破格整理蓟镇兵食疏》, 第 2914 页。

（三）体恤军民，处理兵变采取宽严相济原则

为了应付明廷庞大的军事开支，朝廷定立了名目繁多的赋役征收项目，军民不胜其扰。作为具有忧国忧民之心的传统儒家知识分子，杨博在施政的过程中，体恤民隐，尽量减少军民负担。例如，对于不必要的杂差、冗役，坚决予以查革。嘉靖三十九年，“南京地方军民正差之外，又有项杂差，殊为无名之征，人情既称不堪，委当急为查革，合无依其所拟，备咨南京兵部查照。尚书潘潢题准事理，将在京五城，地方上江二县，一切差役悉行裁免……务要从实举行”①。减少军民杂役，既能减轻军民的经济压力，又能为军士聚焦于提升战斗力提供保障。民众积欠租银，予以减免。“草场租银，原有定额，又经侍郎万镗清查，题有明例，即今逐亩加增，系干民瘼，委当急为厘正，合无斟酌所拟，咨行南京兵部转行各卫，将前银除三十八年、九年已征外，其四十年以后，仍照旧额征收，但系新增者尽行除免，以广厚下安宅之政”②。体恤军民，以民为本，稳定了军心、民心。

但由于朝廷官员经常克扣粮饷，损公肥己，贫苦军士衣食无告，不惜以兵变的极端形式反抗中央政府。“南京营兵，本以柔脆之质，原无骄悍之习，乃今一唱，群和蜂起，作孽攻围公署，忘朝廷豢养之恩，戕辱部臣，成冠裳倒置之祸，履霜坚冰，真不可长，今据彼中所奏，大率皆谓督饷官员激变所致”，杨博主张追究南京兵部尚书、南京守备、南京守备太监监管不力的责任，给予降职处分。对起兵反叛的，“果系首恶，务要擒捕停当，置之法典，以全国体，其余人等，但系胁从，务要晓譬明白，悉从宽假，以收人心”③，恩威并施，兼顾朝廷的权威与受害士兵的利益。

（四）以守为攻，构建多层次纵深的边海防御体系

明太祖立国之初，对北方蒙古、沿海倭寇采取积极防御的战略，其中一项重要的举措是在全国各地广置都司卫所，由总兵官训练军队。以后随着军事局势的改变与军事布局的调整，北方逐渐形成以九边为中心的边方防御体系，沿海地区的军事卫所建设则相对滞后，零散分布，不成体系。嘉靖时期大抵沿袭明前期的国防战略与基本的军事防御体系，把国防军事防御重心放在北方。“臣等看得：蓟、保、宣、大，势如唇齿，彼此协力拒守，非为本镇，全为京师陵寝”④，于拱卫京师关系匪浅。由于政治腐败，经年日久，边方地区城墙坍塌，兵微将寡，难以组织有效的军事防御，以至于蒙古军的进攻偷袭屡屡得逞。“臣等议得：军民堡寨，被贼攻毁者，十之七八，无壁可完，先已题奉钦依，严行宣大守巡官亲诣督修，每堡四角，各修四墩。无力者或二墩、一墩。近据各道报称以十分为率，筑完八分以上，臣历所至，逐一亲阅。如果坚完高厚，比之往岁不同，贼若入抢，断不能肆然得利”⑤，总督、巡抚等地方大员亲督其事，表明防御工事的修造是中央朝廷经营地方、营造战略纵深的重要内容。在坚固城防的基础上，杨博顺应明中后期由冷兵器向热兵器过渡的武器变革潮流，发挥“火器中国长技”的优势，为明军普遍配备火器。凭火器，依托各边地形，居高临

---

① ［明］杨博：《本兵疏议》卷五《覆南京兵部尚书江东等条议南本修戎八事疏》，第 231 页。
② ［明］杨博：《本兵疏议》卷五《覆南京兵部尚书江东等条议南本修戎八事疏》，第 231 页。
③ ［明］杨博：《本兵疏议》卷四《覆南京内外守备等官报振武营兵作乱处分疏》，第 191 页。
④ ［明］杨博：《本兵疏议》卷一《覆蓟辽总督侍郎王忬条陈防秋事宜疏》，第 131 页。
⑤ ［明］陈子龙等：《皇明经世文编》卷二七五《杨襄毅公奏疏三虏中降人传报夷情疏》，第 2909 页。

下，“在各边用之于战，其利什一，在蓟镇用之于守，其利什九”①，形成扼守险要，各军事据点间互通声息，军队相机而动的军事态势。“每与督抚诸臣，往复咨议，大率以预伐虏谋，使之不敢近边，方为上策；拥众攻边，阻之使不得入，斯为中策；坐视其入，即成斩俘之功，犹为下策”②。除了边防以外，整饬海防，“臣等看得：防守贵于周密，分布在据要害，所据本官奏称前因，诚为得其肯綮，合无备行总督张经及各该抚操等官，而今兵力四集之时，一面相机征剿，以图殄灭，一面审度地利，于金山、青村、南汇一带，严行修复，营寨团堡，不得徒为文具”③。当然，在沿海修筑要塞，并非意味着缩居一隅，而是以此为依恃，适时出击，灭倭海上。“平倭长策，不欲鏖战于海上，直欲邀击于海中，比之制御北狄守大边而不守次边者，事体相同，诚得先发制人之意”④。内陆地区也依次设置要地，修筑堡寨，配备兵力，构成集边防、海防、内地防御于一体的梯级防御体系。

嘉靖时期政治腐败、军事衰朽，统治者醉生梦死，得过且过，杨博在任兵部尚书期间，慎择将领，整饬兵备，修筑堡寨，调兵遣将，敉平兵变，加强了边海防卫力量，使明王朝在应对沿海倭寇与北方蒙古的袭扰时逐渐扭转被动态势，一定程度上挽回了明朝的军事颓势。可以说，正是由于兵部尚书杨博的危机管控，才防止了明王朝在嘉靖时期即走向覆灭。

三　杨博边疆经营的局限

作为明代最高军事行政长官，兵部尚书杨博在履行军事管理职权时，敏锐地察觉到了它所面临的外部环境。杨博能利用自己的政治与军事经验对整体形势予以研究，积极采取措施应对外部环境的挑战，试图化解嘉靖时期的边疆军事危机，并在整体上取得了一定成效。但是作为军事行政事务的管理者和执行者，杨博的边疆整顿策略及其实践不免受到战略环境、杨博自身军事、政治思想的制约，因此其危机管控存在不足：

其一，杨博的边疆战略管理存在缺陷。战略管理是组织面对激烈变化、严峻挑战的经营环境，对组织发展目标，达到目标的途径和手段的总体规划⑤。嘉靖以后，国际与东亚的形势发生了深刻的变化，各方势力相继登台，明王朝除了面对传统对手——蒙古的袭扰外，日本、安南、缅甸等强敌环绕，蓄势待发，乘时而动，葡萄牙、荷兰远涉重洋，不时滋扰，开始了试探性的攻击，这无疑恶化了明王朝的地缘战略环境。而且这时辽东地区的女真族也开始在白山黑水间悄然兴起，给明朝的边防增加新的压力。面对安全形势格局的演变，杨博没有根据形势的变化调整战略规划，他一如既往地将帝国的重心置于蒙古方面，对其他的各股势力，基本上听之任之，没有及时对危机进行监测，缺少全局性的考量与系统的应对手段，导致这潜隐的军事威胁力量日益膨胀，边疆危机日益显露，矛盾日益积累，统治者措手不及，无所适从。万历以后，女真崛起，星星之火，顿成燎原之势，终于导致了明王朝的灭亡。可以说，杨博的边疆战略思维不具有前瞻性，这制约了边疆经营的

① ［明］陈子龙等:《皇明经世文编》卷二七六《奉旨条上破格整理蓟镇兵食疏》，第2916页。

② ［明］杨博:《本兵疏议》卷三《覆蓟辽总督侍郎王忬哨报虏情严加提备疏》，第166页。

③ ［明］杨博:《本兵疏议》卷一《覆苏松巡按御史周如斗条陈海防疏》，第128页。

④ ［明］王在晋:《海防纂要》卷七《御海洋》,《续修四库全书》史部第739册，第44页。

⑤ 方振邦、鲍春雷:《管理学原理》，北京，中国人民大学出版社，2014年，第62页。

效果。

其二，杨博的边疆经营呈现被动应对的特征，没有预先调整危机管理方案。嘉靖时期兵变、民变等政治军事危机频繁爆发，杨博在面对兵变等军事危机时，采取了宽柔相济的政治手段，迅速、有效地管控了危机，遏制了军队混乱状态的蔓延。在与蒙古军队的军事作战失利后，杨博采取了选拔将领、精兵练兵等整顿边疆、提高边疆防御能力的具体措施，防止军事形势进一步恶化。但对于诸如如何调整九边地区的兵力配置与战略部署，如何提高军事指挥体制的决策效率，如何实现处理明王朝与各民族之间的关系，如何防止兵变的又一次发生，如何全面系统地解决军役负担繁重的问题，又应当如何尽可能有效地规避可能发生的军事风险，诸如此类的问题，杨博都没有深入思考、预先准备军事预案，等到矛盾表面化才开始处理，使边疆经营的时效性遭到削弱。

其三，虽然杨博也与时俱进地对明代的军事武器进行改良，但对与之相配套的军事制度等方面的改革涉及甚少，制约了边疆经营的成效。嘉靖时期是中国从古代军事向近代军事过渡的军事转型时期，主要表现为热兵器在军事战争中的作用越来越大。“我太祖自平群凶之后，火器收之神机库。库曰：神机，言不欲轻泄也。虽边镇总兵，亦不得私藏、私置。盖谓此无敌之器，不敢轻用，亦不容人人晓其制度而私相授受也”[①]，火器在明初即为明军精锐部队的攻坚利器，但由于技术不完善，装备火器的部队微乎其微。嘉靖以后，随着军事技术的发展，地雷炮、喷火筒、毒雾神鸦炮、连珠炮等火器相继出现，式样繁多，杨博从适应实战要求、装备成本相对经济的角度考虑，“火器之中，惟鸟嘴铳最为利便”。“既称各营，置造不多，委当急为添置”[②]，扩大火器部队规模，意图发挥中原王朝的技术优势。但杨博在军队的战斗编制、传统步骑兵与新型火器兵、车兵之间的战术配合等方面缺乏兼容与整合，对鸟嘴铳在军事作战中具有的诸如装填慢、性能不稳定等缺陷缺少认识，也没有对新的作战形态进行系统的理论总结，导致明军迷信火器威力，对敌我优劣缺乏考量，容易为敌人乘虚而入，陷于被动。当然，由于内阁、其他五部、五军都督府、言官、宦官等系统对军事的干预及其对兵部尚书的权力制衡，兵部尚书杨博很难系统改变中央军事决策体制，但是在地方军事制度改革、调整中央与地方军事关系等方面，杨博是具备改革的权力的，但遗憾的是杨博从始至终并未从体制上着手进行改革。

四　结语

明初，明太祖建立了兵农合一的耕战体制，将军屯制度与卫所制度紧密结合起来，这一军事制度在明前期起到了节约国防开支、维系国防稳定的作用。自成化以后，社会经济高度发展、社会结构发生剧烈变化，传统的士农工商等级阶层体系被士商并重的社会现实取代。社会的重商风气与逐利行为一定程度上消解了明太祖构建的耕战体制的有效性。皇帝、宦官、文官、武官、士兵都追名逐利，利用特权抢占土地、倒卖军田，军队的战斗力逐渐下降。到了嘉靖时期，这一现象更为突出，造成了兵变迭起、外患无法抵御的恶劣局面，明王朝面临空前的边疆危机。兵部尚书杨博是嘉

① ［明］张萱：《西园闻见录》卷七三《兵部二十二·器械》，第627页。
② ［明］杨博：《本兵疏议》卷五《覆南京兵部尚书江东等条议南本修戎八事疏》，第230页。

靖时期任期最长的兵部尚书，深孚国家厚望，他在位期间采取一系列整顿措施，试图改变明朝军事衰落的发展趋势，维护明王朝的政治统治。为了达成这一目标，杨博及时调整军事战略、及时处理出现的军事问题，使明朝的边疆治理一度出现好转。但可惜的是，在战略上，明朝始终在边疆问题上采取一味固守的政策。比如杨博对蒙古、女真，包括广阔的海疆都主要以构筑军事防御体系为主，而主动进攻和军事巡哨则较为不足。而在整顿军事腐败方面，杨博是以通过选拔精明强干的将领和官员来实现，却缺少制定应对军队腐败的政策来遏制军事腐败对边疆军事的消极影响，这制约了杨博边疆经营的效果。与此同时，杨博的边疆战略管理存在缺陷，边疆经营呈现被动应对的特征，没有预先调整危机管理方案，对与之相配套的军事制度等方面的改革涉及甚少等，也制约了边疆危机应对的效果。

诚如史臣所言“明之中叶，边防堕，经费乏。当时任事之臣，能留意于此者鲜矣。若杨博之属，庶几负经济之略者。就其设施与其所建白，究而行之，亦补苴一时而已，况言之不尽行，行之不能久乎！自时厥后，张居正始一整饬。居正殁，一切以空言从事，以迄于亡。盖其坏非朝夕之积矣”①。从根本上来讲，杨博边疆经营效果有限的根源是明代中叶的中国在政治体制上呈现皇权高度集中的特点，以皇帝一人的私利置于国家根本利益之上。文武百官、朝廷上下罔顾国家，只顾争权夺利，杨博有限的施政与边疆整顿措施仍举步维艰，很多措施在其离任后即随着人事的更迭而遭毁弃，这导致嘉靖以后的边疆危机得不到真正的解除，明王朝的灭亡也就不可避免了。另外，明代出现的诸如火器作战形态更为普遍，军事编制与战争形态发生变革等向近代军事转型的曙光在萌芽之时即被悄然抑制。这表明经济的发展、社会结构的变化会对军事形态产生一定的影响，而政治体制的缺陷会对军事变革与危机管理成效产生明显的制约作用。任何边疆危机的处理、国防的整顿与改革，都不能脱离社会、经济、政治、军事的大环境来综合考虑，否则即使是有能臣出现，也只能是补苴罅漏而已。

（作者黄群昂，韩山师范学院历史文化学院）

［本文为国家社科基金重大招标项目子项目《明清灾害治理中的法律保障机制研究》（20&ZD225）、广东省教育厅2020年“创新强校”青年人才项目“兵部尚书与明代政治军事格局演变研究”的阶段性成果］

①［清］张廷玉等：《明史》卷二一四《杨博传》，第5659页。

论戚继光宁德抗倭史实及影像化演义可能

蒋 俊

戚继光是明史中非常重要的历史人物，在明史研究中已经对其进行了非常有价值的论述，但在影视作品或影像化作品的创作与传播中，非但没有延续这些有积极意义的研究成果，反而是随意改变极具历史特征的内容。

大凡涉及历史事件或史实人物之传记的影视作品，往往因为相关史料记载细节详尽，而容易为史家诟病其虚构情节之谬误或荒唐。虚构非历史剧作之禁忌，却是切实为难之处。

戚继光抗倭史实确实也很丰富，但将其置于数十集电视剧之中，难度确实较大。影视作品或影像化作品，首先需要考虑传播中大众的接受程度。《百家讲坛》之所以能为大众所接受，在于历史信息传播的大众化表达。

一 影像作品对戚继光抗倭事迹的传播

戚继光宁德抗倭事迹在影像化的过程中，首要的还是要注意大众传播的效果。所谓效果，亦即使历史人物的事迹在文化传承过程中不失真、不失义、不缺情。因此，史料的翔实与否，史实如何讲述，成为戚继光宁德抗倭事迹传播过程中的效果最大化的重点与难点。语言的传播容易保真求实，在大数据与字节跳动的今天，核实文字的差异较之以往相对容易。图像还原技术，让典籍与文献的校对较之20世纪以前的研究更精确。然而，当前科技还没有达到文字演化为图像或影像的高水平。文献上的信息转化为影像，亟待学者专家们与影像制作人员密切配合。我国当代电影导演贾樟柯在谈论他的纪录片作品《海上传奇》时曾言："没有细节的历史是抽象的。"影像传播中，细节的错谬乖讹容易在大众接受过程中产生最大化的传播负效果。

关于戚继光抗倭事迹的影像化作品，有一定影响力的作品有：2014年北京电视台出品的动画片《戚继光》；2015年浙江横店出品的电视连续剧《抗倭英雄戚继光》（导演李惠民，编剧陈汗、汪海林，主演有朱晓渔、李立群、于荣光、何冰等）；2017年博纳影业出品的电影《荡寇风云》（导演陈嘉上，编剧陈嘉上，主演赵文卓、洪金宝、万茜、吴樾等）；2019年浙江广电集团出品的纪录片《戚继光》等。

从电视剧《抗倭英雄戚继光》广为传播的宣传海报看，戚继光左手持剑，这和文献与家族流传的画像相距较远。这就是大众传播对于历史人物无意却破坏性影响极大的例子。当今青年受众对于文献记载的学习远不如影像文化传播过程中的相对具体的视觉形象记忆深刻。形式上的美感设计一旦篡改了史实，则对后世会产生不良影响。

电影《荡寇风云》与电视剧《抗倭英雄戚继光》两部影视作品的导演与编剧都是以香港团队为主体，尽管香港导演在影视剧的制作方向有相当水平，能够吸引观众的眼球。但从作品的创作与宣传来看，出品方确实也缺乏对历史的足够尊重。当观众认准明星演员，相信他们的表演，就很容易将谬误的历史信息记忆存储在自己的知识库里。

至于更早时间出现的动画片《戚继光》，更侧重于戚继光故事在儿童少年群体中的普及教育，喜剧化的表现方式也造成史实与史料的边缘化与简单化。这里不再批评。

比较而言，浙江广电的纪录片《戚继光》运用了定格动画的方式介绍戚继光的抗倭活动，形式新鲜，也请了中国人民解放军军事科学院研究员范中义等专家为历史顾问，较为注重历史事实。在第一集中，动画内容是讲述戚继光第一次迎战倭寇。兵十倍于倭，却被倭敌如砍瓜切菜般杀退。其中，有一个细节值得一说。戚继光士兵的兵刃被倭寇的刀截断。这个细节是在说当时中国军队的武器质量不高吗？那么，明朝士兵常用兵器弱在何处，似乎应该有所交代。还有，戚之士兵使用的是藤盾，似乎也挡不住日本刀的劈砍。那么，日本刀的优点在哪里？是否也应该有所铺垫？这样，观众才能从影像知识的学习中有所获益。在纪录片《戚继光》里，定格动画还重点表现了岑港之战。其中，表现倭寇大量使用了火枪，而中国士兵还击时用的是火铳。据《DK 武器大百科》介绍，公元 1498 年葡萄牙人最早到达印度次大陆，1543 年才到达日本，带去少量的火绳滑膛枪[①]。而岑港之战发生时间为公元 1557 年。从技术沿袭与革新的角度说，动画片中使用的火枪已经是燧发枪（18 世纪初才大量使用）。这一细节显示出影像化演义的制作者在影像化过程中创作的不专业性。

在这些影像化的戚继光抗倭事迹传播中，福建抗倭事迹虽有叙述，但多为浙江抗倭事迹的裨益篇，其重要性未能得到彰显。而宁德抗倭斗争的艰难程度较之浙江台、温等地的抗倭活动在影像化的演义宣传中，也多被作为戚继光功绩的一个小部分介绍。其实，戚继光在福建宁德的抗倭活动虽不如浙江台、温等有创造性，但仍是戚继光抗倭活动的重要篇章。福建人民对戚继光的文化传播，确实也少不了对宁德等地抗倭活动的影像化传播。

二　宁德的戚继光抗倭事迹

陈支平先生在第十五届年会的论文《戚继光在福建的史迹述略》中较为完整地介绍了戚继光在福建的活动轨迹及戚继光事迹在福建的文化传播。陈先生介绍了在福建福州、福清、漳州等地戚继光的功德记载，还有平和县山格慈惠宫祭拜戚继光仪式、福清光饼制作技艺等被列为市级非物质文化遗产名录。此文的介绍，让我们能够较为具体地感受到戚继光在福建的文化影响力。而这些现存的文化遗存与民俗传播如何才能成为重现历史的表现手段呢？私以为，戚继光在宁德的抗倭活动与现存的宁德戚继光抗倭活动遗存值得仔细挖掘，从中可见影像化传播的许多可能。

---

① ［英］理查德·霍姆斯著，田玉宝等译：《DK 武器大百科》，北京，化学工业出版社，2020 年，第 156 页。

宁德系明代福建海防重镇。戚继光在此进行的抗倭军事行动，保卫了福建人民，又显示了明代军事作战能力。在影像化创作普及的今天，充分研读这段史实，挖掘其中最有历史传播价值的内容，有助于更好地传播宁德的文化，有利于充分客观地解读抗倭活动，也能更为客观地认清戚继光在宁德的文化影响力。

戚继光为何会到福建宁德抗倭以及宁德一役的情况如何?《明世宗肃皇帝实录》记载，“巡按御史李邦珍勘上福建剿平旧倭状。先是贼两破宁德城，屯据横屿。屿去县十余里，四面皆水路，险隘不便深入。故官军与贼相守逾年，莫敢决一战者。四十一年七月内，总督尚书胡宗宪檄浙江参将戚继光部浙兵七千余人援之。令军中人持草一束，填河而进。遂大破贼巢，平之。生擒九十余人，斩首二千六百余级，焚溺死者无算，夺被虏三千七百余人、印二颗。乘胜剿福清、牛田倭。”[①]按实录所记，其实数据都是源自当时的战报。这里有一些数据也是值得讨论的。如戚继光自浙江入闽，带了多少兵。此处说是七千，其他史料则说六千。另外，实录里说的是填河而进。比较其他史料和古今横屿岛的地图便可知，束草不是填河，是填壕，是填泥。

据史载，戚继光在福建活动的时间为1562—1566年之间的五至六年。这几年，戚家军的抗倭事迹赢得民心，今天民俗文化中可见的“光饼”便是对其抗倭保疆之英雄事迹的文化传播。《戚继光年谱耆编》中的《明史本传》载，“明年（1562），倭大举犯福建。自温州来者，合福宁、连江诸倭攻陷寿宁、政和、宁德。自广东南澳来者，合福清、长乐诸倭攻陷玄钟所，延及龙岩、松溪、大田、古田、莆田。是时宁德已屡陷。距城十里有横屿，四面皆水路险隘，贼结大营其中。官军不敢击，相守逾年。……闽中告急，宗宪复檄继光剿之。先击横屿贼。人持草一束，填壕进。大破其巢。斩首二千六百。……”这是戚继光受命由浙入闽抗倭的第一要役，也是在宁德的首战。首战的胜利影响巨大。同年冬，在戚继光前往福清、莆田等讨伐倭寇之时，小股倭寇重回宁德盘踞。戚继光则在平海战斗结束后回师北上，将盘踞宁德漳湾的倭寇逼退至龟山寺，再退至小石岭。戚继光以三路将其围歼。

究戚继光在福建抗倭活动的初始一役，多以宁德收复为详，又以宁德横屿一役显功绩彰指挥。而且，收复宁德的战役确实是“制府之命”，“福清之战皆约外事”[②]。这也充分说明戚继光对宁德收复的态度与行动力是源自官方调度。他必须执行命令，同时他也执行得非常好。这就为他在福建的抗倭军事活动及个人魅力的传扬提供了一个坚实有力的证据。至于后来他与福建地方官员产生的误会以及后来消弭误会后的做法得到民众及官员的高度认可，则是为戚继光在福建能够产生深远长久的文化影响打下了坚实的史实基础。福建各地有戚继光的纪念遗址，更加确证了戚继光的抗倭事迹是值得后世铭记传扬的。

三　戚继光福建宁德抗倭事迹的影像化演义空间

在这些史料之中，可资影像化传播的细节理应包括：闽地尤其宁德一带倭寇恶迹之记载，譬

① 《明世宗实录》卷五二二，嘉靖四十二年六月丁未，北京，中华书局，2016年，第8539—8540页。
② 高扬文、陶琦主编：《戚继光年谱耆编》卷三，北京，中华书局，2003年，第92页。

如：妇女对倭之歹行态度与反抗，这是为影像化演义类作品最重要的历史背景；戚家军与倭盗交锋时的较为翔实的细节史料，譬如：兵甲器械等道具之合乎明代使用规范、宁德抗倭的横屿岛合乎明代沿海实情实景等。

按《明史纪事本末》载，“冬十月，倭犯福建。其自浙之温州来者，合福建连江贼登岸，攻陷寿宁、政和、宁德等县；自广之南㠳来者，合福清、长乐贼攻陷元钟所，蔓延及于龙岩、松溪、大田、古田之境，无非贼者。”① 这里说明了福建倭寇之来源，影像表现时应有清晰的空间呈现方为合理。倭之所犯，罪恶滔滔。具体而言，焚城掠民为之最。“倭寇至者日众，始犯邵武，杀指挥齐天祥，转掠罗源、连江等县，杀游击倪禄，遂攻玄钟所城，及宁德县入之，乘胜直抵兴化府，攻城不克，乃合兵薄城下围之且匝月”②。倭贼之行径，已经是对福建官府赤裸裸的劫掠。这是在影像化演义过程必须交代的历史事实。

讲述或演义倭寇在福建地区的破坏活动，根据史料记载而具象历史，是不可绕过的环节。福建之倭患，以嘉靖年为例，近三十年的时间内，被犯地区北及霞浦、福州、福清、宁德、仙游、莆田，南达南安、惠安、泉州、同安、潭州、东山，甚至偏远的潭浦、长乐、平和、古田、安溪、罗源、诏安、长泰也屡遭劫掠。明代不得不在以上大部分地区设立抗倭千户所城③。然而，由于当时户所制度的式微，多数户所城的守备兵士人数与配备根本不足与倭贼相抗衡。这也就造成福建像宁德这样的沿海县城，基本上被倭寇恣意焚掠。官民遇倭犯，节烈往往成为史书记载的要素。“李尧卿，番禺人。嘉靖中，知宁德县。倭犯城。单弱无援。矢死以守贼。拥众登陴。尧卿手刃六七人。城陷死之。”④“陈翰妻林氏，宁德人。与夫同执倭营。告夫曰，不幸至此，势难两全。我有死而已，君归抚子，毋相念也。乃以计脱夫出营，赴水而死。”⑤ 正因如此，在浙江抗倭立功的戚继光会被调请至福建进行抗倭活动。

又论宁德县。影像化表现戚继光在宁德的抗倭斗争，必然要展现被倭患毁坏的宁德县城。这座城的城池是什么样的？被毁前的规模如何？据清人顾祖禹的《读史方舆纪要》载，“宁德县，州西南二百二十里。西南至罗源县八十里，西至古田县二百六十里，北至建宁府寿宁县二百二十里。本长溪、古田二县地。唐开成中，置感德场。五代唐长兴四年，王闽升为宁德县，属长乐府。宋属福州。元改属福宁州。明初仍属福州府。成化九年，复改隶福宁州。《城邑考》：县有土城，王闽时筑，后毁。正德初增修，嘉靖四十年倭毁，四十二年改筑，周三里有奇，编户二十三里。”⑥ 宁德县城在嘉靖年间为土城，多次筑修，为倭毁，又改筑。这说明此地的位置在历史上是有一定价值的，但县城城池规格并不高。土城在北方或许还有一定用处，但在雨多湿润的福建沿海，就是极易损毁的。更何况嘉靖年间火器的使用也相对较多。城不坚则易毁。

---

① ［明］谷应泰：《明史纪事本末》卷五五《沿海倭乱》，《景印文渊阁四库全书》史部第 364 册，中国台北，台湾商务印书馆，1986 年，第 698 页。

② 佚名：《嘉靖东南平倭通录》（中国内乱外祸历史丛书）嘉靖四十二年，见王直淮辑录《倭变事略》第 3 版，上海，神州国光社，1947 年，第 23 页。

③ 朱维斡：《福建史稿》（下），福州，福建教育出版社，2008 年，第 165 页。

④ 《嘉庆重修一统志》卷四三六，《福宁府・名宦・五代・明》，《四部丛刊》史部第 618 册，第 22 页。

⑤ 《嘉庆重修一统志》卷四三六，《福宁府・列女・明》，《四部丛刊》史部第 618 册，第 31 页。

⑥ ［清］顾祖禹：《读史方舆纪要》卷九六《福建二》，光绪间图书集成局铅印本。

再以宁德抗倭的重要战场横屿为例，《戚继光年谱耆编》记载："时倭巢横屿，四面临海，去岸十里，潮来成海，潮退为泥，又阻深港五渠。陆兵苦跋涉，且犯半路之戒；舟师搁浅沙，不能逼巢。寇每驾小舠，乘潮出入肆掠，因而中建巨屋，外创重城，自谓：'陆兵决不能过港，况涉泥五里，气已自竭，必为我戮。'"[①] 战场的实景地今天仍在，但已经有所变迁。影像化制作过程中，必须进行真实还原，否则此役之难便不能使观众有亲临其境之切身体会。对戚继光及其抗倭活动的认可度亦有可能降低。在对此役进行影像化的制作时，逼真地还原嘉靖时期的横屿岛，可以让影像叙事的合理性更为充分。"……阵列鸳鸯，负草填泥，匍匐而横进，揭于淖者几逾尺，乃令百步一憩，止齐，复鼓，数息而至彼岸。"[②] 史料记载这一役，从五更起，至申时终，内容详细，人物活动明白，甚至可以想象出此一役的困难与戚继光指挥的条理都是具有奇观化的视觉呈现效果的。影像制作者，于此并不需要重新编造内容。然而，不读史或只看重商业运作的制作者往往会略过此内容，简化场景而另造一些无益于历史文化传播的情节。

宁德作为戚继光入闽抗倭活动的第一要地，理应被重视，影像化是当前对其进行文化传播的积极有效的方式。影像化的创作中，演义的史实表述与史料数据确也要得到重视。

（作者蒋俊，南京师范大学文学院）

① ［明］戚祚国汇纂，高扬文、陶琦主编，李克、郝教苏点校：《戚少保年谱耆编》卷三，北京，中华书局，2003年，第85页。

② ［明］戚祚国汇纂，高扬文、陶琦主编，李克、郝教苏点校：《戚少保年谱耆编》卷三，北京，中华书局，2003年，第85页。

《新刊军政条例》考论

李鹏飞

《军政条例》是明代军政管理方面的专项法规，以清理军伍为主要内容。从宣德时期开始，官方多次纂修、重修《军政条例》，吴艳红、杨一凡、刘笃才、姜永琳等学者对宣德、正统、万历《军政条例》均有研究[①]。笔者在查阅史料中发现，天津图书馆藏赵堂《军政备例》清抄本收录有《新刊军政条例》一书，《明史·艺文志》《千顷堂书目》《国史经籍志》均未录《新刊军政条例》，迄今笔者尚未见到有学者论及此书。现根据相关史料，对《新刊军政条例》的纂修、内容、体例、价值进行论述，以丰富明代军事史、法制史研究。

一 《新刊军政条例》的纂修

除官修《军政条例》外，明代私家编纂的军政之作有多种存世，如霍冀《军政条例类考》、孙联泉《军政条例续集》、赵堂《军政备例》等，以上三书均成于嘉靖时期。其中《军政备例》不分卷，嘉靖年间江西广信府知府赵堂辑录，天津图书馆藏清抄本，收录了明代洪武至嘉靖朝军政方面的条例、事例900余件，涉及范围远比正统《军政条例》、万历《军政条例》广泛。《续修四库全书》第852册影印收录了《军政备例》。《军政备例》全书有目录8个，每个目录后为对应的条例、事例，其中第5个目录及其正文为《新刊军政条例》，半叶9行22字，73叶，约2.1万字，收录宣德四年（1429）条例33条、正统元年（1436）榜例13条、正统二年（1437）计议事例14条、正统三年（1438）计议事例3条、正统三年（1438）改调卫分事例、成化十年（1474）至弘治三年（1490）事例38条，正文最后书有：

> 弘治甲子孟秋月厚德书堂梨
>
> 新刊军政条例
>
> 成化十六年三月初一日兵部武库清吏司纂集刊
>
> 郎中杨绎

---

① 吴艳红：《明代〈军政条例〉初论》，《明清论丛》第三辑，北京，紫禁城出版社，2002年，第133—142页；杨一凡、刘笃才：《历代例考》四《明代例考》，北京，社会科学文献出版社，2012年，第209—213页；吴艳红、姜永琳：《明朝法律》第二章《明朝的法律（下）》，南京，南京出版社，2016年，第69—73页。

员外李鉴

主事吴志

戴豪

书办典吏夏建寅[①]

根据以上信息可知，成化十六年（1480），兵部武库清吏司收集宣德四年（1429）以后有关军政的条例、榜例、事例，纂修《新刊军政条例》，之后又补录了弘治三年（1490）以前的事例，弘治十七年甲子（1504）进行刊刻。该书收录的成化、弘治时期事例的年份有成化十年（1474）、成化十一年（1475）、成化十二年（1476）、成化十三年（1477）、成化十四年（1478）、成化二十三年（1487）、弘治元年（1488）、弘治二年（1489）、弘治三年（1490），成化十年（1474）至十四年（1478）为连贯年份，成化二十三年（1487）至弘治三年（1490）为连贯年份，据此推测成化十六年（1480）纂修《新刊军政条例》时，所收事例似迄于成化十四年，成化二十三年（1487）至弘治三年（1490）的事例为以后补入。

《新刊军政条例》纂修者杨绎、李鉴、吴志、戴豪的姓名书于全书之末，此种情况在明代官修之作中较为罕见。关于以上列名的纂修者，查阅其他史料可知：杨绎，云南大理府太和县人，天顺四年（1460）庚辰科进士[②]，天顺七年（1463）十二月任兵部主事[③]。杨绎升任兵部武库清吏司郎中时间不详。成化二十年（1484）二月，杨绎升任广西布政司右参政[④]。李鉴，河南怀庆府河内县人，成化五年（1469）己丑科进士。初任武库清吏司主事，成化十五年（1479）三月，武库清吏司员外郎李鉴以副使往王府行册封礼[⑤]，李鉴升任员外郎当早于成化十五年（1479）三月，后升任武库清吏司郎中。弘治四年（1491）正月，李鉴升任太仆寺少卿[⑥]。关于李鉴在武库清吏司任职期间的表现，《明孝宗实录》有如下记述："武库职出纳诸司柴薪、皂隶银，或有利其奇赢者。鉴一无所私，为大司马诸公所器重，其少卿之擢，亦诸公荐之云。"[⑦]吴志，浙江处州府遂昌县人，成化二年（1466）丙戌科进士，任兵部主事。成化十一年（1475）至十三年（1477），任山海关兵部分司主事[⑧]，历郎中，升广东惠州府知府[⑨]。戴豪，浙江台州府太平县人，成化十四年（1478）戊戌科进士[⑩]，拜武库清吏司主事，迁员外郎，擢兵部职方清吏司郎中。武库清吏司主隶役出纳，职方清吏司主边务区画，

---

① ［明］赵堂：《军政备例》，《续修四库全书》第852册，上海，上海古籍出版社，2002年，第513—549页。

② ［清］范承勋、吴自肃：（康熙）《云南通志》卷一七《选举·进士》，《中国地方志集成·省志辑·云南》，南京，凤凰出版社，2009年，第406页。

③ 《明英宗实录》卷三六〇，天顺七年十二月庚子，上海，上海书店出版社，2015年，第7159页。（以下凡引《明实录》，出版信息均同，从略）

④ 《明宪宗实录》卷二四九，成化二十年二月辛酉，第4212页。

⑤ 《明宪宗实录》卷一八八，成化十五年三月丁丑，第3357—3358页。

⑥ 《明孝宗实录》卷四七，弘治四年正月甲午，第946页。

⑦ 《明孝宗实录》卷四八，弘治四年二月壬申，第978—979页。

⑧ ［明］詹荣：《山海关志》卷四《官师四·部使四之一》，《续修四库全书》第718册，上海，上海古籍出版社，2002年，第48页。

⑨ ［清］胡寿海、褚成允：（光绪）《遂昌县志》卷一〇《艺文》，中国台北，成文出版社，1970年，第1106页。

⑩ ［明］曾才汉、叶良佩：（嘉靖）《太平县志》卷七《人物下·国朝·景嘉志·乡贡》，《天一阁藏明代方志选刊》第17册，上海，上海书店出版社，1963年，第18页。

实天下利势所在，居之者恒縻溺焉。其时边报旁午，众务纷纭，戴豪不动声色而应答如流。时马文升为兵部尚书，特倚重之，诸司奏牍均由戴豪看详，同官皆服其精敏，虽老成练达之士亦自以为不及，寻升广东右参政[①]。

宣德四年（1429），将此前洪熙元年（1425）、宣德三年（1428）及宣德四年当年制定的清军、勾军条例，修订为33条，由兵部职方清吏司主事陈孜撰[②]。正统《军政条例》纂修者不详。万历《军政条例》的纂修者有兵部尚书谭纶、左侍郎汪道昆、右侍郎梁梦龙、武库清吏司郎中赵慎修、员外郎薛纶、主事罗奎、主事张鸣鹤[③]。《新刊军政条例》、万历《军政条例》的纂修者均有兵部武库清吏司郎中1人、员外郎1人、主事2人。由此推测，纂修《军政条例》，在明代前期为兵部职方清吏司负责，中后期由兵部武库清吏司负责。

万历《明会典》卷一二四至卷一三九为兵部职方清吏司，其中卷一三七“军役”目下有“收补”“重役”“冒名”“老疾”“存恤”等子目[④]；卷一五四至卷一五七为兵部武库清吏司，其中卷一五四“军政一”目下有“根捕”“勾补”“编发”等子目[⑤]，卷一五五“军政二”目下有“起解”“清理”“册单”“禁令”等子目[⑥]。以上各子目下的条文，均为军政条例规定的内容，因此职方清吏司、武库清吏司纂修《军政条例》，是由它们的职掌决定的。由于军政条例规定的内容，更多地由武库清吏司职掌，职方清吏司的职掌则偏少，因此明代中后期官方纂修《军政条例》由武库清吏司负责。

明太祖在《皇明祖训》中要求后世子孙，“凡我子孙钦承朕命，无作聪明，乱我已成之法，一字不可改易”[⑦]。进入明代中期，随着社会发展，《大明律》与司法实践的差距日益明显，因此以条例弥补《大明律》的不足，成为现实需要，条例得以充分发展，内容相当广泛，多为律典所不备。随着条例数量日益增多，“条例之散见，事体有异同，而一时奉行者不免得此遗彼，而经纪之未周亦其势然也”[⑧]，因此整理大量散见的条例，势在必行。《新刊军政条例》纂修于成化十六年（1480），刊行于弘治十七年（1504），适逢其时。这一时期的政书还有，收录成化及弘治初年事例的《六部事例》，成化、弘治年间条例文书汇编《条例全文》，弘治十一年（1498）刊行的《吏部条例》，弘治十三年（1500）颁行的《问刑条例》，弘治十五年（1502）修成的《大明会典》。

宣德四年修订的33条军政条例，内容简单，收录于黄训《名臣经济录》、陈九德《皇明名臣经济录》[⑨]，正统《军政条例》迄今仅见于十四卷本《皇明制书》，《新刊军政条例》迄今仅见于赵堂

---

① ［明］曾才汉、叶良佩：（嘉靖）《太平县志》卷七《人物下·国朝·景嘉志·文苑》，第21页。

② ［明］韩浚、张应武：（万历）《嘉定县志》卷一一《人物考上·贤达·国朝》，《四库全书存目丛书》史部第209册，济南，齐鲁书社1996年，第49页。

③ ［明］谭纶：《军政条例·序》，明万历二年刻本，日本国立公文书馆藏。

④ ［明］申时行：《明会典》卷一三七《兵部二十·军役》，北京，中华书局，1989年，第700—702页。

⑤ ［明］申时行：《明会典》卷一五四《兵部三十七·武库清吏司·军政一》，第785—792页。

⑥ ［明］申时行：《明会典》卷一五五《兵部三十八·军政二》，第793—800页。

⑦ ［明］朱元璋：《皇明祖训·序》，《四库全书存目丛书》史部第264册，济南，齐鲁书社，1996年，第165页。

⑧ ［明］薛应旂：《军政事例序》，《明经世文编》卷二八八，北京，中华书局，1962年，第3040页。

⑨ ［明］黄训：《名臣经济录》卷四四《兵部·武库·条例事奏》，《景印文渊阁四库全书》第444册，中国台北，台湾商务印书馆，1986年，第317—322页；［明］陈九德：《皇明名臣经济录》卷一七《为条例事》，《四库禁毁书丛刊》史部第9册，北京，北京出版社，1997年，第316—321页。

《军政备例》。宣德《军政条例》，正统《军政条例》、《新刊军政条例》，迄今均未见独立成书的单行本存世，同属明代官修军政文献，均赖它书录存得以传世，甚是巧合，洵为幸事。

二 《新刊军政条例》的内容

正统《军政条例》先收录兵部尚书张本奏疏、宣德四年（1429）修订的33条军政条例，后附有正统元年（1436）榜例14条、正统二年（1437）计议事例14条、正统三年（1438）计议事例3条、正统三年（1438）改调卫分事例。《新刊军政条例》包含了正统《军政条例》的全部内容，另增入成化十年（1474）至弘治三年（1490）事例38条，为“续题例”。由此可知，《新刊军政条例》是正统《军政条例》的续修之作，名副其实。对照二书，可以看出明代官修《军政条例》的历时性发展变化。

《新刊军政条例》中收录的正统《军政条例》，吴艳红、杨一凡等学者也有研究，笔者不再赘述，仅对《新刊军政条例》新增的38条续题例进行论述。《新刊军政条例》收录的38条续题例，出自24件奏疏。这些奏疏为兵部原始文件的精练版，其中既有官员的建议，也有兵部对这些建议的议拟，并附有批复的圣谕。《新刊军政条例》收录这些奏疏时，进行了浓缩，既保留了奏疏的基本形式、主要信息，同时字数比原奏疏减少，为以后进一步浓缩为条例奠定了基础。晚于《新刊军政条例》的霍冀《军政条例类考》、万历《军政条例》，将《新刊军政条例》收录的事例浓缩为正式的军政条例，从而脱离了奏疏的形态。下文表格显示了《新刊军政条例》收录的续题例与霍冀《军政条例类考》、万历《军政条例》相关条例的渊源关系。

表1 《新刊军政条例》续题例与霍冀《军政条例类考》、万历《军政条例》相关条例的渊源关系

《新刊军政条例》续题例	霍冀《军政条例类考》	万历《军政条例》
第1条 造册缴部	卷一《军卫条例》 勾军单册违误罚治	卷三《册单类》 清勾文册违限究罚
第2条 造册径缴清军御史	卷一《军卫条例》 查造逃故文册	卷五《清勾类》 本省清勾造册缴部
第3条 类造军册	卷一《军卫条例》 查各营旗军造册	卷二《户丁类》 查造旗军户丁类册
第4条 起解军丁讦告他事	卷四《解发条例》 应解军丁不许讦告他事	卷六《解发类》 解军不许讦告他事
第5条 军丁贯址不同	卷四《解发条例》 解军批开贯址	卷二《户丁类》 查审名籍不同军丁
第6条 刁蹬查理	卷一《军卫条例》 查理要回报	卷一《卫所类》 禁止卫所刁蹬查理
第7条 附近寄操	卷三《清审条例》 边卫无勾清出改附近	卷六《解发类》 清解云南广福军丁

续表

《新刊军政条例》续题例	霍冀《军政条例类考》	万历《军政条例》
第 8 条 盘诘逃军		卷四《逃故类》 盘诘逃军拏解补伍
第 9 条 挨无名籍	卷三《清审条例》 挨无造通知小册	卷三《册单类》 挨无名籍军士小册
第 10 条 刁勒解人	卷四《解发条例》 解军辩验批回印信	卷六《解发类》 解军辩验批收印信
第 11 条 告投寄操军士		卷六《解发类》 寄操军士仍解原卫
第 12 条 官旗致令军士在逃		卷七《优恤类》 查照存恤在逃军士
第 13 条 原籍原卫余丁	卷一《军卫条例》 调卫余丁原卫差操	卷二《户丁类》 寄籍余丁听继军伍
第 14 条 比较批收	卷三《清审条例》 比较批回	卷六《解发类》 查比批收以防奸弊
第 15 条 差讹迷失卫所	卷三《清审条例》 查对军册	卷三《册单类》 查对军册改正差讹
第 16 条 改调裁革	卷一《军卫条例》 查理改革缘由	卷一《卫所类》 查理卫所调革缘由
第 17 条 垛充正户升官	卷三《清审条例》 垛户	卷二《户丁类》 三户共军听继解补
第 18 条 舍余帮操	卷一《军卫条例》 军余查拨差操	卷一《卫所类》 卫所查拨舍余帮差
第 19 条 改籍避军	卷三《清审条例》 军人寄住避役者发遣	卷四《逃故类》 军人脱逃发补原役
第 20 条 老幼废残	卷四《解发条例》 解军要审壮丁	卷六《解发类》 解军不许隐匿壮丁
第 21 条 云贵军士留操		卷一《卫所类》 云贵夷充编本卫所
第 22 条 两广邻近贼峒军丁免解		卷一《卫所类》 两广军丁编本边卫
第 23 条 无勾军户	卷三《清审条例》 行查差拗迷失	卷五《清勾类》 行查远年差拗迷失
第 24 条 清解存恤	卷一《军卫条例》 军卫定清军官	卷一《卫所类》 都司卫所定清军官
第 25 条 揹财不与批回	卷一《军卫条例》 军丁解查不许刁揹	卷六《解发类》 解军批收不许刁蹬

续表

《新刊军政条例》续题例	霍冀《军政条例类考》	万历《军政条例》
第 26 条 无籍调免重名军人		卷七《优恤类》 禁约勾取优调重名
第 27 条 揭查军黄文册		卷七《优恤类》 分豁远年尽绝军伍
第 28 条 累及无辜	卷三《清审条例》 挨查逃来人户	卷四《逃故类》 查审逃来人户籍贯
第 29 条 凌逼津贴	卷三《清审条例》 军户官吏优免	卷七《优恤类》 军户官吏优免津贴
第 30 条 比较勘合	卷三《清审条例》 催比勘合	卷一《卫所类》 卫所比并奏诉勘合
第 31 条 逃回许首	卷二《逃军条例》 新军逃回调卫病故补当	卷四《逃故类》 新军逃回依律调补
第 32 条 又云贵军丁留操		卷一《卫所类》 云贵军丁本处留操
第 33 条 又两广邻近贼峒军丁免解		卷一《卫所类》 两广夷人仍留本处
第 34 条 改调并二军挖作一军		卷一《卫所类》 改调军役勘结定夺
第 35 条 绝军义男女婿买产人	卷三《清审条例》 承买军田非戚属免解	卷六《解发类》 绝军不解买产之人
第 36 条 伪印批回	卷四《解发条例》 解军买捏批回	卷六《解发类》 查究伪印批回发遣
第 37 条 山陕等处问军定发卫分	卷一《军卫条例》 收军文簿	卷三《册单类》 收军文簿送部定夺
第 38 条 南北充军就便		卷六《解发类》 北方军人就近编发

从表 1 可知，霍冀《军政条例类考》有 27 条条例，源于《新刊军政条例》收录的续题例，万历《军政条例》则将《新刊军政条例》38 条续题例，全部浓缩为军政条例。霍冀《军政条例类考》中有 39 条条例未标明年份，因此 27 条源于《新刊军政条例》续题例的条例，占《军政条例类考》全书成化元年（1465）至弘治三年（1490）条例的比例，尚难以确定。万历《军政条例》中成化元年（1465）至弘治三年（1490）的条例共 51 条，其中 38 条源于《新刊军政条例》收录的续题例，比例为 74.51%，可知《新刊军政条例》为霍冀《军政条例类考》、万历《军政条例》的重要资料来源。以上各条例在霍冀《军政条例类考》、万历《军政条例》中为定型的条文，无制例缘由，通过阅读《新刊军政条例》收录的奏疏，可知这些条例制定的社会背景、法律依据，因而为研究成化、弘治时期军政条例的产生、沿革及其所体现的法律思想提供了重要的史料。

三 《新刊军政条例》的体例

正统《军政条例》无目录，各条例、榜例、事例无名称。《新刊军政条例》则有目录，共分为三部分：（一）宣德四年（1429）条例以“条例”起首，从1号编至33号；（二）正统榜例、事例以“榜例”起首，从1号编至35号；（三）成化、弘治事例以“续题例”起首，从1号编至38号。《新刊军政条例》目录中每一条例、榜例、事例均有名称，然而正文中各条例、榜例、事例却无名称，版框外标有数字编号，以与目录中的条例、榜例、事例相对应。

正统《军政条例》《新刊军政条例》正文中各条例、榜例、事例以“一”提行，正统三年（1438）计议事例，在正统《军政条例》《新刊军政条例》中均为3条，区别在于二书中第2、3条的编排不同，但内容相同。正统《军政条例》正文中条例、榜例、事例无编号，《新刊军政条例》正文中条例、榜例、事例则有编号，仅正统元年（1436）榜例最后一条，“一凡军政合行事宜，已有原降军政条例，此不该载，一一遵奉施行”，有内容，无编号。笔者推测可能赵堂认为此条为说明性条款，无实质性内容，所以未进行编号。正统《军政条例》《新刊军政条例》中正统榜例、事例数量看似不同，其实完全相同。

除《新刊军政条例》外，《军政备例》还收录有《兵部武选司条例》的部分内容[①]，将此与天一阁藏《兵部武选司条例》嘉靖钞本进行对比，可以发现天一阁藏《兵部武选司条例》嘉靖钞本目录简略，目录、正文中各条例均无名称、编号[②]，《军政备例》收录的《兵部武选司条例》保留了原书目录，在原书目录之前另增加新的目录，列出各条例的名称、编号，除个别条例外，《军政备例》收录的《兵部武选司条例》正文中绝大多数条例有编号而无名称。由此推测，《军政备例》目录、正文中条例的名称、编号，可能为赵堂辑录时所加，《新刊军政条例》原书可能无目录，书中各条例、榜例、事例无名称、编号，与正统《军政条例》形式相同。

如前文推测，赵堂辑录《军政备例》时，对《新刊军政条例》进行了加工，为《新刊军政条例》中各条例拟了名称，各条例的名称字数不等，最少的4个字，最多的11个字，为尊重原书，正文中各条例仍无名称。笔者迄今所见明代收录军政条例的诸书中，赵堂《军政备例》收录的《新刊军政条例》最早给各条例拟了名称。晚于《新刊军政条例》的霍冀《军政条例类考》、万历《军政条例》均有目录，目录、正文中所有条例均有名称，各条例的名称字数亦不等，霍冀《军政条例类考》中各条例的名称最少的2个字，最多的14个字，万历《军政条例》中各条例的名称最少的6个字，最多的8个字。《新刊军政条例》、霍冀《军政条例类考》、万历《军政条例》中内容相同的条例，其名称多数不一致，如宣德四年（1429）修订的第12条军政条例：“各处军户内应继壮丁，多有怕充军役，故自伤残者。今后若有此等，许邻里首拿全家，发烟瘴地面充军。”[③]《新刊军政条例》中的名称为“壮丁故自伤残”[④]，霍冀《军政条例类考》中的名称为“故自伤残”[⑤]，万历《军

---

① ［明］赵堂：《军政备例》，第285—383页。

② 《兵部武选司条例》，《天一阁藏明代政书珍本丛刊》第14册，北京，线装书局，2010年，第221—602页。

③ ［明］黄训：《名臣经济录》卷四四《兵部·武库·条例事奏》，第319页。

④ ［明］赵堂：《军政备例》，第513页。

⑤ ［明］霍冀：《军政条例类考》卷四《解发条例》“故自伤残”条，第540页。

政条例》中的名称为“壮丁故自伤残许首”[①]。

正文的编排方面，正统《军政条例》中正统元年（1436）至三年（1438）的榜例、事例，依年代顺序列于宣德条例之后，未与宣德条例一起编排。《新刊军政条例》中，宣德四年（1429）条例，正统榜例、事例，成化至弘治事例，亦依年代顺序各自分别编排。《新刊军政条例》前部分收录条例，后部分收录奏疏的模式，为霍冀《军政条例类考》所沿用。霍冀《军政条例类考》卷一至卷四收录洪武至嘉靖时期的军政条例 170 条，卷五、卷六收录正德六年（1511）至嘉靖三十一年（1552）的奏疏 24 件，与《新刊军政条例》中的奏疏数量相同，可知霍冀《军政条例类考》对《新刊军政条例》多有借鉴。

四 《新刊军政条例》的价值

正统《军政条例》刊刻年份尚不明确，其收录条例迄于正统三年（1438），万历《军政条例》是明代最后一部官修《军政条例》，刊于万历二年（1574），两者间隔 136 年。由于此前未发现这 136 年中其他官修《军政条例》存世，以致这一领域的研究难以深入。《新刊军政条例》刊于弘治十七年（1504），上距正统《军政条例》66 年，下迄万历《军政条例》70 年，承前启后，弥补了此前明代中期无官修《军政条例》的空白，对于深入研究明代中期军事史、法制史具有重要价值。

正统《军政条例》收录洪熙元年（1425）至宣德四年（1429）形成的条例 33 条，以及正统元年（1436）至正统三年（1438）的榜例、事例，《新刊军政条例》新增了成化十年（1474）至弘治三年（1490）的事例，霍冀《军政条例类考》收录有正德六年（1511）至嘉靖三十一年（1552）的军政奏疏。《新刊军政条例》的发现，使从洪熙至嘉靖时期的军政资料构成完整的链条，因此《新刊军政条例》是明代军政文献发展的重要一环。

《新刊军政条例》纂修于成化，刊刻于弘治，在纂修、内容、体例方面，上承正统《军政条例》，并包含其全部内容，下启霍冀《军政条例类考》、万历《军政条例》，是霍冀《军政条例类考》、万历《军政条例》的重要资料来源，并对二书具有深刻影响，对于研究明代军政条例的发展、沿革，具有重要的史料价值。

《新刊军政条例》中 24 件奏疏的作者，有巡按御史许进、杨峻、黄本、丘山、王亿，清军御史樊莹、黄杰、王衡、刘信，吏部尚书王恕、南京兵部尚书张鎣、左军都督府都督同知李俊、两广总督屠滽、甘肃巡抚王继、浙江左布政使宁良、兵科给事中马孔惠、河南南阳府同知任义。这些奏疏在存世明代史籍中已不多见，对研究成化、弘治时期的军事、政治及相关历史人物，具有重要的文献价值。

由于霍冀《军政条例类考》、万历《军政条例》分别有 27 条、38 条条例，源于《新刊军政条例》收录的续题例，将《新刊军政条例》与霍冀《军政条例类考》、万历《军政条例》相关条例进行对比，可以校勘霍冀《军政条例类考》、万历《军政条例》的讹误之处。如霍冀《军政条例类考》

---

① ［明］谭纶：《军政条例》卷二《户丁类》“壮丁故自伤残许首”条。

卷三《清审条例》“比较批回”条：“一各处清军御史严督各该清军官将每年解过军士查案，照名依限比较，取获批收销照，毋容下人作弊。成化十三年。”[①] 对照《新刊军政条例》续题例第 14 条，可知此条源于成化十二年（1476）五月对巡按湖广监察御史杨峻奏疏的批复[②]，霍冀《军政条例类考》所载“成化十三年”，当为“成化十二年”之误。再如万历《军政条例》卷七《优恤类》“分豁远年尽绝军伍”条：“一今后但有各卫所册勾逃故等项军役，务要揭查洪武、永乐、宣德年间至今军黄文册，并递年回申文卷，到官研审，要见各军有无应继亲丁，着落亲管里邻挨补、审勘，各军妄的户绝无丁，照例分豁。成化十四年。”[③] 对照《新刊军政条例》续题例第 26 条[④]，可知万历《军政条例》所载“各军妄的户绝无丁”，当为“各军委的户绝无丁”之误。

（作者李鹏飞，周口师范学院马克思主义学院）

① ［明］霍冀：《军政条例类考》卷三《清审条例》“比较批回”条，第 522 页。

② ［明］赵堂：《军政备例》，第 538—539 页。

③ ［明］谭纶：《军政条例》卷七《优恤类》“分豁远年尽绝军伍”条。

④ ［明］赵堂：《军政备例》，第 543 页。

略论明代卫所行政管辖权的演变

——以福建为考察对象

郑 榕

明代卫所研究的一种重要旨趣，是将其视为行政区划与国家管理体系的一部分。谭其骧最早指出明代都司卫所是一种行政区划，其认为《明史・地理志》中收录的实土卫所才是地方区划，无实土者不载，说明其与地理无涉。其从明帝国对所辖区域的管理方式角度认识卫所制度[①]。周振鹤提出“军管型政区”的概念，将实土卫所视为一种“特殊的地方行政组织和行政区划”，而无实土的卫所只是单纯的军事组织[②]。顾诚则从帝国疆土管理的高度审视卫所问题，提出了明代全国土地分属于行政系统和军事系统的观点，认为明代军事系统的都司、卫所在绝大多数情况下也同行政系统的基层组织——州县一样，是一种地理单位，管辖不属于行政系统的大片明帝国疆土，包括军士的屯田和代管民籍人口耕种的土地，也管辖着不属于军籍的大量民户[③]。郭红提出“准实土”概念，认为准实土卫所是在政区中占有一隅，相当于县的独立区域，东南沿海很多卫所即是如此[④]。

卫所的政区属性和国家管理体系的分析进而引发学界对卫所辖区内部行政管辖权的研究。张金奎论述了明初卫所司法体系与卫所独立司法权丧失的问题[⑤]。李新峰分析沿海卫所、内陆边地卫所，归纳其政区形态和管理模式及其在明代行政区划体系中的地位。他还着重分析沿海“准实土卫所”对人口、田土的管理情况[⑥]。吴滔指出随着卫所屯田管理的举步维艰，州县对屯政介入日深[⑦]。彭勇对卫所辖区属性进行分析，强调从独立性、延续性、变动性等方面理解卫所对屯田、人口、司法、行政事务的管辖权[⑧]。前贤时彦对卫所区划问题及管辖权问题深入的研究，为继续探讨此问题提供了坚实的基础。笔者拟以福建卫所为中心，从历时性的角度梳理卫所某些行政管辖权的演变过程。浅陋之处，祈请方家赐教。

---

① 谭其骧：《释明代都司卫所制度》，《禹贡》（第3卷）第10期，1935年；后收入《长水集》上册，北京，人民出版社，1987年。

② 周振鹤：《体国经野之道——新角度下的中国行政区划沿革史》，香港，香港中华书局，1990年。

③ 顾诚：《明前期耕地数新探》，《中国社会科学》1986年第4期。顾诚：《明帝国的疆土管理体制》，《历史研究》1989年第3期。

④ 郭红：《明代都司卫所制度与军管型政区》，《军事历史研究》2004年第4期；郭红：《中国行政区划通史・明代卷》，上海，复旦大学出版社，2007年。

⑤ 张金奎：《明代卫所军户研究》，北京，线装书局，2007年，第181—200页。

⑥ 李新峰：《明代卫所政区研究》，北京，北京大学出版社，2016年。

⑦ 吴滔：《县所两相报纳：湖南永明县“四大民瑶”的生存策略》，《历史研究》2014年第5期。

⑧ 彭勇：《明代卫所的辖区属性及其管理权》，《光明日报》2020年5月18日14版。

一　明初卫所行政管辖权概况

明代卫所可分为实土、非实土、准实土三类，虽然辖区范围大小差距悬殊，但明初在卫所管理体制的独立性方面却具有一致性。明初中央设五军都督府，与兵部、地方都司卫所共同构成军政系统。明初的军政系统呈现出独立、自持的特点，其行政管辖权也自成一体，与州县有司系统牵连极少。

明初卫所辖区的独立管理权大体包括以下方面：户籍、屯田、司法、教育与公共事务等。

（一）户籍管理

明代施行“人户以籍为定”“役皆永充”的户籍分类管理制度，不同于民户户籍由户部统辖，卫所军户的户籍管理则由兵部掌握。五军都督府、都司卫所与兵部对卫所军户及武官户籍的管理，目的在于结合军役清勾和武职袭替维系世袭军制。洪武初年勾丁补伍皆由五军都督府与都司卫所负责，“兵部尚书俞纶言：五府十卫军士亡故者，皆遣人于旧贯取丁补伍。间有户绝丁尽而冒取同姓名者，或取其同姓之亲者，致民被扰，不安田里。自今乞从有司覆实发补，府卫不必遣人。上从之，令见差者悉召还京”[①]。于志嘉的研究揭示正统以后形成以清军御史为顶点，下领布政、按察二司，直隶府州县清军官为辅，最底层则有粮里、长解的清军系统。嘉靖以后，清军御史被废止，改由巡抚或巡按御史监督查验，布按二司和府州县卫所清军官员具体担当清军事务[②]。

至于武选与武职袭替事务，明初由五军都督府施行。“凡本府所属在京卫所，五年一次例应考选军政官员。兵部具题行南京兵部，转行到府劄行。各该卫所将应考官员脚色履历，开具揭帖送府。本府采访贤否，实迹手注考词转送南京兵部。至期会同本府堂上官考选。”“凡本府所属卫所军职官员，年及六十岁，例该袭替，准令应袭儿男具告到府。劄行该卫查勘，本舍亲供宗图具申前来覆查明实，照会南京兵部，转送兵部奏准袭替。其年未及六十岁患病，而子孙告袭，本府亦照例题请。若年六十无子孙者，许令的亲弟侄借袭，后老官生有儿男，仍旧还职”[③]。后期由于五军都督府的裁革，武选及武职袭替事务管理也向文官系统转移，福建地区的民间历史文献亦能印证这个转变过程[④]。

明中叶以后，一些卫所同附近州县的社会交往日益加深，如官军购置民田情形的普遍存在，形成军民杂处、高度融合的局面。为了赋役管理的“均平画一”与维护基层社会秩序的需要，出现了军民合一管理模式——“军图”的现象，这是两大管理体系长期并行融合的新变化[⑤]。

---

① 《明太祖实录》卷一六四，洪武十七年八月己巳，中国台北，“中研院”历史语言研究所 1962 年校勘影印本，第 2533—2534 页。

② 于志嘉：《明代军户世袭制度》，中国台北，学生书局，1987 年，第 50—108 页。

③ （万历）《大明会典》卷二二七，《五军都督府·五府通行事例》，《续修四库全书》本，史部第 792 册，上海，上海古籍出版社，第 673—674 页。

④ 笔者于此将专文论述。

⑤ 黄忠鑫：《明中后期浙江沿海“军图”初探》，《历史档案》2013 年第 1 期。

（二）卫所司法权

卫所系统明初设有独立的司法机构。中央的五军都督府设立断事官，“都督府旧设五司断事官，有稽仁、稽义、稽礼、稽智、稽信等官。革除间俱罢，刑名俱归法司问理。永乐初诸司皆复旧制，惟断事等官不复设”。据《诸司职掌》，可知五军断事官为正五品，主要职能是提控案牍、巡检、司狱。随着五军都督府的实际权力下降，断事官在建文时被裁。

地方卫所设有断事司专理刑狱，另常设有世袭武官担任的镇抚官，负责处理卫所内部的司法诉讼。如果军民之间发生了纠纷，两大系统间要协商处理，尤其是当军人侵犯了民户的利益时，不能交给府州县来审判，要经中央批准后，再委托专门的司法官处置[①]。卫所的司法权随着后期文官系统的介入，也发生了相关变化。

（三）屯田、军仓管辖权

明初“设各卫所，创制屯田，以都司统摄，每军种田五十亩为一分，又或百亩，或七十亩，或三十亩、二十亩不等。军士三分守城，七分屯种，又有二八、四六、一九、中半等例。皆以田土肥瘠，地方缓冲为差。又令少壮者守城，老弱者屯种，余丁多者亦许其征收则例，或增减殊数，本折互收，皆因时因地而异云”[②]。可见明初屯政事务主要由都司卫所统摄，屯地大小与屯守比例视田土肥瘠、地方缓冲而差距悬殊。除了生产组织环节，其子粒征收、军仓管理，亦全程委于卫所武官而自成体系，体制方面与州县系统牵连绝少。顾诚曾分析明前期的耕地相当部分属卫所掌握，而未纳入户部管理，进而认识卫所是明帝国疆土管理的地理单位[③]。

至宣德年间，军仓管理权归属发生明显变化，宣德十年（1435），令天下卫所仓并属府州县[④]。屯政至此一变，应与卫所管屯官员在征收屯粮、管理军仓过程中的种种不法行为密切相关。福建军仓管理权改隶州县则在正统六年，“令福建各卫所仓改隶有司，各府县添设管粮通判，县丞各一员”[⑤]。其直接动因正是屯政管理中屡屡发生的武官不法行为。正统六年（1441），“巡按监察御史姚壁奏，福建滨海卫所仓廒旧隶武职管属，恃其豪横，欺弊多端，实为民病。”[⑥]

考之《大明会典》屯政事例，可知全国范围内文官系统对卫所屯政的渐进式介入由来已久。“永乐五年（1407），令陕西、福建、山东、山西按察司增置佥事二员，盘量屯粮。”其时监察系统的按察司官员开始介入屯政，但只起到协查、监督作用。“宣德五年（1430），令各处屯田，都、布、按三司各委官提督。”其时在屯政管理中，地方都司、布政司、按察司三者开始并驾齐驱，武官职权被削弱。“正统二年（1437），添设浙江、福建、陕西等处按察司佥事各一员，提督屯田。”“提督”字眼显示原本起监察作用的按察司官员开始实职化，专务道性质的屯田道雏形已现。

---

① 参见张金奎：《明代卫所军户研究》，第181—200页。

② （万历）《大明会典》卷一八《户部五》，第310页。

③ 顾诚：《明前期耕地数新探》，《中国社会科学》1986年第4期。《明帝国的疆土管理体制》，《历史研究》1989年第3期。

④ （万历）《大明会典》卷二二《仓庾二》，第375页。

⑤ （万历）《大明会典》卷一八《户部五》，第375页。《闽书》则记载于宣德十年。“宣德十年，诏：‘天下都司卫所，正粮籽粒十二石以给下屯军士之用，不必盘量，止征余粮六石，于附近军卫、有司官仓交纳。’”《闽书》成书于万历末，何乔远编书时应是直接采纳了全国施行军仓转隶的时间，而未注意到福建实施此项改革应在正统六年。

⑥ 《英宗实录》卷八〇，正统六年六月己丑，第1602页。

“嘉靖十二年（1533），议准各该抚按官选委指挥千户催督屯田钱粮。其掌印、巡捕、领操、上运等官不许朦胧营管侵盗。仍选有司佐贰官一员协同收支，互相觉察，毋得和同侵克。”此时巡抚按察司官员开始全面主导屯政管理，指挥、千户及基层屯官被纳入抚按官员之下成为属官。在屯政管理中，屯官还负责钱粮催督环节并与有司佐贰官协同收支[①]。到了嘉靖四十二年（1563），“不拘军旗余丁，俱听提调……其卫所管屯官止许督率旗甲人等布种上纳，不许经收钱粮”[②]。卫所管屯官已被剥夺经收钱粮的职权。明政府关于屯政管理的历次调整并非无的放矢，而是力图让巡抚、布政司、按察司、府县官员介入屯政管理，对卫所管屯官员形成钳制。明代前中期屯政演变之大略，是从都司系统的封闭式管理转变为以文官系统为主导、卫所管屯官为辅助的格局。但这并不意味着管屯官的作用已无足轻重，相反管屯官依旧垄断了军屯的生产组织环节，他们依靠掌握的屯田信息系统，深刻的影响着屯政运作过程，因此至万历后期，福建军屯改由州县带征[③]。

二 明中叶以降卫所社区的公共管理

上文所述，明中叶开始随着社会变迁，卫所行政管辖的制度变迁也相应演进。下文将以福建卫所为考察中心，探究明代卫所管辖权的演变。将重点从卫所军事社区公共事务、卫学管理权两方面探讨卫所行政管辖权的演变，以期对此问题做有益的推进。

大金千户所，属于福建福宁卫下辖守御千户所。所城“在五十二都濒海，旧为西臼巡检司，国朝洪武二十年改立千户所。江夏侯始筑城，周五百八十二丈、高二丈一尺、厚一丈，东南西北各一门，永乐十五年，御史韩瑜、都指挥谷祥增高三尺，复砌三门月城，沿城濠堑阔一丈、深六尺”[④]。

随着大金千户所城的建立，大量的卫所官军携眷来卫，并落地生根形成家族组织。通过民间文献分析可知，大金所的军士大多来自于泉州府地区。如大金《蔡氏族谱》载：“开基祖讳发，于大明时由泉州府西鼓头市槽街人氏，王功军一十八年，安平国家，仝十甲七十二户继迁福宁州之南大金。”大金《曾氏宗谱》载：“大金开基始祖（由）泉州府龙头山继移漳州府漳浦县桥头村，自明洪武初随王而迁兹土。”《大京陈氏族谱》“颍川陈氏旧谱自序”载：“先祖家谱书云，始祖讳逊初公，厥初温陵人也，系泉州晋江籍。洪武贰拾年，沿边设立卫所，每家抽一为军，祖应适永宁卫福全所军。至廿七年兑调福宁卫大金所功军。”

同袍之谊加之共同的乡贯认同，所城中的军士及其家眷形成“军家”。《霞浦大京郑氏总谱》记载大金八景之一的“江城角韵”也叙述了大金所城内“军家”的存在，“城在五十二都濒海，旧设巡检司，至洪武二十年改立千户所，江夏侯始筑城焉。周围五百八十二丈，东南西皆有城，当时有三千军防御海寇，暮夜巡视，谯楼鼓角，声达海国，迄今城中有称军家后裔者职是故耳。”可见千户所城建立之后，大金的聚落结构发生了很大的变化，形成城内“军家”，城外“民家”泾渭分明

① （万历）《大明会典》卷一八《户部五》，第314—319页。
② 《嘉隆新例·户例》，玄览堂丛书续集，第104册，1947年，中央图书馆影印本。
③ 关于文官系统对屯政事务介入、州县带征屯粮的过程，笔者另文专述，兹不展开。
④ （万历）《福宁州志》卷三《城池》，“日本藏中国罕见地方志丛刊”，北京，书目文献出版社，1990年，第46页。

的聚落格局。但随着社会演进，“军家”不可避免地与原住民形成互动关系。

万历二年（1574）的碑刻《大金拓西南城碑记》记载了在嘉万年间东南沿海“倭患”猖獗的年代，住居城外的“民家”在缺乏城垒屏障的情况下，如何在文官系统的主导下，推动千户所城的拓建，从而实现“民家”“军家”共处的格局。分析这一拓城过程，可以窥见文官系统介入原来由卫所武官主导之下军事堡垒的历史过程，进而窥探卫所行政管辖权的演变。

兹将碑刻摘录于下：

> 大金为福宁卫守御千户所。其城之者，自本朝洪武初江夏侯周德兴为防倭计也。城延袤故窘，军在城中，而民顾居外，已非域民之体。且民自筑堡别于，诚重寇压之，守或不支，而反为城害，尤非举事之宜。迩岁匡劝屡患，而当事者或议增城而徙域军，或议毁堡而反殴民，图揆竭情而安攘鲜效则何以故坐在事远于体而举匪其宜，盖两失之也。我分守藩伯竹峰徐公镇莅兹土，洞若观火，乃檄州守刘君介龄，察体度宜，拓城居焉。始则庠士郑生炎、林生应龙、郑生友士、郑生守道辈请西拓城中军格以宜南则几为道旁之舍。公亲至裁定，询两便以从事，顾为费钜乃发公帑美及听民间财各五百余两资之。继则新瓮初垒，石肉未粘，会天淫雨，颓者强半，则几为中道之画。公亲持果决，帅诸属以从事，顾为费重，复请公帑羡七十余两益之。……公顾恂恂不动声色而成城，莫哲焉，其是之谓乎！抑公之功尤有未易尽者，拓大金所以巩福宁之藩屏也，巩福宁所以扼全闽之咽喉也。国初取闽由海道进，而由福宁之北以达晋安之南，固建瓴破竹之势也。此而巩则咸巩矣，此而扼则咸扼矣。使公而安蓟辽则必朝河川古北口而阜之障也保全山后则必黄河套受降城更而峻之防也此举诚足以当之则岂奥渫之绩隅方之略已哉特人未易尽识之耳。
>
> 公湖广黄冈人，讳时可，别号竹峰。嘉靖乙丑进士，由留曹陟今官莅任所施肃静平恕靡不怀服。而拓城特其最钜诸所禀□而受成者。州守为刘君介龄，北路守备为方君伯州，同知为李君稷州，判官为丘君思高，吏目张君日跻，卫指挥使为沈君柱，张君本，千兵王廷臣，蕫集周伦，庠生王仕俊，彦民郑友义、郑海、郑良宝、郑冕、郑大谟、郑文孟、郑友正、郑任、郑文智、郑永定、郑忆、郑守正，均劳得书，承直郎广东广州府通判郡人莲阳吴亜撰。

大金千户所城拓城的起因，是嘉万年间的“倭患”使得城外的“民家”缺乏安全保障。大金所城始筑之处，由于规制狭小，形成“军在城中，而民顾居外”的聚落结构。在地方社会饱受“倭患”、海贼肆意蹂躏之时，城外之民的安全显然缺乏保障，原本旨在防范倭寇的卫所城垒丧失了原来兴建的本意，所谓“已非域民之体”。在地方骚然的情形之下，东南沿海各地都出现了“筑堡”运动的高潮，地方乡族势力以宗族为单位自行筑堡，以图自卫，地方官员鉴于地方情势，也往往听从民便。福宁州“至于乡堡之设，有司听民自筑，不免多滥，如古县一村而三堡”[①]。这些仓促之间筑起的土堡，因陋就简，再加上守卫力量的薄弱，在强寇的环攻之下，往往陷落。“且民自筑堡别

① （万历）《福宁州志》卷三《城池》，第48页。

于，诚重寇压之，守或不支，而反为城害，尤非举事之宜”。指出这些土堡陷落之后，反成贼窟，盗贼以此为凭借，在与官军对垒中，可攻可守，攻防兼备，成为官军剿灭盗贼的不利因素。

如何处理大金所城附近民筑土堡给剿贼带来的困境，成为地方官员所要面对的难题。一时议论纷起，“当事者或议增城而徙域军，或议毁堡而反殴民”反映出当时的两种观点：一种观点是因土堡而筑城，并分兵驻守；另一种观点是拆毁土堡，亦免资敌。“增城”将削弱千户所城的防御力量，则是自毁长城，“毁堡”将使平民失去屏障，是为殃民之举，不管如何抉择，最终结果必然是“两失之也”。因此，如何寻找一种两难自解的措施解决这一困境，成为地方官员的当务之急。“分守藩伯竹峰徐公镇莅兹土，洞若观火，乃檄州守刘君介龄，察体度宜，拓城居焉。”在实地考察之后，分守道徐竹峰提出拓城的主张。

根据《济南林氏宗谱》中的“大明南金志”一节的记载，林氏家族自筑的私堡由于过于简陋，官方畏惧资敌，因而将其拆除附于所城。“明兴以来，借祖宗之覆露，桥联梓翩鄂华棣萃郁郁上林称隆盛矣。自肃皇以后，因遭倭变，世新堂构于嘉靖乙卯四月初五日，一炬成灰，佥议筑土堡于溪边故址，造于甲子，费金数百两，不日告成，营宫庙以及私室，而得聚庐而托处焉。夫宋元无城而城自此始也，或者得王公设险之意欤，然不过一雉，其为谨守亦微矣，居十年为万历癸酉改元，海氛告急，分守徐时可恐私堡为官城，官移文两院，拆堡土石以附所城之西焉。斯时也，寇沓至而土木频兴，岁连歉，四差浩重，世守产业席卷于豪右矣。溯观往事，屡迫兵烽，姑知边陲置戍之垒，非名家世处之区”[①]。鉴于嘉靖年间“倭变”给宗族带来的灾难，林氏宗族感叹于“屡迫兵烽，姑知边陲置戍之垒，非名家世处之区”的情况下，开始于大金溪边筑土堡自卫，万历初在官方的要求下拆除私堡，附于所城。

至于拓城具体方案的实施，则显示出“军家”“民家”之间利害关系。碑文记载：“庠士郑生炎、林生应龙、郑生友士、郑生守道辈请西拓，城中军格以宜南，则几为道旁之舍。”居于城外的“民家”郑氏、林氏家族依托其族内的庠生郑炎、林应龙等人提出了有利于他们的城墙西拓的主张，而居于城中的“军家”则认为城墙宜向南拓展。双方相持不下之际，福建参政、分守道徐竹峰做出最后裁定，所城向西、向南同时拓展。

拓城的巨额经费主要来自于公帑及民间捐资，“发公帑羡及听民间财各五百余两资之。继则新甃初垒，石肉未粘，会天淫雨，颓者强半，则几为中道之画。公亲持果决，帅诸属以从事，顾为费重，复请公帑羡七十余两益之”。城外“民家”为了能够纳入城中，显然也愿意出工出力出银。拓城工程是在官方与民间、“军家”“民家”互动的格局中完成的。

《霞浦大京郑氏总》记载有“帮城给帖”一文，为福宁州颁给帮衬拓城的生员郑炎、郑友士等的公文。分析公文格式可知大金所城拓城事务的行政流程，进而揭示其时卫所社区事务管理的行政结构。

“帮城给帖”公文装叙结构为：“据此案照，先为前事蒙本道批，据本州申议郑友士等告帮大金所城缘由，蒙批。仰州议报，依蒙已经查议勘估申详去后，续蒙本道案验前事。奉提督军门刘批，

① （佚名）《济南林氏宗谱》，民国十年（1921）稿本。

据本道呈据本州申详议估帮拓大金所城合用工料、银两数目、缘由。”

据此可知，分守道为公文发文机构，事务缘由为“本州申议郑友士等告帮大金所城”。依据公文结构复原的第一轮行政流程：“仰州议报”为福宁州商议此事后上报分守道处，对于“仰”字，《吏文辑览》解释为“犹望也，凡上司移文下司，例用仰字”。分守道接到福宁州上报后“查议勘估申详”回复。而“续蒙本道案验前事”则是分守道在公文发文时重新将此事叙述一遍，意为分守道在行文中重新将此事“案验”给福宁州，因为“案验”为下行文。第二轮行政流程：分守道接到福宁州呈文后，曾将此事上报福建巡抚，依据是“据本州申详议估”，所谓“据本道呈据本州申详议估”，并获得巡抚批准，因此在公文中叙述为“奉提督军门刘批”。

分守道在形成正式公文格式时，必须先陈述接到上峰的指示，并依此办理。所谓“据此案照，先为前事蒙本道批，据本州申议郑友士等告帮大金所城缘由，蒙批。”“案照”应为“案验”与“照会”的合并词，“案验”为下行文，“照会”为平行文，而在此却用“案照”一词，应解释为分守道接到福建布政司的下文，因为福建布政使与福建参政、分守道为同一品级的正从之分，所以用“案照”一词。显然巡抚虽然批准此事，但却不是直接向分守道下达政令，而是通过福建布政司下达。公文行文中，分守道对于巡抚的批示是用了上行文的“奉”一字，明确了上下级关系。至此，我们复原出卫所社区事务管理的行政流程与结构，显示出卫所社区事务的管理已呈结构化，进而清晰表明嘉万以来福建卫所社区行政管理权的嬗递。

“帮城给帖”还有“听本州海防州判邱不时查点课，并其一应搬运石块等项。各军应合力助工，共图落成，毋分彼此”等字样，明确指出卫所官军应合力助工，听从福宁州海防州判的管理监督。《大金拓西南城碑记》记载的拓城参与者也表明：拓城工程主持人为福建参政、分守福宁道徐竹峰，参与者有“州守为刘君介龄，北路守备为方君伯州，同知为李君稷州，判官为丘君思高，吏目张君日跻，卫指挥使为沈君柱，张君本，千兵王廷臣，奠集周伦，庠生王仕俊，彦民郑友义、郑海、郑良宝、郑冕、郑大谟、郑文孟、郑友正、郑任、郑文智、郑永定、郑忆、郑守正”。从参与者身份分析看，地方行政官员在卫所社区事务管理中居主导地位，卫所武官已经处于从属地位，这与明中叶以来文官系统不断介入卫所事务以及卫所体制军事功能的弱化有关，明中叶以来福建卫所社区行政事务管理新的结构已然形成。

三　卫学管理权的转移

宋以来，科举已成国家选拔人才的主要途径，而科举人才之盛与学校之设有相当的关系。明初卫所多属草创，地点上又多位于边疆僻壤。虽早在洪武二年（1369），朱元璋即下诏，如天下府、州、县例，军卫一并设学。但实际上由于各种原因，各卫卫学的设立，有早有晚，且并不是所有卫所都能设立卫学。很多卫所官舍军余出身的俊秀之士要获得受教育权，只能是附入邻近府州县学读书。地方府州县学的学额是有限的，军生附读府州县学，必然出现军生与民生争夺有限学额、廪膳的情况。因府州县学的学额本来就是为民生设置的，再加上卫所城垒一般位于远离府州县治的僻远之处，使得卫所军生在府州县学附读面临种种不利局面。因此能否设立卫学，以制度化的措施保障卫所官舍军余的社会上升渠道显得尤为重要，这也是卫所武官汲汲于推动卫学设立的重要动力。

从已见的资料看，最早设立的福建地区卫学应属于兴化府的平海卫学。黄仲昭的《送平海卫学司训谢先生满考之京序》，为我们全面了解平海卫学的建立及当时卫学各项制度提供了很有价值的信息。兹摘录如下：

> 古之君子出而建勋植业于时者，率皆文武兼备之士。若周之尹吉甫，以文武之德成薄伐猃狁之功。唐之裴晋公、宋之韩忠献、范文正皆出将入相，成讨叛之绩。非若后世之士，岐文武为两途而不能相通者也。肆我朝列圣相承，重熙累洽，而欲介胄之士皆从事于文。爰命天下诸卫，各建学立师，凡卫僚之适子，悉受业于学，以俟承袭。其庶子以及军士之俊秀者，悉令着录于学，以教养之。学成得循府州县学之例科举应贡，列于庶僚，以固我国家万年太平之基，甚盛典也。平海卫学乃永乐辛丑从本卫指挥同知王公茂之请，始建学设博士弟子员。天顺间，复从莆人宋教谕叔昭之请，许以莆民之旁近者，附名于学。其后以言者例，许军士充贡如州学之制，继又以言者例，许月给廪饩，不分军民生，但较其艺能之优者补之，充贡亦如之，至是学之政令悉如州学之制矣。弘治乙卯，司训谢先生来莅学事，上遵累朝所降制令，下循提学所立教条，行之以勤而持之以慎，守之以严而济之以宽。九载之间，学政修举，科目得人，视昔有加，其学虽滨海一隅，而文物之盛盖与中州一大郡之学等矣。初先生戾学时，以王公首请建学，其功不可无纪，特立石刻文以示永久。今其献绩之京也，王公之孙昊方握印章，率其僚属，请文于予，以为行赠。予喜王公祖孙能相继以致重于学，而先生又知所重而能相与以有成也，因书此以复所请。若夫陟明之典，圣朝自有常制，予不复赘。①

正德五年（1510），兵部提出：“军职子孙袭替者自正德五年文书至日始，俱令提学考武起送。文理颇通、字画端正者为一等，袭替后推补军政；颇通字义、弓马便熟为二等，保送听用差操；书写不通、弓马不便者为下等。量降一级，不许管军管事，子孙承袭别议之。”圣旨批复：“文理全不通不许起送，令每岁一考。累考不中者降一级袭替，不许管军管事。”② 不谙文墨即不能正常袭职，武官们当然要从现实考虑出发尽心于卫学教育。福建兴化府平海卫学的设立，充分反映武官阶层在推动卫学设立过程中所发挥的主导作用。

《八闽通志》载：“平海卫学在卫城内。正统八年（1443）始建学设官，权寓指挥陆璘廨舍，设四斋。后斋宇颓圮，复迁寓晏公庙。天顺八年（1464），提调学校佥事游明始以旧都指挥佥事姜铭安廨舍创建庙学，即今所也。指挥同知王辅塑先圣四配像，成化九年（1473），指挥同知钱棠重修殿庑并戟门，改建明伦堂及廨舍，规制始备。”③ 从史料记载来看，我们发现平海卫学于正统八年正式建学设官。设学伊始，学舍简陋，历经数次迁徙与改建，直至成化九年卫学才规制完备。从平海

① ［明］黄仲昭：《未轩文集》卷二《送平海卫学司训谢先生满考之京序》，《景印文渊阁四库全书》集部第 1254 册，中国台北，台湾商务印书馆，第 403—404 页。

② 《明武宗实录》卷五九，正德五年春正月癸未，第 1316—1317 页。

③ （弘治）《八闽通志》（修订本）（下）卷四五《学校》，福州，福建人民出版社，2017 年，第 57 页。

卫学设立、发展的过程来看，卫指挥使、佥事、同知等武官是最主要的主持者与推动者。

兴化府平海卫学的成功建立，无疑激发了附近卫所武官设立卫学的积极性。镇海卫武官即是在此背景之下奏请设立卫学的。对于镇海卫学设立及完善过程，崇祯年间的《重镌请建镇海卫圣庙儒学石碑记》有着很详细的记载。摘录如下：

> 镇海有卫，昉自洪武二十年。其在学校初未有焉。宣德壬子，宪佥林公时槐建议：卫俊秀准附儒学教养，照例科贡。随大巡成公规以各生告艰，允令私设学校，而建学之基始萌。
>
> 景泰癸酉周瑛公首登科第，郑普诸君继之。成化辛卯，宪佥周公谟因创文公祠，延师讲解，而人才辈出。岁乙巳，指挥使张君文表请乞建学立宫。檄下大巡刘公信，会潘臬案行漳州府。知府刘公瀚勘报相应立学一应事宜，合例平海卫学。道宪副使邵公庄、丁公养浩改祠为庙，塑先圣四像，东建讲堂。宪佥张公藩、杜公某、余公本实卖舍、菜田，添设号房。宪副刘公、龚公嵩相度附城牧马无征地议年收税供祭，规模略备，而建学之由始著。正德辛未指挥使田中隆准生员吴仕举等呈，仍复申请。于时大巡贺公泰、宪副姚公谟奉部拟结勘准允，是皆致仕周公维持之力。迄嘉靖癸未年，巡按王公以旂缘指挥使徐君麟催请薇垣咨部附写官制、铨官、铸印。本年降制到卫，而建学之事始成。

镇海卫学是在布政司、巡按监察御史、府县官员、卫所武官、卫学学官多方推动之下才正式建成的。从镇海卫学一波三折的设立过程来看，建立卫学绝非易举；卫所武官虽然是卫学设立的最迫切推动者，但卫学的建立显然牵涉到文庙、学宫的建设、学官编制的落实、生员廪膳经费的筹措各方面，需要各级文官的配合。“是皆致仕周公维持之力”，透露出镇海卫籍致仕官员周瑛在卫学设立过程中的关键作用。周瑛，字梁石，号翠渠。成化六年（1470）登进士。历官广德知州，南京礼部郎中，抚州、镇远知府，四川右布政使，为一代理学名臣。其先祖明初卫戍镇海，到周瑛这一代，镇海卫事实上已成为他的故乡。从身份上看，周瑛是高级官员、士人名流，但他出身军籍，镇海卫是他的桑梓之地，因此为家乡文教事业发展不遗余力就成为他这个乡贤义不容辞的责任。正因周瑛起着协调帝国文武官僚体系的作用，才使得建立卫学的过程中虽困难重重，却终能水到渠成。

镇海卫学廪膳生员的设立过程同样反映了地方文职官员在其中所起到的作用。镇海卫军籍出身的进士黄日谨于万历年间力陈漳州府知府要求添设卫学廪膳[①]。《闽书》记载：“往者卫庠初建，赋已额定，士廪于庠，第虚名耳。日谨力陈之郡守，请以卫官员缺俸充廪。复置海头、港税以资学宫之费。出□金遍给庠士，阖卫德焉。”[②] 对于镇海卫学添设廪膳、规制完备的过程，镇海卫遗存碑刻《镇海卫儒学颂萧公祖厘正祀典碑记》也有详细记载。“其建学设官，则嘉靖二年（1523）昉也。初借址浮屠旧庐，庙学分置后，乃建明伦堂于文庙之右，备俎豆焉，则自嘉靖三十四年（1555）昉也。初设教授一员，后以人文辈出，题准添置训导而官始备，则自万历元年（1573）昉也。初，士

① 黄日谨，福建漳州府镇海卫，军籍，明万历五年“丁丑科”三甲进士。《明清历科进士题名碑录》第二册，华文书局，1969 年，第 965 页。

② 《闽书》卷一二一《英旧志》，福州，福建人民出版社，1995 年，第 3647 页。

犹寄名空廪，序贡后乃沾实廪，与郡邑庠等，则自万历七年（1579）昉也。”[①]可见卫学岁贡确与廪膳名额的设立息息相关。而镇海卫学从嘉靖二年建学立师以来，由于办学经费紧张，廪膳生员徒有虚名，事实上也影响了卫学军生“岁贡”的上升途径。有鉴于此，镇海卫乡贤、军籍出身的进士黄日谨力陈郡守，请以卫官员缺俸充廪膳生员经费，并且多方开源，置海头、港税以资卫学经费。至万历七年，经多方努力，镇海卫学获得廪膳生员的名额，终于在制度上实现了与州县儒学齐平的待遇。

以长时段的视角观察镇海卫学规制完善的过程，我们可以发现如下转变。卫学兴建初期，武官阶层是卫学设立的大力推动者。随着卫学的日臻完善及文官阶层对卫所各项事务的深度介入，文官及士大夫阶层逐渐取代武官成为卫学各项事务的主导力量。具体表现在：文官及士大夫阶层对卫学事务全面介入与取代武官阶层成为庙学建设的主要推动者。

明代的学校包括文庙与学校两部分，“庙”为学校的祭祀空间，“学”则为学校的教学空间。学校为教官授课、生员习业之处；文庙则是奉祀孔子与历代贤儒的场所。明代学校与文庙合建一处，其规制大抵为“左庙右学”，或为“前庙后学”，因此合称为“庙学”。学校与文庙合建的用意，在于使生员一面于学校中读书修业，一面又于文庙中瞻仰参谒“古圣先贤”，砥砺心志与德性。“明伦堂”为学校中最主要的教学场所之一，“大成殿”则供奉孔子，并依规定如期祭祀，是故“明伦堂未备，无以成学校；春、秋无祭，何以能报本”，可见“庙”与“学”之重要性。学校与文庙为明代各级儒学，同时也是卫学的主体建筑设施。卫学与府、州、县等各级儒学，在规制上大体相同。因此卫学的规制，包含了建筑设施、贮备器物、藏书、学产、执事人员等软硬件设施[②]。

鉴于明代学校规制情况，地方社会的尊师重教的实践就主要表现在对“庙”与“学”的重视上。因此，我们在考察镇海卫学管理权转移过程时，也必须聚焦于文官及士大夫阶层在“庙”与“学”建设过程中是如何发挥自身作用的。镇海卫学的相关碑刻为我们重构这一历史过程提供了扎实的史料。

《镇海学创修堂庙新给廪粮造祭器竖泮宫碑》[③]立于万历七年正月，由镇海卫军籍出身的进士、观兵部政黄日谨撰文。此通碑刻记载了镇海卫庙学创建、修缮，生员廪粮的筹措，学宫祭器完备及泮宫碑树立的过程。镇海卫学草创时期，“文庙、明伦堂俱依神祠旧址，规制简陋”。文庙与明伦堂恰是学校最基础的硬件设施，掌教学官作为卫学日常管理者自然是推动庙堂完备的最主要群体。镇海卫历任掌教学官范瑛、张君扬、胡颢及斋长（学校斋舍中指导学生的人）林大器、陆幼廉、翁黎等均前后相继、惨淡经营，才使得堂庙完备。万历初学官钱惇的政绩主要是落实了廪膳生员的名额与经费。鉴于当时堂庙完备，但廪膳生员的名额与经费却未落实，影响了卫学军生“岁贡”的社会上升途径。钱惇条详诸事呈上，在郡守刘公祖的斡旋之下，得到巡按御史、督学、布政司各方的批允。镇海卫学廪膳生员得以落实。可见卫学的日常管理者——学官群体是卫学建设规制化的主要践

① ［明］涂一榛：《镇海卫儒学颂萧公祖厘正祀典碑记》，黄剑岚主编，黄超云校注：《镇海卫志校注·艺文志》，郑州，中州古籍出版社，1993年，第120页。

② 蔡嘉麟：《明代的卫学教育》，明史研究小组，2002年。

③ ［明］黄日谨：《镇海学创修堂庙新给廪粮造祭器竖泮宫碑》，《镇海卫志校注·学校志》，第29—30页。

行者，武官阶层已逐渐退出卫学的日常管理，只起辅助的作用。

《鸿序崇师记学博王莲紫存碑》[①]立于万历二十六年（1598），为镇海卫军籍出身的进士、时任江西布政使司右参政的黄日谨所撰。碑刻记载：应卫学司训及生员所请，黄日谨撰文称颂镇海卫学教授王莲紫的司教功绩。黄日谨称王莲紫“渊涵雅器，有安定遗风”。曾经习业于镇海卫学的黄日谨充分表达了对王莲紫执业镇海卫的欣喜之情，所谓“深为儿辈得师庆矣”。后王莲紫以“赋性耿介”而解职，以至于卫学师生感叹：“美器易毁，直木多折，平生抱负，百无一展，吾侪深为扼腕而不忍其去，相与攀辕，愿立杏坛而挹春风焉。”卫学师资其实也是制约卫学发展的重要因素，学问好的教官显然能大大提高卫学的教学水平。因此，如何聘请学问好的教官自然成为卫学发展的关键，士大夫之间的交游圈使得主导卫学的文官士大夫阶层能够迅速发现合适、优秀的师资人才，此点相较于武官则有优势。为《鸿序崇师记学博王莲紫存碑》撰文、篆额、书丹的三人均为文官，分别为江西布政使司右参政、进士黄日谨，四川布政使司右参政、进士刘惠乔，深州知州、进士林茂桂。根据方志记载，三人均为镇海卫军籍出身的进士。可见，此时镇海卫已有士大夫群体的形成，反映了单纯的军事堡垒中士大夫力量的成长，士人们同声相应，同气相求，有着共同的价值追求与行事原则，逐渐介入与主导卫学发展的方方面面。在延聘卫学师资方面，士大夫群体显然已经取代武官阶层成为主导力量。

万历四十五年（1617）碑刻《大参藩洪公重建镇海卫学文庙功德碑记》[②]，则反映出文官士大夫阶层对卫所事务的全面介入，包括为镇海卫庙学兴修、规正文庙祭祀礼仪、抚恤贫困卫学生员等方面所做的努力。万历年间，福建参政洪世俊分领漳南道，尤其留意镇海卫地方事务，实施一系列惠政。“如贸粟以实卫，廪士有辟饱，严令以禁掊克，俾无剥肤，荒陇尽为官山，贫者得蓬颗蔽冢而讬葬。主畅统以博士，儒者得雍容缓带以骏奔。”反映了文官阶层对卫所各项事务的全面介入。

万历四十五年《萧司理修建镇海卫儒学功德碑记》[③]称颂漳州府司理参军[④]萧基在任期间为镇海卫学发展所做出的贡献。镇海卫建学之初因条件简陋，文庙利用旧佛寺建筑，面积狭窄，且镇海卫地近海滨，台风侵袭，文庙颓圮失修近四十年。萧基到任之日，百废待兴，闻知文庙阙状，为之愀然。首捐俸金，不费兵糈官帑，亲自督工修建。在他的主持之下，镇海卫学文庙规制焕然一新，俨然媲美府学文庙。萧基不但重新修建卫学文庙，还规范了文庙的祭祀礼仪。卫学兴建之初，武官阶层是卫学各项事务的主导者，文庙的祭祀仪式也自然为武官阶层所操控。但行伍出身的武官阶层由于不通礼制，自然不谙祭礼，甚至于出现在祭祀至圣先师时，混淆吉礼与凶礼的区别，常常着丧服出现在祭祀现场，贻笑大方。萧基到任之时，鉴于此种情况实在与礼制不符，对祭祀仪式的过程予以厘清、规范。仿照附郭县学的仪式程序，令学博[⑤]主持文庙祭祀先师的仪式活动，并以政令形式予以固定下来。在此可以发现，随着明中叶以来文官对卫所事务深度的介入及卫所社区中士大夫阶层力量的成长，文庙的祭祀权力结构开始发生变化。武官阶层主导的文庙祭祀开始逐渐让渡于文官

① ［明］黄日谨：《鸿序崇师记学博王莲紫存碑》，《镇海卫志校注・艺文志》，第152页。
② ［明］林雨润：《大参藩洪公重建镇海卫学文庙功德碑记》，《镇海卫志校注・艺文志》，第122—123页。
③ ［明］王命璿：《萧司理修建镇海卫儒学功德碑记》，《镇海卫志校注・艺文志》，第124页。
④ 明清提刑按察使别称。
⑤ 学官的别称，为主管学务的官员与官学教师，明清时期为各级儒学教官的别称。

及士大夫阶层，反映出文官阶层对卫所事务的深度介入。值得注意的是，萧基的这一德政是在包含武官在内的其他官员协助之下完成的。碑文显示，此次修建镇海卫儒学还得到官员“清军高公士达、海防卢公崇动、督粮王公起宗、漳浦胡侯继美、海澄傅侯槐、铜山寨把总汪公伯弘协办共襄”。文官显然起着主导作用，而武官在卫学事务中已经处于从属地位，被日益边缘化。

四 结语

明初卫所拥有明显独立的行政管辖权，随着社会经济的变动与卫所军事体制色彩的弱化，卫所的行政管辖权相应作出了调整。因而卫所行政管辖权的演变既有外部社会环境的影响，亦有卫所内部机制演进的理路。明代卫所行政管辖权研究既要注重规范性、延续性，亦应注重变动性。需要从长时段的角度，将其置于社会变迁与制度变迁的背景下加以考察，进而勾连制度史研究与社会史研究。从地域社会史视角，揭示卫所社区社会经济的变动，分析军民群体的接触、融合如何促使地方行政管理制度作出调整，应能增进对明代卫所行政管辖权演变的理解。

（作者郑榕，闽南师范大学历史地理学院）

明史与建文帝文化研究
——中国明史学会第十九届年会论文集

（下册）

中国明史学会　宁德市蕉城区人民政府　编

北京燕山出版社

赋税甲天下

——明清时代经济中心苏州

范金民　罗晓翔

明清时代，江南的经济和政治地位较之以往任何时候更加重要，而苏州，既是江南的中心城市，也是全国的中心城市。在明初，诗人高启称颂苏州“财赋甲南州，词华并西京”①，赋税冠于全国，人文方驾两京。因苏州地位日益重要，万历三十一年（1603）统辖十八府州的应天巡抚衙署也正式迁到苏州。清代，全国所有府城包括都城均只有两个附郭县，而自雍正时起，唯有苏州辖有吴、长洲和元和三个附郭县，具见苏州的重要地位。

本文不说苏州是人文渊薮及其活动中心，也不说苏州的转移时尚引领潮流的前导地位，更不说苏州走在社会发展前列观念较为先进，先单说苏州特别突出的重要经济地位。

一　最为突出的赋税钱粮重地

江南赋税自唐后期起即居于极为突出的地位，当时已有“漕吴而食”的说法。明清王朝，任土作贡，视地利征收赋税。嘉靖时，礼部尚书昆山人顾鼎臣说：“苏、松、常、镇、嘉、湖、杭七府，钱粮渊薮，供需甲于天下。”②江南苏州、松江、常州、镇江、嘉兴、湖州和杭州七府，是全国税粮最重之地，而税粮最重、数量最多者，其实是苏州一府。根据万历《明会典》的统计，洪武二十六年（1393），全国纳税土地8.5亿亩，税粮2944万余石，而苏州一府，田地为985万亩，实征税粮为281万余石，换言之，苏州以1%稍多一点的土地提供了将近10%的税粮。全国每亩纳税0.035石，而苏州高达0.285石，苏州是全国平均水平的8倍以上。说苏州赋税甲天下，毫不为过。以后税粮比例和亩均税粮虽然都有所下降，但苏州独重于全国的地位始终没有动摇。

苏州等江南府县，不但交纳的赋税多，而且负担重。这就是输送漕粮和白粮。朝廷每年向产粮省份征收400万石漕粮，其中330万石以本色粮食交纳，70万石以折色交纳。苏州一府每年交纳漕粮697000石，占全国漕粮总数的17.4%。漕粮中，江南苏、松、常、嘉、湖沿太湖五府，每年需交内库和内廷所需号称“天庭玉粒”的白粮21万余石。其中苏州一府交纳62642石，分为白熟

① ［明］高启：《高青丘集》卷一《乐府·吴趋行》，上海，上海古籍出版社，1985年，第6页。

② ［明］顾鼎臣：《鼎臣集·顾文康公文草》卷二《恳乞天恩饬典宪拯民命以振举国大计疏》，上海，上海古籍出版社，2013年，第58页。

粳米 37400 石、白熟糯米 5650 石和俸米 19592 石，占白粮总数的近三分之一。

漕粮一石，以本色运到北京，耗米加上过江费、军丁承运费，以及征收运输途中的抑勒等各种附加费，往往数倍于正粮，明初人说，“有二三石纳一石者，有四五石纳一石者，有遇风波盗贼者”[①]。明末人说，白粮一石，“通正米为四石余，始当一石。则此二十余万，实为八十余万石矣”[②]。甚至更有人说，“几五石而致一石”[③]。清代乾隆时无锡人黄印更说，地方官府“签殷实之户为粮长，主运事，大抵八石运米一石”[④]。即使以四石之力而运一石计算，苏州一府运送漕粮的实际费用已将近 300 万石，负担之重极为惊人。

二 举世闻名的商品生产加工中心

苏州具有如此雄厚的赋税提供能力，自然并不全部建立在农田经营农业发达的基础之上，而是奠基于社会生产特别是商品生产制造能力尤其发达的基础之上。

苏州为丝绸之府。自明代中期起，全国商品生产形成专业分工区域，产地与销地进一步脱节，作为民生衣着最为重要的棉布和丝绸两大生产基地，均集中在江南一隅。苏州、杭州和南京成为丝织生产最为发达的三大城市。丝织业成为明代苏州最为重要的手工行业，“苏杭之币”即丝绸是明代苏州最负盛名的特产商品，“机户出资，机工出力”，明后期即形成较为明显的先进生产关系。清中期更“比户习织，不啻万家，工匠各有专能，计日受值”[⑤]。苏州的丝绸生产业不但府城特别发达，而且属县吴江盛泽、黄溪一带也是“盛纺”的产地，明初号为“青草滩”的盛泽，其丝绸生产就是在府城苏州的带动下兴起于明中期的。盛纺通常是先织后染的生货，织成后要运到染色水平最高的苏州城染色整理。邻府湖州的湖绉和嘉兴濮院镇等地所出名产濮绸，双林镇所出名产包头绢，通常都载运到苏州炼染。鸦片战争后最大的丝市湖州南浔镇，若是色丝，也是运到苏州加工染色的，所谓“白丝缫就色鲜妍，卖与南浔贾客船。载去姑苏染朱碧，阿谁织作嫁衣穿”[⑥]。

苏州又是棉布加工基地。明清时代江南作为最大的棉布生产基地，棉花种植和棉布生产集中分布在松江一府、苏州府常熟、太仓、崇明等县和嘉兴府嘉善、平湖等县，以及常州府无锡、江阴、武进等县，苏州府城连同附郭三县其实并不出产棉布，西洋、中亚各国盛称的“南京布”其实并不产自南京。棉布织成后，需经踹密光洁、染色等后整理工序，方能批发销售。明代，布匹踹染还分散在苏、松府城和枫泾、朱泾和朱家角等棉布生产大镇，清代康熙年间起，却转移集中到苏州城西阊门外上下塘。苏州地方志书谓：“苏布名称四方，习是业者阊门外上下塘居多，谓之‘字号’。自漂布、染布及看布、行布，各有其人。一字号常数十家赖以举火，惟富人乃能办此。”[⑦] 这些

① ［明］杜宗桓：《上巡抚侍郎周忱书》，（正德）《松江府志》卷七《田赋中》，《中国方志丛书·华中地方·第 455 号》，中国台北，成文出版社，1983 年，第 196—197 页。

② ［明］侯先春：《民运事宜考》，（万历）《重修常州府志》卷六《钱谷志三·征输》，明万历四十六年刻本。

③ ［清］顾炎武：《天下郡国利病书》原编第 7 册《常镇·额赋》，《四部丛刊三编》，上海，上海商务印书馆，1936 年，第 7 页。

④ ［清］黄印：《锡金识小录》卷一《备参上·官兑官运略》，光绪二十三年刻本，第 3 页。

⑤ （乾隆）《元和县志》卷一六《物产》，《中国地方志集成·江苏府县志辑 14》，南京，江苏古籍出版社，1991 年，第 204 页。

⑥ ［清］沈树本：《城南棹歌》，（咸丰）《南浔镇志》卷二二《农桑二》，同治二年刻本，第 26 页。

⑦ （乾隆）《元和县志》卷一〇《风俗》，第 110 页。

棉布字号，是从事棉布收购、委托踹染加工和大宗批销布匹的商业资本主。其数量在康熙三十二年（1693）有76家，牌记81家，康熙四十年（1701）有69家，康熙五十四年（1715）有72家，康熙五十九年（1720）有43家，乾隆四年（1739）有45家。经营者绝大部分是徽州商人，通常经营十数年乃至数十年，个别长达数百年。棉布字号将收购来的白布发放到450余处踹布作坊踹实平整，委托染坊染色，然后投放市场。衡之每家字号加工布匹的平均能力，可知交易兴盛时每天15万匹的布匹，基本上全是由苏州棉布字号加工的。清代为人称颂的棉布业首富，就是开设于苏州的徽州布商益美字号。"益美"字号始创于明代万历年间，兴盛时，每年销布百万匹，赢利白银20万两，"富甲诸商，而布更遍行天下……二百年间，滇南漠北，无地不以'益美'为美也"[①]。这个"益美"字号，道光初年领衔奏请官府减少棉布派办量，显然当时是江南第一号布商[②]，直到民国初年仍然存在。

苏州还是最负盛名的书籍刻印中心。明清时期，全国刻印书籍最为有名的是江南、北京和福建三地。三地之中，江南苏州、南京、杭州、湖州以及无锡、常熟等地，地域广，刻书多，质量最佳。明后期，文献学家浙江兰溪人胡应麟说："凡刻之地有三，吴也、越也、闽也。……其精，吴为最。……其直重，吴为最"；"凡刻，闽中十不当越中七，越中七不当吴中五，吴中五不当燕中三。（原注：此以地论，即吴、越、闽书之至燕者，非燕中刻也。）……吴装最善，他处无及焉。"[③]雍、乾时浙江山阴人金埴说，江南三地之书风行于世，然也有优劣，"吴门为上，西泠次之，白门为下"[④]。清中期吴江人袁栋说："印板之盛，莫盛于今矣，吾苏特工。"[⑤]自明至清，时人一致认为，江南刻书先进发达，而实际也以苏州为中心，苏州所刻数量最多，质量最优，装帧最为精良讲究。明末苏州刻书名满天下的就是常熟刻书家毛晋。毛晋博雅好古，家有藏书楼汲古阁，自万历中叶至崇祯年间，高薪延聘文士校勘，广招刻工，大规模、高质量刻印各类书籍，计其品类，多达600余种，其中主要是十三经、十七史及各类子集道经释典。入清后，苏州一府的纸张加工和刻书作坊集中在府城。乾隆时期，印纸作坊30多家，平均每坊24人，工匠总数多达800余人。这些纸坊染印各色纸张，有丹素、胭脂、洒南红金、高本巨红、梅本巨红、梅顶红、高本红笺金、洒本笺金、洒真本笺金、砂绿、玉版等色，分工细密。道光十七年（1837），苏州府衙告示收缴淫书，具立议单的书坊多达65家，主要集中在阊门桃花坞及虎丘山门内，各种书籍都能梓刻。

苏州木器制造加工业独步全国。自明代起，苏州器具制作之精巧，绝对天下第一。时人一致认为，苏州的小木器及家具制造最为发达，式样最为古朴雅致。万历时浙江临海人王士性还说，即如木器制作一类，楚中与川中等地，"天生楠木……大者既备官家之采，其小者土商用以开板造船，载负至吴中则拆船板，吴中拆取以为他物料。力坚理腻，质轻性爽，不涩斧斤，最宜磨琢，故近日

① ［清］许仲元：《三异笔谈》卷三《布利》，重庆，重庆出版社，1996年，第81页；参见范金民《清代江南棉布字号探析》，《历史研究》2002年第1期。

② ［清］陶澍：《陶云汀先生奏疏》卷二二《苏省派办布匹逾额恳请酌减折子》，《陶澍全集》第2册，长沙，岳麓书社，2010年，第86—91页。

③ ［明］胡应麟：《少室山房笔丛》卷四《经籍会通四》，上海，上海书店出版社，2001年，第43页。

④ ［清］金埴：《不下带编》卷四，北京，中华书局，2008年，第3次印刷本，第65页。

⑤ ［清］袁栋：《书隐丛说》卷一三"活字板"条，侯鹏点校：《林屋民风》（外三种），上海，上海古籍出版社，2018年，第712页。

吴中器具皆用之，此名香楠”①。香楠在楚中和川中原产地只用来开板造船，而到了苏州人手里，则用以拆取以为其他物料，打造成各种器具，谋求更高的商品附加值。后来流行到全国的明式家具，实际上就是苏式家具。当时江南其他地方，原来很少用细木家具，但因受苏州影响，家具应用开始转向精细，用料更为讲究。嘉靖年间，上海谚称“小苏州”②，努力向苏州看齐。万历时松江人范濂说：“细木家伙，如书棹禅椅之类，余少年曾不一见，民间止用银杏金漆方棹。自莫廷韩与顾、宋两公子用细木数件，亦从吴门购之。”③苏州人崇尚的细木家具，用料考究，简洁流畅，不事雕饰，式样古朴，首先传到邻近的松江，而后风行全国。

苏州也是玉器雕琢基地。苏州的玉器雕琢历史悠久，到明后期大兴，大师辈出。周治、陆子冈等琢玉大师就诞生于嘉靖年间的苏州。而其高超的雕琢技艺，颇引时人的注目。江南文坛领袖太仓人王世贞说，吾吴中陆子冈之治玉，“比常价再倍，而其人至有与缙绅坐者”④。休宁人詹景凤论及当时的琢玉高手时说：“近日吴人陆子刚亦依稀唐手”。山阴人张岱更感慨，“吴中绝技，陆子冈之治玉”，“可上下百年保无敌手。但其良工苦心，亦技艺之能事”⑤，说良工之治艺要入赏鉴家之法眼，不独在作品的技术含量本身，还在于其中蕴含的文化素养。因而明末宋应星更说：“良玉虽集京师，工巧则推苏郡。”⑥意思很清晰，作为京师，北京萃聚着来自西域的玉石，也集中了全国的良玉，但琢玉水平却以苏州最为工巧。入清以后，苏州的玉器雕琢更加发达，规模大，水准高，高手多。清前期，苏州玉工用碎玉镶嵌屏风挂屏插架等具，谓之“玉活计”⑦，颇为流行，苏州成为清前期全国首屈一指的琢玉中心，玉器制造业超过了人们最为推崇的宋代，但玉匠走的仍是晚明以来的路子，以纹饰细致流动为尚。

苏州作为全国最为重要的玉器加工中心，所需玉石主要是新疆和阗、叶尔羌二处的老山玉，因而乾隆二十四年（1759）清廷统一新疆天山南北后，南疆玉石更源源不断输入苏州。乾隆四十三年（1778），发生了一起震动朝野的高朴走私玉石案。叶尔羌办事大臣高朴，令家人李福伙同在苏州经营绸缎玉器的山西商人张名远（又名张銮），将平时积取的140余块玉石长途走私贩运到苏州，发放给玉匠雕琢玉器，而后贩卖获利。到案发时，除了已发卖者外，搜出成造玉器100余件。张名远出售玉石，实得纹银12万余两。后来在江南地区，总共查抄出的玉石总数多达178761斤⑧。苏州琢玉业的生产能力和玉工水平可以想见。清中期新疆所产玉石除了供应京师外，其余主要是运往苏州制作各类玉器的。

苏州玉器雕琢水平的高超，盛名闻于帝廷，乾隆帝一再吟诵。因为苏州玉器雕琢最为发达，工

---

① ［明］王士性：《广志绎》卷四《江南诸省》，北京，中华书局，1981年，第96页。

② ［明］陆楫：《蒹葭堂稿》卷六《禁奢》，《续修四库全书》第1354册，上海，上海古籍出版社，2003年，第640页。

③ ［明］范濂：《云间据目抄》卷二《纪风俗》，《笔记小说大观》第13册，扬州，广陵古籍刻印社，1983年，第111页。

④ ［明］王世贞：《觚不觚录》，《景印文渊阁四库全书》第1041册，中国台北，台湾商务印书馆，1986年，第440页。

⑤ ［明］张岱：《陶庵梦忆》卷一“吴中绝技”条，北京，中华书局，2007年，第20—21页。

⑥ ［明］宋应星：《天工开物》卷下《珠玉第十八·玉》，潘吉星译注本，上海，上海古籍出版社，1993年，第314页。

⑦ （民国）《吴县志》卷七九《杂纪二》，《中国地方志集成·江苏府县志辑12》，南京，江苏古籍出版社，1991年，第204页。第614页。

⑧ 故宫博物院文献馆辑：《史料旬刊》第19期《高朴私鬻玉石案·杨魁折》，故宫博物院文献馆1931年版，第670—671页；第20期《高朴私鬻玉石案·萨载寓寅著折》，第707—709页。

艺水平最为高超，苏州玉工也就不断承接清宫御用玉器的制作。承接宫廷玉活计，通常有两种做法，一种是玉工由地方政府或苏州织造选择高手应召进宫；另一种是宫廷下发玉料由苏州玉工在当地按要求雕琢。前者如乾隆三年（1738），造办处官员奏："奴才等伏思，新制册、宝奉为永远尊藏，字画款式必须雕刻工整，惟精练玉工方能胜任。若即在京募选匠人，恐刻手草率，不能合式。倘将册、宝送交苏州遴匠镌刻，似较迅速，但刻成之后照常交办事件赍送来京，殊于体制未协。相应请旨，敕下苏州织造全德，在苏州玉工内精选好手八人，即速送京，令其敬谨承办，俟镌刻全竣后仍令回苏，庶镌造不致需时，而办理益昭慎重[①]。"后者如咸丰元年（1851），清廷两次下发苏州镌刻玉宝一分、玉册十四匣，字数甚多，镌刻费工，苏州织造瑞长为如期完工，"不惜工价，添雇好手镌匠，昼夜盘赶"[②]。

除上述大宗商品生产和工艺品生产之外，明清时期的苏州，即如绣作、裱褙作、漆作、乐器、铜铁金银器加工业，以至眼镜、钟表制作等，"无不极其精巧"，"苏之巧甲于天下"[③]，或者是江南乃至全国的重要基地，或者为他处所不及。仅举眼镜为例，明后期从西洋引进后，清初苏州就成为眼镜制造中心。清初，吴江生员孙云球，精于测量、算指、几何之法，兼采西方和杭州等地制造之法，扩大眼镜种类，有老、少、花、远、近光之类，多达72种，并著《镜史》行世。各种眼镜，因人而需，"量人年岁、目力广隘，随目配镜，不爽毫发，人人若于有生以后天复赐之以双目也"[④]。孙制眼镜，其法传授给苏州人褚三山。后来，当地普遍制造，各处流行，稀罕之品转为普通之物，价格迅速下降。清前期，苏州眼镜更上万副、十数万副地出口到日本，成为输日的重要商品。

总之，明清时代，苏州艺事之精，不但独步江南，兼且领先全国，而且其风未艾，能工巧匠传承不绝。明中期苏州人王锜感慨道："凡上供锦绮、文具、花果、珍羞奇异之物，岁有所增，若刻丝累漆之属，自浙宋以来，其艺久废，今皆精妙。"[⑤]清初吴伟业《望江南》词谓："江南好，巧技棘为猴。髹漆湘筠香垫几，戗金螺钿酒承舟，金及镂匠心搜。"[⑥]（康熙）《苏州府志》自诩："吴人多巧，书画琴棋之类曰'艺'，医卜星相之类曰'术'，梓匠轮舆之类曰'技'，三者不同，其巧一也。技至此乎，进乎道矣。"[⑦]（乾隆）《元和县志》也标榜："吴中男子多工艺事，各有专家，虽寻常器物，出其手制，精工必倍于他所。女子善操作，织纫刺绣，工巧百出，他处效之者莫能及也。"[⑧]（道光）《苏州府志》更得意地说："百工技艺之巧，亦他处所不及。"[⑨]苏州工艺百业，鬼斧神工，出神入化，充满艺术韵味，由技术而臻于道的境界，迥非他地能够比肩。

---

① 中国第一历史档案馆等编：《清宫内务府造办处档案总汇》第43册，北京，人民出版社，2007年，第237—238页。

② ［清］瑞长：《为呈请宽限事》，咸丰元年九月一日，《内务府·来文》，中国第一历史档案馆藏，档案号：441-5-50-2，第2464包。

③ ［清］纳兰常安：《宦游笔记》卷一八《江南三·匠役之巧》，中国台北，广文书局，1971年，第947—948页。

④ ［清］张若羲：《孙云球眼镜法序》，陆肇域、任兆麟：《虎阜志》卷六《物产》，苏州，古吴轩出版社，1995年，第396页。

⑤ ［明］王锜：《寓圃杂记》卷五"吴中近年之盛"条，北京，中华书局，1984年，第42页。

⑥ ［清］吴伟业：《吴梅村全集》卷二一《诗后集十三·望江南》，上海，上海古籍出版社，1990年，第537页。

⑦ （康熙）《苏州府志》卷七八《人物·艺术传》，清康熙刻本。

⑧ （乾隆）《元和县志》卷一〇《风俗》，第108页。

⑨ （道光）《苏州府志》卷一四九《杂志五》，国家图书馆藏清道光四年刻本，第11页。

三 全国物资的流通转输中心

明清时期，苏州具有极为便利的航运交通区位优势，奄有独占鳌头的商品生产能力，拥有广阔的江南商品生产腹地，不但因其自身经济发展，需要将绸布、书籍、家具木器、工艺品等成品源源销往全国乃至外洋，同时从全国各地输入大量的棉花、粮食、木材、纸张、染料等生产原材料和食糖、杂粮等副食品，而且衣履天下、辐辏海内，还充当着中转输送全国尤其是南北物资的重要角色。苏州是全国最为著名的工商业城市，其工业制造地位已如前述，其商业流通功能稍为缕述如次。

明清时期的苏州，无论是明人王士性说的"苏、杭之币"，还是清人孔尚任说的五大都会之一，刘献廷说的"四聚"之一，刘大观说的运河沿线苏州、杭州和扬州三大城市，"苏州以市肆胜"；无论是当地人唐寅形容的"燕樯蜀柁水西东""万方珍货街充集"，王穉登形容的"山委于市"，地方文献描绘的"枫桥之米豆，南濠之鱼盐、药材，东西汇之木簰，云委山积"，"珍奇怪伟、希世难得之宝，罔不毕集"的壮观景象，还是达官徐阶眼中的"辐凑天下水土百物"，孙嘉淦称颂的"居货山积，行人水流，列肆招牌，灿若云锦"的盛况，那苏图说的"南货北行，北商南贩，最为衡衢"的要冲，其中心要旨都是强调苏州转输全国商品物资的流通功能。

苏州的物资转输功能体现为，一是输出当地大宗商品，输入各种原材料。江南商品销往全国乃至海外各国，面广量大，蔚为壮观。即如棉布，盛时每年商品布近亿匹，以运河重镇临清和长江下游芜湖为中转地，销向华北、华中乃至中亚、俄国等地，明末至清前期更通过广州销往西洋各国，盛称"南京布"。明后期，江南"标布盛行，富商巨贾，操重资而来市者，白银动以数万计，多或数十万两，少亦以万计，以故牙行奉布商如王侯，而争布商如对垒"[①]。清中期，有人形容："冀北巨商，挟资千亿，岱陇东西，海关内外，券驴市马，日夜奔驰，驱车冻河，泛舸长江，风餐水宿，达于苏常，标号监庄，非松不办，断垄坦途，旁郡相间。吾闻之苏贾矣，松之为郡，售布于秋，日十五万匹焉。"[②]兴盛时，光松江一府所出的棉布，每天就多达 15 万匹。

再如生丝和丝绸。江南生丝除了供当地生产之用，还销往福建以至海外，数量可观，丝绸更畅销全国乃至海外。万历时杭州人张瀚称，"虽秦、晋、燕、周大贾，不远数千里而求罗绮缯币者，必走浙之东也"[③]，苏州是必经之地。乾隆时徐扬的一轴《盛世滋生图》，绘有丝绸店铺牌号十三四家，标出丝绸品种 20 余个，丝绸交易兴盛无比。即如吴江盛泽镇，康熙时"富商大贾数千里辇万金而来，摩肩连袂，如一都会"[④]。乾隆时则出现"薄海内外寒暑衣被之所需，与夫冠婚丧祭黼黻文章之所用，悉萃而取给于区区一镇。入市交易，日逾万金，人情趋利如鹜，摩肩侧颈，奔走恐后，一岁中率以为常"的壮观景象[⑤]，当地人视为"四海九州之绸帛皆来取资之"[⑥]。国内贸易如此，对

① ［清］叶梦珠：《阅世编》卷七《食货五》，上海，上海古籍出版社，1981 年，第 157—158 页。
② ［清］钦善：《松问》，《清经世文编》卷二八《户政三》，北京，中华书局，1992 年，第 694 页。
③ ［明］张瀚：《松窗梦语》卷四《商贾纪》，上海，上海古籍出版社，1986 年，第 75 页。
④ （乾隆）《吴江县志》卷五《物产》，《中国地方志集成·江苏府县志辑 19》，南京，江苏古籍出版社，1991 年，第 382 页。
⑤ （乾隆）《盛湖志》，仲周霈跋，乾隆三十五年跋刊本。
⑥ （乾隆）《盛湖志》卷上《分野》，第 1 页。

外贸易更甚。明后期起，江南生丝和丝绸销往世界各国，引起日本幕府在1715年制定正德《海舶互市新例》，以限制进口中国商品货物和出口银铜数量。乾隆二十年（1755），福建巡抚钟音奏报："吕宋夷商供称广州货难采买，所带番银十五万圆要在内地置买绸缎等物，已择殷实铺户林广和、郑得林二人先领银五万圆带往苏、杭采办货物。"[①]乾隆二十四年（1759），两广总督李侍尧奏报："外洋各国夷船到粤，贩运出口货物，均以丝货为重。每年贩买湖丝并绸缎等货，自二十万斤至三十二三万斤不等。其货均系江、浙等省商民贩运来粤，卖与各行商，转售外夷。"[②]长时期、大规模的生丝和丝绸向欧洲各国的出口，也导致后者屡屡采取贸易壁垒政策。

又如书籍，单是日本一国，在江户时代，江南梓刻的各类书籍，甚至连违禁的法律、地志等书，甫一上市，就能在日本市场上见到。18世纪中后期的燕行使者李德懋说："近者江南之籍，辐辏于长崎，家家读书，人人操觚，夷风渐变。"[③]道光时，另一名朝鲜人李尚迪评论道："盖近来中国书籍，一脱梓手，云轮商舶。东都西京之间，人文蔚然，愈往而愈兴者，赖有此一路耳。"[④]江南丝绸、书籍等源源输入日本，深刻影响着日本社会，以致日本宽政十一年，即嘉庆四年（1799），日本人感慨道，国中右族达官子弟，"即一物之巧，寄赏吴舶；一事之奇，拟模清人"[⑤]。

江南商品生产如此发达，销路如此畅达，但棉花、纸张、木材、染料等原材料相对不足，需要从全国各地输入。即如棉花，明后期即每年要从华北地区输入北花，甚至从湖广地区输入襄花。山东、河南等植棉区，由于不善织布，形成所谓"北土广树艺而昧于织，南土精织纴而寡于艺"的生产分工，从而形成"棉则方舟而鬻诸南，布则方舟而鬻诸北"的商品花、布南北流通格局[⑥]。乾隆二年（1737），河南巡抚尹会一仍说："今棉花产于豫省，而商贾贩于江南。"[⑦]经由运河的南北布、棉对流格局依旧。即如木材，明代中期起，长江运输兴起，长江上游以至川楚云贵地区的木材、矿产等，通过荆州、九江、芜湖等关，顺流而下。川湖所产楠松等木，既供宫殿营建之用，又供江南地区造船制器制作家具之用[⑧]。因此，明代"自江、淮以至京师，簰筏相接"[⑨]。苏州一枝独秀于全国的木器制造业，就是建立在其他地区特别是长江中游地区的木材基础之上的。

江南商品生产制造业发达，人多地少，产量有限，而工业用粮消耗巨大，明后期起，米粮不敷食用。因而在原来运河流通南布北棉格局不变的情形下，运河流通又增加了北方豆粮梨枣的南下，出现了江南绸布船和北方杂粮船的对流航运。而长江流通则在两淮食盐上溯之外，又增加了上中游与下游之间米粮与绸布的对流。诚如康熙时人所说："苏数郡米不给，则资以食……故枫桥米艘日

---

① 福建巡抚钟音奏，乾隆二十年十一月十五日，《史料旬刊》第12期《乾隆朝外洋通商案》，第427页。

② 两广总督李侍尧《奏请将本年洋商已买丝货准其出口折》，乾隆二十四年九月初四日，《史料旬刊》第5期《乾隆二十四年英吉利通商案》，第158页。

③ ［清］李德懋：《青庄馆全书》卷六四《蜻蛉国志·艺文》，《韩国文集丛刊》第259册，韩国首尔，景仁文化社，1999年，第162页。

④ ［清］李尚迪：《恩诵堂集》续集文卷二《读蔫录》，《韩国文集丛刊》第312册，第242页。

⑤ ［日］中川忠英编著：《清俗纪闻》，林衡序，方克、孙玄龄中译本，北京，中华书局，2006年。

⑥ ［明］王象晋：《群芳谱·棉谱》小序，伊钦恒《群芳谱诠释》，北京，农业出版社，1985年，第155页。

⑦ ［清］尹会一：《敬陈农桑四务疏》，《清经世文编》卷三六《户政一一》，第891页。

⑧ ［明］王士性：《广志绎》卷四《江南诸省》，第96页。

⑨ ［明］归有光：《震川先生集》卷二五《通议大夫都察院左副都御史李公行状》，上海，上海古籍出版社，2007年，第583页。

以百数，皆洞庭人也”，洞庭西山商人所载，“上水则绸缎布匹，下水惟米而已”[①]。

二是转输全国物资起到枢纽功能。全国的商品流通以最负盛名的工商城市苏州为转输中心，苏州居于枢纽地位，南北东西物货流通大多经苏州中转。明代运河中，“燕赵、秦晋、齐梁、江淮之货，日夜商贩而南；蛮海、闽广、豫章、南楚、瓯越、新安之货，日夜商贩而北……舳舻衔尾，日月无淹”[②]。清前期，华北、江北的豆麦、杂粮、梨枣、棉花等，南方的丝绸、棉布、木材、瓷器、书籍、铅铜币材等，仍然通过运河流通。山东、河南、安徽的豆、麦、棉花、豆饼、油、苎麻，山东的梨枣、烟叶、茧绸、腌货，河南的酒曲、棉花、钉铁、药材、碱矾、烟叶，江苏北部的酒曲、杂粮、腌腊制品，北方以至边境的皮张，新疆的玉石，仍然通过运河大量南运，而江南的绸布、书籍、杂货、工艺品，仍然扬帆北上。吴建雍依据档案统计出，乾隆四十一年（1776），经淮安北上的绸布船达 376 艘，杂货船多达 3896 艘。这是取道全国最大的物货通道运河的南北商品流通。东南沿海，明代嘉、万时人太仓人王世懋说：“凡福之绸丝，漳之纱绢，泉之蓝，福、延之铁，福、漳之橘，福、兴之荔枝，泉、漳之糖，顺昌之纸，无日不走分水岭及浦城小关，下吴越如流水，其航大海去者，尤不可计，皆衣被天下。所仰给他省，独湖丝耳。红不逮京口，闽人货湖丝者，往往染翠红而归织之。”[③] 在海运大兴以前，福建的大部分商品，是通过此道输入江南的。这是江南与福建之间以苏、杭为中心的商品流通。上江上中游地区，明后期，江南也部分需要上江之米。如安徽庐州出米，“吴楚间上下千里，皆资其利”[④]。来自长江上中游的上千万石米粮经由江南运河源源输往苏州、杭州，难以计数的竹木、板材依次流经江宁、镇江进入运河，通过无锡、苏州输往江南各地。毫无疑问，明清时期进入长江的物货，几乎全部是进入运河南北分流输向各地的。

三是转输物资到其他地区，平衡整合市场。江南发达的棉布生产需要依赖外地棉花的输入，其实缺口之所以如此大，不仅在于当地所产本就不敷纺纱织布，还在于江南将大量优质棉输出到福建等地。吴伟业说，“隆、万中，闽商大至，州赖以饶”，“眼见当初万历间，陈花富户积如山。福州青袜鸟言贾，腰下千金过百滩。看花人到花满屋，船板平铺装载足”[⑤]。乾隆早期，每年四、五月南风时，刘河、川沙、吴淞、上海各口，闽粤糖船前往贸易，九、十月间置买棉花回船[⑥]。或谓“闽粤人于二、三月载糖霜来卖，秋则不买布而止买花衣以归，楼船千百，皆装布囊累累，盖彼中自能纺织也。每晨至午，小东门外为市，乡农负担求售者，肩相磨，袂相接焉”[⑦]。道光《乍浦备志》卷六《关梁》专门提到“置办出口之装载布匹者闽广船”，说明广东、福建一直依赖江南输入花、布，并且几乎全是由闽商、粤商经营的。如此，则又形成福建蔗糖重载北上而江南棉花捆载南销的对流局面。

清前期，江南粮食缺口增大，需要从华北输入数百万石豆粮，从长江中下游输入上千万石米

---

① ［清］王维德：《林屋民风》卷七《民风四》，上海，上海古籍出版社，2018 年，第 151、307 页。

② ［明］李鼎：《李长卿集》卷一九《借箸篇·永利第六》，万历四十年刻本，第 10 页。

③ ［明］王世懋：《闽部疏》，《丛书集成初编》第 3161 册，上海，上海商务印书馆，1935—1937 年，第 12 页。

④ ［明］杨循吉：《庐阳客记·物产》，《四库全书存目丛书》史部第 247 册，济南，齐鲁书社，1997 年，第 669 页。

⑤ ［清］吴伟业：《梅村家藏稿》卷一〇《木棉吟并序》，上海，上海古籍出版社，1990 年，第 279、280 页。

⑥ 提督江南总兵官左都督林君升奏，乾隆十八年七月初四日，《宫中档乾隆朝奏折》第 5 辑，第 689 页，台北故宫博物院 1982 年 9 月印行。

⑦ ［清］褚华：《木棉谱》，《丛书集成初编》第 1469 册，上海，上海商务印书馆 1934—1937 年排印，第 11 页。

粮，既因苏州副食品和酿酒业发达，也因当地人食用价低籼米而出销自产粳米以取高价，更因南邻浙东和福建广大地区食粮缺乏，需要转输接济。雍正初年，福建人蔡世远说："福建之米，原不足以供福建之食，虽丰年多资于江浙，亦犹江浙之米，原不足以供江浙之食，虽丰年必仰给于湖广。数十年来，大都湖广之米辏集于苏郡之枫桥，而枫桥之米间由上海、乍浦以往福建，故岁虽频祲而米价不腾"[①]。由长江上游、中游输往下游的米粮，很大部分其实并非投放到苏州市场，而是继续前运转输到了浙东、福建地区。乾隆四年，浙江按察使郑禅宝奏："浙省户口繁庶，所产之米不敷民食，闾阎亦鲜盖藏，全赖江、广客米接济。"[②] 正是在这种背景下，明后期起，苏州的米市也就特别发达，米粮交易特别忙络。城西南濠至枫桥，"郡中诸大家之仓廪，与客贩囤园栈房，陈陈相因，以百万计"[③]。枫桥的米豆，"云委山积"。康熙时，枫桥市米行林立，米牙活跃，专门从事长江沿线贸易的洞庭西山商人，为了摆脱米业牙人的垄断，创设会馆，展开与牙人的米业竞争。

四　高度发达的银钱金融中心

苏州既以商品生产和商品流通闻名于世，商品价值巨大，银钱流通既快又大，直到鸦片战争，巍然成为东南乃至全国最大的金融中心。

作为银钱兑换和调剂资金的信用机构，钱庄的布设在苏州极为密集。《山西会馆钱行众商捐款人姓名碑》载，自乾隆三十一年至四十一年间，定阳公利钱行众商按营业额抽取厘银，其名下分列了钱庄 74 家。在同年代的另一块捐厘碑中，又载录了名称完全不同的钱庄 52 家，以及捐银 3697 两的联义会众商。在《应垫捐输碑》中，又可见到与乾隆三十一年名称不同的 20 余家钱庄。苏州全城仅由山西商人经营的钱庄可能多达 150 家，可能是同时期钱庄数量最多的城市。《盛世滋生图》中就出现钱庄典当铺 14 家。清末，苏州大小钱庄仍有 60 余家。钱庄以外，山西商帮擅长经营发放印子钱的账局，在苏州也很有名。苏州人袁景澜记："西客放债，利息五分，逐日抽价，小印戳记，名印子钱。"[④]

钱庄原来只从事银两和制钱的兑换，但最迟至乾隆中期，江南地区的钱庄已突破经营范围，而兼营体现借贷活动的存放款业务了。如在常熟地区，乾隆四十年（1775）时便已"广用钱票"。始用到广用有一个过程，结合上海钱票的使用，可以推知苏州等地始用钱票当在乾隆二十年代前后。乾隆、嘉庆之际，钱铺用票之风盛行。常熟人郑光祖说："我邑常、昭城市中钱铺用票，乾隆、嘉庆间此风大行。十千百千，只以片纸书数即可通用，辗转相受，穷年不向本铺点取，日积而多，存贮盈万。……若乡镇店口多小本经营，福命甚薄，艳钱铺之射利，竞出百文钱小票通用，嘉庆十五六年此风最盛，颇为乡里害，而其败立见。"[⑤] 此种钱票，显然是钱庄为扩大经营规模而减少营

① ［清］蔡世远：《与浙江黄抚军请开禁书》，《清经世文编》卷四四《户政一九》，第 1065 页。

② 中国科学院地理科学与资源研究所、中国第一历史档案馆编：《清代奏折汇编——农业·环境》，北京，商务印书馆，2005 年，第 24 页。

③（嘉靖）《吴邑志·五龙桥险要图说》，《天一阁藏明代方志选刊续编 10》，上海，上海书店，1990 年，第 695 页。

④ ［清］袁景澜：《吴郡岁华纪丽·吴俗讽喻诗》，南京，江苏古籍出版社，1998 年，第 386 页。

⑤ ［清］郑光祖：《一斑录》卷二《人事》，《海王邨古籍丛刊》，北京，中国书店，1990 年，第 3 页。

业成本采用的简便之法，自然为商业经营提供了极大方便，但也充满着随时倒闭等不确定风险。

随着外国银圆（俗称洋钱）的广泛使用，钱庄的兑换业务也有所扩大。明末清初，西属美洲的银元通过菲律宾的马尼拉大量流入中国，清代康熙年间开海后，到乾隆初年，闽、广遂有洋钱使用。据说江南“乾隆以前市肆间皆用银”[①]，20年后“偶有洋钱，即俗所谓本洋者，尚不为交易用也，嗣后寖以盛行”，或称至“四十年时，洋钱用至苏、杭”[②]。洋钱名称甚多，在中国最先通行的是西属墨西哥铸造的本洋，有双柱、佛头等名称，后来墨西哥独立后铸造的鹰洋，江南市场上俗称英洋。洋钱是称量货币，以其形制划一，含银成色固定（每元重漕平银7钱2分，合库平银7钱3分），以枚计算，携带结算方便，渐受欢迎。乾隆五十年（1785）后，但用佛头一种，比价也渐增，“苏城一切货物渐以洋钱定价矣”[③]。洋钱兑换中国银钱的比价也迅速上升。鸦片战争前后，洋钱大量输入，比价上升，中国纹银大量外流，银钱兑换频繁，钱庄业务量大增，作用更加重要。有些钱庄投机取巧，滥发庄票，买空卖空，大量发行超过准备金的庄票，就成为无法兑现的死票。

典当铺，主要为小本经营者和贫苦民众提供生活便利，在苏州城乡分布众多。乾隆元年（1736），经地方政府核定的苏州府属各县典铺，共有489户，其中吴县137户，长洲63户，元和73户，附郭三县共为290户，常熟35户，昭文44户，吴江63户，震泽36户，昆山15户，新阳6户。这是苏州典铺最多的时期，较之近邻松江府的261户，多近百分之九十，苏州也成为东南地区典铺最多的城市[④]。典铺“衡子母之微利，实以通民须之缓急，原系便民，非厉民也”[⑤]。民间“凡遇钱粮急迫，一时无措，惟向典铺质银，下而肩挑负贩之徒，鳏寡孤独之辈，等钱一百、五十，以图糊口，取之最便”[⑥]。由于典铺的存在，民间在需用匮乏和青黄不接之时，将零星花布米麦之类质当，以解燃眉之急。在江浙丝、棉产区，典铺资本也常常起着借贷资本的作用，为贫民所必需。

江南金融市场的先进结算手段，较为典型的是会票的使用。早在明代嘉靖、隆庆年间，苏州、松江一带与北京之间银钱往来已开始使用会票，但似乎尚不普及。康熙初年，太仓人陆世仪说：“今人家多有移重赀至京师者，以道路不便，委钱于京师富商之家，取票至京师取值，谓之‘会票’。此即飞钱之遗意”[⑦]。看来其时苏州与北京之间以会票来完成款项拨兑已较为常见。可能成书于清初的《豆棚闲话》提到，徽商兴哥到了苏州，“不一月间，那一万两金钱，俱化作庄周蝴蝶。正要寻同业亲戚，写个会票，接来应手”[⑧]。徽商在苏州经营，采用会票借兑，会票可以作为信用凭证，在当地兑取现银。而且此类情形已经进入小说，可见已经相当流行。1982年，北京前门外打磨厂

---

① （光绪）《松江府续志》卷五《风俗》，第15页，参见诸联《明斋小识》卷一二“洋钱”条，同治四年吴趋亦西斋刊本，第1页。

② ［清］郑光祖：《一斑录·杂述》四“洋钱通用”条，第12页。

③ ［清］郑光祖：《一斑录·杂述》六“洋钱”条，第44页。

④ （乾隆）《苏州府志》卷一一《田赋四》，清乾隆十三年刻本，第16页；（同治）《苏州府志》卷一七《田赋六》，《中国地方志集成·江苏府县志辑7》，南京，江苏古籍出版社，1991年，第432页；（嘉庆）《松江府志》卷二八《田赋志·杂税》，《中国地方志集成·上海府县志辑2》，上海，上海书店，2010年，第627页。

⑤ 《常熟县给帖勒石永禁借端衅扰典铺碑》，顺治十三年，苏州历史博物馆等编：《明清苏州工商业碑刻集》，南京，江苏人民出版社，1981年，第185页。

⑥ 《常熟县议典铺取息等事理碑》，康熙四十二年，《明清苏州工商业碑刻集》第188页。

⑦ ［清］陆世仪：《论钱币》，《清经世文编》卷五三《户政二七》，第1280页。

⑧ ［清］艾衲居士：《豆棚闲话》第三则《朝奉郎挥金倡霸》，上海，上海古籍出版社，1985年，第28页

日成祥布店遗留下来的自康熙二十二年（1683）到二十五年（1686）间的23张会票实物被发现[①]，可知清初不同地区的商人经常利用会票完成款项的拨兑以清算经济往来。乾隆四十三年（1778）发案的高朴私鬻玉石案，涉案商人通过会票汇兑银两的，有好几起。会票的较为普遍使用，说明在专业汇兑银钱的票号出现之前，苏州与北京等地通过票据结算商业往来已相当常见了。

自道光初年山西票号兴起后，苏州成为南方城市票号最为集中的地方，山西商帮控制了苏州的票号钱庄业务。光绪十年（1884），时人回忆："昔年票号皆荟萃苏垣，分号于沪者只有数家，资本无此时之户，专以汇兑为交易，而不放'长期'。军兴以来，藏富于官票，结交官场，是以存资日富。"[②]是说太平天国以前，票号集中在苏州。

清代前中期苏州金融中心的重要地位，还体现在如下两方面。一是苏州货币周转获利较快。道光二十四年（1844）、二十五年（1845）间，蔚泰厚京师分号致信苏州分号称："按现下京、苏之利，虽则相似，唯京利不甚苏利快，且更换之间，迟压日期，全是算盘。"[③]透露出当时北京、苏州之间货币流通量既大且速的信息。二是苏州以外的江南城镇，通常将现银解往苏州存贮流通。康熙开海到乾隆末年，太仓刘河镇是东北大豆外销的最大市场，乾隆前期兴盛时，山东和江南省的豆船字号集中开设其地，留下具体名称的分别为31家和59家，加上未知具体名称的，可能在百家左右。这些字号南输的大豆及豆类商品，年交易量达上千万石，价值银上千万两。刘河镇上因为豆货交易量巨大，现银结算烦难，字号与豆行业内定例，不再每日结算，或每笔结算，而是定为标期，每十天一标，逢六之日为标期，即每月的六日、十六日、二十六日三次，到期送上标银清算即可。交易有了固定的标期，克服了"或拥货而无银，或有银而无货"的不便，而可随时交易，交易豆行按期付银，购入豆货的内客也准期付银。有意思的是，镇上结算的豆业字号标银，并不存留在镇上，而是采用标银的形式随即解往苏州。所谓"俱以刘河为聚货之区，以苏城为聚财之地，逢期收银，皆解送于苏城"。这些"送标之船，每标动以廿万"，银数相当可观。刘河与苏州相距一百多里，水路港汊，解送银两的船只风险很大，为了确保驶往苏州城的标船的安全，豆船字号特别是标银量大的山东豆船字号，从布政司衙门申领了鸟枪、火药、兵器，又特意从山东老家聘请拳棒教师，专程押运。清前期苏州发达的金融市场，正是依赖包括刘河豆业字号在内的商品流通造就的[④]。这些事例透露出，苏州是清前期最大的金融市场和银钱结算中心。

自典铺到钱庄的布设，自会票到票号的信用形式和频繁使用，自铜钱、银两和洋银的兼行流通并自由兑换，而且数量众多，分布密集，银钱流通量惊人，苏州是最先行用洋银的江南城市，有着其时最为完善发达的金融市场，在上海的金融市场兴起之前，长时期内是东南地区最大的金融中心。

---

① 汪宗义、刘宣辑录：《清初京师商号会票》，《文献》1985年第2期。

② 《答阳居十采访沪市公司情形书》，《申报》1884年1月12日，第3版。

③ 黄鉴晖等编：《山西票号资料》（增订本）下部第二编，太原，山西经济出版社，2002年，第1154页。

④ 参见范金民：《清代刘家港的豆船字号——〈太仓州取缔海埠以安海商碑〉所见》，《史林》2007年第3期。

五　余论：苏州经济中心地位方驾杭州之上

唐代以来，东南都会，一向苏杭并称。南宋定都杭州，杭州地位上升，但以苏州等地的经济实力为后盾。明清时代，苏州和杭州都是江南名城、运河重镇。明中期太仓人陆容说："江南名郡，苏杭并称，然苏城及各县富家，多有亭馆花木之胜，今杭城无之，是杭俗之俭朴愈于苏也。"① 是俭是奢，某种意义上是经济发展程度的反映。弘治元年（1488），朝鲜人崔溥说："江南之中以苏、杭为第一州。"② 嘉靖时上海人陆楫说："今天下之财赋在吴越，……苏、杭之境为天下南北之要冲，四方辐辏，百货毕集。"③ 乾隆时苏州人沈德潜说，杭州自南宋建都以来，凡人民之众，财赋之充，城池井邑之壮，衣冠文物之华，以及商贾百货之交会，冠于他州，谈者将其与南京、苏州并称④。

但苏杭并称，只是大体而论，而且重在文化地位，若是细分，若论经济地位，硬要定个高下，无疑苏州在前，杭州在后。康熙时刘献廷列举全国都会"四聚"之地，东部列了苏州，而杭州只是"分其势"而已。刘大观和李斗虽然认为苏州、杭州和扬州三个城市"不可轩轾"，但"杭州以湖山胜，苏州以市肆胜，扬州以园亭胜"，要论经济，苏州最具代表性。这种看法，已是时人的一致看法。嘉、道之际的常熟人郑光祖说："寺庙之盛莫过杭州，园庭之盛莫过扬州。"⑤ 嘉庆二年（1797），朝鲜使者李德懋与苏州秀才笔谈，询问苏杭优劣，答称"江山胜概，杭胜于苏，闾阎繁华，苏胜于杭"⑥。杭州湖光山色自然风光和庙宇之盛，最为突出，而若论经济总量和地位，苏州远在杭州之上。

这一点，在商品流通商税征收上也能清晰反映出来。苏州西北30里的浒墅关和杭州北郊的北新关，既是运河南端的两个税关，也是运河全程七大税关中的两个重要税关，直接地反映了苏杭两城的经济情形。浒墅关"为南北往来要冲，舟航喧集，商贾骈至，课额甲于他省"⑦。北新关"尤为东南都会，联亘闽粤，表里江淮，称巨区焉"⑧。明代八大钞关税收及其比例显示，万历时期，苏州浒墅关和杭州北新关两关税收分别为4.5万两和4万两，天启年间两关分别为8.75万两和8万两，浒墅关均多于北新关⑨。入清后，浒墅关的地位更为重要。自雍正到乾隆前半期，浒墅关平均每年征税为白银50万两左右，是运河沿线征税最多的榷关。嘉庆四年，朝廷再次确定榷关盈余银两数，浒墅关最多，达235000两，北新关较少，为65000两⑩。道光十一年（1831），清廷再次厘定各关税收正额和盈余银：浒墅关仍然最多，为421151两，北新关第三，为188054两⑪，后者不到前者的一半。杭州的商品流通功能无法比肩苏州。

因为苏州在运河沿线和东南地区强大无比的商品生产和转输功能，清代前期的商品流通，多以

---

① ［明］陆容：《菽园杂记》卷一三，北京，中华书局，1985年，第156页。
② ［明］崔溥：《漂海录》卷一，朴元熇：《崔溥漂海录校注》，上海，上海书店出版社，2013年，第80页。
③ ［明］陆楫：《蒹葭堂稿》卷六《禁奢辨》，《续修四库全书》第1354册，第640页。
④ ［清］沈德潜：《沈德潜诗文集·沈归愚诗文镐·文稿·杭州府图说》，北京，人民文学出版社，2011年，第1889页。
⑤ ［清］郑光祖：《一斑录·杂述六》"名园感旧"条，第16—17页。
⑥ ［清］李德懋：《入燕记》下，林基中编：《燕行录全集》第57册，韩国首尔，东国大学校出版部，2001年，第302页。
⑦ （道光）《浒墅关志》舒明阿序，南京，江苏古籍出版社，1992年。
⑧ ［清］顾豹文：《北新榷关马公公廉实政碑记》，雍正《北新关志》卷一五《文词·碑记》，雍正九年刻本，第62页。
⑨ ［清］孙承泽：《春明梦余录》卷三五《户部一·钞关》，北京，北京出版社，2018年，第592页。
⑩ 《嘉庆道光两朝上谕档案》（第4册），嘉庆四年三月十八日，桂林，广西师范大学出版社，2000年，第105页。
⑪ 倪玉平：《清朝嘉道关税研究》，北京，科学出版社，2017年，第8页。

苏州为集散中心，通过苏州再转输江南广袤地区。乾隆初年浙江巡抚纳兰常安深为感慨地说："近人以苏杭并称，为繁华之郡，而不知杭人不善营运，又僻在东隅，凡自四远贩运以至者，抵杭停泊，必卸而运苏，开封出售，转发于杭。即如嘉湖产丝，而绸缎纱绫于苏大备，价颇不昂。若赴所出之地购之，价反增重，货且不美。"[①] 清中期经由运河的商品，不在起点或终点杭州启封，而在苏州启封，而后分散江南各地，杭州的地位较之苏州相去甚远。不仅外地商品，即如杭州等地所出大宗商品，也以苏州为销售根据地。杭世骏说，杭州饶蚕绩之利，各色绸缎销向全国，"衣被几遍天下，而尤以吴阊为绣市"[②]。远距离大规模商品运输以苏州为起始地或转输地，以至于道光中期，从广州入口的外洋鸦片，"由海路运至上海县入口，转贩苏州省城或太仓、通州各路，而大分则归苏州，由苏州分销全省及邻境之安徽、山东、浙江等处地方"[③]。至迟自乾隆初年到道光中期，东南地区商品流向一直以苏州为唯一枢纽，苏州无疑拥有独一无二的重要经济地位。

综而言之，明清时代，虽曰苏杭并列，但若进一步深究，不说苏州的人文盛于杭州，大型文化学术活动多在苏州举办，不说思想观念苏州导引杭州等地，也不说生活方式服饰装扮始自苏州效于杭州，单说苏州的经济总量、商品生产、商品流通，苏州中心都市的地位实可凌驾杭州之上，殆无疑义。明清时代的苏州，毫无疑问是全国最为突出的赋税钱粮重地，在国家财政中具有举足轻重的地位，而其重要的赋税财政地位，奠立在举世闻名的商品生产加工中心之上，有赖于源源不断的大规模商品流通输送，倚靠高度发达的银钱金融体系。苏州，是上海兴起为全国最大都会之前最具盛名的经济中心和人文重地。

（作者范金民、罗晓翔，南京大学历史学院）

［本文为国家社会科学基金"明清江南城市记忆与都市心态研究"（16BZS028）的阶段性成果］

① ［清］纳兰常安：《宦游笔记》卷一八《江南三・南廒货物》，中国台北，广文书局，1971 年，第 950—951 页。
② 《吴阊钱江会馆碑记》，乾隆三十七年，《明清苏州工商业碑刻集》第 19 页。
③ 蒋廷黻编：《筹办夷务始末补遗》（道光朝）第 2 册，北京，北京大学出版社，1988 年，第 634 页。

国家—市场视域下的城市发展：以开埠前天津为中心

张献忠　李宗辑

东西方古典城市的形成存在相同特性，即城市的政治属性远大于经济属性，换言之，国家是城市形成和发展的主导因素，这一特征在农业社会为主的传统中国尤为显著。长期以来，中国都是以农业立国，重农抑商是历代王朝的基本国策，城市的形成大多基于政治或军事因素，商业极不发达。但是，随着明中后期商品经济的发展，市场在城市成长中的作用日益增强，在江南地区甚至出现了很多完全基于经济因素而形成的商业市镇。即便是原初作为军事或政治中心的城市，其中市场因素也在不断增强，并由此出现了国家与市场的博弈。正是这种博弈，塑造了中国传统的城市结构。一方面，国家和市场在城市发展中交互作用；另一方面，不同的城市，或者是同一城市发展的不同阶段，国家和市场作用的大小又不尽相同。城市的成长是代表国家力量的行政体系与市场体系之间的合作与竞争[①]。在城市发展中，如果国家和市场因素达到一种均衡状态，就能最大限度地促进城市的发展。天津城市的兴起和发展就很好地展现了国家与市场这两大因素间的互动[②]。

对于城市发展的理解，经济学、人口学、社会学等学科均有各自内涵。日本学者山鹿诚次认为地理学意义上的“城市化”应包括四个方面：原有市街地的再组织与再开发，城市地域的扩大，城市关系圈的形成与变化，大城市地域的形成[③]。天津在区域城市网络中的地位与功用并非一成不变，其发展离不开国家层面的协调和统一，最终在与周边城市的“共振关系”中得以跃升。本文以山鹿氏“城市化”理论为背景，从历史学视域出发，宏观阐释开埠前天津城市形成与发展过程中国家与市场间的复杂关系。另外，本文之所以选择开埠前这一时段，旨在探讨中国城市发展的内生性因素。

---

① ［美］施坚雅著，史建云、徐秀丽译：《中国农村的市场和社会结构》，北京，中国社会科学出版社，1998年，第55页。

② 相关的研究成果主要有林纯业：《明代漕运与天津商业城市的兴起》，《天津社会科学》1984年第5期；胡光明：《开埠前天津城市化过程及内贸型商业市场的形成》，《天津社会科学》1987年第2期；许檀：《清代前期的沿海贸易与天津城市的崛起》，刘海岩主编：《城市史研究》第13—14辑，天津，天津古籍出版社，1997年，第83—101页；徐永志：《明清政府与天津社会经济变迁》，《中国社会经济史研究》1998年第4期；张利民：《从军事卫所到经济中心——天津城市主要功能的演变》，刘海岩主编：《城市史研究》第22辑，天津，天津社会科学院出版社，2004年，第20—37页。漕运与盐业作为天津成长的根基，在城市发展过程中居功甚伟，学界研究成果丰硕。本文仅言及以往学界忽视的一些内容，下不赘言。

③ ［日］山鹿诚次著，朱德泽译：《城市地理学》，武汉，湖北教育出版社，1986年，第106页。

一 因“津”筑“城”：明代天津城市的形成与商业的发展

城市发展是一个动态演化过程，不同时期各种因素的相互作用促进了城市的发展。天津作为一个口岸和资源型城市，在现代交通发展前具有显著的垄断性。明朝迁都北京，天津成为重要的商品集散中心，其市场容量不断扩大，对周围的辐射能力也逐步增强，在中期已经由“基层集镇”蜕变为“中间市场”，更在国家的支持下向“中心市场”迈进①。

（一）设官：从卫官到兵备

很长一段时期以来，天津因远离政治中心，经济落后，直至北宋时尚未形成规模性聚落。金朝领有中原，在今天的北京营建中都，因军事需要在天津三岔河口地区设直沽寨。元朝踵金之后于北京建大都，京师官府众多，“吏民游食者至不可算数”②，勋贵官民均仰赖东南粮食。为方便补给，元朝开辟了完备的海路漕运体系：“通海道，漕运抵直沽，以达京城”③。海道虽多次变迁，但均以直沽为终点，因而元廷升直沽寨为海津镇，为接运厅和临清万户府驻地；又在天津地区设三汊沽、富国等多个盐场。天津成为漕运的北方重要节点，又有盐业助力，为城市发展奠定了基础。元朝时期，今天津一带南北兵民杂居、滨海筑堡，渐有原始聚落：“兵民杂居久，一半解吴歌。海成沙为堡，人家苇织帘。使催通漕米，兵捕入京盐。”④明人亦言：“元统四海，东南贡赋集刘家港，由海道上直沽达燕都，舟车攸会，聚落始繁。”⑤

明初，朝廷以南京为首都，天津作为北方边地未获大的发展。自永乐二年（1404）起，明廷在天津先后置天津、天津左、天津右三卫，并着手筑城，“以直沽海运舟舶往来之冲，宜设军卫，乃设天津卫于其上”⑥。天津卫城（以下简称卫城）的营建成为城市发展的真正起点。明代卫所城依规制而言，大抵分为两类：“立于郡县，曰守御，无专城，附于郡县；立于边陲海濒，曰防御，有专城。”⑦后者营建之初多因卫所“控制要害”，视卫城为防御体系的一部分，主要为容纳军队屯戍⑧，突出军事职能，并不以经济或商贸为考量，天津即属此类。卫城据守三岔河口，在华北地理区位中占据险要位置：“东濒沧海、西麓太行、南枕滹沱、北背高河，当此圻甸之冲，真社稷之宝也。⑨”

① ［美］施坚雅著，史建云、徐秀丽译：《中国农村的市场和社会结构》，第5—8页。

② ［元］虞集：《道园类稿》卷二〇《送祠天妃两使者序》，新文丰出版公司编辑部：《元人文集珍本丛刊》第5册，中国台北，新文丰出版公司，1985年，第524页。

③ ［元］佚名：《大元海运记》卷上，中国台北，广文书局，1972年，第33页。

④ ［元］傅若金：《傅与砺诗集》卷四《直沽口》，清金氏文瑞楼抄本。

⑤ ［明］胡文璧：《求志旧书》，陈作仪标点，李福生校订：（康熙）《天津卫志》卷四《艺文下》，天津市地方志编修委员会编著：《天津通志·旧志点校卷》上册，天津，南开大学出版社，1999年，第86—87页。

⑥ ［明］王岩：《白田文集》卷七《漕运志略》，沈乃文主编：《明别集丛刊》第5辑第82册，合肥，黄山书社，2016年，第129页。

⑦ 胶南市史志办公室整理校注：（乾隆）《灵山卫志校注》卷五《职官志》，北京，五洲传播出版社，2002年，第145页。

⑧ 李孝聪：《明代卫所城选址与形制的历史考察》，编辑委员会编：《徐苹芳先生纪念文集》，上海，上海古籍出版社，2012年，第69页。

⑨ ［明］王舜章：《重修天津三官庙记》，天津市和平区地方志编修委员会编：《和平区志》第二十七篇《艺文》，北京，中华书局，2004年，第1176页。

成祖迁都北京之前，每岁运粮70万石，“专以饷边”[①]，直沽因居“海运舟舶往来之冲”而置三卫，虽因此具有了一定的市场基础，但都城尚未北迁，卫城明显促狭：“永乐初立卫、设官、建城郭，乃成畿南都会。时居其地者，不过勋戚、将弁、卒徒、贩负而已。”[②]随着都城北迁且会通河疏浚，漕运粮量增至386万石左右[③]。卫城因据守漕运要津，其重要性陡增：“成祖迁都北平，百司庶府、卫士编氓一仰漕东南，于是漕议始重矣。”[④]随着区位优势的上扬，天津发展为大型集散市场，永乐末年已是京杭运河北端“商贩往来之所聚”[⑤]。弘治初年，朝鲜漂流民崔溥返国途中路经卫城，盛赞此地“舟楫之利，通于天下”[⑥]。

漕运及盐业的昌盛带动了天津商业的繁荣，体现了市场对城市发展的促动作用。但因卫城的军事属性，民风彪悍，加之没有行政建制，限制了卫城的进一步发展，因此清代天津文人郭师泰说：“吾乡于明为军卫，地东南百里之近即海，四方逐鱼盐者趋若鹜。故其俗尚勇力，竞货利，椎鲁不文。”[⑦]另外，天津南北要冲的位置亦是双刃剑，凡亲王之国、官绅往来，“必经其地，供需百出，最不易辨（办）”[⑧]。时人亦注意到卫所管理体制造成的诸多不便，如弘治年间的内阁大学士李东阳就曾指出：“卫既武置，无州县，承平之余，故习未改，则肆为强戾，讼狱繁起，越诉京师者殆无虚月；往来舟楫夫役之费不统于一，下上病之。”[⑨]嘉靖年间的樊深也曾慨叹：“（天津）邦畿近地，上有供应之劳；南北要津，下有往来之扰。”[⑩]

弘治三年（1490），刑部侍郎白昂和御史邹鲁奏请在天津“添设整饬”：“本镇密迩京师，东濒大海，水陆要会，因无法司钤束，致奸盗窃发，百务废弛，添设整饬。”[⑪]《明实录》对此也有记载：“刑部侍郎白昂言，天津之地水路咽喉，所系甚重，请增设宪职一员为兵备官。”[⑫]明廷批准了白昂的奏请，于当年十一月“增设山东按察司副使一员”，并任命原陕西按察副使刘福为山东按察副使，整饬天津兵备。明孝宗在给刘福的敕谕中说：

> 天津三卫系畿内重地，东濒大海，北拱京师。因无上司钤束，以致奸盗窃发，军政废弛，

---

① ［清］曹家驹：《说梦》卷一《明代运漕法之变迁》，雷瑨辑：《清人说荟》，王有立主编：《中华文史丛书》第85种，中国台北，华文书局，1969年，第7页。

② ［清］吴延华：《津门杂事诗序》，［清］汪沆：《津门杂事诗》，天津图书馆辑：《天津图书馆孤本秘籍丛书》第15册，中华全国图书馆文献缩微复制中心，1999年，第68页。

③ ［美］黄仁宇著，张皓、张升译：《明代的漕运》，北京，九州出版社，2007年，第54页。

④ ［明］王岩：《白田文集》卷七《漕运志略》，沈乃文主编：《明别集丛刊》第5辑第82册，第129页。

⑤ 《明太宗实录》卷二五五，永乐二十一年正月庚寅条，北京，中华书局，2016年，第2365页。

⑥ ［朝鲜］崔溥撰，［韩］朴元熇校注：《崔溥漂海录校注》卷二，上海，上海书店出版社，2013年，第120页。

⑦ ［清］郭师泰编：《津门古文所见录》卷首《序》，清光绪壬辰年刊本。

⑧ ［明］翁洪：《明故明威将军天津左卫指挥佥事黄公（溥）暨配封恭人龚氏合葬墓志铭》，中国文化遗产研究院等编：《新中国出土墓志·上海 天津》上册，北京，文物出版社，2009年，第218页。

⑨ ［明］李东阳：《修造卫城旧记》，陈作仪标点，李福生校订：（康熙）《天津卫志》卷四《艺文上》，天津市地方志编修委员会编著：《天津通志·旧志点校卷》上册，第72页。

⑩ ［明］樊深：《天津兵备副使介川毛公怀德亭碑记》，浙江省江山市档案局编：《清漾毛氏族谱·艺文选》之《外翰志·书状记颂序》，北京，中国档案出版社，2008年，第255页。

⑪ 陈作仪标点，李福生校订：（康熙）《天津卫志》卷二《官职》，天津市地方志编修委员会编著：《天津通志·旧志点校卷》上册，第36页。

⑫ 《明孝宗实录》卷四五，弘治三年十一月乙未条，北京，中华书局，2016年，第909页。

地方骚扰不宁。今特命尔整饬彼处兵备，专在天津驻扎。自天津至德州止，沿河附近军卫有司衙门，悉听管辖。尔须不时往来巡历，操练兵马，修理城池，禁革奸弊。遇有盗贼生发，即督应捕官员率领军夫、民快、火甲相机扑捕，勿令滋蔓。巡司驿递衙门损坏，即与修理。兵夫吏役人等，时常点闸。河道淤浅，与巡河御史、工部管河官会议疏浚。运粮官民船只往来停泊，须令人防护，勿致劫害。一应军民词讼，应受理者即与问理。官员有犯，文职五品以下，听尔拿问；五品以上并军职，奏闻区处。①

无论是从白昂等人的奏疏，还是从明孝宗的敕谕中都可以看出，整饬天津兵备的设立是因为原来卫所管理体制无法解决城市发展中出现的社会治安问题，相应地，其职责不仅包括监督和管辖天津地区的军政问题，而且还负责维护社会治安、处理民事诉讼及对文职官员的监督等。另外，按察副使为正四品，品级与知府相同。以按察副使衔整饬天津兵备，加强对天津地方社会的治理，显然有利于天津城市的发展。事实上，刘福“受命以来，夙夜匪懈，创制立法，屡布大政”，其施政内容主要有十项：“修城池”“弭盗贼”“训师旅”“兴学校”“肃朝仪”“治河道”“定徭役”“通商贾”“立义冢”“恤民隐”②。这些“大政”，涉及政治、军事、经济和社会事业，对天津商业的发展更是功不可没，“天津旧习，遇贸迁，或攘夺、或负偿，商旅不行。公至，律之以法。又增立市集十余处，各立小坊为标，每五日一交易于此。自是商贾辐辏，几如淮安”③，这些都有力地促进了天津的城市发展。

随着商业繁荣和城市发展，天津亟须在行政建制上突破单一的军事建制，部分有远见的官员已认识到这一点。弘治五年（1492），鸿胪寺右少卿李鐩应诏言十二事，其中一事为“添州治”：“天津南至静海县百余里，北至通州二百余里，中间俱无有司衙门，事多废弛，乞开设一州于天津城内。”④这应是最早明确建议在天津设立行政区，可惜未被朝廷接受。嘉靖四十三年（1564），御史秦嘉楫奏时政四事，其一是天津治理问题，秦氏云：“天津卫止设武官而无文吏，事多隳废，宜于河间府添设通判一员，分署天津专理民事”，获朝廷采纳⑤。

（二）庀市：“中间市场”的形成

扼守河漕和海漕的天津承担着一项重要且独特的责任——驳船：“海运漕粮，南省粮道径解通州，亦须在天津剥船。”卫城扼控三岔河口，北为潞河、南为卫河，二水汇于河口：“二水至城东

① 《明孝宗实录》卷四五，弘治三年十一月乙未条，第909—910页。关于增设山东按察副使整饬天津兵备的时间，（康熙）《天津卫志》卷二《官职》载“明弘治三年，侍郎白昂、御史邹鲁议本镇……次年，设按察司副使，奉敕整饬天津等处”（第36页），也就是说卫志认为增设山东按察副使整饬天津兵备的时间为弘治四年，但实录则作弘治三年十一月。

② ［明］张祯叔：《嘉议大夫贵州提刑按察司按察使刘公墓志铭》，中国文物研究所、重庆市博物馆编：《新中国出土墓志·重庆》，北京，文物出版社，2002年，第58—59页。

③ ［明］张祯叔：《嘉议大夫贵州提刑按察司按察使刘公墓志铭》，中国文物研究所、重庆市博物馆编：《新中国出土墓志·重庆》，第59页。

④ 《明孝宗实录》卷六三，弘治五年五月乙未条，第1225—1226页。

⑤ 《明世宗实录》卷五四〇，嘉靖四十三年十一月壬寅条，北京，中华书局，2016年，第8738页。

北二百步许而合流，谓之三岔河，本名三汊口，亦名三汊沽。又东南出直沽注于海。”[①]元代起，海路至三岔河口将海运遮洋船换以河运所用的浅船北行潞河：“（到直沽）因内河浅涩，就于直沽交卸。”[②]明承元制，海运粮船抵河口，“以小船转运北京”[③]。同样，卫河水深、潞河水浅，所用船只体量、吃水不同，京杭大运河也需在三岔河口换驳：“天津以北，水趋大海，故上流易淤，漕船有阻浅之患。为设红剥船以供转运，其来旧矣。”[④]江南六府白粮运船亦需换驳：“江南民运白粮，聚于丁字沽。民呈户部更剥船八百。”[⑤]天津转驳催生了特殊的消费群体——成千上万的水手、纤夫。元明清三代，“丁壮逐河漕之利”[⑥]，倚运河为生者成千上万：“漕河全盛时，粮船之水手，河岸之纤夫，集镇之穷黎，借此为衣食者，不啻数百万人。”[⑦]天津因转运、驳船，存在大量运夫，夏秋间“帆樯络绎，水手如云”。[⑧]嘉、道年间的漕运总督牟昌裕曾对天津港口运夫做了一番勾勒：“天津一县，向来以商贩东省粮石营生者每岁约船六百余只，每船往返各四五次或五六次不等。不但船户借以养生，沿海贫民以搬运粮石生活者不下数万人。”[⑨]所有这些都极大地促进了天津商业和服务业的持续兴盛。

天津成为华北乃至整个北方的重要集散市场并非一蹴而就，最终的市场汇集与整合还依托卫城并仰仗朝廷。彼时天津虽凭借换驳具有不可替代性，但是北方核心市场的地位并未确立，其中涉及商人的成本核算。商人除去各种正式赋税，还受地方陋规杂项盘剥，商人利润削减与寻觅新市场是并行的，所以天津在最终成为“中心市场”前，必然存在众多竞争对手。彼时，位于天津和京师间的河西务、张家湾和通州等均有与天津同级别的市场。河西务在明代为户部分司征税处，为“漕渠之咽喉”，“江南漕艘毕从此入”，因而“两涯旅店丛集，居积百货，为京东第一镇”[⑩]。作为北京“东大门”的通州更是繁华无比，朝鲜使臣李安讷诗云：“帆樯蔽云日，车马隘康庄。渠转江南粟，市藏天下商。城门夜不闭，灯火烂星光。”[⑪]华北地区其他城镇亦是如此。总之，在市场惯性尚未明晰前，“商人重利”的背景下市场选择仍在继续。

帝制时代，正常的市场秩序经常受到权力的钳制。天津兵备成为天津发展的关键所在：“兴利而除害者，惟赖一兵司而已。故兵司得人，则一方之人安；兵司非人，则一方之人危，其所系亦

---

① ［清］吴锡麒：《南归记》，［清］王锡祺辑：《小方壶斋舆地丛钞》第五帙，杭州，杭州古籍书店，1985年，第17页b。

② ［元］佚名：《大元海运记》卷上，第34页。

③ 《明太宗实录》卷三六，永乐二年十一月辛酉条，第628页。

④ ［清］劳之辨：《静观堂诗集》卷二《红剥船行（并序）》，《清代诗文集汇编》编纂委员会编：《清代诗文集汇编》第153册，上海，上海古籍出版社，2010年，第575页。

⑤ ［清］谈迁撰，汪北平点校：《北游录·纪程》，北京，中华书局，1960年，第42页。

⑥ ［清］陈夔龙：《庸庵居士四种·庸庵尚书奏议》卷二《设立种植牧养工艺公司片》，清宣统三年刊本。

⑦ ［清］丁显：《河运刍言》，［清］盛康辑：《清朝经世文续编》卷四七《户政十九·漕运上》，［清］贺长龄、盛康编：《清朝经世文正续编》第3册，扬州，广陵书社，2011年，第528页。

⑧ 李丽中、张格点校：道光《津门保甲图说·西南一带村庄图说》，天津市地方志编修委员会编著：《天津通志·旧志点校卷》下册，天津，南开大学出版社，2001年，第478页。

⑨ ［清］牟昌裕：《条陈时政疏》，（光绪）《栖霞县续志》卷九《艺文志上》，凤凰出版社编选：《中国地方志集成·山东府县志辑》第51册，南京，凤凰出版社，2004年，第282页。

⑩ ［明］蒋一葵：《长安客话》卷六《畿辅杂记》，北京，北京古籍出版社，1982年，第134页。

⑪ ［朝鲜］李安讷：《朝天录·通州行五首（其三）》，［韩］林基中编：《燕行录全集》卷一五，韩国首尔，东国大学校出版部，2001年，第187页。

大矣。”[①]弘治、正德年间，孝宗皇后张氏家人恃势豪夺，严重损害运河贸易，“下上运河，沮扰贸易”[②]，甚至负责天津的地方武官也一度出自寿宁侯张鹤龄门下[③]，这类势力对天津市场影响恶劣，市场离心力增加：“天津旧习，遇贸迁，或攘夺，或负偿，商旅不行。”刘福任天津兵备副使后，严惩不法之徒，增设“市集十余处”，维护本地市场优势，天津市场得以恢复。嘉靖年间，宦官仗势攘夺，干预地方经济，对于拥有大量“店租”的天津自然不会轻易放过，导致市场“不平其值，人皆散之”：“鱼盐蠃蛤，不贩天津而贩都会；絮帛粟稻，不之天津而之丰台；曲纸板木，不泊天津而泊河西务。阛阓之中，惟薪藁满车、酱盐满瓻；彼贾者，性苦而图善保物，不以予人，彼安得不散！”天津兵备副使毛恺到任后明纲纪，去浮苛，“罢官价之夙弊，彼与时俯仰，此亦与时高下”。面对宦官的请托，毛氏毅然回绝，“中贵人不敢犯其所设施”[④]。在毛恺的治理下，天津本地市场得以恢复：“一时鱼盐蠃蛤、絮帛粟稻、曲纸板木，复从都会、丰台、河西务至焉。”甚至出现了“商贾四集，路观目眩”[⑤]的盛况。但权力对市场的抑制并非总能顺利解决，如正德末年太监张忠管理皇庄，“纵群小坐市牟利”，天津兵备副使胡文璧“取其徒治之”，反遭构陷下狱[⑥]。由此可见，市场并非单纯商业和经济增长的自然结果，朝廷和官府常常扮演着重要角色。

天津兵备的设置在一定程度上破除了城市发展的体制性障碍，体现了国家与市场的正向互动，但是由于天津兵备不是正式的一级行政机构，因而不可能从根本上改变军事卫所体制，也就是说体现国家力量的卫城及卫所管理体制依然是阻碍天津城市发展的关键因素，仍然对商业的进一步繁荣以及城市社会力量的生长起着抑制作用。

二 依“市”营“港”：晚明外力冲击下区域市场的扩展

天津虽置天津兵备，但仍难以行事，来自各方的干预繁多，霍韬就曾对此慨叹：“往年得一人焉，极力斡旋，身自答应，土人号曰‘金带驿丞’，乃得保全升任；其余非左迁则罢去，故擢天津兵备多皱眉以行。”[⑦]城市的发展不是匀速和线性的过程，而国家战略意图及其对城市所承载市场的空间布局和层级结构优化、整合是城市得以成长的关键契机。晚明东亚社会动荡，朝廷顺势而为对天津城市的形塑功不可没，并由此使其在华北城市网络中的序位和层次得以提升，一举成为京畿重镇。

---

① ［明］樊深：《天津兵备副使介川毛公怀德亭碑记》，浙江省江山市档案局编：《清漾毛氏族谱·艺文选》之《外翰志·书状记颂序》，第255页。

② ［明］王九思：《渼陂集》卷一三《明故资善大夫南京工部尚书进阶光禄大夫李公墓志铭》，《续修四库全书》，集部第1334册，上海，上海古籍出版社，2002年，第128页。

③ 《明孝宗实录》卷二〇五，弘治十六年十一月癸酉条，第3811页。

④ ［明］赵镗：《资政大夫刑部尚书介川毛公恺行状》，［明］焦竑编：《国朝献征录》卷四五，中国台北，学生书局，1965年，第1879页。

⑤ ［明］汪来：《天津兵备副使毛公德政去思碑颂》，浙江省江山市档案局编：《清漾毛氏族谱·艺文选》之《外翰志·书状记颂序》，第258—260页。

⑥ 《明武宗实录》卷一六五，正德十三年八月丁亥条，北京，中华书局，2016年，第3200页。

⑦ ［明］霍韬：《渭厓文集》卷一《嘉靖三札·第三札》，沈乃文主编：《明别集丛刊》第2辑第25册，合肥，黄山书社，2016年，第277页。

（一）佑都：天津巡抚的设立

万历二十年（1592）壬辰倭乱爆发，日本侵占朝鲜，明廷出兵援助。议者担心“津门咽喉要地，倭乘汛扬帆则患首津门，津门被患则畿内恇扰”[①]。万世德忧虑天津不守，漕运、战事和京师安定都受威胁，他说：“我朝北都燕，而远漕江南粟；又自京师达于辽阳，飞挽不继，边卒辄叫呶待哺。甚至凶荒，士卒相食。万一难守，密迩畿辅，倭寇之日，兼以虏骑乘间，何以御之?”[②]经略宋应昌建议天津、山海关等关隘应“相度地势，设立将兵，分派信地，严加防御”[③]。朝廷遂于葛沽营兵，增强守备。

万历二十五年（1597），倭乱再炽，经略邢玠认为“各省之防似亦未急于朝鲜之累卵与夫登莱、旅顺、天津剥肤之灾也”[④]，他向明廷建议：“于天津地方专设经理海防巡抚一员，选文武兼资、熟练海务者以充是任，给与专敕，凡天津、登莱、旅顺等处舟师、战艘、粮饷、运船，悉听总辖。”[⑤]中央官员也赞同邢玠的看法，翰林院官李腾芳认为：“今日亟宜别设提督大臣一员，开府天津，使之管辖山东、直隶、浙江、闽广，专治水兵，昼夜讲求其法……外援邢玠，内护畿甸，此一奇也。[⑥]”首辅赵志皋认为设衙门近天津，“以示特重根本，则南可以防中原，北可以壮神京，东障海岛，而山海、鸭绿等处声息易达，此实内防之最不可缺者”[⑦]。内阁大学士张位、沈一贯也上疏附和。提议终获朝廷允可，以万世德为巡抚，“于天津开府，扼登莱、旅顺诸要地”。次年六月，汪应蛟巡抚天津[⑧]。可能是担心新增天津巡抚对北直隶各巡抚职事掣肘，张位特别建言：“天津近便地方，特设海防巡抚一员、总兵一员。各给敕书，专治海上事务。”[⑨]实际上亦是如此，天津巡抚无陆上辖区，权职不张。万历二十六年（1598），日本撤出朝鲜，次年裁天津巡抚。

万历末年，东北女真兴起，关外诸城逐渐陷落。辽东经略熊廷弼担忧“贼长驱入山海关，或由海道取天津及登、莱一带，此皆国家必受之患”[⑩]。巡抚王在晋奏陈天津添设重臣：“握兵北卫神京，东捍旅顺，布置密而后可遏乘虚之寇，山、辽兵势亦相联络矣。”[⑪]天启初年，时论以为天津逼近畿辅，“水陆交冲，南北咽喉之地，饷道所出入，不可无重兵以镇之”[⑫]。天启元年（1621）三月，后

---

① ［明］余继登：《淡然轩集》卷五《新建天津葛沽镇兵营记》，沈乃文主编：《明别集丛刊》第3辑第99册，合肥，黄山书社，2016年，第428页。

② ［明］万世德：《辽东军饷论》，［明］胡宗宪编：《海防图论》补辑，《中国兵书集成》编委会编：《中国兵书集成》第16册，北京，解放军出版社，沈阳，辽沈书社，1990年，第1400页。

③ ［明］宋应昌：《经略复国要编》卷一《初奉经略请敕疏》，王有立主编：《中华文史丛书》第19种，中国台北，华文书局，1969年，第72页。

④ ［明］邢玠：《经略御倭奏议》卷二《催发水陆官兵本折粮饷疏》，姜亚沙等编辑：《御倭史料汇编》第4册，全国图书馆文献缩微复制中心，2004年，第111页。

⑤ ［明］邢玠：《经略御倭奏议》卷二《请设天津巡抚督饷大臣疏》，姜亚沙等编辑：《御倭史料汇编》第4册，第179—180页。

⑥ ［明］李腾芳撰，刘依平等点校：《李湘洲集》卷八《直陈安攘至计疏》，长沙，岳麓书社，2012年，第315页。

⑦ ［明］赵志皋：《内阁奏题稿》卷六《请设监军抚臣》，《续修四库全书》，史部第479册，第81页。

⑧ 《明神宗实录》卷三二三，万历二十六年六月丙子条，北京，中华书局，2016年，第6008页。

⑨ ［明］张位：《张洪阳文集》卷一《条陈御倭七事疏》，［明］陈子龙等编：《明经世文编》卷四〇八，北京，中华书局，1962年，第4437页。

⑩ ［明］熊廷弼撰，李红权点校：《熊廷弼集》卷七《前经略奏疏第一·河东诸城溃陷疏》，北京，学苑出版社，2011年，第325页。

⑪ ［明］王在晋辑撰：《三朝辽事实录》卷二《东抚王在晋题本》，全国图书馆文献缩微复制中心，2002年，第189页。

⑫ ［明］蒋平阶：《毕少保公传》，于浩辑：《明清史料丛书八种》第4册，北京，北京图书馆出版社，2005年，第179页。

金攻占辽阳，京师告急，明廷再次置天津巡抚，自此常设。此次天津巡抚“统辖天津道，府所属州县营卫并沿海武清、宝坻、滦州、乐亭及附隶卫所，凡一切海防军务并地方官评、兵马、盗贼、保甲、城守事宜，俱听便宜行事”[①]，权力之大由此可见。

经过改制，卫城内衙门林立。往年仅有兵备、饷司、同知各一员，游击二员，现衙署骤增：“新设督饷侍郎一员、巡抚一员、总兵一员、赞理户部主政一员、辽饷道一员、屯田通判一员。若营伍既成，之后又当添设将领数员。”[②]河间府屯田同知卢观象更言：“天津年来增设督饷部院、海防抚院、赞理饷司、督饷道、监军道、屯田厅、兵粮厅、总府衙门，标、正、镇海五营，游击、中、千等官，不下百十员。”[③]时任天津巡抚毕自严更是感叹：“天津先年一滨海小堡耳，近日遂屹然重镇矣。”[④]

（二）惠商：“中心市场”的运行

卫城在晚明仍然以军事职能为主，毕自严云：“春秋往来之际，城中几于虚无人焉。”[⑤]卫城狭隘，城内市场容纳力极其有限，但在城外形成了全国性市场。卫城北邻三岔河口，往来船舶在此停泊、换驳、补给，形成了天津卫城重要的附郭市镇——北关[⑥]。中国传统城市商业区位于城墙之外的不在少数，江南市镇多因城池狭小且沿河，城内为政治区而城外为商业区，类似苏州阊门外和镇江西门外等[⑦]；汉水下游的大量府、州、县城，其商业区、手工业区也是居城墙之外[⑧]。晚明时期，北关已是天津的重要市场：“津门商民多居东、北二关”[⑨]。

天津的北方粮食集散市场地位早在隆庆、万历之际就已经形成。当时朝廷试行招商海运，便专门指定天津：“备示沿海地方，不拘军民人等，如有情愿将自己或收买杂粮用自己船只装载，自胶州海口起至天津粜卖者，许赴该道禀告，给与执照，赴天津粜卖。”[⑩]随着战事紧张，天津顿成“万国转输之乡”。卫城西北沿河一带有大量杂粮店，“商贾贩粮百万，资运京、通，商民均便”。战争中粮草需求骤增，助力了本地市场繁荣，丁酉再乱期间“商贩甚多”[⑪]。万历末年，天津军兵丛集、难民杂处，有些人认为“水陆通衢，目前可以随便贸易”[⑫]。但是军队经商，扰乱正常商贸秩序，对天津原有市场产生不小冲击。天启二年（1622），李邦华巡抚天津，为治理军兵民商，专设军市

---

① ［明］毕自严：《饷抚疏草》卷首《皇帝敕谕都察院右都御史兼户部左侍郎毕自严》，《四库禁毁书丛刊》，史部第75册，北京，北京出版社，1999年，第7页。

② ［明］毕自严：《抚津疏草》卷一《班军土著当留疏》，美国哈佛大学汉和图书馆藏明天启刊本配补影抄本，第55页b—56页a。

③ ［明］毕自严：《抚津疏草》卷三《河军向隅彼此聚讼疏》，第93页a—b。

④ ［明］毕自严：《抚津疏草》卷一《班军土著当留疏》，第56页a。

⑤ ［明］毕自严：《抚津疏草》卷一《班军土著当留疏》，第57页a。

⑥ “有称关、店、集者，实际相当于市镇”。参见中国大百科全书总编辑委员会编：《中国大百科全书·经济学》第3册，北京，中国大百科全书出版社，1998年，第1300页。

⑦ 李长傅：《分省地志·江苏》，北京，中华书局，1936年，第101页。

⑧ 鲁西奇：《城墙内外：古代汉水流域城市的形态与空间结构》，北京，中华书局，2011年，第361页。

⑨ ［明］毕自严：《抚津疏草》卷一《班军土著当留疏》，第55页a。

⑩ ［明］梁梦龙：《海运新考》卷上《试行海运一》，明万历刊本。

⑪ ［明］邢玠：《经略御倭奏议》卷二《议增天津海运疏》，姜亚沙等编辑：《御倭史料汇编》第4册，第170页。

⑫ ［明］毕自严：《抚津疏草》卷三《辽民丛集速议解散疏》，第59页a。

“以资贸易”，“不令辄离营伍，远商复业，民乃安堵”[①]。

辽东陷落后商人认为军需减少，盈利下跌，遂削减供应，对边关战事影响恶劣：“顾辽左未失之先，则所用米豆甚夥，而商贩惟恐其不足。辽左既失之后，则所用米豆渐减，而商贩只觉其有余。”[②]朝廷为解决此事，授予天津巡抚等官筹措米、豆和布匹的专权——“津门委官收买”。大豆最为急需，专理省直辽饷的钱士晋为招商运豆设“宽恤二法”：“有愿约本色豆者，每纳新豆八斗计算完一石；还官折色银者，每纳银四钱亦算完一石”[③]。粮食方面，招徕各商，津门每年收集“重稰不下五六十万（石）”[④]。布匹方面，以运往东江为例，每年由户部给银以四千五百两，“布以二万匹为额”[⑤]。惠商政策促使全国商人云集卫城，竞趋重利：“津门一水之便，四通八达，自转饷事殷，而小贩抵津者络绎不绝；大商直以衙门惯熟，捏报远输，以恣其垄断、攫取之计。”[⑥]不少奸商“插合糠粃以求赢余”，“以一名而诡数姓，或以一人而欠万千，偶遇雨淋便图蠲销”[⑦]。彼时卫城外贸易空前兴盛：“凡空手而来者，朝借栖而暮挑贩，可无枵腹；而居者又喜于聚集贩卖之多，以踊贵市直高抬屋税。”[⑧]

不仅如此，凭借东江镇运粮往来之便，天津还拓展海外贸易，与全球市场衔接。东江镇主将毛文龙以朝鲜皮岛为海中要冲开展转口贸易：“日市高丽、暹罗、日本诸货物以充军资，月十万计，尽以给军赡宾。”[⑨]大量商人依天津至皮岛间的东江海运卖贩往来，“登、津商货往来如织，货至彼一从帅府挂号，平价咨鲜易粮，以充军实”[⑩]。毛文龙对津商稳固战场的贡献予以肯定：“粮饷到，客商来，图有复辽之日。”[⑪]

天津巡抚与其他北直隶巡抚职权不同，主要是基于军事考量，用以管理和协调军政，除地方治安外，鲜涉民政。但巡抚一职位高权重，尤其对本地区漕运、屯田和商贸的有效统筹和调剂，强化了卫城与周边地区的联结，对本地行政机制运行产生了巨大影响。巡抚的设立对维护天津市场繁荣、社会稳定乃至城市的进一步发展发挥了积极作用。有学者认为“城市化”是“从城市产生的影响在集落和地域的内部越来越显著的过程”[⑫]，天津依靠国家力量在北方乃至全国市场中的地位都是至关重要的。

---

① ［明］刘同升：《（李邦华）墓志铭》，［明］李邦华：《文水李忠肃先生集》附录，沈乃文主编：《明别集丛刊》第5辑第15册，第569页。

② ［明］毕自严：《督饷疏草》卷一《津门召买数多积商因灾梗令疏》，明天启刻本。

③ ［明］佚名：《天津烂豆文册》，明末抄本，第15页a—b。

④ ［明］毕自严：《督饷疏草》卷一《异常淫雨淹损官粮疏》。

⑤ ［明］毕自严：《饷抚疏草》卷五《鲜运渐迫料理难缓疏》。

⑥ ［明］毕自严：《督饷疏草》卷一《津门召买数多积商因灾梗令疏》。

⑦ ［明］佚名：《天津烂豆文册》，第16页a。

⑧ ［明］毕自严：《抚津疏草》卷三《辽民丛集速议解散疏》，第62页b。

⑨ ［清］毛奇龄：《毛总戎墓志铭》，［清］吴骞辑：《东江遗事》卷下，于浩辑：《明清史料丛书八种》第5册，第504页。

⑩ ［明］汪汝淳撰，李尚英点校：《毛大将军海上情形》，《清史研究通讯》1990年第2期，第45页。

⑪ ［清］毛承斗辑，贾乃谦点校：《东江疏揭塘报节抄》卷八，杭州，浙江古籍出版社，1986年，第130页。

⑫ ［日］山鹿诚次著，朱德泽译：《城市地理学》，第106页。

三 凭“卫”设“府”：清代天津的政区调整

明中期之后，天津城早已不是一座简单的军事城池，而是成为北方重要的商业中心。但卫所管理体制已严重制约了天津市场的发展。清顺治至乾隆四朝不断借国家力量祛除各类壅滞，尤其是以设府置县为中心的行政区划改革进一步打破了天津发展的体制性障碍，大大推动了城市的发展。

（一）裁卫：州县行政区划的创设

易代之际，天津地区屡遭兵燹，加之清廷肆意圈占民地，民生凋敝：“自遭闯寇蹂躏，村落丘墟，又因地圈星散，水灾为祸，颗粒无收，所食树皮草籽，苟延残喘。”① 入关后，清廷仍以北京为京师。作为京师海上门户的天津除沿袭漕、盐功用外，不再用于海路“防虏”，而是成为连接清朝“根本之地”东北的重要枢纽，事权更重：“天津地当少海西隈，莱登、辽阳左右相望，向设有总兵营以为犄角……实为三方之中权。”② 又因天津临河靠海，方便农民军和盗匪囤聚往来，成为清廷在京畿地区控制的重点③。

为整治“人心不安，盗贼蜂起”之乱象，顺治元年（1644）六月至十月短暂设天津总督驻守卫城，总督海运、漕河、海岛、天津等处地方军务兼理粮饷、盐课、兵饷④。同年十月设立天津巡抚，驻卫城以便弹压。与此同时，承明制设立天津兵备道与其并行，亦在城内。顺治六年（1649）五月裁天津巡抚，天津兵备道职权增扩，辖“天津、河间府属州县并河间各营卫所”，领有“兵备，兼理马政、驿传、河道、盐法及仓库兵马钱粮事务”⑤，其职守较以前更加重要。

卫所管理体制在明中期渐成地方发展的滞碍，清初更成为国家的负担，礼科给事中孙光祀在其奏疏中说：“今卫所之军不足资捍御，其官徒縻俸禄，俱属赘员；其地不隶郡邑，豪强易于侵占，奸民易于诡冒。”⑥ 随着全国卫所的行政化，天津卫的州县改制亦为大势所趋。所谓“分疆画界，必以赋税之数为衡，不以地之大小为准”⑦，天津卫城辐射范围早已超越城池，更是凭借商贸造就了京畿财赋之区的显要地位。清代府州县治理难易以“冲繁疲难”为标，即“地当孔道曰冲，政务纷纭曰繁，赋多逋欠曰疲，民刁俗悍、命盗案多曰难”。⑧ 四字兼有是“最要”，天津无疑四字俱全，⑨ 清人薛柱斗说：“天津为卫，去神京二百余里，当南北往来之冲，京师岁食东南数百万之漕，悉道经

---

① 《长芦盐政张中元为开豁耗盐以保进解贡盐事题本》，中国第一历史档案馆等编：《清代长芦盐务档案史料选编》，天津，天津人民出版社，2014 年，第 4—5 页。

② ［清］汪沆：《津门杂事诗》，天津图书馆辑：《天津图书馆孤本秘籍丛书》第 15 册，第 75 页。

③ 《提督军务巡抚天津等处地方雷兴揭帖》，故宫博物院编：《〈文献丛编〉全编》第 4 册第 13 辑，北京，北京图书馆出版社，2008 年，第 523—525 页。

④ 《骆养性启为仓米无着亟请补放缺官本》，中国第一历史档案馆编：《清代档案史料丛编》第 13 辑，北京，中华书局，1990 年，第 9 页。

⑤ 《山东按察司副使整饬天津等处兵备旧敕稿》，张伟仁主编：《明清档案》第 14 册，中国台北，“中研院”历史语言研究所，1986 年，第 36 页。

⑥ ［清］孙光祀撰，魏伯河点校：《孙光祀集》上编《核镇将以清军饷疏》，济南，齐鲁书社，2014 年，第 234 页。

⑦ ［清］福格撰，汪北平点校：《听雨丛谈》卷一一《繁简》，北京，中华书局，1984 年，第 228 页。

⑧ ［清］方大湜：《平平言》卷一《初任宜简僻缺》，官箴书集成编纂委员会编：《官箴书集成》第 7 册，合肥，黄山书社，1997 年，第 603 页。

⑨ 参见《大清职官迁除全书》第一册《直隶省·天津府》，清乾隆二十二年宝名堂刊本。

于此；舟楫之所式临，商贾之所萃集，五方之民之所杂处，皇华使者之所衔命以出，贤士大夫之所报命而还者，亦必由于是。”[①] 陈弘谋更直言：“其地之烦且剧较他处为尤甚。”[②] 以卫所制度管理“冲繁疲难”的天津显然不合时宜，行政管理体制变革势在必行。

顺治以来多次裁并卫所、卫改州县、裁军为民，使卫所逐渐行政化，天津三卫亦不断变化。虽卫城驻有各级官吏，然终属卫所专城，依照“如卫所原有专城者，就令所辖州县佐贰官分守，若专城应留，止须一官以司城务”[③] 的要求，因漕运之责，清廷于顺治九年（1652）裁左、右二卫入天津卫，设天津卫守备，但事权渐无。雍正二年（1724），为方便各级行政区划的管理，开启了全国范围内的卫所裁并工作：“今除边卫无州县可归，与漕运之卫所民军各有徭役，仍旧分隶外，其余内地所有卫所悉令归并州县。”[④] 雍正三年（1725）三月，清廷改天津卫为州，随即升直隶州。雍正八年（1730）十二月，署直隶总督唐执玉疏请设府置县：“天津直隶州系水陆通衢，漕盐聚泊，旗民混淆，一切巡察防捕及承办水师营各项军功，差繁事冗，请升州为府，附郭置天津县，专理地方事务。”[⑤] 雍正九年（1731），清廷将天津升府，附郭设县，此后天津县城内“镇、道、府、县及长芦运使皆驻城内，余文武大小公所十有四”[⑥]。天津县用原三卫土地通过“置换”“割补”等方式，最终在乾隆年间成为一个拥有闭合辖区的县级行政单位。天津由卫所这一军事组织变为一级行政单位，最终成为府衙所在地，彰显了其在京畿地区的重要地位，也破除了天津城市发展的体制性障碍。

（二）养民：港口型城市职能的巩固和提升

政区置废和调整，与地区经济的发展程度密不可分。天津在晚明逐步成为北方商贸集散地，为清代设府置县准备了条件。卫所管理体制与京畿行政区划格格不入，清初“理顺”天津各项职能，为城市的进一步发展提供了新的动力。

首先，规划港口。清初，天津承晚明商贸辉煌之余绪，与山东登州府、江南云台山、浙江宁波府、福建漳州府、广东澳门并为重要海港，与域外贸易，“各通市舶，行贾外洋”[⑦]。因郑成功等在东南沿海抗清，清廷多次颁布禁海令。顺治十三年（1656）六月，清廷敕谕天津、浙江等六地督抚，明确规定“相度形势，设法拦阻，或筑土坝，或树木栅，处处严防，不许片帆入口、一贼登岸”[⑧]。

---

① ［清］薛柱斗：《重修〈天津卫志〉序》，陈作仪标点，李福生校订：（康熙）《天津卫志》卷首，天津市地方志编修委员会编著：《天津通志·旧志点校卷》上册，第6页。

② ［清］陈弘谋：《〈天津府志〉序》，李福生点校：（乾隆）《天津府志》卷首，天津市地方志编修委员会编著：《天津通志·旧志点校卷》上册，第95页。

③ 《山东巡抚丁文盛题本》，“中研院”历史语言研究所编：《明清史料·甲编》上册，北京，北京图书馆出版社，2008年，第293页。

④ 《清世宗实录》卷一九，雍正二年闰四月甲申条，北京，中华书局，1985年，第313页。

⑤ 徐士銮撰，张守谦点校：《敬乡笔述》卷七《天津升州为府》，天津，天津古籍出版社，1986年，第127页。

⑥ 李丽中、张格点校：道光《津门保甲图说·县城内图说第一》，天津市地方志编修委员会编著：《天津通志·旧志点校卷》下册，第435页。

⑦ ［清］杜臻：《粤闽巡视纪略》卷一，沈云龙主编：《近代中国史料丛刊》续辑第971册，中国台北，文海出版社，1983年，第3页a。

⑧ 《申严海禁敕谕》，中国科学院编辑：《明清史料·丁编》上册，北京，国家图书馆出版社，2008年，第317页。

这对天津影响极大，“国初海氛未靖，禁民捕采，民失资生之策，势难一朝居”[①]。康熙年间展界后，天津未能获准贩卖外洋：“海禁既开，设关有四，江、浙、闽、粤，无不可通。”[②]但天津仍是直隶唯一的商贸港口，直隶总督奏称：“（直隶）只有天津海口一处为海船往来贸易之所，货物较多。”[③]天津贸易范围覆盖华北、西北、江浙、闽粤等省份，尤以闽粤为大宗：“海禁大开，闽粤两省商人来津贸易者日众，其时均乘红头船，遵海北来，春至冬返。”[④]加上天津与清朝的“根本之地”一海相隔，形成了著名的“奉天海运”，东北粮谷经天津运往直隶、山东等地，双方互利互惠：“关外之民，以谷易银，益见饶裕；关内之民，以银易粟，得赖资生。”[⑤]所有这些都巩固了天津作为北方商品集散地的地位。

其次，保护商贸。清廷派大量高级官员驻守卫城，保障了正常经贸秩序。总督骆养性到任后，“收集海舟，招抚土寇，安插流寓，惠通商贾”[⑥]。八旗圈占耕地，旗民仗势欺人，成为本区治理之“难”。八旗私贩“大为盐政害”，致使商人“不敢将国课亏欠，年年借债上课，苦至极矣”[⑦]。天津周边漕运驻军也经常滋扰商贸：“天津素称盗薮，旗丁、盐贩通行囊橐，白昼大都攫人而夺之金，吏莫敢诃问”[⑧]。康熙初，御史余缙巡抚长芦盐政后整治旗民不法，“创为通融代销之法，以苏商困；弛肩挑负贩之禁，以苏民困”[⑨]。总兵赵良栋履职期间申法制、立程约，严惩旗丁、打击盐贩，“张设耳目，穷治根柢，务在锄强暴，以惠孤弱”[⑩]。另外，雍正年间，清廷为“守御海口以防鲸涛不测之变”[⑪]，一度命满洲水师都统领兵三千在葛沽卢家嘴筑营。葛沽在晚明因海防首先驻军，此地“东去海，西去津门，大约各五十里。地既适中，而形复高敞”[⑫]。选此处驻军，一方面是“三方中权”的战略需要，另一方面也有减少旗军对卫城商业滋扰之目的。卫城未驻旗军，也为天津后来发展提供了一定的便利。

最后，开拓街市。清初天津作为港口城市的发展仍受两方面阻碍。一方面，卫城军事职能仍旧凌驾于商业职能之上，卫城内未给商业发展腾挪出更多空间。顺治十二年（1655），荷兰东印度公

---

① ［清］佚名：《重修观音庵碑记》，李福生点校：民国《天津县新志》卷二四之二《碑刻二》，天津市地方志编修委员会编著：《天津通志·旧志点校卷》中册，天津，南开大学出版社，2001 年，第 1001 页。

② ［清］夏燮撰，高鸿志点校：《中西纪事》卷三《互市档案》，长沙，岳麓书社，1988 年，第 54 页。

③ 《直隶总督周元理奏覆查禁外洋商船进口棉花事》，台北故宫博物院编辑委员会编：《宫中档乾隆朝奏折》第 38 辑，中国台北，台北故宫博物院，1985 年，第 726 页。

④ 《旅津广帮商人禀控闽粤商人霸占义地公产函 附诉状证据及起诉理由等抄件》，宋美云主编：《天津商民房地契约与调判案例选编（1686—1949）》，天津，天津古籍出版社，2006 年，第 244 页。

⑤ 《清圣祖实录》卷二六八，康熙五十五年四月戊申条，北京，中华书局，1985 年，第 632 页。

⑥ 《原任太子太傅左都督骆养性奏本》，“中研院”历史语言研究所编：《明清史料·甲编》上册，第 239 页。

⑦ ［清］余缙：《大观堂文集》卷二《严禁私盐疏》，《清代诗文集汇编》编纂委员会编：《清代诗文集汇编》第 61 册，第 77 页。

⑧ ［清］严虞惇：《特进光禄大夫兵部尚书兼都察院右副都御史勇略将军赵公神道碑铭》，［清］钱仪吉纂，靳斯标点：《碑传集》卷一四《康熙朝功臣上》，北京，中华书局，1993 年，第 379 页。

⑨ ［清］余毓泳等：《皇清赐进士出身承德郎河南监察御史加二级显考浣公府君行略》，［清］余缙：《大观堂文集》卷首，《清代诗文集汇编》编纂委员会编：《清代诗文集汇编》第 61 册，第 38 页。

⑩ ［清］严虞惇：《特进光禄大夫兵部尚书兼都察院右副都御史勇略将军赵公神道碑铭》，［清］钱仪吉纂，靳斯标点：《碑传集》卷一四《康熙朝功臣上》，第 379 页。

⑪ ［清］昭梿撰，何英芳点校：《啸亭杂录》卷四《天津水师》，北京，中华书局，1980 年，第 106 页。

⑫ ［明］余继登：《淡然轩集》卷五《新建天津葛沽镇兵营记》，沈乃文主编：《明别集丛刊》第 3 辑第 99 册，第 428 页。

司使节前往北京途经天津，目睹卫城拥有高耸坚固的城墙，城墙上“布满了守望塔和防御工事”[①]。康熙十三年（1674），赵良栋因天津城楼内储火药，“令居民逼近城垣者，尽行拆毁，离城三丈改筑。又浚四面城濠，永禁填塞”[②]。另一方面，卫城外无大量辖土，严重制约了市场空间的拓展。明代卫所“专城”外多无辖土：“卫所之设，原为疆域屏藩。旧制：建设州县境内，城隍而外，寸土皆民。”[③]天津卫城亦不例外，直到雍正年间仍是如此，此时天津已改卫为州，但因辖土窎远，征解粮赋、审理狱讼、缉逃捕盗、传发公文、应差夫役和修整城池等职责无法顺利进行。莽鹄立在奏疏中亦曾谈及天津对周边地区无统属权的尴尬和治理困境：“天津所管屯庄，俱在各州各县，远有三四百余里不等，津城附近反无统属。西门南门以外即为静海县地方；北门东门以外仅隔一河，又系武清县地方。”[④]

（康熙）《天津卫志》记载天津商贸区主要集中在城北、城西北沿河一带以及河东的狭窄区域，有固定店铺，也有定期市集。康熙四年（1665），钞关由河西务移驻卫城河北，北关得到进一步拓展，《津门杂记》言：“征收水陆出入货物税银。每年秋令来往商贩云集，出入货物为数更多。”[⑤]至雍正初，仅北关单街的市廛商民“不啻数万”[⑥]。天津在雍正、乾隆年间多次归并、置换后拥有城池周边土地，使日后市场在城外扩张成为可能。道光后，北门外两侧、东门外均为“市店丛集之区”，北门外卫河以北和三岔河口以北亦是“店肆之繁”[⑦]。羊城旧客所著《津门纪略》详细罗列了这些店铺的位置和名称[⑧]。20世纪初，天津城墙拆除使得“旧时村庄今与城市相联”，使城市发展冲破了城墙的束缚。

天津设县置府顺应了区域内商业发展的需要，背后是国家迎合市场发展的顺势而为。卫城正式变成地方行政中心，成为兼具商业和行政中心功能的综合性城市，其人口的积聚效应迅速增强。各方面的调整使天津在嘉、道年间达到开埠前的一个发展高峰：“自国朝定鼎以来，海宇永庆升平，居民渐臻繁茂，而远方来贸易者云集其间，至今称极盛焉。”[⑨]天津的繁盛是市场发展的结果，但也离不开国家的支持，故陈弘谋道：“自故明设卫，止修武备而生齿未繁，文教未兴。今者，海宇宁谧，民俗敦庞，人才蔚起，声明文物之盛，迥殊前代。非国家休养生息，涵濡百年之久，其何能若是？”[⑩]

---

① ［英］雷穆森著，许逸凡等译：《天津租界史（插图本）》，天津，天津人民出版社，2009年，第11页。

② ［清］佚名：《天津城垣考》，中国史学会主编：《中国近代史资料丛刊 义和团》第2册，上海，上海人民出版社，1957年，第60页。

③ ［清］戚若鲲：《按院冯公批准军民照旧各差碑记》，乾隆《威海卫志》卷九《艺文志》，凤凰出版社编选：《中国地方志集成·山东府县志辑》第44册，第482页。

④ ［清］莽鹄立：《为请正疆域以便吏治事》，［清］黄掌纶：《长芦盐法志》卷一五《奏疏上》，《续修四库全书》，史部第840册，第308页。

⑤ ［清］张焘撰，丁緜孙、王黎雅点校：《津门杂记》卷上《税关》，天津，天津古籍出版社，1986年，第9页。

⑥ ［清］莽鹄立：《奏闻水势要害之处宜修堤防以护城垣以保生灵事》，［清］黄掌纶：《长芦盐法志》卷一五《奏疏上》，《续修四库全书》，史部第840册，第307页。

⑦ 焦静宜点校：民国《天津政俗沿革记》卷一《舆地·坊巷》，天津市地方志编修委员会编著：《天津通志·旧志点校卷》下册，第10页。

⑧ ［清］羊城旧客撰，张守谦点校：《津门纪略》卷一〇《货殖门》，天津，天津古籍出版社，1988年，第76—89页。

⑨ ［清］佚名：《初建山西会馆碑记》，许檀编：《清代河南、山东等省商人会馆碑刻资料选辑》，天津，天津古籍出版社，2013年，第398页。

⑩ ［清］陈弘谋：《津门杂事诗序》，［清］汪沆：《津门杂事诗》，天津图书馆辑：《天津图书馆孤本秘籍丛书》第15册，第69页。

四 结语

城市的形成和发展是国家、市场与社会三种力量综合作用的结果。在早期城市的形成过程中，国家意志往往起着关键作用，天津城市的形成就是国家意志的体现。众所周知，天津三卫的建立是天津城市发展的起点，而这完全是国家力量主导的结果。天津城市形成后，因其“畿辅门庭”和漕运枢纽的地位，商业获得了很大发展，市场成为城市发展的重要驱动因素，但由于天津仍然属于军事城镇，没有行政建制，从而制约了城市的进一步发展。另外，权力渗入市场及社会治安问题也限制了市场及城市的进一步发展。兵备和巡抚等的设置可以看作是国家因商业发展的需要而进行的自我调适，这种调适虽然在一定程度上促进了天津城市的发展，但不能从根本上破除城市发展的制度性障碍。清朝在全国的统治地位确立后，逐步将天津卫所行政化，最终以“县”取而代之，顺应了商业发展的需要。

军事城镇的性质及其管理机制一方面不利于市场力量的成长，另一方面也不利于居民对其所在城市的社会认同。对于前者而言，国家在与市场博弈的同时也在不断进行自我调适，从而在一定程度上克服了军事管理体制对市场的抑制作用；对于后者，城市的社会认同问题却很难得到有效解决。由于卫城周边的土地和百姓大都为各州县所统属，天津卫无权管辖，这就给社会治理带来了很大的困难，最重要的是由于只有军卫而无行政建制，“其俗尚勇力而椎鲁不文”，移居天津者大都是“逐鱼盐之利”的商贩和以漕运服务为生的苦力阶层、手工业者，他们中很大一部分都游走于天津和故乡，处于“飘浮”状态，富商大贾和文人雅士更是鲜有常年定居天津者。在这种情况下，天津的市民都是“原子”式的，“社会性”非常弱，他们普遍缺乏对所生活城市的认同感。没有文化积淀，缺乏社会性和认同感的城市实际上是无根之城，其对周围的辐射和带动作用也极其有限①。但是，清代设府置县并对行政管辖范围进行相应调整后，天津开始成为地方行政中心，由此成为兼具商业和行政中心功能的综合性城市，天津城市发展的制度性瓶颈终被打破，其人口的积聚效应开始增强，很多富商与文人也开始常年寓居甚至入籍天津，很多入京出京的文人雅士也都将天津作为客居之地，所有这些都使天津具有了浓厚的文化氛围。

由上可见，城市的发展除了国家和市场的纬度外，还有社会的纬度。国家如果能够顺应市场的力量，就会极大地促进城市的发展，从而提升城市的社会治理水平，增强居民的社会认同感。换言之，国家力量和市场力量的均衡发展，也有助城市社会力量的发展。而社会力量是城市发展中最活跃的因素，它一旦形成，就会成为城市全面发展的最有力的驱动因素。只有城市获得了全面发展，才能有效地发挥其对周边地区的辐射和拉动作用②。

综上所述，天津城市的形成虽然是国家力量主导的结果，但其从一个“椎鲁不文”的军卫之地成长为一个“中心市场”区域性大城市，乃至开埠后逐渐成为一个国际化的大都市，其地位是在历史发展中形成的，是长期以来国家、市场与社会既互相博弈，又互相促进的结果。

（作者张献忠，天津师范大学历史文化学院；李宗辑，复旦大学历史系）

① 参见张献忠：《清代天津科举家族与地方社会》，《山东社会科学》2016 年第 8 期。

② 因本文系从“国家—市场”的视域来探讨天津城市的发展，加之篇幅所限，故不再对其中的社会因素作进一步的分析。

明清徽州赋役征收中的图甲自催与图差追比

刘道胜

有清一代，基层赋役运作主要以图甲组织为基础，钱粮征收形成图甲自催和图差追比相互配合的格局。在清代徽州文书中，适应图甲自催而存在的甲催、催头、经催等职役屡屡可征，官方因催征而委派的图差、粮差亦颇多见载。自催和追征作为清代钱粮征收体制，是学术界在考察明清赋役制度史的应有话题，颇受关注。近年来，有关图甲催征在基层社会的实际运作，引起不少学者的重视。如周健系统考察清代中后期田赋征收中的书差包征，揭示了包括基层里书、甲催等各色书差在田赋征收中的实态[①]。胡铁球则深入探究了明代中期出现的与赋役催征密切相关的“比限”制度[②]。黄忠鑫对清代中叶徽州顺庄滚催的实践作了具体考察[③]。舒满君专题探讨了明清图差追征制度的演变，特别是利用徽州文书，揭示清代徽州在滚单催征中图差仍然在发挥作用[④]。侯鹏在讨论清代浙江顺庄法实践中，深入剖析了清前期浙江“均田均役”下的顺庄落甲催征，指出，清代浙江州县的田赋催征模式从均田编审下按田轮役过渡到落甲催征，最终发展到顺庄法全面推行，其控制手段则从原有里甲户名与田土转变为人户现实居住的村落[⑤]。诚然，对由明至清逐步产生的图甲自催与图差追比机制的考察，攸关明清基层赋役的实际运作。具体就徽州而言，依据丰富的徽州相关文书资料对此作进一步讨论仍有必要。本文在既有研究基础上，以徽州文书资料为中心，对明清徽州赋役征收中的图甲自催与图差追比诸问题再作一探讨，敬请批评指正。

一　从征解到催征

图甲自催和图差追比的形成与明代中后期里甲制度衰落以及赋役制度改革密切相关。如众所知，明代大力实施里甲制度，依据户籍户等编制里排，推行“配户当差”，按照一里十排轮役，借以“催征钱粮，勾摄公事”。里甲制下以粮长、里长为中心的赋役征解体制原本在制度设计上体现为“上户承役”“巨室当差”。然而，从徽州文书记载看，随着土地、人口流动等社会实际的变动，早在明代弘治年间，黄册造报和里役充任难以适应现实变化已初现端倪。如：

---

① 周健：《清代中后期田赋征收中的书差包征》，常建华主编《中国社会历史评论》第13卷，天津，天津古籍出版社，2012年。

② 胡铁球：《新解张居正改革——以考成法为中心的讨论》，《社会科学》2013年第5期。

③ 黄忠鑫：《清代中叶徽州的顺庄滚催法探析》，《中国农史》2015年第1期。

④ 舒满君：《明清图差追征制度的演变及地方实践》，《史学月刊》2017年第2期。

⑤ 侯鹏：《清代浙江顺庄法研究》，《中国经济史研究》2017年第4期。

［文书1］拾西都排年里甲李本宏等，承奉上司明文，为清理田山事。今蒙本府委官同知大人甘，案临催并解切。缘图下各户田土坐落各处，都保星散，一时难以查考，只得虚提字号、条段、亩步，四至朦胧。选官造册，答应回申。中间字号四至多有差错。或语报他人字号四至者有之；或捏故冒占愚懦小民者有之；或开报未尽者有之。思得此册，实为民患……日后排年里甲人等各户事产，只照清册经理为准，不以此册为拘（下略）。

弘治四年四月初八日议立合同人：李本宏（等）①

［文书2］三四都凌友宗，今因家中屋宇狭窄，人众难以住歇，前往本府婺源县迁居。今本家系应门户官差捕户浩大繁多，兄侄不从。自情愿将承祖开垦得荒田……拨与胜宗侄文敬等名下前去耕种收租管业，供解门户差役税粮等项（下略）。

弘治十六年十月初七日立此文约人：凌友宗（等）②

上引文书1可见，早在弘治年间，祁门县“为清理田山”而催解黄册，十西都各排年因田产变动不居，“四至朦胧，难以查考”，只能“虚提字号、条段、亩步”虚应其事，从而采取因循旧册予以“回申”，并发出“思得此册，实为民患”的无奈之叹。文书2涉及弘治年间祁门县三四都凌氏记载，凌友宗因家中人众，屋宇狭窄，从祁门县迁居婺源县，遇到的困难是，受到门户之役的牵制而“兄侄不从”，他通过处理原居地祖业，借以应付“供解门户差役税粮等项”。深入地看，由明至清，随着丁产不断变动，这种现象的出现是此后黄册丁产编造因循其旧，迁居人户试图脱役等现象之萌芽，明代黄册里甲制度在社会实际变动下日渐衰落。与此相关的是，“画地为牢”的静态化的里排征解逐渐难以适应社会实际变化，明初以来“配户当差”的钱粮征解弊窦日现，由微而显。诸如殷实之家长期把持里长，垄断里役，出现在黄册攒造、赋役征解中盘剥小民之弊。明正德间，徽州汪循即曾指出：

上年黄册向用该年里长监造。比至秋冬，里长同书手三人，家至户到，取其首状，每小民一户，或出银一两，或五钱、三钱，里长得其一，书手各得其一，谓之“首状钱”。至明年四、五月，册将草成，赴局关会，人户推付产税者，书手执会簿，里长执关防，比对契合，勒银若干，谓之“打印钱”。或不满其意者，执吝关防，书手不敢推收，务取盈焉。书手力役，一年兼笔札支费固所宜，然里长所获倍于书手，实为无谓。故自来监造，里长俱是豪猾大户，众皆畏之，多为钳制，此成积久之弊也。③

① 《明弘治四年（1491）祁门县李本宏等立排年里甲合同》，张传玺主编《中国历代契约粹编》，北京，北京大学出版社，2014年，第986页。

② 《嘉庆祁门凌氏誊契簿》，王钰欣、周绍泉主编《徽州千年契约文书》（清民国编）卷11，石家庄，花山文艺出版社，1991年，第480—481页。

③ ［明］汪循：《汪仁峰先生文集》卷四，《书·与熊太守》，《四库全书存目丛书》集部第47册，济南，齐鲁书社，1997年，第232—233页。

可见，早在明代中期，徽州即存在里长在编造黄册、推收钱粮中，索取“首状钱”“打印钱”等规费，以及里书作弊“成积久之弊”的现象，充任里长的殷实之家被民间视为“豪猾大户，众皆畏之，多为钳制”。随着里甲制度的衰落，明代中后期，原来由粮长、里长负责征解税粮的体制日趋瓦解。一条鞭法改革后，赋役征解出现自封投柜和比限追征的新形式。

具体来说，明代后期赋役改革中，为克服里长、书差垄断钱粮征收之弊，实施自封投柜新举措。所谓“自条鞭法行，州县派征钱粮，俱令花户自行纳柜，里书排年无所容其奸，法至善也”[①]。即花户不再经由里甲征解，而通过“自封投柜”完纳钱粮。为配合投柜缴纳，传统里排征解逐步演变为书差催征，即基层赋役征收形成图甲自催和图差追比相互配合的新格局[②]。这里所谓的“追比”是指在图甲自催基础上，为达到“赋役完欠”，而利用官差针对“积欠之家”予以追征的新举措[③]。从徽州看，自封投柜以及图甲自催和图差追比在明代后期已经存在，如下例：

> 三十都汪廷元、汪文魁同侄汪尚贤、汪盛时、汪应凤、汪随时等。承祖三房共充本图三甲里长，历系三房轮流充当，周而复始，合同存证……近奉上司明文，新行条编事例，钱粮关系恐致推挨误事。为此，三房议立合同……如遇清军查盘及管粮使用盘费，俱是存众出办支用无词。不许推挨及往外稽延，以致临期误事。务要亲自经历，毋得违误。如违执此理论无词。如差人勾摄下乡，存众吃用，算还口食。每经催科各排年钱粮，必由走乡眼同封包，投县交纳贮帐，直书某人名经手，庶免偏累（下略）。
>
> 万历十二年五月初一日立合同人：汪廷元（等）[④]

从这份万历十二年（1584）休宁县三十都汪氏所立合同可见，汪氏本有“承祖共充三甲里长”之役，按照“新行条编事例”，该家族所承里役仍负责“清军查盘”和“管粮”。有所变化的是，“管粮”主要体现于贯彻“新行条编事例”，即为适应自封投柜而采取图甲自催，所谓“每经催科各排年钱粮，必由走乡眼同封包，投县交纳贮帐”。文中所谓“差人勾摄下乡”系官府遣派“追比”的图差。

综上，明代中后期图甲钱粮征收呈现先经各甲自催花户投柜缴纳，进而官府遣派官差予以勾欠的运作模式。从徽州看，这种自封投柜及适应投柜缴纳的图甲自催和图差追比的催征模式在明代后期已经得以实施，并延续至清代。

---

① 《明神宗实录》卷五七六，万历四十六年十一月丁亥，中国台北，“中研院”历史语言研究所 1962 年校印本，第 10891 页。

② 图差是明代中后期州县设置的与比限制度紧密结合的追征差役，多由皂隶充任，主要职能是保证按时按限押催乡里赋税征收责任人以及欠户应比。参见舒满君《明清图差追征制度的演变及地方实践》，《史学月刊》2017 年第 2 期。

③ “追比”（比限）制度产生于明代中期，与一条鞭法改革有关，其具体做法是，官府根据赋役册籍查核完欠，对于所欠部分进行“追征”，“追征”方式通常包括锁拿、杖打、囚禁等各种手段，以此来强迫各纳税者及相关责任人，在规定的期限内完纳赋役，直至垫赔的一种制度。参见胡铁球《新解张居正改革——以考成法为中心的讨论》，《社会科学》2013 年第 5 期。

④ 《万历十二年（1584）休宁县汪廷元等立合同》，张传玺主编《中国历代契约粹编》，北京，北京大学出版社，2014 年，第 954 页。

二　清代徽州图甲的钱粮催征

入清以降，作为清承明制之一重要体现，赋役征收仍旧强调官收官解而大力推行自封投柜。顺治十八年（1661），覆准“州县官不许私室秤兑，各置木柜，排列公衙门首，令纳户眼同投柜”。康熙以后，诸如“令民遵照部例，自封投柜”“民间输纳钱粮，用自封投柜法”“令纳户包封自投入柜”“例应民间自封投柜”等频繁见载于清代典章[①]。可见，自封投柜是有清一代赋役征收的定制。自明代以来实施自封投柜本是为了减少赋役征收中间环节，克服吏胥、里长高下其手及包征之弊，缓解传统里排应役困累而推行的。因此，在自封投柜实践中，需要在官府与星散民户之间建立直接而有效的联系。从清代典章记载看，顺治朝的“截票之法”，康熙朝的“滚单之法”“三联印票之法”，均属适应投柜征纳这一“便民之道”的产物[②]。其中，关于推行滚单，康熙三十九年（1700）题准：

> 征粮设立滚单，于纳户名下注明田亩若干，该银米若干，春应完若干，秋应完若干，分作十限，每限应完若干，给发甲内首名，挨次滚催……一限若完，二限挨次滚催。如有一户沉单，不完不缴，查出究处。[③]

《清史稿·食货》亦涉及类似记载：

> 每里之中，或五户或十户一单，于某名下注明田地若干，银米若干，春秋应完若干，分为十限，发与甲首，以次滚催，自封投柜。[④]

依据官方规定，推行的滚单文书，其核心内容包括：一是强调“纳户名下注明田亩若干，该银米若干”，因此，在实践中无疑要求“印票”“滚单”的行用必须建立在“务将花名缮造粮册，使纳户细数与一甲总数相符，易于摘催”基础之上[⑤]，因此，滚单一般详细开列各纳户需要依限缴纳的钱粮数额。二是“比限”，即“按限投纳”。所谓“比”“限”本与传统对限期执行公务的考成及其惩戒有关，“比限”的要求和实施，反映到徽州文书记载中，诸如“按限”“照限”“比限”“卯比”“补比”“比较”“应比”“赴比”“追比”“带比”“拘比”之类说法十分常见。而关于赋役催征的“限”，上引官方规定为“春秋应完若干，分为十限”，实际上，由于各区域差异，“限”的具体要求当亦有所不同。如徽州文书记载中有：

---

① 《钦定大清会典事例》卷一七一《户部·田赋·催科》，《续修四库全书》第800册，上海，上海古籍出版社，第742—744页。

② 《钦定大清会典事例》卷一七一《户部·田赋·催科》，第742页。

③ 《钦定大清会典事例》卷一七一《户部·田赋·催科》，第742页。

④ 《清史稿》卷一二一《食货志》。

⑤ 《钦定大清会典事例》卷一七一《户部·田赋·催科》，第742页。

每一户钱粮分为五限，每限六日，以单到起限日为始。如有逾期不完，定即差拿。违一限罚完二分，违二限罚完四分，违三限该差缴单带比。①

另外，按照清代官方规定，滚单文书以“五户或十户一单”，旨在督促纳户依限完纳，彼此制约。从徽州文书看，“五名滚单”“十名滚单”迄今均有遗存，滚单形式与官颁格式和要求基本一致。如下例：

［文书 1］祁门县正堂朱为征收钱粮事。照得钱粮关系国帑，祁邑节（接）年抗顽，殊属不法。今特立十名滚单之法。每十名为一单，第一名照单开欠数完纳，即亲交与第二名；第二名照单开欠数完纳，即亲交与第三名。务期一限之内滚至第十名，第十名照单完纳，即亲交与经催缴单。如单到抗顽不纳，许图差带比，决不轻恕。须至单者。②

［文书 2］江南徽州府祁门县为设立滚单以免差催事。照得丁地钱粮定例四月完半，九月全完。现今六月已过，完数寥寥，合再滚催。为此，单仰各粮户知悉，单到即按限完纳，毋得刻迟干咎。须至单者。③

［文书 3］歙县正堂加五级纪录二次王，为滚单催粮以省差扰事。照得钱粮例应四月完半，九月纳完，不容拖欠。兹届开征，合行给单滚催，以副解给。为此，单内后开各户，一经滚到，务于五日内将本名下应完钱粮，查照单开数目，亲即（各）自赴柜交纳，随即领串，送署听候验明。滚到之户如有违限不完，及卧单不滚，定即分别拘比，仍押罚催。违单决不稍贷。至于钱粮不得私交差保、册书、催头人等，致被侵用。④

从以上文书 1 记载看，要求“照单完纳”后，尚须“亲交与经催缴单，如单到抗顽不纳，许图差带比”，并且，文书中钤盖的方形印章有“九月十二日以后完纳者，带票呈验，前原不欠，或欠数不符，并带经催面质”字样。可见，滚催“缴单”是图甲“经催”职责，一旦验票不符，经催与纳户一道须接受图差“面质”。文书 2、文书 3 中均强调“违限该差缴单带比”“卧单不滚，定即分别拘比”，显然，执行“带比”“拘比”的是图差。这种图甲自催和图差追比在有清一代不但得以继承，而且长期延续下来，徽州也是如此。再看以下记载：

① 《雍正十二年（1734）祁门县便民滚单》，《徽州千年契约文书》（清民国编）卷 1，第 265 页。

② 《雍正六年（1728）祁门县十名滚单》，《徽州千年契约文书》（清民国编）卷 1，第 246 页。按：内开祁门县十东都一图四甲“张天喜户”下“张锁隆”等十人钱粮信息。

③ 《雍正十二年（1734）祁门县便民滚单》，《徽州千年契约文书》（清民国编）卷 1，第 265 页。按：内开祁门县二十一都一图二甲“天爵、喜玲、天从、福保、天候”五人欠银信息。

④ 《乾隆二十六年（1761）歙县二十五都五图滚单》，《徽州千年契约文书》（清民国编）卷 1，第 335 页。按：内开歙县二十五都五图八甲粮户“吴伯川、吴继承、吴正有、吴正贤、吴梁”五户钱粮信息。

［文书 1］立议合文康镇琮、之杰。今当丙午年五甲正役，二人该充三股之一，所有投柜、应比、催征、折封等项并一切费用均系照股均出（下略）。

康熙五年正月十五日立议合文：康镇琮（等）[①]

［文书 2］立议合墨十一都五图人等，原奉宪革各图自立甲催，以给国课。后复奉宪革，去甲催，示花户自行投柜交纳。惟我图内沿行至今，迭年甲催理粮，以致欠粮者多，差役使费浩大。但此欠课非干甲催之责，而反累甲催之重费，并兼空课尚犯律例。今众合议，嗣后花户钱粮各宜早行交纳，以免差役来扰。如有拖欠粮者，该图正引差向花户出费锁绑追逼，毋容徇情（下略）。

乾隆四十六年十一月 日立议合墨人十一都五图众（下略）[②]

［文书 3］立议齐心合同文约康大祥户户丁拱一祠、拱二祠二公秩下人等。原因税粮一事，国以税为本，民以食为先。户内税粮一事积欠不纳，官中差人更易需索更甚。是以通户人等俱各自愿立起文约，合众相商，自本年为始，通户日后粮米分厘之票，一并上年春季开期，俱各早办，上官纳楚。如违户内但有一人春季拖欠分厘不纳，其年费用等项一并是拖欠之人管理，毋得异言。亦不得累及值年甲催之人费用，或甲催领差到积欠之家、积欠之人，毋得生端异言（下略）。

乾隆五十五年新正月初二日立议齐心合同文约康大祥户（下略）[③]

上引文书 1 涉及承祖里役，随着投柜催征实施，里役职责逐步演变为“投柜、应比、催征、折封等项”。文书 2、文书 3 反映的是清代徽州乾隆年间事例，所载“花户钱粮各宜早行交纳”“通户日后粮米分厘之票，一并上年春季开期，俱各早办，上官纳楚”，均属依据滚单而要求纳户自行缴纳钱粮。从文书 2、文书 3 记载看，承值甲催“差役浩大”，实属无奈，一旦图甲发生“欠课”，“反累甲催之重费”“累及值年甲催之人费用”。而图差主要职责是在里排自催之后，发挥追征“拖欠粮者”作用。一般由图正、甲催引领至积欠之家，采取“锁绑追逼”等手段予以追征，民间唯恐避之不及，视之为“需索更甚”“差役来扰”。

在清代徽州图甲自催实践中，以一图为单位的传统里排征解方式，逐步演变为侧重落甲自催，如下例：

立议合同十都四图十排人等，今轮遵奉县主蒋大老爷示谕颁行。为图甲赋役不均，各甲钱粮多寡不一，无如每甲择粮多之户，点一名为甲催，各催各甲之粮……是以通图会集，立议成规，其各甲承充应催之年，凡催办米苴、上号落号，供应一年等项事例，俱系现年应催承当料

① 安徽师范大学图书馆藏。

② 安徽省博物馆编：《徽州社会经济史资料丛编》第一集，北京，中国社会科学出版社，1988 年，第 570 页。

③ 《康义祠置产簿》，南京大学历史系资料室藏。

理，不得贻累众甲。其递年粮编，俱系各甲催率各户之粮，照依官限赴县上纳，不得贻累现年应催。自今议立之后，各甲遵依点定甲催，齐赴县报明，投递承认，各催各甲之粮，悉照官限完纳（下略）。

康熙四十九年腊月初三日立议合同十甲人名（下略）[①]

从记载可见，随着有明以来赋役征收体制变革，到了清代，传统里甲制下涉及一图事务的“里役”仍由现年“承当料理，不得贻累众甲”，而钱粮催征在实践上更加强调以甲为单位，即“每甲择粮多之户，点一名为甲催，各催各甲之粮”。关于各甲设置催征之役的记载，又如：

例 1：今议本村六甲，各举甲催一人，每年三月先向各户催完上年陈粮，一概扫数。[②]

例 2：遵依现行规例，合集各甲甲催，申明功令，各甲各户务期遵照滚单依期自纳。[③]

可见各甲自设催征者多称“甲催”，而从“无非图差取之于排年应甲催，应甲催取之于户”的记载看[④]，所谓的“排年应甲催”，反映甲催之役多由传统里役中“排年”转化而来。如顺治十三年（1656）徽州某县二十五都五图八甲吴氏三大房，有“承祖八甲里长”，面临清初“催征比较”而订立合同，规定“长房轮当顺治十四年里役一年，接管排年十年；二房接后轮里役一年，排年十年；三房照前经管，周而复始”[⑤]。可见，每房轮当一年“里役”、十年“排年”，这里的“里役”当涉传统一图公务的管理，而“排年”主要负责“催征比较”，具有催征本甲钱粮的甲催性质。

随着清代“各催各甲”的实施，甲催设置较为普遍，在徽州文书中颇多见载。如“原奉宪草各图自立甲催，以给国课”[⑥]；“不得累及值年甲催之人费用。或甲催领差到积欠之家、积欠之人，毋得生端异言”[⑦]；等等。另外，承充图内催征者又有“催头”“经催”等称。如“身系八甲旧轮催头，向催前租”[⑧]；“幸旧八甲催头俞煌达轮催地租，始知盗厝毕露”[⑨]；“今众议遵石碑严禁……并不许册书及本年催头，敛派民间一文”[⑩]；“缘身一图七甲王永盛户，向立经催，六股收租膳差催纳钱粮”[⑪]；等等。在图甲自催下，设置甲催、催头、经催是普遍做法，俨然成为里役承充者的代名词。从“本

① 《康熙四十九年（1710）婺源县十都四图十排人等立合同抄白》，《入清源约出晓起约叙记》，抄本 1 册，安徽师范大学图书馆藏。

② ［清］齐彦槐：《梅麓文钞》卷七《敦彝堂祠规》，1845 年刻本，上海图书馆藏。转引自黄忠鑫《清代中叶徽州的顺庄滚催法探析》，《中国农史》2015 年第 1 期。

③ 《清乾隆二十八年（1763）婺源县立议纳税规条》，黄山市地方税务局、徽州税文化博物馆藏。转引自黄忠鑫《清代中叶徽州的顺庄滚催法探析》，《中国农史》2015 年第 1 期。

④ 俞云耕、潘继善等修纂：（乾隆）《婺源县志》卷十一，《食货志·公赋》，《中国方志丛书》华中地方第 677 号，中国台北，成文出版社，1985 年，第 884—885 页。

⑤ 《顺治十三年（1656）二十五都五图八甲吴士大等立里役合同》，安徽师范大学图书馆藏。

⑥ 《徽州社会经济史资料丛编》第一集，北京，中国社会科学出版社，1988 年，第 570 页。

⑦ 《康义祠置产簿》，南京大学历史系资料室藏。

⑧ 《清代婺源县俞董玉立禀状》，安徽师范大学皖南历史文化研究中心藏。

⑨ 《清代婺源县胡祖英等立具呈》，安徽师范大学皖南历史文化研究中心藏。

⑩ 《清代婺源士绅具禀汇抄》，安徽师范大学皖南历史文化研究中心藏。

⑪ 《嘉庆二十五年祁门二十二都一图王启芫等立完钱粮合同》，安徽师范大学图书馆藏。

年催头”“值年甲催”的类似记载看，甲催、催头、经催多由图内轮充，系传统里役排年演化而来。

另外，在清代徽州，图差追征亦长期存在，如表 1 所示。

表 1 清代徽州图差追征情况表

时间	记载内容摘要	资料出处
顺治十四年（1657）	催征各甲钱粮，差人酒食，出卯打发，尽是管月支应	《朱时登等立承里役合同》，南京大学历史系资料室藏
雍正六年（1728）	如单到抗顽不纳，许图差带比，决不轻恕	《徽州千年契约文书》（清民国编）卷 1，第 246 页
乾隆二十九年（1764）	追差催数次，无奈孙仂实贫无措	《中国历代契约粹编》（中册），第 1141—1142 页
乾隆五十三年（1788）	递年贴做甲催之人收，以为供膳、图差季钱、册房费用	《康义祠置产簿》，南京大学历史系资料室藏
嘉庆二十五年（1820）	收租膳差，催纳钱粮	《祁门县历溪王启芫等立合同》，安徽师范大学图书馆藏
道光十一年（1831）	种种弊情不一，致图差每年迭来需索，不惟花户受亏，而甲催、缮书尤多骚扰	《婺源十六都四图十全会簿》，上海交通大学地方文献研究中心藏[①]
光绪七年（1881）	所是进册并图差、客差往来费用，俱是身一人料理，不干五甲人等之事	《光绪七年李品超立承作缮书文约》，黄山市档案馆藏
光绪十三年（1887）	各照名按限完纳，即宪聪临催，粮差追迫，亦不惊心	《明清社会经济资料丛编》第一集，第 579 页

可见，从清初顺治到清末，徽州基层赋役征收均存在官差催征，除了上表所引事例外，有关官府遣差追征的具体记载，如下例：

［文书 1］正堂何为严饬追比事。案据该差余荣、潘超禀称：“七都社长胡叙伦本是胡姓堂名社务，通族门户系胡通益任事经理。无如通益已故，所亏变谷石此系皇粮，奉追严急，伊等不能代为变偿，且系通族众务，率集支丁公议以伊志如等非经理之人，又非于中挪噬，无辜为族累。从中论其家事者摊赔，即族支丁俱皆无诿，公可早还”等语。役查所摊谷数，支丁俱称各皆情愿赔偿，惟遵宪批传，知不敢抗违，各等语合，将支丁名目并论家事分赔谷数开单禀叩等情。据此，除批示外，合行饬缴。为此，票仰原差余荣、潘超，查照单开摊派谷石，饬令汇齐赴案呈缴，以凭报解现奉委员坐提之项。倘胡叙伦堂各支丁不遵该差，立即逐一锁带赴县，以凭比追去役，毋得徇纵刻延，致于重处不贷，速速。

乾隆五十年三月十五日遣余荣、潘超[②]

---

① 《婺源十六都四图十全会簿》，上海交通大学地方文献研究中心藏。转引自舒满君《明清图差追征制度的演变及地方实践》，《史学月刊》2017 年第 2 期。

② 《徽州千年契约文书》（清民国编）卷 2，第 40 页。

［文书 2］（道光）六年（1826）分钱粮抗欠甚多，叠奉大宪严檄催提，扫数批解，业经前署县晓谕征收在案。今本县莅任，查完数尚属寥寥，殊属抗延，合亟饬催。为此，仰催役协保立押该图粮税书、催头，速将各名下承管各户抗欠该年分钱粮，迅速照欠领催全完。如再抗顽不完，即锁提粮税书、催头，并带欠户的名赴县，以凭比追究办去役。如敢徇延，一并究革不贷。速速。①

［文书 3］火签。署理休宁县正堂刘，仰头差仝催役协保立即押令后开抗不完纳本年分钱粮南米之抗户，勒令即日内扫数清完。如敢逾限抗延，准该役锁带赴县，以凭比追，立待转解该役等，毋得徇庇迟延，致干提比不贷，火速，火速。

计开，二十九都五图（下略）

右差何顺，准此

光绪二十五年七月初八日签②

文书 1 所涉的胡叙伦堂系"通祖门户"，因任事胡通益已故，造成通族门户亏欠皇粮，该县正堂委派图差余荣、潘超稽查催征，如若"不遵该差，立即逐一锁拿赴县"。文书 2 中的"催役协保"，即图差、地保，系官府催差之职。对于"抗延"者，要求图差、地保"锁提"图甲税书、催头并欠户一道赴县。文书 3 亦强调"逾限抗延，准该役锁带赴县，以凭比追"。三份文书分别涉及乾隆、道光、光绪间的记载，均属反映遣派图差追比的下行文书，可见，有清一代，这种追征在徽州当始终存在。

总之，有清一代，基于自封投柜和滚单催征的赋役征收实践，"自立甲催"在图甲滚催中发挥重要作用，一旦滚催"沉单"，官府随即祭出"图差追比"机制，甲催、图差作为催征之役，是清代滚催顺利实施的保障，二者相互配合的催征方式构成徽州基层赋役征收的常态做法，从而传统"门户里役"演变为对图甲"甲催"充任，承值职责侧重于催征花户依限投纳。

三　清代中后期徽州的催征陋规

如上所述，由明至清，实施自封投柜和滚单催征，其目的是在官府与星散民户之间建立直接而有效的联系，旨在减少赋役征收中间环节，克服吏胥、里长上下其手以及包征之弊，缓解传统里排应役困累。然而，清代以降，随着赋役征收体制的改革，地方性征收由官府科派的杂泛差役转变为书役的勒索陋规的产物③。在自封投柜实施过程中，新的弊端难以克服。

① 《徽州千年契约文书》（清民国编）卷 2，第 360 页。

② 《光绪二十五年（1899）休宁县催征"火签"》，安徽省博物院藏，转引自刘和惠、汪庆元著《徽州土地关系》卷首图版，合肥，安徽人民出版社，2005 年。按：计开涉及朱寿里等 17 户所欠税银数目。

③ ［日］山本进：《清代社会经济史》，李继锋等译，济南，山东画报出版社，2012 年，第 115 页。

一般来说，投柜纳粮有“县柜”“乡柜”之别：即在县署大堂设立“县征”，另外，为了便于乡民完纳钱粮，出现在县之下乡地分设“乡柜”的做法。据学者考察，“县柜”对于为零星钱粮进城投纳的乡居小户来说，不仅“旷时废业”，且“饮食川资”，所费甚多；设置乡柜，又增加花户的费用负担，造成征价通常略高于城柜。总体而言，由于自封投柜在技术、效率方面的缺陷，无论是县署柜征，抑或是设置乡柜，在征收中的实际作用，恐怕不能作太高的估计[①]。为克服自封投柜遇到的实际困弊，雍正年间即规定：

> 但偶有短少之处，令其增补，每致多索，其数浮于所少之外，理应将原银发还，仍于原封内照数补足交纳，庶可免多索之弊。此虽细事，督抚大吏亦不可不留心体察，严饬有司以除民害……直省州县小民钱粮，数在一两以下，住址去县远者，照小户零星米麦凑数附纳之例，将钱粮交与数多之户，附带投纳。于纳户印票内注明。如数在一两以上，及为数虽少而情愿自行交纳者，仍遵例自封投柜。[②]

官方典制记载中，这种因“短少”而“每致多索”，以及小户因零星钱粮“附带投纳”现象当属普遍存在，因此，图甲自催和图差追比中，甲催、里书与图差具有上下其手的权力和方便，极易滋生浮收勒索、包收包解等弊。如雍正间，婺源县知县吴之珽曾针对催征陋规颁布禁革法令：

> 窃照婺邑僻处山陬，硗多田少，贫民输纳维艰，胥役陋弊丛积，钱粮拖欠，积累数载，侵蚀勒追，监毙无完……查婺邑向来陋规，各图馈送图差则有拜见礼、季酒钱、月钱、帮工钱，比较则有带比钱、签钱、酒钱。贴应催则有听比盘费银、在城馈送铺陈银、乡收官役饭食银，经承则有拜见礼、红簿礼、上号钱以及结算礼。种种陋规，无非图差取之于排年应甲催，应甲催取之于户，以致浮费急于正供，输将漏于中饱。[③]

上引记载可见，甲催、图差舞弊和滋扰一定程度上在徽州同样存在。不过，从徽州看，由明至清，图甲之内聚居大姓多是“祖遗里役”的实际承担者，面临明清以来持续不断的赋役改革，无论承值里长抑或承充甲催，主要采取轮房承值，津贴朋充等，从而特定宗族和家族以组织化的形式予以灵活应对。如：

> ［文书1］二十五都五图立合同人吴士大、应麒、士登等。承祖八甲里长三大房轮流充当，经今三百余年，周而复始，屡有合同，至今无异。明年夏至轮该长房支下吴天伦、吴继初承役，勾摄、应卯、审图及各行杂费，役年催征事务繁难，支撑不易，今聚族公议，照丁粮每两

---

① 参见周健《清代中后期田赋征收中的书差包征》，常建华主编《中国社会历史评论》第13卷，天津，天津古籍出版社，2012年。

② 《钦定大清会典事例》卷一七一《户部·田赋·催科》，第743—744页。

③ 俞云耕、潘继善等修纂：(乾隆)《婺源县志》卷一一《食货志·公赋》，第884—885页。

贴出银六钱正，以帮承役使费。所有勾摄、不测飞差并催征比较各项杂差等费，俱系应役者承当，不涉二三房支下之事……其贴役照依长房为例，不致推委，有误公事。倘日后有异议不遵合同者，公议罚银一十两入众支用（下略）。

顺治十三年（1656）九月 日立合同人吴之大（等）[①]

［文书2］立议合文康镇琮、之杰。今当丙午年五甲正役，二人该充三股之一，所有投柜、应比、催征、折封等项并一切费用均系照股均出……所有费用二人朋充料理均出……甲下贴费俱要眼同，事仝一体，利益共享，毋得假公借私。倘各失事，自行管理，毋遗累众。事系重务，勿视泛常，自合之后，各无反悔，如违甘罚白银十两，仍行理论。

康熙五年（1666）正月十五日立议合文：康镇琮（等）[②]

因此，受到宗族的约束和津贴朋充的牵制，充任甲催者假公济私很难一帆风顺，当不是主流，兹不赘述。相比较而言，有清一代，揆诸徽州文献和文书记载，人们对诸如“粮差追迫”“致图差每年迭来需索”“贴图差钱”“图差季钱”“粮差催粮使费”“图差往来费用”之类的记载印象深刻。如婺源西乡冲田齐氏所立规约中，有反映清代催科严苛的记载：

近因岁事不登，稍有逋欠，国家功令森严，催科限迫。民未投柜，官已临乡。胥役多人，排家骚扰。粮户典衣质器，医挖肉之疮。乡约鬻子卖妾，救燃眉之火。况于祠内锒铛拖曳，鞭朴横施，祖宗在上，能无恻乎？且交早交迟，总难逃追。与其迟交而加倍受累，何如早纳而高枕无忧。[③]

在徽州文献中有关图差催征之扰所在多见，致使民户乃至甲催穷于应付。徽州民间卖田鬻产契约中，关于出卖原因常见诸如“图内各排钱粮任催违限，充眨无措”的类似记载[④]，从一个侧面可以印证清代催征的实态和影响。徽州图差扰索尤以清代中期以后为甚，兹以清代同治间休宁县情况作一考察，以窥一斑。

同治九年（1870），休宁县以参加乡试生员汪开培等为代表，联名具禀两江总督，反映该县粮差催征积弊[⑤]：

现充粮役共有六十名，一人名下，或用帮役二三人，或四五人，统计不下二百余人。以

① 安徽师范大学图书馆藏。

② 安徽师范大学图书馆藏。

③ ［清］齐彦槐：《梅麓文钞》卷七《敦彝堂祠规》，1845年刻本，上海图书馆藏。转引自黄忠鑫《清代中叶徽州的顺庄滚催法探析》，《中国农史》2015年第1期。

④ 《康熙四年休宁县九都一图四甲陈阿刘立卖产契》，《康熙休宁县陈氏置产簿》，抄本1册，南京大学历史系资料室藏。

⑤ 《休宁县应试生员汪开培等上书呈文》，同治抄本，安徽省博物院藏。转引自刘和惠、汪庆元著《徽州土地关系》，合肥，安徽人民出版社，2005年，第298—299页。

二百余人赴甲催粮，每日食用，咸取给于甲催，甲催力难独支，不得不派各甲之花户……至咸丰十年催（征）更甚，十室九毁，人百一存。同治八年……有历事数门之门丁杨胖子，住近署民家，与差朋比，百弊丛生，遂致有本户钱粮已完，而同甲同姓异户未完之钱粮勒令代纳。或有本户钱粮已纳，而同甲不同姓户之钱粮查系母党岳戚，亦令外孙、婿家代完，名曰“洗甲”。更可骇者，有旧欠一二分或一二钱未完之粮，索取贴费十余洋之多……四乡中受粮役之累，竟有不惜轻生及鬻女卖子者。种种新弊，不胜枚举。现充粮役者，类多大厦华衣，出不徒行……狡猾成性，肆行无忌。休邑自道光年间遵行板串花户由单，每一张取钱三文，今则递加至十文一张。如完纳粮银在一两以上者，尚不见多。其完纳在一二厘者，亦取钱十文，未免子大于母。而一经粮差代领，又复索加钱文。每年上下两忙，县主下乡亲征，官虽供给自备，而随书差役与夫杂项科派费用，均由本管粮役令地保、甲催派出，休邑总计二百余保，所需甚巨。

上引汪开培等的联名具禀，引起了两江总督的重视，随即督抚、布政司、徽州府不断层层下颁谕令，要求确查禁革。与上引记载相关的是，今存有同治十三年（1874）徽州府颁发的“禁革粮差陋规十二条”，从中可以更加具体地看出清末粮差催征积弊之实态，具体记载如下①：

一禁革“洗甲”陋规。据该县附贡生汪开培等禀称，休邑有本户钱粮已完，而同甲同姓异户之钱粮勒令代纳；或有本户钱粮已纳，而同甲不同姓户之钱粮亦勒扫完。又有不同甲不同户之钱粮，查系母党岳戚，亦令外孙、婿家代完。名曰“洗甲”。本府查钱粮应按户征收，何得苛勒不同户并不同姓不同甲者扫完，实出情理之外，粮差索费，此条最毒。嗣后永禁“洗甲”名目规费，毋得复犯，违者提究。

一禁革现年贴费。据该贡生等禀称，粮差索费有十年一大贴，五年一小贴之名，而贴费多寡视甲粮多寡为衡。或十取倍，或十取半，其数不一，名曰“现年”。本府查征收钱粮应按照正则，何得另取贴费，且查该差需索贴费，有十余元至数十元，十余千至数十千之多。百姓既要完粮，又要许多贴费，稍不遂欲，锁押难堪。嗣后永禁贴费，违者提究。

一禁革欠粮少而索费多。据该贡生等禀称，有旧欠或一二分，或一二钱未完之粮，而索费至十余洋之多。本府查民间所欠钱粮甚微，而需索甚多，不但民力不足，并且民心不服，实系借端讹诈，为害闾阎。嗣后永禁粮少费多，违者提究。

一禁革垫纳掯索。据该贡生等禀称，有旧欠未完，差代垫纳，持串诈索，非给至十余倍，掯串不付，若向理论，则呈串禀追。本府查钱粮应花户自行投纳，何得违例代完，借开讹诈之端。且多索数倍至十余倍，不给则掯串不付，此巧于诈索，致百姓难堪，殊失法纪。嗣后永禁垫纳掯索，违者提究。

一禁革绅民归里粮差探知坐索。据该贡生等禀称，有在客外归完积粮者，甫及抵里，该管粮差访知，则坐索贴费。其费视所欠粮数大□□等，又名曰“买枢钱”。稍不如愿，即以抗粮

① 《清代徽州府饬令禁革粮差催征陋规十二条》，载倪清华主编《中国徽州文化博物馆馆藏文物集·徽州文书卷》，杭州，西泠印社出版社，2013年，第68页。按：所引资料集仅见载其中六条禁革内容。

禀县，押追其差费使用。又非倍蓰不能脱身。本府查绅民归而完粮自□□□□，有国课何得视为奇货，一访知某某回归，即往坐索积年重费，绅民带归银钱，料不能多，完得钱粮，则无从措办差费，先付差费，免受目前□虚。竟至不能完粮。闻休俗竟有因钱粮费重而逃出外者，亦有在外实不敢归来者。稍有人心，谁不痛恨。嗣后永禁绅民归里清粮，粮差探知索费。违者提究。

一禁革私收绝户租谷入己。据该贡生等禀称，以绝户之租私收而钱粮不问，本府查兵燹之后，民有绝户，然户绝而田尚在，仍旧佃户耕种。该差访知佃名，即以完粮为由，吓诈收租，实则私收，并未完粮。或甲催、册书、地保通同一气，而粮差肥己最多。国课终归无着，嗣后永禁私收租谷肥己灭公，违者提究。

对比以上汪开培等的联名具禀和徽州府颁发的禁革谕令，二者记载内容相互关联，真实反映了清末休宁县粮差催征种种积弊。从中可见，作为官方雇佣的催征粮差，清末休宁县这一群体即达二百余人，他们仰承官府鼻息，仆仆奔走于民间，祭出花样名目，在民间肆行科派、措勒、巧取、浮收之能事。诸如“食用咸取于甲催”；“代领由单，索加钱文”；勒令代纳以“洗甲”；勒索“排年”规费；索取欠户贴费；“垫纳措索”；坐索客外归里者；“私收绝户租谷，肥己灭公”；等等，不一而足。以上记载颇为典型和翔实，从一个侧面大体可以了解清代中后期徽州基层钱粮追征存在的弊端。

综上所述，由明至清，在国家与社会之间，官方赋役征解与基层钱粮运作的理想模式是“身使之臂，臂使之指”。基于此，从粮长、里长负责征解制度，到一条鞭法后出现的自封投柜和比限追征，以及清代大力推行的滚单催征，均与社会实际变化，促使国家为完善钱粮征收体制而不断推行赋役改革有关。在徽州，明代中后期图甲钱粮征收即出现先经各甲自催花户投柜缴纳，进而官府遣派官差予以勾欠的运作模式。入清以降，基于自封投柜和滚单催征的赋役征收实践，“自立甲催”在图甲滚催中发挥重要作用，一旦投柜“抗延”、滚催“沉单”，官府随即遣派图差予以“追欠”。甲催、图差作为催征之役，是清代投柜和滚催顺利实施的保障，二者相互配合的催征方式实属有清一代徽州基层赋役征收的常态做法，从而传统“门户里役”演变为对图甲“甲催”的充任，承值职责亦侧重于催征花户依限投纳。在清代徽州，基层催征之弊主要体现在差役名目不一的勒索和浮收上，清代中期以后，种种差役之扰渐成积弊，积重难返。

（原载《史林》2020 年第 6 期）

（作者刘道胜，安徽师范大学历史学院）

明代中日琉贸易间的中介商

钱 晟

东亚地区的学术界对中国、日本和琉球三国双边贸易关系的研究有着悠远的传统[①]，相关的学术交流也硕果颇丰[②]。特别是进入21世纪以后，学界对中日琉三国双边贸易的考察，从总体性检讨步入了针对某一领域、某一方面的专门性研究阶段。这是学术界理论基础数十年来不断累积的结果，也和新的档案文书、典籍文献被不断发掘、整理、汇编分不开。但在研究思路上，还有待进一步拓展。特别是从学术观点上来看，大致可分为，以明清朝贡制度审视中琉、中日关系的国内派[③]，和以德川幕藩体制审视日中、日琉关系的日本派[④]两个派别。这两种对立的观点能否被融合、超越，形成更为整合、统一的东亚海域研究史观，就成为中日琉贸易研究进一步发展的重要课题。此外，从具体的研究内容上看，有些领域的关注度还不够高，特别是对三国双边贸易体系内、相关中介商的研究还有待系统化的整理考察。在目前以西方学界为主导的全球化研究语境中，无论是明清的朝贡体制还是日本的幕藩体制，其体制下的商业系统，都是以一种被西欧商业体系逐渐打破、侵蚀、融合的被动者姿态出现，而西方商业打入东亚商业的楔子就是被称为“买办”(comprador)的中介商。这种观点显然忽视了东亚各国贸易体系里商人群体的主动性。像中国的牙行、中琉间的球商通事、日本的船宿等，类似的中介商组织在东亚各国的海外贸易体系中层出不穷，有必要整合在一起做整体的分析。

鉴于以上两个原因，本文拟以中日琉三国双边贸易中活跃的中介商为对象，考察东亚海域贸易

---

① 参阅历届“中琉历史关系国际学术研讨会”“中琉历史关系国际学术会议”论文汇总。

② 相关论文的系统梳理可参阅谢忱、谢必震：《中琉历史关系研究的现状及展望》，《中华文化论坛》2020年第2期；赖正维、李郭俊浩：《回顾与展望：中琉关系史研究三十年》，《社会科学文摘》2017年第6期；李晓：《21世纪以来明清中琉贸易研究回顾》，《海交史研究》2015年第1期。

③ 相关研究有米庆余：《琉球历史研究》，天津，天津人民出版社，1998年；何慈毅：《明清时期琉球日本关系史》，南京，江苏古籍出版社，2002年；陈武强、郭海东著：《明代中国日本琉球三国关系与东亚国际秩序研究》，成都，四川大学出版社，2017年；谢必震：《明清中琉航海贸易研究》，北京，海洋出版社，2004年；杨晓波：《明朝海上外贸管理法制研究》，华东政法大学博士论文，2015年；王晓云：《明代中国、日本、琉球关系之研究》，福建师范大学硕士论文，2004年等。

④ 相关研究有［日］高良仓吉：《琉球王国の構造》，东京，吉川弘文馆，1987年；［日］纸屋敦之：《幕藩制国家の琉球支配》，东京，校仓书房，1990年；同《大君外交と東アジア》，东京，吉川弘文馆，1997年；［日］丰见山和行：《琉球王国の外交と王権》，东京，吉川弘文馆，2004年；［日］真荣平房昭：《近世日本の海外情報》，东京，岩田书店，1997年；［日］上原兼善：《鎖国と藩貿易：薩摩藩の琉球密貿易》，东京，八重岳书房，1981年；［日］梅木哲人：《近世琉球国の構造》，东京，第一书房，2011年；［日］田名真之：《南島地名考：おもろから沖縄市誕生まで》，那覇，ひるぎ社，1984年；［日］池宫正治：《琉球史文化論》，东京，笠间书院，2015年等。

的整体群像，并在此基础上寻找将东亚海域研究史观整合、统一起来的可行性。在这里，选用中国明代（1368年建国至台湾郑氏政权的覆灭）为叙述的时间基准的原因也显而易见。首先，东亚海域之间的交流长久以来一直以汉语为基础，日本、琉球等国的外交、外贸政策也随着中国政策的变化而做出相应改变。这种改变从来都是从中国向周边国家辐射，并未出现过逆向的情况，从中显示出中华文化在东亚海域强大的辐射力。特别是东亚各国的外贸政策，都会随着中国政策的改变而做出相应调整，因此以中国的时代为叙述主干就能更好地还原各国外贸体系的发展脉络。而明朝作为以"华夷秩序观"建立外交关系的汉民族政权，上承蒙元的亚洲（世界）大一统思想，下启满清"武装贸易集团"[①]式的建国路线，在中国历史内分区鲜明，政策上又保持连贯，适合作为一个整体来探讨。与之相反的是，日本的海外贸易政策并没有随着政权更迭而发生剧烈变化。直到德川幕府建立，国家趋于稳定后，才开始像明朝初期一样将外贸利益收归国有。其政策虽然对周边国家有所影响，但与中国相比实效甚微，且一直在为能融入中国的朝贡贸易体系而努力。琉球的海外贸易（冠船贸易）更是在中日两国的政策笼罩下进行，虽然背靠明朝的朝贡贸易获得商业繁荣，成为东海海域的万国津梁，但在文化影响力上来说，与中国和日本都不可同日而语，只能被动地吸收两国的文化。

一　东亚海域的贸易体系——以中国与日本为对象

（一）明朝的对外贸易与中介商

众所周知，明朝的海外贸易与国家的朝贡体制相挂钩，而朝贡体制，是以明朝为顶点的外交秩序体系。在该体系下，民间的贸易往来被海禁政策所禁止，国家层面的贸易往来，则以郑和舰队的出海贸易与外国使节的来华"勘合贸易"为主体。而后，随着出海贸易的入不敷出与海禁政策的日益松弛，在该体系之外，民间的贸易在沿海地方官府的默许下逐渐复活，由此构成了朝贡—海禁体系下的四种贸易形式。对此的描述，可参照《筹海图编》中的记载：

> 今之论御寇者，一则曰市舶当开，一则曰市舶不当开，愚以为皆未也。何也，贡舶与市舶一事也，分而言之则非矣。市舶与商舶二事也，合而言之则非矣。商舶与寇舶初本二事，中变为一，今复分为二事，混而言之，亦非矣。何言乎一也，凡外夷贡者，我朝皆设市舶司以领之。在广东者，专为占城、暹罗诸番而设。在福建者，专为琉球而设。在浙江者，专为日本而设。其来也，许带方物，官设牙行，与民贸易，谓之互市。是有贡舶即有互市。非入贡，即不许其互市，明矣。西番、琉球从来未尝寇边，其通贡有不待言者。日本狡诈，叛服不常，故独限其期为十年，人为二百，舟为二只。后虽宽假其数，而十年之期未始改也。今若单言市舶当开，而不论其是期非期，是贡非贡，则厘贡与互市为二，不必俟贡而常可以来互市矣，紊祖宗之典章可乎哉。何言乎二也，贡舶者，王法之所许，市舶之所司，乃贸易之公也。海商者，王

① 关于满清"武装贸易集团"的性格参阅岩井茂树：《十六、十七世纪の中国边境社会》，小野和子编：《明末清初の社会と文化》，京都，京都大学人文科学研究所，1996年。

法之所不许，市舶之所不经，乃贸易之私也。日本原无商舶，商舶乃西洋原贡诸夷，载货舶广东之私澳，官税而贸易之。……既而欲避抽税，省陆运，福人导之改泊海仓、月港，浙人又导之改泊双屿。每岁夏季而来，望冬而去，可与贡舶相混乎。……自甲申（嘉靖三年，1524）岁凶，双屿货壅，而日本贡使适至，海商遂贩货以随售，倩倭以自防，官司禁之弗得。西洋船原回私澳，东洋船遍布海洋，而向之商舶悉变而为寇舶矣。[①]

可以看到，在国家控制力日益松弛，民间贸易往来日益频繁的时代背景下，倭寇骚扰与西方商船来华，已与原有的朝贡贸易搅在一起，成为当时的朝廷必须厘清的问题。而郑若曾在该奏文中将以上各种来华船只之分为贡舶、市舶、商舶、寇舶四种交易形态：

1．贡舶、市舶与中介商

贡舶的主体即代表外国首脑来华呈表朝贡的使节团，他们以国家（或本国首脑）的名义呈上货物（贡品）与朝廷进行国际间贸易。他们的来华船只数、人数，来华的次数、时限等都按明朝初期制定的典章进行。交易的形式为首先递交勘合与表文，呈交带来的贡品，再从明朝廷获得更高价值的赏赉。这种交易在商业往来之余，更代表着两国间遵循明朝华夷秩序进行礼仪交互，是明朝对外维护自己天朝上国形象的重要方式，因此这种贸易在政治上的意义要远大于经济意义[②]。而市舶，即附着于朝贡贸易下，由使节团及其船员等个人带来的私人货物，这些私货通过市舶司牙人的鉴定、定价后由市舶司衙门出钱收购，获得的钱款就成为来华使节、船员等个人的收入。由于市舶与贡舶密不可分，在明代史料中多连称为“贡市”，是原有的朝贡贸易体系下合法的贸易途径。

以上两种交易形态，皆归市舶提举司节制。市舶司则主要靠内设的“行人”（即牙行[③]）来辨别贡市货物的优劣，并与外国使节商讨价格。关于“行人”的规模，《敬止录》这样记载：

安远驿，在宁波卫后，……以驿西方国珍花厅为市舶司。提举一员、……行人一百名。[④]

正是这些官设“牙行”的存在，外交使节才能“与民贸易”，形成了所谓的“互市”[⑤]。这样的设置不只是在安远驿，在各地的市舶司中均有安排。如《日本一鉴穷河话海》中记载：

（市舶司）始设于永乐之初。四夷来朝，上许顺带土产互市，而恐奸民欺骗，有失远人向

① ［明］胡宗宪撰：《筹海图编》卷一二《开互市》，《文渊阁四库全书》史部第342册，中国台北，台湾商务印书馆，2008年，第398—399页。

② 万明：《明初“贡市”新证——以〈敬止录〉引〈皇明永乐志〉佚文外国物品清单为中心》，《明史研究论丛》第七辑，2007年。

③ 对市舶司内行人进行分析并考证为牙行的研究可参照前载万明：《明初“贡市”新证——以〈敬止录〉引〈皇明永乐志〉佚文外国物品清单为中心》。

④ ［清］高宇泰撰：《敬止录》卷二〇《贡市考》上，《北京图书馆古籍珍本丛刊》第28册，北京，书目文献出版社，2000年，第455页。

⑤ ［明］王圻：《续文献通考》卷三一《市籴考、市舶互市》，《四库全书存目丛书》子部第185册，济南，齐鲁书社，1995年，第470—474页。

化之心，遵照国初事例，于浙江、福建、广东各设市舶提举司，以隶各布政使司。随设正副提举吏目之官，部颁行人，专主贡夷贸易。[①]

在明朝廷严禁民间与外来商人私自交流买卖的大环境下，这种基于市舶司内牙行的斡旋而进行的贸易，是唯一合法的民间贸易途径。其货物是有别于进贡物、颁赐物的附搭物品，是贡舶贸易中的第三种货物[②]。对于这类货物，国家规定“以五分抽分入官，五分给还价值”[③]。

至于牙行在以上两类贸易中承担中介的历史，可追溯到元代海外贸易管理体系中“保舶牙人”制度的设立[④]。不过当时的牙人还只是民间海外贸易中买卖双方间的公证人，负责对出海船只、船员、商人的担保工作，直到进入明代后，才开始专为贡市贸易服务。而当他们一旦进入了国家制定的朝贡贸易体系，就失去了原本的在民间贸易中的主动性，成为一种带有官营性质的商业组织。为了更好地管理牙行，国家还对任职于市舶司内的牙行进行了更具体的规定。如负责琉球朝贡的福州市舶司，将牙行的人数定为24名等[⑤]。不过无论多少名牙行，他们为国家买入舶来货物的性质总体不变，他们直接将抽分及买入的舶来商品在当地贩卖。虽然在附搭货物的交易上，国家出台了“招商变卖”的政策，但仍然“不许劝借客商银两、及夷商私出牙钱”[⑥]，这也说明在市舶贸易中，原则上仍不允许海外商人与国内商人的直接交流，其贸易行为遭到国家的严密监控，这些现象无一不表现出国家对市舶司牙行的管控。

2. 商舶与中介商

商舶主要为来自“西洋”（特别是葡萄牙及东南亚诸国）的非朝贡商船，在广东的“私澳”（即有别于朝贡船入港港口的另一处港口）与当地居民展开民间贸易。虽然中央朝廷并没有承认这种贸易形式，但当地的官府有按期向这些商人征收商税，因此该贸易类型可以说是获得了当地官府的默许与保护。当然，这种商舶制度从一开始也并不被地方官府接纳。如弘治六年（1493）两广总督都御史关珪就奏称“广东沿海地方多私通番舶，络绎不绝，不待比号，先行货卖。备倭官军为张势越次申报，有司供亿靡费不赀，事宜禁止”[⑦]。但礼部认为“今欲揭榜禁约，无乃益沮向化之心，而反资私舶之利”[⑧]，认为过苛的禁令只会助长走私贸易的盛行，且打击外国来贡的积极性。这一番为商舶贸易的辩护，为当地官府的创收打开了方便之门，广州官府遂于正德三年（1508）开始了对商舶

---

① ［明］郑舜功：《日本一鉴穷河话海》卷七《市舶》，旧抄本影印版，1939年，第18b页。

② ［日］小叶田淳：《中世日支贸易史の研究》，东京，刀江书院，1941年，388—423页。关于附搭货物的性质，还可以分为船员附搭的私货与随船商人的“客商物货”两种。因为外国使节来华船只，有时并非由其国家首脑提供，而是需要其自行解决。如嘉靖年间，湖心硕鼎、策彦周良等人以日本使节身份来华时，便得到了神屋主计等商人的赞助，由商人们提供船只与随船补给。相关史料可参阅牧田谛亮：《策彦入明记の研究》，《牧田谛亮著作集第五卷》，京都，临川书店，2016年。

③ （万历）《明会典》卷一一三《礼部七一·给赐四·给赐番夷通例》，中国台北，文海出版社，1984年，第1664页。

④ ［元］不著撰者：《大元圣政国朝典章》卷二二《户部八·市舶则法》，《四库全书存目丛书》史部第263册，济南，齐鲁书社，1996年，第538—541页。

⑤ ［明］李叔元著，高岐辑：《福建提举市舶司志》属役，北京，燕人出版社，1939年，第14页。

⑥ ［明］林尧俞纂修，俞汝楫编撰：《礼部志稿》卷九二，《朝贡备考·贡禁》，《文渊阁四库全书》史部第356册，中国台北，台湾商务印书馆，2008年，第680—681页。

⑦ 《明孝宗实录》卷七三，弘治六年三月丁丑，中国台北，“中研院”历史语言研究所1962年校勘影印本，第1367页。

⑧ 《明孝宗实录》卷七三，弘治六年三月丁丑，第1368页。

的收税（抽分）[①]。此后，国家虽有出于治安的考虑对商舶进行数次禁止[②]，但由于商舶为地方财政带来的收入实在太巨大，官府不得不放开禁制，“于是番舶复至广州，……所在恶少与市，为驵侩者日繁有徒，甚至官军贾客亦与交通云”[③]。但由于明朝墨守“祖宗成法”的倾向非常严重，中央很难抛开朝贡体制为这些外国商船另设一套管理制度。于是在国家管理的体系之外，由海商自发组织形成了一种被叫作“客纲”的中间商沟通体系。郑舜功《日本一鉴穷河话海》中记载：

> 岁甲寅，佛郎机国夷船来泊广东海上。比有周鸾，号称客纲，乃与番夷冒他国名，诳报海道，照例抽分。副使汪柏故许通市，而周鸾等每以小舟诱引番夷，同装番货，市于广东城下，亦尝入城贸易。又徐铨等，诱倭市南澳，复行日本，因风逆，回泊拓林。……佛郎机国夷人诱引倭夷来市广东海上，周鸾等使倭扮作佛郎机夷，同市广东，……自是，佛郎机夷频年诱倭来市矣。[④]

直到他们引诱倭寇装作佛郎机等国商人混入广东市场，这才引起了广东官员的注意。尽管官府把他们称作诳报海道的不法分子，但周鸾能调度商货到广东市场上贩卖，徐铨等人还能招揽日本商人到南澳来经商，可见他们并非诓骗海商、危害治安的不法分子那么简单，至少在警惕性颇高的海商群体中有着很高的威望与信誉。甚而周鸾自号的客纲，随后还被当地官员所沿袭引用[⑤]。

这些客纲[⑥]之所以“冒他国名”，实际上就是为没有朝贡国身份的海商寻求贸易的合法化。客纲试图通过这种行为，将商船转入朝贡贸易体系，从而减少海商来华贸易的阻力。通过他们的努力，如葡萄牙等西欧国家的海商，终于能顺利地进入广州当地市场，最后在今日的澳门处立足。庞尚鹏在《陈末议以保海隅万世至安事》中记载：

> 往年夷人入贡，附至货物照例抽盘。其余番商私赍货物至者，守澳官验实、申海道，闻于抚按衙门，始放入澳，候委官封籍，抽其十之二，乃听贸易焉。其通事多漳、泉、宁、绍及东莞、新会人为之。椎髻环耳，效番衣服声音。[⑦]

可以看到，这些葡萄牙商人在澳门立足后，招募了很多当“通事”为他们做向导和翻译，这些通事在番商的影响下穿着出现了西化。这些西化当然也不是国家要求下的产物，而是通事们为了

---

① 李龙潜：《明清经济探微初编》，中国台北，稻香出版社，2002 年，第 329 页。

② 参阅［日］岩井茂树：《十六世紀中国における交易秩序の模索—互市の現実とその認識—》，［日］岩井茂树编：《中国近世社会の秩序形成》，京都，京都大学人文科学研究所，2004 年，第 107—112 页。

③ ［明］严从简：《殊域周咨录》卷九《佛郎机》，《续修四库全书》史部第 475 册，上海，上海古籍出版社，2002 年，第 714 页。

④ ［明］郑舜功：《日本一鉴穷河话海》卷六《海市》，民国二十八年旧抄本影印，仙台，东北大学东洋史研究室私制，第 4 页。

⑤ ［明］郭棐纂修：（万历）《广东通志》卷七〇《外志・杂番》，东京，东宝写真工艺マイクロフィルム部，1963 年，第 41 页。

⑥ 在宋代也有类似客纲的称谓叫“纲首”，关于纲首是否为牙行，学界有过一定的讨论，详见赵立人：《纲首与客纲客纪释义》，《海交史研究》，1990 年第 2 期，第 22—24 页。这里，笔者亦认为将纲首直接理解为牙行过于草率，两者还是有若干区别，故将之定义为类似牙行的中介商。

⑦ 庞尚鹏：《百可亭摘稿》卷一《陈末议以保海隅万世至安事》，东洋文库藏清道光十二年重刊本，第 64 页。

拉近与海商的情感距离，更好地为海商服务而形成习惯上的改变。官府也正是通过这些客纲与通事，和海商建立了良好的信用关系，由此稳定了治安，提高了经济，将商舶并入了明朝海外贸易的体系之下①。

当然，“客纲”这种由海商群体自发形成的中间商沟通体系缺乏国家政策的背书，很容易因海禁政策的收紧转为寇舶。如《筹海图编》记载：“市通则寇转而为商，市禁则商转为寇。”②可见商舶与寇舶在从业者的层面是相统一的。不过在寇舶方面，其与中介商又形成了另一种联系。

3. 寇舶与中介商

寇舶原是海盗们将沿海商民的财产据为己有后，再贩卖出去的海外贸易方式，也泛指没有中央朝廷及地方官府背书的走私活动。虽然在当时的朝廷与地方官府看来，从事寇舶的海商既不缴税，也不服从管理，甚而侵害当地商民生命财产安全，是必须铲除的海贼与倭寇。但实际上，由于沿海地区地域上的特殊性，像福建等海域的商民，已半脱离国家的管控，与来自朝鲜半岛、日本岛的海盗们组成了更为紧密的集团，他们从国籍上脱离了明朝、从民族上融入了倭寇团体，从而带有“边缘人群”的特性③。举例来说，这些寇舶的海商，很有可能在国内沿海自有家业，或是将家业托付给自己的亲戚自己出海，或是招揽牙行代替自己出海经营贸易，再通过自己国内的土商身份和当地的乡绅仕宦结成紧密联系，共分寇舶获得的利益，从而达成与地方社会的双赢局面④。这样的利益链当然不会被明朝中央或者当地的官府以正面形象描绘出来，只有当出现债务上的问题，引发治安激变的时候才被官员记录。如洪若皋在《海寇记》中记载：

> 惟庸诛，绝倭朝贡，……商牙、歇家，交相为奸，负倭债累万盈千。⑤

这里之所以会出现“负倭债累万盈千”的局面，很有可能是在明代早期严厉的海禁政策下，地方社会与海商集团还没有形成默契的寇舶贸易渠道，致使货物与货款产生积压之故⑥。而在与来自日本等国的海商展开寇舶贸易的过程中，商牙、歇家等中介商就成了主力军。商牙即前文所述受海商委托出海贸易的牙行，而歇家从其提供住宿的商业功能来看，则主要是为来华的外国海商提供住宿、囤货在内的各种方便。如《海寇议》记载：“杭城歇客之家，明知海贼，贪其厚利，任其堆货，且为之打点护送。如铜钱用以铸铳，铅以为弹，硝以为火药，铁以制刀枪，皮以制甲及布帛丝绵油

① 关于客纲后来的命运，有学者认为是转变为后世的广东十三行。参阅李龙潜：《明代广东对外贸易及其对社会经济的影响》，广东历史学会编：《明清广东社会经济形态研究》，广州，广东人民出版社，1985年，第305页。但也有学者认为广东十三行是海商把中国的牙行为己所用后而产生。参阅章文钦：《明清广州中外西贸易与中国近代买办的起源》，广东历史学会编：《明清广东社会经济形态研究》，广州，广东人民出版社，1985年，第315页。

② ［明］胡宗宪撰：《筹海图编》卷十一《经略一·叙寇原》，《文渊阁四库全书》史部第584册，中国台北，台湾商务印书馆，2008年，第278页。

③ ［日］荒野泰典：《日本型華夷秩序の形成》，《日本の社会史》卷一《列島内外の交通と国家》，东京，岩波书店，1987年；村井章介：《中世倭人伝》，东京，岩波书店，1993年。

④ ［日］佐久间重男：《日明関係史の研究》，东京，吉川弘文馆，1992年，第223—256页。

⑤ ［清］洪若皋：《海寇记》，《台湾文献丛刊》260种，中国台北，台湾银行经济研究室，1968年，第43页。

⑥ 胡铁球：《明清海外贸易中的歇家牙行与海禁政策的调整》，《浙江学刊》2013年第6期对该条史料作了更为细致的阐释。当然，笔者并不认同胡先生将歇家与牙行混同为一的观点。

麻等物，大船装送关津，略不讥盘，明送资贼，继以酒米，非所谓授刃于敌，资粮于盗乎？”① 可见这些歇家利用自己的设施为寇舶海商提供仓储和押运服务，还有些则连寇舶海商的物资与武器也一并提供。

如上所述，由地方乡绅仕宦提供庇护，加之地方社会中的牙行歇家提供便利，这才使寇舶在明代严厉的海禁政策下能顽强地生存下来。特别是民间的牙行与歇家等商业组织，在利益驱动下为海寇提供援助，让寇舶在明代的海外贸易中占据一席之地，可见中介商阶层在当时社会中的活跃程度。

以上四种贸易形式，组成了明代“朝贡—海禁”体系下中国海外贸易的基本框架。在这框架内，如体制内部的市舶司牙行负责贡市贸易，体制外部的客纲负责商舶与朝贡体系的对接，牙商、歇家负责让寇舶顺利开展甚而演变成“寇乱”，引起国家对民间对海外贸易诉求的重视。除了市舶司内的牙行因为被编入朝贡体系变得被动以外，其余的中介商都表现出想要破开“朝贡—海禁”体系禁制，让国内商品进入海外市场的主动性。

（二）近世日本（战国至德川幕府初期）的对外贸易政策与中介商

国内学界对日本近世海外贸易研究的关注度向来甚少，关于近世日本对外关系的考察也受制于史料及意识形态的影响，往往结论片面且一知半解。在这里对这些问题也一并梳理。

首先，近世（战国至德川幕府时期，1467—1868）日本与中世（平安至室町幕府时期，794—1573）日本在国家体制上有很大的不同。如果说平安至镰仓时代（1185—1333）是日本全盘学习隋唐制度，建设律令制国家的时期，那么在镰仓至室町时期，这种全盘汉化的进程被日本本土武士集团的崛起所打断，之后的日本走上了武家政治为主体的“幕藩制国家”道路。这种国家体制上的改变，到战国至德川初期（1603年以前）到达一个顶点。从战国末期，丰臣政权（1585—1603）向东亚诸国发送的文书来看，日本对各国的态度分为对等关系的交易国和近似于国内大名国的服属国两种。如明朝、印度及西欧来航的南蛮诸国等，都属于平等关系的贸易国，特别是对明朝，主要是想恢复勘合贸易②。而对于中国台湾地区，以及朝鲜、琉球乃至菲律宾等诸国则被归类为附属国③。在这样的认识下，丰臣政权被朝鲜不屈服于其逻辑的态度激怒，遂开始了对朝鲜的侵略（即中国：万历朝鲜之役；朝鲜：壬辰倭乱；日本：文禄、庆长之役）。这种带有侵略性的国际秩序构建手段，随着丰臣秀吉的死去、政权的更迭而很快被废弃，转而在德川秀忠（德川幕府第二代将军，1605—1632年在位）时期形成了“大君外交”体制④。这种外交体制，不同于丰臣秀吉政权时期靠对外侵略编成国际秩序的倾向，是一种以和平的外交手段建立国际关系的“日本型华夷秩序”构想。这种

① ［明］万表撰：《海寇议》前卷，《四库全书存目丛刊》子部第31册，济南，齐鲁书社，1995年，第38页。

② 关于勘合贸易的研究可参照［日］田中健夫：《勘合符、勘合印、勘合貿易》，《日本历史》第392册，1981年，后收录于田中健夫著：《対外関係と文化交流》，京都，思文阁出版，1982年。

③ ［日］藤木久志：《豊臣平和令と戦国社会》，东京，东京大学出版会，1985年。

④ ［日］荒野泰典：《近世日本と東アジア》，东京，东京大学出版会，1988年；同：《鎖国と海禁の時代》，东京，校仓书房，1995年；［日］纸屋敦之：《大君外交と東アジア》，东京，吉川弘文馆，1997年；［美］ドナルド・トヒ：《近世日本の国家形成と外交》，东京，创文社，1990年。

构想虽比丰臣时期的对外政策要和平得多，但仍保留了丰臣政权将琉球等国视为宇内的主张，在这基础上建立起复杂程度不亚于中华五服的秩序体系[①]。在这逻辑上，德川幕府于庆长十四年（1609）开始做了一系列对外政策的调整，如签订对马朝鲜间“己酉条约”恢复朝日邦交，派遣有马晴信出兵台湾，允许萨摩岛津氏进攻琉球，在松平领平户开设荷兰商馆、唆使晴信在长崎港口烧毁葡萄牙船只等[②]。与此体系相对应的，日本国内也逐渐走上锁国道路。其逻辑和明朝类似，也是出于巩固政权[③]、维护治安、独占贸易等利益考量。独占贸易层面，幕府规定民间不得保有500石以上的大船（类似明朝的船只管理规定），限制日本西部地区大名的对外贸易自由，庆长十六年（1611）还恢复了对明朝的勘合贸易，更策划将来航的明船（唐船、唐人）集中到长崎以方便管理[④]。经历了这一番政策变动后，最终在宽永十八年（1641）完成了“锁国”[⑤]。

在日本的锁国政策下，长崎奉行（当地最高行政长官）首先介入了日本的对外贸易中。他们严格按照幕府的规定，禁止海外商品的囤积，严禁武士与海外商人的面谈交易。之后的宽文十二年（1672）开始，随着新的对外贸易法“市法商法”的出台，长崎奉行获得了对海外商品管控权，并于元禄十一年（1698）设立了长崎会所来专门分配这种权利，自此使长崎的海外贸易实现“官营”化[⑥]。

在日本如上的对外贸易体系中，自然也少不了当地中介商为海商与本土商人斡旋。他们主要有以下几种类别：

1. 为来日华人提供斡旋与担保的“住宅唐人”（也称差宿制，私营船宿）。他们一开始是从中国而来（或有中国文化背景）的商人，为商贸旅居日本，后来和当地日本人及其他渡海而来的商人一起逐渐形成了紧密的商人团体[⑦]。在锁国以前，他们自由地进出日本港口，用数艘小船，每船搭载5贯（1贯=3.75千克，120两）至15贯程度的货物往来贩卖，时而携带家眷穿梭在各国间，还收留中国人住宿。到了宽永期间（1624—1643）随着资本的积累，他们已经在日本获得了住宅等固定资产，主要为来自中国的商人提供住宿、商品保管仓贮、交易斡旋、出口商品调拨、贷款斡旋、出港后剩余商品的委托贩卖等商贩上的便利（这些业务可以被简单地称为“船宿”）并靠收取被称为“宿口钱”的中介费维持生计[⑧]。但是随着锁国制的彻底形成，他们被幕府在法律上归化为日本人，

① 可以大致认为，御三家、御三卿、一门为甸服，外藩大名（如岛津、伊达、前田等）为侯服，虾夷（北海道阿依努）、隼人（土蜘蛛，九州岛）地区为绥服，琉球、中国台湾、吕宋（菲律宾）为要服，南蛮、东南亚诸国为荒服。

② ［日］中村质：《近世長崎貿易史の研究》，东京，吉川弘文馆，1989年，第148页。

③ 如消灭基督教徒（切支丹、キリシタン）就是从意识形态上统一国民思想的措施。

④ ［日］岩生成一：《朱印船貿易史の研究》，东京，弘文堂，1958年，第190—191页。

⑤ ［日］中村质：《近世長崎貿易史の研究》，东京，吉川弘文馆，1989年，第215—260页。

⑥ 这是江户时期日本贸易制度三大框架的其中之一，剩下的两条为，一、将全国商人按资本、交易量等项目罗列出来，按比例分配海外商品的配额；二、将长崎町下的住民（市法商人）组织起来承担对外国船的看守任务。参照［日］中村质：《近世長崎貿易史の研究》，第316—322页。

⑦ 由于明朝原则上也不允许中国人出海贸易，所以在日本的所谓唐人，其身份值得推敲。他们或许是在明朝境内被通缉、失去身份的海盗倭寇，或许是在明朝境外其他华人定居点生活的华侨，又或许是朝鲜、吕宋等国会说华语的非中国人。他们不一定是来自一个国家一个种族，但在东亚海域这个国境线暧昧的边缘地带，因商业利益与航海文化凝结成了一个较为紧密的团体，又由于当时的中华文明在东洋海域的绝对主导性，所以语言文化上构成了中华文明为主的唐人社会。

⑧ 相关史料可参阅国书刊行会编：《通航一覧》卷一五六《長崎御用书物、古集记》，东京，东京国书刊行会，1913年。

个人的海外贸易经营受到打压，在幕府的政策（也称“宿町付町”[①]政策，是对来日贸易商人的严格监控、变相驱逐）下行业的发展进入寒冬。

2. 在官营贸易制度下负责唐船贸易具体事宜的“町年寄”[②]（也称“总振船”[③]制，公营船宿）。随着宽文六年（1666）长崎新奉行的到任，宿町付町政策被全面施行，民间特定个人的船宿业务被打压，随之而起的是在长崎各町形成以“町年寄”（每个町的最高负责人）为顶点的行政机构，由他们来掌控交易、出港等贸易的全部业务。其详细的业务流程具体来说，即当唐船入港之际，由奉行所的“与力”（协助工作的检查官）朗读、唐通事翻译日本的入港法度，检查违禁品，之后将物品清点整理，安排各宿町的“人足”（相当于国内的脚夫）运送至宿町所辖的仓库。同时安排船长等人住宿在“乙名”（也称宿老，村落、宿町中的富户代表）宅中，其他船员安置到同町内其他房屋内居住。在这之后，严格管控来日海商，并负责为他们调拨想要收购的货物，并且还倾向于对海商的出海后的行动也加以约束（诸如让海商们签写“出船书物”，承诺不携带违禁带出品，不去日本其他港口停泊，不和吕宋等基督教地方联络，不做海盗等）[④]。

3. 官营贸易制度下，为一般唐人提供商业便利的“小宿”。小宿的构成人群，和住宅唐人类似。或者说，是住宅唐人在适应了总振船制体系后形成的新型中介团体。他们一开始的业务只是提供给来日华人住宿方面的便利。由于来日唐船的大多数货物都是一般船员的，町年寄所负责的船长等人员及货物只是总船人口、货物的一部分，剩下的船员、货物安置都需要分散到町内各个船宿中，这就使得原本的住宅唐人还能和船员个人结成直接的联系。从和宿町提供的服务来比较，如果说宿町提供的是（1）船长等人的住宿、（2）船长货物的保管，则小宿就是提供（1）一般船员的住宿、（2）一般船员的货物保管。他们不能独立于宿町制而存在，因为除了和一般船员签订契约外，像商品的递交、代银取立（汇票的委托收取）等业务还需要通过宿町来进行，且即便是契约也要在宿町人员的监督下进行。而小宿为了能获得经营的许可，又必须向宿町交纳既得口钱额的三分之一，以此形成了与宿町之间的利益联系[⑤]。

从上可见，日本幕府对海外贸易政策的改变，即幕府将原本民营为主的海外贸易官营化后，其贸易体系下服务于中日贸易的中介商团体，也出现了巨大的改变。简要来说，即差宿制体系下以住日华人为主的住宅唐人的中介商，转变为了总振船制体系下，以长崎当地日本人为主的町年寄等中介商，而原来的住宅唐人为了继续生存下去，努力与幕府的官营化海外贸易体系相结合，构成了依附于宿町之下的小宿等中介商团体，为来日的“唐人”提供住宿与囤货方面的便利。

---

① 宿町付町政策可以简单概括为，自 1635 年幕府将来航唐船集中在长崎以后，不再允许海外商人来日本定居。在此之前已定居日本的中国人（住宅唐人）则当作日本人来管理。新来的海外商人只允许在贸易时停留在日本。在此之上，也禁止日本人与 1635 年后来日的海商通婚（《通航一覧》卷四，第 187—190、226—228 页）。

② 这些町年寄从职务上来看，是幕府设置的役人。但这些役人是从商业町中家业深厚的商人中抽选出来，本身就带有鲜明的商人性格，且还如差宿制下的住宅唐人一样担任中介工作，所以可以将之认定为中介商。

③ 振船是指，当差宿制无法解决来日唐人的问题（如唐人提供的住宿町名人名错误，导致无法找到正确的住宿点）时，由长崎各町轮番决定海商的入住町并收取宿口钱。参阅［日］安野真幸:《鎖国後長崎唐人貿易制度について》,《法政史学》卷一九，1967 年，第 75 页。

④ 《通航一覧》卷四，第 187—200 页；日本内阁文库藏《唐通事会所日録》卷一，第 75、87—89、151—153、161—163 页。

⑤ 参阅［日］安野真幸:《鎖国後長崎唐人貿易制度について》，第 81 页。

以上是中日两国在明朝与日本（战国至德川幕府初期）的对外贸易体系与服务于该体系下的各类中介商。可以看到明朝与德川幕府，都用排外的“华夷秩序”逻辑建立对外关系，在这之下，用海禁、锁国政策独占外贸利益，打压民间海外贸易的生存空间。但民间的海外贸易并未因此而偃旗息鼓，转而通过不懈地努力，积极融入国家的官营外贸体系。在这之中必须要提及的是，幕府虽然对中国的市场抱有很大的开放度，但因为明朝朝贡海禁政策的存在及对日本抱有的长久以来的敌视，在朝贡贸易方面，日本只能十年一贡，贡船不超过三艘，根本不能满足日本正常的唐货需要。在这背景下日本在长崎招待的所谓唐船，大多数都是明朝政府视为海盗倭寇的寇舶海商，其贸易缺乏程序上的正义。因此，如何从中国获得大量而稳定的供货，就成了一个重要的问题。在这样的考量下，与日本隔海相望的琉球就成为十分重要的供货渠道，这也是日本觊觎琉球的一个重要原因。对此的探讨将在下文中进行。

二　中国、日本、琉球的三边关系与中介商

琉球王国因为其特殊的地理环境，很早就被学者认为有中日两属的特性，不过中日两国的研究者对之进行的考察在角度上有着本质不同。特别是国内的许多学者，在语言与史学功底上有着二者无法兼具的客观原因，使得中日琉关系历史问题的研究无法深入。基于这个原因，下文将在梳理中日琉三国经济交流脉络的过程中加入日本学界的研究成果予以阐述。

（一）中国与琉球

琉球作为明朝朝贡体系下的进贡国典范，有着相对较短的进贡周期（两年一贡）。这除了进贡路线较其他国家为近的地理原因外，和往来于中琉之间的贸易很早就频繁地开展起来也有关系。待洪武五年（1372）明朝派招抚使前往琉球时，中琉双方已有相当熟练的翻译（通事）从中斡旋。在明朝于洪武二十五年（1392）册封琉球中山王以后，更“赐闽人三十六姓善操舟者”[①]，使琉球能获得充足的航海人才与翻译人才，以确保琉球进贡（冠船贸易）的顺利。从琉球方的史料《球阳》来看，闽人三十六姓的到来也是十分重要的事情：

> 太祖赐闽人三十六姓。王遣使入贡时，……乞赐职加冠带使本国臣民有所仰止以变番俗。太祖从之，更赐闽人三十六姓，始节音乐、制礼法，改变番俗而致文教同风之盛，太祖称为礼义之邦。……又曰，三十六姓，或老而返国，或留而无嗣。今仅存者，惟有蔡、郑、林、梁、金五家耳。[②]

这些闽人带来了中国的语言文化、礼乐与法度，由此开始了对琉球当地风俗的改变，琉球因此

① （万历）《明会典》卷一〇五《礼部六三・朝贡一・琉球国》，中国台北，文海出版社，1984 年，第 1587 页。

② ［清］郑秉哲、蔡宏谟、梁煌、毛如苞等撰：《球阳》卷一《察度王》，高津孝、陈捷主编：《琉球王国汉文献集成》第七册，上海，复旦大学出版社，2012 年，第 89 页。

逐步走上了汉化的道路。这些闽人三十六姓中留在琉球的后裔尽管不多，但在日后都成了琉球方的翻译（夷通事），如夏子阳在《使琉球录》中有记载：

> 洪、永二次，各遣十八姓为其纪纲之役，多闽之河口人，合之凡三十六姓，并居彼国之营中。子孙之秀者，得诣书南雍，俟文理稍通，即遣归为通事，得累升长史大夫。今所存者仅七姓，缘所居地狭，族类不能蕃故也。每科司出使，必以河口土著人充通事，谓之土通事。七姓充者谓之夷通事。土通事能夷语，夷通事能华语。七姓言语、衣服与夷无别，仅以椎鬟别之。鬟居中者七姓，居偏者夷种也。七姓男虽贤，不为国婿，女虽美不为王妃，盖其祖训然尔。国之政事，分委于职官，其最尊者曰三法司，即国相，率王之母舅妻父任之。其次有察度官以司刑名，有耳目官以资访问，有哪霸官以理钱谷，其法似以亲亲兼贤贤云。大夫长史则专主封贡，不与其政事。①

闽人三十六姓都是从福州河口土著中招募，而中国方面在日后也招募河口地方的土著作为赴琉球翻译（土通事）。因此，夷通事和土通事本质上就是同乡，两者勠力同心，共同保障中琉贸易的顺利进行。这里，国家对土通事的选任也十分值得注意。因为礼部选定的土通事都来自福州河口附近，这很有可能是当地有来自琉球的海商长期居住，乃至形成一个较大的琉球人聚落所致。而对于在福建已定居下来的琉球人，明朝也作了相关规定。如《明宪宗实录》记载：

> 福建三司官奏，琉球国夷人，先因进贡，潜居内地，遂成家业，年久不还本国者，乞尽遣之。事下礼部集议，如其人曾承户部勘合，许令入籍者，仍旧余如所奏，从之。②

可见当时应已有大量琉球人随着琉球的进贡贸易到福建定居，这也就形成了当地人学习琉球语的传统。明朝将这些琉球人归化为中国人后，再从中选取土通事接受中琉之间的贸易工作也就十分自然。

而三十六姓闽人来到琉球后，主要是在那霸附近的久米村定居。由于他们从中国带来先进的航海、农业等技术，还在与中国的贸易中占据语言上得天独厚的优势，因此很快就被吸纳入琉球的统治阶层。如《明宪宗实录》记载：

> 琉球国中山王长史蔡璟，以祖本福建南安县人，洪武初奉命于琉球国导引进贡，授通事。父袭通事，传至璟，升长史，至是，奏乞照例赐诰，封赠其父母。下吏部，以无例而止。③

---

① ［明］谢杰著：《琉球录撮要补遗琐言附》，［明］夏子阳：《使琉球录》卷下，《续修四库全书》史部第482册，上海，上海古籍出版社，2002年，第687页。

② 《明宪宗实录》卷一〇三，成化八年四月丁亥，中国台北，“中研院”历史语言研究所1962年校勘影印本，第2022页。

③ 《明宪宗实录》卷六五，成化五年三月壬辰，第1313页。

可以看到如代表琉球中山王前来进贡的长史蔡璟，原籍福建南安县，是由洪武帝下赐琉球三十六姓闽人的后裔。他们家族原世袭通事的职位，直到蔡璟这一代，官至长史（琉球国王府内长史司的最高长官，分左右长史，是辅佐琉球王、传达王命的重要官职）①，随进贡船队前往中国，期望为父母获得明朝的封诰。

这些通事在为中琉两国的使节担当翻译之时，当然也承担起贡市贸易中的相关工作。如《历代宝案》第二集，卷一八八，第二号文书记载：

> 令土通事将交易客商姓名、兑买物件安名折报。事俊，着令福防厅汇造细册，送司查核。②

即，担任对客商的姓名及交易货品的登记报告工作。在这之外，他们还监视互市市场的交易，保证买卖的公平合理③。正是在他们与市舶司内牙行的努力下，才使琉球的贡市贸易得以顺利展开，给中琉两国之间带来利益。

琉球虽然地方狭小物产贫瘠，但在中国朝贡贸易体系下，以自己身份上的便利活跃在中国与海外的市场之间，遂发展成为万国津梁，可以说是趁着中国政策的东风繁荣起来的幸运儿。但随着邻国日本的统一与崛起，这种幸运也很快招致日本的觊觎，下文详述之。

（二）日本与琉球

日本对琉球的渗透、控制，站在中国的角度上看是一场军国主义的侵略，但站在日本方的角度来看，却约等于一场国家内部的统一战争。从史料来看，日本幕府将琉球视为国内大名的证据，在室町幕府时期就已出现。日本学者研究发现，足利将军在与琉球国王通信时，采用的是给家臣的私人信件格式，且信中使用日本年号。据此认为，室町幕府在对琉球王国的交流中，采用的是比一般国家往来间更暧昧的近似于君臣关系的态度，以此表达和琉球之间的亲近④。当然，这只是日本方一厢情愿的逻辑，琉球方在与日本的交流中始终强调自己明朝属国的身份⑤。必须指出的是，在文化方面日本也给琉球带去了诸多影响。如嘉靖十二年（1533），明朝的琉球册封使陈侃在其报告书《使琉球录》中记载：

> 国家之初，朝贡固无定期。今每二年一举，……迩如蔡延美、郑赋、梁梓、蔡瀚等，皆俊秀可教，曾比学中国，授业名儒，今皆补为长史都通事等官。……陪臣子弟与凡民之俊秀者，

---

① 琉球首里尚侯爵家中城御殿所藏：《琉球国中山王府官制》（日本东北大学东洋史研究室私制）中记载“正三品、正议大夫。（明初赐三十六姓　中山。命程复、王茂为国相、兼长史事，掌贡典。嗣以长史，奉贡为例。后航海及数次者，诰封正议大夫荣归。大夫名号，昉于是矣。）……长史：采地一邑，禄二十石。（自家俸禄在外。）”

② 可简略写为《历代宝案》2-188-2。以下皆按该格式引用《历代宝案》史料。

③ 《呈禀文集》44号文书。原文未见，参阅［日］西里喜行：《中琉交涉史における土通事と牙行（球商）》，《琉球大学教育学部紀要第一部・第二部》第50集，1997年，第66页。

④ ［日］田中健夫：《文書の様式より見た足利将軍と琉球国王の関係》，《对外関係ち文化交流》，京都，思文阁，1982年。

⑤ 如1461年，琉球在给日本岛津氏回信时，奉明朝正朔。参阅《旧记杂录》前篇二，第1370条。

则令习读中国书以储他日长史通事之用，其余但从倭僧学书番字[①]而已。[②]

可见当时，汉文是琉球上层精英间学习的语言，学习优秀者有去中国留学的机会，学成之后，更是能出任长史、通事等官员，成为琉球国家机构中的要员。而与之相对的，在琉球民间，则普遍接受来琉日僧的影响，开始普及片假名的使用。这可能是日本僧侣热心传教，又片假名较汉字容易学习之故[③]。从中也可以看到，由于琉球的统治阶层、精英阶层垄断了汉文教育的渠道，使得自明初闽人三十六姓传来的中国文化没有广泛传播开来，只是聚集在一个相对封闭的小团体内（如那霸久米村），而琉球民间则由于倭僧的传教而使日本文化迅速传播开来，长此以往逐渐造成琉球国内部的阶级分裂[④]。在 1609 年，日本萨摩藩岛津氏派 3000 名士兵就轻易地征服了琉球或许就与此有关。即，琉球民间更认同日本文化，使得对日本侵略的抵抗变得分外消极。那么，是什么原因致使岛津氏于 1609 年大举入侵琉球呢？这也和岛津氏一直视琉球为禁脔的态度有关。事实上，早在本能寺之变（1582 年 6 月 2 日）刚发生，羽柴秀吉（即后来的丰臣秀吉）刚完成与毛利氏的停战协议（6 月 6 日）正准备挥师与明智光秀交战（实际接战为 13 日）之际（6 月 8 日）其属下家臣亀井兹矩就向秀吉讨要琉球守（琉球最高军事长官）的职位[⑤]。当时琉球属于岛津的势力范围，但岛津还尚未臣服于秀吉，因此秀吉就给亀井氏开了这个空头支票[⑥]。待岛津氏降服以后，为了向秀吉证明琉球已在自己的统治之下，便在秀吉策划侵略朝鲜之际，以萨摩、琉球两地的名义承担了 15000 名士兵的出兵配额。琉球方当然不愿意承担这笔军役，于是只以协助方（与力）的名义，在口头上答应岛津家提供 7000 人 10 个月的兵粮。尽管琉球到最后也只是象征性地给岛津家提供了部分军粮，但在当时的日本政权看来，已经就此形成了丰臣（最高政权）—萨摩岛津（大名）—琉球（大名家臣）的封建体系。换言之，只有让丰臣政权认为琉球已经被其统治，岛津氏才能保住对琉球的利益独占。待日本政权更迭，德川幕府成立以后，德川家康也接受了这种观点，遂在处理琉球船漂着（即船只因风浪迷失航道，来到日本非指定登陆口岸）事件时，屡次要求琉球以岛津附庸的身份派遣谢礼使。在琉球方对日本方的谢礼要求予以无视，又拒绝为中日复交斡旋的前提下[⑦]，岛津终于发动了对琉球的入侵。战争于 1609 年 3 月 4 日开始，5 月 5 日结束，一路上虽然遇到琉球方的抵抗，但比

① 当时明朝将日本平假名称为番字，片假名称为球字。参照何慈毅：《明清时期琉球日本关系史》，南京，江苏古籍出版社，2002 年，第 23 页。

② ［明］陈侃：《使琉球录》卷一《瀛虫录、星槎胜览》，《续修四库全书》史部第 482 册，上海，上海古籍出版社，2002 年，第 517—518 页。

③ 当然，日本僧侣能在琉球畅通无阻地传播日本文化，也是因为其有着丰富的汉文素养，为琉球人提供学习汉语的便利之缘故。

④ 琉球的统治阶层为了更好地统治民众，在 15、16 世纪左右还开始在国内的公文中推行假名。参阅［日］高良仓吉：《琉球王国の構造》，东京，吉川弘文馆，1987 年。

⑤ ［日］田中克行：《亀井琉球守再考——亀井兹矩の官途の変遷について》，《古文書研究》第 46 卷，1997 年，第 39—53 页。

⑥ 实际上，对秀吉来说，征服琉球也是其前家主织田信长征服明朝计划的一部分，秀吉也可能是通过对信长计划的继承，宣示自己作为信长继承人的正统性。相关观点可参阅［日］纸屋敦和：《亀井琉球守考：豊臣政権の琉球支配》，地方史研究協議会编：《琉球・沖縄——その歴史と日本史像》，东京，雄山阁，1987 年，第 35—40 页。

⑦ 当时岛津家因家臣过多导致财政入不敷出，急需打开与明朝的贸易缓解财政赤字，这也是岛津家积极入侵琉球的原因。与此相反，德川幕府因为担心对琉球的入侵会刺激到明朝，反而尽可能地试图阻止岛津的入侵计划。参阅［日］上原兼善：《幕藩制形成期の琉球支配》，东京，吉川弘文馆，2001 年，第 57—88 页。

预想的要顺利许多。随后当时的琉球国王尚宁被押往江户，7 月 7 日岛津家就获得了冲绳岛检地活动的资格。通过该次检地，琉球的领土像日本土一样被区划，并分配石高（田赋）算入了萨摩岛津氏的财源内，至此琉球在经济财政方面与日本联为了一体。

占领琉球后，日本十分关心明朝的态度，然而明朝方面一开始只是对琉球遭到日本的入侵表示同情，并减少了琉球的入贡周期了事①。随后万历帝从浙江总兵官杨崇业的奏文中获知“日本以三千人入琉球执中山王，迁其宗器。三十七、八两年叠遣贡使，实怀窥窃。近又用取对马岛之故智，以愚朝鲜”②，遂出于担心日本像侵略朝鲜那样的故技重施，对琉球的入贡作了极为严密的检查：

> 福建巡抚丁继嗣奏，琉球国夷使柏寿、陈华等，执本国咨文，言王已归国，特遣修贡。臣等窃见琉球列在藩属，固已有年。但迩来奄奄不振，被系日本，即令纵归，其不足为国明矣。况在人股掌之上，宁保无阴阳其间。且今来船只，方抵海坛，突然登陆，又闻已入泉境，忽尔扬帆出海，去来倏忽，迹大可疑。今又非入贡年分，据云以归国报闻，海外辽绝，归与不归，谁则知之。使此情果真，而贡之入境有常体，何以不服盘验，不先报知，而突入会城。贡之尚方有常物，何以突增日本等物，于硫磺、马、布之外，贡之赍进有常额，何以人伴多至百有余名。此其情态已非平日恭顺之意。况又有倭夷为之驱哉。但彼所执有词，不应骤阻以启疑二之心，宜除留正使及夷伴数名，候题请处分，余众量给廪饩，遣还本国。非常贡物一並给付带回，始足以壮天朝之体。因言闽中奸民视倭为金穴，走死地如鹜，绝兴贩以杜乱萌，又今日所宜亟图。章下礼部，覆如抚臣言。③

可以看到，从贡期的违反、贡船的形迹可疑、贡物中日本货的夹带等细节，明朝官员推断琉球与日本勾结在了一起，但并没对此作出积极的应对④。

之后，萨摩岛津氏对琉球颁布了一系列法令，试图以此控制琉球的贸易。如 1611 年，岛津氏下令：

> 萨摩御下知之外，唐江誂物可被停止之事。……从萨州御判形无之商人，不可有许容事。……从琉球他国江商船，一切被遣间敷之事。……庆长十六年辛亥九月十九日。⑤

从中可见，岛津氏通过这些法令控制了琉球的所有对外出口商品，并禁止船只在没有岛津氏的

---

① 《历代宝案》1-1-195。

② 《明神宗实录》卷四九六，万历四十年六月庚午，中国台北，“中研院”历史语言研究所 1962 年校勘影印本，第 9342—9343 页。

③ 《明神宗实录》卷四九七、万历四十年七月己亥，第 9363—9365 页。

④ ［日］上原兼善：《幕藩制形成期の琉球支配》，第 95—107 页。

⑤ ［日］鹿儿岛县历史资料中心黎明馆编：《旧記雑録後編》第 66 集，卷 4，第 860 号（可简写为《旧記雑録後編》66-4-860，以下皆按该格式引用），鹿儿岛，鹿儿岛县，1986 年。

允许下擅自前往琉球，还禁止琉球向他国派遣商船。此外岛津还在琉球设置了“在蕃奉行”（日本在琉球的最高行政长官，用以监视琉球的政治动向，落实幕藩制度的施行），规定在琉球需要申请岛津家颁发的高札（经营许可证）才能经营买卖，禁止琉球人（及日本人）为渡唐船隐投银（即禁止借款给去中国贸易的商人），禁止日本人住宿在琉球等，以确保对琉球经济的彻底封锁①。

通过以上政策，萨摩岛津氏终于将琉球在行政制度上与日本本土绑定在了一起②，岛津家也终于彻底控制了琉球的经济命脉，并开始通过操控琉球的对中国贸易（冠船贸易）来解决自己的财政危机③。对此的探讨在下一节中详述。

（三）中日琉三边贸易关系掠影——冠船贸易与诡索王银事件

岛津氏控制冠船贸易的第一步就是设置“冠船奉行”（冠船贸易的最高负责人），这使得岛津氏的政令能直接传达至冠船，避免冠船上的长史、通事等在到达中国后引起不必要的麻烦。在这基础上，岛津氏通过向幕府、大阪商人，乃至向领内家臣借款的形式，为每回进贡贸易凑出1000贯（1贯等于3.75千克，120两）白银（约等于120000两白银）的本钱用以购买贸易货物④。这笔钱大多被投在对中国丝绸的购买上。但由于丝绸在明朝是出口违禁品，因此很容易遭至明朝官府的没收，导致血本无归⑤。日本学者把琉球（岛津）收购的丝绸（生丝、白丝、湖丝）被官府没收事件认作是中国牙行的“王银诈取”（诡索王银），且分为两个时期来探讨⑥。首先是1634年（即崇祯七年、宽永十一年）明朝境内商人欠琉球方湖丝4594斤，总额4998两的货物无法交付。这些银两由于是被分给明朝境内的31名牙行，因此琉球王府在1636年，以琉球三司的名义致信明朝福州知府等衙门，要求逮捕诡索王银的犯人，追还银款（最好是能直接获得相等价值的丝绸）⑦。第二次诡索王银则发生在1636年（即崇祯九年、宽永十三年）。在1638年，当琉球再度派冠船朝贡时，其咨文表示，琉球方在两年前又被牙行骗取白银39876两⑧，所涉及牙行已达到59人，其中19人还和第一次诡索王银事件有所牵扯⑨。从当时福建市舶司额设的牙人数量（共5人）来看，这些牙人当不是市舶司下辖牙人，而是在国内市场上从事商品斡旋的一般中介商。可以判断，当时的冠船贸易，在暗地里已越过了明朝的禁制，琉球（岛津）已经直接与中国中介商展开交易。这是一种基于国际间的

---

① 《旧記雑録後編》66-4-892。此时，岛津氏为了彻底改变琉球的旧习，还派遣使者定期视察，由此也加快了琉球的日化。

② 由于担心琉球的彻底日本化会遭至明朝方面的过激反应，对琉球人在文化风俗上的日化，幕府还是采取了限制措施。可以说琉球通过册封朝贡体系暂时摆脱了被日本幕府彻底吞并的命运。详细可参阅［日］纸屋敦之：《幕藩制国家の琉球支配》，第29—31页。

③ 到1630年（宽永三年）的时间段，岛津家已欠款达到7000贯，约等于84万两白银。参阅琉球新报社编：《新琉球史》近世篇（上），那霸，琉球新报社，第126页。

④ 《旧記雑録後編》83-5-466。与此形成鲜明对比的是，由琉球国王投入的白银大约只有80贯。参阅《旧記雑録後編》85-5-563。

⑤ 《历代宝案》1-08-21，福建等处承宣布政使司为遵旨看议具奏：“琉球贡使贸易白丝，或准其现在，绝其将来，饬行彼国，此后贡年，自布帛器用外，不许市及白丝，永垂为令。”

⑥ ［日］土肥祐子：《中琉の貿易における王銀詐取事件——〈歷代宝案〉第一集より》，《史艸》第35号，1994年，第174—194页。

⑦ 《历代宝案》1-20-03、1-20-04。

⑧ 《历代宝案》1-20-09。

⑨ ［日］土肥祐子：《中琉の貿易における王銀詐取事件——〈歷代宝案〉第一集より》，第180—189页。

商业信用才能建立起的交易行为，因为没有国家制度的背书，琉球（岛津）方只能相信市场上的牙行会在收到货款后履行帮其购买丝绸的承诺。由于这种丝绸交易被明朝所禁止，牙行完全可以在拿到货款后不履行购买义务。但牙行还是履行承诺，为琉球购买了丝绸，并形成了一种长期的合作关系，这才使得萨摩岛津氏能在之后下定决心投入巨款 12 万两白银购买丝绸，并造成日后的巨额损失。既然生丝的出口为明朝所禁止，那么如何越过市舶司的监管进行交易就成为关键问题。《中山世谱附卷》卷一《尚丰王》记载：

> 丙子年（崇祯九年），正议大夫林国用赴闽上京。时朝寿为贸易事，奉使入闽。奈是岁，大和公银十万两，琉球公银二万两，共计十二万两，令买丝绸等物。朝寿预知近来贸易至难，而今以白银十二万两，令买货物，此其非力之所能及。再三固辞，而不被许，带银到闽，但见海贼甚多，而外国通商，亦以严禁。当是之时，无谋可施，其所带银两，将就带回。司价佥曰："琉球官员，往商人家密看丝绸，寄置牙行。当临行时装载贡船，事辄可成"云。由是役与司价自往商人家，拣看丝绸，明白固封，寄在他家。其银立券字与商人，其丝绸等物，渐渐搬移，而收三分之一，偶有人告状，商人被拿捕，丝绸被夺，皆送收官府。故司价遁去以避罪。于是要讨收本银，留滞于闽。然而不能讨收，至戊寅（崇祯十一年）六月回国，禀明此事。[①]

可知是"司价"从中斡旋才使得琉球购买丝绸成为可能。其具体操作是，让琉球商人随司价前往商人处看货，看中后付钱，再把货物寄存至牙行处，利用牙行的设施囤货直至临走时再装上贡船。这里的司价即是可以与琉球商人接触的人，推断从属于市舶司，他们管控价格且有寄存货物的设施，很明显就是市舶司下辖的牙行。他们与市场上的牙行同气连枝，为了能与琉球展开贸易想出了这个方法越过市舶司的监察。这虽然违背了明朝朝廷的规定，却使得中琉民间贸易得以展开，亦是中国中介商主动性的体现。另外，从还未及搬运的三分之一丝绸被官府没收这一点来看，其总额恰好是四万两左右，当即是 1638 年琉球咨文中所称，于 1636 年被牙行骗取的 39876 两白银。

这笔钱名义上是琉球王府的钱款，但实际上是岛津家从家臣乃至大阪高利贷处借来的贷款，其目的本就是通过冠船贸易挽救萨摩藩内趋近崩溃的财政情况。不过，从中国运来丝绸的难度姑且不说，运来的丝绸品质也十分粗劣，几乎无法投入日本市场，这次更是因为被明朝官府的罚没而雪上加霜。中琉两国间的贸易还不得不在朝贡贸易外，寻找灰色的交易渠道[②]。经历两次"诡索王银"事件及收购货物品质低劣等问题后，琉球（岛津）方认识到与中国牙行建立紧密合作关系的重要性，遂向明朝提出了在市舶司之外，允许琉球直接与指定牙行展开丝绸贸易的新方案，若该方案得以实施，则丝绸贸易就能避开市舶司的监管，也能突破中国禁止丝绸出口的规定。尽管这方案因为有违明初定下的祖制而屡遭驳回[③]，但琉球（岛津）方并未气馁，时值明王朝即将覆灭的多事之秋，琉球

---

① 《中山世譜附卷》卷一，尚丰王，日本东北大学东洋史研究室私制，2011 年。

② 《历代宝案》1-08-17、1-08-18。

③ 《历代宝案》1-20-15、1-20-22、1-36-01。

方一直未放弃趁乱获取中国政府同意的机会。

终于到明朝覆灭，进入南明弘光政权时期，琉球的愿想有了实现的转机。《历代宝案》1–36–03，弘光元年（1645）三月七日的表文中记载：

> 据琉球国夷使正议大夫金应元等呈称前事，切元等本国恭顺来朝，进贡请封，请开互市。奉旨，开互市，白丝纳税助饷，钦遵在案。具互市白丝，但非官牙无以平市价。兼非熟识通译谙语，难以交易。元等稔知本地职牙梁迹、郑玄等十人，身家无过、音语攸知，已经布政司审取给札，信牌随使到京。……据此，除给劄付，梁迹、郑玄、……十人遵执外，为此合行该布政司察照来文事理，凡有互市交易等物，随报本部差官登簿，听在约束，毋得恣肆。随贡到日，另行倒换施行。

由于弘光政权是在仓促之间由江北四镇拥立起来的，因此琉球便想通过纳税助饷的形式将丝绸贸易合法化，并宣称这是奉旨开互市的一环，在此基础上希望能将己方挑选出来的梁迹、郑玄等十名牙行设立为官牙进行买卖，以此绕过原来的市舶司互市体制。但此时的南明朝廷还没有完全瘫痪，在查阅布政司的记录后发现交易丝绸是琉球方恣意增加的贸易项目，因此并未答应琉球方的请求。不过事情在短短几个月后就出现了转机。《历代宝案》1–37–04，隆武元年（1645）八月二十九日的记录中，琉球方趁着弘光政权覆灭隆武政权新建的混乱时期，再次提出了设立"十家牙行"的请求：

> 奉旨览王奏，远贡方物，具见忠尽，所请互市准行，白丝纳税助饷，不许夹带硝磺军铁，钦此。……旧制设立牙人，如臣廉知良民梁迹、郑玄等十名，为人诚恪，身家无犯，兼谙臣音语，曾经布政司代臣选取。臣恐更换，亦投礼部行咨，限定梁迹、郑玄等十名之外，无许奸棍钻刺，另给咨文照会，移行布政司，……此冬贡船必至，值御驾亲征，行在部司必遵前旨，微臣所纳每两三分税额。杨廷瑞必着官牙梁迹、郑玄等为臣平价互市。

此时的南明朝廷比弘光时期更为混乱，也没有精力再去布政司细查琉球贸易丝绸的始末，更是对军饷有着迫切的需求，因此就按琉球的请求同意了十家牙行的设置。至此，琉球在丝绸贸易上获得了合法性，中琉间的贸易也脱离了原有朝贡贸易体系的禁锢，迈向了新的时代。待清朝入主华夏后，琉球也希望十家牙行的职能能获得中央朝廷的承认。《历代宝案》1–14–03，顺治十年（1653）二月二十七日的表文中记载：

> 臣之入贡，本国发船则以冬春北风，归国必须夏至，……前贡船入闽，随带土产、银两，贸易丝絮、布帛等物。明初听从所便，都无抑勒。迨至晚季，地棍作奸，倚籍乡官，设立都牙，评价名色，音语不通，低昂任意，常用丝绵，指为禁货。效顺属国，律以倭奴，吏胥播弄，留难万端，以至银货空于白抽之手。

琉球声情并茂地控诉“都牙”在丝绸贸易中的不法行径，想以此获得清廷对十家牙行制度的承认。但由于琉球朝贡清朝是对明朝的背叛，所以其朝贡船于康熙七年（1668）招致台湾郑氏政权的报复性袭击。这使得原本在萨摩岛津氏的掣肘及清廷海禁政策的限制下逐步萧条的中琉贸易雪上加霜。待清朝开海后，中琉贸易间的牙行之名消失，代之而崛起的是为中琉贸易服务的客商，即被称为“球商”的中介商团体，其中的各种变化将在以后的研究中探讨。

三 结语

本文分析了中日琉三国在有明一代的贸易互动，以及各国内海外贸易体系下的中介商情况。可以看到，在明代的东亚海域，以汉文化为主的海商们把持着海外贸易的命脉，其商业活动非常积极主动。在中国国内，由于朝廷设立的朝贡贸易体系完全不能满足民间对海外贸易的需要，因此游离于海禁之外的商舶、寇舶等民间贸易形式层出不穷。在商舶方面，海商团体中出现了“客纲”等中介组织，他们在为沿海市场调度商货的同时，还积极地为没有朝贡国身份的海商寻求贸易的合法化，希求将商舶转入朝贡贸易体系。在寇舶方面，海商通过牙行、歇家的援助获得了在海禁体制下生存的机会，以此形成了明朝外贸中的第四种贸易形态，这无不表现出中国商人在海外贸易领域中的积极主动性。在国外，中国的文化与制度在西欧商船来临前的东亚海域中占绝对主导的地位，这使得服务于日本、琉球国内的民间海外贸易都由会说汉语的“唐人”“闽人”把持。不过在日本，随着国家的统一幕藩锁国体制的建立，德川幕府开始了对海外贸易的官营化管理，这使得经营海外贸易的船宿集团主体，由原本的“在宅唐人”变为日本本土的各町“年寄”。这种转变是被中国的朝贡体系排斥在外后根据自身的文化特色建立起来的，其虽然对原有的“唐人”海商团体造成了一定的打击，但随后唐人们形成小宿团体，依然依附于日本的官营海外贸易体系中，这在一定程度上表现出日本中介商在国家政策变动下的主动性。而琉球的海外贸易，虽然被日本与中国在内外两个方面把持，但本身作为明朝的朝贡国，在岛津氏入侵之前，通过朝贡贸易的恩惠变成万国津梁，其中也展现出琉球人在海外贸易上的积极性。在入侵、占领、支配琉球以后，岛津氏积极介入琉球的冠船贸易，通过与中国本土的牙行进行丝绸贸易，达到缓解萨摩藩财政危机的目的。在历经数次投资上的损失以后，琉球（岛津）方认识到与中国牙行建立深入互信制度的必要性，遂向中国政府请求设立“十家牙行”以保证贸易的顺利进行。而十家牙行的最终设立，代表着东亚海域间的贸易，已从国家层面找到了越过明朝“朝贡—海禁”政策的突破口。它与日后的广东十三行一同构筑起清朝前期的对外贸易体系。

随着康熙二十二年（1683）后清朝开放海禁、设立海关，清朝建立起了属于自己的朝贡贸易体系，在这体系下中国的牙行等中介商也进入了海关系统，经营的状况有了进一步的发展。此外，中国的对外贸易政策在清代初期的改变，也给日本与琉球的外贸情况带来一系列的影响，对此的探讨也将在今后的课题中展开。

（作者钱晟，上海财经大学人文学院）

明代盐运司的沦溺与振拔

夏　强

自唐中叶复行榷盐之后，盐税成为国家财政收入的大宗，历代王朝极为重视盐政管理，皆设盐司衙门董其事，宋置有盐课提举司，元代设有“都转运盐使司”管理盐务，至明仍之，在主要产区设都转运盐使司[①]，在次要产区设盐课提举司等机构。明代运司承宋代转运司之体，复有聚敛财富之责，以理求之，自当位高权重，士人争趋。然而，万历时期，御史蒋春芳曾就两淮运司情况以点带面地说：“夫两淮当南北之冲，盐课甲于天下，在仕途目之为冷局，而世俗视为利薮，是以科目有志之士，升转得此视为浼，已而求去，唯恐不速。”[②] 此处反映出明代运司为代表的盐司机构备受冷遇，士人不愿就职运司的情形。前后对照，不免会令人产生这样的疑问：盐运司地位为何会出现这样的反差？盐司颓败又产生了怎样的影响？明廷是否有振兴之举？

长期以来，海内外学者对于明代盐务问题已经有了很多的研究，涉及盐场管理机构设置、各类盐官职权、灶户的管理、盐税的征收、盐司与有司关系等方面[③]。研究多有旁及盐司职设的变化，可惜均未能详加探讨。对于运司为代表的盐司职设和盐务官员处境变迁的探讨，是观察盐务运作模式、明代官僚体系嬗变的一个新视角，本文拟从盐务管理架构的内部变迁出发，并进一步延伸到盐法变革、选任体制、士人风尚、盐司与有司关系层面，分析都转运盐使司的职权、地位、官吏来源等发展演变的深层原因，以期形成对明代盐司衙门的全面认识。

---

① 按元明两代盐运司的全名为都转运盐使司，清代称为都转盐运使司，二者职权大体相同，均简称盐运司、运司。

② ［明］蒋春芳：《辅臣柄国任子不宜外补疏》，《万历疏钞》卷二四《饬吏类》，《续修四库全书》第469册，上海，上海古籍出版社，2002年，第109—110页。

③ 关于盐场管理机构的研究，早在20世纪50年代，藤井宏便对明代盐场进行了细致的考察，参见［日］藤井宏：《明代鹽場の研究》（上、下），日本《北海道大學文學部紀要》1952年第1號、1954年第3號。70年代以后徐泓先后发表一系列尤见功力的论文，大大推进了相关的研究。如《明代前期的的食盐生产组织》，载《台大文史哲学报》1975年第24期；《明代后期盐业生产组织与生产形态的变迁》，载《沈刚伯先生八秩荣庆论文集》，中国台北，联经出版事业公司，1976年，第389—432页。《明代的盐务行政机构》，《台大历史学系学报》1990年第15期。近几年，在前辈学者的基础上，具体盐务职官的研究也得到了进一步的深入，如夏强：《明代的巡盐御史制度》，《史学月刊》2017年第8期；黄凯凯：《明代“盐法道”建置考论》，《中国历史地理论丛》，2018年第4期。上世纪90年代以来，围绕盐场对灶的管理、灶户的赋役、灶民身份的变化等问题进行了考察，研究愈发细致，如刘淼：《明代灶户的户役》，《盐业史研究》1992年第2期；李晓龙《明代中后期广东盐场的地方治理与赋役制度变迁》，《史学月刊》2018年第2期；徐泓：《明代盐场的阶层分化与盐业生产形态的变迁》，《南开史学》2019年第2期。近年，学者探讨盐务管理的变迁，其中对于盐司和地方有司之间的关系也有不少着墨，如吴滔：《海外之变体：明清时期崇明盐场兴废与区域发展》，《学术研究》2012年第5期；叶锦花：《明代盐场制度变革与州县赋役制度调整——以福建同安县为中心》，《社会科学辑刊》2015年第5期。以上研究虽未直接论述诸盐司地位变化的原因和影响，但多有涉及，其观点仍为本文提供了有益的参考。

一 明初运司的职设与官吏的来源

为谋弘业，朱元璋在建国之前便于两淮盐区设都转运盐使司，与统一进程相同步，盐运司之制被迅速推广至两浙、长芦、山东、福建、河东五地[①]。“都转运盐使掌鹾事，以听于户部”[②]，运司衙门内部层级分明，上承户部，下即诸灶，《明史》云：

> 都转运盐使司。都转运（盐）使一人，从三品，同知一人，从四品，副使一人，从五品，判官无定员，从六品。其属，经历司，经历一人，从七品，知事一人，从八品，库大使、副使各一人。所辖，各场盐课司大使、副使，各盐仓大使、副使，各批验所大使、副使，并一人，俱未入流。[③]

除《明史》所记职官外，各盐运司还设有书吏、典史、承发、典史、盐仓攒典等职以协助办公[④]。各类官吏总数繁多，两淮运使共有僚属八十一人[⑤]，两浙运司“堂上并幕司、皂隶共八十名”[⑥]，足见各运司机构之庞大。运司衙门品秩很高，编制众多，是由繁重的职任造成的。关于运使的职权，嘉靖《两淮盐法志》有记述：

> 运使之职掌，摄两淮盐策之政令，率僚属八十有一人，以办其职务：给引符、俵商盐、督程课、杜私贩、听讼狱，会计盈缩、平准贸易，明其出入，以修其储贡，亭民阽于水旱、流亡则赈恤之，俾无失业。凡兴革之事，由于所属者，咸质正于运使。运使乃议于同知，参于副使，白于御史，而后宣布于治境焉。[⑦]

上引材料说明，运使为首的运司其对于盐场的管理是全方位的，各盐区的涉盐事务几乎全部集中于运司这一个衙门：除打击私盐、征收盐税等职能之外，对于盐商而言，包括盐引核发和食盐配予等；对于灶户而言，包括组织生产、荒政赈济、治安司法等。为了避免运司的长官——都转运盐使权力过大，明廷便设同知分其权，副使佐其事，这样的职设安排透露出明廷相维相制的统治

---

① 两淮都转运盐使司设于丙午年（1366）二月，两浙运司设于吴元年（1367），长芦、河东、山东、福建四运司皆设于洪武二年（1369）。参见《明太祖实录》卷一九，丙午年二月己巳，中国台北，“中研院”历史语言研究所1962年校印本，第262页；卷二二，吴元年二月癸丑，第318页；卷三八，洪武二年正月戊申，第770页；卷四七，洪武二年十二月庚寅，第946—947页。

② ［清］张廷玉等：《明史》卷七五《职官四》，北京，中华书局，1974年，第1847页。

③ 按，清修《明史》误将“都转运盐使”写作“都转运使”，缺“盐”字。另外，明人为了方便区分运司与其他地方衙门的同名官职，常把运司衙门的同知、副使、判官简写为：运同、运副、运判。［清］张廷玉等：《明史》卷七五《职官四》，第1846—1847页。

④ ［明］官修：《诸司职掌》不分卷《吏部》，《续修四库全书》第748册，上海，上海古籍出版社，2002年影印本，第596页。

⑤ ［明］史起蛰等：嘉靖《两淮盐法志》卷二《秩官》，《四库全书存目丛书》史部第274册，济南，齐鲁书社，1996年影印本，第165—166页。

⑥ 成化《杭州府志》卷一六《公署四》，《四库全书存目丛书》史部第175册，第242页。

⑦ 按，明初无以御史巡盐之举，巡盐御史常设于正统三年（1438）之后，故明初运司无须“白于御史”。［明］史起蛰等：嘉靖《两淮盐法志》卷二《秩官》，《四库全书存目丛书》史部274册，第165—166页。

微蕴。

除盐务事权集中于运司之外，明初的盐法制度是促成运司地位较高的第二个因素。明初沿用宋元旧制，灶户计丁服役，计口煎盐交予运司，运司给予工本米钞。朝廷先行“计口授盐”的食盐配给之法，再行开中法，生产、囤积食盐的运司成为王朝榷盐获利体制的核心机构。随着明廷所获之盐迅速增加，开中法制度下盐利事关军饷，运司衙门由是职权甚重、地位颇尊。

在此背景下，各都转运盐使司的品级虽较地方三司稍低，但仍能与三司分庭抗礼，形成了“四司”并立，各有专职的格局。明初制度上对此也有保障，如洪武之时曾定下盐运司“行移署押体式”，云：“各盐运司申六部，呈各布政司，平关按察司并三品衙门，故牒各府，帖下州县。”[①]这一公文制度说明了盐运司位埒三司，尊于府县的身份。正统六年（1441）发生了一起案件，也可以说明运司不在“三司”之下：浙江左布政（从二品）黄泽“道遇盐运使丁镃”，黄泽以为自己品秩较高，丁运使“立于舆内”未行礼是为“慢己”，于是上前“挞之”。后来，事情闹到皇帝那里，英宗认为“（黄）泽作威福，擅挞三品官”，遂“罢为民”[②]。这个案例虽属极端，但仍可以说明当时的运使之体不在藩臬衙门之下。

明初政治惩蒙元宽纵之弊，治国率用重典，选官益求实效，具体到运司衙门而言，明廷在隆其体貌之外，更重其职官的选任。洪武二年（1369），泰州知州张侯因治绩优异而被升为两淮盐运使，当地百姓纷纷请留。事后，张适为此作序：

> 洪武二年冬十一月，泰州知州事张侯荣父拜两淮盐运使。……国赋莫重于盐，盐莫盛于淮，淮之司绵亘繁伙，必择廉能练达，悉心究理，务使恢治有道、停（亭）民无损、去奸斥贪、国税饶益。侯之材素著于外，非侯其谁托之耶？……虽然侯行矣，喜不去夫泰[③]，诸君从事不离膝下……尚何咨嗟，涕洟之足云乎？但恐鹾务既理，上下有定，揆庙堂抡侯辅翼以襄襄至治，使中外苍生咸被其丽泽，又不久于鹾司，淹君复以为如何？众皆释然，遂书以为送。[④]

张适的序文中，百姓对于张侯的依依不舍之情溢于言表，此情之外，更有三点反映出明初运司衙门良好的境遇：其一，“国赋莫重于盐”，朝廷极为重视运司，隆其官体且重其选任；其二，运司“去有司之纷扰”，盐务事权非常专一；其三，运司官员的仕途前景似乎较为光明，时人估计也较为乐观。值得强调的是，选任贤能补充运司官缺，并非张侯一人的特例，更是明初普遍的情形，在此略举朝廷选任运司官员之十例：

第一，洪武初年，朝廷以浙江按察司佥事吴琳转任两浙运司同知[⑤]。

---

① ［明］俞汝楫：《礼部志稿》卷二二《行移署押体式》，《景印文渊阁四库全书》第 597 册，中国台北，台湾商务印书馆，1986 年影印本，第 411 页。

② 《明英宗实录》卷七六，正统六年二月庚寅，中国台北，“中研院”历史语言研究所 1962 年校印本，第 1504 页。

③ 当时，两淮运司衙门尚在泰州北关，故而张侯升任两淮盐运使之后未离开泰州，洪武三年（1370）运司衙门才由泰州迁至扬州府城。［明］李贤：天顺《明一统志》卷一二《扬州府》，《景印文渊阁四库全书》第 472 册，第 284 页。

④ ［明］张适：《甘白先生文集》卷一《序・送两淮盐运使张侯之官序》，《四库全书存目丛书》集部第 25 册，第 352—353 页。

⑤ ［明］王圻：《重修两浙鹾志》卷一八《列传》，《四库全书存目丛书》史部第 274 册，第 734 页。

第二，洪武年间，武将李世杰因“刚正不屈，公多在职，贿赂无知，所以命职煮海”①。

第三，洪武末年，平江县县丞施幼敏“治事公勤，持己廉洁”，超升两淮盐运司副使②。

第四，永乐年间，福建按察佥事杨杰“在任九年，人皆称其才。既而，以最升两淮运使”③。

第五，永乐十六年（1418），礼部郎中叶春因“三载考最”得以出任两淮运使④。

第六，永乐十八年（1420），“平凉知府何士英以循良第一，特升两淮运使”⑤。

第七，宣德三年（1428），贵州黎平府知府司祥以“九载考最”升为两浙盐运使⑥。

第八，宣德六年（1431），四川保宁知府陈原武也因为“九载考最”而被升为福建运使⑦。

第九，正统十年（1445），运司同知耿九畴颇有政绩，丁忧将去，“场丁数千人诣阙请留”，乃夺情，并升运使⑧。

第十，景泰六年（1455），代宗皇帝听说知府张镛一向“清苦”，他“以盐运乃积货之司，非廉介者不能厘其弊也，遂拜镛山东都转运盐运使”⑨。

纵观上面所举十人之例，可见当时明廷对运司官员之选任颇为慎重，但似乎唯视举贤能廉介与否，不切重品秩资序，“考最”“循良”“廉介”似乎更是官员得以出任运使等职位唯一固定的标准。以运使一职为例，他们或由知府、运同升任，或超擢于六部郎官，甚至还有武臣改任的。如此一来，明初运司一时贤臣循吏能辈出，以两淮为例，永乐间何士英“为运使十余年，设施有方，江郡吏民及过使客交誉之如出一口。相斯举者运使白琛、同知张翔、卢亮”⑩。不久之后，又有运使耿九畴与运副叶思铭“同心协恭，不畏强御”⑪，运使、运同互相砥砺，成为一时佳话。运司职尊权重，人自乐趋，而朝廷谨选运司官缺，故而当时诸运司号称得人，明王朝产盐总量从洪武时的数千万斤迅速升至宣德时的十亿斤⑫。

二　运司之权被削夺和官员来源的变化

至孝宗之时，运司的情形已迥异于畴昔。弘治八年（1495），户部郎中宗钺被升为长芦运司运

---

① ［明］朱元璋：《明太祖集》卷一八《祭文·祭两浙运使李世杰文》，合肥，黄山书社，1991年辑校本，第425页。

② 弘治《岳州府志》卷五《平江县·名宦志》，《天一阁藏明代地方志选刊续编》第63册，上海，上海书店，1990年，第407页。

③ ［明］杨荣：《文敏集》卷一三《序·送杨运使还任河东序》，《景印文渊阁四库全书》第1240册，第198页。

④ ［清］盛枫：《嘉禾征献录》卷九《刑部》，《续修四库全书》第544册，第452页。

⑤ ［明］沈德符：《万历野获编》卷二二《司道·盐运使》，北京，中华书局，1959年点校本，第573页。

⑥ 《明宣宗实录》卷四四，宣德三年六月丙午，第1091页。

⑦ 《明宣宗实录》卷八四，宣德六年十月庚申，第1940页。

⑧ ［明］汪砢玉：《古今鹾略》卷四《会计》，《续修四库全书》第839册，第25页。

⑨ ［明］过庭训：《本朝分省人物考》卷九《北直隶广平府》，《续修四库全书》第533册，第202页。

⑩ ［明］杨士奇：《东里续集》卷二《董井记》，《景印文渊阁四库全书》第1238册，第389页。

⑪ ［明］史起蛰等：嘉靖《两淮盐法志》卷一〇《宦迹》，《四库全书存目丛书》史部274册，第293页。

⑫ 据刘淼估计，明初洪武年间产盐或为六千万斤上下，至宣德时已猛增至十亿斤左右。参见刘淼：《明代盐业经济研究》，汕头，汕头大学出版社，1996年，第205—206页。

使[①]，虽连升数级，他却悒悒不乐，其同年好友王鏊[②]见此情形，便写了这篇《送长芦运使宗君序》以作慰勉：

> 今之仕，秩卑而众欲为者有之矣，科道是也；秩高而众不欲为者有之矣，运司是也。秩高则曷为其不欲为也？财利之场，权势蟠据，动则关格；且飞言丑语，易为污蔑，积蠹宿尤非一人一日所能扫刷；官虽尊，而无临莅之分，则令或不行，且一居是官，虽有善政，当道者不复訾省。众之不欲为，以是哉？……同年宗君廷威以进士为户部郎中，弘治八年三月出为沧州长芦运使，朝之士夫咸以为不宜，唯君其亦有不自得者乎？吾故以清惠[③]之事告之，虽然是官之重，未必不自今始也。[④]

通读王鏊的序文，不难发现，弘治之时，运司的官职已经成为“众不欲为者”，其原因有二：其一，运司积弊多端，牵涉多方利益，“动则关格”；其二，然运司官员，特别是运使品秩虽高，但权力有限，纵有善政，亦难以升迁。士人不愿出任运司之官的局面，较之明初可谓判若霄壤。王鏊在序文中言辞颇为恳切，对好友宗钺更是极力鼓舞，希望他能以耿九畴为榜样，砥砺节操，奋发作为。令人惋惜的是，当时运司污浊不堪，宗钺未能“出淤泥而不染”，五年后他就因“贪酷”而被法办[⑤]，大好前程竟毁于斯。

对比往昔，不免令人心生疑惑：仅数十年间，运司形势因何大变，使得士人不乐于充其职缺？前引王鏊之说故是，然其言又别有所感，于此问题尤有未达一间之憾，笔者认为其中缘故有以下四点：

第一，运司被视为“腥膻之薮”，士夫为保官声而避之若浼。由于山河悬远，户部无法对其形成有效的监督，正统以后吏治渐趋昏暗，“至于盐运司，尤为污浊之甚”[⑥]。“历数运司之长……多以墨败……鹾之敛散纾急由其掌握，而商人奔走之故，不为所动者鲜矣”[⑦]，长此以往，更加速了运司的“污名化”，以至于“有明一代，恒以是为秽淖地”[⑧]。明代士人有一种好名、重名的风气，甚至于求名邀誉[⑨]，于是运司职位便成为“好名之士”避之不及之地，出现了“自好者不乐居（运司）”的现象[⑩]，前文所述宗钺便是很好的例证。嘉靖末情况更为严重，运司职缺成为士人普遍所排斥，如监生杨廷铨被选为两浙运司经历，也认为该职“易为污染”“志不得辄”[⑪]。无论是进士出身的高阶士

---

① 《明孝宗实录》卷九八，弘治八年三月甲辰，第1802页。

② 宗钺，字廷威，南直隶宜兴人。王鏊与宗钺同为成化甲午科应天乡试举人，故以同年相称。参见乾隆《江南通志》卷一二六《选举志》，《景印文渊阁四库全书》第510册，第729—730页。

③ “清惠”是前文已提及的正统年间贤运使耿九畴的谥号。

④ ［明］王鏊：《震泽集》卷一一《序·送长芦运使宗君序》，《景印文渊阁四库全书》第1256册，第256页。

⑤ 《明孝宗实录》卷一六九，弘治十三年十二月乙巳，第3071页。

⑥ 《明英宗实录》卷二三七，景泰五年正月丙辰，第5158页。

⑦ ［明］李濂：《嵩渚文集》卷八四《乡贤传六》，《四库全书存目丛书》集部第71册，第283页。

⑧ ［清］鲁之裕：《式馨堂文集》卷一〇《长芦盐法志小引十八》，《四库禁毁书丛刊》集部第150册，北京，北京出版社，1997年影印本，第453页。

⑨ 陈宝良：《明代的名士及其风度》，《安徽史学》2018年第1期。

⑩ ［清］张廷玉等：《明史》卷二〇一《徐问传》，第5315页。

⑪ ［明］申时行：《赐闲堂集》卷三〇《墓志·浙江布政司经历杨君墓志铭》，《四库全书存目丛书》集部第134册，第623页。

人，还是监生这样的一般士子都引嫌避谤，不愿意出任运司官员。

第二，盐法变革，使得盐运司对于商灶的影响降低。明代中叶，盐税征收掀起了折银的浪潮，并引发征税主体的变化：一、灶户所需置办盐课改为折银上缴，并允许灶户与盐商直接贸易以获得白银；二、商人边地所纳的米粮、掣盐所进行的割没均被要求折银上缴；三、盐商取代灶户成为盐税交纳的主体。经历了以上变化后，盐税征收的多寡往往系于流通环节，不再是生产环节，职能侧重于灶户管理和食盐生产的运司衙门对于财税的重要性便有所降低。另外，对食盐销售过程的监管更有赖于地方有司的配合，然而明初确立的盐司、有司互相独立的职设定位，使得运司无从展布，这也限制了运司职权扩大的可能。

第三，财政危机使得运司负有巨大的考成压力。运司官员“为国聚敛之臣”①，土木之变后，明廷财政压力剧增，朝廷便不断加大运使官员的考成压力，如成化十六年（1481），宪宗便令“各处盐课次年正月不完者，该场官住俸、杖追。分司并运司官，以十分为率，三分不完者一体住俸，其各官三年、六年考满，巡盐御史查勘，任内盐课完足方许起送，若九年考满，所属盐课过违限期不完者，查送吏部降二级叙用”②，后来财政困窘一直未得舒缓，遂又屡申考核。运司污浊不能治，朝廷转而强调考成，实于事无补，嘉靖初年御史戴金感慨地说：“近年来士夫除授予迁转，一遇运司衙门，恐为财赋之累。及至到任，往往失其初心，反为利益所迷。”③

第四，运司权柄逐渐减少，嘉靖之后虽有统摄之名，但已无其实。此问题需从运司与新设盐务官员（巡盐御史、盐法道）的关系、运司内部架构的改革、运司与地方有司的关系三个角度进行说明。其一，运司一些职权被新设盐务职官所夺。明中叶之后，派遣巡盐的做法逐渐常态化及权力扩大化，两淮、两浙、长芦、河东四位御史开始全面介入盐政事务并凌驾于运司之上，无巡盐御史的福建盐区“以巡按监察御史兼之”④，盐课征收解运、盐务官员的考核皆由御史掌握。由于盐司污浊不堪，御史们为完成督课任务，在盐场的管理中，特别是在盐税的征收环节，往往亲自查收，或委于盐法道，运司被架空。如掣盐是重要的盐税征收环节，由巡盐御史主持，而不由运司组织⑤。其二，盐运分司的实设使得运司之权更为分散。正德、嘉靖年间，各运司相继被要求派出官员出掌分司，分司复趋于实设⑥，分司之官除通判之外，尚有副使、运同，他们常驻地方盐场，就近管理灶户，直接受巡盐御史管辖，明初运司之中相维相制的局面被打破。其三，盐产区多散布于州县，随着民灶交流的增多，盐商的活跃，运司很多工作需要地方有司的配合，但因为盐司与有司各成一体，以致“事无统摄，掣肘难行”。如禁捕私枭一事有赖于盐司与有司的相互配合，但常因“不相统摄，以致官盐停搁，商人坐困”⑦。又如天顺二年（1458）明廷曾规定：灶丁逃亡运司公同有司佥

① ［明］唐枢：《政问录》不分卷，《续修四库全书》第880册，第377页。

② ［明］申时行等：万历《明会典》卷三四《户部二十一》，《续修四库全书》第789册，第608页。

③ ［明］史起蛰等：嘉靖《两淮盐法志》卷五《法制二》，《四库全书存目丛书》史部274册，第225页。

④ ［明］周昌晋：《鹾政全书》卷上《盐官》，《续修四库全书》第839册，第353页。

⑤ 夏强：《意图相济，实归掣肘——明代仪真掣盐与京掣的纠葛》，《安徽史学》2019年第3期。

⑥ 如正德十一年（1516），“令长芦运司每五年一咨选委能干佐贰官一员”出掌分司，此后各运司相继派出人员常驻分司。［明］申时行等：万历《明会典》卷三四《户部二十一》，《续修四库全书》第789册，第605页。

⑦ ［明］林大有：嘉靖《福建运司志》卷二，中国国家图书馆藏未刊残本。

补，拖欠税粮者府州县催征[①]，实际上运司根本调动不了有司，从嘉靖《两淮盐法志》来看至嘉靖时仍未厘清。职是之故，盐司与有司每遇事端，或需巡盐御史出面交涉，或由兼具地方藩臬职衔的盐法道进行料理，运司角色如同鸡肋。在此背景下，有司"势足欺压盐司者，凭胁威权而肆然不惮；分足以平等盐司者，嘱托造请而冥然忘行"[②]，盐司官员柔弱依从则违背法度，坚持原则便会构怨于人，士人为两不相失便纷纷躲避其职。

二元并行的盐司、有司体制，使得运司缺乏就近的监督，迅速腐朽，而明代中叶的盐法改革，使得原有的运司衙门已无法满足盐务管理的需要，朝廷被迫不断赋权于新设的盐务监管部门，运司的职权由是日渐消减，嘉靖时期，运司沦为办理例行事务的机构。如前文所述，运司污浊不堪且考成畸重，运使等职内无权柄，外无官声，又有重责在肩，一般官员焉能乐就？那么运司大小官员是由哪些人充任呢？隆庆时期负责吏部的大学士高拱曾云："盐运司专理盐政，国用所赖……而近来视之甚轻。……（盐运使等官）皆以考不称职、有物议者升之。"[③]高拱是就吏部考成情况来说的，实际上，运司作为财赋渊薮，虽有惜名者百般逃避，却不乏有贪鄙者奔竞营求。明廷为了应对官员不愿任职运司的局面，便"顺势而为"，降低了选任标准，"贬谪""乙科"[④]"胄子""赀郎"得以充塞其中，其中又以"赀郎"为害最甚。

"贬谪"官员是明中叶以后运司官员的主要来源之一。如孝宗时，光禄寺官员因监临失职而纷纷遭贬谪，除少卿李棨外，光禄寺其他官员均被贬到运司任职[⑤]，运司俨然已经成为左迁之所。知府升为运司本为擢拔，在运司沉沦的背景下竟也被视同贬谪，如万历八年（1580），宁波知府游应乾"以事忤江陵"，便被"移两浙运使"[⑥]。贬谪之官销铄颓堕者颇多，振作律己者鲜有，以其管理盐政，自然难以振兴。

就出身来说，非进士出身的官员渐多，既因进士群体的刻意回避，更因明弘治以后"渐拘于资格"的选任制度[⑦]，彼时进士们更愿意留京观政养望以待速进，或出为地方推令以图考选，断不愿陷入运司"膻地"，朝廷被迫选用举人、监生填充职缺。此举虽然缓解了运司缺官的问题，但复使运司更为人所轻[⑧]。

盐为利薮，常有胄子趋之若鹜。隆万之际，运司之缺"胄子、乙科往往得之"[⑨]，万历时，首辅赵志皋之子赵凤威担任两淮运副，如果按例的话辅臣子只应该"荫尚宝、中书"，时人因而均认为

---

① ［明］申时行等：万历《明会典》卷三四《户部二十一》，《续修四库全书》第789册，第604页。

② ［明］朱廷立：《盐政志》卷七《疏议·吴廷举处置广东盐法疏》，《四库全书存目丛书》史部第273册，第590页。

③ ［明］高拱：《高文襄公集》卷九《掌铨题稿·议处马政盐政官员以责实效疏》，《四库全书存目丛书》集部第108册，第134页。

④ 按，"甲科"是指进士，"乙科"是指举人。

⑤ 《明孝宗实录》卷八二，弘治六年十一月庚戌，第1551—1512页。

⑥ 按，"江陵"指时任首辅大学士张居正。［明］过庭训：《本朝分省人物考》卷三七《南直隶徽州府二》，《续修四库全书》第534册，第27页。

⑦ ［清］张廷玉等：《明史》卷七一《选举志三》，第1717页。

⑧ 科举出身的差异虽然并不能决定一个官员品行和能力的高下，但因明代不合理的选任制度，举人、监生多为"年迈学荒"之人，经历、才识均已不济，加之没有上升的空间，遂"隳堕而恬污"。参见［明］高拱：《高文襄公集》卷九《掌铨题稿·议处科目人才以兴治道疏》，《四库全书存目丛书》集部第108册，第133页。

⑨ ［明］沈德符：《万历野获编》卷二二《司道·盐运使》，第573页。

赵志皋把他的儿子“改外”是“明有恋羶迹”[①]。

“赀郎”，即通过“捐纳”而致身通显者，他们素质低下而急求回报，向来为人所轻。晚明捐纳大开[②]，“赀郎”们遂得以附羶逐秽，群聚于盐场。万历三十七年（1609），两淮巡盐御史彭端吾疏云：“两淮盐课最烦，纳级赀郎垂涎此地，贤路妨塞，即有诖误迁入，率投牒去，耻与此辈为伍。且天下有六运司，惟两淮分司尽用赀郎，不知其故。”[③]可见万历末年诸盐场确为“赀郎”所垂涎，两淮诸分司竟然“尽用赀郎”。当时很多士人深知其中之害，陈仁锡对此曾不无反省地说：“向来科甲视运司为羶地，避嫌不选，司官皆铜臭纳级备员，谁顾盐法沮坏？商灶之病靡日可苏矣！”[④]

如果说运司职权被御史和盐法道剥夺是运司沉沦的原因的话，那么选用非人则无疑大大加速了这一进程。万历之时，运司沉沦已极，时人沈德符就其所见，参比前代，叹息道：

> 国初……颁方印者，惟都转运盐使司，其僚佐为同知，副使，为判官，各有分地，亦得用方印。盖太祖特重盐政，以事关军国，非他官比，亦犹宋转运副，使得与其长均体治事，名曰漕司，其遗意尚存。今运司下夷于州郡，为二司属官，以知府劣考者为之，其诸僚则俱赀郎、杂流、潦倒不堪者充之，盐政因之大坏。[⑤]

沈德符的论述传达出三层意思：一、明初朝廷“特重盐政”；二、至其生活的时代，即万历时期，运司地位已“下夷于州郡”，运使地位类同于知府；三、朝廷对运司官员的选拔不复重视，运司官员素质大为下降，盐政因此大坏。明王朝“军国之需，仰给盐课”[⑥]，明廷自然不能放任运司颓败，弘治以来遂屡有试图振兴之举。

三　晚明重振运司之举与运司职权的变革

自弘治年间出现官员不乐就运司之职的情况后，朝野关于振兴运司的呼声不绝于耳。针对运司官员素质下降和运司地位沉沦这两大问题，弘治、嘉靖、隆庆、万历、天启、崇祯等朝都进行了各种尝试。

弘治二年（1489），先是山东运使周轸等上疏请求：“运使、同知务选年壮廉洁之士，副使、判官要除进士英俊之人。官年壮，则无日暮途穷之忧；任进士，则有砥砺名节之劝。如有不为利诱者，三五年间不次升擢。”[⑦]随后，吏部尚书王恕题准：“以二甲进士选副使，三甲选判官及杂以考选前列举人铨补，三年查有成绩，会经荐举或节年考语俱优者，副使比照知州推升各部员外郎，判

---

① ［明］黄景昉：《国史唯疑》卷一〇《万历》，《续修四库全书》第432册，第160页。

② 晚明财政极为匮乏，明廷为筹措军饷，于是捐纳大开。详见王海妍：《明代捐纳研究——以文捐为考察对象》，南开大学博士学位论文，2009年。

③ 《明神宗实录》卷四六二，万历三十七年九月癸未，第8714页。按，《实录》把彭端吾的官职误作直隶巡按。

④ ［明］陈仁锡：《陈太史无梦园初集》劳集二《答谘访盐法・两淮盐政》，《四库禁毁书丛刊》集部第59册，第532页。

⑤ 按，“二司”分指巡盐御史和盐法道。［明］沈德符：《万历野获编》卷二二《司道・方印分司》，第565—566页。

⑥ 《明武宗实录》卷一七五，正德十四年六月乙亥，第3381页。

⑦ ［明］王恕：《王端毅奏议》卷一二《复运使周轸等选任运司官奏状》，《景印文渊阁四库全书》第427册，第653页。

官比照知县推升各部主事"[①]。王恕随后将"二甲进士万福等、三甲进士袁翱等选除运（副）使、运判"[②]，他们在任上颇有作为，如万福后来便因为"课最"而被升为南京刑部郎中[③]。

王恕的举措使得各运司"一时人各自奋，各运司称为得人"[④]。然而，弘治六年（1493）王恕致仕之后[⑤]，他所订立的政策便不被施行了。

嘉靖年间，各地盐务官员每每痛心于运司的沉沦，遂多有振兴之议，其中两淮运司官员发声最多。嘉靖五年（1526），两淮巡盐御史戴金奏请严运司之选，并请求朝廷下令运使官缺"或于名望知府先资擢任，或于六部郎中越级超迁。待之既逾常格，彼必益励初心"[⑥]。嘉靖九年（1530），盐院朱廷立进一步上疏要求道："今后运使若有员缺，遴选知府，或年深郎中俱素有才望者升补。其副使、判官等官，若有员缺，遴选进士或举人之英迈者充补，俟其治有成效即为擢用，或升以在京美秩。"[⑦]朱廷立的建议除运使之外，还下及副使、判官等官；除选官之外，又有迁转的要求，可谓全面。嘉靖中叶，两淮运使陈暹见王恕的举措"不行久矣"，各地盐务废弛，便又上疏请求"查照先年事例铨补、升迁，使人怀向进之望，必能自立；官有迁转之慕，不肯自污"[⑧]。嘉靖四十三年（1564），长芦巡盐御史冯善上疏条陈盐法事宜，首条便要求改革运司官员选任："运司国课所繁，宜取科目正途、才望茂著者简用……不宜视为冗员，以才力不及者降补。"[⑨]

朝廷对于地方盐务官员的意见虽然都表示同意，但均未被"切实举行"。在运司之权位沉沦尤甚的背景下，加强运司官员选拔的动议自然都未能执行。

隆庆五年（1571）六月，掌吏部大学士高拱眼见各盐场"政务废弛、苟且狼籍，而奸贪之弊且多"，便请求"今后大破常套，凡（苑马寺）卿、（盐运）使员缺，必以廉谨有才望者推补，而又议其阶格……（盐运）使视按察司副使。……视副使者升与副使同，如更优异，查照先朝故事超等擢用"。穆宗"命如拱议举行"[⑩]。高拱的建议除加强运使的选拔和升迁之外，还第一次提出了要将运使的体貌与道员相埒，并借此提高运司的地位。

高拱执政期间，部分运司的盐政一时大为改观。如高拱所选拔进士出身朱炳如、王基担任两浙运司运使和同知，二人皆素有清名，"同心合调，清操耿节，相砥弥严"，使得两浙盐政大为改观[⑪]。次年，即隆庆六年（1572）六月，高拱倒台，人去政息。

万历时期，运司地位更为卑下。万历五年（1577），两淮运使崔孔昕因不肯下拜海防道，而被"镌一级调用"[⑫]。随后，朝廷"以运司综理国课，（当）选用贤能。近来抚按视为冗杂，抑损体

---

① ［明］史起蛰等：嘉靖《两淮盐法志》卷五《法制二》，《四库全书存目丛书》史部274册，第225页。
② ［明］王恕：《王端毅奏议》卷一二《复运使周轸等选任运司官奏状》，《景印文渊阁四库全书》第427册，第653页。
③ ［明］史起蛰等：嘉靖《两淮盐法志》卷一〇《宦迹》，《四库全书存目丛书》史部274册，第294页。
④ ［明］史起蛰等：嘉靖《两淮盐法志》卷五《法制二》，第225页。
⑤ 《明孝宗实录》卷七六，弘治六年闰五月乙卯，第1473页。
⑥ ［明］朱廷立：《盐政志》卷七《疏议·戴金盐法疏》，《四库全书存目丛书》史部第273册，第600页。
⑦ ［明］朱廷立：《盐政志》卷七《疏议·廷立盐法疏》，第612页。
⑧ ［明］史起蛰等：嘉靖《两淮盐法志》卷五《法制二》，第225页。
⑨ 《明世宗实录》卷五三一，嘉靖四十三年闰二月丁丑，第8648—8649页。
⑩ ［明］高拱：《高文襄公集》卷九《掌铨题稿·议处马政盐政官员以责实效疏》，《四库全书存目丛书》集部第108册，第134页。
⑪ ［明］王圻：《重新两浙鹾志》卷一八《列传》，《四库全书存目丛书》史部第274册，第744页。
⑫ ［清］谈迁：《国榷》卷七〇，万历五年十一月甲子，北京，中华书局，1958年，4326页。

面，使之不得展布，殊失朝廷选才任官之意”[①]。既有崔孔昕之鉴在前，后任者怎敢再不匍匐跪拜？运司其他官吏的境遇更遑多言！万历二十一年（1593），六科官员疏请振兴运司，朝廷决定选拔廉干知府出任运使，于是当年苏州知府石昆玉因治绩“卓异”而被升为山东按察使副使“管两淮运司使事”，次年（1594）福州知府何继高也因“廉干”就任长芦盐运使[②]。石、何二人素有清名，他们被寄予很大期望，特别是石昆玉更是被赋予道员身份，吏部甚至还题准：“重其事权，崇其体貌与巡盐道相抗”[③]。然而，石昆玉不久便挂冠而去[④]，即被赋予道员身份的石昆玉未能以先前的跪拜“旧仪”对待巡盐御史和道员，因而遭受刁难，被迫辞职。何继高虽没被直接给予道员的身份，但就在他赴任的前一年，也就是万历二十一年，长芦运使已经被赋予了奏报“各行盐地方有司许开、贤否”之权[⑤]，他实际上也拥有了部分盐法道的职权[⑥]。参照石昆玉的遭遇，以理求之，何继高到任之后，也必然是“长跪庭参”，但他还是坚持下来，并且“秉宪持正，任事无所避”，做出了极为出色的政绩，但何继高也因此付出了很大的代价：“以忤权贵，八年不迁”[⑦]。

石昆玉之后十余年，万历三十八年（1610），冯盛典由彰德知府升任两淮运使。“御史及盐道俱勒令长跪庭参”[⑧]，冯盛典和时任两淮巡盐御史彭端吾都是万历二十九年（1601）辛丑科进士，二人本为同年，更何况冯盛典为二甲进士，而彭端吾的排名则是三甲靠后[⑨]，冯盛典自然咽不下这口气，“颇崖岸不相下，乃争之。至上闻，诏特令抗礼，仍坐是左迁长芦运同”[⑩]，石昆玉去职之后，“继之者俯首伏谒，益卑下矣！”[⑪]冯盛典的贬谪，使得所谓振兴运司政令尽然沦为空谈。

审视石昆玉、冯盛典等的遭遇，不难看出，在巨大的制度惯性之下，运使的“体貌”等同于知府的惯例已经被官僚集团固化了，其并不因运使是否兼有道员身份而有所变化。此时，明廷所选任的贤能运使其安心理事尚不能行，更遑论振兴运司乎？

天启、崇祯之时，明王朝外患内乱纷至，财政极度拮据。如何振兴运司以获得稳定、充足的盐税，便成为亟待解决的问题。明廷内部很多官员为此不断发声并提出来诸多的改革建议，明廷也据此调整了很多规定，并取得了一些突破。

一方面，明廷提高了运司官员的地位并慎重考选。天启元年（1621），明廷令两浙都转运盐使司自运使周天胤开始皆加参政衔[⑫]，至于说此举是两浙特例，还是普遍的政策，囿于史料尚不得而

---

① 《明神宗实录》卷六九，万历五年十一月丙寅，第1496页。

② ［清］黄掌纶等：嘉庆《长芦盐法志·援证》卷六《历代职官传》，《续修四库全书》第840册，第528页。

③ ［明］朱国祯：《涌幢小品》卷八《盐运官》，扬州，江苏广陵古籍刻印社，1983年，第192页。

④ 其中原因，时人沈德符、朱国祯对此事有两种解释，沈德符道：“石至而侍御、道臣不为礼，勒令长跪庭参如旧仪，石恚恨挂冠去。”朱国祯则云：“比石将至，御史、副使驳其移文，遂弃官归。”参见沈德符：《万历野获编》卷二二《司道·盐运使》，第573页。朱国祯：《涌幢小品》卷八《盐运官》，第192页。后来，万斯同修明史时亦采用朱国祯之说，参见［清］万斯同：《明史》卷三三四《石昆玉传》，《续修四库全书》第334册，第47页。

⑤ ［清］段如蕙等：雍正《新修长芦盐法志》，中国台北，学生书局，1966年影印本，第261页。

⑥ 关于各地盐法道的职权及其差异，参见夏强：《成熟而不成型：明代的盐法道制度》，《盐业史研究》2019年第2期。

⑦ ［清］黄掌纶等：嘉庆《长芦盐法志·援证》卷六《历代职官传》，《续修四库全书》第840册，第528页。

⑧ ［清］盛枫：《嘉禾征献录》卷二七《布政司》，《续修四库全书》第544册，第594页。

⑨ 《明清历科进士题名碑录》，中国台北，华文书局，1969年影印本，第1091、1103页。补按，造成这种局面的原因在一定程度上与明代的御史行取制度有关。

⑩ ［清］盛枫：《嘉禾征献录》卷二七《布政司》，第594页。

⑪ ［明］沈德符：《万历野获编》卷二二《司道·盐运使》，第573页。

⑫ ［明］王圻：《重修两浙鹾志》卷一七《官纪》，第709页。

知。天启三年（1623）二月，吏科都给事中魏应嘉上疏直指运司窳败根源在于运司地位不尊且选用匪人，以致“（士夫）多屑越不居，每托故而去者，盖为此一官品级虽尊，事任虽重，而廷见盐法等道则与知府等，前此升除或强半乡科，又或曾经纠论……而墨吏赀郎朘商剥灶，盐政所由大蠹也”，于是他提出了提高运使地位和加强运司职官选拔的建议：“比照畿南知府见本道例，出入角门青袍长揖，免其手板庭参，该部必择贤者以往，不得以破甑疲老充位，若能处脂不润，商灶归心，税课偿给，即系足国能臣，当优升京秩或藩臬正官，以示风励。……（分司等官）尽遴乡贡府佐州县正官，曾经考满荐多者优升。前职奉职克称即优，以两京应得部属。”[①] 同年，两淮巡盐御史樊尚燝亦上疏请求将运使“照三品官阶一体升迁，以为激扬之一法。运同以下……亦照级叙升”[②]。崇祯二年（1629），经两淮巡盐御史邓启隆奏请，“运使必择甲科之表异者，运同副判必择科贡之年壮而有才品者”[③]。明廷对他们的建议都表示支持，崇祯三年（1630）又令运判“改用甲科”[④]。

另一方面，明廷开始赋予运使更多的职权，并开始授予盐运使专敕。崇祯三年（1630），长芦巡盐御史喻思恂疏请增加运使之事权：“合无饬令州县，凡有事干盐政，速与解销，引额完欠，悉听（运使）查叙，况盐臣以复命之贤否，悉行运司谘送，则权重令行，而事无不举，盖重运长所以重国计也。”[⑤] 赋予了运使监管行盐地方官员销盐情况的权力。

敕书在明代的行政系统起到了划定职权的作用，更具有身同钦差的效力，官员权限往往有赖于敕书的“具载”。运使以前无敕书，至崇祯时期，明廷开始授予运使敕书。现全录长芦都转运盐使的敕书如下：

> 崇正（祯）七年，敕长芦都转运盐使司运使：“兹盐赋国计攸关，长芦宜加清理，特允部议照道臣体统行事，加尔敕书，以重事权，依照先今提准行事理：严察场灶户丁，稽核派销引目；督率捕役缉捕私盐，节省公费，催比征纳，厘剔胥蠹，疏通积壅。务期上足课额，下苏商困。其僚属不法，听尔参摘申究。尔专听巡盐御史节制，别院不得掣肘。敕中开载未尽事宜，听尔酌呈巡盐御史，停当奏行。尔受兹委用，宜持廉秉公，正己率下，俾盐法修举，转输有力，方称任使，如或疏玩滋弊，责有所归。尔其慎之！故敕。”[⑥]

这则敕书详细规定了运司的职权，其内容可分为三个方面：第一，说明颁布运使敕书的原因——“以重事权”；第二，强调运使只受巡盐御史节制，“别院不得掣肘”；第三，重新规定运使职任的范围，敕书所规定的权力已经达到了明代政治体制所能赋予运使的极限。与前引嘉靖《两淮盐法志》相比，敕书中关于运使职权部分增加了很多新的内容，在重申运使对于盐场事务的各种权力之外，敕书强调了运使类同“道臣”的权位，运使照道臣体统行事，并拥有了一定的监察权：

---

① 《明熹宗实录》卷三一，天启三年二月庚午，第1568—1569页。
② ［清］嵇璜：《钦定续文献通考》卷二〇《征榷考·盐铁》，《景印文渊阁四库全书》第626册，第494页。
③ ［明］毕自严：《度支奏议》山东司卷二《题覆两淮新盐院邓启隆条陈三款疏》，《续修四库全书》第487册，第617页。
④ ［明］汪砢玉：《古今鹾略》卷三《职掌》，《续修四库全书》第839册，第20页。
⑤ ［明］毕自严：《度支奏议》山东司卷三《覆长芦盐院条陈盐法疏》，《续修四库全书》第487册，第644页。
⑥ ［清］段如蕙：雍正《新修长芦盐法志》卷一《诏敕·附前代诏敕》，第88—90页。

"其僚属不法，听尔参摘申究"。监察权的赋予，使得运使和盐法道在职权上近乎相同，角色上亦趋于混同，运使与盐法道职设的混一的做法事实上把运司合并到省级政府的架构之下，为后来运使与盐法道的合并奠定基础。

需要说明的是，崇祯七年（1634）所授予长芦盐运使的敕书并非是首次，明廷所颁发的敕令也不是统一颁发给各地的盐运使[①]。另外，思宗授予盐运使的敕书大体确定了以后，包括清代盐运使敕书的基本内容和格式，而清人未能详考，误作"颁有专敕，始于国朝"[②]。

如前所述，明代运使等盐务官员为人所轻的根源有三：一、腐败不堪，声名污秽；二、权力日减，职责日增；三、选用匪人，升迁受阻。明中叶以来，明廷屡屡振兴运司的努力皆未能取得长效，而启祯之时，明廷针对运使官员的选用、升迁也着手进行改革，也加大了运使的权力，并规定运使类同道臣，即重运司之权而慎其选，似乎均有的放矢，但实际效果如何呢？坦白地说，皆是口惠而实不至。以选任方面来看，众多的官员均强调运司，特别是运使需要选用进士出身官员，也得到了朝廷的同意，然而实际上并未执行，如河东运使自天启以来除一人是官生之外，其他皆是举人[③]，而长芦运使更清一色都为举人[④]。崇祯三年（1630），思宗虽令"运判改用甲科"，就康熙《淮南中十场志》的记载来看，思宗这一命令当时也未能执行：崇祯四年（1631）出任判官的袁樟是监生，随后的崇祯五年、七年、十年分别任命的周际明等三任运判都是举人，直到崇祯十四年（1641）才有进士出任判官[⑤]。另外，非进士出身者在考满升迁之时，也往往备受阻碍：运使考满都不照三品官升任，一般不过加升至各省参政（实为道员）而已，甚至还有更不公平的，如山东运使张光奎考核的结果是"方面（官）卓异第一人"，理应超擢，然而"当事者以任子故，竟察处罢官，知者莫不叹息"[⑥]。所用匪人，纵有一二贤能之士其升迁又阻，如此一来，运司官员焉能自爱奋进？如若依照敕书，运使的事权诚然有所扩大，但当时运使之上仍设有巡盐御史和盐法道，院道并管一方盐务，运使实有之权又能剩余几何？既然运使多非"甲科"，升迁受阻，权力也增加无几，所谓"道臣体统"也自然沦为虚文。

崇祯八年（1635）二月，监察御史邓启隆第二次受命出巡两淮盐务，当时两淮盐课已经加派到百万两以上，他眼见两淮运司官员选任的弊病和士不乐就的状况，对此倍感忧心，于是毅然上疏。邓御史奏疏中首条和次条皆是专论运司官员选任、升迁问题，均切中时弊，言辞颇为剀切，现节选其奏疏的内容如下：

---

① 崇祯五年（1632），两浙巡盐御史李宗著上奏疏云："查两淮运使陈其仁业蒙加敕莅任"，并鉴于"从来有司之与鹾司原无统辖之柄"，请求"照两淮事例，准予（两浙运使杨湛然）专敕"。就李御史反映的情况来看，长芦运使拥有专敕是在两淮、两浙之后，包括长芦在内的各盐运使所得到的专敕，很可能都是各地巡盐御史讨要的结果，盐运使之权还需要巡盐御史为之争取，殊为可叹。参见［明］毕自严：《度支奏议》山东司卷六《覆两浙盐院李宗著查奏疏理边引疏》，《续修四库全书》第488册，第112页。

② ［清］觉罗石麟等：雍正《初修河东盐法志》卷六《官职》，中国台北，学生书局，1966年影印本，第544页。

③ ［清］觉罗石鳞等：雍正《初修河东盐法志》卷六《官职》，第561—562页。

④ ［清］段如蕙：雍正《新修长芦盐法志》卷一四《职官》，第822—823页。

⑤ ［清］汪兆璋等：康熙《淮南中十场志》卷三，《稀见明清经济史料丛刊》第2辑第33册，北京，国家图书馆出版社，2012年影印本，第473—478页。

⑥ ［明］汪砢玉：《古今鹾略》卷三《职掌》，《续修四库全书》第839册，第20页。

……至于目前急务，借箸可筹，谨谬陈九款，仰祈睿裁：

一曰速补运司官属。从来，法难自行，政由人举，如一省钱粮，大者不过四五十万，小者仅二三十万，然有藩司，有粮道，有府州县，各官合群力料理，犹虞逋赋，况两淮岁入太仓，较天下亦三之一乎？臣尝言：国家制科，一选三百，何靳七员不以筦淮佐鹾？乙榜明经，资节败坏，何者？乙榜明经日暮途空，鲜芳簠簋，至于资节，则明攫取偿，鹈梁叠羞，安望奏续？臣已陛辞有疏，请用甲科，当时掌选者为徐大相，即破格升游云鸿运使。迩年已来，通财徇情，不伕用甲科，盐壅课逋，执此之议。至于今日，更有可异者，运司长属四员，分司二（按，当为三）员，今止太（泰）州一运判，其余久不铨补。……今夷寇未靖，饷急星火，至屡皇上宵旰，不知铨选者何漠然不一体念，而置淮属于度外也？伏乞天语申饬铨臣，速将甲科尽补运司员属，且勒限赴任，臣方敢领敕受事，不然独拍无声，亏课之由谁任其咎？此今日盐政之第一最急者也。

一曰酌议运司升迁。……今运司皆左迁，安望远驭？臣愚以为既用甲科，则当议升迁，运司视参政升迁，运同视知府升迁，运副运判视推知考选，前路既赊，砥砺益坚。①

邓御史的意见和要求分为三层：一、两淮运司官员奇缺，由于乙榜明经“资节败坏”，因而请求多铨选进士出身官员。二、要求新任运司官员限时就职。其实运司官员的奇缺原因仍然在于官员“不乐就”，邓御史便请求吏部“勒限赴任”实属无奈之举，为了能补足缺官，他甚至以不赴任相威胁。三、邓启隆在奏疏中仍在恳请思宗选补运司官属和酌议运司升迁。实际上，这些条意见不仅是他早已经提过，更是被历朝大臣提及无数次了，启祯之时，明廷更是下了很大力气来解决这些问题，但一直成效不彰。究其原因，则是明代运司等盐务机构官员选任陷入一种畸形的怪循环，具体如下图所示：

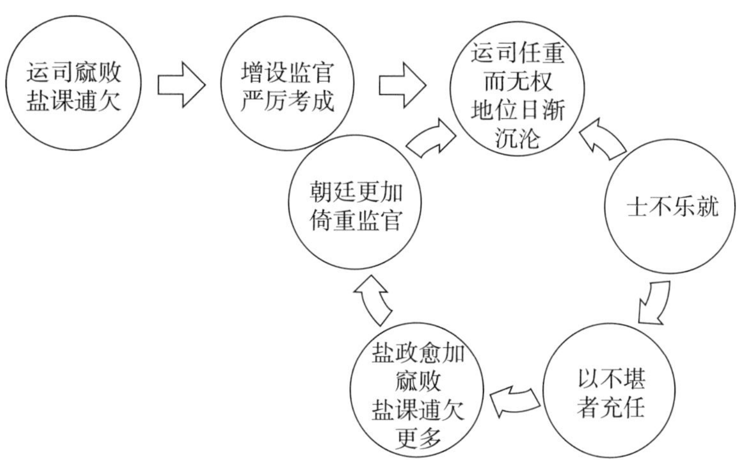

图 1　盐司衙门沦溺的逻辑图

① ［明］汪砢玉：《古今鹾略》卷六《利弊》，《续修四库全书》第 839 册，第 124 页。

在上图所示的互为因果的循环之中，运司的沉沦呈现出以下发展轨迹：运司污浊，朝廷便增设“监官”，先是派遣御史督理之，继而又添设盐法道，运司之权日益为轻，不再被重视，士人也不愿意就任运司职位，于是朝廷被迫以“贬谪”“乙科”“胄子”“赀郎”充当，致使运司更为腐败，朝廷更为倚重巡盐御史和盐道，而运司也就更为人所轻视。这种因果递进的关系，是导致嘉靖以后运司地位沉沦和官员素质下降的主要原因所在。另外，当时士人好名和仕途拘于资格则加速了这一过程。晚明改行新规，试图扭转这一局面，纵然朝廷赋予敕书，乃至三令五申，运司依旧为人所轻，士人仍不乐就，这种循环依旧在运行。只有破除巡盐御史和盐法道对运司的钳制，改革运司官员选拔，切实提高运使等盐务官员地位，使之与其他同品秩的官员一体升迁，并构建起新的、长期稳定的监督机制，运司的地位和盐政的效能才能得以根本改观。可惜的是，直到明亡，明廷的各种变革只是部分地实现了上述条件两三项而已，其剩余之事只能有待来者了。

四　余论

明代“天下之赋，盐居其半”，明初对盐司极为重视，但明中叶以来，盐司日渐沉沦，朝野为振兴运司，屡屡提及“选用甲科”，然而在晚明士风浇漓、进士群体“横行放诞”的背景下，明廷不改革选任制度，仅仅强调选用进士以振兴运司，实际上则是近乎于缘木求鱼。

除盐司衙门以外，明代士人更是连同马政、钱谷等一切事关国计民生的部门一并加以歧视，“视财赋（之职）为劣等”，“士夫一有钱谷之司，歉然若有所浼”[①]。盐、马、财税，利源所在，却相继被“污名化”，遂有贤能之士引嫌避谤，贪鄙之徒奔竞营求，马政、财税等实政遂不得举。盐马等政务皆为王朝的生存之基，明廷自不能坐视不管，于是便被迫以风宪官督其政。永乐以后，政府管理体制中逐渐显现出监察机构行政化的趋势：中央都察院官员外派名目日渐繁多，各类督抚和外差御史被相继设立，各地藩臬衙门之下各种名目的专职道员亦层出不穷。正嘉时期，地方大政由抚按定夺，各类实政，如盐政、马政、钱粮、兵备、驿传、学政、水利等项莫不操之于御史或道员，在长期发展中主管各种事权的风宪官也都呈现出由监到管的演变趋势，实政官员地位日渐下降。经年日久，士风渐靡，风宪官于脂润之场亦鲜有皭然不滓者，监管者与被监管者多半同流合污，王朝利源遂渐以萎缩。实政不举，财赋不济，明王朝的国势遂日渐倾颓。

明清鼎革，清廷鉴于晚明之弊病，令运使与盐法道彼此兼任，大大提高了盐司的地位，至其中叶更是废除了巡盐御史制度，盐务归并当地督抚就近监管[②]，盐政正式成为地方政事之一环，盐政也获得了长效的监督。在选任官员的过程中，清廷摒弃了明代重科名而轻实绩的做法，是时盐政财税方面的官吏虽不免于贪腐，但其汲取的财赋较之明代却大为增加，财政盈缩往往与国势兴衰相同步，清代事功亦随之而超迈前朝。

（作者夏强，海南师范大学历史文化学院）

① ［明］史起蛰等：嘉靖《两淮盐法志》卷五《法制二》，《四库全书存目丛书》史部274册，第231页。

② ［民国］赵尔巽：《清史稿》卷一一六《职官三》，北京，中华书局，1977年，第3351页。

明代黄河治理思想及其实践

田　冰

明成祖朱棣即位后，把国都迁往北京，南粮北运成为明王朝面临的迫切问题。为解决南粮北运问题，永乐九年（1411）修复了元代开凿的会通河，实现了从江南到北京的水上直线联系，解决了南粮北运的困难。然而，明代的黄河决溢频繁，河道变迁较大，穿越运河入海的黄河就此与运河结下了不解之缘。河患严重影响到明王朝南北大运河的漕运，关系到国计民生。维持大运河的漕运畅通成为一个十分重要的政治问题。在永乐以后的两百多年间，治理黄河始终是在"保漕"的准则下进行的。在这前后两百多年间，黄河决溢连绵不断，人们不断探索治理黄河的有效途径，提出一些治河的思想和理论，有的付诸治河实践，取得了一定成效；有的未付诸实践，但对后世治黄提供了理论指导。本文拟就此问题展开讨论，不当之处，祈请方家指正。

一　分流思想的产生及其实践

黄河分流思想产生于明代前中期，延续到嘉靖年间（1522—1566），一直占据主导地位。治河者大部分主张分流以杀水势。

明代前期河患多发生在河南境内，对山东境内运河和徐州以南运河都造成严重影响，解除黄河对山东运河的威胁和保障徐州以南运河的水源，成为摆在明王朝统治者面前的首要问题，黄河分流思想应运而生。明代前期是指从洪武元年（1368）到弘治十八年（1505），共经历一百三十八年。在此期间，黄河决溢频繁，有决溢记载的年份就有五十九年。黄河决溢多发生在河南境内，尤其集中于开封附近，其中十之八九都在兰阳、仪封上游的河南各地，仅开封（包括祥符县）一地决溢的记载就有二十六年；河道紊乱，变迁多端，极不稳定。在这一百多年里，黄河水患以决口漫溢为主，北流的一支严重影响到鲁西北的张秋运河，同时也造成徐州以南运河水量不足。明初，黄河主流基本上仍走元末贾鲁故道，即由河南荥泽（今河南郑州古荥镇）、原武（今河南原阳西）、开封，"河自商、虞而下，由丁家道口抵韩家道口、赵家圈、石将军庙、两河口，出小浮桥下二洪"[①]，出徐州以南的二洪后，经南直隶的邳州、宿迁、桃源至清河县入淮，再东经安东（今江苏涟水）至云梯关（今江苏滨海西南）入黄海。自洪武十七年（1384）以后，黄河水患严重。其中大的水患有，洪武二十四年（1391）黄河在河南原武黑洋山决溢，"东经开封城北五里，又东南由陈州、项城、太

① ［清］张廷玉：《明史》卷八四《河渠二》，北京，中华书局，1974年，第2066页。

和、颍州、颍上，东至寿州正阳镇，全入于淮。而贾鲁河故道遂淤。又由旧曹州、郓城漫东平之安山，元会通河亦淤”[①]。更为严重的是正统十三年（1448）秋，黄河在卫辉府辖县新乡八柳树决口，“漫曹、濮，抵东昌，冲张秋，溃寿张沙湾，坏运道，东入海。徐、吕二洪浅涩”[②]。这次黄河决溢不仅破坏了山东张秋运河，也使徐州以南运河严重缺水，无法正常漕运。景泰四年（1453）五月，“沙湾河决，水皆东注，以致运河无水，舟不得进者过半”[③]。弘治二年（1489），黄河大决于开封及封丘金龙口，入张秋运河。据奉命治河的白昂在弘治三年（1490）报称，这次决口后“水入南岸者十三，入北岸者十七。……北决者，自原武经阳武、祥符、封丘、兰阳、仪封、考城，其一支决入金龙等口，至山东曹州，冲入张秋漕河”[④]。从这几次大的决溢可以看出，张秋运河与徐州运河都不同程度受到黄河决溢的影响，尤其张秋运河航运严重受阻，不能正常通航。

针对黄河决溢泛滥对张秋运河与徐州运河的危害，比较有名的治河者都提出了分流的主张，诸如徐有贞、白昂、刘大夏、刘天和等。其实，最早主张分流的人是宋濂，他虽未治理过黄河，但是他凭着渊博的学识，认为分流是治理黄河水患的良方。他首先指出：“河源起自西北，去中国为甚远。其势湍悍难制，非多为之委，以杀其流，未可以力胜也。”接着，他分析了历史上用分流之策治河取得的成就，认为：“自禹之后无水患者七百七十余年，此无他，河之流分而其势自平也。”紧接着，他又分析了历史上不用分流之策导致的河患危害，他说：“孝武时，决瓠子，东南注巨野，通于淮、泗，泛郡十六，害及梁、楚，此无他，河之流不分而其势益横也。”“至于宋时，河又南决。南渡之后，遂由彭城合汴、泗东南以入淮，而向之故道又失矣。夫以数千里湍悍难制之河，而欲使一淮以疏其怒势，万万无此理也。方今河破金堤，输曹、郓地几千里，悉为巨浸，民生垫溺，比古为尤甚。”因此，他力主分流，主张“莫若浚入旧淮河，使其水南流复于故道。然后导入新济河，分其半水，使之北流以杀其力，则河之患可平矣”[⑤]。因宋濂是元末明初人，当时明代的都城是南京，政治中心与经济重心同处一区域，不存在漕运问题，其视野仅仅是治河，并且宋濂所处的时代还是建国之初，政治不稳定，经济困难，百废待兴，因此他提出的分流思想并未付诸实践。朱棣迁都北京后，政治中心与经济重心分离，为解决南粮北运问题，恢复了元代开凿的京杭大运河，黄河水患严重影响着漕运，影响着明王朝的国计民生。于是宋濂的分流思想得到了继承并付诸实践。

正统年间的徐有贞是分流思想的继承者和践行者，主张开挖分水河，他说：“水势大者宜分，小者宜合。分以去其害，合以取其利。今黄河之势大，故恒冲决；运河之势小，故恒干浅。必分黄河水合运河，则可去其害而取其利。请相黄河地形水势，于可分之处开成广济河一道，下穿濮阳、博陵二泊及旧沙河二十余里，上连东西影塘及小岭等地又数十里余，其内则有古大金提可倚以为固，其外则有八百里梁山泊可恃以为泄。至于新置二闸亦坚牢，可以宣节之，使黄河水大不至泛滥为害，小亦不至干浅以阻漕运。”[⑥]他这种分流治河思想在景泰年间（1450—1456）付诸治河实

① ［清］张廷玉：《明史》卷八三《河渠一》，第2014页。
② ［清］张廷玉：《明史》卷八三《河渠一》，第2015页。
③ 《明英宗实录》卷二三一，景泰四年秋七月壬午，中国台北，“中研院”历史语言研究所，1962年，第5064页。
④ ［清］张廷玉：《明史》卷八三《河渠一》，第2021页。
⑤ ［明］陈子龙：《明经世文编》卷一二《宋学士文集》，北京，中华书局，1962年，第12—13页。
⑥ ［明］陈子龙：《明经世文编》卷三七《徐武功文集》，第284页。

践，这主要是由于正统末年至景泰年间严重的黄河水患影响着漕运，对明王朝触动非常大。正统十三年（1448）黄河于新乡八柳树决口后，洪水直抵张秋，沙湾一带运道冲毁，朝廷受到了很大震动，立即派工部侍郎王永和前往治理。王治河不成，而“徐、吕益胶浅，且自临清以南，运道艰阻”，漕运进一步遇到困难。景泰二年（1451），又派山东、河南巡抚都御史洪英、王暹治河，并提出“务令水归漕河”的严格要求。不久，再命工部尚书石璞也前往工地督工。石璞等先疏浚了从黑洋山到徐州的黄河故道，又筑石堤于沙湾，并“开月河二，引水以益运河，且杀其决势”。景泰三年（1452）五月，北流“渐微细，沙湾堤始成”。但不过一个月，沙湾北岸复决，“掣运河之水以东，近河地皆没”。洪英奉命堵筑后，景泰四年正月，“河复决新塞口之南”。四月决口堵塞，五月再决沙湾北岸，“掣运河水入盐河，漕舟尽阻”[①]。这种屡堵屡决的黄河水患，严重影响了漕运。景泰四年十月，朝廷决定任命谕德徐有贞为佥都御史，专治沙湾。徐有贞到沙湾后，提出了治河三策，分流是其中一策。

明代宗朱祁钰批准了徐有贞的建议。于是，徐有贞“乃逾济、汶，沿卫、沁，循大河，道濮、范”，对河南境内黄河支流及其重要区域的地形水势进行了实地查勘。接着，他开挖一条连接卫水和黄河的分水渠，把黄河水分到卫河，“设渠以疏之，起张秋金堤之首，西南行九里至濮阳泺，又九里至博陵陂，又六里至寿张之沙河，又八里至东、西影塘，又十有五里至白岭湾，又三里至李堆，凡五十里。由李堆而上二十里至竹口莲花池，又三十里至大伾潭，乃逾范暨濮，又上而西，凡数百里，经澶渊以接河、沁，筑九堰以御河流旁出者，长各万丈，实之石而键以铁”[②]。这条分水渠既能助理漕运，又减缓了山东的河患，“河水北出济漕，而阿、鄄、曹、郓间田出沮洳者，百数十万顷”[③]，山东河患少息，漕运也得到了恢复。分流主张在治河保漕中取得了显著成效。

继徐有贞之后，弘治年间（1488—1505）的白昂和刘大夏以及嘉靖年间的刘天和、胡世宁等都是分流思想的主张者和践行者。弘治二年（1489）黄河在河南境内大决，再次冲入张秋漕河以后，九月，朝廷白昂治河。白昂首先溯淮而上到达河南中牟等地现场视察后，看到黄河主流由“祥符翟家口合沁河，出丁家道口，下徐州”；由河南南流合颍、涡二水入淮的支流也“各有滩碛，水脉颇微”。鉴于这种情况，他建议：在南岸“宜疏浚以杀河势”，“于北流所经七县，筑为堤岸，以卫张秋”。弘治三年（1490），白昂“乃役夫二十五万，筑阳武长堤，以防张秋。引中牟决河出荥泽阳桥以达淮，浚宿州古汴河以入泗，又浚睢河自归德饮马池，经符离桥至宿迁以会漕河，上筑长堤，下修减水闸。又疏月河十余以泄水，塞决口三十六，使河流入汴，汴入睢，睢入泗，泗入淮，以达海”[④]。白昂治理后不过二年，黄河又自祥符孙家口、杨家口、车船口和兰阳铜瓦厢决为数道，俱入运河，形势十分严重。朝廷先命工部侍郎陈政督治。陈政视事不久死去，弘治六年（1493）二月以刘大夏为副都御史，治张秋决河。

刘大夏接受治河重任后，于弘治七年（1494）五月，在太监李兴、平江伯陈锐的协助下，刘大

① 《明史》卷八三《河渠志》，第2016—2017页。
② ［清］张廷玉：《明史》卷八三《河渠志》，第2019页。
③ ［清］张廷玉：《明史》卷八三《河渠志》，第2019页。
④ ［清］张廷玉：《明史》卷八三《河渠志》，第2021—2022页。

夏经过查勘，采取了遏制北流、分水南下入淮的方策，一方面在张秋运河“决口西南开月河三里许，使粮运可济”；另一方面又“浚仪封黄陵岗南贾鲁旧河四十余里”，“浚孙家渡，别凿新河七十余里”，并“浚祥符四府营淤河”，使黄河水分沿颍水、涡河和归、徐故道入淮，最后于十二月堵塞张秋决口；“沿张秋两岸，东西筑台，立表贯索，联巨舰穴而窒之，实以土。至决口，去窒沉舰，压以大埽，且合且决，随决随筑，连昼夜不息。决既塞，缭以石堤，隐若长虹，功乃成”①。为纪念这一工程的胜利，明孝宗下令改张秋镇为安平镇。在疏浚南岸支河、筑塞张秋决口之后，为遏制北流，刘大夏又筑塞了黄陵岗及荆隆口等口门七处，并在北岸修起了数百里的长堤。其中大名府长堤，“起胙城，历滑县、长垣、东明、曹州、曹县抵虞城，凡三百六十里”，又名太行堤。西南荆隆等口的新堤“起于家店，历铜瓦厢、东桥抵小宋集，凡百六十里”。从此，筑起了阻挡黄河北流的屏障，大河“复归兰阳、考城，分流经徐州、归德、宿迁，南入运河，会淮水，东注于淮”。

嘉靖年间（1522—1566）的左都御史胡世宁、总河佥都御史戴时宗、总河朱裳等人，也都一如既往，竭力倡疏浚支河、以杀水势之议。嘉靖六年（1527）胡世宁指出：“河自汴以来，南分二道出汴城西荥泽，经中牟、陈、颍，至寿州入淮，一出汴城东祥符，经陈留、亳州，至怀远入淮。其东南一道自归德、宿州，经虹县、睢宁，至宿迁出。其东分五道：一自长垣、曹、郓至阳谷出；一自曹州双河口至鱼台塌场口出，一自仪封、归德至徐州小浮桥出；一自沛县南飞云桥出；一自徐、沛之中境山北溜沟出。六道皆入漕河，而南会于淮。今诸道皆塞，惟沛县一道仅存。……宜因故道而分其势，汴西则浚孙家渡抵寿州以杀上流，汴东南出怀远、宿迁及正东小浮桥、溜沟诸道，各宜择其利便者，开浚道，以泄下流。”嘉靖十一年（1532）戴时宗提出：“河东北岸与运道邻。惟西南流者，一由孙家渡出寿州，一由涡河口出怀远，一由赵皮寨出桃源，一由梁靖口出徐州小浮桥。往年四道俱塞，全河南奔，故丰、沛、曹、单、鱼台以次受害。今患独钟于鱼台，宜弃以受水，因而道之，使入昭阳湖，过新开河，出留城、金沟、境山，乃易为力。至塞河四道，惟涡河经祖陵，未敢轻举，其三支河颇存故迹，宜乘鱼台壅塞，令开封河夫卷埽填堤，逼使河水分流，则鱼台水势渐减，俟水落毕工，并前三河共为四道，以分泄之，河患可已。”②

分流思想始于明初，持续至嘉靖年间，并在治理黄河水患的实践中发挥了很大作用。黄河水患得到一定程度的遏制，南粮北运得以进行。分流思想及在治河实践的效果及存在的弊端，逐渐被后来的治河者认识到了，他们为提高黄河治理效果，克服存在的弊端，提出了合流思想，并付诸实践。

二　合流思想的产生及其实践

由于明代前期河南境内的北岸堤防形成，南岸也修筑了堤防，黄河由颍入淮的河道又于嘉靖初逐渐淤塞，明后期河患移至山东和南直隶境内，尤其集中在曹县、单县、沛县、徐州等地，河南境内的决口已较少出现。明后期不少年份都是决口多处，洪水横流，灾害之严重不亚于前期。北岸黄

① ［清］张廷玉：《明史》卷八三《河渠志》，第 2023 页。
② ［清］张廷玉：《明史》卷八三《河渠志》，第 2032 页。

河堤防筑起后，虽然黄河洪水不再北犯张秋，解除了北段漕河冲毁之淤，确保徐州以南运河的水源。但正德、嘉靖年间，黄河在归德以下、徐州以上的范围内，仍然此冲彼淤，呈多道分流入运之势，有时河道分歧达十支以上。因此，在正统至嘉靖年间（1436—1566）实行过度分流，不但没有使河患稍息，反而造成了此冲彼淤，“靡有定向”的局面，加重了黄河的灾害。鉴于分流不仅没有带来黄河的安定，反而使河道来往滚动，愈加不可收拾，隆庆至万历年间（1567—1620），合流论乃应运出现。合流论以万恭、潘季驯为主要代表，可以说万恭是合流论的提出者，潘季驯是其践行者。

万恭于隆庆五年（1571）十二月以兵部侍郎总理河道，是明代后期比较杰出的治河人物之一。他在治河实践中，善于接纳别人的治河意见，形成自己的一套治河理论。万恭曾接受河南虞城一位秀才献出的治河良策，这位秀才说：“以人治河，不若以河治河也。夫河性急，借其性役其力，则可浅可深，治在吾掌耳。”“如欲深北，则南其堤，而北自深。如欲深南，则北其堤，而南自深。如欲深中，则南北堤两束之，冲中间焉，而中自深。此借其性而役其力也。”万恭主张束水，反对分流。因为黄河进入河南后，“水汇土疏，大穿则全河由渠而旧河淤，小穿则水性不趋，水过则平陆耳。夫水专则急，分则缓，河急则通，缓则淤，治正河可使分而缓之，道之使淤哉？今治河者，第幸其合，势急如奔马，吾从而顺其势，堤防之，约束之，范我驰驱，以入于海，淤安可得停？淤不得停则河深，河深则水不溢，亦不舍其下而趋其高，河乃不决。故曰黄河合流，国家之福也”。他的这一治河思想，不仅在当时是一个创新，对后人也有一定的影响。潘季驯正是在此基础上，经过进一步的治河实践与总结，明确提出了“筑堤束水，以水攻沙”的治河方略，这种治河方略正是基于合流思想提出的。

潘季驯根据黄河水含沙多的特点，强调治河宜合不宜分，他说：“水分则势缓，势缓则沙停，沙停则河饱，尺寸之水皆由沙面，止见其高。水合则势猛，势猛则沙刷，沙刷则河深，寻丈之水皆由河底，止见其卑。筑堤束水，以水攻沙，水不奔溢于两旁，则必直刷乎河底。一定之理，必然之势，此合之所以愈于分也。”在上皇帝的《恭诵纶音疏》和《河工告成疏》中，潘季驯又反复强调指出：“（水）分则势缓，势缓则沙停，沙停则河饱，河饱则水溢，水溢则堤决，堤决则河为平陆，而民生之昏垫，国计之梗阻，皆由此矣。”“筑塞似为阻水，而不知力不专则沙不刷，阻之者乃所以疏之也。合流似为益水，而不知力不弘则沙不涤，益之者乃所以杀之也。旁溢则水散而浅，返正则水束而深。……借水攻沙，以水治水，臣等蒙昧之见，如此而已。”因此，从他第三次主持治河开始，也就是万历六年（1578）夏，潘季驯改变了以前分流的措施，主张合流，提出“以河治河，以水攻沙”的方策。在治河的具体实践中，要想实现合流，首先是“筑堤束水”。他非常重视堤防的作用，形象地把防河比作防虏：“防寇则曰边防，防河则曰堤防。边防者，防敌之内入也；堤防者，防水之外出也。欲水之无出，而不戒于堤，是犹欲寇之无入，而忘备于边者也。”[①] 他还结合治水实际，创造性地将堤防工程分为四种：遥堤、缕堤、格堤、月堤，四种堤联合创筑，各自发挥作用。“遥堤约拦水势，取其易守也。而遥堤之内复筑格堤，盖虑决水顺遥而下，亦可成河，故欲其

① ［明］潘季驯：《河防一览》卷一二《恭报三省直堤防告成疏》，《景印文渊阁四库全书》第576册，中国台北，台湾商务印书馆，1986年，第400页。

遇格即止也。缕堤拘束河流，取其冲刷也。而缕堤之内复筑月堤，盖恐缕逼河流，难免冲决，故欲其遇月即止也。”[①]“缕堤即近河滨，束水太急，怒涛湍流，必致伤堤。遥堤离河颇远，或一里余，或二三里，伏秋暴涨之时，难保水不至堤，然出岸之水必浅。既远且浅，其势必缓，缓则堤自易保也。”[②]“防御之法，格堤之妙。格即横也，盖缕堤既不可恃，万一冲缕而入，横流遇格即止，可免泛滥。水退，本格之水仍复归漕，淤留地高，最为便益。”[③]四堤相互配合，相得益彰，共同维护着河流的安全。为了保证地方工程的质量，潘季驯要求“必真土而勿杂浮沙，高厚而勿惜巨费”，并要“逐一锥探土堤”，以检测堤防质量。

潘季驯不仅是“束水攻沙”方策的提出者，而且是这一方策的践行者。万历七年（1579），他第三次治河时，本着“塞决口以挽正河，筑堤防以杜溃决，复闸坝以防外河，创滚水坝以固堤岸，止浚海工程以省糜费，寝开老黄河之议以仍利涉”的治理原则，“筑高家堰堤六十余里，归仁集堤四十余里，柳浦湾堤东西七十余里，塞崔镇等决口百三十，筑徐、睢、邳、宿、桃、清两岸遥堤五万六千余丈，砀、丰大坝各一道，徐、沛、丰、砀缕堤百四十余里，建崔镇、徐升、季泰、三义减水石坝四座，迁通济闸于甘罗城南，淮、扬间堤坝无不修筑”。经过这次治理以后，“高堰初筑，清口方畅，流连数年，河道无大患”[④]，取得了可喜的成绩。万历十六年（1588）潘季驯第四次治河后，鉴于上次所修的堤防数年来因“车马之蹂躏，风雨之剥蚀”，大部分已经是“高者日卑，厚者日薄”[⑤]，降低了防洪的作用，又在南直隶、山东、河南等地，普遍对堤防闸坝进行了一次整修加固工作。根据潘季驯在《恭报三省直堤防告成疏》中所指出的，仅在徐州、灵璧、睢宁、邳州、宿迁、桃源、清河、沛县、丰县、砀山、曹县、单县等十二州县，加帮创筑的遥堤、缕堤、格堤、太行堤、土坝等工程共长十三万多丈。在河南荥泽、河内、武陟、原武、中牟、郑州、阳武、封丘、祥符、陈留、兰阳、仪封、睢州、考城、商丘、虞城等十六州县中，帮筑创筑的遥、月、缕、格等堤和新旧大坝更是长达十四万多丈，进一步巩固了黄河堤防，对控制河道、束水攻沙起到一定的作用，扭转了弘治以来河道“南北滚动、忽东忽西”的混乱局面，使运道畅通。

万恭、潘季驯等主张合流的治河者由于总结了正统至嘉靖年间主张分流者的治河经验，对于黄河的泥沙问题有较深切的认识。他们从“黄流最浊，以斗计之，沙居其六，若至伏秋，则水居其二”的实际情况出发，反复阐述了“水专则急，分则缓，河急则通，缓则淤”，“水分则势缓，势缓则沙停，沙停则河饱”，“水合则势猛，势猛则沙刷，沙刷则河深”的道理，提出了“筑堤束水，以水攻沙”的主张。他们从多方面加强堤防，利用大堤束水就范，以增加水流的冲刷能力，把泥沙运送到海里去，从而解决河床淤高后引起的黄河决溢。

---

① ［明］潘季驯：《河防一览》卷一二《恭报三省直堤防告成疏》，第 401 页。
② ［明］潘季驯：《河防一览》卷二《河议辩惑》，第 171 页。
③ ［明］潘季驯：《河防一览》卷三《河防险要》，第 254 页。
④ ［清］张廷玉：《明史》卷八四《河渠志》，第 2053 页。
⑤ ［明］潘季驯：《河防一览》卷二《河议辩惑》，第 400 页。

三　未付诸实践的治黄思想

除了分流思想和合流思想以外，明代后期还有人提出过改道论、沟洫论、治水先治源等思想，这些思想在明代虽未付诸实践，但对后世治河提供了理论借鉴，综合治理黄河的思想应运而生。

改道论主张黄河在下游改道，使黄河北入渤海，以及伊、洛、沁河等支流改道不入黄河的思想。主张黄河下游大改道的以嘉靖初年光禄少卿黄绾为代表。嘉靖六年（1527）讨论治河问题时，黄绾针对当时黄河在归、徐之间乱流入运的情况，他说："今黄河只金龙口至安平镇一支或时北流，其余不入漕河，则入汴河，皆合淮入海矣。今则跨中条而南，乃在山阜之上，河下为河南、山东、两直隶交界处，地势西南高、东北下，水性趋下，河下之地皆易垫没。故自昔溃决必在东北而不在西南也。""今欲治之，非顺其性不可。川渎有常流，地形有定体，非得其自然不足以顺其性。必于兖、冀之间，寻自然两高中低之形，即中条、北条交合之处，于此浚导使返北流，至直沽入海，而水由地中行。如此治河，则可永免河下诸路生民垫没之患。"[①] 黄绾主张黄河改道北流的主张，忽略了南北京杭大运河是要借助于黄河才能实现南粮北运的，影响到国计民生，最终没有被朝廷采纳。

沟洫治理论者主张黄河治理仅局限于下游，是根本不能解决黄河问题的，必须从中上游着手才是良策。因此，他们提出"沟洫治理"的思想，试图为治理黄河开创一条新路。

最早主张沟洫治理的是嘉靖二十二年（1543）总理河道的周用。他在《理河事宜疏》中首先指出："治河垦田，事实相因。水不治则田不可治，田治则水当益治，事相表里。若欲为之，莫如古人所谓沟洫者尔。"接着，他盛赞了夏禹尽力沟洫之功，强调："历汉而唐而宋元，河徙河决，不可胜纪。今年治河费若千万，明年治河费若千万，大略塞之而已矣，沟洫之政无闻焉。自今黄河言之，每岁冬春之间，自西北演迤而来，固亦未见大害。逮乎夏秋霖潦时至，吐泄不及，震荡冲激于斯为甚。考之前代传记，黄河徙决于夏月者，十之六七，秋月十之四五，冬月盖无几焉。此其证也。夫以数千里之黄河，挟五、六月之霖潦，建瓴而下，乃仅以河南开封府兰阳县以南之涡河，与直隶徐州、沛县百数十里之间，拘而委之于淮，其不至于横流溃决者，实徼万一之幸也。"最后，他又痛切陈述了沟洫治河的必要："夫天下之水，莫大于河。天下有沟洫，天下皆容水之地，黄河何所不容？天下皆修沟洫，天下皆治水之人，黄河何所不治？水无不治，则荒田何所不垦？一举而兴天下之大利，平天下之大患！"[②]

明末著名科学家徐光启也十分赞许沟洫治河的主张。他在《屯田疏》中指出："土力不尽者，水利不修也。""能用水，不独救潦，亦可弭潦。疏理节宣，可蓄可泄，此救潦也。地气发越不致郁积，既有时雨，必有时旸，此弭潦也。不独此也，三夏之月，天雨时行，正农田用水之候，若遍地耕垦，沟洫纵横，播水于中，资其灌溉，必减大川之水。先臣周用曰：使天下人人治田，则人人治河也。是可损决溢之患也。"[③] 在《漕河议》中他又说："禹之治水，功在治田也。""治田者，用水者也。用水者，必将储水以待乏者也。水之用于田也多，水之储以待用于田也又多，则其入于川者寡

---

① ［明］陈子龙等：《明经世文编》卷一五六《黄宗伯文集》，第1565—1567页。
② ［明］陈子龙等：《明经世文编》卷一四六《周恭肃集》，第1458—1459页。
③ ［明］陈子龙等：《明经世文编》卷四九〇《徐文定公集》，第5417页。

矣。”“夫大雨时行，百川灌河，此田间用水之日也。今举山陵原隰之水，尽驱而之于川，川又尽并之于渎，时遇霖潦，安得无溢且决哉?!”同时他还指出：“今欲治田以治河，则于上源水多之处，访古遗迹，度今形势，大者为湖瀵，小者为塘泺，奠者为陂，引者为渠，以为储偫。而其上下四周，多通沟洫，灌溉田亩，更立斗门闸堰，以时蓄泄，达于川焉。”[①]

四 黄河治理思想的评价

分流论者，只知“分则势小，合则势大”，但忽视了黄河多沙的特点。由于黄河多沙，水分则势弱，必然导致泥沙沉积，促使河道淤塞。如明初黄河在南岸分流入淮，到嘉靖年间，各支河都已淤塞，其中荥泽孙家渡支河，到弘治二年（1489）已有淤塞，自弘治六年至嘉靖年间，孙家渡支河曾疏浚十余次之多，共费公帑百万缗，随开随淤，终未疏通。到嘉靖十二年（1533）又疏浚了一百五十里，至嘉靖十三年夏，河水大涨，一淤而平。这种情况的出现，主要是由于河道的输沙能力与流速的平方成正比，多开支流虽能分水势，但当黄河涨水处于冲刷阶段时，如分水不当，反而变冲为淤，把河道淤塞，这与清水河道的分流是不同的。因此，明代正统至嘉靖年间的过度分流，不但没有使河患稍息，反而造成了此冲彼淤，“靡有定向”的局面，加重了黄河的灾害。

合流论者采取筑堤束水的措施，把黄河固定于一条河道里，比之任其多道分流，无疑是一个进步。如果筑堤和防守两者都能得到加强，河道是可以稳定一个时期的，洪灾也是可以适当减少的。但是，就黄河下游“善淤、善决、善徙”的特点而言，最根本的原因是泥沙量太大和下游河道淤积太严重。仅仅依靠筑堤束水，并不能把泥沙全部送到海里去。如不采取其他措施，时日稍久，河床必然越淤越高，新的决口改道仍无法避免。潘季驯治河后河道虽曾一度刷深，流水迅利，但决溢也仍时有发生。潘季驯治河后不久，河道决溢又趋严重。这说明，仅在下游合流并不能根本解决问题。

当然，有计划地人为改道，比自然改道的损失要小一些，在一定条件下，不失为一种治河对策。但是，由于黄河多沙，改道只能起到一时的缓冲作用，并不能解决黄河善淤、善决、善徙的特性。而且舍故道改走新道，还要占用大量土地，迁移大量人口，也是当时所不易解决的。因此，这种主张不可能受到最高统治阶层的重视和支持，更不可能实行了。

沟洫治理论者的主要思想是通过大面积的沟洫治理，把洪水分散到各地的田间，以达到既利于农业生产，又解除黄河洪水灾患的目的。他们所提的一些意见和措施，在黄河上中游部分地区可以起一定的保水保土作用，不过在明代小农经济情况下，想在黄河中上游大规模治理是办不到的，而且单靠沟洫，也改变不了降水分布不均匀、暴雨形成黄河洪水的这一自然规律，达不到根治黄河的效果。

综上所述，明代人们提出的黄河治理思想有的付诸实践，在治理黄河水患方面，至少在当时取得了明显的成效；未付诸治河实践的思想，为后人综合治理黄河提供了思路。譬如，沟洫治理论者的主要思想在民国以后的黄河中游水土保持治理中发挥了重要作用。总之，明代人在借鉴前人治河

---

① ［明］陈子龙等：《明经世文编》卷四九一《徐文定公集》，第5435页。

经验的基础上，结合治河实践，形成了具有明代时代特色的治黄思想，使明代在“保漕”原则下治理黄河取得了一定成效，也为以后治理黄患提供了宝贵经验。当下，重新思考研究明代的治黄思想及其实践，对我们治理河口、稳定黄河现行流路，加强黄河治理、根除黄河水患，推进黄河流域生态保护和高质量发展都具有重大的现实意义。

（作者田冰，河南省社会科学院历史与考古所）

明初起遣岛民事件考察

牛传彪

洪武年起遣悬海岛民是朱元璋禁海与防海政策的重要内容，对有明一代海上秩序及备御产生重大影响。与明末清初迁界相比[①]，明初起遣岛民事件似未得到应有的学术关怀。尽管早先有安京、陈春声等触及明初福建部分海岛及广东南澳岛徙民等问题，但其着力点分别在介绍古代海界形态与明前期潮州海防建设影响中的人地关系[②]。近年来，谢湜又围绕舟山群岛、乐清湾玉环等处探讨东南沿海自明代倭乱至清初迁界以来地方社会的变迁机制与区域语境[③]。但整体而言，洪武朝起遣岛民似有诸多未发之义。洪武年间起遣岛屿的界限及各地起遣实况至今似尚未清晰理出；起遣后岛域状态及其对海上备御的影响尚不明确；明中期主张在海岛屯田、复县等呼声与起遣及防卫有何关联、缘何又屡议屡止等问题尚需探索。故拙文聚焦上述问题，钩稽史料，试作探研。

一　洪武年间起遣岛屿的界限以及其实况

东南沿海江浙闽广诸处，自南宋起即聚集着数量可观的“贩海之商”[④]。忽必烈灭宋后，其重商、重市舶政策继续推动着东南海商崛起[⑤]。朱清、张瑄等开创的海运体制，在催生出一批海运豪户的同

---

① 学界关于明末清初迁界成果丰硕，代表性者如［日］浦廉一著，赖永祥译：《清初迁界令考》，《台湾文献》第6卷第4期，1955年；谢国桢：《清初东南沿海迁界考》、《清初东南沿海迁界补考》，《明清之际党社运动考》，北京，中华书局，1982年；顾诚：《清初的迁海》，《北京师范大学学报》1983年第3期；李东珠：《清初广东“迁海”的经过及其对社会经济的影响》，《中国社会经济史研究》1995年第1期；陈春声：《从“倭乱”到“迁海”——明末清初潮州地方动乱与乡村社会变迁》，《明清论丛》2001年第2辑；韦庆远：《有关清初禁海和迁界的若干问题》，《明清论丛》2002年第2辑；鲍炜：《迁界与明清之际广东地方社会》，中山大学博士学位论文，2003年；林修合：《从迁界到复界：清初晋江的宗族与国家》，台湾大学硕士学位论文，2005年；叶锦花：《迁界、复界与地方社会权力结构的变化——以福建晋江浔美盐场为例》，《福建论坛（人文社会科学版）》2012年第5期；龚缨晏：《南田岛的封禁与解禁》，《浙江学刊》2014年第2期；赵轶峰：《关于清初粤东迁海民生代价的思考》，《中国史研究》2014年第3期。其他兹不赘述。

② 安京：《试论中国古代海界问题》，《中国边疆史地研究》2000年第6期；陈春声：《明代前期潮州海防及其历史影响》，《中山大学学报》2007年第2—3期。

③ 谢湜：《“其人如在”——14—18世纪舟山群岛的国家与社会》，《宋元明国家与社会高端学术论坛文集》，天津，南开大学，2013年10月，第321—337页。谢湜：《14—18世纪浙南的海疆经略、海岛社会与闽粤移民》，《学术研究》2015年第1期。

④ 葛金芳：《南宋海商群体的构成、规模及其民营性质考述》，《宋元明国家与社会高端学术论坛会议文件》，第154—164页。

⑤ 李治安：《元和明前期的江南政策与社会发展刍议》，《宋元明国家与社会高端学术论坛会议文件》，第190—195页。

时，也增强了海道所经地域的战略区位优势[①]。然而，至朱元璋立国时，大明面临着与宋元迥异的海上形势。

元末，张士诚、方国珍等军功漕户分据苏、松、通、泰、杭、嘉、宁、绍、温、台、庆元诸郡。朱元璋降灭方、张后，其残党“窜入岛中”，“煽诱倭奴，相与为乱”[②]，“以故洪武中倭数略海上”[③]。此时西北战事尚未完全结束，沿海诸省卫所建置普遍偏少，朱元璋采取禁海、与日本南朝交涉及出海巡捕倭寇策略，阻遏倭夷与海盗的合流。同时，借机起遣海岛居民入内地，实行所谓的“清野之策”。甚至部分沿海州县的基层乡里处在海岛之上者也在迁入内地安插。

起遣岛民的事件自洪武三年（1370）以来即见诸史料。洪武三年，安禄侯奏徙温州外海之苔山岛民入内地以避倭患[④]。四年（1371）十二月，靖海侯吴祯受诏籍方国珍所部温台庆元三府军士及海中兰、秀山无田粮之民尝充船户者111730人隶各卫为军[⑤]。十五年（1382）闰二月，命南雄侯赵庸籍广州海岛疍户万人为水军[⑥]。此时起遣的人户，除民户、军户、船户、疍户外，尚有渔丁、盐徒及无恒产者，各地虽见有零星记载，但大规模的持续性海岛起遣似未完全开启。至洪武二十年（1387），情况方有显著变化。

这次起遣源发于舟山附近兰、秀、剑、岱、金塘五山争利[⑦]，按照明人郑若曾的说法，岛上民户“内相仇杀，外连倭夷，岁为边患”[⑧]。洪武二十年，汤和经略海上时以其民孤悬，徙之内地，改隶象山县[⑨]。对此，乾隆《象山县志》云：“信国疑苞蘖之萌也，乘兰、秀二山土寇之扰，定谋废县，而四十六山、南田十有余岙禾黍尽为榛莽矣。”[⑩]实际上，舟山岛上居民并未完全起遣。

按舟山地方原置昌国县，辖富都、金塘、安期、蓬莱四乡，另有昌国卫。洪武二十年起遣海岛居民时，革县治，移置昌国卫于象山县天门山[⑪]。四乡之中，金塘、安期、蓬莱三乡居民完全起遣内地，富都乡则存留四里500余户居岛，其行政管辖有定海县带管[⑫]。其外兰、秀、剑、岱、金塘、大

---

① 关于海运问题的相关研究，可参阅高荣盛：《元代海运试析》，《元史及北方民族史研究集刊》第7辑，南京，南京大学出版社，1983年；陈高华：《元代的航海世界澉浦杨氏——兼说元代其他航海家族》，《海交史研究》1995年第1期；陈波：《海运船户与元末海寇的生成》，《史林》2010年第2期；陈波：《元代海运与滨海豪族》，《清华元史》第1辑，北京，商务印书馆，2011年等。

② ［明］茅坤：《茅鹿门先生文集》卷二《书·与李汲泉中丞议海寇事宜书》，《续修四库全书》第1344册，上海，上海古籍出版社，1995年，第476页。

③ ［明］郑晓：《吾学编·皇明四夷考·日本》，《北京图书馆古籍珍本丛刊》第12册，北京，北京图书馆出版社，2000年，第706页。

④ ［明］王瓒：《抚安塘记》，（弘治）《温州府志》卷一九《词翰志》，《天一阁藏明代方志选刊续编》第32册，第1028页。

⑤ 《明太祖实录》卷七〇，洪武四年十二月丙戌，中国台北，“中研院”历史语言研究所校勘本，1962年，第1300页。

⑥ 《明太祖实录》卷一四三，洪武十五年闰二月癸亥，第2252页。

⑦ （民国）《定海县志》卷一五《故实志》，《中国方志丛书》，中国台北，成文出版社，1970年据民国十三年（1924）铅印本影印版，华中第75号，第459页。

⑧ ［明］郑若曾：《筹海图编》卷五《浙江事宜》，《中国兵书集成》第16册，北京，解放军出版社；沈阳，辽沈出版社，1990年，第474页。

⑨ ［明］郑若曾：《郑开阳杂著》卷一《舟山守御论》，《景印文渊阁四库全书》第584册，中国台北，台湾商务印书馆，2008年，第478页。

⑩ （乾隆）《象山县志》卷六《经制志三》，《中国方志丛书》华中地方第476号，第409页。

⑪ （嘉靖）《象山县志》卷一《建置纪》，《天一阁藏明代方志选刊续编》第30册，第29页。（嘉靖）《宁波府志》卷八《兵卫志》，中国方志丛书，华中地方第495号，第879页。

⑫ （民国）《定海县志》卷一《舆地志·建置沿革》，第42页。

榭诸岛民也在此时遣入内地[①]。浙闽沿海其他诸岛居民起遣也随之展开。

宁波外海有南田山，原设三里村落，居民繁盛，有田地30顷，洪武时也被起发，“遂空其地”。据崇祯《宁海县志》载，此地发遣也在汤和起遣岛民之时。起发的原因在于汤和认为此地“易于通倭”[②]。附近石坛山、大佛头等处也被遣徙，成为“空地”[③]。太平县东南海中有石塘山，“以倭寇数犯境”，居民被徙居腹里，“遂墟其地”[④]。台州之玉环岛，洪武二十年徙入腹里。史籍中言“一洗而空之”，未留有人户。其他如南麂、东洛、高丕等岛屿之民也在洪武间为汤和所徙[⑤]。

福建沿海不少岛屿居民也在洪武间起遣内地。如福宁州外海有嵛山，居民稠密，垦土成田，江夏侯周德兴以其地“孤悬海中，徙其民于七八都，此地遂废为荒榛”[⑥]。按周德兴经略福建缘海防卫也在洪武二十年，嵛山岛民起遣大概即在此时进行[⑦]。福州府连江县海上有上、下竿塘山，以防倭缘故，也在二十年“徙其民，附城以居”[⑧]。海中有海坛山，周遭700里，原先居民布散村落。洪武二十年，“以倭寇猝难备御，尽徙其民于县”。双屿、小练山、草屿、东草屿、堂屿、盐屿等岛居民也于洪武二十年徙于连山县安插[⑨]。泉州同安县古浪屿有居民2000余家，洪武时起遣入内地[⑩]。其他诸如福宁浮膺山，莆田县上黄竿、下黄竿、湄洲，惠安县东屿，晋江县澎湖，同安县大嶝岛、小嶝岛、彭舆屿、夹屿等岛居民也被起遣[⑪]。闽广交界之南澳岛也被起遣，成为“遗弃之地”[⑫]。广东珠江口三灶岛多有盗贼，洪武时都指挥花茂遣其民，“永不许耕”。新会县上、下川岛“居民以贾海为业”，洪武时为防海盗，也迁其民[⑬]。

至洪武二十五年（1392），部分地区因海上盗寇之乱，仍有起遣海岛居民的事件发生。如二十年五月，徙福建孤山断屿之民居沿海新城，官给田耕种[⑭]。十二月，广东都指挥使花茂奏徙大溪山、横琴山岛上逋逃疍户等1000余户为军等[⑮]。此后，史籍中未见大规模起遣岛民的记载。起遣缘何集中在洪武二十年左右，而又在洪武二十五、二十六年结束？似与朱元璋开始加重海上防卫有关。

洪武十七年（1384）前后，西北与云南战事基本结束。但朱元璋与日本南朝怀良亲王关于倭寇问题的多次交涉依然无果[⑯]，其间倭寇继续寇掠缘海诸郡[⑰]，遂命汤和、周德兴等经略浙、闽等处沿

---

① ［明］郑若曾：《筹海图编》卷五《浙江事宜》，第474页。
② （崇祯）《宁海县志·山川》卷一《舆地志》，《中国方志丛书》华中地方第503号，第67页。
③ （乾隆）《象山县志》卷二《地理志》，第172页。
④ （嘉靖）《太平县志》卷一《地舆志上》，《天一阁藏明代方志选刊》第22册，第16页a。
⑤ ［明］王在晋：《皇明海防纂要》卷五《靖海岛以绝衅端议》，《续修四库全书》第740册，第15页。
⑥ （万历）《福宁州志》卷一《舆地志上》，《日本藏中国罕见地方志丛刊》，北京，书目文献出版社，1990年，第28页。
⑦ 《明太祖实录》卷一八一，洪武二十年三月戊子，第2735页。
⑧ （弘治）《八闽通志》卷四《地理志·山川》，《中国史学丛书》第3编第4辑，中国台北，学生书局，1987年，第257页。
⑨ （弘治）《八闽通志》卷五《地理志·山川》，第263、271页。
⑩ （弘治）《八闽通志》卷七《地理志·山川》，第387页。
⑪ 安京：《试论中国古代海界问题》，《中国边疆史地研究》2000年第6期。
⑫ ［明］郑若曾：《筹海图编》卷三《广东事宜》，第319页。
⑬ （嘉靖）《香山县志》卷一《风土志》，《日本藏中国罕见地方志丛刊》，第302页。
⑭ 《明太祖实录》卷一八二，洪武二十年五月甲辰，第2748页。
⑮ 《明太祖实录》卷二二三，洪武二十五年十二月甲子，第3262页。
⑯ 黄中青：《明代海防的水寨与游兵——浙闽粤沿海岛屿防卫的建构与解体》，宜兰，明史研究小组，2001年，第22页。
⑰ ［明］郑若曾：《筹海图编》卷五《浙江倭变纪》，第411页。

海防务[①]。汤和等人最大举措就是添置沿海卫所、籍民为军、修筑城池。起遣岛民也在此时持续性进行。在某种程度上，洪武二十年大规模起遣岛民与汤和之卫所建设似乎存在一定关联。如浙江都司添置卫所的高潮集中在洪武十九、二十两年。此前浙江卫所基本是一府一卫或一所，东南沿海仅有宁波、昌国、温州三卫及定海一所[②]。十九、二十两年，浙江沿海共增八卫二十七守御千户所。至于军力来源，多数从沿海府州县民户内抽籍[③]，起遣海岛居民为卫所军户似乎也是其有效手段之一。而且部分史籍中确实可以看到以迁徙的海岛居民充卫所旗军的记录。如《明太祖实录》中记昌国县民多数徙为宁波卫卒[④]。嘉靖《宁波府志》云汤和所徙大小榭居民原居定海县海晏乡，后来也成为后千户所之军[⑤]。即便有不少安插在内地州县，也可改变悬海岛民"殊难管辖"的窘境，以避免其聚众为乱，或勾倭为寇。至于起遣大约在二十五、二十六年间结束，依据明人郑晓的解释，主要是二十五年以后海上已得安靖[⑥]。

以地域界限而言，所涉不可谓不广。史籍中所载洪武年间起遣悬海岛民遍及浙江、福建、广东沿海的多数岛屿。北起浙江舟山、岱山、兰山、秀山、金塘、大榭、小榭、石坛、南田、大佛头、石塘山、玉环、苔山、南麂、东洛、高丕诸山，中经福建嵛山、上竿塘山、下竿塘山、海坛、双屿、古浪屿等处，南达广东南澳岛、横琴山、大溪山、三灶岛、上川岛、下川岛等岛屿，皆能见到起遣岛民的记录。

起遣中较常见的原因在于防倭及悬海岛民"殊难管辖"。前述绝大部分岛民徙入内地者皆是如此。官方话语中经常提到岛民内相争利，外连倭寇，侵扰沿海州县；或张、方残党窜据海岛，勾倭入寇。如元末兰秀山民聚众为盗，洪武元年入象山县作乱[⑦]，二年偷袭汤和征南大军[⑧]。十九年汤和经略海上时，兰、秀、剑、岱、金塘五山顽民争利，外连倭寇[⑨]。其他宁、台、温滨海大岛之民不少因汤和惧其引倭入寇而起遣[⑩]。明人陈仁锡云："宁区之金塘、大榭，台区之玉环、石塘皆悬海山田，……旧有居民，国初因倭乱遣入内地。"[⑪]其中玉环居民自宋元以来即常引海寇，孤悬海岛，难以防御。即使未勾连倭寇的悬海岛民也往往"殊难管辖"，或一些逋逃人户及原来海商入海为盗；或自元末起原本即为海盗。其他如广东大溪山、横琴山等岛上民户以操舟为业者，"会官军则称捕鱼，遇番贼则同为寇"。因"殊难管辖"，花茂徙其人为军[⑫]。赵庸徙广州海岛疍户也是因为其"无定

---

① 《明太祖实录》卷一五九，洪武十七年正月壬戌，第2460页；卷一八七，洪武二十年十一月己丑，第2799页；卷一八一，洪武二十年三月戊子，第2735页。

② 郭红、靳润成：《中国行政区划通史・明代卷》，上海，复旦大学出版社，2007年，第656页。

③ 《明太祖实录》卷一八七，洪武二十年十一月己丑，第2799页。

④ 《明太祖实录》卷一八二，洪武二十年五月丁亥，第2745页。

⑤ （嘉靖）《宁波府志》卷八《兵卫志》，第860、867页。

⑥ ［明］郑晓：《郑端简公奏议》卷二《淮扬类・乞收武勇亟议招抚以消贼党疏》，《续修四库全书》第476册，第535页。

⑦ 《明太祖实录》卷三二，洪武元年五月庚午，第559页。

⑧ 《明太祖实录》卷四七，洪武二年十一月己丑，第940页。

⑨ （民国）《定海县志》卷一五《故实志》，第460页。

⑩ ［清］顾炎武：《肇域志・浙江》上海，上海古籍出版社，2004年，第1992—1993页。

⑪ ［明］陈仁锡：《无梦园初集・漫集一・纪浙江海屯》，《四库禁毁书丛刊》集部第59册，北京，北京出版社，2000年，第399页。

⑫ 《明太祖实录》卷二二三，洪武二十五年十二月甲子，第3262页。

居，或为寇盗”[①]。总之，起遣既是防倭禁海需要，也是将未化民编入州县户籍或卫所军籍进行有效管辖的举措之一。

整体而言，各地起遣的实际情形，有属完全起遣，也有部分起遣。其中较多的属完全起遣。史籍中常见到“墟其地”[②]“空其地”“其地遂废”“其地遂为茅草”，或“废弃岁久，置之榛芜”[③]“今为荒墟矣”[④]等。部分起遣的所见记载仅于舟山岛，其上尚存500余户。起遣人群或充沿海卫所旗军，或编入沿海州县为民[⑤]。起遣后部分岛屿尚存留一定的防御力量。如舟山起遣后，岛上改置中中、中左二所。洪武二十七、二十八年间相继筑螺峰、宝陀、岑江、岱山四巡检司城[⑥]，弓兵总数达1000人[⑦]。永乐七年，又移置浙西海宁卫及乍浦、澉浦二千户所战船协哨沈家门水寨[⑧]。当然，多数地方未见相关设置的记载。

起遣岛民事件如何定性与评价，自明中期起即褒贬不一，有不同认识。有人认为是清野之举，也是体恤岛民。较多人则认为，起遣岛民是国初海防经略中“千虑之一失”[⑨]。特别是嘉靖中期曾在东南沿海主持御倭大计的赵文华、胡宗宪、唐顺之及参与御倭事务的郑若曾等人多从海上军事防卫的角度等探讨此举失策。通过分析起遣后岛上人群生聚状态及中期倭寇、海盗等在海岛盘踞的情况，比较明前期在岛上防务力量缺乏或不足，确实可以看出其对沿海防务的诸多不利影响。

二　起遣后岛上人群生聚与倭寇、海盗结巢

朱元璋起遣岛民本为禁海、防海，避免部分“殊难管辖”的岛民与倭寇勾连，是特殊海上形势下的产物，对防海确实起到一定功效。但是从长远来看，官民力量在海岛的削弱，往往给其他势力在海岛发展留有空隙。在海上有利可图，特别是海禁执行不力、官方巡捕力量废弛情形下，朝廷很难在海上做到彻底的“清野”。

洪武起遣并未禁绝部分岛屿人群的生聚。如舟山起遣后，岛上尚存富都乡500余户[⑩]，居住在离所坡半里的地方[⑪]。“其民自读书、经商外，大半俱以力田、樵采为业。[⑫]”不少湖、湾等处皆垦为田[⑬]。“五谷之饶，鱼盐之利，可以食数万之众，不待取给于外。”[⑭]其他岛屿，有遣而复返者。这部分人户多因所安插新地生存不易，而又私自潜回岛屿。如温州海中苔山之民，“倭夷时觊登掠，且

---

① 《明太祖实录》卷一四三，洪武十五年闰二月癸亥，第2252页。

② （万历）《温州府志》卷一八《杂志》，《四库全书存目丛书》史部第211册，济南，齐鲁书社，1995年，第227页。

③ ［明］章潢：《图书编》卷三八《边海垦田之利》，《景印文渊阁四库全书》第969册，第796页。

④ ［清］顾炎武：《肇域志 · 浙江》，第2037页。

⑤ ［明］陈仁锡：《无梦园初集 · 漫集二 · 纪海防》，第468—469页。

⑥ （成化）《宁波府简要志》卷一《城镇志 · 城池》，《四库全书存目丛书》史部第174册，第723页。

⑦ 民国《定海县志》卷一二《军警志》，第406页。

⑧ 《明宣宗实录》卷四，宣德元年七月乙酉，第100页。

⑨ ［明］郑若曾：《郑开阳杂著》卷1《舟山守御论》，第478册。

⑩ （天启）《舟山志》卷一《城池》，《中国方志丛书》华中地方499号，中国台北，成文出版社，1983年，第35页。

⑪ （天启）《舟山志》卷二《闾里》，第131页。

⑫ （天启）《舟山志》卷二《风俗》，第115页。

⑬ （天启）《舟山志》卷二《山川》，第107、109页

⑭ ［明］张时彻：《防海议》，天启《舟山志》卷一《兵防》，第65页。

有海盗自他至者。其民以有司遐阻，或乃纵轶于绳法之外”。洪武三年，安禄侯奏徙于万安寺前。但不久风潮吞噬田土，民无恒产，又潜还岛屿。永乐十二年（1414），倭夷侵犯，官兵难于赴救，岛民又被迁遣。“已至复去，殆不知其为几役矣。”①

岛上有田土可耕，有鱼盐、贸易之利，自然吸引射利之徒向岛屿聚集。如浙江玉环岛：

> 兹山向为沃壤，民人聚处，商贾贸易。自洪武二十年控海之兵，遂徙沿海居民于腹里，以致闽、广、温、台各处匪类私搭棚厂，聚居各岙。或沿海刮土，公行私贩之盐；或群聚垦种，坐收无税之产；网鱼捕虾，捉蛇钓□。船艘千余，藏垢纳污。②

所以，又有不少人士流寓海岛。至嘉靖时仅舟山一岛有生业的各县流寓人士“不下三千有奇”③。这些人中以浙江温台、福建、广东沿海各类人户为主。如福建地区本来既多山少田，又无水港，“民本艰食”。山岭地区靠肩挑步担，滨海福兴漳泉四府则靠海船运广东惠、潮与浙江温州粮米方可仰给④。不少势豪过海开垦岛上田土，收取无税之利。求取大利者，窝匿异货，交通番舶。又有沿海灶丁，以采办为名，私造大船，违禁下海，“始则取鱼，继则接济，甚则通番”⑤。其间的通番贸易或走私接济等有不少在沿海岛屿潜在进行。

而且，这种情形似乎不是禁海能完全禁止的，确如明人戴冲霄云：

> 福建边海，贫民倚海为生，捕鱼贩盐乃其业也，然其利甚微，愚弱之人方恃乎此。其间智巧强梁，自上番舶以取外国之利，利重十倍故也。今既不许通番，复并鱼盐之生理而欲绝之，此辈肯坐而待弊乎？故愈禁愈乱。⑥

所谓的“禁海”，往往仅能禁些无势力的小民，其他势豪或著姓宦族之类有地方官勾连者，出海巡捕官军往往也不敢缉捕。如漳州、泉州著姓宦族主之番舶泊于近郊时，多“张挂旗号”，等其货行于他境，又有官文明贴封条，甚至“役官夫以送出境”。再到海船回番时，又在远近进行劫掠。“地方则又佯为之辞曰：此非此夥也，乃彼一艟也。”⑦如确遇上司责令水寨、巡司等官军捕获其寇盗人船，解送到官，他们又使出浑身解数诬陷巡捕官军。如闽县知县仇俊卿言：

> 彼……反役智用幸，致使著姓宦族之人又出官明认之，曰是某月日，某使家人某往某处粜稻，或买杉也，或治装买匹帛也。家人有银若干在身，捕者利之。今虽送官报赃，尚有不尽，

① ［明］王瓒：《抚安塘记》，（弘治）《温州府志》卷一九《词翰志》，第1028—1029页。
② （雍正）《浙江通志》卷九五《海防》，《景印文渊阁四库全书》第521册，第546页。
③ ［明］张时彻：《防海议》，天启《舟山志》卷一《兵防》，第66页。
④ ［明］郑若曾：《筹海图编》卷四《福建事宜》，第362页。
⑤ ［明］郑若曾：《筹海图编》卷一一《经略一・叙寇原》，第826页。
⑥ ［明］郑若曾：《筹海图编》卷四《福建事宜》，第365页。
⑦ ［明］郑若曾：《筹海图编》卷四《福建事宜》，第368页。

法合追给。或者有司惧祸，而误行追惩，但据赃证与所言之相对，不料所言与原情实不同。其官军之弊于狱而破其家者，不知其几也……以致出海官军不敢捕获，不若得货纵贼无后患也。①

其他地方如宁波，起初每年只有渔船出近洋打鱼樵柴，并不敢过通番。“后有一二家止在广东、福建地方买卖，陆往船回，潜泊关外，贿求把关官以小船早夜进货，或投托乡宦说关。”嘉靖二十年（1541）以后，宁波通番者始渐增多。“贪利之徒勾引番船纷然往来，而海上寇盗亦纷然矣。”②关于海禁、海商与海寇之关系，主事唐枢认为：“市通，则寇转而为商；市禁，则商转而为寇。始之禁禁商，后之禁禁寇。”③而都督万表等人则认为是海禁废弛之故，海禁严行时，海上很少有通番为寇者④。的确，明朝实际上在较长时期内缺乏强有力的维护禁海的海上力量，难以有效保障官方期许的正常海上秩序。射利之徒不仅冒禁下海，而且为夺利而相互争斗。万表在分析海寇起源始末时言：

各船各认所主，承揽货物，装载而还，各自买卖，未尝为群。后因海上强弱相凌，互相劫夺，因各结□依附一雄强者，以为船头。或五十只，或一百只，成群分党，分泊各港，又用三板、草撇、脚船不可计数，在于沿海兼行劫掠，乱斯生矣。自后日本、暹罗诸国无处不至，又哄带日本各岛贫穷倭奴，借其强悍，以为羽翼，亦有纠合富实倭奴出本附搭买卖者，互为雄长，虽则收贩番货，俱成大寇。或借其力，或借其资。⑤

海上以力量强弱相凌而取利，武装聚众，在贸易外又行劫掠，自然容易养奸滋乱。特别是官方起遣的悬海诸岛为这些行为提供了便利的活动空间。自嘉靖十八年（1539）始，金子老、李光头、许栋、陈思盼、王直、林碧川、邓文俊、沈南山、萧显等海寇皆由此而起。他们“居有定处”，通常在沿海各岛屿隐泊结巢⑥。或勾引西番人交易，或用倭人为羽翼。在沿海有类似慈溪柴德美等通番大族相结，有各处“歇客之家”为之屯货，边卫之官与之“素熟”⑦。

通过比较海寇、倭寇盘踞岛嶴与明初起遣岛屿，可以发现起遣后成为空地的不少岛屿被海寇、倭寇盘踞。如名寇金子老、李光头、许栋先后结巢双屿；陈思盼屯舟山附近长涂；王直屯舟山附近烈表港、柘林等处；徐海、林碧川、沈南山、邓文俊等结巢柘林；洪泽珍余党屯海坛山；许西池屯月港；谢老结巢南澳等。其他海岛尚有不知名之海寇盘踞⑧。不仅如此，原先设于海岛的水寨在正统、景泰间移入内澳后，退出的海岛如南日山、浯屿等也逐渐成为倭寇、海寇的巢穴⑨。

---

① ［明］郑若曾：《筹海图编》卷四《福建事宜》，第 368—369 页。
② ［明］万表：《海寇议·前议》，《四库全书存目丛书》子部第 31 册，第 36 页。
③ ［明］郑若曾：《筹海图编》卷一一《经略一·叙寇原》，第 819 页。
④ ［明］万表：《海寇议·前议》，第 38 页。
⑤ ［明］万表：《海寇议·前议》，第 36 页。
⑥ ［明］郑若曾：《筹海图编》卷一一《经略一·叙寇原》，第 819—820 页。
⑦ ［明］万表：《海寇议·前议》，第 36—38 页。
⑧ ［明］郑若曾：《筹海图编》卷八《寇踪分合始末图谱》，第 670—689 页。
⑨ ［明］郑若曾：《筹海图编》卷一二《经略二·御海洋》，第 1021 页。

倭寇、海寇以悬海岛屿为基地，进扰东南沿海州县、卫所地方。明初起遣悬海岛民本为避免勾倭为乱，或将有可能生发的乱源纳入州县或卫所有效管辖内，实际上因缺乏有效维持禁海或防御的海上力量，反而使“墟其地”的海岛成为养奸滋乱的场所。嘉靖时主持御倭大计的赵文华、胡宗宪、唐顺之及参与御倭事务的郑若曾等多从军事防卫的角度阐释起遣岛民对海上防务的不利影响，认为此举是国初海防经略中“千虑之一失”。海岛再次纳入官方经营的视野。

三　出海军巡哨海岛及其“有客无主”的备御窘境

倭乱炽烈时期，官方对海岛的经营主要以出海军巡哨为主。海岛被纳入各哨兵船巡守信地之内。每逢春秋二汛，出海军泊守海岛，巡逻海上信地，与邻近各哨在信地连界处交相会哨。相同信地内，前哨、后哨出海军进行接哨。此种巡洋会哨制度脱胎于洪武、永乐年间京卫、在外卫所出海军船的海上捕倭，经正统间浙闽备倭官划分信地、分番接哨、连界会哨之调整，大致形成[①]。后因军备松懈，出洋之制渐弛，不少军船列船港次[②]。

嘉靖间倭寇犯顺，多赖风汛。倭寇多先至浙东海上诸岛汇集、休息、汲水、樵采、侦察，然后视风向顺逆和各省守备情况定侵掠方向[③]。不少寇船盘踞海岛，潜图长期驻扎。不少官员纷纷主张修复祖宗出洋旧制，远哨海岛。首列此议者为督察浙直军务赵文华、浙直总督胡宗宪，继有南京工部尚书马坤、通政司左通政何云雁等[④]。如赵文华在其《条陈海防疏》内言：

> 国初沿海每卫各造大青及八桨等船一百余只，置出海指挥统率官军更番出洋哨守，海门诸岛皆有烽墩可以停泊。其后弛出洋之令，列船港次……不若海上扬（洋）山、殿前、窝集，反可泊船也……莫若乍浦之船守海上扬（洋）山，苏松之船守马迹，定海之船守大衢，则三山品峙，哨守相联，可扼来寇。而又其外陈钱山，尤为贼冲，三路之要，宜俱设官分守。每于风汛时月，巡抚、海道等官相参巡察。[⑤]

为此，在京各衙门会议御寇远洋之策。题请咨行浙直总督，令总兵官集太仓、崇明、嘉定、上海兵船，分为两哨，专守洋山、马迹。浙江兵船分为两哨，驻守普陀山、大衢山。最东陈钱山为浙直分路之始，由浙直更番共守[⑥]。各官如法试行之后，发现其中多有不便。一是陈钱、马迹在舟山之外，离内地太远，岛上无居民，声援不及，粮饷接济不便。二是陈钱水深，不可下碇，又无岙可泊

---

① 参见拙文：《明代巡洋会哨制度及其在海疆防务中的地位》，《中国边疆史地研究》2015年第4期。

② ［明］郑若曾：《筹海图编》卷一二《经略二·御海洋》，第1018页。

③（天启）《海盐县图经》卷七《戍海篇第三》亦言：“凡倭舶之来，恒在清明前后。前乎此风候不常，届期方有东北风，多日而不变也。过五月风自南来，倭不利于行矣。重阳后风亦有东北风者。过十月风自北来，亦非倭所不利矣。故防倭者以三、四、五月为大汛，九、十月为小汛也。”（《中国方志丛书》华中地方第589号，第606页）

④ ［明］郑若曾：《筹海图编》卷一二《经略二·御海洋》，第1023页。

⑤ ［明］赵文华：《赵氏家藏集》卷三《条陈海防疏》，《四库未收书辑刊》第5辑第19册，北京，北京出版社，1997年，第218页。

⑥ ［明］郑若曾：《筹海图编》卷一二《经略二·御海洋》，第1024页。

战船。马迹虽可泊船，但有蛟龙出没，放炮易惊。最后不得已而停止陈钱、马迹的守御[①]。

陈钱、马迹设兵长期分守之议虽暂停，但派出海军巡哨海岛却依然运行。实际上，陈钱、马迹等在当时人看来较为险远的海岛，在汛期依然有兵船扎守巡守，只是不像原先设想的那样长期分守。根据万历时任镇守浙江总兵官侯继高的记述，当时总镇标下中游左哨、中游右哨等兵船汛期出洋皆在陈钱及其附近花脑岛驻扎，巡哨陈钱、壁下、络华、殿前、浪冈、洋山等处，“东哨日本极东穷洋”[②]。至于其他岛屿，也被官方纳入出海军巡哨信地范围，适宜泊船避风者汛期多有水哨兵船扎守。

以舟山岛上沈家门水寨为例，此寨为汤和经略海上时所设[③]。永乐七年（1409），移置海宁卫及澉浦、乍浦二所战船协守[④]，半年更番[⑤]。以后每值风汛，又有定海、临山、观海等处兵船赴沈家门分哨。宣德十年（1435），罢撤[⑥]。嘉靖时沈家门水寨恢复旧制，信地包括舟山南北洋面的诸多岛屿。由东南而哨历分水礁、石牛港、崎头洋、孝顺洋、乌沙门、横山洋、双塘、六横、双屿、青龙洋、乱礁洋，抵钱仓而止。“凡韭山、积固、大佛头、花脑等处，为贼舟之所经行者，可一望而尽。”由西北而哨历长涂、马墓、龟鳖洋、小春洋、两头洞、东西霍，抵洋山而止。“凡大小衢、滩、浒山、丁兴、马迹、东库、陈钱、壁下等处，为贼舟之所经行者，可一望而尽。”南北之哨皆以舟山为根底，初哨以三月三日，二哨以四月中旬，三哨以五月五日。六月哨毕，临观战船泊于岑港，定海战船泊于黄崎港，“仍用小船巡逻防守”[⑦]。

明人郑若曾记录了嘉靖时浙东其他大小岛屿的巡哨情况。无论国初起遣与否，皆拨兵船巡哨。如大榭山，南临黄崎港，北由大猫海洋至金塘、鹿山，系先年起遣地方。内设黄崎、西山等七烽堠，拨军瞭报。又该中军哨兵船往来巡逻。韭山，为东来倭船辨方向之山，拨北哨兵船巡哨。三岳山，为从韭山所来倭船常过地方，拨中军哨船巡哨。旦门，外有东旦山，倭船从韭山来者多从此门突入，拨北哨兵船巡哨。三门、金齿门，岛岙甚多，倭船多于此停泊休息，拨游兵及南哨兵船巡哨。大佛头山、朱门山，系贼船栖泊之所，拨南哨兵船巡哨。八排门，与南田山相连，上多膏腴田地，倭船停栖之所，拨南哨兵船巡哨。林门，倭船从坛头海洋突入，多结巢于此，系先年起遣之地，拨南哨兵船巡哨。坛头山、牛栏基，多避风泊船之所，拨中军哨兵船巡哨。竿门、青门，为倭寇停船避风之所，拨北哨兵船巡哨。大严山头，倭寇船自南麂、凤凰、霓岙、玉环等岛来者，俱经此山，拨黄华港兵船巡哨。玉环山，先年起遣之地，为北来倭船必经岛屿，亦拨黄华港兵船巡哨。南麂山、凤凰山自明初以来，即有海寇栖泊，原来设兵船一枝哨守，后废。由江口关、黄华港兵船在此巡哨[⑧]。

就诸哨出海军与海岛洋面地域配置来看，这一时期每支出海军巡哨信地四至皆有其他兵船会

---

① ［明］郑若曾：《筹海图编》卷一二《经略二・御海洋》，第1037页。
② ［明］侯继高：《全浙兵制》卷一《水陆兵制》，《四库全书存目丛书》子部第31册，第113页。
③ （天启）《海盐县图经》卷七《戍海篇三》，第612页。
④ 《明宣宗实录》卷四，宣德元年七月乙酉，第100页。
⑤ （天启）《平湖县志》卷六《政事・兵防》，《天一阁藏明代方志选刊续编》第27册，第360页。
⑥ 《明英宗实录》卷三，宣德十年三月己卯，第66页。
⑦ （嘉靖）《定海县志》卷七《兵卫志・海防》，《中国方志丛书》华中地方第502号，第253—254页。
⑧ ［明］郑若曾：《筹海图编》卷五《浙江事宜》，第463—465页。

哨。处在信地交界处的岛屿便成为两支或多支出海兵船的共巡区域及会哨地点。如浙东洋山岛洋面，既是海宁备倭把总下许山哨、洋游哨信地南界之一，也是临观备倭把总下临观游哨、临观游左哨、临观游右哨信地之北界。在洋山，有许山哨与定海备倭把总下北左哨会哨，洋游哨与定海总北哨兵船会哨，临观游左哨与海宁总兵船会哨，临观游右哨与浙西兵船会哨等。以浙江总兵侯继高所记全浙兵制信地看，沿海岛屿有兵船巡哨者多是如此[①]。以海中岛屿为中心，连点成线，梭织成面，是出海军巡哨海岛的一大特点。

至隆庆、万历之际，海岛巡哨依然保持着较为严密的态势。此时全浙尚有水军 60 哨游哨海岛[②]。福建海上不少岛屿包括国初起遣之地又纷纷添设游兵扎守。如海坛山、嘉禾屿在隆庆初分别添设海坛游、浯铜游[③]。万历时，嵛山、台山、湄洲屿分别添设嵛山游、台山游、湄洲游。其他诸如五虎山者添设五虎游。与原设五水寨东西相距，南北相抵，“支洋皆在所搜”，“旁澳皆在所及”。[④]

出海军哨道梭织，海岛会哨、接哨声势联络。故郑若曾云：“自御海洋之法立，而倭至必预知，为备亦甚易。[⑤]”但此时起遣居民岛屿的备御却面临着“有客无主”的窘境。岛上民少，且无行政建置。即使有开垦土地的岛屿，所获粮食也主要由沿海大户支配，成为“无税之产”。岛上千户所、水寨、营、堡、烽堠、墩台等防御力量缺乏有效的人力、物力等军需供应保障；出海军兵汛期哨逻岛屿也主要靠自身所携带军需[⑥]。与起遣之前民户可以自卫御倭寇、海盗相比，海岛民众力量也难以配合军兵防卫[⑦]。一方面是海岛上有诸多膏腴田土可供耕种，另一方面是巡守军兵要靠陆上粮饷补给。在这种形势下，自嘉靖时起，又有官员主张在土地肥沃的岛屿之上实行屯田，分配军民耕种，并设立小县，收税养兵，以改变备御窘境。

四　明中期海岛屯垦、复县之议

首倡垦岛养兵之议者为赵文华。嘉靖三十四年（1555），文华以工部右侍郎察视浙直军情[⑧]，令温州知府龚秉德查报浙东海面旧曾设立卫所、开垦为屯、土地膏腴之岛屿。据其查报结果，上疏条陈海防事宜，主张开垦海岛，屯种养兵。

据温州知府龚秉德申称：修拓海防，原设所同船寨一绳初制。其原弃田制……给兵，或五十亩，或百亩，悉令屯种。如福宁于（嵛）山、温州南麂、东洛等山、台州玉环等山、宁波

① ［明］侯继高：《全浙兵制》卷一《杭嘉湖兵制》，第 117 页。

② ［明］侯继高：《全浙兵制》卷一《水陆兵制》，第 104 页。

③ ［明］王在晋：《皇明海防纂要》卷一《福建事宜 · 题设水寨》，第 663 页。

④ （万历）《福州府志》卷二一《兵戎志三 · 海防》，《福建师范大学图书馆稀见方志丛刊》第 32 册。

⑤ ［明］郑若曾：《筹海图编》卷一二《经略二 · 御海洋》，第 1037 页。

⑥ ［明］应槚、刘尧海等：《苍梧总督军门志》卷二二《水寨事例 · 行营号令》，北京，全国图书馆文献缩微复制中心，1991 年，第 238 页；［明］茅元仪：《武备志》卷九六《军资乘 · 战 · 军行》，《续修四库全书》子部第 964 册，第 230 页；［明］佚名：《行军须知》卷下《渡险第七》，《美国哈佛大学燕京图书馆藏中文善本丛刊》，北京，商务印书馆、桂林，广西师范大学出版社，2003 年，第 17 册，第 238 页。

⑦ （天启）《舟山志》卷三《人物》，第 256 页。

⑧ 《明世宗实录》卷四二二，嘉靖三十四年五月丙辰，第 7328 页。

九山俱不下百十万亩，开垦以时，养兵奚啻万人，而哨船可以依赖。[①]

三十四年闰十一月，兵部题覆：不知各岛上是否有田无田，不如先备行浙江巡抚都御史胡宗宪会同巡按即查前项海岛，“如果有田可耕，设法召人屯种，量地给兵，或五十亩，或百亩。其立所、设司、水寨、船哨等项，应否查复旧制，质之人情，询之土俗，从实议奏”[②]。据此，赵文华又发咨文于已升任总督的胡宗宪，由其委守巡府县官员轮番往勘，查报诸岛中是否可堪屯种养兵。所及岛屿如宁波大谢、金塘等山、台州玉环等山、温州南麂等山、福宁嵛山等岛，认为“大者可开田万余顷，小者不下数千顷。海洋十余岛可共开田万亿顷，可供养兵亿万人”[③]。

史籍中未见相关官员查报的具体情形，仅见胡宗宪幕僚郑若曾所记：“若兴此例，金塘一山即可垦田数万亩，岁入米几万石；玉环诸山，计之每岁可得米几十万石。”但实际情形是赵文华的主张“遭当道屡议屡止”。阻挡者认为，屯垦海岛存有两大隐患。一恐倭人结巢于此，“藉以为粮”，所需兵费更多。一是可能会导致大家争佃，秋粮难征，而且无益于小民[④]。地方上也有武官不主张开垦海岛，其理由大致皆属前一种担忧。如都指挥戴冲霄认为开垦荒岛得不偿失，“以万亩计之，不过千石。若寇据此以为巢穴，则攻逐之费不知几倍，是赍盗粮为小而失大也”[⑤]。后来充任总兵的王鸣鹤也认为海外绝岛应当计其要害，不应计其小利。岛上屯田所入之利似乎难以“供兵费之十之二三”[⑥]。

在嘉靖倭乱时支持赵文华垦岛养兵主张的尚有都御史唐顺之[⑦]、南京兵部尚书张时彻等。尤其是张时彻从国初起遣后舟山岛上防务及土客耕垦情势出发，主张因时缘情，复县、收税、养兵。其建言记于《防海议》中：

今所存四里之民日且繁庶，而各县之流寓有生业者，又不下三千有奇。地所出者既足，以给公私之需……为今计者，倘得复立裁减小县，一知一典，补足二所军伍，择人以守之，则内有城池防御之严，外有舟师哨逻之密。[⑧]

复县主张至终未获允准，仅在嘉靖三十九年（1560）改分守宁绍参将驻扎舟山[⑨]。万历《绍兴府志》言改驻时间在隆庆二年（1568），以其专统水兵[⑩]。参将的设置于“有客无主”的情势依然无补。万历间舟山人施邦彦记舟山形势，依然是疲军孤守荒城，游民逋逃，“衣食奔走”。其恳请大学士沈一贯建言复设舟山县治，并于金塘、大榭等山增置屯田，以改变舟山粮差远附定海、“漫利客民”、

---

① ［明］赵文华：《赵氏家藏集》卷三《又条陈海防疏》，第220页。

② ［明］杨博：《本兵疏议》卷三《覆督察侍郎赵文华区处海防请下督抚勘议疏》，《续修四库全书》第477册，第181—182页。

③ ［明］赵文华：《赵氏家藏集》卷五《咨总督胡侍郎海防事宜》，《四库未收书辑刊》第5辑第19册，北京，北京出版社，1997年，第230—231页。

④ ［明］郑若曾：《筹海图编》卷五《浙江事宜》，第474页。

⑤ ［明］郑若曾：《筹海图编》卷五《浙江事宜》，第482页。

⑥ ［明］王鸣鹤：《登坛必究》卷一〇《两直各省事宜·浙江》，《中国兵书集成》第21册，第1460页。

⑦ ［明］郑若曾：《筹海图编》卷一一《经略一·清屯种》，第934页。

⑧ ［明］张时彻：《防海议》，天启《舟山志》卷一《兵防》，第66页。

⑨ ［明］申时行等修：万历《明会典》卷一二七《兵部·镇戍二·将领下》，第659页。

⑩ （万历）《绍兴府志》卷二三《武备一》，《中国方志丛书》华中地方第520号，第1734页。

武备稀疏的局面，还是终究无果。[①]

实际就客观形势而言，阻扰展复海岛者将“大家争佃，秋粮难争”与开垦海岛、收税养兵联系起来是不符合岛上耕垦情由的。因为即使官方不肯，边海内地大户也纷纷私垦海岛田土，争佃也难以避免。前述起遣后的玉环岛虽未有官方屯种，但闽广温台各处人户私搭棚厂、聚众垦种者数量众多。倭警之后，又有不少私家耕垦金塘、大榭、玉环、南田诸岛之上的膏腴沃壤[②]。黄宗羲在追叙明时舟山兴废时也慨叹：“舟山田土大半属之内地大户。”[③]

针对私家豪民占种现象，万历十五年（1587），又有两浙巡盐御史李天麟奏请开复金塘、大榭等山。他根据原先同知陈文丈量过的田、山数额，主张如系奸豪隐占，“令自首报官”；“即召定海有力无地民开垦”，待耕种三年有成效后再起科。或迁附近卫所军丁屯种[④]。虽得旨“依拟行”，但未见具体情况若何。万历二十三年（1595），福建巡抚许孚远又请开垦海坛山。

> 惟海坛查勘年余，已有成议，据该县丈量田地八万三千八百有奇，数尚未尽，岂得荒弃而不耕？其所议税银，田之上者，不过五分。地之下者，仅止三厘。民情已无不输服。所议量追价直，似亦甚轻。然据该司参议陈应芳覆详，良为有理。山泽之利，本宜与民共之。彼既有开垦之费，难责以价值之输，尽从损豁，以示大公，未为不可。[⑤]

据许孚远言，海坛山同南日山在其启奏开垦前，私家“开垦已多成熟”。海坛作为倭寇入犯之门户，应当经理屯兵。开垦海坛，承认原有耕垦状态，官为之量则起税，以为造城、建营、建仓、建署之费。添设海坛游兵一支屯聚其中，有田可耕，有兵可守，虽有寇至，可以确保无虞。他还主张待南日山查勘明白后，“亦可为屯守之计”。若屯垦卓有成效，其他如澎湖、陈钱、金塘、普陀、玉环、南麂等岛也可照此查议屯垦。最终户部覆言：听其便宜施行，且请移文浙江抚按查陈钱等处，照海坛设法开垦[⑥]。

此外他还提到私家阻扰官方查议岛田的情形：

> 再照沿海诸屿，民间私垦甚多，其相率归于势豪之家。一经有司查理，辄为讹言挠阻，以故常格而不行。[⑦]

岛屿开复如此难行，究竟是部分当局官员弊大于利的客观考量，抑或既得利益势豪之家与部分

---

① （康熙）《定海县志》卷三《形胜》，国家图书馆藏缩微胶卷，北京，全国图书馆文献缩微复制中心，2005年。

② ［清］顾炎武：《肇域志·浙江》，第2037页。

③ ［明］黄宗羲：《行朝录》卷七《舟山兴废》，沈善洪主编：《黄宗羲全集》第2册，杭州，浙江古籍出版社，1986年，第177页。

④ 《明神宗实录》卷一八四，万历十五年三月壬子，第3444—3445页。

⑤ ［明］许孚远：《议处海坛疏》，［明］陈子龙等辑：《明经世文编》卷四〇〇《敬和堂集》，北京，中华书局，1962年，第4341页。

⑥ 《明神宗实录》卷二八四，万历二十三年四月丁卯，第5265—5266页。

⑦ ［明］许孚远：《议处海坛疏》，第4342页。

官员暗中牵制，抑或兼而有之？总之，开岛呼声自嘉靖朝始，经隆庆、万历以至天启诸朝，总是多有掣肘。天启六年（1626），锦衣卫指挥同知昌嵩奏请召民垦种金塘、大榭等岛。尽管私开岛土已较为普遍，朝廷仍然以“遣官垦采无裨岁课，奸民勾引反生事端”回绝[①]。兵部尚书王在晋依然抱着禁绝奸民豪户私自开垦海岛就可弭绝衅端的一厢之愿[②]。

至明季，浙东诸岛又成为鲁王、唐王政权之栖息地，黄斌卿、孙嘉绩、朱永佑、张名振、张肯堂等遗臣率部保聚于此。在抗清、避清的同时，内部又激烈地上演着争正统的角逐。

五 结论

洪武朝起遣悬海岛民是朱元璋禁海、防海政策的重要内容之一，属特殊海上形势下的产物。起遣地域遍及浙闽粤沿海的众多岛屿，虽有部分起遣的现象，但较多的属于完全起遣。起遣人群多编入近海州县户籍，或充为沿海卫所旗军。起遣的本意在于避免部分“殊难管辖”的岛民与倭寇勾连为乱，或将有可能发生的乱源纳入州县或卫所有效管辖内，在当时对防海御倭确实起到一定功效。

但从长远来看，官民力量在海岛的削弱，往往给其他势力在海岛发展留有空隙。在海上有利可图，特别是海禁执行不力、官方巡捕力量废弛情形下，朝廷很难在海上做到彻底“清野”。各类射利之徒纷纷向海岛聚集，垦田、通番、走私、接济，官方期许的正常海上秩序并未维持多久。国初“墟其地”的海岛在中期成为养奸滋乱的场所，海盗、倭寇纷纷结巢海岛，进扰东南沿海州县、卫所地方。

嘉靖朝的倭乱又促使官方再度将海岛纳入经营视野。其间主要以出海军巡哨的方式进行管辖，适宜泊船避风的岛屿汛期也有水哨兵船扎守。但此时不少岛屿的备御却面临着“有客无主”的窘境。一方面是海岛上有诸多膏腴田土可供耕种，另一方面是巡守军兵要靠陆上粮饷补给。为改变此种困境，不少官员纷纷主张在土地肥沃的岛屿垦土屯田，分配军民耕种，并设立小县，收税养兵。或出于部分官员弊大于利的客观考量，或由于既得利益势豪之家与部分官员暗中牵制，这种呼声自嘉靖朝始，经隆庆、万历以至天启诸朝，总是多有掣肘。

有明一代，部分海岛维持着军备时疏时密、岛民开垦、私家占垦的状态，官方未能大规模组织开垦或屯田，也未设立县治，而是艰难地维持着出海军巡哨体制。明清易代之际，海岛成为清人眼中“明季遗顽”的保聚之区，顺治间又相继起遣，至康熙、雍正二朝方相继展复。

（作者牛传彪，曲阜师范大学历史文化学院）

① 《明熹宗实录》卷七九，天启六年十二月戊辰，第3859—3860页。
② ［明］王在晋：《皇明海防纂要》卷五《靖海岛以绝衅端议》，第15页。

明代宁德畲族历史溯源及畲田地域分布的考现综述

刘　冻

畲田最早出现在商周。唐宋时期，正值中国经济重心南迁，以刀耕火种为主要特征的畲田农耕民族开始大量向南迁徙。历史上的畲族就是最主要的畲田民族之一，同时还有苗、瑶、壮等民族也属畲田民族。

自古以来，无论是福建、浙江、江西，还是广东、安徽的畲民，都认同自己的祖族来自广东潮州凤凰山。一提起凤凰山，他们心中就充满着自豪感，把凤凰山刻在了各地畲族的宗祠和宗谱之中，并记载着畲民早期在凤凰山的生息状况。

自唐乾符三年（876）起，因生活所迫，有蓝、雷、钟三姓的畲民支族先民，先后从凤凰山迁入闽东地区。在明代宁德地区曾造成过一次畲族的迁徙高潮，有史料记载当时共迁入30支，定居村落有66个，包括福安29个，霞浦11个，蕉城8个，古田5个，屏南和寿宁各1个，在宁德地区形成了畲族最大的聚居区。从明代宁德畲田的地域分布、耕作方式和作物种类及因田而居的特点上看，至明晚期，畲族聚居普遍成村已成了他们理想的状态。

一　宁德畲族源于潮州凤凰山石古坪村

从宁德畲族近世的有关宗族历史的材料看，截至2010年11月，宁德畲族户籍人口有18万，占全国畲族人口的四分之一，除了设有一个福安畲族经济开发区外，还有福安的坂中、穆云、康厝，霞浦的崇儒、盐田、水门，福鼎的硖门和蕉城的金涵等八个畲族乡。

目前，这些分布在宁德各地区的畲族居民均以广东潮州的凤凰山为始祖地，他们的祖先大多是在明代随着30支蓝、雷、钟三姓的畲族群而迁徙于宁德的，并在福安、霞浦、蕉城、古田、屏南和寿宁等66个地方，开荒筑田建村，逐渐在宁德地区定居下来。

粤东的凤凰山区在畲族历史上占有显著的地位，在现在浙、闽、赣、皖的畲族传说和族谱中，大多以广东潮州凤凰山为其祖居地或迁自那里。种种诸般，无不昭示潮州凤凰山在历史上是畲人（族）的重要发源地。

潮州的凤凰山坐落于潮州城区北面约40千米处的凤凰镇，东邻饶平、北连大埔、西接丰顺，总面积227.06平方千米，主峰凤凰髻（俗称凤鸟髻）海拔1497.8米，是粤东地区（潮州、汕头、揭阳、汕尾四市）的第一高峰。

凤凰山是畲族发源地，以龙犬为图腾，有许多美丽的民间传说。不少史料显示凤凰山的石古坪村原为畲族始祖的聚居地。凤凰山自古是中国著名产茶区之一，深山间还现存一片3000多株200至400年茶龄的古茶树，其中“宋种”茶王茶龄约三四百年，而石古坪又是乌龙茶的发源地，最出名的茶品种是凤凰单丛。

“我从哪里来?”“始祖地究竟啥样?”“我们是为何又如何迁徙于宁德的?”这些“谜”一样的历史踪迹，都是宁德畲族们一直想要搞清楚弄明白的事情。为此，笔者于2020年8月间专程赴潮州的凤凰山区，同当地史地专家和文化学者一起，对此地现存的畲族村落进行了一次田野式调查和地缘考现工作，挖掘出不少有价值的畲族史料。

目前，在潮州凤凰山地区较有规模的畲族山村共10个，分别为蓝屋村、李工坑村、黄竹洋村、岭脚村、碗窑村、山梨村、雷厝山、荆山村、桂坑村和石古坪村。我们依次对此畲族发源地区的10个村进行了逐一走访，深度掌握到一些聚类情况，为进一步研究畲族提供了可据史料。

石古坪畲族村地处潮安区东北部山区，在凤凰山脉东侧的大质山西侧海拔870米的山腰上，东与饶平县交界，距县城37.2千米，距文祠镇政府所在地4.4千米。全村有69户，278人，其中蓝姓畲族61户，234人。潮州有“未有饶平县，先有石古坪”的谚语。

蓝屋畲族村，地处饶平县北部山区，在凤凰山南麓东侧，距县城47.5千米、距饶洋镇政府2.5千米。全村82户，353人。明洪武二年（1369）从大埔湖寮迁至此地。此地位于饶洋水口东面的半山坡，原名为水口杨梅山、水口东山坪，之后以蓝姓命名为蓝屋。

李工坑畲族村地处潮安区东北部山区，凤凰山南麓。距县城37.2千米，距文祠镇政府所在地4.4千米。全村157户，581人，其中畲族130户，507人，原称“李公坑”。据祖辈所传，李工坑村雷姓畲族的先祖居于今凤凰山凤鸟髻山脚下的金湖（当地称之为牛寮），后来渐次往下迁徙至此地。1953年易名李工坑，现黄竹洋畲村已被划入李工坑村。

雷厝山畲族村位于湘桥区东面山区，距潮州市区10千米、距意溪镇政府所在地8千米。全村有8户，58人。以雷姓命名的雷厝，据祖辈讲，唐、宋时期，先祖居于今凤凰镇凤湖村寮下（旧时称为白水湖），宋时迁徙至此，现存有雷厝地和雷厝坟遗址。

凤坪畲族村是梅州市唯一的畲族村，位于凤凰山北部山麓，丰顺县的正东方向，海拔高度840米。该村距县城115千米、距潭江镇政府所在地20千米。全村共有115户，712人，其中畲族72户，470人。相传，先祖从隋开皇五年（585）一路漂流至此。

碗窑畲族村位于凤凰山脉南麓，地处潮安区北部山区，北面毗邻广东省万峰山区，东面连接山犁畲族村，距潮安县城39.3千米、距归湖镇政府所在地9千米。全村100户，人口382人，其中畲族85户，317人，蓝姓。宋元时期住今归湖陈吊王寨山下的下坝，明代迁移至此。

山犁畲族村，全村76户，317人，其中畲族70户，282人，雷姓。先祖在凤凰山麓一带辗转迁徙，至宋明时期定居现广东省凤凰山自然保护区办公址对面的镰仔岱，后于清乾隆五十九年（1794）迁此。

岭脚畲族村位于碗窑、山犁两畲族村南面的山脚下，全村32户，146人。清咸丰元年（1851）从碗窑迁至此。

意溪镇的荆山村雷姓畲族杂居于此，他们的先祖于清代从雷厝山迁来，俗称“丁心洋”，后又有迁至白石、东段等自然村中，这部分共有 7 户，40 多人。桂坑村也有蓝姓畲族杂居其中，他们的先祖原居草岚武（史称南武）村，此地依山临海，是畲族先民的聚居地，人口最多时达数百人，后因战乱、饥荒，部分族亲外迁，致使人口锐减。

通过对凤凰山区畲族的田野调查和专题考现，发现不论是从祖居遗址，还是从视觉文献资料的留存看，石古坪畲村的历史宗脉和民族文化传承尤为清晰和厚重。石古坪现在是凤凰镇唯一的畲族村寨。“未有饶平县，先有石古坪。”足见创村历史之久远，还有“一好乌崇茶，二好石古坪”之誉。

我们登上海拔 1144 米的大质山，走进了藏在海拔 870 米山腰上的石古坪畲族村。在村委会蓝培锋主任带领下拜访了已 84 岁高龄的“招兵节”法师、传承人蓝借枝老人，发现这里的畲语很多发音和用词和客家话很像。因为畲族没有民族文字只有自己的语言，属汉藏语系，畲语与客家方言较为接近。

这里流传着“招兵节”的民俗活动。招兵节是畲族纪念祖先的宗教性节日，现仅流行于粤东、粤东北畲族地区。相传远古时期盘瓠往番邦取番王头时，被番兵追赶，到海边，得到神兵的帮助，才安然返国。人们为了纪念自己的始祖，感谢神兵，每三五年举行一次“招兵”，向他们献祭。

据实地调查，石古坪畲族一年分两次举行：第一次（除夕）“请神上表，安井谢灶，推龙谢土，请兵安营，大谢”，称为“请兵节”；第二次（正月初四日），“请神、赏兵、祭符、散兵”，称“送兵节”。

现在凤凰山区畲族已将“请兵”与“送兵”两节合并为五年举行一次，统称为“招兵节”，活动时间定在农历的大雪与冬至之间的吉日举行，节期一般为三天三夜。“招兵”仪式在公厅举行，请法师主持，全村男女老少前来参加助兴，祈求五谷丰登，族人安居乐业。

石古坪原有蓝氏、雷氏祖祠两座，雷氏祖祠为官厅建筑，蓝氏宗祠的公龛中，至 1952 年还保存着畲族传说中的驸马王藤。在蓝氏宗祠里我们有幸见到明代制绘的畲族祖图。这是连环图画式、图文并茂的 16 米长卷。在祖图上称其祖先是“龙犬”“护王”“高王”和“龙狗”。由于“龙”“花（华）”和“鸟（凤凰）”是中华民族三大图腾，故畲族称其祖先是居于凤凰山的“龙犬”。

从现代考古学来说，这些都是远古居民的图腾（氏族标志）。畲族也同其他民族一样创造“图腾”，他们把祖先幻想成“龙犬”，出世立功建业。经过口耳相传若干代后，便以祖图的形式记录下来。这是畲族与其他民族的不同之举。远古神话传说是人类历史童年期的创造，是“通过人民幻想，用一种不自觉的艺术方式加工过的自然和社会形式本身”，它经历了漫长的岁月。

根据石古坪村周边的唐、宋、明古墓群碑记和参考《凤凰山畲族志》中的有关记载，并结合石古坪畲族村村主任蓝培锋及族人们的口述内容，现整理考现推断出凤凰山石古坪畲族村蓝氏、雷氏和钟氏早在自唐乾符三年（876）起，首先由雷公顺迁福安长溪灵岩，又转迁杉木林、柯厝下和金斗洋。到唐光启二年（886）蓝、雷、钟三姓开始小规模迁徙于福州罗源县起步镇的坝头村，后又转迁至宁德、霞浦、福安及上金涵、七都等地，钟彦红在唐五代间迁至福安坂中大林[①]。

在宋元之交的社会大动荡中，畲人在潮州扮演着极为重要的角色。有归附元军的，也有援助宋廷的，更多的是反复无常。逐步形成了一支以潮州豪强陈懿与陈五虎为首的畲兵势力，还有陈吊眼、陈桂龙的畲人集团，曾拥有十万兵力的畲军，但最终均被镇压灭亡。

明初，潮州地区的大多畲民因逃避明政府强加的赋税而逃进凤凰山的深谷里，有的开始沿海岸北上迁往宁德等地，寻找定居地并在偏僻的荒山之中进行开垦。《明实录》中记载着潮州斜（畲）人和“畲蛮”朝贡的两则事件可见，愿意向化及朝贡的仅是畲民中的少部分。

然而，畲民与官府冲突时有发生，“潮州府饶平县多山峒，……永乐六年，百家畲恃险奔突骚扰（今潮州府）属邑，命监察御史谢孚与都指挥赵德剿捕。孚乘传至潮，先行招谕，复征惠潮官军剿捕，畲盗遂平。”[②] 饶平县首任知县杨昱在成化十五年（1479）始任，其政绩之一就是“辟田野，驱畬徭，劝农桑。”[③]

与宋元时期不同，明代在招抚或平叛之后一个新的举措就是，对畲民采取了纳入编户的政策，并设立畲官，进行有效的统治管理。《明史》卷二百二十《吴百朋传》中记载，因潮州出现了蓝松山为首的民变，可视作畲民对官府的反抗活动，最终导致官兵封山迁并畲村，迫使许多畲民外迁，造成了明代潮州凤凰山畲族迁往宁德的高潮，这就是一部分明代宁德畲族迁徙的主要原因。

综上所述，潮州凤凰山区历史上是畲民的重要发源地，现存的石古坪村已成为畲族的始祖地。至迟在南宋中后期，已有相当数量的畲民在此居住，再至明初依然如此。明中期间，由于各种原因使大部分畲族从凤凰山区徙出，转居浙、闽、赣、皖等地，开辟了新的家园。但是，凤凰山仍然是历史悠久的畲族重要聚居地，是畲族在各个时期不断迁徙中的重要中转站，更是他们“集体记忆”中的一个文化坐标。

二 明代宁德畲族聚居普遍成村，已成他们理想的状态

明代在宁德出现过多次大规模的畲族迁徙高潮，从宁德各地畲族墓志铭和家族宗谱及各类史料上，可大致梳理出明代从潮州凤凰山石古坪村迁至宁德的畲族各支群分布：

明洪武年间，钟姓迁往宁德飞鸾（黄土垄）和霞浦县马洋村。

明万历元年（1573），由雷光清率家族迁往宁德猴盾村，后转迁宁德九都九仙、六都白岩北山、七都高山、八都五峰、下雷东、后山、琼堂、七都三箩。还有福安的穆阳牛石坂、桦林村、溪潭林洋、下白石亨里、大获安赫、金腰带、填洋、陈家铺，以及霞浦水门青沃、福坪坑和洲洋兰田。

明天启年间（1621—1627），钟奇法率家族迁宁德赤溪尖山村，后迁八都闽坑篙垅、合厝炉洋。

明崇祯元年（1628），雷天致迁宁德金涵麒麟寨村，后迁六都白岩盘山村、赤溪琴田，福安溪

---

① 《凤凰山畲族志》，广州，广东人民出版社，2012年。

② ［清］顾炎武著，顾宏义、严佐之、严文儒校点：《天下郡国利病书》之《广东通志·峒獠》，载《顾炎武全集》第12—17册，上海，上海古籍出版社，2011年，第3362页。

③ ［清］刘忭纂，惠登甲增修：（光绪）《饶平县志》卷六《名宦》，《中国地方志集成·广东府县志辑》第27册，上海，上海书店出版社，2013年，第129页。

潭兰田、甘棠坑门里、穆云考河等。

明崇祯八年（1635），雷兼三迁宁德金涵烟亭村，后迁七都马坂陈家山，福安清水壑、田前、甘棠填洋里。

明崇祯十年（1637），钟德兴、钟可成迁宁德金涵上金村，后迁漳湾家塘、鸟屿，六都下房、白岩北山、金涵院后、碧山狮子兜。

明崇祯十三年（1640），钟万成迁宁德飞鸾黄土垒，后迁飞鸾长园、下北山。

另外，明代迁往宁德地区的畲族还有分布在古田的平湖达才村、雷家墩、塘后乾；福安的坂中大林、后门坪、穆云牛石坂、上白石南山头、社口南山、甘棠岭尾宫；福鼎的白琳大旗坑牛埕下、店下西岐夏家楼、桐城浮柳蓝厝牛毙、滨洋梅溪；霞浦的沙江芦坑青甲垅、州洋马洋、盐田青皎牛岭和崇儒水漕垅上水等处，后又陆续转迁于宁德各地。

明代前，畲民被视为“王化所不及”，既不负担纳税完粮的义务，也不享受相应的政治待遇。官府对畲民一直采取“无为”态度，并禁止基层官员骚扰他们，同时对畲族是一种不管不问，任其自生自灭的态度。

明代，畲族为了逃避“差徭”负担，往往选择在不引人注目的县际、乡际和村际周边山区居住。畲族是个游耕迁徙、善于拓荒的民族，多分布在自然生产条件艰巨的崇山峻岭之间。开垦荒地时，畲民会抓住一切机会呼亲携眷，成群结队地从原居山村向沿海山区迁徙。

从宁德历史上的畲田开垦和布局上看，畲民在畲种时往往采取集体劳动互助合作的方式，但由于山区相对人口稀少，居住极为分散，还没有形成真正村落时，他们靠的是约定，今天帮这家，明天帮那家，在哪家时就由哪家提供酒食。

畲田，系从其耕作方式得名，从其分布和性质来说，则畲田往往是“山麓之陆田”，畲田上所种作物都是旱地作物，主要为粟、豆、麦、黍、稷、芋之类。后来，畲田逐渐改成了梯田，水稻也就代替了陆稻。畲民“随地迁移而种谷，三年土瘠辄去，去则插竹偿之”，畲民开始对环境和土壤肥力进行了一定程度的维护，并在废弃的畲田上插竹标注。

到了明万历年间，出现了一个新的变化，就是番薯和玉米开始成为新的主要作物。番薯刚从海外传入宁德，这里正是畲民分布比较集中的地方，番薯之广泛传播实有赖于畲民之辛勤劳作。比如在万历二十二年（1594），福建发生饥荒，巡抚金学曾下令各地种植番薯，畲民在“近山之地，辄种薯芋，名曰开畬”，番薯逐渐成为畲民的主粮。

另外，因畲人所居住山岭更为高深，森林资源丰富，在生产活动中有不少因地域环境影响，而创造出许多占有不可忽视地位的特色手艺，如狩猎、种茶、养蜂酿蜜和伐木与烧炭业。畲民还根据山区特点，经营各种经济作物，主要有香菇、蓝靛、茶叶，以及杉、竹等经济林木。

同时，这一切也加剧了畲族与闽东汉族间的矛盾冲突，畲族史诗《高皇歌》中就有“开着好田官来争”之句，而汉人则认为“处处山田尽入畲，可怜黎庶半无家”，畲民占据着山田，使自己无以在山区安家立业。

自宋明以来，中国沿海地区的航海贸易相当发达，极大地推动了沿海地区的经济发展和科技文化进步，给畲族迁入闽东提供了一个绝好的机会，畲族落籍闽东的历史契机，为畲族立足闽东奠定了地位。

大量迁入的畲民加入开发闽东的行列，为复垦沿海 36.88 万亩荒芜田地付出了艰辛和努力。同时，为畲族立足宁德奠定了地位，随着百年中的不断摩擦、接触与交流，现已逐步改善和促进了民族间的融合和农业技术的进步，共同铸造起当地的农耕文化建设。

（作者刘冻，江苏广电东方传媒）

家国情愫：明清易代之际英烈女性的忠君爱国实践

赵秀丽　田　萌

关于明清易代之际女性的政治意识，研究者主要聚焦于中国古代唯一进入正史的女将军秦良玉、名妓柳如是、李香君等人，孔尚任、陈寅恪等人为明末清初的奇女子立传，《桃花扇》和《柳如是别传》最负盛名。明末清初，女性究竟持何种政治态度，我们应该如何认识与评价这一时期涌现的大量烈女烈妇？特别是“阖门死”现象，她们的死烈行为究竟是因为贞洁观念，还是其他观念或因素？

明中后期文坛巨匠王世贞在《艳异编·李娃传》中感叹：“叛臣辱妇，每出于名门世族。而伶工贱女，乃有洁白坚贞之行。岂非秉彝之良，有不间耶。观夫项王悲歌虞姬刎，石崇赤族绿珠坠，建封卒官盼盼死，禄山作逆雷清恸，昭宗被贼宫姬蔽，少游谪死楚伎经。若是者，诚出天性之所安，固非激以干名也。”[①] 他历数古代宠姬官妓为夫主、情人、知己殉死的故事，以此证明身份低下的伶工贱女比身份高贵的名门世族更注重实践道德品行。明清易代之际，秦淮名妓对明清统治者的态度、大批官员出仕清廷，使得人们更加认同王世贞的结论。但事实上，忠贞爱国之情并不局限于社会底层、身份卑贱的女性，各阶层女性特别是朝廷命妇、儒家女、节妇和义门女性在王朝覆灭之际，出于不同的认知和目的，纷纷践行英烈之举，或主动殉国难，或以死激励家中男性尽忠全节，或追随男性亲属殉难。尽管她们的思想认识高度不一，死亡有主动与被动的区别，但不可否认，在危难关头，主动选择死亡的女性充分展示了自己的见识、气度、果敢、勇毅等特质，彰显了忠君爱国情怀；被动选择死亡的女性面对死亡表现出来的无所畏惧、从容面对的态度，也令人敬佩。

一　朝廷命妇忠君殉国

虽然中国古代女性被排斥在政治之外，但她们可以依靠丈夫或儿子仕途的成功获得爵位，得到朝廷诰命的女性统称为朝廷命妇。朝廷根据男性的官品将其妻母分为九个等级进行封赠，分别是一品夫人、夫人、淑人、令人、恭人、宜人、安人、端人、孺人。明朝典章制度规定：三品以上命妇“遇太后中宫大庆元会令节，例得朝贺”，对太后、皇后“行四拜礼，止于下手立拜。惟致贺受赍时，一跪叩头而已”。武臣三品如指挥使之妻在国家大丧之时，“亦得入思善门哭临”。由此可见，明朝三品以上的朝廷命妇有入宫觐见太后、皇后的机会。由于“命妇入朝，例许带一婢”，这

① ［明］王世贞：《艳异编》卷二九《妓女部四·李娃传》，上海，上海古籍出版社，1993 年，第 1075 页。

些命妇“俱以女或媳充之”。明代后妃召见命妇时，态度和蔼可亲，“后妃赐问，亦全不讳，更问字何氏，嫁何年，读何书，艳黠者多叨横赐”；“每人给一围屏一溲器，可谓曲体之至”[①]。朝廷这种做法让命妇备受感动，再加上其优越的物质生活和无上荣誉直接源于朝廷赏赐，因而对明廷满怀感激之情。

明清易代之际，部分朝廷命妇听闻国破君亡，走上殉国难之路，表现出强烈的忠君爱国情怀。例如，兵部车驾司主事金铉在城陷后投河自尽，其母章氏说“我为命妇，决无生理，宅中井可入也！”亟投井死[②]。宋文元妻刘氏率子妇女孙十数人誓曰：“吾家世受国恩，汝辈不可偷生苟免，致贻宋氏羞。”因尽驱入水[③]。刘文照母登楼，文照及二女、文炳妻王氏亦登楼。悬孝纯皇太后像，母率众哭拜，各缢死[④]。周忠武妻刘氏在临死前拜曰：“妾将断头从先国母周皇后在天。”[⑤]

通过这些例子不难发现，明清易代之际殉国难的朝廷命妇具有以下三个鲜明特征：一是“世受国恩”。以死殉国是英烈女性在国难当头进行生死抉择时的逻辑出发点。尽管只有家中男性领朝廷俸禄，但女性认同忠臣孝子观念，认同“士为知己者死”义行，秉持家中成员无论男女都应忠君爱国、报效朝廷的观念。二是“阖门死”。女性长辈发挥表率、榜样作用，率领整个家族女性从容自尽。她们多以家族为单位，主动自杀，死亡人数众多，“阖门死”现象较为普遍。如刘文照家中殉烈女性多达 42 人。三是举行死亡仪式。明末权贵之家女性殉烈前有一套仪式，例如，刘文照之母、周忠武之妻自杀前，都行跪拜礼，追随周皇后而死。她们对皇后、太后忠诚，主动殉死，与男性为皇帝死忠、死烈行为无二，表明她们对明廷有很强的认同感。

明代统治者对女性贞洁观念的空前提倡与强化，使得整个社会对女德的要求进入更高层次。在社会主导文化的影响下，女性通过不断强化道德实践，提高了自身的思想觉悟，她们在追求自我认同与社会认同的过程中，不断获得正面褒奖。尽管明代女性不能直接参与政治活动，但是朝廷特有的女性封赠仪式、朝廷命妇享有的身份地位与经济利益等，使命妇成为统治集团内部的一分子。由于与身为官员的男性家人朝夕相处，她们或多或少对朝廷政局、官场人事有所了解。部分朝廷命妇认为“世受国恩，义不受辱”，以身殉国，甚至“阖门矢死”是礼之所在，皇帝、朝廷的知遇之恩使她们毫不犹豫选择自尽，舍生取义，杀身成仁。

明末少数朝廷命妇祭拜皇后画像再自杀的举动，符合明初皇后设宴招待朝廷命妇的本意。皇后母仪天下，率先垂范，甘做贤内助，帮助夫君治理天下，赢得命妇支持。明代朝廷命妇通过这种内廷聚会，走出狭小封闭的宅院世界，亲自沐浴浩荡皇恩，感受皇后嫔妃女教的熏陶洗礼，对明廷产生强烈的认同感。明清鼎革之际，她们秉承男性忠君报国思想，甘愿追随皇后而去，不背弃旧主向乱臣贼子屈服投降。命妇的这种体悟和认知，已经超越一般的女道、妇道、妻道、母道范畴，达到儒家文化倡导的忠贞节烈境界。吴伟业在《绥寇纪略·正祀武臣》后专门列出《正祀诸忠妇女》，

---

① ［明］沈德符：《万历野获编》卷二三《妇女·命妇朝贺》，北京，文化艺术出版社，1998 年，第 626 页。

② ［明］钱口：《甲申传信录》卷三《大行骖乘》，北京，北京古籍出版社，2001 年，第 52 页。

③ ［清］陈梦雷：《古今图书集成·明伦汇编·闺媛典》卷九一《闺烈部·宋文元妻刘氏》，北京，成都，中华书局，巴蜀书社，1986 年，第 402 册，第 33 页。

④ ［清］李天根著，仓修良、魏得良校点：《爝火录》卷一，《新乐侯刘文炳》，杭州，浙江古籍出版社，1986 年，第 17 页。

⑤ ［清］邹漪：《启祯野乘》卷一五《刘夫人传》，明崇祯刻清康熙重修本。

给成忠毅德母张氏、周忠武妻刘氏、金忠节铉母章氏和妾王氏、汪文烈伟妻耿氏等写传，并点评说："妇人以正命死者，例以节书，况国难乎？成忠毅、周忠武之母若妻以下尚矣，乃若新乐杜太夫人率其三子妇从容自缢，此孝纯皇太后之灵而烈皇帝所以有光国也，宜为正祀第一，以诸忠妇女祔焉。"[①] 吴伟业认为命妇死烈并不单纯是殉夫或殉节行为，她们在国难之际的死烈行为，与明末朝廷核心领导人物——崇祯皇帝与孝纯皇后的死亡行为属于同一性质，宁可自杀明志，也不愿忍辱偷生、苟且而活。她们的行为体现了"忠臣不事二主"，吴伟业将这类女性统一以"忠"命名。在宋元以后女性多以"贞""节"扬名的背景下，明末女性这种"忠""义"行为显得尤其可贵，这些蹈烈女性身上已经具有忠君爱国意识。

二　主母以死激励男性尽忠全节

明末英烈女性不仅身体力行，忠于朝廷，忠于君主，而且激励家中男性践行忠孝节义精神。女性对男性的规劝、激励主要分为以下三种：

第一，当男性尚未做出决断时，女性率先自尽，以死激励男性，殉国殉主。

明末一些女性家长颇有主见，坚持忠义传家，以忠臣标准要求子孙后代，督促男性真正践行忠义之举，与朝廷共存亡。例如兵部武库司郎中成德得知崇祯皇帝驾崩的消息后，痛哭一场，"遂归见母"。太夫人曰："我以汝必从先帝死矣！何有归也！"说完"遽入室自缢。成德自杀，其妻及妹遂自缢"[②]。若非太夫人率先自缢，成德出于孝道考虑，未必会立刻殉国殉主。古代忠孝问题一直是个难题，特别是国难之际，忠孝难以两全，不同的人持不同见解，有不同的抉择。明清易代之际，不少官员士子虽有殉国难之心，却心系家中长辈，故忍辱投身，孝养偷生，直到长辈去世，方遵从内心信念走向死亡之路，成为明廷的殉难者。

左春坊庶子马世奇的殉国也受女性家人督促和影响。当他得知崇祯皇帝龙驭升天后，痛哭良久，回到家中准备自尽。仆人以太夫人为由劝其打消自杀念头，世奇回答说："正恐辱太夫人耳！""将自经，二妾朱、李盛饰前，对曰：'闻主人尽节，我二人来从死耳！'二妾并自经。世奇端坐，引帛自力缢，乃死。"[③] 作为孝子的世奇深知母亲禀性，自杀殉国能令母亲欣慰，而为养亲顾惜性命苟延残喘，成为不忠不义之人，对母亲而言反是奇耻大辱。身为臣子君死当殉，身为孝子也理应殉死。此外，朱、李二妾主动前来陪他殉节，对他个人也是一种促进、激励与慰藉。正是母亲和二妾坚定了他尽忠全节的信念，促使他以身殉国。

这类女性大多意志坚定，道德崇高。深明大义的母亲深知子孙禀性，既有忠君爱国之心，又有尊老孝敬之意。为避免子孙陷入忠孝两难困境，特别是不愿因自己拖累，使子孙成为不忠不孝之人，她们纷纷将"忠"置于首位，毫不犹豫以身蹈烈，为男性做出榜样，坚定男性忠义之心，践行忠君爱国之道。

---

① ［清］吴伟业：《绥寇纪略》（补遗卷中），上海，上海古籍出版社，1992 年，第 422 页。
② ［明］钱口：《甲申传信录》卷三《大行骖乘》，第 52 页。
③ ［清］李天根著，仓修良、魏得良校点：《爝火录》卷一《马世奇传》，第 21 页。

第二，女性对子孙留下遗嘱，劝其不做贰臣，不降于贼。

明末女性不仅自己主动选择殉国难，而且劝诫子孙不做降臣贰臣。顾炎武之母王氏就是此类女性的典型代表。王夫人尊崇孝道，曾经断指疗姑疾，受到朝廷旌表。当兵乱兴起后，年已六十的她对儿子说："我虽妇人，然受国恩矣，遇变我必死之。"当她得知两京皆破的消息后，绝食而亡，"遗命诫公勿事二姓"[①]。顾炎武曾提出"天下兴亡，匹夫有责"，主张天下兴亡与男性休戚相关，男性无论身份贵贱尊卑都应该承担自己的责任、使命。这种思想超越阶级局限，冲破"劳心者治人，劳力者治于人"的观念束缚，具有划时代的意义。顾炎武母亲走得更远，她坚持世受国恩就要为朝廷恪守本分，遇国变就要忠于故国，以身殉国。她告诫儿子"勿事二姓"，即坚持忠明立场，劝阻儿子不得出仕新朝。王夫人的烈行与遗言，对顾炎武产生深远影响，他说"先妣国亡绝粒，以女子而蹈首阳之烈。临终遗命，有无仕异代之言，载于志状。故人人可出，而炎武必不可出矣。"《记》曰："必贻父母令名必果，将贻父母羞辱必不果。七十老翁何所求，正欠一死。若必相逼，则以身殉之矣。一死而先妣之大节，愈彰于天下，使不类之子得附以成名，此亦人生难得之遭逢也。"[②]顾炎武秉承母亲遗志，面对百官和文人纷纷出仕新朝，他坚持"人人可出，而炎武必不可出"。这不仅是个人意愿的体现，也是遵守孝道之举。当清廷三番五次征辟、举荐他为博学鸿儒时，顾炎武以"正欠一死，若必相逼，则以身殉之"，打消了清廷征辟之意。尽管顾炎武在明清易代之际没有以身殉国，但是他坚决拒绝新朝征辟，一生致力于中国传统文化研究，成为明末清初杰出的思想家，写下《日知录》《天下郡国利病书》《肇域志》《音学五书》《亭林诗文集》等，为保护、传承中华文化作出重大贡献。

留遗言劝子孙"勿事二姓""弗事贼"的殉烈女性，其身份多为节妇。例如南充黄氏"夫早卒，教子成名。闻贼至，泣语子曰：'尔幸游泮，我终身苦节，值兹寇乱，敢求活耶？我死，汝弗事贼，即报汝父母矣。'遂缢。"[③]孀居的黄氏一意守贞，含辛茹苦将儿子抚育成人，但寇乱之作使其贞节、性命受到威胁，为避免受贼侮辱，她主动选择自缢，并要求儿子"汝弗事贼"，使全家坚持忠义观念。

清初，一些忠明之士深受家风熏陶，女性对其政治选择产生很大影响。以明末四公子之一的方以智为例，方家男性成绩斐然，享有"一门五理学，三代六中书"的美誉，女性亦不甘示弱，有"方门三节"之称。二姑方维仪在夫亡女夭后归母家，帮助抚养年幼丧母的方以智，教其《礼记》《离骚》。小姑在夫亡后守志不嫁。大姑方孟式嫁山东布政使张秉文为妻，崇祯十二年（1639）正月，张秉文抗击清军殉难济南城，方孟式亦殉节大明湖。方孟式以一弱女子的忠孝节烈震撼朝野，也让方以智对入侵的清兵由国恨又添家仇，他不惜隐姓埋名、卖药、入狱、落发为僧，四处奔走呼号，招集有志之士反清复明。

这类生活在书香门第的女性深受儒家文化熏陶，特别是节妇长期守贞，早已将儒家伦理规范奉为圭臬，外化于行，享有令名。她们在明朝覆灭之时主动选择自杀，此举有担心身体受寇贼侵犯、

① 易宗夔著，陈丽莉、尹波点校：《新世说》卷五《贤媛第十九》，成都，四川大学出版社，1998年，第199页。

② ［清］陆以湉：《冷庐杂识节录》，《香艳丛书六集》（第二卷），上海，上海书店，1991年，第662页。

③ ［清］彭遵泗：《蜀碧》卷二，北京，中华书局，1985年，第39页。

贞洁名誉受损害的因素，但她们对于家中男性、女性子孙的殷切叮嘱，可视为贞节观念的扩大化，特别是要求男性恪守儒家伦理规范，对朝廷君主忠贞，不得忍辱偷生，督促子孙追求、践行忠义品质。

第三，当男性亲属变节降贼时，女性不愿同流合污，以死谴责其不忠不义。

明末有些妇女在丈夫投降后，义不变节，反复做工作劝夫策反，甚至用死来换取对方的觉醒，激励他们不做贰臣。最有名的当数李成栋复叛清廷。降臣李成栋爱妾张氏观剧时触景伤情，“为见台上威仪，触目相感”。引导李成栋重着“明冠服”，因怂恿焉。当李成栋心生反清复明之意，又因眷属犹在松江而犹豫不决时，张氏曰：“我敢独享富贵乎？请先死，以成君子之志。”遂自刎死。成栋大哭，肃然起敬，拜而殓之，举起反清复明旗帜[①]。李成栋宠妾张氏为了劝说他支持大明江山，不惜以生命劝谏，而李成栋果然被其刚烈之举震撼，“我不如一女子！”从而下定决心，不再为儿女私情牵挂，义无反顾地追随南明皇帝，投身抗清行列。

对于甘心做卖国贼之人，女性往往不齿其行为，划清界限。例如洪承畴降清后，太夫人见承畴，大怒骂，以杖击之，数其不死之罪，曰：“汝迎我来，将使我为旗下老婢耶？我打汝死，为天下除害。”承畴疾走而免[②]。后洪母和妻妾投身烈焰中，纷纷殉国，与贰臣洪承畴形成鲜明对比。大学士绵州刘宇亮子裔盛，从贼授之官，其妻王氏曰：“贼之官，汝固可作；贼之妻，我断不为。”遂自缢死[③]。

这类女性具有强烈的羞耻心，不能接受男性变节改志之举，更不愿侧身伪官、当降臣妻女。男性认为自己在仕宦之途有所精进，达到了光宗耀祖目的，往往自鸣得意。女性却认为家族受到明廷恩宠，男性也是明帝之人，男性应忠于本分，如同烈女不嫁二夫，不得改侍新主。当她们劝谏男性无效时，很多人选择自杀，以死捍卫自己的政治抉择，以死诠释自己对忠与贞的理解。

这类以死激励家中男性尽忠全节的女性，往往具有更强烈的自我意志。尽管她们与男性的互动方式及其效果不同，但通过女性的英烈实践，我们可以明显感受到，她们的死亡行为蕴含着对皇帝、朝廷和汉族文化的强烈认同。她们将儒家伦理对忠臣、孝子的道德要求，作为家中男女共同遵守、执行的行为准则。因而当男性在忠孝之间徘徊，犹豫不决，甚至背离忠义时，她们毫不犹豫用自己的鲜血和生命去唤醒男性，激励男性，督促、引导他们成为忠君爱国之人。这类女性的忠烈、忠义之举，不仅为自己，也为家内男性甚至整个家族赢得了很高的声誉。

三　女性追随男性亲属殉难

明清易代之际，还有一大批英烈女性思想境界和认识水平尚未达到忠君爱国高度，缺乏独立见解，只是家中男性的附属品，在史书没有留下光辉事迹，也未显示个性、才华。但是，她们贯彻执行男性家长意志，即使献出生命也在所不惜。这种追随男性亲属殉难的女性大致分为三种情况。

---

① ［清］徐鼒：《小腆纪年》卷一五《乙亥》，北京，中华书局，1957年，第583页。

② 易宗夔著，陈丽莉、尹波点校：《新世说》卷五《贤媛第十九》，第199页。

③ ［清］彭遵泗：《蜀碧》卷二，北京，中华书局，1985年，第21页。

第一，男性死忠死烈，女性紧随其后。

明代，三纲五常已成为女性安身立命的准则，危难之际女性的抉择与家中男性亲属的行为密切相关。当丈夫、父兄死于忠，死于烈，女性往往受家内男性精神影响，从容殉死。例如，刑部右侍郎孟兆祥闻变，语子曰："我国之大臣，分在一死。尔未授职，盍去乎？"子对曰："人生大节，惟君与父。君既死矣，父又死矣，臣子何以生为？虽生亦无益矣，誓必同死。"兆祥继妻何氏谓媳李氏曰："彼子既死忠，我姑媳可不死节乎？"贼至，兆祥死于正阳门下，妻何氏亦投缳死。子章明收葬父尸，亟别其妻李氏曰："我不忍大人独死，吾往从大人。"妻曰："尔死，我不独生。"章明抢地曰："谢夫人！然夫人须先死。"乃遣其家人尽出，只留一婢在侧。视妻缢，取笔大书于壁曰："有侮吾夫妇尸者，我必为厉鬼杀之。"妻气绝，取一扉，置上，加绯衣。又取一扉置妻左，亦服绯自缢[①]。孟兆祥家内的女性死节都是受男性影响的结果。古人在危难关头的抉择，既有个人主观情感因素，又遵循一定的内在思维逻辑，饱受儒家文化熏陶的知识分子认为不同的身份，应承担不同的责任和使命。孟兆祥继妻何氏认为父子既然死于忠，姑媳必然死于节，奠定家内女性死亡的基调。孟章明妻明言夫死义不独生，孟章明感激涕零，收葬父尸，视妻缢，取一扉置妻左，方才服绯自缢，体现了明确的死亡顺序，各项任务完成，才从容死亡。类似记载在明清之际的地方志与笔记中很多。

这些忠臣之家女性在男性家长或权威意志之下，她们的自主意识与选择空间相对较为匮乏，其行为可以说是男性意志的延伸与实践。在女性赴死过程中，我们除了关注男性意志及其影响力外，还要特别关注女性行为中"家"的意涵，它不仅代表男女安身立命之所，也赋予女性生命的尊严与存在的意义，其中不仅包括妻对夫的忠贞，还包括夫妻同生共死的道义，婆媳母女相守的孝道，这些都是支配、主导女性抉择的核心要素。

第二，女性自杀明志，打消男性亲属的疑忌。

明末清初，女性在得知丈夫、父兄殉烈决定后，立即主动殉死，以切身实践打消他们的疑虑。例如，张罗彦妾朱氏、钱氏闻城陷，皆坐井亭以待。见贼猝至，朱先自刎，欲速死而气未绝，与幼女及钱氏共投井中。初罗彦倡义，问二妾曰："汝辈将如何？"告曰："愿从主命！"彦曰："我有死耳！"皆泣下，曰："愿从主死。"城陷，果如其言[②]。罗彦子晋邑投井从父死，其妻师氏已先自投井中以绝夫虑。刘文秀攻陷越隽，指挥王自敏、妻周氏知不免，提前商量后事。"谓所亲唐氏曰：前后等死耳。他日恐其迟也，遂挽唐氏阖室自焚。同时王氏、俞氏、宋氏、唐氏俱赴火死，皆受聘于人而未嫁者[③]。"

明末清初，有些英烈女性在城门即将攻陷之际，提前做好自杀准备事宜。她们深知，一旦城门失守，女性将是暴徒的牺牲品，唯有以死保全清白。她们在敌人尚未抵达家门之前，按照预定的死亡方式主动结束生命，体现了这类女性将贞节、贞操置于最高位置，不容玷污。罗彦妾朱氏、钱氏和儿媳师氏在男性自尽之前殉死，让男性死得瞑目，充分反映了她们在做决定时的他律性，即以他

① ［明］钱口：《甲申传信录》卷三《大行骖乘》，第 48 页。
② ［明］钱口：《甲申传信录》卷七《董狐剩策》，第 140 页。
③ ［清］彭遵泗：《蜀碧》卷三，北京，中华书局，1985 年，第 74 页。

人的眼光和评价为标准来权衡自己的决定，尽量让男性家长满意。因此，这种决定带有很强的牺牲意味，并不是以女性内心的主观感受为第一要义。

第三，家中男性或女性长者自尽，引发群体效应。

明清易代之际，烈女、烈妇数量惊人，呈现出整个家族女性殉烈的新趋势。因为女性最容易受家人影响，往往一人倡导，全家响应，纷纷殉难。例如，《甲申传信录》记载了庠生张罗善一族在明清易代之际的事迹，用 2071 个字生动而详细地描述了其兄弟子侄各个小家庭男性女性的死烈情况，笔者在此仅简单介绍张氏家族女性死亡情况：张罗善妻子高氏和三女投井；张罗辅妻闻变与二女投井；张罗士妻高氏早寡，不愿受辱自缢死；张罗诘妻王氏劝夫逃亡，自己自缢死；张纯心继室李氏骂贼被杀；张震妻徐氏与张巽妻刘氏同投井死；张氏婢女喜儿亦从主投井[①]。

笔者认为有三点值得特别关注：

一是张氏家族女性的自杀行为有主动、被动之别。张罗善妻高氏先投次女于井，复束小女于怀，携长女同下；罗辅妻白氏骗八岁长女和次女看井中物，将二女推入井中，再自投井，遗下的一子一女俱幼，以失母的缘故并死。由此可见，这些年幼女孩的死亡或完全由母亲主导，或听从、跟随、效仿母亲行为，自己并无主见。对于这种死因的女性，不能简单冠之以死烈、英烈之名。

二是张氏家族嫠妇全部主动殉死。张罗士妻高氏、张罗彦伯父张纯心继室李氏、纯心孙张震妻徐氏、震兄张巽妻刘氏，都是寡妇身份。尽管家中并无男性家长在贼攻陷城池时对她们进行教化，安排事宜，但她们全部主动选择自杀。家族中以守节著称的长辈态度、意见更是对整个家族女性产生深远影响。例如，子辈张罗士妻高氏、孙辈张震妻徐氏和张巽妻刘氏，得知年迈的长辈张纯心继室李氏（节妇）"欲死"，她们相约投井死。作为女性主心骨的张纯心继室李氏，并未选择自尽，而是等到寇贼上门，曰："忠臣之家，城陷当死，何惜老命？"骂不绝口，被创破脑而死。由此可见，对贞节、名誉看得很重的家族内寡妇，更容易领导家内女性形成共同体，使得大家行为更易达成一致，以死全节。

三是张氏一门女性抉择都以夫家为主，魂魄归依张氏。城陷时，罗辅妻白氏正在娘家居住，闻变欲入井，被众人救出，严加防范。白氏对众人说："我夫豪杰，城陷必死，岂可留妻子不若人耶！且张氏一家，势必尽死，我将何归乎！"她处心积虑带二女投井死，两个遗下的子女也因失母而死。通过白氏的言论及实践可以看出，夫君的忠义殉烈之举对妻子产生深远影响，妻子的行为不得辱没丈夫豪杰的令名。张氏家族素重名节，全家势必尽死，白氏作为张氏家族的成员，甘愿与家族共生死。张罗诘妻王氏同样预测张氏兄弟会与城邑共存亡，因而急忙从娘家返回张家，欲与家族内女性结伴而死。张罗善家族内的女性祖孙三代，在京城攻陷之际，选择自尽全节，义不受辱。

明末女性以家族为单位全体殉节的行为，在官宦之家、诗礼之家和义门之家均较为常见。这类家庭有一些共同特征：家族宗族意识较强，聚族而居，人口众多，贯彻执行儒家礼仪规范，注重道德品行，进退皆守礼，规矩森严，家中都有主持大局的男性、母性权威，能对族人产生深远影响。官宦之家、诗礼之家和义门之家注重儒家文化的传播，注重伦理道德实践，身居其中的女性长期受

① ［明］钱口：《甲申传信录》卷七《董狐剩策》，第 141—143 页。

良好家风熏陶，耳濡目染，自觉或不自觉地践行儒家伦理，特别是忠孝节义精神。

四 评价

明清易代之际，女性选择自杀的形式多种多样，有主动自杀、被动自杀两种状态。一些烈女烈妇的死亡并不是她们自己主动追求的，而是男性亲属强迫的结果。例如，顺德诸生冯协扬在广州沦陷后，以“愧夫不义”为由，将妻女驱入井中，自己悬梁而死[①]。时逢冬旱井竭，妻女被人救起，此后不闻妻女有自杀之举。通过此例可以看出，在三纲五常为家庭社会基石的男权社会，男性意志主宰、决定着女性生死。因此，在评价明清易代之际涌现出来的大批烈女烈妇时，我们不能一味拔高她们的精神境界与道德追求。中国古代女性在家从父、出嫁从夫、夫死从子，没有独立性、自主性。她们以男性观念为中心，没有自由意志，许多人遵循男性亲属意旨，主动选择自杀的女性其实是贞节观念或礼法制度的牺牲品。

研究明清易代之际在战乱中主动求死、数以千计的英烈女性时，不能将视角仅仅局限在贞节观念和男权本位主义的父权观念，需要特别关注明代中后期女性特殊的生活环境、生存空间和社会环境。明末成千上万的女性选择死烈，与明代朝廷对节妇烈女的旌表、中后期社会女性英烈之风盛行有密切关系[②]，更与家庭内部的文化氛围、女性邻里关系、社区女性核心人物的影响力和感召力密切相关。

明代中国社会具有的重要特征是“出现了新宗教形态”，“以宋儒的社会主张为理论依据，强调以儒家人本主义的伦理政治文化化民成俗，建立稳定的社会秩序”。[③]宗族势力的发展，特别是儒家礼法文化的浸润，家法族规的约束，使得长期生活在封闭、群居环境的女性极容易受到群体心理影响。勒庞认为，群体易受暗示和轻信，“群体易受传染的性质在群体心理中处于重要地位，情绪的相互传染不仅决定着群体的特点和群体行为选择的倾向，还决定着群体接受暗示的倾向”[④]。在危难之际，家族中有影响力或号召力的核心人物主动表明立场、态度，他（或她）的言行立即被扩大，尤其是源自感性的、本能的情绪特别容易传播出去，进而影响宗族绝大部分人。被感染的个体，情绪和行为处于极度亢奋状态，做好了为群体所公认的价值观念牺牲一切的准备。这种群体的无意识行为正是导致明清易代之际“阖门死”“阖族死”的重要因素。

勒庞研究法国大革命，就是以政局急剧变化为切入点，探讨大众心理如何与政治运动、革命进程密切结合，有力推动历史发展历程。他指出，“群体的无意识行为代替了个人的有意识行为，是目前这个时代的主要特征之一”[⑤]。笔者认为明清易代之际，政治、军事斗争异常激烈，普通老百姓陷入战乱与动荡旋涡，深处闺门的女性陷入恐慌状态，她们就像法国大革命爆发时的普通百姓，茫然不知所措。宋明开始快速发展的宗法制度，使得大家族共同体、地方社会共同体等纷纷形成、壮

① ［清］查继佐：《东山国语》之《粤语二》，《四部丛刊三编》史部177。
② 赵秀丽：《明代中后期女性英烈风气研究》，《三峡大学学报（人文社会科学版）》2019第4期。
③ 常建华：《明代宗族研究》，上海，上海人民出版社，2005年，第1页。
④ ［法］古斯塔夫·勒庞著，冯克利译：《乌合之众：大众心理研究》，桂林，广西师范大学出版社，2015年，第80页。
⑤ ［法］古斯塔夫·勒庞著，冯克利译：《乌合之众：大众心理研究》，第41页。

大，从而使得群体心理在家族、宗族与地方社会发挥前所未有的威力。与集体无意识的日益壮大相对应，个体的理性精神日益削弱，孱弱的女性往往毫无保留地选择接受他人的暗示和传染，实现个体与群体行动的一致性。正是在这种氛围与背景下，女性的感性、非理的、易于冲动等特征充分显现出来，她们突破中国传统的重生讳死思想观念束缚，坦然面对生死抉择，毫不畏惧死亡，甚至以欣然态度迎接死亡的到来，把死亡作为实现个人价值与道德追求的方式。

明朝建立了自上而下、全面系统的教化体系，全面推广、普及儒家学说与伦理道德，包括女教在内的学校教育，对开启民智产生深远影响。明代中后期，社会官宦家族、知识分子家庭重视女性的文化教育，江南等地才女群体兴起，以极大的热情投入文化学习中，将儒学忠孝节义观念融入日常生活实践中。赫尔巴特认为道德观念可分为五种，其中之一就是"内心自由"的观念，指认识与意志统一。[①]明末朝廷命妇、儒家妇女和义门女性正是儒家文化的学习者、儒家伦理道德的忠实实践者。她们以赤子之心学习儒家文化与伦理规范，发自内心认同中国传统文化传承千年的精髓要义。在和平时期，才女们从事诗歌文学创作，产生一大批成果，震古烁今；在战乱时期特别是明清鼎革之际，她们又毅然走上英烈之道。

朝廷命妇、节妇、烈妇在社会享有较高的地位与威望，因而她们在超越私人欲望、实现道德超越的实践中，也越来越认同社会与朝廷的权威，拥护朱明朝廷统治，增强国家朝廷的归属感和认同感。因此，面对危害朝廷政权、导致社会动荡的各方敌对势力，她们选择斗争，不屈服投降。世家大族与义门出身的女性，生活环境、生活习惯和价值体系等有一定的共性，她们在国难关头，保持强烈的国族认同观念，纷纷英勇就义，舍生取义，报效朝廷，不辱家门。这类女性精英有鲜明的政治立场与态度，对家族内男性精英的政治身份、儒家文化的忠孝伦理十分认同。她们超越狭隘的贞节观念束缚，自觉接受儒家忠孝节义观念对行为规范的约束，不仅用于指导自己的实践，特别是在政治抉择与生死抉择的关键时刻，而且用于评判男性行为，督促、引导男性践行忠义精神。这类女性的知识水平与道德境界很高，是现代女性的先驱。而其他丧失独立意识、盲目跟从自杀的女性，其行为受到孝道、贞节观念和宗法制度的影响，集体无意识使得她们平静面对死亡，无所畏惧、从容面对，蹈死而不悔。

总体而言，明末清初涌现的大批烈女烈妇，以虔诚殉道者的姿态，守护成全父子对忠臣孝道的追求；又用全家女性的性命维护、捍卫家庭荣誉。在这种被动追随行为的背后，我们不仅可以看到女性的依附地位，更能看到她们的坚贞与成全，牺牲自我，成全男性，成就家族的声誉与令名。"三纲五常"是中国儒家伦理文化中的重要思想，"君为臣纲，父为子纲，夫为妻纲"一直是儒家学者倡导的理想状态，经过漫长的儒家教育与礼法熏染，在明清易代、汉族与少数民族政权更替的特殊阶段，男性、女性纷纷用死亡来诠释自己对君主、对儒家文化、对伦理道德的推崇与实践，众多官员文人和女性用生命和鲜血表明自己的立场与主张，进一步强化了"臣为君忠贞、妻为夫忠贞"的意识，从而将"三纲五常"进一步固化、模式化，成为清朝人们遵守的行为准则。明末女性的生命献祭，既有男性权威的强迫、女性权威的暗示，更有广大女性对儒家忠孝节义伦理的信服与认

① 郭庆霞：《赫尔巴特的"五道念"解析》，《河北师范大学学报（教育科学版）》2011年第6期。

同，是特殊时期面对生死抉择时女性“内心自由”的真实展现。这群易代之际主动殉国难的女性，用生命和鲜血铸造了家族和地方社会的丰碑。她们的伟大牺牲的精神和视死如归的精神，在朝廷的褒奖下，进一步成为维护统治的手段，具有非凡的影响力和号召力，女性也成为效忠朝廷的基层社会秩序的最佳维护者。

（作者赵秀丽、田萌，三峡大学期刊社）

资斧之供：明代举人会试旅费的来源途径

刘明鑫

明代各地举人赴京参加会试，路费、饮食、住宿等差旅费是他们必须首先要解决的问题。所以，弄清举人会试旅费的来源途径，不仅对认识国家、社会、宗族、家庭等各方力量在其中所发挥的具体作用有重要意义，而且是了解明代举人经济社会生活的重要切入口。学术界对举人会试旅费来源的研究主要集中于官方资助①，但对社会、宗族、会馆、家庭、自筹等来源路径的研究较为缺乏。本文拟对此做初步探讨。

一　官府资助

明初，朝廷确立了针对新科举人的路费资助体系。如洪武十七年（1384），明廷颁布《科举程式》规定：各直省乡试“中式举人，出给公据，官为应付廪给、脚力，赴礼部印卷会试”②。这里所说“官”应指各直省地方官府，而资助形式则应该是以实物和力役为主。至此，纳入差役征调体系中的会试举人路费资助制度正式确立。

洪武十七年虽确立了会试考生路费资助制度，但在各地的运行并不稳定，一些地区甚至未得推行，直至成化中后期，会试举人路费资助制度才开始在广东形成一项科举定制③。这可从南海人霍韬的说法中得到证实，他称：“举人路费，成化以前无有给也。自张东所抱重不轻应试，巡抚朱公檄有司劝之驾，贶之路费之银十二两，遂著为例。凡举人赴试，官给银十二两。”④霍韬为正德九年（1514）二甲第一名进士⑤，考过科举，对成化以前会试考生路费资助政策较为了解，故其说法较为可信。清光绪十五年（1889）己丑科进士、岭东才子温仲和也认为此为“举人水脚之所自始”⑥。而

---

① 代表性成果主要有杨品优：《清代政府资助会试士子旅费政策述论——宾兴会兴起的制度背景分析》，《中国社会经济史研究》2011年第3期；申万里：《多士盈庭——元代会试的实施过程》，《徐州工程学院学报》2015年第1期；丁修真：《举人的路费：明代的科举、社会与国家》，《中国经济史研究》2018年第1期；刘明鑫：《明代会试考生路费资助制度考论》，《历史档案》2020年第4期。

② （万历）《明会典》卷七七《科举通例》，北京，中华书局，1989年，第448页。

③ 刘明鑫：《明代会试考生路费资助制度考论》，《历史档案》2020年第4期。

④ ［明］霍韬：《渭厓文集》卷一〇《两广事宜》，《四库全书存目丛书》集部第69册，济南，齐鲁书社，1997年，第321页。

⑤ ［清］李周望：《明清历科进士题名碑录》，中国台北，华文书局，1969年影印本，第565页。

⑥ （光绪）《嘉应州志》卷一三《食货》，清光绪二十四年刊本。

张东所即张诩，号东所，广东番禺县人，中成化十年（1474）甲午科乡试[①]。可见作为科举定制的会试举人路费资助政策至少应出台于成化十年（1483）以后。至于该制出台的具体年份，上述史料并未提及，但可以确定的是，该制的推出时间即为张诩参加会试之年。据笔者考证，张诩首次参加会试之年为成化十九年[②]，所以，作为科举定制的明代会试举人路费资助制度也应始于该年。此后，这一制度才陆续在全国各地推行开来。

二 家庭支持

举人备考和赴考会产生一笔较大费用，如果没有一定家产作支撑，举人就很难顺利参加会试并成功中式，甚至部分举人会选择弃考。可以说家产是举人会试成功并取得进士功名的经济基础和物质保障。如果说家产是基础条件，那么家庭成员的支持则是助力条件。家庭成员主要通过变卖财产、营办治生、无偿赠送等途径对子弟赴京会试提供路费支持。

其一，变卖财产。一个家庭中，妻子、母亲、祖母等女性成员的支持，对家族成员竞取科举功名发挥着重要作用。其支持形式以耳环、发簪等首饰的变卖为主。如天顺三年（1459），湖广解元刘大夏，赴京会试，其"母严夫人虑其乏资，解耳金镮佐之，明年下第回，完厥镮以奉母"[③]。也有一些举人通过变卖或典当自己田产来筹措赴考旅费。如江西新昌人（今宜丰）吴甘来，天启七年（1627）与兄泰来同举乡试，当时，"登公车者多丐资于有司。先生伯仲独粥（同"鬻"）瘦田数十亩，以供资斧，毫不以例干郡邑"[④]。可见兄弟俩为筹措路费，宁愿将数十亩瘦田典卖，也不愿向官府贷款。《醒世恒言》载，正德年间，一位叫杨延和（字元礼）的举人，因没能考中乡试解元，"心中闷闷不乐"，不愿赴京会试。在"叔伯亲友"和"同年兄弟"劝解和催促下，"整治行李"，并将其父遗下的"田房"，"变卖一两处，为上京盘缠"[⑤]。江西南昌人姚伯燮，万历四十一年（1613），"上公车，从质家得金数十，行有日矣"[⑥]。此处的"质家"应指当铺，可见姚伯燮为了筹措会试路费，也抵押了自己很多财产。

其二，营办治生。所谓营办治生即为经营家业与谋持生计。家庭成员通过营办治生，为子弟营造良好的备考环境与条件。如四川巴县人刘福，备考科举期间，曾"育德邑胶，距家几百里，乃假馆于其母家，安人重累，舅姑则尽脱簪珥，置买田仆，督耕织，以给薪水"，后中成化五年（1469）进士[⑦]。如松江华亭人朱恩，成化十年（1474）乡试中式，"卒业南雍，夫人与俱躬织纴，以助薪水之费，甲辰（成化二十年）登进士"[⑧]。所谓"薪水之费"，即为考生备考与应考期间的生活费用。由

---

① 《成化十年广东乡试录》，宁波，宁波出版社，2010年影印天一阁藏本。
② 刘明鑫：《明代会试考生路费资助制度考论》，《历史档案》2020年第4期。
③ ［清］刘世节：《刘忠宣公年谱》卷一，《北京图书馆藏珍本年谱丛刊》第41册，第11页。
④ ［明］漆嘉祉：《国朝谥庄介吴公苇庵先生年谱》，《北京图书馆藏珍本年谱丛刊》第62册，第227页。
⑤ ［明］冯梦龙：《醒世恒言》第二十一卷《张淑儿巧智脱杨生》，第355—356页。
⑥ ［明］张师绎：《月鹿堂文集》卷八《明故桃源县儒学教谕姚元卿先生墓志铭》，《四库未收书辑刊》第6辑第30册，第129页。
⑦ ［明］刘春：《东川刘文简公集》卷一七《刘安人余氏墓志铭》，《续修四库全书》集部第1332册，第235页。
⑧ ［明］陆深：《俨山集》卷六五《朱夫人秦氏墓志铭》，《景印文渊阁四库全书》第1268册，第412页。

此可知，家庭成员常常在其子弟或丈夫备考期间，主动承担起家庭"治生"的重担，应对家庭各种支出，使备考者潜心经史，专志科举功名。

明代士子的生存理念中，"固穷"是人生第一要义。在这一理念的支配下，"不屑谋利"成为士人中一个普遍的道德准则，有的甚至以"不屑治生"为尚[①]。这种理念就使备考士子不得不依靠其他家庭成员的资助。如南直常熟人严讷，称赞其妻吴氏"敏慧贤淑，达识大体，自余读书，以至历官，多相助余，余罕所内顾"[②]，正因有贤妻的操持，才使得严讷专心备考，最终考中嘉靖二十年（1541）进士。万历二年（1574）进士江西泰和人杨寅秋，其自撰文集载："余应省试、计偕，一切装具，余弗问，倚办宜人。"[③] 宜人即其妻梁氏。士子这种不屑治生的生存理念，加剧了其他家庭成员的经济压力与负担，并最终促使家庭日益贫困化，形成"久儒而贫""久儒减产"的趋势。

其三，无偿赠送。如福建晋江人杨宗秩，嘉靖十年（1531）乡试中举，"屡蹶礼闱，来往京师者十余载，水陆资斧一仰给公（其兄杨宗叙），如探囊，公赀为稍损矣"[④]。又如江西省信丰人甘士价，会试不第，"复困"。其妻曰："宁贫勿倚外氏也。"而部巡徐鲁源，"开讲虔州，知中丞深廉，知外家富行。部至信丰，檄县呼吴公语之，故吴公顿首请罪，愿助婿，奉百金为甘大公寿。中丞得以无忧家，专精于学。举丁丑（万历五年，1577）会试，成进士"[⑤]。又如万历时，著名散文家和藏书家茅坤的侄子赴京会试时，就得到其三两的路费赠送，"侄之北上会试，业已赋七言近体诗一首，并路费金三两，颛使奉上"[⑥]。

三 自行筹措

自行筹措是考生备考与应考费用的主要来源之一，具体而言，可以分为以下几种：

（一）教书

教书又有从教官学与处馆授学之分，其所获俸禄与馆谷收入，是士子平时备考生活开支与赴考旅费的重要经济来源。

首先，从教官学。天顺八年（1464）以后，明廷开始有条件地允许举人教官参加会试。自此，举人教官便可一边从教一边备考会试，而从教所获俸禄收入，又为其赴考会试提供了充足的物质保障，故会试下第举人纷纷主动充教。如正德十二年（1517），浙江杭州人邵经邦赴京会试不第，"如例赴南雍，时贫无资膳，以教授卒业。二十九，历事挂选，毕归，室罄然，赖两岁所得修脯赴公车，明年中式"[⑦]。嘉靖年间松江上海人杜某"累上公车不第，就石埭教谕，再上再不第，于是有山

---

① 刘晓东：《明代士人生存状态研究》，第 82 页。
② ［清］严瓒：《严文靖公年谱》，《北京图书馆藏珍本年谱丛刊》第 49 册，第 187 页。
③ ［明］杨寅秋：《临皋文集》卷二《亡室梁宜人行状》，《景印文渊阁四库全书》第 1291 册，第 655 页。
④ ［明］黄凤翔：《田亭草》卷一五《乡宾一溪杨公暨配薛氏墓志铭》，《续修四库全书》集部第 1356 册，第 278—279 页。
⑤ ［明］罗大纮：《紫原文集》卷九《吴宜人传》，《四库禁毁书丛刊》集部第 140 册，第 74 页。
⑥ ［明］茅坤：《耄年录》卷六《与三侄举人桂》，《四库全书存目丛书》集部第 106 册，第 335 页。
⑦ ［明］邵经邦：《弘艺录》卷三二《弘斋先生自志铭》，《四库全书存目丛书》集部第 77 册，第 524 页。

东黄县之命”[①]。常州府武进人徐常吉，家境贫寒，嘉靖四十三年（1564）考中乡试后，“绝迹干请，贫益甚，署教上海”，后于万历十一年（1583）考中进士[②]。福建侯官人翁正春“举万历七年乡试，屡上春官不第，循例署龙溪教谕，二十年举进士第一”[③]。南直凤阳人王元翰，万历十六年（1588）乡试中举后，“累上公车不第，贫甚，求署教楚之竹溪”，后于万历二十九年（1601）考中进士[④]。湖广江夏人贺逢圣，万历三十一年（1603）“举于乡，屡上春官不利，循例署应城县学教谕，刻苦廉俭”，后于万历四十四年（1616）考中榜眼[⑤]。据统计，明代自成化十一年（1475）至天启二年（1622）间46科进士中“有247名是由举人教官考中的”[⑥]。

其次，处馆授学。“处馆授学”是指私人开馆授徒或受雇四处授学，这也是举人自筹赴考旅费的一种常见方式。如成化元年（1465），南直上元举人陈钢，“试春官不偶，即挈家京师，僦屋隆福桥西，萧然一室，兀兀以事问学，四方之士多从之游，如是者盖十余年，卒以不偶有司，乃弃去”[⑦]。又如南直常熟举人赵承谦，嘉靖十一年（1532）会试下第，回到家后，“食贫，甚至不能具□粥，乃复出就馆谷”，经其不懈努力，最终考中嘉靖十七年（1538）进士[⑧]。王世贞之父王忬，嘉靖十七年会试，“不第归，而名益著，弟子从受经者众，辛丑遂举进士”[⑨]。嘉靖二十二年（1543）无锡举人邹梦桂，“祖遗负郭田，悉让弟，而资馆谷以自给。屡上春官，不第卒”[⑩]。陕西泾阳人郭郛，嘉靖三十七年（1558）乡试中举后，“读书龙岩洞中，学益有得，负笈从游者甚众，累试春官不第”，后于嘉靖四十四年谒选河南获嘉县学教谕[⑪]。可见，开馆授徒为其备考会试提供了重要的经济来源。南直江阴举人缪昌期，万历二十九年（1601），“赴京会试，报罢”。三十一年，“课诸子读书实园”。后于四十一年会试中式[⑫]。由此可知，缪昌期的考试生活状态是一边游馆挣馆金，一边习举备考。其考试期间的经济来源，清晰地展现在我们面前。万历二十二年（1594），松江华亭人张鼐，“糊其口于四方，馆谷以赡，瓶粟之罄，而乐其疏，放之就绳尺也，积志困衡，晨讲夕诵，如是者十年”，后考中万历三十二年（1604）进士[⑬]。可见张鼐游馆所获馆金，是其参加会试的重要经济来源。

（二）经商

经商也是举人备考与应考所需费用的一种重要筹措方式。如景泰时期松江华亭人袁凯，“少贫

---

① ［明］汤宾尹：《睡庵稿》卷二一《杜太公传》，《四库禁毁书丛刊》集部第63册，第301页。

② ［明］毛宪撰，［明］吴亮增补：《毗陵人品记》卷一〇《国朝》，《四库全书存目丛书》史部第110册，第123页。

③ ［明］陈鼎：《东林列传》卷一七《翁正春传》，《景印文渊阁四库全书》第458册，第395页。

④ ［明］倪元璐：《倪文贞集》卷一四《王谏议传》，《景印文渊阁四库全书》第1297册，第181页。

⑤ ［明］陈鼎：《东林列传》卷七《贺逢圣传》，第252页。

⑥ 陈长文：《明代教官进士登科考论》，《科举与科举文献国际学术研讨会》下册，上海，上海书店，2011年，第176—197页，转引自郭培贵：《中国科举制度通史·明代卷》，第300页。

⑦ ［明］倪岳：《青溪漫稿》卷二三《明故湖广长沙府通判陈君墓志铭》，《景印文渊阁四库全书》第1251册，第316页。

⑧ ［明］赵用贤：《松石斋集》卷一六《先大夫行述》，《四库禁毁书丛刊》集部第41册，第232—233页。

⑨ ［明］王世贞：《弇州四部稿》卷九八《先考思质府君行状》，《景印文渊阁四库全书》第1280册，第570页。

⑩ ［明］毛宪撰，［明］吴亮增补：《毗陵人品记》卷一〇《国朝》，第120页。

⑪ ［明］冯从吾：《少墟集》卷二〇《蒙泉郭先生》，《景印文渊阁四库全书》集部第1293册，第372页。

⑫ ［清］缪之镕：《文贞公年谱》，《北京图书馆藏珍本年谱丛刊》第55册，第8—25页。

⑬ ［明］张鼐：《宝日堂初集》卷一九《答门人请益语》，《四库禁毁书丛刊》集部第76册，第505页。

独学，时出事贾贩，不为人知，年二十七始弃去，励志读书，登景泰辛未进士”[①]。可见袁凯读书备考之前经常从事贩运贸易，其间积累了厚实的财富，这些财富足以应付其读书、备考与赴考过程的各种开销。万历时期，郭鹏在备考会试期间，“课业毕，辄经营农事。复出已坊价，立子母钱，出纳一切惟允。家自兹津津就裕，能旁构别业数所，竟并祖宅推与诸弟，而自创宅以居，无几微芥蒂意。乃公虽理财成家，读书一如作秀才时，连踬南宫，壮志不少衰”，万历十一年（1583），“偕计入京界，锁闱矣”[②]。可见，郭鹏是一边读书备考，一边经营农事和放贷事业，为赴京会试提供物质保障。但是能一边理财一边备考的人往往都是比较有商业头脑之人，这样的人较少。

（三）称贷

明代举人出自殷实之家者毕竟为少数，其余大部分皆出自贫寒之家，生活窘迫，拮据度日。在这种背景下，一些举人不得不借高利贷来筹措备考费用。如著名的官员学者耿定向，嘉靖三十一年（1552）乡试中举，该年饥荒，其便为“故人”，向安徽歙县人程表“贷粟”。但程表“无应”，耿定向觉得很奇怪，便“托所知往询”。后来程表告诉他：“若何负第举人何所不得贷，吾将留救无告穷凤耳。”[③] 从程表的回答我们可知，会试举人中确实存在借高利贷解决旅费问题的现象。又如广东廉州府人钟振称其家乡“去京师且万里，士之以贡计偕春官者，阻于官费不时给，皆迁延迟暮”。之后林时“悉贷而趣之上道”，“自是士皆如期入京师”[④]。崇祯九年（1636）三月，堵胤锡被路修期延请“至金华阅录科卷”，七月归严滩，“赠遗之外，复贷百金为公车资”，后于九月会试北上，次年高中进士[⑤]。

四　宗族资助

宗族资助主要是指宗族中富裕的族人通过创置义田、发放银钱、经营工商等形式，资助族中贫寒子弟参加科举考试，在这些举措的支持下，各地家族取得了辉煌的科举成绩，有的甚至成为显赫一方的科举世家。

（一）创置义田

宗族设立的义田为各地家族子弟应考提供了坚实的经济基础。如嘉靖探花江苏无锡人吴情，在家乡创置吴氏义田。具体办法为在该县的上福、新安两乡，购置“千八百余亩”田地，将每年收入1000石租谷中的十分之七供给“乡之长赋者”，也即乡里承担赋役的富室、仕宦之家，名为“助役”；另外十分之三约300石租谷，则用于资助“族之贫者、嫠者，婚嫁丧葬不时举者，子弟不能

① ［清］李延昰：《南吴旧话录》卷下，上海，上海古籍出版社，1985年，第205页。
② ［明］葛昕：《集玉山房稿》卷五《巩昌府通判小川郭公墓志铭》，《景印文渊阁四库全书》第1296册，第430页。
③ ［明］耿定向：《耿天台先生文集》卷一六《儒贾传》，《四库全书存目丛书》集部第131册，第396页。
④ （崇祯）《廉州府志》卷一二《掌教林侯去思碑》，第223页。
⑤ ［明］堵胤锡：《堵文襄公年谱》，《北京图书馆藏珍本年谱丛刊》第62册，第529—530页。

就塾与为博士诸生者，升入太学及与计偕者”[①]。福建著名书商余继安，嘉靖十二年（1533），购买150余亩良田，“以为子孙读书之资、宾兴之费。又拨出粮田五十余亩，以为本寺养僧供佛之具，洒扫清庙有人，而子弟得以专心致志于读书之中”[②]。可见其为家族子弟的备考提供了良好物质条件。又如嘉靖年间南直宜兴人任卿，“尝割田千亩为义田，赡族之贫者；千亩为学田，赡士之贫者”[③]。又如万历《贵州通志》载，贵州会川人刘瓒，“置义田，资科贡之费”[④]。万历进士松江华亭人吴炯也曾“置义田，以赡族人、郡中贫士及诸生赴举者，多所资给”[⑤]。又如贞玄子“置义田千余亩，以赡族人及郡城三学武塘学贫士”[⑥]。义田又称为“义仓”或“义庄”。如正统进士刘俨，“立义仓于先祠之左，贮粟以周其（赴京会试的乡人）乏”[⑦]。又如周玄暐的祖父周长，中弘治五年（1492）乡试之后，“捐田伍百亩，置义庄，以赡族”[⑧]。

（二）发放银钱

直接发放银钱是各宗族资助其子弟参加会试的重要举措，这种资助举措成为一些宗族族规、族约中的重要内容，具有稳定性和连续性的特征。如广东新会西外赵氏家族的《宗盟》载：“凡子姓修业者，务熏陶以曲成，之中有优于资质而啬于家计者，当助其修礼，给其灯油，至遇岁考、进庠、例考、登科优列帮补者，均当以礼赠之。养育英才为国家庆尤为吾族庆，宁过于厚，何可为祖宗生吝惜乎？”[⑨] 在此宗旨下，该家族制定了具体资助项目及其额度：“会试赠京费五两，文武一体。甲科贺金十六两，武进士贺金十二两，俱酒一筵，宦成之日俱各倍酬。”[⑩] 可见从子弟备考的卷资、应考旅费到各级考试中式贺金，赵氏家族都制定了比较完善的资助条规，这就为赵氏家族在科举上取得良好成绩奠定了坚实基础。又如陕西金诚世孝堂颜氏《规则八条》[⑪] 载：“本户生员，凡遇乡试之年，户内公赠盘缠银二两，以示培植之义。若有会试者，即十倍鼓励，未为不可。日后有力赠加，宁丰毋啬。”[⑫] 一些家族的资助形式为发放“祠钱”。如福建福州南湖郑氏家族，其资助子弟参加科举考试的形式即为给予祠钱，“子孙无论新旧孝廉，赴京会试者，各给祠钱八千文，备公车北上赆资，永为定例”[⑬]。此处“祠钱”应是宗族成员用于修建和经营祠堂的资金，郑氏家族将其中一部分用于资助子弟赴考所需路费，并形成一项固定的族规。

---

① ［明］申时行：《赐闲堂集》卷一七《吴氏义田记》，《四库全书存目丛书》集部第134册，第347页。

② 《书林余氏重修宗谱》第7册《书坊文兴公派下世系》，福建省图书馆据清光绪二十二年建阳余氏木活字本传抄，转引自谢水顺、李埏著：《福建古代刻书》，福州，福建人民出版社，1997年，236页。

③ 《江南通志》卷一五八《人物志》，《景印文渊阁四库全书》第511册，第555页。

④ （万历）《贵州通志》卷一四《都匀府》，第307页。

⑤ ［清］张廷玉：《明史》卷二三一《顾宪成附吴炯传》，第6034页。

⑥ ［明］李培：《水西全集》卷八《贞玄子诗草叙》，《四库未收书辑刊》第6辑第24册，第189—190页。

⑦ ［明］李贤：《古穰集》卷一四，《景印文渊阁四库全书》第1244册，第627页。

⑧ ［明］周玄：《泾林续纪》卷三，《续修四库全书》子部第1124册，第170页。

⑨ ［清］赵季盥：《西外赵氏家乘》卷一《宗盟》，《山西省社会科举院家谱资料研究中心藏早期稀见家谱丛刊》第119册，北京，北京燕山出版社，2013年，第159页。

⑩ ［清］赵季盥：《西外赵氏家乘》卷一《宗盟》，第160页。

⑪ 此系明代老谱补出。

⑫ ［清］颜秉隋等：《金诚颜氏家谱》，《中国家谱资料选编8·家规族约卷》，上海，上海古籍出版社，2013年，第34页。

⑬ ［清］郑一经：《南湖郑氏族谱》卷四《杂著·族例》，福建省图书馆藏民国三十八年（1949）铅印本，第13页。

（三）经营工商

广东地区很多宗族是以经营工商业而著称，其资助子弟应考科举的费用则自然来源于此。如南海人霍韬的先祖在洪武初年“业焙鸭，日得利什佰”①，景泰年间，“昼则鬻布于市，暇则作扇，市取值以起家”②，正因其家族经营工商业，获得了丰厚的财富与资本，才为其参加科举考试提供了物质保障。嘉靖年间，顺德龙翠云因经营棉业致富，“购买田产 300 亩”③。广东佛山则分布着很多经营冶铁业的世家。如嘉靖年间，时任吏部右侍郎的霍韬，“气焰煊赫，若佛山铁炭，若苍梧木植，若诸县盐鹾，稍一启口，立致富羡”④。万历年间，江夏黄龙文“勤务正业，以铸冶车模为生”；其子黄妙科“以下模为业，致积有千金，置大屋一间，小屋四间，田八十亩”⑤，这无疑为其家族子弟顺利赴试积累了经济资本。

五　社会捐助

社会捐助主要包含路费、住宿等方面。

（一）捐助路费

士子赴考途中，不乏遭遇旅费被抢或自然用尽等窘境，所以旅途中好心人士的慷慨解囊无疑是雪中送炭，若按捐助主体的不同，路费捐助大致可以分为以下几种类型：

官绅。如成化年间，四川会试考生“有计偕过渭，亡其资斧者”，陕西渭南人姜文恭“助以白金”⑥。成化十九年（1483），云南会试举人“周钦、李霖、刘斗、丘鉴、柴伸、柴俸”等，途经四川云阳县马岭时，“覆舟，资具荡尽，仅以身免”。他们听闻该县唐俭“轻财好义”，故“往投之”。唐俭“即款待，人置衣服，各赠银十两，仍访舟人，赎公据治装赴试”⑦。正德年间山东章丘人杨盈赴京会试，“因候按临，及期，犹未发行，巡盐乃大喜曰，此去必为名进士，多出罚金为道路费”⑧。正德年间，“会有计偕士窘于行者”，于是，山西太原人王卿，“捐俸若干，赆之，士用感激”⑨。著名首辅夏言，少时“游学甚贫”，曾在南京遇见顾从义，自述其“尝提空囊走万里，而吾独叹一饱之无时”，此后顾从义便“倾三百金为风雷之助”，夏言最终考中正德十二年（1517）进士⑩。如江西新淦人潘九思，嘉靖十三年（1534）乡试中举，“邑令为派里甲，助公程费北上”⑪。天启元年（1621），

---

① ［明］霍韬：《渭厓文集》卷一〇《家训续编·先德十六》，第 352 页。

② 霍春洲：《霍氏族谱》，清道光间线装本，转引自申小红：《明清时期佛山的墟市》，《五邑大学学报》2011 年第 3 期。

③ 叶显恩、周兆晴：《明清珠江三角洲宗族制与土地制度》，《珠江经济》2007 年第 9 期。

④ 转引自罗一星：《明清佛山经济发展与社会变迁》，广州，广东人民出版社，1994 年，第 52 页。

⑤ 转引自罗一星：《明清佛山经济发展与社会变迁》，第 51 页。

⑥ （道光）《重辑渭南县志》卷一七《笃行》，《中国地方志集成·陕西府县志辑 13》，第 303 页。

⑦ （嘉靖）《云阳县志》卷下《人物》，《天一阁藏明代方志选刊》第 66 册，第 709 页。

⑧ ［明］李开先：《李中麓闲居集》卷九《封文林郎监察御史双溪杨公暨配太孺人时氏墓表》，《续修四库全书》集部第 1341 册，第 195 页。

⑨ ［明］陆深：《俨山集》卷八二《王侯卿去思碑》，《景印文渊阁四库全书》第 1268 册，第 621 页。

⑩ ［清］李延昰：《南吴旧话录》卷下，第 229 页。

⑪ ［明］李乐：《见闻杂记》卷二《四十》，第 178 页。

罗汝元以监察御史巡按云南，“滇士卒苦公车途费无，本年计偕者，括所积俸给之，于是三十七人，咸踊跃就道，滇士本年计偕自汝元始”[①]。

师友。如弘治、正德年间，陕西朝邑人李宗礼，“每应试，偕同窗友行，路费、饮食皆公自备”[②]。南直江阴人缪昌期自称：“余诸生二十余年，乡举十余年，不营产业，公车之费不赀，家日益挫，至癸丑（万历四十一年，1613）无以治装，谋之虞山诸友，得三十金以行。”[③]崇祯十六年（1643）三月，南直武进人刘汉卿北上会试，“文宗宗老师有二百余金之惠”[④]。

船夫。如《醉醒石》载，嘉靖年间，浙江人浦肫夫（名其仁）带着银两去常州做生意，遇到福建三个会试举人被劫，浦肫夫向三人“赠盘费三十两”[⑤]。明末时人周玄也载，广东举人王某和韩某，“同上春官，江中过盗，衣装劫去罄空，去住两难，计无所出，相持恸哭，欲赴水死”。在进退两难之际，船夫薛临慷慨解囊，捐给二人路费十两，帮助两位会试举人渡过了难关[⑥]。

商人。如嘉靖间，一位郑姓者，“布衣起素封，亦善挥霍。每孝廉上公车，例以三金为赆。偶一生以不得馆谷浪游，从者亦以为孝廉也，误赠之。其人持金踵门，面辞曰，实以馆谷来，何敢冒长者赐。主人张乐留宴，立赠三十金，愿以为馆谷赀。生局蹐不敢当。又三年，取上第，登要枢，感郑高义”[⑦]。起家素封，表明这位郑姓者应是一个资产雄厚的商人。

（二）提供免费食宿

士子在赴试途中，也会遇到亲戚与朋友提供免费食宿的情况。如南直吴江举人盛昶，景泰二年（1451），会试北上，“偕常熟章参议表大、理格兄弟及他同年二人，行达山东一驿”。驿丞“甚喜，留五人宿，供帐极丰”[⑧]。又如河南杞县人孙贤，景泰二年，赴京会试，途中“投宿一民家，主人敬礼甚隆，饮食一呼而具”[⑨]。可见，孙贤在赴考途中受到了热心人家的饮食款待。又如南直长洲人吴宽，成化四年（1468）冬，“上京会试，除夜，宿清河口汪旻家，时旻初生子。去岁旻来视予，偶以病卒，为棺敛返葬，顷其子淳来谢，因以诗送之”[⑩]。从史料看，吴宽与汪旻应为好朋友，汪旻为吴宽提供的食宿场所应是免费的。

六　会馆资助

会馆资助是指应考士子的同乡人士在京师或省城创建会馆，为其提供免费或廉价的住宿场所。

---

① （康熙）《南昌郡乘》卷三八《人物志七・明下》，《北京图书馆古籍珍本丛刊》第30册，第569页。

② ［明］韩邦奇：《苑洛集》卷六《光禄寺良醖署署丞李公暨配东孺人合葬墓志铭》，《景印文渊阁四库全书》集部第1269册，第435页。

③ ［明］缪昌期：《从野堂存稿》卷八《杂著・自述》，《续修四库全书》集部第1373册，第607页。

④ ［清］刘汉卿：《依思公年谱》：《北京图书馆藏珍本年谱丛刊》第73册，第315页。

⑤ ［明］东鲁古狂生：《醉醒石》第十回《济穷途侠士捐金 重报施贤绅取义》，第92页。

⑥ ［明］周玄：《泾林续纪》卷三，《续修四库全书》子部第1124册，第163—164页。

⑦ ［明］丁元荐：《西山日记》卷上《延揽》，《续修四库全书》子部第1172册，第294页。

⑧ ［明］陆粲：《庚巳编》卷二《柴驿丞》，第23页。

⑨ ［明］陆容：《菽园杂记》卷六，第73页。

⑩ ［明］吴宽：《家藏集》卷二五《送马秀才》，《景印文渊阁四库全书》第1255册，第190页。

如闽县人程树德也说："京师之有会馆，肇自有明，其始专为便于公车而设，为士子会试之用，故称会馆。"① 但此功能的形成大约是在正德以后，在此之前会馆最主要的功能是作为同乡仕宦聚会的场所。

正德年间，京师一些带有服务应试士子功能的会馆陆续创立，逐渐形成了"平时则以聚乡人、联旧谊；大比之岁，则为乡中试子来京假馆之所"的制度②。如《闽中会馆志·凡例》载："闽省会馆多创于明代，最远者为正德年间。"③ 而福建会馆大多具有服务科举的功能④。清初人李景铭也考证，"各省之设会馆，在明代武宗、世宗时早已有之，林璧（嘉靖八年）已成进士，仍寓馆中，则会馆非仅为试子暂居之地，且可为官绅侨寓之所"⑤。故明代带有服务应试士子功能的会馆应大致兴起于正德年间。但直至晚明时期，北京仍有不少会馆保持着"早期同乡仕宦俱乐部性质，非试馆"⑥。

正德以后，创设于京师、带有服务应试士子功能的会馆便逐渐多了起来，如嘉靖二十年（1541），金溪会馆重修，用途为"待文武乡会试及需次京师者"⑦。可见为应试举子提供免费或优惠的住宿是该馆主要功能之一。嘉靖三十九年（1560），旅京歙县人杨忠和许标出资创建歙县会馆，又名"崇义馆"⑧。关于其用途，清人程景伊载："会馆之设，实祖其意，非独桑梓聚集、联情谊、讲任恤、便羁旅而已。其大者，人材科第实由此而出。……吾邑甲乙两科，岁常不乏人，而自会馆既立，壬戌（嘉靖四十一年）以后，观光者日盛，人彀者尤多。"⑨ 可见歙县会馆除了"联情谊、讲任恤"外，一个重要功能就是为应试考生提供住宿服务。万历二十六年（1598），休宁会馆进行翻新，对此，朱国祯在《会馆条约》中称："会馆，古郡邸之遗也。明兴二百四十年，各郡森列，我湖（湖州府）缺，然宦者、应举者、薄游者、挟赀而商者、徭践更者初至，茫无著足。有之，自今万历戊戌（二十六年）始。"⑩ 由此可知，休宁会馆服务对象比较广泛，涉及应试考生、仕宦、游人、行商、代役者等多类人群。福建在北京兴建的会馆较多，其中延平会馆，即"昔年之试馆，乃先朝士到京会试驻足之所，创自明季"⑪。可见其功能是为会试考生提供住宿。

时至崇祯年间，北京的各地会馆已有内城馆、外城馆之分。如崇祯时人刘侗、于奕正说："考会馆之设于都中，古未有也……内城馆者，绅是主；外城馆者，公车、岁贡士是寓。"⑫ 与此同时，专门服务于应试士子的会馆呈"迅猛发展趋势"⑬。如清道光《山阴会稽两邑会馆记》载：

---

① ［清］李景铭：《闽中会馆志》卷首《程树德序》，民国三十二年铅印本。

② ［清］李景铭：《闽中会馆志》卷首《陈宗蕃序》，民国三十二年铅印本。

③ ［清］李景铭：《闽中会馆志·凡例》，民国三十二年铅印本。

④ 林国平：《福建科举会馆的兴衰嬗变及其原因》，《福建论坛》1992年第1期。

⑤ ［清］李景铭：《闽中会馆志·福州会馆》，民国三十二年铅印本，第28页。

⑥ 何炳棣：《中国会馆史论》，中国台北，台湾学生书局，1966年，第17页。

⑦ （光绪）《抚州府志》卷一九《建置》，《中国方志丛书》华中地方第253号，第302页。

⑧ （道光）《重续歙县会馆录》上册《续录前集·经始》，香港，大东图书公司，1977年，第17页。

⑨ ［清］程景伊：《增置京都歙县会馆南院舍记》，民国《歙县志》卷一五《艺文志·记》，《中国方志丛书》华中地方第246号，中国台北，成文出版社，1975年影印本，第2558—2559页。

⑩ ［明］朱国祯：《朱文肃公集》《会馆条约序》，《续修四库全书》集部第1366册，第295页。

⑪ ［清］李景铭：《闽中会馆志·延平郡馆》，民国三十二年铅印本。

⑫ ［明］刘侗、于奕正：《帝京景物略》卷四《稷山会馆唐大士像》，北京，北京古籍出版社，1980年，第180—181页。

⑬ 王日根：《中国会馆史》，上海，东方出版中心，2007年，第48页。

明时，乡贡士及庠生之优者，皆令居太学，学舍不能尽容，多馆于其乡在朝者之邸第，未闻立馆以萃试士者。自举人不隶太学，而乡贡额加广，于是朝官各辟一馆，以止居其乡人，始有省馆。既而扩以郡，分以邑，筑室几遍城市，是不徒夸科目之盛，竞闾里之荣，特虑就试之士，离群废学，有以聚而振之也。[①]

由上引史料可知，明代会试考生增多之后，在京朝官纷纷创设专为“就试之士”提供住宿服务的省、郡、邑馆。

七 余论

明代33.56%的举人仅参加一次会试即可考中，66.44%的举人需参加两次及以上会试方可考中[②]。另据统计，明代每名举人平均要参加3次左右的会试[③]，多者甚至达到10余次方能考中。举人重复参加会试，提高了其赴试的经济成本，成本的提高一方面导致举人尽可能采取更多的方式筹措旅费，这便是举人旅费来源路径众多的原因之一；另一方面，也导致举人的日益贫困化，在经济压力的困扰下，举人们的目光便投向借贷，影响了当时的吏治生态。举人重复会试，也提高了其赴试的时间成本，导致举人日益老龄化，举人的老龄化又进一步导致其发挥政治社会影响力时间的减少和官府管理成本的提高。

如果将官府、社会、宗族、家庭等供给方看作投资主体的话，那么从各方供应旅费的行为中，可以观察到其希望获得回报或收益的经济考量。只因供应主体的不同，其考量有所侧重。对各地官员而言，他们希望为本地带来更多的科举成绩，增加政绩，为将来的政治前途积聚力量。对社会人士来说，他们希望借此提高社会声望。而宗族则想通过资助举人来扩大其影响力。家庭则希望通过资助子弟进而取得进士功名，达到光耀门楣的目的。

（作者刘明鑫，福建师范大学社会历史学院）

---

① 转引自王日根：《中国会馆史》，第47页。

② 据笔者统计，洪武四年至崇祯元年，载有应试人数的70科会试，其考生总规模约236119人次，其中新科举人为79236人，占比为33.56%，此即参加一次会试即可考中的举人比例；往科举人为156938人次，占比为66.44%，此即参加两次及以上会试方可考中的举人比例。

③ 据郭培贵研究，明代举人从乡试中举到考中进士平均经历2.78科会试、6.36年时间（详见氏著：《明代辽东进士考述》，《故宫学刊》，第五辑，北京，紫禁城出版社，2009年，第233页和《中国科举通史·明代卷》，北京，人民出版社，2018年，第206页）；吴宣德也依据景泰七年（1456）至万历十一年举人参加会试情况，估算出每位举人平均参加3.3次会试（详见氏著：《明代进士的地理分布》，第100页）。所以一般以3科会试为限。

明赠都督佥事李杰墓暨李杰家族史事考略

邵　磊

明赠中军都督佥事李杰，字茂实，世为安徽寿州霍丘（今安徽省六安市霍邱县）寿安乡人。李杰祖上皆失名讳，由刘三吾撰文的李杰追封先代碑铭仅述及乃父永中暨母董氏，并及李永中与李杰父子各自的行辈[①]。其中，李永中兄弟五人，永中行五；李永中子女共十人，男九、女一，李杰在诸子中排行第八，约生于元至顺二年（1331）。

元末丧乱，原本稼穑田间的李杰也加入义军，周旋于群雄间六七年之久，至朱元璋至正十六年（1356）攻占南京，势力日益壮大，遂亦渡江来投，隶大将军徐达麾下，由天策卫管军千户擢广武卫指挥佥事、阶宣武将军。洪武元年（1368）随徐达北伐，副将军常遇春等攻下保定府后，遂付李杰留守[②]。同年十二月，李杰率兵进击孔山寨，因"援不及继"兵败身亡，时年三十八岁[③]。次年（1369）八月柩归南京，安厝南郊聚宝山之阳，即今雨花台东北麓。

李杰有二子、一女[④]，其女李氏侍明太祖朱元璋而于洪武十七年（1384）十月册为"淑妃"，并"摄六宫事"。册书有云："朕自后崩之后，欲得贤淑之女，助朕奉祀宗庙，乃卜诸功臣之家，惟尔李氏最贞，特册尔为淑妃，助朕以奉宗庙之祀，尔惟敬哉。"[⑤]此可谓虽无皇后之名，却有皇后之实，也使得战殁多年的李杰名正言顺地享有了"国丈"之尊。

一　李杰墓规制与沿革

对李杰墓的实地踏察，始于朱希祖、朱偰父子。据朱偰《金陵古迹图考》记载："镇国将军李杰墓，在中华门外雨花台东道北，有丰碑一，题为'宣武将军佥广武卫指挥使司事赠骠骑将军佥都督府事李公神道碑铭'，洪武三十一年夏立。李女为洪武妃，故规制颇宏。石羊、石虎二，皆已倾倒，石马二，武将二。神道屈曲而入，诸石兽尚成一直线，而碑及武将，则在线外。墓亡。"[⑥]于此

① ［明］刘三吾：《坦斋刘先生文集》卷上《敕赠镇国上将军都指挥使李杰追封先代碑铭》，《四库全书存目丛书》集部第25册，济南，齐鲁书社，1997年，第122、123页。

② 《明太祖实录》卷三五，洪武元年九月"甲子，大将军徐达遣副将军常遇春、参政傅友德等率兵发北平，取未下州郡。乙丑，遇春等下保定府，留指挥李杰守之"，中国台北，"中研院"历史语言研究所校印本，1962年，第630页。

③ 《明太祖实录》卷三七，洪武元年十二月乙亥，"守保定府指挥李杰率兵进攻孔山寨，兵败陷没"，第743页。

④ 季士家、韩品峥主编《金陵胜迹大全》之《文物古迹编·李杰墓》，误读李杰墓神道碑文记载的"孙男五人"，认为李杰有一女五子。南京，南京出版社，1993年，第296页。

⑤ 《明太祖实录》卷一六六，洪武十七年十月丙寅，第2549页。

⑥ 朱偰：《金陵古迹图考》第十章《明代之遗迹》，北京，中华书局，2006年新版，第186页。

可知，二十世纪三十年代的李杰墓神道上的石刻虽有倾倒，但仍堪为标识，而且这一情形直至二十世纪五十年代仍未有改变。南京市文物保管委员会二十世纪五十年代踏察李杰墓之际，曾推测墓冢位于神道石刻之后的“东山”或“西山”之上，只是由于水土流失，隆起已不明显，未必“墓亡”。

1949 年，李杰墓所在地纳入养虎仓、回回营、红土山三个自然村合并而成的“养回红村”，李杰墓神道石刻即位于养回红村西头的宁溧公路旁。1957 年，李杰墓神道石刻被公布为江苏省级文物保护单位，至 1982 年又被调整为南京市级文物保护单位。在这之后的十多年间，为了给基本建设让路，李杰墓神道石刻共经历了三次迁移：

1985 年，因宁溧公路拓宽需要，经南京市人民政府批准，将位于山脚的李杰墓神道石刻中的四对八件石像生向正北方向平移 47 米，置于南京晨光机器厂区内的坡上，距宁溧公路边缘 5 米，并辟建为占地面积 2241 平方米的李杰墓石刻园。其时，由于李杰墓神道碑所在位置尚未影响宁溧公路拓宽规划，故仍位于宁溧公路南侧的养回红村原址，未予迁移。1993 年，因南京晨光集团（原南京晨光机器厂）生产线调整，仍据南京市人民政府意见，将李杰墓的四对八件石像生再次向东平移 50 米，并将位于宁溧公路南侧养回红村原址的李杰墓神道碑，也一并迁入占地 3237 平方米的新园区。在这两次迁移过程中，李杰墓石像生的间距与方位均无变化，只有 1993 年迁来的神道碑与石像生之间的距离略有缩短。第二次整体迁移后的李杰墓神道石刻位于宁溧公路东侧约 60 米处。1997 年，因宁溧公路再次拓宽，李杰墓神道石刻被全部迁至雨花台风景区东北角，与二忠祠毗邻。因神道碑龟趺的龟首早年被砸毁，值此次迁移之际，也用石膏制模复制雨花西路明郓国公宋晟墓龟趺的龟首，予以黏接修补完整。

令人惋惜的是，由于李杰墓神道石刻在最初迁移之际未及绘制位置分布图，加之这一区域内地形地貌沧海桑田般的变迁，以致很多原始信息皆已泯灭无迹，至于李杰墓冢的地点也再难知晓。2006 年，位于雨花台风景区内的李杰墓石刻被公布为全国重点文物保护单位，并被纳入世界文化遗产“明清皇家陵寝——明孝陵”所属的明功臣陪葬墓。

二　对李杰墓神道碑文与李杰追封先代碑铭的整理

李杰墓神道石刻以记载李杰及其家族成员生平史实的神道碑最具有标志意义，也最为引人瞩目。李杰墓神道碑的龟趺残长 2.50 米、宽 1.20 米、高 1.45 米；雕饰云龙纹的碑额高 0.80 米、宽 1.20 米、厚 0.36 米，碑额正中篆题“佥都督李 / 公神道碑”2 行 8 字，字口镌刻甚浅，几近双钩；碑身高 3.14 米、宽 1.20 米、厚 0.33 米，首题“（故）宣武将军佥广武卫指挥使司事赠骠骑将军佥都督府事李公神道碑铭”，正文共计 29 行，标点如下：

（皇）明受命，奄有四海，文经武纬，天下治平。有生之类，莫不各遂□□。推本所自，皆 /（上）之赐与诸将臣，宣忠效力之所致。盖尝观于有元之际，君臣（怠肆），群雄蜂起，盗名字者不可胜（数）。（九）州之内，莽为战区，生民涂炭极矣。我 /（皇）上以圣神文武之资，膺 /（天）眷命，建义于淮泗之间。历数在躬，豪杰景附，天戈所指，妖孽（廓）清，天下归心，四方底定，民得（安居），今四十余年矣。自登大宝以来，追念将臣开拓之劳，修报功之典，既已显荣其身，复令其子孙世有禄秩，且/诏有司着为令，以示永久。若广武卫指挥佥事李公，以死于战，/（诏）即赠镇国上将军、都指挥使，命官其子谅。谅继立军功，今官至骠骑将军、佥中军都督府事。子忠复以材能，累官至昭勇将军、旗手卫亲军指挥使司指挥使。而公又以子贵，加赠骠骑将军、佥都督府事。都督公与其弟指挥使/议曰："先人幸得依凭风云，捐躯百战，以有爵禄，以庇佑于我后人，其葬日久，神道之碑□□有□以刻，诚图之，庶几可以侈/□□，且使为我子若孙者，知其所本，以永世不忘。"议既合，以其故告予，且（求铭）焉。予辞弗获已，□复自思：予虽顽鄙，荷/（圣）天子涵育成就，俾官于朝，恭闻/（圣）训之日久矣。我朝将臣，奇勋伟绩，亦获知其一二。尝慨然欲纪述，以示天下后世，使知创业之艰难，凡安居暇食、优游于今日者，皆当思其所自，相与保极于无穷。况都督公昆季，虽以外戚之贵，而温恭谦抑乐善之意，欸欸/见于言词间，其材贤又能副/（上）任使，有足书者，何可以予鄙陋而固辞？谨按：李氏之先，出于皋陶，皋陶为尧大理，世（以理为姓），后因事改为李，子孙散处天下。自柱下史聃显于周，由秦汉唐宋至今，历千数百年，或侯王将相，或公卿大夫，代有显人，宗姓蕃衍，/久而益盛。虽经丧乱，谱牒散逸，考其源流，盖出于一。公讳杰，字茂实，世居寿州霍丘县（之寿安）乡，为人朴直，力于穑事。元至正庚寅、辛卯间，兵起颍、汝，延及旁郡，民老幼罹锋镝死者相枕藉。而元将用兵又不以律，钞掠甚于寇/贼。公叹曰："时事若此，天意可识矣。"乃入戎伍，驱驰于群雄间者六七载。/（圣）天子定鼎金陵，政化闻于远迩，豪杰之士相率来归。公闻之，以丙申之岁，渡江来属。/上悦，使隶大将军麾下。由是攻宣城、毗陵、安庆、九江、太平、庐、泰、高邮、淮安、吴兴、姑苏、荆、湘诸郡，及鏖战彭蠡，皆与有劳。其攻姑苏也，我军方阵，敌悉众来拒，步卒十数为彼所得。公怒，单骑追及之，手刃数人，夺步卒以归。敌愕视，不/敢斗。我师围武昌，敌计欲持久，以老我师。公曰："吾远来，利于速战，观敌虽众，可劫而胜。"大将军然之，令率敢死士数十人夜入其垒，鼓噪而起，敌众大乱，自相杀戮，我军乘之，一战而胜。公之胆略多类此。论功，自天策卫管军千/户，迁宣武将军、佥广武卫指挥使司事。洪武元年，诏大将军入中原，山东西、河南北州郡，相继而下。独所谓孔山寨者，贼恃险以抗我，公奋然先驱，与贼接战，已而贼众大合，援不及继，公遂死焉。时冬十有二月乙亥也，享年/三十有八。都督公同指挥使迎公丧归，以洪武二年八月庚午，葬于京城南聚宝山之阳。考永中以子及孙贵，亦赠骠骑将军、佥都督府事，妣董氏封夫人。公娶茆氏，封太夫人。子男二人，长即都督公也，次即指挥使也。女一/人，今为/（皇）淑妃。孙男五人，曰泾、曰溟、曰涛、曰浍、曰深，皆聪明就学，克绍其家。呜呼！自古英伟卓荦之士，立功业，有裨于国家，不获躬食其报者，其子孙未有不显荣光大。观公之遭时有为，死于忠勇，积而未发，其子孙享爵禄，而与国同/久远，盖亦宜也。铭曰：/维昔君臣，遇合孔艰。职此之故，功名鲜闻。阔疏千载，时一其逢。智勇莫及，惟天启衷。嗟元之季，君怠臣肆。下民怨咨，声闻于/（帝）。帝哀下民，笃生/（圣）君。锡以勇智，（俾伐）暴昏。烈烈李公，奋于畎亩。豪雄毕来，时不可后。载驰载驱。为国爪牙。执□获丑，厥功实多。功则多矣，莫食其报。/（天）子念功，崇以爵号。

燕及后人，蕃蕃子孙。子孙多贤，克昌其门。如堂斯构，如播斯获。有相之□，岂伊人度。南山之坟，穹然其碑。我作铭诗，以永其贻。/洪武三十一年夏五月二十日立。武林翁子文镌。

李杰墓神道碑文每一行首字均未能拓得，而在碑身中部也或多或少地存在椎拓不清的情形，根本原因是由于李杰墓神道碑1997年迁移过程中不慎断裂损坏，而拼补修复工作不够精细所致。故而对碑文的迻录，除了不仅依据拓片誊抄，也参酌了对原石的辨认和前人的录文①，并加括号以标记之，借以助成完璧。

关于李杰家族的石刻史料，除了李杰墓神道碑之外，前文述及尚有刘三吾所撰李杰追封先代碑铭文本，以碑文所云“今当修葺先茔，备物肖像，惟是片石之树，所以显扬其亲，纪是殊遇者”，推断原石或立于凤阳寿州霍邱李杰祖茔。据此碑所述李杰赠官与李杰之子历官、孙辈次第，可知其成文晚于李淑妃受册封之洪武十七年，而早于李杰墓神道碑。李杰追封先代碑铭虽然内容简短，但所述李杰家族史事颇可与李杰墓神道碑参证，亦予标点如下：

皇上有天下以来，凡职兵死事之臣必申恤典，所以慰忠魂于九京，厉臣节于方来也。于是广威将军，广武卫指挥李杰以洪武元年征北阵亡，于恤典褒赠镇国上将军、都指挥使。且官其二子，长子谅，阶昭勇将军，世袭神策卫指挥使，男妇陈氏封淑人；次子忠，阶明威将军，世袭旗手卫指挥使，男妇陈氏封恭人。妻茅氏，封大（太）淑人。女李氏，今为皇淑妃。谅兄弟感惟皇上旷代之遇，闵臣先父捐躯殉节，所以旌异之者，备极其至。今当修葺先茔，备物肖像，惟是片石之树，所以显扬其亲，纪是殊遇者。顾后乎诸勋贵之臣，愧负多矣。乃叙其世次，托翰林儒臣刘三吾文之金石，以寿不朽。谨按状叙，李氏之先世，凤阳府寿州霍邱县丁塔乡十三都人②。曾祖因兵乱，失其名讳，生子五人，伯祖四人，亦忘其名讳。祖讳永中，行第五，生男九人，女一人，以子贵赠宣武将军、佥亲军指挥使司都尉，追封陇西郡伯。祖妣董氏，赠陇西郡君。伯七人，叔一人，姑一人，俱失其名讳。谅惟父杰，余庆所钟，有子二人，孙男三人：曰泾、曰涛、曰溟，若汝实忠所出。是宜铭，铭曰：仙李盘根，天家眷属。一女淑妃，阖门受福。承籍有道，戒众满足。谥尊而先，卑以自牧。世存是心，世享是禄。追惟祖德，仁厚是笃。感惟圣恩，膏泽是沐。山前有墓，肖像惟肃。亭间有碑，先世备录。勒铭不朽，潜德之暴。曷报皇仁，华封三祝。

---

① 朱希祖1936年所撰《再驳明成祖生母为碽妃说》一文，曾大段引述李杰墓神道碑文：“公讳杰，字茂实，世居寿州霍丘县之寿安乡。丙申之岁，渡江来属，上悦，使隶大将军麾下。洪武元年，诏大将军入中原，山东西河南北州郡相继而下，独所谓孔山寨者，贼恃险以抗我，公奋然先驱，与贼接战，而贼众大合，援不及继，公遂死焉，时冬十有二月乙亥也，享年三十有八。洪武二年八月庚午，葬于京城南聚宝山之阳。公娶茆氏，封太夫人。子男二人，长即都督公也（上文子谅，官至骠骑将军，佥中军都督府事），次即指挥使也（上文子忠，官至昭勇将军，旗手卫亲军指挥使司指挥使）；女一人，今为皇淑妃。洪武三十一年夏五月二十日立。”参见《东方杂志》第33卷第12号，1936年，第281页。按，朱希祖引述的李杰墓神道碑文次第俨然，其实却是摘录而成的“拼接版”，不过仍有一定的参考价值，譬如碑石第15行“公讳杰，字茂实，世居寿州霍丘县□□□乡”，其中关于李杰的乡望已泐损不辨，据朱希祖录文为“世居寿州霍丘县之寿安乡”；再如碑文第22—23行“今为□淑妃”，据朱希祖录文“淑妃”前为“皇”字。

② 据前引朱希祖《再驳明成祖生母为妃说》所录李杰墓神道碑文，谓其“世居寿州霍丘县之寿安乡”。

李杰生前只是臻于四品的中级武官，《明史》关于李杰仅有“洪武初以广武卫指挥北征卒于阵”十数字骥附李淑妃传，略早的李杰追封先代碑铭亦云“李杰以洪武元年征北阵亡”，但更晚出的李杰墓神道碑却对李杰的军功着墨甚详，若云：“其攻姑苏也，我军方阵，敌悉众来拒，步卒十数为彼所得。公怒，单骑追及之，手刃数人，夺步卒以归。敌愕视，不敢斗。”这种近乎小说家言的匹夫之勇，并不足以作为信史。再若：“我师围武昌，敌计欲持久，以老我师。公曰：‘吾远来，利于速战，观敌虽众，可劫而胜。’大将军然之，令率敢死士数十人夜入其垒，鼓噪而起，敌众大乱，自相杀戮，我军乘之，一战而胜。公之胆略多类此。”朱元璋倾力围困武昌之际，陈友谅已势穷力蹙，正当一鼓作气而下，朱元璋麾下的大小将校中，曷独李杰具此慧眼？诸如此类，悉属儒臣粉饰之语。史传资料流传之初往往相对简略，流传越久越广反而愈益周详，甚至连细节也被刻画得活龙活现，以此来观照李杰墓神道碑文颂扬传主神武的粉饰之语，大致不脱此窠臼。

三　关于李杰墓神道碑文的作者

李杰墓神道碑的作者题名早已被凿磨殆尽，虽残留模糊不清的笔画，但已无从辨认。然自清代以来，皆众口相传碑文为明初名臣宋濂奉敕撰写[①]。但其实宋濂绝无可能为李杰墓神道碑撰写碑文，最显而易见的一点是，李杰墓神道碑落成于洪武三十一年（1398）夏五月二十日，而宋濂死于洪武十四年（1381），先逝之人如何为后立之碑撰文？或献疑李杰墓神道碑文为宋濂生前预先撰写，但这种可能性几乎也没有，如碑文所述李淑妃洪武十七年受册封便是宋濂死后之事，宋濂焉能预知？至于占据碑文大量篇幅的对李杰及其子嗣的一系列封赠内容，如李杰长子李谅官至骠骑将军、佥中军都督府事，次子李忠官至昭勇将军、旗手卫亲军指挥使司指挥使，包括李杰“以子贵，加赠骠骑将军、佥都督府事”，乃至李杰孙辈李浍、李深的次第出世，更是李杰之女洪武十七年被册为淑妃以后的事了。凡此种种，愈益可见李杰墓神道碑系宋濂奉敕撰写云云，实属无稽之谈。

据碑文所述，洪武元年战殁的李杰虽“葬日久”，但神道碑却仍虚位以待，为了使子孙“知其所本，以永世不忘”，于是“都督公（李谅）与其弟指挥使（李忠）……诚图之……议既合，以其故告予，且求铭焉”。庶几可见，李谅、李忠兄弟为李杰置办神道碑文，已是乃父卒葬多年、兄弟二人俱贵显以后，以是碑文多存李杰之女被册为“淑妃”及其以后的李氏家族史事，理固宜然。再如碑文第10—12行所述：“予虽顽鄙，荷圣天子涵育成就，俾官于朝，恭闻圣训之日久矣。我朝将臣，奇勋伟绩，亦获知其一二。尝慨然欲纪述，以示天下后世，使知创业之艰难，凡安居暇食、优游于今日者，皆当思其所自，相与保极于无穷。”这样的语气，更可能出自“胡蓝党案”之后崛起的行辈较晚的儒臣之口。

显然，李杰墓神道碑的作者题名应是碑石竖立未久即遭凿剜，否则诸多明代以来的南京地方志书不会对李杰墓神道碑的作者不置一词。而那位“荷圣天子涵育成就，俾官于朝，恭闻圣训之日久

① 南京市雨花台区文物事业管理委员会编纂：《南京市雨花台区文物志》第六章《墓葬及神道石刻（上）· 李杰墓》，南京，南京大学出版社，1994年，第233、234页。

矣”的李杰墓神道碑文作者的题名，何以竟会在碑石建立未久即遭刻意“抹杀”呢？窃以为，从李杰墓神道碑立于明太祖朱元璋“不豫”的时代背景来推断，凿剜碑文作者题名之举，很可能与朱元璋驾崩之后燕王朱棣发动“靖难之役”推翻建文帝有关。如果这一推断可以被接受，那么李杰墓神道碑作者身份的指向性就比较明确了。窃以为，受李淑妃家族请托为李杰墓神道碑撰文者，应是“靖难之役”后因为忤逆燕王朱棣而被杀害的如方孝孺之流的建文忠臣，这样的人在建文朝当然不止有方孝孺一个，不过考虑到彼时方孝孺“工文章，醇深雄迈。每一篇出，海内争相传诵”，以及李杰墓神道碑竖立之“洪武三十一年夏五月二十日”正值方孝孺被建文帝“召为翰林侍讲”的背景①，则李杰墓神道碑文的作者以方孝孺执笔撰造的可能性最高。

方孝孺的道德文章在建文朝影响甚巨，以至由燕邸入纂大统的燕王朱棣也夙所倾慕，亟欲利用他草诏天下，收买人心 。但方孝孺宁死不从并讽喻朱棣篡夺皇位，朱棣遂怒磔方孝孺并诛其九族，又将方的朋友、门生并为一族，或予杀害，或谪戍荒徼，此诸人的裔孙之辈，延至明季犹深受其苦②。方孝孺殉难后，文禁甚严，其著述都遭焚毁，“永乐中，藏孝孺文者罪至死”③，而淫威之所及，以致“（方孝孺）殁三十余年而天下乃敢举其名，又五十年而天下乃敢诵其言，又百年而天下乃有求其已绝之裔而为之记者”④。

与李杰墓神道碑同年所建，亦由方孝孺撰文的明初功臣东瓯王汤和墓神道碑⑤，不独方孝孺的题名被剜，连碑文内容也悉遭凿毁殆尽，显然即是“藏孝孺文者罪至死”这一背景下的产物。汤和墓虽是明太祖朱元璋“命勒石以纪劳绩”，但其墓上的神道碑却是汤昱在乃祖汤和殁三年后至南京奉天门向建文帝所请，建文帝“不遗旧，而赐铭其碑”，供职翰林侍讲的方孝孺“谨以其事闻有诏，俾为之铭”。有意味的是，在汤和墓神道碑文的起首，方孝孺也留下了一段讽古喻今、“微言大义”的评论文字，这一做法本身乃至评述内容的遣词行文，固与李杰墓神道碑如出一辙，不啻也从侧面强化了方孝孺为李杰墓神道碑作者的可能性。李杰墓神道碑的作者题名之所以遭凿剜，极可能也是由于碑文出自方孝孺手笔的缘故，至于李杰墓神道碑文内容终得以侥幸留存而不是像汤和墓神道碑那样悉数遭到凿毁，或与李杰毕竟为明太祖朱元璋的“岳丈”有关。

四 李淑妃——李杰家族载浮载沉的人物

前文述及，无论是李杰墓神道碑抑或是成文更早的李杰追封先代碑铭，其实都是李杰的两个儿

① ［清］张廷玉等：《明史》卷一四一《方孝孺传》，北京，中华书局，1974 年，第 4020、4018 页。

② ［明］李清：《三垣笔记》之《笔记下・弘光》记载：“予为开国功臣廖永忠请赠谥，得追封庆国公，谥忠勇。既而永忠后人具呈予处，言：‘昔文皇帝灭方孝孺十族，九族外以门人为一族。时永忠孙二人先皆受业孝孺，一论死，一论戍。至万历年间，屠侍御叔方具疏，请还诸忠族人之永戍者，始蒙恩宥，独不知孝孺以门人为一族，故疏未之及。迄今犹勾军不已，世受其害，乞移呈兵部，特为豁免。’予见而恻然，亟向诸枢曹言之，会国亡，遂已。”《元明史料笔记丛刊》，北京，中华书局，1982 年，第 138 页。

③ ［清］张廷玉等：《明史》卷一四一《方孝孺传》，第 4020 页。

④ ［明］王世贞：《弇州四部稿》卷一二九《题叶秀才为方氏复姓记后》，《景印文渊阁四库全书》第 1281 册，上海，上海古籍出版社，1989 年，第 158 页。

⑤ 方孝孺为东瓯王汤和墓所撰神道碑高 6.35 米，约建于洪武三十一年九月或稍后，碑文存录于明代程敏政编《明文衡》卷七四，题为《东瓯汤襄武王神道碑铭》。

子李谅与李忠借助李杰之女淑妃李氏的影响置办起来的，因此碑文内容也必然体现了李谅兄弟的意志。换言之，李杰的儿子李谅与李忠兄弟才是这两通碑文的真正主角。

李谅、李忠兄弟在建文年间均遭罢黜，或与二人在“靖难之役”爆发前后秉持不利于建文帝的立场有关，故燕王朱棣进入南京悉复洪武旧制的同时，也恢复了李谅兄弟二人的旧官[①]。李谅兄弟在建文朝悉遭罢黜的境遇，不禁让人联想到二十世纪三十年代围绕“明成祖生母是谁”的命题，而展开的以傅斯年、吴晗、李晋华为一方，以朱希祖为另一方引发的关于明成祖朱棣生母争议的学术公案。其时，朱希祖列举了《三垣笔记》作者李清引天启《南京太常寺志》所谓懿文皇太子及秦、晋二王均为李淑妃生，成祖为碽妃生，并启视南京孝陵享殿予以验证，“乃知李、碽之言有以也”的故事[②]。关于孝陵享殿之上的神位序列，流言不少，大抵皆如《三垣笔记》作者李清所见：即上首为南向的明太祖和马皇后，东列有李淑妃为首的五位生有皇子的妃嫔，其中，李淑妃生太子朱标、秦王、晋王；西列仅碽妃一人，生成祖朱棣[③]。但朱希祖对天启《南京太常寺志》的可靠性持怀疑态度，而怀疑很大程度上缘于其访察雨花台李杰墓，据神道碑文获知李杰“渡江来属”的“丙寅之岁”。朱希祖按曰：“（李）杰事略见《明史·李淑妃传》及《彤史拾遗记》，此云丙申岁渡江来属，则在元至正十六年，懿文太子生于至正十五年，时杰二十五岁，其女淑妃盖未生也。假定淑妃其时已生，则至早为杰十六岁时生，至懿文皇太子生时，必不过十岁，何能生育？至洪武十七年，始纳为妃，年已将四十岁矣，太祖何爱此老女乎？故知其时尚未生也。杰战死孔山寨，年三十八岁，时洪武元年十二月，其女初生，不满一二岁，以太祖纳孙妃年十八例之，洪武十七年纳李妃，其年亦不过十八，故李妃之生，当在至正二十七年。李妃以功臣之女入选，其初入宫，即册为淑妃，毫无疑义。洪武三十一年夏五月二十日立此碑时，尚称杰女今为皇淑妃，明其时尚未薨也。其年闰五月十日，太祖崩，十六日葬孝陵，《天潢玉牒》言淑妃李氏殉葬，时李妃约三十二岁，盖因无子，而又为太祖所最爱，故殉葬亦可信也。……得此碑文，足证天启《南京太常寺志》李淑妃生懿文太子、秦晋二王之说，实属无稽。”[④]笔者也认为，如果李淑妃为懿文太子朱标的生母，则懿文太子朱标与李谅、李忠兄弟固亦甥舅之亲，在燕王与建文帝的叔侄之争中，没有理由不与建文帝同进退，何以竟遭建文帝斥罢？从这一点来判断，李淑妃也不可能会是懿文太子朱标的生母。

《明史·后妃传》称李淑妃洪武十七年“册封淑妃……摄六宫事……未几薨”，然据洪武三十一年夏五月二十日所立李杰墓神道碑尚称李杰女“今为皇淑妃”云云，足证李淑妃其时尚健在。换言之，李淑妃并未在洪武十七年受册封后“未几薨”，否则，对于早亡且无出的嫔妃家族成员而言，

---

① 《明太宗实录》卷九下：“洪武三十五年夏六月庚午，命五府六部一应建文中所改易洪武政令格条，悉复旧制。遂仍以洪武纪年，今年称洪武三十五年。……复中军都督李谅、旗手卫指挥李忠官，盖谅等皆建文中斥罢故也。”中国台北，“中研院”历史语言研究所校印本，1962 年，第 136 页。

② ［明］李清：《三垣笔记》之《附志二条》：“阅《南太常寺志》记载：懿文皇太子及秦、晋二王均为李妃生，成祖则碽妃生，讶之。时钱宗伯谦益有博物称，亦不能决。后以弘光元旦谒孝陵，予语谦益曰：‘此事与《实录》、《玉牒》左，何征？但本志所载，东侧列妃嫔二十馀，而西侧止碽妃，然否？曷不启寝殿验之？’及入视，果然，乃知李碽之言有以也。惟周王不载所出，观太祖命服养母孙氏妃斩衰三年，疑即孙出。”第 249 页。

③ ［清］谈迁：《枣林杂俎义集》之《彤管·孝慈高皇后无子》，《元明史料笔记丛刊》，北京，中华书局，2006 年，第 268 页。

④ 朱希祖：《再驳明成祖生母为碽妃说》，《东方杂志》第 33 卷第 12 号，1936 年，第 281、282 页。

李谅、李忠兄弟自洪武十七年后一再迁擢高升，并连同亡父李杰、亡祖李永中也一并水涨船高般加官进爵的情形，也绝无可能发生。相反，李杰与李谅、李忠兄弟的平步青云，恰恰印证了李淑妃直至洪武末年不仅健在，且“摄六宫事”依然如故的情形。以此而言，《天潢玉牒》谓“（洪武）三十一年闰五月十日，上崩于西宫，是月十六日葬孝陵，淑妃李氏殉葬”云云[①]，不至于是无根之语。明太祖朱元璋驾崩，后宫从死者虽众，但若李淑妃果为懿文太子朱标的生母，也就是建文帝朱允炆的本生祖母，试想朱允炆会忍心让她从死孝陵吗？这也是李淑妃不可能为懿文太子朱标生母的另一旁证。

燕王朱棣甫入南京即恢复李谅、李忠兄弟旧职，无非收买人心而已，待大局已定，像李谅、李忠兄弟这样徒具名分的掖庭之亲，也不再有任何利用价值。朱棣先是在永乐二年（1404）三月谕示李谅：以李忠“性资险僻，语言悖妄”，恐其“自贻罪愆”，故令“冠带还乡”，所谓“庶亲亲之恩尽，而君臣之礼不亏”[②]，言辞之间尚较委婉。但李忠被斥逐仅仅一个月，仰承上意的春坊官又劾奏李谅于文华殿早朝百官退班之后独进启事，请治李谅有违礼法之罪。明成祖虽“念亲亲之故，姑曲宥尔不问”，但仍不无深意地警告李谅“戒之慎之，非分之恩不可再得”[③]。李淑妃家族的戚畹之尊，终以永乐五年（1407）十二月朝廷“命中军都督李谅致事”而告终结[④]，只不过这一次，即便是面对贵为中军都督府都督佥事的李谅本人，除了“仍给本俸”外，已然坐稳了皇帝宝座的朱棣，就连一句宽慰的话也不屑再有了。

五　功臣之贵抑或戚畹之尊——关于李杰墓的规制

李杰终官广武卫指挥佥事、阶宣武将军。明制，像这样的四品武官，其墓上神道于例只合设置石望柱、石马、石羊、石虎各一对，但不可置办石人。然李杰墓神道碑之后，依次列置石羊、石虎、石马、石人各一对，石羊呈跪伏状，相对完整的左侧石羊长 1.60 米、宽 0.50 米、高 0.90 米；石虎作蹲踞状，右侧石虎头部半损，相对完整的左侧石虎长 1.10 米、宽 0.45 米、高 1.18 米；石马与控马官连为一体，神道右侧石马长 2.32 米、高 1.50 米，马腹下四肢间透空，马背障泥两端雕饰二马追逐图案，内侧作武弁形象的控马官高 1.60 米，神道左侧石马的控马官头部半损；石人为一对顶盔贯甲、拄剑矗立的武像，体态壮硕，均高 2.60 米、宽 1.15 米、厚 0.60 米。从组合上看，除了可能早年缺失的一对石望柱之外，李杰墓神道石刻已臻洪武五年（1372）重定一品、二品官的标

---

① ［明］解缙：《天潢玉牒》，中华书局《丛书集成初编》本，1985 年，第 22 页。

② 《明太宗实录》卷二九，永乐二年三月“丁卯，谕中军都督佥事李谅曰：尔兄弟以掖庭之亲，得至显官。建文中并遭罢黜，朕即位之初，笃念亲亲，悉复厥职。尔弟忠，性资险僻，语言悖妄，朕虑忠将自贻罪愆，故特保全之。命冠带还乡，庶亲亲之恩尽，而君臣之礼不亏。谅顿首谢。”第 523 页。

③ 《明太宗实录》卷三〇，永乐二年四月丙戌，“春坊官劾奏中军都督佥事李谅，于文华殿早朝百官退班之后独进启事，有违礼法，请治谅罪。上命姑宥之，而赐敕谕谅曰：朝廷之法公于天下，不以亲疏有间。近群臣议朝议，凡百官朝谒东宫，偕进偕退，不许独留私见，乃谨始防微之道也。令行之初，尔首犯之。帝王行法，先于贵近。朕念亲亲之故，姑曲宥尔不问。其戒之慎之，非分之恩不可再得，尔其钦哉。”第 547、548 页。

④ 《明太宗实录》卷七四，永乐五年十二月丙申，“命中军都督李谅致事仍给本俸”，第 1026、1027 页。

准[①]。

李杰墓神道碑与李杰追封先代碑铭皆谓李杰殁于王事之后，即以恤典褒赠镇国上将军、都指挥使云云，都指挥使固已臻二品。但李杰墓神道碑与更早的李杰追封先代碑铭通篇皆充斥着李谅兄弟的矜夸不实之辞，使用时尤需审慎，何况《明太祖实录》记述“指挥李杰率兵进攻孔山寨兵败陷没”，并未言及追封之事，而且以常理推断，李杰洪武元年十二月战殁，朝廷纵使有所追封，也不太可能由四品超赠二品。值得一提的是，前引李杰追封先代碑铭还记载乃父李永中“追封陇西郡伯”、母“董氏赠陇西郡君”，于例则李杰与茆氏夫妇也应获得相应的爵封，然《明史》《明实录》李杰墓神道碑暨李杰追封先代碑铭本身皆未及此，唯郑汝璧撰《皇明功臣封爵考》条列李杰被追赠陇西郡伯从二品爵之事[②]，循此前提，李永中夫妇“陇西郡伯”与“陇西郡君”的封号遂亦有所本。

明朝立国之初列爵五等，但子、男二等爵旋即革除，异姓封爵者自高而低分别为公、侯、伯三等。这些异姓封爵者多属开国功臣或靖难功臣，即所谓有“社稷军功者”。此外，也有因属戚畹（通常指皇帝的姻亲）而获封爵者，如宣德四年（1429）封会昌伯的宣宗孙皇后之父孙忠[③]，称“外戚恩泽封”。由于明初特殊的社会背景，有些战功卓著的武勋功臣同时是帝室姻亲，如魏国公徐达、武定侯郭勋等，但通常并不将其视为恩泽之封。相较而言，军功尚不足以封爵却仍得以封爵的戚畹，则归诸“恩泽封”之列，如以军功分别升义勇中卫世袭指挥使与后府都督同知的仁宗张皇后外家张昶、张昇兄弟，值仁宗登基后或以“眷贤后之相成”或以“贵联戚畹”而分别进封彭城伯与惠安伯[④]。关于“恩泽封”之始，嘉靖八年（1529）府部科道等官奉旨会议外戚封爵事宜所上公疏曰：“祖宗之制非军功不封，洪熙初都督张昶始以外戚封彭城伯，其弟昇亦以都督乞封惠安伯，外戚之封自此始。”[⑤]李淑妃之父李杰虽殁于王事，但尚不足以膺授爵封，故李杰获赠镇国上将军、都指挥使，包括与乃父李永中均被追封从二品爵级的陇西郡伯，李杰长子李谅封昭勇将军、世袭神策卫指挥使与次子李忠封明威将军、世袭旗手卫指挥使，显然皆与李杰女洪武十七年被“册封淑妃”并“摄六宫事”有关。这其中最显而易见的一点，旗手千户所至洪武十八年（1385）六月始改为旗手卫[⑥]，故李忠为旗手卫世袭指挥使不可能早于洪武十八年六月，焉能说包括李忠授封旗手卫世袭指挥使在内的这一系列针对李杰家族的封赠，与李淑妃洪武十七年受册封并“摄六宫事”之间没有关系？

循此线索不难推导出，李杰墓臻于二品以至与吴良、吴祯、仇成等殁后赠以公爵的功臣墓规制相埒，亦与其女李氏的淑妃身份大有关联。换言之，现存超高规格的李杰墓，与其说是一座明初开国功臣墓，不如说是一座洪武朝的外戚墓更为确切。据明代《金陵梵刹志》记载，聚宝山麓梅冈

---

① ［清］张廷玉等：《明史》卷六〇《礼十四·碑碣》，第1487页。

② ［明］郑汝璧：《皇明功臣封爵考》卷八附录《陇西郡伯李杰》，《四库全书存目丛书》史部第258册，济南，齐鲁书社，1996年，第630页。

③《明宣宗实录》卷五二，宣德四年三月“辛亥，封中军都督府都督佥事孙忠推诚宣忠翊运武臣特进荣禄大夫柱国会昌伯，食禄一千石，子孙世袭，赐券，诰赠其曾祖、祖、考皆会昌伯，曾祖、祖妣皆夫人，封其母太夫人，妻夫人。忠，中宫父也。”中国台北，“中研院”历史语言研究所校印本，1962年，第1242页。

④ ［明］吏部清吏司编：《明功臣袭封底簿》第三卷《彭城伯、惠安伯》，中国台北，学生书局，1970年，第547—556页。

⑤《明世宗实录》卷一〇六，嘉靖八年十月己巳，中国台北，“中研院”历史语言研究所校印本，1962年，第2504页。

⑥《明太祖实录》卷一七三，洪武十八年六月“癸巳，改旗手千户所为旗手卫，以千户刘玉为指挥佥事。”第2639页。

的永宁寺为南去报恩寺一里，聚宝门二里，“东至李呈（皇）亲坟，西至二郎观，南至官路，北至德恩寺”[①]。按，永宁寺位于雨花台，与永宁泉（江南第二泉）相对，结合方位判断，永宁寺东侧的“李皇亲坟”应即李杰墓无疑。庶几可见，即便在明人眼中，由于攀龙附凤，终洪武一朝秩级变迁不啻天壤的李杰墓根本不能算是功臣墓。与此形成鲜明对比的是，《金陵梵刹志》记述永宁寺附近的西天寺为“东至武定侯坟山，南至虢国公坟山，西至虢国公神路，北至驯象街”[②]。按，明初武定侯赠营国公郭英虽为明太祖朱元璋郭宁妃外家，然郭英战功彪炳，是当之无愧的开国功臣，无意延揽皇室亲亲之恩，这从世人对其葬地的命名也可见一斑。

虽然李淑妃洪武十七年“摄六宫事”之后，其亡父李杰即已获赠从二品爵位，但臻于一品、二品秩级的李杰墓神道石刻却并不是李淑妃“摄六宫事”之后不久就置办起来的。前文述及，《明史·后妃传》记载李淑妃受封后“未几薨”并不确实，《天潢玉牒》谓李淑妃值明太祖朱元璋洪武三十一年闰五月十六日下葬孝陵之际以身殉葬，这与李杰墓神道碑建立的时间洪武三十一年夏五月二十日非常接近，据此可以断言，李杰墓神道碑的建立与李淑妃殉葬孝陵息息相关。明太祖朱元璋驾崩之际责殉诸妃，后宫妃嫔与未获封号的宫女共四十多人殉葬孝陵，朝廷对殉葬宫女的父兄或进封锦衣卫所千户、百户，皆予以封赠优恤，世称“朝天女户”[③]。以李淑妃的位望殉葬孝陵“随龙驭以上宾”，亦必得以旌表，而为乃父李杰墓建立超轶常轨、臻于公侯的葬仪，或即建文帝为李淑妃表彰节行之意也。

位于陵墓上的神道碑与石像生通常都是一并设置，纵然有先后，间隔时间也不会太长，如北京天寿山明长陵，至明英宗即位之初的宣德十年（1435）四月“始置石人石马于神道东西”[④]，同年十月“建长陵神功圣德碑”[⑤]。这样来看的话，李杰墓神道两侧的石像生也可能与神道碑同时建成，这其中尤以石武像最具说服力。相较明初赠以公爵之封的功臣墓神道石刻而言，李杰墓石武像肥硕丰腴，缺乏威武肃杀之气，侧面身姿也未能展现出洪武前期诸多石武像呈现为“〉”或“〈”形的富于张力的弧线，略显僵滞。尤为关键的一点，李杰墓的一对石武像均未雕刻胡须，较此前赠以王、公之封的功臣墓石人左侧有须、右侧无须的规制，也迥然不同。凡此种种，应不是工匠疏漏，也是从一个侧面见证了李杰墓石武像雕凿年代颇晚。毕竟，在经历了“胡蓝党案”之后，由于长年未成造功臣墓神道石刻，工匠对所传承的格于礼制仪轨的雕塑技艺隔膜日久，因而在造型相对复杂的石武像的塑造上不可避免地出现了诸多与洪武前期不尽相符之处。

李杰墓并未留下原始的测绘图，据朱偰《金陵古迹图考》所述：“（李杰墓）神道屈曲而入，

---

① ［明］葛寅亮著，何孝荣点校：《金陵梵刹志》卷三五《梅冈永宁寺》聚宝山麓，南去所统报恩寺一里，聚宝门二里，四至：“东至李呈（皇）亲坟，西至二郎观，南至官路，北至德恩寺”，《南京稀见文献丛刊》，南京，南京出版社，2011年，第585页。

② ［明］葛寅亮著，何孝荣点校：《金陵梵刹志》卷三七《西天寺》，第592页。

③ ［明］王世贞：《弇山堂别集》卷一五《殉葬宫妃之典》：“高皇帝殉葬宫人，系建文中追封，不可考。独有所谓张凤、李衡、赵福、张璧、汪宾等，初以锦衣卫所试百户散骑带刀舍人，进为本所千户、百户。永乐初议革建文升授官员，上曰‘他每这几家都是好职事，不动。通调孝陵卫带俸世袭。’至今人谓之太祖朝‘朝天女户’。”《中国历史文集丛刊》，北京，中华书局，1985年，第273页。

④ 《明英宗实录》卷四，宣德十年四月辛酉，中国台北，“中研院”历史语言研究所校印本，1962年，第87、88页。

⑤ 《明英宗实录》卷一〇，宣德十年十月己酉，第192页。

诸石兽尚成一直线，而碑及武将，则在线外”。庶几可知，李杰墓神道既非中山王徐达墓或东瓯王汤和墓那样几乎被规划为前后贯通的一条直线，也非岐阳王李文忠墓那样将石碑“孤立”于石像生左侧而呈曲尺形，而是在平面上大致呈现为近“Z”形的格局。其中，近“Z”形下端是以神道碑为标志的起点，位于中段的是石羊、石虎与石马等“诸石兽”，近“Z”形上端则为石马至石武像所在。据前文所考，李杰墓臻于公侯之制的神道石刻组合，或至少是其中的石碑与石武像，固为旌表李淑妃殉葬孝陵而添设，但可能囿于李杰洪武二年归葬聚宝山之际划定的墓域范围，难以安置洪武末季添设的石碑与石武像等石刻，而不得不在“尚成一直线”的“诸石兽”前后向两端欹侧摆动，遂形成独特的近“Z”形神道，可谓大中型墓葬因地制宜顺应江南丘陵地形地貌的又一范式。

明代前期但凡设置石像生的品官墓，其位于神道碑、石望柱之后的石像生，依次均作石马、石羊、石虎、石人，鲜有例外，唯独李杰墓的石像生依次作石羊、石虎、石马、石人的序列，石马位列石羊与石虎之后、石人之前，显得尤为突兀，与众不同。尽管作这样序列的石像生亦见于南京西善桥姚南村明墓神道石刻等，但多属明代后期遗存，固不可与李杰墓同日而语。李杰墓石像生的序列在明初品官墓中几乎仅此一见，非常值得留意，究其原委，或不排除李杰墓神道石刻曾历经前后两次建置之可能，即神道中部包括石羊、石虎、石马在内“尚成一直线”的诸石兽，属明太祖朱元璋允准为终官四品的李杰于战殁次年归葬南京聚宝山之际所设，与洪武三十一年夏五月二十日为旌表李淑妃殉葬孝陵而“升格”李杰墓所立神道碑暨石武像并非同时置办。据前文引述，明代坟茔之制于洪武三年初定、五年重定，遂相沿不改。李杰卒葬之际，坟茔之制犹未完备，包括墓上石像生的组合以至排列次序也可能尚未形成共识，故李杰墓的石马位于石羊、石虎之后，也可能是这一尚未定制的特殊阶段的产物。

（作者邵磊，南京市博物馆）

明代名医的个人抗疫

——以万密斋为例

赖玉芹

中国古代瘟疫主要有痘疹、霍乱、鼠疫、大头瘟、麻风病等，一旦发生，杀伤力非常大，成千上万的人失去生命，而侥幸活着的人也心有余悸，惊恐不安，人心惶惶。各朝政府还是试图采取措施进行救疗，宋元时期比较积极，地方上设立救济贫病的惠民药局，在大疫之年设置病坊收治病人，但到了明代，却开始逐渐转向消极，只有惠民药局仍得以继承，到明中期以后也普遍没落，由常设药政机构演变成在灾难时才开启的公共卫生机构。余新忠先生在研究明清瘟疫与抗疫情况时，在他所关注的江南地区，政府和官员所起作用不大，而民间医生个体和社会慈善机构则发挥着主力作用，每个个体虽然力量有限，但是汇聚起来是一个庞大的群体，积少成多，其力量不容小觑。的确，抗击瘟疫，有很多医生站出来积极应对，那么这些医生是怎样在抗疫一线全力投入的，以及他们的作用在当时有多大，目前这一问题的研究个案尚不多。

本文选择明代嘉隆万时期湖北黄州的名医、治痘专家万密斋来探讨这一问题。因为在黄州，相对来说，社会经济发展不如江南，政府官员的作用视其个体自身素质而定，社会力量和医疗资源有限，医生数量也不如江南和徽州，没有形成医生群体，所以名医的个人力量就相对突出，起着领袖和主导作用。万密斋个人作为晚明时期的治痘专家，在本地应对痘疹疫情方面可谓首屈一指，作用巨大。

万密斋，名全，嘉靖隆庆时人，是黄州罗田县人，廪生，出身于世医之家，科举落第，不得已弃儒从医，经过几十年的行医，与李时珍等同样成为黄州历史上的四大名医之一。万氏以幼科著名，万密斋在儿科、妇科方面均有建树，尤其是痘疹方面十分突出。他著有《痘疹世医心法》一书，广泛传布，影响甚大，甚至传到日本、朝鲜，受到推崇。作为一代名医，万密斋医术神奇，医德高尚，在当时应对痘疹方面发挥了重要作用。

关于万密斋的研究，目前主要集中于其在痘疹、儿科、妇科及养生方面的成就，其留下的著作现今已编成《万密斋医学全书》，成为人们研究其医学的主要依据。已有的几部万密斋的传记，研究其生平、神奇故事、医学成就及成名问题等，但他在抗击天行之疫——痘疹的过程中的主要作为、贡献和精神，尚未有深入探讨。

一　万密斋对痘疹的预防诊治

痘疹，又名天花，是一种病毒引起的烈性传染病，每个人都会出痘，多在青少年时期。当痘疹流行之年，染病死亡率甚至高达百分之八九十，死者无数，甚为惨烈。晚明时期的湖北黄州，痘疹就一再流行，嘉靖十三年（1534）、嘉靖二十八年（1549）、嘉靖三十二年（1553）、嘉靖三十九年（1560）、嘉靖四十四年（1565），均有大小不同范围的痘疹肆虐。当时，人们并无很好的应对方法，医生采用古方，喜欢偏于一家，不会因时制宜，临病应变。万密斋认识到“诸方脉中，惟天行斑疮为毒最酷”，所以他精心钻研，探索寻找病源、预防及治疗措施，很有成效，关于“胎毒之论，归肾之辨，皆昔人所未及者”①，是他的独创。

（一）查清痘疹的性质、产生原因

痘疹流行时，万密斋看到人们相互感染，死者十有六七，“疫疠是以一岁之中彼此传染，大小相似”，是天灾所致；但天灾只是痘疹发生的外因，因为不是每个人都染痘，而痘疹大多在幼儿期发作，疏密轻重，病症各异，与幼儿的体质有关，其体质源于父母，所以，他认为痘疹跟父母有关，提出胎毒说，是痘疹的内因。

在万密斋看来，胎毒在什么时候萌生、暴发，或早或晚，则与气候、自然环境有关。当自然环境反常时，就引起人身体的不适应。他阐释道：

> 疮疹虽胎毒，必待时令不正之气相传染而发。盖春气温和，夏气暑热，秋气清凉，冬气冷冽，此四时正气之序。若春应暖而反寒，夏应热而反清，秋应凉而反热，冬应寒而反温，此非其时而有其气，为不正之令也。夫人感之，或为寒热、或为疟痢，或为喉痹，或为肿，或为斑疹，谓之天行正病。②

自然环境是外因，人体是内因。他论述道：“痘疹之病，皆由父母胎毒蓄于命门之中。命门者，右肾相火也，为人身生化之本，故毒藏焉。如遇冬令温和，阳气暴泄，人则感之，触动相火，至春夏生长之时，其毒乃发，传染相似，是谓天行疫疠也。”③

针对有人终身不出痘的疑惑，万密斋解释说：

> 痘乃胎毒，又名百岁疮，天下之人岂有无父母而生，能逃于造化之外者哉？但云受天地之清气，禀父母之清气，气清质粹，无有秽毒，当天令种痘之年，亦曾发热，只出一两点而不觉也，岂真终身不出乎？④

① ［明］万全著，傅沛藩、姚昌绶、王晓萍主编：《万密斋医学全书》，北京，中国中医药出版社，1999年，第225页。
② ［明］万全著，傅沛藩、姚昌绶、王晓萍主编：《万密斋医学全书》，第703页。
③ ［明］万全著，傅沛藩、姚昌绶、王晓萍主编：《万密斋医学全书》，第765页。
④ ［明］万全著，傅沛藩、姚昌绶、王晓萍主编：《万密斋医学全书》，第747页。

他认为有人不出痘，并非真正不出，只是出了没症状，类似今天的无症状感染者，或者症状没有那么明显，只因其体质好，禀受毒气少而已。

万密斋看出痘疹是时疫，不是伤寒，“疫疠之病乃天地之害气也，虽似伤寒不可作伤寒症治而大汗大下也”，时隔一百年，到明末吴有性著《瘟疫论》，再次提出“疫者感天地之疠气”，正式确定了瘟疫的原因，对传统瘟疫理论有所突破。

（二）预防

“上工治未病”，一个高明的医生是在病未发之先就会做准备的，万密斋也非常注重平时的养生、注意预防。那么，对于痘疹，可以怎么预防呢？

“痘疹原因胎毒成，发生须是待天行，如逢疫疠将成候，预解汤丸最可凭。”既然痘毒是天灾流行引发，又是胎毒，与体质的强弱有关，因此是可以预防的，他提出当冬温之时，即暖冬时就要服用解毒之药，并推荐了三个药方，即辰砂散、消毒保婴丹和代天宣化丸：

> 如遇冬令温和，阳气暴泄，人则感之，触动相火，至春夏生长之时，其毒乃发，传染相似，是谓天行疫疠也。未出痘疹者，但觉冬温，即当预防，宜服解毒之药，如辰砂散、消毒保婴丹、代天宣化丸皆可用也。频与之，使疮疹之毒轻减，自然易出易收，无陷伏、郁遏、留连之患。[①]

其中这些解毒之药服后可以减轻痘疹的毒性，减轻症状。

但是并非事先预服这三种解毒药就万无一失了，这些药只能缓解气候变化对身体所带来的冲击，而人自身体弱、免疫力差，则必须固本强根，培植元气。要针对身体的弱项，进行补养。“其辰砂散、消毒保婴丹、代天宣化丸以解时行疫疠之毒则可，或因父母精血不足者，或其人素有他疾者，或发热之时，别脏形症发见者，并宜兼而治之，不可徒恃解毒，而竟忘其本也。如脾胃素弱者，宜以养脾为重，解毒次之，养脾丸服三之二，解毒三之一。”[②]

万密斋就遇到过好几个类似先天禀赋不足的小孩。针对这些小孩，就需要补足元气。有个小孩发搐而昏厥，万密斋将之治醒，他父母担心孩子出痘时难以幸免于难，要拜万密斋为干爹，让其帮助调养。但是万密斋没有答应，他说：“曩用针时，针下无气，此禀赋不足也。如调理数年后出痘疹，可保无事，若在近年不敢许”。而在第二年，该子果然因痘疹死去[③]。这个孩子先天与后天均有不足，元气补养不及，就没能挽救过来。万密斋的好友胡三溪中年得子，该子脖子细声音小，他担心该子出痘时元气不足，对他说：“项者，头之茎，名曰天柱，项不任元，天柱颓矣；声者，气之发，声微不扬，元气弱也。诚恐出痘不胜毒。”后来那孩子果然九岁出痘时，痘忽隐忽现，鼻滴血

---

① ［明］万全著，傅沛藩、姚昌绶、王晓萍主编：《万密斋医学全书》，第765页。
② ［明］万全著，傅沛藩、姚昌绶、王晓萍主编：《万密斋医学全书》，第765页。
③ ［明］万全著，傅沛藩、姚昌绶、王晓萍主编：《万密斋医学全书》，第556页。

而死[①]。

万密斋认为“凡痘子，贵在调养”，强调要注意饮食起居的诸多方面。生活环境方面，在疫情期间要注意房舍和个人的清洁卫生，不然会被污浊的秽气所害，“夫痘者天行正病也。所居欲静，所御欲洁，但见真候，即当洒扫房室，修饰帷帐，避风寒、远人物、调护保养以待收成，若犯异气之感，倏忽变化，留连反复，未免为坏病也”[②]。

他认识到痘疹是彼此传染的，“疫疠是以一岁之中彼此传染，大小相似”[③]，所以他指出“如有病痘死者，宜远避之，毋使疠气得相传染也！”[④]万密斋当时虽没有明确提出细菌和病毒的概念，他称之为“疠气”也具有类似之意，而且指出要注意远避因患痘疹而死者，明白其是传染源，有传染性，只是没有强调健康人与病患者隔离。

万密斋指出在发痘疹期间应该注意饮食，包括饮食的清淡等。他说：“所可食者，糜粥淡菜，间以猪精肉饲之，使肠胃常实，血气常充，以助痘之成就”，他举出患者不注意的反面例子，指出饮食所禁：“吾见痘中喜饮酒者多目疾，喜食甘者多齿疾，喜酸咸者多喘咳之疾，贻祸终身，诗曰：‘爽口物多终致病’，邵子其欺我哉！”[⑤]引用宋代邵雍的诗句以提醒人们。

（三）诊断

“未病先知是上工，能言轻重吉和凶，不离气色分清浊，脏腑精微阿睹中。”瘟疫传染快、发作急，留给人们的治疗时间很紧迫，作为一个好的医生要能很快诊断是否是该症，便于对症下药，及时医治。万密斋练就了火眼金睛，具有预诊和预言的本领，甚至能预言病人吉凶，这本领来自其家传秘诀，“凡天行痘疹之时，传染流布，男女大小有未出痘疹者，视其形色情性，可以预言轻重吉凶也。此吾家传秘诀，贤于命卜远矣”[⑥]。万密斋通过望闻问切即可进行精准的诊断，对于小孩或女子，他甚至能做到望诊，比占卜算命者还准。

对痘疹作出判断，最简单直接的方法是看面部，所谓“预知疮疹吉凶机，气色都于面部推，年上山根尤紧要，红光可喜黯青疑”。因为“疮疹之毒，发于五脏而心主之，故曰：诸痛痒疮，皆属于心。心之华在面，吉凶轻重，可望见其气色之清浊而知之”。从面部痘疹的部位可以看出其轻重吉凶，从面色还可以看出其精神状态，万密斋对蕲水徐长溪儿子的诊断就是一个明显的例子。当时（癸丑春）痘疹流行，徐的三子、次子皆因痘疹死去，只剩下长子，心里非常担忧。万密斋看了其长子的情况劝他道：“令嗣当出痘时，精神爽健，气色光晶，年寿明润，印堂黄光，寿相，又顺候，其痘必疏，不须医治，毋疑虑也。”不久果然出痘甚稀，没服药而愈[⑦]。

虽然万密斋诊断痘疹一望而知，非常神奇，但是并非每个医生都如此“神圣工巧”，诊断痘疹

① ［明］万全著，傅沛藩、姚昌绶、王晓萍主编：《万密斋医学全书》，第766页。
② ［明］万全著，傅沛藩、姚昌绶、王晓萍主编：《万密斋医学全书》，第727页。
③ ［明］万全著，傅沛藩、姚昌绶、王晓萍主编：《万密斋医学全书》，第703页。
④ ［明］万全著，傅沛藩、姚昌绶、王晓萍主编：《万密斋医学全书》，第728页。
⑤ ［明］万全著，傅沛藩、姚昌绶、王晓萍主编：《万密斋医学全书》，第727页。
⑥ ［明］万全著，傅沛藩、姚昌绶、王晓萍主编：《万密斋医学全书》，第766页。
⑦ ［明］万全著，傅沛藩、姚昌绶、王晓萍主编：《万密斋医学全书》，第766页。

还是建立在系统的专业知识基础之上的，他指出断痘疹时需要九验，即验头面、验耳目鼻、验唇口牙齿、验喉舌、验颈项、验胸腹、验手足、验寝卧、验饮食，仔细查验以上九个方面再作出判断。

当瘟疫来临时，辨别正确的症状是很重要的，万密斋总结出痘疹的主要症状有：发热、渴、腰痛、腹痛、惊狂、谵妄、吐利、呕吐哕、泻利、大小便、咳嗽、喘急、自汗、失血、烦躁、夹疹、夹斑、痘疔、痘癞、痒塌、陷伏、臃肿、溃烂、厥逆、寒战咬牙、暴哑失声、呛水吐食等。

除了这一系列具体症状外，痘疹还包含非常致命的症状，即黑痘和怪痘。一般人认为黑痘变黑归肾者不治，万密斋分析说："黑痘有二症：一则干枯变黑者，此名倒陷，乃邪火太炽，真水已涸，故曰归肾不治。一则痘色变黑未至干塌，此疫毒之气所谓火发而曛昧者也。"[①] 王思泉儿子的黑痘属于第二种情况，因此他充满信心并将之治好了。万密斋在年轻时就因为查清了蕲水徐淑道的痘非肾脏的问题，并将其治好，显示了超过其父菊轩的医疗水平：

> 蕲水徐淑道，十三岁出痘，请先君菊轩医治，一日归家而叹。全问曰：有何事？先君曰：蕲水徐生出痘，父丧母寡，今不可治矣。全问其症，先君曰：痘已成脓，只待收靥，今变黑归肾，故不可治。全曰：全能治之。乃往视之，见其痘磊落，脓浆饱满，神志清爽，语言清亮，自告予曰：先生救我。问其大便，五日未通。全告先君曰：此痘正宜收靥，里实热蒸，故溃烂也，其色苍黑，但解其里即靥矣。先君问用何方？全曰：四顺清凉饮与之。一服，下燥屎二十余枚，痘随收靥而安。[②]

因为怪痘是逆痘中最为凶猛的，其形症不一，需要仔细辨别，万密斋总结了其多种名称和症状，如痘母、烂痘、痘疔、干痘、湿痘等，都是不治之症，几日内即将毙命。万密斋遇到怪痘病人，也设法调治，但终归无济于事。"壬申春，郡人王蒸湘子出痘，请予往治，痘已尽出……予思额上初出者重，三五成丛者重，五心俱有者重，锁项者重，乃逆痘也。及审其症，腹胀大而紧，肠中汩汩有声，大便如金黄色，乃脾败，逆症也。因其一子，讬治甚切，设法调治，腹胀不减，肠鸣如故，起发之初，心窝中有一痘戴浆者，随即破灭，背疮尽成水疱，目中泪出，两拳紧握，予甚恐，此脾土败，肝木胜之候也，盖肝为水疱，其为变也握，不泣而泪出，肝绝也……六日而痒作，摇头扭项，逆症也，且求粥食且急，病名除中，又逆症也。予思急进保元汤合桂枝汤调独圣散服之，复见红点……果红点复隐，加喘而绝。"[③]

类似怪痘不治的情况，万密斋还总结出众多"生死诀"，明确指出痘疹在发热、出痘、起发、养脓、收靥等阶段的危险情况属于不治。

（四）治疗方法

当痘疹流行时，死者连连，形势紧迫，人们采用习相沿用的解毒之方，甚至用遍了药方书上所

① ［明］万全著，傅沛藩、姚昌绶、王晓萍主编：《万密斋医学全书》，第793页。
② ［明］万全著，傅沛藩、姚昌绶、王晓萍主编：《万密斋医学全书》，第805页。
③ ［明］万全著，傅沛藩、姚昌绶、王晓萍主编：《万密斋医学全书》，第771页。

载之方，仍不见起效。万密斋心想，疹疫流行，虽是天灾，没有有效的良药，但还是应该尽人事，尽力挽救生命。于是，他检阅历来方书，终于在《韩氏医通》中找到五瘟丹的药方，并进行试验研制，结果人们服用后效果很好，这就是万密斋积极钻研寻找而形成的“神药”——代天宣化丸。他记述道：

> 嘉靖甲午春，痘毒流行，病死者十有八九，乃一厄也。时有预服三豆子汤、丝瓜辰砂散者，凡方书所载欲解痘毒之法，靡不用之，未见效者。予窃思痘疹疫疠之毒，因岁运灾眚之变，难以药解，而人事未尽，又不可诿之天数也，于是检阅上方，乃于《韩氏医通》得五瘟丹，以五运为主，喜曰：此解毒神药也，依方修合，施售与人，但服之者，莫不轻疏，人皆神之，因命之曰：代天宣化丸。①

该方的主要成分是甘草（甲巳年为君土）、黄芩（己庚年为君金）、黄柏（丙辛年为君水）、山栀（丁壬年为君木）、黄连（戊癸年为君金），佐药为连翘、山豆根和牛蒡子。

痘疹大规模流行时，万密斋及时寻找有效药方，发送药物进行救治，并著述传播以为指导，而在痘疹并非集中流行时，万密斋仍不断救治，积累经验，探索方法。

万密斋认为治疗痘疹最关键在于解毒。为了解毒，必须要打通毒邪外散的通道，必须要体内气血不亏，就能抵抗邪毒，制服毒邪。他明确指出了解毒的具体步骤和所用药物：

> 痘疹主治，解表、和中、解毒三法也。解表兼发散之义，使邪气尽出于外，不使留伏于中，如防风、白芷、荆芥穗、升麻、葛根、柴胡、桂枝之属；和中专主脾胃兼助血气，使里气常实，血气不亏，助养痘疮而待其成，不致痒塌倒陷，如黄芪、人参、白芍药、当归、木香、陈皮之属；解毒只泻火、凉血、清气，使毒邪有制，不为正害，如山豆根、大力子、紫草、连翘、芩、连、栀子之属。②

他强调，出现痘疹时，如果身体足够强壮，饮食排泄正常，并无其他异样，并不用专门服药，只要注意调养就行，罗田县的周璜子就被误用保元汤，幸亏万密斋及时纠正。

> 本邑周璜子，年十三染痘，发热五日，痘不出，发狂谵语。请予治之。予往，见其族兄周尚贵在，亦明医也，乃问曾服药否？曰：连进保元汤三剂矣。予曰：误矣，犯实实之戒也。凡治痘者，发热之初，惊者平之，渴者润之，吐利者和之，便秘者利之，热甚者解之，如无他症，不须服药。今观此子元气素厚，饮食夙强，乃以保元汤，助火为邪，毒气郁遏，至于狂妄，热已剧矣，宜急下之。与三黄汤得利，狂止痘出，至十七日乃靥。③

① ［明］万全著，傅沛藩、姚昌绶、王晓萍主编：《万密斋医学全书》，第 830 页。
② ［明］万全著，傅沛藩、姚昌绶、王晓萍主编：《万密斋医学全书》，第 767 页。
③ ［明］万全著，傅沛藩、姚昌绶、王晓萍主编：《万密斋医学全书》，第 775 页。

但是，痘疹发作时，往往并不是那么顺当，身体容易出现各种不良反应，如发热、气喘、腹胀、无神等，这就是邪毒较盛，痘疹本身也难以正常起发收靥，出现平塌、溃烂、陷伏等现象，这就要引起重视，及时采取应对措施。万密斋以歌括形式描述了痘疹发作时的饮食和排泄情况："始终清便自调佳，便溺阻艰事可嗟，腹胀喘烦多壅遏，急施疏导解留邪"；"痘疮为阳待热成，微微发热始和平，假如大热身犹火，解毒常教小便清"；"始终能食最为良，平日其人脾胃强，食少却防中气弱，淹留引日变疮疡"。

有时痘疹发展得更为恶劣，必须用猛药方能救命。"大抵看痘之法，其出欲尽，出不尽者，伏也，其发欲透，发不透反平塌者，倒陷也；其收欲净，脓溃皮破收不干净者，倒靥也。陷伏之症，谓之逆症，非冲击猛峻之剂，安能成起死回生之功哉？"[①] 他强调轻者应用夺命丹，严重的要用神应夺命丹。

痘疹因人而异，所以在不同的人身上症状也大不相同，人的某一脏腑较弱，其症状就可能通过此脏腑显现，其治疗方法和药方也有所不同，万密斋对每一脏腑的痘疹表现和药方都介绍得清清楚楚，便于对症下药。

凡痘疹五脏见症，要察何脏之症为甚，即主其脏之毒多。如肝症毒多者，必发水疱，生瘙痒，成目疾，宜预解肝之毒，羌活汤（十）加青皮、柴胡。肺症毒多者，必增喘嗽、烦渴不止，手掐眉目鼻面，宜预解肺之毒，泻白散（五十四）合甘桔汤（七）加牛蒡子、天花粉。心症毒多者，必伏不起，谵妄，饮水，烦哭，咬牙，宜预解心之毒，导赤散（三十五）加黄连、辰砂。脾症毒多者，必成灰白色，痒塌吐利，宜预保养脾胃，以解其毒，四君子汤（二十）、调元汤（十八）加白芍药、防风、连翘。肾不见平症，耳骩俱热者，死候也。[②]

痘疹的诊断与治法，不只是看痘的表征有多恶劣，更重要的是看其气色和脉象，脉象是身体根本的显现，所谓"痘逆症逆色脉逆，此候未闻人救得，但观色脉有可为，对病真药须详细"。万密斋说：

治痘之法，色脉为本，病症为标。若痘逆，如陷伏之类；症逆，如烦躁闷乱、腹胀足冷之类；色逆，如气色昏黯、皮肉黧黑之类；脉逆，如躁疾鼓搏，谓之阳盛阴虚，沉微濡弱谓之阴盛阳虚。四逆俱全，标本同病，表里皆伤，不可治也。若只痘逆症逆，六脉调匀，五色明润者，此标病本不病也，急治其标以救其本。[③]

万密斋有几例弃症从脉而成功的案例，郧阳抚院孙应鳌的女儿出痘就是其中一例。

① ［明］万全著，傅沛藩、姚昌绶、王晓萍主编：《万密斋医学全书》，第 768 页。
② ［明］万全著，傅沛藩、姚昌绶、王晓萍主编：《万密斋医学全书》，第 767 页。
③ ［明］万全著，傅沛藩、姚昌绶、王晓萍主编：《万密斋医学全书》，第 770 页。

郧阳抚院孙公，一女七岁，己巳四月七日发热，全在幕下，见其面赤腮躁，知是痘症。次日，口角旁便见红点如蚊迹状，不成颗粒，一逆也；腰痛，腹痛，二逆也；昏睡谵语，三逆也；干呕，四逆也。初九日，公见其状，抚膺大恸，全以色脉无恙，再三慰之，不信，但垂泪曰：尔痘疹书明言不治，何又相诳也？全告曰：此病在经络，犹可治也。但因中气久虚，不能驱毒外出耳。公乃命进药。予用保元汤以补中气，加羌活、防风、荆芥、柴胡发散表邪，木香、山楂驱逐里邪，调辰砂末以解毒。初九、初十、十一日连进三剂，十三日午时忽昏晕，目闭、口噤，神色俱变，公与夫人皆哭，全急告曰：此有冒汗来也，汗出痘亦随出，谓之冒痘。须臾视之，果得大汗而痘尽出矣，复用钱氏异功散加黄芪、白芷调理而愈。公拱谢曰：不负吾为尔梓痘疹书也。①

孙应鳌见女儿全都是逆痘的症状，十分惊恐，但万密斋看到其色脉无恙，所以信心坚定，从容不迫。孙应鳌任湖广右巡抚和郧阳巡抚时与万密斋结识，因万密斋多次治好他及家人的病，相信和佩服其医术，为之刊刻《痘疹心法》一书，广为传布，并赐万密斋廪生资格，使万密斋更加坚定了儒医追求。

二　万密斋对痘疹的宣传、辨析与著述

当疫情来临时，作为医生，即是一线的战士，除了亲自救治病人与病毒作斗争外，医生还有一点是至关重要的，需要进行一些必要的宣传，告知人们如何应对。这里面除了一些如何预防、日常饮食起居如何注意，还有一些关于病毒的传言和观念，以及平时的医界和人们习俗中的某些惯习和观念等，都需要医生从专业的角度进行提醒、引导和解释。因此，相对于医术上的钻研和提高，在医疗的社会环境中，与同行、病家病患的并肩作战和配合协作、交流沟通十分重要。万密斋作为一位名医，他以挽救生命为最高原则，以救治更多生命为目的，在痘疫流行和平时的散发中，几十年不遗余力，进行宣传、辩驳和著述。

（一）宣传及辨析

一是信巫不信医的做法。痘疹发生时，首先面临究竟找谁救治的问题。除了找医生，当时的人们也找和尚道士，拜佛求神、以符水解除镇厌。“时俗出痘子者，为是天疮，不肯请医看治，但谓僧道咒水解厌，习以成风……此时人之罪也。”② 对此，万密斋也觉得难以遽改，不可阻止，“世俗已久，不能遽改，用与不用，从其所好，不可阻止，设有变怪，归咎于医，而悔僧道之未用矣。”③ 但是，他觉得痘疹必须用医药才行：因为痘疹之毒系父母的胎毒，其来有自，并非是鬼神作怪。他

① ［明］万全著，傅沛藩、姚昌绶、王晓萍主编：《万密斋医学全书》，第 770 页。
② ［明］万全著，傅沛藩、姚昌绶、王晓萍主编：《万密斋医学全书》，第 744 页。
③ ［明］万全著，傅沛藩、姚昌绶、王晓萍主编：《万密斋医学全书》，第 747 页。

说："况痘疹之毒，禀于父母，有生之初，藏于五脏、百骸之内，必引之以汤液，攻之以药石，然后能驱而出之，使之解化，岂寻常符水所能制耶？"[①]一味信神不信药，遇到重症就容易殒命。

万密斋以秦皇汉武的例子来提醒人们不要迷信仙丹和鬼神，他写道：汉武帝刻意求仙，至以爱女妻之，此可谓颠倒之极，末年乃悔悟曰："天下岂有仙人，惟节食服药，差可稍病而已"，此论甚确[②]。在万密斋那个时期，明白信医不信巫的道理，是长期在医疗过程中认识到的，他敢于表达出来、大声疾呼不仅是明智，也需要勇气。

二是关于痘疹病人服药的观念。痘疹给人们的感觉就是一种病，万密斋不这样认为，他有一个"痘疹无病"的说法，即只是痘疹起发，而没有其他症状，饮食身体等都正常，这是属于无病，或者病症轻者，所以，他强调"痘疹无病勿服药，实实虚虚不可错"，因为人有自身的免疫力，以正气驱除邪气即可，如果无病而服药，反而致害。他论述道：

> 痘疮一科，自始至终如无病者，不可服药。古人云：无病服药，如壁中安鼠。试确论也。盖治病之工，只有补泻二法，果虚则补之可也。若元气素厚，谷气素强者，而复补之，则有实实之变。果实而泻之可也，若元气素薄，谷气素弱者，而复泻之，则有虚虚之变。如此之类，岂不为壁中安鼠者乎？今之业医者但思医不用药，何以为功而取利也，不论虚实，妄投药饵，幸而中病则大言以彰其功，一有误焉，则掩饰其过而推托于命矣。[③]

这里，万密斋指出了不仅许多病人有此错误观念，医生也是如此，甚至医生还故意多用药赢利。他在遇到这类医生时，就会劝解其不要给病人服药。

> 一男子年二十余，出痘甚密，起发时肿异常，面如锡饼，形状可畏。人皆危之，予所喜者，饮食如常，大小便调，安静而睡。一医欲投木香散，予曰：痘疹无疾，不须服药。色白者，痘出太多，气血未能周遍也，数日之后自然收靥矣。果二十余日而安。[④]

因为中医讲求阴阳平衡，讲求八纲辨证，所以服药尤其是人们观念中无害的补药，其实也破坏了阴阳平衡。"治痘皆言要补脾，补中有害少人知，一朝阳盛阴先绝，到此临危悔却迟。"有的医生喜欢用参芪大补之剂给出痘者服，结果犯实实之忌，危险异常，万密斋苦口劝说：

> 痘疮虽以脾胃为主，但谓不可攻击以损中和之气，然亦不可妄补，而使之太过也。若果吐利，饮食少者，四君子汤，圣药也。苟得食，大便硬，此里本实，复以四君子与之，则为实实，阳胜阴亏，不久而生变矣。况白术燥津液，茯苓渗津液，气盛血枯者，其贻害岂小哉？吾

---

① ［明］万全著，傅沛藩、姚昌绶、王晓萍主编：《万密斋医学全书》，第726页。
② ［明］万全著，傅沛藩、姚昌绶、王晓萍主编：《万密斋医学全书》，第36页。
③ ［明］万全著，傅沛藩、姚昌绶、王晓萍主编：《万密斋医学全书》，第767页。
④ ［明］万全著，傅沛藩、姚昌绶、王晓萍主编：《万密斋医学全书》，第792页。

见世人匀用补药者，或增烦躁，或成溃烂，往往不悟，良可慨夫！[①]

胡三溪长女12岁时出痘就是一例，因服参芪大补之剂，结果痘出二十天不靥，痘疮溃烂，就是温补药多、里邪尽出而表毒不解所致，前面谈到出痘者饮食正常而服用三剂保元汤也是同一道理，犯了实实之戒。

三是关于古语“首尾不可汗下”的问题，即痘疹起发和收靥时能不能采用“汗下”的方法。这也涉及阴阳变化，因为每个人的身体状况和情景不一样，所采用的方法也要及时权变，因人而异，而不是一味地采用古训。万密斋论述道：

首尾不可汗下，古人必有所为而发。今徒拘执不可汗下之言，设若遇外感寒邪，腠理闭密，其出不快，其发不透，不与辛甘发散之剂，宁无壅遏之患乎？又如大小便秘结者，不与苦寒泄利之剂，宁无胀满烦躁乎？但察其虚实，与时权变，可汗即汗，可下即下，中病则已，勿过其制，然后谓之通医。[②]

万密斋也确实遇到过这类病案，遇到遵守古训的人他只得自己灵活变通。

邑训导马公顺，蜀人也，一孙五岁出痘，至八九日脓成将靥，忽腹痛烦哭，大便秘，马骇甚。予曰：此结粪也，当急下之。马公曰：痘疮首尾不可下，今当收靥，中气要实，敢下耶？予思不急下，加腹胀、气喘且不救。乃作桂枝汤，暗入酒蒸大黄，煎服，下燥粪，腹痛即止，痘靥而安。马公知之，谢曰：非子通变，几误此孙。[③]

四是关于究竟是用钱乙的“下”还是用陈文中的“补”。关于痘疹治疗，在万密斋之前有章可循的有陈钱两家，而两家的方法又截然不同，万密斋的父亲就给他讲解了二者的不同，他逐渐领悟到：“惟痘疹一科，钱氏用凉泻，陈氏用温补，立法不同，执偏门之说者无以白二先生之心。先子为吾剖析发明。仲阳之用凉泻，因其烦躁，大小便不通也，文中之用温补，因其泻渴，手足冷也。虚则补之，实则泻之，所谓无伐天和，无翼其胜也。”[④] 他在嘉靖二十八年（1549）撰《痘疹世医心法》自序时指出两家都是可用的，各有道理，视具体情况而选择。

五是辨析痘疹的疑似之处。

不是每个医生都对痘疹很了解、很专业，所以诊断和治疗期间有一些疑似痘疹的病症，难以分辨。首先是痘疹和伤寒、伤食的辨别。因为痘疹起发之先会发热，伤寒、伤食也发热，所以究竟是什么不易分辨。万密斋给出了辨别和应对的明确办法，他说：

---

① ［明］万全著，傅沛藩、姚昌绶、王晓萍主编：《万密斋医学全书》，第770页。
② ［明］万全著，傅沛藩、姚昌绶、王晓萍主编：《万密斋医学全书》，第767页。
③ ［明］万全著，傅沛藩、姚昌绶、王晓萍主编：《万密斋医学全书》，第767页。
④ ［明］万全著，傅沛藩、姚昌绶、王晓萍主编：《万密斋医学全书》，第677页。

痘疮发热与伤寒伤食相似，疑似之间，可以解发之药服之。若是痘症，则痘子即出，不是痘症，则热退而解矣。如症似伤寒者，面赤，柴葛败毒散主之（二，附方）；症似伤寒者，面黄，香苏敷毒散主之（二，附方）。①

他的办法是不要轻易用汗剂，而是用解发之药，所谓“痘疹发热疑似时，伤寒伤食莫辨之，试将解发真良剂，入口能令解却疑”。万密斋在为县令朱云阁的儿子治痘时对二者的阐述更加生动透彻：

邑令公云阁朱公，子九岁，庚申三月发热呕吐，召全视之。全曰：痘也。公曰：不然，昔在蜀已出过，痘迹固在。全曰：此水痘瘢迹，非正痘瘢也。公又坚执为伤食。全辨之曰：痘疹发热，与伤寒、伤食相似，伤寒发热则面红，手足微温；伤食则面黄白，手足壮热；痘疹发热，男则面黄体凉，女则面赤腮燥，其足俱凉。今公子身热面黄足凉，乃痘疹也。……公又曰：未见五脏诸症，只呕吐足凉，恐非痘也。全曰：公子脾胃素弱，痘毒乘虚，故发在脾，但见呕吐一症，热才三日，姑俟明旦再议。次日以灯观之，皮下隐隐红点，而唇边已报痘矣。②

关于变蒸与痘疹的不同。变蒸不是病，是儿童生长的过程。婴儿出生后，32天发生一变，此是变蒸，变时发热，昏睡不乳，似病非病。当时湖广按察司宪长的儿子即被误认为出痘：

湖广按察司宪长，有子九月发热，恐是痘疹，差人来取全，往见之，非痘，是变蒸也。公曰：何以辨之？全曰：以日计之，有当变蒸之期；以证察之，亦无痘疹之证……今公子无之，知非痘，乃变蒸，将退也。次日果安。公喜：汝术甚精。赠以白金五两，应付而归。③

他还将众多变蒸的兼证列举出来，写明具体的治疗药方。“变蒸之时，有外感风寒者，宜发散，惺惺散主之，按摩法亦可用也。内伤乳食者宜消导，胃苓丸主之，轻则节之可也。有被惊吓及客忤者，安神丸、至圣保命丹。如变蒸过程受病，以治病为主，慎勿犯其胃气。”④

另外，前述所论万密斋提出的胎毒理论和对黑痘归肾的辨别，提醒人们积极预防和避免不必要的恐慌，这样他将自己的认识与经验及时宣传和告知，为人们增强信心积极应对及增强医生的诊断和治疗能力提供了帮助。

① ［明］万全著，傅沛藩、姚昌绶、王晓萍主编：《万密斋医学全书》，第768页。
② ［明］万全著，傅沛藩、姚昌绶、王晓萍主编：《万密斋医学全书》，第772页。
③ ［明］万全著，傅沛藩、姚昌绶、王晓萍主编：《万密斋医学全书》，第559页。
④ ［明］万全著，傅沛藩、姚昌绶、王晓萍主编：《万密斋医学全书》，第599页。

（二）与巫神及庸医的较量

万密斋宣扬信医不信巫，他对医药和巫祝神祷的功能认识得十分清楚："医为人药，所以寄死生也，巫为人祝，所以交鬼神也。……今之祷者，不过杀生以遍告于淫祀之神，曾有自陈过失，昭然惕悟者乎。"他认为神祷并非是悔过以求得神的原谅护佑，只不过是杀生骗钱，而从痘疹方面来说，又必须医药方能趋毒解化，非符水所能制。在行医中遇到这类情况，他利用医术救治病人，不断与神祝较量。

万密斋相信医药的力量，对符水不以为然，即使病人已经服用术士的符水，他仍从医药的角度考虑患病的原因所在，并采取措施。

> 小山子胡仁山，幼时出痘甚密，脓成不靨，渐至溃烂，请予调治。予问自起发以来，未得大便，里实热蒸，故不成痂，议欲下之。小山曰：此子素弱，恐不可下之，时有一术士王克廉符水甚验，乃书一符，焚而服之，少顷腹中鸣而利下清水，众皆称谢，予亦喜之。但思久未更衣，岂无燥粪？至次日痘亦溃烂，予作胆导法，取下燥粪十四枚后，皆溏粪始行，痘亦收尽而安。①

万密斋通过医药治好病人，用铁的事实来击溃那些神灵术士，捉弄并设法驱逐他们。

> 蕲水汪沙溪家，癸丑年出痘，请鲁家湖黑神托巫语云：尔家十八人，六人不可救也。初出痘，一婢死，急请予往，又一婢发热癫狂，予见之曰：热剧矣，当速解之。沙溪曰：专为吾孙请公，非为此婢也，且神言不吉者六人，奈何？予曰：人有贵贱，医无分别，仆到当悉治之，神言不足信也。乃作三黄汤大剂与之，得利，热减神清，痘出而安。余十七人，悉活之。②

他成功救活已经出痘癫狂的婢女，并保住了十七人的性命，使黑神"六人不可救"的预言成为幻影。汪沙溪的儿子出痘之前，曾将该子寄名于黑神，"时沙溪夫妇信奉鲁湖黑神于家，此子寄名于神，未出痘先神降童云：'坛保吾老黑承管，只要痘出得少'，至是痘甚密。予等朝夕笑玩，以计逐之使去。"③黑神说要保佑该子出痘稀，结果事实是出痘密，其谎言不攻自破，万密斋用药物治好该子后，就不停地笑话黑神，并想法设计驱逐他。

在另一次治疗过程中万密斋对占卜占候者进行了有力的辩驳。

> 蕲水汪元士子，癸丑四月出痘，靨后忽然闷绝，目闭口合。一家大哭。予曰：勿哭，吾固知有此病也。乃命吾次子邦孝作调元汤加麦门冬浓煎汁，斡开口，少与咽之，又令煮粥汤相间进之，须臾，平复如故……时有二医在侧，周医云：向者起病，日犯太乙天符，尚恐有变。予

① ［明］万全著，傅沛藩、姚昌绶、王晓萍主编：《万密斋医学全书》，第 807 页。
② ［明］万全著，傅沛藩、姚昌绶、王晓萍主编：《万密斋医学全书》，第 775 页。
③ ［明］万全著，傅沛藩、姚昌绶、王晓萍主编：《万密斋医学全书》，第 791 页。

曰：运气之论，岐黄之秘旨，专论其年，非谓起病日也。况主客之气，胜复之变，一岁之中，难以预料，岂可以是料病吉凶也？信如尔言，太乙天符日起病者凶，然则太乙天符年有病者，皆不可治也。向医曰：尚有余毒。予笑曰：取钱氏小儿书来，痘后余毒有样，一者疥，二者痈，三者目赤，未尝言有昏瞀也。①

万密斋用医术抢救了患者生命，又用占候学和医书来驳斥占候者的说法，有理有节。

除了巫医术士外，还有卜卦问凶吉的现象。英山沈翰的女儿和儿子都出痘，姐弟俩症状相同，都占得涣之巽，万密斋说该女属不治、该子可治，其女婿表示质疑，为什么同一病同一卦象，一可治一不可治。万密斋解释说："以病言之，令正收靥太急，面无完疮，故曰不治。令舅面疮半靥，脓肿尚存，故曰可治。"这完全是依据病情来说的，沈翰因此夸赞他不仅是神医，也是神卜。② 其实万密斋明白判断痘疹方面，自己比神卜预测得还要神。

在治疗痘疹与同行医生的相处过程中，万密斋能尊重同行，希望与之同心协力，各尽己责，但因为当时存在许多医术、医德上皆有瑕疵的庸医，万密斋本着对病人负责的态度，对那些吹牛骗钱、不懂装懂甚至固执己见的庸医在医术上进行提醒和纠正，在医德上揭露和批驳。从万密斋与万绍和万世乔的几次冲突就可见一斑。

万密斋的好友胡三溪将大儿子托付给万密斋，小儿子托付万绍，大儿子出痘万密斋守治而安，小儿子随即出痘：

予闻其乍热乍退，两足冷，数日不大便，痘先出者，犹是红点，亦不起发，念三溪之常好，往视之，惊曰：此逆痘也。绍曰：热微痘亦微，热甚毒亦甚。今热不甚，顺痘也。予曰：不然，……谓之厥逆也。绍不以为然。至次日红点俱没，烦躁转甚，绍曰：此内收也。予嘿而不应，因叹曰：医贵同心，执己见以误人命耶，此何为者？翌日死。③

面对万绍的固执，万密斋提醒和劝阻无效，他愤愤地感叹医生应该以病人心为心，同心同德，而不应该固执己见害人性命。

万密斋与万世乔在诊断治疗方面存在意见分歧，万密斋力图纠正，万世乔不听。一次是罗田吏黄冈的索文希之子究竟是痘疹还是伤食问题，孩子发热腹痛烦渴，万世乔作伤食治，而万密斋看出是出痘，应立即"解毒托里"，世乔不听，坚执为伤食症，五天后，痘一齐涌出，未及起发，干枯内陷而亡。另一次是罗田邑丞雷省斋一孙出痘是否服药一事，万密斋认为不用服药，万世乔想让其服补药。

时万世乔欲进补中药，闻予言，止。偶因伤食发热，予不在，世乔言于众曰：昔欲用药，

① ［明］万全著，傅沛藩、姚昌绶、王晓萍主编：《万密斋医学全书》，第 819 页。
② ［明］万全著，傅沛藩、姚昌绶、王晓萍主编：《万密斋医学全书》，第 806 页。
③ ［明］万全著，傅沛藩、姚昌绶、王晓萍主编：《万密斋医学全书》，第 780 页。

密斋力阻，今亟矣，奈何？公怒，乃作参芪温补剂服之，韩观岐与吾子邦治不敢止，予闻之往问曰：劝勿服药，恐其伤目，何求效速耶？雷公曰：但得生，虽带疾何妨？盖谓必不得生也。予又告曰：令孙必无事，他日损目，须记吾言。今果两目俱盲，雷公始悔不用予言，遽疏世乔。①

两次因为万世乔固执己见，不听劝阻，邀名沽誉，酿成悲剧。万密斋揭示这种可怕现象，即这类庸医不以病情为依据，而是一味顺从病家之意，或者是想多用药而获利，导致病人死亡。他揭示说："庸医之流，恐其逆人之意而不己用，不若顺人之心而可获利，亦任人而不任己，无益于仆厮以听人之役使者。"②

（三）著述及其公布

除了亲自治疗痘疹进行抗疫和宣传辨析之外，万密斋对痘疹最大的贡献和最长久的影响在于他的医学著述，其中最重要的是《痘疹世医心法》。该书集前人方法、万氏世家的诊疗经验及他自己的研究心得于一体，是专门治疗痘疹的典籍。万密斋记述他先学习儒家经典，旁涉子史律历以及百家，然后受教于父亲，自己再钻研探索。之所以要撰写该书，不仅因为儿科是父亲的专门之业，而且因为痘疹的残酷，他不敢自专，而将之公布发表，以挽救更多生命。在重刻《痘疹心要》自序中他称："……况医术之仁为斯民立命者乎！又乃先子专门之业所当记述者乎！窃思方脉之中，婴儿最难保，婴孺之疾，痘疹最酷，不敢自用自专。考诸前言往行，广询博访，不拘偏见迂说，务约于中，间亦附己意，著为《痘疹心要》，凡三易稿。"③

该书能成一家之说，得到众人好评，传播海内外，在儿科尤其是痘疹书中占有一席之位，并后来居上。万历时青州府的儒学训导赵烨在作序时明确地写出了该书的价值：

……业斯术者难矣哉。然大人知痛痒、述病症，医之犹且难，矧婴儿纯朴衔默，抱病不能直言，而医之尤难。至于痘疹，其毒酷烈，数日之间，躯命攸关，医之难而又难者也。痘疹书之传于世者，或略而未详，或偏而执一，幸而成功者固有，拘而夭札者亦多。若夫缘标识本，即始见终，补泻温凉，塞通汗下，随症通变，因时制宜，未有若《痘疹心法》之明且备也。④

他强调该书明确完备，超越前人。同时青州的曹璜在《读痘疹心法纪事》中亦称赞该书能集古人精髓，包含多家医法，而又有自身的创意，变幻无穷："观其以一白羽指麾十万师，鱼鸟变化，如珠走盘。有钱氏，有陈氏，有魏氏，有河间、东垣、义乌诸氏，又自有万氏，道屡出而不穷，法互变而各中。噫！斯吾向所云关捩子者也。"⑤

---

① ［明］万全著，傅沛藩、姚昌绶、王晓萍主编：《万密斋医学全书》，第 816 页。
② ［明］万全著，傅沛藩、姚昌绶、王晓萍主编：《万密斋医学全书》，第 725 页。
③ ［明］万全著，傅沛藩、姚昌绶、王晓萍主编：《万密斋医学全书》，第 681 页。
④ 胡荣希：《医圣万密斋传》，武汉，华中科技大学出版社，2012 年，第 230 页。
⑤ 胡荣希：《医圣万密斋传》，第 232 页。

中外医家对该书有很高评价，如明代著名医学家王肯堂的《证治准绳》、张景岳的《景岳全书》、武之望的《济阳纲目》均多处摘引万密斋的论点。《古今图书集成·医部全录》辑录了万密斋儿科全部专著。清代陈复正的《幼科集成》以三分之一的篇幅摘引万密斋的痘疹专论，并指出："痘科之书，如冯氏、翟氏、陈氏、万氏，又以万氏明显，可以济急。"

该书传到日本，大受崇奉，为日本治痘提供了重要指导。日本古方医家鼻祖、名古屋玄医（即丹水子）对万密斋痘疹著作的评价很高，他在日本元禄五年（1692）为《痘疹世医心法》所写的跋中说："世称痘疹书者许多，然不若此书之本仲景、河间、东垣、丹溪、钱陈二氏等，又搜辑群书，痘疹一科无遗，简而要。"①

《痘疹世医心法》是基于万密斋本人高超的治痘水平创作而成，精心探索，因此非常实用，疗效很好，可以说是当时治痘的经典之作。万密斋自己就说他采用父亲的教导比较钱陈二家的治法，治活了很多人，"吾谨识之，但遇斑疹，如教施治，多所全活"。另有人记载自己利用该书在痘疹瘟疫流行时，对身边患者按方投剂，屡试屡验，甚至连怪痘、黑痘，皆能依法投药，全部救活。万历时山阴县令张鹤鸣《刻痘疹心要后序》中称该书的药方十分有效，他据此书救活了多名病患。他说：

> 其能出此刻之外而有异说，更以意加损其治方者耶？往余见时气偶值，以痘疹殇者比屋皆然，盖误于庸医之手者不少也。兹刻也，……岂直业医者定执此以往称善也，凡有爱子之心如衡南君之按方投剂，罔不奏效矣。②

曹璜也同样据此书救活多人，甚至是非常严重的症状也能见效。他写道：

> 久之，姻家刘晦卿家七子女皆被痘。其六皆毒盛色赤，大都如书中所云面如锡饼状者。而三郎子延至五六日，额、耳及两足皆伏不见，见者如蚕种，顶陷黑，面赤肿而灰。亟取书合之，药下，夜未半，额端出点百千，足心、耳轮二立遍。凡六子女皆依法投之，皆全活。③

该书不仅疗效好，而且是一部便于操作、传播广泛的抗疫良书。在著述的形式上，简明扼要，完备全面，易于检索，利于按方投剂，采用施行，而歌括形式又便于记诵。即便不懂医之人，只要读书识字的，都能据此救活自己的亲人邻里。

万密斋对该书十分尽力，力求完美。他旁证博采，间附己意，三次改稿，直到七十高龄，仍补阙略、附医案，以求完备精详，"其初本，择焉未精，语焉未详，意浅辞俚，有好事者剽窃以为己述，刻之南赣。次乃改作，抚治郧阳右中丞孙公淮海，取其改本刻于行都司。黄州守孙公怀堂又取郧刻本之载归四明。其书既出，视初本虽颇精详，然有未尽之证、未立之法，恐不足以活矢殇、广

① 胡荣希：《医圣万密斋传》，第 222 页。

② ［明］万全著，傅沛藩、姚昌绶、王晓萍主编：《万密斋医学全书》，第 686 页。

③ 胡荣希：《医圣万密斋传》，第 231 页。

仁爱、垂永久也。于是，补其阙略，附以医案，属望有力者锓诸梓焉。庶天下后世之习幼科者无沧海遗珠之叹，为得鱼兔之筌蹄云尔。若夫不知，而作者之罪，予弗敢辞”。①

该书的编纂形式，利于检索，便于记诵，嘉惠后人。张鹤鸣《刻痘疹心要后序》中感叹该书“成仁书也”，他说：“兹刻也，穷本源之妙，析症候之微，歌章便诵习而不忘，方类易检阅而可据，岂直业医者定执此以往称善也，凡有爱子之心如衡南君之按方投剂，罔不奏效矣。”②

万密斋的《痘疹心法》完备明确，清楚明白，疗效很好，而更可贵的是，他愿意将自己的祖传秘方、自己的研究心得，配合实际医案，都公之于众，而不是只传子孙和徒弟。他在《叙万氏幼科源流》中说：

> 惜乎有子十人，未有能而行之者。其书已流传于荆、襄、闽、洛、吴、越间，莫不曰此万氏家传小儿科也，余切念之。……不与诸子，恐其不能明、不能行，万氏之泽未及四世而斩矣；与门人者，苟能如尹公他得、庾公之斯而教之，则授受得人，夫子之道不坠。若陈相，虽周、孔之道，亦失其传也。诸贤勖之哉！③

这在当时实际上是很不容易的，因为一旦公布和传播，他家就没有秘方可言，变成了公开的秘方，他本着救更多人的目的，想让更多医生学习痘疹诊疗，的确是一个崇高而仁德的医生。

三　万密斋抗疫的巨大社会效应

万密斋亲赴一线，以医术为仁术，以病人心为心，治病救人，进行诊断、预防和治疗，积累经验，钻研医术，探寻奇方，挽救了无数生命，在痘疹流行时可以说发挥了中流砥柱的作用；而他利用自己的专业知识和观念，不断地宣传抗疫的观念，辨析疑似案例，并揭示同行医家的错误，这对于社会上的错误观念的纠正、稳定人心和避免恐慌都不无裨益。更有甚者，他把自己的世家医方和治疗经验写成著作，刊刻公布，无私奉献，使其广泛流布，带动和教会了其他医生和读书人的救治和抗疫。他的举动是个人的，但是效益和影响却是社会性的，对当时的应对痘疹疫情发挥了巨大的作用。

万密斋抗疫，对付流行性痘疹和散发性痘疹，他的防治和应对是全面的，不仅是医治患者、无偿送药、告知药方等，还在宣传及传播卫生知识方面也积极努力，他的名医的身份，使其抗疫具有了社会效益。他在对抗痘疹中至少具有以下三个方面的意义。

首先，万密斋对痘疹病因的分析，指出是内外因的结合，对于人们从内、外两方面防治痘疹提供了很好的指导。内因是父母的胎毒，所以在预防和治疗过程中注意进行解毒，增强脾胃功能，提高身体的正气，而外因是天行疠气，他说当冬温时就可能在春天引起戾气，从而引发痘疹，让人们

① ［明］万全著，傅沛藩、姚昌绶、王晓萍主编：《万密斋医学全书》，第677页。
② ［明］万全著，傅沛藩、姚昌绶、王晓萍主编：《万密斋医学全书》，第686页。
③ ［明］万全著，傅沛藩、姚昌绶、王晓萍主编：《万密斋医学全书》，第547页。

提前预防。此前关于痘疹的原因被认为是戾气所致，无从预防。在防疫和护理中，他提醒人们注意饮食起居，注重调养，不要接触不洁之物和戾气，尤其是因痘疹病死之人，以免引起感染。

其次，万密斋宣传的信医不信神的观念也是有利于痘疹防治的。中国传统医学防治瘟疫的艰难历程，是逐渐摆脱神学控制和纠缠从而产生科学认识的过程。万密斋明确宣扬痘疹的解毒必须要用药石才能驱除，祈祷和符水都无济于事，医生根据病症和切脉的诊断要比那些所迷信的神灵还要灵验，还要可靠。在实践中，他通过铁的事实来打击信神的观念和巫医术士，跟他们较量。他在中医战胜巫神的道路上敢于大胆宣扬医药，反对巫神，这不仅是一个进步，其对抗疫的作用是显而易见的。

最后，万密斋通过著述《痘疹心法》等书，将治疗方法、药方、医学原理阐释得清楚明白，明确而完备，利用歌括的形式更增加了该书的可操作性，使得医生和一般读书人都能按方投药，及时救活身边染痘的人，效果良好。而且，该书在由郧阳府治孙应鳌刊刻后，又陆续刊刻，许多官员和士绅不断嘉赞和宣传，使该书得到了广泛传播，传至湖北、江西、江南、福建、山东，甚至日本、朝鲜，受到欢迎和崇奉，因此可以想见，该书所产生的社会效应是非常大的。

当时为罗田县、黄州郡及湖北省的众多县令、县丞、湖广左巡抚等官员治好了疾病，他们也帮助他恢复儒生身份、引见推荐、扩大名声及刊布医书，使万密斋能为更多人治病，使其痘疹方法得以传播推广。名医的影响力非常大，万密斋与当地的官员、士绅和医生互相促进和带动，对当地的抗疫事业作出了独特贡献。

作为名医，万密斋在治痘抗疫方面的能量得到了充分的发挥，不过，名医个人力量毕竟有限，有时候救治不及时，条件不济，比如他总结出大量的“生死诀”，如果看到出现这种症状时，他会直接放弃，这样就造成大量的病人自生自灭。因此，对抗瘟疫是政府和全社会的事，需要制度性的救疗系统，需要官员的热心任事、社会慈善人士的担当，需要专业人员的同心协力，也需要知识界人士的宣传。瘟疫是一个全人类要面临的灾难，而且始终与人类相伴，在应对瘟疫时，我们应看到个体力量的全力发挥，其人格魅力和无私奉献值得我们珍视，并从中吸取精神力量和经验教训，当今的病毒传染性更强，人们居住集中，流动性大，因此传染的更加广泛，应对的挑战性更大，需要全社会和人类的共同面对，形成合力。今天的医生都应该学习名医万密斋的精神和充分发挥个人的能量。

（作者赖玉芹，中南民族大学民族学与社会学学院）

明人田汝成及其历官、生卒时间考

刘利平

田汝成，字叔禾，号豫阳、药洲，浙江钱塘（今杭州）人，明嘉靖五年（1526）中二甲进士，初授南京刑部主事，累官至福建提学副使，博学而工诗文，尤善叙述，所著《西湖游览志》《西湖游览志余》《炎徼纪闻》均被《钦定四库全书》收录，另有诗文别集《田叔禾小集》《辽纪》等行世，著述颇丰，成就颇高，为明代著名文学家，卒后入《明史·文苑传》①。除文学成就外，田汝成的宦绩、学识均有不凡表现，值得深入研究。迄今研究田汝成的论文仅有寥寥数篇，内容亦有重复，且偏重于其著述、交游及文学成就方面，而对田汝成的宦绩学识着墨甚少，对其历任官职及生卒时间亦存模糊甚至错误之处。② 作为著名文学家和历史人物，田汝成已被《辞海》《中国历史大辞典》等十余种重要文史工具书以单独条目收录，但这些工具书所载田汝成的官职和生卒时间信息几乎都存在错误（详后）。本文在概述田汝成宦绩学识的基础上，重点对其历任官职进行详考，并对其生卒时间做进一步考证。不当之外，敬请方家批评指正。

一　田汝成的宦绩与学识

田汝成的生平、著述及文学成就，前贤相关研究中已有论述，本文不再重复，仅述其宦绩与学识等前贤鲜少着意之内容。田汝成为官忠于职守，勇于任事，爱民恤下，不畏权贵，刚正不阿，一生宦游两京四省，所至均有善政，以廉能闻名于世。初任南京刑部主事之时，开国元勋徐达的裔孙、魏国公徐鹏举侵占百姓草场，百姓诉至南京刑部。田汝成按验得实后，立即驰书徐鹏举，勒令其退还草场，言辞犀利，大义凛然③。时任南京守备兼中军都督府佥书、加太子太保之衔的徐鹏

① ［清］张廷玉等：《明史》卷二八七《文苑三》“田汝成传”，北京，中华书局1974年点校本，第7372页。

② 蓝阳《田汝成和炎徼纪闻》（莫乃群主编《广西历史人物传》第7辑，广西地方史志研究组编印，1985年，第74—87页）、欧薇薇《田汝成与〈炎徼纪闻〉》［《学者笔下的贵州文化——贵州文化国际学术研讨会论文集》，1995年，第215—223页，此文后来成为欧薇薇《炎徼纪闻校注》（广西人民出版社2007年版）一书的前言部分］、上官艳艳《田汝成与〈炎徼纪闻〉研究》（达力扎布主编《中国边疆民族研究》第2辑，中央民族大学出版社，2009年，第252—259页）三篇题目基本相同的文章，均侧重于对田汝成在广西的为官经历及所著《炎徼纪闻》的成书经过及史料价值的论述，内容相仿。王宁在《田艺蘅研究》（浙江大学2007年硕士论文）一文中对田汝成、田艺蘅父子的生卒时间做过考证，然未尽善。詹明瑜《田汝成研究》（上海师范大学2012年硕士论文）在概述田汝成家世生平的基础上，重点探讨了田汝成的交游、著述和诗文成就。

③ ［明］田汝成：《上魏国公书》，载《田叔禾小集》卷五，《四库全书存目丛书》集部第88册，济南，齐鲁书社，1995年，第481—482页。信尾曰：“下官为天子法吏，治事问直不直，不得预计其人。顾执事为留都百僚之长，义不可不告。告而不从，执之未晚也。法吏之言，不能委曲，惟留神谅察。”一个新上任的小小六品主事，竟敢对在南京权势无双的一品贵勋下“最后通牒”，可见其风骨之硬，气魄之伟！

举[①]，收到书信，为之气沮，被迫速还草场于民[②]。转任礼部后，奏准旌异节孝的举核程序，使恩典更优，百姓受益；疏请嘉靖皇帝推恩于罪囚，忤旨，被切责，罚俸两月[③]；复因反对拔贡沙汰例而“忤时宰意，出为广东佥事[④]”。任广西左参议时，与副使翁万达平定龙州、凭祥土酋叛乱，计擒努滩侯公丁，大破断藤峡群盗，上善后七策，一方遂靖，立下不朽战功[⑤]。谪知滁州时，重视教育，大修学宫[⑥]。两任闽广提学，一心选育人才，“在闽中时尤得士心”，“所取皆奇士”，百姓“至今尸祝之”[⑦]；体恤民间节妇孝子之难，在广东“举节孝者三人，于闽举八人”[⑧]。使其得受朝廷旌表，以激励社会风气。

田汝成因病辞官后，盘桓湖山之间，覃心作述，为后世留下不少文史精品；同时关心时事，在嘉靖中后期东南沿海惨遭倭患期间，以乡官身份时常出入直浙总督胡宗宪的幕府，为其出谋划策，助平倭患[⑨]，并支持其子田艺蘅组织乡兵抗击倭寇[⑩]。田汝成在外为官，所到之处均有善政，故凡历官之地，方志都将其载入《名宦传》；辞官归乡后，又有功于桑梓，故所在省、府、县诸方志都将其载入《人物志》或《文苑传》，以传不朽。

田汝成学问既博，见识亦卓，剖析事理，动中肯綮，所撰著述，文史兼备，价值甚高。霍韬曾以礼部尚书之尊，致书汝成请教官场交际之礼[⑪]，足见汝成学问之精博。其“安南三论”，引经据史，析安南不足征之由，鞭辟入里，后世论安南者无不受其启发；其“阡陌”之辩，推翻将“阡陌”解作“纵横沟洫”之陈说，释“阡陌”为“千百”，训“开阡陌”为开土地买卖之端，足成一家之言；[⑫]其分析朱熹、陆九渊、王阳明、湛若水诸儒学术思想之关系与异同，亦甚为精到，发前人所未能言。[⑬]以上数端，则足见汝成见识之卓尔不凡。兵备副使翁万达善听汝成之谋，遂平广西诸乱；贵州巡抚陈克宅拒用汝成之策，凯口之役卒以败闻[⑭]。汝成谋略，用之则胜，拒之则败，一正一反足证其分析事理皆能中肯綮，故谋而必准，发则奇中。其所著《炎徼纪闻》叙述西南民族史事较正史详备，“其论田州之事，归咎于王守仁之姑息；论黄竑之事，归咎于于谦之隐忍，亦持平之

---

① ［清］张廷玉等：《明史》卷一〇五《功臣世表一》“魏国公”条，第3001页。

② ［明］王兆云：《皇明词林人物考》卷七“田叔禾传”中有“收魏国之草场还之民”之语，见周骏富辑：《明代传记丛刊》第17册，中国台北，明文书局，第193页。

③《明世宗实录》卷一三三，嘉靖十年十二月壬辰，中国台北，“中研院”历史语言研究所1962年校印本，第3154—3155页。

④ ［明］过庭训辑：《明分省人物考》卷四三《浙江杭州府二·田汝成》，《明代传记丛刊》第133册，第188页。

⑤ ［清］张廷玉等：《明史》卷二八七《文苑三》“田汝成传”，第7372页。

⑥ ［明］戴瑞卿：（万历）《滁阳志》卷一二《列传·名宦》“田汝成”，万历四十二年刊本，第399页。

⑦ ［明］吴之鲸：《武林梵志》卷八《宰官护持》“田汝成”，《景印文渊阁四库全书》史部第588册，第183页。［明］喻政主修、张天禄点校：（万历）《福州府志》卷四二《官政志四·名宦》“田汝成”，福州，海风出版社，2002年，第20页。

⑧ ［明］田汝成：《江节妇传》，载《田叔禾小集》卷六，第494页。

⑨《明世宗实录》卷五一五，嘉靖四十一年十一月丁亥，第8459页。

⑩ ［明］田艺蘅：《留青日札》卷二八“神助阵”条：“嘉靖乙卯，倭寇大作，直攻会城。余鸠集乡兵千人为保障计。”同书所载田艺蘅自传《品岩子小传》曰：“海上变作，立草丈二，檄鸠义兵千人，保障里社，幕府诸大夫壮之，聘督临、余三邑兵四千，出入行阵者五年。”分别见：《续修四库全书》子部第1129册，第226页、第7页。

⑪ ［明］霍韬：《与田提学》，《渭厓文集》卷六《书》，《四库存目丛书》集部第69册，第148页。田汝成：《答尚书霍公书》，见《田叔禾小集》卷五，第482—483页。

⑫ 详见［明］田汝成：《安南论》（上中下）、《阡陌辩》，载《田叔禾小集》卷七，第500—508页。

⑬ 详见［明］田汝成：《武夷山甘泉精舍记》，载《田叔禾小集》卷四，第464—465页。

⑭ ［明］鄂尔泰修、靖道谟等纂：乾隆《贵州通志》卷十九《名宦》“田汝成”，《景印文渊阁四库全书》史部第571册，第529页。

议，不蹈门户之见。”① 所撰《西湖游览志》“虽以游览为名，多纪湖山之胜，实则关于南宋史事者为多……因名胜而附以事迹，鸿纤巨细，一一兼核，非惟可广见闻，并可以考文献。其体在地志、杂史之间，与明人游记徒以觞咏登临、流连光景者不侔”②。

田汝成将其宦绩懿行、博学卓识发而为诗文著述，故其诗文著述犹如一座文史宝库，里面文珠史玉，琳琅满目，读者径可各取所需。诚如其友人蒋灼所言：

> 叔禾田先生以进士为礼部郎，又两为广闽提学，刻志复古，博览旁搜，根柢于六经，贯穿乎百氏，本丰而末之茂，源深而流之长，故其发之于辞，冲溢浑雄，优优乎有温柔敦厚之气。如登泰山而层峦为之秀发，如入武库而锋颖为之森罗，如探珠渊、窥宝藏而奇珍为之眩目。大或千言而无所于竭，小或数言而无所于遗。于是，及门之士皆倚为鉴衡，无不刮磨砥砺，以涤其凡陋不经之习，视之起衰济溺、崇雅斥浮者，其功诚伟矣……四方学者莫不以得其一言为宠光，王公贵客、门生故吏，往往起书币、候起居，交驰道左，户外之屦可接。有欲面为请益者，舟舆往返，不以暑雨宵暮为劳。又每每檄县官择能书吏给餐钱，缮录其文以去。③

田汝成之子田艺蘅亦说，“海内名王上公，递遣侍史来，在在令县官给笔札踵门钞录，户限几折。”④ 前往田家抄录汝成文稿者为数之众，以至于田家的门槛几乎被他们踏破。可见，田汝成的诗文著述在当时已备受学人欢迎，被争相传抄，广为流传，影响甚大。当时的文坛巨子王世贞，后世的谢肇淛、钱谦益等文史大家，都曾在其著述中征引田汝成的文章。除《四库全书》及《明史》外，明人陈子龙等辑《皇明经世文编》、黄宗羲《明文海》、俞宪《盛明百家诗》、陶珽《续说郛》、冯可宾《广百川学海》、胡应麟《诗薮》、王兆云《皇明词林人物考》、过庭训《本朝分省人物考》、吴之鲸《武林梵志》等，清人朱彝尊《明诗综》《静志居诗话》、钱谦益《列朝诗集》、陈田《明诗纪事》、杜阴棠《明人诗品》、汪森《粤西通载》等，《大清一统志》及浙闽、两广、贵州、滁州等地的明清方志，或录其文，或传其人，均留下了田汝成的身影。其代表作《西湖游览志》仅明清时期就有七个不同版本行世⑤，而《炎徼纪闻》一书至民国时已被多达十二种丛书收录⑥。可见田汝成的著述流传之广泛，影响之深远。

二　田汝成任职履历考

田汝成一生的宦绩、学识和文章，使他成为我国著名的历史文化名人，其著述早已成为我国珍贵历史文化遗产的一部分，影响绵延至今。所以，现代出版的诸种文史工具书，如《辞海·文学分

---

① ［清］纪昀等：《〈炎徼纪闻〉提要》，《文渊阁四库全书总目》卷四九《史部五·纪事本末类》，第96页。
② ［清］纪昀等：《〈西湖游览志〉提要》，《文渊阁四库全书总目》卷七〇《史部二十六·地理类三》，第504页。
③ ［明］蒋灼：《田叔禾小集序》，载《田叔禾小集》“序”，第399—400页。
④ ［明］田艺蘅：《家大夫小集引》，载《田叔禾小集》“序”，第400页。
⑤ 尹晓宁：《〈西湖游览志〉版本问题订误》，《浙江学刊》2010年第3期。
⑥ 詹明瑜：《田汝成研究》，上海师范大学硕士论文，2012年，第43页。

册》《中国历史大辞典》《中国历史人物大辞典》《中国历代人名辞典》《中国文学大辞典》《中国诗学大辞典》《中国史学家辞典》《中国百科全书》《中华文化名人录》《杭州辞典》《简明中国古代文化史词典》《中国地方志词典》《中国古籍版刻辞典》等，以及美国著名汉学家富路特和房兆楹主编的《明代名人传》，都将田汝成作为单独条目予以收录，述其生平事迹及成就，详略不等。然而，笔者发现，有关田汝成的任职履历和生卒时间等重要信息，在所有这些工具书中都存在一些错误或缺项，且至今无人做过全面、系统的梳理和订正。这势必误导使用这些工具书的广大读者，对深化田汝成及其著述的研究也是个障碍。因此，笔者有必要对这两个问题进行全面系统的考证。

较为完整记载田汝成任职履历信息的明清史籍主要有五种，现依次引录如下：

1.《明史·田汝成传》：

田汝成，字叔禾，钱塘人。嘉靖五年进士。授南京刑部主事，寻召改礼部。十年十二月上言："陛下以青宫久虚，祈天建醮，复普放生之仁，凡羁蹄铩羽禁在上林者，咸获纵释。顾使图圄之徒久缠徽纆，衣冠之侣流窜穷荒，父子长离，魂魄永丧，此独非陛下之赤子乎！望大广皇仁，悉加宽宥。"忤旨，切责，停俸二月。屡迁祠祭郎中、广东佥事，谪知滁州。复擢贵州佥事，改广西右参议，分守右江……迁福提学副使。①

2.《皇明词林人物考》：

田汝成，字叔禾，浙之杭州人也。嘉靖丙戌进士，授南京刑部主事。南京刑部以广东司为剧，而汝成以廉能闻……由员外郎转礼部仪制，历祠祭郎中，复迁仪制……忤时宰意，出为广东佥事。坐贡士不中式者五名，左迁滁州知州，升贵州佥事，转广西左参议，分守左江……罢乃盘桓湖山间……遨游河洛五六年，疾卒。②

3.《列朝诗集小传》：

汝成，字叔禾，钱塘人。嘉靖丙戌进士，授南京刑部主事，历礼部祠祭郎中，出为广东佥事，谪知滁州，迁贵州佥事，转广西右参议，罢归。③

4.《明诗综》：

汝成，字叔禾，钱塘人。嘉靖丙戌进士，授南京刑部主事，由员外郎转礼部郎中，出为广

① ［清］张廷玉等：《明史》卷二八七《文苑三》"田汝成传"，第7372页。作为《明史》底本的《明史稿》，所载"田汝成传"与此内容一致而稍详。见王鸿绪：《明史稿》列传第一百六十三《文苑三》，载《明代传记丛刊》第97册，第436页。

② ［明］王兆云辑：《皇明词林人物考》卷七，载《明代传记丛刊》第17册，第193—194页。

③ ［清］钱谦益撰、钱陆燦编：《列朝诗集小传·丁集上》"田参议汝成"条，载《明代传记丛刊》第11册，第426—427页。

东提学佥事，左迁滁州知州，升贵州佥事，迁广西左参议。①

5.《明世宗实录》亦载有田汝成部分任职信息：

嘉靖十年十二月壬辰，礼部主事田汝成言："皇上以青宫久虚……群祥委集矣。"上以汝成职非言官，率意妄奏，切责而宥之，仍夺俸二月。②

嘉靖十一年七月癸酉，升礼部仪制司署郎中田汝成为广东按察司副使提调学校。③

嘉靖十四年九月戊子，升直隶滁州知州田汝成为贵州按察司佥事。④

嘉靖十六年十二月壬子，升贵州按察司佥事田汝成为广西布政使司右参议。⑤

嘉靖十八年闰七月甲寅，广西断藤峡、弩滩诸巢贼平……捷闻，上嘉其功，诏进总兵官安远侯柳珣太子太保……副总兵张经、副使翁万达……参议田汝成各升一级。⑥

综合以上五种主要史料可知，田汝成中嘉靖五年（1526）丙戌科进士，同年授南京刑部主事，《明史》等诸书所载均同，而《皇明进士登科考》详载其中第名次为二甲第二十五名⑦，《皇明词林人物考》详其初授主事的具体部门为南京刑部广东司。之后，田汝成转任北京礼部，出为广东提学，再谪知滁州，复辗转贵州、广西和福建为官，其间所任具体官职，在滁州为知州，在贵州任按察司佥事，诸书所载无异，只是在福建任按察司提学副使一节，仅见于《明史》本传。考之何乔远《闽书》等史籍，田汝成曾任福建提学副使殆无疑问⑧，可见是其他四种史籍对田汝成最后一任官职失于记载。但是，田汝成在北京、两广所任具体官职则各书记载已有不同。

在北京田汝成任职礼部，具体职务《明史》说"寻召改礼部"，即出任南京刑部主事不久后，就改任礼部主事；后"屡迁祠祭郎中"，即在礼部经过几次升迁后，官至礼部祠祭司郎中。《皇明词林人物考》则说，田汝成任南京刑部主事后，"由员外郎转礼部仪制，历祠祭郎中，复迁仪制"，即田汝成先在南京刑部升任本部员外郎后，转任礼部仪制司员外郎，再升礼部祠祭司郎中，最后又调回仪制司任郎中。《明诗综》则说"由员外郎转礼部郎中"，即由南京刑部员外郎升任礼部郎中。而《明世宗实录》又说，田汝成调离礼部出任广东提学官时的官职是"礼部仪制司署郎中"，即是署职，而非实授官职。可见，这四种史籍对于田汝成在礼部的具体职务已存在抵牾之处，有必要对其

① ［清］朱彝尊：《明诗综》卷四十五《田汝成》，另《静志居诗话》卷十二"田汝成"条，与此全同。
② 《明世宗实录》卷一三三，嘉靖十年十二月壬辰，第3154—3155页。
③ 《明世宗实录》卷一四〇，嘉靖十一年七月癸酉，第3283页。
④ 《明世宗实录》卷一七九，嘉靖十四年九月戊子，第3847页。
⑤ 《明世宗实录》卷二〇七，嘉靖十六年十二月壬子，第4306页。
⑥ 《明世宗实录》卷二二七，嘉靖十八年闰七月甲寅，第4717页。
⑦ ［明］俞宪编：《皇明进士登科考》卷一一，明抄本，第十四页下。
⑧ ［明］何乔远：《闽书》卷四八《文莅志·按察司副使》"田汝成"条，福州，福建人民出版社，1994年，第1226页。另，［明］喻政修、张天禄点校：（万历）《福州府志》卷四〇《官政志三·按察司副使》（下册），第20页；［清］郝玉麟等修：乾隆《福建通志》卷二九《名宦·明》，《景印文渊阁四库全书》史部第528册，第457页，均有田汝成传。田艺蘅在列举其父田汝成"已刻杂集"中之《学政集》时，注曰："嘉靖十九年公为福建提学副使时刻。"见田艺蘅《家大夫小集引》，载《田叔禾小集·序》，第401页。

进行考证和梳理。

首先，田汝成由南京刑部改任礼部的具体时间，《明世宗实录》等其他四种史籍都没有记载，唯《明史》用了个“寻”字，意为在嘉靖五年（1526）任南京刑部主事之后不久。然而，南京刑部右侍郎湛若水在嘉靖八年（1529）秋所撰《（刑部）广东清吏司题名记》中说：“司旧无题名，有题名自今郎中萧君樟、员外郎刘君汝钒、主事田君汝成、卢君应祯始也。”[①] 又据程辉《丧纪》，嘉靖八年十一月，当王守仁的灵柩运至越城南高村下葬时，“会葬者数千人”，其中就有“主事叶良佩、田汝成”等人[②]。据此，则田汝成最迟在嘉靖八年十一月仍任南京刑部主事一职。可见，田汝成任南京刑部主事一职至少达三年之久，《明史》说“寻召改礼部”是不妥的。

其次，分析田汝成转任礼部之前的职官。《明史》说田汝成在“召改礼部”之前，担任的是南京刑部主事，而《皇明词林人物考》和《明诗综》则说他是由南京刑部员外郎转任礼部的。考之《南京刑部志》卷四《明刑一・题名以论其世》“广东清吏司・嘉靖朝・主事”一栏，有“田汝成……五年任”的记载[③]。然而，查阅同书同卷十三司“员外郎”（嘉靖朝）一栏，则未见有田汝成的名字。据此可知，田汝成未曾升任南京刑部员外郎，转任礼部之前仍为主事，《皇明词林人物考》和《明诗综》相关记载有误。

再次，探讨田汝成转任礼部后的任职情况。《明史》说田汝成转任礼部后，先任主事，后陆续升为祠祭司郎中。《皇明词林人物考》则说，转任礼部时即为仪制司员外郎，后升祠祭郎中，再转为仪制司郎中。《明诗综》又说田汝成转任礼部时即任郎中之职。考之俞汝楫《礼部志稿》卷四十二《历官表》，“仪制司员外郎”一栏中记曰：“田汝成……嘉靖五年进士，九年任，升祠祭司郎中。”“仪制司郎中”一栏中记曰：“田汝成，嘉靖十一年由祠祭司调任，升福建提学副使。”而查阅同书卷四十二至四十四《历官表》中礼部四司“主事”一栏，均未见有田汝成的名字，则可断言田汝成未曾担任过礼部主事。据此可知，田汝成是于嘉靖九年（1530）由南京刑部主事升任礼部仪制司员外郎，旋复升祠祭司郎中，于嘉靖十一年（1532）又调回仪制司。但是，既然田汝成于嘉靖九年转任礼部时已升任员外郎了，他在嘉靖十年（1531）十二月上书皇帝时，《明世宗实录》和《明史》为何都说他是礼部主事？既然田汝成已历任祠祭、仪制二司郎中了，他于嘉靖十一年七月调往广东任职时，《明世宗实录》为何记载其官职为“礼部仪制司署郎中”？夏言编撰的《嘉靖十一年壬辰科进士登科录》（后文简称《登科录》）为解开这一谜团提供了线索。

夏言（1482—1548），字公谨，号桂洲，江西贵溪人，正德十二年（1517）进士，官至内阁首辅，为明代著名政治家，事见《明史》本传[④]。时任礼部尚书的夏言是嘉靖十一年壬辰科殿试的提调官，考试结束后循例编撰了这份《登科录》。《登科录》属殿试文件汇编，既正规又严肃，所载一甲、二甲、三甲进士姓名、籍贯、年岁、三代等信息不容有丝毫差错，同时记载考务官员的职

---

① ［明］湛若水：《（刑部）广东清吏司题名记》，载陶尚德、庞嵩等撰：《南京刑部志》卷四下《明刑四・艺文以尽其余》，美国国会图书馆藏嘉靖三十五年刻本，第 3 页。

② ［明］程辉：《丧纪》，载王守仁撰、吴光等编校：《王阳明全集》卷三十八《世德纪》，上海，上海古籍出版社，2014 年，第四册，第 1611—1612 页。

③ ［明］陶尚德、庞嵩等撰：《南京刑部志》卷四上《明刑一・题名以论其世》，第 49 页。

④ ［清］张廷玉等：《明史》卷一九六《夏言传》，第 5191—5199 页。

衔、出身等信息亦非常正式，且详细规范。该《登科录》所载“印卷官”之一为“承德郎礼部仪制清吏司署郎中主事田汝成，丙戌进士”①。《登科录》记录田汝成的详细职衔中，“承德郎”为其散阶名，“礼部仪制清吏司署郎中”是其署职，“主事”则为其实授的本职。明制，文官加授散阶之法：正六品，初授承直郎，历考后升授承德郎；正五品，初授奉议大夫，历考后升授奉政大夫②。田汝成为“承德郎”，可见这是他任正六品的主事历考之后所升授的散阶。因授散阶唯据实授本职，而不论署职，故郎中虽为正五品，但田汝成是以主事署理郎中之事，故其散阶不是对应正五品的“奉议大夫”或“奉政大夫”，而只能是“承德郎”。署职，即代理的官职，在明代职官体系中较为常见。万历《明会典》卷五《选官》曰：“其授官，则有署职、试职、实授。”同卷“推升”条说：“旧制，升必满考。若员缺当补，不待考满者曰‘推升’……凡部、寺属官，天顺元年令各部主事及大理寺评事、历俸未及两考员外郎、寺副未及一考，序升郎中、寺正等官者，俱令署职。满考后奏请实授。”③又《南京刑部志》曰：“郎中缺，本司员外郎署；如无员外郎，则署以主事。皆缺，推各司员外郎或主事年深者摄之……后有署郎中员外郎、署员外郎及署郎中主事。”④这里虽然说的是南京刑部的情况，实则两京六部莫不如此。可见，《登科录》对田汝成职衔的记载是权威、规范而准确无误的，即他是以礼部主事之本职署理仪制司郎中之事，也即所谓的“署郎中主事”。田汝成在辞官家居后曾在为一节妇所写的传记中提到自己的往事时说：“往予代匮仪曹也，天下以节孝上者岁可百人。”⑤“仪曹”为礼部仪制司之简称。他强调自己是“代匮仪曹”，这表明当时是因“仪曹”郎中空缺，而由他暂时代理。此为仪制司郎中是田汝成之署职而非其实授官职之重要旁证。

既然田汝成是以主事身份署理仪制司郎中之职，那么，他在之前担任过的祠祭司郎中和仪制司员外郎则必亦为署职无疑。这样则前面的迷雾可一扫而光。据上述分析可知，田汝成于嘉靖九年从南京刑部主事任上转任北京礼部，即以主事身份代理礼部仪制司员外郎之职，其实际官职为“署员外郎主事”；随后升任祠祭司署郎中主事，并最迟在嘉靖十一年三月会试之前转任仪制司署郎中主事，同年七月出为广东提学。可见，田汝成在礼部所任官职，就实授官职而言，始终是正六品的主事；就署职而言，则相继为仪制司署员外郎、祠祭司和仪制司署郎中。前引《明史》和《明世宗实录》记载嘉靖十年田汝成上书皇帝时，记其官职为礼部主事，这是就其实授官职而言的，亦无不可。仅就权责而言，某一官职的署职等同于实授，如仪制司署郎中，其权力、职责范围等与仪制司郎中完全一样，二者都是主持该司全面工作的负责人。《礼部志稿》作为一部官署志书，记载其官员时自然会以其实际承担的职务来记载，即当某一官员是署职时，会据其署理的职位而不按实授本职来记载。所以，尽管田汝成在礼部的实授官职始终是主事，但在《礼部志稿》的“历官表”中，田汝成的名字并没有出现在“主事”一栏里，而在他曾署理过的“员外郎”“郎中”栏下，则都有

① ［明］夏言：《嘉靖十一年壬辰科进士登科录》，明嘉靖刻本，第8页。另，［明］焦竑《玉堂丛语》卷六“科试”条，载有壬辰科会试之后，夏言命田汝成晓谕贡士，殿试答策时应遵成式，不得立异。田汝成“因诸举子领卷传示如谕”。此为田汝成参与组织该场科考之旁证，详见《续修四库全书》子部第1172册，第527页。

② ［清］张廷玉等：《明史》卷七二《职官一》“文之散阶”条，第1736页。

③ ［明］申时行等：（万历）《明会典》卷五《吏部四·选官》，北京，中华书局，1989年，第24、27页。

④ ［明］陶尚德、庞嵩等撰：《南京刑部志》卷二《司刑一》“以正属定其官”条，第4—5页。

⑤ ［明］田汝成：《江节妇传》，《田叔禾小集》卷六《传》，第494页。

他的名字。也正因为如此，在一般的非正式场合，人们在称呼署职官员时，会倾向于把署职称为实授。前引五种史籍除《明世宗实录》外，在叙述田汝成担任礼部官职时均把其署职当成了实授，其原因即在这里。然而，这种做法容易导致误解。这也提示我们，在考证官员的具体官职时，要尽量利用像《登科录》那样权威、正式、严肃而规范的史料，否则易被误导。

关于田汝成在广东担任的官职，《明世宗实录》中说是“广东按察司副使提调学校”，即所谓“提学副使”；而《明史》等其余四种史籍都说是“广东佥事”，即广东按察司佥事，分管工作均未提及。《国榷》中则说，嘉靖十三年（1534）十二月，“广东贡生斥五人，提学佥事田汝成贬滁州知州”[①]。则田汝成当为广东按察司提学佥事。按察司是明代省级“三司”之一，设按察使一员，正三品，掌一省刑名按劾之事；副使，正四品；佥事，正五品，均无定员，掌分道巡察，有兵备、提学、抚民、清军等专职[②]。《明世宗实录》相比其他五种史籍要更权威，其编撰成书的时间也更早，所记史料自然也更原始。按常理，当以《明世宗实录》所载为准。但详考其他史籍，结果却出人意外。翻检比《明世宗实录》成书更早的嘉靖《广东通志初稿》卷七《职官·按察司》中“副使”栏下未见田汝成之名，而“佥事”栏下则有“田汝成，钱塘人，进士，嘉靖十二年任”的记载[③]。田艺蘅在《家大夫小集引》中列举其父田汝成已经刊行的文集，首列《药洲先生文集》，下面注曰：“嘉靖十三年公为广东提学佥事时刻。”[④]田艺蘅自幼随父辗转各地，父子情深，断不至于记错其父的官职。这两则史料足以证明田汝成在广东所任官职必为按察司提学佥事无疑。《明世宗实录》显然是将“佥事”误为“副使”了。至于田汝成从礼部被调往广东的原因，诸书均未提及，唯《皇明词林人物考》记曰：“时行拔贡沙汰例，而都御史史道、御史胡明善皆请复旧法，杨宜又请禁沙汰。汝成议不合，忤时宰意，出为广东佥事。”[⑤]另据《国榷》，嘉靖十一年六月庚寅日，“定廷试岁贡生被斥五人以上提学官镌一级。时张孚敬等斥贡士五十九人，礼部仪制郎中田汝成请宽之，谓祖宗朝以食粮年深为序，兹欲下及增附，则廪膳似为虚器矣”[⑥]。张孚敬即张璁，时任内阁首辅，欲强力推行拔贡沙汰例，一次淘汰认为不合格的岁贡生五十九名，但作为具体分管全国教育工作的礼部仪制司署郎中田汝成反对首辅的这一做法，请求“宽之”，因此“忤时宰意”，得罪了首辅张璁。结果不到一个月，田汝成即被外放广东，升任正五品的提学佥事，名为升之，实为远之。故对于此次职位变动，除《明世宗实录》外，其余史籍均用“出为广东（提学）佥事”来表述，用“出”而不用“升”字，盖有所指。

再来辨析田汝成在广西任职的具体情况。前引《明世宗实录》明确记载，田汝成于嘉靖十六年（1537）十二月壬子日由“贵州按察司佥事”升为“广西布政使司右参议”。《明史》本传所载与之基本相同，说他由贵州佥事“改广西右参议，分守右江”，明确其具体职责为“分守右江”地

---

① ［清］谈迁著，张宗祥点校：《国榷》卷五六，“嘉靖十三年十二月壬戌”条，北京，中华书局，1958年，第四册，第3509页。

② ［清］张廷玉等：《明史》卷七五《职官四》“提刑按察使司”条，第1840页。

③ ［明］戴璟、张岳等纂修：嘉靖《广东通志初稿》卷七《职官·按察司》，《北京图书馆古籍珍本丛刊》第38册，第152页。

④ ［明］田艺蘅：《家大夫小集引》，载《田叔禾小集》“序”，第401页。

⑤ ［明］王兆云辑：《皇明词林人物考》卷七，第195页。

⑥ ［清］谈迁著，张宗祥点校：《国榷》卷五五，第3466页。

区。《列朝诗集小传》也说是“广西右参议”。佥事为正五品，参议为从四品，二者同为外官，由佥事调任参议是升一级。“改”字常用于平级调动，故《明史》用“改”字不妥，当用“升”“进”或“擢”字为宜。《皇明词林人物考》则说田汝成由贵州佥事“转广西左参议，分守左江”，《明诗综》与此同，唯不载其“分守左江”之职责。两种说法，何者为是？

所谓分守左江、右江，乃指广西布政司分守道而言。广西布政司共设四个分守道，由参政或参议分守：桂平道，驻省城；苍梧道，驻梧州；左江道，驻浔州；右江道，驻柳州[①]。徐宏祖在其游记中说：“今分浔州、南宁、太平三府，为左江道，以郁江为左也。分柳州、庆远、思恩为右江道，以黔江为右也。”[②]可见右江道辖区是位于右江（黔江）流域的柳州、庆远和思恩三府，属广西中、北部；左江道辖区是位于左江（郁江）流域的浔州、南宁和太平三府，为广西南部。太平府的正南面依次为龙州和凭祥州土司，故该二土司州被列入《左江土司志》中[③]。田汝成在广西任职时的重要政绩之一，就是和副使翁万达平定了龙、凭二州土酋叛乱，后来还撰有《龙凭纪略》一卷以记其事。若田汝成分守的是右江道，其辖区内最南端的思恩府也与龙、凭二州之间依次隔了左江道辖下的南宁、太平二府，则龙、凭二州土酋叛乱波及不到他的辖区，也用不着他越过辖区去平乱。显然，他分守的当是左江道，辖区南面的太平府紧临龙、凭二州，且三地均与安南接壤。龙、凭二州地处南部边境，其土酋叛乱不仅会波及太平府，且会威胁到国家的边疆安全，所以作为分守左江道的田汝成必须将其镇压。嘉靖年间，江左、江右两个分守道通常对应由布政司左参议、右参议分守[④]。田汝成分守左江道，则其官职当是左参议。

田汝成在其撰写的《桂林行》中说：“嘉靖十七年，予自京师还家，稍迁广西布政司左参议，服侍二亲，不胜违恋。”[⑤]在《觐贺行》中又说：“予以己亥十一月分守左江……乃以闰七月朔日丙申，发左江，越十四日，己酉至桂林。”[⑥]田艺蘅在列举其父“已刻杂集”中“《断藤峡纪》一卷”之下，有小字注曰：“公为广西左参议时刻。公分守左江道。”[⑦]田汝成父子对田汝成所任官职及具体职位最为清楚，不可能同时出错。此为田汝成以广西左参议分守左江道最直接的证据。可见，《明世宗实录》和《明史》等史籍记田汝成为广西右参议分守右江是错误的[⑧]。然而，在各种载有田汝成传记的史籍中，因《明史》流传最广，《明史·田汝成传》就成为后世各种史籍和工具书记载或介绍田汝成的主要史源。而这些书籍的编撰者在利用《明史·田汝成传》时又未能详考，所以原书的一些错误被一再传递下来。最典型的就是田汝成在广西时的官职，《明史》成书之后编撰的各种史籍和工具书，几乎都承袭了《明史·田汝成传》的错误。如“四库馆臣”所撰《〈炎徼纪闻〉提要》：“汝

---

① ［清］张廷玉等：《明史》卷七五《职官四》“分守道”条，第1842页。

② ［明］徐宏祖：《徐霞客游记》卷三下《西南游日记四·广西》，《景印文渊阁四库全书》史部第593册，第217—218页。

③ ［清］汪森编：《粤西文载》卷一二《左江土司志》，《景印文渊阁四库全书》集部第1465册，第651页。

④ 如嘉靖间，郑纲分守右江道，他的官职就是右参政（见汪森编：《粤西文载》卷八《奏疏》，《文渊阁四库全书》集部第1465册，第561页）。嘉靖七年王守仁平定八寨时，分守左江道的就是左参议汪必东（见王守仁：《征剿稔恶瑶贼疏》，载《王阳明全集》卷一五《奏疏七》，第二册，第548页）。

⑤ ［明］田汝成：《桂林行》，《田叔禾小集》卷八《行》，第516页。

⑥ ［明］田汝成：《觐贺行》，《田叔禾小集》卷八《行》，第521—522页。

⑦ ［明］田艺蘅：《家大夫小集引》，载《田叔禾小集》“序”，第401页。

⑧ 按，由学者黄彰健主持的《明世宗实录校勘记》（卷二〇七，第1279—1280页）、清人王颂蔚《明史考证捃逸》及中华书局点校本的《明史·田汝成传》的“校勘记”，均未发现此误。

成……官至广西布政司右参议。事迹具《明史·文苑传》。”[①] 其他史籍，如《粤西文载》说“以参议分守右江”[②]。《大清一统志》说“历广西参议分守右江”[③]。嘉庆《广西通志》在《职官表》中说“左参议，分守右江”，而在《宦绩录》中又说“广西右参政，分守右江”[④]。今人编撰的较为权威的工具书，如富路特、房兆楹主编的《明代名人传》，《辞海·文学分册》，南京大学历史系编《中国历代名人辞典》，许焕玉等编《中国历史人物大辞典》，黄苇《中国地方志辞典》，台北“中央图书馆”编《明代传记资料索引》等，所收录的“田汝成”条目都将其在广西的官职误为右参议[⑤]。这些错误在今后都应予以更正。

三　田汝成生卒时间再考

关于田汝成的生卒时间，田氏父子的著述及明清时期诸种有关田汝成的传记都无明确记载。所以今人编撰的各种工具书在收录“田汝成”条目时，对其生卒时间，多为“不详”或不提及。南京大学历史系编《中国历代名人辞典》（1982年，第394页）、任道斌等编《简明中国古代文化史词典》（1990年，第394页）、许焕玉等编《中国历史人物大辞典》（1992年，第507页）、杨展览等编《地理学大辞典》（1992年，第908页）等工具书，均记其生年为1503年（即明弘治十六年）而不具卒年。浙江省社科院编《浙江人物简志》（中册，1986年，第122页）、宋传水等编《杭州历代名人》（2004年，第344页）等书则载其生卒时间为1503—1557年。而富路特等编的《明代名人传》（2015年，第1760页）则记为1500—1563年。但这些有注明田汝成生卒时间的工具书，或因体例所限都未提供相应的史料依据。

迄今仅有王宁对田汝成的生卒时间进行过考证。对于田汝成的生年，其主要依据是明代星命学家万民英所著《三命通会》上记载的田汝成的生辰八字（辛酉年庚子月壬辰日癸卯时）。据此，他推算出田汝成的出生时间为“弘治十四年农历十一月二十九日凌晨5—7点，公元1501年1月7日”，又从田汝成《立后论》中的相关记载，结合田艺蘅的生年信息，推出田汝成生年为弘治十四年，作为旁证。[⑥] 其实田汝成《啖河豚诫》一文中也间接提到了其生年信息。该文说：“嘉靖庚子正月十三日，客长洲，友人陆惟臣出河豚劝予，予拒犹往岁。既而见座客争啖，心蠢焉不持……试下箕以指所纳唇两间，果绝美，异他鱼……予曰：‘戒之四十年，昨啖指所，知味矣。’”[⑦] 嘉靖庚子，即嘉靖十九年（1540）。田汝成说他“戒之四十年”，即之前四十年都不曾吃过河豚，则可知他

---

① ［清］纪昀等:《炎徼纪闻》提要，见《文渊阁四库全书总目》第2册，卷四十九《史部五·纪事本末类》。

② ［清］汪森编:《粤西文载》卷六五《名宦传·明》“田汝成传”,《景印文渊阁四库全书》集部第1467册，第103页。

③ 嘉庆重修《大清一统志·杭州府三·人物·明》“田汝成传”，第2323册。

④ 分别见谢启昆修：嘉庆《广西通志》卷二八《职官表》十六《明五·参议》“田汝成”、卷二四九《宦绩录九》“田汝成”，《续修四库全书》史部第677册、680册，第331页、501页。

⑤ 分别见李小林等译，北京时代华文书局2015年版，第1761页；上海辞书出版社1981年版，第81页；江西人民出版社1982年版，第394页；黄河出版社1992年版，第507页；黄山书社1986年版，第255页；文史哲出版社1978年版，第106页。

⑥ 王宁:《田汝成、田艺蘅父子生卒年考辨》，载《田艺蘅研究》“附录一”，浙江大学硕士论文，2007年，第59页。另按，詹明瑜在其硕士论文《田汝成研究》中也设有“田汝成生卒年考证”一节，完全引用了王宁的结论。见上海师范大学硕士学位论文，2012年，第7—9页。

⑦ ［明］田汝成:《啖河豚诫》，载《田叔禾小集》卷七，第511页。

当年刚好四十岁。1540年往前推四十年为1501年，即弘治十四年（辛酉年），为其出生之年。不过，王宁据田汝成的生辰八字推算出的其出生时间，农历日和公元的月、日均有误。查陈垣《二十史朔闰表》，弘治十四年十一月初一（朔日）为乙亥日，对应的公历为1501年12月10日[①]。据此推算，当月“壬辰日”应是农历十八日，而非二十九日；对应的公历为12月27日，而非1月7日。因此，田汝成的确切出生日期应为弘治十四年十一月十八日，即公元1501年12月27日。

对于田汝成的卒年，王宁认为1557年之说有误，并举田汝成《炎徼纪闻自序》落款时间为嘉靖三十七年（1558）五月为证。他进而举嘉靖四十二年（1563）蒋灼所写《田叔禾小集序》中“先生以病废，归田垂二十余年，犹执卷披吟……夫先生年始逾六旬，身不满六尺，官不过四品，听其言若不出诸口，而海内爱慕”之语，证明田汝成在嘉靖四十二年仍健在。但其卒年因未见确切史料，暂不可考[②]。本文认同此观点。若以后田汝成的家谱或墓志、墓表之类的文献能被发现，则其卒年当可以考出。

（作者刘利平，云南师范大学历史与行政学院）

① 陈垣：《二十史朔闰表》，北京，古籍出版社，1956年第1版，第172页。
② 王宁：《田艺蘅研究》，浙江大学硕士论文，2007年，第61页。

疾病与人情

——再论唐顺之晚岁之出

芮赵凯

唐顺之，字应德，武进（今江苏常州）人，生于正德二年（1507），卒于嘉靖三十九年（1560），世人称之为荆川先生，因其具有较高的文学造诣及传奇的人生经历而广受关注。唐顺之早年出仕，两度罢官后回籍隐居读书十余年，至晚年重新被朝廷起用，再度出仕。唐顺之晚岁出仕这一举动，因赵文华曾参与推荐，严嵩曾予以协助而饱受诟病。由此，关于唐顺之晚节的评价历来富有争议，一种观点认为，唐顺之晚年希冀功名，通过赵文华结交严嵩，因而得以再度被朝廷起用，于晚节有损。这一观点的典型代表是《明世宗实录》所载唐顺之评传："既久之不获用，晚乃由赵文华进，得交严氏父子，觊因以取功名，起家不二年开府淮扬，然竟靡所建立以卒。"[①] 据学者吴恬研究，此种观点萌发于王世贞，成于张居正及徐学谟[②]。另一种观点认为，唐顺之忧国忧民，有建功立业之心，在国家危难之际挺身而出，积极有为，应当予以充分的肯定，严嵩的协助是迫使其出仕的压力而非污点[③]。然而，当笔者详细梳理唐顺之数十年来与诸人往来的书信时，发觉唐顺之晚岁出仕的过程似乎另有隐情，绝不是仅仅以严嵩是否参与协助而可以简单定论的。唐顺之早年曲折的仕宦经历、身体所罹恶疾与人情纠葛皆极大地影响了他关于晚岁出仕的抉择。

一　动辄罹咎：早年仕宦与两度罢官

唐顺之出生于官宦世家，从小便聪颖卓异，敏而好学。嘉靖八年（1529），年仅二十三岁的唐顺之参加科举，取会试第一名。会试主考张璁"以暮龄登第，惜积学不售之士，校文崇尚简古。得公卷，谓冲雅典则，力追成弘风度，意必老成士也，遂置元，及拆卷，不意少年"[④]。唐顺之的会试试卷极为精妙，"见者以为前后无比，气平理明，而气附乎理。意深辞雅，而意包乎辞。学者无长

---

① 《明世宗实录》卷四八三，嘉靖三十九年四月丙申，中国台北，"中研院"历史语言研究所，1962 年，第 8062 页。

② 参见吴恬：《唐顺之晚节与事功考辨》，南京大学硕士学位论文，2011 年。

③ 参见赵园：《关于唐顺之晚岁之出》，《南通大学学报（社会科学版）》2005 年第 3 期；黄毅：《唐顺之与明代抗倭斗争》，《深圳大学学报（人文社会科学版）》2009 年第 6 期。

④ 唐鼎元：《明唐荆川先生年谱》卷一，《北京图书馆藏珍本年谱丛刊》第 47 册，北京，北京图书馆出版社，1999 年，第 447 页。

幼远近，悉宗其体，如圆不能加于规，方不能加于矩矣”[①]。随后，取廷试第四,二甲第一名。廷试之前，“邃庵内阁使乡人索试策，欲首擢之”[②]。邃庵即时任内阁辅臣杨一清，因欣赏唐顺之的才学，派遣乡人前往唐顺之处求取廷试试策，欲图拔擢唐顺之为廷试第一名。然而，唐顺之恪守名节，认为“一殿元何足为人轻重，始进身之初而遽若此，后悔何及”[③]，因此并未如杨一清所愿，最终被列为二甲第一名。当年三月，杨一清上疏题请考选庶吉士：“进士改庶吉士令读中秘书，盖自我成祖始……今宜于二甲取前五十人，三甲取前三十人，合之得八十。唐顺之等三人已呈圣览甄录，不必覆试，其余如例选二十人为庶吉士，自后量留数人以备任使，其一甲罗洪先等亦当如旧例教习。”[④]除一甲三人以外，须从二甲、三甲进士中考选出二十人为庶吉士，进入翰林院学习，唐顺之等三人因廷试试策被嘉靖帝御批，因此免试入选。然而，因“大礼新贵”张璁、霍韬为会试考官，而唐顺之等人“以大礼之议为非，虽出其门不肯趋附”，导致“璁、韬恶之”，又因张璁、霍韬“欲倾一清以立党之说”，遂“进改公以下若干人为主事等官”[⑤]，唐顺之因此被授予兵部武选司主事一职。

嘉靖九年（1530），唐顺之“以僚长卢襄难处，因病告归”[⑥]。当年六月，其母任宜人去世，随即服丧至嘉靖十一年（1532）九月服阕。复官为吏部稽勋司主事，随后改为考功司主事，为官“不阿流俗，独任风裁，重清议，吏部勿堪也”[⑦]。嘉靖十二年（1533）七月，嘉靖帝以“翰林侍从人少，诏吏部博采方正有学术为众望所归者充其选”，唐顺之因此改任翰林院编修[⑧]。嘉靖十三年（1534）三月，充经筵展书官[⑨]。七月，因“重书累朝及恭睿献皇帝宝训、实录”，担任校录官[⑩]。嘉靖十四年（1535），宝训编成，按照惯例应当升迁。然而“时张璁当国，公素以直道自任，耻出柄臣门”[⑪]，“有庆贺事，远投拜简，跃马径过其门”，张璁“虽会试举主，恶其不相亲近”，于是当唐顺之上疏因病乞归后，张璁“票一旨意云：‘唐顺之方改史职，又见校对训录，乃辄告病，着以原职致仕去，不许起用’”[⑫]。由此，唐顺之于当年二月首度罢官回籍。

嘉靖十八年（1539）二月，嘉靖帝册立皇太子，同月，命内阁选置东宫官僚。据李开先记载：“会起废，兼补东宫员缺十余人，而唐子不与焉。东井左镒言之内阁：‘失唐殊不惬众望’，已而内旨不允，再推，因而及之，得为右春坊右司谏。其实乃予言之东井，而东井言之内阁也。”[⑬]可知唐顺之原非内阁人选，在李开先、左镒反复协调推动下，最终得以入选。居家四年后，得以复官编

① ［明］李开先著，路工辑校：《李开先集》卷九《荆川唐都御史传》，北京，中华书局，1959年，第621页。

② ［明］李贽：《续藏书》卷二二《佥都御史唐公传》，《续修四库全书》第303册，上海，上海古籍出版社，2002年，第527页。

③ 唐鼎元：《明唐荆川先生年谱》卷一，第451页。

④ 《明世宗实录》卷九九，嘉靖八年三月甲子条，第2356—2357页。

⑤ 唐鼎元：《明唐荆川先生年谱》卷一，第453页。

⑥ ［明］李开先著，路工辑校：《李开先集》卷九《荆川唐都御史传》，第621页。

⑦ 唐鼎元：《明唐荆川先生年谱》卷一，第454页。

⑧ 《明世宗实录》卷一五二，嘉靖十二年七月庚午，第3464页。

⑨ 《明世宗实录》卷一六一，嘉靖十三年三月辛未，第3582页。

⑩ 《明世宗实录》卷一六五，嘉靖十三年七月丁丑，第3636页。

⑪ 唐鼎元：《明唐荆川先生年谱》卷一，第480页。

⑫ ［明］李开先著，路工辑校：《李开先集》卷九《荆川唐都御史传》，第622页。

⑬ ［明］李开先著，路工辑校：《李开先集》卷九《荆川唐都御史传》，第623页。

修，并兼任右春坊右司谏[①]。复官之后的唐顺之“与同僚邹东廓、徐少湖、罗念庵、赵浚谷、吏部郑淡泉力砥圣贤之学”[②]，“俸薄而用不足，官闲而乐有余，不但辞受不轻，虽一拜往返之细，亦斟酌可否而后行之。名既高而心愈下，年渐长而操更严”[③]。嘉靖十九年（1540），嘉靖帝“斋居决事，不受朝贺”[④]，唐顺之因此于当年十二月上疏奏请来岁元日太子出御文华殿，接受百官朝贺：

> 曩以储躬冲幼，务存谦抑，凡遇岁时令节及千秋庆贺，暂令进笺内廷，此盖礼出从权，时将有待。今皇天迪保，睿算日昌，虽龙德尚韬而麟姿益茂。至于来岁首春，又当天下百官述职，多士宾兴，衣冠咸萃于天都，欢欣交通于万国，咸思望元良濬哲岐嶷之光，以思报陛下曲成范围之大德者，其心宁有穷极哉！而文华之仪缺而未讲，臣民稽首之敬抑而未伸，非所以彰主器之殊尊，答群心之属望也。[⑤]

与此同时，罗洪先、赵时春也各自上疏奏请。嘉靖帝得疏大怒，陈述自己“因南方生长，禀受素弱，自十三年春遘病，圣母忧，朕成疾不治”，又“近忽得疾，不能动履，至今体气未复，岂可不自爱，以违生育”，而“东宫目上视未愈安得行步，且朕方疾后未全平复，遂欲储贰临朝，是必君父不能起者”，痛斥“罗洪先等狂悖，浮躁不道”，乃“俱黜为民”[⑥]。唐顺之等人此次上疏极为凶险，李开先记载：“因以激上之怒，以为意在刺朕，阁臣又有‘身首异处，不足偿责’揭帖，事势似不可测矣”[⑦]，后世沈德符在记述此事时，认为“（皇太子）睿龄亦止五岁耳，此等建白，直以唐顺宗、宋光宗待主上矣。使在末年，必遭郭希颜之祸”[⑧]。唐顺宗、宋光宗皆被迫禅位于太子，沈德符预判如果此事发生在嘉靖朝末年，唐顺之等人一定会如同郭希颜一样遭杀身之祸[⑨]。所幸嘉靖帝从宽处置，其性命得以保全。

唐顺之年少成名，取会试第一、廷试第四的傲人成绩，本应作为后起之秀在官场大有作为，而却先后因触怒权臣张璁及嘉靖帝而两度被罢官，在三十四岁时被革职为民，开启了长达十八年的隐居读书生涯。

---

① “复编修黄易、王同祖、黄佐、唐顺之俱原职。易、同祖兼校书，佐、顺之兼左右司谏，太常寺卿周令兼正字。诏：俱如拟。”《明世宗实录》卷二二一，嘉靖十八年二月癸丑，第4593页。

② 唐鼎元：《明唐荆川先生年谱》卷二，第518页。

③ ［明］李开先著，路工辑校：《李开先集》卷九《荆川唐都御史传》，第623页。

④ 唐鼎元：《明唐荆川先生年谱》卷二，第526页。

⑤ ［明］唐顺之著，马美信、黄毅点校：《唐顺之集·荆川先生外集》卷二《请皇太子受朝疏》，杭州，浙江古籍出版社，2014年，第808页。

⑥ 《明世宗实录》卷二四四，嘉靖十九年十二月壬午，第4916—4917页。

⑦ ［明］李开先著，路工辑校：《李开先集》卷九《荆川唐都御史传》，第623页。

⑧ ［明］沈德符：《万历野获编》卷七《翰林建言知名》，北京，中华书局，1959年，第261页。

⑨ 按：皇太子朱载壑于嘉靖二十八年（1549）去世，此后嘉靖帝再未册立太子。郭希颜于嘉靖三十九年上疏奏请立储，嘉靖帝以大逆不道，妖言惑众律将其斩首示众。

二　不意仕途：克欲修身与囊痈之疾

罢官回乡后，唐顺之对官场心灰意冷，专注于研学。其在嘉靖二十年（1541）与时任内阁首辅夏言的书信中曾言："顾迂狂成性，动自罹咎，其始既无以副节取汲引之心矣，尚幸有犬马余生、生林精力诵诗读书，窃古人而冀自淑，则所以报明公保全之厚者或在乎此，而不敢不勉也。"[①] 两度罢官的挫败感促使唐顺之开始对自身仕宦生涯进行反思，进而开始对自身学问的"重塑"。他在同一年与时任漕运总督周金的书信中展开了对自己仕途坎坷的原因分析：

> 仆少不自揆，亦尝有四方之志，而才器迂滞，本不适时，加以弱冠从仕，重以负气，学未及成而骤试之，且少年负气不识忌讳，以迂滞之气而试未成之学，重以负气之习，此其动辄罹咎也，岂足怪哉！犹幸免诛戮，得齿编氓。[②]

他认为自己在二十岁左右便出仕为官，学业未成又富年少意气，因而仕途屡受挫折。在嘉靖二十三年（1544）与南直隶提学御史冯天驭的书信中，唐顺之进一步阐释自己学业未成的原因在于未寻得"真根子"："草茆如仆者，年迫四十，齿发渐衰，自念此身竟未有安顿处，正坐其初入头元不是真根子。若不以此时痛自惩创，并归一路，重立树根基，则后来恐无日矣。"[③] 他认为"欲"乃是其寻求"真根子"的阻碍，于是通过诸多途径克"欲"。唐顺之首先改变自己喜欢食肉的习惯：

> 仆自生齿以来，百种嗜欲颇少于人，亦绝不知人间有炫耀显赫事，独不能淡于饮食，乃始痛为节损，或四五日不肉食，始而苦之，久且甘之矣。间饮食于富贵之家，腥膏满案，且哕之而投箸矣。所以苦身自约如此者，以为既不能改于其固陋以徇时好，则贫贱自是此生常事。[④]

他陈述自身并无诸种欲望，仅于饮食上无法做到清淡。经过痛苦的开始，他对粗茶淡饭甘之如饴，以至于去富贵人家做客，面对满桌荤腥而投箸不食。在克制食肉的欲望之外，唐顺之通过尝试控制与外界往来进一步扫除欲望：

> 仆自来家居，多是谢却一切应务，或闭门读书，或宴坐山水间，稍能摆脱，便谓胸中无事，其实种种欲根潜伏，不曾露出头面，既不得头面，则不知下手着实扫除，盖悠悠之为患久矣。近来乃于一切应务不一避过，始觉败露渐多，然一番败露则一番锻炼，从此工夫颇为近实。[⑤]

可知其起初选择通过独居读书，不理世事的方法以求清心寡欲，此后又觉此途不利于从根上拔

① ［明］唐顺之著，马美信、黄毅点校：《唐顺之集・荆川先生文集》卷九《答夏桂洲相公》，第 386 页。
② ［明］唐顺之著，马美信、黄毅点校：《唐顺之集・荆川先生文集》卷五《答周约庵中丞》，第 217—218 页。
③ ［明］唐顺之著，马美信、黄毅点校：《唐顺之集・荆川先生文集》卷六《答冯午山提学》，第 240 页。
④ ［明］唐顺之著，马美信、黄毅点校：《唐顺之集・荆川先生文集》卷五《与王尧衡书》，第 215 页。
⑤ ［明］唐顺之著，马美信、黄毅点校：《唐顺之集・荆川先生文集》卷五《答周七泉通判》，第 220 页。

除欲望，遂不再躲避世事，开始在应接俗务的过程中发现欲望，然后扫除欲望。克欲修身十余年后，唐顺之坦言："盖尝参之闭门静坐之中，参之应接纷扰之中，参来参去如是者且十年，而茫乎未之有得也，虽其茫乎未之有得，而隐约之间，或若有一罅之见焉"，他总结："此心天机活物，其寂与感，自寂自感，不容人力。吾与之寂与之感，只自顺此天机而已，不障此天机而已。障天机者莫如欲，若使欲根洗尽，则机不握而自运，所以为感也，所以为寂也。"[①] 唐顺之通过克欲感知天机，其"天机说"逐渐成形。

在参悟天机之外，唐顺之深感"东南士习之坏也久矣，近年以来，其坏者竟不可返，而山乡僻邑颇号驯朴者，亦渐浇讹"，虽然他"念此痛痒相关，不能无悯时病俗之意"，但是"其纷华之诱已深，而其狷巧机利之习鼓煽又甚，其植根也甚固"，于是无奈感慨"其返之也实难，安能以一篑障江河也哉！"[②] 即使感觉凭一己之力难以改变积重难返的东南士风，唐顺之仍欲在"洗涤心源，从独知处着工夫，待其久而有得"之后，"思与乡里后进有志之士共讲明焉，一洗其蚁膻鼠腐、争势兢利之陋，而还其青天白日不欲不为之初心。"[③] 由此，研学与授徒，构成了唐顺之家居生活的主要部分。

嘉靖二十九年（1550），一场重病的到来，使唐顺之本就孱弱的身体雪上加霜。唐顺之"幼时尝竭精神于举业，岁成瘵疾"[④]，"瘵"在《中医药大词典》中有两种解释，一为"劳瘵的简称，指一种传染性疾病，类似结核病"，二指"虚劳重症"[⑤]，二者皆为重疾，唐顺之早年两次疏病乞归也与之相关。嘉靖二十九年春，唐顺之罹患"囊痈"之疾，"囊痈"在《中医药大词典》中解释为："又名肾囊痈。多因肝肾二经湿热下注，或外湿内蕴酿成毒而致。证见恶寒发热，口干喜凉饮，小便赤涩，阴囊红肿热痛。"[⑥] 此次患病极为凶险，唐顺之自正月患病，"二月三月之间，濒于死者三四，已分与世长别"[⑦]，"卧病百余日，溃出脓水过多，足髓流耗，至今未能起立一步，恐因此遂成瘫软，作一支离活死人。"[⑧] 患病以来，"出脓水四五碗"[⑨]，在生死边缘徘徊数次，卧床百余日仍未能起身行走，以致唐顺之担忧自此不愈，遂成瘫痪。唐顺之在病中作《囊痈病作三首（其二）》：

春半忽惊狗马疾，年来似是龙蛇辰。
谢医少钱长却药，暖骨累裀聊借人。
味为补虚一试肉，事求如意屡生嗔。
正愁未了形骸外，生老病苦只此身。

---

① ［明］唐顺之著，马美信、黄毅点校：《唐顺之集·荆川先生文集》卷六《与聂双江司马》，第278页。
② ［明］唐顺之著，马美信、黄毅点校：《唐顺之集·荆川先生文集》卷六《答冯午山提学》，第240页。
③ ［明］唐顺之著，马美信、黄毅点校：《唐顺之集·荆川先生文集》卷五《寄黄士尚》，第225页。
④ 唐鼎元：《明唐荆川先生年谱》卷一，第454页。
⑤ 李经纬等主编：《中医药大辞典（第二版）》，北京，人民卫生出版社，2004年，第1956页。
⑥ 李经纬等主编：《中医药大辞典（第二版）》，第1993页。
⑦ ［明］唐顺之著，马美信、黄毅点校：《唐顺之集·荆川先生文集》卷六《答洪方洲》，第264页。
⑧ ［明］唐顺之著，马美信、黄毅点校：《唐顺之集·荆川先生文集》卷七《答蔡可泉》，第311页。
⑨ 唐鼎元：《明唐荆川先生年谱》卷三，第631页。

唐顺之在此诗后注有："余平生无厚褥，止一褥既薄且敝，病骨觉冷硬不堪也，乃从亲人家借一褥衬之，平生有厚褥与重褥自今始。而余素戒肉，养病乃肉食。"[①]由此观之，唐顺之的生活状况颇为清苦，一方面困于钱财无多，逢此重疾仍缺医少药；另一方面因厉行克欲修身，长年只有一薄被褥，颇似杜甫所言"布衾多年冷似铁"的状态，因病体不堪冷硬的被褥，方才去亲人家中借来一厚被褥。此外，其戒除肉食已近十年，因病体虚弱需要滋补，方才再度食肉。王慎中分析唐顺之的病因"只是起居饮食之间太为瘠陋，又不拣择，故婴此患也"，又言："吾自多病，又于饮食起居尤不能为节，顾欲荐所见以助兄，宜其不为所省。"[②]王慎中以自身多病调养的经验奉劝唐顺之，在饮食起居上不宜节省，宜精细为之。

囊痈之疾虽在当年缓和，然而其后遗症似乎延续数年，难以痊愈。唐顺之在嘉靖三十一年（1552）与赵时春的书信中仍言："弟三年为木肾所苦，今偶溃脓，几至殒生。"[③]罹病数年，几度生死，对唐顺之的身心状态产生了极为消极的影响。在患病当年，徐阶在书信中与唐顺之言其疏请册立东宫事："东宫册立，尝再疏以请，俱留中不报，盖父子之间人所难言，比兄上疏时又益以甚"，并言"区区此身，进退维谷，止可与兄道，未易与他人言也"[④]。徐阶显然将唐顺之视作知己，将朝堂困境一吐为快，然而唐顺之回信："至于少日雄心，不觉渐自灰冷，或记及往事，则已忽忽如梦中。今读兄书，亦如闻人说梦中事。"[⑤]唐顺之对此事避而不答，态度消极，对往昔及今日的官场事宜唯恐避之而不及。嘉靖三十二年（1553），唐顺之在与徐阶的书信中更是直言："吾丈知吾之昔，而不知吾之今非昔人矣。樗散阘茸，百年尽冷，已作一方外人矣。追思曩与吾丈及浚谷相聚，谬负意气。欲攘臂于经时之略，真如说梦，可发一笑。"[⑥]今非昔比之意，已跃然纸上。

至嘉靖三十五年（1556），唐顺之的身体愈加虚弱，对世事愈发不愿过问。其与时任南京吏部考功司郎中万恭书信中曾言：

> 逮年近五十，衰病逼人，精气耗尽，料此残躯理无久生，且更事渐深，自知迂褊疏僻之性，必不可谐于世，所谓五十而知四十九年非也，于是欲逃之方外以避余齿，向来习业一切捐尽，向来念头一切扫尽。居常兀坐，奄奄如墟墓中人，每闻人语及世事，辄塞耳却走以避咎而已。又击壤老人所谓"当年志气欲横秋，今日看来甚可羞"也，形既槁矣，心亦灰矣。[⑦]

由此观之，年近五十的唐顺之形容枯槁，以"理无久生""墟墓中人"自诩，大有日薄西山之感。相较于嘉靖二十九年，其不问世事，欲"逃之方外"之心更甚。两度官场失意，本就一心于研学及授徒的唐顺之，在罹患囊痈重症之后，身体愈加虚弱，内心消沉，于仕途颇为无意。

① ［明］唐顺之著，马美信、黄毅点校：《唐顺之集·荆川先生文集》卷三《囊痈卧病作三首》，第109页。
② 唐鼎元：《明唐荆川先生年谱》卷三，第632页。
③ ［明］唐顺之著，马美信、黄毅点校：《唐顺之集·荆川先生文集》卷八《寄赵浚谷》，第333页。
④ ［明］徐阶：《世经堂集》卷二二《与荆川》，《四库丛书存目丛书》集部第80册，济南，齐鲁书社，1997年，第82页。
⑤ ［明］唐顺之著，马美信、黄毅点校：《唐顺之集·荆川先生文集》卷八《答徐存斋相公》，第321—322页。
⑥ ［明］唐顺之著，马美信、黄毅点校：《唐顺之集·荆川先生文集》卷八《答徐存斋相公》，第322页。
⑦ ［明］唐顺之著，马美信、黄毅点校：《唐顺之集·荆川先生文集》卷八《与万两溪吏部》，第336—337页。

三　不问祸福：相引之恩与致身之义

树欲静而风不止，唐顺之虽无意仕途，然而自其患囊痈之疾当年开始，阁部重臣们却先后力邀其出仕，并为之多方推动。嘉靖二十九年八月，因“庚戌虏变”发生，朝廷亟须人才以供驱使，时任礼部尚书徐阶“力荐公及聂豹、赵时春，聂公入为兵部侍郎，赵公为主事，公不果出”[①]。聂豹起初复官为顺天巡抚[②]，随即升为兵部右侍郎[③]。赵时春于当年复官为兵部主事，专管营务[④]。唐顺之的起用不似聂豹与赵时春顺利，并未获得通过。徐阶在第二年与唐顺之的书信中曾再次提及此次推荐：

> 浚谷兄入朝，其初或诋为疏狂，或笑为古拙，至其后则遂指为邪党而思甘心焉？故不得已，姑出之于外。至若用之领兵、置之山东，则窃有深意，委屈而处焉者也。近山东兵以精健冠诸军，士大夫方相与服浚谷之才，而忌者又谓此兵骄横无纪律，流言喧腾，至形章奏。嗟乎！士居今世，其欲有为也，岂不信难哉！去岁锐意欲屈兄出山，后乃未果，盖深有所惩也。[⑤]

赵时春复官为兵部主事后，在朝时被人取笑为疏狂古拙之辈，徐阶无奈之下为之运作，外调为山东按察司佥事。赵时春在按察司佥事任上训练民兵卓有成效，又为人嫉妒，诬山东兵骄横无纪律。徐阶痛陈赵时春复官后的曲折经历，似乎对去年唐顺之的起用未能成功感到深为庆幸。此后，鉴于赵时春复官后的教训，徐阶一直在寻找更为合适的时机推荐唐顺之更为合适的复官职位。

嘉靖三十二年，聂豹由兵部左侍郎升任兵部尚书[⑥]，随后，“与徐阶谋起用公与罗洪先”[⑦]。唐顺之的弟子姜宝在当年中进士，被遴选为翰林院庶吉士[⑧]，在与唐顺之书信中记述：

> 迩来间得接遇荐绅先达，若对山林太史、武东杨文选、双江聂本兵，诸公皆谓方今世道，必得经纶大手如先生与念庵者，一出而任其责，乃克有济……疏内欲以职方相处，虽似非宜，部中覆题虽未有明说，然闻周旋委屈实出诸公至情，而兆足以行之机将在于此。[⑨]

姜宝因任翰林院庶吉士，故有机会接触朝中各级官员，根据姜宝的描述，当时聂豹等人皆有意起用唐顺之，并多方运作拟起用至兵部职方司衙门。好友罗洪先在同年与聂豹的书信中说：“见谕

---

① ［明］唐鼎元：《明唐荆川先生年谱》卷三，第636页。

② 《明世宗实录》卷三六五，嘉靖二十九年九月乙未，第6517页。

③ 《明世宗实录》卷三六六，嘉靖二十九年十月癸亥，第6537页。

④ 《明世宗实录》卷三六五，嘉靖二十九年九月甲寅，第6534页。

⑤ ［明］徐阶：《世经堂集》卷二二《复荆川》，《四库丛书存目丛书》集部第80册，第84页。

⑥ 《明世宗实录》卷三九三，嘉靖三十二年正月癸卯，第6923页。

⑦ 唐鼎元：《明唐荆川先生年谱》卷三，第674页。

⑧ 《明世宗实录》卷三九八，嘉靖三十二年五月丁未，第6987页。

⑨ ［明］姜宝：《姜凤阿文集》卷二《奉荆川先生书》，《四库全书存目丛书》集部第127册，济南，齐鲁书社，1997年，第474页。

当道，欲以军旅物色荆川，与生者极力说阻，恐终不免，闻之且愕且喜。荆川命世之杰也，其行峻洁，其学精进，其志坚刚，其精力壮健，世不用则已，小用则小益，速用则速效。”[①]罗洪先在信中对唐顺之大为赞赏，对其即将被朝廷起用表现得既惊又喜。然而遗憾的是，此次徐阶、聂豹等谋划起用唐顺之并不顺利，未能成功。嘉靖三十四年（1555）二月，聂豹因御倭不利，同时未能提出让嘉靖帝满意的平倭策略，而遭罢职，回籍闲住[②]。

嘉靖三十五年五月，时任工部尚书兼都察院右副都御史赵文华二度视师东南[③]，赵文华与唐顺之皆为嘉靖八年进士，属同年旧交，而赵文华又为时任内阁首辅严嵩义子，因此在严嵩授意下开始延揽唐顺之，并逐步推动唐顺之复官。至于严嵩为何意图起用唐顺之，王世贞在《嘉靖以来首辅传》中曾分析此事："晚节知天下人怨之，间舍旧郄而收录知名士，若故编修唐顺之、中允赵贞吉等，皆以沦落为感，不自觉入其彀至显庸，因而有称之者。"[④]据王世贞所言，严嵩晚年深知自己当权多年，为天下人怨恨，因此甄选在野而富有名望的士人，举荐其再度出仕，而唐顺之恰在此列。

因唐顺之父亲唐宝于嘉靖三十四年七月去世，故赵文华首先提出为唐宝修葺陵墓，以示善意。唐顺之以"使公辍赏战士之财，为故人葺私墓，在公谓之过厚可也，鄙人乃以先人私墓之故，至饕餮公之所以赏战士之财，其又谓之何"[⑤]的理由加以拒绝。欲图为唐宝修葺陵墓之外，赵文华着手推进唐顺之复官。据唐顺之与赵文华书信记载："公笃于故交而切于怜才，仆自屏废以来，知公未尝忘推毂之心，既数荐之诸公间而不能遂。今伏钺开府，得自辟士，故欲借此路曲相汲引，此公之盛心也。仆虽顽钝，能不感激？"[⑥]由此可知，赵文华欲通过招募唐顺之为其幕僚的途径作为起用他的第一步。这一设想被唐顺之以"自顾迂腐之器，既不足以赞筹画，而昔人所谓薄福之相又不足与共功名，深恐为公知人累耳，非特以公朝瑕垢之人，私不敢以与幕僚，凶变衰绖之余，礼不敢以渎棨戟也"[⑦]为由拒绝。

招募唐顺之为幕僚一途未成，赵文华于当年十二月直接向朝廷上疏荐举遗才："谓地方多故负才遗佚之士，有扼腕思奋者如原任翰林院编修唐顺之，右中允秦鸣夏，暨参政胡松、翁大立、周相，副使李文进等俱宜录用，以济时艰。"[⑧]赵文华的疏奏获得通过，唐顺之于此时得到了朝廷正式的复官许可，并起官"为南京兵部主事"[⑨]。面对朝廷征召之命，唐顺之并未赴任，并去书赵文华："闻元老相公拳拳相引，非公左右调护则不及此。近承部檄，待罪南曹，但以三年大故，精气尽枯，几度沉疴，耳目半减，未能奔走以赴。"[⑩]唐顺之在向赵文华解释未能到任原因的同时，也明确表达了对严嵩及赵文华为其复官所做努力的感谢。

---

① ［明］罗洪先：《念庵罗先生集》卷二《寄双江公》，《四库全书存目丛书》集部第91册，济南，齐鲁书社，1997年，第519页。

② 《明世宗实录》卷四一九，嘉靖三十四年二月甲午，第7279页。

③ 《明世宗实录》卷四三五，嘉靖三十五年五月甲子，第7492页。

④ ［明］王世贞：《嘉靖以来首辅传》，《景印文渊阁四库全书》第210册，中国台北，台湾商务印书馆，1983年，第472页。

⑤ ［明］唐顺之著，马美信、黄毅点校：《唐顺之集·荆川先生文集》卷八《与赵甬江司空》，第339页。

⑥ ［明］唐顺之著，马美信、黄毅点校：《唐顺之集·附录2》《与赵甬江司空》，第992—993页。

⑦ ［明］唐顺之著，马美信、黄毅点校：《唐顺之集·附录2》《与赵甬江司空》，第993页。

⑧ 《明世宗实录》卷四四二，嘉靖三十五年十二月癸卯，第7565页。

⑨ 唐鼎元：《明唐荆川先生年谱》卷四，第713页。

⑩ ［明］唐顺之著，马美信、黄毅点校：《唐顺之集·附录2》《与赵甬江司空》，第994页。

弟子姜宝在此时来信：

前月白伯伦人回，曾附一柬，想已达上矣。此柬始终语意，皆受之存翁，某不敢有所增损。然其意则真是相知相爱而欲相成之甚，非一切寻常推挽，徒以荐贤一事惬物望而了世缘者比也……吾师服阕时，凭决再来通书信之后或可一到任，但恐明年有警，则兵宪迁除似在所不免。①

据姜宝此信可知，唐顺之复官除由严嵩、赵文华为主推动外，徐阶也同样在朝中为之多方运作维护。朝中运筹之外，徐阶还特修书唐顺之："然尝观孟子之处王驩，虽比东汉诸贤迥然不同，而视孔子之待阳货，则犹如未免有迹，此中更望兄深思而细察之也。②"徐阶以孟子与王驩、孔子与阳货的典故③劝说唐顺之积极出仕。唐顺之回信徐阶：

某至迂戆无能人也，甬江之荐与介翁老先生之用，诚不自意……古之人不辞以老病之身而当车左之礼者，其说固曰以成上之人高谊也，某亦不敢以迂戆无能与衰病不堪为解而勉强就列者，非特以承圣明在宥之深恩，亦以承元老相公与诸公之高谊也。虽然，几度沉疴，精神耗尽，大故之余，哀魂未返，奈何奈何！④

面对严嵩、赵文华的极力援引，徐阶的殷切盼望，唐顺之首次在书信中表达了因感念嘉靖帝宽宥以及严、赵、徐等人相助的厚恩，故愿意勉为其难再次出仕的想法。虽然在与徐阶的书信中首次表示愿意再次出山，但是唐顺之内心依旧十分纠结。他在随后与时任礼部尚书李本的书信中说："遂奉明恩，复齿衣冠。自知迂劣，何以致此，忝窃忝窃。顾某衰绖才终，哀魂未返，药囊常御，病骨转销，槁木形骸，岂堪鞭策？"⑤在与时任兵部尚书许论的书信中说："某甘为废人久矣，不意再尘衣冠，惟强竭驽钝以从诸公驱策，岂非所愿？虽然，自度拙滞之才，既无益于世途，迂褊之性又不堪于处俗，惟终老岩壑，则无咎无誉。"⑥据此两封书信可以推测，唐顺之的复官，除严嵩、赵文华、徐阶参与之外，李本及许论等似乎皆有贡献。或许正是因为所受诸公恩情至深至厚，此时的唐顺之十分担忧自己的身体状况及才干能否胜任再度出仕为官，也为自己的性格能否融入官场而忐忑，毕竟赵时春的前车之鉴历历在目。

这份纠结的情绪一直持续到嘉靖三十六年（1557）九月，当月，唐顺之服阕。徐阶在此时进一步为其赴任进行谋划，他寄书时任南直隶巡按御史尚维持："望公为具一疏，大略言原任某官某虽

① ［明］姜宝：《姜凤阿文集》卷六《奉荆川先生书》，《四库全书存目丛书》集部第127册，第537页。

② ［明］徐阶：《世经堂集》卷二三《与荆川》，《四库全书存目丛书》集部第80册，第109页。

③ 参见《孟子·公孙丑下》、《论语·阳货篇》，按：孟子与王驩共同出使齐国，孟子为主使，王驩为副使，王驩一路上对公务独断专行，孟子却听之任之。阳货欲拜见孔子，劝其出仕为官，孔子不见，阳货便赠孔子一头熟小猪，迫使孔子登门拜谢。孔子打听阳货不在家时登门拜谢，未曾想却在半路遇到阳货，并在阳货的劝说下出山。徐阶意指孟子应更积极地参与公务，而孔子应更主动地出仕。

④ ［明］唐顺之：《荆川先生文集·附录2》《与徐少湖相公》，第995页。

⑤ ［明］唐顺之：《荆川先生文集·附录2》《与南渠李相公》，第996页。

⑥ ［明］唐顺之：《荆川先生文集·附录2》《与本兵许默斋》，第997页。

已蒙圣恩起任南京兵部主事，缘本官尚在制中，未曾赴任，今已服阙，乞敕吏部早为叙用之意。公此疏入，仆从中调维，庶成就得一个人才，出为世有也。”[①] 徐阶委托尚维持向朝廷疏奏唐顺之此前因服丧未赴任南京兵部主事一职，现已服阙，请求吏部尽快安排就任事宜，待尚维持疏奏到时，徐阶再为之运作，从速安排唐顺之赴任。尚维持在疏奏朝廷之外，又发公函到唐顺之所在常州府武进县，命府县官员催促唐顺之到南京赴任。唐顺之还专为此事去书尚维持：“况今缞绖才终，哀魂未返，兼之年过五十，老丑尽见，寒灰槁木，久甘不齿于人群，束带整冠，岂宜再尘于仕路。辱公高谊，檄下郡县，过为推毂，且感且愧。向领部檄，亦知鄙人衰病，程期颇宽，俟来年看病体何如，当议行止耳。”[②] 言语之中，唐顺之对于是否赴任依旧颇为犹豫，提出需要等到第二年视身体状况再决定是否赴任。因前期已经知晓严嵩为其复官所作努力，唐顺之在服阙后首次给严嵩撰写书信：

> 顷奉新命，待罪南曹，古云“召不俟驾”，礼也，况圣恩用之罪隶之余，岂敢次且以速大戾。但以鸟兽踯躅之慕，甫及禫除，狗马疾疢之忧，未离床席，形魂枯尽，不齿人群，此亦相公之所悯念也。恐稽朝廷授官之成命，且负庙堂推毂之盛举，谨布鄙怀，伏惟俯赐教之。[③]

唐顺之欲借此封书信向严嵩表达，虽服丧期满，理应及时赴任，但是由于体弱多病，又恐才不堪任，仍在犹豫是否赴任。

当唐顺之正纠结于是否赴南京上任时，“朝廷进公北兵部职方员外郎”[④]。唐顺之以南京兵部主事起用，官阶从正六品[⑤]，此时升为北京兵部职方司员外郎，官阶从五品[⑥]，官阶的提升以外，由南京兵部转任北京兵部，足见朝廷对其重用之意。弟子姜宝于此时再度来信：“兵事起用，今遽转职方，则似元老父子实主张之，而所谓通融合并之论恐未尽然也。以愚见，料之不久当即在本司转授正郎职衔，以观吾师经济学术。”据姜宝所言，唐顺之此次职官迁转是由严嵩及严世蕃父子二人提出并推动实施，并且据姜宝推测，不久之后唐顺之便可以升任职方司郎中一职。面对朝廷接连的拔擢，唐顺之在犹豫不决之际前往江西，寻找相交至深的老友罗洪先商议，罗洪先“力赞其出”，并言：“向尝隶名仕籍，此身已非己有，环玦之赐，惟所命尔。获罪君父，幸从宽政，恩至渥也。矧当军旅不得辞难之日，得私此身以与徵士、处士论进止哉？”[⑦] 罗洪先指出唐顺之此前已有过仕宦经历，不能与未历官场的隐士相比，皇帝既然已决定再度起用，则应当服从征召之令。罗洪先的话最终说服了唐顺之，嘉靖三十七年（1558）三月，唐顺之在祭祀父亲唐宝后，北上京城赴任，在给唐宝的祭文中，唐顺之写道：

---

① ［明］徐阶：《世经堂集》卷二三《复尚仰山按院》，《四库全书存目丛书》集部第 80 册，第 110 页。
② ［明］唐顺之著，马美信、黄毅点校：《唐顺之集·荆川先生文集》卷八《与尚仰山巡按》，第 339—340 页。
③ ［明］唐顺之著，马美信、黄毅点校：《唐顺之集·荆川先生文集》卷八《与严介溪相公》，第 345 页。
④ 唐鼎元：《明唐荆川先生年谱》卷四，第 721 页。
⑤ 《明史》卷七五《职官四》，北京，中华书局，1972 年，第 1833 页。
⑥ 《明史》卷七二《职官一》，第 1750 页。
⑦ ［明］唐顺之著，马美信、黄毅点校：《唐顺之集·附录 3》《陈渡阡表》，第 1085 页。

> 顾平生颇无富贵之念心，年垂五十，用世一念亦渐冷落。不图衰期内外，两承朝命，臣子之义，不敢逡巡，谨于三月间赴京。顾世事之安危休戚不敢知，此身之祸福利害不敢知，苟时有可为，不敢不竭驽钝之才。时遇多艰，不敢忘致身之义，时或可退，不敢昧保身之几。此先考之所以垂教，而顺之之所以自立者也。①

由是观之，本已无心仕途的唐顺之，为尽臣子之义并答诸公援引之恩，最终决意时隔十八年之后再度出仕。

四　结语

唐顺之少年得意，年仅二十三岁便高中进士，开始仕宦生涯，然而却因得罪张璁及嘉靖帝两度被罢官，在三十四岁时被革职为民，回籍隐居。两度罢官的挫败感促使唐顺之一心克欲修身，专于研学及授徒，学问文章誉满天下的同时桃李满园。嘉靖二十九年罹患囊痈重症后，身体状况急转直下，对于世事也愈加心灰意冷，然而朝中阁部高官却自此年开始逐步推动唐顺之复官。徐阶先后在嘉靖二十九年及嘉靖三十二年两度谋划起用唐顺之，然而遗憾的是皆以失败告终。嘉靖三十五年，视师东南的赵文华拟通过招募唐顺之为幕僚的方式作为其复官的起步，在遭到唐顺之拒绝后又直接向朝廷推荐起用唐顺之，随后在严嵩、徐阶的辅助下成功复官为南京兵部主事。唐顺之虽然在回复徐阶的书信中首次同意出山，但以尚在丧期为由并未赴任。服阕后，徐阶通过与尚维持等合力积极推动唐顺之就任事宜，而严嵩父子则直接将唐顺之的官职由南京兵部主事升为北京兵部职方司员外郎。犹豫不决的唐顺之在与罗洪先商议后，最终决定出仕。

可以说，唐顺之在两度罢官及罹患囊痈恶疾后，身心俱疲，无意再度出仕。赵文华欲图为其父修墓及招募其为幕僚的好意皆为唐顺之拒绝，而在服阕后他首次给严嵩去信也同样表达了其对于复官一事的消极态度。因此，如果说唐顺之为复官而结交赵文华、严嵩，实在不符事实。自嘉靖二十九年至嘉靖三十六年，严嵩、徐阶、聂豹、赵文华、李本、许论等阁部高官，挚友罗洪先，弟子姜宝等人为其复官多方运筹，恩情厚重。此外，唐顺之早年因罪罢黜，于是当嘉靖帝同意其复官后，君恩君命皆难违背。因此，唐顺之的晚岁出仕，实出于报答诸公相引之恩与尽臣子致身之义，此时的唐顺之，已不问自身福祸，实乃舍生而取义之壮举。

（作者芮赵凯，盐城工学院人文社会科学学院）

---

① 唐鼎元:《明唐荆川先生年谱》卷四，第734—735页。

科举、宗族与明朝政治

——以张四维、王崇古、杨博家族为中心

张　婉　张献忠

明中后期，中国开启了由传统向近代的转型，其中一个重要表现就是商品经济的发展及商人地位的提高，原本在社会地位和价值观念上泾渭分明的士人与商人两大阶层开始融合，“士商互动”渐成趋势，由此出现了许多既经商又做官的官商家族。与此同时，科举制度发展至鼎盛时期，商人家族的社会流动及走向政治，唯有通过科举一途，而同时，地域性官商家族构成的政商关系网又反作用于政治与科举，三者由此形成了复杂的互动关系。迄今为止，相关研究集中于探讨地域性商人群体与政商关系[①]，而忽略了科举作为商业与政治之间互动的纽带所发挥的重要作用，以及政商互动反作用于科举的影响力。山西蒲州的张四维、王崇古家族就是由科举而士商融合的典型，他们与杨博及其他姻亲家族也有着密切的联系，而且杨博、王崇古和张四维在嘉靖、隆庆、万历年间的政坛上起着举足轻重的作用，直观地体现了科举、商业家族与政治的互动关系。

一　商业家族向科举家族的转变

（一）蒲州盐商家族崛起

山西蒲州（今山西省运城市永济市），古称浦反或蒲坂，明代隶属平阳府，清雍正升蒲州为蒲州府。蒲州地处山西西南部，临近解盐池，人口众多且土地贫瘠，不利生产。为了维持生计，当地百姓多从事商途。张四维在《条麓堂集》中说：“吾蒲介在河曲，土陋而民夥，田不能以丁授，缘而取给于商。计春挟轻资、牵车牛走四方者，则十室而九。”[②]明初，为解决为九边长途输送粮食的矛盾，太祖始创“开中制”，招募山西商人，向大同、居庸关等几大关塞输送粮食等补给，以运粮数量支取相应的“盐引”，从而获得合法贩卖“官盐”的资格。开中初期，缴纳米麦，谓之“本色”，永乐后期，纳钞、银、马、茶、帛、铁等逐渐取代了纳米麦，为“开中折色之制”。四维及崇古父辈即通过开中法，运送军需补给逐渐发展成为盐商。其宗族子弟多就地利之便，长期在三镇关

---

① 探讨晋商与政商关系的研究成果主要有：［日］小野和子：《明季党社考》，上海，上海古籍出版社，2006年，第36—65页；王帅：《晋商兴衰的政治学分析——以政商关系为视角》，山东大学博士学位论文，2017年；高春平、卫永红：《张居正与山西官商家族——兼谈中国封建社会后期地主、商人、官僚三位一体的经营模式》，载《张居正国际学术研讨会论文集》，武汉，湖北人民出版社，2013年，第255—262页等。

② ［明］张四维：《条麓堂集》卷二一《海峰王公七十荣归序》，《张四维集》，上海，上海古籍出版社，2018年，第558页。

隘几处边仓纳粮中盐，主要是产量一直居于全国食盐产区前列的河东（今运城池盐）、长芦及淮浙三大盐场的盐引，逐渐形成颇具实力的盐商家族。

此外，张、王两族还通过与其他晋陕商人联姻，巩固地域垄断利益。如四维二弟四端妻李氏、五弟四象妻王氏及续弦范氏、七弟四术妻沈氏皆出身于商人家族；四维的母亲王氏是王崇古之姐，崇古妻张氏亦为允龄姊妹，即王崇古是张四维的舅父兼姑父。至两族下一代，由于王崇古及张四维科举成功，官场显贵，开始与官僚结亲，如王崇古与张氏之女嫁于同乡兵部尚书杨博之子杨俊卿，杨博两孙女分别适于四维子张定征、张甲征，四维一女嫁于大学士马自强之子马慥。晋陕盐商家族一面经商，一面培养族人科举入仕，既经商又做官，是典型的官商家族[①]。他们积极通过结交权贵的方式，形成强大的政商关系网络。

（二）盐商致力科举的动因与条件

明清时期，商人大多特别注重教育，“由商入儒”或“亦商亦儒”成为普遍现象。[②]王崇古一族，自始祖王仲文洪武初由山西汾阴迁至蒲州，其祖父王馨以贡士授邓州训导迁鲁山教谕，因“累试不第，家业中衰”[③]。崇古伯父王现“为士不成，乃出为商”[④]，其行商足迹遍布洮陇、巴蜀、吴越、汾晋；父王瑶货盐于淮、浙、苏、湖间，往返数年。通过兄弟二人的努力，蒲州王氏以盐商立家，但家族从未放弃科举事业。至崇古叔父王珂，终于在两位兄长的支持下高中进士。

张四维一族，自始祖思诚公为避乱由解州盐泽南陂迁至蒲州，其曾祖张宁、祖父张谊皆早卒，及至其父辈一代皆未有功名。四维父张允龄因不甘其母终日食贫，从而奋发从商，足迹半天下。虽然张允龄常年行商于外地，但十分重视其后代科举之事。张四维年幼向学，其父“跋涉川陆，或数岁一归，每贻书督励，购诸经传注、疏义及《史》《汉》诸书车寄之”，言：“儿辈资可教，吾冀其为通儒也。”待四维登进士，其父常语：“吾祖宗积德百年，为闾里传颂。吾祖母、吾母两世艰贞，幽明感应，乃于儿辈发之。”[⑤]

与王崇古和张四维家族不同，杨博家族并不是以商而儒，其家学渊源更深远，被称为河中“饧杨氏”。杨博曾祖杨谌师从明代著名理学家薛瑄，学习“性理之学”，家族又开办武学堂，对地方的文武教育皆产生一定的影响。杨博与张四维及王崇古之间，同乡莫逆加之姻亲，杨博家族对四维及崇古家族由商至儒的转变起到一定的积极影响与推动作用。

明嘉、隆、万间，三个家族科第兴旺，根究其因，盖因中国传统儒家社会对“士”这一阶层的高度敬仰及对商人阶层的歧视。商人积累一定财富则必然会谋求更高的社会地位，而明清时期，社会阶层的向上流动往往只有通过科考一途才得以实现，因此商业家族向科举家族的转变，可以说是一种必然的趋势。

在中国古代社会，从事商业活动被认为是“弃本逐末”的行为。尤其是商业活动中的流动性、

---

① 高春平、卫永红：《张居正与山西官商家族》，第255页。

② 张献忠：《清代天津科举家族与地方社会》，《山东社会科学》2016年第8期。

③ ［明］韩邦奇：《苑洛集》卷五《封刑部河南司主事王公墓志铭》，《文渊阁四库全书》第1269册，第417页。

④ ［明］李梦阳：《空同集》卷四六《明故王文显墓志铭》，《文渊阁四库全书》第1262册，第419页。

⑤ ［明］张四维：《条麓堂集》卷三〇《张允龄行状》，第806—807页。

不平等交换及社会资产的聚集与农业生产的基于土地的固化生产之间的天然矛盾，使得历代封建统治者为了维护社会秩序的稳定，不断贬低商人的社会地位，将“重农抑商”作为基本国策。另外，中国传统儒家社会以“士”为四民之首，将读书人的地位看得很高。在隋唐科举制度创立后，读书与做官紧密联系起来，愈加抬高了读书人的社会地位。虽然，明代山西人多地少，自然条件恶劣，时人认为“晋俗以商贾为重，非弃本而逐末，土狭人满，田不足于耕也”①。但这种基于实际情况的同情并不足以撼动古代中国社会长期形成的儒家思想意识形态的影响力。“士”阶层的崇高地位与“商”阶层的备受打压形成鲜明的对比，使商人们为追求更高的社会地位，在积累了一定财富之后愈加重视子孙教育与科考功名。将财富转变为在科举上的成功，商业家族则更能得到社会的尊重。

随着明代中后期商品经济的发展，晋商在积累一定财富之后，渴望通过科举之途向上层社会流动的愿望也具有了实现的可能性。明代市镇及商业快速发展，形成了具有历史意义的地域性商人团体——商帮，商帮的出现使得长久以来分散经营的商人由单个活动向集团化发展，形成了纵横交错、勾连各地的商业集团。而随着商业的发展及商人在社会流动中愈加重要的作用，明廷也逐渐改变对于商人阶层在政治社会中打压的做法，开始允许商人科举入仕或捐纳官职。至此，商人阶层开始拥有了争夺一定政治话语权，谋求社会地位与自身利益的途径。

另外，构建政商结合的商业格局，实现蒲州盐商家族利益最大化的企图，是盐商家族积极培养族人科举入仕，并与政界联姻的又一动因。明代中叶之后盐政彻底败坏，权豪势要大肆霸占盐引并高价倒卖，鬻卖私盐的现象愈演愈烈。至嘉靖三十九年（1560），副御史鄢懋卿整顿盐法时，大肆搜刮，折色开中登峰造极，不可遏止。“本来是政府用以解决边防军需的‘开中制’几乎彻底变成了统治集团借以分肥的工具，盐引的分配及支取官盐数目的多少基本是根据其权势的大小为基础。”② 在这种形势下，盐商敏锐地意识到必须将家族势力的触角伸向高层政坛，构筑政商联合的商业格局，才能切实巩固自己在盐引分配中的既得利益和垄断地位。于是他们积极通过联姻的方式巩固家族势力，并在河东、两淮等食盐产地兴建专供盐商子弟读书的“运学”，杨谌在杨家北院别墅，投资兴建“大椿堂私塾”，开设文武学堂，着力培养族人科举入仕。同时，明中后期，山西商人家族多有成员进入统治阶级高层，他们积极推动政府改革科举制度。万历中定立商、灶籍③，其宗族后代得以凭借“商籍”的名义附籍于行盐经商的省份参与科考，这是专为盐商子弟在科举中所保留的应试特权，是晋商在政治方面所取得的极大优势④。

二 科举家族的形成

（一）明代蒲州⑤的科举情况

由于中国古代区域间发展不平衡的长期积累，至北宋中期，以秦岭、淮河为界，南北间经济、

---

① 光绪《五台新志》卷二《生计》，第60页。

② 王帅：《晋商兴衰的政治学分析——以政商关系为视角》，第63页。

③ ［清］王定安：《两淮盐法志》卷一五一，清光绪三十一年刻本。

④ 余英时：《士与中国文化》，上海，上海人民出版社，1987年，第555页。

⑤ 此处“蒲州”为明代平阳府蒲州，本文所统计之蒲州进士举人仅为蒲州籍，不包括蒲州所辖临晋、荣河等县。

文化发展的差距明显拉大①。士子在同场科考竞争中，往往北方不敌南方，录取出现南多北少的情况。山西地处最北，条件恶劣，地少民贫；作为军事要塞，历来以军事为重，人多尚武，教育风气、观念和氛围都较中原及南方弱。明天顺以前，山西进士数量极少，洪武至景泰的89年间，山西共有进士147名，与同时期江西进士数的比例为1 ： 6.38②。

经过宋至明初在科举录取上不断的南北地域之争，“至景泰以后，明代基本沿用南卷55%、北卷35%、中卷10%的会试录取比例”③。平阳府地处晋西南，因政治、经济、文化及社会风气等因素的相对优势，使其在山西的科举事业中表现最为突出，并且基本保持稳定状态。为明晰明代各朝蒲州科举录取情况，笔者根据乾隆《蒲州府志》统计列表如表1。

表1　明代蒲州各朝科举录取情况表

	会试科数	进士数	平均每科进士数	乡试科数	举人数	平均每科举人数
洪武	7	0	0	8	6	0.75
建文	1	0	0	1	5	5
永乐	8	1	0.13	8	26	3.25
宣德	3	1	0.33	4	4	1
正统	5	0	0	4	1	0.25
景泰	2	0	0	3	5	1.67
天顺	3	1	0.33	2	5	2.5
成化	8	1	0.13	8	13	1.63
弘治	6	3	0.5	6	12	2
正德	5	9	1.8	5	21	4.2
嘉靖	15	18	1.2	15	91	6.07
隆庆	2	2	1	2	10	5
万历	16	27	1.69	16	66	4.13
天启	2	3	1.5	3	12	4
崇祯	6	7	1.17	5	21	4.2
	89④	73	0.82	90	298	3.31

由上表可看出，明代蒲州，在正德之前的44科乡试中，考中举人77人，平均每科仅1.75人；在正德以前的43科会试中，考中进士者仅有7名，平均每科进士数不足0.15人。实行南、北、中卷的录取制度后，虽然在实际录取中，北方比例依然比规定略低，但一定程度上，录取比例的保障也给了北方士子极大的科举动力与信心。此外，明中期以后，山西蒲州等地因经济条件、教育条件的改善，对举业的突出发展也起到了极大的推动作用。自正德至万历年间，蒲州的举人、进士数

① 康宝苓：《北宋文化重心研究——以学术重心、教育状况等作为考察的重点》，北京，光明日报出版社，2011年，第42—48页。

② 参见邱进春：《明代江西进士考证》，浙江大学博士学位论文，2006年，第39页。据作者统计，“在明初的89年间，江西共产生进士938名”。参见齐香君：《明代山西进士群体构成研究》，辽宁师范大学硕士学位论文，2012年，第17—18页，其数据147根据作者所考证明代各朝山西进士人数所得。

③ 参见刘海峰：《科举取才中的南北地域之争》，《中国历史地理论丛》1997年第1期。

④ 龚延明、邱进春：《明代登科进士总数考》，《浙江大学学报（人文社科版）》2006年第3期。

皆有了成倍的增长。正德至万历年间的38科乡试中，蒲州中举188人，占明代蒲州府举人总数的63.1%，平均每科举人数4.95人；38科会试中，考中进士56人，占明代蒲州府进士总数的76.7%，平均每科进士人数1.47人。

另据《明史·地理志》载，明代山西“属州十六、县七十九”①。据乾隆《忻州志》《保德州志》、雍正《朔州志》、光绪《蔚州志》《解州志》《代州志》《直隶绛州志》《吉州全志》《平定州志》、道光《直隶霍州志》选举志中所载各州明代进士情况列表如表2。

表2 明代山西部分属州各朝科举录取情况表

府州＼朝代		洪武	建文	永乐	宣德	正统	景泰	天顺	成化	弘治	正德	嘉靖	隆庆	万历	天启	崇祯
平阳府	蒲州	0	0	1	1	0	0	1	1	3	9	18	2	16	2	6
	解州	0	0	0	0	0	0	0	0	1	1	5	3	6	1	4
	绛州	2	0	0	0	1	0	1	3	0	1	4	0	0	0	1
	吉州	0	0	0	1	1	0	0	0	0	1	0	1	0	0	0
	霍州	0	0	0	0	0	0	0	0	1	0	1	2	0	0	0
太原府	平定州	2	0	1	0	0	1	1	4	4	1	13	3	2	1	2
	忻州	1	0	1	0	2	0	0	2	0	2	3	2	8	0	1
	代州	0	0	4	0	1	1	0	3	8	13	14	1	8	0	0
	保德州	2	0	0	0	0	0	0	0	0	0	0	1	2	0	1
大同府	朔州	0	0	0	0	0	0	0	1	1	2	1	0	1	0	0
	蔚州	0	0	0	0	1	0	1	4	1	1	3	0	4	0	0

由表2可见，正德以后，山西各州科举情况都有不同程度的好转，但皆不如蒲州科举之盛。

（二）以王、张、杨为中心的明代蒲州科举家族

明代正德至万历年间，蒲州不仅举人、进士数猛增，而且出现了许多科举家族，有张广与弟张庭、王之柱与弟王之采皆兄弟同榜中举的情况，也有不少一门三世、四世甚至五世登科的盛况。其中，最受瞩目的当属蒲州杨氏、张氏和王氏。据笔者统计，嘉、隆、万间，出自三个家族及与三个家族有直接姻亲关系的进士总共22人②，占这一时期蒲州进士总数的46.8%。下面以进士、举人为

---

① ［清］张廷玉等:《明史》卷四一《地理二》，北京，中华书局，1974年，第958页。

② 三个家族直系子孙十三人，其余九人为：嘉靖戊戌科王轮、裴绅；嘉靖癸丑科冯舜渔；嘉靖乙丑科韩楫、杨相；万历壬辰科韩爌；万历戊戌科洪崇礼；万历丁未科张广；万历庚戌科张庭。此九人皆为笔者据史料可考证为出自与三个家族有直接姻亲关系的家族。因蒲州政商联姻盛行，其宗族关系盘根错节，史料中宗族男性后代的姻亲只记载夫人为某氏而无确切信息，不便求证，因此，实际出自与三个家族有直接姻亲关系的进士可能要更多。

主，对三个家族及与其有直接姻亲关系家族的科举及任官情况作简要介绍[①]。

1. 王崇古家族

王氏自王珂起，其家族明代共产生进士4名，举人2名，武进士1人。

王珂，崇古叔父，字仲鸣，号止一斋，正德十四年（1519）举于乡，嘉靖五年（1526）成进士，早逝，官至中书舍人，所著诗文凡若干篇。

王崇古，字学甫，号鉴川，嘉靖十六年（1537）举于乡，二十年（1541）成进士，时年二十七，治《书经》。授刑部主事历员外郎郎中晋副使，累迁按察使，河南右布政使，都察院右佥都御使，巡抚宁夏。隆庆改元，晋兵部右侍郎兼佥都御使，总督三边军务，辛未，晋太子少保兵部尚书兼右副都御使，又晋太子太保，改吏部，以少保兵部尚书致仕，卒，赠太保，谥襄毅。

王崇雅，珂子，杨瞻女婿，号龙川，嘉靖二十八年（1549）山西解元，官至陕西行太仆寺少卿。

王谦，崇古子，字子牧，以《书经》举嘉靖四十三年（1564）乡试，万历五年（1577）进士，时年三十二，官工部主事，终太仆少卿。

王之桢，崇古孙，武进士，累官左都督，光禄大夫柱国少保加太子太保，锦衣卫世袭都指挥。

王之柱，崇古孙，中万历二十二年（1594）举人，曾任郎中。

王之采，崇古孙，万历二十二年与兄之柱同科举人，戊戌成进士，官兵部左侍郎。

2. 杨博家族

杨氏自杨瞻起，其家族明代共产生进士6名，举人3名，武状元1人。

杨瞻，杨博父，举正德十四年乡试，除扶风知县，仕至四川按察司佥事。

杨博，字惟约，号虞坡，嘉靖四年（1525）举于乡，八年（1529）登进士，时年二十一，治《书经》。授盩厔知县调长安，以年未三十升兵部武库司主事。累迁武选司署员外郎，职方司郎中，山东提学副使，粮储参政。嘉靖丙午，升都察院右佥都御使，巡抚甘肃，癸丑，转左，经略蓟、保二镇。以功升兵部尚书，寻加太子少保，后转吏部。卒，赠太傅，谥襄毅。

杨俊民，博子，字伯章，号本庵，中嘉靖三十一年（1552）山西乡试，四十一年（1562）登进士，时年三十二，治《礼记》。繇主客司累迁提学副使，太仆寺少卿，仕至太子少保户部尚书。

杨俊士，博子，字伯贤，号培庵，举隆庆元年（1567）顺天乡试，万历二年（1574）成进士，时年四十，治《书经》。授陕西凤阳推官，复除直隶凤阳府推官。

杨俊卿，博子，字伯辅，号介庵，嘉靖四十三年顺天武举第一，隆庆二年（1568）武状元，升指挥同知，官至都督同知，加赠特进光禄大夫。

杨俊臣，博子，字伯邻，号忠庵，举万历七年（1579）乡试，授中书舍人，历官至陕西按察司副使，以边功加右参政。

杨元祥，博孙，字曰泰，号奎垣，中万历十年（1582）顺天乡试，十一年（1583）成进士，时年十九，治《易》经，改翰林院庶吉士，授检讨。

---

① 以下对家族成员的科举情况介绍主要参考了《蒲州府志》《山西通志》《明代进士登科录》等。

杨元裕，博孙，字曰容，号奎轩，中万历二十五年（1597）乡试，官直隶松江府同知。

杨世芳，博重孙，字济之，号慕垣，举万历四十三年（1615）乡试，四十七年（1619）成进士，改翰林院庶吉士，授检讨，官至詹事府少詹事，兼翰林院侍读学士。

杨惠芳，博重孙，字申揽，号密庸，中崇祯三年（1630）乡试，十年（1637）成进士，授山东淄川知县，升工部主事。

3. 张四维家族

张氏自张四维起，其家族明代共产生进士 4 名，举人 1 名，其子孙多荫袭。

张四维，字子维，中嘉靖二十八年（1549）山西乡试，三十二年（1553）成进士，时年二十八，治《易经》。改庶吉士，授编修，累官翰林院学士掌院事转吏部侍郎，掌詹事府事，东宫侍班，万历三年（1575）八月升礼部尚书兼东阁大学士，入内阁办事，五年加太子太保，进文渊阁大学士，六年（1578）加少保进武英殿大学士，八年（1580）加少傅兼太子太傅，十年加兼太子太师，是年又加少师兼太子太师吏部尚书中极殿大学士。卒，赠太师，谥文毅。

张四端，四维弟，隆庆元年丁卯举于乡，官户部郎中。

张甲征，四维子，字懋一，中万历十年山西乡试，十一年登进士，时年三十一，治《书经》。官工部郎中。

张泰征，四维子，万历四年（1576）举于乡，八年成进士，官陕西按察使。

张辇，四维孙，万历三十四年（1606）举于乡，四十七年（1619）成进士，官陕西副使。

4. 姻亲家族

三族姻亲家族冯氏、张氏、韩氏等明代共产生进士 10 名，举人 6 名。

冯舜渔（王崇古、杨博亲家，子冯沦为杨博女婿，一孙女适崇古孙王之柱），字泽甫，号泽山，嘉靖二十八年举于乡，三十二年与张四维同榜进士，授山东临淄知县，累迁户部福建司主事，兵部职方，武库司郎中，山东东昌府知府，湖广按察司副使，整饬苏、松、常、镇等府兵备。调陕西按察司，整饬延绥兵备。后擢都察院右佥都御史，巡抚延绥。

冯沦，冯舜渔子，中万历元年（1573）乡试，都御使。

张广（其父张循占为崇古女婿），万历三十四年举人，选庶吉士，丁未登进士，官礼部右侍郎。

张庭，循占子，万历三十四年兄弟同榜，三十八年（1610）成进士，官户部郎中。

洪崇礼，杨博孙女婿，万历十三年（1585）举于乡，二十六年（1608）登进士，官户部主事。

裴绅（杨博亲家，长女适杨俊士），字子书，号右山，中嘉靖十三年（1534）山西乡试，十七年（1538）成进士，时年二十六，治《书经》。授行人司行人。辛丑，授河南道监察御史，督理长芦山东盐课，累迁河南、四川布政司参政，陕西按察使，河南右布政使，拜都察院右佥都御史，巡抚陕西。

王轮（杨博亲家，一女适杨俊彦），字子庸，号孝泉，中嘉靖七年（1528）山西乡试，十七年登进士，时年三十二，治《书经》。授兵部武选司主事，累迁武选郎中，陕西、山东按察司副使，时整饬密云兵备，以擒奸功转参政，升都察院右佥都御使，巡抚甘肃。

韩楫（张四维、杨博亲家，子韩爌为张四维女婿，杨博孙女婿），字伯通，中嘉靖三十三年

（1554）山西乡试，四十四年（1565）进士，时年三十五，治《春秋》。庶吉士历右通政。

韩栴，韩楫弟，嘉靖四十年（1561）举人，新蔡知县。

韩爌，韩楫子，字象云，万历十六年（1588）举人，二十年（1592）成进士，选庶吉士进编修，历少詹事，礼部右侍郎，礼部尚书，太子太保户部尚书，文渊阁大学士，改少保吏部尚书，武英殿大学士，再以贵州平苗功加太子太傅建极殿大学士，仕至内阁首辅。

韩奎，韩爌子，中万历四十三年（1615）乡试，官刑部主事。

韩承宣，韩爌孙，崇祯三年举于乡，七年登进士，官知县。

韩焯，韩栴子，万历四十三年举人，邓州知州。

韩垍，韩栴孙，崇祯六年（1633）举人，广平知府。

杨相（张四维亲家，子杨煊为张四维女婿，次女适张元征），字允立，号中峰，中嘉靖四十三年山西乡试，四十四年成进士，授成安知县，累迁山东道试御史，监察御史，先后巡按十库，陕西茶马，河西，京营，擢山东按察司副使，整饬海右道兵备，致仕湖广布政司参政。

杨煊，万历四年举人。

三　蒲州科举家族与明朝政治

出身于商人家族的科举士人，依托家族的雄厚财力，往往能够取得科场与官场的成功，再通过个人能力与广泛结交进入权力中心，从而左右朝局，对政治产生一定影响。蒲州科举家族尤其是张四维、王崇古家族的兴起与晋商集团有着不可分割的关系，亦与三人当政的嘉、隆、万时期的朝局密切相关。下面，以三个主要事例说明进入政治中心的王崇古、张四维、杨博等人对嘉、隆、万间政治所产生的一定影响。

（一）隆庆和议

为防御蒙古残余势力，屏护京师，明廷在北部边防线上相继设立九边重镇，其中宣府、大同、太原三镇（亦称山西镇或三关镇）隶属山西境内，特殊的地理环境使得山西士子普遍获得较高的军事素质与能力。嘉靖年间，明王朝面临空前的边疆危机。嘉靖二十五年（1546），俺答称汗，遣使议和，屡遭世宗拒绝。俺答于嘉靖二十九年（1550）率兵犯大同、蓟镇，劫掠而去，史称“庚戌之变”，其后亦不断侵扰蓟、辽。“南倭北虏”的边疆危机，使得山西士子被委以重任，其代表人物就是王崇古、杨博及在王、杨影响下亦熟识边事的张四维。其家族姻亲冯舜渔、裴绅、王轮、杨相等，皆曾任官都察院佥都御史，巡抚甘肃、陕西、延绥等地，整饬边地兵备，为明中后期的军事防御与建设作出了突出贡献。

其间，对朝政影响最大的事件是“俺答封贡”，不仅展示了山西官僚出色的审几度势与边事能力，更将三人卷入朝堂纷争的风暴中。隆庆四年（1570）九月，俺答孙把汉那吉因三娘子与俺答产生矛盾，“遂与阿力哥同妻比吉女等十人南走，叩关请降”[①]。时边使认为那吉无足轻重，不宜留。但宣大总督王崇古坚持留之，认为“此奇货可居。俺答即急，因而为市，谕以执送叛人赵全等还我……若其弗急，则我因而抚纳，如汉质子法，使招其故部居近塞……”于是，王崇古甘冒身家性命之险疏闻于朝，奏请朝廷可采用与俺答封贡互市的方法缓和明蒙矛盾。此建议甚合穆宗与阁臣张居正、高拱之意，也符合张居正“外示羁縻，内修守备”的边防新政。然而，时廷臣哗然，多以为不可，御史叶梦熊等以“敌情叵测”尤抗疏反对受降封贡，而逆旨意，被贬县丞。张居正在穆宗授意下力排众议，王崇古、方逢时等终在其指导与部署下厚礼遣归那吉，置换汉奸赵全等。

对于议和，俺答在双方交涉中也提出了各种要求。王崇古在对明蒙局势的充分把握下，于隆庆五年（1571）二月向朝廷上疏《确议封贡事宜疏》，称“封贡八议”，建议封贡互市。对于崇古“八议”，时诏下群臣廷议，朝臣“大抵皆持两端”[②]，“定国公文璧、吏部侍郎张罗等二十二人为可，英国公溶、户部尚书张守直等十七人为不可，工部尚书朱衡等五人以封贡便，互市不便”[③]。崇古对种种反对意见进行了驳斥，外甥张四维则充当了高拱与王崇古之间的联络人，积极劝说高拱，推进议和之事。议和之事受到高拱、张居正的强力支持，最终成事。其中，穆宗之立场、决断亦十分重要，张四维在给舅父崇古的信中提到：“今日贡议之成，虽诸相赞翊斡旋，其实宸断居多，可为天幸。”[④]反对派在此事上被排挤，兵部尚书郭乾与廷议相悖，郁郁而疾，户部尚书张守直引咎辞职，取而代之的是山西籍官员杨博、王国光。在外事边政上，杨博的主张亦给予张居正相当的影响，张居正在为杨博撰写的墓志铭中自述：“自余在政府所措画边事，盖得之公为多。”[⑤]高拱离阁后，杨博转迁吏部尚书。

由此，兵部、户部、吏部尚书皆为山西籍官员，张四维于万历初入阁，礼部尚书马自强，出自陕西官商家族，与张四维结“秦晋之好”，晋籍官员占据了张居正政权班底的半壁江山。经“隆庆和议”，张四维等因与张居正的关系得以进入明廷权力的核心层，但是，过分的瞩目也将他们卷进了朝堂的纷争中。

（二）屡遭弹劾

议和实现后，张四维、王崇古、杨博、王国光等就开始遭到反对派不断的监视与弹劾。由于积极推动互市的王崇古、张四维等人皆出身山西大商家族，其议和事宜中的互市等条款，就一直被怀疑有出自私心，获得某种利益的可能性。据小野和子《明季党社考》研究论述，正是由于张四维、王崇古这样的家族背景与出身，以他们为首的山西官商集团才在“隆庆和议”中不仅讲和，而且积极地推动互市，借以推动晋蒙的通商贸易[⑥]。

就在实现议和的第二个月，巡按山西监察御史郜永春视察河东盐政后陈盐法之利病，称盐法之

① ［清］谷应泰：《明史纪事本末》卷六〇《俺答封贡》，北京，中华书局，1977年，第925页。
② 《明穆宗实录》卷五五，隆庆五年三月甲子，第1355页。
③ ［清］谷应泰：《明史纪事本末》卷六〇《俺答封贡》，第927页。
④ ［明］张四维：《条麓堂集》卷一七《与鉴川王公论贡事书九》，第448页。
⑤ ［明］张居正：《张太岳集》卷一三《杨博墓志铭》，上海，上海古籍出版社，1984年，第158页。
⑥ 参见［日］小野和子：《明季党社考》，上海，上海古籍出版社，2006年，第55—56页。

坏由于势要横行，大商专利："总督尚书王崇古弟，吏部右侍郎张四维父为大商，崇古及四维为势要，请罚治崇古而罢四维。"[①]意指四维父张允龄与崇古弟王崇教皆运司大商，霸占盐池，张、王嗜利忘义、阻公营私。对于部永春的弹劾，王崇古申辩部永春是因前事得罪，抱恨在心，因而无中生有，曲意诬告，继而揭发部永春收受贿赂，引发双方激烈的相互攻讦[②]。张四维亦为此上奏申辩，并请辞以避，因高拱极力庇护，皇帝降旨安慰挽留，故而未去。穆宗责令部永春痛自省改，此弹劾不了了之。但盐法之坏在于官商勾结的质疑不断，明人王世贞说："其（指张四维——引者注）父鹽盐长芦，累资数十百万。崇古盐在河东。相与擅一方利。"[③]

尽管官者不商，但官僚依靠家族的财力支援而通达仕途，商人凭恃家族官僚的权力去扩充财富，官商勾结的路径和弊病，是毋庸赘述的。如《明史·张四维传》就记载了张四维贿赂武清伯及张居正的情况："四维家素封，岁时馈问居正不绝。武清伯李伟，慈圣太后父也，故籍山西，四维结为援。"[④]再如王崇古总督宣大时，其弟崇教为河东大盐商，崇古的权势地位带给其弟一定的便利是不言而喻的，而弟弟假借其兄的权力牟利的可能性也很大。而嘉、隆、万间，晋籍官员同时期任高官者多，难免也遭到猜忌。杨博任吏部尚书时就曾遭到弹劾，被质疑庇护同乡。隆庆改元，"请遵遗诏，录建言诸臣死者，皆赠恤"。而当时统计众吏，"山西无一人被黜者"[⑤]，给事中胡应嘉因此弹劾杨博庇护同乡。杨博接连上疏乞休，朝廷皆抚慰挽留，并对舆论进行了驳斥。

由此看出，地域性官僚集团与官商家族在当时就已受到瞩目与质疑，而由于朝廷对于山西官员的倚重，因此在其很可能庇护同乡、纵容乃至帮助族人经营敛财的情况下，依然没有受到实质性的警告或处分。蒲州政、商间姻亲结网，利益勾连，其在嘉、隆、万间形成的势力网牢不可破，给予了晋商及山西官僚难得的发展机遇与空间。但盛极而衰，蒲州官商利益网随着核心人物的相继故去，亦逐渐松垮。

（三）科举夤缘

明嘉、隆、万间蒲州科第的兴旺与三个家族的科举盛况直接相关，三个家族及姻亲进士中第人数几乎是蒲州嘉、隆、万间进士数的一半。另外，在嘉靖晚期至万历初年，张四维多次担任乡试、会试、武举及殿试考官，那么在此期间家族科举的盛况是否会与张四维对族人科举的特殊关照有一定关联？为释疑，笔者以张四维为主，统计了他所担任考官的情况，及在他担任考官的科年，家族成员中式及蒲州进士情况，如表3所示。

---

① 《明穆宗实录》卷五六，隆庆五年四月乙未，第1380页。
② ［明］高拱：《高文襄公集》卷一六《覆御史部永春总督王崇古互相论讦疏》。
③ ［明］王世贞：《嘉靖以来首辅传》卷七，《文渊阁四库全书》第452册，第511页。
④ ［清］张廷玉等：《明史》卷二一九《张四维传》，第5770页。
⑤ ［清］张廷玉等：《明史》卷二一四《杨博传》，第5658页。

表 3　张四维任考官情况表

年、科	任职	中式家族成员	中式年龄	是科蒲州进士数
嘉靖三十八年（1559）己未科	廷试掌卷官			0
嘉靖四十一年（1562）壬戌科	会试同考官	杨俊民	32	3
嘉靖四十四年（1565）乙丑科	会试同考官、廷试掌卷官 杨博廷试读卷官	韩楫 杨相	35 33	2
隆庆元年（1567）丁卯科	顺天府乡试主考官			
隆庆二年（1568）戊辰科	廷试受卷官、武举主考官	杨俊卿（武举第一）		1
隆庆四年（1570）庚午科	河南乡试主考官			
隆庆五年（1571）辛未科	会试主考官、廷试读卷官			1
万历二年（1577）甲戌科	王崇古廷试读卷官	杨俊士	40	1
万历五年（1577）丁丑科	会试主考官、廷试读卷官、武举主考官 王崇古廷试读卷官	王谦	32	1
万历八年（1580）庚辰科	廷试读卷官	张泰征		1
万历十一年（1583）癸未科	廷试读卷官（以言官弹劾回避）	张甲征 杨元祥	31 19	2

如表 3 所示，在嘉靖乙丑，万历甲戌、丁丑、庚辰、癸未几科，蒲州所取进士皆只有三个家族子弟，让人不免猜疑是否如张居正当权时，三子嗣修、懋修、敬修接连科举中第，存在科举夤缘的情况[①]。实际上，万历八年三月庚辰廷试，张居正子敬修与懋修，张四维子泰征皆应试。庚申，公布廷试读卷官，张居正与张四维皆在列，隔日，张居正“以引嫌请（避），上允之”[②]，张四维亦以有子应试上疏，“请回避读卷，上不允”[③]。张居正虽回避廷试读卷，但廷试策题为其所拟，时为次辅的张四维为其僚属，是科，懋修、敬修、泰征皆中第。据《国榷》载，懋修、敬修“俱张居正子，其策俱何洛文代为之”[④]。而张居正去世后，朝堂之上立即以科举夤缘等事开始了清算张居正政治影响的进程。万历十一年正月，给事中阮子孝论近年科场之弊，以张居正“各子滥登科第，乞行罢斥”，神宗“令内阁拟旨革黜”[⑤]。时首辅张四维上疏辩称居正子两科连中三人，并皆取高第，“故为士论所嫉，以致谤议失实”，望神宗体恤，将“居正二子在翰林者调别衙门用”，而神宗不听，“自批子孝”[⑥]，不经内阁，依然将张懋修等革职为民。从此事看，张四维在朝堂“倒张”之始，是有意维护

① 参见杨向艳：《张居正去世后的倒张风潮与朝堂纷争——以科举夤缘事为中心》，《学术研究》2019 年第 7 期。
② 《明神宗实录》卷九七，万历八年三月壬戌，第 1955 页。
③ 《明神宗实录》卷九七，万历八年三月癸亥，第 1955 页。
④ ［清］谈迁：《国榷》卷七一，神宗万历八年三月甲子，北京，中华书局，1958 年，第 4362 页。
⑤ 《明神宗实录》卷一三二，万历十一年正月癸酉，第 2459 页。
⑥ 《明神宗实录》卷一三二，万历十一年正月癸酉，第 2460 页。

张居正的，一方面应对张居正念有旧恩，况且此时各方立场、势力尚不十分明晰，公然表明绝对的立场恐引火烧身。另一方面，恐是心虚的表现，因其子亦中庚辰廷试，承认居正子中式非公，更不能证明自己儿子中式公允。但神宗不经内阁，直接革黜居正子的做法，已然表明了其清算张居正的意图。此时的张四维，就不至于犯傻到公然与神宗作对，而且已自顾不暇，相信其已然预感到此事并不会就此了结。

果不其然，三月，御史魏允贞再上疏言科举之防，矛头直指即将廷试的张四维子张甲征及申时行子申用懋："乞陛下申饬前旨，读卷官务秉公竭明，敢有结知权门，受请富室，科道官指实具奏。辅臣子弟中式者，如张甲征、申用懋，廷试读卷宜照内外官引嫌回避事例，俱以卑避尊。其怀才抱志，堪及第中秘者，退任以后，听从自便。"[①]此疏一出，张四维不胜骇怍，接连上疏辩护诉屈，在《癸未辩科举事疏》中言："魏允贞诋猜臣等之子中式非公，欲令回避，待臣等去位之后方许廷试。臣等见之不胜骇怍……皇上特以居正党奸乱政，并其子斥之。殷鉴至明，臣等虽愚，岂肯甘蹈覆辙以自贻戾哉?"[②]这个时候，张四维已不敢再为张居正辩护，唯恐落得晚节不保的下场。四维接着上《请告疏》，言自己"庸劣招疑，不堪重任"，认为魏允贞所陈"严科举之防"事，干系自身职守、名节，乞天恩放归田里以表明心迹。张四维用恳切、可怜之言语最终打动神宗，神宗斥责了魏允贞，并以圣谕宽慰张四维及申时行，令其子照常廷试，但还是令其回避了廷试读卷[③]。

表 3 中从《明代进士登科录》中查到的七名进士中第年龄上看，平均年龄 31.7 岁，与明代山西进士的平均中式年龄情况一致[④]，说明其族人为科举应该作出了相当大的努力，并没有想象中直接依靠父亲来得那么容易。那么，蒲州家族的科举盛况是否利用了张四维等人的权势之便，我们无从根究，但"允贞虽谪，然自是辅臣居位，其子无复登第者"[⑤]，明哲保身还是真实水平使然，抑或两者兼之，暂且不去讨论。不可否认的是，自张四维等三人去世之后，其家族科举盛况不再。至明末，三族中进士者，四维、崇古皆仅有一孙，家学渊源颇深的杨博也仅有两曾孙。一方面，家族愈加庞大，势力逐渐凋零；另一方面，其子孙多靠父亲（祖父）荫得官职，也逐渐消磨了科举斗志。

四　余论

在明代嘉、隆、万间边疆危机、内阁倾轧、财政拮据的时局下，出身晋商大族，拥有经济、军事才能的山西士人，如张四维、王崇古、杨博等登上政治舞台，被委以重任，成功地将家族触角伸向高层政坛，并在地方及国家的建设中贡献了力量。士与商在这些家族完美融合，与明中后期商品经济的发展，启蒙思潮的兴起，以及晋商独特"义利观"的形成关系密切。

明中后期，中国古代社会开始了深刻的转型和变革，民间社会形态及生产结构发生了明显的改

① 《明神宗实录》卷一三五，万历十一年三月丙戌，第 2511 页。

② ［明］张四维：《条麓堂集》卷九《癸未辩科举事疏》《请告疏》《谢恩疏》，上海，上海古籍出版社，2018 年，第 200—202 页。

③ 《明神宗实录》卷一三五，万历十一年三月辛卯，第 2517 页。

④ 参见齐香君：《明代山西进士群体构成研究》，其通过《明代进士登科录》统计得出明代山西进士平均中式年龄为 31.93 岁。

⑤ ［清］张廷玉等：《明史》卷二三二《魏允贞传》，第 6056 页。

变。同时，社会的转型和改革折射到思想领域，即表现为延续千年之久的抑商、抑末理念的日渐式微，同时一股质疑封建等级秩序，与传统儒家观念背道而驰的启蒙思潮勃然兴起。如王阳明提出了“四民异业而同道”[①]的观点，认为四民职业虽不同，但最终目的都在于要尽其心，有益于生民之道。崇古伯父王现（字文显）曾说：“夫商与士，异术而同心。故善商者，处财货之场而修高明之行，是故虽利而不污。善士者，引先王之经而绝货利之径，是故必名而有成。故利以义制，名以清修，各守其业，天之鉴也。”[②]王现“利而不污”“利以义制”的观念与王阳明“四民异业而同道”的观点相通，以其为代表逐渐形成的晋商独特的“义利观”即是山西商人商业道德观及精神价值观的体现。

然而，纵使明中叶以来商业愈加繁荣、商人社会地位有一定程度的提高，亦未能改变中国封建社会商业发展缺乏独立性的本质。商人要想积累财富、家族长盛，唯一的途径即是与权力联姻、结盟，通过科举将家族触角深入政治权力内部。李贽为商人正名，认为：“商贾亦何可鄙之有？挟数万之赀，经风涛之险，受辱于关吏，忍诟于市易，辛勤万状，所挟者重，所得者末。然必结交于卿大夫之门，然后可以收其利而远其害。”[③]直接露骨地道出官商结合的目的和常态，即商人必要结交官僚权势，依托其保护，才能“远害收利”。嘉、隆、万年间是蒲州籍官员在朝廷势力最盛之时，蒲州的举业及商业都进入了黄金发展期，而随着政治势力的式微，这些蒲州官商家族逐渐没落。

（作者张婉、张献忠，天津师范大学历史文化学院）

① ［明］王阳明：《阳明先生则言》卷上，《续修四库全书》第937册，第370页。
② ［明］李梦阳：《空同集》卷四六《明故王文显墓志铭》，第420页。
③ ［明］李贽：《焚书》卷二《又与焦弱侯》，《李贽文集》，北京，社会科学文献出版社，2000年，第45页。

李恺与抗倭斗争

黄建聪

明代著名廉吏、诗人李恺（1497—1578），字克谐，号抑斋，福建泉州府惠安县人。嘉靖十一年（1532）中进士并先后出任广东番禺县令、吏部主事、郎中、兵部郎中、湖广按察司副使等。入仕期间，官场上下，苛民营私，贪墨成风。李恺“操行端严，兼通谋略”，以植善憎恶、刚直不阿的精神立身处世。嘉靖二十六年（1547），李恺因不满朝政日非、邪佞当道而解绶退归，返乡长年居住、耕作于惠安县北部的介山（今属福建省泉州市泉港区）。他曾战斗在东南沿海地区抗倭斗争第一线。一是他鼎力支持建设惠安县城，结束了惠安有县无城的历史。二是惠安县城筑成后四年，即嘉靖三十七年（1558），倭寇数千人号称万人入侵闽海，李恺与惠安城共存亡，在抗倭卫城救民战斗中作出了重要贡献。三是在御倭方面，李恺还有一突出贡献，那就是与当时的一些主要负责抗倭事务的大臣王忬、俞大猷、戚继光、王方湖、谭纶、张经等保持着密切的联系，提出了许多重要的战略建议和措施，颇为中肯实用。

一　建设惠安县城，建立抗倭基础

（一）惠安建城的历史背景

1. 惠安（县城）“有县无城”

泉州“凭山临海，向称险雄之地”，也被称为福建门户和广东的唇齿。惠安县包括现在的泉港区，背山面海，东部沿海，西部群山连绵，夙为南北交通要冲，边防要地。

洪武二十年（1387）四月，明代著名军工专家、江夏侯周德兴到了闽地，根据福建沿海地区海岸线曲折，地形险要的特点，“一郡者设所，连郡者设卫”。在沿海地区筑城十六座，设置巡司四十五个，修建镇海卫等五卫。泉州永宁卫，管辖福全、中左（今厦门）、金门、高浦、崇武五所。其中惠安县境内沿海突出部先后设立五座城，即崇武城、獭窟城、小岞城、黄崎城、峰尾城，并迁湄洲湾南岸的沙格巡检司于峰尾半岛峰尾城。做到卫所有城，巡检司有寨（城），棋布星罗，以互相声援，广设烽火台（墩台）以传达警报。但惠安县治所在地却一直没有筑建城防。

李恺的好友、邑人张岳（1492—1552，官至右都御史，总督西南六省军务，传列《明史》）曾建议惠安筑城，然因种种原因而无果。因此惠安（县治）自宋初的太平兴国六年（981）从晋江县析分置县以来的 400 多年间一直处于“有县无城”的窘况。

2. “嘉靖大倭乱”期间东南沿海地区倭患严重

《明史》载：嘉靖三十一年（1552）四月，倭犯浙江台州，破黄岩，大掠象山、定海诸邑。倭掠福建漳州、泉州。四月二十四日，海盗汪直派部下大头目徐海、陈东、肖显、麻叶等人，勾引日本海寇一万余人，驾船一千余艘，自浙江舟山、象山县等处登岸，流劫台州、温州、宁波、绍兴，攻陷城寨，杀掳居民，浙东骚动，江南、江北同时告急。七月，改巡抚山东都察院右佥都御史王忬提督军务，巡视浙江兼管福、兴、漳、泉地方。仍敕许便宜调发兵粮、临阵按军法从事，巡按御史毋得干预挠沮；贼中有胁从愿降者，不得一概混杀，滥及无辜。于是并设分守浙、直参将各一员，以琼崖参将署都指挥佥事俞大猷、中都留守司管操指挥佥事汤克宽为之；大猷温、台、宁、绍等处，克宽福、兴、漳、泉等处；俱听忬节制。

嘉靖三十二年（1553）二月，倭寇犯温州。闰三月，海贼汪直纠倭寇濒海诸郡，至六月始去。闰三月二十八日，海盗头目汪直勾引倭寇，同时在浙江台州、宁波、嘉兴、湖州及苏州、松江和淮北等处沿海数千里地区内，大肆劫掠财物，残杀居民，掠夺男妇。是时沿海一带小民好乱者，相率入海从倭（假倭），凶徒、逸囚、罢吏、黠僧及衣冠失职、书生不得志、群不逞者，皆为倭奸细，为之向导。由于有大批中国人加入倭寇的队伍，因此倭患不仅屡扑不灭，而且气焰益张。继闰三月二十九日破浙江昌国卫之后，四月倭寇又犯太仓，入乍浦，攻平湖、海盐、海宁、上海、江阴诸地。倭寇所至，截杀明军，焚烧城镇，抢劫居民，奸淫妇女，破坏生产。五月二十五日，南京兵科给事中贺泾奏言：倭寇驻泊宝山，据海为险，乘风肆虐。臣以为南京为根本重地，镇江、京口，为江、淮咽喉；瓜步、仪真，为漕运门户，宜仿照嘉靖八、九年等年例，增设总兵官驻扎镇江，整饬江洋，总制淮海，并辖苏、松诸府。兵部议复，世宗下诏设江淮副总兵，提督海防，驻金山卫，并命福建福州、兴化、漳州、泉州参将汤克宽任是职。六月，温州、台州、宁波等，被倭寇攻破焚掠者凡二十余处，历时三月，饱掠而去。嘉靖三十三年（1554）……三月乙丑，倭犯通、泰，余众入青、徐界[①]。

（二）李恺与惠安县城建设

嘉靖三十一年（1552）正月，提督军务巡抚、副都御史王忬莅闽，以惠安县崇武、峰尾等沿海突出部已有筑城防，提议筑惠安县城以御寇。李恺倾力支持，与胞弟李慎（嘉靖二十九年进士，官至苑马寺卿）一同捐献其城西土地以扩大城域。

> 惠安先时城郭未创。嘉靖三十一年癸丑春正月，巡抚都御史王思质忬集诸大吏，议曰：去岁倭夷入温、台，海郡黄岩城阙，歼于寇。按闽地图，长乐、福清、惠安滨海而邑，圣天子命予玺书，首称边徼郊要害，度可城城之，虑至深也。于是巡按御史赵子潜孔昭、分守参政汪宗元、分巡福宁道兵备佥事汪埙、屯田佥事徐光启会文各为疏请，肃皇韪之。[②]

① ［清］张廷玉等撰：《明史》卷一八《本纪第十八・世宗二》，北京，中华书局，1974 年，第 240—242 页。

② （万历）《惠安县续志》卷一《建置》，福州，福建人民出版社，2016 年，第 159 页。

王忬（1507—1560），字民应，号思质，江苏太仓人。嘉靖二十年（1541）进士。授行人，迁御史，继巡按湖广，二十九年，复巡按顺天。擢右佥都御史，三十一年，出抚山东，甫三月，以浙江倭寇告急，出任提督军务，巡抚浙江及福、兴、漳、泉四府，任用俞大猷、汤克宽等，立有战功。进右副都御史，巡抚大同，旋加兵部右侍郎、蓟辽总督。因积怨严嵩，遂下狱，次年被斩于西市。万历十三年（1585）惠安县城建王中丞祠，春秋二祭。

汪宗元（1503—1570），湖广崇阳人，嘉靖八年（1529）进士，历任行人、南京工科给事中、兵部武选主事、尚宝丞历少卿、南京太仆寺卿、太常卿、副都御史总理河道漕流，以通会时柄臣严嵩嗛其不附己罢，后任福建参政寻转右布政使、江西左布政使、应天府尹，改顺天晋通政使。著有《经济考》《皇明文选》《春谷集》若干卷。

赵孔昭（1519—1583），嘉靖三十一年进士，任都察院监察御史。巡按辽东、福建、两浙等地。多次与严嵩私党赵文华进行抗争。先后升南京都察院右佥都御史、户部右侍郎，转户部左侍郎兼右佥都御史，巡抚山西。任兵部左侍郎，总督雁门关等地，兼巡抚山西地方。

汪垍（1511—1587），字仲弘，号云岳。安徽休宁人。授户部主事转员外郎，转任福建按察司分巡福宁道兵备佥事。御倭有功，擢贵州布政使司左参议。后罢归。

徐光启，与明代名相张居正及惠安县庄应祯、邱瓒、庄朝宾、曾承芳同榜。时任福建按察司屯田佥事。

清乾隆《福建通志》载："嘉靖壬子，岛夷犯吴越间，惠安故无城，都御史王某议城之。属恺董役，恺日夕行视，亲出私财以犒。城完。"①

清乾隆《泉州府志》载："（李恺）性倜傥仗义，嘉靖季，岛夷煽乱，都御史王忬议筑惠安城。恺捐负郭地益之。"②

嘉靖三十一年十一月，福建省拨付15700多两银筑惠安城，李恺董其役事。

> 思质念惠土瘠民罢，远不逮（福）清、（长）乐，乃责省臣出资金万五千七百有奇，以授知县俞文进。俞以金封输于府，太守童汉臣掌其目，同知艾儒、推官归大道量工，命曰：俞令分傣之。起工于三十二年十有一月，越年十月竣役。③
>
> 惠故无城，嘉靖三十二年倭犯吴越间，都御史王公忬议城，惠民难与□□。公独为决策，首捐数百金、腴田，更户说以城□□。众始靡然从公，而城成。④

巡按福建御史樊献科《旌奖守城移文》载："惠故无城，城创以倭也。先是，吴越之交，倭寇衅发，闽抚臣奏请城边海县。于是惠安与福清、长乐三城成。或曰惠邑，始议抑斋李大夫之为

---

① （乾隆）《福建通志》卷四五《人物志三・泉州府・李恺》，《景印文渊阁四库全书》第529册，第541页。

② （乾隆）《泉州府志》卷四二《李恺传》，清光绪八年补刻本。

③ （万历）《惠安县续志》卷一《建置》，第159页。

④ 《湖广按察司副使抑斋李公洎配恭人吴氏墓志铭》，［明］李文会著：《李文节集》卷二二《墓志铭三》，北京，商务印书馆，2019年，第536—538页。

也。”①

嘉靖三十三年（1554）二月初，惠安正式动工筑城。各都长、里正均财画界，相观以励。工执干绳，匠携凿错，开山伐石，扫地作址。李恺在筑城施工中，亲自校阅基地，寒暑不辍。

李恺不但全力支持筑城，还亲自综量督劝，佐助官府排忧解难，惠安县城才得以顺利筑成。他处群哗之中，被指责为“好奇迂虑”，仍不为所动，力赞“城可筑，筑之可以必成”。“上下牖谕，广接博譬，卒有以开解其不然之衷。而群彼嚣嚣之吻，聚议相夺，终亦不能一语诎公而私有所损益”。他还献地扩城，率先垂范。“公自初始事，众竞尺寸以较，基不时定。公偕少峰捐若干步之墟，纵城所界，寂若一无所，人议以为难”。他亲临督课，犒赏民工。“暇且课视东西郊，推牛酒，召犒诸从役者，慰劳鼓舞，人人惬其欢心以退。

石匠在悬崖峭壁采石屡有伤亡。五月十日，李恺陈辞《代祭山神文（有序）》祷告，期以诚感山神，安定民心。“及以盛夏征役，役者暴炎蒸亢，腰絙缠绳，斫石于悬崖峭壁之野，辄为石所迸杀，或往往伤重以去，而议又再哗。公乃陈辞告神，山祇响答，石不复灾民，用以不震怖”②。

除了李恺的好友、邑人康朗（官至副都御史，巡抚湖广、贵州）撰《李抑斋御寇全城序》外，张宇《赠李抑斋先生赞议筑城序》云：“城成之日，宇尝踵公，上下徊眺四望，波涛汹涌，警报日棘，而长长幼幼寝处门闼相与歌咏以嬉，盖至是知公功之为烈也。公以豪杰闲值之材，论议瑰伟，每欲以所长佐国家，立功万里。尝以材为廷议所推，备兵镇筸。而镇筸，推髻鸟语之酋适方跳梁，公以威信感悚，守边将吏今且刻公遗条余教以传。盖余尝过沅江，其土夷亲与余言云云。公今偃蹇，赍志无所用，独尽敛其平生，退而老于丘泽岩壑之间，悲歌慷慨，放意为乐，而胸中浩然之气，踊跃错出。时时揣论国家大计，救世之思不忘，则尤志士所共慨叹，谓公‘材具不尽设施’，而此叩公绪余，犹足以绥庇乡人，百世而下，登陴而原禹功，其亦足以亢公名迹于不穷也夫！”③

万历《泉州府志》载：“惠安县在城东北五十里，旧无城。嘉靖三十一年，总督王忬以倭攻，议置城。知县俞文进筑之。周围九百八十六丈五尺，基阔一丈二尺，高一丈九尺，堞一千七百有奇，内外皆甃以石。为门四：南曰通惠，北曰朝天，东曰启明，西曰永安。设上下水关通莲花山之水，以入龙津溪，西曰玉莲关水门二。东曰龙津关水门三，各有闸。”④

二　直接参加抗倭战斗，保城卫民

惠安县城筑成后四年，即嘉靖三十七年，倭寇数千人号称万人入侵闽海，直逼惠安城。李恺与惠安城共存亡，在抗倭救城佑民战斗中作出了重要贡献。

明嘉靖三十六年（1557）正月十三日，朝廷从工部尚书、提督浙、直军务赵文华之请，始设福建巡抚，统辖福建，并命浙江巡抚阮鹗为福建第一任巡抚。

① ［清］《康熙惠安县志续补》之《萧继美续志》附卷一《附建城碑记》，见《嘉靖惠安县志》（外二种），福州，福建人民出版社，2016年，第247—248页。

② ［明］李恺：《介山集》卷一二《祭文》，福州，海峡书局2016年影印版。

③ ［清］陈澍编《螺阳文献》卷五上《序上》，北京，商务印书馆，2018年，第93页。

④ （万历）《泉州府志》卷四《规制志上·城池》，明万历刻本。

乾隆《泉州府志》载："冬，倭船泊泉州浯屿，往来于漳州、泉州之间，同安、惠安、南安诸县受害尤重。"[①]

明嘉靖三十七年春，倭寇重新纠集力量（时称"新倭"），进犯浙江温州、台州诸府。至同年四月初四日，新倭自浙江温、台等府窜入福建福州、兴化、泉州，皆登岸焚掠而去。四月十九日，新倭攻陷福清县，抓走知县叶宗文，劫库狱，杀害男女一千余人，焚毁官民廨舍无数。

四月二十四日，谍报倭寇来犯惠安，署篆孙节恐慌，避入泉州郡城。二十五日，倭寇入境、阖邑人心惶惶，恸声震天。李恺与举人康惟心、生员张宇（张岳的侄子）、耆绅谢有功等挺身而出，力请已被免职待命的知县林咸（？—1558，字虚所，广东番禺人）出掌执事，奋不顾身登陴视事，出谋划策，组织守城抗倭。以县丞黄省吾守南门，主簿王秉中守北门，典史陆转（辅）守东门，训导蒙说守西门。门置乡长，夜立巡警，塞津补坠。

二十六日，倭寇旌旗蔽野，纵骑突至城下，先攻北门。持续酣战，倭死铳石下者30余人，城上死者不知其数。时有千户朱紫贵率兵来援，人数不多。二十七日迟明，李恺行反间计以缓解倭寇攻城之势。郡城李凤率铳手兵来援。二十八日，城中困馁，难以为守。惠安城危在旦夕，李恺、林咸等绝望之下，只好采取"以贿退敌"之策。李恺献出养老金800两，集议借库遗金400两。二十九日，倭首同意交赎金后撤退，兵马仍大劫掠城郊。三十日卯刻，倭首收取银两后撤退。

> 戊午，倭陷福清，乘胜直逼惠安，令方有违言，闭阁不出署。邑者縋库狱于郡治中，邑大姓多遁去。公曰："贼至，则去城何为者？"乃率士民叩阁拥令出。俄而，贼薄城，撼北关。公与令誓众登陴，亲立矢石之所，七昼夜不交睫。既而，贼以冲车瞰城，暴雨滂沱，雉堞崩圮，城中矢石且尽，人人自以无生。公遍拜守陴者，人皆死守，更为行金贼中携其党，贼乃解去。卒保境内，完活数万人。遮郡上游，令贼不南下。公之功，与墨子争烈矣！惠人德公为筑"保障亭"于北郊焉。……至于岛夷之难，城中一日四五惊，媪妪女流胆怯易怖，持夫儿涕泣，携囊揭箧縋垣逃去。而恭人内填（镇）以静，而外佐以赀，令公得婴城捍敌，行金为间，此其义埒乎丈夫矣！[②]

官至江西布政司参政的邑人、李恺的好友朱一龙《全城功德碑记》云："戊午春，陷福清。夏四月，乘胜抵惠。城初创，濠未凿，垣高仅丈余，中民居不满千，升平久，闻寇股栗。林尹掩阁不视事，署篆者先期郡城去，邑益绎骚，争挈老幼以逃。公号众拥林尹出，陈守城方略，人始有固志。二十六日，倭薄城，扬言入壁令食。公部勒居民及先所请獭窟兵拒之，夜分乃却。晚，布阵复攻城西北隅，陴夫中鸟铳者死相踵□□□舞刀登堞，城垂陷，公按剑挥锐士登钜石歼焉。零雨，城西坏，士女披靡不知所措。公亟戒以无恐，且葺且御，驰书请援。鸟铳兵絙南城入，入则发铳毙贼酋。公挹酒跪劳，厚犒之金。兵乘危，悍如驿子，公袖金赏用命者，遂各振奋，协力御贼。兵夫昼

① （乾隆）《泉州府志》卷七三《纪兵》。

② 《湖广按察司副使抑斋李公洎配恭人吴氏墓志铭》，［明］李廷机著：《李文节集》卷二二《墓志铭三》，泉州文库整理出版委员会，北京，商务印书馆，2019年，第536—538页。

夜乘墉，倦且饥，公躬临爨分餐遍铺守者。贼外瞰，熟公貌，伏铳击公，误中从者，仆陴上，公不为所动。贼攻且以四道冲车上掠城，公设机应之。复募死士入贼中，饵携其党，以竣援集。贼遁，城围解，公时不交睫者七昼夜。公老子弟见公焦劳，皆称：'公活我！'巡按樊公闻而旌之，语在《县志》及康中丞《叙》中。'公邱壑身也！惠始议城，公赞之；城当危，公守之。公之于惠为德，斯人最大。假令当日微公，邑当何如煨烬，旄倪当何如齑粉？即令比屋翼翼，歌咏以嬉，系公之遗也，复乌可忘……公慷慨有大节，才不尽用，居当桑梓而能立功后世，其尤芳云！'赞颂李恺抗倭护城保民之功。碑立于惠安县城北关外关帝庙下东边。"①

何乔远（1558—1631，字穉孝，或称稚孝，号匪莪，晚号镜山，杰出的方志史学家）《闽书》载："越戊午，岛夷陷福清，直走城下。惠虽城矣，尚濠浅而陴低，贼气吞城，大姓遁去，民男女号呼，集凤池水次，待死而已。邑令林咸方有违言，卧阁不出。署邑者缒库、狱送郡。恺喟然曰：'如此，则不若始无城。'集父老入哭城隍庙，出排县閤（阁），泣请令强之为城守。令感恺义，登陴歃血，指挥防御如恺画。日未中，寇至攻城西北偏，恺力战却之。散财给士，立赏购功，弗力者剑殉之。凡立矢石所七昼夜。最后，贼以布梯冲车瞰城。暴雨至，雉堞崩，城中矢石立尽，恺且葺且拒，益厉死守。会郡中援兵至，挹酒跪劳，与里人张宇爨饭搏丸，身哺守者。贼望识恺状，伏锐击之，误中其从人。恺益随机随应，行金间贼党。郡中援兵愈合，势蹙，贼遂拔营遁。时贼破福清，郡邑震动，惠拒而走之，旁邑益壮。恺之伟心锐气不见官理，见之乎所以御捍乡邦矣。"②

明万历《泉州府志》等书载："三十七年四月，倭四百余从郡境长坑头登岸，由龟湖突至安平市，杀掠数日乃去。是月倭又四千余，攻陷福清县，遂至惠安。知县林咸率乡官李恺等拒守，城赖保全。倭分二支，一由海道寇鸭山，林咸复率兵拒战，死之；一由凤山、清源山寇南安。"③

明万历《惠安县续志》载："三十七年，倭寇陷福清，乘胜南下，气吞惠城。又城且新造，欲守无兵，知县林咸与邑大夫李恺躬冒矢石，登埤督战，士民乃有固心，城赖以完。"④

清乾隆《福建通志》人物志载："贼陷福清，趋（惠安）城下，知县林咸卧阁不出。恺集父老排县阁，泣请令为守城计。令感恺义。日未中，寇至。贼以布梯冲车瞰城，暴雨至，雉堞崩，恺且葺且拒，益励死守，会郡中援兵至。恺挹酒馈劳，与里人张宇爨饭携浆，躬哺守者。贼势蹙，拔营遁惠邑得平，皆恺御捍之力。"⑤

清乾隆《泉州府志》载："戊午倭逼，惠城势危急。令方避言闭阁，署邑者避之郡城。恺率士民叩阁，拥令出，登陴誓众，亲立矢石，御贼七昼夜。更为行金以携其党。会郡中援兵至，贼解围去。惠人德之。"⑥

李清馥《闽中理学渊源考》载："倭陷福清，乘胜直走。惠安令方有违言，闭阁不出，署邑者移库狱于郡城。恺率士民跪泣，拥令出，登陴誓众，亲立矢石，御贼七昼夜，更为行金以携其党。

---

① （道光）《惠安县续志》卷一一《金石志》，福州，福建人民出版社，2018年，第181—182页。
② ［明］何乔远：《闽书》卷八九《英旧志·李恺传》，福州，福建人民出版社，1994年，第2677—2678页。
③ （万历）《泉州府志》卷二四《杂志》。
④ （万历）《惠安县续志》卷一《建置》，福州，福建人民出版社，2016年，第159页。
⑤ （乾隆）《福建通志》卷四五《人物志三·泉州府·李恺》，《景印文渊阁四库全书》第529册，第541页。
⑥ （乾隆）《泉州府志》卷四二《明列传·李恺传》。

会郡中援兵至，贼乃解去，惠人德之。”[①]

清张敏求编修《惠安县志》各种资料时，记李恺守城逸事曰：“抑斋公赞议筑城，捐膏腴地数十亩。孙雨山署令，倭至避去，公请林虚所旧令为主，守城守阵，民首探垛外，公鞭禁之；又杖死西关为贼内应者七人，民情始定。城赖保全，功在桑梓，伟矣。”[②]

郑琛的孙子郑一信与林咸、李恺、张宇等一起，奋起抗击倭寇侵略，自己则毅然“大出金、谷”，捐资召募僧徒僧尼，掩埋尸骨，超度亡灵，让死者入土为安。

李恺与林咸等人在抗倭斗争中建立了深厚的情谊。

五月初二日，李恺有感于林咸守城有功反被问责的遭遇，撰《复王遵岩、东台、庄石山、方塘、何小洛叙林尹退倭守城状》，分别致信王慎中、王惟中、庄一俊、庄用宾、何小洛等泉籍乡宦，详细记述惠安抗倭护城情状，力挺林咸，呼吁他们主持公道。该退倭守城状云：“数日间，见倭攻城，历览城之形胜，中似有奇谋者，非凡寇也。倭亦私谓：‘攻福清，一铳三毙而陷一城。惠，真劲敌，前者死后者继，去福清远矣！’以是，攻府城之念绝焉。嗟嗟！使时无林尹，则城必不守；使尹无仆，则城守必不固，何者？县失主令，主吏代者委去，非仆率众恸哭拥出林尹，则县官不尽力，民志不奋，其谁与守？非仆自质妻子于城中，则无以力遏众溃，其谁不逃？非仆先折柽代薪，妻躬为爨，烹牛豕为饭，则众不养兵，兵谁与饱？非仆捐赀，俄顷措办，则呼吸之际，安危立变，则城必拔！非仆与尹轻生舍命，随机应变，则贼无所创而气不衰，攻郡城之念未必息！非仆手掀（揪）贼媒而毙之狱中，则内应有主，外围之谋未必已！则与尹同茹危急之人也！今事定矣，乃云‘不宜借贷以息攻’！夫汉全盛犹嫁（公）主于单于，适乌孙以宫姬；近事阮督府权解同乡之围，海内所知。仆无位鄙人，权宜出此以危城，何过之有？柄事者略邱壑沦废之夫，而苛责闻讯解绶之林尹。彼林尹者，律以‘古人一介不取之廉’，或非其所有；课以捍御之勋，亦足赎其未明之罪。且年力方壮，才猷亦敏，打枪刀，理镖铳，繁费不少，尤之者未见贼耳！古人有言‘众口铄金、积毁销骨’‘市虎成于三人，投杼起（于）屡至’，邑令若咸，诚可策励，未可以一言弃之也。使尹本无是善，而盛张之以纳交，则谓之欺；使本有是善，且有功于吾民最大，而不能告诸方伯及荐绅有力者，则谓儒。欺则丧其本心，懦则失其浩然之气，尚得谓之‘士’也耶？”[③]

王慎中（1509—1559），字道思，号遵岩居士，后号南江。晋江安平人。嘉靖五年（1526）进士，任吏部考功员外郎，进验封郎中。授户部主事，寻改礼部祠祭司。以忤权相夏言谪常州通判、署理江阴。后任山东提学佥事、江西参政、河南参政。明代诗人、散文家，“嘉靖八才子”之首，为明朝反复古风的代表人物之一。

“东台”即王慎中弟王惟中，嘉靖二十年（1541）进士，官太仆寺少卿。

庄一俊（1505—1577），字君斐，号石山、八石山人，晋江青阳人。嘉靖八年进士，先后任职户部主事、山西典试、擢吏部员外郎、改南兵部，再擢浙江布政司左参议。诗人、文学家、书法家。

---

① ［清］李清馥：《闽中理学渊源考》卷六四《副使李抑斋先生恺》，南京，凤凰出版社，2011 年，第 694—695 页。

② （嘉庆）《惠安县志》卷二三《卓绩》，福州，福建人民出版社，2016 年，第 278 页。

③ ［明］李恺：《介山集》卷一一《书》，福州，海峡书局，2016 年影印版。

庄用宾（1504—1578），字君采，号方塘，晋江青阳人。李恺同科举人，嘉靖八年进士，累官刑部员外郎，浙江按察司佥事。

五月初三，倭寇卷土重来，杀掠县郊各乡，林咸率兵追贼，直捣鸭山（今属台商投资区），壮烈捐躯。李恺为之请功，朝廷赐其府同知，入祀乡贤祠，封赐一子为官。邑人为之立祠、塑像于城内观音楼圣堂。

《明史》载："是年，倭陷福清……倭乘胜犯惠安，知县番禺林咸拒守五昼夜，倭引去。已，复至，咸击之鸭山，穷追逐北，陷伏死。赠泉州同知，赐祠，荫一子。"[①]

李恺后作《祭林虚所令尹文》，祭拜生死之交的林咸。

惠安城解围后，李恺作《戊午倭攻惠城急病夫散金募士死守旬日围解因而书怀》五律二首诗二首以纪念。诗中云："散财结客豪，画计间倭军。围急城将缺，时危志弥坚。功成耻受赏，忧谗惧触藩。我有东山亩，飘飘自不群。"

巡按福建御史樊献科（1517—1578）撰文赞李恺抗倭护城保民之功，令有司备礼致谢。其《旌奖守城移文》载："岁戊午，贼果趋闽。予忧□三城者，檄令谨备之。福清弗戒，贼忽浮海疾至，入其郭焉。惠独以蕞尔之城当之，卒能守孤城以与贼抗，而城卒无事焉，亦以抑斋大夫也。方贼之至自福清也，乘胜疾驰，气吞惠城而有之。城方新创，无兵戍，而西北山高瞰城，不易为守。于是大小汹惧，空城欲去，城几弃矣。大夫弗是也，顾诣县官，陈便宜，言城所以必可守状。县官韪其议。大夫又呼其乡之父兄子弟，泣谕之，不从；又以剑狥，于是父兄子弟黾勉从大夫议，以城属大夫。大夫愈慨然任之，不为避。既贼卒至，薄城而攻之，城民毙于贼者十数人。倭贼舞剑，飞梯遍城，且登，城垂陷。大夫登陴督战，力却之。贼射大夫几中，中一从者，死焉。县令乃驰急报请援兵。会予按漳口入泉，亟令提兵，以在城故纳有獭窟兵，至是予兵屯城外，与内兵合势，而巡道所遣乌锐（乌铳）兵，亦先一日缒城中，兵大振矣。顾兵费无宿，计方告困，而县公帑非奉尺符，守者畏，莫敢发。大夫乃白县官，请发□，私又出数百金，持向城上，遍拜士卒，慰劳之。人人欢呼踊跃，战杀贼数十级。其伤扪而去者，复称是贼自入闽未有也。攻战五日城罢，贼且绌。大夫间遣所募众士，缓颊往说其党，交携之。贼内相咎，而城外兵愈合蹙，遂拔营遁。时承平久不见兵，福清一破，列郡邑莫不震动。以区区之惠，一战走之，旁邑益壮，而贼亦遂破胆，不复谋城。大夫倡之也。一惠城耳，方可三里，生齿保聚，丁壮不满千家，而贼又以福清之余威憾之。当其时，大夫岂有职干城寄者哉！其志可谓壮矣。又能毁家以完城，慷慨任事，勇为不顾，岂非古之男子之伟者哉！士君子才为世用，为国任事，固其无足多者。大夫能以邱壑之身，起而当之，竟能御灾捍患，以为乡之子弟父兄倡，保此城而无忧，江湖廊庙，其事尤为卓然可喜也。设时无有如大夫者提携其间，城未必守，虽守未必固，惠之为惠，未可知也。予视城橹，城中人藉藉诵大夫者，而诸博士弟子诣予陈状。又言大夫家居，杜门屏迹，负气自高，类所称澹台云。予闻欣然慕之，亟图条上功。或者谓非大夫之意也。大夫以书抵予，亦盛推县官，不自多。迟之今，乃行县劳大夫，而书所闻附焉，盖褒遗功以劝有位，御史事也。"[②]

---

① [清]张廷玉等撰：《明史》卷二九〇《列传第一百七十八·忠义二》，第7440页。

② [清]《康熙惠安县志续补》之《萧继美续志》附卷一《附建城碑记》，福州，福建人民出版社，2016年，第248—249页。

三　密切联系抗倭将领，建言献策

李恺始终站在抗倭的最前线，捍卫了自己的家乡。同时，李恺“身居泉郡，胸怀天下”，他对于东南沿海各地的抗倭大势，也是了然于胸的，他向当时的一些负责抗倭事务的大臣、将领提出了许多战略建议和措施，记录在他的《介山集》一书中。中国明史学会会长、厦门大学国学院院长陈支平在他的《明代惠安李恺与俞大猷、戚继光》一文中对此有具体的论述。

（一）李恺在上书著名的抗倭英雄、福建督抚王忬的《靖倭短计》中提出七条建议

李恺在上书提督军务巡抚、副都御史王忬的《靖倭短计·己丑春上王思质督抚》中提出了七条建议，载于《介山集》：

一曰行掩捕用兵之道，以奇正相须，兵出而不用奇者，儿伍之斗、伏雌之博也。矧兹海寇出没无常，或伺昏夜，或乘涨潮，击东而辟西，急此则趋彼，鸟惊鱼散，非若蜂屯蚁聚之寇，可以兵威服也。但其登岸剽掠，未敢遽尔冒行，必须本土之人为其乡导，然后肆意草窃。附海居民习通番夷便于接济者，可质其妻子、锢其亲戚，使入贼党……诱之登岸，离海颇远，伏兵于隘以击之。而所用之人，或雇募勇敢，或本处机兵，或卫所丁壮，善自结束……直诱贼将至，先密布于其地，临时以奇计出之。而泄机事者必刑。又以海曲舣岸可伏舟之处，豫布军船十只，多具火铳火箭利便兵器，伺听岸上号炮，乘虚急击。

二曰用内间。夫用兵制敌，非必竟我兵威然后为快，能贰其腹心离其党与，使相攻击，斯善之善者也。昔人有言，以王师攻水寇则难，以水寇攻水寇则易。窃观贼党聚者多至五六十艘，少亦不减二三十艘，然非一种所致，旁引乌合，以广声势。如剪毛老、金钱老诸贼。但其贪暴习性相忌相吞之志，未尝一日忘也。况盗贼群居，不无异同，大众久聚必有外顾，番徒入寇诱之，自我不谙地形，终难异心，宜因其间而入之奸细之民，私与交接者，官府厚为资给，令其潜通于贼……使相疑贰，居中取应，与官兵夹击……

三曰尚购募。盖沿海地方城戍虽设，但官兵略于训练，卒伍暗于技击。班守之兵，计口望代。常戍之卒，列营坐食，欲驱之战，与张空拳冒白刃者何异？

……窃观漳泉海仓、嵩屿、玄钟所、福清县等处居民，谙于寇盗之情，精于水攻之技，间有飞竿击緉潜水凿舟跳身击人用机弩炮石鸟铳钯头飞刀等项，其勇敢练习，官兵十不当一，素为盗贼所畏……此辈官府宜出钱购募，优异其值，密布于海寇湾泊之方，严令彼处军民不许走泄机事，则战舰有必胜之技，官兵无横折之虞……

四曰明赏罚。人情不见利不越趋，不见害不畏，故赏者兵之利也……宜重立赏格，获一贼首赏银若干两，获一酋首银若干两。被伤痍者官给汤药，战而死者官为殡葬。统内军人俘贼多者，兵官重加奖异奏请陞秩，俘贼少者量加奖劳，优其任使……

五曰严界限。沿海镇戍虽星罗棋列，然地形广袤，而横斜无统……宜于沿海一带画为分限，自某处至某处止，属某水寨所统。自某地至某地止，属某镇戍所辖。使各分地自守……地

有定守，人有专攻，若贼势浩大，附近营不并力攻击者，一体行罚。

六曰据要害。夫山川纡回，必有险要……国初设立卫所营寨以弥缝海寇，法云密矣。然诸营相去近者百余里，远或二三百里。卒值警急，彼此不得相及。今宜更择险地，增其防守，使气势联属……

七曰大战舰。自正德以前，大小与军船相等，约力敌，取之为易。以后造过洋备，高百余尺，大径六七尺，运如丘，近处若强不能穿其槐篷，迅炮不能击其期，修，使气呼谓之色母。每各有一二，官船比之十不当一……[①]

《靖倭短计·己丑春上王思质督抚》“己丑”应为“癸丑”，即嘉靖三十二年。李恺在这七条建议中，涉及了地方管理、厘募多兵、充实军械、职责权限、赏罚分明，以及用反间计、占据要害、制造大战舰等各个方面的内容。显然，这些建议都是他在抗倭的实际斗争中领悟出来的经验教训，对于抗倭督抚、将领们的抗倭决策，起到了促进作用。

（二）上书福建督抚王方湖的《理倭私论》

《介山集》载有李恺上书督抚王方湖的《理倭私论》，题目下注“戊午冬上王方湖督抚”。

王方湖（《介山集》目录中误刊刻为王云湖）即王询。四川成都府华阳县人。嘉靖三十七年至嘉靖三十八年（1558—1559）任巡抚福建都察院右佥都御史。《明世宗实录》载“嘉靖三十八年九月……福建巡抚王询等言：今岁，倭寇始犯泉州，焚掠同安、惠安等县，继至福州，攻毁福清、永安等城，既而蔓延于兴化，突走于漳州，分投流劫，民受荼毒……”。

李恺认识到要消除倭寇之患的根本之道，除了积极战守之外，更为重要的是要“疏导”，而不是“堵塞”，不要“闭关锁国”，而是要大胆地开海市，让沿海民众的海上私人贸易活动自由畅通，才能够从根本上清除海盗的动乱因素，使得沿海地区得到长治久安。他在《理倭私论》中说：“……五曰开市以弭倭。……年来唯广东如制，故事号称多宝物害厚之邦。诸或以金叶表文，或以国王文引入南海为市是官盘验，听民纳交马，彼此使宣，浙之间，通番者有，接济者有。诛意严，大好四起。夫占要之邦，波海展界，天之所设，人不能越，权通之加家元之举，二有行之如事之制，不为过。推有日本为中国忧，我圣祖，炳几防严核能之。昔之不来，中国人越禁以货，就其国而商之。今者之来，奴利吾国之货，故舍命浮海劫我以自也。今须仿广东例行之，凡香夷舶至某港，听报水抽分，差官封精加身制。潮各处人欲买卖，则令同保有产人保结，立限半年不铺，则同保者抵事。……奏请下明诏谕其国王遵守之则百货流行中外，到徒成于汉法，而海邦可渐妥也。”[②]

李恺提出的“开市以弭”的建议，是明代士大夫中提出类似建议较早的一位，他在广东番禺任上的所作所为，体现了李恺对于海外贸易的宽大胸怀与深远的见识。[③]

隆庆元年（1567），明穆宗宣布解除海禁，调整海外贸易政策，允许民间私人远贩东西二洋，

---

① ［明］李恺：《介山集》卷一六《议》，福州，海峡书局，2016年影印本。

② ［明］李恺：《介山集》卷一六《议》，福州，海峡书局，2016年影印本。

③ 参见陈支平、戴美玲《明代番舶征税考实》，《高校社会科学》2009年第1期。

史称“隆庆开关”。民间私人的海外贸易获得了合法的地位，东南沿海各地的民间海外贸易进入了一个新时期。明朝出现比较全面的开放局面。隆庆开关之后，这一手治根的办法果然见效，从此“倭渐不为患”。充分说明了李恺对倭寇及海盗缘由的了解之深，以及他主张开放私人海上贸易的远大眼光。

（三）向俞大猷、戚继光、谭纶等人献谋献策

由于李恺对于倭寇之患有着深切的感受与了解，自己也亲身参与了抗击倭寇的斗争，因此他对老友、抗倭名将俞大猷、戚继光、谭纶等人极其钦佩敬仰。李恺在《兵备略节序》中盛赞三位将领云：“夫制兵之法，始于一伍。中为握机左右，朋分前后，角立如手足耳目，两两相比，而心居其间，用各有当。自此而为队、为哨、为营、为团，不过一伍之推尔。承平日久，知兵者甚少，止则不知立营，战或不置阵，往往为敌所乘，如旅人衡行，一遇冲突，靡有不仆。方今文武名将，谭二华、戚南塘、俞虚江，其选也。三公精通兵法，妙算戎筹，纠肃义旅，削平妖氛，钤阁之下，诸将受其教令者熟矣。”①

谭纶（1520—1577），字子理，号二华，江西宜黄县人。明朝抗倭名将，杰出的军事家、戏曲家，与戚继光并称“谭、戚”。《介山集》中收录有李恺致谭纶的书信等。

俞大猷（1503—1579），字志辅，又字逊尧，号虚江，晋江（福建泉州）人，明代抗倭名将，军事家、武术家、诗人、民族英雄。官授平蛮将军，死后被追谥为武襄。著有《兵法发微》《剑经》《洗海近事》《续武经总要》等军事、武术作品，后人将俞大猷诗词等编成《正气堂集》。谭纶说：“节制精明，公（俞大猷）不如纶（谭纶）。信赏必罚，公不如戚（戚继光）。精悍驰骋，公不如刘（刘显）。然此皆小知，而公则甚大受。”李恺与俞大猷同为泉州人，二人私交相当密切，《正气堂集》录有俞大猷的《与李抑斋书》。我们在李恺的《介山集》中，可以看到李恺写给俞大猷的两封书信，其中李恺《复俞虚江都督书》云：“壬午兵至，捧读题疏赐札，其訏谟宏识、义胆忠肝，古之大将也。敬仰敬仰！山中静想，虚翁之身日所任之职，其战也，集未训之兵，犯不测之海，当方张之寇，一难也。明主旰食一怒之威何以熄，有司文法三箭之烈何以收？二难也。叔季不重武臣，粮赏多仰给于州县，书生罕习兵诀，议论每肘阻于异同，三难也。中间褫官削禄者数超升大拜者数，忧惧危疑、焦虑苦心。君门万里，众口铄金，孤孽丹心，三刖抱玉，此难之又难。惟可与虚台知，则又有非言语所能陈说者，然则执事之卒，保其身终除其患以报其君，非天非祖宗其谁扶植之？男儿担树，则为擎天之柱，遭逢则建揭地之勋，吾党若虚江者，不为天下奇才，天地间伟男子与丈夫，生不成名，死则葬鱼腹。仆日来发已白，凤德已衰，其已矣。夫然静中每忆虚江三死之勇，则增浩气，百战之酣，则轻鸿毛，叹我岁月之如川，思我修名之徒尔，松风竹月之下，有余愧、有余悲矣！周之太公八十鹰扬。翁年及知命矣，愿终始毋斁可为者，尚未止此也。勉之！言别十载，老怀如山，惟念念是祷！”②

《介山集》中还载有李恺的《又复俞虚江都督养病书》云：“……朝廷托重者寂寥无人，公超群

① ［明］李恺：《介山集》卷三《序》，福州，海峡书局，2016年影印本。
② ［明］李恺：《介山集》卷一一《书》，福州，海峡书局，2016年影印本。

起于行伍之列，剖破武弁混沌之天，有赵充国之定而志不挫，有郭令公之量而欲不奢，有曹武惠之让而谋则获，有岳鹏举之忠而眷则隆。若公者，殆上帝笃皇祚保苍生而生与？不亦异乎，不亦异乎……仆又有言，虚江车战之妙，未行于西北，则骸骨之乞，必徒一托于空言。夫破虏用车，诗雅之言备矣。如轾如轩……河套之地未复，成祖三犁之威未底于终条理，则虚江之愿未必甘心，而谭、戚望公如渴之意，必不肯舍公而比题必竟于案间也。然此事天实为之，其奈何使公之疏行，则身家之福，行藏之正也，则天之眷俞氏也厚。使公之疏不行，则社稷之福、虏运当否之征也？则天之绵皇祚也远夫岂偶然哉！仆以为一本渠魁既僇南顾无忧，明旨完报行将召公矣……虚翁勉之，介乡之榻徒悬，良朋之乐犹隔，怅然怅然！然仆归休二十三年矣，衰白日进，知我者稀，惟时置予于怀最感。”①

俞大猷一生与倭寇作战，战功显赫，率领“俞家军”能将敌人吓退，与戚继光一起，扫平了为患多年、趁机作乱的伪倭寇。俞大猷战功累累，但常被弹劾，遭到免官，被人冒领军功，从不计较。从李恺写给俞大猷的书信中，我们可以看出李恺对于俞大猷的关心之切与敬仰之情，以及对于俞大猷未能得到朝廷的全力重用，表达了自己的惋惜之意。

俞大猷的《正气堂全集》录有《与李抑斋书》。书中云：

> 海中有许朝光兵船环围之，猷与刘总兵相连列营于东蔡一带，亦扼贼之吭也。只待戚兵二三日到，即议进攻。
>
> 读公壮猷，非深于兵者曷能道？但此非旦夕所能办。今之当事者，急则以乌合之兵，不利之器责将官，以寡胜众，以弱胜强之能；缓则散兵省财之文一日三至，为将官其何能展布乎？虽然闽事今有荡平之期矣，让溪公回籍听勘，代之者谭二华，三五日间可至省也。
>
> 此公平日与猷论兵，于公尊教一一相符。其与猷交谊之厚，相信之笃，盖可追于古人。
>
> 俟至，猷当以公教呈之，必就门下求方略，安闽地也。
>
> 公文词壮丽，韬略精深，读者自知振奋。有才如此，用之不尽，可奈何哉！不宣。②

在《介山集》中，也载有李恺的一篇《赠总兵南塘平寇序》。戚继光（1528—1588），字元敬，号南塘，谥武毅。山东蓬莱人（一说祖籍安徽定远，生于山东济宁微山县）。杰出的军事家、书法家、诗人、民族英雄。《赠总兵南塘平寇序》是李恺受惠安县知县陈玉成（广东广州府阳山县人，嘉靖四十一年壬戌由举人来任惠安知县）等人之托，为戚继光解救莆田县、仙游县和惠安县困于倭患的百姓所撰写的颂功文词。序文云：

> 岛夷乘汛寇我闽中十有一祀矣，都督戚南塘公御之。最先入闽，破横屿贼，解福清围，拯林墩之厄。其后又歼之于渚林，以雪莆阳之愤，完仙游垂陷之城，褫天岭南遁之魄。贼中畏公如虎，呼曰“戚虎”。遗民恋之如父母，然曰是能生我者也……南塘公天锡智勇，慷慨雄杰，

① ［明］李恺：《介山集》卷一一《书》，福州，海峡书局，2016年影印本。
② ［明］俞大猷：《正气堂全集》卷一五，张吉昌、廖渊泉整理，福州，福建人民出版社，2007年，第356页。

怀以身殉国之义。兵至境上，喻戒恳恻。望其旂旐肃如翕如，且筹画神奇，举徙观变，疾速潜深，如珠走盘，古名将之术也。驻车之下，不笞一人。所过省驺从节馕，以缓催科，以息凋残，允矣时雨之师。公之功，卫吴绥楚，奠两淛（浙）、造全闽，宽一人南顾之忧。可以勒石铭鼎者。凯旋之日，士民填涂歌颂耳。公敛仪短袍混于什伍中，拱而言曰：圣天子之福，总督诸大僚之谋，百吏士之力也。平居与卿大夫士郡邑属遇，与其目把言訚訚粥粥终夕，造次不离于礼。愚曾评之曰：戚南塘氏，重似赵充国，大似郭令公，让似曹武惠，忠似岳武穆，若公者，以其身系南北安危之寄，关夷夏盛衰之运，殆上帝笃皇祚保苍生而生，与何三代下寥寥不多见也……今在军中，纯养粹中浩气卓识，于君臣上下之间，死生义利取舍之际，明如观火，其定如山而功名之极欲，若不足其体全，故其用裕然，则南塘公盖闻道者乎……今瞯公所操行战，则丈人长子退则收放存良，其中之所自得者邃矣。诗咏淮夷即叙而云文武吉甫，其当之矣。惠小邑也，密迩莆仙，公释莆援仙，拯其垂亡，已令陈子玉成鸠万姓之诚，属予撰词以致一念云。①

李恺一生有功于家国，他以 81 岁高龄去世时，邑人送葬者达千余人，并先后为之立“保障亭”、竖“全城功德碑”，祀乡贤祠，以垂纪念。李恺有《介山集》留世，文章经铨选入《四库全书》。时人誉其“文追西京，诗步渊明”。

作为历史上著名的廉吏、诗人，李恺战斗在东南沿海抗倭斗争第一线，保家卫国、固城救民，在他的人生中留下光辉的一段历史，值得我们永远纪念。

（作者黄建聪，福建省泉州市泉港区史志学会）

① ［明］李恺著《介山集》卷三《序》，福州，海峡书局，2016 年影印本。

在制度与思想之间：明代经筵与《贞观政要》

解　扬

《贞观政要》是唐代史官吴兢（670—749）所著的太宗贞观年间政治史。该书以贞观年间的国家成就为背景，记录了唐太宗与臣僚之间融洽的交往状态，尤其是太宗勇于纳谏，与大臣有良好互动，故此成就了贞观之治，实为后世欣羡可期。基于此，它为明代士大夫把握机会呈言进谏，进而实践致君泽民的政治理念，提供了遐想的空间，在明代政治生活中被赋予了特殊的政治使命。

《贞观政要》在太宗朝被纳入东宫讲学，之后成为有明一代帝王德育培养和学习治国理政知识的必读课本。但对此角色的认同，在明代中叶以后却屡有分歧，以至于孝宗、神宗两朝曾经在经筵中将此书罢讲。凡此皆折射了关乎帝学与君臣关系变化的朝政大问题，尤其是《贞观政要》作为前代帝王史书，明代读者对其作为史学著作和帝学著作的价值是否存在一以贯之的共识，[①] 以及此书与取而代之者相比，与时代的契合处何在。本文所论，即是循着这两个基本问题，探索历史著作发挥鉴今功能的环境及理想与现实间的张力。

一　明代的经筵与经筵用书

明代高阶文臣在固定的场合向皇帝或皇子讲论经书史事，以提升帝学，包括经筵和日讲两种。经筵作为政治制度存在，始自宋仁宗朝[②]。明代的文臣给皇帝讲说经史，在太祖朝就有，只是当时并未成为制度，讲说既无定日，也无定所，更接近于仪式性的国家礼仪[③]，旨在听讲双方"上下耸听，人人警省，兴起善心"而已[④]。

到了明英宗朝，经筵作为制度被固定下来，形式也扩大为仪式性的月讲和实用性的日讲两类。其中，月讲仪式复杂，日讲较为简单，但更实用，能起到为皇帝提供学习经史知识的作用。之后，正统、景泰年间经筵大体能够坚持寒暑不辍，直至天顺、成化年间出现传免，间隔的时间渐长[⑤]。

---

① 这点是《贞观政要》相比其他帝学用书作为研究对象的优胜之处。参见 Lin Li-chiang, "The Creation and Transformation of Ancient Rulership in the Ming Dynasty (1368-1644) - A Look at the *Dijian tushuo* (Illustrated Arguments in the Mirror of the Emperors)," in Dieter Kuhn and Helga Stahl eds., *Perceptions of Antiquity in Chinese Civilization*, Heidelberg: Edition Forum, 2008, pp. 321-359.

② 曾祥波：《经筵概念及其制度源流商兑：帝学视野中的汉唐讲经侍读与宋代经筵》，《史学月刊》2019 年第 8 期。

③ 徐溥撰，李东阳重修：《明会典》卷五〇《礼部・经筵》，《景印文渊阁四库全书》第 617 册，上海，上海古籍出版社，1987 年，第 558 页。

④ 《明太祖实录》卷一四八，洪武十五年九月癸亥，中国台北，"中研院"历史语言研究所校勘本，1965 年，第 2334 页。

⑤ 包诗卿：《明代经筵制度新探》，《史学集刊》2017 年第 2 期。

明代行经筵的初衷是为了突出皇权的威严，配套的仪式复杂，氛围严肃庄重。据明后期的记载，经筵由高阶文官主持："勋臣一人知经筵事，内阁学士或知或同知经筵事。六部尚书、左右都御史、通政使、大理寺卿及学士等官侍班，翰林院春坊等官及国子监祭酒二员进讲。翰林、春坊等官二员展书，给事中、御史各二员侍仪，鸿胪寺、锦衣卫堂上官各一员供事"[①]。进讲之日，经筵讲官身着大红纻丝纱罗服，分东西两班；展书官以下官员身穿青绿锦绣官服[②]。"早，司礼监官先陈所讲四书、经史各一册置御案，又各一册置讲案，皆《四书》东，经、史西。"讲官先期撰好"《四书》、经或史讲章各一篇，预置于册内"[③]。早朝之后，即于文华殿开讲。"鸿胪寺官赞、进讲讲官一员从东班出，一员从西班出，诣讲案前稍南，北向并立。鸿胪寺官赞鞠躬拜，叩头、兴、平身毕。展书官一员，从东班出，进诣御案前，跪展《四书》毕，起，退立于御案之东稍南。讲官一员，进至讲案前立，奏讲某书。讲毕，稍退。展书官复诣御案前，跪掩《四书》毕，退就东班。又展书官一员从西班出，进诣御案前，跪展经毕，起，退立于御案之西稍南。讲官一员进至讲案前立，奏讲某经或某史毕，少退，仍并立。展书官复诣御案前，跪掩书毕，退就西班。鸿胪寺赞、讲官鞠躬拜，叩头、兴、平身。礼毕。"[④] 讲读结束，鸿胪官出列，跪在中央，赞礼完毕，东西两班官员皆转身朝北，众人下跪接旨。这时，光禄寺官已经设下酒宴，讲官家人及胥吏都能参加，以示荣光[⑤]。

对经筵上讲读用书，太祖朝定下的规矩为后世沿用，成为一代之法。其原则是"自博求约，惟务得其要"，以《四书》《五经》为主，还包括《大学衍义》《贞观政要》《通鉴纲目》等史书，以及祖训和先朝王言[⑥]。其中《贞观政要》在明初就引起了开国君臣的注意。洪武朝曾以此书为范本，编纂了《皇明宝训》和《洪武圣政记》。在太宗朝，《贞观政要》被纳入东宫讲学，从此成为后世帝王培学育德的课本。带着唐太宗与魏征君臣融洽的历史信息，《贞观政要》成了明代讲官铺陈为臣者理想政治氛围的媒介，希望遇事能言，言之能用。但事实上，明代君臣意识到贞观年间的君臣相处之道，在本朝并未实现，是故讲官寄托在《贞观政要》上的期许，随着现实政治氛围的变化而有所不同。于是，这部前代私修史书在明代政坛上，成了君臣关系变化的风向标，认可或否定将此书纳入经筵，都折射了君臣对书中象征的君臣相处状态的取舍。于是，《贞观政要》曾经在孝宗朝和神宗朝经筵中被罢讲而为其他文献所取代，就成了我们必须关注的重要事件节点。

二 《贞观政要》在明初

《贞观政要》由于其优秀史著的本色，在明初就引起了太祖君臣的关注。宋濂认为，本朝官修《大明日历》"藏诸天府，人有欲见之有不可得者"，故而提议依照《贞观政要》的体例，分类四十，

---

① 徐溥撰，李东阳重修：《明会典》卷五〇《礼部 · 经筵》，《景印文渊阁四库全书》第617册，上海，上海古籍出版社，1987年，第558页。

② ［清］张廷玉等：《明史》卷六七《志第四十三》，北京，中华书局，1974年，第1640页。

③ ［明］徐溥撰，李东阳重修：《明会典》卷五〇《礼部 · 经筵》，第558页。

④ ［明］徐溥撰，李东阳重修：《明会典》卷五〇《礼部 · 经筵》，第559页。

⑤ ［明］沈德符：《万历野获编》补遗卷一《文华殿》，北京，中华书局，1959年，第794页。

⑥ ［明］黄佐：《翰林记》卷九《讲读合用书籍》，《景印文渊阁四库全书》第596册，上海，上海古籍出版社，1987年，第961页。

将洪武皇帝开国奠基的辉煌业绩编纂成书，成五卷《皇明宝训》[①]。该书自属的命运也跟《贞观政要》一致，宋濂认为“《贞观政要》尚传之于今，则夫《宝训》一书垂法于千万世，盖无疑者”[②]。

宋濂主持编纂《洪武圣政记》两卷，也是“略仿《贞观政要》之例”[③]。《圣政记》与《大明日历》《皇明宝训》性质类似。该书称前代帝王虽然业绩辉煌，但仍逊色于洪武皇帝，殆因其“弥伦天下之治具，势或未遑及”。朱元璋所行“或前王所未行，或行之有未至者，皆焕然有条，可以垂法后世”。因此宋濂出于职志，“与僚属谋，取其有关政要者，编集成书”[④]。之后，杨士奇（1366—1444）编纂的《三朝圣谕录》、李贤（1409—1467）编纂的《天顺日录》《二录》，也是接续于此的同类史著。

由《皇明宝训》《洪武圣政记》《大明日历》反观《贞观政要》可见，此书在明初君臣看来，本色是前代的权威史书，在帝学培养上并没有特殊意义。明太祖雅好经史，时常阅读史籍，也乐与大臣讲读，却并未见对此书别有青睐。朱元璋了解唐太宗朝政事，还是通过《帝范》《唐书》等书[⑤]。直到永乐朝，《贞观政要》关乎帝王德才的重要性才被官方确认。永乐二年（1404），礼部进东宫朝仪，“翰林院官日分二员，同春坊司经局官讲书，以《五经》《四书》《通鉴》《大学衍义》《贞观政要》等书进讲”[⑥]。从此，《贞观政要》被正式定为明代培育帝王之学的课本。

但直到《贞观政要》在成化元年重刊，它尚未给明代皇帝在听谏纳忠上带来太大压力，君臣关系也没有因为此书而更行紧张。明显的例子是宣德二年（1427）十二月，经筵上讲读《贞观政要》之后，明宣宗就君王立身的问题心生感慨，尚有反省之言。他说：“唐太宗致治之美，庶几成康，实本乎此。予尝反覆是书，谓安天下必须先正其身，未有身正而影曲，上理而下乱者。谓治国犹栽树，根本不摇，则枝叶茂盛。君道清静，则百姓安乐，皆要语也。”[⑦]至于君臣治理国家的问题，则是从次年三月进讲《舜典》时才进行的议论[⑧]。

三　明中叶作为政治风向标的《贞观政要》

到了明代中叶，《贞观政要》的地位发生变化的关键点是成化元年（1465）内府将此书重新刊刻。当时已有大臣意识到，这次重刊为直言进谏和制造理想的君臣关系提供了契机。余斐在《重刊〈贞观政要〉序》中称：“有若唐太宗贞观之为治，亦岂非三代而下所难得者。今观其当时之效，既庶且丰，二十有余年，可谓盛矣。然臣窃推其所以至此者，实有本焉。”所指即是《贞观政要》。他说：“昔罗从彦论读经以《尚书》为先，读史以《唐鉴》为先。臣以为读《唐鉴》，以《贞观政要》

---

① ［明］宋濂：《皇明宝训序》，《宋濂全集》第三册，杭州，浙江古籍出版社，1999年，第914页。

② ［明］宋濂：《皇明宝训序》，《宋濂全集》第三册，第915页。

③ 《四库全书总目》卷五二《史部·杂史类存目·洪武圣政记》，北京，中华书局，1965年，第474页。

④ ［明］宋濂：《洪武圣政记序》，《宋濂全集》第三册，第1118—1119页。

⑤ 参见朱鸿林《明太祖的经史讲论情形》附录一：明太祖经史讲论情形简表，《中国文化研究所学报》第45期，2005年，第165—170页。

⑥ ［明］黄佐：《翰林记》卷一〇《东宫师友》，第968页。

⑦ 《明宣宗实录》卷三四，宣德二年十二月乙卯，第859—860页。

⑧ ［明］郭子章：《皇明典礼志》卷一三《经筵》，《四库全书存目丛书》史部第270册，济南，齐鲁书社，1997年，第646页。

为先；读《政要》，以君臣相得为本。”[①]之后，便感慨唐太宗朝君臣相恰，以致贞观之政。但很快，君臣之间对此书的意义就产生了分歧。

（一）明宪宗重刊《贞观政要》

明宪宗在成化元年八月一日为《贞观政要》此次重刊撰写的序言，对于我们理解其在当时朝廷政治上的地位尤其重要。序文称：

> 朕惟三代而后，治功莫盛于唐，而唐三百年间，尤莫若贞观之盛。诚以太宗克己励精图治于其上，而群臣如魏征辈，感其知遇之隆，相与献可替否以辅治于下，君明臣良，其独盛也宜矣。厥后史臣吴兢采其故实，编类为十卷，名曰《贞观政要》……
>
> 朕万几之暇，锐情经史，偶及是编，喜其君有任贤纳谏之美，臣有辅君进谏之忠，其论治乱兴亡，利害得失，明白切要，可为鉴戒，朕甚嘉尚焉。顾传刻岁久，字多讹谬，因命儒臣重订正之，刻梓以永其传。
>
> 於戏！太宗在唐，为一代英明之君，其济世康民，伟有成烈，卓乎不可及已；所可惜者，正心、修身有愧于二帝三王之道，而治未纯也。
>
> 朕将远师往圣，允迪大猷，以宏至治，固不专于是编，然而嘉尚之者，以其可为行远登高之助也。[②]

这篇序言的逻辑，与《贞观政要》以“论君道”为第一，“论政体”为第二，之后才是任贤、求谏、纳谏等问题的结构完全吻合。但明宪宗关心的核心问题显然不是贞观之治或唐太宗朝的君臣融洽交往，而是帝王的身心修养。明太宗为《圣学心法》撰序说：“盖为治莫大于敬天……天之主宰谓之帝……君人者，以一心而维持天下。心之好恶，不可以不慎也”[③]。这与宪宗撰写的序言重点完全一致，也与宣宗讲论《贞观政要》关注立身的视角十分吻合，应该是宪宗以帝王身份来读这部前代帝王史书真实心理的反映。其言下之意是虽然唐太宗创造了贞观盛世，而且君臣相得，但仍然于身心有亏；自己若能在正心、修身上有所成就，就能度越贞观，成就盛世。

成化皇帝即位后，临御讲筵并不多。天顺八年（1464）六月，礼部尚书姚夔进经筵仪注，宪宗于是定在八月初二将临御经筵。此时的皇帝对经筵寄予了厚望。他说：“夫帝王之道具载经书，苟非讲明，何以措诸行事。况朕临御之初，先务莫急于此。”[④]当日呈进的经筵仪注定下要在即将举行的经筵中“先讲《四书》，次讲经或史书，不进讲章。惟依文直说直解，必须义理明白易晓，句读

---

① ［明］余棐：《率峰先生遗稿》卷一《重刊〈贞观政要〉序》，《原国立北平图书馆甲库善本丛书》第765册，北京，国家图书馆出版社，2013年，第1541—1542页。

② ［明］明宪宗：《贞观政要》卷首《御制贞观政要序》，《四库全书》第407册，上海，上海古籍出版社，1987年，第341—342页。

③ ［明］朱棣：《圣学心法》卷首《圣学心法序》，《续修四库全书》子部第935册，上海，上海古籍出版社，1995年，第289—290页。

④ 《明宪宗实录》卷六，天顺八年六月丁酉，第155页。

字音正”[①]。八月初二日果然“初开经筵”[②]。由吏部尚书李贤讲《大学》经一章，吏部左侍郎兼翰林院学士陈文讲《尚书·尧典》首章[③]。初三日日讲，大学士李贤等率学士万安等讲读经书[④]。但此次开讲之后，直到成化五年（1469）八月，都没有临御经筵的经历[⑤]。故而有工科给事中黄甄等谏言请“仍三日一御经筵”之事[⑥]。只是当时君臣之间尚没有明显的激烈冲突，臣谏君纳也相对正常，是故成化皇帝在《贞观政要》重刊序言中提到的君臣融洽氛围，并没有成为激化矛盾的导火索。

皇帝虽然没有临御讲筵，但大臣对帝学的关心却持续不减，并且在此阶段出现了讲说《祖训》的意见。成化四年（1468）五月，工部右侍郎兼翰林院学士刘定之（1409—1469）上疏，提到《大学衍义》《贞观政要》等书固然当讲，但《祖训》对于当朝皇帝更为重要。他主张“圣学宜法乎切近”[⑦]，认为讲筵用书应该取晚近者为法，提出先讲《祖训》，“若必待《衍义》、《政要》终篇而后御览及此，则在数年之后，太迟晚矣”[⑧]。但这是依托于《贞观政要》史书本色的进言，只是在将其与《祖训》对照上，用前朝史和本朝史加以区分，进而从史鉴的角度做出取舍。也即，此说是在史著代表的历史维度下所作的判断，并非从君臣关系角度对皇帝施压。刘定之并没有提到祖训的具体内容，因此并不是实指在位君主的某项政策或做法违反了某一条祖训，而是借强调祖训表明祖宗朝治理国家的精神。

呈进这份奏疏时，刘定之是工部右侍郎兼翰林院学士，陈言的契机是久旱无雨，故就帝王修身正家之道论谏。在呈进这份奏疏前一年的七月，刘定之还以太常寺少卿翰林院侍读学士的身份，在皇帝敕谕群臣修省改过之后，与礼部尚书兼翰林院学士陈文、兵部尚书兼学士彭时、兵部左侍郎兼学士商辂一道陈奏，称皇帝才学堪比尧舜，但为臣者却“不能知无不言，言无不尽，如魏征之犯颜敢谏”[⑨]。因此希望为臣者能有所作为。但是当时朝廷上就此问题申论者不多，刘定之所说的讲筵用书应该有所侧重的看法，在当时并没有多少明确支持他意见的同道者。相反，朝臣谏言论政者不少，但重点仍然是进言与纳谏这一君臣相接的实践形式。例如同一时期工科都给事中黄甄上疏，请皇帝屏远声色，亲近书史，召元老大臣商议国事，希望“仍三日一御经筵讲学”[⑩]。朝臣虽然关心帝学，对培养君德的当讲之书也很敏感，但对于在位君主具有约束力的《祖训》和前朝君臣融洽相处理想氛围之代表的《贞观政要》，尚未有从君臣关系方面的明确取舍。《贞观政要》折射出的君臣关系并不是当时在讨论经筵事情上的紧迫话题，大臣围绕经筵论事，还是就帝学本身而言。朝臣们虽然对皇帝不能临御经筵不满，却并没有借助《贞观政要》等书对皇帝处理政务或与朝臣的关系上形成明确的压力。事实上，当时成化皇帝对大臣的进谏多能虚心倾听，有接纳的表态。例如成化四年

---

① 《明宪宗实录》卷六，天顺八年六月丁酉，第 156 页。

② 《明宪宗实录》卷八，天顺八年八月癸未，第 177 页。

③ 《明宪宗实录》卷八，天顺八年八月癸未，第 177 页。

④ 《明宪宗实录》卷八，天顺八年八月甲申，第 178 页。

⑤ 在成化四年五月，兵部左侍郎兼翰林院学士商辂上疏，称希望“日御经筵以讲明圣学，屏斥异端以敦崇正道”，可见直至下文提到成化五年八月重开经筵期间，皇帝并没有临御经筵。《明宪宗实录》卷五四，成化四年五月丁丑，第 1103 页。

⑥ 《明宪宗实录》卷四四，成化三年七月己卯，第 908 页。

⑦ 《明宪宗实录》卷五四，成化四年五月丁卯，第 1096 页。

⑧ 《明宪宗实录》卷五四，成化四年五月丁卯，第 1096 页。

⑨ 《明宪宗实录》卷四四，成化三年七月戊子，第 918—919 页。

⑩ 《明宪宗实录》卷四四，成化三年七月己卯，第 908—909 页。

二月，也就在刘定之上疏前两月，宪宗对当时的翰林院修撰罗璟疏言“励圣志”“乐圣学”“接群臣”等显然是套话虚语的六事，还表示“所言有理，朕当行者自行，余令所司覆视以闻”①。几天之后，宠幸道教的明宪宗对河南监察御史艾福及兵科给事中董旻等不同意以“发身羽士，列职太常”的礼部尚书李希安侍讲经筵的谏言，也能听纳，回应说：“经筵之设，所以讲明道学，关系甚重。故侍从皆用文学之臣，希安既非儒流，可罢侍班，但令供礼官之职。”②

即使成化五年（1469）八月重开经筵③，君臣相处的状态仍然平稳。虽然有对具体政策上的分歧，但其间并未见有单方面引起的突发事件令双方关系更加紧张。有两个例子可见当时的情形。一个是成化六年（1470）三月，翰林院编修陈音借经筵言事，说当时“势分尊严，上下相隔，上虽有所疑而未尝问，下欲有所陈而不得尽”④。提到的虽然是实情，但他此番进言的真实目的并不是就经筵之事而论之，而是意在讨论当时受皇帝崇信的佛子、法王、真人等对朝廷正学的冲击。他说：“异端者正道之反，害治之大者也。当今号佛子、法王、真人者，无片善寸长可釆，名位尊隆，赏与滥溢，伏愿降其位号，杜其恩赏，继今凡有请修建寺观者，悉置于法，永为定制。则妖妄绝、正道明而民兴行矣。”⑤因此明宪宗以此为祖宗旧制对答，称：“此事累有人言，俱已初置矣。佛子真人名号系祖宗旧制，如何辄更。”⑥另一个例子是成化八年（1472）的状元吴宽（1435—1504）在收到颁赐的新刊《贞观政要》之后呈进谢表，除了感谢皇帝的恩情，还适度地赞赏了刊刻此书是成化皇帝“学古训”的表现，认为透过此书，正是学习从上古三代至贞观盛世古训的恰当举措。虽然谢表中也提到由于《贞观政要》新刊，讲官有了进讲的可靠版本，但并没有借机暗示臣僚在进言之后期望得到类似唐太宗在贞观年间的优渥，更没有从臣僚角度凸显借助此书能在君臣关系中可能占据上风的作用⑦。

但是，由于成化五年之后长时间未行经筵，臣僚关心的重点问题逐渐由帝学转向了君臣悬隔的状态。接下来，要到弘治元年（1488）二月，礼部进经筵仪注，定下三月十二日孝宗朝首开经筵的日子⑧，在此期间，循着《贞观政要》的线索，能摸索到有大臣对于经筵用书的看法有了微妙的变化。成化二十三年（1487）十一月，巡按直隶监察御史汤鼐在上疏中提出，经筵日讲应该以祖训为重点，以《皇明祖训》配合典谟、训诰命儒臣讲解，间取《贞观政要》《通鉴纲目》《大学衍义》等书一并讲说⑨。与此不同，巡按直隶监察御史曹璘（成化十四年进士）在汤鼐之后也就帝学上疏，认为应加重史书的分量，选择《尚书》、《孟子》、《贞观政要》、陆贽《奏议》、《通鉴纲目》等深切治

① 《明宪宗实录》卷五一，成化四年二月丙午，第1040页。

② 《明宪宗实录》卷五一，成化四年二月辛亥，第1043页。对羽士身份的分析，参见张咏春：《羽士与儒者：明清两代乐舞生群体构成的变迁》，《贵州大学学报（艺术版）》，2018年第1期。

③ 《明宪宗实录》卷七〇，成化五年八月癸酉，第1382页。

④ 《明宪宗实录》卷七七，成化六年三月辛巳，第1482页。

⑤ 《明宪宗实录》卷七七，成化六年三月辛巳，第1482—1483页。

⑥ 《明宪宗实录》卷七七，成化六年三月辛巳，第1483页。

⑦ ［明］吴宽：《拟颁赐重刊贞观政要谢表》，《家藏集》卷四六，《四库全书》第1255册，上海，上海古籍出版社，1987年，第418—419页。

⑧ 《明孝宗实录》卷一一，弘治元年二月辛酉，第262页。

⑨ 《明孝宗实录》卷七，成化二十三年十一月丁巳，第135—137页。

道的典籍经常御览，方有助于提升圣德[①]。

汤鼐和曹璘二人的奏疏呈进的时间前后间隔不超过两个月，在致君的思路上虽有不同，但并没有实质性的矛盾，因此能代表当时朝臣的一般性意见。汤鼐重视祖训，曹璘则侧重于传统的经史阅读。从二人对经筵用书涉及的经、史和《祖训》这三类书看法不同，可见当时朝廷上对于如何选择经筵用书及所折射出的朝政氛围、君臣关系有分歧。相形之下，曹璘的奏疏更符合成化皇帝关心的帝心之学。但显然朝臣并没有理解在位君主对于帝心重视的程度。以至于弘治元年三月重开经筵之后[②]，四月吏部尚书王恕即以暑热宜“慎起居保育圣躬”为由谏止经筵[③]，经筵随即停止。再开经筵，则是十年之后的事了。大学士徐溥在弘治十年（1497）二月回顾过往的经筵次数，称：“今每岁进讲不过数日，去年春夏日讲止得三次，秋冬经筵止得一次。”[④]说明在弘治皇帝即位的十年间，临御经筵的次数并不常见，并没有能给君臣之间在经筵上发生接触营造空间。

于是，当孝宗皇帝在弘治十年下旨重开经筵后，大臣们迅疾反应，以不同于以往的咄咄逼人之势表达看法。弘治十年三月刑科给事中杨廉上奏，在经筵尚未举行之际，先行对日讲提出了期望。他说：“近奉旨以本月二十二日出御经筵。考之故事，经筵日期起必于月初，罢必于月终。半年之内，亦不过九举。今以月终起，以月初罢，则所举有几，且经筵开而后日讲继之。经筵凡十日一举，日讲无日不举。经筵群官列侍，礼法甚严，日讲惟儒臣数人，情意稍洽，其感通之益，尤有胜于经筵者。今迟一日之经筵，则废一旬之日讲。圣学之所缉熙恐不宜如是疏阔也。”[⑤]接着，臣僚又对君臣相处之道频频进谏，仅弘治十二年（1499）二月就有吏科给事中吴蕣、监察御史余濂等针对正君心、召见旧臣以及用翰林儒臣、科道以备顾问等事上言[⑥]。四月，南京兵科给事中杨廉又以此书为帝王之学，最为重要，劝讲《大学衍义》[⑦]。但更进一步的要求是弘治十三年（1500）四月礼科都给事中宁举等希望皇帝在接纳臣僚上有更切实的君臣相接之举：“视朝、经筵之外，未闻与大臣相接。政事裁决，止于章疏之出入；命令宣布，不过近侍之传言。”[⑧]希望皇帝“自今退朝之暇，日御便殿，省览天下奏疏。事体重大者，即召内阁及诸大臣咨议，仍于科道各轮给事中御史一二员随入侍班。凡一切政务，先令该衙门大臣议处，然后咨诸内阁大臣可否之”，然后由陛下亲决[⑨]。进而又有兵科给事中戴铣以永乐间命儒臣编纂《历代明臣奏议》之事，讽喻“当时人君之量、人臣之直”，希望将此书纳入经筵[⑩]。

至此，我们能看到《贞观政要》的政治含义在成化、弘治年间发生了一些微妙变化。在成化朝以前直到重刊《贞观政要》的历史时期，此书尚未明显地被臣僚视为在进谏上给皇帝施加压力的工

① 《明孝宗实录》卷八，成化二十三年十二月己丑，第174—176页。
② 《明孝宗实录》卷一二，弘治元年三月丙子，第279页。
③ 《明孝宗实录》卷一四，弘治元年五月丁亥，第329—330页。
④ 《明孝宗实录》卷一二二，弘治十年二月甲戌，第2179页。
⑤ 《明孝宗实录》卷一二三，弘治十年三月乙巳，第2193页。
⑥ 《明孝宗实录》卷一四七，弘治十二年二月辛卯，第2575页；弘治十二年二月癸卯，第2584—2585页。
⑦ 《明孝宗实录》卷一四九，弘治十二年四月辛丑，第2626—2627页。
⑧ 《明孝宗实录》卷一四九，弘治十三年四月癸丑，第2901页。
⑨ 《明孝宗实录》卷一四九，弘治十三年四月癸丑，第2902页。
⑩ 《明孝宗实录》卷一六九，弘治十三年十二月戊申，第3073—3074页。

具，才屡有皇帝将它赐给臣下的记载，其中尤以成化二年（1466）十月，明宪宗将此书赐给翰林院官人各《贞观政要》一部为异数[①]。这说明当时君臣交流的状态为臣僚所接受，大臣们对皇帝说的话也为皇帝所认可，因此颁赐《贞观政要》而不担心大臣们借题发挥。这有两种可能，一个是大臣确实在君臣相处状态和进言纳谏的事情上无话可说，另一个是臣僚有话却限于环境和条件而不便说。当时经筵虽然并不经常举行，但作为制度并未被废止，君臣也不敢忽视，就此展开的君臣对话能明白表现各自的立场，围绕经筵用书也并未形成明显的对立冲突。但在弘治十年皇帝下旨重御经筵之后，情势却发生了一些变化。朝臣就经筵的时间、对日讲的影响，以及更进一步倾听朝臣意见等事情上，比较密集地提出了自己的看法，而且这些意见的共性是并不完全针对政务本身或者培养君德帝学的方法，而是不满于皇帝对待臣僚的态度，借助经筵之事要有所表达。于是引发了明孝宗的反应，决定在弘治十四年的经筵中罢讲《贞观政要》。

（二）明孝宗经筵罢讲《贞观政要》

弘治十四年（1501）十月，明孝宗在进讲之后，罢讲《贞观政要》，代之以《周易》。这一变化，看似只是经筵讲读用书上经部书和史部书之间的调整，却有大臣敏锐地感知到了皇帝的用意，实际上是消除了《贞观政要》可能表现其象征意义的空间，减少了将臣谏君纳这一理想付诸实践的可能性。于是，大学士刘健等随即上疏，说："今日进讲间传旨，将《贞观政要》暂且停讲，切缘《贞观政要》所载唐太宗议论行事之迹，于帝王为治之道最为切要，况又世代相近，事体易晓，所以祖宗列圣崇重此书，每令儒臣进讲，实为有益。有益伏望圣明少留顷刻，俯垂天听，容臣等仍将此书照旧进讲，以裨圣治之万一。"[②]

刘健对《贞观政要》政治寓意的分析，与朝廷在明宪宗去世之后给他上谥号时于盖棺论定中提到《贞观政要》被重视的角度有所不同。那份官方文字说成化皇帝之所以重视《贞观政要》，将之重刊并撰写序言，是因为"偶阅《贞观政要》，喜其切于时政，重加梓刻，以付讲筵"[③]。我们虽然不能轻率地将成化年间的政治与《贞观政要》一一对应地做界定，但显然提到成化皇帝重刊《贞观政要》，是由于此书跟当时的政治相关，而不仅仅是因为书中所见贞观年间唐太宗君臣相契的态度。但刘健的话锋，已然转换到贞观朝的君臣论事风格以及儒臣进讲的益处了。对此，孝宗当然不予理睬；对恢复进讲《贞观政要》的进言，皇帝仅仅嘉纳，却并没有恢复。

对于弘治皇帝的这一决定，我们可以从两个方面理解。一方面是从弘治十年之后朝臣进言的态势，并不能令重御经筵的明孝宗满意。另一方面，作为在位君主，他对包括经筵在内的精进帝学事业，仍然怀有期望，但一部带有政治寓意的《贞观政要》，却会令经筵走向更远离自己期望的境地，这种错位甚至矛盾，使得自宣宗时代以降的几代皇帝期望从经筵中学习的正心、修身内容无从实现，于是只好将其罢讲经筵。在这两方面的因素中，后者影响皇帝的心理更大。

为了证明孝宗的本意是为了所关心的帝学"正心"问题，而并非排斥经筵，也不是单纯地是为

① ［明］黄佐：《翰林记》卷一六《赐书籍翰墨》，第1036页。
② 《明孝宗实录》卷一八〇，弘治十四年十月甲戌，第3329—3330页。
③ 《明宪宗实录》卷二九三，成化二十三年九月乙卯，第4981页。

了将儒学经典纳入讲读，更不是刻意热衷《易》经，我们不妨用心学家张元祯（1437—1506）的意见作参照来思考此事。张元祯，字东白，是阳明学兴起之前心学在明代中叶的代表人物。他十分关心经筵之事，早在弘治初年就曾经上疏论及讲筵，请严格程序、慎选讲官[①]。他意识到经筵上以《周易》取代《贞观政要》，并不见得有提升皇帝心、身的实际益处，若要达到这一目的，需要讲读更切近于身心的儒家经典。于是他在弘治十八年（1505）三月，以翰林院学士的身份向皇帝上疏，提出心学、理学在培育帝学根本上的重要性。他说：

> 圣学有大本焉，本立则道自充。圣治有大要焉，要举则效自著。欲立大本、举大要，非心学、理学之明则不可得也。[②]

他进而分析心学、理学与往圣先王的关系，认为：

> 心学以存心言，心存则理益精；理学以穷理言，理穷则心益睿。二帝三王所隆治化而上下与天地同流者，实自此始。此即帝王第一等之学也。[③]

接着，他阐释这第一等往圣帝王之学与当今皇上的关系：

> 夫圣治虽止于周公而不复，而圣学则幸得周、程、张、朱四子远绍孟子而复传。圣学实圣治所本，未有圣学传而圣治不可复者也。皇上既有帝王第一等之资，复能加意于帝王第一等之学，则致帝王第一等之治，何难之有！[④]

但圣学散见于四书五经，“巨细精粗，固甚明白，但求其直指根源，提挈指要，使一览即知其概，则莫有如宋大儒濂溪周子《太极图》、横渠张子之《西铭》，而洛阳程子《定性书》、新安朱子敬斋之《箴》，则用功之尤切者也”[⑤]。他劝谏皇帝将《太极图》《西铭》《定性书》《敬斋箴》等书入讲筵。“伏乞皇上日讲之时，命内阁将《太极图》等书，同《周易》《大学衍义》以次分，委臣等进讲。或每月每旬，专定一日或二日，独命臣讲解”[⑥]。有了此心，才能满是天理而“私欲净尽”[⑦]。张元祯这番话，层次分明，可以说完全把握了明孝宗罢讲《贞观政要》，代之以《周易》的心理。正因为契合其意，因此皇帝难得一见地给予了充分赞扬：“疏上，有旨索《太极图》，有天生斯人以开

---

① 《明宪宗实录》卷五，天顺八年五月乙丑，第123—125页。

② ［明］张元祯：《东白张先生文集》卷二三《添进日讲并东宫性理等书疏》，《四库全书存目丛书补编》第75册，济南，齐鲁书社，2001年，第211，214页。

③ ［明］张元祯：《添进日讲并东宫性理等书疏》，《东白张先生文集》卷二三，第211页。

④ ［明］张元祯：《添进日讲并东宫性理等书疏》，《东白张先生文集》卷二三，第212页。

⑤ ［明］张元祯：《添进日讲并东宫性理等书疏》，《东白张先生文集》卷二三，第211页。

⑥ ［明］张元祯：《添进日讲并东宫性理等书疏》，《东白张先生文集》卷二三，第211页。

⑦ ［明］张元祯：《添进日讲并东宫性理等书疏》，《东白张先生文集》卷二三，第212页。

朕之叹。”①

张元祯的主张与他的学术观点有直接的因果关系。他历来以明天理、正人心、讨论典则，以待四方来学为职志②。他认为“心”与“道”的关系是互为表里的，说：“大抵圣贤之言，皆所以发明斯道。道即圣贤之心也。”③又说：“王道乃二帝三王相传以平治天下者也。其道虽大，然皆本之身心，而非有待于外者也。”④只不过他意识到能因圣贤之言而得圣贤之心者并不多见，唯朱子点出，其中的关联才得以大明。秉承对“心”的看法，张元祯鼓励当朝君主行王道，认为王道与心紧密相关。张元祯还从“心”的角度论证王道之纯驳，他说：“盖心必纯于天理，而无一毫之私，然后著之政事，亦皆纯于天理而无一毫之夹杂。苟政虽善而心于天理有未纯焉，是外身心以为治，是为无本，是为不诚，是为伯道。”⑤他所说的伯道是指王道不真而施于政事的结果，他是故“劝陛下于身心上用功，以立王道之本而已”⑥。张元祯进一步解释应该秉持何种态度来行王道，说：“王者之心何心哉？天地之心也。天地所以相播相荡、相轧相磨而昼夜不息者，其心无他，惟在生物而已。”⑦而此“生物必当有以养而教之，天下不能自养而付养之之责于君，天不能自教而付教之之责于君”，人君必须“体乎天而心天之心”⑧。那么，如何做到心天之心呢？张元祯认为，既然“是心也，即天理也”，因此要在日用之间循乎天理行王道，这是人君第一等事。他认为有三点必须做到：“定圣志”“一圣敬”和“广圣知”，其核心则是“无私”，即：“王道只在心与政之无私而已。”⑨其中“一圣敬”中的“敬”便是指“二帝三王与千圣传心之法”，是为“王道之要也”⑩。主张“广圣知”是因为“王者之道即圣贤之学，圣贤之学心与理、知与行而已”⑪。只不过孝宗“大行，竟负所顾”⑫。

张东白的这些看法其实早已成熟，并且已经为在位君主申说过。早在弘治元年七月，他就在上疏中称：“为人君者，不以王道为心，虽有为也，谓之有为之主则可，非所谓大有为之主也”；相应地，“为人臣者，不以王道致君，虽有功也，谓之救时之佐则可，非所谓名世之佐也”⑬。他也曾经非常正式地向皇帝表达过“存道者心而行道者身”⑭的看法，只不过由于当时君臣相处的氛围尚未如弘治十年之后紧张，皇帝追求帝心之学的期望，也不如后来与臣僚在帝学养成上形成的错位来得强烈，因此东白的思想并未得到重视而已。但是在弘治十年之后，皇帝感到了来自朝臣的压力，对东

---

① ［明］张元祯：《东白张先生文集》卷二三《添进日讲并东宫性理等书疏》，第214页。郭正域的记载是：“上嘉纳之，索《太极图》一观，曰：天生此人一开朕也。”《皇明典礼志》，《四库全书存目丛书》史部第270册，济南，齐鲁书社，1996年，第647页。

② ［明］张元楷：《东白张先生行状》，载张元祯《东白张先生文集》卷二四，第222页。

③ ［明］张元祯：《东白张先生文集》卷七《重刻朱子语类大全后序》，第64页。

④ ［明］张元祯：《东白张先生文集》卷二二《劝行王道事》，第203页。

⑤ ［明］张元祯：《东白张先生文集》卷二二《劝行王道事》，第203页。

⑥ ［明］张元祯：《东白张先生文集》卷二二《劝行王道事》，第203页。

⑦ ［明］张元祯：《东白张先生文集》卷二二《劝行王道事》，第203页。

⑧ ［明］张元祯：《东白张先生文集》卷二二《劝行王道事》，第203页。

⑨ ［明］张元祯：《东白张先生文集》卷二二《劝行王道事》，第205页。

⑩ ［明］张元祯：《东白张先生文集》卷二二《劝行王道事》，第205页。

⑪ ［明］张元祯：《东白张先生文集》卷二二《劝行王道事》，第206页。

⑫ ［明］张元楷：《东白张先生行状》，载张元祯《东白张先生文集》卷二四，第223页。

⑬ ［明］张元祯：《东白张先生文集》卷二二《劝行王道事》，第203页。事见《明孝宗实录》卷一六，弘治元年七月乙亥，第397—398页。

⑭ ［明］张元祯：《东白张先生文集》卷二二《陈情乞恩养病事》，第209页。

白的主张便赞赏有加。由此可见，士大夫的政治观点唯有与朝廷氛围吻合，并且与在位君主的政治心态相契合，才能获得青睐，得到认可。

在张元祯努力迎合明孝宗在经筵中罢讲《贞观政要》的深意的同时，另有大臣也感到了以《周易》取代《贞观政要》之后给皇帝期望的帝心之学带来的冲击，理学大儒娄谅（1422—1491）及其子娄性的做法，则是另一种方式。

（三）《皇明政要》和《心学要语集释》

弘治十六年（1503）十月初一日，也就是在弘治皇帝在经筵中罢讲《贞观政要》之后恰好两年之际，原任南京兵部武库清吏司郎中娄性，将自己遵父亲娄谅（1422—1491）之命编辑的《皇明政要》[①]和《心学要语集释》二书呈进御览。两书虽然一并进呈，但并不是同时成书。《心学要语集释》是娄性对父亲早年著作《心学要语》的注释，在明宪宗于成化元年为新刊的《贞观政要》撰序之前成书。[②]《皇明政要》成书于弘治四年，是依照《贞观政要》的体例，将明初至天顺年间的政事，分类四十篇而成。[③]《心学要语集释》虽然先成书，却没有及时呈进，要等到《皇明政要》成书后才一道进呈御览。两书构成组合，实际是娄氏父子关心现实问题的思考与应对。从进书的时间上可见，娄氏父子的重点显然是《皇明政要》。他们想借助此书，将两年前在经筵中罢讲的《贞观政要》重新纳入明孝宗的视野；将《心学要语集释》一道进呈，用意则是为了使这次所进之书同时契合明孝宗关心帝心之学的主张。

娄谅动议编著《心学要语》和《皇明政要》，之后命娄性注释，完成后呈进御前，这一过程分为三个阶段。第一阶段是编纂《心学要语》，这跟娄谅的学术兴趣有关。娄谅（1422—1491），字克贞，号一斋，江西上饶人，天顺八年（1464）中乙榜，为成都府学训导。26岁时师从崇仁学派吴与弼，是明代中期重要的理学家。新婚后的王阳明于弘治二年（1489）在广信拜谒娄谅，从其问学，受娄谅"圣人可学而至"之说启发，学术日益发展成熟。因此黄宗羲称"姚江之学，先生（指娄谅）为发端也"[④]。娄谅以礼学名世，有《三礼订讹》《春秋本意》等书，被视为吴与弼门下与陈献章、胡居仁齐名的三弟子之一[⑤]。娄谅为学，"以主敬穷理为主"，日常举止"内外肃然，凛若朝廷"[⑥]。"以收放心为居敬之门，以何思何虑、勿助勿忘为居敬要指"[⑦]。在娄性眼中，父亲娄谅"自幼志在学道，博通经史，并诸儒性理等书"，致仕后"读书养母，以居敬穷理为心，躬行实践为事"，

---

① 《皇明政要》常见的有四种版本：1. 正德二年（1507）丁卯慎独斋刻本，储巏（1457—1513）校，书前无序，书后有弘治十六年娄性进书表、弘治四年（1491）娄性《皇明政要后序》，收入《四库全书存目丛书》史部第46册；2. 嘉靖五年（1526）丙戌戴金刻本，书前有嘉靖五年戴金撰《皇明政要新刻序》，及娄性弘治十六年《皇明政要表》，《续修四库全书》史部第424册；3. 明刻本，书前有孝宗弘治十六年（1503，癸亥）娄性上表，题名《新刊皇明政要前序》，书后有弘治四年（1491）娄性《皇明政要后序》，收入《元明史料丛编》第三辑第28册；4. 中国台北"国家图书馆"藏有弘治十六年金台岳世瞻文会书舍刊本，这是此书初刻本。本文以储巏校本为工作底本。

② ［明］娄性：《皇明政要》卷末《进书表》，《四库全书存目丛书》史部第46册，济南，齐鲁书社，1996年，第341页。

③ ［明］娄性：《皇明政要》卷末《皇明政要后序》，第343页。

④ ［明］黄宗羲：《明儒学案》卷二《教谕娄一斋先生谅》，第44页。

⑤ ［明］黄宗羲：《明儒学案》卷二《教谕娄一斋先生谅》，第43—44页。

⑥ ［明］夏尚朴：《东岩集》卷五《娄一斋先生行实》，《景印文渊阁四库全书》第1271册，上海，上海古籍出版社，1987年，第41页。

⑦ ［明］黄宗羲：《明儒学案》卷二《教谕娄一斋先生谅》，第44页。

在居家读书之余，“于经史等书多有注释，编集圣贤经传之有裨于心学者，名曰《心学要语》”①。编著此书之后，娄谅曾命娄性“将平昔所闻为之集释，以图报称”②。虽然在娄性口中，注释成书之际就有了报称的意图，但并未付诸实际。第二阶段始于成化元年朝廷重刊《贞观政要》，当娄谅读到了御撰的《贞观政要序》，受其鼓舞，“不胜欣跃，以为朝廷学古图治，宗社生灵之情也”③。他对照明初至天顺年间历史，认为“祖宗御制书并先正宋濂等文集，所载洪武初年至天顺末年一祖四宗政治及接贤臣问答之言，实与尧舜禹汤文武之道，先后一揆。诚千万世治天下之大法也”④。于是“照《贞观政要》格式，立定四十篇目”，令娄性“将各书依类编集，思图裨补，以罄余忠”⑤。这一编辑之事，娄性进行了十余年，并请储巏校正，最后以四百五十二条的面目成书⑥。这就是二十卷的《皇明政要》。编纂的事情应该在弘治四年（1491）也即娄谅去世的当年完成；二月，娄性为此书撰写后序。第三阶段，《心学要语集释》和《皇明政要》成书之后，要到十二年之后的弘治十六年，娄性已经“年将六十，筋力向衰，痰气时作，已成痼疾，难堪任使”之际，才将《皇明政要》和《心学要语》一并呈进⑦。

由于娄谅的次子娄忱之女为宁王妃，受宸濠之乱的影响，娄氏父子著作被禁毁，存世者无多。据娄谅的学生夏尚朴说“独《日录》数册，假录于先，幸存于家”⑧。恐怕也正是因为这一原因，《心学要语》如今不存。但即便如此，我们仍然能从《皇明政要》和《心学要语》的关系上，理解娄氏父子试图以《心学要语集释》呼应皇帝对帝心之学的关注，以及用此书与《贞观政要》配合，引导皇帝重新重视《政要》的用意。

首先，《皇明政要》之所以要按照《贞观政要》的体例编纂，是因为《贞观政要》在宪宗朝颇受重视，而且娄氏父子认为本朝的成就已然远迈贞观。娄性说：“唐臣吴兢纂录《贞观政要》四十篇，献之中宗，视为空文。厥后文宗始喜读而笃行之，大和初政粲然可观。自是以来，其书盛传于世，迨我宪宗皇帝御制首序，其略云：‘太宗济世康民，伟有成烈，卓乎不可及已。所可惜者，正心修身，愧于二帝三王之道，而治未纯也。’诚为至论，万古不易。臣蚤承庭训，知我列圣，明良胥会，都俞之言，宽大之政，所以植国体而裕民生者，一本于帝王之心法，圣贤之道学。其视贞观之治，奚翅天壤而已哉！”⑨这是说帝王之心法、圣贤之道学是《贞观政要》的核心要义，也是《皇明政要》一脉相承的精髓所在。这也为我们理解他将此书与《心学要语》一并呈进的理据提供了线索。

《皇明政要》虽然是摘录明初王言，但全书结构却是有意安排。我们留意到，此书将“尊德性、道问学”置于全书之首，与同样延续《贞观政要》之史著脉络的《皇明宝训》以“敬天”“孝

---

① ［明］娄性：《皇明政要》卷末《进书表》，第341页。
② ［明］娄性：《皇明政要》卷末《进书表》，第341页。
③ ［明］娄性：《皇明政要》卷末《进书表》，第341页。
④ ［明］娄性：《皇明政要》卷末《进书表》，第341页。
⑤ ［明］娄性：《皇明政要》卷末《进书表》，第341—342页。
⑥ ［明］娄性：《皇明政要》卷末《进书表》，第342页。
⑦ ［明］娄性：《皇明政要》卷末《进书表》，第342页。
⑧ ［明］夏尚朴：《东岩集》卷五《娄一斋先生行实》，第42页；《东岩集》卷五《冰溪娄先生墓志铭》，第44页。
⑨ ［明］娄性：《皇明政要》卷末《皇明政要后序》，第343页。

思”“勤民”等开篇，《洪武圣政记》以《严祀事》《正大本》《肃军政》开篇的分类结构，已然完全不同，但这一设计却富有深意。娄性说：“祖宗《政要》之篇首，非无意也。盖谓尊德性所以存心，道问学所以致知，二者乃圣学之梯航、修德凝道之大端也。与《商书》之博约，《虞书》之精一，孔子之一贯，同一意焉。”① 正因为以存心、致知为帝学入门，而且尧舜文武之政亦不能外此，故而娄谅“自正心、修身以至于平天下，类编成帙，仿吴兢之意，僭题曰《皇明政要》”②。

细读全书，《皇明政要》开篇以守成之君所当修习的帝心之学为核心，引述太祖、太宗等帝王与侍讲文臣的对话，以展现开国君主对帝心的关注以及后世君主在培养帝心以亲政爱民上的重要性。在首卷“尊德性”部分，娄性时刻不忘强调“心”对于帝王之学的重要。第一则即引述明太祖的话：“太祖曰：人君一心，治化之本。存于中者无尧舜之心，欲施于政者，有尧舜之治，决不可得也。”③ 而且强调太祖此心还为后世子孙树立了典范。第二则说：“陛下法天启运，乾乾终日，不遑暇食，十有五年。大统斯集，政平人和，休详屡应，斯皆观心之明验，古先哲王相传心法，所谓精一执中之训，亦不过此。圣子神孙必来取法。”④ 接下来便是说格君心之事。娄性先后以桂彦良和解缙辅佐太祖帝学的经历为例子，说：“桂彦良……无一不当帝心者，其要以明圣学、格君心为务。在春坊久，每侍讲，必以二帝三王心法为本。”⑤ “解缙应制上疏曰：‘陛下拳拳于畏天、畏鬼神，治民治强暴，然畏民者畏天之本，治心者治民之本。’太祖嘉纳其言，擢监察御史。”⑥ 在第三则中两次强调二帝三王相传心法之后，第四则以引述太宗的王言，说明在位君主管束此心、秉持好乐的重要性：“人君诚不可有所好乐。一有好乐，泥而不返，则欲必胜理。若心能静虚，事来则应，事去如明镜止水，自然纯是天理。朕每退朝默坐，未尝不思管束此心为切要，又思为人君，但于宫室车马服食玩好无所增加，则天下自然无事矣。”⑦ 卷二“端好尚”是以守成之君对辅佐之臣的期望开篇。娄性引述明太祖的话说明“仁”对于后世君主的重要性：“先王之世不施赏而民劝于善，不施罚而民不为非，若是何也？有仁义以为之本也。”⑧ 接下来对中书省臣说：“今天下纷纷，靡有底定。彼恃夫智力之私，而戕贼于民者，岂复知有仁义哉？卿等职居枢要，所以辅吾者，舍是则无以为治国之本也。卿等勉之。”⑨

娄性在这两卷中开宗明义，表明了帝王需要时刻警惕，培养帝心，身边大臣也要从这一角度尽心辅佐。显然，书中内容虽是明初政事，但关注的核心要义还是帝心之学。对此，明代政治家并不陌生。万历年间的内阁首辅张四维（1526—1585）曾经重刊《皇明政要》，他在重刻序言中称：“凡夫列祖列圣正心刑家，内和外攘，以贻圣子神孙有道之长，以跻斯世斯民仁寿之域者，虽百不及

---

① ［明］娄性：《皇明政要》卷末《进书表》，第 342 页。
② ［明］娄性：《皇明政要》卷末《皇明政要后序》，第 343 页。
③ ［明］娄性：《皇明政要》卷一《尊德性第一》，第 193 页。
④ ［明］娄性：《皇明政要》卷一《尊德性第一》，第 194 页。
⑤ ［明］娄性：《皇明政要》卷一《尊德性第一》，第 194 页。
⑥ ［明］娄性：《皇明政要》卷一《尊德性第一》，第 194—195 页。
⑦ ［明］娄性：《皇明政要》卷一《尊德性第一》，第 195 页。
⑧ ［明］娄性：《皇明政要》卷二《端好尚第三》，第 204 页。
⑨ ［明］娄性：《皇明政要》卷二《端好尚第三》，第 204 页。

一二，而大旨宏纲固思过半矣。”[①]将《皇明政要》与《心学要语集释》联系起来看，前者虽然是对明初史事的记录，但却与后者的主旨配合恰当，既突出了帝王心学的重要性，又借机表现了被罢出经筵讲读的《贞观政要》的重要性。反过来看这两部书的关系便是：《心学要语集释》以其内容能切合于明宣宗以降皇帝所持续关注的帝心之学，而能呼应这几代君主在帝学上之所求，因此成了《皇明政要》这一延续《贞观政要》系统且能体现文臣致君所关心之核心问题的极好包装。两书各自从心学和政事的角度切进，既呼应了明宣宗、明宪宗对《贞观政要》包含的丰富政治含义的取舍，又含蓄地表现了娄氏父子所代表的文臣致君理念。因此，娄性将两书一并进呈，给明孝宗传递了三个信息：一是《贞观政要》对于帝学具有独特的价值，期望能借《皇明政要》重新引起皇帝对此书的重视，甚至使之重归讲筵。二是从《皇明政要》来看，它的远源《贞观政要》与皇帝所执念的帝心之学渊源深厚，能与《心学要语》应和而并不与皇帝所执念的帝心之学矛盾。因此皇帝不必对之心生反感。三是正是意识到了这一点，娄性才将延续了《贞观政要》精髓的《皇明政要》与《心学要语集释》一并进呈，使两书表里配合、相得益彰，而根本目的还在于《皇明政要》所暗指的《贞观政要》。

当我们将弘治十四年罢讲《贞观政要》之后，直至弘治十八年张元祯和娄谅、娄性父子的致君努力联合考虑，会发现一些具有时代共性的问题。首先，成化皇帝为内府重刊《贞观政要》撰写序言，与宣宗、孝宗对《贞观政要》的态度构成了在位君主关注身心、性理的传统，这一传统从宣德二年持续到弘治十八年，有八十多年的历史，足以成为明代中叶有关经筵上所见之帝心之学的潜在脉络。但这一脉络与朝臣侧重于君臣相处之道的着眼点，存在根本性分歧，以至于朝廷上仍然不乏借用贞观旧事，给皇帝在纳谏上施压的声音。双方的矛盾在弘治十年之后愈发激烈。其次，弘治皇帝将《贞观政要》罢出经筵，令朝臣得以正视皇帝在处理君臣矛盾上的权威，受此警醒，当时的思想家努力揣摩皇帝的思路，在提升心学、理学上正面响应，但是角度不同。念念不忘《贞观政要》的娄氏父子，进书之举虽然要早于张东白进说，但显然未能得到东白获得的皇帝赞誉，说明当时君臣双方都感知到了对方真正关心的问题所在，只是试图以帝心之学为包装的《贞观政要》仍然未能在致君上奏效，反而就心、理之学进言的东白，得到了皇帝的首肯。最后，自成化元年重刊《贞观政要》以来，无论是朝臣还是皇帝，对此书所寓意的贞观年间君臣相契的状态都日渐敏感，但明孝宗成功罢讲《贞观政要》并且丝毫未遇到实质性的阻力，说明在明代中叶以前，皇权相对于来自臣僚的约束而言，仍然占据绝对优势；朝臣表达意见还要考虑迎合君主的想法，言行也需符合臣下的身份，以适度的言行劝谏。到了晚明万历朝，情形发生了变化，在经筵上以讲读用书为核心的君臣冲突更加白热化，背后的缘由也更为复杂。

四　晚明经筵罢讲《贞观政要》与回归祖制

万历皇帝对《贞观政要》并不陌生，在万历九年（1581）十二月，强势的首辅张居正就曾经上

① ［明］张四维撰，张志江点校：《条麓堂集》卷二〇《皇明政要重刻序》，《张四维集》，上海，上海古籍出版社，2018年，第525页。

疏，请明年春天进讲《贞观政要》[①]。万历十年（1582）十二月，大学士张四维上奏，称年内已经讲过《贞观政要》，乞明神宗将此书发下司礼监，继续刊行[②]。进讲《贞观政要》的记录，在万历十一年还有[③]。但是到了万历十六年（1588），《贞观政要》在君臣双方意识中的地位却发生了变化，呼吁在经筵中增加祖宗之制的成分，甚至以之取代《贞观政要》的意见，逐渐占据上风。

（一）明神宗罢讲《贞观政要》

应戎政尚书傅希挚请御经筵之请[④]，万历十六年二月十二日，明神宗再次临御经筵。进讲完毕，万历皇帝命令司礼监太监张诚拿着《贞观政要》，追上被拦在文华门的阁臣，就魏征的个人品行问题质问讲官，问答之间，君臣彼此争论了四个回合。

首先，张诚说："上问先生，魏征何如人？"阁臣回答："魏征事唐太宗，能犯颜谏诤，补过拾遗，亦贤臣也。"接着，张诚转达万历皇帝的话，说："魏征先事李密，后事建成，又事太宗，忘君事仇之人，固非贤者。"阁臣对答说："以大义责征，诚如明谕。第其事太宗，却能尽忠。"张诚将阁臣的对答复奏后，得到皇帝的回话，再向阁臣传谕，说："唐太宗胁父弑兄，家法不正，岂为令主？"对此，阁臣回答说："太宗于伦理果有亏欠，闺门亦多惭德。第纳谏一事，为帝王盛美，故后世贤之，若如我太祖家法贻之，圣子神孙，真足度越于古，皇上所当遵守。其前代帝王，唯尧舜禹汤文武为可师，唐太宗何足言哉！"张诚将这番答词报告神宗后，四番回到阁臣处，告知了明神宗的最后决定："罢《贞观政要》，讲《礼记》。"阁臣随即表态，先顺承皇帝的意见："《记》中多格言正论，开讲极为有益"，但同时又做了最后一次努力，试图将《通鉴》或《大学衍义》和《礼经》一并进讲。得旨："魏征忘君事仇，大节已亏，纵有善言，亦是虚饰，何足采择！"最终，经筵罢讲《贞观政要》[⑤]。

在万历皇帝与阁臣的这番对话中，明神宗既否定了魏征的人品，又批评了唐太宗的所为，从根本上消除了两人成为当代君臣榜样的可能性。万历帝说魏征转侍太宗，是不能对先主尽忠；唐太宗未能以正大光明的手段夺取帝位，非明主所为。唐太宗和魏征既然君不君、臣不臣，自然无法作为后世纳谏的表率，因此罢讲《贞观政要》，自有理据。

第二天，万历皇帝继续向大学士申时行讲说对魏征有失大节的看法。他说："人之得失善恶无如五伦之重，五伦失一，复可得为人乎？又何取小节而掩大义，饰恶而图善，正所谓失大取小，终不可掩人耳目。"[⑥] 至于阁臣谏言进讲的《大学衍义》《通鉴》等书，万历皇帝说"今且以《礼记》代《政要》，《通鉴》候《尚书》完日续讲"[⑦]。

这番君臣冲突虽然告一段落，但是回到上述万历皇帝抓住魏征人品问题追问阁臣的对话细节，

---

① 《明神宗实录》卷一一九，万历九年十二月庚戌，第2229—2230页。
② 《明神宗实录》卷一三一，万历十年十二月戊申，第2448页。
③ 《明神宗实录》卷一四四，万历十一年十二月癸酉，第2691页。
④ ［明］谈迁：《国榷》卷七四，神宗万历十六年二月丙辰，北京，中华书局，1958年，第4571页。
⑤ 《明神宗实录》卷一九五，万历十六年二月乙丑，第3663—3664页。
⑥ 《明神宗实录》卷一九五，万历十六年二月乙丑，第3663—3664页。
⑦ 《明神宗实录》卷一九五，万历十六年二月乙丑，第3663—3664页。

在《明神宗实录》里只记其事，并未提到与万历皇帝对话的阁臣和经筵讲官等现场信息。作为后世读史者，我们仍然无法理解为何万历皇帝会在这次经筵之后，针对《贞观政要》及魏征的人品问题，向讲官施压。好在循着参与这次经筵的人事信息，我们发现在二月十四日的经筵上担任讲官的黄洪宪对此事有详细的记录，能补充《实录》失载的重要信息。

黄洪宪在日讲讲章之后的附记中说，万历十六年二月九日壬戌这天，也就是罢讲《贞观政要》之前的一次经筵上，在文华殿进讲的有三位讲官，他们分别讲书如下：

> 少宰朱公赓讲《四书》，詹事刘公虞夔讲《书经》，少宰徐公显卿讲《贞观政要》。[①]

由于徐显卿讲读《贞观政要》的讲章未能留存下来，我们无法了解他解说的重点，但在刘虞夔的文集中却收录了包含讲说《贞观政要》在内的五份经筵讲章，只是当日却不是他来讲读此书。对于刘虞夔的这份《贞观政要》讲章，我们虽然无法对比它跟徐显卿的《贞观政要》讲章有何同异，但至少他们同时参与经筵讲论，对同一部待讲史书的判断，应该有基于时代认识和身份性的共识。换言之，从刘虞夔讲论《贞观政要》的讲章中，我们可以了解当时讲官群体甚至文官队伍对于这部唐代史书的权威理解，从中可以折射出贞观朝君臣关系在万历朝的寓意。

刘虞夔的《政要直解》中有三段引述《贞观政要》的文字，每段之后各有一则释文。第一段是说君臣互相信任的问题："夫以四海之广，士庶之众，岂无一二可信之人哉！盖信之则无不可，疑之则无可信者。岂独臣之过乎？"[②]若能"君臣契合，寄同鱼水。若君为尧舜，臣为稷契，岂有遇小事则变志，见小利则易心哉"，一旦出现这种情况，则"此虽下之立忠未有明著，亦由上怀不信，待之过薄之所致也"[③]。基于此，身为讲官的刘虞夔这样解说：

> 盖人君能推诚待人，则人人皆可信用。人君若蓄疑待人，则人人皆有可疑。若此者，乃人君自生疑贰，岂独是人臣的过失。[④]

这番讲说，契合《贞观政要》原文，将君臣不能互信的责任归结于为君者不能以诚信待臣，是以人人可疑。接下来再由此申论人君为了与人臣互信，应该致力于清心寡欲的工夫："人君所以能信任贤臣者，必先清心寡欲，以养刚明之德，远佞亲贤，以开公正之路，辨别毁誉，振饬纪纲，使君子不致畏谤于小人，小人不敢肆谗于君子，然后明良喜起，可无间于始终，而治功以成也。"[⑤]

第二段是从臣的角度说在位君主对于大臣和小臣的信任问题。引述的《贞观政要》原文说：

---

① ［明］黄洪宪：《碧山学士集·承明应制稿·日讲章·礼经》，《四库全书禁毁书丛刊》集部第30册，北京，北京出版社，2000年，第454—455页。

② ［明］刘虞夔：《刘宫詹先生文集》卷四《政要直解》，《原国立北平图书馆甲库善本丛书》第823册，北京，国家图书馆出版社，2014年，第1056页。

③ ［明］刘虞夔：《刘宫詹先生文集》卷四《政要直解》，第1056页。

④ ［明］刘虞夔：《刘宫詹先生文集》卷四《政要直解》，第1057页。

⑤ ［明］刘虞夔：《刘宫詹先生文集》卷四《政要直解》，第1057页。

“今委之以职，则重大臣而轻小臣；至于有事，则信小臣而疑大臣。信其所轻，疑其所重，将求至理，岂可得乎？”[①]就职位与过错而言，讲官解说：“大臣或以小过获罪，小臣或以大体受罚，职非其位，罚非其辜，欲其无私，求其尽力，不亦难乎！”[②]接下来结合时事，从皇帝对大臣与小臣的信任应该有别的角度评论说：“乃今日委任职事，既知以大臣为重，小臣为轻矣。至于有事之时，则又听信小臣，猜疑大臣，信其所轻，疑其所重。如此则大臣不安其位，小臣得行其私欲，求至治岂可得乎？”[③]由信至任，然后还说了对大臣、小臣任事追责的不当做法：“大体乃大臣所任也，今或变而责之于小臣；小事乃小臣所司也，今或变而责之于大臣。小臣居非所据，大臣失其所守，则纪纲紊乱，体统混淆矣。”[④]其结果便是“大臣惟图苟免，则诡谲虚诈之心渐生”，以致群臣仿效，以成风俗[⑤]。在刘虞夔看来，这是离致治之世愈行愈远了，因此魏征惓惓为唐太宗解说。

第三段文字说的是选人之法。《贞观政要》中有“若举得其人，何嫌于故旧；若举非其任，何贵于疏远”句，归结到诚信问题，则是反问“待之不尽诚信，何以责其忠恕哉”[⑥]。对此，讲说以“避嫌”为切入点，认为：“君之于臣，惟责其尽力”，“若大臣举荐人才，即是他故旧亲识，其人果为贤能，可裨实用，亦不嫌于私党；若大臣畏避嫌疑，但举那疏远不相识之人，其实不称任，使徒务虚名，又何贵于公！”[⑦]也即，认为之所以形成如此的选任局面，一定是“人君以猜疑待大臣，不尽推诚信任”所致[⑧]。因此根本上是为君者的过失。顺承这一逻辑，讲章特别强调为君者对造成君臣不信任的局面负有责任：“君不信臣，必是疑下无可信之臣也。若果下无可信之臣，则是上亦有可疑之君矣。”[⑨]一旦“上下相疑，则顾忌益多，衅端渐起，又何可以言至治也”！[⑩]最后，在讲章文末，特别突出了魏征劝谏的价值：

> 尝观古昔盛时，明良相得，道合志同，人臣心惟为国而人君亦相信，以心无有一毫疑贰之念。下逮春秋，若祁奚内举其子，外举其仇，当时犹能信之。后世毁誉横生，猜疑交错，人君不能分别贤否，每蓄疑以待臣而人臣处多疑多惧之日，惟务饰私避罪，巧伪多端，遂成祸乱。观魏征反复敷陈，可谓深切著明矣。[⑪]

这段解说的要义是呈现了魏征能将上古、春秋以至后世人君待臣的变化向皇帝敷陈的尽忠之臣的形象，但结果却是，在讲完《贞观政要》的两日后，万历皇帝下旨，在经筵中停讲了此书。

回顾此次经筵之前的历史可见，其实万历皇帝临御经筵几乎每月一次，在万历十四年（1586）

① ［明］刘虞夔：《刘宫詹先生文集》卷四《政要直解》，第1057—1058页。
② ［明］刘虞夔：《刘宫詹先生文集》卷四《政要直解》，第1058页。
③ ［明］刘虞夔：《刘宫詹先生文集》卷四《政要直解》，第1058页。
④ ［明］刘虞夔：《刘宫詹先生文集》卷四《政要直解》，第1058页。
⑤ ［明］刘虞夔：《刘宫詹先生文集》卷四《政要直解》，第1058页。
⑥ ［明］刘虞夔：《刘宫詹先生文集》卷四《政要直解》，第1059页。
⑦ ［明］刘虞夔：《刘宫詹先生文集》卷四《政要直解》，第1059页。
⑧ ［明］刘虞夔：《刘宫詹先生文集》卷四《政要直解》，第1059页。
⑨ ［明］刘虞夔：《刘宫詹先生文集》卷四《政要直解》，第1059页。
⑩ ［明］刘虞夔：《刘宫詹先生文集》卷四《政要直解》，第1059页。
⑪ ［明］刘虞夔：《刘宫詹先生文集》卷四《政要直解》，第1059—1060页。

二月丁丑[①]、三月丁未[②]、四月丙戌[③]、八月甲戌，[④]都举行过。万历十五年（1587）二月，以身体原因传免一次[⑤]，次月再御经筵[⑥]。从时间上看，尚属规律。但唯有十五年三月这最近的一次，状态非常不理想。万历十五年三月壬寅日，明神宗临御经筵之前，曾经在皇极门暖阁召见申时行等辅臣，就当日吏部稽勋司主事顾宪成和刑部主事王德新疏救御史高维崧之事，大发雷霆，认为二臣质疑谕旨。他说："如今用人，岂有一人不是朕主张，二主事肆言却说不是朕独断，极为狂妄。"[⑦]他对二臣藐视君权甚为恼怒，说：

> 臣下事君上，原有道理。二臣把朕全不在意，朕非幼冲之时，如何说左右簧鼓。先生所拟太轻，还改票来。[⑧]

认为申时行等拟定的惩处二人措施太轻，是说顾宪成疏救高维崧之后，被阁臣姑降三级调外任[⑨]。皇帝对此不满，令改票严惩。面对皇帝盛怒，老成持重的申时行力图息事宁人，说"皇上天纵聪明，乾刚独运，即今朝廷政事，各衙门章奏无一不经御览，无事不出圣裁。司属小臣，不知妄言，原无损于皇上圣德"；又说"二臣狂妄，罪实难逭。但臣等仰见皇上明并日月，量同天地，区区小臣，不足以亵雷霆之威。即外论疑及臣等，宁使臣等受诬蒙谤，不必轻动圣怒"[⑩]。接下来皇帝的说话，实在表示了对申时行等人的不满。明神宗说：

> 先生等是朕股肱，与别官不同，须要为朕任怨。若只要外边好看，难为君上。[⑪]

对此，申时行仍然好言相慰："臣等受皇上厚恩，虽犬马无知，当自图报，敢不任怨。"[⑫]对此，万历皇帝的对答更显急躁。他连番打断申时行的话，斥责其言不对题。当明神宗说"诸臣说话必有主使之人，著追究出来"[⑬]时，申时行对答道："建言者亦有几等有忠实之人，出自己见，不知忌讳者。有愚昧之人不谙事体，道听途说，未必出于主使"[⑭]，结果话未说完，就被打断，万历皇帝说："还是沽名卖直者多，若不重处，不肯休歇。前有旨各衙门戒谕司属通不遵依亦问他"[⑮]，对这一君臣

---

① 《明神宗实录》卷一七一，万历十四年二月丁丑，第 3120 页。
② 《明神宗实录》卷一七二，万历十四年三月丁未，第 3140 页。
③ 《明神宗实录》卷一七三，万历十四年四月丙戌，第 3185 页。
④ 《明神宗实录》卷一七七，万历十四年八月甲戌，第 3278 页。
⑤ 《明神宗实录》卷一八三，万历十五年二月庚午，第 3416 页。
⑥ 《明神宗实录》卷一八四，万历十五年三月壬寅，第 3436 页。
⑦ 《明神宗实录》卷一八四，万历十五年三月壬寅，第 3434 页。
⑧ 《明神宗实录》卷一八四，万历十五年三月壬寅，第 3434 页。
⑨ 《明神宗实录》卷一八四，万历十五年三月壬寅，第 3433 页。
⑩ 《明神宗实录》卷一八四，万历十五年三月壬寅，第 3434—3435 页。
⑪ 《明神宗实录》卷一八四，万历十五年三月壬寅，第 3435 页。
⑫ 《明神宗实录》卷一八四，万历十五年三月壬寅，第 3435 页。
⑬ 《明神宗实录》卷一八四，万历十五年三月壬寅，第 3435 页。
⑭ 《明神宗实录》卷一八四，万历十五年三月壬寅，第 3435 页。
⑮ 《明神宗实录》卷一八四，万历十五年三月壬寅，第 3435 页。

双方情绪日见激烈的对话，《明实录》记载：

> 时行等欲再为申解。上遽云："先生等便将去改票来。"时圣躬未耐久坐，时行等不能毕其说，乃叩头退。①

透过据实记载此事的《明神宗实录》，我们仍然能感觉到万历皇帝对首辅申时行不能直接面对自己提问的不满，这令他对引起愤怒的顾、王奏疏所言之事更为愤恨。究其根本则是万历皇帝认为顾宪成、王德新的奏疏一来并不尊重目前已经掌握皇权的自己，二来也并不相信皇帝不受左右臣僚影响。也即，作为皇帝的臣子，顾、王二人并不相信来自朝廷的谕旨是出自皇帝之手，更遑论遵旨而行了。当与大臣在对话的形式和内容上都不能顺遂己愿之时，万历皇帝两次打断申时行的说话，强势表达自己的看法，令大学士执行，这是愤怒已极的皇帝所能行使的最后手段了。

在这次跟辅臣的冲突之后，明神宗在十五年四月临御过一次经筵②。当月辛未"上不御经筵"③，直至十五年底，举行经筵的次数就很少了，以致大学士申时行等在当年十二月底说"今岁自开讲一次之后未蒙再御"④。之后才有上文提到的协理戎政尚书傅希挚请侍经筵之说，以及经筵后罢讲《贞观政要》之事。

（二）诉诸理性的制度约束

但在万历十六年二月十二日罢讲《贞观政要》之后，皇帝并没有停止经筵。两日后，皇帝再御经筵。遵前旨，在这次讲筵中不再讲《贞观政要》，而是代之以《礼记·曲礼》。据当日参与经筵的讲官黄洪宪说，这天司职的经筵讲官有三位，他们分别讲读经典如下：

> 朱少宰（即朱赓）讲《孟子》"矢人岂不仁于函人"二节，余（即黄洪宪）讲《书经·酒诰》"乃穆考文王"二节，刘詹事（即刘虞夔）讲《曲礼》首章。⑤

刘虞夔在罢讲《贞观政要》之前负责讲《书经》。在这次经筵上，君臣之间关系堪称融洽，给黄洪宪留下了极深的印象。他清楚地记得，由于《礼记》是新近列入经筵的讲读经书，不同于《书经》是温习旧章，讲官是故"以讲章卒办，未及熟诵，讲至半，一时失记"，对此，"上慰之曰：从容讲可也"，并不因讲官"轮流帮撰"、事出仓促而予以批评⑥。

对比这前后两日的讲官名单，朱赓和刘虞夔两次都名列其中，可见他们并未受罢讲《贞观政

---

① 《明神宗实录》卷一八四，万历十五年三月壬寅，第3435页。
② 《明神宗实录》卷一八五，万历十五年四月辛酉，第3455页。
③ 《明神宗实录》卷一八五，万历十五年四月辛未，第3460页。
④ 《明神宗实录》卷一九三，万历十五年十二月丁丑，第3633页。
⑤ ［明］黄洪宪：《碧山学士集·承明应制稿》卷二十《日讲章·礼经》，《四库禁毁书丛刊》集部第30册，北京，北京出版社，2000年，第455页。
⑥ ［明］黄洪宪：《碧山学士集·承明应制稿》卷二十《日讲章·礼经》，第524页。

要》的影响，只是刘虞夔按照万历皇帝的新旨意，由《书经》改讲《礼记·曲礼》。之前讲读《贞观政要》的讲官徐显卿未能参与此次经筵，顶替他的是黄洪宪，讲读《书经》[①]。黄洪宪和祭酒徐显卿二人都是万历十三年二月新任的经筵讲官[②]。万历十五年七月，黄洪宪任日讲讲官[③]。

三位讲官中，朱赓的存世文集中没有收载讲章。黄洪宪这次讲读《书经》的讲章在他的文集中并未保留，在他的文集中只见讲筵中解读《诗·大雅·文王》“亹亹文王，令闻不已”句的讲章一段，以及讲读《礼记·王制》等的讲章十段[④]。刘虞夔文集中的《经筵讲章·礼记》里收录了“《礼记》讲章”，其中包括黄洪宪提到的“《曲礼》首章”的内容。检核《礼记》，刘虞夔文集中这份讲章收录的是《曲礼》首章原文中的第三、四两条文字，之后的解说应该就是经筵上讲说的内容。

刘虞夔的《礼记·曲礼》讲章中的第一条是“贤者狎而敬之，畏而爱之，爱而知其恶，憎而知其善。积而能散，安安而能迁”。随后的解读以贤者为重点，从贤者的待人之情和贤者区分善恶之别开始，分为三个层次。第一个层次是贤人在与他人相接上的智慧，尤其是对亲近之人。讲章说：

> 常情，于所亲狎的人相与情熟，未必能敬。贤者则狎而敬之，蔼然相亲，未始不肃然相敬也。常情，于所尊畏的人外貌致恭，未必能爱。贤者则而爱之，隆之以貌，未尝不联之以情也。[⑤]

第二个层次是从人性的角度诠释善恶，讲章说：

> 人有善的固尝爱之矣，而于爱之中，有不可掩之恶，则又知其恶而恶之。何至于溺爱而不明乎？人有不善的固尝憎之矣，而于憎之中有不可泯之善，则又知其善而爱之。何至于绝恶之太甚乎？[⑥]

第三个层次是从人性适用的角度诠释用财的问题，讲章接着说：

> 君子用财有节，财固有时而积，然聚于己者亦可以散于人，不至私利以自殖也。君子经德不回，固止于其所当止，然守其常者亦可通于变，不至于执一以害事也。贤者之所为无往而不合乎中，如此何莫非主敬中来耶！此可为修身之法矣。[⑦]

---

① 《明神宗实录》卷一八八，万历十五年七月丙午，第3526—3527页。黄洪宪《碧山学士集·承明应制稿》卷二〇《日讲章·礼经》，第454—455页。

② 《明神宗实录》卷一五八，万历十三年二月壬寅，第2904页。

③ 《明神宗实录》卷一八八，万历十五年七月丙午，第3526—3527页。

④ ［明］黄洪宪：《碧山学士集·承明应制稿·经筵讲章》，《四库全书禁毁书丛刊》集部第30册，北京，北京出版社，2000年，第448—455页。

⑤ ［明］刘虞夔：《刘宫詹先生文集》卷四《经筵讲章·礼记》，《原国立北平图书馆甲库善本丛书》第823册，北京，国家图书馆出版社，2014年，第1046页。

⑥ ［明］刘虞夔：《刘宫詹先生文集》卷四《经筵讲章·礼记》，第1046页。

⑦ ［明］刘虞夔：《刘宫詹先生文集》卷四《经筵讲章·礼记》，第1046页。

讲章中的第二条文字是“临财毋苟得，临难毋苟免，狠毋求胜，狠毋求多”。对这段话，刘虞夔解说的重点是“义”，他说：“临财苟得是伤廉也，必以义止之……临难苟免是贪生也，必以义赴之。”[①]“义”是为了明分，据此才能控制所得，循此方能致贤。刘虞夔说道：

分而求多，则必以盈溢致损矣。当以义自裁。本分之外，不加毫末，敢求多欤！夫临财可以观廉，临难可以观勇，不求胜是惩忿之学，不求多是窒欲之功。能是四者，则情得其正，而行合于中，亦庶几乎贤者之可法矣。[②]

将刘虞夔这份《礼记·曲礼》的讲章与上文分析过他的《政要直解》对比，可以感知他讲读的立场已经发生了根本变化。刘虞夔在万历皇帝将《贞观政要》撤出经筵之后，已经完全不提皇帝的角色，更不涉及君臣关系，而是改为以修身问题为主了，只就贤者在对人、对己上的做法申论。提到财用问题，也是基于人性，以君子和贤者之所行来示范，并未涉及为人君者在节财用上应有的态度和作为。这一转折性变化，便是《贞观政要》这一君臣关系风向标在经筵上的地位发生变化所带来的结果。

万历十六年四月十二日，万历皇帝再次临御经筵。据黄洪宪说，在这天的经筵上，少宰徐显卿讲《易经·晋卦·彖传》，洪宪讲《诗经·大雅·文王第二章》[③]。取自《易经》和《诗经》的这两段讲章分别是说柔进上行和文王施恩泽遍及子孙的问题。由于徐显卿讲《易经》的讲章不存，刘虞夔的讲章中虽然有五条讲《易经》的，但仅涉及《谦卦》《损卦》《豫卦》《益卦》《震卦》，却不涉及黄洪宪说的当日讲的《晋卦》[④]。因此我们缺乏足够的信息去对比徐显卿在万历十六年二月进讲《贞观政要》与四月进讲《易经·晋卦》两书在释文的角度、立意的侧重或进言的期望上是否存在不同。但是讲官黄洪宪与当日同侍经筵的高阶文官就经筵对皇帝可能产生的影响，一致高度认同。这为我们理解经筵制度以及经筵用书对在位君主的影响提供了线索。黄洪宪回忆道：

冢宰杨二山（巍）、左都御史吴悟斋（时来）时侍经筵。赐宴毕，两公出长安门，因顾余宅，云今日讲甚剀切，如本宗该承统，支庶该分封等语，明白从听，胜于百篇奏疏。以此知讲筵不可不时御也。[⑤]

这段文字是黄洪宪为他撰写的《诗经·文王第二章》讲章补写的识语，附在讲章之后。从讲章原文中的信息，我们可以理解吏部尚书杨巍和左都御史吴时来被感动，专程到访黄宅表达敬意，原因是讲章中对嫡子承统继宗问题的阐说。

黄洪宪在讲章中对于《诗经·文王》“亹亹文王，令闻不已。陈锡哉周，侯文王孙子。文王孙

① ［明］刘虞夔：《刘宫詹先生文集》卷四《经筵讲章·礼记》，第 1046 页。
② ［明］刘虞夔：《刘宫詹先生文集》卷四《经筵讲章·礼记》，第 1046 页。
③ ［明］黄洪宪：《碧山学士集·承明应制稿·经筵讲章·诗经》，第 449 页。
④ ［明］刘虞夔：《刘宫詹先生文集》卷四《经筵讲章·易经》，第 1032—1038 页。
⑤ ［明］黄洪宪：《碧山学士集·承明应制稿·经筵讲章·诗经》，第 449 页。

子，本支百世，凡周之士，不显亦世”一句，有如下讲说：

> 嫡子为宗，如木之有干，叫做本。本宗是该承统的。本以继本，百世而为天子。别子为庶，如木之有条，叫做支。支庶是该分封的。支以继支，百世而为诸侯。①

原文主旨是借商亡周兴，向周成王及后世君王进言，要行德政，阐发本宗继统、庶子分封的道理。讲章的论据是“亹亹文王”一句描述帝王的勤勉理政为后世子孙树立的典范，但真实用意则是“君臣失德，治乱相悬者，岂天独无意于后世哉”②之后，借“亹亹”生发的议论。黄洪宪说：“尝庄诵我高皇帝《宝训》，有与侍臣论周道者，曰：‘周自后稷公刘，世积忠厚，至于文武，始有天下。然使后无成康，佐以周召，则文武之业何能至八百年之久。’又曰：‘使吾后世子孙皆如成康，辅弼之臣皆如周召，则可以祈天永命。’大哉，皇言！其所以为后世计者，至宏远也。”③这是说周成王、周康王继承了文王、武王的事业，才能使盛世长久。接着谈到了皇帝对贞观君臣的否定态度，甚至将《贞观政要》罢出经筵的事，说：“恭惟皇上聪明宪天，典章法祖，顷谕讲筵，以贞观君臣不足为训，而欲仰追唐虞三代之隆，以后世粉饰事功不足为多，而欲全体皇极彝伦之本。圣志超然，期大有为。此万亿年无疆之庆也。”④最后借机向皇帝谏言，以尊崇的态度，适宜地表达了意见，称：“臣闻君志定而后天下之治成。今固不必他求，但于‘亹亹’一言加之意焉，讲筵常御，朝政常亲，接贤士大夫之时常多，居宫闱幽独之中常慎。事事强勉，念念缉熙，则德同天运，祚与天长，而子孙臣庶皆将来永赖其庆矣。”⑤

嫡子为宗，本宗承统；别子为庶，支庶分封，这是自万历十四年以来君臣之间围绕国本之争，发生激烈冲突的根本所在。万历十四年正月，明神宗宠爱的郑妃诞下皇三子常洵，皇帝欲将郑妃晋为贵妃，但并未给予四年前产下元子的恭妃这样的待遇。大臣们担心皇帝对皇子的偏爱影响树立储君，以至于双方对立长达十五年，形成了波及朝野的“立储之争”，也被称为“国本之争”。⑥在这场斗争中，明神宗认为，自己在张居正之后已经掌控朝政，立储本是家事，理应自己解决，因此视大臣敦促其立皇长子为储君的谏言为逼迫，由反感而心生愤怒，以至于对连番进言的朝臣严加惩处，借此维护皇权⑦。这一朝政大事在万历十四年之后渐入高峰，到了万历十七年，由于事关立储的上奏多被留中而斗争逐渐成为朝臣单方面的进言论政局面。在这一背景下，朝臣借用各种理据，试图说服皇帝，论说册立元子的重要性。例如申时行曾经在万历十八年上疏说“皇长子当正储位，

---

① ［明］黄洪宪：《碧山学士集・承明应制稿・经筵讲章・诗经》，第448页。

② ［明］黄洪宪：《碧山学士集・承明应制稿・经筵讲章・诗经》，第448页。

③ ［明］黄洪宪：《碧山学士集・承明应制稿・经筵讲章・诗经》，第448页。

④ ［明］黄洪宪：《碧山学士集・承明应制稿・经筵讲章・诗经》，第448—449页。

⑤ ［明］黄洪宪：《碧山学士集・承明应制稿・经筵讲章・诗经》，第449页。

⑥ 对于“国本之争”的新近研究，参见李佳：《君臣冲突与晚明士大夫政治——以万历朝“国本之争”为中心》，《求是学刊》2017年第6期；解扬：《治政与事君：吕坤的〈实政录〉及其经世思想研究》，北京，生活・读书・新知三联书店，2011年，第219—227页。

⑦ 解扬：《治政与事君：吕坤的〈实政录〉及其经世思想研究》，第219—220页。

万万不可动摇”，还提出祖宗之法不可不遵守，皇上谕旨不可不信云云[①]。

正因为这是时代性的难解之题，黄洪宪、杨巍以及吴时来身处其中，也是求解之人。当他们感知到经筵进讲是能与皇帝就此陈言的合适制度，自然心情激动，在感慨之余积极维护这一制度的实践，试图从中寻求解决国本问题的突破口。相形之下，对于经筵讲书的个体命运，反而退居次要。细读黄洪宪的这份讲章便可发现，他提到了明太祖的《宝训》，也赞扬了本朝皇帝遵守祖宗之法，还特别诠释太祖曾与侍臣论周召共和之治，暗示了皇位平稳合理地传递对于实现治世极为重要。此说当然是在“国本之争”的背景下，极力突出太祖朝祖宗之法的权威。接下来在提到神宗将《贞观政要》罢出经筵时，郭正域也赞扬了皇帝能典章法祖、临御讲筵，这是以文臣的身份，当必须接受《贞观政要》在本朝的命运时，将亲御讲筵与祖宗之制一并提出，是有意提醒在位君主需要正视祖制。他甚至还肯定地说，这才是“皇极彝伦之本”。很显然，对于“国本之争”而言，此时要解决皇长子身份问题，已然不是进一步实现《贞观政要》暗指的君臣良性互动状态所能奏效，而是亟须求助于更具约束力的制度力量，让本朝君主回归到必须如此的轨道上来。换言之，经筵讲书有所调整无妨，但从祖宗朝沿袭而下的祖制却因为更值得依赖也更具权威而不能改变。文臣们这一见识的根本依据便是祖制作为政治话语的权威了。

黄洪宪的看法在当时也并非个人独见。能与黄洪宪等人相呼应的，还有曾任礼部侍郎的郭正域（1554—1612）在同一时期对《礼》经的理解。重视“经”在国家治理上的重要地位，“以经术为本，以法律为辅”[②]，成了万历皇帝掌权之后的基本治国理念。为了论证“礼”经的重要地位，同时也为了表明唐太宗贞观时代所讲“礼”经为非，论证本朝罢讲《贞观政要》为无误，郭正域在此事发生后不久，撰写了一篇题为《礼经》的策文。这篇颇具时代感和政治影射意义的文章，表现了当时的文臣结合政治环境，努力在皇帝所关心的议题下，寻求可能影响皇帝施政的新角度。

策文论“礼”是从明初的制度创设入手，先说：“我太祖高皇帝即位之初，首开礼局，诏儒臣考定《三礼》及《（洪武）礼制》《礼仪定式》《（太常）集礼》诸书，所以和邦国而定神人者，轶千古而上之。”[③]追溯明初，本意是以明初的制度创设表现“礼”对本朝的重要性。但这一设问却给答文提示了要在祖制的视野下展开讨论的思路。策问接下来提到了万历皇帝将《贞观政要》罢出经筵而代之以《礼》经的事：“皇上顷御经筵，以讲官进讲《贞观政要》，焕发德音，斥其匪彝，罢《政要》而进《礼》经，洋洋圣谟，炳若日星。第以唐皇之英武，晚年行仁义，有效贞观之治，庶几小康。以彼其资，何惮而不为礼让也。顾其君臣之际，本实拨矣。不知其致治之迹，亦有合于礼者否？然唐皇亦尝言礼乐矣。又曰‘征言未尝不约我以礼。’彼所谓礼者，非邪。诸士试将礼之可裨于今日而远出唐皇之上者，试奏一篇，主事者未尝不称善。”[④]显然核心议题是本朝君臣应该以何者为当行之礼。

对此，郭正域的拟文从《礼》经本身的重要性、礼与治理国家的关系、礼与国本的关系、礼与

① 《明神宗实录》卷二二八，万历十八年十月丁亥，第4231—4232页。

② 《明神宗实录》卷三五七，万历二十九年三月癸丑，第6672页。

③ ［明］郭正域：《合并黄离草》卷二一《礼经》，《四库全书禁毁书丛刊》集部第14册，北京，北京出版社，2000年，第204页。

④ ［明］郭正域：《合并黄离草》卷二一《礼经》，第204页。

制度的关系等方面展开论说。首先，他认为“礼”在治国上极具重要性，它与人心政事都紧密相关：“快心逸志，非礼不定；人伦庶物，非礼不章；徽猷文典，非礼不敷。”[①]因此“夫子言治，未尝不先礼”，太祖明定礼仪也是顺承此意[②]。其次，至于贞观君臣，“其友于之际，自负于周公、叔牙而事使之间，谬托于桓公、管仲，不知其大本乱而大节亏矣”，皇帝于圣谕中的品骘自然可信，故而“执事更欲以贞观之迹比于《礼》经，盖亦尝错列而胪陈之”[③]。最后转而从国本论“礼”，包括：“礼之所以正国本也”“礼之所以宾四夷也”“礼之所以观德也”“礼之所以广听纳也”“礼之所以驭臣也”“礼之所以垂泽于不斩也”[④]。对比贞观君臣，郭正域说：“唐皇之所谓礼者，小康之效，杂伯之气，而非礼之大同也。魏征之所约者，出王之愆，小德之微，而非礼之隆施也。”[⑤]他认为应行之礼，其核心要义是能理顺国家制度运行过程中在舆论和实践上遇到的困难。对于舆论而言，郭正域用唐代陆贽说的“诤臣直，表我之能容；诤臣狂，表我之能恕。言而当则官其忠，言而不当则恕其过”[⑥]，希望皇帝能宽容纳谏；对于政治实践，他指出了“土木未尽罢，冗食未尽裁，冗员未尽稽。言事者议及貂珰之滥、缇绮之繁，而上不省也”以及“召见之礼经岁而一见，启沃之期多罢而不御，侍从之臣希见颜色，一暴十寒，一传众咻”等有关各项制度运行中不尽如人意的问题[⑦]。郭正域所论恰好与本书第二章和本章分析的貂珰害政和君臣悬隔有关，但他申明观点的方式，却没有就此两点直接进言，而是从“礼”与治国的关系角度，借祖制的权威谈了自明初就有的制度不容破坏。他虽然是谈万历皇帝关心的“礼”，却没有从经学角度诠释，但所论却力求对在位君主形成一定的约束作用。

这篇策文虽然写于万历十六年之后，但转而侧重于祖制及其制度约束力的意图，却与嘉万年间的重臣高拱（1513—1578）在神宗即位之初讨论经筵时的看法一致。他曾表示，在经筵上，《贞观政要》是前朝史，已然不切于用，应该先讲祖宗家法，停讲《政要》。他将两书对比，说：

> 我皇上甫十龄，穆皇上宾，其于祖宗大法，盖未得于耳闻也。精神命脉既所未悉，将何以鉴成宪，绳祖武乎？今日讲经书后又讲《贞观政要》等书，臣愚谓宜先知祖宗家法，以为主本，而后可证以异代之事。不然，徒说他人，何切于用？[⑧]

结合万历十四年以来国本之争形成的晚明政治走向和君臣相交态势，郭正域从经筵讲书角度对《礼》经的解说恰好印证了高拱之说的前瞻性。

---

① ［明］郭正域：《合并黄离草》卷二一《礼经》，第 204 页。
② ［明］郭正域：《合并黄离草》卷二一《礼经》，第 205 页。
③ ［明］郭正域：《合并黄离草》卷二一《礼经》，第 205 页。
④ ［明］郭正域：《合并黄离草》卷二一《礼经》，第 205—206 页。
⑤ ［明］郭正域：《合并黄离草》卷二一《礼经》，第 206 页。
⑥ ［明］郭正域：《合并黄离草》卷二一《礼经》，第 206 页。
⑦ ［明］郭正域：《合并黄离草》卷二一《礼经》，第 206 页。
⑧ ［明］高拱：《论经筵要务》，《本语》，见岳天雷等点校：《高拱全集》，郑州，中州古籍出版社，2006 年，第 1275—1276 页。

五　结论

本文分析明代重要的经筵讲读用书《贞观政要》在明初、明中叶和晚明三个历史阶段的政治形象以及它在经筵上的地位，通过它起到的风向标作用，感知当时朝廷上带有阶段性的政治变化。

《贞观政要》由于其优秀的史著本色，在明初就引起了洪武朝君臣的重视，朝廷以之为范本编纂了《皇明宝训》《洪武圣政记》《大明日历》，之后文臣编著《三朝圣谕录》《天顺日录》也是接续此书的系统。到了永乐初年，《贞观政要》被作为东宫讲书，从此成为培育帝学的经典著作而屡屡见于讲筵之上。直到成化朝重刊《贞观政要》，它并未被当时的文臣视为能给皇帝施加政治压力的工具，因此明宪宗还借用为此书撰序的机会，表达了对提升帝心之学的期待。但朝臣对这篇序文重点的理解，却与皇帝有了差别，以至于反而导致了君臣之间的隔阂。其中的分歧一直延续到弘治朝，致使弘治十四年明孝宗以《周易》取代了《贞观政要》在经筵上的进讲。敏感的朝臣意识到此番更改减少了将臣谏君纳这一理想付诸实践的可能性，因此敏于时政又精于经学的文臣纷纷以撰著响应，但从同是心学著名学者的张元祯和娄谅、娄性父子从皇帝处获得的不同反应来看，明孝宗延续了之前皇帝对帝心之学的关心，以修身为重点，因此对张元祯应该讲性理之书的谏言十分首肯，对娄氏父子借心学包装而推动《贞观政要》回到帝学视野的做法则不予置评。

之后，虽然讲筵之上又见《贞观政要》，但到了晚明，尤其是在后张居正时代的万历朝，此书对皇帝要听从大臣意见的暗示更不被皇帝接受，以至于在万历十六年此书又被罢讲经筵，而且万历皇帝这次罢讲仍然以修习身心为理据。对此，朝臣既无法接受，又无力扭转，便借顺承明神宗意志之名，行借助依托于制度的祖宗之法来约束皇帝之实，从经筵本身作为制度的重要性和太祖论及皇位继承的王言，给万历皇帝以约束。纵览《贞观政要》在明代经筵上的地位变化，可以摸索到朝臣借讲读此书致君，在劝谏不成，转而皈依于依赖制度的时代趋势。

（作者解扬，中国社会科学院古代史研究所）

明清商书与商业文化的构建

张海英

中国古代的商业发展历史悠久，在商朝和西周时期，由于“工商食官”，没有私人商业，也尚未出现关于经商知识的文献。到了春秋战国时期，才出现了很多自由经商的商人。司马迁的《史记·货殖列传》中，记载了数十位善于经营和经商致富的各类人物，其中计然、范蠡、子贡、白圭等，对后世影响很大。直至今日，人们还把与商业相关的经营计谋称为“计然之策，陶朱事业，端木生涯，白圭之术”。后人还根据他们的经营理念，总结辑成《计然书》、《陶朱公商训》（又称《陶朱公生意经》）等，被奉为后世商家的经营宝典。但无论是《计然书》还是《陶朱公商训》，均是后人口耳相授流传下来的，而且散见于历史典籍之中，谈不上是正式的商业书。

正式的传授经商知识的出版物，是明后期才开始出现的，主要是指明清时期由商人或民间书坊编撰出版，以阐述商业规范、商业经营理念、商业道德，传授经商技巧，介绍商品知识、行业特点及行旅指南等为主要内容，以商人为主要阅读群体的读物，学界亦称之为商业书、商人书。这类图书在明后期开始出现并广泛刊行，清代商书不仅种类增多，内容也更为丰富。

明清商书的出现，说明这一时期的商人对于经商知识的获取，已不再满足于父子相传或师徒相授的传统形式，而是开始注重商业知识的系统累积与传播，重视从职业教育的角度培养子弟生徒。大量商书公开刊印示知世人，也说明其时商书的内容已成为社会公认的有用知识，开始为公众所接受。可以说，明清商书集中体现了当时商人的经营理念，反映了这一时期的商人意识与商业伦理，成为明清商业文化的重要组成部分。

一 “商贾士农咸乐业”：对从商职业的肯定

在中国古代，由于受“士农工商”职业等级序列的影响，加之政府“重农抑商”的政策背景，“农本工商末”的观念是根深蒂固的。明后期，随着社会经济的发展和工商业的日益繁荣，社会上出现了“士好言利”现象，士人们也提出了“四民异业而同道”的“新四民论”之说。这些社会思潮与思想的变化体现在商书上，便是明代商书中关于士农工商职业关系的诸多表述，较之前代有了很大的不同。明末程春宇在《士商类要》中提出“商贾士农咸乐业，恩波浩荡海天同”[①]，李留德在

① ［明］程春宇：《士商类要》卷二《水路诗》，天启六年刊本。

《客商一览醒迷》中也直言："人生于世，非财无以资身；产治有恒，不商何以弘利?" [①] 在这里，商书作者已开始将商贾与士农并列为业，而不再认为有贵贱本末之别。

清代乾隆年间的手抄本《生意世事初阶》，则将商贾之理财视为居家之急务，并与为官出仕、"出而裕国"相提并论，而《贸易须知》更是希望学习者"研求温习，玩味熟思"，并把"异日有成，出人头地"的希望寄托于经商之上。可以说，在对商人角色的职业认知方面，清代的商书较之明代商书具有更加鲜明的职业自信和角色认同，其所表现出来的通过经商而"出人头地"的强烈意识在此前的商书中是不多见的。这说明，随着时代的发展，经商在人们眼中已成为一种顺应时代潮流之举，"良贾何负闳儒"已不再仅仅是士大夫们的感慨，而是切切实实地体现在商人思想意识之中。

二 "四业惟商最苦辛"：对经营环境的切身感受

明清商人的思想意识，与其商业经营环境的影响密不可分。明清各类商书中，多处可见著述者对经商不易之感叹。这中间既有对春夏秋冬漂泊异乡之辛劳的感慨，也有对经营途中骗子盗贼之觊觎的提防，更有对官场欺诈勒索的戒惧与痛恨。李留德在《客商一览醒迷·附悲商歌》中叹到，"四业惟商最苦辛，半生饥饱几曾经。荒郊石枕常为寝，背负风霜拨雪行"。这种"宿水餐风疲岁月，争长竞短苦心肠"[②] 的旅途奔波之辛苦的背后，还有被牙侩诓骗财本，人财尽失的强烈的无安全感之担忧。从万历二十七年（1599）《三台万用正宗》中的《商旅门·客商规鉴论》，至清乾隆间吴中孚的《商贾便览·江湖必读原书》、赖盛远的《示我周行·江湖十二则》，无不多次郑重告诫经商者，从经商外出的结伴搭伙，到路上住店行船等，要时刻注意人身财产安全。程春宇《士商类要·为客十要》的前三要便首谈安全问题：

> 凡外出，先告路引为凭，关津不敢阻滞。投税不可隐瞒，诸人难以协制。此系守法，一也；凡行船，宜早湾泊口岸，切不可图快夜行。陆路宜早投宿，睡卧勿脱里衣。此为防避不测，二也；凡店房门窗，常要关锁，不得出入无忌。铺设不可华丽，诚恐动人眼目。此为谨慎小心，三也。

当时，出行路上的盗匪抢劫是经商安全的重要威胁，对此，明万历年间刊印的《三台万用正宗·商旅门》记载颇详：

> 至于客途艰苦，亦当具布其言：巴蜀山川险阻，更防出没之苗蛮。山东陆路平夷，犹慎凶强之响马。山西、陕西崎岖之路，辽东口外凶险之方。黄河有溜洪之险，闽广有峻岭之艰。两

① ［明］李留德：《客商一览醒迷》，崇祯八年刻本。本文据杨正泰《天下水陆路程·天下路程图引·客商一览醒迷校注》，太原，山西人民出版社，1992 年，第 35 页。

② ［明］程春宇：《士商类要》卷二《陆路诗》。

广有食虫之毒，又兼瘴气之灾。陆路有吊白之徒，船中多暗谋之故。浙路上江西亦多辛苦，中原到云贵多少颠危。长江有风波盗贼之忧，湖泊有风水渔船之患。川河愁水势涌来，又恐不常之变。闸河怕官军之阻，更兼走溜之忧。[①]

即便号称富庶繁华的江南地区，也多有抢劫勒索之事：

杭有吴江塘上抢客之患，来则十数小船，百余人众，先以礼接，顺则狥情，逆则便抢，各持器械，犹强盗一般。虽有武艺，寡岂能敌众哉？将客捉拿，各分货物，客淹禁在家。纵有拔天手段，周回是水，将欲何之！至于数月，方将稀松不堪小布，准算高价，勒写收票，方才放行。虽则屡问军徒，未尝悛改。船户受贿，竟不为客传音！似此之徒，天刑诛戮，何足过哉！船户知情，通同作弊，未必无之。还有嘉定、昆山、太仓诸处亦空，亦各有之。[②]

正是鉴于安全顾虑，《士商类要·买卖机关》反复告诫，“铜铁忌藏箱箧，重物莫裹包囊”；“有物不可离房，无事切宜戒步”；“客商慎勿妆束，童稚戒饰金银”；“天未大明休起早，日终西坠便湾船”，并再三强调，“不论陆路、水行，俱看东方发白，方可开船离店。若东方冥暗，全无曙色，寒鸡虽鸣，尚属半夜，若急促解缆陆行，恐坠奸人劫夺之害，不可不慎。至于日将西坠，便择地湾船投宿。俗云‘投早不投晚，耽迟莫耽错’也”。强调“逢人不令露帛”，以免“被人瞧见，致起歹心，丧命倾财”。类似警示之语，在《客商一览醒迷》及《商贾便览》等商书中，多处可见。这些既是商人的经验结晶，同时也反映出当时的经商环境缺少安全感，使得商人们在经商途中，不得不谨慎从事，倍加小心。

如果说客观上的旅途环境令商人缺少安全感，外出经营如履薄冰，那么制度保障上的缺陷则直接影响了明清商人的意识形态。纵观中国古代，商人始终在“重义轻利”的社会氛围中生存，个人经商也是在“重农抑商”的政策下发展，历朝政府缺乏相应的保护商人利益的法律制度。虽然清代的工商政策趋向宽松，各级官员的“恤商”思想也有所发展，皇帝时有恤商、宽商之诏谕，可以说提供了一种较之前代更有利于工商业发展和提高商人地位的政策环境，但却始终没有明确保护商人利益的制度保障机制。明清时期民间的商事纠纷，仍然多由各级地方官员依据具体情况，“酌以情理”断案。这一制度环境对商人思想意识的直接影响，便是明清商书中所表现出来的训诫商人敬官、畏官及现实生活中依赖于官的现象。对此，程春宇的《士商要览·买卖机关》中有一训诫值得关注：

是官当敬，凡长宜尊。官无大小，皆受朝廷一命，权可制人，不可因其秩卑，放肆慢侮，苟或触犯，虽不能荣人，亦足以辱人；倘受其叱挞，又将何以洗耻哉。凡见官长，须起立引

① ［明］余象斗：《新刻天下四民便览三台万用正宗》（文中简称《三台万用正宗》）卷二一《商旅门·客途》，东京，日本汲古书院，2000年影印版。

② ［明］余象斗：《三台万用正宗》卷二一《商旅门·论抢客奸弊》。

避，盖尝为卑为降，实吾民之职分也。不论贫富，或属我尊长，或年纪老大，遇我于座于途，必须谦让恭敬，不可狂妄僭越。设若尔长于人，人不逊尔，尔心独无憾忿乎。

这是教育人们对官吏和年长者要尊敬，比较强调中国传统的长幼有序的伦理规范。但在这里，“官无大小，皆受朝廷一命，权可制人，不可因其秩卑，放肆慢侮，苟或触犯，虽不能荣人，亦足以辱人；倘受其叱挞，又将何以洗耻哉”的训诫是值得关注的。它告诫人们，官吏们均属朝廷命官，尤其是得罪不起的，这非常突出地反映了商人们对官府及官吏的一种敬畏心态，这说明，在当时的制度环境下，敬官、畏官倾向在明清商人中是普遍存在的。“溥天之下，莫非王土；率土之滨，莫非王臣”始终是中国古代商人们难以逾越的鸿沟，他们始终走在权力与经济交织的钢丝绳上，要时常受到官吏多种勒索，忍受政府的政策性苛税，不得不对当权者谦卑恭敬，这一点到明清时期也未有大的改变。

商书中对经商人员的告诫也让我们看到，中国古代商人时常处于一种矛盾的两难之中，一方面，传统的伦理道德轻视趋炎附势、倚官仗势之辈，尤其将那些趋炎附势之辈视同小人，“若见人有财有势，锦上添花，益加趋奉，此为彻小人也”。另一方面，“官无大小”，“权可制人”的现实环境，也使得他们根本无法掌控自己的命运。“时诸同贾（徽商），递废递兴，犹潮汐也。不戢者犯禁，不羁者作荒，不覆即败”[①]。因此，在传统的“学而优则仕”的社会环境中，商人们最终仍多有“明明检点，万般惟有读书高”之感慨。在这样的制度环境下，正如余英时所指出的，“传统的官僚专制体系有如天罗地网，‘良贾’固然不负于‘闳儒’，但在官僚体制之前，却是一筹莫展了”[②]，商人们也只能在权力束缚的夹缝中艰难而顽强地生存发展。

三 “心底敦厚，以义行商”：传统伦理观念与明清商业伦理的构建

商业作为社会不可或缺的一种职业，其行为的本质是讲求利益的，不可避免地会带有唯利是图的属性，因此，“义”“利”之辨就成为商业伦理之核心。中国古代的传统伦理受儒家思想影响，强调的是重义轻利，赤裸裸的损人利己、见利忘义是要受到谴责的。明清时期固然有“士好言利”之社会氛围，但总体而言，社会风气导向仍然是传统伦理中的以义为重，以利为轻，反对见利忘义。因此，如何协调“利”与“义”的关系，乃是时清时期的商人们需直接面对的问题。

从商书的记载来看，在“利”“义”关系问题上，商书提倡君子之财，取之有道，反对见利忘义，要求商人重信义，守然诺，不刻剥。从明代程春宇的《士商类要》、李留德的《客商一览醒迷》，到清代吴中孚的《商贾便览》、王秉元的《生意世事初阶》《贸易须知》，及至清末杨树棠的《杂货便览》，这些训诫在明清两代一直相沿传承。《客商一览醒迷·警世歌》中再三强调：“自古富从宽厚得”，《商贾便览·工商切要》开篇即讲，“习商贾者，其仁、义、礼、智、信，皆当教之焉，

① ［明］：汪道昆《太函集》卷五三《处士吴君重墓志铭》。《续修四库全书》第1347册，上海，上海古籍出版社，2002年，第401页。

② 余英时：《中国近世宗教伦理与商人精神》，合肥，安徽教育出版社，2001年，第263页。

则及成自然生财有道矣。苟不教焉，而又纵之其性，必改其心，则不可问矣。虽能生财，断无从道而来，君子不足尚也”。清代重刊的《贸易须知》亦认为：“商亦有道，敦信义，重然诺，习勤劳，尚节俭。此四者，士农工皆然，而商则尤贵，守则勿失。”[①]《杂货便览》中特别告诫，“取财以道，利己利人乃见本。上可以事父母以报养育之恩，中可以携弟兄以全手足之情，下可以顾妻子可保老来之根。即遇三亲六眷，亦可以扬眉吐气。”[②]

这些训诫实际上在理论上解决了此前一直困扰商人们的商业伦理问题，由此，经商在道义上成为一种能被大家接受和认可的职业。

在中国古代，政府对民众的教化是以董仲舒的“三纲五常”为中心的，因此，“仁、义、礼、智、信”的传统对明清商人也是影响至深。由此我们也看到，在商人的职业道德和道德规范方面，明清商书非常注重结合传统的伦理道德观念，来规范和引导从业者。各类商书均不忘告诫商人们要以中国传统伦理道德来规范自己的行为。

《典业须知》对学徒六字要求：一曰勤，“做事须向人前，不可偷懒”；二曰谨，“谨则事事小心，不敢妄为”；三曰廉，“廉则不贪，可以守分安身”；四曰俭，“俭可以养廉”；五曰谦，“谦则受益无穷”；六曰和，“和则外侮不来”。要求学徒要“牢记在心，存于行箧。不时敬读一遍，终身受益不浅”。此外，还要求学徒要“五戒”：第一戒性情，“性情宜温柔，待人和气，则事事讨便宜，人亦肯与你交好，受益匪浅”；第二戒嬉游，“嬉则废正事，放荡心性，游则荒荡，近小人，为君子所不齿”；第三戒懒惰，“终日悠悠忽忽，不肯操习正事，则一生成为废材，到老不成器，晚矣”；第四戒好胜，“凡好勇斗狠，有伤身体，皆不可为。言语好胜，最易吃亏耳”；第五戒滥交，“朋友为五伦之一，人固不能无友，益友损友，心中需要看得明白。友直、友谅、友多闻，益矣；友便僻、友善柔、友辩佞，损矣”。并强调，“守此五戒，是个全人，一生安身立命，皆在于此”[③]。

在商人的职业道德和道德规范方面，商书倡导艰苦创业，节俭为本，《士商类要·买卖机关》《客商一览醒迷·警世歌》及《商贾便览·江湖必读原书》均直言，“富从勤得，贫系懒招”。《士商类要·贸易赋》告诫：“贸易之道，勤俭为先，谨言为本”；勤俭“为治家之本”，“为士者勤则事业成，为农者勤则衣食足，为工者勤则手艺精，为商者勤则财利富”[④]。《客商一览醒迷》强调“财物必由勤苦而后得，得之必节俭而后丰”，“和能处世，俭能治家”，认为“处人和则无争，家和则道昌，国和则治强，四海和则万邦宁矣。其治家之道，犹在节俭”。

在个人修养方面，商书反复告诫人们要洁身自好，不能贪图奢侈享受：要“锐志坚持，必不堕于勾引”[⑤]；应“宁甘清淡，不以利禄关心，正大光明，惟求洁白，虽大食峨冠置前，不能移其志也”[⑥]。《生意世事初阶》对学徒亦有远离烟酒的训诫，谓“烟酒最为误事，有损无益”，并称“酒乃

---

① ［清］王秉元：《贸易须知》（一卷），光绪五年刊本《序》。此稿本题有嘉庆十四年王秉元序，道光二十四年杭州项名达续刊；光绪五年蠡城言慎金在王、项两刊本基础上再刊，内容与《生意世事初阶》的前64条基本相同。

② ［清］杨树棠：《杂货便览·为商十要习》，清末抄本。

③ ［清］佚名：《典业须知》（抄本），美国哈佛燕京图书馆藏本。

④ ［明］程春宇：《士商类要》卷之四《立身持己》。

⑤ ［明］李留德：《客商一览醒迷·警世歌》。

⑥ ［明］李留德：《客商一览醒迷·警世歌》。

杀身鸩毒，色为刮骨钢刀”，因此要“戒之慎之”，更要远离风流场所，“切不可嫖赌废荡”①。直至民国年间的《生意经络》，仍反复强调：“最可恨者，嫖、赌、吃、着四字。若犯了一字，即穷之根，贫之源也。看旁人穿好衣，吃好食，切不可照他行事。近来鸦片一项，尤生意中所最忌，万万不可沾染。切记切记。”②

在经营理念方面，中国传统伦理中所提倡的“诚者天之道也，诚之者人之道也”的信用为本的诚信观尤受重视。商书反复强调在商业运作过程中，不仅要公平交易，光明正大，而且要诚实无欺，重恩守信。《士商类要》《客商一览醒迷》和《商贾便览》等，均提及双方买卖交易时，“好歹莫瞒牙侩，交易要自酌量”，“货之精粗，实告经纪，使彼裁夺售卖，若昧而不言，希图侥幸，恐自误也”。而“买卖既已成交，又云价贱不卖，希望主家损用增补，此非公平正大人也”。告诫商贾“宁甘清淡，不以利禄关心，正大光明，惟求洁白”；“凡处财治事，须宽弘大度”，“怀人以德”；“恩德之债，尤当加倍奉偿”③。

同时，传统的伦理观念中匡扶正义、扶弱济贫的思想也深深影响着商书的编辑者，告诫人们不要附炎趋势。“出外经商，或有亲友，显宦当道，依怙其势，矜肆横行，屏夺人财，劫为臧否，阴挟以属，当时虽拱手奉承，心中未必诚服。俟民解任，平昔有别故受谮者，蓦怀疑怨于我，必生成害，是谓务虚名而受实祸矣”。警示人们“权利之途，人争趋赴。彼轻躁不识保身家者，见人富贵势要，必求亲炙而依倚之，或假势以凌人，或梯头而进步，务为目前之计，不复将燃之虑。直权败势倾，祸害波及，身无所寄矣”④。

综观明清时期的商书，以《客商规鉴论》《士商类要》《客商一览醒迷》《商贾便览》《生意世事初阶》《贸易须知》等为代表，基本上构建了明清商业伦理的基本内容，这其中，诚信为本，当是当时商书中尤为强调的为商之道。

值得注意的是，传统道德、伦理规范对商人的约束训诫，不仅体现于商书之中，于族谱、家谱中亦有所见。道光年间佛山《霍氏家谱·家训》中即载有“商贾三十六善”：

> 出入公平，不损人利己。粗衣淡饭，无过分。等秤平色，勿昧本心。率妻子以勤俭朴实。交易一味和气，不成则已。买卖先计子母，不卖违禁私货。衣帽本分，不刻意求行伍。不进香赴会，不交结营兵衙役为护身符。三朋四友不良游。兢兢业业，做守法良百姓。见官长谨饬小心，不敢放肆。使唤老实苍头。敬读书人。不因一时货缺，便高抬时价。过横逆之来，从容理直，勿斗勿争。不漏税。远行不夜饮。无事时捡点货物，经营帐目。量力施舍孤贫。和睦街邻，早起晚睡。不入赌博场。供子弟读书。不借债妄为。不信邪说浪费。不宿娼饮酒。不看戏，不看曲书。与老成本分人往来，不扳援贵介。家常不衣绸绢等物。见人谦恭有礼。不罗织

① ［清］王秉元：《生意世事初阶》（抄本）第七十条、第二条。

② 本文据民国十一年宏大善书局石印本。该书卷首序中谓此书为“句容王秉元先生原著”，但将其与乾隆五十一年汪淏所辑纂王秉元之手抄本《生意世事初阶》对照，内容大为丰富。本条“鸦片一项”即是新增。

③ ［明］程春宇：《士商类要》，卷之二《买卖机关》。［明］李留德：《客商一览醒迷》；［清］吴中孚：《商贾便览》卷一《江湖必读原书》。

④ ［明］李留德：《客商一览醒迷·警世歌》。

衙门事，象个生意买卖人。人有遗失金钱，及数目算讹，价值溢出，即时退还。接引寒士，敬重父母官。修补桥梁道路。不轻改祖宗坟墓。婚葬不给者，量力周济。入里门下车拱揖，不忘穷措大模样。[①]

总之，诚信为本，以义行商，公平交易，光明正大，诚实无欺，重恩守信，“取财以道，利己利人乃见本”，是当时商书中尤为强调的为商之道，也是明清商业伦理的中心内容。这也让人们看到了这一时期商人们对自身群体行为的约束与修养要求，有助于改善商人以往见利忘义、唯利是图的负面形象。

四 “广行方便广施仁”，“要留名节与纲常”：商人形象的新塑造

中国古代的商人，给人们的形象以负面居多。唐朝元稹的《估客乐》对商人那种“求利无不营”的唯利是图，“卖假莫卖诚”的利欲熏心，“鍮石打臂钏，糯米吹项璎”的假货坑人，“所费百钱本，已得十倍赢”的高额利润等描述给人们留下了深刻的印象。以致在民众看来，“商”与“奸”密不可分，民间甚至有“无奸不商”之说。因此，除却政府意识形态层面“贱商”意识的宣传，中国古代商人在人们心目中这种唯利是图的负面形象，使得人们在道德上对商人不认同，也是民间轻商的一个重要原因。

商书的出现，对明清商人而言意义重大。它标志着中国商业在经历了数千年的发展之后，商道日趋成熟，商人们形成了属于自己的行业准则和指导原则，开始自我提升其自身素质，并构建带有浓厚儒家文化色彩的商业文化。

明清商书所展现的职业教育理念，伦理道德教育被放在非常重要的地位。程春宇的《士商类要》第四卷，辟有《人伦三教》《起居格言》《省心法言》《养心穷理》《居官莅政》等近 30 小节，阐述“立身持己”“和睦宗族”“孝顺父母”“敬兄爱弟”“君子知恩”“勤劝读书”等事理，训诫教育从商者。力图通过这种教育，让居于主流意识形态的儒家思想深入到商人的内心深处。

明清商书中不时可见“救困扶危存博济，莫因倾倒共推人”；“轻炎拒势，谓之正人。济弱扶倾，方为杰士”[②]的警示及“抱德怀才岂惮贫，广行方便方施仁。光明正大无荣辱，留此心田荫后人”；“处世为人做一场，要留名节与纲常。古来倾险奸臣辈，国未亡兮身已伤”；“强争田地强争山，岂在些微尺寸间？有志广营天下业，无能衣寝不曾完”[③]等劝诫，教导从商者应行事磊落，志向远大，要有救困扶危，济弱扶贫的社会责任感，要广施仁义，留善名于世间。

这些教诲既是对从商者的期望与要求，也是明清时期众多商人在经商致富后，热心致力于慈善事业的实际写照。这一时期的商人们已经意识到，不能只是一味追求私利，还应当追求公义，承担

---

① 道光佛山《霍氏家谱·家训》，载广东省社科院历史所中国古代史研究室等编《明清佛山碑刻文献经济资料》，广州，广东人民出版社，1987 年，第 479—480 页。

② ［明］李留德：《客商一览醒迷·警世歌》。

③ ［明］李留德：《客商一览醒迷·警世歌》。

一些社会责任。明清各地方志及商人族谱有大量的资料记载，很多商人在从贾致富后，将资金投向家乡或经商所在地的公益事业。他们“急公趋义，或输边储，或建官廨，或筑城隍，或赈饥恤难，或学田、道路、山桥、水堰之属，且输金千万而不惜，甚至赤贫之士，黾勉积蓄十数年而一旦倾囊为之”[①]。

以徽商而言，在徽州，“贾以厚利，儒为名高”已成为民间崇尚的价值取向，民间将这些慈善公益行为称为“儒行”。明代，徽商创办义学已蔚然成风[②]，入清以后，徽商创办的义学更是遍布城乡。由于徽商的大力倡建、捐输，宋元以来，徽州成为全国书院最多的地区之一。据李琳琦统计，明清时期徽州共存书院 89 所。徽商在外地所建书院也很多，如景德镇新安书院、文昌宫，饶州紫阳书院，杭州崇文书院、紫阳书院，扬州江甘学宫等[③]。

此外，徽商还在江南等各经商地设有大量慈善机构，参与各地的公益事业，“济饥馁以粥，掩暴骼以棺，还券以慰逋负，散财以给窘乏。至于修道路、造亭桥，诸所善果靡不仗义为之，不少吝”[④]，并以此为荣[⑤]。

商人们的各种“义行”，也成为时人对其社会价值评判的重要依据。例如，明清徽州家谱、方志和文人笔记等文献为徽商立传，有很多不是记载他们的商业经营如何成功，而是记载他们经商过程中的各种义行，以及经商致富后如何报效家族、乡里和国家。“在明清徽州的各类徽商传记中，大体可以发现这样一种记述模式：因生计贫困弃儒业贾——经商时以义制利，以义取利——经商成功后以义化利、以义践利——显亲扬名和振大家声。在这种模式中，恪守和弘扬儒家的伦理道德成为一条主线和事功评价的标准”[⑥]。在这里，各类“儒行”“义举”已成为徽州民间评判商人德行的一个重要指标。

仔细翻阅明清时期的各类商书，我们会发现，这些商书内容非常丰富，既有与商业有关的商业知识，还包括旅游、交通、气象、养生、卜验、交际应酬、安全、文化娱乐等天文地理和日用常识，以及各种历史知识、典章制度等，其实用性、应用性很强。这些丰富多彩的内容，自然是为了帮助商人了解当时社会状况所需，进而提高商人的知识文化素养。

明清商书对从商者进行商业技能培训和富有浓厚儒家文化色彩的商业伦理教育，展示了明清商人提升自身素质的渴望与追求。虽然这一时期商人群体中仍有很多唯利是图、见利忘义之辈，也不否认有些商人对社会公益和慈善事业的慷慨捐助有时与自身利益密切关联，或有一定的利益输送，但总体而言，明清商人的综合素质大幅提高。清代山西举人刘大鹏曾感慨，“商贾之中，深于学问

---

① （康熙）《徽州府志》卷一五《人物志·尚义》，清康熙三十八年刊本。

② 义学又称义塾、义馆，是为孤寒子弟而设立的教育机构，不仅不收束脩，而且还提供膏火之费。

③ 李琳琦：《明清徽州书院的官学化与科举化》，《历史研究》2001 年第 6 期；《徽州书院略论》，《华东师范大学学报（教育科学版）》1999 年第 2 期。

④ 休宁：《方塘汪氏宗谱·周德堂记》，载张海鹏、王廷元主编《明清徽商资料选编》，合肥，黄山书社，1985 年，第 347 页。

⑤ 范金民：《清代徽州商帮的慈善设施——以江南为中心》，《中国史研究》1999 年第 4 期；张海鹏、王廷元：《徽商研究》，合肥，安徽人民出版社，1995 年。卞利：《明清时期徽商于灾荒的捐助与赈济》，《光明日报》1998 年 10 月 23 日；卞利：《徽商与明清时期的社会公益事业》，《中州学刊》2004 年第 4 期；唐力行：《唐力行徽学研究论稿》，北京，商务印书馆，2014 年；许强：《明清时期徽商与江南地区的善会善堂建设研究》，西南大学硕士学位论文，2016 年。

⑥ 徐国利：《明清徽州新儒贾观内涵与核心价值取向的再探讨》，载陆勤毅主编《安徽文化论坛 2013：徽商与徽州文化学术研讨会论文集》，合肥，安徽大学出版社，2014 年，第 373 页。

者亦不乏人。余于近日晋接周旋了几个商人，胜余十倍，如所谓鱼盐中有大隐，货殖内有高贤。信非虚也。自今以往，愈不敢轻视天下人矣”[①]。

另外，明清时期的商人群体较之过去还有一种显著改变，那就是他们不再像以往朝代的特权商人那样依赖特权致富，他们中间固然也有仰赖官荫的“红顶商人”，但大多数人主要是依靠吃苦耐劳、努力经营发财致富，普通（平民）商人已成为这个群体（商帮）的主流。众多商人的慈善行为，符合儒家思想中重义轻利、乐善好施的伦理要求，显示了商人们奉献社会的公益之心，有助于改善和提升明清商人的社会形象，他们也因此而获得了“贾而好儒”“儒商”的名声。这些均有助于改善和提升明清商人的社会形象，使他们更多地融入社会，为社会所接受。

值得注意的是，这种主动参与社会公益的行为，后来也成为商人群体的一种默契传统。此后，每当社会有难，商人和企业家便成为协助政府救助赈灾的重要的民间力量。

（作者张海英，复旦大学历史系教授）

① ［清］刘大鹏遗著，乔志强标注：《退想斋日记》，太原，山西人民出版社，1990 年，第 60 页。

《四朝恩遇图》人物服饰研究

赵连赏

《四朝恩遇图》(以下简称《恩遇图》)为存世孤本，现藏于中国社会科学院历史研究所图书馆，是记录明代首辅毛纪生平的手稿文献，据序言应完稿于嘉靖十年(1531)。

《恩遇图》曾与寻乐轩记，忘形会约、启等合刊为《归田杂识》二卷。清乾隆时该书尚有流传，《四库全书总目》云："《归田杂识》二卷，两江总督采进本，明毛纪撰。纪有《密勿稿》，已著录。纪于成化丁未通籍，嘉靖甲申赐休。自以位登台辅，全节完名，制为《四朝恩遇图》一册，凡十有六帧。每帧皆先叙作图始末，而以制词、敕旨具录左方。又辟寻乐轩，与二三故老立忘形会。轩有记。会有约，有启。与《恩遇图》并刊之。分为上、下二卷，总题此名云。"[①] 但从《四库存目标注》的著录等来看，刊本现已不存[②]，现在这部手稿成为了孤本。因该本尚未刊布，目前今人所有对《恩遇图》的介绍，均源自武新立《明清稀见史籍叙录》一书所撰《恩遇图》提要[③]，提要约有千余字，介绍其版本、作者、内容和文献价值等。至于详情和人物图像服饰内容则从未披露，更无研究成果面世。

正如毛纪在书中预见到的，"一代之衣冠文物亦因以有考焉"，《恩遇图》对考察明代官服制度大有裨益。《恩遇图》取毛纪生平"大且难"者十六事，分别为"黄榜登名""翰苑储材""史馆载笔""经帷讲学""青宫辅德""亲堂重觐""台垣赞化""奉天侍宴""文庙遣祀""诰函累锡""华盖读卷""京师居守""行宫劝进""封爵允辞""平台召对""梓里归荣"，容貌章服的图像十六祯各随其事，左图右事；辅以谕旨、奏文等十二篇。以上均按时间排序，以文字配绘图的形式，真实地记录了明代中期历史和文官冠服内容，对研究明代服饰制度具有重要文献史料价值。

本文将在简单介绍作者及其时代和《恩遇图》版本信息基础上，重点通过稿本所绘人物画像服饰，结合文献，对毛纪所处时期的明代服饰制度进行考证研究。

---

① [清]永瑢等撰:《四库全书总目》卷六四《史部·传记类存目六》，北京，中华书局，1965年，第527页。

② 杜泽逊:《四库存目标注》第二册《史部》，上海，上海古籍出版社，2011年，第916页。

③ 详见武新立:《明清稀见史籍叙录》，南京，江苏古籍出版社，2000年，第42—44页。

一 毛纪与《四朝恩遇图》

（一）毛纪

毛纪，字维之，山东掖县人，生于天顺七年（1463），卒于嘉靖二十四年（1545），享年83岁。成化二十二年（1486），得乡试解元①。成化二十三年（1487）中进士，入选庶吉士②。跨入仕途后，自翰林院检讨始，先后晋侍读、左谕德、户部右侍郎等官职，累迁少保、户部尚书、武英殿大学士。

武宗无嗣，迎武宗堂弟、孝宗亲弟兴献王之子朱厚熜继位。世宗即位后，为生父兴献王以亲王身份，还是改为先帝身份祭祀等问题，在朝廷内部展开的激烈斗争，史称“大礼议”。中国古代一直以礼为制度之本，这次争论不只影响了当时的政局，还对历史产生了深远的影响。毛纪在这种情况下担任了三个月的首辅，最终因与世宗意图抵忤致仕归乡。

致仕后，毛纪回顾数十年间历成化、弘治、正德、嘉靖四朝所蒙皇恩“至隆至渥”，重要经历“盖有终身不能忘焉者”，“因举数事之尤大且难者”分别以之为题，又“各随其事”，“而图像以别之”，撰成《恩遇图》。此外，毛纪另有《密勿稿》《辞荣录》《联句私钞》《鳌峰类稿》等著述。嘉靖二十一年（1542），毛纪八十寿辰，世宗特遣官员前往慰问。三年后，嘉靖二十四年（1545），毛纪在家乡逝世。世宗赠赐他为太保，谥号文简③。

（二）《四朝恩遇图》手稿版本详情

《恩遇图》手稿共一册，原有书匣已不存，仅存硬木雕花匣面板一块，浅褐色木质，高45厘米，宽36厘米，板厚0.5厘米。匣面制有高低不同的三重外框和单重的内框。内外框之间左右各凸雕一条四爪原色行蟒，蟒头上设一火珠，蟒身四周装饰祥云。内框上部小框，雕如意兰花纹。内框为浅绿色地，凸笔金书“毛文简公四朝恩遇图”九字。匣板背面贴有黄色几何万字纹纸，匣板的整体设计古朴庄重。此面板从纹饰来看，符合明代形制，可能是原装书匣的上面部分。

封面为硬纸外包织锦装，蓝色地的织锦织有黄色串枝花纹。封面上部残存红皮纸题签，墨书“四朝恩遇图引”六字。织锦磨损严重，四边织物基本磨光，露出所包皮纸（图1）。

稿本为经折装，开本高41厘米，宽32厘米，厚约3.7厘米，共29折叶。图文一律按照“左图右书”结构排列。图共十六幅，均绘在本色平纹组织绢上，彩色工笔，色料为矿物质染料。除玉佩、部分补子等局部内容上稍显粗糙，大部分画工都比较细腻，人物表情刻画精细，眉眼生动，须发栩栩如生。

---

① 参见［清］张思勉：《掖县志》卷五《坊表》，中国台北，成文出版社，1976年，第823页。

② 《明宪宗实录》卷二八八，成化二十三年三月丁卯，中国台北，“中研院”历史语言研究所1962年校勘影印本，第4875页。

③ ［清］张廷玉等：《明史》卷一九〇，北京，中华书局，1974年，第5047页。

图 1 《四朝恩遇图》封面

文字部分按纸张质地格式分有三类。一是白地洒金纸，版框高约 34 厘米，宽约 28 厘米，单边，朱丝栏，半叶 10 行或 12 行，每行二三十余字。墨书“四朝恩遇图引”等 4 篇（图 2）。二是黄地洒金纸，版框高约 34 厘米，宽约 28 厘米，单边，白丝栏，半叶 8 至 12 行，每行二十余字。墨书谕旨记事等 9 篇（图 3）。三是蓝地洒金纸，版框高约 34 厘米，宽约 28 厘米，单边，朱丝栏，半叶 9 行，每行二三十余字。墨书题记 16 篇。以上总计 29 篇。稿本字数总计 7300 余字。在第一篇“四朝恩遇图引”篇末，自上而下清晰施盖“惟之”“海翁”“大学士之章”三枚红色印章。

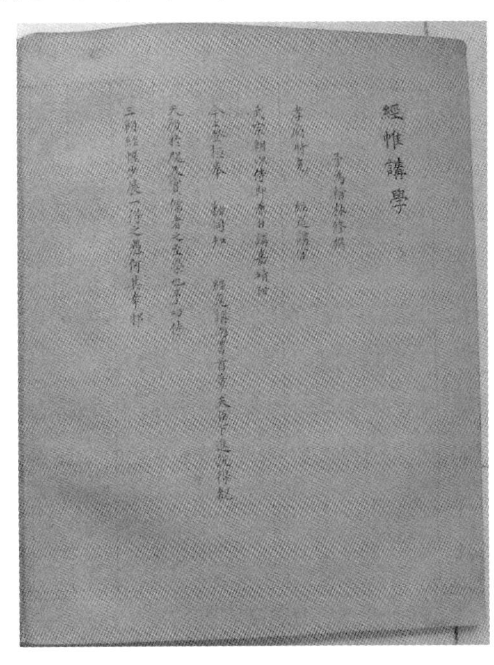

图 2 《四朝恩遇图》白地洒金纸内文

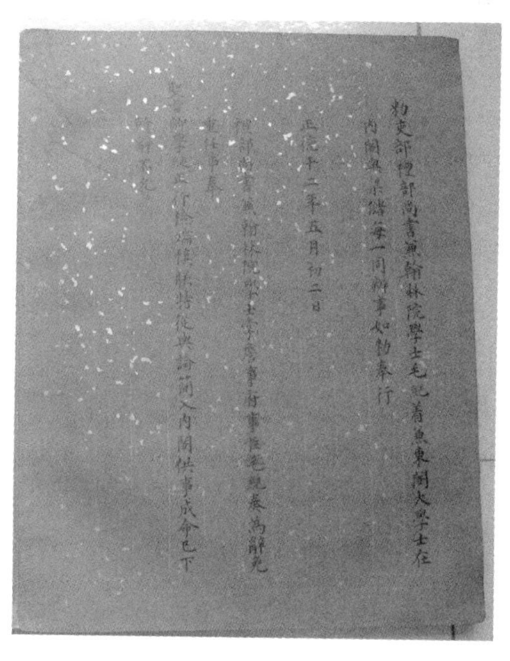

图 3 《四朝恩遇图》黄地洒金纸内文

二 《四朝恩遇图》人物画像服饰研究

在中国古代，服饰集祭祀礼仪、制度等级、护体审美于一体，既体现国法，又表现艺术，是中国传统文化的重要内容之一。自商周到清末，几千年来，服饰制度不断强化完善，成为了历代帝王统治国家的利器，影响深远。明代是中国古代最后一个汉族政权，服饰制度已经十分成熟。整个明代服饰的建立和发展主要有三个历史时期：洪武朝明代服制建立期，建立了帝王、百官服制并多次修改；永乐朝明代服制调整期，是朱元璋之后的明代第一次服制修订期，内容主要多集中在对帝王冕服等服制的修订方面；嘉靖朝明代服制改革期，是明代服饰制度的第二次也是最后一次大规模修订期，改革内容除了对帝王冕服进行修订外，还特别增加了百官服饰新系列——“忠靖冠服”①。

如前所述，毛纪历成化、弘治、正德、嘉靖四朝，他因“大礼议”致仕，又赶上了嘉靖帝为证明“大礼议”的合礼性，而引发的包括更定服制在内的改革，增加了“忠靖冠服”系列。此外，毛纪还经历了服饰胡俗延续、赐服逐渐兴盛等明中期服饰制度和习俗的变化。

毛纪熟读经书，饱览历史，深谙“章服乃德之符于身”在中国服饰文化中的特殊意义，选择以人物官服图搭配文字方式完成自传。他在书中回顾叙述自己的仕途节点，配图上选择了自己不同时期的官服像，“各随其事”，“图像以别”，列目成书②。十六幅人物画像对应十六个标题，整体概括了作者全部仕途和部分致仕后的生活。画像按官职经历从低到高排序，服饰清晰详细，色彩、结构逼真，各套官服表现出大部分文官品级，并几乎囊括了明代文官冠服的所有系列。值得一提的是，《恩遇图》人物画像服饰不仅反映了明代四种常规系列文官冠服，而且，毛纪还经历了发生在明嘉靖朝前期的官服改革，在书中人物所穿官服中，也反映出了这次官服改革方面的内容。此外，没有明确在明代服制之内、而又在明代政权统治中起到重要作用的赐服，也在人物画像服饰中多有体现，凡此种种。

虽然毛纪在书中几乎没有任何有关明代服饰制度方面的文字说明，但作者依据自己仕途不同阶段所配的十六幅人物画像，却在有意与无意中记录了明代文官的服饰体系，可谓一部明代文官服饰制度的形象展示集。这些真实的历史记录，一方面可以为我们研究和考证明代文官不同系列冠服制度提供直接而可靠的依据；更重要的一方面，是该书对各类官职的明确记录和形象表现，弥补了《明史・舆服志》等文献文字记录简略、抽象难懂的不足，是对明代服饰文献史料的有力补充。

以下按稿本内容的时间顺序，对毛纪在成化、弘治、正德、嘉靖四朝十六幅各类官职的画像服饰进行详细分析和考订，依次与明代进士服、庶吉士服、常服、赐服、公服、祭服、朝服和忠靖服文献、规定互相印证。

（一）成化朝画像服饰

成化朝是毛纪人生仕途生涯的起始时期，作者用两个标题及画像进行了概括。

第一个标题是“黄榜登名”，选取了毛纪乡试第一、成功考取进士的时间点，他形象地比喻为

① 忠靖冠服，又作“忠静冠服”。明代文献用法不一，下文出现名称，以所引文献记录为准。

② 武新立：《明清稀见史籍叙录》，第 43 页。

跨入仕途"之阶也"。服饰表现为进士服、庶吉士服。与文相配的是毛纪本人身穿进士服的画像。进士服是明代殿试传胪仪式时，新科进士穿着的特别礼服，服装内容包括：巾、袍、革带、靴（图4）。《明史·舆服志》："进士巾如乌纱帽，顶微平，展脚阔寸余，长五寸许，系以垂带，皂纱为之。深蓝罗袍，袖广而不杀，槐木笏，革带青鞓，饰以黑角，垂挞尾于后。"①

图4 毛纪进士服像（选自《四朝恩遇图》）

进士服与一般官员冠服的不同之处主要表现在巾上。进士巾为黑色，纱质。巾式主体有两层，首层以额头为势，作圆形；第二层以发髻为势，整体后缩，顶呈微平方形。巾体后方设有两只不长的展脚，脚端各设有垂带。明代进士服巾子有两个特点：第一，设有两条垂带；第二，进士巾整体形状的设计，既采用了官员公服幞头的翅脚，又采用了官员常服乌纱帽的帽体，是两者的组合体，与正规官服形成明显区别。

成化朝的第二个标题是"翰苑储材"。讲的是作者被幸运地选入未来朝廷"尚书"摇篮，当科进士只有十分之一入选，成为庶吉士。所配为一幅头戴乌纱帽，身穿圆领袍，袍上没有补子，腰系革带，足穿朝靴的毛纪画像。庶吉士时的毛纪，没有品级，服装与进士服相近，只是首服和腰间革带的带饰发生了变化。首服由公服和常服各占一半、再附加垂带的进士帽，换成了纯粹明代官员常服的标准乌纱帽②。

庶吉士并无品级和官职，而毛纪常服画像所系革带似为有金饰的乌角带，与制度规定相近。

① ［清］张廷玉等：《明史》卷六七，第1641页。

② 明洪武元年二月规定："官则乌纱帽、圆领袍、束带、黑靴。"参见《明太祖实录》卷三〇，洪武元年二月壬子，中国台北，"中研院"历史语言研究所1962年校勘影印本，第525页。

关于明代进士服和庶吉士服出现的时间，文献中没有提及，而这两种服装的形象史料出现时间多集中在毛纪仕途所在时间段，或稍晚时间。如明人绘《王琼事迹图册》、明顾鼎臣著《明状元图考》等都有进士服出现，就已发现的这些进士服形象史料的时间看，《恩遇图》所载进士服是比较早的一种[①]。

（二）弘治朝画像服饰

毛纪仕途发展的第二个时段是明孝宗的弘治朝。经过三年的翰林院学习后，弘治二年（1489）毛纪被正式任命为翰林院检讨[②]。之后，累升修撰、侍读。这时期的四部分内容包括："史馆载笔"简略记述了作者作为史官参与《大明会典》、孝宗和武宗《实录》；"经帷讲学"以感慨的语气记述了自己有幸为孝宗、武宗、世宗三朝皇帝讲经；"青宫辅德"为作者任东宫讲读，认真教导皇太子；"亲堂重觐"是作者感恩皇帝批准回乡省亲。

该时段内容配的画像都是毛纪的常服像，服装均为幞头、圆领袍、革带、牙牌、朝靴。不同的是常服的颜色和补子（图5）。《恩遇图》本段时间带来的明代服饰信息，主要是赐服内容。

图5 毛纪常服像（选自《四朝恩遇图》）

常服在明代官服系列中，礼仪地位仅高于燕居的忠靖冠服，用于一般的常朝视事中穿着。一般官员的标准常服组合，除前文介绍的乌纱帽、圆领袍、革带、朝靴外，还有补子。比较高级的京官另配有牙牌。

明初，官员的圆领袍上并不设补子，只用带銙材质区分等级[③]。至洪武二十四年（1391）常服开

① 王琼虽与毛纪属于同时代人物，为官时间和所处时期也基本相同。尽管王琼去世时间在嘉靖十一年（1532），但记载其生平事迹的《王琼事迹图册》并没有明确完成时间点，不排除是后人根据其事迹所创，而《恩遇图》则是在嘉靖十年（1531）已经成书。故此判断，《恩遇图》所载进士服出现时间可能早于前者。

② 《明孝宗实录》卷三二，弘治二年十一月甲子，中国台北，"中研院"历史语言研究所1962年校勘影印本，第714页。

③ 参见《明太祖实录》卷三六下，洪武元年十一月甲子，第691页。

始增设补子区分等级，文官用飞禽，武官用走兽。《明史·舆服志》："洪武二十四年定，公、侯、驸马、伯服，绣麒麟、白泽。文官：一品仙鹤，二品锦鸡，三品孔雀，四品云雁，五品白鹇，六品鹭鸶，七品鸂鶒，八品黄鹂，九品鹌鹑，杂职练鹊，风宪官獬豸。武官：一品、二品狮子，三品、四品虎豹，五品熊罴，六品、七品彪，八品犀牛，九品海马。"①

毛纪在弘治朝的四幅官服画像均为常服像，但官服内容反映出的官职等级则略有出入。其中，与"史馆载笔"和"亲堂重觐"相配的两幅画像皆头戴幞头，身穿青色圆领袍，腰间垂悬牙牌，足蹬朝靴，圆领袍上的补子都是鹭鸶，唯革带的带銙是三品、四品用的金带。这些内容除革带的差异，其他补子、服色与文官六品常服相符，也与毛纪在弘治朝末期"侍读"的官职品级基本相符。

"经帷讲学"和"青宫辅德"是毛纪在弘治朝穿常服的另外两幅画像，这两幅画像虽然服色等级基本一致，为头戴幞头，身穿绯色圆领袍，腰间系玉带，悬牙牌，足蹬朝靴，与一品官职相符，但圆领袍上所缀饰的补子则差异很大。"青宫辅德"人物像官服补子为一品的仙鹤，与画像的玉带、袍色等服饰内容组合，符合一品文官服制标准。而"经帷讲学"人物像官服补子用的则是飞鱼或蟒，服制系列中不见这两种补子记载，这又引出了明代正规服制之外的另外一个隐性的服系——赐服。

明代赐服按对象分主要有三类：即少数有功于朝廷的朝臣或名人后裔、宫中宦臣、赐外蕃之王等。

以蟒服为代表的明代赐服，虽不属于国家的正式服饰制度②，但却广泛存在于明代政治生活之中。它是国家官服，但又游离于服饰制度以外，既飘忽虚拟，又华贵具体，使用范围和出现频率不亚于正规官服，可谓不是服饰制度，又高于服饰制度的制度，称得上是明代的一种隐性服饰系列。

明初的赐服比较随意，皇帝可以赐条腰带、可以赐件朝服，此后随着赐服的增多，逐渐出现了赐服等级。一般而言，蟒服在赐服中的位置等级是排在前列的。其中，蟒服上所绘的不同蟒纹也是区分等级的标志，蟒纹分坐蟒与行蟒两种等级，坐蟒尤贵。《明史·舆服志》："赐蟒，文武一品官所不易得也。单蟒面皆斜向，坐蟒则正向，尤贵。"③飞鱼服属于第三级的赐服。嘉靖十七年（1538）阁臣刘健提议蟒服等的禁令时言道："蟒、飞鱼、斗牛本在所禁。"④斗牛服大致可列为第四等。以下依次排序大致是麒麟服、白泽服等。玉带、犀带等也都是皇帝据官职、功劳经常下赐的赏品。

使用上，赐服主要用于官服中的公服、常服和忠靖服系列，"经帷讲学"人物像的补子就是表现在常服上。从画像流露出的有限信息观察，看不出补子图案究竟是飞鱼还是蟒，结合题文内容，作者曾为孝宗、武宗、世宗三朝皇帝的经筵讲官，而毛纪在世宗朝已经官至首辅，所以，这幅画像官服的补子应该是比较高级的行蟒（图6）。

---

① ［清］张廷玉等：《明史》卷六七，第1638页。

② 弘治元年（1488）都御史边镛针对当时朝中蟒服泛滥情况指出"国朝品官无蟒衣之制"。［清］张廷玉等：《明史》卷六七，第1647页。

③ ［清］张廷玉等：《明史》卷六七，第1647页。

④ ［清］张廷玉等：《明史》卷六七，第1647页。

图6 毛纪赐服像（选自《四朝恩遇图》）

（三）正德朝画像服饰

毛纪的整个仕途中，正德朝《会典》风波后，是他最得意的时期。《明史·毛纪传》："正德五年进学士，迁户部右侍郎。十年，由吏部左侍郎拜礼部尚书。十二年兼东阁大学士入预机务。其秋加太子太保，改文渊阁。帝南征，纪佐杨廷和居守。驾旋，晋少保、户部尚书、武英殿大学士。"[①]得到武宗皇帝器重的毛纪，官职一升再升。《四朝恩遇图》中"台垣赞化""奉天侍宴""文庙遣祀""诰函累锡""华盖读卷""京师居守"等数个标题，明显体现着武宗皇帝对毛纪的信任。

这一时期六个题目所对应的六幅画像，呈现的是常服、公服、祭服和朝服四种官服系列。其中，"台垣赞化""奉天侍宴""京师居守"三幅为常服。从三幅画像常服的革带观察，均为一品官员的玉銙革带，所不同的是袍服的颜色和补子。"台垣赞化"和"奉天侍宴"为绯色袍，补子分别用斗牛和行蟒。而"京师居守"补子也用的是斗牛，但袍服色彩则用的是墨绿色。本时段《恩遇图》反映出的明代服制信息比较全面，除在嘉靖朝设立的"忠靖服"外，涵盖了明代官服文官系列的主体内容。

"诰函累锡"对应的画像官服是公服。公服在明代官服体系中按礼仪使用等级排列第三，用于官员早晚朝奏事、侍班、谢恩等活动。公服的组成包括：展角幞头，圆领袍，革带，靴[②]。

幞头，亦称"折上巾"。其来历与乌纱帽基本相似。明代官员公服头戴的幞头承袭宋元平脚幞头之制，呈阶梯式二层方顶的冠体，前低后高，以皂纱为之。左右两侧的展角略有上翘，各长一尺二寸，不分品位等级高下，皆为一式。

公服之衣与常服一样，亦为圆领右衽大袖袍。公服不分文武。颜色明初洪武元年（1368）皆用赤色，袍的图案等级区分："公、侯、驸马及一品用大独科葵花，径五寸；二品用小独科葵花，径

① ［清］张廷玉等：《明史》卷一九〇，第5045、5046页。
② 详见《明太祖实录》卷三六下，洪武元年十一月甲子，第691页。

三寸；三品用散答花，无枝叶，径二寸；四品、五品小杂花文，径一寸五分；六品、七品小杂花文，径一寸；八品以下无文。”[①] 洪武二十四年（1391），除对公服分绯、青、绿三色外，还对公服的革带也作了明确规定：“公、侯、驸马、伯及一品玉带，或花或素；二品犀带；三品、四品，用金荔枝带；五品以下乌角带。鞓用青革，仍垂挞尾于下。”[②]

画像人物所穿公服：黑色展翅幞头、绯色圆领袍、玉銙革带，腰悬牙牌，朝靴，除袍身不饰花纹外，其余与文献记载一品公服一致。

“华盖读卷”人物服装是朝服。明代朝服主要承唐宋之制，作为明代官服的第一礼服，洪武二十四年，朝廷重新对文武官员朝服的用途和组合做出规定：凡大祀、庆成、正旦、冬至、圣节及颁诏、开读、进表、传制等较隆重的朝事活动中文武官员需穿着朝服。内容组合包括：梁冠，赤罗衣裳、白纱中单，赤罗蔽膝，大带，革带，佩绶，白袜黑履[③]。

明代的梁冠，古称“进贤冠”，始于汉代，是古代官员区分等级的重要标志之一[④]。经两晋和唐宋的发展，明代梁冠已经非常规范，等级区分特征十分明显。明洪武二十四年颁布的文武官员梁冠共分十一等：最高级的是八梁冠，为公所专用，冠上设有笼巾貂蝉、立笔、香草，前后玉蝉等饰件；七梁冠上加笼巾貂蝉只有侯、伯、驸马等人才有资格使用，三者的等级区别在于七梁冠上立笔折数、香草段数、蝉的质地、是否插有雉尾等，一品也戴七梁冠，但不加貂蝉笼巾；二品，冠用六梁；三品，冠用五梁；四品，冠用四梁；五品，冠用三梁；六品、七品，冠用二梁；八品、九品，冠用一梁。负责执法的御史之冠在本品梁冠上加獬豸[⑤]。

毛纪朝服画像，冠服内容与明代朝服制度相符。所戴七梁冠、系玉带为一品官职配装，也符合明代殿试读卷官等级制度（图 7）。

图 7　毛纪朝服像（选自《四朝恩遇图》）

① 详见《明太祖实录》卷三六下，洪武元年十一月甲子，第 690、691 页。
② 参见《明太祖实录》卷二〇九，洪武二十四年六月己未，第 3113 页。
③ 参见《明太祖实录》卷二〇九，洪武二十四年六月己未，第 3111、3112 页。
④ 《后汉书》志第三〇，北京，中华书局，1973 年，第 3666 页。
⑤ 参见《明太祖实录》卷二〇九，洪武二十四年六月己未，第 3111 页。

“文庙遣祀”所对应的是毛纪的祭服像。在中国古代服饰史中，除去秦代等少数朝代外，冕服一直当作群臣的祭服，直到金代，这种传统才被改变①。明代明确弃除群臣冕服为祭服，改变后的明代祭服由于缺少历史制度和文化的参照，只能在朝服的基础上加以变化。洪武元年规定：“祭服制与朝服同，惟衣色用青，加方心曲领。”②书中毛纪所穿祭服像为七梁冠、青色袍、白色方心曲领、赤色裳和蔽膝、赤白二色大带、玉革带、玉佩、黑履，手执象笏。与制度相符。

（四）嘉靖朝画像服饰

嘉靖朝是毛纪仕途走向顶点并全身而退的时期。书中该段时间共有“行宫劝进”“封爵允辞”“平台召对”“梓里归荣”四个题目。“行宫劝进”对应的画像为朝服，内容与“华盖读卷”画像完全一致。“封爵允辞”对应的画像为公服，服饰内容与“诰函累锡”画像内容基本一样，唯革带只表现了青鞓而无带銙。“平台召对”对应的画像为常服，内容与“京师居守”服饰基本相近，圆领袍为青色。

该段时间画像服饰变化最大的当属“梓里归荣”，服饰内容有些特殊，为忠靖冠、曳撒服、珠宝革带、黑靴。忠靖冠和曳撒的出现，是《恩遇图》反映出明代服饰变化的另外两个特征，前者体现的是服制增加，后者体现的是服饰风俗变化。

忠靖冠，亦作“忠静冠”，是忠靖冠服的首服。忠靖冠服是明代官服制度系列中最后一个系列，即供官员们家居穿着的“燕服”。明代朝服等其他四个系列官服都形成于明初的洪武朝，只有忠靖冠服颁行于明中后期的嘉靖朝。该服的产生是在嘉靖皇帝提议下，经辅臣张璁考证献上图稿，最后由嘉靖帝钦定产生：“酌古玄端之制，更名曰‘忠靖’……朕已有谕，著为图说告之祖考，示不敢专颁之天下，传之后世，示不可私其燕弁服，朕已制成，慎用之矣。其忠靖冠服宜令如式制造，在京许七品以上官，及八品以下翰林院国子监行人司，在外许方面官，及各府堂官州县正官，儒学教官服之。武官止都督以上许服，其余不许一概滥服。”③

忠靖（静）冠服由忠靖冠、忠靖服、素带、白袜素履组成④。

忠靖服作为官服系列的一种，也有色彩、等级、组合的具体规定：质地以纻丝纱罗为之，三品以上云饰，四品以下素；衣身前后可饰本等补子；腰系素带；素履，白袜⑤。

曳撒，或作“衪襒”“一撒”。为交领右衽式，身量较长，由元代质孙服变化而来，是一款使用范围较广的明代服装。时人王世贞这样描述其形制：“裤褶，戎服也。其短袖或无袖，而衣中断，其下有横折，而下复竖折之，若袖长则为曳撒。”⑥具体结构内容《酌中志》有进一步描述：“衪襒，其制后襟不断而两旁有摆。前襟两截，而下有马面褶，两旁有耳。”⑦

---

① 详见《金史》卷四三，北京，中华书局，1975年，第980、981页。
② 参见《明太祖实录》卷三六下，洪武元年十一月甲子，第690页。
③ 《明世宗实录》卷八五，嘉靖七年二月丁巳，第1931、1932页。
④ ［明］李东阳等撰，［明］申时行等修：《大明会典》卷六一，中国台北，新文丰出版公司影印明抄本，1976年。
⑤ 参见［清］张廷玉等：《明史》卷六七，第1639、1640页。
⑥ ［明］王世贞：《觚不觚录》，《续修四库全书》子部杂家类，上海，上海古籍出版社，2002年，第290页。
⑦ ［明］刘若愚：《酌中志》卷一九，北京，北京古籍出版社，1994年，第166页。

明初，朱元璋出于稳固政权需要，对元代流传下来的服饰等“胡俗”非常厌恶，诏令严加限制。“初，元世祖起自朔漠，以有天下，悉以胡俗变易中国之制，士庶咸辫发、椎髻，深襜，胡帽（俗）[①]，衣服则为袴褶，窄袖，及辫线腰褶……无复中国衣冠之旧。甚者易其姓氏为胡名，习胡语，俗化既久，恬不知怪。上久厌之。”[②] 曳撒就是令朱元璋不喜的“辫线腰褶”式胡服的一种。明代初期在朱元璋严令下，胡服习俗得到了有效改易，但随着时间推移，这种现象又有重拾和流行的趋势，至明成化年间，穿着曳撒等“胡服”的情况已经比较普遍。现藏于国家博物馆的《宪宗元宵行乐图》，表现的是宪宗皇帝在宫中模仿民间元宵节习俗，燃放鞭炮，观看花灯、杂剧等情景。其中，宪宗穿的就是黄色交领、身上饰有龙纹的曳撒。而在宪宗身旁及燃放鞭炮的宦官们，亦多穿着各色曳撒者。画中曳撒的装饰也有所不同，燃放鞭炮人中，有人穿的曳撒胸背处缀有补子，还有人穿的曳撒不仅在衣身上饰有大幅蟒纹，又在衣身膝下部位饰有一道“襕”。画中“胡服”回潮迹象明显。实际上，曳撒等胡式风格服装，不但宪宗朝受到青睐，还一直延续使用到明代结束。

“梓里归荣”画像中，毛纪所穿的这套服装确实有些特别，既不是官服系列中的忠靖冠服，也不是民服。从冠上观察，与“云巾”相比较，两者相似之处不少，但据忠靖冠“后冠顶仍方，中微起”的特点看，像忠靖冠的因素更多一些。另外，《四朝恩遇图》成书时间为嘉靖十年，而忠靖冠服制推出时间是嘉靖七年（1528），正常情况下，一项朝廷官服制度推出后短短三年，是不太可能任由民间模仿的。再者，《三才图会》成书是在明万历晚期，该时期朝纲已比较松懈，模仿僭越现象日盛，“云巾”在万历时期出现的可能性更大一些。故此，毛纪所戴之冠还属于忠靖冠。再看曳撒服，毛纪所穿之衣，与《宪宗元宵行乐图》中人物所着身上饰有大幅蟒纹、衣身膝下部位加蟒襕者基本近似，具有比较典型的“胡俗”官服味道，也表明，这种胡俗服装在嘉靖时期还在延续。再看毛纪腰间所系镶有珠宝的革带，有些僭越之嫌，但它和黑靴也还都属于官服特征范畴。总体来看，毛纪“梓里归荣”画像服饰，虽然有点不官不民，不过，通过忠靖冠、曳撒服、革带、朝靴等内容的组合来看，还是官服色彩更浓郁一些。

三　小结

毛纪不仅善于做官，且善于治学，除了前文提及的《密勿稿》《归田杂识》《鳌峰类稿》等著述外，《四朝恩遇图》更能从另一个角度体现毛纪治学的水平。全书十六个专题没有一个涉及服饰内容，正文的文字叙述上也几乎没有任何涉及服饰制度的内容，但毛纪认识到，人生的荣宠生涯不仅可以用文字表达，还能用历代风格不同，并可“考焉”的“一代衣冠文物”画像留下自己走过的历史足迹。今天，我们研究这本著作，证明了毛纪的这一有历史眼光的治史理念。毛纪此书，既记录了历史，又表现了明代的文官冠服内容。该书的价值和意义主要有以下几点：

① “帽”字，原文为“俗”字。据前后文内容，应为“帽”字之误。

② 参见《明太祖实录》卷三〇，洪武元年二月壬子，第525页。

（一）具有文物、版本、艺术和史料价值

《恩遇图》为《归田杂识》内容之一的稿本，也是存世的孤本，距今已有487年历史，能够比较完整地保存至今，实属不易。该手稿以自传的形式，不仅记录了政治历史，而且还有效地记录了明代文官的服饰内容，具有多重史料价值。

（二）是明代服饰文献的又一重要发现

在明代现存服饰文献史料中，除朝廷颁布的有关服饰典章制度和官修的舆服志外，其他多表现在各种正史传记、类书笔记、小说诗歌等形式之中，内容零散庞杂，需要收集整理。《四朝恩遇图》用十六幅画像，非常具体直观地体现朝服、祭服、公服、常服等系列内容，一下子以直观和集中的形式出现了这么可观的服饰文献史料，堪称重要发现，它的发现大大丰富了服饰文献史料库。

（三）比较完整地反映了明代官服的服饰体系

《四朝恩遇图》作为一部非服饰类文献，却凭借作者所处有利的历史时段，利用绘画的形式，记录了明代服饰制度的主体，从朝服、祭服、公服、常服、燕服到赐服、进士服等，比较完整地反映了明代官服的服饰体系，基本反映了明代官服的五个系列，所提供服饰内容仅次于《明史·舆服志》《大明会典》《大明集礼》等明代制度类著作，信息全面。

（四）服饰细节具有学术研究价值

在以往的明代服饰研究中，学术上存在较多问题。如因文献缺失或因记载简略而导致许多服饰细节难以考证清楚，如朝服大带“赤白二色”，究竟是如何设置的？再如在明代的各种朝事或朝臣私家活动时，官员们的着装有无变化？这些学术问题一直令人费解，难有定论。该手稿的推出，可以有效地弥补文献叙述简单的不足，破解存在的这些学术问题。

《恩遇图》是作者仕途生涯的回顾之作，所录内容都是亲身经历，服饰亦为当朝制度表现，具有形式新颖、服饰史料全面、内容真实可信、图文并茂、反映历史真实等多重特点，是十分难得的珍贵史料。虽然该书所绘画像服饰内容只是作者仕途和部分致仕后的生活所处时期，但这四个时期是明代服饰制度的相对稳定期，特别是在嘉靖十年以后的一百多年时间里，明代的服饰制度基本没有改变。因此，《恩遇图》所载服饰内容就是明代官服制度的缩写，具有明确的代表性。该书内容对于详细了解研究明代服饰历史、政治史具有重要的学术价值和文化意义。

（作者赵连赏，中国社会科学院古代史研究所）

读书、养心与立品：晚明江南的士人生活

冯贤亮

一 引言

特定的地域社会与文化生活，脱离不了自然地理与社会环境的约束。在江南，即使同一个府域内，人文环境还是存在着不少差异，绝非是共同无差别的。

弘治三年（1490）进士、华亭人钱福（1461—1504）所列举嘉兴府属县的差别，就堪为代表。他说，作为浙西“大府”的嘉兴，以辖的嘉善县最为低洼，“膏腴之壤，平铺如席，无高山大泽，惟支泾曲港而已”①。万历年间的嘉兴地方官绅也申说过这一点：嘉兴府总体上是平原水乡，“首尾吴越，襟带苏杭”，是“江东一都会”②。最具水乡泽国特色的，就是与青浦、吴江两县接壤的嘉善县。在这样的环境制约下，平原的人生与社会文化就自有其独特的地方。

嘉善人、崇祯七年（1634）进士陈龙正（1585—1645），亦曾作过类似的比较和讨论，强调了“民情土俗，万有不齐，立法更制，随方便宜，随时润泽”的思想；嘉兴县是地高苦旱，秀水县地低苦潦，嘉善县稍显 复杂，是南高北下，所以旱则南乡困，潦者北乡悲。他认为江南的一个县域内部差异如此，何况一个府、一个省甚至全国，所以制度、措施上讲“通行”，是不切实际的③。崇祯年间的嘉善知县李陈玉则指出，该县在嘉兴府七个县域中，“赋独重、役独繁”④，百姓生活压力极大。民风相对较“朴”的嘉善县民，在与其他县域民众利益的争夺中，就比较容易吃亏⑤。

江南类似这样的生活环境，所在皆是。在各种重压下的士庶百姓，要摆脱困境或营建更好的生活，需要寻找新的出路，读书进学无疑是比较理想的选择，尽管成功的渴望与成功的可能并不是正相关的，但在江南这种人文氛围与读书风气较为浓厚的环境中，有利于士人的进取和发展。当然，明代社会的发展到十五世纪以降，已有了很多变化，表现很复杂。至晚在十六世纪，整个的社会、文化、经济显得比较繁荣，士人生活风气已形异样。陈邦彦曾有这样的论述：“嘉隆以前，士大夫敦尚名节。游宦来归，客或询其囊橐，必唾斥之。”又说：“今天下自大夫至于百僚，商较有无，公

---

① ［明］钱福：《钱太史鹤滩稿》卷五《嘉善县水利成功碑记》，《四库全书存目丛书》集部第46册，济南，齐鲁书社，1997年，第201页。

② （万历）《嘉兴府志》卷一《形胜》，万历二十八年刊本。

③ ［明］陈龙正：《几亭全书》卷二三《政书・乡筹一》，“治人治法”条，《四库禁毁书丛刊》集部第12册，北京，北京出版社，1997年，第162页。

④ （光绪）《重修嘉善县志》卷五《建置志上・仓廒》，光绪十八年刊本。

⑤ ［明］陈龙正：《几亭全书》卷二八《政书・乡筹六》“复田说”条，第220—221页。

然形之齿颊。受铨天曹，得膻地则更相庆，得瘠地则更相吊。官成之日，或垂囊而返，则群相姗笑，以为无能。士当齿学之初，问以读书何为，皆以为博科第、肥妻子而已……一行作吏，所以受知于上者非贿赂不为功，而相与文之以美名曰礼。”① 明末清初昆山名士陈瑚也讲过类似的话：“有明当隆、万之季，天下治平，其时之文人墨士习帖括之陈言，以博科名而肥妻子，孔、孟之书委诸口耳而已。”②

“博科第、肥妻子”，是当时很多士人家庭努力科举的基本目标。所以，整个社会已如嘉善人袁仁所论的那样，有“举世蚩蚩，颓风靡靡，江湖下趋，势不可返”之态③。到其第四子袁黄所处的万历年间，地方社会与世风是所谓“赋重而民疲，事繁而俗靡”④。除“赋重”的广泛影响外，“俗靡”的问题，已有越来越盛的倾向，于生活文化上的表现最为明显。松江士人范濂就承认：“余最贫，最尚俭朴，年来亦强服色衣，乃知习俗移人，贤者不免。”⑤

在晚明这样大时代变迁的背景下，江南地方仍然孕育了大量杰出人才，不仅为王朝统治提供了许多人才与智力支持，而且为地方文化的充实与科举家族的培育奠立了重要基础。其中，家庭或家族的内部教育与知识传承、道德教化，显得尤其重要。毕竟功利之习已久浸于人心，社会颓风靡靡，更需要有识之士与家庭教育的警惕。对于这些现象或问题的论说，仍需要从细部出发，作进一步的勾勒与分析。

二 读书进学的重视

对士人生活的规划来说，科举是成为社会卓越分子或进入成功领域的一个途径与阶梯，借此可望达到世俗社会认可的“富贵”。一般的官绅家庭生活中，都重视读书进学，构成家族子弟教育最重要的方面。而且一旦因读书进学，不仅光宗耀祖，而且在法律上享有优待，可以蓄养奴婢，优免赋役，按地位高低有不同的特殊待遇等⑥。

实际上，为人称颂的耕读传统与文风教育，在精英士大夫家庭有较好的维续。大多数世族，都有相当的家族经济力量与文化资本的支持。像松江人何良俊强调的那样，这样的家族不是让子弟依赖家世与财富地位而随俗放荡，而是比较重视子孙的培育与教诲。⑦ 再如苏州府常熟县人钱孙保，受藏书万卷的父亲钱谦贞读书、藏书的影响，从小喜好读书，在日间读书之后，夜晚必记于卷尾：

---

① 吴晗：《明代的新仕宦阶级，社会的政治的文化的关系及其生活》，收入中国社会科学院历史研究所明史研究室编：《明史研究论丛》第五辑，南京，江苏古籍出版社，1991年，第15页。

② ［清］陈瑚：《确庵文稿》卷之古文《读藏书日纪序》，《四库禁毁书丛刊》集部第184册，北京，北京出版社，1997年，第350页。

③ ［明］袁仁：《参坡公袁先生一螺集》之《与陆绣卿书》，收入［明］袁黄编：《袁氏丛书》卷一〇，中国台北“国家图书馆”藏万历间嘉兴袁氏刊本。

④ ［明］袁黄：《两行斋集》卷十二《阳东章侯生祠碑记》，天启嘉兴袁氏家刊本，中国台北“国家图书馆”藏。

⑤ ［明］范濂：《云间据目抄》卷二《记风俗》，民国十七年间奉贤褚氏重刊本。

⑥ 吴晗：《明代的新仕宦阶级，社会的政治的文化的关系及其生活》，收入中国社会科学院历史研究所明史研究室编：《明史研究论丛》第五辑，第5页。

⑦ ［明］何良俊：《四友斋丛说》卷三十四《正俗一》，北京，中华书局，1959年，第313页。

“某日读，读若干页”“某日起，某日竟”，从而显示其读书的进度与勤奋[①]。

万历四十四年（1616）状元、嘉善人钱士升在远宦京城之际，一直不忘教育在家乡的长子钱栻：“汝在家，只宜杜门读书，静以修身，俭以养德。”[②]次子钱棅是陈龙正的女婿，陈龙正对他的读书十分关心，曾写信教育道：“读书不贵太多，自经以外，莫如《近思录》及二程书，次则阳明、景逸二先生书。”细心品味朱熹、吕祖谦、程颐、程颢、王守仁、高攀龙等人的著述，必有大益；历史著作则只需看《通鉴纲目》，而不必博搜二十一史[③]。这与袁仁教育子孙的话是相近的：“读书贵博，亦贵精。”[④]他们的教育理念，在传统时代具有普遍意义。

摒除杂念，专意读书，可谓士人读书进学的基本要求。钱士升的同科进士魏大中教育其幼子魏学洙时这样强调：“只是读书，并无别事。”在他们看来，年轻人最重要的事，就是读书：“读书才明义理。义理明，然后可以处患难。义理明，然后可以处饥冻。义理明，然后可以事父兄师友。义明理，才文理通。文理通，然后可以训书糊口。”[⑤]地方士绅势族对于子孙的教育，主要就在“谨身积学，俭德持家”，平居在家，以读书为务[⑥]，随其资禀，务加磨砺，“以就素业，学成应试”。[⑦]

读书达到可以“处患难”“处饥冻”“事父兄师友”及“训书糊口”的境地，当然都是知识人的谦辞，他们的理想目标是科举的成功。科举在明清士人的视野中，是个人乃至家族于政治攀升方面最重要的途径，并有望达到较高的社会目标[⑧]。而科举事业与文化教育，在江南又是最昌盛的[⑨]。

科举考试，当然要以经济实力为后盾，但功名的兴盛并非全系经济因素，也与江南地区全社会好学勤学、重教重考、擅长科考有很大关系。江南人读书喜学，是有悠久的传统与良好的习惯，“家弦户诵”的风气，“人人诗书”的盛况，由来已久。更可注意的，是江南聚族而居，殷实大族在科考中最富竞争力，总体上观，江南进士不但分布极不均衡，而且大多集中在有限的几姓几族之中，考中进士较多[⑩]。

在明清社会，只能经由科举考试的成功达到唯一的终极目标。这个比较单一的价值观，弥漫于整个社会[⑪]。倘如何炳棣所论，在明清的主要时期，决定身份地位的要素，大部分是科举功名，仅有少部分是财富[⑫]，那么科举的要求与压力必定渗透至精英阶层日常生活的诸多方面。而在士林生活中，存在着“前有掖援，后有推挽”的状态，确实有助于努力举业者奠立起较好的地位与社会

---

① 吕允在：《明代文人读书生活的规划与开展》，《艺术学报》2010年第86期。

② ［明］钱士升：《赐余堂集》卷七《示格儿》，《四库禁毁书丛刊》集部第10册，北京，北京出版社，1997年，第520页。

③ ［明］陈龙正：《几亭续文录》卷二《与钱仲驭一》，崇祯刻本。

④ ［明］钱晓辑：《庭帏杂录》卷上，《四库存目丛书》子部第86册，济南，齐鲁书社，1996年，第757页。

⑤ ［明］魏大中：《藏密斋集》卷二三《书牍十·付洙儿》，《续修四库全书》集部第1375册，上海，上海古籍出版社，2002年，第153页。

⑥ ［明］支大纶：《支华平先生集》卷二八《书牍·与如玉儿》，《四库全书存目丛书》集部第162册，济南，齐鲁书社，1997年，第334页。

⑦ ［明］支大纶：《支华平先生集》卷三六《谱牒·酌家训》，第419页。

⑧ 何炳棣：《明清社会史论》，徐泓译注，中国台北，联经出版事业公司，2014年，第110—112页。

⑨ 范金民：《明代江南进士甲天下及其原因》，《明史研究》第五辑，南京，江苏古籍出版社，1991年；夏维中、范金民：《明清江南进士研究之二——人数众多的原因分析》，《历史档案》1997年第4期；吴宣德：《明代进士的地理分布》，香港，香港中文大学出版社，2009年。

⑩ 范金民：《明代江南进士甲天下及其原因》，《明史研究》第五辑。

⑪ 何炳棣：《明清社会史论》，第110—111页。

⑫ 何炳棣：《明清社会史论》，第45页。

影响[①]，意义重大。在这方面，苏州地方的“士风”堪为代表。何良俊指出：“苏州士风，大率前辈喜汲引后进，而后辈亦皆推重先达，有一善则褒崇赞述，无不备至，故其文献足征。”[②]前辈汲引后进，后辈推崇先达，确实是士人中令人向往的生活风貌。

三 “学问大事，在养心”

出生于今天上海陆家嘴的陆深（1477—1544），是明代弘治十八年（1505）的进士（与严嵩、顾鼎臣等同科），开启了陆家鼎盛的时代。在获得科举的成功并顺利进入仕途后，陆深当然有责任帮助家族子弟尽力攀升至成功的阶梯。他对家庭教育的重视，可以其寄给儿子陆楫的两封信为例。

一封信是他到江西做官时所书，告诫儿子在上海家中要好好读书，重视科考，不要在社会上多管闲事：

> 我离家已两月余，汝用功何如？古人言，宽着限期，紧着课程。缘汝气体弱，又有旧病，须要节量读书。学问大事，在养心。养心先须养气，元气充足，百事可办。汝性静定，有可进之资，不可虚负了。家中闲杂，不必管，接见人，务要拣择。无益之事，足以费日力、害身心，当畏之如蛇蝎，可也。[③]

陆深指出的“学问大事，在养心”，确实是读书人的关切所在。在明代人看来，“养心”是义利之辨的关键，只有稳于养心，才能“于义利处洒然”[④]。陆深认为，其子性格“静定”，在科考上是有潜力的。

另一封信，是告诫儿子如何从上海到南京赶考，待人接物须注意陆家的体面。他叮咛儿子陆楫考试路途上要不惜花钱，特别是要雇气派的轿子与船：

> 我出巡在九江，六月五日得家书，始知汝考试的信。但列名在四等，得与观场，亦是当道奖进之意。汝宜自立，以无负知己也。若往南京，只与姚子明同船甚好。馆谷薪水费，当一力助之，其余量力，各为帮助，亦是汝报其师之意也。须往丹阳上陆路，雇一女轿，多备一二夫力抬之，行李盘用，江行载入城，雇一阔头船，甚为方便，不可于此等处惜费。入城须借一僻静下处，可请问顾五叔，必得佳所。至嘱，至嘱！[⑤]

虽然此次乡试，上海县籍考生无一人中举，也许是“气运所关”，但陆深认为陆楫可因此“积学”。陆深也曾与陆楫多次讨论落选的原因，认为陆楫的文章虽然“辞理不失，格式俱是”，但是

---

① ［明］支大纶：《支华平先生集》卷九《序·梅花道人册序》，第123页。
② ［明］何良俊：《四友斋丛说》卷一六《史十二》，北京，中华书局，1959年，第134页。
③ ［明］陆深：《俨山集》卷九六《江西家书十一首》，文渊阁四库全书补配清文津阁四库全书本。
④ （万历）《常州府志》卷一〇《职官三·名宦》，万历四十六年刻本。
⑤ ［明］陆深：《俨山集》卷九六《江西家书十一首》，文渊阁四库全书补配清文津阁四库全书本。

“气未贯耳”，要求陆楫再下三年“缜密工夫”，以备应试[①]。

陆深的同科进士顾鼎臣则是状元，后被认为明代阁臣以青词结主知之始者，所以又有“青词宰相”之谓。其父顾恂出生于昆山雍里村的顾氏家族，生平经历一般，据说“生而秀整敦确，学举子业有成”，被当时礼部主事吴凯看重而招为女婿，平时只在城里开店卖线为生[②]。顾家科举的成功，是到顾鼎臣这一代，顾家因此崛起，在地方上成了耀眼的家族，与戴、叶、王、李四姓并称为五大“巨族”之一[③]。据统计，在1400—1750年间，顾家一共产生了9个进士、9个举人和6个贡生[④]，堪称科举家族。

维持这个家族长期攀升、兴盛的一个重要基础，当然仍在读书进学。在顾鼎臣幼时，即称“颖敏”，“数岁能文章”[⑤]。弘治元年（1488），十六岁的顾鼎臣获得昆山县金家庄人、朱文公的后裔朱瑄的青睐。朱瑄在成化年间获得贡生的功名后，得以冠带养亲[⑥]。朱家被视为“昆山望族”，就在弘治元年，较顾鼎臣大三岁的朱氏嫁到了顾家，对顾鼎臣一生的事业帮助极大。

顾鼎臣于科考成功后，曾费尽心思，勤力安排与劝勉家族子弟攻读举业，对家中颇有希望的长子履方、女婿归本，多次写信告诫。给履方的家信中，顾鼎臣强调了“读书谨行以图出身”，是个人乃至家族发展的“上策”[⑦]，着重提出“读书以体认道理、变化气质为本”的思想，其“谆谆戒谕”如下：

> 可奋然励志，以读书修行为首务，以治家防患为要机。我虽曾谆谆戒谕，恐汝志气懒散，未知缓急利害，视我言为迂远，日常只悠悠过去。故又琐琐作书，汝可藏诸箧中，或揭诸坐隅，朝夕省览。读书以体认道理、变化气质为本，日用间遂能随事用得……若只以此为谋利、窃名誉之资，便非好人。[⑧]

读书最怕志气懒散，也怕不懂得缓急利害。顾鼎臣一直担心履方等人远在家乡无人管束，常在书信中作必要的告诫，要求他们万事小心谨慎，务以“修身进学”为重：“万万小心谨慎，修身进学，做好人，求进步，惟日不足。不可仍前懈惰，以取羞辱。”[⑨]在另一封信中，他说：“当今之世，只是闭门吃薄粥、读书谨行以图出身，此为上策。一应闲事，不须多管，亏人利己之事，切不可为。”对大女婿归本，顾鼎臣则希望他与履方百倍用功，在科考上“以图必中”，再次强调这是关系

---

① 陈瑞玲：《从一封明人“尺牍”看松江书家陆深对故乡的态度》，《东吴历史学报》2007年第19期。

② ［明］李东阳：《怀麓堂集》卷八七《文后稿二十七·明故赠文林郎翰林院修撰顾公墓志铭》，文渊阁四库全书本。

③ ［明］王应奎：《柳南随笔》卷六，北京，中华书局，1983年，第123页。

④ ［美］邓尔麟著，宋华丽译：《嘉定忠臣——十七世纪中国士大夫之统治与社会变迁》，北京，中央编译出版社，2012年，第104页。

⑤ ［明］陆深：《俨山集》卷八〇《光禄大夫、柱国、少保兼太子太傅、礼部尚书、武英殿大学士、赠太保、谥文康顾公行状》，文渊阁四库全书补配清文津阁四库全书本。

⑥ （光绪）《昆新两县续修合志》卷一九《选举三·贡生表》，光绪六年刊本。

⑦ ［明］顾鼎臣：《顾文康公文草》卷一〇《书牍·家书》，《四库全书存目丛书》集部第55册，济南，齐鲁书社，1997年，第454—455页。

⑧ ［明］顾鼎臣：《顾文康公文草》卷一〇《书牍·家书》，第449—450页。

⑨ ［明］顾鼎臣：《顾文康公文草》卷一〇《书牍·家书》，第453页。

顾家沉浮荣辱的头等大事[①]。需要说明的是，归本就是归有光的从祖父。归有光回忆说，在顾鼎臣乡居时，曾经“率乡人子弟释菜于学宫”，他也曾参与其间，习学祭祀先圣先师的典礼[②]。

其实归有光在举业上是不够顺利的，会试八次皆落第。晚至嘉靖四十四年（1565），年已六十的他才考中进士，被授职长兴知县。在隆庆四年（1570），大学士高拱、赵贞吉推荐他到南京任太仆寺丞（正六品），并且参与编撰前朝的《世宗实录》[③]。

当然过度地以科考为目的的读书生活，对读书中应该存有的清闲与乐趣，是不能真正被品味到的，更不要说那种热衷校雠、谈艺论文、赏玩古物、山居清闲、寒夜展读等文人气较重的价值取向了。像秀水人冯梦祯对读书所提的“书室十三事”，包括随意散怯、焚香瀹茗、品泉、鸣琴、挥麈习静、临摩法书、观图画、弄笔墨、看池中鱼戏，或听鸟声、观卉木、识奇字、玩文石等[④]，已是纯粹的文人雅事了，也利于养心，但与一般而言的读书进学之旨趣已有不同。

四 “行谊为重”与静坐修养

对完全没有科考成功历史的家族来说，家族子孙科举的难度是很大的，十分需要个人的天分、社会网的资源支持及时运的把握。

万历十四年（1586）进士、嘉善人袁黄的父亲袁仁，从正德时期以来，就与王阳明、文徵明、唐伯虎、王宠、顾璘、何良俊等当时的社会卓越分子有着广泛的交往与深厚的情谊，在地方上营建起密切的文化交游网络，但他只是一介布衣，祖上数代都不曾科举出仕，疏离政治[⑤]。但袁氏的家庭教育，除了知识传承外，还很强调“勇于为善而奔义”的传统[⑥]。袁仁曾教育子孙说：“文字最可观人，如正人君子，其文必平正通达；如奸邪小人，其文必艰涩崎岖。”[⑦]

袁仁自己放弃科举，但一直很关心妹夫沈扬（字抑之，号心松）家的科考前程，而且强调要以行谊为重。给沈扬的信中，他就清晰地提出了这样的想法：“延师教子，不当专论文艺，亦须性行醇淑，志节高迈者，庶幼学有所薰习耳。吾祖吾父，孳孳训吾辈，谓浮华易谢，实德难磨，故不以科第为荣，而以行谊为重。此妹丈所熟闻者也。”[⑧]

虽然说“不以科第为荣”，但在袁黄尚未成人前，袁仁已将袁家举业振兴的希望，寄托于次子袁襄、外甥沈科这一代人身上，不过仍时时强调袁家祖训中对于志节秉持的意义[⑨]。令人欣慰的是，沈科身登嘉靖二十三年（1544）进士。袁仁曾赋有“玩鹤南轩下，悠然闻凯歌”等诗句，为之暗

---

① ［明］顾鼎臣：《顾文康公文草》卷一〇《书牍·寄孔安侄》，第457页。
② ［明］归有光：《震川先生集》卷一二《顾夫人八十寿序》，上海，上海古籍出版社，1981年，第290—291页。
③ ［清］张廷玉等：《明史》卷二八七《归有光传》，北京，中华书局，1974年，第7383页。
④ 吕允在：《明人读书生活乐趣的一个侧面》，《艺术学报》2011年第88期。
⑤ 冯贤亮：《布衣袁仁：晚明地方知识人的生活世界》，《学术月刊》2018年第8期。
⑥ ［明］袁颢：《袁氏家训》“家难篇”，收入［明］袁黄编：《袁氏丛书》卷一。
⑦ ［明］钱晓辑：《庭帏杂录》卷上，第757页。
⑧ ［明］袁仁：《参坡公袁先生一螺集》之《书·沈抑之妹丈（又）》，收入袁黄编：《袁氏丛书》卷十。
⑨ ［明］袁仁：《参坡公袁先生一螺集》之《说·应举说示襄儿》，收入袁黄编：《袁氏丛书》卷十。

含了某种欣悦之情[①]。其实袁仁的三子袁裳幼即聪慧，母亲想让他读书进学，袁仁认为袁裳体质弱，“福薄不能享世禄”，不如教习六德六艺，“做个好人”。后来袁仁就把他送到文徵明那里学字学诗[②]。给文徵明的信中，他这样写道：

> 裳儿颇聪慧，弟不教习举业，而遣就门下学书，愿老丈先正其心术，而后教之执笔。夫道贵龙蛇，得时则驾，不得时则蓬累而行。今天下类重科目，而轻实学。弟谓科场竞进，最坏心术，故姑教之尊德，游艺为蓬累中人，知老丈必有合也。[③]

可惜的是，袁仁身故太早，没有见到万历十四年袁黄等人的成功。不过可以推知，博学又善于教育的袁仁，对童年的袁黄应该是存在影响的。可以认为，袁黄的成长与思想、知识的养成，大体都承接家庭传统[④]。毕竟袁仁就是一个精通天文、地理、历律、书数、兵法、水利与医学等多种领域的全才型学者[⑤]。

嘉靖二十五年（1546）七月初四，弥留之际的袁仁留下了两万余卷丰富的藏书，作为遗产，除分赐部分给侄儿辈外，都传给了袁黄。母亲李氏曾告诫袁黄说：“汝父博极群书，犹手不释卷。汝若受书而不能读，则为罪人矣。”[⑥]

与袁黄同一年考上进士的嘉善同乡陈于王，是当地陈氏家族的杰出代表。于王读书精敏绝人，但嘉善县内素乏文献，独袁黄家藏书极丰，袁黄本人就博学通识，成为陈于王在学习上交流与仿效的模范。陈于王在万历十四年与袁黄同时考中进士后，社会与政治影响多在外乡宦地，殁后被称颂为万历年间的“循卓名臣”[⑦]。

在句容任知县期间，袁黄曾给陈于王写信说：

> 我辈平日辛勤刻苦，为子孙创业者，死来皆用不着。所可待以瞑目，而释然无憾，惟此修德行义之事而已。……吾辈当深绎积善余庆之说，实为趋吉避凶之事。密密修持，孳孳方便，则受福一分，便可积福十分矣。

袁黄所论的“修德行义”“积善余庆”等思想，充斥了行善积德等功过理念，也是对子孙最有用的遗产。这些话使陈于王十分信服，且能身体力行，并作为从政的一项基本准则，莅民治事，为

---

① ［明］袁仁：《参坡公袁先生一螺集》之《诗・沈科登第》，收入袁黄编：《袁氏丛书》卷九。

② ［明］钱晓辑：《庭帏杂录》卷下，第763页。

③ ［明］袁仁：《参坡公袁先生一螺集》之《书・送裳儿从文徵仲学书书》，收入［明］袁黄编《袁氏丛书》卷十。

④ ［日］酒井忠夫：《袁了凡的生平及著作》，《宗教学研究》1998年第2期。

⑤ ［明］徐象梅：《两浙名贤录》卷四四《高隐》，“袁良贵仁”条，《续修四库全书》史部第543册，上海，上海古籍出版社，2002年，第538页；（万历）《嘉兴府志》卷二二《隐逸》，万历二十八年刊本。

⑥ ［明］钱晓辑：《庭帏杂录》卷下，第765页。

⑦ ［明］陈山毓：《陈靖质居士集》卷五《陈氏藏书总序》、卷六《廉宪公家传》，《四库禁毁书丛刊》集部第14册，北京，北京出版社，1997年，第620、635—644页；［明］陈龙正：《几亭全书》卷二一《政书・家载上》“父兄实纪”条、卷四四《文录・书牍四》“与钱殷求句容（丁丑）”条、“附录”卷一《陈祠部公家传》，第126、446、701页；陈龙正：《几亭外书》卷三《家载》，“父兄实录”条，第306页。

远近所称慕[①]。

在陈于王时代，陈家城居于嘉善县城内的宅第相对比较素朴，于王本人更无衣裘舆马之饰、声色之好，居家时期唯以读书进学为目标，后来也曾经努力想要设置义田以赡养族人，但并未达成[②]。在于王过世14年后，即万历四十八年（1620），其次子陈龙正主持城中陈家新居的建设工作，总体要求仍以朴素为主。这个家居空间充分体现了陈龙正处世为人为学的基本理念。当中的中堂题名“宝生”；书斋中还留有伐檀之所，所挂的一副对联称“一生三事一事收心一事慎行一事守口，一日三分一分应物一分静坐一分读书”；内室则题名“明发”，所设对联是“早起宴眠便是兴家粗本领，出言举步从来教子实工夫”[③]。

陈龙正年轻时常常在岳父丁铉家读书（丁铉是丁宾的侄儿，功名为监生），在与丁宾讨论经史时，已慨然有经纶天下之志[④]。

少时的陈龙正十分聪颖，不仅与丁家有着良好的姻亲关系，还深受袁黄赏识。袁黄曾对陈于王言，“公二子皆贤，然少者孝思最深，所至不可量”。于王的长子山毓（1584—1621），字贲闻，好读书，善为文章，尤精于赋。万历四十六年（1618）举浙江乡试第一，天启元年（1621）殁，年仅38岁。次子就是龙正，在努力举业的进程中，又受同县前辈名士吴志远的称赏[⑤]。吴志远与高攀龙、归有光之子归子慕（1563—1606）相交甚深，陈于王曾赞其为“金玉君子”，让龙正投其门下学习，一两年间，龙正识趣始定。龙正三十七八岁时（天启初年），与吴志远、高攀龙同在京邸，朝夕相晤，龙正觉得向来自喜文章经济之意，“均属可耻”。这一点，主要得益于吴志远的提醒，后来从高攀龙处“得复约身心之学”；又常与归子慕交往于吴志远隐居的荻秋[⑥]，为诗歌古文词，已有超然出尘之意味[⑦]。

陈氏兄弟的成就，自然与陈家的教育与袁黄、丁宾的影响颇有关系。袁黄曾说：有子弟不能教诲，成何自修？丁宾则强调说，好人独为不成，须子弟僮仆同心学好。袁、丁两人的言说，对陈于王较有影响。陈龙正在其间也深受教育[⑧]。

陈龙正后来与魏大中是同学，也同样是拜高攀龙为师。在天启元年，陈龙正中顺天乡试经魁（第三名），崇祯七年（1634）考中进士。陈龙正不仅重视家族的规范与教育，也强化了地方善学思想的传播与实践，在崇祯四年（1631）倡导建立同善会后，曾发表51次主题演讲，对地方社会秩

---

① ［明］陈龙正：《几亭全书》卷二一《政书·家载上》“治句遗迹”条，第133页。

② ［明］陈山毓：《陈靖质居士集》卷六《廉宪公家传》，第643页。

③ ［明］陈龙正：《几亭全书》卷二一《政书·家载上》“明发斋偶记”条，第137页。

④ ［明］陈龙正：《几亭全书》卷四一《文录·书牍一》“奉吴子往师（天启壬戌）”条、附录卷一《陈祠部公家传》，第399、701页；［清］盛枫辑：《嘉禾征献录》卷六《兵部》，《续修四库全书》史部第544册，上海，上海古籍出版社，2002年，第422—423页。

⑤ ［明］陈龙正：《几亭全书》卷二一《政书·家载上》、“附录”卷一《陈祠部公家传》，第127、701页；高攀龙：《明孝廉贲闻陈公墓志铭》（天启六年），收入［明］陈山毓：《陈靖质居士集》，第555页。

⑥ 即荻秋庵，位于县北丁家栅与西塘两镇交界的祥符荡旁，是吴志远讲学处，与高攀龙、归子慕互相过从之地，清初成废屋，为僧人所居。参见（雍正）《嘉善县志》卷二《区域志下·古迹》，雍正十一年刊本。

⑦ ［明］陈龙正：《几亭全书》卷四十一《文录·书牍一》“奉吴子往师（天启壬戌）”条、附录卷一《陈祠部公家传》，第399、701页；［清］盛枫辑：《嘉禾征献录》卷六《兵部》，第422—423页。

⑧ ［明］陈龙正：《几亭全书》卷二十二《政书·家载下》“杂训”条，第159页；［明］袁黄：《两行斋集》卷九《尺牍·退丁敬宇书》。

序的稳定与乡间思想的教化产生了重要影响[①]。

值得一提的是，陈龙正所谓“一日三分”中的静坐活动，在晚明士人生活中其实是比较普遍的行为。

像前文提及的袁仁，在外结束他的应酬交游活动，回到城内“半村居”中，即掩一室而坐，即使至亲也不相见。据袁黄幼时于门隙偷窥的记忆，袁仁独居静坐于室内，“香烟袅绕，衣冠俨然，素须飘飘，如植如塑而已”[②]，大概已沉浸于静修的最佳状态之中了。

再如陈龙正的老师高攀龙，一生自少及老，几乎不间断地从事静坐，认为学者静坐是入门要诀，读书、静坐两者不可偏废；静坐可以定心气，与所读之书相印证，最后得见本性[③]。

明代人的养身与养心往往并重兼修，实践着养生理论与荣养生命的活动[④]。作为明代士人的一种重要休闲方式，习静修养还有提醒精神的作用。崇祯时期的嘉善知县李陈玉就说：“每日晨起，静坐一刻，一日精神提醒；出堂静坐一刻，眼前诸事提醒；夜坐一刻，终生之精神全提醒矣。”明代理学家们的习静功夫与话语表达，在当时具有很大影响力，所谓“静坐观心，闲中一乐”，将习静、修养、休闲三者生活结合为一。虽然学贵乎自得，但明代理学家成学的历程，多见诸静坐的习静功课中[⑤]。

五 “人之立品，须自小做起”

出身于丁家栅（今丁栅）镇的丁寅、丁宾兄弟，幼时生活于偏僻的嘉善与吴江、青浦交界的水乡，但父亲丁衮不安心于他们成为一般的乡村富室，对他们的科考抱有很高的期望，开始安排他们如何更好地适应竞争激烈的科考生活。

丁寅“生而颖异”，四岁时即请塾师教学，“勤敏嗜学”，十五岁已有所谓“以硕儒自期”的意愿表达。可惜的是，丁寅身体羸弱，但早起晚歇都在坚持读书，在嘉靖三十一年（1552）18岁时参加县学童子试，因表现优异，成绩列名第一，被知县陈道基呼为“小友”，“雅称相知”。丁寅苦读的事迹远近闻名，“闻鸡即兴，不敢稍懈，以故每试辄利”。嘉靖四十三年（1564），丁寅与丁宾都参加了顺天府乡试（顺天府的乡试解额一般为一百三十五名），丁宾一举成功，成为举人，年仅22岁，但丁寅再次落榜，据说“因与季弟相联，遂复落选”，令人感到十分惋惜，但“嘉善二丁之名，轰轰藉甚”[⑥]。

晚明士人大多热衷讲学，一些名家因此得到众多士人的追随，讲学论文，兼及时事，一时蔚然成风。[⑦]丁宾师从著名理学家王畿（龙溪）求学问道，而王畿被袁黄认为独得王阳明的正传。丁寅

① 冯贤亮：《陈龙正：晚明士绅生活的一个侧面》，《浙江学刊》2001年第6期；冯贤亮：《明末江南的乡绅控制与农村社会——以胥五区为中心》，《吉林大学社会科学学报》2018年第5期。

② 钱晓辑：《庭帏杂录》卷下，第764页。

③ 杨菁：《高攀龙的静坐实践及体悟》，《彰化师大国文学志》2011年第22期。

④ 萧慧媛：《“养生”——明代文人的休闲生活》，《南亚学报》2011年第31期。

⑤ 吴智和：《明人休闲生活文化》，宜兰，明史研究小组2009年刊本，第185—191页。

⑥ ［明］袁黄：《两行斋集》卷一四《光禄寺署丞清湖丁公行状》。

⑦ ［明］陈师：《禅寄笔谈》卷一《理学》，万历二十一年自刻本。

在幼弟丁宾的影响下，也欣然负笈，不远数百里走谒“龙溪老师”。丁寅颇受其学影响，归家之后曾书“提醒见在良知”六字作为座右铭。最终丁寅放弃举业，“一意以缮性、敦伦为事”[①]。

丁宾与袁黄是少年时代的同学，隆庆五年（1571）一起赴京赶考。袁黄对低调虚怀的丁宾非常推崇。有一次袁黄路过南京，已经为官的丁宾欣然招待，相待如骨肉之爱。袁黄离开后，寄信一封给丁宾表达感谢，并奉呈袁黄新刻的小书一部，主要内容就是选编的时文。袁黄在信中写道：

> 足下真实之心，恺悌之行事，不敢为天下先，而举世让步，言若讷讷，而能使听者醉心，以至柔而胜天下之至刚，以无为而胜天下之有为，实当世之伟人而理学之巨擘也。适过留都，重蒙虚怀相待，骨肉之爱，隆且笃矣。坊刻一部呈奉，时艺乃小儿所选，不足供大观，篇首“学约”，则鄙人生平造诣略具其中矣。此固老丈与某束发下帷时所同心而共事者也。世衰道微，以接引人材为急，沈助教有志圣贤之学，立身制行，无愧古人。初入留都，久慕道望，实欲以足下为依归，愿虚怀接纳，收之药笼中而徐试其奇，当必有益也。不能尽。[②]

袁黄是当时社会上对年轻举子的举业习学有非常大影响力的人物，而且教育指导有其独到之处。对此袁黄是相当自信的，所以在信中对老友丁宾也毫不谦虚地道出新刻的时艺选编中，篇首“学约”能体现他的生平造诣。当然他对丁宾相当推崇，在袁黄看来，隆庆五年中进士的丁宾是一位“谦光可掬”的至诚君子，所以科考的成功是必然的：“予屡同诸公应试，每见寒士将达，必有一段谦光可掬。辛未计偕，我嘉善同袍凡十人，惟丁敬宇宾年最少，极其谦虚。予告费锦坡曰：此兄今年必第……及开榜，丁果中式。”[③] 袁黄认为丁宾以柔克刚，以无为胜有为，是“当世之伟人而理学之巨擘”。袁黄对晚辈也很注意提携，认为在他们所处的衰世，需要更多的人才来应急，因此他向丁宾推荐了有志于圣贤之学的“沈助教”，希望得到官位已很重要的丁宾的帮助。

丁宾的侄孙女婿陈龙正，更是着力颂扬丁宾的为人、为学、为官。龙正对他所崇敬的前辈时贤，这样比较道：“士子闭户者有之”，但居官不奔趋、不酣乐，退官后不求田问舍、不骄侈逸游，就十不得一了，而丁宾居官居乡“孜孜以干实事为主”，生活俭朴，逢凶荒年岁，却愿意捐出万金来救济社会，年届九十还心系百姓，能为闾阎请命，不辞劳、不惮远，本人不饮酒、不作乐、不出游，虽处鼎贵地位，却俨如一乡里朴实农夫。与丁宾同辈的吴志远，是龙正少时从游的老师，龙正“见其终日静坐，累月如一日，寡言寡笑，寡笔札，寡交游”，但与高攀龙、归子慕二人交友最相契。龙正的同学魏大中，在功名干济之暇，也玩禅理，也学古文辞，也作诗歌，也善书行楷，但于“花柳、酣宴、骄奢、淫佚之事”一生从未涉足。龙正表示，像这样有骨气的，皆堪称“巨擘”。至于袁黄，自少至老，手不释卷，勤读不辍，龙正认为虽然其意见或有偏于理学正统及主流社会的想法，很多人对他并不满意，但“博洽敏辩，有问如响”，是非常少见的大才[④]。

---

① ［明］袁黄：《两行斋集》卷一四《光禄寺署丞清湖丁公行状》。
② ［明］袁黄：《两行斋集》卷九《退丁敬宇书》。
③ ［明］袁黄：《袁了凡先生四训》“谦德之效”条，收入《袁了凡文集》，北京，线装书局，2006 年，第 895—896 页。
④ ［明］陈龙正：《几亭外书》卷二《随处学问》，“无事可为之害”条，第 276—277 页。

在丁宾、袁黄、陈于王、陈龙正、魏大中等人生活的时代，兢兢于举业之途者，举不胜举。地方上最具影响力的海内名族钱家，也是如此。袁黄祖父袁祥的女婿钱萼，曾育有五子，都能世其业；孙子钱贞选贡后，曾登应天乡榜[①]。而钱贞的曾孙，就是后来于万历四十四年考中状元的钱士升。钱士升的成功，不仅为钱家带来了无上的荣光，也为家乡嘉善县带来了无上的荣耀。

另外，钱士升的同科进士、有着多年塾师生活经验的魏大中，自幼年起，就深受父亲魏邦直的教诲。在伴随父亲于乡间坐馆的岁月里，魏大中的读书与思想有了很多成长。

例如，万历六年（1578），大中全家跟随魏邦直到陶庄镇的凌巷坐馆。已经4岁的魏大中，在邦直身边已经受到了《孝经》《大学》诸书教学的影响，也能“日渐成诵”了。万历八年（1580），邦直正式教6岁的大中读书，大中记性很强，“偶语颇能捷应”，这大概让邦直引以为傲，且曾经让大中见客，以试大中的学力[②]。大中后来回忆说，“七八岁时，每就枕，先都谏口授古忠孝节烈事一二条，睡醒即令占昨所诵书”。这对大中的影响应该是深远的。此外，读书之暇，大中会到忙于纺织的母亲那儿，为劳累背痛的母亲敲背。有时在散步之际，还会考虑“做官何所事事”的问题[③]。

后来大中继承了父亲的塾师经营及社会活动网络，在教育上当然较钱士升更为细致具体，像他对考中秀才的次子学濂的教育，就说“秀才大难，经书有一句理会不来，做不得；有一题拈弄不来，做不得”，能理会、拈弄的，只是求通，而求通全在穷理，穷理全在看书、作文，从零碎处积累渐至成片段，就通而熟了；经书必须从头到尾“字字揩磨”“一一体到身心上来”，思之又思，从而能够达到豁然的境界。魏大中要求学濂平时“不可出外走动，不可空过日子”，步步跟着大哥学洢，“不得自寻朋友”，句句听着大哥，“不得自由自性”[④]。

万历三十九年（1611）魏大中正式拜高攀龙为师后[⑤]，常以“高老师”称呼高攀龙。高家与无锡的很多科考成功者如顾宪成、顾允成、安希范、陈幼学等一样，是以《尚书》为本经。而且顾宪成的教塾区域覆盖苏州、嘉兴等府，嘉善的夏九鼎（1573—1611），就是顾的学生，并于万历二十年（1592）考中进士，专攻当然也是《尚书》[⑥]。或许因而可以推知，既然大中以高攀龙为师，科举专经应以《尚书》为主。到万历四十四年，大中与钱士升等人才考上进士。

钱士升在成功进入仕途后，给长子钱栻的信中，这样教育道：“人之立品，须自小做起，比之匪人，圣贤垂戒，慎之勉之。”[⑦]这样的教育，充满了将家族成员培养成为政界的要角与进入官僚体系的期望，而且只有通过一系列以儒学为本的考试才行[⑧]。

钱士升对长子钱栻是十分看重的，在他看到钱栻在科考上的初步成功后，“且喜且惊”，认为这是受了祖父辈的恩德而来，“不可自恃而忘厥本”。他写信给钱栻说“阳明先生云，得意时能截然收敛，非大勇不能”，又说“淡泊明志，宁静致远”，更当谨记。提醒钱栻对于座师黄道周（1585—

---

① ［明］袁仁：《参坡公袁先生一螺集》之《五言古诗·哭钱木庵姐丈》，收入袁黄编：《袁氏丛书》卷9。

② ［明］魏大中：《藏密斋集》卷一《自谱》，第501页。

③ ［明］魏大中：《藏密斋集》卷一《自谱》，第501—502页。

④ ［明］魏大中：《藏密斋集》卷一九《书牍六·付濂儿》，第61页。

⑤ ［明］魏大中：《藏密斋集》卷一《自谱》，第510页。

⑥ 陈时龙：《明代的科举与经学》，北京，中国社会科学出版社，2018年，第233、248—249页。

⑦ ［明］钱士升：《赐余堂集》卷七《示格儿》，第520页。

⑧ 柯律格：《雅债：文徵明的社交性艺术》，刘宇珍等译，北京，生活·读书·新知三联书店，2012年，第3页。

1646）当尊奉有加，至于房师更应面谢其指教；同年科考朋友的应酬，“可省则省”，在明春入京时款洽即可[①]。

在另一封信中，钱士升又强调：“儿辈在家，只管闭户读书，勿见要人，勿谈朝事，勿落近日名士气习，严以律己，谦以下人。至于奴仆，务须约束，毋得放恣，庶几弗玷高、曾清白家风，切嘱切嘱。”[②]“清白家风”的要求，在众多世家大族的家训中也是常能看到的实际情态。像陈龙正对于家族子弟的要求，除耕读外，曾订有具体的五条禁约，包括不许倚势诈人，武断乡曲，不许刁唆词讼，不许买充衙门员役作奸犯科，不许出家为道士僧尼而灭绝伦理，不许鬻身为仆而辱及祖先[③]。

除闭门读书外，钱士升认为能够追随师友同学辈讨论学术，是十分值得推赞的，他特别写信给钱栻道：“不独造就德业，兼可收摄精神，较之家中独坐矻矻，所见所闻，不出帷墙几案之间，如蝇触窗，如蚋鼓瓮，真不啻天渊之辽绝矣。”[④]信中的话语，明晰地体现出高地位家庭中对于家族子弟的规范和约束。

至于钱士升的次子钱棅，就是陈龙正的女婿，在明清交替之际的声望更著。钱士升在给他奉为师长的松江名士陈继儒的信中，曾提及已在陈继儒那里习学的这位小儿，希望钱棅能处事“宁静”，主要在“欲其不见要人，不谈朝事，不落近日名士气习”。他觉得在这方面，陈继儒会给其小儿很好的教诲[⑤]。被有识之士批评的“名士气习”，在那时已很流行，对经学、经世并无助益。钱棅应该是努力而有希望的，科考上的小小成功都让钱士升安慰而欣喜。钱士升曾写信给钱棅表示其安慰的心情，又对钱棅将来的发展，作了一番劝勉：“我家自柏峰公（钱贞）以来，魁名五代，而汝独蚤独逸，又得联隽，真是人生难遇。趁此时急急收敛精神，打迭向上何难，若精神一放倒，便不可支矣。勉之，勉之！”[⑥]

钱棅幼时即颖敏，读书过目不忘，崇祯九年（1636）考中举人，次年即考中进士，时仅19岁，授官南京兵部职方主事，后升吏部郎中，因处事果断，被称为“健决郎”，不久调任文选司，大力举荐黄道周等70人，皆海内人望[⑦]。

在钱士升的长子钱栻早逝、次子钱棅抗清而死、孙儿幼小的情境下，侄儿钱棻（钱士升之弟士晋的次子）成了钱士升的嗣子[⑧]。士升曾将新刻的高攀龙的《高先生集》与《五子近思录》二种寄给钱棻览读[⑨]，希望钱棻既能继承父辈以高攀龙为师的传统，也能很好地把握他们认可的理学思想，对钱棻的思想成熟与人生发展有所助益。对于当时科考生活中流行的时艺及其风气，士升则作了猛烈的批评，就其所见的试卷，指出多属胡说八道，教育钱棻注意，以诚朴守常为基本，力斥惑世诬

① ［明］钱士升：《赐余堂集》卷七《示格儿》，第520页。

② ［明］钱士升：《赐余堂集》卷七《示格儿》，第520页。

③ ［明］陈龙正：《几亭全书》卷二一《政书·家载上》“明发斋偶记”条，第141—142页。

④ ［明］钱士升：《赐余堂集》卷七《示格儿》，第520页。

⑤ ［明］钱士升：《赐余堂集》卷七《与陈眉公》，第506页。

⑥ ［明］钱士升：《赐余堂集》卷七《示棅儿》，第520—521页。

⑦ ［明］盛枫：《嘉禾征献录》卷一《阁臣》，第374页；［明］温睿临、李瑶：《南疆绎史》卷三六《死事》，北京，中华书局，1959年，第269—270页；（光绪）《重修嘉善县志》卷二〇《人物志二·忠义》，光绪十八年重修、民国七年重印本。

⑧ （嘉庆）《嘉善县志》卷一四《人物志二·行谊》，嘉庆五年刻本；（光绪）《重修嘉善县志》卷二二《人物志四·行谊上》，光绪十八年重修、民国七年重印本。

⑨ ［明］钱士升：《赐余堂集》卷七《与棻侄》，第519页。

民之论：

> 近见新试牍，大可骇，非经非史，非子非禅，杜撰胡谈，正如狂吃，此由人心不正，故发为惑世诬民之言，毫无忌惮至此，何怪乎海内之无宁宇也。痴心每谓欲天下太平，先正人心，欲正人心，先正学术，欲正学术，先慎师儒，而提其衡于宗伯，操绳墨而殿最之，庶乎圣贤真种子犹可复生，而力未之逮也。闻者得无笑为迂乎？我侄切勿为所惑，宁守老生常谈，力田逢年，终当自至，一毫矫强不得。侄其勉旃！[①]

“非经非史，非子非禅”的表达，是钱士升对于其所处生活巨变时代的士人读书“不正”的批评和焦虑，认为读书须先“慎师儒”，再“正学术”，然后才能“正人心”，否则就会出现“杜撰胡谈，正如狂吃”的现象。

六　功利之习的警惕

农业社会是以家族为本体的，一人出仕，不但父母妻妾子女靠他养活，提高了生活水准，甚至母族、妻族、媳族、婿族、乡里、年谊都会享受这种科举晋升的好处[②]。像顾鼎臣、陆深、袁仁、丁宾、钱士升、陈龙正等人物，当然均为特殊的个别，亦能代表一个群体。或者像顾鼎臣的子孙们评价他们这位祖上那样，“本乎忠孝，泽乎仁义。”[③] 隆庆五年进士、出身于晚明嘉定杰出的侯氏家族的侯尧封（侯峒曾的曾祖父），生平对儿孙说的最多的一句话是：“不愿汝辈它日为第一等官，但愿为第一等人。”[④] 对于子孙而言，祖父辈的奋斗历程与家庭教育都是重要的思想滋养。

昆山著名文人张大复（约 1554—1630）就说，顾鼎臣之子孙“世有令德”，是与其家庭之劝诲分不开的[⑤]。这或许与顾鼎臣本人的气质、秉性与处事准则等，有着不可分割的联系。晚至崇祯十一年（1638），鼎臣曾孙顾咸建对鼎臣写给女婿归本的信写了一个按语，言及鼎臣四子履吉年幼，至鼎臣去世，不过六岁，最后说，由于整理编辑曾祖遗文的机缘，才有幸获读鼎臣之“读书立身诸训”，颇受勉励之意[⑥]。

事实上，上述这些家族的子弟，多有杰出者。特别是那些家族庞大而支系丰富的家庭，如钱家，在明清王朝更替之际，确实多有闻人，甚至十分耀眼[⑦]。对家族或家庭教育而言，无论是两代

---

① ［明］钱士升：《赐余堂集》卷七《与棻侄》，第 519 页。

② 吴晗：《明代的新仕宦阶级，社会的政治的文化的关系及其生活》，收入中国社会科学院历史研究所明史研究室编：《明史研究论丛》第五辑，第 16 页。

③ ［明］顾鼎臣：《顾文康公续稿》，附顾咸建：《文康府君续稿跋》（崇祯十六年），《四库禁毁书丛刊》集部第 59 册，北京，北京出版社，1997 年，第 83 页。

④ 宋华丽：《第一等人：一个江南家族的兴衰浮沉》，成都，四川文艺出版社，2019 年，第 6 页。

⑤ ［明］张大复：《昆山人物传》卷七《皇明昆山人物传》，“顾履方、子谦亨、曾孙天宿”条，明刻、清雍正二年重修本。

⑥ ［明］顾鼎臣：《顾文康公文章》卷十《书牍・寄孔安侄》，第 458 页。

⑦ 冯贤亮：《明末清初的魏塘钱氏与政治变动》，《江南社会历史评论》2019 年第 14 期，北京，商务印书馆，2019 年，第 61—79 页。

经营还是数代累积，家世之成就，都有其重大的社会意义。就一家一姓来说，前人积业，后人承荫，必须能继续发展，方能保守声望于不坠。而地望堂号，往往较荣爵崇秩更具有社会声势，更能影响广远。至于所关人、己之间，必相立种种规范，为社会共约共识，以维系安定与彼此相互依存之平衡①。

在江南明清两代更迭未久之后，顺治六年（1649）三月的北京会试中，浙江嘉善的柯耸、陈舒、郁之章、吴亮中、孙籀、沈翿、丁彦等，都成为了新科进士，对嘉善地方社会而言，可称盛事②。这种科考的兴盛，或许如何炳棣所论，从长期的趋势来看，江南地区巨大的经济与人力资源，不可能不转化为科举的成功③。但实际上，成功的原因，也如松江华亭人何良俊强调的那样，那些世家大族不仅要求“知孝悌忠信”，而且一直强化“读书”观念，维持着“不可令读书种子断绝”这样“知教”且“知学”的家族文化④。

在平湖人赵维寰（1563—1644）看来，嘉兴府所辖的七个县域社会中，以嘉善县“地气最灵”，因此“所生人物颇多奇杰”。这样的奇杰人物，在社会表现上可以列举的样例就有不少，如魏大中的“直节清风、一门忠孝”、丁宾的“倾赀施赈，到老不倦”、钱士升的“力赞均里，造福桑梓”、吴志远的“恬淡无营，修然自远”以及袁黄的“博学”、支大纶的“清直”等，虽境遇夷险不同，但各具品质，达称天下，足称千古⑤。这些人堪称社会的成功者，是多数人没有办法企及的。

江南很多地方的家族文化较为兴盛，应与地方的人文培育有相当的联系。比如，晚明地方官府就曾有昆山县“风土清嘉”“民以务孝养、勤本业为事”“好学而知礼，尚孝而先信”“仕者重名俭、薄荣利”以及“家知读书、人知尚礼”等这类正面的表述⑥。再如文风一直很盛的嘉定县，风俗“淡朴闲远”，明代中后期的地方士人“皆知务学”，到天启、崇祯之际更是“奇才辈出”，且重视名节；缙绅群体与布衣百姓都很重视读书，“苟匹夫怀文，揖公卿而平视”⑦。对于注重科举仕途教育的家庭来说，彼时缙绅家庭生活中所存在的注重美宫室、广田地、蓄金银、盛仆从、受投谒、结官长、勤宴馈之风⑧，对子孙的成长是十分不利的，要努力摒除。

很多人已清楚地意识到，年轻的士人在努力举业的进程中，倘好为诗文，文人气太重，必然对举业有所妨害。对普通人来说，“作诗须称地位”⑨。所谓要有相称的“地位”，在注重科举的人士看来，就是在举业上成功并获得仕途的机会后，作诗或好为古文辞，才会被认为是当然之事，也更显风雅。

---

① 王尔敏：《家训体制之传衍及门风官声之维系》，收入“中研院”近代史研究所编：《近世家族与政治比较历史论文集》（下册），中国台北，“中研院”近代史研究所 1992 年刊本，第 844 页。

② 佚名：《武塘野史》“顺治六年己丑”条，清抄本。

③ 何炳棣：《明清社会史论》，第 311 页。

④ ［明］何良俊：《四友斋丛说》卷三四《正俗一》，第 313 页。

⑤ ［明］赵维寰：《雪庐焚余稿续草》卷一，“武塘”“补遗”条，《四库禁毁书丛刊》集部第 88 册，北京，北京出版社，1997 年，第 620—621 页。

⑥ （万历）《昆山县志》卷一《风俗》，万历四年刊本。

⑦ （康熙）《嘉定县志》卷四《风俗》、卷二〇《艺文・赋》，康熙十二年刻本。

⑧ ［清］董含：《三冈识略》卷四，“读书种子不可绝”条，《四库未收书辑刊》第 4 辑第 29 册，北京，北京出版社，2000 年，第 676 页。

⑨ ［清］曹庭栋：《永宇溪庄识略》卷六《识阅历》，乾隆三十年刻、增修本，收入《四库未收书辑刊》第 10 辑第 21 册，北京，北京出版社。2000 年，第 402 页。

而且，无论是个人还是家族，奋身于科考仕途，在那样一个时代，确实如陆陇其为太仓人陆世仪（1611—1672）遗著所写的序言中所指出的那样，是“功利之习”久已浸淫于人心，已到了根深蒂固而不可拔的境地①。

同时也应当注意的，就是如清代著名文人包世臣（1775—1855）所谓的：“士人治生至急，而居官为尤甚”，在士人生活中又是很具代表性的，那种“经理私事与勾当公事并重而常相待”的态度，就因存了点“治生”为急的私念②。“士人一入宦途，便失本色”的现象③，就成了有识之士的共同感受。未仕之时，支持士人长期的寒窗苦读，溺于科举之学，完全出于高功名的渴望。而一旦正式进入仕途为官，又将饱受刑名、法术、簿书、钱谷之类工作的困缚④，读书时代的理想将大打折扣。

所以士人中可称作“君子”的，应当能够很好地平衡“不必仕”与“不必不仕”的问题，“必仕，则忘其身；必不仕，则忘其君”，是极有分量和哲理的认识⑤。

七 结语

明清时期的江南，是中国的一个基本经济区，也是国家的财赋重地。在这个蕞尔之区内，曾经孕育了大量杰出的人物，在整个官绅生活世界中，有着广泛而重要的影响。

官绅阶层的重要性，在传统时代已广受注意。通过科举考试进入仕途的，既是学者，也是官员，或者统称文人士大夫。吴晗认为，士大夫与知识分子的关联是相当密切的，而官僚是士大夫在官位时的称呼，绅士则是士大夫的社会身份⑥。在地方社会中，这个阶层的作用显得尤其重要，不仅代表国家管理地方社会，还可以代表地方跟国家对话。较有学识的“乡绅”，将在乡村事务的决断中，普遍拥有更大的声望⑦。当然，他们也是“乡族利益”的代表或代言人，能与政府抗衡，同时协调和组织“乡族”的各种活动⑧。“绅士”们常常说服政府接受他们的看法，甚至利用自己对官府的影响，将自己的意志强加于地方官吏。当然作为地方领袖，他们与政府往往会结成联盟，构成了官方与民间的“中介”⑨。孕育这一阶层的土壤，除了科举制度，家庭或家族的教育具有重要意义。家庭文化教育的核心，多与科举有关，也与政治生活、报效国家的期许相关。很多内容，更关乎当时社会思想与文化的核心叙述。

晚明江南一些家族的家风规范、科考思想教育，不仅在地方上，而且在晚明以来的中国社会，

---

① ［清］吴德旋：《初月楼续闻见录》卷一，中国台北，台湾商务印书馆，1976年，1a页。

② ［清］包世臣：《小倦游阁集》卷九正集九《文五·答姚伯山书》，清小倦游阁钞本。

③ ［清］杨钟羲：《雪桥诗话》卷一二，民国求恕斋丛书本。

④ ［清］张孝时：《筠心堂存稿》卷首，陶文潞“筠心堂集序”（咸丰四年春三月），光绪五年刻本。

⑤ ［清］龚炜：《巢林笔谈续编》卷下，“不必仕不必不仕”条，北京，中华书局，1981年，第224页。

⑥ 吴晗：《论士大夫》，收入费孝通、吴晗等：《皇权与绅权》，长沙，岳麓书社，2012年，第60页。

⑦ 费孝通 Fei Hsiao-Tung, *China's gentry: essays in rural-urban relations*, the University of Chicago Press, 1953, p.81。

⑧ 傅衣凌：《明清封建各阶级的社会构成》《中国传统社会：多元的结构》，分别载《中国社会经济史研究》1982年第1期、1988年第3期。

⑨ 张仲礼：《中国绅士——关于其在19世纪中国社会中作用的研究》，李荣昌译，上海，上海社会科学院出版社，1991年，第52—53、67页。

都有深远的影响，播及人心甚广。袁仁注意到所处时代士人生活的变化，曾表示了深深的忧虑："近世人家生子，禀赋稍异，父母师友即以富贵期之，其子幸而有成，富贵之外，不复知功名为何物，况道德乎？"在袁仁的思想认识中，对于士人立品的表现是有等第区分的："志于道德者为上，志于功名者次之，志于富贵者为下。"① 康熙六年（1667）进士张英（1638—1708）在教子思想中，也特别重视立品，认为这是与读书、养身、俭用一起并为"致乡里之誉，贻后人之泽"的四件要事②。

对袁仁及上述各类社会精英分子的家教作进一步的考察或分析，不仅有助于时代生活氛围的揭示，而且也有利于那种典范式历史记忆的廓清，从而深入理解历史活动主体的人的生活，观照出大历史进程中地方知识人的生活样貌，以及王朝统治到晚期的变革及其重要表现。所以对于江南社会文化的时代性与地域特质，仍需要予以更多的关注，以便从江南出发，更好地认识传统时代以来中国的社会文化史与中国人的生活世界。

（作者冯贤亮，复旦大学历史学系）

① ［明］钱晓辑：《庭帏杂录》卷上，第757页。
② ［清］张英：《聪训斋语》卷下，青年协会书报部编订，民国十六年刊本，第2页。

论明代科举文献《闽省贤书》的版本、问题及其研究价值

丁修真　杜曼秋

明代福建地区乡试录汇编《闽省贤书》，现存有崇祯刻本、清抄本和康熙刻本三种。该书主要取材自明代乡试录，搜集有明代福建90科和清初11科乡试中式名录，内载福建地区举人的生源地、中式本经、会试名次、官职等信息，是了解明代福建地区科举情况的珍贵史料。为便于学界利用，本文对现存三个版本的基本情况与存在问题进行了梳理与辨析，得出以下几点认识：一是中国国家图书馆馆藏康熙刻本并非成于一时一人之手，学界对其的题识并不准确；二是三个版本关于福建地区科甲人数的统计存在误差，利用时需要谨慎；三是该书所载内容，存在着中式名录误载、多载和漏载，举人信息遗漏和失实，生源地信息失准的情况，利用时需要加以注意。

一　现存《闽省贤书》各版本的基本情况

《闽省贤书》，明人邵捷春撰。邵捷春（约1588—1641），字肇复，号剑津，福建侯官人，万历己未科进士。历任吏部稽勋郎中、四川右参政、浙江按察使，崇祯十年（1637）迁四川按察副使，十一年进右参政，十二年擢为右佥都御史，十三年因失守绵州下狱，十四年于狱中自杀。生前著有《剑津集》《入蜀吟》《治园暇笔》《楚南推心编》等。[①] 据其《闽省贤书》（以下简称《闽》书）自序可知，该书为任浙江按察使时所辑。

现存《闽》书有三个版本。《中国古籍善本书目》著录有康熙刻六卷、续一卷（以下简称康熙本）和清孔氏岳雪楼六卷的抄本（以下简称清抄本），分别藏于北京图书馆（现中国国家图书馆）和上海图书馆[②]，此外尚有日本尊经阁文库崇祯六卷刻本（以下简称崇祯本）。内容上，清抄本中式名录从洪武三年（1370）庚戌科至崇祯六年（1633）癸酉科，崇祯本延至崇祯九年（1636）丙子科。康熙本则载有明代90科、南明隆武丙午科、清顺治五年（1648）至康熙十一年（1672）的9

① ［清］张廷玉：《明史》卷二六〇，列传一百四十八《邵捷春传》，北京，中华书局，2000年，第4510页。［清］徐景熹修：《福州府志》卷五〇《人物列传》，《中国地方志集成・福建府县志辑》第2辑，上海，上海书店，2000年，第106页。其著作分别见：［清］徐景熹修：《福州府志》卷七二《艺文》，《丁部集・别集类》，第403页；《丁部集・词赋类》，第405页；《丙部集・说家类》，第400页；《乙部集・刑政类》，第399页。

② 中国古籍善本书目编辑委员会编：《中国古籍善本书目》，《史部》卷九《贡举》，上海，上海古籍出版社，1993年，第636页。

科及康熙十九年（1680）庚申科和二十三年（1684）甲子科的中式名录。

三个版本中，清抄本虽晚出，但所据版本可能最早。理由是邵捷春自序其书“起于洪武庚戌（三年），成于崇祯乙亥（八年）”①，故《闽》书初刻时，只能收录至崇祯六年，与清抄本下限相同。崇祯本刊刻在崇祯十年（1637）左右，理由有二：一是该本有崇祯九年举人在十年丁丑科会试的中第名次，二是该本前序中，邵氏仍自署两浙观察使，根据《明史》记载，邵捷春为浙江按察使后，因大计坐贬，后起四川副使，以（崇祯）十年九月抵成都②，说明崇祯本刊行时间在十年会试之后，起调四川之前。

康熙本的情况较为复杂。该本在各书中的介绍较为模糊，如《中国古籍善本书目》谓其为六卷，续一卷，其实该本为七卷、续一卷。又《福建省旧方志综录》谓该本有正、续编，却并未注明何为正、续，更重要的是，一些书目中“邵捷春撰，邵明伟（捷春子）续撰”的题识，很容易让人以为，康熙本是邵明伟在其父基础上增补而成③。事实上，康熙本并非成于一时一人之手。

这样的判断，基于对以下几个问题的分析。一是该本前后体例并不统一，较之清抄本和崇祯本，康熙本在第六卷中，增入崇祯十二年（1639）至清顺治十七年（1660）的科举名录，卷七收录的则是康熙二年（1663）癸卯科至十一年（1672）壬子四科名录，其中在卷末十一年的乡试名录中，并未记载第二年会试中式者的信息，这一现象与前几卷的体例不合。二是从康熙十九年庚申科开始，该书版心改为“续闽省贤书一卷”，是为续卷。续卷前有序，交代了邵明伟接续其父撰修该卷的缘由。然而令人不解的是，续卷中虽只有康熙十九年至康熙二十三年的内容，目录中仍然列出了卷六、卷七中已经收录的顺治至康熙十一年各科的乡试名录，并且在该卷中出现了大幅度的缺页。

表面上看，上述问题似乎是古籍本身残损造成的。但我们注意到，续卷缺失部分共有 28 页共 54 面，内容上应当是顺治五年至康熙十一年的科举名录，与卷六、卷七所载相同名录 53 面的篇幅恰好相当（除去空白 1 页）。这表明，续卷缺失的部分，似乎是为减少内容重复人为制造出来的。换言之，康熙本的前七卷与续修的一卷，事实上应为两部并行的乡试录汇编。这样就可以解释为何续卷目录中会存在重复收录的现象。由此也可解释康熙十一年壬子科乡试举人会试名次的缺失，正是因为第七卷在该科乡试之后即行付梓，时间当在次年康熙十二年（1673）会试之前。

所以，关于康熙本的形成，可以得到以下几点认识：一是邵明伟应该只是接续其父，将清代的福建乡试录汇撰为一卷本的《续闽省贤书》，如续卷目录，内容为顺治五年至康熙二十二年；二是康熙本六、七二卷中崇祯九年至康熙十一年的部分，可能为他人续撰；三是现国图所藏康熙本，实另有人将此前二书重复内容删去后拼接而成。这一推论，又可经由康熙本所载邵伯荫（邵明伟堂兄）“续闽省贤书序”来佐证。该序落款时间为康熙二十二年，但在康熙十九年名录中，出现了陈迁鹤在乙丑登康熙二十四年进士第的记载，可证此本在二十二年刊行后，仍有继续补订的行为。

综上所述，现国图所藏康熙本七卷、续一卷的《闽》书，应非成于一时之书，其间至少经过康熙十一年和康熙二十四年后的增补，亦非成于一人之手，而是有人将不知何人增补的七卷本《闽》书与邵明伟《续闽省贤书》删减后的产物。

---

① ［明］邵捷春辑：《闽省贤书》卷一《序》，日本内阁文库藏明崇祯刊本，第 4 页 A 面。

② ［清］张廷玉：《明史》卷二六〇《邵捷春传》，第 4510 页。

③ 郑宝谦主编：《福建省旧方志综录》，《佚志部 · 专志类 · 科举门》，福州，福建人民出版社，2012 年，第 443 页。

二 《闽省贤书》各版本内容上的差异及问题

学界对于《闽》书关注已久，有不少相关学术成果，但在利用过程中，并未注意到该书三个版本的差异及存在问题，故在此，有必要对三个版本记载中的异同加以梳理，指出其问题，以期方便学界进一步的利用①。

《闽》书分为全闽科举盛况和历科乡试中式者名录两部分。其中卷一收录了全闽科举盛况，首先胪列福建地区出任内阁、尚书、侍郎、都御史、通政使、大理寺卿、翰林的各地官员，并在每一官职下分府具载举人题名、乡贯、具体官职。其后又以三世五尚书、七世科甲、六世科甲、五世科甲、四世科甲、五世进士、四世进士、三世进士、父子进士、祖孙进士、兄弟进士、五兄弟科甲、四兄弟科甲、三兄弟科甲、父子解元、三世解元分类辑录各府科举家族的盛况，详细记录了家族内中式者之间的血缘关系和中第科次。在科举中表现为人称颂者亦将以少年登科、科甲眉寿、三试巍科、一榜三及第、一科两解元、特此进士、三及第、会元、会魁、解元分类记载。外地中式者也尽量加以收录。卷一末还附有新旧郡县名和全闽科甲人数。现存《闽》书三个版本，尽管均保持了相同的体例，但因先后经数人增补修订，遂造成相同条列下，内容互有差异的现象。

如在兴化府父子进士一列，崇祯本和康熙本均记有33家，但实际刊载只有30家，清抄本因所据版本较早，反而完整地保留了所有家族的信息②。又如清抄本中泉州府的父子进士有21家，崇祯本则增至26家，增入的3家其子皆在嘉靖年间登进士第③。祖孙进士一列，清抄本中所载的兴化府陈岳和林富两家④，崇祯本未见，但增入丘山、方良节、林孟和三家，皆是在成化到嘉靖年间中第⑤。

相对于清抄本、崇祯本，康熙本后出，增补的内容也较多。如“福建都御史”一列，康熙本在崇祯本所载的49人的基础上增入邵捷春、刘中藻、林贽等11人⑥。“泉州府父子进士”一列，在崇

---

① 目前学界对《闽省贤书》各版本的使用各有不同，蔡慧茹在其《现存明代福建地方科举文献研究》中对《闽省贤书》的版本只提及上图藏的清手抄本和日本内阁文库藏的明崇祯刊本，其《明代漳州府科举家族的规模及地域、时间分布》中使用的为明崇祯刊本（蔡慧茹：《现存明代福建地方科举文献研究》，《福建师范大学学报（哲学社会科学版）》2015年第6期；《明代漳州府科举家族的规模及地域、时间分布》，《闽南师范大学学报（哲学社会科学版）》2018年第1期）。王红春在其《明代进士家状研究》中使用到福建各府举人和进士人数来源于清抄本（王红春：《明代进士家状研究》，华东师范大学博士论文，2013年，第234页）。郭培贵《明代金门岛的科举盛况及其成因》中使用的是明崇祯刊本（郭培贵：《明代金门岛的科举盛况及其成因》，《史学集刊》2019年第6期）。彭滢燕《〈莆楼林氏族谱〉记述的明末清初史事》中认为族谱《历年记》对顺治五年清廷福建乡试的记载抄自《闽省贤书》，引用的是国图藏清康熙刻本（彭滢燕《〈莆楼林氏族谱〉记述的明末清初史事》，《福建史志》2019年第6期）。上述研究，均注意到了《闽省贤书》具有重要的研究价值，但对不同版本间存在的问题尚未有充分的认识。

② 清抄本中保存下来的兴化府三家父子进士为顾孟乔（正统壬戌）与顾阳和（正德辛巳）；林孟和（成化丙戌）与林豫（正德甲戌）、林益（正德辛巳）；邱山（成化丙戌）与邱茂中（正德辛巳）。见［明］邵捷春辑：《闽省贤书》卷一《父子进士》，上海图书馆藏孔氏岳雪楼清钞本，第17页B面至18页A面。

③ 崇祯本对泉州府父子进士，增入5家，分别为蔡清（成化甲辰）与蔡存远（嘉靖丙戌）；詹源（弘治乙丑）与詹仰庇（嘉靖乙丑）；黄瓒（嘉靖癸未）与黄思廷（嘉靖壬戌）；黄凤翔（隆庆戊辰）与黄润中（崇祯丁丑）；林欲栋（万历乙未）与林期昌（崇祯丁丑）。见［明］邵捷春辑：《闽省贤书》卷一《父子进士》，日本内阁文库藏明崇祯刊本，第24页B面至25页B面。

④ 清抄本关于祖孙进士，兴化府载有陈岳（成化丙戌）、陈叙（嘉靖戊戌）、陈云衢（嘉靖己未）和林富（弘治壬戌）、林兆金（嘉靖庚戌）。见［明］邵捷春辑：《闽省贤书》卷一“父子进士”，上海图书馆藏孔氏岳雪楼清钞本，第21页B面。

⑤ 崇祯本对兴化府祖孙进士，增入3家，分别为丘山（成化丙戌）、丘茂中（正德辛巳）；方良节（成化丁未）、方攸跻（嘉靖庚戌）；林孟和（成化丙戌）、林益（正德辛巳）、林豫（正德甲戌）。见［明］邵捷春辑：《闽省贤书》卷一“父子进士”，日本内阁文库藏明崇祯刊本，第18页B面至19页A面。

⑥ 康熙本所载的都御史增入11人，分别为邵捷春、刘中藻、林贽、林一柱、曾化龙、卢若腾、张朝、林日瑞、陈士奇、何楷、詹天颜。见［明］邵捷春辑、［清］邵明伟续辑：《续闽省贤书》卷一《都御史》，国家图书馆藏清康熙刻本，第9页A面。

祯本26家的基础上增入何乔远、张瑞国、黄熙胤三家①。对于崇祯九年以后举人的会试名次和官职，康熙本也进行相应的增补或更定。如泉州府举人庄钦邻，为辛丑科三甲，崇祯本载其官至户部侍郎，康熙本更定为吏部尚书②。举人在入清后继续任官或中第者，康熙本也皆作改动。增补的同时，康熙本也存在删减、漏载的情况，如崇祯本与清抄本在五世科甲泉州府洪廷实家族后，有一段记载其旁系家族获取科举功名的注释③，占据4列的篇幅，未见于康熙本。又如福州府的祖孙进士中缺少陈时宪（弘治癸丑）与其孙陈洙（嘉靖壬戌），隆庆四年名录中漏载顺天中式者晋江李任春和广西中式者南安戴元佐。

除上述科举家族信息外，《闽》书还对各个府科甲总人数进行了统计，但在三个版本中均不相同。考虑到该类数字历来为学界所重视，故在此需加以进一步辨析。为方便问题的说明，首先将崇祯本、清抄本中相同时段的人数分列如表1所示：

表1 《闽省贤书》崇祯本、清抄本所载科甲人数的比对

府	实际人数		崇祯本				清抄本				两版本相差人数	
	举人	进士	举人	进士	举人差额	进士差额	举人	进士	举人差额	进士差额	举人	进士
福州府	2430	619	2554	637	-124	-18	2454	627	-24	-8	100	10
兴化府	1709	513	1860	522	-151	-9	1760	512	-51	1	100	10
泉州府	1566	532	1961	558	-395	-26	1561	538	5	-6	400	20
漳州府	1026	307	1055	320	-29	-13	1035	310	-9	-3	20	10
延平府	235	39	247	38	-12	1	237	38	-2	1	10	0
建宁府	534	128	558	138	-24	-10	548	138	-14	-10	10	0
邵武府	180	42	177	32	3	10	177	32	3	10	0	0
汀州府	252	47	248	49	4	-2	248	49	4	-2	0	0
福宁州	147	35	148	33	-1	2	148	33	-1	2	0	0
总计	8079	2262	8808	2327	-729	-65	8168	2277	-89	-15	640	50

说明：1.表中所列崇祯本与清抄本人数，均为原书撰者列于卷一中的数字，与原书中实际记载的人数有所出入。故笔者在此设立实际人数一列，意为原书中实际登载的人数。2.举人和进士差额，指两版本所列人数与笔者统计实际人数间的差额。

① 康熙本对泉州府父子进士，增入3家，分别为何乔远（万历丙戌）与何九云（崇祯癸未）；张瑞国（万历丙戌）与张潜天（崇祯庚辰）；黄熙胤（崇祯辛未）与黄志遴（顺治丙戌），并且补入黄凤翔子，黄颢中（顺治乙丑）的记录。见［明］邵捷春辑、［清］邵明伟续辑：《续闽省贤书》卷一“父子进士”，国家图书馆藏清康熙刻本，第33页B面至34页A面。

② 崇祯十二年正月，“丁亥以庄钦邻为吏部尚书，钦邻五阅月不至，罢之”，《崇祯实录》卷一二，崇祯十二年春正月，中国台北，“中研院”历史语言研究所，明实录附录之二，第357页。

③ 注释内容为：“右考洪家廷兰封君、弟廷实、廷桂外，又弟廷芳明经，子有复进士，侄有声进士，孙启进举人，启聪、启遵进士。有声子启初进士，侄启采举人，依稀五世一族印累绶若，称泉中之盛也。”见［明］邵捷春辑：《闽省贤书》卷一《五世科甲》，日本内阁文库藏明崇祯刊本，第16页B面。

通过上表可以看到，清抄本和崇祯本在一些府的举人数与进士数统计上，均不相同。奇怪的是，二者人数之差均呈整数，该现象很可能是某一版本在刊刻或抄录中出现错误导致的。所以关键的问题在于，两个版本何者的数据更接近历史实际。为此，笔者通过对两个版本人数记载的统计，以得出的实际人数作为衡量标准进行对比，可见崇祯本所载的全闽举人和进士人数分别多出 729 人和 65 人，而清抄本分别为 89 人和 15 人。再具体至福州府、兴化府和泉州府地区，可见清抄本人数总体上误差较小，崇祯本人数误差较大。

由此再考察康熙本所载人数。按照常理，康熙本与崇祯本、清抄本科甲人数的差异，应与其所续补的崇祯九年丙子科至隆武丙戌科新增人数一致。故以下将康熙本中新增的福建科甲人数与两版本的举人、进士差数统计如表 2 所示。

表 2 《闽省贤书》三版本所载科甲人数间的差额

府	康熙本		新增科甲人数		崇祯本	清抄本	崇祯本	清抄本
	举人	进士	举人	进士	举人差额		进士差额	
福州府	2666	655	112	16	112	212	18	28
兴化府	1948	537	88	20	88	188	15	25
泉州府	2121	599	166	38	160	560	41	61
漳州府	1156	338	103	20	101	121	18	28
延平府	257	38	10	0	10	20	0	0
建宁府	576	140	18	2	18	28	2	2
邵武府	179	32	2	0	2	2	0	0
汀州府	260	51	12	2	12	12	2	2
福宁州	150	34	3	1	2	2	1	1
总计	9313	2424	514	99	505	1145	97	147

注：康熙本所载的全闽科甲人数统计自洪武庚戌至隆武丙戌科，崇祯九年丙子科至隆武丙戌科产生乡、会试的中式者计为新增科甲人数。书中所载福建中式名录举人数为 514 人，外地中式的福建籍举人有 18 人。由于第七七页 B 面隆武丙戌科名录最后一列在七八页 A 面被重复刊刻，重复记载 2 人，并且有 16 人为外籍于福建中式者（顺天 1 人、江西 3 人、南直隶 3 人、山东 1 人、浙江 8 人），最后纳入全闽科甲人数统计的新增举人数为 514 人。因隆武丙午科未载举人中进士第科次，新增的进士人数只包含在崇祯十六年癸未科及其之前的举人登进士第的人数。其中崇祯九年前补入 43 人的记录，其后增入 56 人。

康熙本续补明代举人 514 人，进士 99 人。将清抄本和崇祯本的举人、进士差数与新增科甲人数相较，可发现清抄本人数相差较大，举人多 631 人，进士多出 45 人，崇祯本较为接近。这说明康熙本对全闽科甲人数的统计，应该是以崇祯本为基础的。考虑到崇祯本可能存在刊刻上的错误，故康熙本所载的科甲人数也会存在较大的误差，这两个版本的人数不宜直接利用。与此同时，通过对上述数字的辨析，可以得出明代福建地区（洪武庚戌至南明隆武）举人与进士大概的总人数，分别为 8593 人和 2361 人。

三 《闽省贤书》的科举价值及其问题

乡试录无疑是科举研究依赖的重要史料。近年来，相关文献的整理，尤其是天一阁藏明代乡试录、会试录的陆续出版，大大推动了相关问题的研究。不过，天一阁系列只有收录明代福建地区22科的乡试录，对于认识福建地区前后举行的90科乡试的全貌，这样的数量显然是不够的。此外，据笔者管见，类似《闽》书旨在保存明代一省的乡试录汇编，现存尚有明人张朝瑞等人所辑的《南国贤书》，不过该书只收录了64科乡试录，不及《闽》书的73科，内容上也无对福建地区科甲世家、任职情况等的梳理。[①] 因此，就明代乡试录的保存而言，《闽省贤书》无疑具有重要的贡献。该书的存在，对于明清福建地区的科举研究，具有无可替代的史料价值。正因如此，从科举研究的角度来讨论其存在的问题与价值，便显得十分必要。

首先论其问题。《闽》书虽大部分取材自乡试录，但毕竟是撰者加工后的产物，加之部分乡试文献的缺失，导致该书采辑的科举信息存在如下问题：

一是部分科年中式名录存在误载和漏载的现象。漏载者如天顺三年（1459）己卯科，该科解额数为90人[②]，名录实载84人，此科后附有8人，经查对，除一人为顺天中式，一人为重复记载外，其余6人皆为此科乡试中式者。误载者有多种情况：或是甲科中式者误载至乙科名录，或是某举人在两科名录皆有记载，更有甚者同一人在同一名录中记载两次。如永乐三年（1405）乙酉科龙溪县学蔡广、柯志得二人，已出现于洪武二十三年（1390）庚午科，长汀县学蓝必宁在此科名录中出现两次，分别为第114名和第134名，前后信息完全相同，实为一人。永乐十二年（1414）福建乡试第57名中式者应为福安县陈僖，《闽》书误载为泰宁县李义。

二是举人个人信息记载的遗漏和失实。《闽》书在汇辑过程中，存在着简化相关信息的情况，导致了举人信息的缺失。乡试录中，一般记载中式者的名次、姓名、何学校出身及所治本经。但该书往往会将学校出身直接简化为学校所在地名，如永乐十二年举人陈景著，“福州府学增广生”被简化为“福州”，容易使人误作该生的著籍地。并且这样一种做法，使得同名府县也容易出现混淆，福建行政区划中存在两处府县同名、一处府卫同名和一处府县卫同名的情况，分别是邵武府和邵武县；建宁府和建宁县；泉州府和泉州卫；兴化府、兴化县和兴化卫，故如“林廷梧，兴化府学生”若只保留“兴化”二字，据此便难以判断举人是出自兴化府还是兴化县抑或是兴化卫。

上述问题，在取材自府县志的17科名录中最为明显。通过与《八闽通志》、道光《福建通志》的比对，发现有77位举人的生源地信息存在误载。其中出身府学者误载为县学共53人，县学被误载为府学或州学有3人，产生的主要原因在于将生源地等同于著籍地。其余21人，则是生源地记载的错乱。如永乐三年，举人连智、张珂、叶濬、雷錞、闵富、江济被载为瓯宁，但《八闽通志》、道光《福建通志》《建宁府志》及其他科举文献皆载此六人属建安县学。又如正统九年（1444）举

① ［明］张朝瑞辑、许天叙补辑：《南国贤书》，《金陵全书》乙编，史料类第14册，南京，南京出版社，2013年。

② （万历）《明会典》卷七七《乡试》：“景泰四年，复定取士额：南北直隶，各增三十五名；浙江、江西、福建、河南、湖广、山东，各增三十名；广东、四川、陕西、山西、广西，各增二十五名；云南增十名。”故天顺三年福建乡试解额数为90人。见［明］申时行等：万历《明会典》卷七七《乡试》，北京，中华书局，1989年，第449页。

人陈鼎被载为“莆田”，但实际其为“仙游县学”。

而与天一阁所收录的22科乡试录进行比对，可以发现《闽》书中取材自乡试录的部分，亦有记载错误的情况，具体见表3。

表3 《闽省贤书》所载举人的生源地与现存《乡试录》对比情况

科年	姓名	《闽省贤书》	《乡试录》	原因
景泰四年	林迪	福州	（福州府）闽县	《天顺元年登科录》：贯福建福州府闽县。民籍。国子生。道光《福建通志》：福州府，正德、万历《福州府志》俱同上
弘治八年	刘孔清	（福州府）福清	福州府	道光《福建通志》：福州府，正德、万历《福州府志》俱同
弘治十一年	谢廷瑞	邵武	（福州府）长乐县	《登科录》：贯福建福州府长乐县。军籍。国子生。道光《福建通志》：长乐县，正德、万历《福州府志》俱同
正德五年	朱鸣阳	（泉州府）晋江	（兴化府）莆田县	道光《福建通志》：莆田县，见载于《兴化府志》
正德八年	赖守方	（泉州府）永春	（汀州府）永定县	道光《福建通志》：永定县，见载于乾隆《汀州府志》
嘉靖四十三年	陈烨	（漳州府）漳浦	漳州府	道光《福建通志》：漳州府，《漳州府志》同上
隆庆元年	杨可学	（建宁府）建阳	建宁府	道光《福建通志》：建宁府，康熙《建宁府志》同上
隆庆四年	陈一洙	漳州	（漳州府）漳浦县	道光《福建通志》：漳浦县，万历《漳州府志》同上
隆庆四年	蔡时鼎	漳州	（漳州府）漳浦县	道光《福建通志》：漳浦县，万历《漳州府志》同上
隆庆四年	吴昱	漳州	（漳州府）漳浦县	道光《福建通志》：漳浦县，万历《漳州府志》同上
隆庆四年	郭廷良	漳州	（漳州府）漳浦县	道光《福建通志》：漳浦县，万历《漳州府志》同上
万历四年	潘枢	泉州	（建宁府）建安县	道光《福建通志》：建安县，见载于康熙《建宁府志》
万历十年	张斐	漳州	（漳州府）漳浦县	道光《福建通志》：漳浦县，万历《漳州府志》同上
万历十年	连继芳	（漳州府）龙溪	（漳州府）龙岩县	道光《福建通志》：龙岩县，万历《漳州府志》同上

上列14名举人信息中，有4人所属府地不一致，经查对，应以《乡试录》为准。其余10人中，6人出身县学被误载为府学；3人出身府学被误载为附郭县学，1人原属龙岩县被误载为龙溪县。

除上述情况外，举人中式本经也存在误漏的现象。与现存福建地区乡试录对照后发现[①]，除4人在《闽》书中未有本经记载外，尚有32人的本经记载不一致，其中兴化府有15人，泉州府有8人，福州府有5人，建宁府有2人，漳州府和福宁州各1人。

尽管存在上述问题，《闽》书的科举价值仍旧毋庸置疑，现从以下三个方面进行概述：

一是《闽》书对明初福建地区的科举名录进行了考订与整理，为了解明初福建地区的科举情况提供了宝贵的资料。前文提到，明初17科乡试，《闽》书主要参考自地方志，尤其是《八闽通志》。该志中收录有永乐三年、十八年，天顺三年，成化四年、七年共5科乡试录内容，为《闽省贤书》撰者所收录。同时，该书在《八闽通志》的基础上，做了许多补充，该志中一些漏载的信息，如洪武三年举人何文信，洪武十七年李增、邓文铿，永乐三年蓝必宁等，以及未收录于福建中式的外籍举人，永乐十五年中式举人淳安县籍洪玙和溧阳县籍梁矶，均加以了增补。对于增补的内容，该书也往往列出参考史籍，见其来处。如洪武十七年名录后按语"俞宪《进士登科考》戊辰第二人闽县唐震，而王元美《科试考》云是科第二人作浙江卓敬，查全榜，无卓敬姓名，恐有误，今从登科考改正"[②]。洪武二十三年名录后附有宁化张显宗，作者按语"田汝成《登科考》洪武辛未第二人宁化张显宗，但显宗乡试录无名，必别省取应者。《通志》误作戊辰任亨泰榜第二人，戊辰第二人乃福州唐震，岂有一科而两榜眼乎。《寰宇志》以显宗二十四年进士，与登科合""《水东日记》谓张显宗为状元"[③]，可知此书辑录中除《八闽通志》外，还参阅俞宪《皇明进士登科考》、王世贞《弇山堂别集・科试考》《登科考》、陈循等撰《寰宇通志》、叶盛《水东日记》等文献。

二是《闽》书成为后世福建地区科举文献编撰的重要参照。康熙癸酉《建宁府志》凡例中提到"贡举乡会两榜盛于宋、著于明，载诸国乘班班可考，窃在从前各志每多遗佚，近从邵氏贤书、何氏闽书并府学乡贡题名碑碣，详考补入"[④]。其中"邵氏贤书"正是邵捷春所辑的《闽省贤书》。翻阅该府志科举专篇中明举人的记载，发现在一些举人题名下确实有标注《闽省贤书》的记载。如正德五年庚午科中式者叶蓬阳，注有"闽贤书重载丙子科"[⑤]，而在此前建宁府修的嘉靖志和康熙丙午志中，载叶蓬阳为正德五年举人，而根据天一阁藏《正德十一年福建乡试录》，可证叶蓬阳确实为正德十一年举人，表明康熙《建宁府志》以《闽省贤书》为参考，修正了此前存在的错误。又如正德十一年李蕃在嘉靖、康熙丙午的两部建宁府志中仅有姓名，《闽省贤书》载其为河南中式，康熙《福建通志》仅载其姓名，康熙癸酉府志载李蕃为崇安人、河南中式，应是以《闽省贤书》增入的。正德十四年举人严潮在此前的建宁府志中也只载其姓名，《闽省贤书》载其"松溪，诗"，康熙癸酉

---

① 23科乡试录来源于《天一阁藏明代科举录选刊・乡试录》中的22科名录和明天启刻本《丁文远集・外集卷二》中收录的万历四十六年福建乡试的中式名录。

② ［明］邵捷春辑、［清］邵明伟续辑：《闽省贤书》卷二"洪武十七年甲子科"，国家图书馆藏清康熙刻本，第9页B面。

③ ［明］邵捷春辑、［清］邵明伟续辑：《闽省贤书》卷二"洪武二十三年庚午科"，国家图书馆藏清康熙刻本，第15页A面。

④ ［清］张琦撰：《建宁府志》卷一《凡例》，哈佛燕京图书馆藏清康熙刻本。现《中国地方志集成・福建府县志辑》收录的该部《建宁府志》卷一《凡例》的第三页缺失，第四页字迹模糊。此处引用来源于中国哲学书电子化计划收录的哈佛燕京图书馆藏康熙三十二年增刻建宁府志（本府藏版）原版图像。

⑤ ［清］张琦撰：《建宁府志》卷二五《乡举》，《中国地方志集成・福建府县志辑》第5辑，上海，上海书店，2000年，第368页。

府志增载为“诗，松溪学，闽书作崇安学”[①]，而《闽书·英旧志》并未载举人所治本经，康熙《福建通志》只载其姓名，可见府志是以《闽》书增入的。除建宁府外，乾隆时期所修《泉州府志》亦参照了《闽》书[②]。

三是《闽》书提供了丰富的历史信息，可资研究者利用。尽管存在前述的各种问题，但与现存天一阁22科乡试名录进行比较，在2021名举人中，生源地被误载的举人毕竟只有14人，本经被漏载和误载的举人也只有36位。同时，《闽》书在乡试录的基础上，增加了举人登进士第的科年和名次、入仕后的官职，以及收录了福建籍于外地中式者信息。这为研究举人的仕途晋升、落第举人的出路、福建与其他地区之间的科举人才流动等方面提供了珍贵的史料。近年来，科举专经视角逐渐成为科举地理研究的一个新话题，在福建地方志中，有完整举人中式本经的府志仅有福州府和建宁府[③]。《闽》书中较完整地收录了明清福建举人的中式本经，从而为福建科举研究乃至明代乡试研究增添了一个考察的维度。

（作者丁修真、杜曼秋，安徽师范大学历史学院）

① ［清］张琦撰：《建宁府志》卷二五《乡举》，《中国地方志集成·福建府县志辑》第5辑，第369页。

② ［清］怀荫布修，黄任、郭赓武纂：《泉州府志》卷三五《选举》，《中国地方志集成·福建府县志辑》第23辑，上海，上海书店，2000年。该府志参照《闽省贤书》的内容，如：《明举人》中载洪武十七年甲子科，“周同安，依闽省贤书补入”；成化十三年丁酉科，“杨渤，八闽通志及贤书俱载入戊子科”等，见第166页、第170页。

③ 福州府现存四部府志中仅有正德志和万历癸丑志有载举人中式本经，建宁府现存的嘉靖、康熙时所修府志皆有载举人中式本经。

仁孝文皇后历史形象小考

庄琳璘

仁孝文皇后徐氏常出现于野史、笔记和小说之中。她有很多身份：徐达的女儿、永乐帝的妻子、仁宗的母亲、太祖和高皇后的儿媳妇、掌握后宫的皇后，等等，也是一个有学识有见识的女性。

一　学界的关注点

仁孝文皇后并非史学研究中的“常客”。她以宫闱之教化闻名，其作品《内训》被明人王相列入“女四书”之一。学者贾毅君指出，明代女训文化的主题依然是三纲五常和男尊女卑的传统儒家思想[①]。陈晨在《〈内训〉女德教育思想研究》一文中从德、言、容、功四方面来解析《内训》对古代女子的要求[②]。秦秀丽在《“女四书”中的女德伦理思想研究》一文中认为《内训》是中国古代女教走向成熟的标志，女德教化此时已经发展成了较为成熟的规模和定式[③]。相关研究还有王冉的《〈女四书〉女性伦理思想探析》[④]、葛小青的《〈女四书〉女德思想研究》[⑤]、刘佳佳的《明清女子教育初探》[⑥]、何春红的《浅析明代的平民女子教育》[⑦]等。

也有学者看到了《内训》对传统女性的积极作用。姚安峰在《略论女教书〈内训〉中的积善思想》一文中关注《内训》所传达的积德行善、劝善向善的思想，认为这是前代女教书中未曾明确阐释的内容之一，并明确指出了女性的积善有助于国家的发展，这是女教书内容上的突破，也有利于女性地位的提高[⑧]。还有学者注意到《内训》的版本问题，如王丹妮、李志生在《〈内训〉版本源流考》一文中提出永乐五年（1407）刊行的《内训》是世间流行的最早版本，此后明清两代，均以官府刻本为主，民间刻本为辅。到清代，《内训》有《四库全书》和《女四书》两个版本，王相编注的《女四书》是民间流传的主要形式[⑨]。

---

① 贾毅君：《明代女训研究》，黑龙江大学硕士学位论文，2019年。

② 陈晨：《〈内训〉女德教育思想研究》，聊城大学硕士学位论文，2017年。

③ 秦秀丽：《“女四书”中的女德伦理思想研究》，曲阜师范大学硕士学位论文，2019年。

④ 王冉：《〈女四书〉女性伦理思想探析》，中央民族大学硕士学位论文，2013年。

⑤ 葛小青：《〈女四书〉女德思想研究》，云南大学硕士学位论文，2017年。

⑥ 刘佳佳：《明清女子教育初探》，山东师范大学硕士学位论文，2012年。

⑦ 何春红：《浅析明代的平民女子教育》，《黑龙江史志》2007年第3期。

⑧ 姚安峰：《略论女教书〈内训〉中的积善思想》，《保安学院学报》2015年第3期。

⑨ 王丹妮、李志生：《〈内训〉版本源流考》，《山东女子学院学报》2020年第2期。

徐皇后还是一位女中豪杰，“关心时政独殷勤，命妇传来见小君”[①]，她经常参与政治活动，无论是作为王妃还是皇后，她的政治参与度都是很高的。赵崔莉在《明代妇女地位研究》一文中提到了徐皇后作为王妃时，亲率将士民妻守城、保卫北平的事迹，认为她作为皇后却拒绝明成祖加封授爵徐增寿之子，是自觉抑制外戚势力的高度政治敏感性和警惕性的体现。[②] 谭平《后妃与明代政治》[③]、程彩霞《明朝皇后群体扫描及特征分析》[④] 等文中也提到了徐皇后在靖难之役中的出色表现，认为她对明成祖的政治活动产生过积极影响。

学界对其倍加关注，不同的史书也记下了她不同的生活侧面，有些侧重于女德教化，有些侧重于宫闱和谐。正本清源，以《实录》为核心，寻找诸多形象中最核心、最本质的那一个，就能还原历史上真实的仁孝皇后。在此基础上梳理仁孝皇后形象变化的脉络，对解读相关史料、理解靖难之役前后的一些政治事件也有重要意义。

二　史书中的仁孝皇后

仁孝文皇后徐氏是明成祖朱棣的元配皇后，其生平在《太宗实录》里有详细的介绍，事迹清晰完整。后世史书笔记涉及仁孝皇后生平者，如《皇明书》《皇明通纪》《名山藏》《罪惟录》《拟明史稿》等，虽详略不同，各有侧重，但所用素材大体均未超出实录的范围。美国学者富路特在《明代名人传》中也提到“事实上，现存的各类徐皇后传都是基于《明实录》的一则条目，即她去世时按惯例获得了赞誉”[⑤]。

（一）仁孝之德

明宣宗在位期间编成的《五伦书》中有“皇后”一节，内有关于仁孝皇后的介绍：

> 仁孝皇后徐氏，中山武宁王之长女，太宗皇帝后也。自幼贞静纯明，孝敬仁厚。王与夫人言此女天禀非常，宜以经史充其知识。后于书一览辄成诵不忘，由是博通载籍。太祖高皇帝一日召王问曰：“知卿有贤女，朕第四子气质不凡，能以配焉？”王拜稽首谢。洪武九年正月册为燕王妃。恭勤妇道，孝慈高皇后深所爱重，尝曰：“燕王妃所行足以仪范宫闱。”又曰：“此吾孝妇也。”高皇后崩，哀毁动左右，执丧三年，蔬食如礼。免丧或语及，未尝不流涕云。[⑥]

《明太宗实录》记载：

---

① 朱权等：《明宫词》，北京，北京古籍出版社，1987 年，第 132 页。
② 赵崔莉：《明代妇女地位研究》，安徽师范大学硕士学位论文，2002 年。
③ 谭平：《后妃与明代政治》，《成都大学学报（社会科学版）》1995 年第 3 期。
④ 程彩霞：《明朝皇后群体扫描及特征分析》，《江西社会科学》2007 年第 10 期。
⑤ ［美］富路特、房兆楹原主编，李小林、冯金朋主编：《明代名人传贰》，北京，北京时代华文书局，2015 年，第 772 页。
⑥ ［明］朱瞻基撰：《五伦书》卷二二《皇后》，明正统十二年内府刻本，本卷第 11 页。

后自幼贞静纯明，孝敬仁厚。王与夫人言此女天禀非常，宜以经史充其知识，后于书一览辄成诵不忘，姆师咸惊异之，由是博通载籍，每览昔人言行之懿，未尝不一再以思，曰古人书之册，固欲后来者仿而行之也。太祖高皇帝闻王有贤女，一日召王谓曰："朕与卿同起布衣，至今日同心同德，始终不间，古之君臣相契者率为婚姻，朕第四子气质不凡，知卿有令女，能以配焉。佳儿佳妇足以慰吾两翁。"王拜稽首谢。洪武九年正月册为燕王妃，恭勤妇道。高皇后深所爱重，尝曰："燕王妃所行足以仪范宫闱。"又曰："此吾孝妇也。"上之国北平，后理内政宫中肃然而和厚，逮下有周南樛木之德焉。孝慈皇后崩，哀毁动左右，执丧三年，疏食如礼，免丧或语及先后未尝不流涕。[①]

《五伦书》中仁孝皇后的事迹，是从实录原文而来。它集中于仁孝皇后的居家修养，对她和慈孝高皇后的互动描写很多。《五伦书》是官方宣传伦理道德的作品，作此删节也是理所当然。实录中塑造了一个大受明太祖和孝慈高皇后青睐的仁孝皇后形象，背后有很浓厚的政治气味，特别是"燕王妃所行足以仪范宫闱"与"此吾孝妇也"两句，确认了仁孝皇后作为高后继承人的身份，理所当然地确认了明成祖对明太祖的继承合法性。仁孝皇后是联结洪武与永乐的纽带，作为高祖继承人之一，她也始终以能复述高后教诲为荣。《明史》曾提及："高皇后遗言可诵者，后一一举之不遗。"[②]《明太宗实录》中将这些言论列举而出："赏罚惟公足以服人，过于仁厚不犹愈于刻薄；理天下者以贤才为本，自奉欲薄，养贤欲丰，夫妇相保易，君臣相保难；天下安危系民之苦乐，民心之所归即天命之所在。凡此之言皆帝王要道，理乱大原，愿陛下朝夕无忘。"[③]涉及赏罚、任能、民心等治国大略。《名山藏》的说法则更为生动："民心所归，即为天命，皇姑言也；夫妇相保易，君臣相保难，皇姑言也；过仁厚愈刻薄，皇姑言也；赏罚惟公足以服人，皇姑言也；自奉欲薄养贤欲丰，皇姑言也；天下安危系民苦乐，皇姑言也。"[④]六处"皇姑言也"凸显出了仁孝皇后的对答如流，展现了一个恭敬温顺并为之自豪的媳妇形象。皇后之仁孝，是史书所重点塑造的特质。仁者，即是关爱百姓，奉劝皇帝与民休息。孝者，即是服侍公婆尽心有礼，颇受高后称赞。于国于家，都是完美的形象。仁孝皇后胸怀天下，但也格外留意宗室亲戚的待遇。宗室与皇室的关系，是建文、永乐二朝的主题。成祖以刻薄寡恩著名，皇后以仁孝处世，是对成祖个性的补充，中和了肃杀之气，冲淡了令人心悸的氛围，为永乐前期的政治注入一抹温暖。

仁孝皇后对后宫女子教育颇有心得，著《内训》《劝善书》两书，专门讨论女子的道德教化。据记载，她对解缙等人主编的《古今列女传》的成书也曾有襄助。《内训》《劝善书》可称是皇后仁孝形象的集大成之作。"后观《女宪》《女戒》诸书，细其取义作《内训》二十篇。居常志存内典，复采儒释道嘉言善行，类编之名《劝善书》。"[⑤]此二书之作，非只为劝善育人、弘扬教化，也有规劝宗室、整肃内廷之意。四库馆臣为《内训》作提要时说："考《名山藏·坤则记》载，后初为此书，

① 《明太宗实录》卷六九，永乐五年七月乙卯，中国台北，"中研院"历史语言研究所，1962年，第966—967页。

② ［清］张廷玉撰：《明史》卷一一三《列传第一·后妃》，长沙，岳麓书社，1996年，第1841页。

③ 《明太宗实录》卷六九，永乐五年七月乙卯，第968页。

④ ［明］何乔远撰：《名山藏》，福州，福建省文史研究馆，1993年，第1770页。

⑤ 《明太宗实录》卷六九，永乐五年七月乙卯，第971页。

不过示皇太子诸王而已。至永乐五年七月以后，成祖乃出后《内训》《劝善》二书颁赐臣民。”[①] 四库馆臣此处考证，只因官修《明史》太过简略而起。考察《名山藏》内称：“后观《女宪》《女戒》诸家，约其要义作《内训》二十篇；复采儒道释嘉言善行，类编《劝善书》，示皇太子诸王。而戒之曰：‘积善如登山，久必高；积恶如穿坎，久必陷。’又曰：‘为善如夜就旦，渐睹天日；为恶如旦就夜，渐入幽昏。’”[②] “积善如登山”一句，始见于《名山藏》，将它缀于作《内训》一事之后，成为对皇后著作内涵的总结。万斯同《明史》亦曰：“因作《内训》二十篇，又作《劝善书》，示太子诸王。”[③] 但官修《明史》则归纳为“尝采《女宪》《女诫》，作《内训》二十篇，又类编古人嘉言善行，作《劝善书》，颁行天下”[④]。没有指出此二书最初的读者，也就未能揭示出仁孝皇后著书立说的真实目的。

（二）礼佛信仰

徐皇后在明清两朝一直以仁孝的形象著称，其礼佛的一面也被人所熟知。皇后本人有佛教信仰。北京故宫博物院收藏有仁孝皇后的画像，画中的徐皇后隐隐有菩萨之貌，眉毛、眼睛修长，慈眉善目，面色温和。画像中的她双耳垂肩，女生男相，颇与菩萨无相之说相合。明人葛寅亮《金陵梵刹志》中有徐皇后建唱经楼的事迹：“在都城内北门桥，北城地。北去所领普缘寺□里。国朝仁孝太后建经楼，唱念佛曲，化导愚氓。”[⑤] 所谓“化导愚氓”者，就是借信仰之力稳定国家。按《明史》艺文志，仁孝皇后曾作佛经三篇，分别是《梦感佛说第一希有大功德经》一卷、《佛说五十三佛大因缘经》三卷、《诸佛世尊如来菩萨尊者神僧名经》四卷[⑥]。谈迁《枣林杂俎》有记“观音梦感经”之事：“仁孝慈懿诚明庄献配天齐圣文皇后，尝梦白衣大士，口授数千言，觉而记之，自制序入大藏。”[⑦] 神宗“御制新刊续入藏经序”中亦提及此次续入藏经共四十一函，“起《华严玄谈会玄记》至《第一希有大功德经记》四百一十卷”[⑧]。但此经也曾遭人质疑，明末《阅藏知津》将其列入“疑伪经”中[⑨]。经前有序文，详叙仁孝皇后受观世音菩萨邀请，游览于胜境，聆听菩萨教诲。但她始终未曾忘却自己身为正宫之主的身份，序中言：“三十二年秋，难果作。皇上提兵御侮于外，城中数受危困。吾持诵是经益力，恬无怖畏。皇上承天地眷佑，神明协相。荷皇考太祖高皇帝、皇妣孝慈高皇后盛德大福之所垂荫，三十五年平定祸难，奠安宗社，抚临大统。”[⑩] 在阐述佛经之力的同时，也不忘申明靖难的正义性和成祖的权威。

---

① ［清］永瑢撰：《四库全书总目》卷九三子部三，清乾隆武英殿刻本，本卷第 5—6 页。
② ［明］何乔远撰：《名山藏》，第 1771—1772 页。
③ ［清］万斯同撰：《明史》卷一五〇《列传一》，上海，上海古籍出版社，2008 年，第 120 页。
④ ［清］张廷玉撰：《明史》卷一一三《列传第一・后妃》，第 1841 页。
⑤ ［明］葛寅亮撰：《金陵梵刹志》，《南京稀见文献丛刊》，南京，南京出版社，2011 年，第 450 页。
⑥ ［清］万斯同撰：《明史》卷一三五《志一〇〇》，第 448 页。
⑦ ［明］谈迁著：《枣林杂俎》，《笔记小说大观》第 32 册，扬州，江苏广陵古籍刻印社，1984 年，第 102 页。
⑧ ［明］释大壑撰：《南屏净慈寺志》卷六《檀护》，明万历刻清康熙增修本，本卷第 14 页。
⑨ ［明］释智旭撰：《阅藏知津》卷四一，清康熙三年夏之鼎刻四十八年朱岸登补修本，本卷第 13 页。
⑩ ［明］周清原著：《西湖二集》，《中国古典文学研究丛书》，北京，华夏出版社，2013 年，第 280 页。

（三）豪侠气质

正德、嘉靖以后，由于时过境迁，统治基本稳定，合法性论证不再是叙述主题。《皇明书》等材料中的仁孝皇后形象逐渐立体了起来。万历年间何乔远作《名山藏》的仁孝皇后章节时，缩写了《明太宗实录》中的相关文字，但要素齐全，是明代中后期记载仁孝皇后事迹的材料中最完整翔实的一版。仁孝皇后从小“贞静纯明”①，爱读书，有过目不忘的本领，也爱思考。《实录》记载，她曾说：“古人书之册，固欲后来者仿而行之也”②，是以后学的身份对古人言行表达推崇。《名山藏》改为“古人所载，固欲来世仿行之”③，是要等到来世转生为男子再践行古人高论，顿时豪气干云。两句话的区别，就是“大丈夫当如是”与“彼可取而代之”的区别，一个是站在旁观者的角度发表的赞叹之语，另一个是站在主角之位上的当仁不让。这种当仁不让的侠气，是明后期仁孝皇后形象逐步江湖化、戏剧化的必然结果。《明史》简写为“幼贞静，好读书，称女诸生”④。虽也有巾帼不让须眉之意，但少了一股英气。

仁孝皇后言动以礼，以理服人，《实录》言其“晨夕与皇太子诸王言惟孝亲恤民，与妃嫔以下言惟恭敬和睦，与亲戚言惟奉法循理”⑤。她公正严格，“闻外家稍有纵肆召至责之，有谦慎者时加赐赉为劝”⑥；在下人面前，她喜怒不形，“下人有过，教之使改，亦靡不畏服焉”⑦，颇有领袖气质。

（四）政治能力

与诸多后妃不同，仁孝皇后有一股英雄之气，名将之女母仪天下，其胸怀智略毕竟与常人不同，不能视为温婉贤淑的深闺孝妇。她不拘常理，敢于阐述自己的政治见解。她与成祖曾就皇子教育展开讨论，她认为要谨慎地为皇子选择老师：“太子国家之本，诸王藩屏所资，愿择老成端正之士辅养德器。”成祖表示要像以前一样从朝廷大臣中选择：“皇考之制，东宫官属率以廷臣兼之，任使一则疑隙不生，今凡宫臣之重者，悉择廷臣贤者兼之。”皇后赞同道：“此先朝鉴戒往古之失诚良法也，虽万世当守而行之。”⑧实录中的这段文字，既有父母讨论子女教育时的生活气息，又蕴藏了皇帝、皇后分析国家大政时的审慎和智慧。

父母之爱子，为之计深远也。临去世时，仁孝皇后依然不忘提醒成祖留意次子和三子的教育：“长子仁厚，足为令器，不忝祖宗矣。二子、三子陛下宜早教之，惟陛下留意。”⑨或许作为一个母亲，她看出了少子的不臣之心，但仍试图规劝和教诲。《拟明史稿》改写为“后素爱太子仁厚，而以汉庶人不雅驯颇厌之”⑩，刚有余而柔不足，非仁孝皇后的一贯作风，曲解了皇后本意，落了下乘。

---

① ［明］何乔远撰：《名山藏》，第 1769 页。
② 《明太宗实录》卷六九，永乐五年七月乙卯，第 967 页。
③ ［明］何乔远撰：《名山藏》，第 1769 页。
④ ［清］张廷玉撰：《明史》卷一一三《列传第一·后妃》，第 1841 页。
⑤ 《明太宗实录》卷六九，永乐五年七月乙卯，第 971 页。
⑥ 《明太宗实录》卷六九，永乐五年七月乙卯，第 971 页。
⑦ 《明太宗实录》卷六九，永乐五年七月乙卯，第 971 页。
⑧ 《明太宗实录》卷六九，永乐五年七月乙卯，第 969 页。
⑨ 《明太宗实录》卷六九，永乐五年七月乙卯，第 969 页。
⑩ ［清］汤斌撰：《拟明史稿》卷八，清康熙二十七年刻后印本，本卷第 7 页。

身为皇后，协理阴阳，不仅要整肃后宫，对诸命妇以至于天下妇女，也有做表率的责任。永乐初，每逢春节、万寿圣节、冬至三个节日，皇帝会在奉天殿接受群臣和使臣的朝贺，皇后会在坤宁宫赐宴，招待来贺的命妇们。千秋节时，命妇们也会入宫拜贺。仁孝皇后与命妇保持着高频度的交流，尽心地履行着自己后宫之主的职责。永乐二年（1404）九月二十二日，成祖召翰林学士解缙，侍读黄淮、胡广、胡俨，侍讲杨荣、杨士奇、金幼孜七人褒奖勉励，赐五品公服。成祖告诉他们："皇后数言欲召见尔七人命妇。"①皇后对此事很上心，按《实录》记载，她确实是主动提起要与学士的妻子们交流，曾问："陛下日与共图政理者谁何？"②她对命妇们说："妻之事夫，其道岂止于衣服馈食，必有德行之助焉。古之公侯夫人及大夫士之妻，助成其夫之德化，有形于诗歌者，有载诸史传者矣。古今人岂相远哉？常情：朋友之言，有从有违；夫妇之言，婉顺易入。吾在宫中旦夕侍皇上，未尝不以生民为念，每承顾问，多见听纳。今皇上所与共图理道者，六卿翰林之臣数辈，诸命妇可不有以翼赞于内乎？百姓安则国家安，国家安则君臣同享富贵，泽被子孙矣。"③皇后以身作则，鼓励命妇们对丈夫的事业有所襄助，而不止于关注日常生活。

她劝成祖不要顾虑过往，唯才是举："人材难得，昔汤武之佐伊尹、太公皆先代之人，况今日贤材皆太祖皇帝所成，望陛下不以新旧为间。"④她劝成祖选贤任能不必循资，无需固守常规："国之理乱于民之安否，系于牧守之贤不肖，奈何悉用资格任牧守哉？资格可以革选曹之弊，庶贤才不免于淹滞，故往古今制有出众之才，必有不次之擢，积年劳之多，亦有叙升之典，二者并行则士无枉，才官得实用，而治效可致。"⑤依后宫不可干政的传统，皇后是不应该对人事任免提出建议的。但仁孝皇后豪放率直，为成祖统治的安稳长久殚精竭虑，并不会有所避讳；成祖也常以后言为是，默许了文后对政治的参与，既是由于伉俪情深，也是对皇后道德品质甚至是为政能力的充分信任。

徐达第二子、仁孝皇后的弟弟徐增寿曾因支持成祖而为建文帝所害，靖难后，成祖要追封增寿爵位，皇后力言不可。以常理来看，这是因为她恪守本分、抑制外戚，不越雷池一步。皇帝也调侃她："后欲为汉明德耶？"⑥仁孝皇后考虑的情况可能不止于此。被追封爵位的是徐增寿，但他已经离世了，真正接受爵位的是他的孩子景昌，年龄尚幼。皇后担心的是小孩子的未来，她说："顾穉子未有知，惟上赐之师教，庶几上不辱大恩，下不累先人。"⑦若她果真是因心怀愧疚而顾虑赏赐过隆，又为何能再向皇帝提要求"赐之师教"？仁孝皇后是个成熟的政治人物，真正考虑的是稚子袭爵难保久长。建文旧臣甚至魏国公一脉都有可能对他不利，一个未经训练的小孩子，在没有准备的情况下仓促袭封，又如何经得住政治风雨的侵袭；有朝一日自己去世，若定国公被政敌抓住把柄，受到波及的可能就是整个徐家。皇后的顾虑不无道理，成祖也表示认同，于是"命礼部择师教之"⑧，在朝廷上为年幼的定国公培植了第一批党羽。朝廷上有重臣护佑，定国公的政治之路就多了

① 《明太宗实录》卷三四，永乐二年九月庚申，第603页。
② 《明太宗实录》卷六九，永乐五年七月乙卯，第970页。
③ 《明太宗实录》卷六九，永乐五年七月乙卯，第970—971页。
④ 《明太宗实录》卷六九，永乐五年七月乙卯，第968页。
⑤ 《明太宗实录》卷六九，永乐五年七月乙卯，第970页。
⑥ 《明太宗实录》卷六九，永乐五年七月乙卯，第968页。
⑦ 《明太宗实录》卷六九，永乐五年七月乙卯，第969页。
⑧ 《明太宗实录》卷六九，永乐五年七月乙卯，第969页。

一份保障。

皇后在临终弥留之际，依然心怀天下。依《明太宗实录》记载，她对成祖、太子和太孙都有嘱托。她嘱咐皇帝休养生息、爱惜民力、广求贤才；嘱咐太子丧事从简、敬事君父；嘱咐太孙励精图治，将来继承大统。三者各有侧重，是皇后智慧的体现。后世史传将三者合一，或称言于成祖，或称言于太子，失去了精髓。面对太子，皇后考虑的依然是国家边疆的稳定和政令赏罚的公正，说："往者皇上遭罹内难，躬率将士在外，吾母子留北京。敌兵围，将校士民之妻皆擐甲胄、挟矢石，登城列阵，协力一心，以死固守。及内难平，吾正位中宫富贵已极，而将校士民之妻至今报赉未称，吾寝食未尝忘。近闻皇上将巡狩北京，意欲愿从行，将请恩泽及之，而吾今不逮矣。"[①] 当时的北京，是抵御蒙元势力的前线。边疆将士的待遇是关系国家社稷稳定的大事，边疆不宁则边患不靖，对此"寝食未尝忘"的仁孝皇后拥有高明的政治视野和大局观，和成祖是并肩作战的盟友、琴瑟和鸣的夫妇。

三 小结

历史人物的形象是会变化的，变的不是传主本人，而是历代的叙述者和议论者。众口铄金，文字的力量不可小觑。仁孝皇后曾是成祖合法性的鉴定者，也曾被对比以凸显成祖的残暴和邪恶；贵为皇后，依然难逃后世的政治旋涡。叙述者的主观心境会扭曲历史人物原本的形象。仁孝皇后的形象变化也遵循了几乎相同的规律。《实录》中完整立体的仁孝皇后，在后人的笔下，呈现出不同的特质：或强调热爱书史、过目不忘的少女，或强调孝事公婆、谨慎有礼的媳妇，或强调外御强敌、内佐政理的贤内助，或强调教化臣民、母仪天下的皇后。她们都是徐皇后，又都只是她的一个侧面。理解仁孝文皇后，就要抓住其巾帼不让须眉、不惧流言、勇于建议的气概，也要抓住其高屋建瓴的视野和谋划深远、以大局为重的魄力。抓住这个本质，就可以深化对相关历史事件的分析和解读。

（作者庄琳璘，厦门大学人文学院）

① 《明太宗实录》卷六九，永乐五年七月乙卯，第972页。

朝鲜正祖《大学类义》的编纂与特征

［韩］李诗然

朝鲜时代正祖大王（1752—1800，第 22 代王）对朝鲜后期的政治与思想文化影响颇深，据既往之研究表明，其在经济、建筑乃至商品经济等领域均有独特之建树，引领改革之趋势。其中，关于其经学成就之研究，亦不在少数。

主流观点认为，正祖之经学，大体脱胎于朱子学说。同时，大量学者指出，正祖亦力求突破程朱定式，倡导以新法解古典，实现学问之创新。然以往之研究，多据朱熹《大学》中关于帝王学之见解，解释正祖所编《弘斋全书》之脉络。此种分析方法，虽坚持经学正统，但正如前文所言，不能很好体现正祖所提倡之治学新法，故而易于产生误解。特别是研究正祖《大学类义》之相关论文中，研究者多将《大学》中“治国平天下”作为执政者的天然属性，而刻意找寻《大学类义》中的相关实例。此实有违正祖治学之本意。

以上观点，不仅与正祖编著之初衷背道而驰，与朱子学之理论源泉亦渐行渐远，可谓正祖研究之重要误区。本文通过对正祖《大学类义》编撰特点之深究，力求依据原文，对以上既往观点再行梳理，同时进一步揭示其学术之价值与意义。

一 《大学衍义》与《大学衍义补》

《大学类义》为正祖依据宋代真德秀（1178—1235）所著《大学衍义》与明代丘濬（1420—1495）之《大学衍义补》之核心内容摘编点校之著作。在理解《大学类义》前，应先对此二书之编撰背景与过程做一番梳理。

真德秀之《大学衍义》，旨在以南宋主流思潮之朱子学为理论武器，进一步荡涤异端思想，说服君王，用以经筵教育。作为朱熹以后最负盛名之理学家，真德秀承袭朱子衣钵，为成就理学大统之地位作出卓越之贡献。其以此为凭，借《大学》之理念，提倡“修身”，主张为政者当以治学为先，明德为本[①]。1229 年，《大学衍义》著成，并于 1234 年献于理宗。

此后，宋明两代接连出现大量《大学》注释与选编类书籍。其间，明代丘濬将“治国平天下”等补录入《大学衍义》，编著《大学衍义补》一书。其认为，《大学》者，意在告诫为政之人执政以

① ［南宋］真德秀：《大学衍义》，中国台北，台湾商务印书馆 1981 年影印本，第 68 页。

智，施政以德，从而实现天下太平[①]。其补充道：君臣以《大学》为师，治天下之世，不应止步经典之研习，更应注重理论与实践之结合，方可将书中大道与现实融会贯通。同时，他对真德秀在《大学衍义》中的部分观点提出批判。后者认为，凡君王可“修身齐家”者，则“治国平天下”亦可水到渠成。丘濬对此不敢苟同。故此，其对《大学衍义》中关于“治国平天下”论述之不足深感惋惜，认为此不符合政治实践之现实需求，须另行补充。此外，其还将与之相关的“明明德”与“新民”等纲领视作重要成分，加以审视。于是，其大量收集《大学衍义》中未曾提及之有关“治国平天下”的史实，结合自身见解，编著《大学衍义补》一书。如其所言：“然治平之道，其理虽具于修齐，其事则各有制置。此犹土可生禾，禾可生谷，谷可为米，米可为饭，本属相因。然土不耕则禾不长，禾不获则谷不登，谷不舂则米不成，米不炊则饭不熟。不能还溯其本，谓土可为饭也。”[②]

丘濬认为，即便“修身齐家”中已然包含“治国平天下”之道理，亦须以史实加以明示，否则不能完整传达经典之本意。其认为，如不加以实例补充，任凭后人联想，则如巧妇难为无米之炊，不仅难以阐释“治国平天下”之本意，更会让人误入歧途。这与真德秀强调“修身”形成了鲜明的对比。即执迷于“修身”而忽视“治国”能力之培养，依然难以实现“平天下”之大任。

综上所述，真德秀将《大学》中“修身齐家”之概念加以强调，认为据此可自然导出“治国平天下”之结果，故而对后者未能明确阐释。而丘濬则认为“治国平天下”不能止步于理论空谈，须有现实之政治经济制度加以支撑，即强调对执政方法论之具体探究。正因如此，后者在《大学衍义补》中增加了民生、理财、货币、商业与人口等社会管理之具体领域的史实，对其观点加以论述[③]。

二　朝鲜对《大学衍义》与《大学衍义补》的认知与局限

据韩国史料载，高丽末期恭愍王时代尹泽（1289—1370）首次在经筵中讲授《大学衍义》，朝鲜太祖以后此书成为经筵定期讲坛主题。朝鲜成宗三年（1472），李石亨等人摘取书中半数以上内容，缩编成二十一卷七册，名曰《大学衍义辑略》，以供经筵讲义教材之用[④]。与此同时，成宗二十五年（1494），出使明朝之安琛（1445—1515）购得《大学衍义补》带回朝鲜，亦作经筵讲义之用。但是一百六十卷的《大学衍义补》因篇幅庞大，故而未能如《大学衍义》广泛推广。

朝鲜重要学者李珥对于《大学衍义》中关于“修身”之论述给予极高之评价[⑤]。其为将此书用于经筵，于宣祖八年（1575）编纂《圣学辑要》十三卷。该书大量参照《大学衍义》与《大学衍义补》之体例，并对二者加以补充完善，重新修订了目录，附加了李珥本人的主张。此后《圣学辑要》亦被用于经筵讲义。至英祖时代，经筵中《大学衍义》与《大学衍义补》的讲授基本得到延

---

① 张兴：《〈大学〉“明明德”研究述评》，《佳木斯大学学报》2016 年第 6 期。

② ［明］丘浚：《大学衍义补》卷一六〇，兵部侍郎纪昀家藏本。

③ ［朝鲜］正祖李祘：《弘斋全书》卷四九，《策问二》，“大学衍义补抄启文臣课讲比较”。“丘氏之编，追补其阙，则凡从古以来，经传子史之言，可附于治平二条者于是尽之矣。使后之制治者，其于用人理财安民御戎之政，随其遇而拣其类。则故事时宜，无不开卷了然，惟在审择而举措之耳，其为功岂不大哉。”《韩国文集丛刊》卷二六三，第 250 页。

④ ［韩，音译］池斗焕：《朝鲜前期〈大学类义〉的理解过程》，《泰东古典研究》第 10 辑，1993 年，第 340 页。

⑤ ［韩，音译］权相宇：《栗谷〈圣学辑要〉的圣王论——以〈大学类义〉与〈圣学十图〉之比较为中心》，《栗谷学研究》，第 40 辑，2019 年，第 135—158 页。

续[①]。至正祖时，朝鲜国内开始出现针对二书的相关讨论与指摘。

正祖本人对二书深入反映《大学》之理念与特点，并旁征博引相关史实加以辅证之编撰手法给予较高评价。特别是《大学衍义补》中，将《大学衍义》中缺失的有关“治国平天下”等内容着重补充，使得《大学》中“体用”之理得以切实体现，正祖对此十分青睐[②]。然而，正祖依然认为此二者不可称为善本。其指出，二书篇幅庞大[③]，体例烦琐，尚有改进余地[④]。

据下表可知，《大学衍义》虽参照《大学》体例编撰，然未完全遵循原本之目录展开。真德秀在目录整理与内容编排等方面适当地进行了创新，但因每篇所列史实范例长短不一，篇幅却不尽相同。如“修身之要”条目仅占一卷（卷三五），而“格物致知之要”条目则包含二十三卷之多（卷五至卷二七）。

表 1 《大学衍义》与《大学衍义补》目录比较

<table>
<tr><th colspan="2">《大学衍义》</th><th colspan="2">《大学衍义补》</th></tr>
<tr><td>帝王为治之序</td><td>卷一</td><td colspan="2" rowspan="6">—</td></tr>
<tr><td>帝王为学之本</td><td>卷二至卷四</td></tr>
<tr><td>格物致知之要一</td><td>卷五至卷一四</td></tr>
<tr><td>格物致知之要二</td><td>卷一五至卷二四</td></tr>
<tr><td>格物致知之要三</td><td>卷二五至卷二六</td></tr>
<tr><td>格物致知之要四</td><td>卷二七</td></tr>
<tr><td>诚意正心之要一</td><td>卷二八至卷三〇</td><td rowspan="2">诚意正心之要</td><td rowspan="2">审几微</td></tr>
<tr><td>诚意正心之要二</td><td>卷三一至卷三四</td></tr>
<tr><td>修身之要一</td><td>卷三五</td><td colspan="2" rowspan="5">—</td></tr>
<tr><td>齐家之要一</td><td>卷三六至卷三七</td></tr>
<tr><td>齐家之要二</td><td>卷三八至卷四〇</td></tr>
<tr><td>齐家之要三</td><td>卷四一至卷四二</td></tr>
<tr><td>齐家之要四</td><td>卷四三</td></tr>
</table>

① ［韩，音译］金文奭：《正祖的帝王学与〈大学类义〉编撰》，《奎章阁》第 21 辑，首尔大学奎章阁韩国学研究院，1998 年。

② ［朝鲜］正祖李祘：《弘斋全书》卷四九，《策问二・抄启文臣课讲比较》，“《大学衍义补》，所以补衍义治平之阙，备《大学》体用之全，实人辟致治之要也。《衍义》之作，愿忠于时君，而独漏二条。”《韩国文集丛刊》卷二六三，第 250 页。

③ ［朝鲜］正祖李祘：《弘斋全书》卷一二七，《类义评例一》，“西山固真君子，而其学力，大抵仁胜于勇，所以取舍之间，或近太宽，圈本之略有厘正者，盖存微意也。”《韩国文集丛刊》卷二六六，第 22 页。

④ ［朝鲜］正祖李祘：《弘斋全书》卷一二七，《类义评例一》，“至以《衍义》所引《大学》文为证，则其说尤疏。夫作《衍义》者，只取‘大学’名目，而博采经传，以广其义，故《大学》一书亦与他书认作一般，而随意杂引而已，何尝有意于分属乎？经一章之入于首篇，势固然矣。而汤之盘铭，何尝引于为学之本乎。”《韩国文集丛刊》卷二六六，第 22 页。

续表

《大学衍义》	《大学衍义补》	
—	治国平天下之要	正朝廷
		正百官
		固邦本
		制国用
		明礼乐
		秩祭祀
		崇教化
		备规制
		慎刑宪
		严武备
		驭夷狄
		成功化

资料来源:《大学衍义》《大学衍义补》。

《大学衍义补》中亦存在类似问题。其卷首针对《大学衍义》"诚意正心之要"条目中"审几微"之相关内容进行补充，卷一至卷一六〇则以"治国平天下之要"为主旨，下分"正朝廷，正百官，固邦本，制国用，明礼乐，秩祭祀，崇教化，备规制，慎刑宪，严武备，驭夷狄，成功化"等十二目。然而，除"治国平天下"之外，该书并未明确反映《大学》的其他内容。除此以外，二书中史实范例引用之处，均存在重复烦琐、文题不符与指向不明等书籍编撰时不可避免的问题[①]。

三 《大学类义》的编撰

针对以上问题，正祖指示将《大学衍义》与《大学衍义补》之内容删繁就简，合二为一，着手编撰《大学类义》一书。其于1760年开始通读二书，在重要章节与内容处以朱批标记，并反复诵读。其与徐滢修（1749—1824）、尹光颜（1757—1785）等共同作业，对原书中列举之史实加以甄别，最终成书。后以《类义评例》之名先行收录于《弘斋全书》。此书于1799年曾单独出版发行[②]。

《弘斋全书》卷一二七与卷一二八《类义评例》条中，详细记载了当时《大学类义》的编撰原则与摘编标准，充分体现了当时人对经学的认知水准。《类义评例》中所记载之内容涉猎广泛，涵盖经、史、子、集各大分类，囊括自三皇五帝至宋明两朝各个时期，网罗历朝历代经邦治国的经验

---

① ［朝鲜］正祖李祘:《弘斋全书》卷一二八,《类义评例二》"第20卷签"，"毋将隆之言，无意味，丘按亦然，不必添。"《韩国文集丛刊》卷二六六，第45页。

② ［韩］江与真、金文爽:《弘斋全书解题》，韩国古典翻译院，第2页。

学问。其叙述方式可从以下原文略知一二。如书中卷一二八所言："贲之象曰，观乎天文，臣光颜签曰，'本书中恒卦一条。最切于成功化之义，恐不可删。并程传丘说，节而载之于此条下似好'。御签曰，'果然，圣人久于其道以下当钞，程说则亦当节录，丘按未必取'。"[①]

据上文可知，《类义评例》中先列举议论的主旨，后附尹光颜等议论之内容。尹光颜主张将《大学衍义补》"成功化"条中引用的《周易》原文尽数保留，编入《大学类义》，并将二程子与丘濬的观点亦写入其中。然而正祖以为，二程子之说自当录入，丘濬之言不足取信，予以摒弃。

因此，《大学类义》可看作为正祖根据朱子学之理论基础，规定目录次序，甄选整理内容，迎合《大学章句》之基本主旨，为经筵讲义而编纂的教育类书籍。而《类义评例》则不仅仅是将《大学类义》中"治国平天下"之内容单独提炼之产物，更直观地反映了正祖根据朱子《大学》之基本脉络，对《大学衍义》及《大学衍义补》进行再整理的过程，体现了其对经书编撰作业的严谨细密的态度与方法。

此后，历经文臣儒士的编撰，《大学类义》终得刊行，共计二十一卷十册。该书以《大学》为原始资料，以宋明两朝诸多学者的著作为参照，大量引用中国古代诸子百家的经传典籍，广泛列举古代至宋明的史实。正祖认为，"为人君者读此书，可以基太平之化，为人臣者读此书，可以做参赞之功，因命名曰大学类义，盖以类而为编也。[②]"

《大学类义》编撰的基本方法可分为两个方面，一是根据实用主义之原则对《大学衍义》与《大学衍义补》之庞大篇幅进行摘编，二是根据《大学》之原本次序对内容进行编排。由于二书之问题自朝鲜初期便招致批判，正祖并未将之简单地合二为一，以朱子《大学章句》为依据重新整理目录，将其中可有可无或欠缺伦理之内容逐一甄别省略。在该书卷首，附"大学章句序""大学衍义序"及"大学衍义补序"，并按次序顶格抬头排列。

其卷一中，先以《大学》"经一章"与"传首章""传二章""传三章"与"传四章"之次序排列，后为《大学衍义》之首条"帝王为治之序"及"帝王为学之本"。又据朱子"格物致知补亡章"之体例，于《大学》"传五章"后附"格物致知之要"，"传六章"与"传七章"后附"诚意正心之要"，"传八章"后附"修身之要"，"传九章"后附"齐家之要"，"传十章"后附"治国平天下之要"。卷七至卷二二以"治国平天下之要"为核心，将《大学衍义补》之内容摘编整理，原本近一百六十卷之《大学衍义补》被编成仅十六卷。据《类义评例》与《大学类义》的内容可知，正祖对《大学衍义》及《大学衍义补》的内容进行了大幅修正与精简。

编撰之后，新书与朱子《大学》之脉络趋于相近，原二书之内容被分别划分归入《大学》原本"经一章"与"传十章"之条目之下，特别强调了对前半部分（五章）之编撰。因此，《大学类义》包含了朱子《大学章句》的全部注释及《大学衍义》与《大学衍义补》的重要篇章。

① ［朝鲜］正祖李祘：《弘斋全书》卷一二八，《类义评例二》"第 22 卷签"，《韩国文集丛刊》卷二六六，第 45 页。

② 《弘斋全书》卷五六，《杂著》三，"题大学类义"，《韩国文集丛刊》卷二六三，第 360 页。

表 2 《大学类义》目录

<table>
<tr><th colspan="3">《大学类义》</th></tr>
<tr><td rowspan="3">卷首</td><td>大学章句序</td><td>—</td></tr>
<tr><td rowspan="2">—</td><td>大学衍义序</td></tr>
<tr><td>大学衍义补序</td></tr>
<tr><td rowspan="7">卷一</td><td>经一章</td><td rowspan="5">—</td></tr>
<tr><td>传首章</td></tr>
<tr><td>传二章</td></tr>
<tr><td>传三章</td></tr>
<tr><td>传四章</td></tr>
<tr><td rowspan="2">—</td><td>帝王为治之序</td></tr>
<tr><td>帝王为学之本</td></tr>
<tr><td rowspan="2">卷二至卷三</td><td>传五章</td><td>—</td></tr>
<tr><td>—</td><td>格物致知之要</td></tr>
<tr><td rowspan="3">卷四</td><td>传六章</td><td rowspan="2">—</td></tr>
<tr><td>传七章</td></tr>
<tr><td>—</td><td>诚意正心之要</td></tr>
<tr><td rowspan="2">卷五</td><td>传八章</td><td>—</td></tr>
<tr><td>—</td><td>修身之要</td></tr>
<tr><td rowspan="2">卷六</td><td>传九章</td><td>—</td></tr>
<tr><td>—</td><td>齐家之要</td></tr>
<tr><td rowspan="2">卷七至卷二二</td><td>传十章</td><td>—</td></tr>
<tr><td>—</td><td>治国平天下之要</td></tr>
</table>

四 《大学类义》编撰之特点

正祖编撰《大学类义》，并非仅将原二书简单摘抄后合二为一，通过此书之编撰，朱子之道统得以被继承，朱子学之正统得以被强调。正祖为应对阳明学、佛教及西学等非主流学派思潮之威胁，时常强调应加深对朱子学之理解，以《大学》之本意教书育人，修身治国[①]。

其还以尊崇朱子为依托，试图从《大学》之理念价值中找寻经邦治国之法，济世安民之道。在正祖看来，朱子学不仅具备重要学术价值，更对国家治理有重要启迪，富含帝王哲学。其按照朱子《大学》的规制，重新编排《大学类义》的举动，既体现了其对朱子学问之推崇，更表现了其实用主义的治国思想与方略。

正祖尝言："夫《大学》者，衍义之所由编，而读衍义者，必先通《大学》，然后寸由尺，星由秤，可以知本末而则近道矣。继述之义，教学之序，尚于此可征，谨又赓和御制诗韵，书于卷首，

① ［韩］金文爽：《正祖的帝王学》，首尔，太学社，2007 年，第 436 页。

时予践阼之十八年甲寅仲秋也。”又曰：“衍义源头曾传在，欲明明德圣凡同。”[①] 是为强调《大学衍义》脱胎于《大学》之义。

正祖援引古时上至天子，下至百姓，无论贵贱，均得教化之例，认为《大学》之讲义也应普及[②]。所谓“明明德”非君之独享，而与黎明百姓共之。《大学》亦应不分出身，全民修习。尽管治学者与执政者可从《大学》中获得不同感悟，但“明明德”应为天下共性。对此，正祖尝言：“遂就大学原编，各于传下，系之二书。而《章句》则以朱子曰为例者，盖尝窃取乎《易》‘文言’、‘系辞’，特书子曰之义，《大学》之别一行，所以尊经传也。《衍》《补》之低一字，所以寓书法也，谨按之改以名姓，所以谨规模也。诸篇之略加钞删，所以取精英也，千条万绪，会于一统。千歧万路，归于一辙，天人性命之原，治乱失得之故，礼乐刑政之属，载籍则自典谟而傍及百家，历代则始轩羲而下逮两宋，以至皇朝，宝训高揭中天，为人君者读此书，可以基太平之化，为人臣者读此书，可以做参赞之功，因命名曰大学类义，盖以类而为编也，熊禾以下诸书，亦欲会稡成帙。以为表章之资。而近于佃猎。姑书此以见吾志云。”[③]

以上内容出自《御定大学类义》中“亲题凡例”，正祖认为，为君者读《大学类义》，可打开太平盛世之门，为臣者读《大学类义》，可辅佐君王成就万世基业。正祖将此书视作君臣必读书目，予以重视。

此处与朱子学思维模式再次吻合。《大学章句》认为，治国平天下并非君王独享之道，士人阶层与知识分子亦应通晓其理，方能应对世道万变[④]。

五 结论

综上所述，本文通过对《大学衍义》与《大学衍义补》传入朝鲜的经过，以及正祖编撰《大学类义》之始末等过程的叙述，揭示了《大学类义》的学术价值与历史意义。正祖以为，前二者体量过于庞大，对经典未能一贯释之，难以真实客观反映《大学》的理念。故而其以二者为模板，以朱子学说为脉络，以《大学衍义》与《大学衍义补》为蓝本，结合大量史实，编撰《大学类义》一书。该书被广泛用于经筵讲义，成为朝鲜时代以史为鉴、借古论今的重要参考。其中对《大学》原意阐释之充分，对丘濬观点反映之具体，在坚守儒学道统与弘扬朱子精神方面独树一帜。又通过理论结合实际，将经典的学问照射入政治现实，从侧面反映出当时朝鲜对儒教理学的理解与倚重。

（作者李诗然，韩国成均馆大学；翻译张晔，韩国国立庆尚大学）

① ［朝鲜］正祖李祘：《弘斋全书》卷六，《诗二》，“题赠判书金功家宣赐大学卷首”。《韩国文集丛刊》卷二六二，第92页。

② ［朝鲜］正祖李祘：《弘斋全书》卷一二六，《曾传秋录》序。（尹行恁）“八岁入小学，十有五年入大学，自上达下，无贵贱殊也。”（正祖）“古者教人之法，八岁小学，十五大学，列于学校，天子之适子至于凡民，皆入于此。”《韩国文集丛刊》卷二六六，第4页。

③ ［朝鲜］正祖李祘：《御定大学类义》，“亲题凡例”，首尔，首尔大学奎章阁，2001年，第4页。

④ ［美］田浩：《朱熹的思维世界》，南京，江苏人民出版社，2019年，第17页。

浅析元明剧变下闽地少数民族士人的选择

张婧雅

元代是一个民族大迁徙与大混居的时代，数百年间迁入中原的各个民族族群之繁、人数之多、分布之广皆远胜前代。就其族类而言，除了辽金时代就与汉族混居的蒙古、契丹、女真等族，还有汪古、唐古、畏兀儿、哈剌鲁、康里、大食、波斯等族。就其人数而言，陈垣估计当时大约四十万户，二百万口少数民族迁入，占全国总人数的3%。就其分布而言，清赵翼早已指出，这些蒙古人、色目人散居在中原各处，尤以江南居多。这些民族与汉人混居，接受中华文化，形成了一个"多族士人圈"。但是，当明太祖在至正二十七年（1367）发布《谕中原檄》中提出"驱逐胡虏、恢复中华"的口号后，这些处于易代剧变下的少数民族士人当如何自处呢?

历代鼎革之际，亡国遗民应当以身殉国或高蹈远行以保全名节，还是改仕新朝而求行道泽民?这是困扰士大夫们的难题，也是史家文人臧否古人的焦点。汉族王朝相互取代之际，出处行藏对士大夫而言已是一个不易取舍的难题。宋、元、明三代因为涉及"夷夏大防""由夏入夷""由夷入夏"的民族问题，士大夫的出处问题尤其艰难。前辈学者钱穆、劳延煊、郑克晟、萧启庆都有关于元明之际士人思想及动向的讨论。钱穆《读明初开国诸臣诗文集》正续二篇指出，元末文士，无论仕明与否，皆不忘故主，对元室依回思念，并无重光中华的欢欣之情。劳延煊《元明之际诗中的评论》指出，元明之际的文士皆尊奉元朝为正统王朝，元亡以后对元朝皆有故国之思。郑克晟《元末的江南士人与社会》则认为元末江南士人，无论是否参加张吴政权，或参加朱明政权，乃至独立士人都相当怀念元朝。三位学者都认同元明之际汉族文人的夷夏之辨观念极为淡泊，又不满于朱明，因而呈现出明显的遗民情绪。萧启庆《元明之际的蒙古色目遗民》则讨论了蒙古人、色目人对当时国变的反映，认为元明鼎革对蒙古人、色目人冲击之大远超过汉人，他们的亡国之痛、身世之感、眷怀故土之情更胜于汉族士人。本文将以福建地区为例，探讨元明之际少数民族士人在易代之际的选择。

一　殉国

如《明史》所载，当元亡时，守土臣仗节死者甚众，闽地亦有一批忠义殉元的士人，如蒙古官员柏帖木儿、合鲁温氏迭里弥实、回回获独步丁等。以下将分叙三人事迹。

（一）柏帖木儿

柏帖木儿，字君寿，蒙古人。家世历履无所考。居官所至，以廉能著声。至正中，累迁为福建行省左右司郎中。《明史》中将其与陈友定、迭里弥实合称“闽中三忠”，其事迹主要见于《元史·忠义传》。

至正二十七年，当明军由海道取闽之时，柏帖木儿阖家殉难。柏帖木儿自焚，妻妾六人自缢，极其惨烈。更让人唏嘘的是，柏帖木儿幼女才十岁，柏帖木儿竟在骗其拜佛时以米囊将其压死。据《闽杂记》所载，柏帖木儿殉难之后，世人感其忠义，旌其所居曰高节里，又为女立庙曰柏姬。据《福建通志·祭祀》记载，明洪武年间在郡后街还有祭祀柏帖木儿的“柏郎中祠”，可惜清代已废。“柏郎中祠”虽废，但祭祀其幼女的“柏姬庙”至今犹存，闽地文献对柏姬庙也多有记载，后虽被讹称为“白鸡庙”，但千年来香火不断，可见闽人对其的怜惜和敬重。

（二）迭里弥实

迭里弥实，字子初，西域合鲁温氏，其事迹主要见于林弼的《元亚中大夫漳州府路达鲁花赤迭侯传》、王祎的《漳州路达鲁花赤和鲁温侯墓表》、王祎的《书闽中死事》及《元史》和《明史》。

迭里弥实，字子初，西域合鲁温氏，宿卫出身。元代，宿卫乃是帝王近侍，多由蒙古和色目贵族子弟组成，既是“任官的终南捷径”，又是“蒙元阀阅社会中蒙汉贵族特权阶级的堡垒”，可以说是蒙元“政治上和经济上的特权集团”[①]。迭里弥实出身于色目贵族家庭，父祖子孙皆为官员，“祖曰满速儿，大都治中。父曰默理马合麻，安庆路治中。夫人回回氏，早卒。子男二人，长曰六十，宿卫为速右儿赤，次曰普颜帖木儿，江西省通事。”因为权贵出身，迭里弥实“自弱冠入侍禁闱，信慎勤畏，为众推许，君相所周知”[②]。但为了侍奉老母，迭里弥实不愿仕进，直至四十岁，母殁除服后在太子的劝说下才接受官职。

至正二十五年（1365），迭里弥实除漳州路达鲁花赤，“厘庶务之利病而兴除之。敏于吏事，群下不敢欺。而务存忠厚，不察察事苛细，民甚安之”，其为人可称道者如此[③]。

洪武元年（1368），明军南下，迭里弥实乃“朝服焚香望天西北，拜曰：‘某年四十始仕，不数年而致身二千石，国恩厚矣！今力不能御，义不肯降，惟有死以报国耳。’”[④]于是，“屏仆从，斫印去篆，书所执笏曰：‘大元臣子’，置案上。取佩刀刺喉外，割绝咽，遂死。手执刀按膝上，毅然如生”[⑤]。“时郡民聚哭庭下，声振地，共敛葬城东门，民受其惠甚多，故其死也，漳人无不痛思之”[⑥]。按《福建通志》和《漳州府志》记载，迭里弥实殉国后，当地士绅在郡城东门外修建了“表忠祠”，春秋致祭，以此为彰。

---

① 萧启庆：《元代的宿卫制度》，《内北国而外中国：蒙元史研究》上册，北京，中华书局，2007年，第220页。

② ［明］林弼：《林登州集》卷二一，《元亚中大夫漳州府路达鲁花赤迭侯传》，上海，上海古籍出版社，1991年，第174—176页。

③ ［明］林弼：《林登州集》卷二一，《元亚中大夫漳州府路达鲁花赤迭侯传》，第174—176页。

④ ［明］林弼：《林登州集》卷二一，《元亚中大夫漳州府路达鲁花赤迭侯传》，第174—176页。

⑤ ［明］林弼：《林登州集》卷二一，《元亚中大夫漳州府路达鲁花赤迭侯传》，第174—176页。

⑥ ［明］王祎：《王忠公文集》卷二四，《漳州路达鲁花赤和鲁温侯墓表》，金华府刻本，福建师范大学藏。

（三）获独步丁

据《元史》记载，获独步丁，回回人，元朝进士，累官佥广东廉访司事，寓居福州。当明军南下时，获独步丁以石系腰，投井而死。据获独步丁所言，他家兄弟三人全是进士，也都选择殉国。

柏帖木儿是蒙古人、迭里弥实是合鲁温氏、获独步丁是回回人，他们都选择以身殉元，迭里弥实手书“大元臣子”自斫而亡，柏帖木儿和获独步丁夫妻、父子、兄弟阖家同殉，其壮烈程度远过前朝。而且，翻开《元史》会发现元代很多士人都有追求满门忠烈的倾向，如少数民族伯颜不花、普颜不花、普元理、纳速剌丁、桑哥失里等，汉族士人如杨卜、张文贵、王士元、乔彝等。这说明忠义节烈观念在元代已经深入各族士人心中。这既是游牧民族所推崇的最高道德的影响，也是儒家杀身成仁和忠君报恩思想涵育各族士人的结果，正如李士瞻所言：“本朝自立国以来，仁义忠孝之道陶濡百年，士大夫以名节自立者风满天下。”[①]

二 遗民

正如上文所言，因为多族士人对儒家文化的认同，元朝士人心中“夷夏之辨”的影响远不及“君臣大义”重要。所以，当元明易代之时，大量士人秉持不事他主的原则，即使不殉国也多选择归隐，如闽地的伯颜和王翰。

（一）伯颜

伯颜，字子中，萧启庆考证其为畏兀儿人，其事迹主要见于朱善继的《伯颜子中传》、丁之翰的《伯颜子中传》和《七哀诗》,《明太祖实录》和《明史》中也有关于伯颜的记录。据此可知，伯颜祖宦江西，占籍进贤，自幼研习儒学，长于《春秋》，曾五度中江西乡试，由教职入官历任龙兴路东湖书院山长及建昌路教授。至正十二年（1352），陈友谅进军江西，行省用子中为赣州路知事，佐参政全普庵撒里抗敌。至正十八年（1358），江西陷，伯颜入闽。入闽后，陈友定聘其为行省员外郎。至正二十八年（1368），明军入闽，子中奉命出使广东何真，为福建求援，至则广东已附明。子中为明将廖永忠所获，不肯降服，永忠义释之。据说，子中当时未及殉国是因为“欲有所为也”。从此，子中“潜行遁迹，隐约江湖间，时宦寓公知名愿交者，皆不得见”，后返回故乡，与友人熊钊谈及往事，则“相对悲鸣烦促，涕泗潸然下”[②]。明廷曾下旨征召伯颜，甚至将其妻子押送京师，所以伯颜常随身携带鸩毒，准备随时杀身成仁。洪武十二年（1379），明廷再次征召元遗民，伯颜自知不可脱，乃预备牲礼，作七哀诗，祭其先祖及昔日共事死节之士，望北再拜，饮药而亡。

伯颜的《七哀诗》仿效王粲的《七哀诗》和杜甫的《同谷七歌》，七首分别为自哭、哭祖、哭父、哭母、哭师、哭友、哭子，最后哭不得不自鸩以全其节，以示无愧于国家、祖宗、母仪、师友和子女。其诗中满是遗民的孤苦和哀婉，如：“有客有客何累累，国破家亡无所归。荒村独树一茅

---

① ［元］李士瞻：《经济文集》卷四《题王彦方小传后》,《景印文渊阁四库全书》第1214册，中国台北，台湾商务印书馆，1986年，第475页。

② ［元］朱善：《伯颜子中传》，李修生主编《全元文》第53册，南京，凤凰出版社，2004年，第171页。

屋，终夜泣血知者谁。燕云茫茫几万里，羽翮铩尽孤飞迟。呜呼我生乱中遘，不自我先兮不自我后。”（伯颜《七哀诗其一》）

（二）王翰

王翰，字用文，蒙古名为那木罕。据其好友吴海《王氏家谱序》中所言，其家本为山东阳谷之汉人，后陷于西夏李元昊，占籍甘肃灵武，遂“杂为夏人”。曾祖从蒙古南下江淮，世袭千户，戍庐州。其父也先不花，历任千户、淮西宣慰副使。庐州是唐兀（西夏）军人聚集之地，当地唐兀军人族群意识极强，而且儒学修养很高，出现了很多硕儒巨卿，如余阙等人。王翰其家“坟墓三世皆在庐州”，自己也生长于庐州，其族群意识及对元朝的认同应当与其他唐兀子弟相同。

王翰十六岁袭为千户，后福建省平章政事燕赤不花辟之为从事，居福建。陈友定据八闽，招致幕府。至正二十六年（1366），获命为潮州路总管。至正二十八年，明军攻闽，潮州陷，王翰曾试图效仿宋末陈宜中浮海至交趾、占城，未能如愿。

此后十一年，王翰都隐居在永福县东观猎山“谢绝人事，与樵夫牧竖为伍”①。洪武十一年（1378），明廷辟书至，官府迫其就道，王翰决心一死以全忠节。王翰将其九岁幼子托付于吴海，作《自决》诗表明心志，自杀身亡。

王翰《自决》一诗为其绝命诗，他在诗中阐述了自己对于忠孝的理解：“昔在潮阳我欲死，宗嗣如丝我无子。彼时我死作忠臣，覆祀绝宗良可耻。今年辟书亲到门，丁男屋下三人存。寸刃在手顾不惜，一死却了君亲恩。”王翰自述，十年前之所以未能殉国是因为没有子嗣，于孝道有亏。如今男丁有三，再死就是忠孝两全，所以毫无顾虑。陈仲述序王翰诗稿《友石山人遗稿》时，称此诗：“凛然如秋霜日烈之严，毅然如泰山岩岩之象，出处之分明，死生之理得。”②

王翰还为同在闽地殉国的柏帖木儿和迭里弥实撰写了挽诗，如《挽迭漳州》一诗赞迭里弥实“丈夫顾义不顾死，泰华可摧川可竭”；《挽柏佥院》中认为柏帖木儿举家自戕不是理性的失落而是理性的升华：“人生恩爱岂不顾，讵忍贪生负天子。”

伯颜为畏兀儿人，王翰为唐兀人，他们都以色目人的身份出仕元朝。元亡后，虽没有立即殉国，但也绝不与新朝妥协，甚至在守节十余年后因拒绝征辟而从容自决。其坚贞与壮烈远超前代遗民。若究其原因可能与其族属及明太祖的民族政策相关。明太祖除了明白宣示“驱除胡虏、恢复中华”的革命目标，更在建国后强力推行民族同化政策，如禁止胡语、胡服、胡姓、辫发椎髻及本族自相婚姻等，这对少数民族士人震动极大。而且，明太祖对士人控制极严，《大诰》中明确规定：“寰中士夫，不为君用，罪至抄札。”明太祖不仅不承认士人有选择是否出仕的权利，还对出仕士人严苛相待，甚多汉族士人最后都白刃加颈，死于非命，哪怕是从龙功臣，也难以幸免。

面对如此严苛的政治环境，明初士人多不乐仕进，还在其诗文中表达缅怀古元的情趣。汉族士

---

① ［元］吴海：《闻过斋》卷五《友石山人墓志》，《元人文集珍本丛刊（八）》影印嘉业堂丛书本，中国台北，新文丰出版公司，1985年，第278页。

② ［元］陈仲述：《友石山人遗稿序》，王翰《友石山人遗稿》，《景印文渊阁四库全书》第1217册，中国台北，台湾商务印书馆，1986年，第130页。

人如此，蒙古士人、色目士人更是如此。所以，伯颜和王翰在隐居十多年后，一旦诏书上门，皆选择从容赴死。

（三）萨仲礼

萨仲礼，字守仁，蒙古族，元元统年间进士，授福建行中书省检校，遂居闽。福建的萨氏蒙古族，本身西北色目人的一支。始祖思兰不花，“受知于元世祖，命仗节钺”。二世阿鲁赤，元英宗至治年间“留镇云代”。三世萨都剌，号天赐，登泰定进士，皇帝赐姓萨，这是萨氏家族定姓之始。萨都剌弟天与，与天赐、揭傒斯、虞集同时，有元朝四才子之誉。萨仲礼即天与之子，亦为儒学世家。因材料缺失，我们不了解萨仲礼在明亡之时的行为，但就《萨氏族谱》所言，萨仲礼因其孙萨琦在明代中进士而得封，可以推断其并未仕明。

三 臣服

元明之际，与历史上任何重大变革时代都一样，人们各自根据自己的政治信念、族群背景与实际利益对外在环境进行权衡，作出迥然不一的反应。既有慷慨赴死的忠贞义士，亦有保全家人以谋发展之人，不唯族群为唯一标准。每次改朝换代，都会有大量士人加入新政权，元明之际闽地的蒙古、色目各族士人们也有很多选择向新朝臣服，还出现了蒙古人和色目人家族成员隐姓埋名，或埋没民族成分的现象。就福建而言，蒲寿庚家族改为卜姓；波斯人伊本・库斯・德广贡・纳姆后裔改姓郭；阿拉伯人赛典赤・詹思丁后裔取为丁姓；阿合抹的后裔改为苏姓，元代回回大海商林闾之孙林广齐改为李广齐等。

通过文献爬梳可知，闽地的少数民族士人们在面临元明剧变时，要么出于忠君思想而选择殉国、要么为了保全名节而归隐、要么为了家族发展选择臣服，这些选择和前代士人们并无本质不同。这说明元明之际已经形成了一个受儒家思想涵濡的多族士人圈。这些士人，不管出身蒙古还是色目，此时都已经成为中华民族大家庭的一部分，他们认可共同的文化，有着相似的价值观，并非因其族属而有异。但是，明太祖的民族政策和明初严酷的政治环境对于少数民族士人影响更大，所以他们要么采用阖家殉国的极端方式，要么隐姓埋名甚至改变宗教信仰以求自保。

（作者张婧雅，泉州师范学院教育科学学院）

明代前期敕撰教化类历史读物新考

耿　勇

元、明易代之后，明太祖朱元璋（1328—1398）及其继任者们为了整肃因异族统治与长期战乱而崩坏的政治和社会秩序，在政策制定与具体的施行过程中，极为重视“教化”的作用[①]。其中，由皇帝直接下令撰修了以教化为目的的历史读物，数量众多，是明代前期政治与思想文化场域中间一个相当引人瞩目的现象。因此，自二十世纪三十年代李晋华《明代敕撰书考》问世之后，明代前期的敕撰教化类读物持续受到明史研究者的关注。

大致来看，学术界目前关于这一批敕撰教化类读物的研究，主要是从两种角度着眼。比较多的研究，是将其视为明代前期官方史学的一大代表，置于明代史学史的发展脉络之中进行考察。尽管相当多的讨论认为明代前期在皇帝直接干预下而产生的这一大批历史读物，是一个不容忽视的史学现象，但多从史学价值高低的角度着眼，或批评它们的价值不大，“皆甚无聊”，或将之视作“史学成为政治的附庸”的体现，甚至是史学在明代前期走向“僵化与凝滞”的表征，“其客观性是根本得不到保证的”，“对史学的发展百害而无一利”[②]。另一种研究进路以酒井忠夫等学者为代表，他们把这些敕撰教化类历史读物纳入到宋代以来善书的传统之中，将其视为善书在明代前期的一个发展阶段，是官方融儒、释、道三教思想为一而对民间教化施加影响的一种手段[③]。

无论是从史学史的角度切入，还是从善书的视角着眼，已有的相关研究无疑都从不同角度丰富了我们对于这批产生于明代前期的敕撰教化类读物的认识。然而，现有涉及明代前期敕撰教化类读物的研究在视野与深度上仍有局限，留待进一步讨论的空间较大。被纳入史学发展脉络中的明代前期敕撰教化读物，囿于史学史既有的研究方法，对于历史作品的衡量标准主要是史料价值之高低、历史思想之深浅，故而这类读物被认为价值不高。但是，史学史研究当中所谓的史学价值，背后实际上预设着现在的研究者对于产生于历史时期的历史作品的期待与理解，很多情况下忽视了历史作品产生与传播的实际历史语境，史学史与文献学的界限在很多情况下也变得模糊不清。而从善书的

---

① 张显清：《试论明太祖以“教化为本”的治国思想与实践》，陈支平编：《第九届明史国际学术讨论会暨傅衣凌教授诞辰九十周年纪念论文集》，厦门，厦门大学出版社，2003 年，第 154—161 页；Sarah Schneewind，*Community Schools and the State in Ming China*，Stanford，Calif.：Stanford University Press，2006，pp.2–3.

② 李晋华：《明代敕撰书考》卷首《自序》，北京，哈佛燕京学社，1932 年，第 iii 页；杨艳秋：《明代史学探研》，北京，人民出版社，2005 年，第 39—40 页；钱茂伟：《明代史学的历程》，北京，社会科学文献出版社，2003 年，第 52 页；谢贵安：《中国史学史》，武汉，武汉大学出版社，2012 年，第 325—326 页；汪高鑫：《中国经史关系史》，合肥，黄山书社，2017 年，第 330—332 页；朱志先：《明初史鉴书编纂与汉史研究》，《北方论丛》2011 年第 4 期。

③ ［日］酒井忠夫著，刘岳兵、何英莺译：《中国善书研究（增补版）》，南京，南京人民出版社，2010 年，第 23—46 页；陈宝良：《明代儒佛道的合流及其世俗化》，《浙江学刊》2002 年第 2 期。

角度对于明代前期敕撰教化类读物的研究，虽然注意到了这批读物的社会功用，但却想当然地将它们编撰活动的完成等同于教化功能即已在社会层面发挥影响，忽略了推动其传播、阅读的机制。因为一部文本产生之后，不会毫无缘由地被读者群体接触到，而且文本当中蕴含的思想，也只有在读者实际阅读的过程中才会产生“意义”，文本的目的才能达到。

出于以上两方面的考虑，对于明代前期的敕撰教化类历史读物，与其将关注点主要放在所谓的“史学价值”上面，研究者或许更应该去追索这些历史作品为何被“生产”出来，是否存在某种机制或媒介来保障它们能够被有效地阅读，进而生成“意义”，最终达到教化的目的。笔者发现，作为明代前期义理化史学重要代表之一的敕撰教化类历史读物，不仅被纳入到各级学校教育之中，更为重要的是，将之与涉及读书人功名利禄的科举考试直接联系起来。这一历史时期的科举考试之中，敕撰教化类历史读物的主旨大意与具体内容，是策问试题必不可少的出题对象，几乎每一科考试均会问及。明代前期，敕撰教化类历史读物与学校教育、科举策问的密切结合，促使大量以举业功名为追求目标的读书人在日常的备考过程中，不能轻忽对于该类读物的学习与揣摩。这为敕撰教化类历史读物及其所体现的理学化历史知识在知识群体中间的推广和传播，提供了一个相当重要的保障机制。

一 敕撰教化类历史读物的编纂及其特点

根据李晋华《明代敕撰书考》的统计，明代由皇帝下令编纂的书籍约有两百种[①]，大半以上撰成于洪武、永乐、宣德三朝。明初，皇帝令儒臣编纂史书以作教化之用，在正式立国之前就已进行。元至正二十六年（1366），尚是吴王的朱元璋命儒士熊鼎（？—1375）、朱梦炎（？—1378）等人，“集古之忠良奸恶事实，以恒辞解之”，纂成《公子书》，目的是让当时的公卿贵人子弟诵读此书，“知古人行事，可以劝诫”[②]。《公子书》现已亡佚，但从这段记载之中，可见当时受命编写此书的金陵尚宾馆儒士，用简明易晓的文字为公卿子弟梳理了前代“忠良奸恶”的事迹，给他们平日做人行事提供借鉴。

元、明易代之初，尽管蒙元的统治已被推翻，各地割据一方的武装势力也被逐一翦除，明朝一统中国，但是这个以汉人为主的新政权，却面临着不容小觑的政治和社会困境：一方面，由于朱元璋出身在元末被称为“红贼”的红巾武装集团，从君臣之分上看，于元有叛臣之嫌，政权的合法性受到怀疑[③]；另一方面，汉人聚居地区——尤其是北方——长时间处于非汉族群的统治之下，胡、汉之间的界限已经变得相当模糊，“斁坏彝伦，蔑弃礼法，丐求便利，狙谲无耻”，甚至诵习儒家经典的士大夫“皆有夷习”[④]，胡、汉杂糅，社会失序。明代立国伊始，朱元璋就着手以儒家经典为

---

① 顾颉刚：《明代敕撰书考序》，李晋华：《明代敕撰书考》，第 ii 页。

② 《明太祖实录》卷二一，丙午年十一月壬辰，中国台北，“中研院”历史语言研究所校印本，1962 年，第 308 页。

③ 关于元明之际士人对明代政权所持冷漠之心态，详参钱穆《读明初开国诸臣诗文集》《读明初开国诸臣诗文集续篇》，《中国学术思想史论丛（六）》，北京，生活·读书·新知三联书店，2009 年，第 101—224 页、第 225—262 页。

④ 刘夏：《刘尚宾文续集》卷三《上魏提举书·戊戌五月拟作》，沈乃文主编：《明别集丛刊》，第 1 辑第 8 册，合肥，黄山书社，2016 年，第 603 页。

准，发起一连串重新规范社会等级和伦理秩序的运动，形塑自身政权的正统地位[①]。以宣扬为理学家所强化的"夷夏""纲常"观念为核心的官方教化类历史作品的编纂和推广，正是这场以重整社会秩序为目标的政治与文化运动中一项关键的环节。因此，洪武时期，朱元璋直接令翰林儒臣编纂教化类史书的活动开始高涨起来，成书数量之多，种类之繁富，远远超过此前的朝代。洪武元年（1368）三月，登基不久的朱元璋认为"水可以鉴形，古可以鉴今"，命礼部官员及翰林儒臣，"编集郊社、宗庙、山川等仪及历代帝王祭祀感应祥异可为监戒者"，为《存心录》一书，"俾子孙永为法守"[②]。此后，随着政治情势的发展，以"彰善恶""扶纲常"为主题的敕撰教化类历史作品的编纂也不断地推进，直到宣德（1426—1435）时期，持续了近七十年。据杨艳秋、钱茂伟的总结，在此期间，可被归为教化类历史读物的敕撰作品有近四十种。现综合杨、钱二人的观点，列表如下：

表 1　明初敕撰教化类史书统计表

编撰年月	书名	卷数	内容主旨	编者
洪武元年（洪武四年七月撰成）[③]	《存心录》	十卷	郊社、宗庙、山川等仪及历代帝王祭祀感应祥异可为监戒者	礼部官员及翰林院儒臣刘三吾等
洪武元年	《女戒》	一卷	纂述古贤妃之事可为法者，使后世子孙知所持守	翰林学士朱升等
洪武二年（洪武六年五月撰成）	《祖训录》	一卷	封建诸王国邑及官属之制，分十三目[④]	中书省官员
洪武三年	《储君昭鉴录》	二卷	采辑古今经史可以训示太子之格言	东宫官员
洪武六年（成书）	《昭鉴录》	二卷	采辑历代史书内唐、宋以来藩王一百四十四人之事迹，分"善为可法""先恶后善""恶为可戒"三类，用"恒言"编成	礼部尚书陶凯、主事张筹、秦王傅文原吉、翰林编修张僎等
洪武七年（成书）	《孝慈录》	一卷	编集前代丧仪制度，颁行天下	翰林儒臣宋濂等
洪武八年（成书）	《资世通训》	一卷	分君道、臣道等十四章，"皆训戒士庶之意"，诏刊行之	—
洪武十三年（成书）	《臣戒录》	一卷	纂录历代诸侯王、宗戚、宦官之属悖逆不道者二百一十二人之事迹	翰林儒臣

① 洪武时期，明廷以儒家理念对四民服饰制度、婚丧礼俗、日常杂礼、乡里教化体系等方面所进行的"去蒙古化"之改革，以及明初政治合法性的重构，张佳对此进行了比较详细的梳理与分析，参见张佳《新天下之化——明初礼俗改革研究》，上海，复旦大学出版社，2014 年。

② 《明太祖实录》卷三一，洪武元年三月己亥，第 540 页；卷六七，洪武四年七月辛亥，第 1253 页。

③ 现在一般认为，《存心录》成书于洪武四年，然据《明太祖实录》载："（洪武三年正月）丁酉，上谕中书省参政陈亮、侯至善曰：'司天台言朔日以来，日中有黑子，其占多端。朕观《存心录》，以为祭天不顺所至。今郊坛从祀礼文太简，宜命礼部、太常司详拟。'"（《明太祖实录》卷四八，洪武三年正月丁酉，第 953—954 页）由此可知，洪武三年正月时，《存心录》就已撰成，待至洪武四年，才正式颁行。

④ 《祖训录》于洪武六年成书，此后曾有增修。《明太祖实录》载，洪武九年正月，"诏移王相府奉祠所于王傅府典签司后，良医所于典仪所前；典仪改正八品，奉祠所设典乐一人，正九品。俱刊著于《祖训录》。"《明太祖实录》卷一〇三，洪武九年正月癸未，第 1738—1739 页。

续表

编撰年月	书名	卷数	内容主旨	编者
洪武十三年（成书）	《相鉴》	二十卷	采辑两汉、唐、宋贤臣、奸臣一百零六人之事迹，“命工刊就，而利后人”	翰林学士吴沉、国子监、儒士
洪武十六年	《精诚录》	三卷	辑古圣贤敬天、忠君、孝亲之言，分为三类，编集成书	东阁大学士吴沉等
洪武十八年至洪武十九年	《御制大诰》三编	三卷	取当世善为可法、恶为可戒之事迹二百零四条，颁之臣民，永以为训	—
洪武十九年	《省躬录》	一卷	汉、唐、宋以来灾异应于臣下者，颁行天下	赞善刘三吾等
洪武十九年	《志戒录》	一卷	选取前代悖逆臣属一百余事，颁赐群臣及教官、诸生讲诵	赞善刘三吾等
洪武二十年	《纪非录》	一卷	历代藩王罪恶，并附明秦、周、齐、潭、靖江等事迹	—
洪武二十年	《武臣大诰》	一卷	备述此前武官犯罪缘由及处罚事实三十余宗，颁之中外	—
洪武二十一年	《武士训戒录》	一卷	采辑前代武人樊哙等人所为善恶，释以直辞，使武士知所劝诫	翰林儒臣
洪武二十三年	《昭示奸党录》	二卷	条列李善长罪状、供词，布告天下	—
洪武二十五年	《彰善瘅恶录》《续录》	四卷	采辑历年为善受赏、为恶受罚者之事迹，刊布以示劝诫	吏科官员
洪武二十六年	《逆臣录》	五卷	蓝玉案供词	—
洪武二十六年	《稽制录》（亦称《稽古定制》）	一卷	采汉、唐、宋功臣封爵、食邑多寡，以及名号虚实等第等制度，为功臣之劝诫	翰林院儒臣
洪武二十六年	《永鉴录》	一卷	采历代宗室为恶悖逆者，类编成书，颁示诸王	翰林院儒臣
洪武二十六年	《世臣总录》	一卷	采辑历代为臣善恶可为劝惩者，颁示中外	翰林院儒臣
洪武（具体年份不详）	《历代公主录》	二卷	辑隋、唐两代公主事迹，分善恶两类，以为劝诫	—
永乐元年	《古今列女传》	三卷	编次古今后妃、诸侯、大夫、士、庶人妻之事，凡一百六十五人，颁之六宫、行之天下	翰林学士解缙、侍读黄淮、胡广、胡俨、侍讲杨荣等
永乐二年	《文化宝鉴》	一卷	编辑自古以来嘉言善行有益于太子者	—
永乐五年	《内训》	一卷	分德性、修身等二十目，刊赐臣民	仁孝皇后徐氏
永乐五年	《劝善书》	二十卷	采三教劝善惩恶之言，附以事实，以寓劝戒，颁赐天下臣民	仁孝皇后徐氏

续表

编撰年月	书名	卷数	内容主旨	编者
永乐七年	《圣学心法》	四卷	采古圣贤自六经、诸史、子至宋儒嘉言，分君、父、臣、子四纲，下分子目	明成祖
永乐十七年	《为善阴骘》	十卷	汇辑历代为善获报者一百六十五人之事迹，各附论断	明成祖
永乐十八年	《孝顺事实》	十卷	采辑古今载籍所记孝顺之事可为垂教者，附有论断	明成祖
宣德元年	《外戚事鉴》	五卷	采辑汉代以来外戚善恶事迹	—
宣德元年	《历代臣鉴》	三十七卷	采辑春秋以来臣子之善恶事迹	—
正统八年（宣德中初撰，正统十二年成书）	《五伦书》	六十二卷	汇辑前代有关于君臣、父子、兄弟、夫妇、朋友之道者，分为六十二篇，每篇一卷，颁赐天下	明宣宗
景泰四年	《历代君鉴》	五十卷	采辑三代以来至明宣宗君主事迹	景泰帝

资料来源：《明太祖实录》《明太宗实录》《明宣宗实录》《明英宗实录》《明代史学的历程》《明代史学探研》。

从传统史料学的观点来看，除了明朝当代历史事迹，其余的明初敕撰教化类历史作品，多摘选自历代经、史著作，然后加以分类，并附以皇帝本人或者翰林儒臣的评论，史料价值的确不高。

就史学观念而言，这批以劝诫、教化为主要功用的官修历史读物，不只是对南宋以降就已逐渐占据主流的义理化史学的延续，更是从国家权威的层面强化了程朱理学的观念之于史学的支配地位，普及了义理化的历史知识。概言之，明初敕撰教化类历史作品笼罩着浓厚的程朱理学观念，在以下两个方面表现得特别突出：一是强调"攘夷狄""尊正统"。明代开国以后，不仅撤退至北方草原的蒙古势力仍然对明朝构成相当大的威胁，同时，广大汉族聚居的区域，历经非汉族长时期的统治，社会各个层面"胡化"的程度相当严重。因此，祛除社会和思想层面中异族文化的因素，塑造新政权的正统性，成为当时政治文化中一个显著的特点。以劝诫为功用的敕撰教化类史书，同样担负着这样的任务，强调"华夷之分"和明朝的正统地位[①]。众多敕撰教化类历史作品中，《大诰》《大诰续编》《大诰三编》和《大诰武臣》最受朱元璋的重视。据明初官方史料的记载，促使朱元璋下令编撰《大诰》诸书的原因，即是蒙元统治对"中国"造成的负面影响：

> 元氏以戎狄入主中国，大抵多用夷法，典章疏阔，上下无等。政柄执于权臣，任官重于部族……奢而僭上者无罪，奸而犯伦者不问，辫发左衽，将率而为夷……先王之制荡然矣……牧

① 明初官方对于蒙元的态度十分复杂，当时官方史书对于蒙元历史地位的处理方式，李焯然业已进行了比较详细的梳理和分析，参见 Lee ChuekYin，"*Early Ming Historiography on the Mongol Yuan Dynasty*."，in Xue Cong，1（Singapore，1989），pp.267–292；李焯然：《宁王朱权及其〈通鉴博论〉》，李焯然、梁绍杰等主编：《赵令扬先生上庠讲学五十周年纪念论文集》，香港，香港中华书局，2015 年，第 109—142 页。

民者无善政，仕进者尚阿附而轻廉，读书者重浮华而乏节行，庶绩不凝，四民失序……法制不明而彝伦之道坏也。[①]

在朱元璋和明初的政治人物看来，发迹于漠北的蒙元政权一无可取之处，儒家规范中的“先王之制”荡然无存。书中，编者一再地突出蒙元与“华夏”的对立关系及其危害，“元处华夏，非华夏之仪，所以九十三年之治，华风沦没，彝道倾颓[②]”，“愚夫愚妇，效习夷风，所以汩彝伦之攸序，是致寿非寿，富非富，康宁不自如，攸好德鲜矣”[③]。在指责“胡元入主中国，非我族类，风俗且异，语意不通”[④]的同时，则向读者强调朱明政权的合法性与正统性。为了达到这个目的，书中反复解释元、明易代是“元政不纲，天将更其运祚”[⑤]，明朝并非是由窃夺而来，而是“称天心而致然”[⑥]，新政权的建立及采取的一系列变革，更是“申明我中国先王之旧章”[⑦]，剔除“前代污染”[⑧]，意义非凡。

二是极为注重以历史“明纲常人伦”的作用。建立在等级差别基础之上的伦理体系，在先秦时期就已经出现，并逐渐成为政治和社会组织运作的价值规范。程朱理学兴起以后，宋儒更是从“理”与“性”的高度，重新阐释了三纲五常的永恒价值和无可置疑的地位。朱熹曾言：“宇宙间一理而已，天得之而为天，地得之而为地，而凡生于天地之间者，又各得之以为性。其张之为三纲，其纪之为五常；盖此皆理之流行，无所适而不在。”[⑨]随着程朱理学的传播，纲常名分的概念也日益渗入到史学中，南宋以降的诸多史家多强调上下尊卑关系是历史的“不易之理”，纲常伦理更是决定历史兴衰的基础[⑩]。

元、明鼎革之后，为了形塑朱明政权的正统性，整顿社会秩序，明初的帝王和政治家，大多强调“我国家以纲常为治”[⑪]，试图通过强化名教纲常，建立一个上下有等、尊卑有别的儒家礼法社会。作为构建礼法社会运动中的一环，担负着劝诫功能的教化类史书，极为突出纲常名分的重要性。成书于洪武八年（1375）的《资世通训》，分为《君道》《臣用》《士用》《农用》《商用》等章，采用简明扼要的文字，逐一规范社会各阶层“职分之所当”[⑫]。三纲之中，君臣一伦尤其受到重视，例如

---

① 《明太祖实录》卷一七六，洪武十八年十月己丑，第2665页。

② ［明］朱元璋：《御制大诰》卷首《御制大诰序》，《续修四库全书》第862册，上海，上海古籍出版社影印本，1995年，第243页。

③ ［明］朱元璋：《御制大诰续编》卷首《御制大诰续编序》，《续修四库全书》第862册，上海，上海古籍出版社影印本，1995年，第267页。

④ ［明］朱元璋：《御制大诰》卷一《胡元制治》，第244页。

⑤ ［明］朱元璋：《御制大诰三编》卷一《造言好乱第十二》，《续修四库全书》第862册，上海，上海古籍出版社影印本，第330页。

⑥ ［明］朱元璋：《御制大诰三编》卷一《秀才剁指第十》，第329页。

⑦ ［明］朱元璋：《御制大诰续编》卷首《御制〈大诰续编〉序》，第267页。

⑧ ［明］朱元璋：《御制大诰》卷首《御制〈大诰〉序》，第243页。

⑨ ［南宋］朱熹著，徐德明、王铁校点：《晦庵先生朱文公文集》卷七〇《读大纪》，朱杰人、严佐之、刘永翔主编：《朱子全书》第23册，第3376页。

⑩ 周少川：《元代史学思想研究》，北京，社会科学文献出版社，2001年，第18—19页。

⑪ ［明］朱瞻基：《五伦书》卷首《御制〈五伦书〉序》，《续修四库全书》第935册，上海，上海古籍出版社影印本，1995年，第499页。

⑫ ［明］朱元璋：《资世通训》卷末《〈资世通训〉后序》，《续修四库全书》第935册，上海，上海古籍出版社影印本，1995年，第267页。

《臣用》章在分析"历代之臣多有始而无终"的问题时，强调"天地生民极众，无主者必乱，故天生君以主之，君设百官以助理之"①；君主的独尊地位是由"天"决定，臣子只有义务而无任何的主动性可言，《资世通训》认为，作为臣子应当恪守"勿欺、勿瞒、勿辱"之原则，"欺诳侮瞒于君上者"则是"必不得其死"②。

尽管明成祖以藩王的身份采取非正常的手段取得帝位，明显有悖于君臣之伦，但是即位以后，却屡次下令编纂教化类史书，大力宣扬三纲五常的重要性。永乐七年（1409）二月，《圣学心法》成书，命司礼监刊行③。全书共四卷，分君道、父道、子道、臣道四类，君道的比重最大，占据了四分之三以上的卷次，第四卷后半部分才论及父道、子道、臣道。书中，明成祖从"天地""阴阳"的角度，来论证纲常尊卑贵贱的合理性和政治意义：

> 夫天地者，尊卑之位也；君臣者，贵贱之等也。尊卑之义明，贵贱之等辨，则天地定而阴阳和，人伦序而名分正。是故圣王之于天下也，不使卑逾遵、贱陵贵、小加大、庶先嫡，君君、臣臣、父父、子子，各得其所而礼仪立……君臣正，父子亲，夫妇别，长幼顺，上以统下，大以维小，卑以承尊，贱以事贵，则朝廷之义明而祸乱之源塞矣！④

至宣德、正统（1436—1449）年间，敕撰教化类史书对于纲常伦理的强调，达到了无以复加的程度。编纂并刊行于这一时期的《五伦书》，尤其注重从理学"尽性"的角度，宣扬"父子之亲、君臣之义、夫妇之别、长幼之序、朋友之信"⑤五种伦理关系。全书卷帙庞大，总计六十二卷，分"君道""臣道""父子之道""夫妇之道""兄弟之道""朋友之道"等六类。该书体例非常严整，卷一为《五伦总论》，各类之下，各自又分"嘉言""善行"，"嘉言"用以辑录前人相关之言论，"善行"则是摘选从三代以来可为鉴戒的历史事迹；其中，"君道""臣道"两类中，"善行"下又再细分子目，如"君道·善行"分为"圣德""圣学""敬天""法祖"等四十八个小类。这种周密的体例安排，将古今历史事迹、言论统合进尊卑有别、上下有序的纲常体系内，清楚地表明了社会关系中的各个等级所应遵循的伦理规范。

明初敕撰教化类史书对于纲常伦理的强调，还存在一个特别之处，即是将名教纲常与福祸因果联系起来，通过选取历史中的因果报应之事，警示民众遵循天理伦常的规范，勿要"越礼犯分"⑥。这一时期，史学丧失了自身的独立性，历史事迹被限缩为纲常伦理与福祸报应的注脚。以仁孝皇后徐氏（1362—1407）的名义编纂之《仁孝皇后劝善书》，二十卷，每卷分"嘉言""感应"二目，"嘉言"一目之下，搜集儒、释、道三家"劝善惩恶之言"，而在"感应"部分，则是逐一罗列历史

① ［明］朱元璋：《资世通训·臣用章》，第264页。
② ［明］朱元璋：《资世通训·臣用章》，第264页。
③ 《明太宗实录》卷八八，永乐七年二月甲戌，中国台北，"中研院"历史语言研究所校印本，1962年，第1162页。
④ ［明］朱棣：《圣学心法》卷首《〈圣学心法〉序》，《续修四库全书》第935册，上海，上海古籍出版社影印本，1995年，第294页。有关《圣学心法》一书编撰目的及其体现的明成祖的政治思想，参见李焯然《治国之道——明成祖及其〈圣学心法〉》《汉学研究》，9：1（中国台北，1991），第211—227页。
⑤ ［明］朱瞻基：《五伦书》卷首《御制〈五伦书〉序》，第499页。
⑥ ［明］朱元璋：《御制大诰续编》，第297页。

上与之相关的因果报应事迹，以之来证明“善恶之报，理有必然”[①]。

由明成祖直接下令编纂并大力推广的《为善阴骘》[②]，纲常伦理与因果报应相结合的趣味最为浓厚。全书共十卷，摘选前代史书中的内容，名义上由朱棣“各为论断，以附其后，并系之诗”，冀图通过此书的传播，“令观者不待他求，一览而举在目前，庶几有所感发，勉于为善，乐于施德”[③]。如卷四《王祐公直》，王祐（923—987）传记部分，基本上抄自朱熹《五朝名臣言行录》卷十《太尉魏国王文正公》所附王祐之传记[④]，内容分为两段：首先是王祐因为力保天雄军节度使符彦卿无罪，并劝谏宋太祖毋因猜忌而滥杀大臣，终被贬官；其次是王祐三子王懿（生卒年不详）、王旦（957—1017）、王旭（生卒年不详）的非凡宦迹。在叙述完这段内容之后，紧接着是编者以明成祖的名义，从纲常名教与因果报应的角度对王祐所作之评断：

> 夫人臣之侍君，必尽忠直之心，不可逢迎以取容悦。若王祐不为王溥之官，以拂其君之意，虽遭贬黜，终身无憾。厥后其子旦位居三公，世膺显禄，岂非天报其忠厚之德乎！《书》曰：“为善者，未尝无报也，不以其实，则以其名；不在其身，则在其子孙。”信夫！然后知积德者获福之本，仁恕者裕后之基……由是知祐之阴德，不可量也。[⑤]

由上可知，对于王旦等王氏后人在宋代官场上的不俗表现，《为善阴骘》完全没有分析王旦自身的政治素养及历史背景，而是从因果报应的角度，将之归为其父王祐恪守君臣之义而带来的“福报”。

二　学校教育与敕撰教化类历史读物

明代前期，官方耗费大量人力、物力编撰这一类历史读物，目的在于劝诫和教化民众，意图重建符合程朱理学规范的礼法秩序。同时，为了在社会层面——尤其是士人阶层中间——推广和传播其所宣扬的纲常伦理和正统等思想，自洪武时期起，明廷就将敕撰教化类史书纳作学校教育的内容和科举策问出题的对象，以此来确保士人学习和领悟敕撰教化书的内容及思想。

在编撰工作完成以后，明廷迅速地将这批敕撰教化类历史读物颁赐给各级学校，并要求师生讲读。洪武十八年（1385）十月，《大诰》成书时，朱元璋就表示要将该书“颁示中外，臣民家传人

---

① ［明］仁孝皇后徐氏：《大明仁孝皇后劝善书》卷首《御制〈劝善书〉序》，《四库全书存目丛书》子部第120册，济南，齐鲁书社影印本，1995年，第92页。

② 关于《为善阴骘》一书的思想倾向与传播情况，参见罗俊亮：《明代〈为善阴骘〉考述》，《中国俗文化研究》2018年第1期，第33—44页。

③ ［明］朱棣：《为善阴骘》卷首《御制〈为善阴骘〉序》，《四库全书存目丛书》子部第121册，济南，齐鲁书社影印本，1995年，第598页。

④ 按，《宋史》卷二六九《王祐传》，较之《五朝名臣言行录》所载，内容更为详赡。

⑤ ［明］朱棣：《为善阴骘》卷四《王祐公直》，第638页。

诵”[①]。次年正月，正式将《大诰》“颁赐国子监及天下府、州、县学生”[②]。同年十月，《志戒录》成书，“赐群臣及教官、诸生讲诵”[③]。永乐时期，《为善阴骘》《孝顺事实》编纂完成以后，明成祖随即将之颁赐给“文武群臣及两京国子监、天下学校”[④]。正统十二年（1447）三月，续修《五伦书》完成，工部即着手刻版，次年九月，明英宗命令“颁《五伦书》于天下儒学”[⑤]。

从明代方志材料来看，这些敕撰教化类书籍——尤其是《大诰》《大诰续编》《大诰三编》《仁孝皇后劝善书》《为善阴骘》《孝顺事实》《五伦书》——的确下发到了各地府、州、县儒学，成为当时地方官学藏书的标配。例如，据《（成化）宁波府简要志》记录，当时宁波府学及辖下五县儒学，均存有宣德以前颁降图书的二十种，以上七种敕撰教化类史书均包括在内[⑥]。再如，《（弘治）常熟县志》记载，该县儒学尊经阁藏前朝颁赐书籍十九种，其中属于敕撰教化类史书者共有八种，“《稽古定制》一册、《大诰》三编三册、《列女传》三册、《孝顺事实》三册、《为善阴骘》九册、《五伦书》六十二册”[⑦]。又如，句容县学藏有《逆臣录》《彰善瘅恶录》等七种[⑧]。地处中原的河南府偃师县，至弘治间，县学尚存有《大诰》三编等七种敕撰教化类史书[⑨]。甚至在边疆省份的云南，当地各儒学也藏有《仁孝皇后劝善书》《大诰》《稽古定制》《礼仪定式》《大诰武臣》《洪武礼制》《列女传》《五伦书》《为善阴骘》《孝顺事实》等十余种敕撰教化类读物[⑩]。现存史料当中明代地方学校藏有敕撰教化历史读物的种类，以陕西华州为最，有25种之多，除了常见的《大诰》三编、《为善阴骘》、《孝顺事实》等书外，还包括《精诚录》《存心录》《世臣总录》《历代君鉴》《圣学心法》等[⑪]。

至于南、北两京的国子监，不仅藏有为数众多的敕撰教化类历史读物，而且拥有该类书籍的雕版，可供反复刷印，给在监读书的监生使用。黄佐《南雍志》载，截至天顺（1457—1464）年间，南京国子监收藏的敕撰教化类史书，数量仍有千余册之多，分别是《大诰》十二本、《大诰续编》十一本、《大诰三编》十二本、《为善阴骘》一百八十本、《孝顺事实》一百五十本、《仁孝皇后劝善

---

① ［明］朱元璋：《大诰》卷末《〈大诰〉后序》，第266页；《明太祖实录》卷一七六，洪武十八年十月己丑，第2665页。

② 《明太祖实录》卷一七七，洪武十九年正月庚申，第2676页。

③ 《明太祖实录》卷一七九，洪武十九年十月辛亥，第2721页。

④ 《明太宗实录》卷二二六，永乐十八年六月辛丑，第2215页。

⑤ 《明英宗实录》卷一五一，正统十二年三月己丑，中国台北：“中研院”历史语言研究所校印本，1962年，第2972页；卷一七〇，正统十三年癸丑，第3286页。

⑥ ［明］黄润玉纂修：（成化）《宁波府简要志》卷五《艺文志·本朝颁降书籍》，《四库全书存目丛书》史部第174册，济南，齐鲁书社，1996年影印本，第777页。

⑦ ［明］杨子器、桑瑜纂修：（弘治）《常熟县志》卷三《图籍·国朝颁降书籍》，《四库全书存目丛书》史部第185册，济南，齐鲁书社，1996年影印本，第162页。

⑧ ［明］王僖征、程文纂修：（弘治）《句容县志》卷二《学校》，《天一阁藏明代方志选刊》第11册，上海，上海古籍书店影印本，1962年，第5a页。

⑨ ［明］魏津、张让纂修：（弘治）《偃师县志》卷一《学校》，《天一阁藏明代方志选刊》第52册，上海，上海古籍书店影印本，1962年，第17b页。

⑩ ［明］邹应龙、李元阳纂修：（隆庆）《云南通志》卷八《儒学》，《湖北省图书馆藏稀见方志丛刊》第86册，北京，国家图书馆出版社，2018年，第216页。

⑪ ［明］李可久、张光孝纂修：（隆庆）《华州志》卷一一《艺文志》，《原国立北平图书馆甲库善本丛书》第352册，北京，国家图书馆出版社，2013年，第346页。

书》六百一十本、《内训》七十八本、《五伦书》九部、《历代君鉴》六部[①]。较之印本，南京国子监所藏敕撰教化类史书雕版的种类更为丰富。至嘉靖二十二年（1543）黄佐担任南京国子监祭酒时，南监所藏刻版在历经“刷印匠窃去刻他书[②]”之后，敕撰类教化书之版片，尚存有《资世通训》、《存心录》、《孝慈录》、《稽古定制》、《列女传》、《大诰武臣》、《大诰》三编等九种[③]。

随着敕撰教化类历史读物的颁发，明朝政府也开始将其纳入到学校教育的课程之中，训令师生背诵、理解。明代前期，讲读敕撰教化类史书的活动，在最基层的乡间社学就已展开。洪武时，朱元璋下令各地广立社学，“延师儒以教民间子弟”[④]，洪武二十年（1387）左右，要求社学“教诵《大诰》，欲其自幼知所循守”，同时规定三年之后，“为师者率其徒至礼部背诵，视其所诵多寡，次第赏之”[⑤]。正统间，明廷再次申明，未有犯罪记录的民间子弟，需要进入社学，“讲读《大诰》、《孝顺事实》、《四书》、经史之类，以备选补诸生名缺”[⑥]。从现存明史资料的记载来看，当时社学教诵《大诰》的规模空前之大，仅洪武三十年（1397），“天下讲读《大诰》师生来朝者凡十九万三千四百余人”[⑦]。

明代前期，两京国子监及各地府、州、县儒学的教学活动，除了《四书》《五经》《通鉴纲目》等儒家经、史内容，也讲授敕撰教化类历史读物之中的内容。洪武三十年，定国子监《学规教条》，其中规定：“诸生每三日一背书，日读《大诰》并本经、四书各一百字，熟记文词，精解理义，或有疑难，则恭质问，务求明白。”[⑧]对于国子监生而言，不仅需要每日背诵《大诰》，而且教官每三日就要检查学习进度。至于各地府、州、县儒学，明廷也反复申明“累朝御制诸书，诸生宜庄诵讲明”[⑨]。当时官学生员学习敕撰教化类史书，除由教授、学正、教谕、训导等进行日常的督导，对学校事务负有提调之责的知府、知县等所在地方正官，也会例行检查其学习情况。成化四年（1468），礼部奏准重申，每月初一、十五，地方官员前往儒学行香之时，“令师生讲说《大明律》及御制书籍”[⑩]。诸如此类对于讲读敕撰教化类史书的活动，也的确得到了贯彻。例如，成化年间，戴琥（生卒年不详）任绍兴知府，在任期间，修葺府学，“时命诸生讲圣制诸书”[⑪]。同样，这批官修的教化类历史读物，也是当时某些半官方性质的书院教学的内容之一。例如著名的江西白鹿洞书院，制定于成化三年（1467）的《白鹿洞规》，要求书院的学生“读书必循序渐进，不可躐等，先读小学，次读《四书》、《五经》及御制书、《史鉴》。各随资质高下，上者五百字，中者三四百字、一二百字，

① ［明］黄佐：《南雍志》卷一七《经籍考・天顺年间官书》，《续修四库全书》第749册，上海，上海古籍出版社影印本，2002年，第416—417页。

② ［明］黄佐：《南雍志》卷一七《经籍考・梓刻本末》，第421页。

③ ［明］黄佐：《南雍志》卷一七《经籍考・制书类》，第421—422页。

④ 《明太祖实录》卷九六，洪武八年正月丁亥，第1655页。

⑤ 《明太祖实录》卷二一四，洪武二十四年十一月己亥，第3159页。

⑥ ［明］莫尚简修，张岳纂述：（嘉靖）《惠安县志》卷九《学校・社学》，《天一阁藏明代方志选刊》第32册，上海，上海古籍书店影印本，1963年，第8b页。

⑦ 《明太祖实录》卷二五三，洪武三十年五月己卯，第3652页。

⑧ 《明太祖实录》卷二五四，洪武三十年七月己巳，第3664—3665页。

⑨ ［明］顾潜：《静观堂集》卷八《申严条约事》，《四库全书存目丛书》集部第48册，济南，齐鲁书社影印本，1997年，第530页。

⑩ ［明］申时行等编：（万历）《明会典》卷二〇《户部七・户口二・读法》，第135页。

⑪ ［明］凌迪知：《万姓统谱》卷九九《戴琥传》，中国台北：新兴书局影印本，1971年，第1389页。

十日一温书”①。由此可见，明代前期，讲诵敕撰教化类历史读物的活动，涉及的学校层级非常广泛，既包括各地府、州、县儒学及两京国子监，也在乡间社学和某些半官方性质的书院中展开。

三　科举策问与敕撰教化类历史读物的传播

配合着在各级学校中展开的讲读活动，敕撰教化类历史读物也深入到科举考试的领域，乡试、会试第三场策问均将之作为出题的对象。这一举措，将科举考试及其直接影响到的功名利禄与敕撰教化类历史读物联系起来，使得广大士人阶层在日常备考过程中，不能轻忽对于该类历史读物的学习。明代前期，敕撰教化类史书及其中理学化历史知识的推广，正是在这一背景之下得以强化和进一步地传播。

以劝诫、教化为功用的官修历史读物进入到科举考试的领域，并不是考官主观意愿的产物，而是明初帝王意志的结果。洪武二十四年（1391）九月，明太祖命令礼部：“今后科举、岁贡于《大诰》内出题，或策、论、判语参试之。”② 按照这一规定，乡试、会试及由礼部负责举行的岁贡生考试，第二场论、判，或第三场策问，需要以《大诰》中的内容出题，测试考生对该书的掌握和理解③。永乐十七年（1419）三月，《为善阴骘》书成，明成祖将此书颁赐国子监及天下学校，同时也令礼部“自今科举取士，准《大诰》例，于内出题”④。此后，随着其他敕撰教化类历史读物的编撰、颁发，也被纳入科举考试的范围之内，策问出题的对象已经扩展至“御制诸书”⑤。根据弘治三年（1490）会试主考官徐溥（1428—1499）的说法，在当时的各级科举考试中，“策场首篇，必以当代制作为问”⑥。也就是说，明代前期科举第三场策问考试的五道试题，第一道策问试题必定会以敕撰教化类历史读物出题。这一点，在现存明代前期的《会试录》和各地《乡试录》中有着极为清楚的体现。现将《天一阁藏明代科举录选刊·会试录》《天一阁藏明代科举录选刊·乡试录》和《明代登科录汇编》中留存的第三场以敕撰教化类历史读物为考查对象的策问试题，分别列表如下：

---

① ［明］李龄：《宫詹遗稿》卷三《白鹿洞规》，《四库未收书辑刊》第5辑第17册，北京，北京出版社影印本，2000年，第352页。

② 《明太祖实录》卷二一二，洪武二十四年九月乙酉，第3141页。需要指出的是，明代科举考试中对于敕撰类读物的考查不限于策问，乡试、会试第二场中的“论”，也会以之出题。黄佐云：“（乡试、会试）二场，洪武四年以射礼论为题，其后止用经书、圣制书中成语。”黄佐：《翰林记》卷一四《试录程式文字》，《金陵丛书》乙编第44册，南京，南京出版社，2016年，第78页。

③ 需要指出的是，洪武二十四年会试已经于该年二月结束，故而至洪武二十六年（1393）乡试、洪武二十七年（1394）会试，第二、三场才开始以《大诰》三编出题。

④ 《明太宗实录》卷二一〇，永乐十七年三月丁巳，第2128—2129页。

⑤ ［明］郑晓：《国朝制书》，上海图书馆藏万历刻本，4a页。

⑥ ［明］徐溥、汪谐编：《弘治三年会试录》，《李氏世科录》，中国台北，“中研院”傅斯年图书馆藏明抄本，45页下。

表 2　明代前期会试以敕撰教化类历史读物为出题对象之策问统计表

总论	景泰二年第三场第一问、天顺元年第一问、天顺四年第三场第一问、天顺七年第三场第一问、成化十七年第三场第一问、成化二十年第三场第一问
《大诰》《大诰二编》《大诰三编》	宣德五年第三场第一问、宣德八年第三场第一问、正统元年第三场第一问、正统四年第三场第一问、正统七年第三场第一问、正统十年第三场第一问、景泰五年第三场第一问、天顺元年第三场第一问、天顺四年第三场第一问、天顺七年第三场第一问、成化二年第三场第一问、成化八年第三场第一问
《孝顺事实》	宣德五年第三场第一问、宣德八年第三场第一问、正统元年第三场第一问、正统四年第三场第一问、正统七年第三场第一问、正统十年第三场第一问、正统十三年第三场第一问、景泰二年第三场第一问、景泰五年第三场第一问、天顺元年第三场第一问、天顺七年第三场第一问、成化二年第三场第一问
《为善阴骘》	宣德五年第三场第一问、宣德八年第三场第一问、正统元年会试第三场第一问、正统四年会试第三场第一问、正统七年第三场第一问、正统十年会试第三场第一问、正统十三年会试第三场第一问、景泰二年会试第三场第一问、景泰五年会试第三场第一问、天顺元年第三场第一问、天顺七年第三场第一问、成化二年第三场第一问
《五伦书》	景泰二年会试第三场第一问、景泰五年会试第三场第一问、天顺元年第三场第一问、天顺四年第三场第一问、天顺七年第三场第一问、成化二年第三场第一问、成化二十三年第三场第一问、弘治十八年第三场第二问
《精诚录》	成化八年第三场第一问
《祖训录》	弘治十二年第三场第一问
《昭鉴录》	弘治十二年第三场第一问

表 3　明代前期乡试以敕撰教化类历史读物为出题对象之策问统计表

总论	天顺三年江西第一问、天顺六年浙江第一问、天顺六年山东第一问、弘治二年江西第一问、弘治五年顺天第一问、弘治五年江西第一问、成化七年应天第一问、成化七年浙江第一问、成化七年陕西第一问、成化十年浙江第一问、成化十年广东第一问、成化十年陕西第一问、成化十三年顺天第一问、成化十三年浙江第一问、成化十三年江西第一问、成化十六年顺天第一问、成化十六年浙江第一问、成化十六年山东第一问、成化十九年山东第一问、成化二十二年山西乡试、成化二十二年广东第一问、弘治十一年湖广第一问、弘治十四年顺天第一问
《储君昭鉴录》	弘治五年顺天第一问、弘治十四年顺天第一问
《历代君鉴》	弘治十四年顺天第一问
《历代臣鉴》	成化十年应天第一问、弘治十四年顺天第一问
《资世通训》	成化十六年应天第一问、弘治十四年顺天第一问
《孝慈录》	弘治十四年顺天第一问
《礼仪定式》	弘治十四年江西第一问
《稽古定制》	弘治十四年江西第一问
《祖训录》	弘治五年顺天第一问、弘治五年江西第一问、弘治十一年顺天第一问、弘治十四年顺天第一问

续表

《大诰》《大诰二编》《大诰三编》	永乐十二年福建乡试第一问、第二问，宣德元年福建乡试，永乐十八年浙江第一问、第四问、第五问，景泰元年成化十年顺天第一问，天顺三年江西第一问，天顺六年应天第一问，天顺六年浙江第一问，天顺六年山东第一问，成化四年应天第一问，成化七年浙江第一问，成化七年广东第一问，成化七年湖广第一问，成化十年浙江第一问，成化十年山东第一问，成化十年广东第一问，成化十年陕西第一问，成化十三年顺天第一问，成化十六年应天第一问，成化十六年浙江第一问，弘治五年湖广第一问，弘治八年山东第一问，弘治十四年顺天第一问，弘治十四年河南第一问，弘治十四年云贵第一问
《圣学心法》	弘治十七年顺天第一问
《孝顺事实》	永乐十八年浙江第三问、景泰元年应天第一问、天顺三年江西第一问、天顺六年应天第一问、天顺六年浙江第一问、天顺六年山东第一问、成化四年应天第一问、成化七年浙江第一问、成化十年山东第一问、成化七年广东第一问、成化七年湖广第一问、成化十年顺天第一问、成化十年浙江第一问、成化十年广东第一问、成化十年陕西第一问、成化十六年浙江第一问、弘治八年山东第一问、弘治十四年顺天第一问
《为善阴骘》	宣德元年福建乡试第一问、景泰元年应天第二问、景泰四年福建乡试、天顺三年江西第一问、天顺六年应天第一问、天顺六年浙江第一问、天顺六年山东第一问、成化四年应天第一问、成化七年浙江第一问、成化七年广东第一问、成化七年湖广第一问、成化十年顺天第一问、成化十年浙江第一问、成化十年山东第一问、成化十年广东第一问、成化十年陕西第一问、成化十六年浙江第一问、弘治八年福建乡试第一问、弘治八年山东第一问、弘治十四年顺天第一问
《文华宝鉴》	弘治五年顺天第一问
《文华大训》	弘治五年顺天第一问
《五伦书》	景泰元年应天第一问、天顺三年江西第一问、天顺六年应天第一问、天顺六年浙江第一问、天顺六年山东第一问、成化元年山东第一问、成化四年应天第一问、成化四年广东第一问、成化七年浙江第一问、成化七年广东第一问、成化七年湖广第一问、成化十年顺天第一问、成化十年浙江第一问、成化十年山东第一问、成化十年陕西第一问、成化十三年江西第一问、成化十六年浙江第一问、弘治五年湖广第一问、弘治十一年陕西第一问、弘治十四年顺天第一问、弘治十四年福建第一问

从现存的明代科举录来看，明代中前期乡试、会试第三场策问考试，几乎每一个科次第一问，基本全部以敕撰教化类历史读物出题，出现得十分频繁。而至于问目的具体内容，大致可以分为两类，一类是要求考生概述敕撰教化类史书的主旨大意，并将其与儒家经典中的某些言论和事迹对应起来。如景泰二年（1451）会试，第三场第一问循例，以洪武、永乐、宣德三朝所颁敕撰教化类史书出题。该道策题下含三个问目，第一、二问目云：

自古帝王之治天下，莫不以伦理为重……洪惟我朝太祖高皇帝以至圣之德，君主亿兆，万几之暇，条成《大诰》三编，晓谕臣民，中间如五教育民，申明五常之类，皆笃厚于伦理者也。太宗文皇帝作《为善阴骘》《孝顺事实》，宣宗章皇帝著《五伦》之书，颁示天下，亦莫不以伦理为重。三圣一心，其所著述盖与典谟训诰之文同符合辙，同传于千万世之远矣！然其言与典谟训诰之所同者，可指而言之欤？一书之间，弘纲大旨各有所在，亦可举其要而悉论之

> 欤……诸士子服膺圣训有素，其详著于篇，以观所学。[①]

考官在以“伦理”二字总括古先帝王治理天下及《大诰》三编、《为善阴骘》、《孝顺事实》、《五伦书》的特点以后，先是要求考生回答这四种敕撰教化类史书与儒家典籍间的具体相同之处，然后令考生逐一总结各书的中心思想。面对这两个问目，在考试之前，士子至少需要了解策题所涉及的敕撰教化类历史读物的大概内容，方可在此基础之上进行进一步的发挥。关于这一点，《景泰二年会试录》所附程文，有着极为清楚的反映。

该科会试结束之后，江西安福县举人刘宣（1425—？）所作第三场第一问答卷被录作程文。依照考官在题目中对于“伦理”的强调提示，刘宣以“伦理之在于人者，万古同一心；伦理之著于书者，万圣同一理”[②]为其答卷定调。随后，刘宣简要地论述明太祖、明成祖、明宣宗三人治理天下“皆以伦理为重”与敕命编纂《大诰》《孝顺事实》等书的用意。接下来，正式回答考官所设计的第一个问目，云：

> 古今虽异世而同此道，先后虽异时而同此心。三圣之心，同一重伦理，其与尧、舜、禹、汤、文、武之心为无间；三圣之书，同一明伦理，其与尧、舜、禹、汤、文、武之言为不殊。《（大）诰》之所谓“君臣同游”，及《书》“元首明哉，股肱良哉”之旨也。《（孝顺）事实》所谓“降衷秉彝”，即《书》“若有恒性”之意也。《（为善）阴骘》言“为善获报”，是即《书》言“惠迪吉，从逆凶”也。《五伦（书）》言“以纲常为治”，亦即《书》言“彝伦攸叙”也。与之同符合辄者在是，宜乎同传乎千万世之久而无穷也。[③]

面对考官在问目中所提出的问题，一方面，刘宣提出明朝“三圣”（明太祖、明成祖、明宣宗）对纲常伦理的重视程度，可与尧、舜、禹、汤、文、武等儒家理想中的圣王相媲美，其下令纂成之书也符合三代圣王的标准。另一方面，刘宣也逐一指明了《大诰》《为善阴骘》《孝顺事实》《五伦书》等四部敕撰教化类史书中的内容与《尚书》相对应之处。从程文来看，刘宣平时对这四种历史读物的主旨和内容，应该有相当程度的了解和掌握。刘宣答卷中所言之《大诰》“君臣同游”，出自该书第一章君臣同游[④]；《为善阴骘》“为善获报”，出自该书卷四《王祐公直》[⑤]；《孝顺事实》“降衷秉彝”、《五伦书》“以纲常为治”，分别出自各书卷首的御制序[⑥]。

较之仅要求回答敕撰教化类史书主旨大意的问目，另一类以这些书中所载历史事迹和人物出题的问目，测验的是考生的记诵能力，难度相对较高。例如，天顺六年应天府乡试第三场第一问，下

---

① ［明］江渊等编，闫真真点校：《景泰二年会试录》，龚延明主编：《天一阁藏明代科举录选刊·会试录》下册，宁波，宁波出版社，2016年，第189页。

② ［明］江渊等编，闫真真点校：《景泰二年会试录》，第210页。

③ ［明］江渊等编：《景泰二年会试录》，第210页。

④ ［明］朱元璋：《御制大诰》卷一《君臣同游第一》，第244页。

⑤ ［明］朱棣：《为善阴骘》卷四《王祐公直》，第638页。

⑥ ［明］朱棣：《孝顺事实》卷首《御制〈孝顺事实〉序》，《北京图书馆珍本古籍丛刊》第14册，北京，书目文献出版社影印本，1991年，第489页；朱瞻基：《五伦书》卷首《御制〈五伦书〉序》，第499—500页。

含四个问目，第一个问目以经学议题设问，要求考生根据《孝经》“先王之教，不肃而成，其政不严而治”分析“孝”之意义。其余的三个问目，测验的是考生对于《大诰》《为善阴骘》《孝顺事实》《五伦书》内容的记诵和理解：

> 洪惟我太祖高皇帝创业垂统，虑臣民未尽于孝也，制《大诰》，书以《明孝》之章示天下，其间则以定省供奉为未尽于孝，欲人修其远大者，意果何在欤？钦惟太宗文皇帝、宣宗章皇帝又制《孝顺事实》《为善阴骘》《五伦书》，以为人能居家亲其亲，则其出也必能仁乎民，故有一人所为，既载于《孝顺（事实）》，又见于《（为善）阴骘》者，而其自亲亲推于仁民者何事？人能事亲尽孝，则其仕也必能忠乎君，故有一人所行既行于《子道》，又收于《臣道篇》者，而其事亲孝，忠可移于君者何行？可历举其人以实之欤？[①]

将第二至第四个问目与《大诰续编》《为善阴骘》《孝顺事实》《五伦书》中的内容对比之后，则是发现：第二个问目考查的是考生《大诰续编》第七章《明孝》中朱元璋相关言论的理解；第三个问目，实际上测验的是考生对于《为善阴骘》《孝顺事实》中黄香（69—122）、狄仁杰（630—700）及其为子孝亲、为臣抚民事迹的记忆。书中与黄香相对应的记载，分别见《为善阴骘》卷二《黄香忧济》、《孝顺事实》卷一《黄香扇枕》[②]；而与狄仁杰相对应的记载，则为《孝顺事实》卷六《仁杰望云》、《为善阴骘》卷三《仁杰申理》[③]；第四个问目以《五伦书》“臣道”“子道”类中的历史出题，实际上测验的是考生对于房玄龄（579—648）、范纯仁（1027—1101）孝亲忠君事迹的记诵能力。《五伦书》中，与之相对应的房玄龄事迹，见该书卷三二《臣道九・善行・谏诤》、卷五七《子道二・善行中》[④]；而范纯仁之事迹，则在该书卷三九《臣道十六・善行・救灾》、卷四九《臣道二十六・善行・笃行》、卷五七《子道二・善行中》[⑤]。

策题之中，考官仅仅指明了记载这些历史人物事迹的书名和篇章类别，并没有明确提示具体的姓名和历史事迹。因此，对于参加该科乡试的士子而言，必须预先仔细阅读过敕撰教化类史书，而且对具体内容有较深程度的掌握，在收到试题之后，才能在短时间内逐一回答出《孝顺事实》等书中所载黄香、狄仁杰、房玄龄、范纯仁等人孝亲忠君的历史事迹。考生如果事先没有接触过《大诰续编》《孝顺事实》等四部敕撰教化类历史读物，或者只了解其主旨大意，势必无法应答这道策问。

是年应天乡试，常州武进县学生员徐淳（生卒年不详）以《礼记》中第十八名，其所作改道策问答卷被录作程文，公之于众。从程文现存部分来看，他此前对这四部敕撰教化类书籍的内容非常熟悉，回答出书中所载黄香、狄仁杰等人的具体事迹。例如：“黄香孝著于《扇枕》，及后为尚书

---

① ［明］刘吉等编：《天顺六年应天府乡试录》，龚延明主编：《天一阁藏明代科举录选刊・乡试录》第2册，宁波，宁波出版社，2016年，第942页。

② ［明］朱棣：《孝顺事实》卷一《黄香扇枕》，第504页；［明］朱棣：《为善阴骘》卷二《黄香忧济》，第613页。

③ ［明］朱棣：《孝顺事实》卷六《仁杰望云》，第561—562页；［明］朱棣：《为善阴骘》卷三《仁杰申理》，第623—624页。

④ ［明］朱瞻基：《五伦书》卷三二《臣道九・善行・谏诤》，第38—39页；卷五七《子道二・善行中》，第307页。

⑤ ［明］朱瞻基：《五伦书》卷三九《臣道十六・善行・救灾》，第120—121页；卷四九《臣道二十六・善行・笃行》，第224—225页；卷五七《子道二・善行中》，第309页。

令，活东平、清河逮系之人甚众。狄仁杰思切于《望云》，及后为豫州刺史，申理越王支党余二千人。”[①]如此应答，显然很契合考官的期待及阅卷标准。《礼记》房同考试官万安县学教谕周昌（生卒年不详）所作评语曰：“古人忠孝具载群书，平昔不经于目，今日何知于心。此策条答无遗，足见常识。”[②]主考官翰林修撰刘吉（1427—1493）、副主考翰林检讨邢让（1429—1473）也认为徐淳的回答，“能记事实，文足以发之”，“能答所问，可取”[③]。由此可见，平日背诵和理解敕撰教化类史书的内容，是士子顺利回答出这一类问目的基础。

四　结语

十四世纪六十年代，崛起于元末群雄之中的朱元璋推翻蒙元政权，建立明朝，因长时间战争带来的社会动荡局面终于结束。然而对于新兴的明朝而言，版图的一统并不意味着政治压力与社会困境的消泯。因新政权脱胎于被称为“红贼”的红巾军而带来的政治合法性问题，以及大部分地区长期受非汉族群统治而带来的社会失序，促使明初的几位帝王非常重视“教化”的功能，并以多种形式付诸实践，力图形塑朱明政权的正统地位，达到重新规范社会秩序的目的。被视为四民之首的读书人，兼具文化精英与政治精英的双重身份，自然也是这场“教化”运动最为重要的目标群体。明代前期，在皇帝的直接命令下，官方耗费大量人力、物力编撰了一大批宣扬纲常伦理、正统观念的教化类历史读物，数量与种类之多，远超此前的任何一个朝代。敕撰教化类历史读物的数量多寡，只能说明帝王对于教化的重视程度及具体负责其事之官僚的执行力[④]。如果缺乏足够有效的机制来保障这些读物能够真正地深入到知识群体的日常知识活动之中，且能定期对其进行检验与考察的话，这类历史读物所承载的教化功用只能停留于纸面之上，无法真正地产生意义。针对这一问题，明代前期的帝王和官方所采取的措施，正中症结之所在。

通过前文的分析，可以看出，为了强有力地将这些承载着教化功能的敕撰类历史读物推广到大量知识群体中间，明代前期的政府耗费大量财力，将该类读物颁赐到从中央到地方的各级学校，并将之纳入到学校教育的课程中。由此同时，在皇帝的直接介入下，这些敕撰教化类历史读物，成为当时科举考试——尤其是乡试、会试第三场第一道策问的出题对象；这些关涉到考生切身功名的策问试题，不仅测试士子对该类历史读物主旨大意的了解，而且测验士子对其具体内容的记诵和掌握。明代前期，在“三场之制，虽有先后而无轻重”的科举录取标准之下[⑤]，敕撰教化类历史读物与学校教育、科举策问的紧密结合，使得广大以举业功名为志业的士子平日不能轻忽阅读这一类历史读物，掌握其主旨和内容。这为敕撰教化类历史读物及其所体现的教化思想、义理化历史知识在

---

① ［明］刘吉等编：《天顺六年应天府乡试录》，第960页。

② ［明］刘吉等编：《天顺六年应天府乡试录》，第959页。

③ ［明］刘吉等编：《天顺六年应天府乡试录》，第959页。

④ 有关明太祖朱元璋对于教化之重视，参见朱鸿林：《明太祖的教化性敕撰书》，《徐芳萍先生纪念文集》编辑委员会编：《徐芳萍先生纪念文集》，上海，上海古籍出版社，第577—600页。

⑤ 关于明代科举第二场论、三场策问在整个科举体系中重要性的讨论，参见耿勇：《止阅初场？——明代科举考试后场论、策地位考辨》，《史林》2019年第3期。

知识群体中的推广和传播，提供了一个非常重要的机制，深远地影响到了士人的阅读生活与知识结构。此后，尽管敕撰教化类历史读物在科举策问考试中的重要程度已经大为降低，但考生及其家长仍十分留意此类读物。嘉靖十六年（1537）应天乡试开考之前，四川左布政使陆深（1447—1544）数次寄信回乡，指导其子陆楫（1515—1552）备考之法。在其中一封信中，陆深云："寄回《逆臣录》一部、《彰善瘅恶录》一部，可看其大纲。科场中首一问策，要问此两书也。知之！知之！"[①]通过学校教育与科举当中的策问考试，体现明朝前期帝王意志与教化思想的敕撰类历史读物，如同毛细血管作用一般，渗入到广大投身于科举考试的知识群体的日常知识生活之中。这不仅反映了明朝前期国家能力之强大，而且也潜移默化地形塑了数代读书人的思想观念与知识结构。

（作者耿勇，上海社会科学院世界中国学研究所）

① ［明］陆深：《俨山集》卷九六《四川家书七首》，《景印文渊阁四库全书》第1268册，中国台北，台湾商务印书馆，1983年，第625页。

从《左编》《右编》看唐顺之的历史编纂学

杨绪敏

唐顺之在编纂史书时之所以分为《左编》《右编》两编，是本着所谓“左史记事，右史记言”之义。唐代刘知几在《史通》“载言”篇中就曾批评《史记》《汉书》在一些人物传记中“唯上录言，罕逢载事。夫方述一事，得其纪纲，而隔以大篇。”因此主张“宜于表志之外，更立一书，若人主之制册、诰令，群臣之章表、移檄，收之纪传，悉入书部，题为制册章表书，以类区别”[①]。受此影响，后世陆续出现了以记言为主的编著。唐氏将相关人物的事迹和言论分别编为《左编》和《右编》显然也受此启迪。而编纂两书的基本动机是希望通过对历史人物事迹、言论的剪裁和分类，总结历史上兴衰治乱的原因，以达到以史经世的目的。对于唐顺之的史学成就，以往学者关注不够，只有为数不多的几篇文章涉及其史学成就[②]。基于此，本文拟通过对其史学代表作《左编》和《右编》的编纂动机、体例、内容的分析，总结其历史编纂学的特点及缺失，从而客观地评价其在历史编纂学上的地位。

一

《左编》初名《史大纪》，后更名《历代史纂左编》。此书前后编纂20余年，凡七易稿而始成。以历代正史所载君臣事迹为主，参考其他记载纂集成编。分为君、相、名臣、谋臣、将、后、公主、戚、储、宗、宦、幸、奸、篡、乱、莽、镇、夷、儒、隐逸、独行、烈妇、方技、释、道凡25门类，142卷。唐氏原打算编纂到“夷”为止，后考虑到“师儒、隐逸、方技、巫史与夫二氏（释、道）者流亦皆所以羽翼左右，为有国者之不可缺，则毕采录焉”[③]。为何补充这些内容？唐氏对此作了解释：

> 师儒何与于治典也？君与相与将行之师儒讲而明之，故云师道立则善人多而朝廷正，言师儒之系乎治者重也，……故纂前史《儒林》《道学》诸传为《诸儒传》。隐士不事王侯而志可，

① ［唐］刘知几著、［清］浦起龙释：《史通通释》“载言”第三，上海，上海古籍出版社，1982年，第34页。

② 如钱茂伟的《论〈藏书〉对〈左编〉的继承与批判》，主要论述李贽《藏书》对唐顺之《左编》继承、改动与批判。他还在《明代史学的历程》第十一章设有“留心治乱的《左编》”一节，认为：“《左编》压根儿就不是一部史学专著，而是一部史鉴书。”李德锋的《唐顺之“六编”编纂体系的思想解构》主要分析了唐氏“六编”所体现其成圣成贤的心理自期以及学为世用的现实关照。他的另一篇文章《明唐顺之〈左编〉“经世”编纂特点探析》主要探究了《左编》“经世”的编纂特点。

③ ［明］胡松：《历代史纂左编》“后序”，《四库全书存目丛书》史部第133册，济南，齐鲁书社，1999年，第36页。

> 则深处岩壑而龙光于朝，英主亦往往尊礼其人以风世，所谓以无用为用也。……故纂《隐逸传》。至于前史有方技传，盖巫史、宗祝所以左右人君，而星历、医药、百工皆有国者之不可缺。……故纂《方技传》。三代而下，儒术与二氏（释、道）相晟衰，亦世道之变也。马迁传老子，范史始纪西域沙门。夫二氏之书五千余卷，其说侈矣，则其人不可以无纪也。且以观儒术之盛衰焉，纂《二氏传》。①

可见《左编》的编纂是分两个阶段完成的。

全书各部分记事起讫各不相同。“君”的部分主要记载西汉、东汉、唐、宋四朝君主事迹。唐氏为何仅取这四朝君主事迹呢？王畿在“凡例”中说的很明白：

> 纂汉、唐、宋之君者何？重正统也。魏与南北朝，篡也；吴、蜀，镇也；五胡、辽、金，夷也；秦系列国，亦镇也；隋系外戚，亦篡也；元系狄，亦夷也。纂各从其类也。②

比如在卷八二至卷八七中，把曹操、司马懿、刘裕、萧道成、萧衍、陈霸先等及其子孙均归于“篡”类。而“相”“名臣”“谋臣”“将”“后”“公主”“戚”“储”等部分，则起自先秦，止于元朝。所载人物事迹，则涵盖先秦、西汉、东汉、三国、晋、南北朝、隋、唐、宋、辽、金、元等各朝。

《左编》在编纂的过程中，并不是一味地照抄诸史，而是围绕“治法”这条主线来选材。唐氏自称：“《左编》者，为治法而纂也。非关于治者勿录也。”③正如王畿所云：

> 吾友荆川子乃取历代诸史纂其有关于治者，分为若干类，间次错陈，披抹点窜，比事以联。……其无关于治者尽削弗录，不以为寡。其尤有关于治者，旁取诸家百氏、稗官野史，搜罗缀辑，类以属之，不以为赘。其有一行一节之奇足以为劝，亦录而存之，不以为琐。噫，可谓备矣。④

在人物事迹的选录上，有所侧重而不平均用力。如关于“君”的事迹记载，“详于开创之君，略于守成之君”⑤。如卷一仅记汉高祖一人事迹，卷二在惠帝名下，却附录文、武、昭、宣、元、成、哀、平诸帝事迹，而在诸帝纪中，又以文帝纪篇幅最长，而景帝纪不到20字。其他诸帝纪记载也较为简略。再如卷四记唐高祖一人事迹，而卷五则兼记从唐太宗到昭宗凡19位君主事迹。在其他各类人物传记中，也多有侧重，或一人专传，或数人合传。

在记事的过程中，往往夹叙夹议，借引他人之评论，或直抒胸臆以表达自己的观点，这是《左

---

① ［明］唐顺之：《历代史纂左编》“荆川先生自序”，《四库全书存目丛书》史部第133册，第1—2页。
② ［明］王畿：《历代史纂左编》“凡例并引”，《四库全书存目丛书》史部第133册，第3页
③ ［明］唐顺之：《历代史纂左编》“荆川先生自序”，《四库全书存目丛书》史部第133册，第1页。
④ ［明］王畿：《历代史纂左编》“凡例并引”，《四库全书存目丛书》史部第133册，第2—3页。
⑤ ［明］王畿：《历代史纂左编》“凡例并引”，《四库全书存目丛书》史部第133册，第3页。

编》不同于一般抄纂的重要特点。如在汉文、景二纪后，唐氏引宋代胡寅的评论称：

文帝宽厚长者，以德化人，无事则谦抑如不能，有事则英气奋发。景帝刻薄任数，以诈力御下，平居则诛赏肆行，缓急则惴栗失措，其大致悬绝如此。而又以无宠废正后，而夫妻之道薄；以无罪废太子，而父子之恩睽；过爱梁王，轻许传位，而兄弟之好不终；信谗用僭，绌申屠嘉，戮晁错，杀周亚夫，而君臣之义乖缺。其视文帝益相辽矣。独节俭爱民一事，克遵前业耳。夫岂可与成、康同得美称哉？[①]

显然，他并不赞同“文景之治”的说法，认为汉景帝根本无法与文帝相提并论。又如在汉武帝纪中，他首先肯定武帝即位后“罢黜百家，表章六经”“招选天下文学才智之士待以不次之位”的作为，称其“是以兴造功业，后世莫及”。同时批评其不能纳谏，微行射猎，大兴土木，对外穷兵黩武，屡易丞相，“五十四年之间而为相者十有三人。一言寤意，即加超擢，少有罪戾，大者腰斩，小者狱诛，而被杀者凡五”[②]。同时将汉武帝与秦始皇进行了比较，分析为何秦亡而汉不亡。他指出：

武帝之所为，大抵钟秦之覆辙而亲履之。盐铁、榷酤即秦之头会箕敛也；监临部主，即秦之参夷相望也；骠骑、贰师即秦之穷兵黩武也；文成（李少翁）五利（栾大），即秦之方丈、蓬莱也；千门万户，即秦之宫室也；酒池肉林，即秦之游宴也；诛戾太子即秦之杀扶苏也。夫如是奚而不丧？曰秦用商鞅积刑罚而高、文以来积宽仁，本不同一也；二世增始皇之过而孝昭改武帝之失，末不同二也；秦皇蔽塞下情，而武帝疏通言路，轮台一诏，处世曲折无不周矣；秦皇焚书坑儒，而武帝好贤不倦，虽用非真才而皆足办事，其所以为治之不同三也。又况盗贼满山，终无豪杰，横敛四出，不增正赋，其异于秦多矣，夫如是奚以丧？[③]

这个评论是很有说服力的。

再如在卷七“相一”诸葛亮传中不仅收录陈寿对诸葛亮的评价，而且编者也发表了评论，称：

诸葛亮之为相国也，抚百姓，示仪轨，约官职，从权制，开诚心，布公道。尽忠益时者，虽雠必赏；犯法怠慢者，虽亲必罚。服罪输情者，虽重必释；游辞巧饰者，虽轻必戮。善无微而不赏，恶无纤而不贬。称其：“可谓识治之良才，管、萧之亚匹矣。然连年动众，未能成功，盖应变将略非其所长欤。”[④]

这个评论既充分肯定其为相之长处，同时也指出其不善应变之不足。

---

① ［明］唐顺之：《历代史纂左编》卷二“君”“汉景帝纪”，《四库全书存目丛书》史部第133册，第75页。
② ［明］唐顺之：《历代史纂左编》卷二“君”“汉武帝纪”，《四库全书存目丛书》史部第133册，第75—76页。
③ ［明］唐顺之：《历代史纂左编》卷二“君”“汉武帝纪”，《四库全书存目丛书》史部第133册，第76页。
④ ［明］唐顺之：《历代史纂左编》卷七“相一”“诸葛亮传”，《四库全书存目丛书》史部第133册，第208页。

又如在卷五唐玄宗纪中对玄宗后期的昏庸和荒淫也加以评论，称：

> 天宝以降，志欲既满，侈心乃生。忠直浸疏，谗谀并进。昔也图无逸，今也图山水。昔也焚锦绣，今也供织锦。昔也天枢石台之室毁，今也金仙玉真之役兴。嬖妃子而饮鸩以为甘，宠胡雏而养虎以为玩。昵其所可爱，忘其所可戒。痈疽结于心腹而不悟，豺狼遁于藩篱而不知。一旦势阑运去，兵起边隅，腥膻污于伊洛，流血染于河潼，乘舆播迁，生民涂炭，使数百年间，干戈烂漫而不息，何哉？良以三子无罪，一日杀之（指杀太子瑛、鄂王瑶、光王琚），而父子之恩乖。十年子妇，一朝夺之（指杨玉环原为寿王妃，后为玄宗贵妃），而夫妇之伦乱。罢张九龄相，李林甫杀周子谅，而君臣之义缺。此三者，人道之大纲也。三纲绝矣，其能有天下乎？至于久任边将而贻唐世藩镇之祸，用高力士而贻唐世宦官之祸，开两钜衅，迄以亡唐，可叹矣。①

这种夹叙夹议，显然借鉴了旧史中的“论赞”的形式，充实了新的内容，表明了自己的见解，避免了照抄旧史而不知变更的弊端。

《左编》编纂另一个特点是“寓褒贬于分类之中”。比如在“相”的部分，他又把相分为“开创之相”“中兴之相”“守成之相”“被难之相”，对此王畿指出：“才之所用有小大，君之所任有浅深，时之所遭有常变，而要其业之所就卓乎皆有足观者。”②可见其入选相的标准重在业绩突出，而不在于才能的大小。在“名臣”部分，又将名臣分为“节义”“正直”“刑赋”“循良”“能吏”凡五类。王畿认为：“此皆扶植治体纲维、治法，宇宙间不可一日无之也。夫节义、正直。治体之基；刑赋、循能，治法之干。基巩则浑厚之体成，干立则精明之绩著。治之全也。”③另设“谋臣”一类，“自汉留侯而下凡若干人，纵闭翕张，倚伏变化，谋之臧否，言若人殊，要皆得于阴符之髓，所谓窃弄造化者也。”④在“将”的部分，又分为“开创之将”“平乱之将”“分镇之将”“御夷之将”凡四类。在“后”的部分，又把“后”分为“贤”“篡弑”“妒悍”“亡国”“废立”“专制”“被难”凡七类。“戚”则主要载录外戚之事，外戚也有两种不同的情况，“间有贤者怀托旧恩，不敢纵恣，兢兢自持，得以保全，其身家幸矣。若夫假窃主威，以行其篡夺之计，不至于流窜诛灭，特需时耳。”⑤“储”则主要载录太子之事。“储为天下之本，不可无素教豫养之术。”⑥强调对太子的教化和引导。“宗”则载录古之同姓诸侯、后世宗室之事。宗室有贤与不肖之分，“自汉以下之宗室，其贤而有礼如刘章、刘德、刘向、刘仓、司马承、李石、赵汝愚辈能几人哉？夫以可为之材智，凭挟抗之势，而乘之以不肖之心，宠之过则为恶、为乱、为擅权、为篡继。”⑦“宦”则载录宦官事迹。提醒

---

① ［明］唐顺之：《历代史纂左编》卷五“君”“唐玄宗纪”，《四库全书存目丛书》史部第133册，第144页。
② ［明］王畿：《历代史纂左编》“凡例并引”，《四库全书存目丛书》史部第133册，第3页。
③ ［明］王畿：《历代史纂左编》“凡例并引”，《四库全书存目丛书》史部第133册，第4页。
④ ［明］王畿：《历代史纂左编》“凡例并引”，《四库全书存目丛书》史部第133册，第4页。
⑤ ［明］王畿：《历代史纂左编》“凡例并引”，《四库全书存目丛书》史部第133册，第5页。
⑥ ［明］王畿：《历代史纂左编》“凡例并引”，《四库全书存目丛书》史部第133册，第5页。
⑦ ［明］王畿：《历代史纂左编》“凡例并引”，《四库全书存目丛书》史部第133册，第6页。

统治者对宦官要“慎选师模朝夕以训迪之，择其左右常侍之可以言者，开其是非之本心，使脱然知安分之为利而擅逆之为害”[①]。“幸”则载录佞幸之事。王畿称：

> 历观汉、唐、宋幸佞之臣，重有感焉。人情之好必有所溺，则因其所好而投之，况人君之情投之者众。或以嬖，或以榷，或以方术，或以声玩，事虽不同，一有所溺。其为丧善均也。故古之贤君，慎选缀衣常侍，谆谆于暬御之箴，其虑远矣。[②]

在“奸”的部分，把奸臣分为七类：“有深谋秘计，移人之祚于衽席之间者；有奉迎主上之恶，以至于丧乱者；有窃主上之威福，而私便其身图者；有志于私交，希宠以妨嫡嗣者；有导主上以侈，而竭民之财者；有导主上以暴，而戕民之命者；有视君为奇货，挈以授人而阴享其利者”[③]。“篡”则载录逆臣篡弑之事。“乱”则载录诸如董卓之乱、侯景之乱、安史之乱等。提醒统治者：“乱之生必有所从，始兆于微而成于著。盖由上下溺于晏安，互为蒙蔽，小盗不缉，驯至于大。或藉奸妖，或假符命，跨都越郡，充斥郊畿，卒至于蔓延而不可救，譬诸水火不能塞于涓涓熄于星星，及其燎原赴海之势已成，乃欲从而遏灭之不可得已。”[④]“莽”则载录陈涉、项羽、李密、张角、黄巢等造反、起义领袖事迹。“镇”则载录诸侯、藩镇之事。尤其注重载录唐后期藩镇之乱。正如王畿所指出：

> 粤自唐室中衰，德威不竞，世主务为姑息，偷取一时之安。凡节度使易置，委使境上，狗之行伍而授以节钺，八柄（指国君驾驭诸侯八法：爵、禄、废、置、生、杀、予、夺）遂移于下。至使偏裨士卒，杀逐主帅，不为不治其罪，因以其位畀之，甚至诸镇连结以拒朝命，莫敢谁何。积衰之弊至此势若不复可为矣。[⑤]

“夷”则载录周边各族及诸国之事。后续纂“儒”“隐逸”“独行”“烈妇”“方技”“释”“道”各类。

总之，唐顺之从浩如烟海的史籍中选录各类人物按照自己设计的体例加以编纂，是有其深意的。这种细致的分类，使圣贤与昏庸、忠与奸、贤与不肖，泾渭分明，起到了寓褒贬于分类之中的作用。

《左编》编纂最大的特点是带有鲜明的以史经世的色彩。王畿云：

> 治必有法，如方圆之于规矩，平直之于准绳，断断乎不可以无者也。时有古今，而治乘之

---

① ［明］王畿：《历代史纂左编》“凡例并引”，《四库全书存目丛书》史部第 133 册，第 6 页。
② ［明］王畿：《历代史纂左编》“凡例并引”，《四库全书存目丛书》史部第 133 册，第 6 页。
③ ［明］王畿：《历代史纂左编》“凡例并引”，《四库全书存目丛书》史部第 133 册，第 7 页。
④ ［明］王畿：《历代史纂左编》“凡例并引”，《四库全书存目丛书》史部第 133 册，第 7 页。
⑤ ［明］王畿：《历代史纂左编》“凡例并引”，《四库全书存目丛书》史部第 133 册，第 7 页。

治有因革，而法纪之道则贯乎治法以趋乎时者也。[①]

同时代学者胡松评论称：

荆川唐子资材卓荦，学问闳奥，实有志古名宰、良将之业。他日读史，病今昔将相经营之迹错出散见，罔以征稽考镜，乃取汉史而下诸书，旁及稗官野乘若诸大家文集、百氏传记，网罗搜猎，贯穿属比。人以类分，事从人系，直迄金、元而止。盖宇宙上下数千百年成败利钝、治乱兴衰、是非得失之迹，烂然目睫，无烦泛览。[②]

王畿也称其：

上下二千余年世运之兴衰，人才之淑慝，民命之休戚，地形之险易利害，历历如指诸掌，不烦探索而得，其用心亦良苦哉。[③]

长期以来，人们论及明代的学风往往以“空谈性命”“空言义理”“空疏浮泛”概括。如明末陈子龙曾批评一些“俗儒”：

是古而非今，文士撷华而舍实。夫抱残守缺，则训诂之文充栋，不厌寻声设色，则雕绘之作永日而思。至于时王所尚，世务所急，是非得失之际，未之用心。苟能访求其书者盖寡，宜天下之智日以绌，故曰士无实学。[④]

实际上，早在明朝中期，一些学者针对“空谈误国”就身体力行地倡导经世致用，唐顺之就是其中的杰出代表。

二

《右编》是《左编》的姊妹篇。它的编纂顺应了时代的要求。据叶向高所云：

我明文皇帝尝命儒臣辑历代名臣奏议，因谕之曰：“致治之道，千古一揆，君能纳善言，臣能尽言不隐，天下未有不治。”大哉王言，治乱兴衰之故，尽于是矣。[⑤]

---

① ［明］王畿：《历代史纂左编》“凡例并引”，《四库全书存目丛书》史部第133册，第2页。
② ［明］胡松：《史纂左编》“后序”，《四库全书存目丛书》史部第133册，第36页。
③ ［明］王畿：《历代史纂左编》“凡例并引”，《四库全书存目丛书》史部第133册，第3页。
④ ［明］陈子龙：《皇明经世文编》“序”，《四库禁毁书丛刊》集部第22册，北京，北京出版社，1997年，第40页。
⑤ ［明］叶向高：《荆川先生右编》“序”，《四库全书存目丛书》史部第70册，第3页。

此前黄训于嘉靖二十年（1541）辑录了从洪武到嘉靖九朝（缺建文一朝）名臣的经世之言，成《皇明名臣经济录》52卷。与黄氏不同的是，《右编》不限于皇明一朝，而是编录了历代名臣的奏疏和论说。《皇明名臣经济录》分为开国、保治、内阁、吏、户、礼、兵、刑、工、都察院、通政司、大理寺等门类，基本按照中央机构设置及其职责而分类，而《右编》则兼以人物和机构以分类，分为治总、君、相、将、后、储、宗、主、戚、宦、幸、奸、乱、镇、夷、吏、户、礼、兵、刑、工凡21门类，共40卷。除增加"六部"各部门类外，其余分类与《左编》前面部分基本相同。

《右编》在编纂时紧紧围绕经世资治这一主题，有针对性地从浩如烟海的典籍中辑录有资于治道的言论。这是需要有博览群书的功底和分辨别择能力的。正如叶向高所云：

上下二三千年间，公车之牍至不胜载，然言之而传，传之而收于兹编者，仅仅如许，顾不难哉。①

也如朱国祯所云：

上下二三千年，其人其言至不可枚举。荆川先生部分裁剪，辑《右编》一书，以资经世之局。②

《右编》在载录历代名臣、政论家的言论时，既有从宏观上论述治国理政的理念，又有针对不同阶层人物和机构的议论。比如卷一至四"治总"部分主要收录西汉、东汉、唐、宋一些名臣、名儒、政论家的奏疏和论说。这些奏疏和论说从不同的角度，论述了治国理政的方式方法。或总结前朝覆亡的历史教训，告诫统治者要轻徭薄赋、废除严刑苛法，缓解统治者与被统治者之间的矛盾；或告诫统治者要居安思危，勿穷兵黩武、穷奢极欲；或告诫统治者要善于用人和纳谏，加强吏治和对臣民的教化，移风易俗；或力劝统治者勿故步自封，要变法图强。诸如此类，不一而足。其余部分则收录始自先秦，讫于元朝历朝臣僚的奏疏和论说，分别针对上自君、相、将、后、储、宗、主、戚、宦、幸、奸等统治阶层的各色人物和中央权力机构，下至乱臣贼子作乱、农民起义、周边少数民族等。通过辑录这些奏疏和论说来总结历史上兴衰治乱的原因，探究拯救国运衰败的良方。

《右编》在编纂时，特别针对不同阶层人物的特点，有侧重地选取相关资料放在不同的类别中。如卷五至卷七"君"的部分收录历代名臣和学者劝君"修德"（卷五"君一"）、"务学"（卷六"君二"）、"求言"（卷七"君三"）凡三部分。其中"修德"部分收录司马相如上汉武帝的《谏猎书》、谷勇上汉成帝的《谏微行宴饮》、魏征上唐太宗的《论格猛兽表》、司马光上宋仁宗的《论人君仁明武三德》等。在"务学"部分收录孙觉上宋神宗的《论知人在务学》、程颢上宋哲宗的《论辨延和讲读不可》、朱熹上宋宁宗的《论帝王之学》等。在"求言"部分收录陆贽上唐德宗的《请数对群

① ［明］叶向高：《荆川先生右编》"序"，《四库全书存目丛书》史部第70册，第3页。
② ［明］朱国祯：《荆川先生右编》"序"，《四库全书存目丛书》史部第70册，第8页。

臣兼许令论事状》、司马光上宋英宗的《乞令朝臣转对》和上宋神宗的《乞施行封事》、真德秀上宋宁宗的《乞开言路》等。在卷八“相”的部分又分为“相道”和“任相”两部分。“相道”主要论述为相之道。如收录有陆贽上唐德宗的《论辅臣不当受诸道馈遗》、马遵上宋仁宗的《论谏诤乃大臣之任》等。“任相”主要论如何任用宰相及宰相的职责。如收录有刘洎上唐太宗的《论左右丞相宜特加精简》、富弼上宋仁宗的《乞令宰相兼枢密使》和上宋神宗的《论除拜大臣当密》、上官均上宋哲宗的《论宰相不当关决细务》等。卷九“将”的部分又分为“为将”和“用将”两部分。“为将”主要论为将的修养、治军和用兵。如收录有孙何上宋真宗的《论儒将》、周南上宋光宗的《兵论论贤将》等。“用将”则主要论君主任用将领需要注意的问题，收录有岑文本上唐太宗的《论保全将帅》、文彦博上宋仁宗的《论将权不可不专》、任伯雨上宋钦宗的《论西北帅不可用武人》、李光上宋高宗的《论任将》等。卷十“后”，又分“立废”和“权宠”两类。“立废”中收录大臣关于后妃或立或废的谏言，如刘辅上汉成帝的《谏立赵皇后》、来济上唐高宗的《谏立武氏为后》；“权宠”主要收录关于受宠后妃擅权的谏言，如谯玄上汉成帝《谏专宠书》、桓彦范上唐中宗的《谏皇后韦氏预政》、司马光上宋仁宗的《论后妃封赠札子》等。卷一一“储”又分“建立”“谕教”“孝事”等类，收录如李绛上唐宪宗的《请册立太子》、韩琦上宋仁宗的《论建储》、班彪上光武帝的《论东宫师保书》、陈公辅上宋钦宗的《乞迎奉上皇驾笃其孝心》等。卷一二“宗”，分为“封国”“贤宗”“强宗”三类，收录如贾谊上汉文帝的《请封建子弟疏》、苏轼上宋哲宗的《言宗室令畤之贤宜擢用》、邹阳上汉文帝的《谏吴王书》等。卷一三“主”，分为“公主”和“驸马”两类，收录如辛替否上唐中宗的《论安乐公主滥封营建》、司马光上宋仁宗的《论驸马都尉李玮出知卫州状》等。卷一四“戚”，分为“后族”“诸姻”两类，收录如张敞上汉宣帝的《论霍氏封事》、何郯上宋仁宗的《论连姻臣僚不得除授要任》等。卷一五“宦”主要收录如何任用宦官的谏言，如李斯上秦二世的《谏用赵高》、张方平上宋仁宗的《宦官论》、范祖禹上宋哲宗的《论宦官札子》等。卷一六“幸”，分“宠幸”和“佞幸”两类，收录如鲍宣上汉哀帝的《论董贤书》、孙觉上宋仁宗的《论用人当远佞人》等。卷一七至卷一八“奸”分为“权恶”和“朋党”两类，收录如陆贽上唐德宗的《论裴延龄奸蠹》、裴度上唐穆宗的《论请不用奸党表》等。卷一九至卷二〇“乱”分为“逆恶”和“盗贼”两类。“逆恶”中的奏疏和论说涉及秦项之争、诸吕之乱、安史之乱等，如收有建宁王倓上唐玄宗的《禄山乱说太子》、李纲上宋高宗的《张邦昌乱议僭逆》等，“盗贼”中主要收录有关农民起义、少数民族起义的奏疏和论说，如陈忠上汉安帝的《弭盗疏》、苏轼上宋英宗的《论京东盗贼》等。卷二一至卷二三“镇”，主要收录有关边镇、要郡的设立、建设和管理，以及如何处理与周边少数民族的关系等相关奏疏和论说，如崔融上武后的《论安西四镇不可废》、司马光上宋仁宗的《论除镇兵之权》等。卷二四至卷二八“夷”分别收录有关东夷、南蛮、西戎、吐蕃、西夏、北虏、金虏、胡元等周边少数民族的奏疏和论说。卷二九至卷四〇按吏、户、礼、兵、刑、工六部分类。收录的奏疏和论说内容非常丰富。“吏”涉及官吏的除授、荐举、辞免、考课等。“户”涉及田赋、课税、赈恤、榷货、内帑、财用等。“礼”涉及郊庙、籍田、丧葬、封号、乐律、祥异、贡举、学校、艺术、方外等。“兵”涉及宿卫、乡兵、养兵、屯戍、兵器、用兵、兵食、赏功等。“刑”涉及刑法、慎刑、讼狱、赦宥等。“工”涉及营建、屯田、治河等。由此可见，该书门类子目清晰，所选资料精到而详尽。这种分类并非仅仅是为了阅读者查找之便利，而是有针对性地为统治者提供治国理政的借鉴，同时也含有寓褒贬于分类之中的意思。正如叶向高所指出的："盖先生之用意深而寓指微，非徒分门别类便于寻览已也。"①

唐顺之把《右编》看作棋局上的棋谱。认为：

古今宇宙一大棋局也。天时有从逆，地理有险易，人情有爱恶，机事有利害，皆棋局所载也。而"奏议者，奕之谱也。……余之纂《右编》特以为谱之不可废而已。"②

他把各种奏议、论说当成是古今天下棋局中使用的棋谱，后人从中可以汲取各种治国的方略和方法。叶向高对此评价称：

兹编网罗既广，澄汰复精，征事则得失具存，辨人则忠佞如见，至于上关主德，下切臣忠，甲乙雌黄，尤深致意。盖微独皂囊封事，当奉为准绳，即以备黼座之箴规，勒千秋之鉴戒，无所不可说者。③

刘曰宁也云：

前车不远，覆车继轨，是故兵之图、奕之谱、医之方，治乱之鉴，自三五而还，岂能有违之者否邪？④

朱国祯则称《右编》：

最详于唐宋，而宋家回伏朽蠹之状，尤与国朝相近，不可不细读。嗟乎，事出料外，理在圜中，神明浚于巧心，变化因乎方荣。偕先民之班班者坐而收之，不出户知天下，其视空谈勦说白首穷年而无当实用者竟何如也？⑤

唐氏曾对其学生说：

读书以治经明理为先，次之诸史，可以见古人经纶之迹，又次则载诸世务可为应用资者。⑥

---

① ［明］叶向高：《荆川先生右编》"序"，《四库全书存目丛书》史部第70册，第2页。
② ［明］唐顺之：《荆川先生右编》"序"，《四库全书存目丛书》史部第70册，第1—2页。
③ ［明］叶向高：《荆川先生右编》"序"，《四库全书存目丛书》史部第70册，第2页。
④ ［明］刘曰宁：《刻右编叙》，《四库全书存目丛书》史部第70册，第7页。
⑤ ［明］朱国祯：《荆川先生右编》"序"，《四库全书存目丛书》史部第70册，第9页。
⑥ ［明］焦竑：《荆川先生右编》"序"，《四库全书存目丛书》史部第70册，第4页。

由此可见，唐顺之编纂《左编》《右编》是带着强烈的以史经世的目的而为之。面对当时内忧外患、国运衰颓，作为朝廷官员和学者的他力图为统治者提供历史的经验教训，以达到拯救国运的目的。焦竑曾批评当时一些学者“能读书矣，乃疲精力于雕虫篆刻之间，而所当留意者或束书而不观。亦不善读书之过矣”。认为“夫学不知经世，非学也。经世而不知考古以合变，非经世也”[①]。唐顺之不愧是一个善读书者，他在研经治史的过程中，始终秉持着经世致用的宗旨，在一定程度上影响和改变了当时束书不观、游谈无根的学风。

三

由于《左编》《右编》涉及面广且卷帙浩繁，因此在编纂和后人增补的过程中还存在着诸多问题，以《左编》问题尤为突出。

一、体例不纯，选材不慎，两书编纂缺少彼此照应。首先是界域不分，编纂混乱。如在《左编》“君”“相”中却附录一般大臣事迹。如卷一“汉高祖”中附录田儋、彭越、黥布、卢绾、陈豨、吴芮的事迹。卷三“光武”中附录隗嚣、公孙述事迹。卷六“宋太祖”中附录李筠、李重进的事迹。又如在卷八“相一”诸葛附传中记录张温、法正、关羽、孟达等24人事迹。再如卷五六“后之二”唐武后传中附录吉项传记。其次是记事和记言混杂。唐氏本意是以《左编》记事，以《右编》记言。结果在一些人物传记中，仍然收有相关人物的奏疏。如《左编》卷七八宋曾布传后附录陈次升的上疏。再如《左编》卷七诸葛亮传中就收录其《出师表》，而在《右编》卷一九“乱一”中又增补了前后《出师表》。《左编》卷一八“相”魏征传中，收录其“十思疏”，在《右编》卷二“治总二”中，又补录了魏征的“十思疏”。显然在编纂的过程中，两书缺少必要的照应。

需要指出的是，《右编》原属唐顺之未定稿，万历中，焦竑得其残本，南京国子监祭酒刘曰宁等仿效《左编》义例，补其遗漏，才形成较为完整的定本。其中补充的篇目不一定能代表唐顺之的旨意。正如四库馆臣所云：

> 然其中所补之文，如司马师《上高贵乡公劝学书》、李斯《谏秦王逐客书》及唐武后时诸臣所上书，多以辞藻见收，恐非顺之本意。……盖明自万历以后，国运既颓，士风亦佻，凡所著述，率窃据前人旧帙，而以私智变乱之。曰宁等之补此书，亦其一也。[②]

二、《左编》各篇卷帙比例失调，在材料的取舍上，有的地方显得过于随意。如在卷二“君”汉文帝纪中以很长篇幅记载其事迹，而在汉景帝纪中，只有“景帝启，文帝太子也，在位十六年，寿四十八”[③]寥寥17字。接下来就是引用班固和胡寅的评价。而政治影响力远逊于景帝的哀帝、平

---

① ［明］焦竑:《荆川先生右编》“序”《四库全书存目丛书》史部第70册，第4页。

② ［清］纪昀等:《四库全书总目提要》卷六六，史部二十一，史钞类存目“《史纂左编》提要”，海口，海南出版社，1999年，第362页。

③ ［明］唐顺之:《历代史纂左编》卷二“君”“汉景帝纪”,《四库全书存目丛书》史部第133册，第75页。

帝纪也比景帝纪文字多了很多。再如卷一一兼记唐朱敬则、李昭德、娄师德、狄仁杰、张柬之、房绾凡六人事迹，而卷一三至卷一四用两卷的篇幅分上下两部分专记宋李纲事迹。由此造成各篇比例失调。之所以出现这些问题，一是由于全书篇幅很大，在抄纂中顾此失彼，在所难免。二是有些内容并非全出自唐氏之手。茅坤在《稗编序》中曾指出："一切出于故本，幅裁句裂，甚且字饤而非由公之手自摹画者，故其书多讹与复而无次也已。"[①] 此说虽针对《稗编》，但也道出了其他各编在编纂过程中存在的同样问题。

三、《左编》存在人物遗漏及分类不当的问题。正如四库馆臣所指出的：

> 如君纪只列汉、唐、宋三朝，偏安者皆不得与，而隗嚣、公孙述、李筠、李重进诸人乃反附入。于历代宦官酷吏叙之极详，固将以垂鉴戒，而唐之杨复恭、来俊臣、周兴等尤为元恶巨憝，乃反见遗。又以房绾为中兴之相（按：房绾在安史之乱中被肃宗委以平叛重任，但其喜好空谈，用人失误，在陈涛斜大败而归）、高骈为平乱之将（按：高骈在《新唐书》中被列入"叛逆列传"），褒贬既已失平，以赫舍哩（按：为后金氏族部落）为人名，姓氏几于莫辨。其他妄为升降，颠倒乖错之处，不可胜言。[②]

四、《左编》后续的内容偏离了编纂的主旨。唐氏原打算编纂至"夷"为止，他自称："关于治者，则妃后、外戚、储宗、宦幸、奸篡、方镇、夷狄、草莽之乱，而总之将与相，而总之君，亦云备矣。"[③] 既然自称已经完备，后面又增加"儒""隐逸""独行""烈妇""方技""释""道"各类，虽然唐氏为此作了说明，认为这些内容"羽翼左右，为有国者之不可缺"。但实际上这些后增加的大部分内容已经偏离"为治法而纂"的主旨。这大概是唐氏一味追求大而全造成的。

总而言之，唐顺之编纂《左编》《右编》完全是出于以史经世的目的。两书具有分类细致、精心筛选材料、寓褒贬于分类之中等特点。但由于其篇幅太大，也存在体例不纯、分类混乱、剪裁失当，人物各传记比例失调等缺失。但毕竟瑕不掩瑜，两书在历史编纂学上理应占一席之地。

（作者杨绪敏，江苏师范大学历史文化学院）

---

① ［明］茅坤：《荆川先生稗编》"序"，见司马周主编：《唐荆川文献辑刊》第 56 册《稗编》，北京，北京燕山出版社，2019 年，第 1 页。

② ［清］纪昀等：《四库全书总目提要》卷六六，史部二十一，史抄类存目"《史纂左编》提要"，第 362 页。

③ ［明］唐顺之：《历代史纂左编》"荆川先生自序"，《四库全书存目丛书》史部第 133 册，第 1 页。

“贡”“赐”之间：明代前中期汉藏交流的物质文化考察

胡箫白

关于明代的汉藏交流，先行研究多将朝贡体制视作一以贯之的政策框架。石硕便指出，“朝贡制度对于明朝是至关重要的，甚至可以说是明朝全部西藏政策的核心”①。在汉藏朝贡交流中，物品的流动无疑构成了跨地域网络的重要一环。其中尤为学者注意的是茶马贸易，相关研究所在颇丰②。但现有研究亦存在三点不足：其一，因为“朝贡”范式的惯性思维，各类物品的双向流通多被化约为“纳贡—封赏”形式的你来我往，对物品的文化内涵，以及交换行为发生的具体语境关注较少；其二，由于过多的注意力集中于茶马互动，汉藏之间其余物质文化交流得到的关注往往不足；其三，因为研究者主要依赖汉文史料，便在一定程度上接受了明朝史官的史观和价值判断，对朝贡互动中非汉一方如何理解双边关系讨论较少。基于对先行研究的如上认识，本文关注明代前中期汉地、藏地之间流通的宗教用品、动植物制品以及武器铠甲，检审以“朝贡”为名义的汉藏往来在具体历史语境中的表现形式，以期对汉藏交流过程的“朝贡”表述、知识传播及当地影响进行继续探讨。

一　宗教礼物的流动：“朝贡”表述下的明初治藏策略再探

关于明代汉藏间的物品流通，研究者常引用正统年间的一则史料以体现明人对来朝藏人及其所携物品的态度：

> 四川左布政使侯轨等奏：比奉敕，自今番僧朝贡……臣等切思各僧生长番地，语言不通，止凭通事传译……况其所进，皆不过舍利、佛像、氆氇、茜草等物，中下羸弱等马，其意盖假进贡之名，潜带金银，候回日市买私茶等货。③

史料很大程度上体现了明朝官员以及当代研究者的三种定式思维。其一，藏地僧人与朝廷之间的往来都是“朝贡”行为。藏僧赴京朝拜，宫廷予以册封，一来一往，展演着成熟的、形式化的政

① 石硕：《明朝西藏政策的内涵与西藏经济的东向性发展》，《西藏研究》1993 年第 2 期。

② 学界相关研究介绍参见敏政：《1925—2015 年明代茶马制度研究述评》，《农业考古》2018 年第 2 期。

③《明英宗实录》卷一五五，正统十四年三月己酉，中国台北，“中研院”历史语言研究所，1962 年，第 3407 页。

治仪式。其二，所谓的“朝贡”是一种局限于俗世的政治场域的双边互动，这一点可以从官员对于宗教用品，如对舍利、佛像的鄙夷态度看出。其三，无论是在明朝官员还是在当代史家眼中，“朝贡”互动多被视作来朝外藩获得经济利益的重要渠道，而在这个过程中，明廷薄来厚往，加倍奉还，在物质层面入不敷出。

以上三类认知流布于史料及史学研究的叙述当中，有化约历史场景复杂性的可能。事实上，明代前中期存在多样化场景的汉藏互动。尤其是在诸般制度草创的洪武、永乐两朝，汉藏之间成熟的朝贡关系尚未完全确立。明初皇室对藏传佛教颇有礼遇，与藏地大德之间绝不限于制度层面的上下级辖属关系，而诸种宗教用品则在其时跨地域互动中扮演了重要角色，多为双方互赠的贵重礼品。剖析明前期宫廷与藏地僧俗之间的互动过程，可以在一定程度上还原汉藏交流过程中被汉文史籍的“朝贡”表述所遮蔽的丰富层次。

洪、永时期藏地高僧与明廷的交往是考察“朝贡”表述与历史事实之间张力的优质例证。先看洪武朝藏地领袖章阳沙加监藏来访史事。章阳沙加监藏是十四世纪中期藏地帕木竹巴政权领袖。元末帕竹政权在绛曲坚赞时期崛起，逐步确立了对乌斯藏地区的统治。而在绛曲坚赞于1365年左右病逝以后[①]，他的侄子章阳沙加监藏便成为帕竹政权的实际领袖。章阳沙加监藏在藏地的权威亦为明代边卫官员所知。洪武五年（1372），河州卫官员便上奏明廷，希望借助章阳沙加监藏之手平息边区动乱：“乌思藏怕木竹巴故元灌顶国师章阳沙加，人所信服。今朵甘赏竺监藏与管兀儿相仇杀，朝廷若以章阳沙加招抚之，则朵甘必内附矣。中书省以闻。诏章阳沙加仍灌顶国师之号，遣使赐玉印及彩段表里。”[②]由此可见，洪武初年的明朝政府尚无法对汉藏边地施加严格管控，边防骚乱仍需仰仗藏地领袖解决。为了得到章阳沙加监藏的助力，明廷遣使节携玉印、彩段等礼品赴藏。

在接待了洪武五年出发的明廷使者后，章阳沙加监藏于洪武六年（1373）初遣使者携礼物赴南京。明代史籍将这一使团的到访表述为“以佛像、佛书、舍利来贡”。[③]可是这一番往来确实是明廷与藏地领袖在朝贡框架下的互动吗？并非如此。事实上，章阳沙加监藏并未积极尝试与明廷接触；相反，是明廷希望借助章阳沙加监藏在当地的权威平息汉藏边区争端，而向其主动发出政治信号。虽然明廷向章阳沙加监藏下诏并赐以封号玉印，但对于章阳沙加监藏而言，这些政治符号究竟具有多少现实意义值得怀疑。藏地领袖在洪武六年遣使携带宗教物品赴明，更像是“回礼”之举，而非明廷所载的“纳贡”。汉文史料所蕴含的华夏本位史观有时会左右我们对史事的价值判断，应值得留意。

洪武以后，随着汉藏之间交通往来的逐步成熟，是否“来朝—封贡”便成了双方互动的唯一形式呢？亦不尽然。阴海燕在检审明代藏传佛教政策的转换与演进时曾经指出，永乐皇帝全面继承并完善了洪武时期的藏传佛教政策，以“多封众建”为原则确立了与三法王、五教王之间的辖属关系[④]。事实上，礼物政治仍在很大程度上支撑了永乐时期明廷与藏地地缘政治网络的搭建。如果说洪武年间的厚礼款待尚出于建立并巩固汉藏关系的政治考量，那么永乐朝明皇室成员与藏地高僧之

① 尹伟先：《明代藏族史研究》，北京，民族出版社，2000年，第53页。

② 《明太祖实录》卷七三，洪武五年四月丁酉，第1342页。

③ 《明太祖实录》卷七八，洪武六年正月己巳，第1433页。

④ 阴海燕：《明代藏传佛教政策的转换与演进》，《西藏研究》2019年第3期。

间的礼物互动便具备更多的宗教色彩，甚至个人情感寄托。先看成祖本人。《菽园杂记》中有“予奉命犒师宁夏。内府乙字库关领军士冬衣，见内官手持数珠一串，色类象骨，而红润过之。问其所制，云：太宗皇帝白沟河大战，阵亡军士积骸遍野。上念之，命收其头骨，规成数珠，分赐内官念佛，冀其轮回。又有脑骨深大者，则以盛净水供佛，名天灵碗，皆胡僧之教也”的记载①，《明史》中亦有“太祖招徕番僧，本借以化愚俗弭边患……成祖兼崇其教，自阐化及二王外，授西天佛子者二，灌顶大国师者九，灌顶国师者十有八，其他禅师、僧官不可悉数”语②，都道出了永乐皇帝对藏传佛教的崇奉。

永乐皇帝与藏地大德之间存在频密的礼物互动。永乐元年（1403）二月，皇帝“遣司礼监少监侯显赍书、币往乌斯藏，征尚师哈立麻。盖上在藩邸时，素闻其道行卓异，至是遣人征之。”③哈立麻，即后被称为大宝法王的藏传佛教噶举派五世噶玛巴得银协巴。文段显示成祖在洪武时期便已知晓哈立麻大名，登极后更以资福明太祖及马皇后之名义，邀其前往内地，所谓“皇考太祖皇帝及笃信佛法皇妣高皇后薨逝已久，朕思报恩，罔得其方，尚师卿于方便智慧功德等，修得无上之成就，即具佛之本性矣，切望速来为已薨者修成解脱仪轨”④。《西藏通史》从政治角度出发，评论此事为“明成祖借机消减由靖难之役在朝野上下引起的负面影响，但更重要的目的还是以德怀远招抚‘西番’。”⑤而德国藏学家史卫国（Peter Schwieger）则参考藏文史料《贤者喜宴》中所存哈立麻随行僧徒的报告，认为永乐皇帝的主要目的在于效仿蒙古时代的传统，与藏地大德建立“施主—福田”的供施关系，以期依靠宗教领袖的名望声威对藏地展开间接统治⑥。由永乐致哈立麻书可见，皇帝对藏地大德颇为崇敬：“朕往日居北方时，即闻尚师令名，亟思一晤……朕当顾念邦国利乐，依从往昔心愿，随奉尚师，尚师务必莅临……压函信物银大锭三，共百五十两，诸色表里缎制各十匹，檀香一柱，白香十斤，苏和香一斤，白茶一百五十斤等共六种⑦。”在哈立麻造访并离京以后，皇帝更遣宫廷画师制作长近五十米的巨幅《大宝法王建普度大斋长卷》，细致描绘了高僧在中原进行宗教活动期间出现的诸般奇观⑧。然而在《明实录》的记载中，哈立麻在永乐四年、七年、八年、九年、十年所遣的赴明使团皆被表述为“来朝纳贡”，这寥寥数语，一定程度上影响了读者对其时汉藏交流形式与性质的认识。永乐时期由明代宫廷制作、流至藏地的巨幅艺术品，除长卷以外，尚有长五米余、宽三米余的缂丝《胜乐金刚像》，长四米半、宽近两米半的刺绣《大威德金刚像》以及长三米三、宽两米二的刺绣《红阎摩敌像》等⑨，大小不一的佛教造像更是不胜枚举。种类繁多的藏传佛教艺术品彰显了明廷对藏地的政教赞助，不应简单地置放于朝贡框架下进行理解。

---

① ［明］陆容：《菽园杂记》卷一，北京，中华书局，1985年，第3页。

② ［清］张廷玉：《明史》卷三三一《西域传三》，北京，中华书局，1974年，第8577页。

③ 《明太宗实录》卷一六，永乐元年二月乙丑，第310页。

④ 邓锐龄：《贤者喜宴明永乐时尚师哈立麻晋京纪事笺证》，《中国藏学》1992年第3期。

⑤ 熊文彬、陈楠主编：《西藏通史·明代卷》，北京，中国藏学出版社，2016年，第48页。

⑥ Peter Schweiger, *The Dalai Lama and the Emperor of China: A Political History of the Tibetan Institution of Reincarnation*, New York: Columbia University Press, 2015, pp.21–22.

⑦ 邓锐龄：《贤者喜宴明永乐时尚师哈立麻晋京纪事笺证》，第85页。

⑧ 现由西藏自治区文物管理委员会收藏。长卷内容可参罗文华：《明大宝法王建普度大斋长卷》，《中国藏学》1995年第1期。

⑨ 吴明娣：《明代丝绸对藏区的输入及其影响》，《中国藏学》2007年第1期。

除却噶举派高僧哈立麻，明成祖亦通过礼物互动的方式与格鲁派高僧建立法缘。于道泉所译《明成祖遣使召宗喀巴纪事》《宗喀巴复明成祖书》中记载了双方的礼物往来。先是，明成祖遣使邀宗喀巴入朝，随行携带礼品包括：花卉云纹之红丝绸一匹、绿丝绸一匹、无花纹之丝绸三匹、彩绫七匹、丝绸法衣一件、御制擦擦一枚、上衣一件、垫毡一件、装潢佛像用绫绢一件、水晶念珠一串、金刚杵及铜铃各两份、磁杯一对、佛像罩两件、手巾三条、曼陀罗纹饰围裙三件、腰带一条、碰铃两对、鞋袜等物、茶五十斤、檀香木一块。而宗喀巴的回礼则包括：请自和阗国观自在像一尊、释迦牟尼金佛一尊、文殊师利如来金佛一尊、三颗相连如来自增舍利一件、如来舍利一颗、印度大主殿下之骨舍利一颗[①]。考察成祖与宗喀巴的礼物互动可以得出如下认识。首先，宗教用品在藏地至为殊胜。佛像、舍利皆具特殊宗教涵义与珍贵价值，在礼物互动过程中，往往昭示获赠方的尊贵身份。其次，宗教用品的文化价值不仅为藏地僧俗知晓，明廷使者所携礼单中亦不乏宗教用品，说明其时明廷对藏地的社交礼节亦相当熟悉，而很少有正统年间四川布政使司官员所持之鄙夷态度，所谓“况其所进，皆不过舍利、佛像等物”。在此之外，明廷从汉地文化认知出发，将绮丽绸缎定为赠礼佳品，因此遣使携大宗彩段赴藏。那么藏地僧俗如何认识产自汉地的丝织品呢？吴明娣检索藏文史料，发现丝织品在藏地的用途多样，除却用于织造精美缎制佛像、经幡、天花、伞盖、挂幔以外，甚至被捣烂和泥，用于制作泥塑佛像的胎体[②]。由此可见，产自汉地的上好绸缎，在藏地亦多宗教用途，用于制作宗教产品。

礼物互动是明前期汉藏交流的常见现象，更挑战了传统“朝贡”论述中“薄来厚往”的贡赐模式。《西番馆来文》中录有数十封明前期藏地僧俗发往明廷的文书，是提供汉藏互动细节的珍贵史料。首先，藏地来朝使团是否“薄来”，即所携物品价值低劣？东洋文库本《西番馆来文》中朵甘都指挥使司来文载：“西番使臣领占端竹奏：为谢恩事，蒙朝廷升臣叔都指挥执事，今差臣等赴京谢恩，进贡玛瑙、水晶、珍珠、琥珀等物，望朝廷可怜见，乞与赏赐，回还便益。[③]”由其中“进贡玛瑙、水晶、珍珠、琥珀等物”可以看出，藏地使者所携礼品并非粗鄙卑劣之物，或如明廷官员所坚信，仅仅是藏人进入中原从事私人贸易、或从朝贡互动中获益的工具而已。玛瑙、水晶、珍珠、琥珀，即便以经济价值作为衡量标准，也属贵重。

其次，汉藏之间的物品交换是否总是秉持“薄来厚往”之原则？《西番馆来文》中另一组文书可以帮助我们重审这一传统表述。先有藏地领袖赞善王辖下高僧尼麻奴来文，文载：“灌顶慈利翊善大国师臣尼麻奴谨奏：为进贡事。臣感戴天皇帝水土大恩，敬差徒弟也舍藏赴京，进贡金钟玉磬一副、银香炉花瓶一副，尽小臣一念敬心，望朝廷收受便益。”又有尼麻奴徒弟也舍藏来文“因臣师灌顶慈利翊善大国师臣尼麻奴差臣进贡，蒙赏臣师冠帽、袈裟、数珠、靴袜等物，又蒙赏臣银五两，段绢各一匹，臣叩头谨领。[④]”这两封来文内容相互关联，殊为难得。对读之下，得以凸显“朝

① 于道泉：《译注明成祖遣使召宗喀巴纪事及宗喀巴复成祖书》，载王尧编著：《平凡而伟大的学者——于道泉》，石家庄，河北教育出版社，2001年，第269—271页。

② 吴明娣：《明代丝绸对藏区的输入及其影响》，《中国藏学》2007年第1期。

③ 任小波：《明代西番馆与西番馆来文——兼论〈四夷馆考·西番〉在清代的变异》，中央民族大学硕士论文，2007年，第28页。

④ 任小波：《明代西番馆与西番馆来文——兼论〈四夷馆考·西番〉在清代的变异》，第32—33页。

贡”表述背后礼物互动的实质。由来文可见，明廷赏赐并无甚特别，以经济价值论，亦未“加倍奉还”：冠帽、袈裟、靴袜皆为日用之物，加上五两银子，也不一定比金钟玉磬与银香炉花瓶值钱。

以上从三个方面，分别反思“朝贡”表述的简单化倾向、礼物互动的宗教涵义，以及藏地礼品“陋劣廉价”的叙述定式。如果说汉文文献的记载易于遮蔽其时层次多样而丰富的汉藏交流，我们便不妨从非汉视角，即囊括藏地的内亚视角来看当时的跨地域互动。

从藏地文化视角出发的藏文史籍如何书写明代前中期汉藏之间的物品流通呢？由《明成祖遣使召宗喀巴纪事》中“我们的皇帝命令（我们）献礼物来了（nged kyi rgyal pos phyag rten 'bul zhes mngags pa yin，ངེད་ཀྱི་རྒྱལ་པོས་ཕྱག་རྟེན་འབུལ་ཞེས་མངགས་པ་ཡིན）”的叙述可见①，藏文史籍的作者将明代使团的到访视作崇礼藏传佛教上师之举。史卫国在一篇近作中提到，他从未见到明清藏文史料用藏文中表示“贡”意的单字 དཔྱ（dpya）去形容向皇帝赠送礼物的行为；相较而言，更为常见的表述是 སྦ་ཡེར（sba yer）、སྦ་ཡེལ（sba yel）和 སྦ་གཡེར（sba g.yer）。而这几个表述在藏语中都没有对应词汇，史卫国推测为汉字“拜谒”的藏文转写②。也就是说，藏地僧俗多将遣使赴中央政府的行为视作拜谒尊者，在藏地文化语境中，并不太有“朝贡”的交往逻辑。当然，藏地僧俗亦会因语境转换对措词进行调整。如上文所引《西番馆来文》中虽然出现了“进贡”一词，但任小波通过比较《来文》的藏汉文文法，指出《来文》的原文为汉文，而后才由四夷馆员据汉文硬译为藏文③。换言之，“进贡”一词由藏地领袖直接以汉文拟就，说明他们在采用汉文写作时，会考虑相关政治语境、选用合乎明廷朝贡体系词汇的表达。过往对“朝贡体制”的研究基本仰仗汉文史料，亦因此受到了华夏本位思路的影响；而从“纳贡方”角度看待跨地域互动的情况较少。藏地视角下对“朝贡”互动的不同看法并非孤例，在明嘉靖、万历时期的蒙古人心中，汉蒙之间物品往来所反映的高下关系亦与明廷正好相反：面对赴明使者带回的大量汉地物资，草原领袖将之理解为汉地俯首称臣、接受蒙古上国地位的象征，所谓“年年月月不断供我所需，令人满意称心如意”④。专研明蒙关系的学者赛瑞斯（Henry Serruys）便评论道：“（这）清楚地反映了蒙古人的传统观点，即明朝赏赐的礼物是给他们的贡赋。”⑤

无论是藏地僧俗还是蒙古汗王，都对其时明廷冠以“朝贡”之名的物品流通持不同看法。那么应该如何统合这两种出自不同文化传统的理解呢？多格泰娅·何硕特－拉格（Dorothea Heuschert-laage）在检审清初满蒙关系时谈到，作为礼物互动的物品交换是蒙古贵族与满洲皇帝之间个人关系建立的重要渠道，互动过程蕴含了相当的情感寄托。在这个层次上，记载细致的礼单一方面彰显了物品的经济价值，但更为重要的，则是列明了物品的来源与赠送方的身份，作为皇帝调整、衡量与赠与者关系的参照⑥。明朝皇室成员与藏地领袖之间相互赠予的礼品也应该放在这个脉络下理解，即

① 于道泉：《译注明成祖遣使召宗喀巴纪事及宗喀巴复成祖书》，第 266 页。

② Peter Schwieger, “Tibetan Hierarchs and the Qing Emperor,” in Jeannine Bischoff and Alice Travers eds., *Commerce and Communities: Social and Political Status and the Exchange of Goods in Tibetan Societies*, EBVerlag, 2018, pp. 37.

③ 任小波：《明代西番馆与西番馆来文——兼论〈四夷馆考·西番〉在清代的变异》，第 25 页。

④ 珠荣嘎译注：《阿勒坦汗传》，呼和浩特，内蒙古人民出版社，1990 年，第 75 页。

⑤ Henry Serruys, *Sino-Mongol Relations during the Ming, Vol.2. The Tribute System and Diplomatic Mission, 1400–1600*. Brussels: Institutbelge des hautes é tudes chinoises, 1967, pp. 25.

⑥ Dorothea Heuschert-Laage, “From Personal Network to Institution Building: The Lifanyuan, Gift Exchange and the Formalization of Manchu Mongol Relations” *History and Anthropology* 25: 5 (2014), pp. 655.

建立或强化了私人层面的情感联系、尤其是法缘关系。这种存在于个体间的、较为私人化的社交行为，若置放在“朝贡”框架中理解，则有失之偏颇之虞。

那么明朝皇帝与藏地领袖之间以宗教礼物串联起来的个人关系便与跨地域地缘政治格局无关吗？当然不是。法国史学者沙朗·凯特琳（Sharon Kettering）在对十六、十七世纪法国社会赞助网络进行研究以后，提出多重个人关系所形成的关系网是所谓“赞助”（patronage）关系的最为重要的基础[①]。基于此，多格泰娅·何硕特－拉格进而将政治赞助视为理解十七世纪清帝国内亚治理模式最为重要的切入点[②]。虽然学者多以“赞助”关系来认识清朝皇帝与宗教势力之间的互动，但其实此一维度同样适用于检审明代帝王与藏地僧俗的往来。钟晗曾概括“新清史”学者笔下清帝国“内亚性”的三个特质，即“共主”的政治象征，多语种合璧文献的出现，与灵活而富有弹性的宗教政策[③]。这三个特质在明初汉藏交流中皆有所体现。因为对藏传佛教的诸般礼遇，明初帝王如太祖与成祖便分别在藏地的世界观中被表述为文殊菩萨的转世以及转轮王[④]。这符合所谓的“共主”特质，即在面对不同族群的治下百姓时，帝王展现不同性质的统治者形象。至于“合璧”，即汉文与非汉文多语种对照、体现所谓“共时性”（simultaneity）的文本特征，在上举《大宝法王建普度大斋长卷》中便能有所体现。长卷以汉、藏、波斯、蒙古、回鹘五种文字并列描绘藏僧法事的宗教奇观，堪称“合璧”文献的典范。在这个层面上，明代帝王与“新清史”学者笔下清代帝王统治所展现出的“内亚性”并无二致。与此同时，明初帝王支持藏传佛教僧众的传法活动，赞助他们的译经、印经事业，赋权佛教大寺统辖边区社会，奉行灵活的宗教政策。邱轶皓在检审蒙元时代物质文化的论文中谈到，所谓的礼物交换其实是欧亚大陆政治传统中的重要一环。[⑤]也就是说，明初的汉藏互动，其实应该置放在更为广大的欧亚政治文化语境中进行认知，而不应仅理解为华夏文化传统下阶序关系的产物。

二　藏獒、草药与盔甲：物质文化视角下的知识传播、卫所实态与地缘政治

如果说明代前中期中央政府与藏地腹地僧俗之间的礼物互动为反思“朝贡”表述提供新的诠释空间，那么流动于汉藏边区、尤其是明代四川汉藏交错地带的藏狗、药材与武器盔甲，便为我们认识汉藏之间知识传播、藏边地区卫所实态与地缘政治变化提供了物质文化层面的切入点。

自洪武至成化的百余年中，明廷与四川汉藏边区之间存在往来频繁的物品交换，见诸史籍者包括氆氇、珊瑚、貂鼠皮、青盐、硼砂、金银器皿等等。其中涉及动物者，论者耳熟能详者为贡马，相关研究已颇为翔实。而除却贡马以外，尚有一类动物——藏狗在川边社会颇为引人注目，其在汉

---

① Sharon Kettering，“Patronage in Early Modern France” *French Historical Studies* 17：4（1992），pp. 839.

② Dorothea Heuschert-Laage，“From Personal Network to Institution Building：The Lifanyuan，Gift Exchange and the Formalization of Manchu Mongol Relations”，pp. 651.

③ 钟晗：《简析明帝国的内亚性：以与清朝的类比为中心》，《中国史研究动态》2016 年第 5 期。

④ David Farquhar，“Emperor as Bodhisattva in the Governance of the Ch'ing Empire”，*Harvard Journal of Asiatic Studies* 38（1978）：pp. 13-14. 安海燕：《作为“转轮王”和“文殊菩萨”的清帝：兼论乾隆帝与藏传佛教的关系》，《清史研究》2020 年第 2 期。

⑤ Qiu Yihao，“Gift-exchange in Diplomatic Practices during the Early Mongol Period”，*Eurasian Studies* 17（2019），pp. 209.

藏文化中的多元形象亦值得探讨。

景泰二年（1451）十一月，四川董卜韩胡宣慰司首领奏报朝廷，言松潘卫副都御史寇深在川西北受贿，所谓"受反羌并杂谷等寨诸夷人金银、金释迦佛、大西天毛狗、红白铁刀（立）麻诸物货尤众，且曰此通四川军民所知者，但畏深暴酷不敢言耳"[①]。文段中的金银、金释迦佛无须多言，而铁立麻则是藏语 ཐེར་མ（ther ma）的转写，指代绒毛织品。寇深被举报一事需放置在正统、景泰年间董卜韩胡土司崛起的语境中考虑，其时董卜韩胡与杂谷争雄，而寇深及颇多明廷官员其实在暗中支持后者[②]。因此董卜韩胡此奏疏可能事涉诬告。但若因此判定寇深并未从当地番人处得到任何物品，又显勉强：一方面，《明实录》曲笔暗示了寇深受贿可能确有其事，所谓"命镇抚守四川诸官覆实，既而会赦，遂皆宥之"[③]。另一方面，实录中又记载了大量川西边卫军官、通事的受贿事迹，如"序班祁全招抚番僧于思曩儿之境，坐索贿诸罪""千户唐泰接受杂谷财物，通事徐受冒引番人朝贡"等[④]。因此几乎可以肯定的是，无论这些官员是索贿还是获赠，他们的确从川边番人处获得了数量不小的诸类物品。

此处值得留意者为寇深所获之"大西天毛狗"。所谓"大西天毛狗"，即通俗意义上的藏獒。藏獒体大、威武的造型给元明清时期来到藏区的旅人留下了深刻印象。马可·波罗便感叹道："有无数番犬，身大如驴。善捕野兽。"[⑤] 柯恒儒（Julius Heinrich Klaproth）进一步补充道："此种番狗大逾印度狗两倍，头大毛长，颇狞猛，其力可以敌狮。"[⑥] 周霭联《西藏纪游》也提到："藏地犬大者如驴，较常犬大二三倍。毛茸茸长三四寸，两目尽赤，状极狞恶。日则贴地酣眠，蹴之不噬。夜则百十为群，往来追逐，吠声如豹。孤客夜行，往往遭噬。"[⑦] 庄学和《打箭炉词二十四章》中亦描述川边地区藏獒"黑犬同根昂巨首"[⑧]。在西藏的文化脉络里，藏獒不仅是看家护院的猛犬，还具备一定的宗教特质，《金川草》中有"犬首最巨，牛毛独长，相传番种天女同黑犬所生"的记载[⑨]。才让则提出藏獒是高原先民的图腾[⑩]，又有说法认为藏獒是藏传佛教金刚具力护法神的第一伴神，是盛大骷髅鬼卒白梵天的变体，是厉神之主大自在天和厉神之后乌玛女神的虎威神[⑪]。由此可见，藏獒是藏地日常生活中重要的组成部分，亦具备相当的文化、宗教象征意义。

因为藏獒在藏地价值观中的特别涵义，至迟从元朝开始，獒犬便成为藏地使者携往汉地的重要礼品。《元典章》载大德年间，藏地"差来西番大师、色目人员管押进呈马匹并狗只……狗只

① 《明英宗实录》卷一九〇，景泰元年三月甲子，第 3919 页。

② 关于董卜韩胡土司在明中期的崛起，见邹立波：《略论明代董卜韩胡、杂谷二土司之争：兼论硗碛嘉绒藏族文化中的羌文化因素》，《阿坝师范高等专科学校学报》2006 年第 4 期。

③ 《明英宗实录》卷一九〇，景泰元年三月甲子，第 3920 页。

④ 《明英宗实录》卷一五五，正统十二年五月乙卯，第 3023 页；卷一五七，正统十二年八月辛未，第 3057 页。

⑤ ［意］马可·波罗著，冯承钧译：《马可波罗行记》，上海，上海书店出版社，2001 年，第 280 页。

⑥ ［意］马可·波罗著，冯承钧译：《马可波罗行记》，第 281 页。

⑦ ［清］周霭联著，张江华、季垣垣点校：《西藏纪游》，北京，中国藏学出版社，2006 年，第 13 页。

⑧ 佚名：《金川草》，西藏社会科学院西藏学汉文文献编辑室《西藏学文献丛书别辑（第四函）》，中国藏学出版社影印本，第 51b 页。

⑨ 佚名：《金川草》，第 51b 页。

⑩ 才让：《藏传佛教信仰与民俗》，上海，上海古籍出版社，2017 年，第 464 页。

⑪ 甘肃省人民政府新闻办公室编：《甘南故事》，兰州，甘肃人民美术出版社，2017 年，第 160 页。

不下一百余只……狗每只日支米一升、肉一斤”①；这样的传统亦延续到了明代，如《明实录》中便有“河州卫指挥使司佥事朵儿只、汪家奴来朝，贡名马、蕃犬”“西宁卫千户哈成来朝，贡马、驼、鹰、犬”“陕西河州弘化寺番僧……文县生番……以渗金铜佛、铜塔、佛象、马、犬、盔、刀来贡”“弘化寺番僧锁南星吉等贡马、驼、番犬……等方物”“弘化寺番僧锁南星吉等五名来贡马、驼、犬只方物”一应记载②。元明易代以后，藏獒继续作为贡物由藏地来到中原，其名声在中原延宕，甚至产生了象征涵义的嬗变。在汉地的文化脉络中，獒犬是外夷宾服的表征之一。自汉代《乐府诗集·时邕》“西旅献獒，扶南效珍。蛮裔重译，玄齿文身。我皇抚之，景命惟新”以后，所谓的“西旅献獒”便成为万邦来朝、张上国天威的文化母题，更成为宫廷画的重要题材。明初刘基曾作《题西旅献獒图》，其中即有“万国戴元后，怀柔无迩遐。逖矣裔夷人，占风慕中华”之句③。与此同时，“獒”在相当程度上与“狮”混用，是权力与威严的象征。明朝文人常将獒与狮混为一谈。孙鑛便曾指出：“西旅所献獒，正今西番所贡狮子。狮有九种，獒则其最下者耳。”④“狮獒互置”在台北故宫博物院藏清乾隆时期郎世宁所绘《十骏犬图·苍猊》中更为典型（图1）。所谓“苍猊”，取“苍色狻猊”意，意指青狮。然而由图画可见，画中分明是一只大型犬类，与常见的藏獒形象相似，而献犬者傅清的“驻藏副都统”身份则进一步确认了这一只“苍猊”便是藏獒无疑。汉地价值观中“狮”“獒”混用的传统也许亦是寇深向川西北番民索要藏獒的初衷：豢养形象忿怖、具备护法性质的獒犬，可谓是镇服当地番民的有效政治姿态，亦取番蛮拜服、仰上国天威的象征意义，符合寇深地方军卫长官的身份。而因为藏獒别具特色的形象，它甚至进入了汉地的民间知识体系，成为彰显藏地特质的代表性物种。如成书于十五世纪中期、今藏剑桥大学的明刊孤本《异域图志》中（图2）⑤，便在介绍“吐番”时专门将藏人与藏狗画在一起，而该图绘及介绍性文字后又进入《三才图会》（图3），成为影响明后期汉地民间对藏地观感印象的重要材料。

图1 《苍猊图轴》清 郎世宁 绢本设色 台北故宫博物院藏

① 陈高华等点校：《元典章》，户部卷二《典章十六》，天津，天津古籍出版社，2011年，第569页。

② 《明太祖实录》卷七〇，洪武五年二月壬辰，第1328页；《明英宗实录》卷一二三，正统九年十一月辛巳，第2460页；《明武宗实录》卷一九六，正德十六年二月甲申，第3659页；《明神宗实录》卷四六，万历四年正月壬寅、万历四年正月己酉，第1024、1035页。

③ ［明］刘基著，林家骊点校：《刘基集》，杭州，浙江古籍出版社，1999年，第354页。

④ ［明］孙鑛：《书画跋跋》续卷三《画·李郡写旅獒图》，《景印文渊阁四库全书》第816册，第150页。

⑤ 侯倩：《剑桥大学图书馆藏明刊〈异域图志〉考》，《中国历史地理论丛》2018年第4期。

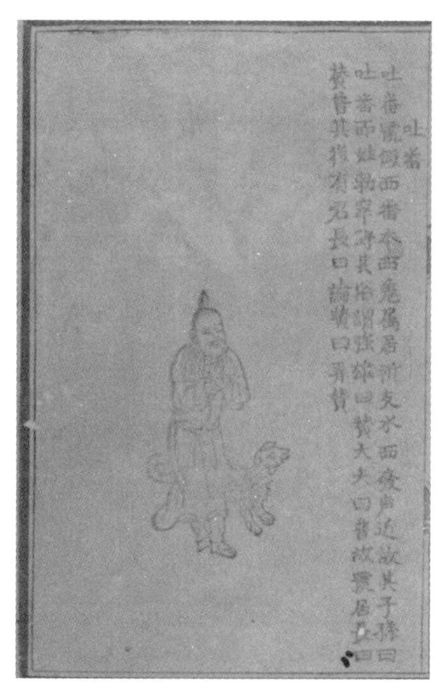

图 2 《异域图志》“吐番”图文

图 3 《三才图会》“西番”图文

与藏獒类似，在川边流通的植物药材亦是考察明代汉藏之间日常知识传布与流通的优质窗口，尤其可以推知其时边地卫所军官如何鱼肉部署，谋取私利。先是，正统十四年（1449）五月，松潘卫军士奏“镇守都指挥佥事王杲贪赂不法诸事，且岁索茜草、酥油等物于诸番”[①]。王杲之所以常年向边区番人索要茜草和酥油，其实与产品的性质有关。先看茜草。茜草为青海东部、甘肃南部、四川西部特产，有活血化瘀功效。对于常需操演、多跌打损伤的卫所军士来说，化瘀药物实属常用。酥油亦是当地生活必备品。川西高原食物品类单一，人体所需维生素及多项营养元素常无法得到及时补充，本地人常以酥油佐食，以补充必需营养元素。驻扎在当地的明代卫所军士亦有此需求。那么王杲常年向番民索要茜草、酥油，之后是否会将这些土产分给下辖军士？联系《明实录》中“王杲擅役军造私室，占种人田园，又与都指挥佥事高广坐视番人杀虏官军，弗即率兵剿捕”的记载[②]，大略王杲将这些物产据为己有、再以高价卖与军士更为可能。也许正因为王杲常年向川边番民索取茜草，给地方百姓留下了中原人士偏爱茜草的印象，当地番人才会将茜草选为方物上贡，所谓“四川……各僧生长番地……其所进皆……茜草等物”，也因此造成了前文所引材料中四川地方官员对茜草的鄙夷态度。

除却茜草以外，尚有多种流通在川边的植物药材能够反映边区卫所的生活实态。《西番馆来文》中一则乞赏文书提供了医药层面的物质文化信息。《来文》载：

西番竹竹簇番人臣绰丹等谨奏：为乞讨药材事。近年本处人民多病，今来奏讨人参、甘草、官桂、丁香、木香、片脑、蓿砂、豆蔻、杏仁、菖蒲、当归、白芨等药材各十斤。望朝廷

① 《明英宗实录》卷一七八，正统十四年五月辛卯，第 3437 页。
② 《明英宗实录》卷一四九，正统十二年正月戊寅，第 2924 页。

可怜见，给与便益。[①]

任小波认为《来文》书写者竹竹簇番人来自洮岷地区，惜未具体出注；今天的岷县县城附近有地名栗竹、竹股，或为其本，不能定论。而在笔者目力所及的明代史料中，也再未见有关竹竹簇的记载。但至少可以肯定的是，竹竹簇应当是分布在今日川西北或甘南的番人族群，因为所谓的“簇”字实为藏文“ཚོ་བ（tshoba）”的转写，意指“寨落”，在明代的史料中，仅用来指涉甘南、川西北地区的番人族群。

考察《来文》中所列药材，多为汉地常见用药。汉藏边区的番人如何获得此类医药知识？因为相关记载太少，仅能做两种推测。其一，番人因赴京进贡，逐步获得此类知识。朝贡框架作为跨地域交流的重要渠道，提供了汉藏人民在社会文化颇多层次的交往，医药知识亦可能在此过程中得到传播。其二，明廷在汉藏边区所设医学也很可能是边地番民获得汉地医疗知识的渠道，如洪武二十八年（1395）于四川盐井卫所设医官、宣德九年（1434）置陕西西宁卫军民指挥使司医学正科一员、宣德十年（1435）设四川都司松潘等处军民指挥使司医学，以本卫通医余丁任职等。就松潘而言，卫所军官早在宣德年间便已开始雇用当地番人，所谓“募通晓汉语番人代其守堡”[②]，说明番人有不少机会进入卫所城，亦可能因此获得相关的医药知识。

竹竹簇番人向明廷乞赐医药的主要目的为何呢？虽然《来文》中提到“本处人民多病”，因此向明廷乞药，但笔者以为，实际的情况可能更加复杂。细查竹竹簇番人所求药物，如人参、官桂、丁香、木香、豆蔻、菖蒲、当归等多为热性药，有利于因寒弱而造成的诸种病症。具体而言，据十八世纪中期成书的藏医药经典《晶珠本草》，人参“补气固脱”[③]；丁香“治命脉病，祛寒气，性热、糙”[④]；菖蒲则“治消化不良，提升胃温”[⑤]。官桂可配伍丁香，用于治疗寒凝气滞之腹痛，木香可行气止痛、调中导滞，豆蔻亦治寒湿呕逆，胸腹胀痛，食积不消。竹竹簇番人领袖为何对此类药品有所需求呢？其实本地番民因长期生活在汉藏边地，对当地高海拔的干冷自然环境较为适应，也相较而言不易为寒气所侵，反而是客籍边区、生活在川西谷地的卫所官兵，对寒冷气候的抵抗能力较弱。因此，笔者认为这数十斤的药材很可能最终会回流到明廷边地卫所中去。汉藏边区卫所士兵生活条件异常艰苦，明廷却连他们最基本的御寒需求都难以满足。《明实录》中有松潘军官三番五次向朝廷乞发棉布棉花的记载，所谓“旧制禁棉布，不许贩卖出境，军士无以为衣”[⑥]，“松潘边地苦寒，洪武时军士岁给绵布三匹、绵花三斤，宣德以后始折半给赐，近又三岁一给，军士贫窘”[⑦]，在这种状况下，边卫士兵便尤其容易受寒，对相关热性药品的需求量大增。与此同时，根据张金奎的

① 任小波：《明代西番馆与西番馆来文——兼论〈四夷馆考·西番〉在清代的变异》，第 31 页。
② 《明宣宗实录》卷五九，宣德四年十月辛巳，第 1401 页。
③ 罗达尚：《晶珠本草正本诠释》，成都，四川科学技术出版社，2017 年，第 465 页。
④ 罗达尚：《晶珠本草正本诠释》，第 461 页。
⑤ 罗达尚：《晶珠本草正本诠释》，第 712 页。
⑥ 《明太宗实录》卷一〇〇，永乐八年正月辛卯，第 1305 页。
⑦ 《明英宗实录》卷六六，正统五年四月癸未，第 1269 页。

研究，明廷对军队医疗极端不重视。即便是京营三大营，亦不过每万人才配有一名医官[①]。大量边卫则根本没有医官，如塞北孤山寨"沿边诸寨军士不下数万，荒远偏僻，不近州县。兼无药饵，疾疫时行，坐以待毙"[②]，与本文密切相关的西部边卫亦是"今陕西、甘肃等十余卫所医药俱缺，疾疫无所疗治"[③]。

在此境况下，汉藏边区卫所不得不自行筹措医疗用品：利用番人对朝贡体系的准入直接获得药品便是一种做法。边地卫所军士与番民互市屡见不鲜，《明实录》中即有"（松潘）卫所官旗多纵家属在堡居住，与番人往来交易"[④]，"凉州诸卫土军多私出外境市马"[⑤]。或有卫所军士将银两贷与朝贡番人，以供后者上京时囤积货物，"甘州卫军数人结交边夷，借与银两图利，以至各夷至京广置货物"[⑥]。朝廷虽出榜禁约，要求"秦、蜀军民毋得入西番互市"[⑦]，同时要求各府州严格筛查，"外夷经过处所，务要严加体察，不许官员、军民、铺店之家私与交易物货，夹带回还，及通同卫所，多索车扛人夫"[⑧]。但类似情况屡禁不止。由此，笔者认为竹竹簇番人利用赴京朝贡机会获得的大量药品，很可能是因应边地卫所军士所提要求。待番人回到边区以后，再将药品转卖给有较大需求的卫所系统。而除却以上驱寒固脱药品以外，表单中的片脑有治疗疮疡溃后不敛的功效，白芨则可"消炎止血、活血排脓、生肌止痛"[⑨]，这一类治疗跌打损伤的药品，与前文提及的茜草类似，都是边区卫所需求量颇大的常备药物，也难怪竹竹簇番人一开口便是向明廷乞赐十斤。

如果说药材的流通在一定程度上反映了其时川西北地方军卫的生活实态，那么另一类特别的物品——武器铠甲，则提供了管窥汉藏边区非汉族群社会交往准则的契机。据笔者不完全统计，在有明一代赴京的1853支藏地使团中，向明廷呈上刀具或甲胄的使团共有204个。这些使团并非按照时间序列平均分布。在1445年以前，仅有来自卫藏地区的使团于1371年、1394年及1397年三次携武器防具赴京。而在1445年至1450年的短短五年之间，则大量出现藏边使者携武器盔甲赴明的案例，且多数使团由川西北董卜韩胡及杂谷两个土司政权派出。前文已述，正统末、景泰初实为董卜韩胡及杂谷摩擦白热化的时期，此时两家土司争相向明廷上贡刀剑铠甲的行为是否有别样的内涵？《明实录》中的一系列记载可为我们提供相当的解读空间。

先看正统十三年（1448）十一月间一封由礼部发出的奏疏以及皇帝的反馈。奏文载：

> 四川杂谷安抚司番僧南哥藏等来朝，贡刀剑、铁甲。稽旧例，番僧入贡，人赐钞六十锭，彩段二表里、折衣彩段四表里、靴袜各一双。今南哥藏系近边番僧，刀剑、铁甲又非贵重之

---

① 张金奎：《明代卫所医疗保障浅析》，载田澍、王玉祥、杜常顺主编：《第十一届明史国际学术讨论会论文集》，天津，天津古籍出版社，2007年，176页。

② 《明英宗实录》卷一二九，正统十年五月庚辰，第2568页。

③ 《明宪宗实录》卷二二〇，成化十七年十月甲辰，第3805页。

④ 《明宣宗实录》卷五九，宣德四年十月辛巳，第1401页。

⑤ 《明太宗实录》卷七六，永乐六年二月戊子，第1035页。

⑥ 《明英宗实录》卷二三九，景泰五年三月丁丑，第5222页。

⑦ 《明太祖实录》卷一〇六，洪武九年五月乙卯，第1763页。

⑧ 《明英宗实录》卷二四三，景泰五年七月癸丑，第5282页。

⑨ 罗达尚：《晶珠本草正本诠释》，第468页。

物，前例赏赐过厚，宜赐南哥藏等钞四十锭，彩段一表里、折衣彩段一表里、靴袜各一双。南哥藏以旧例为言，不肯拜赐。上命罢其赏赐及下程，令住会同馆，毋擅出。[①]

此封奏疏见载于《明实录》。检审《明实录》对藏地赴明使团的记载，可知有明一代各朝对藏地使团所携“贡品”的记录都颇为详细。除弘治八年至十八年（1495—1505）间因未知原因不列明具体贡物以外，诸朝实录对藏地“纳贡”物品，无论是佛像、舍利，还是氆氇、刀剑、盔甲，都会清晰罗列。如此，则杂谷安抚司番僧南哥藏在正统十三年的赴明活动中，的确仅仅携带了刀剑和铁甲作为“贡品”。面对这般“贡物”，明廷礼部官员发出了与前述四川布政使类似的评论，即藏地来使不过是在利用明廷薄来厚往的朝贡规制，以“破铜烂铁”骗取朝廷封赏。因此，明廷决定削减对南哥藏等人的回赐数量。然而这一调整并不为南哥藏接受，番僧拒不拜赐，因此被皇帝禁足于会同馆中。直至第二年七月，南哥藏更遭下狱，史载“下番僧南哥藏于锦衣卫狱。初，南哥藏等入贡，礼部以其贡物薄而赐予厚，奏请稍减之。南哥藏等忿不肯受。及是，命下南哥藏于狱，余宥其罪，加减例赏之，令归。”[②]

杂谷安抚司早在永乐五年（1407）便与明廷建立“朝贡”关系，此前一直以马与方物作为主要贡品。而正统十三年亦并非南哥藏第一次进京。在此前的正统十二年（1447）五月，他便已经作为杂谷安抚司的代表携马及方物赴明朝贡，也并未因“近边番僧”的身份引起明廷反感。那么，杂谷方面为何忽然在正统十三年将入贡物品由常见的马与方物换成了从未进贡过的武器防具？个中原因，实与武器铠甲在地方社会特定的政治功能，以及正统十三年川西北地区地缘格局有关。

不妨来看《明实录》中几则关于正统十二年川西北地区的记载。先有正统十二年三月戊寅条：“四川茂州草坡寨首加悟与苏村寨民仇杀，窜杂谷者数年。先是尝贡马，至是又遣其弟以铁甲六副纳官，乞贷死。右佥都御史寇深以闻。上命姑宥之，若再为恶，仍调兵捕之无赦。”[③] 由引文可知，草坡寨首加悟一直秉持着向明廷贡马的传统，而在犯下命案以后，却专程遣人携六副盔甲入京，以求明廷法外开恩。在这里，铁甲成为了加悟“俯首谢罪”的信物，是臣服姿态的表达。而加悟依附杂谷土司长达数年，此番纳甲乞赦，很可能亦是得到了杂谷土司的指点。与此类似的有正统十二年十二月长宁安抚司的贡甲举措，史载“四川长宁安抚司土官安抚剌麻儿遣其子游竹来朝，贡蛮口、铠甲及马。先是，官军捕董敏，长宁诸寨惊疑，攻围城堡，指挥佥事庞瑄与战，败之。至是始来谢罪。”[④] 在这个例子里，铠甲亦是川西北番人畏惧明廷军威、主动纳降的象征。实录中尚有正统十二年一月“四川杂谷安抚司加撒等寨向化番僧加藏等来朝，贡马及明铁甲”的记载[⑤]，所谓“向化”的表述，也点出了铁甲成为归附番人向明廷臣服的信物。

为何杂谷要在正统十三年忽然向明廷呈上象征“归附”“臣属”的武器铠甲呢？这与其时杂谷统治阶层内部发生的重大变故有关。在此以前，杂谷一直与董卜韩胡势均力敌，甚至常常利用靠近

① 《明英宗实录》卷一七二，正统十三年十一月丙午，第 3316 页。
② 《明英宗实录》卷一八〇，正统十四年七月己卯，第 3480 页。
③ 《明英宗实录》卷一五一，正统十二年三月戊寅，第 2965 页。
④ 《明英宗实录》卷一六一，正统十二年十二月乙丑，第 3128 页。
⑤ 《明英宗实录》卷一四九，正统十二年正月丁丑，第 2924 页。

贡道的地理优势，通过砍伐树木、截杀使者、控制交通要冲的方式，将董卜韩胡的赴明使团限制在深山之中。“今得董卜韩胡宣慰使……奏，其所进语录、经文……马二百一匹欲从保县前来，被杂谷瓦及谷敦之人伐树塞路，不容经过”①，“杂谷安抚司……将前项六寨占据，阻截董卜道路……董卜差人进贡，至保县地方……被杂谷达思蛮番人将董卜差来之人截杀，连马赶逐回还。”②然而正统十二年，杂谷安抚使忽然病故③，据董卜韩胡奏称，实乃遭到安抚使小妾下毒，将安抚使及其子双双毒杀。而临时接替的杂谷首领又行事草率、无法服众，导致统治集团内部数名重要人物纷纷投靠董卜韩胡：“伊弟阿拜管事，将守把达思蛮长官司豆若寨头目松蓬挫辱，及有阿拜异母兄朵鲁只儿……不承袭管事，与弟观绰达儿并松蓬俱去投托董卜。”④在竞争对手实力严重削弱的当口，董卜韩胡则抓紧机遇大肆扩张。一方面，董卜韩胡出兵占领杂谷属地达思蛮⑤；另一方面，则无视明廷规训，欲从杂谷辖地“铜门山西罗朴头开山通道”⑥，意图打破多年来自然地理形势对土司扩张所造成的限制。针对此一地缘政治格局的变动，明廷四川官员评论道：“臣等窃观杂谷安抚司内联威州保县，外邻董卜韩胡。杂谷虽弱，欲抗董卜实倚重于威保；董卜虽强，欲通威保却受阻于杂谷。以此仇杀素不相能，其铜门山西罗朴头日驻等寨乃杂谷、威保交界要害之处。今董卜欺杂谷之妻寡子孤，瞰我军之远征麓川，故假以进贡为名开通道路，意在吞并杂谷。”⑦

联系正统十三年董卜韩胡与杂谷双方势力的此消彼长，可以推知南哥藏此番赴明、并首次携带刀剑盔甲，其实是担负了替杂谷首领向明廷求援的任务。在这个意义上，武器防具更在“臣服”“归附”以外，别具政治结盟的寓意。在川西北地区，将刀剑盔甲作为结盟礼品相互赠予的事例并不鲜见。董卜韩胡土司在景泰年间坐大、并意图入侵蜀中平原时，便对潜在的盟友赠予武器防具。据其时明廷密探报说：“依蒙前去西番阿思贡处，见有董卜韩胡宣慰使司掌司事都指挥同知克罗俄监灿，差人到于阿思贡处，送盔一顶，甲一副，番语称说：‘你不要做和尚，改作道士罢’。”⑧此处的“道士”一词，据邹立波研究，实为苯教徒之意⑨。董卜韩胡是苯教的坚定支持者，而由文意可见，其力图拉拢的阿思贡簇寨则信奉藏传佛教。董卜韩胡以盔甲相赠，无疑是将之作为结盟信物，希望得到阿思贡的帮助，一齐挑战明朝。如此，则刀剑、盔甲所具备之政治文化内涵似乎是川西北地方社会中的常识性知识。也正因为此，杂谷首领在地缘政治板荡之时急派南哥藏携刀剑盔甲赴明廷求援，并认为明廷方面可以无障碍地理解物品背后所要传达的讯息。然而因为文化背景之差异，明廷礼部官员并未体察到刀剑盔甲所蕴含的深层次含义，而纯粹以物品的经济价值出发，认为这是杂谷使者骗取明廷丰厚赏赐的花招。在这个意义上，南哥藏拒绝拜赐受赏，则并非如明廷官员

---

① 《明英宗实录》卷八一，正统六年七月己酉，第1624页。

② ［明］于谦著，魏得良点校：《于谦集》卷三《南征类·兵部为求讨等事》，杭州，浙江古籍出版社，2013年，第144—145页。

③ ［明］于谦著，魏得良点校：《于谦集》卷三《南征类·兵部为求讨等事》，第145页。

④ ［明］于谦著，魏得良点校：《于谦集》卷三《南征类·兵部为求讨等事》，第145页。

⑤ ［明］于谦著，魏得良点校：《于谦集》卷三《南征类·兵部为求讨等事》，第145页。

⑥ 《明英宗实录》卷一七一，正统十三年十月己巳，第3296页。

⑦ 《明英宗实录》卷一七一，正统十三年十月己巳，第3926页。

⑧ ［明］于谦著，魏得良点校：《于谦集》卷十《杂行类·兵部为边情事》，第421页。

⑨ 邹立波：《明代前期川西北“族姓”、边政与宗教关系》，《西南民族大学学报》2012年第5期。

所言，是嫌弃赏赐数量太少。因为在南哥藏眼中，明廷的鄙夷态度与减量封赏是背信弃义之举、是在杂谷危难之时将之弃而不顾的表达，南哥藏拒绝受赏，传达了他对杂谷—明联盟关系破裂的失望。而随着南哥藏下狱，杂谷也在短时间内被董卜韩胡压制，亦因此无力替明朝阻止董卜韩胡崛起，造成了明朝西部边疆在十五世纪中最为严重的一次边防危机。而在正统、景泰以后，刀具、铠甲于成化年间再次作为番民贡物大量出现在《明实录》的记载中，如成化二十二年（1486）"陕西外夷生番……来朝，贡马及盔刀等物""巡抚陕西右副都御史阮勤奏'番贼些尔结等入寇，都指挥佥事雷泽、参政邓山等将兵与战，克之。板儿、铁藏等簇畏惧约降，以人马、盔甲来献'"一类的记载多达数十条[①]。可见上述刀甲"归附""臣服"之意并未消失，甚至亦是今日甘南地区番人社会中的常用表达。

陈波从历史人类学视角出发，对明代汉藏交流过程中"马"的物质文化内涵变迁做了历时性检审，并提出汉藏交流之间"马"的意义变化是观察明朝天下观由"天下心态"向"商人心态"过渡的极佳剖面[②]。本节循相似路径，从物质文化角度考察明代汉藏交通中不同流通品的象征含义及社会功能。对于藏獒、药材与盔甲，汉藏双方皆存有不同层次的认知和解读，不同文化间的对话与互动随之得以实现。美国边疆史学家理查德·怀特（Richard White）曾在检审早期北美殖民者与印第安人互动的著作中提出"中间地带（middle ground）"的概念，认为跨文化交际中的"误解（misunderstanding）"是支撑此类文化互动的核心要素[③]。本节考察流通于汉藏接触地带的三类物品，关注跨地域互动过程中发生的文化变迁与互渗，从而提出物质文化视角是解读明代汉藏互动的关键切口。

三　结语

如果说朝贡体系是明代汉藏交流的制度性框架的话，那么在朝贡网络中流通的诸种物品便是其具体内容。本文考察既往研究中较少为人关注的数种流通物品，尝试对十五世纪汉藏交流的丰富层次进行展示。从明初皇室与藏地腹地僧俗之间的宗教礼物互赠来看，鸟瞰式的"朝贡"视角容易简单化汉藏关系发展的动态过程，将复杂而多元的互动形式化约为固化的辖属关系，同时把"薄来厚往"的定式思维放大为汉藏物质文化交流的准则。而汉藏社会之间藏獒、药材及刀甲的流通，则呈现了跨区域交流过程中具体物品文化内涵与在地社会功能的变化。藏獒的例子展示了藏地特产如何在汉地经过跨文化演绎、被赋予了诸种脱离原生语境的新颖意味。药材则彰显了汉藏边区卫所系统的生存实态，为我们认识明代边疆人群互动方式提供了细微而巧妙的切入口。而刀剑盔甲的案例则体现了不同文化背景之间所存的嫌隙与误差，为"以非汉视角解读汉文史料"的研究路径做了注脚。

---

① 《明宪宗实录》卷二四四，成化十九年九月丙辰，第4143页；卷二七九，成化二十二年六月丁酉，第4709页。

② 陈波：《塑造文化间的马：对明代汉藏关系的历史人类学解释》，载石硕主编：《川大史学（第二辑）·民族卷》，成都，四川大学出版社，2016年。

③ Richard White, *The Middle Ground: Indians, Empires, and Republics in the Great Lakes Region*, 1650–1815, Cambridge University Press, 2011, "Preface to the twentieth anniversary edition," pp. XI–XXV.

以物质文化视角考察明代汉藏交流，亦可对现行朝贡体系研究进行反思。因为史料的限制，学者不得不大量依赖汉文文献来认识朝贡体系运行的基本程式。但汉文史料中的“朝贡”表述多以华夏本位理解东亚世界区域秩序，体现了所谓“宗主方”的认知。至于所谓的“纳贡方”如何看待“朝贡”范式对双边关系等级鲜明的概括，他们又以何种心态、持何种目的与中原王朝交往，往往较少反映在汉文文献中——即使有只言片语的记载，也多为简单化的表述与偏颇的评价。与此同时，“朝贡”以及由其生发的一系列概念，多是二十世纪以来学者对汉文史料阅读与分析以后进行的综述。学术史的发展具备层累性，早期研究中的学术偏见容易堆叠，并进而影响后期研究的立论基础和推进方向。因此，作为古代中外交通发生场域的朝贡体系，有可能被史料表述、史学研究的双重“片面性”所影响，应该引起学者注意。本文提出，以物质文化作为切入点，考察流通在朝贡孔道中的各类物品究竟如何为“宗主方”“纳贡方”所认知、这些物品的流通如何影响朝贡通道沿途的地方社会、他们的文化意义与政治内涵是否在跨区域流动的过程中发生了嬗变，是继续开展相关研究的可行路径。

（作者胡箫白，南京大学历史学院）

试论明代史学批评的时代背景与思想特点

廉　敏

近些年来，学界相继出现了几部明代史学研究专著。即使如此，明代史学仍然是一个相对薄弱的认知领域。关于明代史学批评的研究更是鲜被留意。目前，仅见两部著作对明代史学批评有所讨论。一部是瞿林东先生的《中国古代史学批评纵横》（中华书局 1994 年版）。其中有一题，名为“走向社会深层”，即为明代而设。不过，在今天看来，“走向社会深层”仍属于宽泛意义上的明代史学，实非专门的史学批评视角。另一部是白云的《中国古代史学批评史论纲》（人民出版社 2010 年版）。书中只有三节属于明代，分别讨论王世贞、李贽、胡应麟三人的史学批评，这使得明代史学批评以个别的零散形式呈现出来。得益于教育部“中国古代史学批评史”课题提供的难得的契机，我们才得以初步相对系统地整理明代学人在史学批评领域留下的思想遗产。明代史学批评的发生既是中国古代史学批评发展的结果，又具有一定的时代特点。

一　进步与落后并存：明代史学批评的时代背景

白寿彝先生在其主编的《中国通史》中明确指出：“明朝及清朝大部分的年代，是中国封建社会的衰老时期。”[①] 这里的“衰老”一词，乃出于深刻的思考：它是前辈学者运用唯物史观对进步与落后两种矛盾现象在明代同时并存的理论总结。白先生所谓：“这两个似乎矛盾的现象，正是封建社会衰老时期的特点。”[②] 这一论断深邃而辩证，至今仍闪耀着光芒。

不仅《中国通史》谈到的明代经济、社会存在着看似矛盾的现象，而且在明代的史学（包括史学批评）中，我们也真切地体会到同样的矛盾复杂的时代氛围。

接下来，我们就从上述矛盾的两个方面来简要地呈现明代的时代特点及其史学面貌。

其一，明代社会及史学发展的方面。

经济研究表明，明代社会经济的诸多方面都呈现出繁荣的趋势。就农业而言，1580 年前后，明朝 16 个省份的耕地面积合计为 7335.4 千顷；1600 年前后，则为 9316.9 千顷，[③] 可见迄至明末其耕地面积仍在继续增长，且增长幅度还是相当明显的。民营手工业“到明代中后期成为手工业生

---

① 白寿彝：《中国通史导论》，白寿彝总主编：《中国通史》第 1 卷，上海，上海人民出版社，2013 年，第 70 页。

② 白寿彝：《中国通史导论》，白寿彝总主编：《中国通史》第 1 卷，第 70 页。

③ ［英］崔瑞德（Denis Twitchett）、［美］牟复礼（Frederick W. Mote）著，杨品泉等译：《剑桥中国明代史》（下卷），北京，中国社会科学出版社，2006 年，第 434 页。

产的主体力量，一些生产部门中还出现了规模化生产的萌芽”[①]。商品经济出现了十分活跃的局面。研究者即称：“北方下层社会庶民面向市场的经济活动是在16、17世纪达到一个空前活跃的水平的。”[②]各级城市不断发展。以王琦笔下苏南地区在明朝建立之后迅速恢复为例：“吴中素号繁华，自张氏之据，天兵所临，虽不被屠戮，人民迁徙实三都、戍远方者相继，至营籍亦隶教坊。邑里潇然，生计鲜薄，过者增感。正统、天顺间，余尝入城，咸谓稍复其旧，然犹未盛也。迨成化间，余恒三、四年一入，则见其迥若异境，以至于今，愈益繁盛。”[③]与之相伴随的是人口激增：“所有的证据都说明一个事实，即人口‘爆炸’（有的经济和社会史学家以此来总的解答多种多样的社会和经济现象），不仅仅是清代的现象，也是明代的现象。”[④]

明代经济的发展推动明代的阶级结构发生了某些局部的变化。长期战乱后，在明太祖打击豪富的严猛政策下，作为生产资料的土地得到重新分配，自耕农空前增加，而大土地所有者“既盈而覆，或死或徙”[⑤]。生产及商品经济的发展推动商人的地位获得明显提高，部分地区甚至出现了与“古时右儒而左贾”相反的“右贾而左儒”[⑥]的趋势。在明太祖的打击与商人势力的提高双重作用下，明代的官僚集团也出现了分化：一部分官僚具有了市民意识，另一部分民众通过传奉官、捐纳等途径进入仕途，“被视为至高无上的官僚队伍中，骤然间混入了一大批三教九流之辈”[⑦]。明朝的宗室、勋贵如果不适应新的经济潮流改变自己的经济地位，其政治地位也将沦落为一纸空文。因此，明朝中叶以后皇亲勋臣与商人勾结的情形越来越明显，甚至皇帝也认识到“近来，势要官员通同奸商，买窝卖窝”[⑧]。天启二年（1622）则开考宗科，准许宗室成员同平民一样应试科举、谋求生路。代表着进步经济的力量越来越多地跃上明代社会及政治的舞台，这使得“传统等级制度受到了前所未有的冲击”[⑨]。

明代经济社会结构的变化推动社会风气、思想文化逐渐突破了以程朱理学为代表的儒家观念，反映低层生活的世俗文化日益流行，社会文化领域日益呈现出宽松、丰富、活跃的氛围。特别是正德、嘉靖前后社会风俗的变迁令明人体会深切：“正、嘉以前，南都风尚最为醇厚”，士大夫很少“求田问舍”“投贽干名”，军民鲜闻“后饰帝服”，妇女则少有“珠翠绮罗”，各种奢靡、营求、逾制、非礼之事都是“百不一二见之”[⑩]。言外之意，正、嘉之后，那些事情已经蔚为风气、司空见惯了。言者是在感叹世风日下，但在今天看来，其中正反映出明代中后期经济发展迅猛、阶级关系松动以及思想束缚消解等生机勃勃的积极势头。另外，印刷业的发展“至嘉靖、万历年间达到极

---

① 王毓铨主编：《中国通史中古时代·明时期》上册，白寿彝总主编：《中国通史》第9卷，第280页。

② 赵轶峰：《明代的变迁》，上海，上海三联书店，2008年，第194页。

③ ［明］王锜：《寓圃杂记》卷五《吴中近年之盛》，北京，中华书局，1984年，第42页。

④ ［英］崔瑞德（Denis Twitchett）、［美］牟复礼（Frederick W. Mote）著，杨品泉等译：《剑桥中国明代史》（下卷），第423页。

⑤ ［明］贝琼：《清江文集》卷十九《横塘农诗序》，《景印文渊阁四库全书》第1228册，中国台北，台湾商务印书馆，2008年，第411页。

⑥ ［明］汪道昆著，胡益民、余国庆点校：《太函集》卷五四《明故处士溪阳吴长公墓志铭》，合肥，黄山书社，2004年，第1142页。

⑦ 王毓铨主编：《中国通史·中古时代·明时期》上册，白寿彝总主编：《中国通史》第9卷，第736页。

⑧ 《明世宗实录》卷一六二，嘉靖十三年四月乙巳，《钞本明实录》第15册，北京，线装书局，2005年，第6页。

⑨ 王毓铨主编：《中国通史·中古时代·明时期》上册，白寿彝总主编：《中国通史》第9卷，第733页。

⑩ ［明］顾起元著，张惠荣校点：《客座赘语》卷一《正嘉以前醇厚》，南京，凤凰出版社，2005年，第24页。

盛”[①]，坊间书籍不限于专供士人阅读的经史文集，民众乐见的戏曲、通俗小说和日用百科杂著也越来越多见。时文写作也深受影响而思想日趋驳杂，以至保守者期望回归正嘉之前的“纯正典雅”：“国初举业有用六经语者，其后引《左传》《国语》矣，又引《史记》《汉书》矣。《史记》穷而用六子，六子穷而用百家，甚至佛经、道藏摘而用之，流弊安穷。弘治、正德、嘉靖初年，中式文字纯正典雅。宜选其尤者，刊布学宫，俾知趋向。”[②]不过，形势所趋，开放的思想文化不会轻易重返保守之规。日益多元的思想潮流在明代中期逐渐凝聚为王阳明心学，一度取代程朱理学而成为明代思想的代表。

在对外交流方面，明朝也远非乏善可陈。与明朝同期的西欧正处于资本主义发生时期。近代科学技术开始萌芽生长，原有的地租形式、养羊业等农业经济模式逐渐变化，手工业、商业、城市等正在冲破原有的封建生产关系，手工工场与早期的资本主义农场成长为流行的生产形式，出现了早期的资产阶级和无产阶级。为了扩大贸易、抢占新市场、狂热地追求黄金以及增强基督教的影响力，西欧的封建主、贵族、大商人积极鼓动和支持探寻新航路。15世纪初，葡萄牙人侵入非洲西北海岸。70余年后，他们到达非洲最南端的好望角。15世纪末，葡萄牙人达·伽马的船队绕过好望角，途经非洲东岸的莫桑比克，最终到达印度西部海岸的卡利库特城。之后，葡萄牙远航队西行至南美的巴西。葡萄牙人成功开辟通往印度的航路后，西班牙派遣哥伦布从另一个方向到达古巴、海地、牙买加、波多黎各、多米尼加以及中美的洪都拉斯和巴拿马附近。16世纪初，麦哲伦的船队成功实现了环球航行。新航路的开辟意味着世界格局即将迎来面向全球化的急剧变迁。在这种形势下，明朝客观上参与了这一轮的全球化。研究发现，“远在欧洲人寻找新航路之前，亚非各国人民（中国、印度、阿拉伯人等）业已开辟了从中国、印度等地前往红海、波斯湾之间的航路”[③]。而中国的航海之举即指15世纪初（1403—1433）由明代航海家郑和率领的庞大船队七下西洋的伟大远航。当时，明朝的船队先后到达亚、非三十余国，远抵非洲东岸赤道以南蒙巴萨（今肯尼亚境内），开辟了从印度直达东非的最短航程，在世界航运史上是空前的壮举。

明代史学也体现出生机蓬勃的一面。私家撰述本朝史的热情高涨，如郑晓的《吾学编》、邓元锡的《明书》、何乔远的《名山藏》、朱国桢的《明史概》等纪传体本朝史，薛应旂的《宪章录》、张铨的《国史纪闻》、雷礼等编撰的《皇明大政记》、谭希思的《明大政纂要》、陈建等人的《皇明从信录》《皇明资治通纪》等编年体本朝史，还有徐学聚的《国朝典汇》、冯应京的《皇明经世实用编》、陈子龙等所辑《明经世文编》等典制体本朝史与政书。明代方志撰述兴盛，洪武、永乐间多次诏修全国各级行政区域志书，景泰年间修成《寰宇通志》，天顺年间又修《大明一统志》，十三布政使司（俗称十三省）各有自己的通志，又开创了边关志、边镇志、卫志等方志门类。稗史（泛指野史和历史笔记）著作空前增多，闻名者如余继登的《典故纪闻》、陆容的《菽园杂记》、沈德符的《万历野获编》、谢肇淛的《五杂俎》等，种类繁多，至今还不能说出准确的数目。[④]经济史方

① 王毓铨主编：《中国通史·中古时代·明时期》上册，白寿彝总主编：《中国通史》第9卷，第712页。
② ［清］张廷玉等：《明史》卷六九《选举一》，北京，中华书局，1974年，第1689页。
③ 刘明翰主编：《世界通史》（中世纪卷），北京，人民出版社，2017年，第413页。
④ 参见谢国桢《明清笔记谈丛》“前记”，北京，中华书局，1960年。

面的著述繁富，王圻《续文献通考》关于社会经济史方面的内容占42卷，《明史·艺文志》史部故事类中有关经济史方面的著作占一半以上，河漕、水利方面有潘季驯的《河防一览》、邵宝的《漕政举要录》、归有光的《三吴水利卷》等，农、盐、荒政方面有徐光启的《农政全书》、朱廷立的《盐政志》、周孔教的《救荒事宜》等。通俗化史学更加丰富，对前人历史撰著的节选、摘录、重编层出不穷，由此涌现出马维铭的《史书纂略》、姚允明的《史书》、茅国缙的《晋史删》、钱士升的《南宋书》、王思义的《宋史纂要》、张九韶的《元史节要》、项笃寿的《全史论赞》、彭以明的《二十一史论赞辑要》、沈国元的《二十一史论赞》、茅坤的《史记抄》、赵维寰的《读史快编》、杨以任的《读史四集》等名目繁多的节本、选本、摘抄本、类编本、重撰本……由此，瞿林东先生认为，明代史学具有“走向社会深层的发展趋势和基本特点”[①]。

其二，明代社会及史学落后的方面。

明代经济的发展始终受到经济体制的深刻制约。封建土地所有制发展到明代已经惯性十足。在这种土地所有制下，生产力发展的成果轻而易举就会被封建地主所霸占。通过巧取豪夺，明代的豪强地主往往可以坐拥巨额田产。他们想方设法阻挠朝廷清丈土地，逃避、转嫁赋税劳役，架空户口田籍登记，侵蚀屯田制度，到处搜括田土，“多者数百千顷，占据膏腴，跨连郡邑”[②]。凭借占有土地的强大实力，明代豪强地主的势力延伸到手工业、商业、金融、城市等各个领域，以大土地所有者固有的保守与贪婪腐蚀着明朝的经济秩序。“明中叶以降，各种典章制度多遭到破坏。”[③]整个社会日益呈现出贫富急剧分化、经济生活再无常序可循的面貌。例如皖南地区，“出贾既多，土田不重。操资交捷，起落不常。能者方成，拙者乃毁。东家已富，西家自贫。高下失均，锱铢共竞。互相凌夺，各自张皇。……迨至嘉靖末、隆庆间，则尤异矣。末富居多，本富尽少。富者愈富，贫者愈贫。起者独雄，落者辟易。资爰有属，产自无恒。贸易纷纭，诛求刻核。奸豪变乱，巨猾侵牟。”[④]混乱的经济潜藏着深重的内在危机。

政治矛盾已经明显威胁到社会的发展。有明一代，政权内部倾轧严重。胡惟庸案、蓝党狱等功臣大将接连遭受诛杀的事件，充分暴露了明朝统治阶级上层争权夺利的激烈程度；分封诸王未能实现拱卫皇权的作用，便发生了燕王朱棣起兵夺权的祸难；“大礼议”、争“国本”、梃击案、红丸案、移宫案等宫廷纷争无一不是统治集团内部矛盾重重、利益无法协调的结果。政治制度也呈现出彼此牵制、形同虚设、祸国扰民等有害于治理的情形。皇权因人而异，或有武宗朱厚照耽好逸乐，或有神宗朱翊钧数十年怠政，总是成事者少而败事者多。明初罢中书省、废丞相制之后，明朝先后尝试了四辅官、殿阁大学士、内阁阁臣以及首辅等辅佐皇权的中枢权力运行机制，除内阁及其首辅曾经一度得以施展权力之外，多数情况下都沦为软弱无力、徒具空名的附庸职位，难以有效地管理国事。而内阁票拟制度则为宦官提供了插手朝政、发号施令的权力空间，英宗时的王振、曹吉祥，宪宗时的汪直、梁芳，武宗时的刘瑾，神宗时的陈增、高淮，熹宗时的魏忠贤，思宗时的曹化淳、高

① 瞿林东：《中国史学史纲》，北京，北京出版社，1999年，第594页。
② 《明世宗实录》卷一〇〇，嘉靖八年四月甲戌，《钞本明实录》第14册，第327页。
③ 王毓铨主编：《中国通史·中古时代·明时期》（上册），白寿彝总主编：《中国通史》第九卷，第520页。
④ ［清］顾炎武：《天下郡国利病书》第九册《凤宁徽》“歙志风土论”，上海涵芬楼影印昆山图书馆藏稿本。

起潜，莫不窃弄权柄，干预军事、外交、财政、司法等一切军国大政，导致明代宦官专权成为历史上空前酷烈的“宦祸”，以致黄宗羲有言曰“汉、唐、宋有干与朝政之奄宦，无奉行奄宦之朝政”[①]。厂卫的设立及其令人发指的特务手段更是营造出恐怖气氛，严重危害着明朝政治及社会的正常运行。阶级矛盾日益深重。以宗室为代表的地主阶级疯狂兼并土地，失地农民被迫诉诸于革命手段，从明初到明末，各地农民起义此起彼伏，遍布大江南北；权势阶层贪婪成性，尤其是明神宗好货成癖，矿使税监到处横征暴敛，武昌、临清、云南、苏州、辽东、广东、广西、江西、陕西等地相继民变，驱除和制裁矿使税监。这些内外上下、无所不在的政治斗争是明朝走向腐朽的鲜明反映。

明代的思想文化在历史上曾经饱受诟病，正是缘于其腐朽落后的一面。明初，太祖朱元璋规定，乡试、会试考“四书”“五经”时，须以朱熹的“章句集注”、二程及其弟子的注解为准绳，并以八股限制了文章的形式。在此基础上，永乐年间，成祖朱棣诏辑《五经大全》《四书大全》《性理大全》，进一步强化了程朱理学的影响。这种强化是以牺牲学术思想的传承与创造为代价的。明人不无反省地自嘲说：“我明人物埋没于帖括中者甚多，我明文章埋没于帖括中者亦甚多。盖近世学者除《四书》本经之外，目不睹非圣之书者比比皆是。间有旁及古文、怡情诗赋，则皆游戏神通，不著要紧，其所造诣则不问可知矣。”[②]明末清初，顾炎武言简意赅地批判道，“自八股行而古学弃，《大全》出而经说亡”[③]。官方独尊程朱理学，深刻影响了明代思想文化的各个方面，其精神奴役和思想禁锢的消极影响愈久愈著。这与明代中叶之后商业经济的发展尤为格格不入。有论者指出：“（明代）下层民众的伦理观念体系与近代意义上的商业行为之间并没有任何严重的障碍，而儒家思想与商业伦理之间反而存在严重的紧张。”[④]

在处理边疆事务时，明朝也受到了自身腐朽思想的沉重拖累。建州女真崛起，最初并未引起明王朝的足够重视，依旧奉行羁縻政策，终至酿成边祸。努尔哈赤起兵伐明，“号大兵四十七万”[⑤]的明朝军队不堪一击，将士们“今皆闻贼而逃，望贼而逃，先贼而逃”，“各营逃者日以百千计”[⑥]。先后经略辽东兵事的熊廷弼、袁崇焕等将领稍使边事有所起色，辄因朝中党争而受到弹劾，熊、袁二人甚至惨遭朝廷杀害。在民族关系中，明王朝已经失去了统御能力，败局已定。在国家关系上，明王朝事实上也处于落后的局势。同期的西欧进入了资本主义原始积累时期，明朝对此一无所知。郑和率领船队远航，已在无意中加入了新航路开辟的潮流，正是放眼世界、积极应对全球局势变化的良好时机。但是，郑和下西洋仅仅宣扬了国威，开拓了朝贡贸易，发展了一些对外友好关系，并没有带来实际效益。因此，成祖以开支浩繁为由，“罢西洋取宝船”[⑦]。海禁政策也时紧时松，海外贸易始终不能正常发展。倭患又时起时伏，难以彻底平息，抗倭战争给国家造成了极大的消耗。终明一

---

① ［清］黄宗羲：《明夷待访录·奄宦上》，《黄宗羲全集》第1册，杭州，浙江古籍出版社，2012年，第38页。

② ［明］张岱：《石匮书》卷二〇二《文苑列传总论》，《续修四库全书》第320册，上海，上海古籍出版社，2002年，第88页。

③ ［清］顾炎武著，黄汝成集释，栾保群、吕宗力校点：《日知录集释》卷一八《书传会选》，上海，上海古籍出版社，2013年，第1045页。

④ 赵轶峰：《明代的变迁》，第193页。

⑤ ［清］张廷玉等：《明史》卷二五九《杨镐传》，第6687页。

⑥ ［明］熊廷弼著，李红权点校：《熊廷弼集》卷三《辽左大势久去疏》，北京，学苑出版社，2010年，第352页。

⑦ ［清］张廷玉等：《明史》卷一四九《夏原吉》，第4153页。

世，明朝没有通过海路发展出积极主动的国家关系，没有意识到航海技术的提高以及新航路的开辟即将产生的世界格局变化，错失了应对突然增加的世界联系的时机。

与此相应，明代史学也有落后的一面，突出表现于明代的官修史学。明代专制皇权高度集中，政治权势对一切事务包括修史活动都横加干涉，史学尤其是官修史学的独立品格深受其扰。明代虽然设有专门的修史机构，但是职位及其人员并不固定，且史职听命于监修大臣，位卑事轻，官修史书的质量自然隐患重重。明初官修《元史》，虽然汇集俊彦名儒，但是，在明太祖朱元璋的督促之下，前后两次开馆修撰，“全部编撰工作，历时只三百三十一天”①，其中的芜杂与错误被后人诟病不止。国家主持的修史事务还包括针对不同势要群体的各种借鉴类史书（如《昭鉴录》《臣戒录》《相鉴》《奸党录》等），以及旨在强化纲常名教的《宋元纲鉴》，其政治教化目的胜过史学求真求实的本旨，流传有限。明朝的实录尤其深受权力斗争的干扰，甚至成为政治的牺牲品，践履帝位的建文帝与景泰帝被剥夺实录，不曾称帝的兴献王（嘉靖生父）又被赋予实录……诸如此类，遂使实录之争成为有明一代的重要话题。国史修撰也成为时人的一块心病，尽管在数次疾呼之下于万历年间一度开馆，但终究未能有所成就。今人一度认为，“有明一代在史学上的成就是不高的，中国封建史学在明朝呈衰微之势”②，如果单从明代官修史学的角度来看，这种说法在很大程度上还是符合事实的。

明代社会及其史学的落后与发展以上述如此明显的、分裂的样貌呈现出来，正深刻地反映着生产力与生产关系、经济基础与上层建筑在明代所发生着的激烈矛盾，以及明前期与明中后期所经历着的巨大变迁。这种内在矛盾与时代变迁造成了明代社会种种复杂而极端的面相。明代史学中突出的议论风气便是表现之一。明代史学批评正是在这样的时代背景下孕育而生。

二　延续与拓展：明代史学批评的思想特点

在前代尤其是宋代史学批评发展的基础上，明代的史学批评又呈现出新的气象。这里拟从三个方面对明代史学批评展开探讨。

其一，明代史学批评是中国古代史学批评的延续。

应该看到，明代史学批评有着明显的继承性。

视讨论内容而异，明代学人对古代史学批评常常信手拈来。宋濂批评《史》《汉》纪传体失去《春秋》编年之意，援引东汉荀悦《汉纪》所述与唐代萧颖士《赠韦司业书》之论，称“荀悦、萧颖士颇讥之”③。何乔新欲以《史记》为例阐明“一代之兴必有一代之史，一代之史必属一代之人”，则先引西汉扬雄赋予《史记》的“实录”之誉，然后才辅以“班固所以议其失”④。陆深历数自汉至明史学中有名的批评案例：班固批评司马迁；傅玄批评班固；刘知几批评西晋王沈、东晋孙盛、本

① 《出版说明》，［明］宋濂：《元史》，北京，中华书局，1976 年，第 1 页。

② 继光、陈静：《明代史学述论》，《西北民族学院学报》1993 年第 4 期。

③ ［明］宋濂：《文宪集》卷八《送国子正苏君还金华山中序》，《景印文渊阁四库全书》第 1223 册，第 479 页。

④ ［明］何乔新：《椒邱文集》卷二《策府十科摘要·史科·诸史》，《景印文渊阁四库全书》第 1249 册，第 20、21 页。

朝令狐德棻；北宋刘安世批评欧阳修；明朝丘濬批评《元史》[①]。无论是纵向的关于史学批评延续性的认识，还是横向的纪传、编年体裁的专论，对历代史学批评的综观博采为明代史学批评提供了丰富的营养与发展的基础。

明代史学批评的另一个主要的思想来源恐怕就是唐代刘知几所著的《史通》了。它对明代史学批评的影响集中地体现为三部《史通》研究著作。嘉靖九年（1530），陆深撰成三卷《史通会要》。四库馆臣称："深尝以唐刘知几《史通》刊本多误，为校定之，凡补残刓谬若干言。"[②]研究者又指出："《史通会要》绝不是《史通》的翻版，而是《史通》的继承与发展。"[③]万历三十七年（1609），李维桢、郭孔延完成《史通评释》二十卷。其中，"维桢因张氏之本，略为评论。孔延因续为评释，杂引诸书以证之"[④]。天启三年（1623），王惟俭撰成《史通训诂》二十卷。"是编因郭孔延所释重为釐正，又以华亭张之象藏本参校刊定。"[⑤]由此可知，王惟俭《史通训故》既继承了明代先贤的研究成果，又将明代的《史通》研究推向更为准确、考究的水平，为现行清代浦起龙的《史通通释》奠定了基础，也为传承《史通》中的史学批评思想铺设了道路。

而对明代史学批评产生更为普遍影响的，则是宋代的史学批评。明代史学批评中时常可见宋人的史学见解或者史学批评。

涉及历史观层面的讨论尤其如此。朱熹的《资治通鉴纲目》被明人视为孔子《春秋》的最佳继承者而径直追随。永乐时，胡粹中撰《元史续编》，"全仿《通鉴纲目》之例"；又有《元史评》，甚至"尺尺寸寸，学步宋儒"[⑥]。景泰、成化年间敕修的《续资治通鉴纲目》（亦称《宋元纲目》《宋元通鉴》）更是以朱熹《通鉴纲目》为"深有得于孔子《春秋》之心法者"[⑦]。此后，研究《续纲目》者蔚然成风，如张时泰撰有《续资治通鉴纲目广义》，周礼撰有《续通鉴纲目发明》，李东阳等又奉敕撰成《历代通鉴纂要》等。又有仿修纲目体史书者，如许诰有《通鉴纲目前编》，吴朴有《龙飞纪略》，王宗沐有《宋元通鉴》，姜宝有《稽古编大政记纲目》，南轩有《通鉴纲目前编》，彭以明有《纲目续麟》，谭希思有《明大政纂要》等。朱熹《通鉴纲目》以独树一帜的是非裁断能力矗立在明代史学批评的视野之中，深深地影响着明人对历史及史学的价值判断。

不仅在历史观层面，在史学的其他领域，我们也可以在明代史学批评中看到宋代史学批评的影子。在编年体领域，北宋王安石诋毁《春秋》为"断烂朝报"[⑧]，明代遂有王世贞批评"《宋》《元》史，烂朝报也"[⑨]，又有黄凤翔批评"烂朝报"[⑩]之评。在正史领域，北宋欧阳修、宋祁撰成《新唐书》后，新、旧《唐书》的优劣高下便成为宋代以来史学批评的话题之一；尤其是刘安世借用《新

① ［明］陆深：《俨山外集》卷二六《史通会要下·丛篇四》，《景印文渊阁四库全书》第885册，第152页。
② ［清］永瑢：《四库全书总目》（上）卷八九"史通会要"条，北京，中华书局，2003年，第757页。
③ 钱茂伟：《明代史学编年考》，北京，中国文联出版社，2000年，第77页。
④ ［清］永瑢：《四库全书总目》（上）卷八九"史通评释二十卷"条，第757页。
⑤ ［清］永瑢：《四库全书总目》（上）卷八九"史通训诂二十卷"条，第757页。
⑥ ［清］永瑢：《四库全书总目》（上）卷四七"元史续编十六卷"条，第429页。
⑦ 《成化御制原序》，［明］商辂：《御批续资治通鉴纲目》，《景印文渊阁四库全书》第693册，第5页。
⑧ ［南宋］陈振孙：《直斋书录解题》卷三"春秋经解"条，清武英殿聚珍版丛书本。
⑨ ［明］王世贞：《弇州四部稿》卷一四六《说部》，明万历刻本。
⑩ ［明］黄凤翔：《田亭草》卷一一《读元史说》，明万历四十年刻本。

唐书》所谓"事增文省"[①]的表进之语反讥欧、宋正坐此失之后，有关二《唐书》的纷纷聚讼一直延续。在家谱修撰上，宋儒欧阳修、苏洵"修立谱法"，明人称"由宋以迄于今，士夫家多遵用其法"[②]，故明代有关谱法的批评即多依傍二氏谱法而起。

明代与宋代史学批评之间的密切联系并非偶然。它是宋明"史评"或"史论"连续发展之内在脉络的表现，与五代以来、尤其是宋明两代注重理论的学术潮流是一致的。明人已经意识到："自五代以往，史多文胜；五代之后，史之理胜。"[③]清人即称，"宋明人皆好议论"[④]。如果深入追溯的话，那么我们就可发现，远则隋唐儒学转向义理，近则科场逐渐重视"论"，都明显引领了这种学术气象[⑤]。宋明两代史学批评的内在联系是宋明时期社会历史正在发生着的深刻变迁的一个外在表现。

由此，可以说，明代史学批评是中国古代史学批评的延续，是以《史通》研究为代表的史学批评思想的深入开展，是宋明社会变迁以及学术潮流的外在表达。

其二，明代史学批评对中国古代史学批评的拓展。

明代史学批评不仅具有中国古代史学批评的普遍性，而且体现明代社会历史的特殊性。换句话说，明代史学批评既来源于历史，又被其置身于其中的社会环境所塑造。后者决定了明代史学批评不同于以往史学批评的特别之处。其新意至少体现为以下五个主要方面。

——关于宋辽金元明史著述的批评。有关批评源自明朝对元史的修撰、宋辽金元史的重修以及当代史的编修等修史活动。明朝取代统一的少数民族政权——元朝，对于明人来说，这是一个具有开辟意义、影响重大的历史事件。这一事件对明代的史学及其批评也产生了深远的影响。《元史》修撰及《元史》批评就是这一事件的一个突出的反映。应当如何看待元朝历史以及如何撰写元朝历史方为得当，是官修《元史》、胡粹中《元史续编》、官修《宋元纲目》、丘濬《世史正纲》、何乔新《宋元史臆见》、王洙《宋元史质》、薛应旂《宋元通鉴》、王宗沐《续资治通鉴》等元史修撰反复思考的问题。《元史》修撰及批评因其面对的历史问题十分特别而产生了富有张力的评价标准，其影响甚至超出元史修撰领域，涉及宋辽金史编修、本朝史修撰、史学理论等方面，对日后的元史研究也具有不可忽视的意义。明朝取代元朝，还牵涉对元朝所修《宋》《辽》《金》三史的重修。这是因为，明人认为，已有宋、辽、金、元史不能体现以《春秋》为代表的正当的历史观念。先是《元史》撰成后总裁官宋濂寄望于修史人员之一苏伯衡将来可以修撰编年体宋元史，"以续司马之书"[⑥]；接着，周叙因《宋史》"义例多舛"[⑦]而建议重修《宋史》；之后，官修《续资治通鉴纲目》（又称《宋元纲目》）……由此引发的史学批评涉及的宋辽金史著作还包括：宋人李焘《续资治通鉴长编》、《碧云騢》（传为宋人梅尧臣撰）、《孔氏野史》（传为宋人孔平仲撰）、王禹偁《建隆遗事》、

① ［明］文征明：《重刻旧唐书序》，［明］贺复征：《文章辨体汇选》卷二八七，《景印文渊阁四库全书》第1405册，第499—500页。

② ［明］何瑭：《柏斋集》卷五《萧氏族谱序》，《景印文渊阁四库全书》第1266册，第543页。

③ ［明］吕云孚：《史论序》，［明］张溥：《历代史论》，《四库全书存目丛书》史部第289册，第2页。

④ ［清］永瑢：《四库全书总目》（上）卷四五《史部总叙》，第397页。

⑤ 参考廉敏《明代历史理论研究》，第一章《明代史论考略》，北京，中国社会科学出版社，2012年，第24—35页。

⑥ ［明］宋濂：《文宪集》卷八《送国子正苏君还金华山中序》，《景印文渊阁四库全书》第1223册，第480页。

⑦ ［清］黄宗羲编：《明文海》卷一七四《书·论修正宋史书（周叙）》，清涵芬楼抄本。

林希《林氏野史》、元人陈桱《通鉴续编》、明人朱谏《宋史辨疑》，等等。对宋辽金元史著述所给予的这样集中而广泛的关注在前代是没有的。明人对本朝人事的关注贯穿有明始终，并在国史修撰提上日程之后一度成为热潮。有关批评涉及当朝修史制度、实录编修、各种私修明史、方志与家谱等。对史书门类的比较以及对史文的分析等个别现象甚至在整个中国古代史学批评发展史中也是突出的。明代史学遇到的首先是自我批评。

——关于修史制度尤其是实录编修的批评。设官修史，中国远古即有之。中国早期的史学批评即包含对史官修史的评价。孔子曰："董狐，古之良史也，书法不隐。"[①] 这里的董狐就是古代晋国的史官。至唐代，刘知几在史学批评著作《史通·外篇》中设立《史官建置》一篇，这是围绕历代史官来研究历代修史制度的专篇。明代，讨论修史制度的篇章多了起来。弘治年间，储巏上呈《奏纪注言动》疏。弘治、正德间王鏊论"史职"一段被陈九德《皇明名臣经济录》、黄光升《昭代典则》、黄训《名臣经济录》、雷礼《皇明大政纪》、沈国元《皇明从信录》、涂山《明政统宗》、万表《皇明经济文录》、王圻《续文献通考》、薛应旂《宪章录》、张瀚《皇明疏议辑略》、谈迁《国榷》等著作收录或引用，足见其影响之广。弘、正间，何瑭所作《史职议》也得到了众多认可。隆庆年间，骆问礼上疏批评史职荒废。万历时期，针对明朝修史无果，陈于陛也专意上疏。万历间，焦竑上《修史条陈四事议》。明朝宗室朱诚泳、明代后期的学者归有光等皆有评议明代修史制度的言论。张瀚所撰《皇明疏议辑略》、吴亮所辑《万历疏钞》、王圻撰《续文献通考》等皆有"史职"或"史官"一类。其中，对实录修纂的批评尤为引人注目。例如，万历时，阁臣张居正上疏批评朝廷纂修实录不力；崇祯时，文震孟曾对《光宗实录》的不实作出专门的揭露。虽然作为一种明确的史体，实录至少在唐代便遭受争议[②]，但是，像明代这样如此激荡的却是少见。这与明朝政治权力严重干扰修史制度密切相关。

——关于官修史书之外私史的批评。在中国古代史学中，官修国史虽然一直是历朝历代重视的主要的史学载体，但是，不同层级、各种形式的私史也一直不绝如缕。远古及三代之时在民间流传的追慕先民的古诗、孔子修《春秋》、汉代司马迁《史记》"整齐百家杂语"[③]、魏晋南北朝时期"史官失其常守"而"博达之士，愍其废绝，各记闻见，以备遗亡"[④]、唐代郑虔"私修国史"[⑤]、宋代洋洋大观的历史笔记等，都引起了不同程度的史学批评。这种情况在明代发生了很大的变化：关于国史之外其他载籍的批评开始以类或著的形式不断出现，规模胜过前代，令人注目。杨慎以"野史"为名，撰有《野史不可尽信》等文，专门讨论历代国史之外的著述。焦竑《国史经籍志》卷三专设《杂史》一目，并在类末附以评议，综论"杂史"的价值与不足。万历三十五年（1607）前后，王圻纂成《稗史汇编》175卷，将上古至万历时期的小说、谐史、逸史、麈史、野史或程史等近八百

① 杨伯峻著：《春秋左传注》二《宣公》，二年秋九月乙丑日，北京，中华书局，1990年，第663页。

② ［后晋］刘昫：《旧唐书》卷一八上："四月辛丑，敕：'《宪宗实录》旧本未备，宜令史官重修进内。其旧本不得注破，候新撰成同进。'时李德裕先请不迁宪宗庙，为议者沮之。复恐或书其父不善之事，故复请改撰实录，朝野非之。"北京，中华书局，1975年，第586—587页。

③ ［西汉］司马迁：《史记》卷一三〇《太史公自序》，北京，中华书局，1975年，第3319—3320页。

④ ［唐］魏徵等：《隋书》卷三三《经籍二·史》，北京，中华书局，1982年，第962页。

⑤ ［唐］封演：《封氏闻见记》卷一〇《赞成》，《景印文渊阁四库全书》第862册，第460页。

种稗史分为28门汇为一编。书中，王圻、张九德、周孔教等从多角度发表了对稗史及其与正史之关系等问题的看法。王世贞则纂有《史乘考误》11卷，专门讨论明朝当代各种野史、家乘的失误之处。其他分散在史序、文集、杂著等处的私史批评尤其是关于志书、家谱、传记、论赞等史学门类的评论更是不一而足。这种局面与明代官修史书不尽如人意而史学又出现了社会化的趋势存在着必然的联系。

——关于《史通》的批评。唐代刘知几创作《史通》之后，世间关注者甚少。清人即言："《史通》旧刻传世者稀，故《永乐大典》网罗繁富而独遗是书。"① 直到明代，似乎在突然间，《史通》进入了诸多学人的视野。明朝接连出现了三部研究《史通》的著作，它们即陆深的《史通会要》（3卷），李维桢、郭孔延的《史通评释》（20卷），王维俭的《史通训故》（20卷）。据《四库全书》馆臣对《史通会要》所作的《提要》，陆深尚有校刊《史通》版本之作，不知面貌如何。《史通会要》乃其校刊之余有所议论的著作："（陆深）复采其中精粹者，别纂为《会要》三卷。而附以后人论史之语，时亦以己见参之。"② 可以说，《史通会要》是陆深针对《史通》中的一些精粹思想、结合时人的认识以及自己的看法进行深入拓展的一部简要的史学批评作品。《史通评释》在《史通》正文之外兼有李维桢的"评曰"与郭孔延的"评释"，涵盖校勘、注释与评论，是第一部全面研究《史通》文字及思想的著作。《史通训故》在《史通评释》的基础上再次对《史通》进行了更为详细扎实的考证与补充，清代四库馆臣称其"引证较详"③。之后，《史通》研究进入清代，遂有黄叔琳《史通训故补》（20卷）、浦起龙《史通通释》（20卷）以及中国古代史学理论的另一部巅峰之作即章学诚的《文史通义》（8卷）。明代《史通》研究对后代的开启作用是明显的。而明人之所以关注刘知几的《史通》，与明代流行批评史书的风气密切相关，是明代史学的理性得以升华的表现。

——关于史学的反思第一次以"批评"的名义与形式获得普遍流行。"批评"主要是指批写在页面上（如页眉、页侧、行间、字旁等位置）的评点、评论或者评注性质的文字。至迟在宋代，"批"与"评"结为合成词"批评"，并出现了以"批评"命名的书籍，如苏洵的《孟子批评》（7卷）。到了明代，受到科举政策的影响，"批评"开始广泛地出现在各种书文之中。例如："批评"试卷："臣素性怜才，每郡搜遗生童试卷，无论取与不取，一一批评，发府给领。"④"批评"文学：《李卓吾批评楚辞抄》⑤。朱舜水文集中列有"批评"一目，其下为"批陆宣公奏议十一条"⑥，则此处为"批评"奏疏。"批评"也出现在史学中：顾起元曾作有《后汉书批评》⑦，茅坤作有《史记批评》⑧，孙鑛有《孙文融批评国语》⑨；等等。这些"批评"以新鲜、便捷、灵活的形式汇聚到自古以来的史学批评的脉搏中，极大地促进了史学思想的表达与传播。像凌稚隆的《史记评林》《汉书

---

① ［清］永瑢：《四库全书总目》卷八九"史通评释二十卷"条，第757页。
② ［清］永瑢：《四库全书总目》卷八九"史通会要三卷"条，第757页。
③ ［清］永瑢：《四库全书总目》卷八九"史通训故二十卷"条，第757页。
④ ［明］蔡献臣：《清白堂稿》卷二《赴任就道夙疾陡发恳乞天恩允放以安愚分疏》，明崇祯刻本。
⑤ ［明］祁承㸁：《澹生堂藏书目》集部（上）"辞赋"，上海，上海古籍出版社，2015年，第632页。
⑥ ［明］朱之瑜：《舜水先生文集》卷二五，日本正德二年刻本。
⑦ ［明］顾起元：《遯园漫稿》己未《后汉书批评序》，明刻本。
⑧ ［明］茅坤：《茅鹿门文集》卷四《书・再与张王屋书》，明万历刻本。
⑨ ［明］祁承㸁：《澹生堂藏书目》经部"春秋・外传"，第271页。

评林》就吸收了茅坤《史记批评》《汉书批评》以及诸多学人的批评文字，成为《史记》《汉书》研究的重要成果；王世贞《史乘考误》、朱明镐《史纠》、张自勋《廿一史独断》等都是由评议历代史书及史学的片断文字汇聚而成的史学批评专书；李贽的《藏书》《续藏书》为纪传体，重心不在史学评论，却也在书页中题写着诸多评论性文字；朱荃宰《文通·评史》专门汇集近代的史学评论文章；卜大有《史学要义》列举历代史学讨论的佳作，除少数历史评论之外，多数为批评史家、史书、史学现象或者史学问题的史学评论。这些都是多少受到“批评”影响、无“批评”之名却含“批评”之实的著述。明代史学批评的繁盛是明代学术“议论”成风的一个具体表现。尽管“议论”在宋代已经兴起，但是，明人李维桢则称，“今议论烦嚣殆甚于宋”[①]。这从学术风气的一个侧面进一步反映了明代史学批评不同于前代的地方。

其三，明代史学批评的主要内容。

在史学批评发展的内在趋动与明代社会发展的外在环境共同作用下，明代史学批评逐渐呈现出一些相对突出的、具有一定共性的主题。我们初步认为，这些主题可以概括为以下几个方面。

——修撰前朝史而引发的对前朝史史著尤其是二十一正史的批评。明朝驱除元朝后，很快便着手编修《元史》。土木堡事件前后，续修《通鉴》宋元部分被提上议程，并于成化年间完成。这两次官方修史活动对明代史学批评的影响是深远的。它们直接关系到如何评价《元史》，关系到《宋史》《金史》《辽史》“三史”批评，还推动明人深入认识《春秋》《资治通鉴》《通鉴纲目》在史学发展史中的地位，并牵动着对史学发展史中的众多史书尤其是二十一史的评判。在这些史书批评中，史书与历史、史书与史料、史书与表达、史书与价值观等之间的问题得到了广泛而深入的讨论。但是，归根结底，史学批评的背后是历史评论，史学批评与历史评论是表里相依的辩证关系。

——因实录或国史等修撰本朝史的需求而产生了对本朝史修撰的评论。这一主题大约包含以下内容：围绕明朝修史制度的批评；对本朝《实录》不实的批评；对私修本朝史的批评；对时人所修方志、家谱的批评。这些批评涉及众多理论问题，诸如史料的权威性、修史的专职性、史学的独立性；历史记录与历史的关系、历史记录的表达方式、历史记录的取舍、历史记录的可信度；私修的意义、私修与官修的关系；志书与史体的关系、志书内容的设置、志书的表达风格；修谱的理论依据、修谱的原则，等等。总而言之，关于本朝史修撰的批评中贯穿着官修与私修或者国史、野史与家史的矛盾，是明人对当时的社会、事件与人物的价值判断的深刻体现。

——史书批评中涉及史料、史体、史义、史文等历史撰述的具体方面。在史料方面，有关批评主要分析了稗史、野史、杂史、家史、碑传、小说等作为史料的真实性。在史体方面，如编年可以记录哪些史事、纪传如何编排各类人物、不同体式史书中的人物传记如何撰写等，都有具体的讨论。在史义表达方面，明人一则对史书末尾的论赞颇为关注，诸如论赞的作用、标准、优劣、必要性等问题都有所涉及；二则对会通性的编撰方式比较留意。在史文方面，明代的批评甚为重视文字的繁简关系以及行文风格。这些批评从总体上反映出明代史学走向社会后呈现出更为丰富生动的面貌。

——史学有其主体，因而史学批评离不开对史学主体的批评。明代关于史学主体的批评具有

---

① ［明］李维桢：《大泌山房集》卷八《皇明琬琰录序》，《四库全书存目丛书》集部第150册，第469页。

超过前代的地方。受限于明代的修史制度，明代的史官主体呈现出不少问题而引起批评家的关注，诸如史职与任人、史职与修史、史职与布衣、史官与人品、修史与选人、私心与公论等关系史官主体的问题得到了发掘与讨论。无论史官主体还是私修主体，皆为史家。在继承唐代刘知几"才""学""识"的基础上，明人对史家的批评多所更张。或者深入分析刘知几史才三论，或者补充"心术"或"公心"，或者变换角度、另立名目，常有发明。要之，明人十分强调"公心""公论"或"公评"。在史学主体批评中，明人多从知人论世的心态出发，注重因时因地而作具体分析，避免僵化刻板，往往能够开拓出新的认识境界。明代关于史学主体的批评继承了前代的理论成果，且对后代产生了不可忽视的理论影响。

——史学因其独特价值而受到关注，故有关于史学功用的认识与批评。明代也不例外。就古今联系而言，明代贤人重视史学对于承载、认识古今联系的必要性。无论是少数民族政权、偏霸政权，还是具体的典章制度、天文地理、学术文化，有关批评皆能从以古鉴今的角度予以重视。就史学与实政的关系而言，明代贤能也多能看到史学对于促进现实治理的重要意义。皇帝如明太祖朱元璋、明孝宗朱祐樘等从以史为鉴出发主持、推动诸多史书或典章的编纂、刊行与学习，大臣如李东阳、张居正、丘濬等或领衔或亲自编纂史书，明末《经世文编》更是将史学引向实政潮流。就经史关系而言，针对当时社会上存在着的重经而轻史的倾向，明代贤达多强调史学对于经学的意义，主张经与史在根本上是一致的，经史互为表里而须臾不可分，甚至认为天下书籍或学问都属于史学范畴。在继承自古以来的史学价值观的基础上，明人对史学功用的理解活泼、深入而不失桀范，是其史学功用论的独到之处。

——明代史学批评的兴盛催生了对过往史学批评的关注与研究。最为突出的，是对唐代刘知几《史通》的留意。约弘治年间，史馆陆深即研读《史通》并加以校订。之后，又有张之象、张鼎思、何乔新、祝允明、杨慎、彭汝寔、焦竑、胡应麟等人，或校刻，或评论。其中，陆深的《史通会要》、李维桢的《史通评》、郭孔延的《史通评释》(今本为汇集李、郭《史通》研究于一体的《史通评释》)、王维俭的《史通训故》是对《史通》进行系统研究的重要成果，对后来的《史通》研究以及史学理论的发展产生了重要的影响。除《史通》研究之外，明朝还出现了前代少有的对历来史学批评进行整理的史学现象。像梁梦龙的《史要编》、卜大有的《史学要义》、王圻《稗史汇编·史评类》、朱荃宰《文通》的部分卷目等，这些著作汇集了前代直至明代讨论史学的专门篇章，反映出的史学批评意识令人印象深刻。明人对于探究史学自身特点与规律的兴趣是明代史学注重理论的一个突出表现。

总的来讲，明代矛盾的社会环境激发了明代史学批评的活跃，并塑造了明代史学批评同样矛盾的思想特点。明代史学批评从一个侧面反映了明代社会走向衰落的趋势。

（作者廉敏，中国社会科学院历史理论研究所）

［本文为教育部人文社会科学重点研究基地重大项目"中国古代史学批评研究"（15JJD770004）的阶段性成果。］

《明实录》地方采纂考论

纪海龙

《明实录》是明朝官方纂修的重要史书，对于明史研究具有宝贵的史料价值。近代以来，学术界对于《明实录》的整理与研究取得了丰硕的成果。不仅出现了可资使用的影印本，而且点校本《明实录》即将问世。与此同时，《明实录》的研究也从版本学、文献学、史学史、编纂学等多个角度进行了广泛而深入的探讨，基本厘清了其编修情况、版本源流和史学价值等问题①。但是就《明实录》的编纂而言，以往研究的焦点多集中于修史人员、编纂程序、直书曲笔、政治斗争等中央层面的编纂问题②，而从明朝地方参与角度的研究甚为少见③。本文试从方志、文集等基层史料视角钩稽《明实录》地方史料采纂问题，并探讨其史学意义，以就教于方家。

一 《明实录》地方采纂制度述要

自地方采纂实录素材的办法首次施行于何时已不可考，文献可考最早出现地方采纂实录素材的办法是在南宋高宗绍兴年间，时人徐康曾记："会朝廷纂修先帝实录，史官移文郡县诸司，取会题名。于是，网罗阙遗，访问故老，得承议郎王晋明而下，讫于朝请大夫石彦和，凡二十人，皆以月日为次。其未分路，则或治会稽，非今所部，书之以著其始，而阙其所不可考者，裒而刻诸石，以备采择焉。"④元朝纂修《世祖实录》时，也曾在地方上广泛征集材料⑤。明代则是进一步沿袭这种做法，并形成制度性规定。嘉靖时学者黄省曾言，"武宗皇帝晏驾之明年，大兴史事，内则开十馆以作述，外则尽郡县以修纂。"⑥其中，"内则开十馆"是指京师实录馆纂修之际的具体分工，"其后纂修国史，每分为十馆，以均六局之多寡。六局一曰吏，以究人材之进退；二曰户，以量地利之盈缩；三曰礼，以考礼仪之沿革；四曰兵，以载军政之臧否；五曰刑，以书刑罚之详滥；六曰工，以

---

① 金久红：《老骥伏枥致千里 烈士暮年尤壮心——南炳文先生谈〈明实录〉的整理与研究》，《史学史研究》2018年第3期。

② 见谢贵安：《〈明实录〉研究》，武汉，湖北人民出版社，2003年。该书已基本廓清《明实录》在中央层级的具体编纂情形。

③ 见钱茂伟：《〈明实录〉编纂与明代史学的流变》，《学术研究》2010年第5期。该文对《明实录》纂修期间地方史料的征集方式、史料采录标准等问题有所关注，然因是文旨趣不在于此而未对前述问题作展开式探究。

④ ［宋］郑虎臣：《吴都文粹》卷二《浙西提举司题名记》，《文渊阁四库全书》第1358册，中国台北，台湾商务印书馆，1983年，第646页。

⑤ 张帆：《元代实录材料的来源》，《史学史研究》1988年第4期。

⑥ ［明］黄省曾：《五岳山人集》卷三四《史说上一首》，《四库全书存目丛书》集部第94册，济南，齐鲁书社，1997年，第810页。

审力役之纠缓，皆本六官职掌，为之十馆，所修不能统一，则总勘。”[①] 而“外则尽郡县以修纂”即指与“内开十馆”相对应的地方的实录采纂活动。

现存明代地方实录采纂活动的最早记载出现于纂修《太宗实录》之时。仁宗朱高炽即位后，为给朱棣纂修实录，曾遣太学生韩忠、进士刘谦等赴江南诸郡采纂，“乃奉旨，同进士刘谦等，持节江南诸郡，纂修文庙实录。”[②] 其间又值仁宗驾崩，宣宗遂令他们同时纂辑两朝实录素材，“逾年，嗣奉宣庙特旨，就便采辑仁宗昭皇帝实录，一并进呈。事竣，还朝，史馆嘉之。”此后，遣进士赴地方采纂实录的做法一直施行到嘉靖初年。自隆庆初年纂修《世宗实录》开始，朝廷不再遣进士赴地方采纂，转而将这项工作交由地方提学负责[③]。尽管在采纂环节作了微调，但该制度本身并未因之而废弛，而是延续到了明末。以浙江学者何震爔为例，他在崇祯初年就参与了镇海县的《熹宗实录》采纂。“崇祯四年，诏采《熹宗实录》，郡邑大夫延震爔主其事，不匝月而告成，人奇其才。”[④] 总之，明代最迟至《太宗实录》修纂开始，令地方采纂实录素材，作为一项制度一直施行。

嘉靖时人祝廷璇曾详细记述了地方采纂过程。“嘉靖初，今上即位，命儒臣纂修武宗一代实录，颁诏书于郡县……县择诸生有文学者，撰次所闻，传送州府，州府复币聘名士去取。裁成，传送诸道。诸道又复如是，然后荐之朝廷，而藏之太史。”[⑤] 据此，《明实录》地方采纂当以县域为最小行政单位，按行政建制依次上报，逐级编纂，最后进呈京师实录馆，史臣以凭去取。

二　史料采纂的相关规定

现存《苏州府纂修识略》（下文简称《识略》）及《留青日札》两书集中记述了明代官方在地方采纂孝宗、世宗两朝实录史料的详细情形，据之可以梳理出相关采纂规定的基本内容。

（一）采纂时限与辑录史事发生时间之规定

地方采纂任务要在一定时限内完成。如正德初，为纂修《孝宗实录》，令南直隶苏州府“定限八月内”完成纂辑工作[⑥]。隆庆初年，浙江等处提刑按察司提督学校佥事林大春为纂修《世宗实录》事，所上奏疏中也提出，浙江“限本年十二月以里纂完”[⑦]。以上时限要求，当是为了确保京师馆臣在后续纂修时得以参看到丰富的修史材料。

所辑史事的发生时间亦有相应要求。《识略》书前附直隶苏州府为纂修《孝宗实录》事公文一道，于编纂事宜写道：“务委有文学公正官一员，将合取勘事件，自成化二十三年（1487）九月初

---

① ［明］黄佐：《翰林记》卷一二《开局纂修事始》，《文渊阁四库全书》史部第596册，第986页。

② ［明］李濂：《嵩渚文集》卷八〇《凤阳府学训导韩公传》，《四库全书存目丛书》集部第71册，第265页。

③ 钱茂伟：《〈明实录〉编纂与明代史学的流变》，《学术研究》2010年第5期。

④ ［清］俞樾：《镇海县志》卷二二《人物传》，《中国方志丛书》，中国台北，成文出版社，1974年。

⑤ ［清］蒋继洙、李树藩：《广信府志》卷一一之二《送揭君廷臣考满之京序》，《中国方志丛书》，中国台北，成文出版社有限公司，1970年。

⑥ ［明］杨循吉：《苏州府纂修识略》，《四库全书存目丛书》史部第46册，济南，齐鲁书社，1996年，第345页。

⑦ ［明］田艺蘅：《留青日札》卷三七《非文事》，杭州，浙江古籍出版社，2012年，第561页。

六日起，至弘治十八年（1505）五月初七日止，逐一编类造册，奏缴。”[①]“成化二十三年九月初六日起，至弘治十八年五月初七日止”正是明孝宗享国时段，故而苏州府这道公文要求搜辑的事件亦当发生在此时间段内。林大春亦讲道，“开去款目，俱自正德十六年（1521）四月起至嘉靖四十五年（1566）十二月止，挨序年月，分别事类，务要考核详明，收录公当，编类造册，俱限本年十二月以里纂完，径自差官具奏，册送史馆，以备采择”[②]。同理，“正德十六年四月起，至嘉靖四十五年十二月止”是明世宗的享国时间，故而林氏提出浙江布政司所辑史事要发生在此时段内。以上做法皆是为了确保“实录者，录一帝之事”[③]的基本书法原则。

（二）人物史料的采纂标准

隆庆初年，纂修《明世宗实录》，穆宗在给浙江布政司所下圣旨里写道：“郡县境内之人，曾授内外文武官职有功绩显著者，及丘园之士曾遇优奖者，今虽亡殁，应有行状、神道碑、墓志、圹志等文及曾有所上章奏之类，抄录类进，以凭去取。不许将庸常之人徇情虚饰妄报。”[④]据此，文武官员“功绩显著”者及“丘园之士曾遇优奖者”的行状、神道碑、墓志、圹志、章奏等史料当在采辑之列，当然，“功绩显著”“曾遇优奖”是重要的采纂前提。

此外，人物品级也是主要采纂标准。田艺蘅针对前引圣旨言道：“考弘治十八年十二月初七日，钦奉敕谕纂修《孝宗敬皇帝实录》：钦差进士顾可学、张文麟，浙江纂修官右布政使李瓒、杭州府知府杨孟瑛。一、文武官员不问职之大小云云。谨按：今无大小二字，以致卑职下僚，虽有功绩不得入录，深可惜也。况文非进士，武非开府，皆不得与，与《史》、《汉》之例不合。”[⑤]就采辑规则而论，田氏认为文武官员史料的采辑在标准前后上有所变化。在他看来，当地采辑《孝宗实录》时，人物事迹的采纂与否不限品级，而隆庆时则受到品级限制，由此造成“卑职下僚”虽有功勋不得入实录的遗憾。这也似乎说明人物史料采纂的标准越来越具体。

（三）事件采辑之规定

从穆宗所下圣旨可知，地方上历年行过事件，亦为重要采辑对象。“各处递年行过事件，有干系纂修，可为劝惩者，今开去条件，虽不尽载，皆须逐一点检具报”。[⑥]其中“可为劝惩”一语表明，地方所采事件的文本内容当具有教化、鉴戒之意图。四库馆臣针对《识略》的采事标准讲到，“因为撮纪大略，凡分十五目，所录皆已得旨举行之事，其奏疏碑记等，作有关时事者，亦附载之”[⑦]。这里道出《识略》一书收录史事的一条重要原则，即“所录皆已得旨举行之事”，而圣旨、榜文一类史料往往最具“劝惩”涵义。《识略》“政事”篇卷一，篇目旁有按曰：“并系奏奉朝旨行过事

---

① ［明］杨循吉：《苏州府纂修识略》，第 345 页。
② ［明］田艺蘅：《留青日札》卷三七《非文事》，第 561 页。
③ ［明］陆深：《俨山外集》卷二四《史通会要上》，《文渊阁四库全书》第 885 册，第 135 页。
④ ［明］田艺蘅：《留青日札》卷三七《非文事》，第 561、562 页。
⑤ ［明］田艺蘅：《留青日札》卷三七《非文事》，第 561、562 页。
⑥ ［明］田艺蘅：《留青日札》卷三七《非文事》，第 561 页。
⑦ ［明］杨循吉：《苏州府纂修识略》，附《四库全书总目·苏州府纂修识略六卷提要》，第 393 页。

迹”[①]再次印证四库馆臣的判断。是篇包括：立太仓州、治水始末、赈济、诸色蠲免、敕定祀典、恤刑、差役、钞关课程、水政、谳狱、诸兴作，共11项内容，除“诸兴作”1项外，其他10项，皆载明朝廷针对事件处理所下发的圣旨。可见，当时苏州府在采辑事件时，将事件是否曾引起朝廷的反馈作为重要参考。

据前述，明代针对地方实录采纂制定了较为具象的实施细则，这既体现了朝廷对修史工作的重视又有较为强烈的把控意图。最后要说明的是，《识略》及《留青日札》二书，虽然仅展示南直隶苏州一府及浙江布政司大致的实录采纂规定，但是其他地域与之相比当大同小异，这是由《明实录》地方采纂制度的惯性所决定的。

三　明清学者对地方史料采纂的省思

围绕《明实录》地方采纂制度调整及史料采辑标准等问题，明清学者发表了诸多省思性言论。这在一定程度上反映了当时学人对于克服实录编纂弊病和追求理想史学作品的期待。

（一）对采纂制度调整的批评

自穆宗朝开始，明廷对实录地方采纂制度做了调整，即将采纂任务直接交由地方提学负责。明清学者对此颇有微词，认为这一举动对实录编纂产生了负面影响。明人何良俊批评到：

> 隆庆初政，独纂修实录一节殊为率略，恐后日不能无遗憾也。尝记得小时，余年十六岁，为正德辛巳，武宗升遐。至次年壬午，世宗皇帝改元嘉靖。武宗好巡游，其政迹本少，又世宗以藩王入继，然犹差进士二员来南直隶纂修，二进士皆徐姓，余犹能记之。若世宗皇帝，在位最久，又好讲求典礼，故四十五年之中，其大建置、大兴革何所不有。况昔年海上如秦璠、王艮作耗，近来倭奴犯境，用兵两次，其有功与死事之人，以及冒破钱粮，临阵败北者，何可枚举。倘一时军门奏报不实，或史局传闻失真，专赖纂修官博采舆论，奏闻改正，庶为实录。又如松江府分建青浦县，其分建之由，必有所为。初建议者何人，后废格不行者又何人，当建与否？博访民间之论，一一修入，庶朝廷有所考据持循，何至建而废，废而复建，议论纷纭，漫无画一哉！是皆纂修率略之故也。昔年纂修《武宗实录》时，苏州府聘杨仪部循吉主之，杨长于修书，其立例皆有法，其所修有《吴郡纂修实录志》一册，旧是刻本，后毁于回禄，板不存矣。余闻世宗宾天，即多方购之，后得一本，甚喜，以为倘修实录，其凡例据此为式可也。后闻不差纂修官，亦不聘问郡中文学掌故，但发提学御史，御史行郡县，郡县行学，学官令儆，礼生秀才扭捻进呈。此是朝廷大典章，便差一纂修官所费几何？乃靳惜小费，而使世宗四十五年大政令，与夫郡县、官师、人物，地方大事，不知写作甚么模样也。[②]

---

① ［明］杨循吉：《苏州府纂修识略》卷一《政事上》，第346页。
② ［明］何良俊：《四友斋丛说》卷八《史四》，《元明史料笔记丛刊》，北京，中华书局，1959年，第72、73页。

何良俊以为，隆庆以前派进士赴地方采辑之法能起到“博采舆论”，考求史事真相之功用，进而为朝廷决策提供可靠依据，同时，又能够保证实录记事的严谨。按何氏所讲，隆庆初年之所以停派进士采纂，是出于费用的考虑，因而他批评朝廷如此行事乃是“惜小费”的短视行为。基于以上，何氏对《世宗实录》的采纂成效深表忧虑。茅元仪认同何良俊之观点，其说：“此言甚得体。天启初，将修《神宗实录》，时以进士缺少，议用国学名士，此果得名士亦复胜进士庸庸者，但恐有幸而乘之，然自在当事留意耳。后仍用隆庆故事，今因循不改，甚可笑也。”① 按其说，纂修《神宗实录》曾考虑过聘请国学名士承担先前进士的采辑工作，但最终没能实现，故仍袭隆庆之制。时人缪昌期在此问题上与茅元仪基本持相同立场，其说：“何不责成郡国各有所挟而来，此亦宪纲中事，惜当事者，置不省耳。若夫耆硕可召，名流可征，高才不得志之徒，可传檄而取，上者，还其凤池，次者，供奉笔札亦有先朝故事，必如是文献乃备。”② 缪氏认为，若朝廷令各地“耆硕”“名流”“高才不得志”之徒承担采纂工作，不仅能够发掘人才，同时对史料征集工作本身大有助益，惜当事者未采纳这类建议。

孙承泽受何良俊影响，在其说基础上进一步指出，不差遣进士采纂最终导致“史无取材”③。清人查继佐也发表评论说，“隆庆元年（1567），纂修世庙实录。诏天下各提学官，照款察采类报，以便成书。盖前此进士未仕者任之，时方选完，故有特谕。时提学官复行学礼生、生员为之，殊少敬慎，论者以为率略非体。”④ 查继佐透露了隆庆改制的原因，在于当时进士“时方选完”，其说不谬。隆庆时之所以作出调整是因“进士俱已选授，是以拟差职官，今职官又无应差人员”⑤。又因“各处提学官，职专文学之司，兼有地方之责，委之采取，事尤易集”⑥。此外，查氏以为，各地提学将采辑任务交给礼生、生员来负责实在“率略非体”，原因在于这些人“殊少敬慎”。总之，明清学者大体认为隆庆初年采纂制度的调整，给实录后续修纂造成了不良影响，故而多持批判态度。

（二）对史料采纂规则的批判

田艺蘅因为参与过地方采纂工作，对于当时现行史料采纂规则有深切体会，因而他能够提出较为系统的评判与反思。他以逐条加按语的方式表达了对采纂规则的看法，其文如下：

> 一、文武官员不问职之大小云云。谨按：今无大小二字，以致卑职下僚虽有功绩，不得入录，深可惜也。况文非进士，武非开府，皆不得与，与《史》、《汉》之例不合。一、山林德行之士，曾经奖谕。谨按：今奉旨奖谕者能几何哉？抱道丘园，遗名竹素者多矣。一、旧无圹志，盖有墓志，不须重出也。大率子孙不才，遗失志传，伪作诡名，假托贵显，甚可嗤鄙。又

① ［明］茅元仪：《掌记》卷二，《北京图书馆古籍珍本丛刊》第66册，北京，书目文献出版社，2000年，第870页。

② ［明］缪昌期：《从野堂存稿》卷二《策·第五问》，《续修四库全书》集部第1373册，上海，上海古籍出版社，2002年，第404页。

③ ［清］孙承泽：《春明梦余录》卷一三《明史》，《文渊阁四库全书》第868册，第134页。

④ ［清］查继佐：《罪惟录》卷五《艺文志》，《续修四库全书》史部第321册，第354页。

⑤ ［明］田艺蘅：《留青日札》卷三七《非文事》，第561页。

⑥ ［明］田艺蘅：《留青日札》卷三七《非文事》，第561页。

或摭入些微功绩，附会影响，以求合式，尤欺罔也。而纂者或节其繁文，且因无铭字之语，乃弃而不录，又可笑矣。殊不知古人奇事多于铭中见之。一、章奏有伤见在权贵者，亦不敢录。子孙贫弱不能自致者，多不得录。所著文集皆不进呈，亦不足以备史官采录。当详之。[①]

田艺蘅上述言论完全是针对穆宗圣旨中史料采纂标准指示的要点而发的。其一，田氏表达出对文武职官事迹收录与否参照品级做法之不满。其二，不认同山林之士的事迹收录与是否曾被“奖谕”挂钩的做法。其三，采纂“抱道丘园、遗名竹素者”事迹的指示缺乏清晰标准。其四，对墓志类史料中一些记载的真实性提出质疑，并对史官的编纂手法提出批评。其五，揭露采纂时因政治禁忌缩手缩脚，并批评采纂人员往往不尽力搜求史料，以致一些史料多不得录。

（三）对征引碑状、墓志、节义类史料的担忧

据前述，采纂过程中碑状、墓志等材料是重要征集对象。黄省曾对这类做法提出批评，其言曰：“墓铭惟述生死岁月，以为陵谷之防，至于后来，为子孙者，于其先之没莫不盛扬其善，指空捏怪无有穷极。试观于今之世家，孰无铭！铭孰无善！则是凡有铭者，皆可书而传也。何尧舜之代尚有凶人，而今皆比屋可封之君子乎？是大有不然者也。以罪而黜者，志得掩其罪；以墨而去者，志得盖其墨。愚尝曰：墓志立，天下无恶人矣，十文九诬，何足为信？”[②] 黄氏认为墓志碑状类史料“十文九诬”，虽言辞激切，却也指出了这类材料的硬伤。显然，黄氏不主张实录收采这类材料，进而提出解决办法，“然则为史之道奈何？曰亦惟以天下之公是，公非者，为之而已矣。有是心而位馆阁者岂少哉！独袭沿之，不善则其流未可卒改耳。愚尝有志于此，而无风云之便，徒抱恨于林壑。设使马迁不世太史，班固不预兰台，则抱恨亦省曾而已，乌能成一家之言，光照日月乎！呜呼！有其事，不得其人，不可语史也；有其人，不专其事，亦不可语史也。必有其人矣，而又专其事，则迁、固之业何难为哉！何难为哉！”[③] 按黄氏之意，为史之道在于“有其人”“专其事”。“有其人”是指史家素养，“专其事”是指专职史官，二者皆备，写出如司马迁《史记》、班固《汉书》那样水准的作品不难矣。其实黄省曾指出了史家修史很重要的原则，就是要有“公是公非”之史识，对于墓志类史料中存在的故意拔高曲意粉饰的现象，史家应该提高鉴别能力，采纂可信史料以完成实录撰写。无独有偶，晚明学者归有光在乡试对策中，对《明实录》纂修时征引的墓志、家状类史料作如下评价，其说曰：“一时臣工人品之淑慝，心迹之疑似，殊功伟德，非常之事，奸宄凶慝，梼杌嵬琐之形，墓志、家状不足尽也。”[④] 即指出墓志、家状类史料中存在的曲笔附会现象。这些对《明实录》采纂墓志、碑传等史料的可信度问题的讨论具有史学批评的意义，王世贞曾提出：“国史人恣而善蔽真，其叙章典、述文献，不可废也；野史人臆而善失真，其征是非、削讳忌，不

---

① ［明］田艺蘅：《留青日札》卷三七《非文事》，第 561、562 页。

② ［明］黄省曾：《五岳山人集》卷三四《史说上一首》，第 810 页。

③ ［明］黄省曾：《五岳山人集》卷三四《史说上一首》，第 810 页。

④ ［明］归有光：《震川先生别集》卷二上《嘉靖庚子科乡试对策五道》，《第五问》，《文渊阁四库全书》第 1289 册，第 466、467 页。

可废也；家史人腴而善溢真，其赞宗阀、表官绩，不可废也。”[①]则是将其升华到了新的认识高度，“反映了批评者具有辩证思维和理性精神，在史学批评方法论上是一个重要成果和理论创新”[②]。

此外，明人对于征引节义类史料亦有担忧。史官何瑭曾言：“予幼读前史，于忠臣、孝子、义夫、节妇之传，未尝不三复叹息，意以斯人，世不多得。及考其履历始末，往往出于贵官大族，寒素之家甚少。岂降衷之性独丰于彼而啬于此耶？予后预修《孝宗皇帝实录》，于忠孝节义之事，得于见闻者，欲一一撰次。同列皆以为未经奏闻旌异者，例不得书，乃阁笔太息。噫！寒素之士，势力寡弱，谁为之奏请而旌异之耶？由今准古，则忠孝节义之传多出于贵官大族无怪也。”[③]按其意，能够最终被采辑并写入实录的“节义”事迹多发生在权贵之家，相反，寒素之士，因无人代为奏请旌表，致使他们的义行归于泯灭。何瑭的担心并非多余，在采纂环节，明廷虽明确要求“不许将庸常之人徇情虚饰妄报”[④]。但现实中不尽如人意之事还是时有发生。嘉靖初年，广信府学属员揭宠就曾在《武宗实录》采纂期间上书知府揭露当地采纂人员的舞弊行为，“世庙初命儒臣纂修康陵实录。诏郡县辑遗事，择生徒有文学者诠次，上太史。载笔者，因缘市利，所录皆富室、贵仕。宠上书太守，言纂修不核，弊窦横生。太守乃下县按验，得实。令他生改易，使敦行修洁之士，不至壅于上闻。”[⑤]因此事，揭宠的同乡祝廷璇特地为他作序文以赞其行，“嘉靖初，今上即位，命儒臣纂修武宗一代实录，颁诏书于郡县……然州县生徒，嗜利而无耻者多，廉平有文者少。去取任意，贿赂公行。其得书，多达官贵人，及豪横乡邑，雄张闾里之民。而穷乡僻谷，有躬行孝弟，节义不亏，而货贿不足以自达者，终不得被恩泽，染竹素。以与豪猾之民争荣名于乡邑，则是吾君有劝惩之典，仁民之政，皆为此辈所壅淤，而不得下达也。以今所见者如此，则前代纷纷纪录者，又安可尽信耶？”[⑥]

前述学者的省思之论，直指明代官方修史弊端的同时又表露出对于直书实录信史原则的坚守。既希望国家健全史料征集（或史官）制度，又希望史籍编纂与现实政治之间能够疏离开来，逻辑上不无窒碍之处，但其中蕴含的史学理论思考仍需要加以重视。

四 《明实录》地方采纂制度的价值与意义

明廷在纂修《明实录》期间施行地方采纂制度的直接目的在于扩展史料来源，“迹其递相申报。朝廷郡邑，势至疏远，所闻之事，皆耳目之所不逮，而其所取信者，州县之撰次也。”[⑦]但该制度的影响不止于此，在史学史上还具有重要的价值和意义。

其一，地方采纂关乎实录记事的严肃性，推进了明代对客观信史和史家主体素养的理性探索。

---

① ［明］王世贞：《弇山堂别集》卷二〇《史乘考误一》，北京，中华书局，1985 年，第 361 页。
② 瞿林东：《为什么要研究史学批评》，《史学理论研究》2020 年第 2 期。
③ ［明］何瑭：《柏斋集》卷五《张孝子闻木兴悲诗序》，《文渊阁四库全书》第 868 册，第 545 页。
④ ［明］田艺蘅：《留青日札》卷三七《非文事》，第 561 页。
⑤ ［清］蒋继洙、李树藩：《广信府志》卷九之三《人物》，第 824 页。
⑥ ［清］蒋继洙、李树藩：《广信府志》卷一一之二《送揭君廷臣考满之京序》，第 1438、1439 页。
⑦ ［清］蒋继洙、李树藩：《广信府志》卷一一之二《送揭君廷臣考满之京序》，第 1439 页。

时人邵宝对负责河南省《宪宗实录》采纂工作的施文显道，“世之人有忠直而不信者，潜德而不彰者，憸邪奸宄而不露者。事有是而或错者，非而或举者，一时之论晦而无征，则曰后世有公论焉，后世之公论，奚凭乎？今之纪录而已矣。”[①] 按邵氏所言，采纂工作责任重大，后世公论全凭“今之纪录而已矣”，言外之意，实录馆臣在修纂时也大概仰赖这种记录。进而又讲道，“史也者，天下之大案也；总裁也者，天下之大吏也；君之为编纂也，听乎词，以定案者也。大吏将于是而征焉。书曰：‘察辞于差。’差不差出于民之口，察不察系乎吏之听。史之成，与狱之成孰轻重乎？君其辨之矣，勿以一方为小，勿以一人为寡，勿以一事为微，勿以一时为近，天下一方之会也，众人一人之聚也，万事一事之集也，万世一时之积也，君其慎之。”[②] 显而易见，邵氏上述言论，不断在强调采纂工作对于后续实录编纂的重要意义，其实是反映了史家对于史学标准的认识，就是要坚持记史求真的原则，而信史的保障来源于基础史料的客观真实。同时，该言论对身负采纂任务的工作人员的史学素质也提出了较高要求，要本着对修史负责的态度来取材史料。并且还将史官修史与法官判案相比较，认为史官坚持秉笔直书与司法人员公正办案是一个道理，史家的信史是万世公论之依据，法官的判词是狱讼公正的体现，二者具有相似性。这种认识体现了明代史学中对于撰写客观信史和史家直书实录原则的追求。

其二，地方采纂使官方史学与民间史学之间形成互洽格局。明人在一些方志的序文或家乘中，从不讳言希望有朝一日将地方史或家史收入国史实录之动机。嘉靖《河间府志·自序》言：“西田樊深曰：志者郡邑之史也，古以来恒有之，而于今为重。盖《周礼》有小史，以掌邦国之志；有外史，以掌四方之志；而又有职方氏，以掌天下之图。是以此焉不得，犹求之他，无足虑也。矧今史，乏日记，漫无足征，而纂实录采民风，犹于郡邑，是稽此其为志也。讵可缓乎！”[③] 此处道出了方志作为地方之史日后为《明实录》采纂提供史源材料的重要性。万历时人张瑀在《海盐县志·后序》又讲：“我明洪武戊午，诏天下郡县纂修志书。越永乐、景泰至天顺间，命官巡行采辑，始萃成志。海盐无应诏之人，近修《世宗实录》亦鲜敬承者，志无征耳……按今追古，遥通百世之情，私以便夫周览。幅幁在掌，外以托为传信，故典攸存，求可裨郡乘之逸，俟编修国史者取征。”[④] 由此可见，明朝对于地方志的认识有了新的进展，纂修方志除了是留存一方之史的需求外，还具有了以备朝廷纂修实录时地方采纂史料的价值。而这种多重价值的认识，也推进了明代各地大兴方志纂修之举。方志纂修一般都为官方之举，这样也就推动了明代官方史学活动的发展。

此外，家史入实录也成了时人之追求。李开先在《王氏家乘序》中言：“国有史，家有乘。国非史，则海内之事浩繁而无所与考；家非乘，则门内之事泯没而不得以传。邑之新街王氏，予母之母家也。梧冈太守则母氏之侄，而予之兄弟行也。其第三弟，则又予之姻娅，因是拙作凡为王氏者，独多裒成一册，谓之《王氏家乘》。时方修《世宗实录》，太史氏或见之而采焉，则以家乘而入

① ［明］邵宝：《容春堂集·前集》卷一三《送施别驾序》，《文渊阁四库全书》第1258册，第144、145页。
② ［明］邵宝：《容春堂集·前集》卷一三《送施别驾序》，第144、145页。
③ ［明］郜相、樊深：《河间府志》，《河间府志自序》，《四库全书存目丛书》史部第192册，济南，齐鲁书社，1996年。
④ ［清］王彬、徐用仪：《海盐县志》，《后续》，中国台北，成文出版社，1975年。

国史，其有考，而有传也，将必大且久矣。”[①]李氏讲得很清楚，撰写此家乘就是希望母族事迹他日能被收入《世宗实录》，实现青史留名之愿。家乘谱牒本就为光耀门庭的产物，如果能够有朝一日成为皇帝实录采纂史料的对象，甚至将其事迹写入国史，更加是光宗耀祖的大事件。所以积极撰写家乘，不仅是为子孙留存门庭历史，也是以备将来有机会被官方史料采纂征用。《明实录》地方采纂史料制度，为家史进入国史提供了一种可能，也客观上刺激了明朝家史修纂的热情，为民间史学活动发展起到了引导作用。民间家史修纂的繁荣局面，也为官方修纂史书提供了更多的史料取材来源。

总之，地方史料采纂为《明实录》的编纂完成提供了重要的史料来源。围绕采纂制度引发的史学批评和理论省思，推动了明代对历史认识和史家素养的理性思考，成为明代史学理论的重要组成部分。地方采纂活动客观上对民间史学文献的编纂起到了推动的作用，反之，民间文献的编纂又为实录采纂提供了史料来源支撑，这体现出明代官方史学与民间史学之间的良性互动。总而言之，明代地方实录采纂活动不仅是官方史学的一项举措，也是民间史学发展的重要制度推手，其价值和意义值得进行重新考量和深入探究。

（作者纪海龙，廊坊师范学院历史系）

① ［明］李开先:《李中麓闲居集》卷五《王氏家乘序》,《续修四库全书》集部第1340册，上海，上海古籍出版社，2002年，第667、668页。

明代唐白云夫妇容像人物及服饰研究[①]

刘川渤

徽州文化是中国古代社会后期和近代传统文化的典型样本，极盛于明清二代[②]。作为徽州社会衍生出的一种文化现象，徽州容像呈现人物面貌传神、服饰品类多样、画面庄重均衡的特点，这与徽州独特的文化基因密不可分。人物服饰在徽州容像整体画面视觉中占比较大，种类繁多，且刻画细致，在视觉上传达了当时的社会文化信息，是深入研究明清服饰的重要素材。安徽博物院藏清人摹明代《唐桂芳画像轴》（图 1）和明人作《唐白云夫人容像》（图 2）是徽州地区两幅比较有代表性的容像作品[③]，主要用于家族祭祀活动祭拜使用。唐白云作为元末明初著名谱学家、文学家，对明代徽州地区思想文化产生了积极的影响。本文将根据容像主人的服饰等信息，结合服饰制度，对人物身份、容像成画时间、服饰内容等方面进行分析，并从中窥探明代徽州地区的社会文化风尚和习俗。

一　容像人物分析

徽州容像按人物布局可分为单人容像、双人容像和多人容像三种，安徽博物院藏清人摹明代《唐桂芳画像轴》（图 1）和明人作《唐白云夫人容像》（图 2）绘制的分别为唐白云及其夫人单人容像。

对于两幅容像，早有清代许承尧先生《郑溥赠唐君锡诗及唐白云象（像）》[④]中提到唐白云夫妇的两幅容像均为明初作品，且从人物形象、服饰、印记来看与本文两幅容像呈现内容较为一致，因一些原因，唐白云画像明代原作轶或损毁，安徽博物院官网显示，现传世实物为清人摹绘，对比《唐氏三先生集》中的《唐白云先生遗像》[⑤]（图 3）可知，此幅容像人物面貌及上半身服饰内容基本与之相同。

---

① 明代《唐白云夫人容像》现藏于安徽博物院，绢本、立轴、设色，槐塘唐氏家祠旧藏，黄宾虹题。《唐桂芳画像轴》也称为《唐白云先生像》，同藏于安徽博物院，画面有黄宾虹篆书：“唐白云先生像”，并钤有“刘深”“邃庵”二印，诗堂抄录唐氏行状，藏品为清摹明人画像。《唐桂芳画像轴》来源：安徽博物院官网：https：//www.ahm.cn/Collection/Details/qtq?nid=194；《唐白云夫人肖像》来源：石谷风：《徽州容像艺术》，合肥，安徽美术出版社，2001 年 1 月。

② 周晓光：《徽州文化史》（明清卷），合肥，安徽人民出版社，2014 年 7 月，第 9 页。

③ 为方便论述，除引用文献和容像名称外，文中《唐桂芳画像轴》和《唐白云夫人容像》的像主名字将统一称为“唐白云”和“唐白云夫人”。

④ ［清］许承尧：《歙事闲谈》卷二四《郑溥赠唐君锡诗及唐白云象（像）》，合肥，黄山书社，2001 年，第 840—841 页。

⑤ ［明］程敏政：《唐氏三先生集》卷一《唐桂芳像》，正德十三年（1518）刻本。

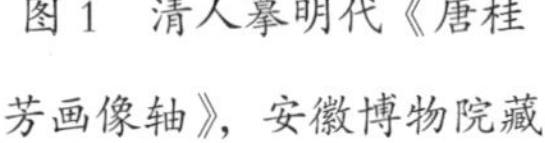

图 1　清人摹明代《唐桂芳画像轴》，安徽博物院藏

图 2　明代，佚名《唐白云夫人容像》，安徽博物院藏

图 3　明代《唐氏三先生集》中的《唐白云先生遗像》

《唐桂芳画像轴》像主为明代人，名桂芳，字仲实，号白云，歙县人。曾任崇安县教谕，迁南雄路儒学学正。唐元、唐白云、唐文凤祖孙三人“皆以文章道德奕叶相承，人谓‘小三苏’”[①]。唐白云“幼承过庭之训”[②]，其谱学理论受到家学与师承的双重影响，他的思想丰富了徽州家谱理论，一定程度上推动了这一地区谱学的发展。元末至正十八年（1358），朱元璋带兵至徽州曾与唐白云谈论天下之道，后命之从仕，唐白云以瞽废辞。正德年间，朝廷为其在歙县槐塘村建立“龙兴独对”坊，上刻碑文记载其与明太祖的对话内容[③]。陈定謇先生《关于〈鲜于必仁生活时代考〉的一点补证》和司马周先生在《唐桂芳生卒年补证》[④]，推算出唐白云生于至大元年（1308），卒于洪武十四年（1381），享年 74 岁[⑤]。

关于《唐白云夫人容像》的像主归属问题，明代钟亮撰《南雄路儒学正白云先生唐公桂芳行状》等材料中提到唐白云曾有二妻[⑥]，通过分析，像主身份存在两种推论：

第一种，像主为原妻江氏。江氏早于唐桂芳卒三十年，即卒年大致在元至正十一年（1351）

① ［明］程敏政：《唐氏三先生集》卷一《唐氏渊源录序》，正德十三年（1518）刻本。唐宸：《明代徽州状元唐皋家世生平考》，《黄山学院学报》2014 年第 4 期。［清］唐必桂：《唐氏三族祖茔祭祀谱》卷一，清光绪八年（1882）木活字本。

② ［明］唐桂芳：《白云集自序》，载李修生主编：《全元文》卷一五八五，南京，江苏古籍出版社，1998 年，第 672 页。

③ 详情见［明］唐仕纂修：《新安唐氏宗谱》卷二，明嘉靖十八年（1539）本；［明］钟亮：《南雄路儒学正白云先生唐公桂芳行状》，［明］程敏政《新安文献志》卷八九，明弘治十年 1497 刻本；［清］王奕清、杨祖楫等编：《御选历代诗余》卷一百九《元人姓氏》，清康熙四十六年（1707）内府刻本；程鸣：《元末明初著名文学家唐仲实与歙县槐塘“龙兴独对”坊》，《徽学春秋》2012 年第 6 期。

④ 陈定謇：《关于〈鲜于必仁生活时代考〉的一点补证》，《文学遗产》1995 年第 4 期；司马周：《唐桂芳生卒年补证》，《江海学刊》2002 年第 4 期。

⑤ 《新安唐氏宗谱》记载唐白云洪武十三（庚申）年（1380）七月二十一日卒，陈定謇先生和司马周先生对此进行了考证，指出唐白云卒于洪武十四年（1381）。［明］唐仕纂修：《新安唐氏宗谱》卷二《世系流芳图》，明嘉靖十八年（1539）本。

⑥ ［明］钟亮：《南雄路儒学正白云先生唐公桂芳行状》，［明］程敏政《新安文献志》卷八九，明弘治十年刻本。

左右[①]，江氏生活年代正值唐白云从仕期间，因此命妇服饰的人物容像为其去世后后人请画师为其绘制。

第二种，像主为继室全氏。壬辰（至正十二年，1352）淆乱，蕲黄盗起，唐白云携家族老少奔走逃难，后退居徽州槐塘县。全氏育四子，德才兼备，不乏学识出众且有威望之人。原妻江氏唯一的儿子文虎于洪武十二年（1379）"以疾卒于官"，同年，全氏卒[②]。唐桂芳逝世后，后人将全氏与其合葬，[③]更能说明全氏的家族地位。因此，像主也很可能为全氏逝世后，其子孙请画师为其绘制。

二　容像人物服饰分析

（一）《唐桂芳画像轴》人物服饰分析

容像中的唐白云所穿服装应为明代和清初士庶日常穿着中的一种，他头戴幅巾，身着交领右衽袍，领、袖、襟、裾另施宽缘并有三个层次，腰系带，垂绅，上饰绦带，脚踏方头云履，端坐于椅上（图4）。以下是对唐白云所穿服饰内容和时代演化的扼要分析：

图4　清人摹明代《唐桂芳画像轴》（局部），安徽博物院藏

① ［明］唐桂芳撰：《白云集》，清文渊阁四库全书本；［明］唐文凤：《梧冈集》，明弘治十年刻本；唐宸：《元代新安理学家唐元考论》，《黄山学院学报》2012年第4期。

② ［明］钟亮：《南雄路儒学正白云先生唐公桂芳行状》，载［明］程敏政《新安文献志》卷八九，明弘治十年刻本；［明］唐文凤：《梧冈集》卷四，明安徽巡抚采进本。

③ ［明］钟亮：《南雄路儒学正白云先生唐公桂芳行状》，载［明］程敏政《新安文献志》卷八九，明弘治十年刻本。文中记载："以癸酉十二月廿又六日窆于孝悌乡吕家林癸山丁向，以全氏祔。"

图 5、图 6　南京西善桥东晋墓拼镶砖画《竹林七贤与荣启期图》(局部)

图 7　明代，马轼、李在、夏芷《归去来辞图卷》(之五)(局部)，辽宁省博物馆藏

图 8　清代，徐璋《松江邦彦相册·周绍元像》(局部)，南京博物院藏

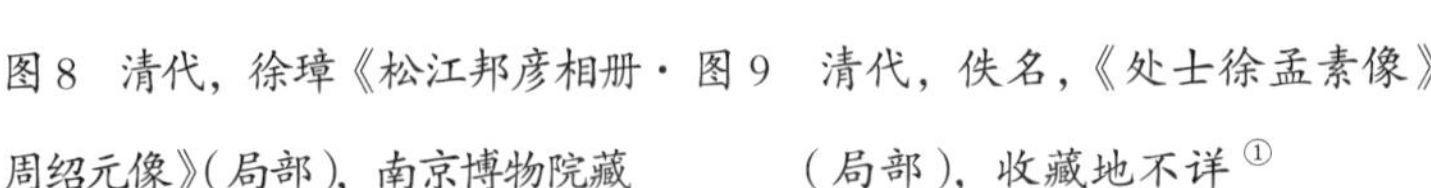

图 9　清代，佚名，《处士徐孟素像》(局部)，收藏地不详[①]

图 10　清人摹明代《唐桂芳画像轴》(局部)，安徽博物院藏

幅巾，是包头巾的一种[②]。至汉末，开始逐渐被士人阶层使用，魏晋时期受社会风气影响，幅巾开始流行，一直延续到明代末期。南京西善桥东晋墓拼镶砖画《竹林七贤与荣启期图》(图 5、图 6)中的山涛、阮咸可见东晋幅巾的形象。宋明时期，幅巾为士人服[③]，一般为幅巾与深衣大带、道袍或直身搭配，脚着履。明代中前期士人的幅巾因包裹发髻而显得比较高耸，有时会在冠上再加幅巾，因此幅巾头顶造型并不完全规则(图 7)；至清代，由于男子剃发易服，高耸的发髻消失，清中前期的幅巾前方比较贴合头部，后方在此基础上"屈其顶之缯藏于里"做出突起饱满的造型(图

① 此幅容像像赞中记载卢孝达之子卢伯镇和徐孟素之嫡孙徐讳文嘉靖四十一年(1562)共事，徐孟素很有可能为明成化至弘治年左右生人，此幅容像衣缘装饰和鞋履风格具有清代绘画特点，因此《处士徐孟素像》年代较晚，应为清人所绘。图片来源：中国服饰史论坛，http：//www.china-yiguan.com/forum.php?mod=viewthread&tid=16038&highlight=%B4%A6%CA%BF。

② 参见孙机：《中国古舆服论丛》，上海，上海古籍出版社，2013 年 11 月，第 200—201 页。[清]黄宗羲：《深衣考》，清嘉庆十三年刻本。"幅巾，用黑缯六尺。中屈之，分为左右剩。左五寸，右五寸，作巾。额当中，作(巾取)。(巾取)者，从里提其两畔之缯相凑而缝之，其中空，乃以左叶交于右，右叶交于左，线缀之，其顶突起，乃屈其顶之缯藏于里，使巾顶正圆而后缝之，两旁三寸许各缀一带，广一寸长二尺，以巾额当前，裹而系其带于后，垂之。"

③ [元]脱脱等撰：《宋史》卷一五三《志第一百六·舆服五》，北京，中华书局，1985 年，第 3578 页。

8)。《处士徐孟素像》[①] 的像主幅巾与唐白云先生所戴幅巾均与清代绘制的幅巾形制较为相似，相对刻板程式化，不如之前的飘逸自然（图 9、图 10）。

从图片来看，因唐白云坐姿无法获知其服饰的侧面结构，其所着交领右衽袍可能为直裰、道袍或直身。

直裰，亦称“直掇”或“直敠”，宋赵彦卫《云麓漫钞》：“古之中衣，即今僧寺行者直掇。”[②] 直裰形制与道衣极为相似，古人常将此二服谈为一物。[③] 明代吕毖《明宫史・内臣服佩》记载：“道袍，如外廷道袍之制，惟加子领耳。间有缀补。”[④] 从朱之瑜《朱氏舜水谈绮》中我们可清晰地看到道服腋下两侧开衩，带有内摆（图 11）。明代士庶的日常服饰有一定的制度约束，但色彩较为丰富[⑤]。宋元时期的直裰和道服为僧侣和文人服用，士大夫阶层将道服作为洁身自省的穿着方式[⑥]；明代隆庆、万历年间开始普遍用于文人、士大夫的常服和燕居服，[⑦] 我们在传世服饰、绘画和小说中常见领袖施宽缘，腰饰带的形象[⑧]（图 12、图 13）。

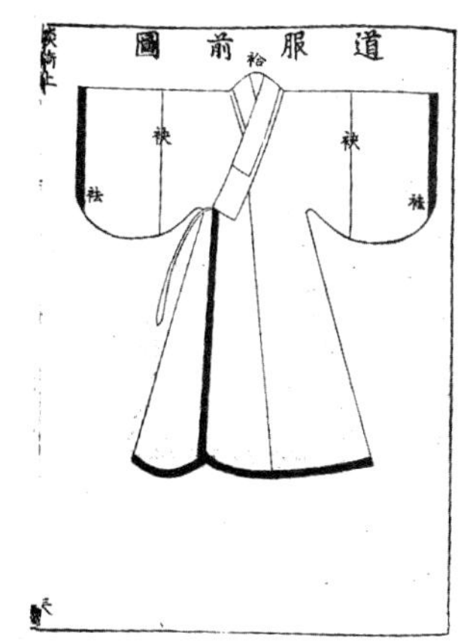

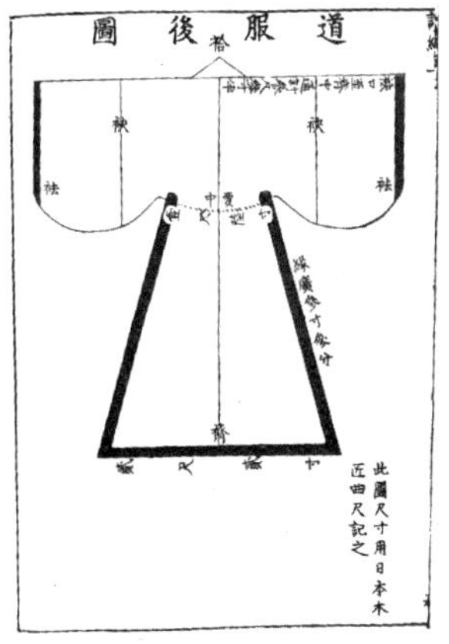

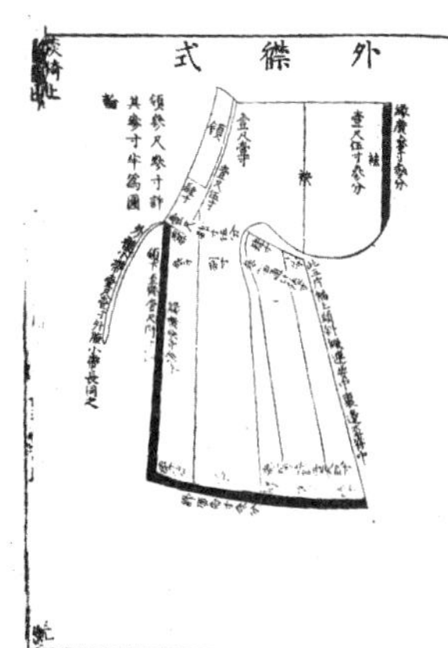

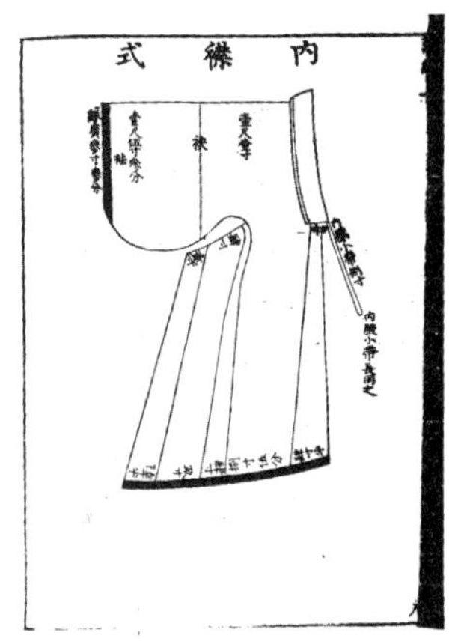

图 11　明代，朱之瑜在《朱氏舜水谈绮》中绘制的道服形制结构图

---

① 此幅容像像赞有“门下外孙憩南葛芾棠敬录”字样，徐孟素外孙葛芾棠在清末光绪初翻刻《蟠室老人文集》，其外祖父徐孟素生活年代大致为明代后期。

② ［宋］赵彦卫：《云麓漫钞》卷四，王氏郁冈斋明抄本。

③ ［明］王世贞：《觚不觚录》记载：“褶，戎服也，……若袖长则为曳撒，腰中间断以一线道横之，则谓之程子衣。无线道者，则谓之道袍，又曰直掇。”［明］王世贞：《觚不觚录》，民国景明宝颜堂秘籍本。

④ ［明］吕毖：《明朝宫史》卷三，中国国家图书馆藏清抄本。

⑤ ［明］朱之瑜：《朱氏舜水谈绮》，上海，华东师范大学出版社，1988 年，第 85—89 页。

⑥ ［宋］范仲淹：《范文正公别集》：“平海书记许兄制道服，所以清其意而洁其身也。同年范仲淹请为赞云：道家者流，衣裳楚楚。君子服之，逍遥是与。虚白之室，可以居处。华胥之庭，可以步武。岂无青紫，宠为辱主。岂无狐貉，骄为祸府。重此如师，畏彼如虎。旌阳之孙，无忝于祖。”［宋］范仲淹：《范文正公别集》卷四，元天历至至正间（1328—1368）范氏褒贤世家家塾岁寒堂刻本。

⑦ 明代范濂撰《云间据目钞》：“隆万以来，皆用道袍。而古者皆用阳明衣，乃其心好异，非好古也……春元必穿大红履；儒童年少者，必穿浅红道袍，上海生员，冬必服绒道袍，暑必用骔巾、绿伞。”［明］范濂：《云间据目钞》卷二《记风俗》，民国十七年（1928）版本。

⑧ ［明］罗懋登：《三宝太监西洋记》第十一回《白城隍执掌溧水 张天师怒发碧峰》记载：“长老抬起头看来，只见下面一些矮矬矬的老儿，头戴的一色东坡巾，穿的一色四镶直裰，系的一色黄丝绦，脚登的一色三镶儒履，手拄的一色过头拐棒。”［明］罗懋登：《三宝太监西洋记》，明万历二十六年（1598）三山道人刻本。

图 12 元代，王绎、倪瓒绘《杨竹西小像》(局部)，故宫博物院藏

图 13 明代，暗条纹白罗道袍，孔府旧藏

直身，是明代帝王及士庶服装之一。吕毖所撰《明宫史》记载，其形制与道袍相同，无开衩，唯有摆在外，缀本等补（图 14）。颜色有天青、黑绿、玄青，大红为帝王服，除外摆外，也有直身开摆、内着衬衣、外束带的搭配形式出现。①

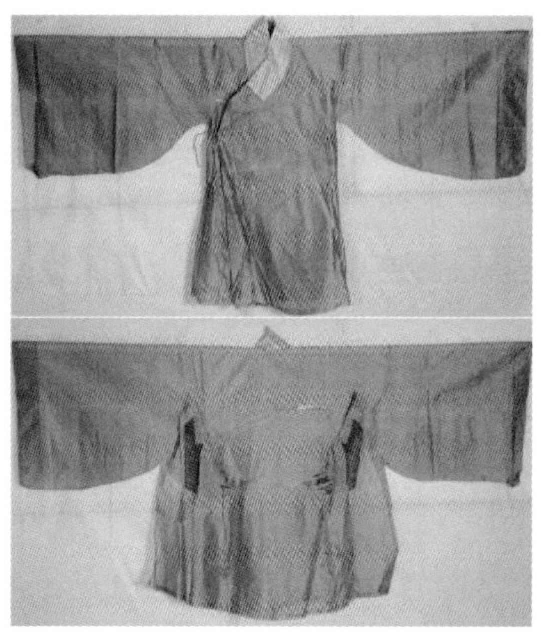

图 14 明代，浅蓝绿色暗横纹罗直身，孔府旧藏

在一些明代服装画像和实物中，经常能看见领子缘单施有一条长方形布片，色彩不一，称之为“义领”或“护领”，目的是省费惜福，以便拆浣（图 15、图 16）②。护领在宋代便已出现，万历年间

① ［明］吕毖《明宫史》卷三记载：“直身。制与道袍相同，惟有摆在外，缀本等补。圣上有大红直身袍，凡印公公若过司房或秉笔私自下直房始穿此。凡见尊长，则不穿其色，止有天青、黑绿、玄色，不敢做大红者，或亦开摆加衬衣而束本等带者。”载于［明］吕毖：《明朝宫史》卷三，中国国家图书馆藏清抄本。

② 明代李诩撰《戒庵老人漫笔》记载：“宫女衣皆以纸为护领，一日一换，欲其洁也。江西玉山县贡。”［明］李诩撰：《戒庵老人漫笔》卷一，清光绪二十三年（1897）刻本。

记载，明代宫中近御之人的义领为白色，用浆布裰于道袍颈部领缘之上，这种服装道名为“裰领道袍”。近御之人裰领道袍多与曳撒贴里、圆领和道袍搭配，称为“二色衣”，内着褂、袄[①]。这类穿搭上行下效，在明清男女服饰中均可找寻到其踪迹。

图 15 佚名，明代《无款夫妇容像》（局部），安徽博物院藏

图 16 明代，茶色罗织锦蟒袍，孔府旧藏

云履，也称云头履，鞋头高突并有梁，是明代官员、士庶常见鞋子式样。顾炎武《日知录》：“《内丘县志》曰……万历初，庶民穿腃靸，儒生穿双脸鞋，非乡先生首戴忠靖冠者不得穿厢边云头履。俗呼朝鞋。至近日，而门快舆皂无非云履，医卜星相莫不方巾，又有晋巾、唐巾、乐天巾、东坡巾者。”[②] 说明云履在士庶之中十分流行。孔府旧藏的夫子履（图 17）即为云履一类。明初云履多为黑色，明代中后期颜色越加丰富，装饰花纹多样，常见镶贴云头纹、蝙蝠纹、团寿纹等（图 18、图 19）[③]。

图 17 明代，夫子履，孔府旧藏

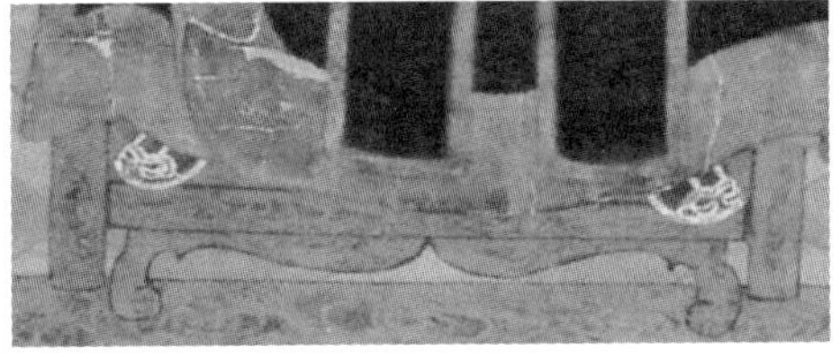

图 18 明代，佚名《无款处士容像》（局部），安徽博物院藏

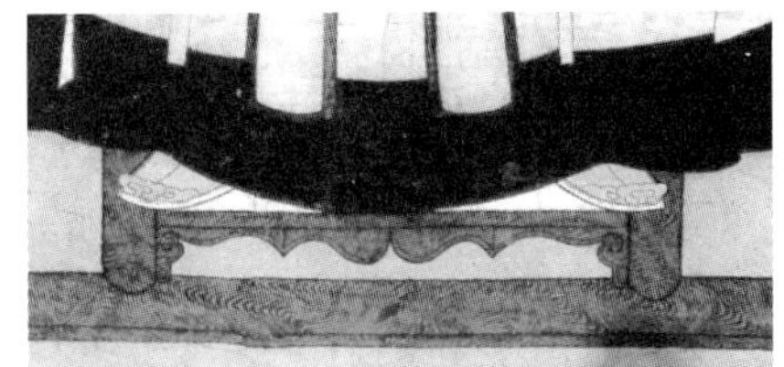

图 19 明代，佚名《无款处士容像》（局部），安徽博物院藏

① ［明］刘若愚《酌中志》：“二色衣，近御之人所穿之衣……第二层谓之衬道袍，第三层曰裰领道袍。其白领以浆布为之，如玉环在项，而缺其前，稍油垢即换之，非入过皇城者不敢缀也……如夏则以葛布为上身，以深蓝或玉色纱作下褶，并接两袖各数寸，又缘子领寸许。一则露白色，一则省费惜福，以便拆浣。此从古制也。自逆贤专政，凡近御之人，概得穿白色生纱、生罗、葛布，及白绫、丝绸，领袖襟缝公然显露，不忌惮也。”［明］刘若愚：《酌中志》卷一九《内臣佩服纪略》，清道光二十五年（1845）刻海山仙馆丛书本。

② ［清］顾炎武：《日知录》卷二十八，康熙三十四年（1695）潘氏遂初堂刻本。

③ ［明］顾起元《客座赘语》：“足之所履，昔惟云履、素履，无它异式。今则又有方头、短脸、球鞋、罗汉靸、僧鞋，其跟益务为浅薄，至拖曳而后成步，其色则红、紫、黄、绿，亡所不有。”［明］顾起元：《客中赘语》卷一，明万历四十六年（1618）刻本。

绅带，即垂绅的腰带。《礼记·玉藻》载："而素带终辟，大夫素带辟垂，士练带率下辟，居士锦带，弟子缟带，并纽约用组。"① 中国古代君臣士庶的带以颜色和装饰区别等差：皇帝素带以朱色为里，带身至垂绅边缘装饰缯；诸侯素带不用朱里，用朱、绿色装饰带和绅；大夫素带外黑内黄，边饰从带的交结处沿着绅开始向下装饰；士的边饰仅用缁装饰下垂的绅；居士用锦带，弟子用生缟带。杂带，即燕居服用的带，帝王带用朱绿色，大夫带用玄黄色，士的带用缁色装饰"辟"。清曹庭栋《养生随笔》："古人轻裘缓带，缓者宽也，若紧紧束缚，未免腰间拘板。少壮整饬仪容，必紧束垂绅，方为合度。"② 说明古人将系带视为君子风度和德行的体现。从图像中来看，一些明清士庶的腰带不见组来纽约腰带，腰部出现类似纽袢的连接装饰（图 20），有的腰带上系细绦带，并打上精致的结（图 21）。

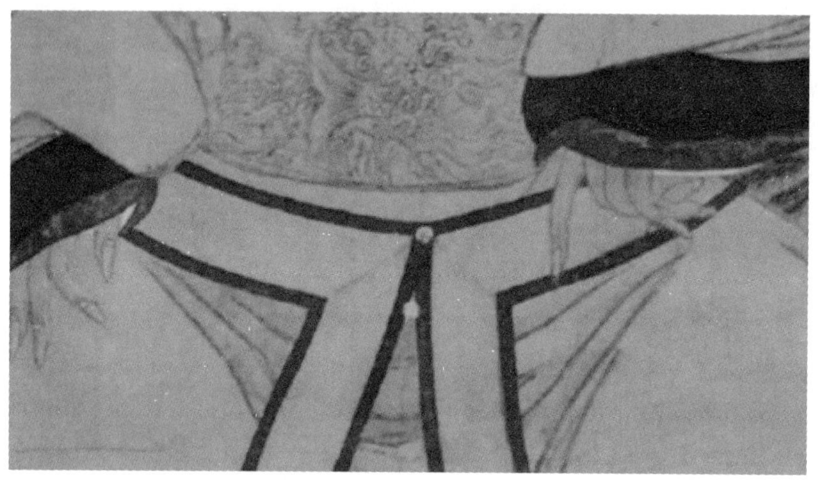

图 20　明代，佚名《詹抑先生像》（局部），余美元撰赞，上饶博物馆藏

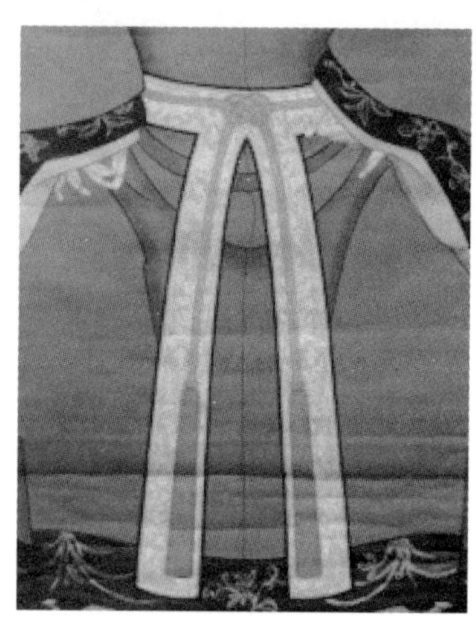

图 21　清代，佚名《夫妻并坐像轴》（局部），大观文化馆藏

《唐桂芳画像轴》中人物生活年代为元末明初，容像中的整体装束基本符合这一时期士庶日常服饰的形象。由于此画为清人摹绘，通过与元明时期士庶服饰装束比较后发现，存在一些与元明时期服饰不符的情况，例如：人物直裰的领缘和袖缘出现三层深浅不一的变化，明代服饰中暂未发现类似衣缘形式，很有可能受到清代衣缘装饰风格的影响；人物腰带下垂的绅部有缘饰，腰带主体无缘饰，说明此为士人所系的带，明代和清代前期的士人大多遵循《礼记》中的记载，边饰用缁色，而此图中人物垂绅为金棕色，且绦带直接系于腰带的带结之上，不合常规。

（二）《唐白云夫人容像》人物服饰分析

容像中的唐白云夫人头戴金色鬏髻，装饰金镶宝石头面，身穿绿色缠枝花纹地织金补圆领袍，下着黄色织如意云纹花马面裙，足被长裙掩盖（图 22、图 23）。

---

① ［清］阮元校刻：《十三经注疏》，北京，中华书局，1980 年，第 1480—1481 页。

② ［清］曹庭栋：《养生随笔》卷三，文瑞楼石印本。

图 22、图 23　明代《唐白云夫人容像》及局部，安徽博物院藏

鬏髻，宋元时期已经出现，后为明代已婚妇女的正装头饰，元代最初所说的鬏髻，指发髻本身，而后裹以织物，孙机先生认为这类鬏髻的出现受妇女戴冠风气的影响以及与“包髻”的流行有关①。明代鬏髻一般用金银丝、竹篾等材料编成，佩戴时罩于头顶发髻之上，上施各类簪钗，或单独佩戴，整体造型有的高耸，有的扁平。明代皇妃常服及内外命妇礼服则均佩戴鬏髻。

头面，明代妇女的鬏髻上经常搭配各种簪钗（图 24），孙机先生和扬之水先生的研究中将其称为头面②。明代妇女的头面包含的种类繁多，有顶簪、挑心、分心、头箍、掩鬓、耳环以及其他各种式样的簪子。明代范濂撰《云间据目钞》：“妇人头髻，在隆庆初年，皆尚圆褊，顶用宝花，谓之挑心。两边用捧鬓，后用满冠倒插。两耳用宝嵌大环……自后翻出挑尖顶髻。鹅胆心髻，渐见长圆，并去前饰，皆尚雅装。”③

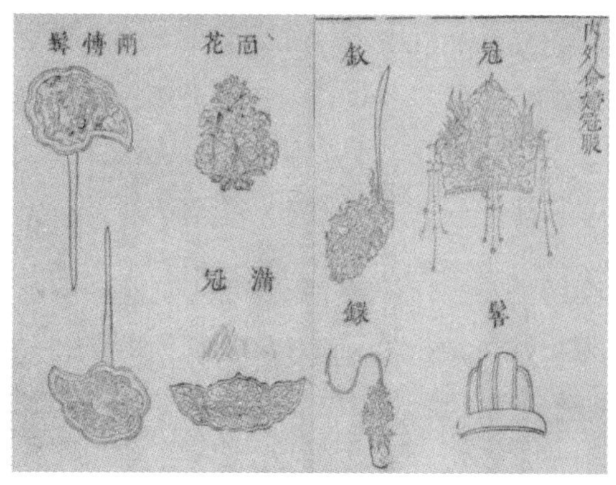

图 24　明代《三才图会》中的命妇首饰（明万历三十七年原刊本）

① 孙机：《中国古舆服论丛》，上海，上海古籍出版社，2013 年，第 304 页。

② 参见孙机《明代的束发冠、鬏髻于头面》，载《中国古舆服论丛》，上海，上海古籍出版社，2013 年 11 月，第 308 页。扬之水：《明代头面》，《中国历史文物》2003 年第 4 期。

③ ［明］范濂：《云间据目钞》卷二《记风俗》，民国十七年（1928）版本。

圆领衣，在唐宋时期为男子常服，唐代女侍者亦有穿着，官宦女眷鲜有穿着。至明代，圆领衣被列为皇后及内外命妇礼服[①]，命妇日常服饰在着圆领或交领衫、袄时大多搭配马面裙（图 25、图 26），内着浅色交领或圆领中单。

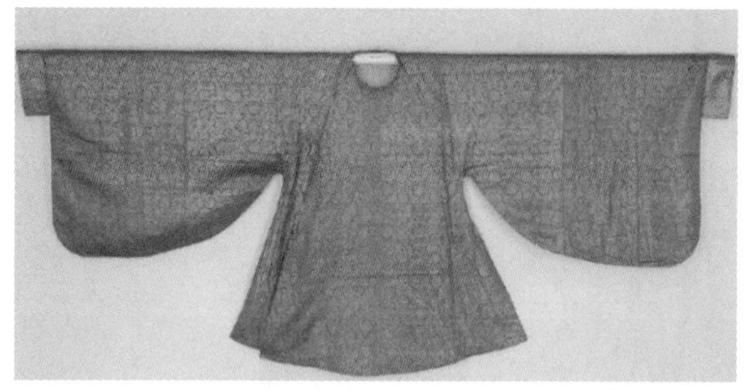

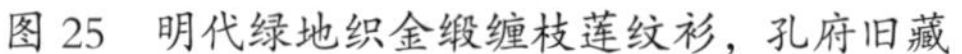

图 25 明代绿地织金缎缠枝莲纹衫，孔府旧藏

图 26 明代命妇服饰，苏州郭巷通桥村明墓出土

马面式裙，早在唐五代时期已有带褶裥形制的长裙，宋代的旋裙在元、明、清时期延续了下来，逐渐形成了马面式裙[②]，这类两胁叠褶开合设计方式扩大了人体下身的活动空间，更便于行骑。明代前后两侧收褶的“曳撒”和“马面”在官民服饰之中极为普遍（图 27、图 28），《朱氏舜水谈绮》中对于马面裙的形制结构也进行了细致的描述（图 29）[③]。

图 27 明代，白罗绣花裙，孔府旧藏

图 28 明人绘《明宪宗调禽图轴》（局部），国家博物馆藏

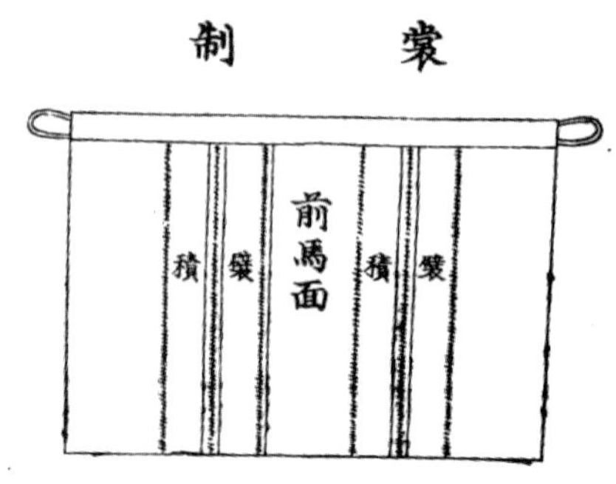

图 29 朱之瑜《朱氏舜水谈绮》中的马面裙结构

从上述《唐白云夫人容像》主人服饰可以发现以下几个问题：

首先，从鬏髻、头面来看，明初太祖朱元璋下令对官民服饰质料及款式进行了严格的等级划分，而明代中后期奢靡之风盛行，朝廷三令五申下令整治却始终难以杜绝。唐白云夫人为九品命

① ［清］张廷玉等撰：《明史》卷六七《舆服三》，北京，中华书局，1974 年，第 1645—1646 页。

② 参见祁姿好：《史更几兴废，物华常流传——马面裙的始末、解构与重组》，《艺术设计研究》2015 年第 2 期。

③ ［明］朱之瑜：《朱氏舜水谈绮》，上海，华东师范大学出版社，1988 年，第 78—79 页。

妇，应戴银镀金首饰，不得僭用宝石首饰[①]。唐白云夫人的髲髻高耸，其所戴头面是否为银镀金质地我们无法知晓，但显然上面的宝石装饰存在僭越现象，且其头面款式与明代正统年间的北京明万贵墓、南京江宁明代开国功臣黔宁王沐英四世孙沐斌继室夫人梅氏墓中出土头面风格极为相似[②]。

其次，从服装款式来看，唐白云夫人所着中单、圆领袍、马面裙的组合为明代妇女日常服饰，明代妇女的衣长和裙褶数量在不同时期有所变化，清代顾炎武《日知录》中引《太康县志》："国初时，衣衫褶前七后八。弘治间，上长下短，褶多。正德初，上短，下长三分之一，士夫多中停……嘉靖初，服上长下短，似弘治时……弘治间，妇女衣衫仅掩裙腰，富者用罗缎纱绢织金彩。通袖裙，用金彩膝襕。髻高寸余。正德间，衣衫渐大，裙褶渐多，衫唯用金彩补子，髻渐高。嘉靖初，衣衫大至膝，裙短褶少，髻高如官帽，皆铁丝胎，高六七寸，口周回尺二三寸余。"[③]

再次，从服饰颜色来看，明代黄色被统治阶级视为至高无上的颜色，《明太祖实录》记载洪武五年（1372）："士庶则服四带巾、杂色盘领衣，不得用黄玄。"[④]天顺二年（1458），"定官民衣服不得用蟒龙、飞鱼、斗牛、大鹏、像生狮子、四宝相花、大西番莲、大云花样，并玄、黄、紫及玄色、黑、绿、柳黄、姜黄、明黄诸色。"[⑤]唐白云夫人下身穿黄色马面裙，存在明显的服制僭越现象。

还有服饰纹样方面，唐白云夫人圆领袍正中绘有九品练鹊补[⑥]，此品级与其丈夫唐桂芳的官职品阶正好吻合（图 30）；《明史·舆服志》洪武五年定制：八品、九品命妇常服"长袄缘襈、看带并

图 30　佚名，明代《唐白云夫人容像》补子纹饰，安徽博物院藏

图 31　佚名，明代《唐白云夫人容像》裙襕底纹饰，安徽博物院藏

---

① 据《明史·舆服志》记载，洪武三年（1370）定制："士庶妻，首饰用银镀金，耳环用金珠，钏镯用银，服浅色团衫，用纻丝、绫罗、绸绢。"洪武五年（1372），"八品、九品命妇常服用小珠庆云冠，银间镀金银练鹊三，又银间镀金银练鹊二，挑小珠牌；银间镀金云头连三钗一，银间镀金压鬓双头钗二，银间镀金脑梳一，银间镀金簪二。"成化十年（1474），"禁官民妇女不得僭用浑金衣服，宝石首饰。"正德元年（1506），"令军民妇女不许用销金衣服、帐幔，宝石首饰、镯钏。"［清］张廷玉：《明史》卷六七《舆服三》，北京，中华书局，1974 年，第 1644—1650 页。

② 万贵生卒年为 1392—1475 年，梅氏生卒年为 1430—1474 年。

③ ［清］顾炎武：《日知录》卷二八载《太康县志》，清文渊阁四库全书本。

④ ［明］《明实录·太祖高皇帝实录》卷三十，北京大学图书馆藏红格本。

⑤ ［清］张廷玉：《明史》卷六七《舆服三》，北京，中华书局，1974 年，第 1638 页。

⑥ 《明太祖实录》记载："八品九品黄鹂、鹌鹑、练鹊。"《明太祖实录》卷二〇九，"洪武二十四年六月"，北京大学图书馆藏红格本。

绣缠枝花”，“长裙，横竖襕绣缠枝花文。”[①] 唐白云夫人圆领袍上的花地纹样为缠枝牡丹纹，裙身为如意云纹装饰，整体基本符合明代花纹规制。《唐白云夫人容像》裙襕底纹出现的是以剪影形式排列的灯笼和谷仓的组合纹样（图 31），谷仓寓意“五谷”，灯笼取其谐音“登”，整体的纹样便寓意“五谷丰登”。以灯笼为元素的纺织品纹样在宋代便已出现，称为灯笼锦，这类形式的裙襕装饰在明中晚期较为盛行，是明代特有的裙襕纹样[②]。

三　结论

徽州作为明清时期礼制下移的典型区域，具有一定的代表性，容像是古代徽州人传播家族礼制、进行伦理教化的重要载体，服饰则是对像主身份荣宠的直接体现。根据上文对于唐白云夫妇容像和服饰的分析，可做出以下几点推论：

第一，根据对容像服饰特征和《歙事闲谈》《唐氏三先生集》等文献内容分析后推断，《唐桂芳画像轴》确属清人摹绘作品。《唐桂芳画像轴》出现像主服饰的个别细节与元明时期服饰规制不符的原因，说明服饰部分在绘制时融入了当时的服饰元素，以及个人理解和想象。这一时期士庶容像人物在面部描绘风格、肢体动作、服饰内容都很相近，体现了一定的程式化特征，“粉本”的存在则是促进这一现象产生的因素之一。

第二，唐白云夫人所着服饰为命妇服饰，从鬏髻特点、服装的制式以及纹饰流行的年代来看，此幅容像的绘制年代很有可能在弘治时期以后。唐白云没有穿着品官服饰，而是着儒者士人所喜爱的服饰，或与徽州地区以及其自身崇儒重教的观念有关。

第三，此两幅容像所呈现的内容，是唐氏家族鼎盛的缩影。因子孙后代为光宗耀祖彰显身份，在容像服饰绘制时令画师绘制比像主本人身份更高的装束作为陪衬。另外，唐白云身为元末明初人，《新安文献志》曾提及其家资丰厚，并购置多处地产，容像中唐白云夫人金饰华服也可能并非画师完全臆造，而是其家资富庶的直接体现。

综上可看出，徽州容像通过利用服饰这种特殊符号的形式，巧妙对像主形象进行塑造和建构，使其身份得到了很好的突出，进而达到“追思”“敬宗”“收族”等多重作用。更重要的是，通过容像的视觉效应，彰显其家族或祖先的历史荣耀，甚至不惜僭越制度，这其中折射出了明清徽州地区的社会经济文化。

（作者刘川渤，北京服装学院）

① ［清］张廷玉：《明史》卷六七《舆服三》，第 1644—1645 页。

② 华强、华沙：《常州明代王洛家族墓出土裙襴纹样研究》，《艺术设计研究》2018 年第 3 期。

明代后妃凤冠制度钩考

李　昕

“凤冠”一词较早的记录是晋人王嘉《拾遗记》中出现的“萦金为凤冠之钗”①。唐代，武则天时所造乐舞表演，舞人便佩戴凤冠，《通典》载：“天授乐，武太后天授年所造也。舞四人，画衣五彩，凤冠。”②此虽以凤冠为名，然与后妃礼冠相去甚远。这一时期在后妃冠制中虽未有凤冠的记录，但出土文物以及石窟壁画上已有很多在头上装饰凤饰的女性形象，如陕西唐代懿德太子李重润墓中石椁线刻画一对戴冠女子（图 1）③，冠两旁簪戴凤翟饰物，口衔珠牌；敦煌莫高窟第 130 窟《都督夫人礼佛图》中“女十三娘供养”像（图 2），头戴凤冠，斜插凤翟冠饰，口衔珠结，说明以凤为冠饰在唐代已经十分常见了。至宋代，凤冠才被正式纳入后妃冠服系统，《政和五礼新仪》载皇后冠服“首饰花一十二株，小花如大花之数，并两博鬓，冠饰以九龙四凤”④。《宋史・舆服志》载：“中兴，仍旧制。其龙凤花钗冠，大小花二十四株，应乘舆冠梁之数，博鬓，冠饰同皇太后，皇后服之，绍兴九年所定也。花钗冠，小大花十八株，应皇太子冠梁之数，施两博鬓，去龙凤，皇太子妃服之，乾道七年所定也。”⑤《宋会要辑稿》载：“常服，龙凤珠翠冠、霞帔”⑥。两宋时期，尚有各式凤冠，如礼服之九龙四凤冠、龙凤花钗冠、花钗冠，常服之龙凤珠翠冠等。北宋之后崛起的由女真人统治的金代，冠服制度很大程度上仿照宋制，在《大金集礼》中可以看到对宋代凤冠极其翔实的描述，其装饰细节也与宋代皇后画像高度吻合（图 3）⑦。至明代，后妃冠制亦大体承袭宋代凤冠的传统。

---

① ［晋］王嘉：《拾遗记》卷九《晋时事》，上海，扫叶山房，1919 年。

② ［唐］杜佑：《通典》卷一四六《乐六》，第 3721 页，北京，中华书局，1992 年。

③ 陕西省博物馆等：《唐懿德太子墓发掘简报》，《文物》1972 年第 7 期。

④ ［宋］郑居中：《政和五礼新仪》卷一二《冠服》，《景印文渊阁四库全书》第 647 册，中国台北，台湾商务印书馆，1986 年，第 173 页。

⑤ ［元］脱脱等：《宋史》卷一五一《舆服三》，北京，中华书局，1977 年，第 3535 页。

⑥ ［清］徐松辑：《宋会要辑稿》第四十四册《舆服四》，北京，中华书局，1957 年，第 1795 页。

⑦ 扬眉剑舞：《从花树冠到凤冠——隋唐至明代后妃命妇冠饰源流考》，《艺术设计研究》2017 年第 1 期。

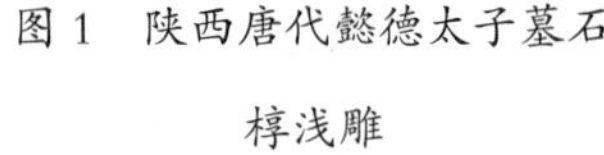

图 1 陕西唐代懿德太子墓石椁浅雕

图 2 莫高窟盛唐第 130 窟“女十三娘供养”像

图 3 北宋钦宗皇后朱氏像

一 文献所载明代后妃凤冠制度

明代建国之初，太祖朱元璋就参酌唐宋之制，制定了一套较为严密的章服制度。有关明代后妃凤冠制度的文献记载，主要集中在：明代历朝官修史书《明实录》，徐一夔等奉勅撰的明初礼书《大明集礼》，李东阳等撰、申时行等重修的礼典《大明会典》，明初内府所藏冠服仪仗秘档《明宫冠服仪仗图》，以及清代官修史书《明史・舆服志》等。总体来说，明代后妃凤冠内容主要有三次定制，即洪武元年（1368）、洪武四年（1371）、永乐三年（1405），这三次修订基本确立了明代后妃凤冠制度的框架。

洪武元年，已经初步制定了后妃冠服制度。对照《明实录》《大明集礼》等文本，所载洪武元年凤冠制度内容基本一致①。据《明太祖实录》载，今拟“皇后首饰冠为圆匡，冒以翡翠，上饰九龙四凤，大花十二树，小花如之，两博鬓，十二钿。……燕居则服双凤翊龙冠，首饰钏镯以金（玉）、珠宝、翡翠随用。”“皇妃九翚四凤冠，大花钗九树，小花如大花之数，两博鬓，九钿。……燕居则服鸾凤冠，首饰钏镯用金玉、珠宝、翠。”“皇太子妃、王妃冠服凡受册、助祭、朝会诸大事，与皇妃同，惟王妃以素纱中单为别，其燕居则服犀冠刻以花凤，余与皇妃同，皆参酌唐宋之制而定之。”②结合上文所述宋代皇后凤冠内容进行比较，明初后妃冠制在借鉴宋代首饰冠服风格的基础上又有所完善和发展，形成礼服冠和燕居冠两个系列。

洪武四年，首次更定后妃常服制度。《明太祖实录》载“中宫用龙凤珠翠冠，真红大袖衣，霞

---

① 各典籍中关于冠制的定制时间不一，以《明太祖实录》“洪武元年”为准。其他文献均载“洪武三年”，系因《大明会典》（正德本）参照《大明集礼》冠服内容撰写，此为《大明集礼》成书时间。

② 《明太祖实录》卷三六下，洪武元年十一月甲子，中国台北，“中研院”历史语言研究所 1962 年校勘影印本，第 682、687、688 页。

帔。红罗长裙，红罗褙子。冠制如特髻，上加龙凤饰。衣用织金龙凤文。加绣饰。其皇太子妃、亲王妃、皇妃常服用山松特髻，假鬓花钿，或花钗凤冠。真红大袖衣，霞帔。红罗裙，红罗褙子，衣用织金及绣凤文。”[①] 此次更定的皇妃及亲王妃燕居冠制一直沿用。

永乐三年，再次议定后妃冠服制度[②]。这部分内容载于《大明会典》《明宫冠服仪仗图》以及《明史·舆服志》，后者成书较晚，基本参考前者进行修纂。将《大明会典》与《明宫冠服仪仗图》进行对照，冠制内容大部分可以相互印证，但仍有两处记载存在出入。其一，《大明会典》载亲王妃礼服冠“翠顶云一座，上饰珠九颗”，《明宫冠服仪仗图》载“上饰珠五颗”。将其与皇妃、郡王妃礼服冠进行对比，皇妃、郡王妃皆“饰以珠五颗”，按照身份等级，亲王妃饰珠数目不应高于皇妃，若为“五颗”则饰珠数持平。其二，《大明会典》载郡王妃“七翟冠二顶，……大珠翟二，小珠翟三，翠翟四”，《明宫冠服仪仗图》载“大珠翟二，小珠翟三，翠翟二”。前者翟数九，为皇妃、亲王妃之九翟冠，后者翟数七，较为合理。鉴于如上考证，这两处都应以《明宫冠服仪仗图》为准，此或为编撰《大明会典》誊写之时的失误，同时反映了这部内府秘档对于考订明代服饰制度的史料价值。综上所述，永乐三年所定后妃冠制具体内容详见表 1、表 2 与图 4、图 5[③]。

表 1　永乐三年皇后、皇太子妃礼服冠制

<table>
<tr><td colspan="2">身份</td><td colspan="2">皇后</td><td colspan="2">皇太子妃</td></tr>
<tr><td colspan="2">材质</td><td colspan="4">竹丝</td></tr>
<tr><td colspan="2">装饰</td><td colspan="2">翠龙九、金凤四</td><td colspan="2">翠翚九、金凤四</td></tr>
<tr><td colspan="2">珠翠云（片）</td><td colspan="4">四十</td></tr>
<tr><td rowspan="4">大珠花（树）</td><td>牡丹（朵）</td><td rowspan="4">十二</td><td>二十四</td><td rowspan="4">九</td><td>九</td></tr>
<tr><td>半开（朵）</td><td>无</td><td>九</td></tr>
<tr><td>蕊头（个）</td><td>二十四</td><td>十八</td></tr>
<tr><td>翠花（叶）</td><td>一百零八</td><td>八十一</td></tr>
<tr><td rowspan="3">小珠花（树）</td><td>穰花（朵）</td><td rowspan="3">十二</td><td>十二</td><td rowspan="3">九</td><td>九</td></tr>
<tr><td>半开（朵）</td><td>十二</td><td>九</td></tr>
<tr><td>翠叶（叶）</td><td>六十</td><td>四十五</td></tr>
<tr><td colspan="2">博鬓（扇）</td><td colspan="2">六，饰以金龙、翠云</td><td colspan="2">四，饰以鸾凤</td></tr>
<tr><td rowspan="2">翠口圈（副）</td><td>珠宝钿花</td><td rowspan="2">一</td><td>十二</td><td rowspan="2">一</td><td>九</td></tr>
<tr><td>翠钿</td><td>十二</td><td>九</td></tr>
<tr><td colspan="2">托里金口圈（副）</td><td colspan="4">一</td></tr>
</table>

资料来源：《大明会典》卷六〇。

① 《明太祖实录》卷三六下，洪武四年五月癸酉，第 1230、1231 页。

② “永乐三年”并非冠制定制时间，该方案实际于洪武年间已开始执行，限于篇幅，拟另文论述。本文仍以《大明会典》等文献所载“永乐三年”为准。

③ 制表参考徐文跃《明代的凤冠到底什么样》(《紫禁城》2013 年第 2 期)，在此基础上调整亲王妃“翠顶云”和郡王妃“翠博山”的装饰品数量；图见陈晓苏主编《明宫冠服仪仗图》，北京，北京燕山出版社，2015 年，第 117、126、141、188、197 页。

图 4-1　皇后九龙四凤冠

图 4-2　皇太子妃礼服冠

表 2　永乐三年皇后、皇太子妃燕居冠制与皇妃、亲王妃、郡王妃礼服冠制

	皇后	皇太子妃	皇妃	亲王妃	郡王妃
材质	皂縠				
翠博山	金龙一、珠翠凤二	宝珠一座、珠翠凤二	大珠翟二、小珠翟三、翠翟四、宝珠一座		大珠翟二、小珠翟三、翠翟二、宝珠一座
前后珠牡丹花（朵）	二				
蕊头（个）	八				
翠叶（朵）	三十六				
珠翠穰花鬓（朵）	二				
翠顶云（座）	无		一，饰珠五		
珠翠云（片）	二十一	十六	十一		
翠口圈（副）	一				
金宝钿花（个）	九，饰珠九				八，饰珠八
金凤 / 翟（对）	金凤一				金翟一
金簪（对）	一				
博鬓（扇）	六，饰以鸾凤	四，饰以鸾凤	无		
珊瑚凤冠觜（副）	一		无		

资料来源：《大明会典》卷六〇。

图 5-1 皇后双凤翊龙冠

图 5-2 皇太子妃燕居冠

图 5-3 皇妃礼服冠

通过对永乐时期后妃冠制内容的梳理，可以看出不少细节有异于前。将其与洪武年间冠制进行对照，主要发生以下变化：

1. 凤冠各部件名称及数量有详细规定；

2. 调整皇太子妃礼服冠，与皇后礼服冠基本形成等差序列；

3. 皇后和皇太子妃燕居冠用作皇妃及王妃的礼服冠，冠上饰件依身份高低而定；

4. 增加了郡王妃冠制；

5. 皇后和皇太子妃用凤冠、凤簪，皇妃及亲王妃用翟冠、凤簪，郡王妃以下用翟冠、翟簪；

6. 博鬓数量有所更改，使用范围仅限皇后和皇太子妃。

至此，明代后妃凤冠制度基本完备。嘉靖十年（1531）虽议定九嫔冠服，但其内容仍未脱离上述后妃冠制系统，冠用九翟，次皇妃之凤[①]。直到明末，后妃凤冠制度的条文未再次修订。

二 文物所见明代后妃凤冠的变化

承袭有序的明代凤冠制度，在具体执行中又有哪些变化？明代凤冠的考古实物和图像资料十分丰富，无论是定陵及藩王贵戚墓出土的首饰冠服，还是故宫南薰殿旧藏的明代皇后画像，都为有明一代后妃凤冠的演变提供了形象参考。故无论是对整体还是细节，都能为明代凤冠制度作补充的考证，以体现其在施行过程中的时代特征。

（一）凤冠饰件渐趋靡丽

明代后妃凤冠依制度采用金玉、珠宝、点翠等饰件，又随身份不同而隆杀不等。明神宗定陵出土了孝端皇后和孝靖皇后的四顶凤冠，其中两顶礼服冠，一顶是孝端皇后的九龙九凤冠，另一顶是孝靖皇后的十二龙九凤冠，这两顶凤冠是目前仅见的明代皇后礼服冠实物，出土时有残损散乱，后在原物基础上进行了修复。孝端显皇后为万历帝元后，以其九龙九凤冠为例，通高 48.5 厘米，外

① 《明世宗实录》卷一二二，嘉靖十年二月庚辰，中国台北，“中研院”历史语言研究所 1962 年校勘影印本，第 2931 页。

口径23.7厘米。冠上饰金龙九条、翠凤九只。正面上层有九龙，中层为八凤，下层绕以三排九列珠串饰，每两列之间有点翠小花和翠叶。冠背面上部立翠凤一只。龙凤皆口衔珠宝结。冠上部有翠云四十四片。冠顶以宝石和串珠组成一组花卉。冠背面下部亦有由宝石和串珠组成的珠花以及翠花、翠叶、翠云等，左右各有金钑龙吞口一个，口衔博鬓各三扇，每扇饰金龙两条、嵌宝石三块，底边垂有珠串。冠底缘饰金口圈，其上方另有分作前后两段的红色口圈，各用金条镶边，前段饰有金镶红、蓝宝石及珍珠的珠宝钿花七个，后段饰有珠宝钿花五个，钿花之间皆饰以珍珠串成的小花。冠上共嵌宝石一百一十五块，珍珠四千四百一十四颗，全冠共重2320克（图6）[①]。从这顶凤冠形制来看，无论是金龙、翠凤，还是冠上嵌饰翠云、翠叶、珍珠、宝石等，材质更加贵重，数目更加繁多。

图6 定陵孝端皇后随葬九龙九凤冠

孝靖皇后的十二龙九凤冠，则是按照皇太后身份来制作的[②]。从其他文献记载也能印证，万历三十四年（1606），御用监上“圣母（慈圣皇太后）册封册宝冠顶合用金宝数目”，所列首饰有：“珠翠金累丝嵌猫睛丝（绿）青红黄宝石珍珠十二龙十二凤斗冠一顶，金钑龙吞口，博鬓，金嵌宝石簪，如意钩全。皂罗描金云龙滴珍珠抹额一副。珠翠面花两副，计十八件。金丝穿八珠耳环二只，金丝穿宝石珍珠排环两只。”[③]圣慈皇太后冠饰十二龙、十二凤，似对应皇帝章服十二旒、十二章。孝靖皇后的十二龙九凤冠接近慈圣太后十二龙十二凤冠，其具体形制为：通高32厘米，口径19厘米。漆竹胎，冠上饰十二龙九凤：正面顶部嵌一龙，中层七龙，下部五凤；背面上部一龙，下部三龙；两侧上下各一凤，均口衔珠宝串饰。龙凤之间嵌大珠花八朵，翠云九十片、翠叶七十四片。冠底缘饰金口圈，亦另有前后两段红色口圈，边缘镶以金条，饰珠宝钿花十二个（前段七个、后段五个）。冠后面下部左右各嵌金龙首一个，口衔博鬓各三扇，每扇饰金龙一条、宝石两块、珠花三朵，底边垂有珠串。冠上共有宝石一百二十一块，珍珠三千五百八十八颗，小红宝石十八块，

---

① 中国社会科学院考古研究所等：《定陵》（上），北京，文物出版社，1990年，第206页。

② ［清］张廷玉等：《明史》卷一一四《孝靖王太后传》，北京，中华书局，1974年，第3537页。

③ 《明神宗实录》卷四一七，万历三十四年正月甲申，中国台北，“中研院”历史语言研究所1962年校勘影印本，第7872页。

全冠总重 2595 克（图 7）[①]。由于明初并未制定皇太后冠制的相关条文，便给冠制设计留有发挥空间。从二位皇太后的冠饰内容来看，无论是慈圣皇太后的十二龙十二凤冠，还是孝靖皇太后的十二龙九凤冠，规格都明显高于皇后九龙四凤冠，饰件尽显雍容气韵。

图 7　定陵孝靖皇后随葬十二龙九凤冠

以上内容只是皇室翠围珠裹的一瞥，其他诸如燕居冠的华美程度也毫不逊色，且冠上嵌饰的数目、材质同样与制度难以契合。故宫南薰殿旧藏明代皇后画像二十余幅，其中燕居冠画像十三幅、礼服冠画像七幅，时间跨度从洪武朝到崇祯朝，贯穿明代始终。虽然画像在表现形式上有着很强的程式化特征，但仍能从中探见明代后妃凤冠的基本面貌以及细节上的动态变化，均体现了后妃凤冠饰件渐趋奢靡、繁丽的风格转变（图 8）。

图 8-1　明太祖孝慈高马皇后像

图 8-2　明光宗孝纯刘皇后像

（二）凤冠构件（博鬓、凤簪）特赐、越级使用

博鬓、凤簪作为凤冠的组成构件，具有标志等级的重要作用。永乐始，只有皇后和皇太子妃可

① 中国社会科学院考古研究所等：《定陵》（上），第 206 页。

以行用博鬓。从出土实物来看，定陵出土的四顶凤冠皆有博鬓（图9），左右各三扇，尺寸长23—31厘米、宽5—8厘米不等。博鬓形态有两种，或向外打开、展于两鬓，或向内收拢、垂于脑后，这一特点在明代皇后画像中也有所体现。除此之外，益宣王妃李氏墓①和宁靖王夫人吴氏墓②也出土了插戴博鬓的凤冠。据考古报告介绍，凤冠前后各竖一扇博鬓，用描金细竹篾编织而成，李氏墓的考古报告还说明博鬓呈舌形。遗憾的是，已刊布的图像资料难以辨认这一细节（图10、图11）。

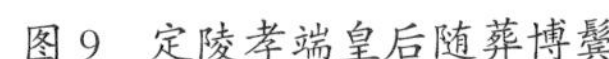

图9　定陵孝端皇后随葬博鬓

图10　益宣王妃李氏墓出土翟冠

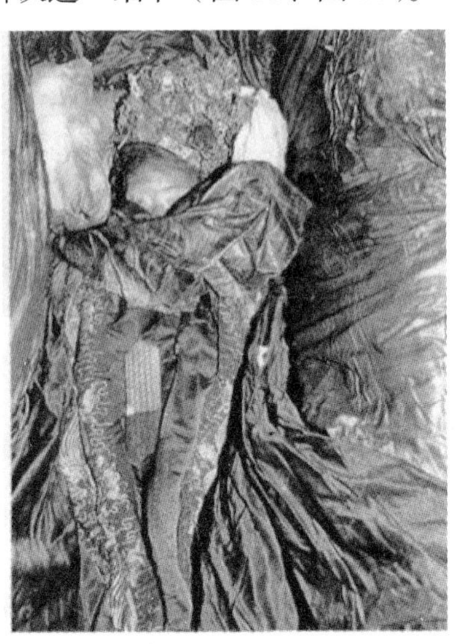

图11　宁靖王夫人吴氏墓出土翟冠

按照永乐时期凤冠规制，博鬓使用范围仅限皇后和皇太子妃。那么，李氏和吴氏仅为亲王妃和夫人，何以可以使用博鬓呢？通过查阅有关文献，发现明代有特赐博鬓的先例。《万历野获编》载，天顺五年（1461），英宗致书含山大长公主云："高皇祖所生，唯祖姑享高寿，诚为难得。近者承谕用度有缺，朕心恻然，特遣太监蓝忠赍送珠翠九翟博鬓冠一顶，……以表亲亲之义。"并记："按，博鬓唯皇后得用之，国初王妃亦许用，永乐间革之，亲藩曾有请而不许，今特以赐含山，盖异数也。"③沈德符所说的"亲藩"当指荆王朱祁镐。天顺二年（1458），荆王上奏为其王妃魏氏请赐博鬓，英宗敕曰："祖宗定制亲王妃冠用九翟而无博鬓，盖博鬓唯皇后及东宫妃得用，中间尚有差等，尔母妃冠有博鬓者，乃一时特赐，岂可援以为例"④。这两次特赐和请赐，说明至少到天顺时期，博鬓的使用仍受到严格限制。反观李、吴二人，李氏为益宣王朱翊鈏元妃，殁于嘉靖三十五年（1556），年仅十九岁，死时仍为崇仁王长孙夫人，于万历九年（1581）追封为益王妃。吴氏身份略为特殊，为第二代宁王朱奠培夫人，殁于弘治十五年（1502）。吴氏凤冠口圈外镶八枚金钿花，冠两侧插一对凤簪。再结合墓中其他礼仪服饰，诸如霞帔及佩坠用翟纹、鞠衣织鸾凤纹、玉佩刻云凤纹等，各类随葬服饰规格均游离于亲王妃与郡王妃之间，可见吴氏享受王妃的礼遇。由于目前考古资料仅见这两顶王妃凤冠保存较好，且均有博鬓，同时考虑到博鬓应用范围局限且行用制度严苛，

① 江西省文物工作队：《江西南城明益宣王朱翊鈏夫妇合葬墓》，《文物》1982年第8期。

② 江西省文物考古研究所：《南昌明代宁靖王夫人吴氏墓发掘简报》，《文物》2003年第2期。

③［明］沈德符：《万历野获编》卷三《国初纳妃》，北京，中华书局，1959年，第72页。

④《明英宗实录》卷二九五，天顺二年九月癸卯，中国台北，"中研院"历史语言研究所1962年校勘影印本，第6293页。

故推测以上两例情况当为特赐。

凤簪是后妃墓葬中常见的出土器物，相较于竹丝、纱罗制作的冠胎容易朽腐，金银质地的凤簪大多保存状况较好。根据明墓出土所见，部分凤簪在簪脚处刻有铭文，标注其产地、日期及用料（表3），其中大多为银作局造，且样式有章可循。例如，永乐二十二年（1424）制造的凤簪（见表3之1、2），形制和工艺基本相同。类似造型的凤簪还见于安徽歙县贵夫人墓[①]、湖北梁庄王妃魏氏墓[②]，以及北京董四墓村天启帝妃子墓[③]中，这些凤簪皆未镌铭。其中，皇妃凤簪的凤翅及云头还镶嵌红蓝宝石。又如嘉靖时期所造两对凤簪几乎如出一辙（见表3之5、6），款式却与永乐时期大相径庭。可见银作局制凤簪造型具有统一性，但不同时期仍可见风格的不同。

表3　明墓出土带铭文凤（翟）簪

序号	墓主	铭文	出处	图像
1	益端王妃彭氏	银作局永乐贰拾贰年拾月内成造玖成色金贰两外焊贰分	《江西南城明益王朱祐槟墓发掘报告》,《文物》1973年第3期	
2	益庄王妃万氏	银作局永乐贰拾贰年拾月内成造玖成色金贰两外焊贰分	《江西南城明益庄王墓出土文物》,《文物》1959年第1期	
3	万贵妻王氏	银作局永乐贰拾贰年拾月内成造玖成色金壹两贰钱伍分外焊伍厘	《北京文物精粹大系·金银器卷》，图版说明，第5页	

① 方晖：《安徽歙县明代贵夫人墓》,《中原文物》2003年第4期。

② 湖北省文物考古研究所、钟祥市博物馆：《梁庄王墓》(下)，北京，文物出版社，2007年，彩版一一八、一一九。

③ 考古研究所通讯组：《北京西郊董四墓村明墓发掘记——第一号墓》,《文物参考资料》1952年第2期；《北京文物精粹大系》编委会、北京市文物局：《北京文物精粹大系·金银器卷》，北京，北京出版社，2004年，第169页。

续表

序号	墓主	铭文	出处	图像
4	不详	银作局弘治拾年柒月内造八成色金柒厘伍分重	《北京文物精粹大系·金银器卷》，图版说明，第11页	
5	益宣王妃李氏	银作局嘉靖二十六年八月内造金七钱五分	《江西南城明益宣王朱翊鈏夫妇合葬墓》，《文物》1982年第8期	
6	益庄王妃王氏	银作局嘉靖三十六年四月内造金七钱五分	《江西南城明益庄王墓出土文物》，《文物》1959年第1期	
7	益宣王妃孙氏	大明万历庚辰五月吉旦益国内典宝所成造珠冠上金凤每只计重贰两贰钱八分正	《江西南城明益宣王朱翊鈏夫妇合葬墓》，《文物》1982年第8期	

按照凤冠制度，凤簪无论是材质、纹饰都与身份等级相关，亲王妃以上用凤簪，郡王妃以下用翟簪。目前所见后妃墓葬出土的绝大多数为凤簪，其中有两座郡王妃墓出土也为金凤簪（图12、图13），即顺阳王朱有烜妃吴氏墓[①]和都昌王朱载塎王妃墓[②]。关于二人身份，朱有烜为朱元璋之孙，薨于永乐十三年（1415）。在明代藩王"分封而不赐土，列爵而不临民，食禄而不治事"的封藩政策下，早期国家对于藩府的礼仪用物多为赐予，顺阳王为始封郡王，又是帝孙，故推测凤簪系由内府颁赐，而非僭越戴用。朱载塎于嘉靖二十三年（1544）袭封都昌王，为第五代都昌王，其死后爵

① 辛革：《明代顺阳王墓所见金簪》，《中原文物》2009年第4期。

② 实物今藏于蕲春县博物馆。

位无人继承，封号去除。嘉靖时期，朝廷对于冠服等的颁赐次数逐渐减少，但也不能完全排除有特赐的可能，所以对于朱载埪王妃墓出土凤簪的来源难以考证，这种越级使用凤簪的性质也暂时无法断定。

图 12　顺阳王朱有烜妃吴氏墓出土金凤簪　图 13　都昌王朱载埪妃墓出土金凤簪

出土翟簪的具体样式则见于功臣贵戚墓，如明宪宗万贵妃母王氏墓[①]、辅国将军朱拱禄墓[②]、魏国公徐俌夫人朱氏墓[③]等。从翟簪的造型和风格来看，同为永乐二十二年所造的凤簪和翟簪（见表3之1、2、3），凤翟造型明朗、纹饰可辨，凤簪采用累丝、掐丝等技艺，以工艺精巧取胜，且用材较多，这种差异恰好说明是遵循身份等级进行赏赐的。到明中后期，有些翟簪造型堪比凤簪，譬如徐俌夫人朱氏墓出土翟簪（图 14），无论造型和工艺都十分细腻，而时期相近的银作局内造翟簪依旧保持简约风格（见表 3 之 4），足见制作水平的悬殊。

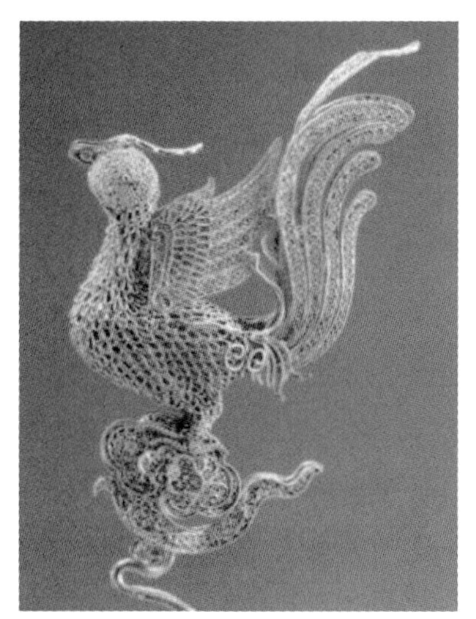

图 14　徐俌夫人朱氏墓出土翟簪

图 15　定陵孝靖皇后随葬三龙二凤冠

图 16　明仁宗诚孝昭张皇后像

① 《北京文物精粹大系》编委会、北京市文物局：《北京文物精粹大系·金银器卷》，图版说明，第 5 页。

② 江西省博物馆等编：《江西明代藩王墓》，北京，文物出版社，2010 年，第 43 页。

③ 袁俊卿、阮国林：《明徐达五世孙徐俌夫妇墓》，《文物》1982 年第 2 期。

除此之外，武清侯李伟墓出土凤簪[①]，万历帝定陵出土的两顶燕居冠以及部分传世皇后画像的燕居冠两侧插戴龙簪（图 15、图 16），这些内容显然都与制度不符。部分郡王妃及命妇随葬凤簪，或为赏赐、或为僭越，暂不下定论。皇后燕居冠装饰十二龙以及两侧插戴龙簪，或因增设皇太后凤冠制度，需要提升冠饰规格所致。由明代皇后画像可见，从明仁宗诚孝昭张皇后开始，燕居冠两侧插戴龙簪成为主流。张皇后是明朝首位皇太后、太皇太后[②]，由于未见明代颁布皇太后冠制，张皇后画像又是在去世多年以后追绘的，那么使用龙簪或为皇太后冠制始设，而后成为定式，皇后亦用。

明代中后期，文物所见后妃凤冠发生的变化，是受到明代社会服饰风尚流变的大环境影响所致。首先，明初由于生产尚未完全恢复，社会财富匮乏，对于包括服饰在内的物质生活的追求不是很强烈。明中叶以降，商品经济日益发达，消费观和审美观也随之而变，竞奢之风自然也会影响到后妃服饰，整体趋于工巧华丽。其次，还有颁赐制度的不确定性。如博鬓的赐予取决于皇帝的态度，以示受赐者的位尊和荣宠；凤（翟）簪的风格稳定统一，是由于所赐凤簪一般由银作局遵照统一官样进行制作，所以各地藩王墓常有几乎相同款式和规格的凤簪出土。明代中后期，宗藩日繁，宫廷赐物种类日益减少，许多仪物均由各藩府自制、自备[③]，势必引起由于制作者、制作水平、个人喜好等原因对统一官样的破坏，甚至追求逾越身份等级的装饰效果，各类礼仪用物的越级使用亦可能滥觞于此。

三 小结

在明朝的二百七十余年间，凤冠广泛用于后妃在各种重大礼典以及燕居活动的礼仪之中。其形制在继承宋代冠制的基础上，进一步规范，形成礼服冠和燕居冠两个系列，且上下有序，简繁有别。为便于参照执行，朝廷的制度还补充了图式，使冠服制度明确而直观。从出土凤冠相关文物所展现的种种迹象来看，明代后妃凤冠制度大体得到了很好的执行，但也存在着一定程度的偏差，具体如下：

1. 增设皇太后凤冠制度，礼服冠以金龙十二条为饰；
2. 凤冠所饰龙、凤、珠宝花、翠云、翠叶之数与制度所载不合，且材质更加奢华；
3. 博鬓不仅用于皇后、皇太子妃，作为赐服，王妃、公主也有使用；
4. 皇后燕居冠兼用凤簪及龙簪，郡王妃及命妇礼服冠也有僭用凤簪的情况出现。

（作者李昕，北京服装学院）

① 张先得等：《北京市郊明武清侯李伟夫妇墓清理简报》，《文物》1979 年第 4 期。

② ［清］张廷玉等：《明史》卷一一三《仁宗诚孝皇后张氏传》，第 3511、3512 页。

③ “令各王府将军、中尉、夫人、淑人、恭人、宜人、安人、郡县主君、乡君及仪宾冠服、仪仗，自嘉靖六年正月授封为始，俱于本布政司支价，自行造办。”见《明世宗实录》卷一一八，第 2814 页；“嘉靖四十四年题准，初封郡王及妃，银大器俱令自备，不许请给。世孙、长子、长孙及世孙夫人、长子夫人，俱止给冠服，不给诰命。”见［明］李东阳等撰，申时行等重修：《大明会典》卷五五《王国礼一》，明万历十五年内府刊本。

明清之际松江府士人游宴活动的历时分析

谢　羽

宴饮活动在上古时期就已经出现，我国最早的诗歌总集《诗经》中就有约二十余首以反映宴、燕、飨、享、饮等生活场景为主要内容的诗[①]。但在当时，宴饮多是作为礼仪的形式而出现的，反映的是较浓厚的礼乐文化精神内涵[②]。两汉时期，如西汉时期梁孝王以诸侯身份招延四方豪杰，在他的宾客中即有枚乘、司马相如等人，但是这种形式的游宴是以好文之主为核心的，以士人为主体的游宴活动仍然没有取得独立的地位。

到了魏晋六朝，士人作为一个群体在社会生活的各个领域发挥着越来越重要的作用，而游宴的风行恰恰是当时士人群体“人的自觉”的最充分表现。永和九年（353）上巳，王羲之与谢安、孙绰、王彬之、郗昙等以王谢大族为中心的江南名士四十二人会于会稽山阴之兰亭，曲水流觞，修祓禊事，这就是著名的兰亭游宴。这次集会得二十六人所作诗歌三十七首，汇编为《兰亭集》，王羲之和孙绰分别为序，附于前后。诗中尽情描写的春景之美、嘉会之乐和对自然之道的领悟，序言所流露的乐极之后的感伤情调与王羲之飘逸的书法，交织着散发出迷人的气息，令后世文人倾想怀念不已。兰亭游宴也成了士人游宴的典范，具有特别的精神意义。

到了中唐以后，随着诗赋取士的科举制度逐步确立和举子文人群体的形成与扩大，游宴成为了士人人际交往、娱乐休闲和文学创作的重要场合。士人游宴的主题更加丰富起来，其发展呈现泛化、雅化的特征。所谓泛化，表现在到唐代以后，只要是兴之所至，士人皆可聚集，赏花玩月、吟诗作赋，或仅仅是为品尝一道美食，清谈雅谑半晌。所谓雅化，指以士人为主体，使得游宴活动具有了文雅特质[③]。进入宋代士人阶层已经形成了系统的士人的文化体系，包括园林、山水游赏、绘画、著述、品茗、清玩、弈棋等。

明代中期以后，士人阶层的群体归属感增强，在社会生活中越来越活跃，他们以习文和议政为目的，结社之风盛行，而社集活动通常还与游宴相伴，其游宴活动相比于前代，其参与者更广，涉

---

① 黄亚卓：《中古公宴诗研究》，第二章第一节，上海师范大学博士学位论文，2003 年，第 19 页。

② 黄亚卓：《中古公宴诗研究》，第二章第一节，上海师范大学博士学位论文，2003 年。在上古文献中，饮食所以出现频率之多，是因为它是实现“礼”的绝好方式，在宴饮过程中人们在感情上求得妥协中和，既可昭示尊卑亲疏、贵贱、长幼、男女之序，又可以使社会各阶层亲睦和爱，不仅以味寓政而且以味娱神。

③ 对士人游宴活动的泛化及雅化的特征参考熊海英：《北宋文人集会与诗歌》，复旦大学博士学位论文，2005 年，上篇第一章第一节。雅化的趋势，如上巳，本来是古代人们到水边沐浴以除灾求福和男女相会的时节，《诗经·郑风·溱洧》就描写了民众倾城而出、宴饮游乐的盛况。文人集会虽然吸纳了这个主题，却对活动方式进行了改造，兰亭集会的格调高雅奥妙也正在于此。上巳之外，如民间有七月七日曝晒衣物的习俗，这是主持家务的妇女的活动，文人群体也渐渐以自己的方式加入，魏晋时期阮咸挂犊鼻裈、郝隆卧腹曝书的故事被传为美谈，到宋代发展成为馆阁翰苑诸公聚集观摩书画、谈艺问学的曝书会。

及的类型更多。诗酒雅宴，空间和形式的选择极为重要。从亭台楼榭到自然山水，而江南得天独厚的自然环境与经济社会的发展，客观上也方便了文士间的过从往来。因此，士人游宴这一现象在江南的士人群体中表现尤盛。

松江府是随着宋室南渡之后，江南经济的发展而兴起的。明朝建立以后，洪武二十年（1387），置金山卫、青村所、南汇所。嘉靖二十一年（1542），设青浦县；嘉靖三十二年（1553），废青浦县。嘉靖三十六年（1557），筑川沙堡。万历元年（1573），复青浦县[①]。直到明代末年，松江府下辖有上海、华亭、青浦三县。到了清代，顺治十三年（1656）析华亭县置娄县。本文所要探讨的明末清初时期，松江府辖区主要为华亭县、上海县、青浦县，以及顺治年间由华亭县分置的娄县。松江士人的游宴活动与明清之际的局势相联系，经历了一个波动性的变化。在晚明时期盛极一时，明清易代之际到清初士人的游宴大大减少，到了清中叶又再度繁盛起来。

一　兴盛期

这一时期大概是从万历到崇祯年间，这一时期松江士人的游宴活动十分频繁。

（一）经济发展为游宴活动提供了基础

据《大明一统志》记录的全国二百六十多个府（州）的税粮数字，松江府位列全国第二。重赋不仅是统治者随心所欲意志的体现，而且与这一地区经济的高水平发展不可分割。比较正德和崇祯两部《松江府志》，正德《松江府志》载市镇为44个，而崇祯《松江府志》载市镇为65个，新增了21个[②]。松江府是明代著名的棉纺织中心，境内各地所产的棉布品种丰富，质地精良，向全国市场销售。“吾邑地产木棉，行于浙西诸郡，纺绩成布，衣被天下，而民间赋税，公私之费，亦赖以济，故种植之广，与粳稻等”[③]。明初，朱元璋重申和强化了传统礼制的规定，并颁布了颇多禁令与处罚条例，从而对人们的社会生活起到了巨大的震慑作用，因此，明代文献论及明初的情况时，多有“不敢逾制”“不敢奢侈”之类的记载。但至明代中晚期，由于社会状况的变化和极权统治的削弱，相应的制约便不再像先前那样有效了。在这一过程中可以发现，江南地区较高的经济水平为社会生活的竞趋奢侈提供了必要的物质基础，何良俊言：“余小时见人家请客，只是果五色肴五品而已。惟大宾或新亲过门，则添虾蟹蚬蛤三四物，亦岁中不一二次也。今寻常燕会，动辄必用十肴，且水陆毕陈，或觅远方珍品，求以相胜。”[④]叶梦珠的记述颇为具体：“肆筵设席，吴下向来丰盛。缙绅之家，或宴官长，一席之间，水陆珍羞，多至数十品。即士庶及中人之家，新亲严席，有

① 何泉达：《松江历史和松江府建制沿革述略》，《史林》2001年第4期。

② 范金民：《明清地域商人与江南市镇经济》，《中国社会经济史研究》2003年第3期。新增的21个，即为莘庄镇、一团镇、龙华镇、北桥镇、陈家行、王家行、沈巷镇、刘夏镇、北竿山镇、郏店镇、魍镇、艾祁镇、古塘桥镇、金家桥镇、杨扇镇、黄渡镇、朱家角镇、王兴庄镇、双塔、王巷、杜家角。江南市镇这种迅速发展的势头，完全是由商业发展和商人活动促成的。江南市镇从其命名、性质、功能以及作用影响来看，都与商业发展、商人活动有着十分密切的内在联系。

③ ［清］叶梦珠：《阅世编》卷七《食货四》，北京，中华书局，2007年，第178页。

④ ［明］何良俊：《四友斋丛说》卷三四，《元明史料笔记丛刊》，北京，中华书局，1959年，第314页。

多至二三十品者，若十余品则是寻常之会矣。然品必用木漆果山如浮屠样，蔬用小磁碟添案，小品用攒盒，俱以木漆架架高，取其适观而已。即食前方丈，盘中之餐，为物有限。崇祯初始废果山碟架，用高装水果，严席则列五色，以饭盂盛之。相知之会则一大瓯而兼间数色，蔬用大铙碗，制渐大矣。”① 同时还盛行以妓乐歌舞之类伴席，表演形式则视来客而定，“昔年严席，非梨园优人必鼓吹合乐，或用相礼者。今若非优伶，则径用弦索弹唱，不用鼓乐。其迎宾定席则弹唱人以鼓乐从之。若相知雅集，则侑觞之具，一概不用，或挟女妓一二人，或用狭客一二人，弹筝度曲，并坐豪饮以尽欢。②”天启七年（1627）陈继儒在松江畲山别宅做七十大寿，其子陈梦莲回忆当时贺客云集、歌乐宴饮的情形，称：“远近介觞者，纨绮映带，竹肉韵生，此亦凤皇山未有之事也”③，寿筵的盛况不难想象。

（二）士人居第更为讲究，这为士人游宴提供了良好的场所

松江府士人私家园林的修筑高潮出现于明朝嘉靖、万历年间，至明末发展至顶点。许多名园如豫园、露香园、双园、渡鹤楼、五亩园等，都是修于此时期。一时之间，名园竞起，大姓豪族竞相攀比炫耀，为园林之筑，不惜一掷千金，但世家名园亦构成了此时期该区域重要的人文景观。晚明的华亭城“甲第入云，名园错综，交衢比屋，阛阓列廛，求尺寸之旷地而不可得。”④ 相较而言，青浦县的士人的居第，在精美程度与数量上，比不上华亭县和上海县。太仆陈所蕴的“日涉园”与其宅只有一街之隔，此园为著名造园家张南垣的作品，亭台楼阁、花石水木，极一时之绮丽。另一部分士人选择在郊区构建园林，不仅有更大的建筑空间，而且野外风景秀丽，远山近水、麦田稻浪、湖泖河汉、渔夫村姑，皆为可借之景。士人选择郊外湖山胜处，精心构建园林，而松江区的南北俞塘更被视为风水宝地，在此地有杨忠之裕园、顾正心之熙园、顾正谊之濯锦园、孙衍园、吴稷之自得园。而且像何三畏、董其昌等大官宦，通常拥有多处住宅与园林，住宅多在城内，园林多分布于各处乡间。

云间地区有九峰三泖，景色秀丽，向来为文人墨客所流连吟咏，“莫言吴地小，但觉天地宽。面面芙蓉镜，层层薜荔冠。一汉鹅眼碧，九点鹭头丹。”⑤ 晚明享有盛誉的松江士人陈继儒，在小昆山、凤凰山、佘山都有建构。陈继儒为山人的代表人物，他的园林常常是高朋满座。他主要居住于东佘山，在山林间修筑了白石山房、神清之室、古香亭、含誉堂、顽仙庐、笤帚庵、鹦鹉家、雪梅井等建筑，整座东佘山成为他的园林。他的好友施绍薪、徐景曾分别在西佘山治园，与陈之东佘山居遥遥相望。陆君策在卢山建畸墅，也与陈继儒常相往来。

徐氏家族由于随着徐阶政治地位的不断升迁，构建了不少宅第，在松江城内，徐阶府第十分宏丽，“三区并建，归制壮丽，甲于一郡”。⑥ 青浦之陆树声家族，“明嘉靖中，文定公树声及弟树德

① ［清］叶梦珠：《阅世编》卷九《宴会》，第 218 页。
② ［清］叶梦珠：《阅世编》卷九《宴会》，第 219 页。
③ ［明］陈梦莲：《眉公府君年谱》，载《陈眉公先生全集》卷首，崇祯刻本。
④ ［清］叶梦珠：《阅世编》卷一〇《居第一》，第 235 页。
⑤ 《云间据目抄》卷五《王世贞五言二首》，《笔记小说大观》第 13 册，扬州，江苏广陵古籍刻印社，1983 年，第 130 页。
⑥ ［清］叶梦珠：《阅世编》卷一〇《居第一》，第 235 页。

相继登进士。文定以辛丑会元入词林，官至大宗伯。树德以会魁官至开府。其后轩冕蝉联，不一而足。以予所见，崇祯壬午一科，应天中式兄弟四人，庆臻、庆衍、庆绍、亮辅。亮辅字左臣，庆衍字椒颂，俱癸未联捷。其他明经、茂才异等不下数十余人，可谓一时极盛。”[①]陆氏兄弟分别建适园与南园，适园有梅南草堂、读书处、溜锦窝等胜景，南园面积虽不及适园，后来几社诸君子借读于南园中，良辰佳日又多燕集于此，南园也因此闻名。

云间望族筑园者不胜枚举，华亭顾氏是不容遗漏的一笔。顾正心，字仲修，一字清宇，华亭人，参议中立子也。以诸生入太学，任侠好交游。家中落，乃谋什一，岁入颇丰，辄以周三党。万历十六年（1588）岁饥，出粟两万行贩，诏旌其门，授光禄寺署。捐纳之余，正心仍有巨资大兴土木。所建顾园，“在东郊之外，规方百亩，累石环山，凿池引水，石梁虹堰，台榭星罗，曲水回廊，青山耸翠，参差嘉树，画阁朦胧，宏敞堂开，幽深密室，朱华绚烂，水阁香生，禽语悠扬，笙歌间出，荡舟拾翠，游女缤纷，度曲弹筝，骚人毕集，虽平泉绿野之胜，不是过也。”[②]而顾正心兄弟造园建宅，务广其地，追求规模，经营数年。此外，如孙衍、孙承恩、孙克弘祖孙三代，张柞、张弼、张弘玉祖孙三代，朱豹、朱察卿、朱家法祖孙三代，王圻、王昌纪、王昌会祖孙三人，侯尧封、侯震旸祖孙二人，徐光启、徐龙与父子二人，林景阳、林有麟父子二人，顾名世、顾名儒兄弟二人，曹时中、曹泰兄弟二人，皆家族筑园者。园林之盛衰，亦可视为家族兴替的象征，充当“晴雨表”的作用。造园者多出身名门，既有经济能力又有文化功底。

士人园林向来不仅是隐居空间，也是社交空间，是士人实现群体认同的重要场所。王羲之《兰亭集序》中所谓“群贤毕至，少长咸集”，已然道出了园林雅集所包含的身份甄别和文化建构意味。明清江南园林秉承了这一传统，文士交往构成园林生活的重要内容。此际园林多为“城市山林”，客观上也方便了文士间的过从往来，很大程度上服务于文人的聚会雅宴。

二　凋零期

这一时期，大概从崇祯十七年（1644）到康熙八年（1669），松江府士人接连受到明清易代与奏销案的冲击，在明清易代之际有一部分士人丧生，更多的则失去了财产与居第。在奏销案中，士人更是失去了其赖以安身立命的科名，对其打击不亚于失去身家性命。在这一环境下，士人的精神面貌也不能与晚明相比，游宴活动的凋零也就成为必然。

（一）明清易代对士人的冲击

首先，地方变乱大起，士人的生命财产都受到威胁。

崇祯十七年三月十九日，崇祯皇帝在煤山自杀，北京被李自成占领，当时由于消息不明，北京

① ［清］叶梦珠：《阅世编》卷五《门祚一》，第130页。
② ［清］叶梦珠：《阅世编》卷一〇《居第一》，第237页。

的大变还未传到松江[①]。松江得到北京的消息，是在五月，据《历年记》中记载，“五月五日，余在捧日堂内，正同叔祖、大伯、二伯、三叔、大兄及先生于宣家晏，俱用金杯斟酒，日色照耀，光如闪电。忽报沈伯雄来，觉怆惶之状，手持小报云：四月二十五日，闯贼攻破京师，崇祯帝自缢煤山等语。叔祖闻之大惊，大伯、二伯俱失色无措，遂收拾杯盘，斟酌避难。”消息传来后一日，大报传到，整个消息就在松江传开了。“不一日，报福王监国南京。又闻即位称帝，先红诏，次白诏，俱到，乡绅官府哭临带孝。”[②]到五月初十日，上海知县彭长宜，知道了北京政局的变动，打算弃官回家，“万人留之不住，涕泣两日，合县老幼执香而送其去。”[③]在他走后，上海县的局势一天比一天坏。而在松江府其他地方，一时之间也谣言四起，地方变乱迭出。“是时我郡太平日久，民不知兵，饥荒连岁，人思奔窜，老幼不宁，讹言日至。倏传城市夜有猴精作怪，到处敲锣击竹，更有目见其形者，群起而赶，赶至天明，毫无影向。如此而大家小户，卧不贴席矣。”[④]到清军南下时谣言更甚，“时常夜半讹传，怅慌奔走”。[⑤]士人在这个时候，为了保护自己的生命财产“俱练习家丁，教之枪棍，树兵设械，鸣金击柝，张威耀武，各为防护焉”[⑥]。但是即便如此，松江府还是奴变四起。“七月，有川沙乔氏之世仆顾六，年将六十，赤贫无赖，创为乱首，假索契为名。惟是上海靠人者甚多，一呼百应，统领千人。不论乡村城市，士夫富室，凡有家人，立刻要还文契。或有平日待家人刻薄者，则必要杀要打，名曰报冤。稍有避而不还契者，千人围拥，烧杀立至。即徐元扈家（按：徐光启，字子先，号元扈，崇祯时官礼部尚书、文渊阁大学士，七年十月卒，谥文定）系属相府，尚遭荼毒。更有威逼其主，要请酒算工钱者，坐家主之上呼号呼表者，稍不如愿，即打骂凌辱，成群逐队，无法无天。忽有吴淞贝游击闻知，星赴上海，飞擒顾六等五六名斩首，方得解散。”[⑦]

到了乙酉年清兵南下时，地方局势更坏。乙酉年八月初三日，都督李成栋破松。其时乡镇大乱，杀人如麻。八月初三日，李都督破松江府，沈犹龙力竭死之。清兵自秀野外桥起火，直烧至东门外。南门起火，直烧至府前谯楼，俱为灰烬。北门四周俱烧尽，存者至有十分之一二。杀戮之惨，较别郡更甚。松江士人的居第园林遭到的损失极大，当时人感慨道：“余幼年到郡，看城中风俗，池郭虽小，名宦甚多，旗杆稠密，牌坊满路。至如极小之户，极贫之弄，住房一间者，必有金漆桌椅、名画古炉、花瓶茶具，而铺设整齐。无论大家小户，早必松萝芫荽，暮必竹叶青状元红。毋论贵贱男女，华其首而雅其服焉；饮食供奉，必洁其器而美其味焉。真所谓云间锦绣，顷刻化为瓦砾之区。伤哉！伤哉！”[⑧]

这一时期的奴变比前一时期更甚。新场孝廉朱襄孙，创为“怀忠社”，分别主仆。这时候豪奴乘衅而起，杀入朱孝廉家，手刃一家六口。朱宁馨、朱晋卿、朱载馨弟兄三人同时被杀，朱晋卿的

---

① 关于崇祯死讯在江南的传播可详见：岸本美绪：《崇祯十七年的江南社会与关于北京的信息》，《清史研究》1999年第2期。

② ［清］姚廷遴：《历年记》，《清代日记汇抄》，上海，上海人民出版社，1982年，第55页。

③ ［清］姚廷遴：《历年记》，《清代日记汇抄》，第55页。

④ ［清］姚廷遴：《历年记》，《清代日记汇抄》，第55页。

⑤ ［清］姚廷遴：《历年记》，《清代日记汇抄》，第55页。

⑥ ［清］姚廷遴：《历年记》，《清代日记汇抄》，第55页。

⑦ ［清］姚廷遴：《历年记》，《清代日记汇抄》，第55页。

⑧ ［清］姚廷遴：《历年记》，《清代日记汇抄》，第55页。

三个儿子朱连官、朱富官、朱嘉官也一同罹难。但这件事的最终处理，只将参与者张回、方龙、乔寅五六人处斩。自八月初三日，杀朱孝廉后，“有朱君英，号毛丞相，即户部给事中朱绍凤号蒿庵族兄也。与张给谏弟寅葵有隙，乘机报复，烧毁寅葵大房一所。而寅葵亦聚乡兵数百人，假捉剃发为名，为活擒君英之计。时六团湾一带居民，咸不愿净发归顺，适孔师至，复以大义激之，数日之内，聚众千人。由是远近相应，揭竿而起者十万众。孔师初称本府，继称本部院，麾下游击、千把者千人。时新场乡兵交战于要路，被孔师杀死百人。又卖盐者十余人，为白庙所杀，复提兵报仇，杀彼处数人。有徽人偶至新场，以为白庙细作，杀之通衢。六灶监生顾介甫为家人所杀，乔主事长子为家人斫数段而死，地方之变，不可枚举”①。

其次，明清易代之际松江士人有着不同的政治抉择，也造成了士人的分化。

以几社诸子来说，几社六子中的夏允彝、陈子龙和徐孚远都加入反清的行动，不久夏、陈分别投水殉国，而徐孚远则漂泊海上。几社的社局在这一时期陷入了停顿。而清政权采用了灵活的政策，用科举来笼络士人。顺治元年（1644）十月，世祖即位，明令袭前朝（明朝）旧制，“会试，定于辰、戌、丑、未年；各直省乡试，定于子、午、卯、酉年”②。这样，恢复科举取士的制度，对那些后生晚辈以及正在犹豫是否顺服新朝的士人，是很大的诱惑。应试做官，为前途渺茫、生计困难的士人开了一条光明的出路。随着清军南下，弘光政权灭亡，南京乡试很快在顺治二年（1645）十月举行，旋即进行浙江乡试。翌年二月，首届会试在北京举行。同年八月，清廷又下令复举乡试，来年二月再行会试。这一时期，是进士录取的高峰期，平均每期录取 383 名③，在这样的录取比例之下，士人入仕的机会大大增加。清政府的这一系列推行科举的举动，为罗致人才、收取人心、安定统治画上了精彩之笔。因而几社士人纷纷参加了清朝的科举考试，其中参加考试的有 150 余名，入仕的有 30 多人。④在清初，几社逐渐恢复了元气，但是几社的后裔们彼此分立门户，认为自己才是几社的正统，唇枪舌剑，争论不休，原先以文会友、读书为乐的几社已经不复存在了。后徐孚远漂泊海外，取道台湾，他约了一些当时跑到台湾的遗民成立了海外几社，但是也仅仅有几社之名而已，实际上几社已经不存在了。

（二）奏销案对士人的再度打击

明清改朝易代之时，松江地区的士人已经疲惫之极。入清以后，清统治者又发动了几次大案，试图以高压和严酷的政策报复、驯服江南士大夫，其中，奏销案便是其发动的一次规模空前的、以打击江南士大夫为目的的大案，松江地区深受其祸。顺治十六年（1659），朱国治就任江宁巡抚，一到任，即雷厉风行清查赋粮。次年，嘉定有生员乡绅数十名因欠粮被官府捉拿。顺治十八年（1661），朱国治造抗粮册送部，内列苏、松、常、镇四府并溧阳一县未完赋税的文武绅衿 13500 多名。朝廷下令：“不问大僚，不分多寡，在籍绅衿，按名黜革，现在缙绅，概行降调。”⑤这便是清

① ［清］曾羽王：《乙酉笔记》，《清代日记汇抄》，上海，上海人民出版社，1982 年，第 20 页。
② 《清世祖实录》卷九，顺治元年十月甲子条，第 95 页。
③ 李润强：《清代进士群体与学术文化》，北京，中国社会科学出版社，2007 年，第 56 页。
④ 朱丽霞：《清代松江府望族与文学研究》，上海，上海古籍出版社，2006 年，第 42 页。
⑤ ［清］叶梦珠：《阅世编》卷六《赋税》，第 155 页。

初轰动一时的奏销案。一时间鞭扑纷纷，衣冠扫地。奏销案之起，背后是有其政治因素的。清廷假借抗粮之罪名，以惩怀明抗清的江南士绅。初议要将降革的万余士绅提解北京，严加议处，一时人心惴惴，惶恐不宁。后稍加缓和，限旨到之日能完纳者免于提解，舆情少安。于是，各家纷纷筹措银两以完赋，典产售田，四处借贷，唯恐逾期。当时，唯一可借贷的地方是清兵军营，称为借营债。营债每月利息加二加三，稍迟还一日，则利上加利，被称为雷钱、月钱。借贷者明知其害，然事急不容别择。往往借十两，扣除利息，只有九两，再估足纹银，不过八两，换钱完串，就只剩七两多点了。一月以后，"营兵追索，引类呼群，百亩之产，举家中日用器皿、房屋、人口而籍没之，尚不足以清理，鞭笞挚缚，窘急万状"。故当时多弃田而逃者，"以得脱为乐"。[①] 康熙元年（1662）十一月十五日，讹传上谕限积欠钱粮于本日完足，欠者籍没，全家流徙。人情大震，这天从早到晚，完纳者争先恐后，官府应接不暇。对于广大士子而言，奏销案尽数褫革功名，这一打击恐怕甚于毁家之痛。清统治者本意欲打击、压服江南士大夫，这一招击中了要害，江南士大夫因此深受挫折，失意忧愤者比比皆是。

华亭董氏一脉在明代科第继起，后先接踵，成为海邑望族。清初，董含、董俞兄弟，一进士，一举人，重振家声。顺治十七年（1660），二董俱遭奏销诖误，家居不仕。宋琬在其《安雅堂集·董阆石诗序》中描述了董含遭诖误后的情形："进士董君阆石，与其弟孝廉仓水，云间世家也。当宗伯、少宰两先生凋丧之后，乃能联翩鹊起，克绳祖武，人以为今之二陆也。亡何，以逋赋微眚，同时被斥者甚众。董君自以盛年见废清时，既已嘿不自得，而其家徒四壁立。于是，酒酣以往，悲歌慷慨，遇夫高山旷谷，精蓝名梵，乔松嘉卉，草虫沙鸟，凡可以解其郁陶者，莫不自得。"[②] 作为奏销案中人，董含在其所著《三冈识略》中言及奏销案时，对于奏销案的"轩冕与杂犯同科，千金与一毫等罚"的做法，吁叹道："过矣！"其情状跃然纸上。

松江地区受奏销案影响的其他士人还有[③]：

莫方伯寅庚俨皋季子穊，中式南闱，旋以奏销诖误，不得应会试。

王汧，字孝西，顺治辛丑进士，因顺治十七年奏销案，不得铨选。

闸港施埏量，以奏销案诖误，援例入太学，改名用实。

县东朱氏，朱思皇河间司理，朱周望广西司理，俱以奏销降罢归。

川沙乔氏，乔霖梦蛟，顺治戊戌进士，以奏销诖误，家居不仕。

东门陆氏，陆鸣珂，顺治乙未进士，司教广陵，旋以奏销诖误，家居几二十年。

朱岵思，顺治己亥会元，选庶吉士，以顺治十七年奏销议降，值丁内艰，遂绝意仕进。

朱西修廷献，顺治庚子乡榜，旋以奏销不得会试。

浦南李延榘，顺治壬辰进士，补广西南宁司理，到任未几，以顺治十七年奏销案谪广东香山丞，卒于官。

上海赵氏，赵子瞻顺治辛丑进士，以顺治十七年奏销诖误，不得受官，赍志而没。

---

① ［清］叶梦珠：《阅世编》卷六《赋税》，第155页。

② 孟森：《明清史论著集刊正续编》，石家庄，河北教育出版社，2000年，第437页。

③ ［清］叶梦珠：《阅世编》卷五《门祚一》，第134—140页。

浦南袁氏，袁璇辛丑进士，以奏销诖误，未仕。

上述家族均兴起于明代中期，世代科甲，家赀巨富，至明清鼎革之际方才受到致命的冲击。清朝开科取士后，他们通过考试获取功名，一定程度上呈现出复兴趋势。但经奏销案打击后，这些家族的复兴势头停止，基本上都衰落了。清代，松江地区的望族基本上是在新朝统治下，凭借科举入仕成长起来的新世族。

（三）士人在地方社会中影响力下降

明清易代之际的特殊环境所造成的变乱，使得地方权力关系发生了很大的变化。清初松江地区地方官员大多由武人、汉军旗人或者辽东人组成[①]。地方上官绅关系发生了根本性的变化："迩来士大夫日贱，官长日尊，于是曲意承奉，备极卑污，甚至生子遣女，厚礼献媚，立碑造祠，仆仆跪拜，此辈风气愈盛，视为当然，彼此效尤，恬不为怪。[②]"

明末那种朝廷官员与地方缙绅平起平坐，甚至为其驱使回护的局面已基本消失，而生监阶层对地方社会政治生活亦不再构成制约和监督，地方官及其所代表的中央意志，完全成为地方社会的主控力量。较明朝而言，皇权对基层社会的控制则更加严密。除制造机会打击士绅阶层外，清政府还对学校制度进行改革，削减学额，大开捐纳之门。学额的减少使生员人数骤减，而捐纳之门大开则从根本上摧毁了生员的优越感，使其在地方社会生活中的影响力大打折扣。而那些以捐纳获得出身的生员则大多将注意力集中在政治、经济利益的取得上，其参政动机日益鄙俗化，因此也就难以号召群众，进行斗争。

明朝的贡、监、生员与武弁往来，"即总戎亦止投侍教生名帖，晚字不轻用也。降而参、游，更不必言矣。但是到了顺治初年，见总戎而上，俱用揭帖，副将而下始用名帖，然于副总兵、参将，必加晚字，或用治字。"[③] 由此可见与武弁往来中士人的地位已经降低了。顺治十八年，松江特设水师副总兵及川沙营参将，本来水营与同学诸生相见，俱用名帖抗礼。但是川沙参将，傲慢无礼，"欲以师生接礼，诸同学与之力争，始得不屈。"[④]

地方官员与武官的交往，在明代"郡守、县令与总戎相见，俱抗礼，帖用侍生，公文用移会，参、游而下，大抵亦然[⑤]"。到了顺治初年，"县令见总戎，始用名揭，郡守则否。其后，松郡改设提督，郡守始用晚生帖，府佐始用衔帖，虽骄悍如马惟善，不能异也。至康熙三年，新定文武相见仪注，郡守见文武总兵官，改用名揭，公文用咨呈，至今因之。"[⑥]

在明朝地方"生员与县令交际，得用治下门生名帖，分宾抗礼。唯附郭县则用揭庭参，一跪一

---

① 以松江知府一职而论，顺治二年张铫（举人）、傅世烈（满洲），顺治四年林永盛（辽东监生），顺治五年卢士俊（辽东监生），顺治七年廖文元（汉旗贡生），顺治十年李正华（贡生），顺治十四年郭起凤（辽东贡生）、祖承勋（汉旗贡生），顺治十七年于汝翼（辽东贡生）、刘洪宗（辽东贡生），顺治十八年郭廷弼（汉旗贡生），康熙三年张羽明（辽东举人）。统计来源于：岸本美绪：《明清交替こ江南社会——17世纪の中国秩序问题》，东京，东京大学出版会，1999年版，第209页。

② ［清］董含：《三冈识略》卷六，《三吴风俗十六则》，清抄本。

③ ［清］叶梦珠：《阅世编》卷八《交际》，第213页。

④ ［清］叶梦珠：《阅世编》卷八《交际》，第214页。

⑤ ［清］叶梦珠：《阅世编》卷八《交际》，第214页。

⑥ ［清］叶梦珠：《阅世编》卷八《交际》，第214页。

揖，稍杀于郡守也。以余所见，则附郭与外县，俱用名揭，相见俱长揖，而无跪礼，坐则诸生俱面向西，而令长独坐面南东向，略存师生之意。”入清之后，生员这一级别的士人在社会中的地位也下降了。

对于致仕回乡的士人，在明朝“如大司成致仕回籍，无论南雍、北雍，凡贡、监生往谒，必着公服，用名揭，乡绅北面坐，客西面坐，不论年齿也。如督学使者回籍候补或内升给假归里，无论各直省诸生见之亦然”[①]。可见地位的尊隆，到了顺治朝时，“吾郡张蓼匪视学两浙，宋直方视学八闽而回，此礼不行，以后遂为故事，竟同泛然乡绅矣。”致仕回籍的士人就不再有往日的威仪了。

（四）很多士人的居第财富毁于一旦，游宴的经济基础不复存在

松江士人的居第在鼎革之际，很多毁于兵火，还有一部分则落入武弁之手，时人感叹：“昔年歌舞之地，皆化为荆榛瓦砾之场。间或仅存百一，而胥原之后，降于圭窦荜门，王谢堂前，多非旧时燕子，始知萧李二相，良足师也。然金谷楼台，鞠为茂草，平泉花石，终属他人，理势必然，其可若何？”[②]

原徐阶府第，规制壮丽，甲于一郡。顺治四年（1647）丁亥，提督苏、梭、常、镇总兵官张天禄驻松江，曾借用徐氏府第。到了马逢知继任以后，就按照官邸的规格对徐府进行了改建，造仪门于大门之内，移照墙于带水之南。后来几经变更，徐氏府第卖为官舍。钱相国机山先生第，在顺治二年乙酉八月初三日，大兵下松城，总戎李成栋将之作为官邸。顺治五年（1648），李成栋叛清，家产被籍没，钱府就作为李成栋的产业被官府没收。顾正心家族的府第，“在府治南，城隍庙之西，门楼龙额金书，特命嘉义，制极壮丽。”[③]顺治乙酉八月，毁于兵火，只存中堂及两庑诸佐室。后来，成为营兵的居所，垃圾与瓦砾充塞满屋。顾氏的另一处园林顾园有幸没有受到损坏，但是后因义田逋赋，毁家卖宅以偿，堂宇尽废，而山水桥梁，犹如故也。到了康熙之初，顾氏家族更为衰落，积逋愈甚，征输益严，顾园也就日益荒废了。王庭梅居所，“南面临衢，重堂邃宇，为东关第一甲第”。[④]到了他的儿子的手里，由于贫困，就将居所出卖给他人了。林景阳家族的府第，在鼎革之际，被中军将高谦占居。后又辗转成了商人居所。其余毁废弃或者转手的居第不一而足。士人不再具有悠游的场所，以往遍及松江府的游宴不得不处于蛰伏的状态。

三　复兴期

这一时间从康熙八年（1669）康熙亲政作为起点，到康熙四十六年（1707）南巡至松江作为终点。在这一时间，康熙一方面改变了四大臣辅政时期的政策，对江南士人采用了更为灵活的策略；另一方面，康熙二十年（1681）秋，云南平，“三藩”悉定，至二十二年（1683）秋，施琅入台，

① ［清］叶梦珠：《阅世编》卷八《交际》，第 217 页。
② ［清］叶梦珠：《阅世编》卷一〇《居第一》，第 235 页。
③ ［清］叶梦珠：《阅世编》卷一〇《居第一》，第 237 页。
④ ［清］叶梦珠：《阅世编》卷一〇《居第一》，第 239 页。

郑克塽降，二十三年（1684）台湾设府置县，举国一统，清朝统治进入一个新阶段。在这样的大背景下，松江的地方秩序得以重建，一部分松江士人入仕清朝，并相继进入了中央政权。松江府经过几十年的休养生息，本地士人由于鼎革而造成的贫困现象有所好转，这一切都为游宴活动的复兴创造了条件。

（一）康熙的怀柔政策

康熙亲政以后，在政治制度上，康熙一改四辅臣的“复旧制”，下令恢复明制，将内三院改为内阁，另设翰林院；康熙十六年（1677），又设立南书房，吸收一批汉人精英，以备咨询。另外，康熙原则上确立了“满汉一家，中外一体”，划一满汉官员的品级。这些措施在一定程度上提高了汉人的地位，缩小了满汉官员之间的尊卑差距。对于江南的告讦、讹诈之风，亲政在即的康熙，将诬告索贿的恶棍沈天甫处斩，并同意将这类人一概“依律反坐”。自此，四大辅臣的时代结束了，文字狱的恶性发展之势得到了控制[①]。

康熙帝亲政对江南士人采用了更为灵活的策略，来稳固清朝的统治。康熙八年四月十五日，他首次率礼部诸臣去国子监视学，举行临雍大典，表示了尊孔崇儒、力肩大任的决心。在南巡途中，亲诣孔庙参谒，行三跪九叩大礼，又赐“万世师表”匾额悬挂于大成殿。以后，给各地孔庙和学府颁发匾额，成为常事。为抚慰汉人的怀旧心理和民族情绪，证明清朝继承治统的合法性，康熙宣布对故明帝王的陵墓加以保护，命看守人小心防护。康熙二十三年，他第一次南巡时，亲自前往明孝陵祭拜，行三跪九叩大礼，使从观父老数万人皆感动而泣。他发现孝陵多处残破，便责令地方官尽心保护，“所有春秋二祭，亦必虔洁举行，以副朕崇重古帝王陵寝之一意”[②]。康熙选择了程朱理学作为统治思想，起用了一批理学名臣，康熙以“御纂”的名义，让熊赐履、李光地等编纂《性理精义》等书，并重新刊定《性理大全》《朱子全书》，把宋明理学抬高到法律的地位。康熙所采取的策略对于重建伦理秩序、增强新朝的凝聚力、重新组织精神生活，都是至关重要的。

到了康熙十七年（1678），康熙果断地采取了又一个重大举措——征召博学鸿儒科。它集汉代的征辟、荐举与唐宋的词科于一体，是科举之外的一种特科，又称制举和大科。由天子亲召或亲试，用以吸纳非常之才。征召博学鸿儒科，是康熙的一个重大政治举措。在录取时，江南 23 人，浙江 15 人，占很大比重。

（二）经过几十年的经营，松江的地方秩序得以恢复重建

在这一时期，松江的地方秩序已经得以重建。虽然鼎革之际，对很多原有的衣冠之家造成了不小的冲击。但是入清以后，一些在科举上取得成绩的家庭，成长为新的衣冠之家。如王氏家族，王广心与三个儿子王顼龄、王九龄、王鸿绪不仅在科举上显赫，而且在文坛上也享有盛誉。王广心，字伊人，号农山。崇祯五年（1632）入几社，有声于云间。鼎革之后，中顺治六年（1649）己丑进

① 郭成康、林铁钧：《清朝文字狱》，北京，群众出版社，1990 年，第 13 页。

② 《圣祖仁皇帝圣训》卷五六《礼前代》，《景印文渊阁四库全书》第 411 册，中国台北，台湾.商务印书馆，1986 年，第 765 页。

士，授行人，在仕途上也走得比较顺利。长子王顼龄，字颛士，号琄湖，中康熙丙辰进士，授太常寺博士。荐举鸿儒，与试列一等五名，授编修，官至工部尚书、武英殿大学士，年八十四卒于位，赠少傅，谥文恭。其初以文学进，洊历卿曹，谙练典故，居官最久。王九龄，字子武，号薛淀。康熙二十一年（1682）壬戌进士，由庶吉士授编修，累官至兵部右侍郎、吏部右侍郎等。王鸿绪，字季友，号俨斋，又号横云山人。康熙十二年（1673）癸丑进士一甲第二名，授翰林院编修，官至户部尚书。这些家族承袭了松江士人爱慕奢华的习尚，在显达之后就购置了精致的宅第，家族子弟与宾客时常觞咏其中。

一些家族在鼎革之时受到冲击，到了这一时间又再度复兴，如枫泾镇的沈氏家族。沈泓，字临秋，号晦庵，崇祯十六年（1643）进士。甲申之变时，攀墓柏自缢，乡人救免。后南都权贵贻书相招，不就。曰："吾君亲两负，求死不得，惟有祝发空门，或可自靖耳。"遂遁入空门，投雪峤禅师门下，改名宏忍，号无寐。他的两个儿子沈严、沈廉多次劝他回家。晚年生病，又拒绝医治，劝之归，绝医药而卒。沈龙，字友夔，泓从弟，与泓同榜进士，有文名。甲申后隐居不出。著有《雪初诗稿》。陈眉公尝评其诗曰："如月痕孤秀，石气清寒。又如深山道士，茹草餐芝，高扇道风，浩然冥寄，诗品之高，令人仰止。"[①] 就是这样一个不与清政府合作的家族，到了孙辈，也出来应试做官。沈业，字声垂，沈泓孙，拔贡生，康熙乙卯举人，官常熟教谕。

在市镇中，一些家族本来就发挥着重大的作用，在市镇的影响力很大，持续时间也更长。下面以枫泾镇的支氏家族为例简要说明：

支氏家族崛起于明代中期，家族第一个走上仕途的是支茂。支茂，字宗衍，幼孤，弟荣甫三岁，茂遵遗命，不析居异财，在乡里以孝悌闻。贡吏部，授乐安丞。奉府督租，有王某贫，欲鬻女以偿，茂代输之。年五十，无子。有良民被诬陷狱，茂矜而直之。及出狱，携艾妻子以谢，茂却走避之。夜梦神谓曰："汝有阴德，天赐尔后。"[②] 到了他的儿子支立那一代，支立以《春秋》魁乡荐，官翰林院孔目，时人号为"支五经"。事母以孝闻，务敦本为己之学，诗文皆有关世教。孙子支大纶，字心易，号华苹。万历甲戌进士，试政西曹。时江陵秉政，进白燕红莲以为瑞。纶言于朝曰："大臣不宜称祥瑞，启侈心。"迁泉州司理。时侍郎洪朝选失江陵意，欲中以法。乃为书，具陈天道人事，不宜枉杀大臣以媚人。遂罢官。又七年，推补江西藩幕，迁奉新令。复与上官不协，掉首而还。卒年七十有一。门人私谥曰"文介先生"。曾孙支如玉，字德林。万历庚子举人，官监丞，后授洧川教谕，葺学宫，严课士。历刑部主事，乞终养归。支如璔，字小白。博学能文，与京山李维桢、华亭陈继儒、锡山邹之麟为文字交。尝上书岳司马元声，指陈朝政五条；又贻书贺吏部灿然，谓驳永陵之非。既登崇祯庚午副榜，作《谢棘闱赋》。著有《砚亭小品》。从子琳，字乔卿。有敏才，诗、古文援笔立就。钱相国燕主庭塾，卿大夫咸率子弟问字焉。玄孙支允坚，字子固。性笃孝，父病疽，吮之，呕血几死，尝药以进。及卒，哀恸欲死，丧葬大礼，不以让二兄。明季，北白繁重，应者破家。允坚上书当事，陈北解十弊，直指左光先。服其言，勒石禁革，闾里颂德。

---

① 《重辑枫泾小志》卷五《志·人物》，《中国地方志集成·乡镇志专辑》，上海，上海社会科学院出版社，2005 年，第 139 页。

② 《重辑枫泾小志》卷五《志·人物》，《中国地方志集成·乡镇志专辑》，第 128 页。

入清之后，支氏家族继续发展。支隆求字武侯，大纶孙。与兄景良、弟揆英、遵范，皆汝璔子。渊源家学，声名藉甚，大江以南，诗坛文会，首推“四支”。求举顺治庚子第二，授遂安教谕，衡文勖行。丁卯，聘校闽闱，称得人。擢山东沂水令，多惠政。致政归，著书讲学，后进仰如山斗。举乡饮宾，寿八十有四。

支绍昌，字克斋，如玉孙。舞勺游庠，逾强仕，即高尚。老屋数椽，绘二鹤于门，禁足不出垂四十年。觞咏花间，安贫自得，至如膳寡姐，鞠髫弟，抚孤侄子，与兄绍熹，怡怡白首，盖友爱天性也。两推乡饮宾，皆坚辞之。寿八十，谈笑而逝。侄式围，字良楚，敦伦纪，晚入成均。

支期，字品山，立七世孙，贡生。幼即敏异，力学敦伦，里党有“小五经”之目。屡试不售，康熙乙酉，拟元又坦率，然声已不翼而飞。秦中士大夫知其才，聘修《通志》。船唇驴背，手不释卷。晚年与纂《邑乘》，诗载《艺文》。支期的儿子支江，副贡生。虽然支氏家族在入清之后，科举上的成绩已不能与明代相比，但是在市镇仍被视为名门。士人游宴的群体基础在这一时期得以壮大。

四 结语

松江府是随着宋室南渡之后，江南经济的发展而兴起的。晚明由于国家对社会的控制力日趋下降，但士人的个人生活空间却相对膨胀，松江士人的游宴活动盛极一时。鼎革之际由于很多士人所积累的财富以及园林、府第在兵火中毁于一旦，使得士人游宴所赖以存在的物质基础受到削弱。但是一种文化的惯性，并不会因为朝代的更迭而突然终止。朝代更迭，变繁华为枯槁的士人毕竟是少数，悠游征歌的生活方式得以延续，经过了短暂的蛰伏，到了清中叶，士人的游宴活动又再度繁盛起来，并使新朝和旧朝呈现出特殊的文化联系。

（作者谢羽，甘肃省社会科学院丝绸之路研究所）

明末党争与支提寺“留藏风波”

——兼论支提寺法派宗族化的典型意义

马海燕

所谓“留藏风波”指的是万历十八年（1590）因支提山中兴大师大迁禅师之请，李太后（慈圣皇太后）赐藏支提寺，但被福建巡抚赵参鲁于十九年（1591）借故留置福州开元寺供养的事件。此事的始末在今人袁冰凌所编《支提山华严寺志》第一章第七节《大迁中兴与李太后赐藏始末》中有专题考证，并认为“在明末清初官府严禁民间教派、施行矿禁海禁期间，香火兴旺的寺院往往成为某些官吏打击佛教的借口”[①]。实际上，类似“留藏风波”的事件在明末并不鲜见，它反映的不只是“打击佛教”这一表面的现象，其背后大多涉及政治、社会和宗教等不同层面更为深刻、更为复杂的关系。本文将就此展开论述，不当之处敬请海涵。

一 党派争斗：赵参鲁与“留藏风波”

福建巡抚赵参鲁是“留藏风波”的主角之一，在明末政治舞台上也是一位重要人物。

首先来看明末万历皇帝与李太后母子之间的微妙关系。依据明代旧例，新君嗣位，有太后者，生母止称皇太妃；或者并称太后，但生母加二字徽号以示有别。万历皇帝即位以后，因大太监冯保和张居正的迎合，打破旧例，同时尊陈太后为仁圣皇太后、李太后为慈圣皇太后，“两宫遂无别”[②]。由此，深得慈圣太后信赖的张居正可以总揽朝政大权，冯保也总管内廷，连万历皇帝对他们也不得不加以礼遇。慈圣太后崇尚佛教，大作佛事，兴建寺院，除福建支提寺外，李太后在北京以外地区修建的寺院众多，据学者统计不下34座，山西、山东、浙江、河南、四川等地皆有[③]。然而，自万历十年（1582）张居正去世之后，万历朝开始了新的政治格局，皇帝亲自统揽大权，名义上皇帝推崇“孝道”，对李太后的崇佛热情支持，但实际上他已经开始有了自己的想法。在信仰问题上，皇帝与太后的分歧在万历六年（1578）神宗皇帝大婚之后已露端倪。因为祈嗣问题，皇帝与太后发生了严重的对峙：万历皇帝抢先一步派内官在武当山向道士为郑贵妃祈嗣，而太后则在五台山向和尚

---

① 袁冰凌主编：《支提山华严寺志》，福州，福建人民出版社，2013年，第30页。

② ［清］张廷玉等：《明史》卷二一三，北京，中华书局，1974年，第5645页。

③ 何孝荣：《明代北京佛教寺院修建研究》，天津，南开大学出版社，2007年，第300—306页。

为王才人祈嗣[①]。为此，万历皇帝甚至有“举朝为和尚，我偏为道士”的对立情绪[②]。二人的对立不仅造成宦官内部的猜疑与分裂，也造成了当时从中央到地方各级政治势力和佛道二教信仰的分立[③]。

赵参鲁就属于万历皇帝的铁杆支持者，他与慈圣太后的斗争由来已久。《明史》卷二二一《赵参鲁》传提及：

> 万历二年，慈圣太后立庙涿州，祀碧霞元君。部科臣执奏，不从。参鲁斥其不经，且言：“南北被寇，流害生民，兴役浚河，鬻及妻子。陛下发帑治桥建庙，已五万有奇。苟移振贫民，植福当更大。”亦不听。[④]

此中明确提及赵参鲁反对慈圣太后建碧霞元君庙[⑤]。该传还提到赵参鲁因得罪冯保被张居正贬官之事：

> 南京中官张进醉辱给事中王颐，给事中郑岳、杨节交章论，未报，参鲁复上言：“进乃守备中官申信党，不并治信，无以厌人心。”时信方结冯保，朝议遂夺岳等俸，谪参鲁高安典史。[⑥]

此事在《明史》卷二一三《张居正》传亦提及：

> 南京小奄醉辱给事中，言者请究治。居正谪其尤激者赵参鲁于外以悦保，而徐说保裁抑其党，毋与六部事。其奉使者，时令缇骑阴诇之。其党以是怨居正，而心不附保。[⑦]

细读以上两传文字，“党”字无疑最为醒目！赵参鲁以“进乃守备中官申信党”，而“徐说保裁抑其党”，可见当时对立的双方各自结党，形成壁垒分明的政治势力。赵参鲁为与冯保、张居正对立的一党，也就是坚决反对慈圣太后的一方，而且此党“怨”居正，可谓势不两立！以此，不难理解赵参鲁必须要千方百计地打击对手，“留藏风波”只是其系列运作中一个并不致命但却足以给对手必要警告的事件。

对于“留藏风波”，双方的“舆论”形成了鲜明的对比：一方（佛教或支提寺方面）讳言之，一旦涉及往往是一笔带过，真有打掉牙齿往肚里吞的苦楚，故而今人新编《支提山华严寺志》不得

---

① 陈玉女：《明代的佛教与社会》，北京，北京大学出版社，2011 年，第 123 页。
② 陈玉女：《明代的佛教与社会》，第 124 页。
③ 陈玉女：《明代的佛教与社会》，第 124 页。
④ ［清］张廷玉等：《明史》卷二二一，第 5824 页。
⑤ 在明代，慈圣太后也被大肆宣扬为“九莲菩萨”甚至是观音菩萨。泰山碧霞元君庙在万历中曾修建有九莲菩萨殿。何孝荣：《明代北京佛教寺院修建研究》，第 294 页。
⑥ ［清］张廷玉等：《明史》卷二二一，第 5824 页。
⑦ ［清］张廷玉等：《明史》卷二一三，第 5645 页。

不先要为此寺“正名”，说明支提山华严寺并非“盗薮”，并有“邪终不压正”之感慨[①]；另一方则大肆宣扬，甚至以之作为赵参鲁在福建任职时期最重要的政绩来写，明代何乔远《闽书》卷四五《赵参鲁》传即是如此：

督闽学。时学时阿执政意，操士如束湿，务在汰多而录少，参鲁一切宽行之，其甲乙多奇中。后来为巡抚，行乡约保甲法，闽境少盗。宁德之支提寺，故盗薮也，僧大千（迁——引者注）请内降藏经，将聚徒其间。过三山，参鲁留勿遣。奸商黄锦辈阑通诸夷，开岛兴界，参鲁捕置重辟。[②]

赵参鲁关于此事的奏章在《明实录》中亦可见，赵参鲁称：有人冒称钦差（指的是大迁禅师）修建支提山寺，目的在当地银坑之利[③]。这也影响了当代明史著述的表述。例如，商传所著《走进晚明》第十一章《告别晚明》第一节《繁华乱世》即以此事作为“伪为僧人行骗者”之例[④]。

“留藏风波”中皇帝与李太后是否都过问此事呢？答案当然是肯定的。当时与支提寺有关部分文字中隐约透露出一些信息。明代熊明遇《登支提山记》提及：

是时，万安赍经道出闽行省，闽行省闽巡抚赵中丞参鲁因疏请留经于城之开元寺。二十七年己亥，皇太后念前赐支提寺藏经，天子已从守臣议留之城郭……[⑤]

明代陈鸣鹤《支提寺始末记》叙述此事经过说：

十八年，太后遣慈寿寺替僧万安赍赐藏六百七十八函至山。十九年，抚院赵参鲁疏请移藏于城之开元寺，以便其祝圣朝礼。复延迁师于寺之藏经堂持诵也。……二十七年，天子念皇太后前赐支提寺藏经，已从守臣之议，移镇城郭，复命所司刻印全藏……[⑥]

以上两记都提及天子“已从守臣之议”，守臣其实就是福建巡抚赵参鲁。也就是说，万历皇帝支持赵参鲁的做法，皇太后虽然知道此事但也无法改变。足见此时的政治格局已是由皇帝一人完全掌控，皇太后虽然尊贵但必须遵守“宫训”，更何况还有朝议的力量是无法抗拒的。

要之，明末“留藏风波”并不单纯是一桩打击佛教的宗教事件，它背后是围绕皇权的各种宫廷势力的角逐以及愈演愈烈的党派争斗，支提寺和大迁禅师只不过是当时党派纷争的牺牲品罢了。

---

① 袁冰凌主编：《支提山华严寺志》，第 30 页。
② ［明］何乔远编撰，厦门大学古籍研究所校点：《闽书》卷四五，福州，福建人民出版社，1994 年，第 1128 页。
③ 袁冰凌主编：《支提山华严寺志》，第 28 页。
④ 商传：《走进晚明》，北京，商务印书馆，2014 年 7 月，第 408 页。
⑤ 袁冰凌主编：《支提山华严寺志》，第 140 页。
⑥ 袁冰凌主编：《支提山华严寺志》，第 134、135 页。

二　幸与不幸：结缘圣母的风险

大迁禅师也是“留藏风波”的主角之一，他在明末佛教史上并不是什么显赫人物。

支提寺的兴建乃是大迁禅师奉慈圣太后懿旨而来的。大迁禅师，燕都人，讳圆慧，号大迁，剃度于燕京吉祥寺[①]翠峰禅师座下，早年外出参访，行迹踏遍南北诸山。关于大迁禅师与慈圣太后的结缘，诸家说法都是一致的。《中兴支提寺赐紫圆慧大迁禅师塔志铭》云：

> 复回都下，博涉《华严》。慈圣宣文明肃皇太后一夕兆梦：僧人前导至一高岳，名曰支提，有千冠示现。及觉，命中使都城踪迹。会师在吉祥，携之复命。命图形以进，酷肖梦中。召见之日，谈称懿旨，敕行来山，重兴古刹。爰及数载，始得告成。[②]

以上表述虽然充满宗教的灵异色彩，但不可简单视为撰者的想象或虚构，其中有诸多问题值得关注。

首先是慈圣太后的兆梦。慈圣太后崇信佛教，多以“梦”的形式言其感应，可见塔铭中所说太后兆梦之事当属事实。明代刘侗等所著《帝京景物略》卷五《慈寿寺》云：

> 万历丙子，慈圣皇太后为穆考荐冥祉，神宗祈胤嗣，卜地阜成门外八里，建寺焉。寺成，赐名慈寿，敕大学士张居正撰碑。……后殿奉九莲菩萨，七宝冠帔，坐一金凤，九首。太后梦中，菩萨数现，授太后经，曰《九莲经》，觉而记忆，无所遗忘，乃入经大藏，乃审厥象，范金祀之。寺有僧自言，梦或告曰：太后，菩萨后身也。[③]

此中记载太后梦菩萨授《九莲经》，因此她被尊为菩萨后身或九莲菩萨。《清凉山志》卷二《灵应寺》记载，灵应寺的修建是“感梦慈圣施金，佛始成”[④]。

其次，大迁禅师自身的修为即“博涉《华严》”，这是他能够与太后兆梦相对接的重要因素。实际上，大迁禅师博涉《华严》并不是指他有这方面的研究著述，而主要是指信仰层面的内容，尤其是熟悉华严法事仪轨等。《浮山志》卷三即言及大迁禅师在浮山“建华严千日道场”[⑤]。

慈圣太后梦见“僧人前导至一高岳，名曰支提，有千冠示现”，这与《华严经》中经文所示正相应，而要明此非熟悉《华严经》不可。《华严经》在古代主要有三种译本，分别是《六十华严》《八十华严》和《四十华严》，第一种为东晋译本，后两种为唐译本[⑥]。东晋译本《大方广佛华严经菩

---

① 吉祥寺，应即《帝京景物略》卷四所载吉祥寺。相关记载与现状可以参看彭兴林《北京佛寺遗迹考》上册，北京，宗教文化出版社，2012年，第184、185页。

② 袁冰凌主编：《支提山华严寺志》，第148页。

③ ［明］刘侗等著，孙小力校：《帝京景物略》卷五，上海，上海古籍出版社，2001年，第317、318页。

④ 印光大师重修：《清凉山志》卷二，莆田，莆田广化寺印本，第62页。

⑤ ［明］吴道新纂辑、［清］陈焯修订，疏获点校：《浮山志》卷三，合肥，黄山出版社，2007年，第30、31页。

⑥ ［日］木村清孝著，李惠英译：《中国华严思想史》，中国台北，东大图书公司，2011年第二版，第1、2页。

萨住处品第二十七》云：

尔时心王菩萨摩诃萨，复告诸菩萨言：佛子，……东南方有菩萨住处，名枝坚固，过去诸菩萨常于中住。彼现有菩萨，名天冠。有一千菩萨眷属，常为说法。[①]

也就是说，《华严经》中明确指示天冠菩萨住在东南方，其山名为“枝坚固”（即支提），这与太后所梦正相吻合。大迁禅师可能到过支提山或以某种渠道知道此山的情形，因而才能“图形以进”，这就是导致大迁禅师离开京都而入东南闽地建寺的因由。

明末与慈圣太后有关联的佛教僧人中有两位最为著名，即憨山德清和紫柏真可，他们都在明末四大高僧之列[②]。后来憨山被捕入狱，流放戍边，紫柏则因为卷入“妖书事件”罹难。

憨山（1546—1623），字澄印，号憨山。前已述及，慈圣太后与万历皇帝为祈嗣问题分别向和尚与道士求祈。万历十年（1582）八月，万历皇帝恭妃生皇长子朱常洛[③]，遂使得当时负责主办祈嗣法会的憨山、妙峰、大方等三位法师名声大噪——另一方面，却使得万历皇帝和郑贵妃心生不满[④]。

盛名之下，憨山深感压力太大，遂有意韬光养晦，但在万历二十三年（1595）二月还是被逮捕入狱，《憨山塔铭》言及此事：

慈圣感叹，率阖宫布金造寺，赐额曰海印。师诣京谢恩，为报恩寺请藏。上命师赍送，因以便归省父母。寺塔放光累日，迎经之日，光如浮桥北度，经在塔光中行也。师还，以报恩本末具奏。曰：愿日减膳羞百金，十年工可举也。慈圣许之。岁乙未，而黄冠之难作，师住山十三年，方便说法。东海弥离车地，咸向三宝，而黄冠以侵占道院，飞章诬奏，有旨逮赴诏狱。先是慈圣崇信佛乘，敕使四出，中人谗构，动以烦费为言，上弗问也。而其语颇闻于外庭，所司遂以师为奇货，欲因以株连慈圣左右，并按前后檀施，帑金以数十万计，拷掠备至。师一无所言，已乃从容仰对曰：公欲某诬服易耳，狱成将置圣母何地乎？公所按数十万在县官锱铢耳。主上纯孝，度不以锱铢故伤圣母心。狱成之后，惧无以谢圣母。公穷竟此狱，将安归乎？主者舌吐不能收。乃具狱上，所列惟赈饥三千金，有内库籍可考，慈圣及上皆大喜。坐私造寺院，遣戍雷州，非上意也。[⑤]

这一事件与支提寺“留藏风波”有一定的相似性，有助于了解“留藏风波”的一些背景事实。

首先是皇帝与慈圣太后母子的关系。“动以烦费为言”，足见慈圣太后因为佛事请用频繁，加上太监内部的倾轧，慈圣太后与万历皇帝母子之间关系已经紧张到了一定程度。

其次是佛教道教之间的争斗。因为慈圣太后与皇帝母子对佛教、道教不同的倚赖，佛教与道教

① ［东晋］佛陀跋陀罗译：《大方广佛华严经》卷二九，《大正新修大藏经》第9册，第589页。

② 另两位是莲池大师、蕅益大师，莲池大师与慈圣太后也有关联。

③ 即光宗，后即位，但不久便去世。

④ 杜常顺：《明朝宫廷与佛教关系研究》，北京，中国社会科学出版社，2013年，第169页。

⑤ ［明］憨山德清：《憨山老人梦游集》卷五五，《卍字新纂续藏经》第73册，第850页。

的信仰也沾染了党争的戾气。憨山是因为侵犯了当地道教势力的利益而被发难。华严寺所在为支提山，其前身是汉代以后著名的道教名山大霍山，也称霍童山。据称，霍林洞位列三十六洞天之首①。因此，“留藏风波”中是否有道教势力的参与或某些道教因素的影响尚不得而知。

最后是私造寺院的罪名。《大明律》中涉及佛教的法令出现在户律和礼律两个部分，主要是禁止私创庵院、私度僧尼，宣布僧人结婚非法，宣布异端邪术为死罪②。《大清律集解附例》中则对私自建寺有严格的惩治措施，这就是沿袭自明代以来就有的律法：

> 凡寺观庵院，除现在处所（先年额设）外，不许私自创建增置。违者，杖一百，还俗。僧道，发边远充军；尼僧女冠，入官为奴。③

憨山就是因私造寺院之罪名充军岭南，此后都是一副俗家的装扮。这种形象一直保持至慈圣太后去世，方才对着灵主披剃、谢恩、还僧服④。实际上，大迁禅师没有像憨山一样被冠以“私造寺院”的罪名流戍已经算是很幸运了。赵参鲁当时只是限制大迁禅师回山，要求他留在福州开元寺，但大迁显然并不乐意，遂移驻福州升山寺⑤。可见大迁禅师还有相当的自由，赵参鲁并没有特别针对他。

与慈圣太后关系甚为密切的另一位佛教大师是紫柏。紫柏（1543—1603），可以说是憨山在事业上最相知的尊宿，在憨山入狱以后不遗余力地为之奔走呼救⑥。万历三十一年（1603），紫柏因涉“妖书”事件被捕并死于狱中。所谓“妖书”指的是那些基于郑贵妃意图谋划煽动废嫡阴谋的书刊⑦。

诚如学者所指出的那样，万历一朝党派的结合和皇储的问题密切关联⑧。妖书纷争的背后也是复杂的党派斗争。关于紫柏的入狱，《万历野获编》卷二十七《紫柏祸本》言之甚详：

> 紫柏老人气盖一世，能于机锋笼罩豪杰，于士大夫中最赏冯开之祭酒、于中甫比部。于即冯礼闱弟子也。紫柏既北游，适有吴江人沈令誉者，亦其高足也，以医游京师且久。值癸卯秋，中甫以故官起家至京，时次揆沈归德为于乡试座师，其时与首揆沈四明正水火，而于于师门最厚。时，太仓王吏部冏伯，与于同门，日夕出入次揆之门，四明已侧目矣。会江夏郭宗伯以楚事劾首揆待命，郭与于同年中莫逆，于之召起。王、郭俱有力焉，因相与过从无间，首揆益不乐。沈令誉因王、于之交，亦得与郭宗伯往还，每众中大言以市重。适妖书事起，巡城御史康丕扬捕令誉，搜其寓，尽得紫柏、王、于二公手书，入呈御览，上始疑臣下与游客交结，

① 袁冰凌主编：《支提山华严寺志》，第3、4页。
② ［加］卜正民著，陈时龙译：《明代的社会与国家》，合肥：黄山书社，2009年6月，第238页。
③ ［清］沈之奇撰，李俊、怀效锋点校：《大清律辑注》上册，北京，法律出版社，2000年，第194页。
④ 江灿腾：《晚明佛教改革史》第二篇，桂林，广西师范大学出版社，2006年，第167页。
⑤ 袁冰凌主编：《支提山华严寺志》，第29页。
⑥ 江灿腾：《晚明佛教改革史》，第171、172页。
⑦ 陈玉女：《明代的佛教与社会》，第136页。
⑧ 江灿腾：《晚明佛教改革史》，第166页。

> 并疑江夏矣。紫柏书中又云：“慈圣太后欲建招提见处，而主上靳不与，安得云孝？”上始大怒，狱事遂不可解，然未尝有意杀之也。紫柏自以狴犴法酷，示寂于狱，棕归屡示灵异，比及荼毗，得坚固子无算，今遗塔在径山中峰，沈令誉者亦从轻典放归，足征圣主之无成心矣。[①]

梳理其中的人脉关系，可知紫柏所结交的人士大多属于当政者的仇敌[②]。加之紫柏在书信文字中有挑拨慈圣太后、万历皇帝母子关系之嫌疑，他的罹难自然是在所难免了。

总之，与憨山、紫柏相比，大迁禅师虽然也得益于与慈圣太后结缘，但并不属于太后特别倚重之佛教人物，与内廷、各种权贵的关系也较为一般，最为重要的是他没有参与到皇储、立嗣等敏感的涉及国家大计的事情中去。赵参鲁的目标不在大迁禅师或支提寺本身，他不过是借此给予对手一个警告而已。正因为大迁禅师的无闻于世，他本人才免遭戍边甚至死难之厄，支提寺以及该系法脉得以留存久远，以此思来，又未尝不是幸事。

三　孰轻孰重:《大藏经》与法派

赐《藏》可以作为镇山之宝，但实际上，迎请《大藏经》是明清以来佛教各寺的普遍风尚。促成这种风尚的除了供奉《大藏经》所具有的佛教信仰动力之外，还有另一个更明确的目的：即借由赐《藏》这种策略使得寺院在一定程度上合法化，进而避免一些潜在的指控，如私造寺院等罪名。支提寺之有《大藏经》“自大迁禅师始”[③]，这是毫无疑义的。但笔者认为，大迁禅师的重要贡献及支提寺的重要意义并不在此《藏》，而在于支提寺临济法派的有序延续。“留藏风波”可以“留藏”，但不能断其法派。佛教的发展既需要义理信仰理论层面的构建，也要有现实的团体组织制度层面的创设，以此论之，大迁禅师和支提寺在中国佛教发展史上具有十分重要的意义。

首先，大迁禅师以后的支提寺法脉有着规整完备的法派体系。大迁禅师法讳圆慧，其支提寺众弟子名讳中都有“明”字，属于明字辈，再传弟子则为“真”字辈等，例如支提寺明启一系：

> 圆慧——明启——真幢——如恭——性魁——海珠——寂逵——照直——普谦——通和——心华——源溶——广彻——续行——本聪——觉科——昌葳——隆川——能植[④]

而据《宗教律诸宗演派》，临济下碧峰禅师法派的派字为：

> 临济下二十五世（碧峰下第七世）突空智板禅师演派十六字：
> 智慧清净，道德圆明。

① ［明］沈德符:《万历野获编》卷二七,《明代笔记小说大观》第三册，上海，上海古籍出版社，2005年，第2625页。
② 陈玉女:《明代的佛教与社会》，第141、142页。
③ 袁冰凌主编:《支提山华严寺志》，第144页。
④ 袁冰凌主编:《支提山华严寺志》，第256页。

真如性海，寂照普通。[①]

由此可见，从圆慧到通和正是按临济碧峰禅师法派的派字编排。清代悟波《支提山华藏万寿寺宗谱源流考记》就以大迁禅师为“临济正传十五世性金字碧峰和尚派下第七世孙”[②]。也就是说，支提寺临济法派属于碧峰禅师派[③]。另据《宗教律诸宗演派》：

五台、峨嵋、普陀前寺续演三十二字：
心源广续，本觉昌隆。
能仁圣果，常演宽宏。
惟传法印，证悟会融。
坚持戒定，永纪祖宗。[④]

与此相印证可知从心华以后至能植是使用这一套续衍派字。总之，相应法派派字的使用能够明确本系的法派归属，产生身份上的认同；辈分不紊，等级森严，有利于法派的组织和管理。

其次，大迁禅师亲自为支提山法派立房，这是佛教文献中较为少见的关于寺院法派立房的具体记载，支提山寺佛教僧团的宗族化色彩十分鲜明。

据《支提山华严寺志》第五章《华藏传灯录》，万历二十二年（1594）大迁禅师回山后聚集僧众，将留山的十六个徒弟分立福、寿、康、宁、上（也称祖）五房[⑤]。

支提山寺五房十六家行派具体如下：

明启，字大安，福房长干福字。
明洪，字永章，福房二干禄字。
明玉，字无暇，福房三干寿字。

明瑞，字宝峰，寿房长干足字。
明泰，字东山，寿房二干地字。斋号“翠竹居”。
明香，字大药，寿房三干人字。斋号“法云居”。

明通，字三际，康房长干礼字。斋号“畹兰斋”。
明提，字总持，康房二干智字。

---

① ［清］守一编：《宗教律诸宗演派》，《卍字新纂续藏经》第88册，第560页。

② 袁冰凌主编：《支提山华严寺志》，第167页。

③ 碧峰性（或宝）金和尚（1308—1372），此人在元末明初颇富盛名，福建临济宗大多自称与碧峰禅师有关，如德化龙湖法派也是。见龙湖寺《龙湖灯谱》，内部抄本。

④ ［清］守一编：《宗教律诸宗演派》，《卍字新纂续藏经》第88册，第560页。

⑤ 袁冰凌主编：《支提山华严寺志》第76页。按：悟波：《支提山华藏万寿寺宗谱源流考记》则认为分四房，即福、寿、康、宁四房，每房各分三支。另有上房四家。表述与此有别。见《支提山华严寺志》，第168页。

明寿，字南山，康房三千信字。斋号“醉茗轩”，后改“飧雪堂”。

明亨，字一阳，宁房长千松字。斋号“守山氏”。
明自，字天然，宁房二千竹字。斋号“浣月斋”。
明鹫，字灵山，宁房三千梅字。

明德，字宝洲，上房长千。
明广，字福田，上房二千。
明圣，字洁庵，上房三千。
明智，字超方，上房四千。[①]

以上各房另分长千、二千、三千、四千，长幼尊卑，秩序井然。前四房各千另有福、禄、寿；足、地、人；礼、智、信；松、竹、梅；翠竹、法云、浣月等颇具俗世雅好的字号，儒家文化的影响可见一斑。

最后，大迁禅师显然十分熟谙当世佛教界传法演派的规矩，他在支提山寺之外的浮山也有衍派，但派字系统完全不同，这是因为本山与外山必须有所区分。《浮山志》卷三《大迁禅师》载：

大迁禅师，姓名无考。住福建支提山，万历圣皇钦赐藏经紫衣，师入都谢旨，回经桐城，客卿吴太史请住浮山金谷岩，建华严千日道场。慈圣太后差司礼监马、蓝二公送长幡于支提，并验藏经，师尚未回。徒众请（至——原注）金谷，请师归山。师即以金谷常住付徒如金、如谷、如岩、如浮，孙镇果、镇通、镇晓、镇宗等管理，书二交单，一付金谷，一带还支提。[②]

《浮山志》的大迁禅师传放置于《本山静主》而非《宗门名宿》[③]名目之下，且言其“姓名无考”，可证当时大迁禅师确属默默无闻者。值得注意的是，大迁禅师在金谷岩不过数载（以万历十九年“留藏风波”发生至万历二十二年回山亦不过三四年），竟然已是徒孙满堂了。他在金谷岩的子孙字派是“如”和“镇”，其后不详，这类派字应该属于大迁禅师在金谷岩的自演法派派字。此是当时佛教界的通例。

令人欣慰的是，“留藏风波”发生以后大迁禅师门下徒子徒孙都较为团结，部分弟子积极运作，周旋解围，其中明启还陪同大迁禅师入京谢恩，在大迁禅师准备终老浮山之时，众弟子还赶赴安徽坚请其归山送终[④]。可见，法派的宗族化有利于凝聚人心，在僧团组织建设、维续发展方面具有一定的优势，同时也肩负着传统佛教丛林培育僧才的重任。“人能弘道，非道弘人”，佛教之发展端赖人

① 袁冰凌主编：《支提山华严寺志》，第 76 页。
② ［清］吴道新纂辑、［清］陈焯修订，疏获点校：《浮山志》卷三，第 30、31 页。
③ 古心律师（中兴律祖）、憨山大师等在《宗门名宿》名目之下。［明］吴道新纂辑、［清］陈焯修订，疏获点校：《浮山志》卷三，第 29 页。
④ 袁冰凌主编：《支提山华严寺志》，第 30 页。

才,《大藏经》与法派的孰轻孰重，可谓是一目了然。

综上所述，从“留藏风波”以及诸多类似事件中可以清楚地看到佛教在中国传统社会中处于弱势地位，它屈服于政治，往往成为各级权贵的附庸或政治派系斗争的牺牲品。在这种复杂的社会环境下，佛教在适应、完善自身过程中也积累了宝贵的经验，逐渐形成有中国特色的僧团组织、管理模式。自民国太虚大师倡导佛教三大革命以来，佛教界把斗争的矛头普遍指向了明清佛教占据主流的以佛教宗族化倾向为特色的法派组织模式，改以佛学院培育僧才，彻底打乱了汉传佛教原有的组织原则、人才培养模式等，这就导致了今天汉传佛教诸多的弊端。支提寺完善而系统的法派传承模式才是真正的镇山之宝，作为明清丛林佛教特色鲜明的典型值得今天的佛教界与学界作更为深入的研究。

（作者马海燕，闽南师范大学闽南文化研究院）

清代对明廷北都覆亡的历史书写

——以崇祯南迁之议为中心的考察

侯振龙

1644 年是中国王朝更迭的多事之秋，明、顺、清三股势力逐鹿中原，对历史进程产生了深远的影响。当年正月至三月，李自成定鼎西安、挥师东进之际，明朝廷展开一系列自救行动，诸如内阁大学士李建泰代帝亲征、诏令天下兵马勤王、分遣宦官监视京畿要塞、颁布罪己诏、令百官勋戚捐饷、发起南迁之议，其中以左都御史李邦华、督师大学士李建泰、右庶子李明睿、少詹事项煜、新乐侯刘文炳、驸马都尉巩永固为代表的南迁派朝臣提议迁都南京，但崇祯帝严辞拒绝，并提出“国君死社稷”以图固守。同年三月十七日，顺军攻陷昌平，崇祯帝始急欲南迁却为时已晚，最终自缢煤山[①]。北都覆亡标志着明朝作为全国政权的终结，随后清军入关、讨顺伐明，逐步完成统一大业。

入清后，清人的明史记述和研究如火如荼地展开，私家与官方修史此消彼长[②]。清初明遗民群体对明季历史极为重视，他们积极整理故国史料、撰写史论阐发观点。史论滥觞于《左传》“君子曰”，西汉司马迁亦以“太史公”发论，至明清时期，史家评论的作用愈加凸显，成为把握其史学思想乃至学术、政治主张的关键。南迁之议是明廷北都覆亡历史的紧要环节，崇祯帝之死也发端于此，因此该事件的解读集中体现了遗民群体的立场与态度，当所有文本“都是一种朝向公共领域的社会行为”，那么我们最终得到的不是个别史家的文本，而是“话语”(discourse)[③]。遗民话语对明

---

① 学界对崇祯南迁之议多有论述，参阅顾诚：《明末农民战争史》，北京，中国社会科学出版社，1984 年，第 234—235 页；Frederic Wakeman, *The Great Enterprise: The Manchu Reconstruction of Imperial Order in Seventeenth Century China*. Berkley and Los Angeles: The University of California Press，1985，pp.241-258；汤纲、南炳文：《明史》下册，上海，上海人民出版社，1991 年，第 1184—1185 页；王昊：《崇祯与“南迁”之议》，《史学集刊》1996 年第 1 期，第 25—28 页；樊树志《晚明史（1573—1644 年）》下册，上海，复旦大学出版社，2003 年，第 1109—1118 页；陈生玺：《明清之际的历史选择》，《文史哲》2006 年第 3 期，第 132—137 页；高小娥：《试论 1644 年南迁之议》，《沧桑》2008 年第 4 期，第 19—20 页；侯振龙：《崇祯南迁之议考辨》，《历史档案》2019 年第 3 期，第 117—124 页。

② 参阅暴鸿昌：《论清初私撰明史风气》，《史学集刊》1990 年第 1 期，第 57—60 页；姜胜利：《清人明史学探研》，天津，南开大学出版社，1997 年；姜胜利：《明遗民与清初明史学》，《安徽大学学报》2003 年第 1 期，第 9—14 页；王记录：《论清代史馆修史、幕府修史及私家修史的互动》，《史学史研究》2007 年第 2 期，第 48—56 页；陈永明：《清代前期的政治认同与历史书写》，上海，上海古籍出版社，2011 年；杨绪敏：《明末清初私家纂修明史的特点及缺失》，《南开学报（哲学社会科学版）》2015 年第 5 期，第 80—86 页；赵洋：《冲突与调和：明遗民史家群体与清初的历史书写》，华中师范大学硕士学位论文，2015 年。

③［美］昆廷·斯金纳：《语境与文本——昆廷·斯金纳北京大学讲演录》（北京大学出版社即出），转引自李强《斯金纳的“语境”》，《读书》2018 年第 10 期，第 100 页。参阅 Quentin Skinner, *Meaning and Understanding in the History of Ideas*. Visions of Politics，vol.1.Cambridge University Press，2002.

朝的缅怀及对清朝合法性（legitimacy）的质疑，迫使清廷通过官方修史与行政干预，重新掌握话语权，否定崇祯帝及南迁之议，其过程持续至清中叶。目前学界对清代的南明史书写关注较多，关于崇祯朝廷覆亡的历史书写却鲜有述及，后者恰恰反映了清代明史学发展的另一面相。有鉴于此，笔者以崇祯南迁之议为切入点，综合整理、分析清代有关史论，联系政治生态背景，从历史语境中呈现其书写脉络。不足之处，还请方家批评指正。

一 遗民话语对南迁之议的史论建构

清廷入关第二年（1645）五月，即以冯铨、李建泰、范文程等为总裁官纂修《明史》，意图宣称正统，笼络明朝旧臣，然而彼时全国政局未稳，经济凋敝、战事频仍，朝廷重在戎政，对修史态度消极，收效甚微[①]。相反，不少由明入清的官员、学者不愿与新朝合作，成为明遗民，他们记述、研究明代历史，著述颇丰[②]。崇祯帝的身殉社稷给忠于明室的遗民史家造成了莫大的心理创伤，“此真千古至恨，岂直遗民私痛已哉！”[③]他们深感明亡的切肤之痛，对明季史事格外重视。杨念群指出，清初的遗民私人撰史不仅“以保存故国文献为职”，且往往“借撰史而抒发己意，在史料的选择中也隐含匡复旧朝之志”[④]。南迁之议作为当时为数不多的救时讨论，无疑是明遗民畅叙衷情的绝佳史料。除了对南迁之议史事的叙述，对南迁未成的惋惜、对南迁可行性的反思、对“国君死社稷”的赞颂是顺治至康熙初年明遗民史家讨论南迁之议的三大主题。

（一）对南迁未成的惋惜

廷议南迁之时，由于对形势的误判，本身自负、偏执、虚荣的性格，以及朝臣意见的影响，崇祯帝决心依靠京兵和勤王军队坚守京师，但昌平陷落后，他意识到农民军的强大，转而急欲南迁却困于都门，无奈自尽[⑤]。对此，黄宗羲感慨：“余以为使思陵避之南都，天下事尚未去也，何至令荒君逆臣，载胥及溺，遂不能保有江左乎？”[⑥]黄氏的评论实为不满于现实而发，北京陷落后的五月初三，福王朱由崧在南京监国，十五日即皇帝位，改明年为弘光元年，建立了南明第一个政权。南都新立，百废待兴，但小朝廷偏安江表、文恬武嬉，不仅未积极收复失地，反而内讧连连，不到一年即被清军所灭。荒淫无度的弘光帝与宵衣旰食的崇祯帝之间的巨大反差，令其发出崇祯帝何不南迁

① 参阅李晋华《明史纂修考》，《燕京学报》专号之三，北平，哈佛燕京学社，1933年，第25—37页；何冠彪：《顺治朝〈明史〉编纂考》，《大陆杂志》1999年第8期；乔治忠：《论清顺治朝与康熙朝初期对〈明史〉的纂修——兼与香港大学何冠彪博士商榷》，《河北学刊》2003年第3期；朱端强：《清顺治朝〈明史〉修纂史事考论》，《云南民族大学学报》2006年第5期。

② 明遗民是一个构成较为庞杂且非静态存在的群体，活动时间大致在顺治元年（1644）至康熙三十年（1691），其中既有矢志不渝、终身不仕者，也不乏中道改志，选择与清廷合作者，抑或是先降清而后悔恨归隐者。对于后两者的“遗民”身份判定，笔者依据其生命历程划分为不同阶段，区别对待，如本文的钱谦益、吴伟业，笔者综合考察二人生平及著述年代，将其南迁之议史论归于遗民话语。

③ ［清］李逊之：《崇祯朝野纪》，中国台北，大通书局，1984年，第186页。

④ 杨念群：《何处是“江南”？清朝正统观的确立与士林精神世界的变异》，北京，生活·读书·新知三联书店，2010年，第293页。

⑤ 侯振龙：《崇祯南迁之议考辨》，《历史档案》2019年第3期，第117—124页。

⑥ ［清］黄宗羲：《南雷文定前集》卷五《巡抚天津右佥都御史留仙冯公神道碑铭》，上海，商务印书馆，1936年，第79页。

的呼号；他认为崇祯帝南迁则天下尚有可为，无疑是在坚持明朝正统，他恨弘光朝廷“不能保有江左”，无法与清廷分庭抗礼，字里行间暗示着对清朝统治的不满。清军南下后施行圈地、剃发、易服等压迫政策，士民们揭竿而起，黄氏亦曾投身鲁王麾下。这段解读作于顺治十一年（1654），正是其抗清失败归隐后内心的真实写照。

钱谦益官至南明礼部尚书，先于南京降清，出任礼部右侍郎，致仕后秘谋从事反清活动①，作为明清双方的瞩目人物，由于身份限制，他借抱怨冯元飚的航海计划②失败来表达对南迁未成的惋惜：“假令知津舟宿戒，航海无虞，痛哭叩阍请急，上将剑及寝门，即不然，临遣分封，可以立决，天下事尚可为也。”③

另一位遗民史家彭孙贻义愤填膺地指责反对南迁的给事中光时亨“执土木己巳之旧，折武功南徙之谋”，最终“归祸君父”，“虽有千刃足剸其腹乎！”他认为崇祯朝廷若“还都旧京，资其谋臣，用其轻锐，其犹强于晋、宋”，怎奈崇祯帝“殉匹夫之节，委命于贼手？岂不惜哉！岂不惜哉！”他将此事归过于群臣：“诸臣宜死而不死，怀宗可以无死而死，帝固无愧于列祖，而诸臣罪不胜诛矣！”④彭孙贻之父彭观民为南明隆武朝太常寺卿，其师陈子龙抗清而死，但他对此事件的解读基本就事论事，主要宣泄对农民军的敌视、对朝臣的愤怒，以及惋惜崇祯帝之死。

此外，黄宗羲的弟子邵廷采，虽生于甲申之后，然深受遗民思想感召，颇赞许于明末忠烈事迹，他“哀烈皇帝”，在为力主南迁的李邦华作传时，特论南迁之议：“夫迁诚下策，然能奔走保其社稷，若燎旁之火，未可卒灰，必有扶义同力者出于其间。”⑤

以上种种惋惜均是明遗民忠君情感的自然流露，然而就崇祯南迁之议事件本身而言，北都覆灭于“流寇”而非清朝，故而史家们尊明朝为正朔，表达无比惋惜、愤慨的同时，除个别史家借机影射清廷，大部分史家并无抒发强烈的民族意识与夷夏之防，这一点有别于遗民的南明史书写。

（二）对南迁可行性的反思

遗民史家们并非沉浸于悲愤中不能自拔，在这个世风、学风大变的时代，经世致用思潮蓬勃发展，一改明季学者的空疏之病，成为史学思想的主流，对历史教训的总结是他们义不容辞的责任，正如王夫之所说：“所贵乎史者，述往以为来者师也。为史者，记载徒繁，而经世之大略不著，后人欲得其得失之枢机以效法之无由也，则恶用史为？”⑥顾炎武也强调：“引古筹今，亦吾儒经世之用。”⑦因此，史家们对南迁之议的可行性进行了深刻反思，并得出了几乎一致的结论：御驾南迁在当时的情况下是很难实现的。原因大致有以下四点。

---

① 顾诚：《顺治十一年——明清相争关键的一年》，收入氏著《李岩质疑：明清易代史事探微》，北京，光明日报出版社，2012年，第387—394页。

② 崇祯末年天津巡抚冯元飚曾密备海舟，令其子赴京请崇祯帝至天津借海路南迁，但崇祯帝并未接见。

③［清］钱谦益：《牧斋有学集》卷二八《都察院右佥都御史巡抚天津慈溪冯公墓志铭》，上海，上海古籍出版社，1996年，第1060页。

④［清］彭孙贻：《平寇志》卷九，上海，上海古籍出版社，1984年，第202—203页。

⑤［清］邵廷采：《思复堂文集》卷二《明左都御史李忠文公传》，杭州，浙江古籍出版社，2012年，第100页。

⑥［清］王夫之：《读通鉴论》卷六《光武》，北京，中华书局，1975年，第156—157页。

⑦［清］顾炎武：《顾亭林诗文集》卷六《答徐甥公肃书》，北京，中华书局，1983年，第138页。

1．不审时要，贻误良机

查继佐在《罪惟录》开篇即评价道："南迁之议，一概不行，不审时要。"[①] 他把正统末年南迁之议与崇祯南迁之议并举，景帝监国时明朝国力尚强，君臣一心，所以拒绝南迁，而明末形势迥然不同，崇祯帝竟也断然拒绝南迁，是对时局认识不清。谈迁也有类似结论："南迁之议，正统末于司马力斥其妄。在今日恨听之不早。"[②] 戴笠同样抱怨朝廷无人，竟在"贼至城下而议南迁"[③]，为时已晚。邵廷采认为："不图之早，面临危议迁，恐其出而滋辱，未可以成败事后拟也。"[④] 因为崇祯帝在一开始就否定南迁方案，错失了南迁最佳时机，而三月初四有朝臣最后一次提议南迁，顺军先锋已逼近京畿并直指山东，"斯时贼锋已蔓齐鲁，南北声息中断，即出国门，能一往无咎哉！"[⑤]

2．流寇突犯，围追堵截

顺军东征的同时，散布各地的流民纷纷响应，"山东、河北往往杀其令以应贼"[⑥]，他们为李自成充当耳目，在当地起义。谈迁分析："欲轻锐远行，必取道通涿，彼真定之党自南至，则涿未易出，昌平之余分掠通州，则通州未易出。"[⑦] 李长祥认为："况其时贼已渐近，车驾倘南，一旦贼追及之，奈何？"[⑧] 崇祯帝欲出北京并顺利抵达涿州、通州，继而一路向南，并非易事。颠沛流离之际，"长途荆棘，未免为贼所伺，而有狼狈之忧"[⑨]，随时都有被追及的危险，就像钱谦益所说："假令轻举妄动，仓皇播迁，万乘六宫，一离阙庭，贼轻骑蹑我，重兵蹑我，逆战则不能，引退则无及，贼逼于前，援绝于后，群臣从骑，鸟兽奔窜，人主将安之乎？"[⑩] 是故黄宗羲有感："当李贼之围京城也，毅宗亦欲南下，而孤悬绝北，音尘不贯，一时既不能出，出亦不能必达，故不得已而身殉社稷。"[⑪]

3．护驾无人，士气低迷

即便崇祯帝得以出京，他既无堪当护驾重任的将帅，亦乏英勇善战的御林军，吴伟业云："诸大臣材不足以定迁，而贼锋剽忽……禁军非唐羽林、神策者比，万一贼以劲骑疾追，即中道溃散，其谁御之？"[⑫] 崇祯帝能指挥的部队只是"疲羸数百，貂勃数辈"[⑬]，不仅如此，这支部队的士气也是低迷不振，其中的投机分子不在少数，一旦发生变故，遭遇突袭，"拒则难战，行则难及，肘腋之间，效为曹化淳者岂少哉？"[⑭]

---

① ［清］查继佐：《罪惟录》卷一《帝纪总论》，杭州，浙江古籍出版社，1986年，第1页。

② ［清］谈迁：《国榷》卷一〇〇，北京，中华书局，1958年，第6031页。

③ ［清］戴笠：《怀陵流寇始终录》卷一七，《续修四库全书》史部442册，上海，上海古籍出版社，1995年，第111页。

④ ［清］邵廷采：《思复堂文集》卷二《明左都御史李忠文公传》，第100页。

⑤ ［清］李逊之：《崇祯朝野纪》，中国台北，大通书局，1984年，第186页。

⑥ ［清］吴伟业：《绥寇纪略》补遗中，上海，上海古籍出版社，1992年，第409页。

⑦ ［清］谈迁：《国榷》卷一〇〇，1958年，第6046页。

⑧ ［清］李长祥：《天文阁集》卷上，上海，商务印书馆，1936年，第23页。

⑨ ［清］计六奇：《明季北略》卷二〇《附记南迁得失》，北京，中华书局，1984年，第435页。

⑩ ［清］钱谦益：《牧斋有学集》卷三四《都察院左都御史赠特进光禄大夫柱国太保吏部尚书谥忠文李公神道碑》，第1208页。

⑪ ［清］黄宗羲：《明夷待访录・建都》，长沙，岳麓书社，2008年，第78—79页。

⑫ ［清］吴伟业：《绥寇纪略・补遗中》，上海，上海古籍出版社，1992年，第441页。

⑬ ［清］谈迁：《国榷》卷一〇〇，第6046页。

⑭ ［清］谈迁：《国榷》卷一〇〇，第6046页。

4. 仓皇而出，群心涣散

李明睿是南迁的倡导者之一，曾任职锦衣卫的王世德却对其计划表示不屑："向使其谋得用，则京师不攻自破，贼乘胜席卷而南，轻骑兼行，以尾随后，不知何以御之。"[①]顺军即将攻城，京城内外人心惶惶是不争的事实，一旦圣驾出京，那么京畿便会骚乱崩溃："当其寇未薄城，遽委社稷而去之，都人惶骇，溃沸立见，且谓妇孺之知不为此，而先帝肯身决之哉？"[②]所以当时南迁的结果注定是京师不攻自破，崇祯帝不仅可能在路上被追及，而且要背负丢弃都城的骂名："使上骤行于贼未至时，则人心骇惧，都城势将瓦解，后世必谓轻弃其国。"[③]

总而言之，明遗民史家普遍认为，在崇祯末年形势急迫的历史环境下，御驾南迁是很难实现的。他们大多亲历了鼎革年代，甚至有人当时就生活在北京，因此对于南迁方案可行性的分析，是建立在客观认识基础上的合理推论。尽管史家们认为御驾南迁风险极大，但他们依然深信其分支方案即太子抚军南京比崇祯帝亲行目标小、隐蔽性强，是容易做到的，这一点几乎也成了共识。钱士馨认为："至于保社稷，策权宜，备祸变，诸臣无一有也。其万可一全之策，莫如李邦华等议太子南行。"[④]谈迁称："惟东宫出镇，庶合灵武之事，策为最正。"[⑤]计六奇也认为："窃谓上宜守北，太子宜南行，似为两得。"[⑥]然而太子身为储君，地位仅次于崇祯帝，他岂能避免崇祯帝可能面临的情况？史家们出于对明王朝一片忠心，不忍崇祯帝父子被一网打尽，从而寄希望于太子南下以延续明朝统治，可这终究只是一厢情愿罢了。

（三）对"国君死社稷"的赞颂

通过南迁可行性的分析，遗民史家对崇祯帝不得南迁的无奈感同身受，尽管一些史家对他的性格及施政举措有所不满[⑦]，但是当述及崇祯帝廷议时毅然提出"国君死社稷"并最终履行其誓言，遗民史家们莫不众口一词、高唱赞歌。计六奇认为崇祯帝此举是"得古今君道之正"[⑧]，查继佐称其"为南面持大防，义骄百代"[⑨]，黄宗羲将崇祯帝与西晋、北宋出降的亡国之君进行对比："思陵身死社稷，一洗怀、愍、徽、钦之耻，古今亡国而不失其正者，此仅见也。"[⑩]王源称："从来死国之烈未有过于烈皇，亡国之痛未有痛于烈皇者也。"[⑪]谈迁盛赞崇祯帝威武不屈的精神："英断如先帝，宁为玉碎，毋为瓦全，毕命后妃，手刃爱主，其事焯焯，争光日月。"[⑫]张岱赞颂他是"自秦、汉以来，亡国之君所未尝经见者也。""龙髯鹃血，犹系人心。则是古今得天下之正，无过吾高皇帝；而失天

---

① ［清］王世德：《崇祯遗录》，南京，江苏古籍出版社，1986年，第19页。
② ［清］谈迁：《国榷》卷一〇〇，第6046页。
③ ［清］计六奇：《明季北略》卷二〇《附记南迁得失》，第435页。
④ ［清］钱士馨：《甲申传信录》卷三，北京，北京古籍出版社，2002年，第39页。
⑤ ［清］谈迁：《国榷》卷一〇〇，第6031页。
⑥ ［清］计六奇：《明季北略》卷二〇《附记南迁得失》，第435页。
⑦ 在论及崇祯皇帝的功过时，遗民之间对这位"先帝"的评价颇有分歧。参阅陈永明：《从"为故国存信史"到"为万世植纲常"：清初的南明史书写》，《清代前期的政治认同与历史书写》，第108页。
⑧ ［清］计六奇：《明季北略》卷二〇《附记南迁得失》，第435页。
⑨ ［清］查继佐：《罪惟录》卷一七《毅宗烈皇帝纪》，杭州，浙江古籍出版社，1986年，第387页。
⑩ ［清］黄宗羲：《南雷文定前集》卷五，商务印书馆，1936年，第79页。
⑪ ［清］王源：《居业堂集》卷一八，《续修四库全书》集部第1418册，第248页。
⑫ ［清］谈迁：《国榷》卷一〇〇，第6046页。

下之正，亦无过吾烈皇帝！于烁皇明，千秋万季，为不可几及也已！”[①] 邵廷采认为明朝“起草泽取天下，秉天地之义气，以严立国；迨其亡也，有殉社稷之君。一代之教比于汉、唐，殆超过之”[②]。

遗民史家们歌颂崇祯帝的死国之烈、亡国之痛、失国之正，不可否认，这种褒美是遗民封建愚忠观念的体现，因为他们无法完全脱离儒家君臣伦理的束缚，但在“亡国”乃至“亡天下”的历史背景下，明遗民悼念崇祯帝之死在某种程度上隐喻着对中华礼乐文明沦胥的担忧，我们也应给予同情与理解。

以上三大主题，既有遗民主观情感的流露，又不乏沉着冷静的分析思考，遗民话语的背后，是他们对先帝的怀念，对故国的哀思乃至对现实政治的抗议。遗民史家身处“一个旧政权解体而新政权尚未取得统一的时代，同时也是一个官方意识形态暂时失却了主导地位的时期”[③]，清廷将大部分精力投入军事镇压残明势力和民众起义，对思想文化领域的敌对情绪顾及不多，“有志著作之人，裒集明代史实，并不甚知有忌讳”[④]。尽管顺治十八年（1661）曾发生过轰动一时的庄廷鑨明史案，但清廷整体上并未加强对明遗民私家修史的限制，其消极影响不足以遏制清初私家修史的发展[⑤]。据学者统计，顺治、康熙两朝的218位史家中，明王朝维护者即有137位，占总数的62.8%[⑥]。他们通过“史料的筛选、汇集、编排和叙述，把他们重构的历史再现（represent）于读者的眼前”[⑦]。梁启超指出，清初前三四十年“完全是前明遗老支配学界”[⑧]，遗民史家们的渊博学识与高尚气节为其赢得了大众的敬重，他们对历史的叙述及解读也为士人所信服，因而一度掌握着明史话语的主导权。他们书写明廷北都覆亡历史，总结明亡教训，抒发亡国之痛，崇祯南迁之议是重要“阵地”之一，其史论政治立场鲜明，有力地凝聚着对明朝的认同感，间接质疑清廷的合法性，在当时影响广泛，颇能触人心弦。

二　清廷官方话语对遗民话语的采择与改造

（一）清廷新贵的南迁之议史论

顺治至康熙初年，全国政局未稳，官修《明史》进展缓慢，因此明遗民私家修史、臧否人物，蔚然成风。清廷新贵虽有整理、追述明代史事者，但大部分于“甲乙之际，则事多忌讳，故略而不详，其心计颇工”[⑨]，尽管如此，相对于讳莫如深的南明史事，他们对以崇祯南迁之议为代表的北都

① ［清］张岱：《石匮书后集》卷二，中国台北，大通书局，1984年，第62页。

② ［清］邵廷采：《思复堂文集》卷八《正统论二·汉唐明秦隋》，第339页。

③ 陈永明：《降清明臣与清初舆论》，参阅氏著《清代前期的政治认同与历史书写》，第65页。

④ 孟森：《书明史抄略》，收入氏著《明清史论著集刊》上册，北京，中华书局，2006年，第198页。

⑤ 阚红柳认为：“清初私家修史，沿着史学自身的运行轨迹，一直持续发展到康熙统治末年，在遗民凋零、官修《明史》冲击、史料信息萎缩、私修史书自身整合、官方文化政策钳制等多重因素作用下方告走向衰落。”参见氏著《庄氏史狱与清初私家修史——从史学史的角度分析庄氏史狱对清初文化的影响》，《辽宁大学学报（哲学社会科学版）》2007年第3期。

⑥ 阚红柳：《清初私家修史研究——以史家群体为研究对象》，北京，人民出版社，2008年，第70页。

⑦ 陈永明：《从“为故国存信史”到“为万世植纲常”：清初的南明史书写》，氏著《清代前期的政治认同与历史书写》，第146页。

⑧ 梁启超：《中国近三百年学术思想史》，《饮冰室合集》第10册，北京，中华书局，1989年，第16—17页。

⑨ 谢国桢：《增订晚明史籍考》卷一，上海，上海古籍出版社，1981年，第16—17页。

覆亡史事仍有一些论述。

顺治十三年（1656）谷应泰出任浙江提学佥事，于顺治十五年（1658）撰成《明史纪事本末》八十卷，之后御史董文骥弹劾其书中有违碍之处，经朝廷查阅，书中尚无不妥；此书又于乾隆年间收入《四库全书》。《明史纪事本末》虽不是谷应泰手笔，而是众多学者智慧的结晶[①]，甚至许多遗民史家也参与其中，但这部清朝新晋官员署名的明史著作是经过官方认可的，而且成书时间早于武英殿本《明史》，书中的评述可谓发清廷官方话语之嚆矢。

其《甲申之变》一卷中语及南迁之议，文末"谷应泰曰"："当此之时，苟且以自救，忍耻以图存者，止三策耳。余应桂请会师真、保，吴麟征请徙帅入卫，范景文、李邦华请迁国南都，此其可行者也。然而发言盈廷，是用不集者，智绌于晚图，而事乖于窘步也。卒之北门锁钥尽授貂阉，东阁鼎铛徒闻肉食，帑乏琼林之聚，兵多祈父之呼，夺禁门而不启，幸戚里而却返。"[②]

他注意到廷议不休，错过南迁时机，崇祯帝信用宦官，阁臣们尸位素餐，以及京军士气低落等诸多问题。对于崇祯帝，他在批评之余未尝没有同情之意："更可哀者，酌卮内殿，望火南宫。杀生取义，宁从青盖之占；披发投缳，不入景阳之井。然且朕尸可裂，民命毋残，恨结幽泉，言存衣带。语云：'国君死社稷。'又云：'亡国正其终。'宜乎蓐蝼之亵御，誓欲前驱，而拔舍之大夫，相从地下也。"[③]《甲申殉难》一卷的"谷应泰曰"则有"引经死社稷，遗诏爱百姓。自古亡国正终，未有若斯之烈者"[④]之语。

"谷应泰"对南迁可行性和对崇祯帝"死社稷"的评论，与同时代明遗民话语别无二致。据比对，《明史纪事本末》的"谷应泰曰"正是出自遗民史家蒋棻的《明史纪事》，由此可见，明遗民关于崇祯南迁之议的解读并非全然为清廷所忌讳，因为遗民史家的言辞表述并非如出一辙，在由三大主题构建的话语框架下，蒋棻的评述较其他遗民史家语气相对温和，不存在对清王朝的指摘和反抗，也没有对南迁不行的惋惜，且表达了明朝已经寿终正寝的意思，因此谷应泰借用了其不触及清廷忌讳的观点，保留南迁可行性分析与赞颂"国君死社稷"。

顺治年间贵州巡抚彭而述对南迁之议的评价与《纪事本末》如出一辙：

> 此时而议捐助，议会兵，议弃关外二城，议太子入南都，议考选科道，晚矣，晚矣。……然则明之亡也，无救乎？曰救亦亡，不救亦亡者也，所争先后间耳……明之亡真无日矣，所不愧者，国君死社稷，怀宗诚无忝斯义。关门一战，自成授首，明虽亡，千古无遗恨矣。诸议俱多可用，皆至于晚而始及，不可谓非怀宗刚愎，人难尽言之过也。[⑤]

比《纪事本末》更进一步，他提出了广大明遗民很难接受的观点，即明朝在当时已是无可救药，其灭亡并无遗憾，而他提"关门一战，自成授首"一事，即清、顺山海关战役，旨在强调清朝

① 参阅徐泓《〈明史纪事本末〉的史源、作者及其编纂水平》，《史学史研究》2004年第1期。
② ［清］谷应泰：《明史纪事本末》卷七九《甲申之变》，北京，中华书局，1977年，第1385页。
③ ［清］谷应泰：《明史纪事本末》卷七九《甲申之变》，第1385页。
④ ［清］谷应泰：《明史纪事本末》卷七九《甲申殉难》，第1395页。
⑤ ［清］彭而述：《明史断略》卷四，《四库未收书辑刊》1辑21册，北京，北京出版社，1997年，第662页。

驱逐“流寇”，替明朝报仇雪恨，具备了入主中原的合法性，以粉饰清政权。此外，他将南迁计划不能施行的主因归于崇祯帝的刚愎自用，这同样是明遗民话语中较少出现的。

值得注意的是，遗民话语对崇祯帝“国君死社稷”的赞颂同样出现在清廷新贵的史论中，并为官方所默许，这其实与清初统治者对崇祯帝的态度有直接关系。顺治元年（1644）五月，清军进驻北京，摄政王多尔衮“令官民人等为崇祯帝服丧三日，以展舆情。着礼部、太常寺备帝礼具葬”①。当时，清军在北京立足未稳，多尔衮打出为明帝报仇的旗号，无疑对安定人心、招揽前明旧臣有重要作用。顺治十四年（1657），清世祖命工部为崇祯帝陵前立碑，其中提到崇祯帝死社稷：“朕念故明崇祯帝尚为孜孜求治之主，祇以任用非人，卒致寇乱，身殉社稷。若不亟为阐扬，恐千载之下，竟与失德亡国者同类并观。”② 顺治十六年（1659），大学士金之俊秉承清帝意志撰写碑文：“岂非天之所废，莫能兴之，而人谋不臧，适任其咎者邪？考史传所载，凡末季亡国之君，覆车之辙，崇祯帝并无一蹈焉，乃身殉社稷，不引天亡之言，亦綦烈矣。嗟乎伤哉！有君无臣，祸贻邦国，竟若斯哉！此明代往事之可为痛哭流涕者也。”③ 清世祖给予崇祯帝很高的评价，既是出于安抚百姓情绪，缓和民族矛盾，强调自身合法性的需要，其言辞中针对崇祯朝事所感慨的“有君无臣”，也有强调君尊臣卑、强化帝王威权的现实考量。清初统治者与明遗民用意不同，但两者对崇祯“死社稷”的推崇殊途同归。

（二）官方话语对崇祯帝的评骘

康熙年间，敌对势力渐次底定，清王朝统治日益巩固，明遗民的抵触情绪稍稍缓和④。康熙十七年（1678），清廷诏征博学鸿儒，部分遗民学者及其子弟应试；次年（1679）开明史馆纂修《明史》，大有迎合孤臣孽子之意，著名学者万斯同、朱彝尊、毛奇龄等均参与其中。黄宗羲、顾炎武等遗老虽未亲赴史局，但提出了许多建设性意见，编纂工作在朝野通力合作下有序进行，乃有万斯同《明史稿》与改自万稿的王鸿绪《明史稿》的编写完成⑤，这同样是官方在遗民话语基础上调和、改造的结果。

万氏卒于康熙四十一年（1702），其《明史稿》虽有对南迁之议的简略叙述，但并无相关评论，这与内容详略安排有很大关系，也可能有纂修者淡化其事的用心。不过，通过《庄烈皇帝本纪》的论赞仍可看出与遗民话语的差距：

> 治乱兴亡之故，虽曰人事，岂非天命哉！明代至光、熹而后，威柄下移，法纪渐灭。呜

---

① 《清世祖实录》卷五，顺治元年五月辛卯，第 57 页。

② 《清世祖实录》卷一〇七，顺治十四年二月甲申，第 836 页。

③ 《清世祖实录》卷一二四，顺治十六年三月丙午，第 960 页。

④ 康熙十二年（1673）三藩反清后，清廷进一步认识到人心向背关乎国家兴亡，积极调整统治政策，争取汉族地主阶级士大夫，清圣祖广罗遗贤、尊崇理学、南谒明陵，一定程度使得部分明遗民对清廷的认识有所改观，参阅王思治、刘凤云：《论清初“遗民”反清态度的转变》，《社会科学战线》1989 年第 1 期。

⑤ 参阅黄爱平：《万斯同与〈明史〉纂修》，《史学集刊》1984 年第 3 期；黄爱平：《〈明史〉纂修与清初史学——兼论万斯同、王鸿绪在〈明史〉纂修中的作用》，《清史研究》1994 年第 2 期；朱端强：《万斯同〈明史〉修纂思想条辨》，《南开学报》1996 年第 2 期。

呼！此国运告终之候也！帝不幸适身当其厄，十有七载，汲汲皇皇，何尝不时廑宵旰。而天命既去，民心日离，物怪人妖，灾害并至，虽有善者，亦莫如之何也已。帝又卞急，性生重以猜愎，乖张锲刻，动见纷拏。呜呼！是扬汤而止沸，抱薪以救火也，曾何益之有哉！矧其时，生灵涂炭，锋镝满于天下，士大夫犹哄堂斗室，狱讼弗休，不知有宗社，何有于封疆耶？帝固曰诸臣尽败亡之徒耳，反而求之，不知将自居于何等也？天实绝我，不亡奚待！呜呼，尚何言哉！尚何言哉！①

万斯同将明亡之祸源归于光宗、熹宗，强调天命已去，虽同情崇祯帝，但仍将其君臣批判一番，得出明朝灭亡是历史必然这一结论，且未提到“国君死社稷”。万氏是黄宗羲弟子，同样是遗民史家，他心怀明室，要为故国存信史，以布衣身份入馆修史，不领俸禄，颇具气节②。他在评价崇祯帝时却能对其缺点秉笔直书，否定了崇祯帝将亡国责任推给臣下的言论，这固然有清廷监视修史的因素，但不能否认万氏深受自明代士大夫至明遗民所延续的“非君”思潮的影响③。

乾隆四年（1739）武英殿本《明史》修成，书中对南迁之议依然采取淡化处理，而崇祯帝《论赞》与万氏也有出入：

帝承神、熹之后，慨然有为。即位之初，沉机独断，刈除奸逆，天下想望治平。惜乎大势已倾，积习难挽。在廷则门户纠纷，疆埸则将骄卒惰。兵荒四告，流寇蔓延。遂至溃烂而莫可救，可谓不幸也已。然在位十有七年，不迩声色，忧勤惕励，殚心治理。临朝浩叹，慨然思得非常之材，而用匪其人，益以偾事。乃复信任宦官，布列要地，举措失当，制置乖方。祚讫运移，身罹祸变，岂非气数使然哉！迨至大命有归，妖氛尽扫，而帝得加谥建陵，典礼优厚。是则圣朝盛德度越千古，亦可知帝之蒙难而不辱其身，为亡国之义烈矣。④

这段论赞与万氏论调基本一致，将明朝亡国的根本原因归结为天命气数，但对崇祯帝的批判显然较万氏为轻，且同情语气加强，把朝政紊乱的主要责任推给大臣；并补充强调了清廷为明报仇的厚恩，以宣扬本朝的正统，重新增加了对崇祯帝“死社稷”的赞颂。这种转变或与清圣祖晚年对崇祯帝的评论有一定关联，康熙六十一年（1722）他针对礼部所上关于历代帝王庙崇祀帝王、从祀功臣的奏疏，提出自己对明季史事的看法：“有明天下，皆坏于万历、泰昌、天启三朝。愍帝即位未尝不励精图治，而所值事势无可如何，明之亡非愍帝之咎也。朕年少时曾见故明耆旧甚多，知明末

① ［清］万斯同：《明史》卷二六《庄烈皇帝本纪》，《续修四库全书》史部324册，上海，上海古籍出版社，2002年，第316页。

② ［清］杨无咎：《万季野先生墓志铭》，收入万斯同《石园文集》，《续修四库全书》第1415册，第441页；陈训慈、方祖猷：《万斯同年谱》，香港，香港中文大学出版社，1991年，第134页。

③ 万氏论赞是对崇祯帝一生的评价，因而褒贬并存，本文旨在探讨明遗民与清廷官方针对崇祯南迁之议史事的评论，故第一章仅论及明遗民对崇祯帝“国君死社稷”言行的赞扬歌颂，而非对崇祯帝生平的整体评价。由于思辨性的分析与道德伦理的情绪交融，以及个体人生经验的多样性，明遗民群体对崇祯帝为政的评价并不像他们对崇祯帝之死普遍赞颂的那样一致，参阅李文玉：《“有君无臣”论：明清之际崇祯君臣的历史评价与君臣观流变》，《求是学刊》2015年第4期，第165—172页。

④ ［清］张廷玉：《明史》卷二四《庄烈帝本纪》，北京，中华书局，1997年，第335页。

事最切，野史所载俱不足信，愍帝不应与亡国之君同论。”[①]他对崇祯帝的评价源自其青年时期接触的前朝故老，受他们集体记忆（collective memory）的影响，与其父一脉相承，对这位末代君主颇有同情，很可能是导致殿本《明史》修改万氏论赞的原因之一。

至乾隆中期，国家承平日久，为进一步强化统治，巩固朝廷威望，统一思想，清高宗借助中国传统文化和儒家理论，企图建立文化领导权，操控社会话语[②]。一方面，清廷集全国之力编修《四库全书》，搜罗古籍的同时，禁毁、篡改大量不利于清朝的文献，明遗民史家的著作多遭销毁[③]；另一方面，追谥号史可法、刘宗周、黄道周等明末死难忠臣，编《钦定胜朝殉节诸臣录》，并编纂《贰臣传》对明清之际变节诸臣大加挞伐[④]，以“阐明风教，培植彝伦”[⑤]。此时距明亡已逾两甲子，天下太平稳定，国力蒸蒸日上，清廷已然是当之无愧的合法政权，朝廷需要褒美明末忠臣以激励人们忠于大清皇帝，不必再维护崇祯帝来勾起百姓对明朝的思念；清高宗又不似其祖父康熙曾接触过前朝旧臣，自号“十全老人”的他十分轻视这位亡国之君，相较于《明史》对崇祯帝的正面评价，高宗晚年毫不留情对其予以否定，将明末大臣的不肖归于崇祯无能与失察：“故有善守之主，必无二姓之臣，所以致有二姓之臣者，非其臣之过，皆其君之过也。崇祯临终之言，不亦舛乎？”[⑥]称其“有猜忌之失，无恢复之能”[⑦]。至此，清廷官方话语对崇祯帝的功过盖棺论定。

三 清中后期南迁之议讨论的渐趋沉寂

历时九十余载终于成书的官修《明史》是清廷官方话语的集中体现，而清高宗中后期的一系列言论则对崇祯帝盖棺论定，否定崇祯君臣成为主流话语。由于《明史》倾注了几代学者的心血，整体而言，其编纂得体、材料翔实、叙事稳妥、行文简洁，虽有曲笔避讳之处，但仍广受好评。同时，乾隆朝较于康熙、雍正朝，文字狱有增无减，遗民所撰明代史著也多因《四库全书》的修纂而遭浩劫，文化高压政策给有心于明史的学者以极大的震慑，对明史尤其是明季史事以及南明史的讨论大为减少。这一时期，正是清代考据学鼎盛的阶段，在官方话语下，从政治反思转到学理分析成为南迁之议史论的主流，讨论主要集中于崇祯帝“国君死社稷”一事上。

乾嘉时期学者袁枚引经据典地指出：

---

① 《清圣祖实录》卷二九七，康熙六十一年四月七日，第878页。

② 参阅陈永明：《〈钦定胜朝殉节诸臣录〉与乾隆朝对南明殉国者的表彰》，《清代前期的政治认同与历史书写》，第193页；Kent Guy, *The Emperor's Four Treasuries: Scholars and the State in the Late Ch'ien-lung Era* (Cambridge, Mass.: The Council on East Asian Studies, Harvard University, 1987)；Luther Goodrich, *The Literary Inquisition of Ch'ien-lung*. New York: Paragon Book Reprint Corp, 1966.

③ 参阅姚觐元：《清代禁毁书目》，上海，商务印书馆，1957年；孙殿起：《清代禁书知见录》，中国台北，世界书局，1960年；雷梦辰：《清代各省禁书汇考》，北京，书目文献出版社，1989年。

④ 中国第一历史档案馆：《乾隆朝上谕档》第8册，北京，档案出版社，1991年，第470—480页，编号1224条。《清高宗实录》卷一〇二二，乾隆四十一年十二月庚子，第693页。

⑤ ［清］永瑢：《四库全书总目》卷五八《史部·传记类二》，北京，中华书局，1965年，第526页。

⑥ 《清高宗实录》卷一〇五一，乾隆四十三年二月乙卯，第51页。

⑦ 《清高宗实录》卷一二二六，乾隆五十年三月甲寅，第435页。

《曲礼》曰："国君死社稷。"注云："死其所受于天子也。"盖为诸侯言之，如后之督抚死一省之社稷，今之州县死一州一县之社稷是也。若天子固以四海为家矣，《春秋》"天王出居于郑"、"天王狩于河阳"，正此义也。明怀宗不肯南迁，似误读《曲礼》，未读《春秋》之累。然即以诸侯论，若公刘、大王，皆夏、商诸侯也，亦何尝不迁豳、迁岐，而必拘拘死社稷乎？①

虽然这一点黄宗羲早有论述②，但黄氏旨在借此讽刺崇祯朝臣的无知，有着较强的现实意义，而袁枚意在考据"国君死社稷"的出处与适用范围，并无感情倾向，但其言语中流露出对崇祯帝的不解与轻蔑。

道光、咸丰年间内阁学士周寿昌在解读《周易》益卦六四爻"利用为依迁国"的案语中称："无事而迁，若盘庚迁殷；有事而迁，若太公迁岐，皆其已事。明思宗拘于守社稷之说，不筹南迁，卒至倾灭。"③他借卦爻辞以讽崇祯帝不行南迁，却未能深入分析崇祯南迁之议的具体历史环境，仅注意到北都覆亡的结局。

咸丰、同治时期方浚师也讨论崇祯南迁之议：

金兵再下，唐恪请驾西幸洛，连据秦、雍，以图兴复。开封尹何㮚入见，引苏轼所论周之失未有如东迁之甚者，帝遂决计死守，已而城陷。明甲申之变，李建泰请驾南迁，大学士范景文等请先奉太子抚军江南，兵科给事中光时亨以诸臣欲为唐肃宗灵武故事，景文等不敢复言，已而国亡。读书不通时务，足致误事，彼何㮚、光时亨者，非宋明之罪人耶？④

方浚师笔下，崇祯朝反对南迁的光时亨与北宋何㮚一样，皆为不通时务的典型，他写作此条目的是告诫读书人勿死读书本，不知变通。从其叙述看，他对于光时亨、范景文的认识以及整件事情的因果关系同样不了解。

与方浚师同时代的李元度、徐鼒，虽熟知明末史事，也未将南迁之议作为考据学的反面教材，但他们的解读基本延续官方话语。李元度谓"明至崇祯之季，不迁亡，迁亦必亡……与其托命于李国桢、曹化淳之手以取辱，不若死社稷之得正而毙也"⑤。徐鼒则将崇祯君臣都指责了一通："乃君爱其名，臣惜其死，聚讼盈庭，无肯执咎。"⑥他们一味强调宿命，不再分析南迁的可行性，更不会同情崇祯帝。清代中后期学者对此事的看法，由此可见一斑。

尽管乾隆年间官方话语已被大多数学者所接受，但遗民话语并未完全退出历史舞台，而是在明

---

① ［清］袁枚：《随园随笔》卷二二《国君不死社稷而怀宗不知》，南京，江苏古籍出版社，1993年，第387页。

② ［清］黄宗羲：《南雷文定前集》卷五《巡抚天津右佥都御史留仙冯公神道碑铭》："《史表》曰：诸侯王始封者，必受土于天子之社，归立之为国社，以岁时祠之。死社稷者，诸侯守土之职，非天子事也。恨其时小儒不能通知大道，执李纲之一言，不敢力争，乃使其出于此也。"第79页。

③ ［清］周寿昌：《思益堂日札》卷一《利用为依迁国》，长沙，岳麓书社，1985年，第4页。

④ ［清］方浚师：《蕉轩随录》卷四《不通时务》，北京，中华书局，1995年，第164页。

⑤ ［清］李元度：《天岳山馆文钞》卷二《驳王夫之李纲论》，《清代诗文集汇编》683册，上海，上海古籍出版社，2010年，第24页。

⑥ ［清］徐鼒：《小腆纪年附考》卷三，北京，中华书局，1957年，第71页。

遗民后学笔下不绝如线。浙东史学派代表人物全祖望撰《明毅宗南迁论》对此事进行辨析，他将重点放在"迁幸之有济与否"[①]上，即分析南迁可行性，同样得出了崇祯帝南迁行不通的结论。文章的切入点是护驾无人："文臣如范、倪，戚臣如刘、巩，皆无尺寸之柄，祇可一死以自明。而掌禁卫兵如李国桢，宦寺如曹化淳，其能扈卫翠华，捍牧圉而无恐乎？"[②]崇祯朝的文武大臣、勋贵宦官无统帅之才，从李自成攻破北京后的史实看得很清楚，范景文、倪元璐、刘文炳、巩永固诸人纷纷选择自杀，李、曹等人则投降新主；若论地方大臣，走海路要倚仗天津巡抚冯元飏，走陆路则需依靠山东总兵刘泽清，但是冯元飏"转盼且为部下尽夺其兵，挺身南走矣。抚军忠笃有余，而应变非才也，况出没波涛之中乎？"[③]刘泽清更是"跋扈非一日矣"[④]。因此崇祯帝根本没有得力干将以完成南迁，最后关头选择坚守北京反而是务实之举。

乾隆时期另一位史家汪有典的解读也基本承袭遗民话语，他痛惜皇太子未能南下："奉皇太子监国南京，便宜行事，以巩燕云，遏寇氛。缓则镇抚东南，急则扼江控淮，号召燕、齐援师，进战退守，此亦救时急着。"[⑤]但其评论又带有鲜明的时代印记，如"明之亡无关于迁不迁也"[⑥]，"天子海内为家，所幸即为行在，不得以往古侯国比。况两京并建，高皇之社稷陵庙在陪京者，亦不得以南北异视"[⑦]等。全、汪二人的史论虽延续遗民话语的一些重要观点，但他们的政治身份是"清人"[⑧]，其关注明季史事，褒举殉节人物，是站在传统儒家立场上仰慕先贤、砥砺士气，与思念故国、"反清复明"并无关系，这是他们与明遗民的本质区别[⑨]。

综上所述，随着时间推移，反清运动跌入低谷，清朝政权愈加巩固，士人对清廷由最初的反感、抵触转为接受、认可，清初曾广泛存在的民族对立也慢慢淡薄，人们对明朝的认识由故国转变为前朝，"史学家大多亦采用清人的角度探讨明、清之际的历史"[⑩]，历史与现实距离的拉开，使遗民话语失去了意义。清廷对士人极尽拉拢的同时，对其思想控制日益加重；同时，朴学于乾嘉时期也得以大兴，考据成为学术的主流。在政治和学风的交互影响下，学者们对南迁之议的讨论渐趋沉寂，对其解读方式转为学理分析，崇祯君臣成为不通儒家经典的反面教材。少数学者如全祖望、汪有典对遗民话语仍有所坚持，也是乾隆中后期国家承平日久、明朝恢复无望，清帝为巩固统治，强调儒家忠孝思想，大力褒扬明末殉节官员、贬低贰臣背景下的结果。

---

① ［清］全祖望：《鲒埼亭集外编》卷三七《明毅宗南迁论》，上海，上海古籍出版社，2000年，第1528页。

② ［清］全祖望：《鲒埼亭集外编》卷三七《明毅宗南迁论》，第1528页。

③ ［清］全祖望：《鲒埼亭集外编》卷三七《明毅宗南迁论》，第1528—1529页。

④ ［清］全祖望：《鲒埼亭集外编》卷三七《明毅宗南迁论》，第1528—1529页。

⑤ ［清］汪有典：《前明忠义别传》卷一二《李忠肃传》，《四库未收书辑刊》1辑19册，北京，北京出版社，1997年，第140页。

⑥ ［清］汪有典：《前明忠义别传》卷二二《徐尚书传》，第232页。

⑦ ［清］汪有典：《前明忠义别传》卷一二《李忠肃传》，第140页。

⑧ 全祖望称崇祯帝"性愎而自用，怙前一往，则亦有不能辞亡国之咎者"（《鲒埼亭集内编》卷二九，第563页），完全是清人口吻，并无思念明室之意。

⑨ 参阅陈永明：《全祖望"素负民族气节"说平议》，《清代前期的政治认同与历史书写》，第263—276页。

⑩ 陈永明：《明人与清人：明清易代下之身分认同》，《清代前期的政治认同与历史书写》，第99页。

四 余论

遗民与清廷笔下的崇祯南迁之议，无疑是关于明廷北都覆亡的两种不同的历史书写。围绕这段历史解读权的争夺中，遗民话语凭借文化优势捷足先登，通过史论表达对南迁未成的惋惜，分析其可行性，赞颂崇祯帝“国君死社稷”的行为，其背后是遗民对明王朝的缅怀。官方话语后来居上，对前者加以采择、改造，用于宣扬本朝正统，将北京陷落、崇祯殉国作为明朝寿终正寝的标志；其关于崇祯帝的评价问题，数十年间在士人精神、帝王心态、朝廷政策的博弈中几经翻覆，最终由清高宗定调贬斥崇祯君臣，“国君死社稷”不再是壮烈之举，而是咎由自取、不知变通的反面教材。至此，明遗民构建的三大主题被统统摈弃，崇祯南迁之议史论在清中叶完成了从遗民到官方的话语迭嬗。清廷凭借强大的政治权力，恩威并施，逐步瓦解、颠覆遗民话语，重塑了社会对于明廷北都覆亡史事的记忆与认知。

历史的重要作用之一就是鉴于往事、以资治道，但“崇祯南迁之议”作为明季系列政治事件中最末环节，其核心议题为是否迁都，本质是明廷在政治、军事处于劣势下的痛苦抉择，史家在事件的反思中很难抽离出指导现实类似境况的具体理论经验，因此遗民与官方史论在或哀痛或冷静或不屑的语调中，均于政治认同（political identity）上做文章。由于专制王权的压倒性优势，官方话语在此问题上取得了最终胜利，但政治生态的诡谲之处在于，曾经被清初史家们激烈讨论的“崇祯南迁之议”，竟在清王朝衰颓之际，最终达成了与现实经验之间的“关联呼应”（correlated）[①]。

光绪二十年（1894），中日甲午战争爆发，硝烟自朝鲜蔓延至辽东与山东，清朝陆军兵败如山倒，北洋水师亦全军覆没。二十一年（1895）清廷委派李鸿章与日本签订了丧权辱国的《马关条约》，引发国内轩然大波，不仅有应试举子公车上书，朝中实力派大臣也多愤愤不平，湖广总督张之洞电致总理衙门，呼吁与倭寇再战到底，将其拖垮，他重提崇祯“国君死社稷”，斥其为谬说，建议朝廷及时迁都山西太原，勿重蹈前明覆辙：

> 伏揣朝廷畏倭之心，不过以明为鉴；不知明之亡不亡于边患，而亡于流寇，不亡于讳言和，而亡于讳言迁。夫“国君死社稷”，乃指诸侯而言；若天子以四海为家，何代不有迁移之事？明之君臣不通古今，昏愦纷呶，以至亡国，如早迁都江南，国尚可存。我朝法度修明，湛恩汪濊，既非明政不纲，加赋召乱者可比。一统金瓯，处处完善，既无流寇之祸，仅有海邦之忧；又非明之天下糜烂、无地图存者可比。惟以海禁大开，形势久异。千金之子，坐不垂堂，以此而迁，又何所讳？[②]

当帝国危难的历史重演，张之洞通过引述前朝类似的历史事件，巧妙地借助乾隆年间确立的官方话语，批判崇祯君臣的同时，试图用明、清对比的方式为统治者克服迁都的心理障碍和政治忌

---

① 王汎森：《晚明清初思想十论》，北京，北京师范大学出版社，2020年，第2页。参阅保罗·田立克（Paul Tillich）著，龚书森、尤隆文、郑华志、卢恩盛译：《系统神学》三卷，中国台南，东南亚神学院协会台湾分会，1988年。

② 朱寿朋：《光绪朝东华续录选辑》卷一二六，中国台北，大通书局，1984年，第218页。

讳，趋于消沉的南迁之议昙花一现。我们无从得知崇祯帝的“反面教材”是否触动了慈禧太后，但五年后（1900）庚子国难之际，两宫仓皇西狩，经太原直抵西安，并未严守北京以待八国联军。本是清廷为争夺话语权、宣扬统治合法性而建构的崇祯南迁之议史论，最终作为历史教训发挥了其镜鉴功用，恐怕是清高宗始料未及的。

（作者侯振龙，南开大学历史学院）